L'UNIVERS.

HISTOIRE ET DESCRIPTION

DE TOUS LES PEUPLES.

CHALDÉE, ASSYRIE, MÉDIE,
BABYLONIE, MÉSOPOTAMIE, PHÉNICIE,
PALMYRÈNE.

PARIS. — TYPOGRAPHIE DE FIRMIN DIDOT FRÈRES, RUE JACOB, 56

CHALDÉE,

ASSYRIE, MÉDIE, BABYLONIE,

MÉSOPOTAMIE,

PHÉNICIE, PALMYRÈNE,

PAR

M. FERD. HOEFER.

PARIS,
FIRMIN DIDOT FRÈRES, ÉDITEURS,
IMPRIMEURS-LIBRAIRES DE L'INSTITUT DE FRANCE,
RUE JACOB, 56.

M DCCC LII.

côte, les marins qui manquaient de tables pour dresser leurs repas sur le rivage, s'en firent avec des morceaux de nitre tirés de leur navire; que, par l'action du feu, la fusion de ce sel, mêlé au sable du rivage, avait donné des coulées liquides, transparentes, et que ce fut là l'origine du verre (1). » Au rapport de Strabon, la côte entre Acé (Acre ou Ptolémaïs) et Tyr est formée de dunes de sable propre à faire le verre; et ce géographe ajoute que ce sable ne devient fusible qu'après avoir été transporté à Sidon (2). Tacite confirme ces renseignements (3). Le Bélus paraît avoir été comblé peu à peu par les sables alluvionnaires; car les voyageurs modernes n'en ont plus retrouvé de traces.

Une chaîne de collines, interrompue à la hauteur d'Acre par une plaine fertile, vient aboutir à la mer par trois promontoires, dont le plus grand porte le nom de cap Blanc (*promontorium Album* (4), à cause de la pierre calcaire blanche dont se composent ce cap ainsi que les montagnes du voisinage. Un sentier étroit conduit de là, entre la mer et une montagne abrupte, espèce de falaise, dans la plaine fertile de Tyr et de Sidon (μέγα πεδίον Σιδῶνος πόλεως, Joseph. *Antiquit.* V, 3, 1). Cette plaine, depuis le cap Blanc jusqu'au-dessus de Sidon, a environ quarante kilomètres de longueur, sur une largeur qui ne dépasse pas quatre kilomètres; dans quelques points la chaîne de montagnes vient toucher à la mer. La surface de la plaine est inégale, ondulée; le sol, très-fertile, est arrosé par deux rivières, dont l'une, confondue à tort avec l'Eleuthère, s'appelle aujourd'hui *Qasimyeh* (Quasmie), et l'autre *Nahr-el-Aouly*. La première parcourt, sous le nom d'*El-Hitany*, la vallée El-Bukâa, et se jette dans la mer, a une demi-lieue au-dessous de la Tyr actuelle. Ménandre en parle à l'occasion du siége de Tyr par Salmanassar, roi des Assyriens (1). Scylax et Strabon l'indiquent, sans lui donner de nom. Le Nahr-el-Aouly, le *Bostrenus* de Denys Périégète, est une rivière large et profonde, coulant rapidement à travers une contrée verdoyante (2); elle se jette dans la mer près de Sidon.

Au delà du territoire de Sidon, qui était au nord l'ancienne limite de Canaan, l'aspect du pays change. C'est là que commence la région du Liban, dont les sommets frappent d'abord les regards. Ces hauteurs deviennent de plus en plus considérables, et le sol rocailleux, stérile, n'est interrompu çà et là que par quelques baies sablonneuses jusqu'à Berytus (Bérouth). A moitié chemin, entre Berytus et Sidon (Saïde) est la rivière que Polybe appelle *Damouras* (*Tamyras* de Strabon), et qui porte encore aujourd'hui le nom de *Damour*. C'est, selon toute apparence, le *Léon* de Ptolémée. Avant d'arriver à Berytus, on rencontre une saillie du Liban qui s'avance dans la mer; c'est le promontoire de Berytus (Beyrouth). Fort près, et au nord de ce promontoire, est l'antique ville de Berytus, dont la belle situation et la riche plaine qu'elle domine, ont été chantées par les poëtes. La partie septentrionale de cette plaine est traversée par le Nahr-Bérouth ou *El-Salib*, le *Magoras* de Pline (V, 17) ou le *Chaldos* de Nonnus. *Magoras* est une épithète de Baal, patron de Berytus. Les mythographes rapportent que ce dieu-géant avala un jour un *bétyl* (un sanctuaire), et que, tourmenté par la soif, il but toute la rivière et lui laissa son nom (3).

De Berytus à Tripoli le pays perd de plus en plus son caractère de plaine, et devient tout à fait montagneux. Les cours d'eau deviennent des torrents, qui se précipitent avec impétuosité vers la mer. Les montagnes qui couvrent

---

(1) Pline, XXXVI, 26. — Comparez mon *Histoire de la Chimie*, tome I.

(2) Strab., XVI, p. 757 édit. Casaub. — Le sable était employé dans les vitreries de Sidon, où il était mêlé avec la potasse ou la cendre, élément nécessaire à la fabrication du verre.

(3) Tacite, *Hist.*, V, 7 : *Belus amnis Judaico mari illabitur, circa cujus os collectæ arenæ, admixto nitro, in vitrum excoquuntur; modicum id littus et egerentibus inexhaustum.* Conf. Josephe, *Bell. jud.*, II, 10.

(4) Pline, V, 19.

(1) Josèphe, *Antiq. jud.*, V, 3, 1.

(2) Comparez Volney, *Voyage en Syrie*, et Robinson, *Reise nach Palæstina*, etc.

(3) Nonnus, *Dionys.*, XLI, 72.

le littoral et l'intérieur s'élèvent à une hauteur considérable, et sont sillonnées par des vallées fort pittoresques. Dans cette partie de la côte, occupée primitivement par les Giblites, les anciens ne mentionnent que deux rivières : l'*Adonis*, aujourd'hui *Braïm* ou *Nahr-Ibrahim*, et le *Lycus* (loup), qu'on appelle aujourd'hui *El-Kelb* (le chien), à cause de la rapidité de ses eaux. Ce dernier était aussi connu sous le nom de *Mars*, divinité à laquelle le loup et le chien étaient consacrés.

Au-dessus de Tripoli on rencontre, près de *Botrys*, un promontoire aride, abrupte, que les anciens appelaient *visage de Dieu*, Θεοῦ πρόσωπον (*Euprosopon* de Pomponius Méla) (1). Après ce cap, le littoral reprend son premier aspect : la chaîne de montagnes se recule du rivage, et laisse entre elle et la mer une vaste plaine, bien arrosée et riche en productions naturelles. Cette plaine, appelée, selon Strabon, *Makra* (la longue), se nomme aujourd'hui *Djounia*. Elle s'étend, au nord, jusqu'à Marathus, dans une longueur de vingt à vingt-quatre kilomètres (2). Les rivières qu'on y rencontre sont, en allant du midi au nord, le *Sabbatique*, probablement l'*Arka*, ainsi nommé, puisqu'il passait pour n'avoir de l'eau que le jour du sabbat (3), et l'*Éleuthère* (libre), aujourd'hui *Nahr-el-Kebir* (le grand fleuve), qui a son embouchure près d'Aradus, est souvent cité comme frontière septentrionale de la Phénicie.

Le scoliaste Eustathius nomme la rivière *Marathias*, près de l'ancienne ville de Marathus (4). Mais aucun des géographes ou voyageurs modernes ne la mentionne. Dans le voisinage de cette ville la fertilité de la plaine est interrompue par un sol rocailleux; mais au nord, où la chaîne du Liban s'abaisse peu à peu, on entre dans une des régions les plus fertiles; elle est arrosée par de beaux fleuves : le *Plotus* (aujourd'hui *Nahr-Schobar*), le *Baudos* (aujourd'hui le *Nahr-Molekh*) et l'*Oronles* (aujourd'hui l'*Asi*). Le *Thapsacus* du Périple de Scylax paraît être le *rivus Valaniæ*, désigné au moyen âge comme la limite de la Phénicie.

Villes.

Tyr (*Tyrus*, Τύρος), en hébreu (araméen) Tsour, צור (de *tsour*, rocher); aujourd'hui *Sour*. Cette antique cité maritime (33° 20' latitude nord, et 32° 55' longitude orient.) partageait avec Sidon la suprématie de la Phénicie. Il faut distinguer l'ancienne ville, le *Paléo-Tyr*, située sur le continent, de la nouvelle ville, construite sur l'île en face du continent. C'est le Paléo-Tyr que désigne l'Ancien-Testament sous le nom de *Tyr, la ville forte* (1). Plus tard, en 332 avant J. C., Alexandre le Grand fit disparaître l'île en joignant par une digue le nouveau Tyr à l'ancienne ville. Telles sont les données historiques qu'il faut avoir présentes à la mémoire dans la comparaison des documents que nous allons reproduire.

Voici ce que nous apprend Hérodote, qui visita Tyr quelque temps après Nabuchodonosor, particulièrement dans l'intention de voir le fameux temple d'Hercule. « J'ai vu, dit-il, ce temple, richement orné de nombreux monuments, parmi lesquels y avait aussi deux colonnes (στῆλαι), l'une d'or brut (χρυσοῦ ἀπέφθου), et l'autre en pierre d'émeraude (σμαράγδου λίθου), jetant la nuit un grand éclat (2). La conversation s'étant engagée avec les prêtres du dieu (Hercule), je leur ai demandé depuis combien de temps le temple avait été construit. Leur réponse ne s'accorde pas en cela avec l'opinion des Grecs. Ils me dirent que le temple du dieu avait été construit en même temps que Tyr, et qu'il y avait deux mille trois cents ans depuis la fondation de cette ville (3). »

Ainsi, si l'on admet qu'Hérodote a

---

(1) Strab., XVI, 2, 16; Polyb., V, 68; Scylax, *Peripl.* 104.
(2) Comp. Maundrell, *Journey*, etc., p. 24; Shaw, *Travels*, etc., p. 268.
(3) Josèphe, *Bell. Jud.*, VII, 5, 1.
(4) Eustath., *ad Dionys*, V, 914, p. 279, édit. Bernhardy.

(1) Josué, XIX, 29; 2 Sam., XXIV, 7.
(2) C'était une colonne de verre coloré artificiellement par un oxyde métallique. La fabrication des pierres précieuses artificielles était parfaitement connue des anciens. Voyez mon *Histoire de la Chimie*, tom. I.
(3) Hérodote, II, 44.

L'UNIVERS,

OU

HISTOIRE ET DESCRIPTION

DE TOUS LES PEUPLES,

DE LEURS RELIGIONS, MOEURS, COUTUMES, ETC.

PHÉNICIE,

BABYLONIE, ASSYRIE, PALMYRÈNE;

PAR M. FERD. HOEFER.

PHÉNICIE.

CHAPITRE PREMIER.

TOPOGRAPHIE DE LA PHÉNICIE.

La civilisation était jadis concentrée sur la côte orientale du grand bassin méditerranéen, qui, sans le détroit de Gibraltar, serait un immense lac. C'est sur la côte orientale de ce bassin qu'étaient la Phénicie et la Palestine.

Nom. Le pays qui forme à l'est la bordure de la Méditerranée était désigné par les Grecs et les Romains sous le nom de *Phénicie* (Φοινίκη, *Phœnice*, *Phœnicia* (1)). Ce nom, qui anciennement s'appliquait aussi à la Carie (2),

(1) Le nom de *Phœnicia* est moins ancien que celui de *Phœnice*. *Voy.* Servius ad Virg., *Æneid.*, I, 450; Cicero, *De Finibus*, IV, 20.

(2) Athen., *Deipn.*, IV, p. 174 (édit. Schweigh.).

fait allusion au dattier, φοῖνιξ, symbole de Tyr, métropole de la contrée. Les fruits du dattier, plus abondants dans l'intérieur que sur la côte, formaient une des principales branches du commerce des habitants. Dans la langue des indigènes, ce pays s'appelait *Canaan* (de כנע, *Cana*, être bas), nom qui signifie littéralement *pays bas,* par opposition au pays des Hébreux et des Araméens, qui était le *haut pays* (de *Aram* élevé). *Cananéen* peut donc se traduire par habitant d'un pays bas, par *Néerlandais*. Plus tard, à cause de la principale occupation des habitants, ce nom devint synonyme de *marchand*.

Limites. A l'ouest la Phénicie avait la mer pour limite immuable. Dans les autres directions les limites étaient très-variables, selon les époques. Dans les premiers temps au nord la Phénicie ne dépassait pas le territoire de Sidon.

1re *Livraison.* (PHÉNICIE.)

« Les limites de Chanaan, est-il dit dans la Genèse (X, 19), furent depuis le pays qui est en venant de Sidon à Gerara jusqu'à Gaza, et jusqu'à ce qu'on entre dans Sodome, dans Gomorrhe, dans Adama, dans Séboïm jusqu'à Lésa. » A cette époque (1500 à 2000 avant J. C.), les Gibites, qui occupaient les territoires de Byblus et de Berytus, n'étaient pas encore comptés au nombre des Cananéens. Sous la domination perse la Phénicie, formant la cinquième province (νόμος) de l'empire, s'étendait depuis la ville de Posidium, près de la Cilicie, jusqu'aux frontières de l'Égypte, et comprenait, indépendamment du littoral, la Syrie et la Palestine (1). Plus tard les auteurs indiquent Eleuthère comme formant la limite septentrionale de la Phénicie (2). Enfin, au quatrième siècle et dans tout le moyen âge on regardait comme cette limite la rivière de Valanie (*rivus Valaniæ*), près de Balance (3). Au sud, du temps d'Alexandre le Grand, la Phénicie avait pour limite la ville de Césarée, et plus tard le castel Pelegrino (4). Mais le plus souvent cette limite était reculée jusqu'à Gaza et aux frontières de l'Égypte. — A l'est le pays était bordé par la chaîne du Liban et de l'Anti-Liban.

Ainsi, la Phénicie formait une zone étroite, dont la longueur variait entre le 31° et le 35° latitude nord. Sa largeur variait de trois à dix kilomètres. C'est aujourd'hui la partie la plus importante du littoral de la Syrie.

Sol, montagnes et rivières.

Le sol est uniformément plat dans toute l'étendue du littoral, à l'exception de la partie méridionale, qui offre quelques collines de sable et qui est bien moins fertile que la partie septentrionale. Ces collines n'existent qu'aux environs du mont Carmel, sur lequel il y avait une ville de même nom, qui s'appelait anciennement *Ecbatane*, comme la capitale de la Médie (Pline, V, 19). Le mont Carmel fait saillie dans la mer comme un promontoire, et forme au sud, le golfe d'Acre (Ptolémaïs). Dans ce golfe se jette, en coulant à l'est du mont Carmel, le fleuve Kison (le *Cisseus* du mythe d'Adonis), mentionné dans la Bible (I Reg. XVIII, 40; Jud., V, 21). Dans son cours, il reçoit plusieurs rivières, qui descendent du mont Thabor et des montagnes d'Éphraïm. Plus au sud du mont Carmel on trouve l'embouchure du *Chorseus* (Χορσέου ποταμοῦ ἐκβολαί), indiqué par Ptolémée comme la limite méridionale de la Phénicie (1). Pococke croit l'avoir retrouvé dans le *Coradge*.

Au sud du Kison est le *Bélus*, qui porte aussi le nom de *Pacida* ou *Pagida*. Cette rivière, qui joue un grand rôle dans l'histoire de la découverte du verre, paraît être le *Sihor Libnat* de la Bible. Cette rivière étroite, mais profonde, charriait un sable fin, propre à la fabrication du verre : (*vitri fertiles arenas parvo littori miscens* (2)). Pline en donne une description détaillée. « Dans la partie de la Syrie, dit-il, qu'on nomme Phénicie, entre les racines du mont Carmel (*intra montis Carmeli radices*), est un marais (*palus*), qu'on appelle *Cendevia*. Ce marais passe pour être la source de la rivière Bélus, qui, parcourant un espace de cinq mille pas, se jette dans la mer près de la colonie Ptolémaïs. Son cours est lent; son eau est malsaine à boire; mais il est sacré par les cérémonies religieuses; il est limoneux et profond (*insalubri potu, sed cæremoniis sacer, limosus, vado profundus*). On n'en découvre le sable qu'à la marée basse : roulé par les flots et dépouillé des matières qui le salissent, ce sable brille de tout son éclat (*fluctibus volutatæ nitescunt arenæ, detritis sordibus*). On pense qu'il doit sa force et son utilité à l'action de la mer. L'espace où ce sable se découvre n'est pas de plus de cinq cents pas, et il a servi pendant des siècles à la production du verre. On raconte qu'un navire de marchands de nitre ayant relâché sur cette

---

(1) Hérodote, III, 91.
(2) Strab., XVI, 2, 12; Plin., V, 18, 19; Ptolém., V, 20.
(3) *Iter. Hierosolym.*, p. 582, édit. Wesseling; Guil. Tyr., XII, 2.
(4) Guil. Tyr., XIII, 2.

(1) Ptolém., V, 14, 15. Le *Chorséus* de Ptolémée est le *fleuve des Crocodiles* de Pline, à l'embouchure duquel il y avait une ville nommée *Crocodilon*. (Pline, V, 19.)
(2) Pline, V, 19.

visité Tyr vers l'année 450, la fondation de cette ville remonte à 3500 avant J. C. Si c'est du Paléo-Tyr qu'il est ici question, il faut croire que cette ville continentale n'avait pas été entièrement détruite par Nabuchodonosor en 572 avant J. C. (1). Les autres renseignements nous sont fournis par des auteurs postérieurs à Alexandre le Grand.

« Tyr, rapporte Pline, était jadis une île, séparée de la terre ferme par un détroit de sept cents pas; elle appartient maintenant au continent, grâce aux travaux d'Alexandre; métropole célèbre de Leptis, d'Utique, et de cette insatiable émule de Rome, de Carthage (*Romani imperii æmula, terrarum orbis avida*), elle fonda aussi Gadès, au delà des limites du monde. Aujourd'hui elle retire toute sa splendeur du coquillage à pourpre. Son circuit actuel, en y comprenant l'ancienne Tyr (Paleo-Tyr), est de dix-neuf mille pas. Quant à la ville elle-même, elle a une surface de vingt-deux stades (2). » On voit, d'après cela, que du temps des empereurs romains Tyr n'était plus une ville commerciale, mais une ville industrielle, occupée à la fabrication des étoffes de pourpre.

Voici ce que raconte Strabon : « La ville de Tyr le dispute à Sidon en grandeur, en célébrité, en ancienneté, ainsi que l'attestent de nombreuses traditions mythologiques; car si, d'un côté, les poètes ont répandu davantage le nom de cette dernière Sidon (Homère en effet ne parle pas de Tyr), de l'autre, la fondation de ses colonies tant en Lybie qu'en Ibérie, jusqu'au delà des Colonnes, élève bien plus haut la gloire de Tyr. Toutes les deux ont donc été jadis et sont encore maintenant très-célèbres et très-florissantes; et quant au titre de métropole des Phéniciens, chacune d'elles croit avoir le droit d'y prétendre. Sidon, située sur le continent, possède un beau port, creusé par la nature; mais Tyr, entièrement renfermée dans une île, est bâtie à peu près comme Aradus; elle est jointe au continent par une chaussée qu'Alexandre construisit lorsqu'il fit le siège de cette ville. Elle a deux ports, l'un fermé, l'autre ouvert; ce dernier s'appelle le *Port-Égyptien*. On dit que les maisons y ont un nombre d'étages plus grand encore qu'à Rome; aussi a-t-elle manqué d'être entièrement détruite lors des tremblements de terre qu'elle a éprouvés; elle essuya aussi de grands dommages quand elle fut assiégée et prise par Alexandre. Mais elle surmonta tous ses malheurs, et sut réparer ses pertes, tant par la navigation, dans laquelle les Phéniciens, en général, ont de tout temps surpassé les autres peuples, que par la fabrication de la pourpre; car la pourpre de Tyr est reconnue pour la plus belle : la pêche du coquillage se fait à peu de distance. Tyr possède d'ailleurs toute les choses nécessaires à la teinture. Il est vrai que la multitude des ateliers de teinture rend le séjour de cette ville incommode; mais aussi c'est à l'habileté de ses habitants dans ce genre d'industrie qu'elle doit sa richesse. Les rois de Syrie lui laissèrent son indépendance; et elle en obtint la confirmation de la part des Romains, moyennant quelques légers sacrifices (1). » Au rapport de Josèphe, Marc-Antoine donna à Cléopâtre toute la côte de la Phénicie, depuis l'Eleuthère jusqu'à l'Égypte, à l'exception de Tyr et de Sidon, auxquelles il laissa leur indépendance (2). Mais, suivant Dion Cassius, l'empereur Auguste, venu en Orient au printemps de l'an 734 (18 avant J. C.), priva les Tyriens et les Sydoniens de leur liberté, à cause des factions qui régnaient parmi eux (3).

Du temps des Séleucides le territoire de Tyr avait pour frontière au sud une rivière, aujourd'hui desséchée (rivière des Tyriens), qui coulait au-des-

---

(1) Suivant Justin (XVIII, 3), la ville de Tyr (on ignore si l'auteur veut désigner celle du continent ou celle de l'île), fut fondée un an avant la guerre de Troie, et d'après Josèphe (*Antiq. jud.*, VIII, 3, 1), deux cent quarante ans avant la construction du temple de Salomon. Si cette dernière donnée est exacte, la fondation tombe dans l'année 1209 avant J.-C. (la construction du temple de Salomon remonte à l'an 969 avant J. C.); et par cela même la destruction de Troie appartient décidément à l'année 1210. Voilà comment une date peut se corriger par une autre.

(2) Pline, *Hist. Nat.*, V, 19.

(1) Strab., lib. XVI, p. 757, édit. Casaub.
(2) Josèphe, *Antiq. jud.*, XV, 4.
(3) Dion Cass., LXIV, 7.

sous du mont Carmel; au nord, la ville de Sarepta; et à l'est, Kédès et Baka, deux villes de la Galilée; la première était située à vingt mille pas de Tyr (1).

Nous venons de faire connaître la Tyr des Phéniciens. Voici maintenant, d'après le récit des voyageurs modernes, la Tyr ou *Sour* des Turcs. « Le local actuel de *Sour* est une presqu'île, qui fait saillie en forme de marteau à tête ovale. Cette tête est un fond de roc recouvert d'une terre brune cultivable, qui forme une petite plaine d'environ huit cents pas de long sur quatre cents de large. L'isthme qui joint cette plaine au continent est un pur sable de mer. Cette différence de sol rend très-sensible l'ancien état d'île qu'avait la tête de marteau avant qu'Alexandre la joignît au rivage par une jetée. La mer, en recouvrant de sable cette jetée, l'a élargie par des atterrissements successifs, et en a formé l'isthme actuel. Le village de *Sour* est assis sur la jonction de cet isthme à l'ancienne île, dont il ne couvre pas plus du tiers. La pointe que le terrain présente au nord est occupée par un bassin qui fut un port creusé de main d'homme. Il est tellement comblé de sable, que les petits enfants le traversent sans se mouiller les reins. L'ouverture, qui est à la pointe même, est défendue par deux tours correspondantes, où jadis l'on attachait une chaîne de cinquante à soixante pieds pour fermer entièrement le port. De ces tours part une ligne de murs qui, après avoir protégé le bassin du côté de la mer, enfermait l'île entière; mais aujourd'hui l'on n'en suit la trace que par les fondations qui bordent le rivage, excepté dans le voisinage du port, où les *Matouàlis* firent, il y a vingt ans, quelques réparations, déjà en ruine. Plus loin en mer, au nord-ouest de la pointe, à la distance d'environ trois cents pas, est une ligne de roches à fleur d'eau. L'espace qui les sépare du rivage du continent en face forme une espèce de rade où les vaisseaux mouillent avec plus de sûreté qu'à *Saïde*, sans cependant être hors de danger; car le vent du nord-ouest les bat fortement, et le fond fatigue les câbles. En rentrant dans l'île l'on observe que le village en laisse libre la partie qui donne sur la pleine mer, c'est-à-dire à l'ouest. Cet espace sert de jardin aux habitants; mais telle est leur inertie, que l'on y trouve plus de ronces que de légumes. La partie du sud est sablonneuse et plus couverte de décombres. Toute la population du village consiste en cinquante à soixante pauvres familles, qui vivent obscurément de quelques cultures de grain et d'un peu de pêche. Les maisons qu'elles occupent ne sont plus, comme au temps de Strabon, des édifices à trois et quatre étages, mais de chétives huttes, prêtes à s'écrouler. Ci-devant elles étaient sans défense du côté de terre; mais les *Matouàlis*, qui s'en emparèrent en 1766, les fermèrent d'un mur de vingt pieds de haut, qui subsiste encore. L'édifice le plus remarquable est une masure qui se trouve à l'angle du sud-est. Ce fut une église chrétienne, bâtie probablement par les croisés; il n'en reste que la partie du chœur : tout auprès, parmi des monceaux de pierres, sont couchées deux belles colonnes à triple fût de granit rouge, d'une espèce inconnue en Syrie. Djezzar, qui a dépouillé tous ces cantons pour orner sa mosquée d'Acre, a voulu les enlever; mais ses ingénieurs n'ont pas même pu les remuer. En sortant du village sur l'isthme, on trouve à cent pas de la porte une tour ruinée, dans laquelle est un puits où les femmes viennent chercher l'eau : ce puits a quinze ou seize pieds de profondeur; mais l'eau n'en a pas plus de deux ou trois; l'on n'en boit pas de meilleure sur toute la côte. Par un phénomène dont on ignore la raison, elle se trouble en septembre, et elle devient pendant quelques jours pleine d'un argile rougeâtre. C'est l'occasion d'une grande fête pour les habitants : ils viennent alors en troupe à ce puits, et ils y versent un seau d'eau de mer, qui, selon eux, a la vertu de rendre la limpidité à l'eau de la source. Si l'on continue de marcher sur l'isthme, vers le continent, l'on rencontre, de distance en distance, des ruines d'arcades qui conduisent en ligne droite à un monticule, le seul qu'il y ait dans la plaine. Ce monticule n'est point factice comme ceux

---

(1) Josèphe, *Antiq. jud.*, V, 1, 18; XIII, 5; *Bell. jud.*, II, 18.

du désert : c'est un rocher naturel, d'environ cent cinquante pas de circuit, sur quarante à cinquante pieds d'élévation ; on n'y trouve qu'une maison en ruines et le tombeau d'un chaïk ou santon, remarquable par le dôme blanc qui le couvre. La distance de ce rocher à *Sour* est d'un quart d'heure de marche, au pas du cheval. A mesure que l'on s'en rapproche, les arcades désignées deviennent plus fréquentes et plus basses ; elles finissent par former une ligne continue, qui du pied du rocher tourne tout à coup par un angle droit au midi, et va obliquement par la campagne vers la mer ; on en suit la file pendant une grande heure de marche au pas du cheval. C'est dans cette route que l'on reconnaît, au canal qui règne sur les arches, cette construction pour un aqueduc : ce canal a environ trois pieds de large, sur deux et demi de profondeur ; il est formé d'un ciment plus dur que les pierres mêmes. Enfin, on arrive à des puits où il aboutit, ou plutôt d'où il tire son origine. Ces puits sont ceux que quelques voyageurs ont appelés *puits de Salomon* ; mais dans le pays on ne les connaît que sous le nom de *Ras-el-Aïn*, c'est-à-dire *tête de la source*. L'on en compte un principal, deux moindres, et plusieurs petits ; tous forment un massif de maçonnerie qui n'est point en pierre taillée ou brute, mais en ciment mêlé de cailloux de mer. Du côté du sud ce massif saille de terre d'environ dix-huit pieds, et de quinze du côté du nord. De ce même côté s'offre une pente assez large et assez douce pour que des chariots puissent monter jusqu'au haut. Quand on y est monté on trouve un spectacle bien étonnant ; car, au lieu d'être basse ou à niveau de terre, l'eau se présente au niveau des bords de l'esplanade, c'est-à-dire que la colonne qui remplit le puits est élevée de quinze pieds plus haut que le sol. En outre, cette eau n'est point calme ; mais elle ressemble à un torrent qui bouillonne, et elle se répand à flots par des canaux pratiqués à la surface du puits. Telle est son abondance, qu'elle peut faire marcher trois moulins qui sont auprès, et qu'elle forme un petit ruisseau dès avant la mer, qui en est distante de quatre cents pas. La bouche du puits principal est un octogone, dont chaque côté a vingt-trois pieds trois pouces de long, ce qui suppose soixante et un pieds au diamètre. On prétend que ce puits n'a point de fond : mais le voyageur Laroque assure que de son temps on le trouva à trente-six brasses. Il est remarquable que le mouvement de l'eau à la surface a rongé les parois intérieures du puits, au point que le bord ne porte plus sur rien, et qu'il forme une demi-voûte suspendue sur l'eau. Parmi les canaux qui en portent, il en est un principal, qui se joint à celui des arches dont j'ai parlé. Au moyen de ces arches, l'eau se portait jadis d'abord au rocher, puis du rocher par l'isthme, à la tour où l'on puise l'eau. Du reste, la campagne est une plaine d'environ deux lieues de large, ceinte d'une chaîne de montagnes assez hautes, qui règnent depuis la *Qâsmié* jusqu'au *cap Blanc*. Le sol est une terre grasse et noirâtre, où l'on cultive avec succès le peu de blé et de coton que l'on y sème (1). »

Nous compléterons ce qui est relatif à cette ville par le résumé de l'excellent mémoire de M. J. de Bertou sur la *Topographie de Tyr*.

« Les noms de Sor, Sour, Tyros, Sar, Sarra, Tyrus, et Palæ-Tyrus ont tous une même origine, mais ont servi à désigner des villes différentes, situées : 1° sur le continent dans l'endroit nommé Adloum ; 2° dans une première île jointe au continent par Nabuchodonosor ; 3° dans une seconde île transformée à son tour en péninsule par les travaux d'Alexandre, et 4° sur la montagne nommée Scala Tyriorum.

« C'est à la ville de Sor, mentionnée dans le livre de Josué, qu'il faut appliquer les noms de Sarra et Palæ-Tyrus, qu'elle porta tour à tour.

« La nécropole d'Adloum, c'est-à-dire de Sarra ou Palæ-Tyr, était commune aux Tyriens insulaires et à ceux du continent. Son antiquité est attestée par la forme de ses hypogées et par le tableau égyptien qui y est sculpté et qu'Hérodote a vu et décrit.

« Les Tyriens ne furent pas chassés de leur ville continentale ; mais quel-

(1) Volney, *Voyage en Syrie*.

« ques-uns d'entre eux, poussés par le désir de se livrer au commerce et à la navigation, allèrent s'établir dans une petite île située entre une plus grande et la terre ferme.

« Le roi Hiram agrandit cette île, en faisant exhausser un endroit marécageux nommé l'Eurychoron. Il lia aussi par une chaussée l'île qu'il habitait à celle où était situé le temple de Jupiter Olympien.

« Le petit temple monolithe dédié à Astarté, et situé près de Palæ-Tyr, est certainement un monument phénicien d'une très-haute antiquité. Sans affirmer qu'il est le même que celui qui fut consacré par le roi Hiram, on peut le supposer sans invraisemblance. La ville assiégée par Salmanazar était située dans l'île la plus voisine du continent. Le fleuve près duquel Salmanazar laissa des postes, après qu'il se fut retiré, ne peut être que le Léontès (le Kassmyé des Arabes). L'aqueduc que Salmanazar fit garder pour empêcher que les Tyriens pussent en tirer de l'eau doit être celui dont on voit les ruines entre le Léontès et Tyr. Nabuchodonosor combla dans toute son étendue le canal qui séparait l'île tyrienne du continent, et détruisit de fond en comble la première Tyr insulaire, qui ne fut plus jamais rebâtie. Les Tyriens, après qu'ils se furent réfugiés dans la seconde île pour échapper à Nabuchodonosor, détruisirent la chaussée qu'Hiram avait fait élever pour réunir les deux îles. La ville transférée dans la seconde île s'éleva à un haut degré de gloire, et continua à prospérer jusqu'à l'époque à laquelle elle tomba au pouvoir d'Alexandre.

« L'île tyrienne, quand Alexandre en fit la conquête, était beaucoup plus grande qu'elle ne l'est aujourd'hui. L'immersion de sa partie occidentale est démontrée par l'insuffisance de la superficie de l'île, les changements survenus dans ses abords et les traces de constructions qui sont restées sur la portion submergée. La digue sous-marine dont nous avons fait la découverte servait de clôture au port désigné par Strabon sous le nom de « Port-Égyptien. » Le bassin fermé que nous avons reconnu au sud de la presqu'île correspond au Cothôn, décrit par Diodore de Sicile.

« Les constructions voûtées qui faisaient face au Cothôn étaient probablement les magasins de l'Agora, et le grand nombre de colonnes en granit qui gisent pêle-mêle, tant sur le bord du Cothôn que dans le bassin lui-même, servaient probablement à la décoration du port.

« Les situations respectives de l'Agora et du Cothôn, indiquées ci-dessus, se retrouvent à peu près les mêmes dans la Carthage punique, qui était construite, on le sait, sur le modèle de sa mère patrie.

« Au temps d'Alexandre Tyr avait quatre ports : deux, ouverts, destinés à la marine marchande ; deux autres, enfermés dans les murs de la ville, communiquant ensemble par un canal qui traversait l'île, et réservés à la marine royale. Il y a tout lieu de penser que le grand nombre de colonnes en granit que l'on voit aujourd'hui dans la mer, près des môles de l'un et de l'autre de ces deux ports, ont servi à orner un double portique qui, vu de la mer ou même du continent, devait produire un très-bel effet.

« La largeur du détroit qui séparait l'île de Tyr du continent a été exagérée par les historiens d'Alexandre. La chaussée d'Alexandre aboutissait vers l'angle sud-est de l'île, près de l'extrémité orientale du Cothôn : elle traversait le détroit obliquement, dans la direction du nord-est au sud-ouest ; sa longueur était de soixante mètres environ ; sa largeur, de quarante mètres. Cette chaussée avait été construite avec les bois, les pierres et les autres matériaux provenant de la ville ruinée par Nabuchodonosor. Alexandre commandait en personne l'attaque dirigée contre l'angle sud-est de la ville, et ce fut par la brèche ouverte dans le mur du Cothôn qu'il pénétra dans Tyr. La fondation d'Alexandrie enleva à Tyr le monopole du commerce universel ; ce fut là le plus funeste des coups que le conquérant macédonien porta à la fortune de la capitale phénicienne.

« Les géographes et les historiens de tous les temps s'accordent à dire que le sol de Tyr et de la Phénicie tout entière a été très-souvent remué par des tremblements de terre, et le récit de Possi-

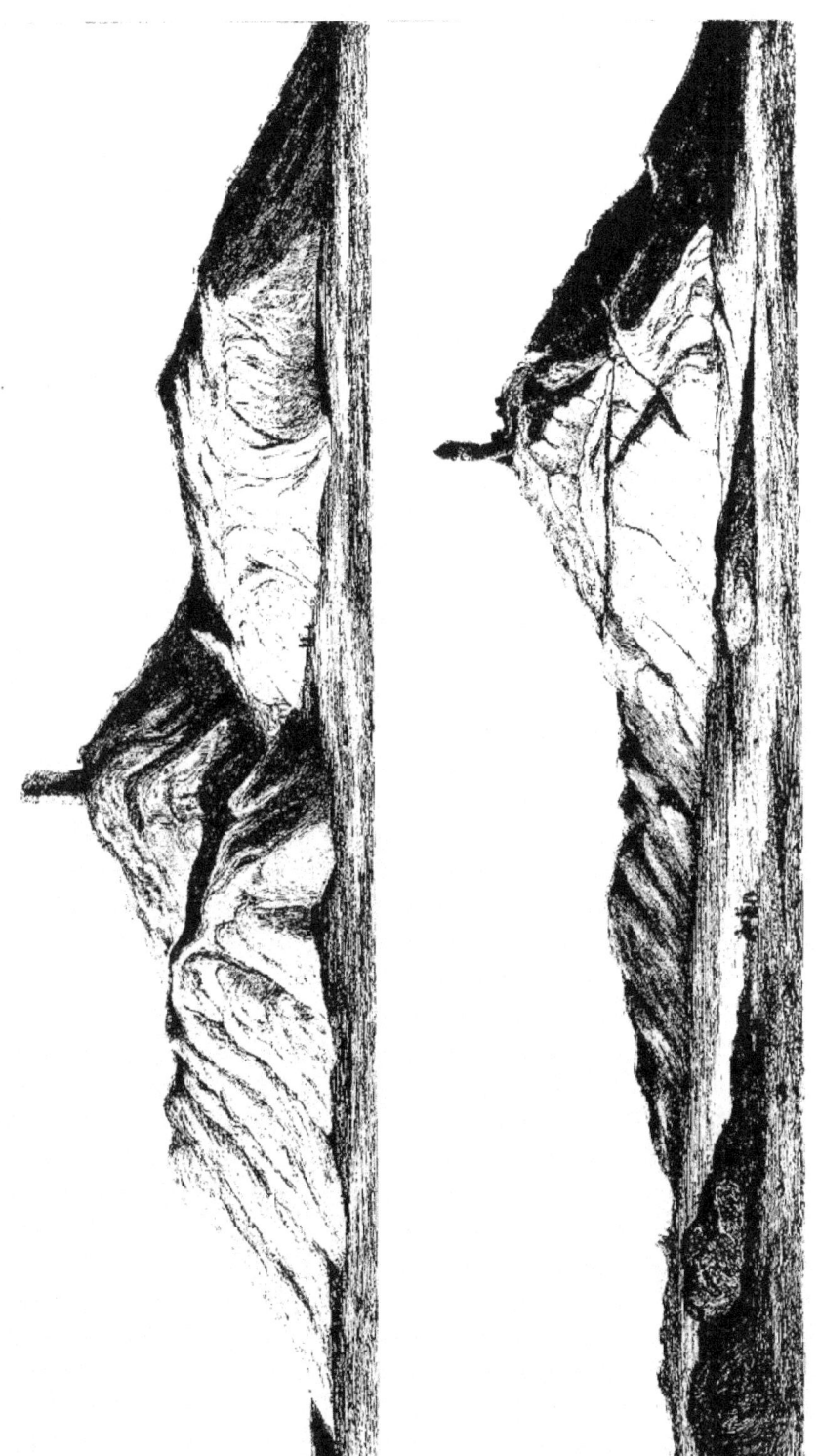

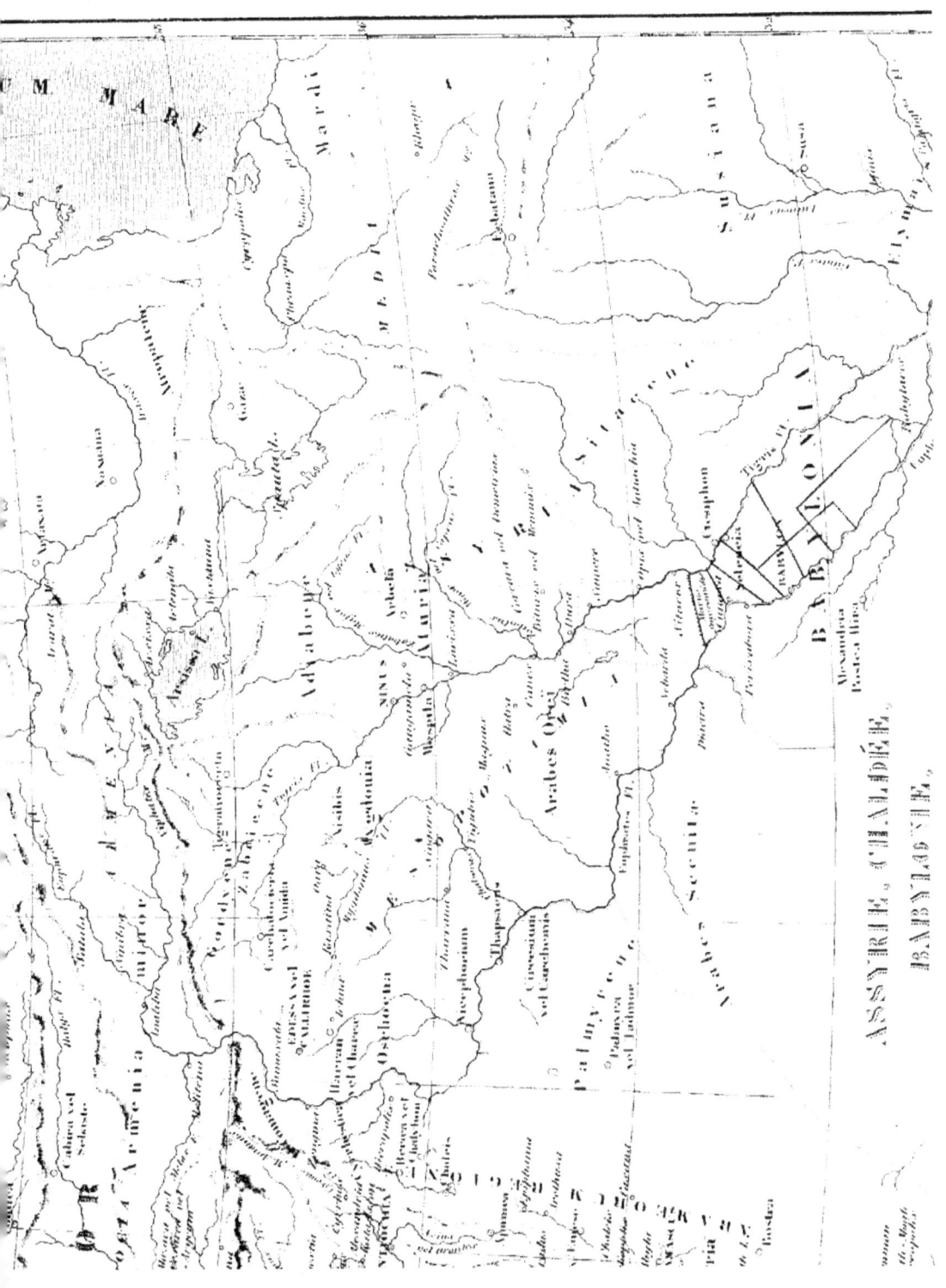

Ruines du Temple de Bélus, 1. face occidentale 2. face méridionale.

donius, rapproché de considérations empruntées à Strabon et à Pline, permet de fixer à la 143ᵉ année avant J.-C. l'époque à laquelle eut lieu l'immersion de la partie occidentale de l'île de Tyr.

« Sous le règne des Séleucides, des rois de Syrie, des empereurs de Constantinople, des Arabes et des croisés, Tyr fut une ville considérable, souvent ruinée, il est vrai, mais se relevant toujours. Sous la domination des Turcs elle est devenue un lieu presque désert et complétement ruiné.

« La chaussée d'Alexandre n'a disparu sous les sables qui la recouvrent aujourd'hui que depuis moins de deux cents ans, et par suite de l'affaissement du grand môle méridional. Pendant mille neuf cent soixante-quatre ans cette chaussée avait conservé sa largeur primitive, et depuis les deux derniers siècles elle s'est élargie dans le rapport de un à douze.

« En 1702 les navires qui allaient à Tyr trouvaient encore un abri au sud de la presqu'île : cette circonstance prouve que le môle du Port-Égyptien, qui paraît s'affaisser de plus en plus, était encore alors assez près de la surface de l'eau, pour rompre les vagues, comme le fait un breakwater. Tyr, au moyen âge, était défendue vers l'orient par de larges fossés et trois lignes de murailles flanquées de tours semi-circulaires.

« L'érection de l'aqueduc qui conduisait à Tyr l'eau des réservoirs de Raz-êl-Aïn ne peut guère être attribuée qu'aux Romains. Il est probable que ce fut à Auguste que Tyr dut ce bel et utile ouvrage.

« Des quatre citernes de Raz-êl-Aïn, deux sont beaucoup plus anciennes que les autres ; ce sont celles qui sont construites en silex marins, dont les parois sont concaves. Ces deux citernes paraissent avoir été construites, l'une pour créer une force motrice, l'autre pour arroser la plaine de Tyr. Les deux autres citernes paraissent avoir la même origine que l'aqueduc qu'elles servent à alimenter.

« Il n'y a jamais eu de conduit caché dans la base de l'aqueduc qui arrivait à Tyr, et l'eau qu'on trouve encore dans les réservoirs désignés sur les plans par les numéros quarante-sept et cinquante-cinq est le produit de sources locales.

« Avant la jonction de Tyr avec le continent on ne pénétrait dans la ville que par le bassin septentrional. Après cette jonction il y eut une porte vers l'angle sud-est de la ville, en face de l'endroit où aboutissait la chaussée d'Alexandre ; depuis que cette chaussée a été élargie par des atterrissements l'entrée principale de Sour a été reculée vers le nord. »

Sidon (en phénicien et en hébreu *Tsidôn*, mot qui signifie la *pêche* ; par allusion à la nourriture primitive de ses habitants), aujourd'hui *Saïde* (33° 29′ de latitude nord et 33° 3′ longitude est). Les anciens nous ont laissé fort peu de renseignements sur cette antique métropole de la Phénicie, qui a donné en même temps son nom aux habitants de toute la contrée : *Sidoniens* est très-souvent synonyme de Phéniciens ou de Cananéens (1). La Bible lui donne presque toujours l'épithète de *grande* : *Tsidôn rabbah*, *Sidon la grande* (2). Hérodote nous apprend que Sidon avait fourni les meilleurs navires à la flotte de Xerxès (3). Pline, en l'appelant *vitri artifex*, en signale les fabriques de verre, célèbres dans toute l'antiquité (4). « Sidon, dit Strabon, est située à environ quatre cents stades au delà de Berytus ; entre ces deux villes, on trouve le fleuve Tamyras, le bois consacré à Esculape, et Léontopolis. » Et, plus loin, il ajoute : « Sidon, située sur le continent, possède un beau port, creusé par la nature (5). »

Sidon fut fondée par les Tyriens, c'est-à-dire par les habitants de la Paléo-Tyr, située sur le continent ; et plus tard elle fonda, à son tour, la nouvelle Tyr, située sur l'île (6). Voilà comment nous comprenons ce passage de Justin, qu'on a toujours si mal interprété : « Les Tyriens..., tourmentés par des tremblements de terre, s'établirent d'abord près du lac

(1) Homère, *Iliad.*, VI, 290 ; XXIII, 743 ; *Odyss.*, IV, 84 ; XVII, 424.
(2) Jos., XI, 8 ; XIX, 28 ; Jud., I, 31 ; III, 3 ; XVIII, 7.
(3) Hérodote, VII, 99 ; C., 128.
(4) Pline, V, 19.
(5) Strab., XVI, p. 756, édit. Casaub.
(6) Les paroles d'Isaïe appelant Tyr *fille de Sidon* doivent se comprendre de la Tyr de l'île.

Assyrien (*stagnum Assyrium*), et plus tard sur les bords de la mer. Là ils bâtirent une ville, qu'ils appelèrent Sidon, à cause de l'abondance du poisson; car *sidon* en langue phénicienne signifie *poisson*. Plusieurs années après, la ville ayant été prise par le roi d'Ascalon, les habitants s'embarquèrent, et allèrent fonder la ville de Tyr, un an avant la destruction de celle de Troie (3). » Évidemment il n'est ici question que de la nouvelle Tyr, car la fondation de Tyr proprement dite remonte, comme nous venons de le voir, à plus de 3000 ans avant J.-C. Ainsi, la ville la plus ancienne de la Phénicie, ce n'est pas, contrairement à l'opinion générale, Sidon, mais Tyr, qui était aussi de droit la résidence des plus grandes divinités du pays.

Les Sidoniens avaient la réputation d'être fort industrieux et très-habiles dans tous les métiers (Homère, *Il.*, XXIII, 743). Parmi les sciences, ils cultivaient particulièrement l'astronomie et l'arithmétique, si nécessaires à la navigation et au commerce. « Et à présent encore, ajoute Strabon, on pourrait s'instruire à Sidon et à Tyr non-seulement dans ces deux sciences, mais même dans toutes les autres branches de la philosophie. S'il faut en croire Posidonius, l'opinion sur les atomes est de Moschus de Sidon qui vivait avant la guerre de Troie. De nos jours Sidon a produit des philosophes distingués, tels que Boetus, que nous avons eu pour condisciple, lorsque nous nous occupions de la philosophie d'Aristote, et Diodote, son frère. Tyr a produit Antipater, et, un peu avant notre temps, Apollonius, qui a dressé la table des philosophes de la secte de Zénon et de leurs ouvrages (1). »

Volney nous fait le tableau suivant de la moderne Sidon (Saïde). « Cette ville est, dit-il, comme toutes les villes turques, mal bâtie, malpropre, et pleine de décombres modernes. Elle occupe, le long de la mer, un terrain d'environ six cents pas de long, sur cent cinquante de large. Dans la partie du sud le terrain, qui s'élève un peu, a reçu un fort, construit par Degnizlé. De là l'on domine la mer, la ville et la campagne; mais une volée de canon renverserait tout cet ouvrage, qui n'est qu'une grosse tour à un étage, déjà à demi ruinée. A l'autre extrémité de la ville, c'est-à-dire au nord-ouest, est le château. Il est bâti dans la mer même, à quatre-vingts pas du continent, auquel il tient par des arches. A l'ouest de ce château est un écueil de quinze pieds d'élévation au-dessus de la mer, et d'environ deux cents pas de long. L'espace compris entre cet écueil et le château sert de rade aux vaisseaux; mais ils ne sont pas en sûreté contre le gros temps. Le rivage qui règne le long de la ville est occupé par un bassin enclos d'un môle ruiné. C'était jadis le port; mais le sable l'a rempli au point, qu'il n'y a que son embouchure, près le château, qui reçoive des bateaux. C'est Fakr-êl-Din, émir des Druzes, qui a commencé la ruine de tous ces petits ports, depuis Bairouth jusqu'à Acre, parce que, craignant les vaisseaux turcs, il y fit couler à fond des bateaux et des pierres. Le bassin de Saïde, s'il était vidé, pourrait tenir vingt à vingt-cinq petits bâtiments. Du côté de la mer la ville est absolument sans muraille; du côté de la terre celle qui l'enceint n'est qu'un mur de prison. Toute l'artillerie réunie ne monte pas à six canons, qui n'ont ni affûts ni canonniers. A peine compte-t-on cent hommes de garnison. L'eau vient de la rivière d'*Aoula*, par des canaux découverts, où les femmes vont la puiser. Ces canaux servent aussi à abreuver des jardins d'un sol médiocre, où l'on cultive des mûriers et des limoniers. *Saïde* est une ville assez commerçante, parce qu'elle est le principal entrepôt de Damas et du pays intérieur. Les Français, les seuls Européens que l'on y trouve, y ont un consul et cinq ou six maisons de commerce. Leurs retraits consistent en soie, et surtout en cotons bruts ou filés. Le travail de ce coton est la principale branche d'industrie des habitants, dont le nombre peut se monter à cinq mille âmes. »

Béryte (*Berytus*, Βηρυτός), aujourd'hui *Beyrouth*. Cette ville est située à cinq ou six lieues au nord de Sidon, dont elle est probablement une colonie. Les Grecs en font remonter la fondation

(1) Justin, XVIII, 3.
(2) Strab., XVI, p. 757, édit. Casaub.

à Kronos (Scylax et Étienne de Byzance). Du temps d'Aboulféda Béryte était encore une ville florissante, et son port faisait un commerce actif avec Damas. Pendant les guerres de la Syrie l'ancienne Berytus avait été détruite par Tryphon. « Mais, ajoute Strabon, les Romains l'ont reconstruite, au moyen de deux légions qu'Agrippa y a placées, en même temps qu'il a réuni au territoire de cette ville une portion considérable du Marsyas, jusqu'aux sources de l'Oronte, situées près du Liban, du jardin et du château égyptien, vers le district d'Apamé (1). » Plus tard elle obtint les droits d'une cité romaine, avec le nom de *Felix Julia*. Dans les premiers siècles du christianisme il y eut à Béryte une école célèbre, où l'on enseignait la jurisprudence et les belles-lettres (2).

L'emplacement de la ville actuelle est une plaine qui du pied du Liban s'avance en pointe dans la mer, environ deux lieues hors la ligne commune du rivage : l'angle rentrant qui en résulte au nord forme une assez grande rade, où débouche la rivière de *Nahr-êl-Salib*, dite aussi *Nahr-Bairouth*. Cette rivière en hiver a des débordements qui ont forcé d'y construire un pont assez considérable; mais il est tellement ruiné que l'on n'y peut plus passer. Le fond de la rade est un roc qui coupe les câbles des ancres, et rend cette station peu sûre. De là en allant à l'ouest vers la pointe on trouve, après une heure de chemin, la ville de *Bairouth*. Jusqu'à ces derniers temps elle avait appartenu aux Druzes; mais Djezzâr a jugé à propos de la leur retirer, et d'y mettre une garnison turque. Elle a été longtemps l'entrepôt des Maronites et des Druzes : c'est par là qu'ils faisaient sortir leurs cotons et leurs soies, destinés presque tous pour le Kaire. Ils recevaient en retour du riz, du tabac, du café et de l'argent, qu'ils échangeaient encore contre les blés de Beqââ et du Hauran; ce commerce entretenait une population assez active, d'environ six mille âmes.

Le dialecte des habitants est renommé avec raison pour être le plus mauvais de tous; il réunit à lui seul tous les défauts d'élocution dont parlent les grammairiens arabes. Le port de Bairouth, formé, comme tous ceux de la côte, par une jetée, est, comme eux, comblé de sables et de ruines : la ville est enceinte d'un mur de pierre molle et sablonneuse, qui cède au boulet de canon sans éclater; ce qui contraria beaucoup les Russes quand ils l'attaquèrent. D'ailleurs, ce mur et ses vieilles tours sont sans défense. Il s'y joint deux autres inconvénients, qui condamnent Bairouth à n'être jamais qu'une mauvaise place; car d'une part elle est dominée par un cordon de collines qui courent à son sud-est, et de l'autre elle manque d'eau dans son intérieur. Les femmes sont obligées de l'aller puiser à un demi-quart de lieue, à une source où elle n'est pas trop bonne. Les fouilles que l'on a faites en d'autres circonstances pour former des citernes ont fait découvrir des ruines souterraines, d'après lesquelles il paraît que la ville moderne est bâtie sur l'ancienne. *Lataqié*, *Antioche*, *Tripoli*, *Saïde*, et la plupart des villes de la côte, sont dans le même cas, par l'effet des tremblements de terre qui les ont renversées à diverses époques. On trouve aussi hors des murs, à l'ouest, des décombres et quelques fûts de colonne qui indiquent que Bairouth a été autrefois beaucoup plus grande qu'aujourd'hui. La plaine qui forme son territoire est toute plantée en mûriers blancs, qui, au contraire de ceux de Tripoli, sont jeunes et vivaces, parce que sous la régie druze on les renouvelait impunément : aussi la soie qu'ils fournissent est d'une très belle qualité. C'est un coup d'œil vraiment agréable, lorsqu'on vient des montagnes, d'apercevoir, de leurs sommets ou de leurs pentes, le riche tapis de verdure que déploie au fond lointain de la vallée cette forêt d'arbres utiles.

Dans l'été le séjour de *Bairouth* est incommode par sa chaleur et son eau tiède; cependant il n'est pas malsain : on dit qu'il le fut autrefois, mais qu'il cessa de l'être depuis que l'émir Fakr-êl-Din eut planté un bois de sapins qui subsiste encore à une lieue de la ville. Les religieux de Mar-Hanna citent la même observation pour divers couvents; ils assurent même que depuis que les sommets se sont couverts de sapins les eaux de di-

---

(1) Strab., XVI, p. 756, éd. Casaub.; Josèphe, *Antiq. jud.*, XIX, 7.
(2) Socrat., *Hist. Eccles.*, IV, 17.

verses sources sont devenues plus abondantes et plus saines; ce qui est d'accord avec d'autres faits déjà connus (1).

Byblos (en phénicien גבל, *Ghibl*), aujourd'hui *Djébaïl*. En allant de Béryte à Byblos on rencontrait d'abord, suivant Strabon, la rivière Lycus, puis Palæ-Byblos, la montagne Climax, enfin le fleuve Adonis. La ville de Byblos fut longtemps célèbre par le culte d'Adonis. Pompée la délivra du tyran Cinyre, auquel il fit trancher la tête. Elle était située sur une petite hauteur, à peu de distance de la mer (2). L'ancienne Byblos, la *Palæ-Byblos* de Pline (V, 20), paraît avoir été située près de la rive septentrionale du Lycus (Nahr-êl-Kelb). Ptolémée l'indique à une vingtaine de lieues dans l'intérieur des terres. Byblos était le siège principal de la tribu des Giblites, qui se distinguaient des Cananéens par leurs mœurs et leurs coutumes. Les Giblites étaient tout à fait indépendants de Tyr et de Sidon. Le Lycus formait au sud la limite de leur territoire.

Byblos (*Djébaïl*) est aujourd'hui une ville de six mille âmes; à peine reste-t-il des traces de son ancien port. La rivière d'Ibrahim, jadis l'*Adonis*, qui est à deux lieues au midi, a le seul pont que l'on trouve depuis Antioche, celui de Tripoli excepté. Il est d'une seule arche de cinquante pas de large, de plus de dix mètres d'élévation au-dessus du rivage et d'une structure très-légère : il paraît être un ouvrage des Arabes.

Sur la route de Byblos à Tripolis était située la petite ville de *Trieris*, mentionnée par Polybe (V, 68), Pline et Strabon. Elle devait être près du village actuel de *Butroun*.

Tripolis (aujourd'hui Tripoli ou *Tarabolous*; 34° 22′ latitude nord et 33° 27′ longitude est). Cette ville doit son nom à ses trois quartiers, dont l'un a été construit par les Tyriens, un autre par les Sidoniens, et le troisième par les Aradiens. Chacun de ces peuples habite son quartier respectif (3). « Tripoli, dit Diodore, est une ville très-célèbre de la Phénicie : elle se compose de trois villes séparées l'une de l'autre par un stade d'intervalle. Elle renferme le sénat des Phéniciens, qui délibère sur les affaires les plus importantes de l'État (1). »

Aujourd'hui Tripoli est la résidence d'un pacha turc; elle est située sur la rivière Qadicha, à un petit quart de lieue de son embouchure. Le mont Liban la domine et l'enceint de ses branches à l'est, au sud, et au nord-ouest. L'une de ces branches vient aboutir au cap Grégo, l'ancien promontoire *Théoprosopon*. La ville est séparée de la mer par une petite plaine triangulaire d'une demi-lieue, à la pointe de laquelle est le village où abordent les navires. Les Francs appellent ce village La Marine. Il n'y a point de port, mais seulement une rade qui s'étend entre le rivage et les écueils appelés *îles des Lapins et des Pigeons*. Le fond en est de roche; les vaisseaux craignent d'y séjourner, parce que les câbles des ancres s'y coupent promptement, et que l'on y est d'ailleurs exposé au vent nord-ouest, qui est habituel et violent sur toute cette côte. Du temps des Francs cette rade était défendue par des tours; on en compte encore sept qui subsistent, depuis l'embouchure de la rivière jusqu'à La Marine. La construction en est solide; mais elles ne servent plus qu'à nicher des oiseaux de proie. Tous les environs de Tripoli sont des vergers, où l'on cultive le cochenilier, le mûrier blanc, le grenadier, l'oranger et le citronnier. Mais l'habitation de ces lieux est malsaine. Chaque année, depuis juillet jusqu'à septembre, il y règne des fièvres pernicieuses endémiques : elles sont dues aux irrigations que l'on y pratique. D'ailleurs, la ville n'étant ouverte qu'au couchant, l'air n'y circule pas, et l'on y éprouve un état d'accablement habituel. Le rivage méridional de la petite plaine est rempli de vestiges d'habitations, de colonnes brisées, enfermés dans la terre ou ensablés dans la mer. Les Francs en employèrent beaucoup dans la construction de leurs tours, où on les voit encore posées sur le travers (2). Le commerce de Tripoli est presque exclusivement aux mains des

---

(1) Volney, *Voyage*, etc.
(2) Strab., XVI, p. 755 (édit. Casaub.).
(3) Pline, V, 20.

(1) Diod., XVI, 41.
(2) Volney, p. 243.

Français. Ils exportent des soies et quelques éponges, que l'on pêche dans la rade ; ils les payent avec des draps, du sucre et du café d'Amérique.

Aradus (aujourd'hui *Rouad*, à 34° 46′ latitude nord et 35° 26′ longitude est). Cette ville était située sur une île, à vingt stades de la côte, garnie de récifs et dépourvue de ports. « C'est, dit Strabon, un rocher battu de tous côtés par la mer, d'environ sept stades de tour, tout couvert d'habitations, et si peuplé encore à présent, que les maisons y ont un grand nombre d'étages. On dit qu'*Aradus* doit sa fondation à des exilés de Sidon. Les habitants boivent de l'eau de pluie, conservée dans des citernes, ou de celle qu'on fait venir de la côte opposée. En temps de guerre ils vont puiser leur eau un peu en avant de la ville, dans le détroit même, où se trouve une source abondante. Voici le procédé qu'on emploie. Du bateau destiné à cette opération on fait descendre sur l'orifice de la source un vase en plomb, renversé dessus-dessous, dont l'ouverture est large, et les parois vont en se rétrécissant jusqu'au fond, qui est percé d'un trou assez étroit. Autour de ce fond est serré et attaché un tuyau de cuir, par lequel s'élève l'eau que reçoit le vase ; mais on attend qu'elle arrive pure et potable : alors on en reçoit la quantité nécessaire dans des vases préparés à cet usage, puis on l'apporte à la ville (1).

Cette source d'eau douce était, selon Mutianus, cité par Pline, à cinquante coudées au-dessus du niveau de la mer. Le vase de plomb, en forme de cloche, s'appliquait sur l'ouverture, et l'eau montait dans le tube, d'après les lois de l'hydrostatique. La force avec laquelle elle jaillissait était en raison de la hauteur de la montagne où la source avait son origine. Il existe une semblable source dans le port de Syracuse, vis-à-vis de la fontaine Aréthuse, et une autre à deux ou trois lieues des côtes sud de Cuba, au sud-est du port de Battaleno (2).

« Dans l'origine, continue Strabon, les Aradiens avaient leur roi particulier, de même que chacune des autres villes phéniciennes ; par la suite, les changements qu'ont introduits les Perses, les Macédoniens et de nos jours les Romains, ont amené la forme actuelle du gouvernement. Les Aradiens, d'abord soumis aux rois de Syrie en qualité d'alliés, ainsi que les autres peuples de Phénicie, embrassèrent ensuite le parti de Séleucus Callinicus, lors de sa querelle avec son frère Antiochus, surnommé Hiérax. Ils firent un traité en vertu duquel il leur fut permis de recevoir ceux qui, abandonnant le royaume, voudraient se réfugier parmi eux, sous la condition de n'être point obligés de les livrer malgré eux, mais en même temps de ne point leur permettre de quitter l'île sans l'autorisation du roi. Il en résulta pour eux de grands avantages ; car ceux qui cherchèrent un refuge dans leur île étaient des personnages distingués, qui, ayant été chargés de fonctions d'une haute importance, avaient les plus grands sujets de crainte ; ils regardèrent donc comme des bienfaiteurs et des sauveurs les Aradiens, qui leur avaient accordé l'hospitalité, et ils s'en montrèrent reconnaissants, surtout après leur retour dans leur patrie. Ce fut par ce moyen que les Aradiens purent acquérir une grande portion de la côte, qu'ils possèdent encore maintenant, et prospérer sous tous les autres rapports. Ils ajoutèrent à cette cause de prospérité par leur intelligence et leur activité pour la navigation ; et, quoiqu'ils eussent sous les yeux l'exemple des Ciliciens, leurs voisins, qui se livraient à la piraterie, jamais ils ne voulurent faire cause commune avec eux, en prenant part à ce genre de brigandage (1). »

Selon Pline, l'île avec la ville d'Aradus était située, non pas à vingt stades, comme le dit Strabon, mais à deux cents pas seulement de la côte ; et cette île avait sept stades d'étendue. (*Aradus septem stadiorum oppidum et insula*, CC *passus a continente distans* (2).) D'après Pomponius Méla, la ville occupait toute la surface de l'île (3).

---

(1) Strab., XVI, p. 753 (édit. Casaub.).
(2) A. de Humboldt, *Tableaux de la Nature*, t. I, p. 331.

(1) Strab., XVI, p. 754.
(2) Pline, V, 20.
(3) Méla, II, 7 : *Aradus in Phœnice est*

Antaradus, ville située sur le continent en face de l'île, est seulement mentionnée par Pline; Strabon n'en parle pas. Plus tard elle fut agrandie par l'empereur Constance, qui lui donna son nom. Selon Jean Phocas, c'est la même ville que Tortose (τὸ κάστρον ἡ Ἀντάραδα ἤτοι ἡ Τορτοῦσα). Cette identité, admise par Guillaume de Tyr, a été révoquée en doute par Pococke.

Aujourd'hui le rocher ou île de *Rouad* présente à peine quelques vestiges de la puissante ville et république d'Aradus. L'île est rase et déserte, et la tradition n'a pas même conservé le souvenir de la fameuse source sous-marine, dont nous venons de parler.

Marathus (aujourd'hui *Merakia?*). En continuant à longer la côte, du sud au nord, on rencontre, à cinq lieues environ d'Aradus, l'emplacement de Marathus ou Marathonte; c'était une ville très-ancienne, déjà en ruines du temps de Strabon; les Aradiens s'en étaient partagé le territoire, à la suite d'une guerre. Voici les détails qu'en donne Diodore (fragments du liv. XXXIII, tom. IV, p. 390, de ma traduction): « Les Aradiens envoyèrent secrètement des émissaires auprès d'Ammonius, gouverneur du royaume, pour l'engager à leur livrer Marathus pour trois cents talents. Ammonius détacha Isidore, en apparence pour les besoins du service, mais en réalité pour prendre la ville et la livrer aux Aradiens. Les Marathiens, ignorant que leur perte était résolue, mais voyant les Aradiens en faveur auprès du roi, ne voulurent pas admettre dans leur ville les troupes royales, et se déclarèrent les suppliants des Aradiens. Ils chargèrent donc immédiatement dix des citoyens les plus distingués de partir pour Arados, revêtus du costume des suppliants, et emportant les plus anciennes images de la ville; ils croyaient ainsi toucher leurs voisins, qui avaient la même origine qu'eux, et détourner la colère des Aradiens par le culte des dieux. D'après les ordres reçus, les envoyés débarqués se présentèrent en suppliants devant le peuple; mais les Aradiens, dans leur orgueil, foulèrent aux pieds les droits communs des suppliants, et ne tinrent aucun compte ni de la parenté ni de la religion : ils brisèrent insolemment les images des dieux, marchèrent dessus, et assaillirent les députés à coups de pierres. Enfin, quelques amis parvinrent à arrêter la fureur du peuple, et ordonnèrent de conduire les envoyés en prison. Les Aradiens, dominés par leur ressentiment, outragèrent les envoyés de Marathos, pendant que ces malheureux invoquaient le droit sacré des suppliants et l'inviolabilité de leur caractère. Les jeunes gens les plus audacieux, transportés de colère, les tuèrent à coups de flèches. Ceux qui avaient accompli ce meurtre sacrilège accoururent dans l'assemblée, et ajoutèrent encore à leurs crimes en méditant contre les Marathiens un attentat impie : ils enlevèrent les anneaux qu'ils portaient aux doigts, et s'en servirent pour envoyer aux Marathiens une lettre supposée écrite par leurs députés; cette lettre portait que les Aradiens allaient envoyer un corps d'auxiliaires, de telle façon que les Marathiens, convaincus d'avoir véritablement affaire à une troupe d'auxiliaires, l'admirent dans leur ville. Cependant cette tentative criminelle ne réussit pas : un homme pieux et juste eut pitié de ceux qui devaient subir un sort si malheureux. Les Aradiens avaient enlevé toutes les barques, afin que personne ne pût aller dénoncer leur perfide dessein, lorsqu'un pêcheur, ami des Marathiens, occupé à son métier dans un canal des environs, et privé de sa barque qu'on lui avait ôtée, traversa, pendant la nuit, le bras de mer à la nage, franchit hardiment une distance de huit stades, et dévoila aux Marathiens le complot des Aradiens. Instruits par des espions que leur plan était découvert, les Aradiens renoncèrent à leur perfide entreprise. »

Entre l'Éleuthère et Laodicée, Strabon indique plusieurs petites villes, comme *Orthosias* (aujourd'hui *Tortose?*), *Simyra* (aujourd'hui *Sumrah?*), *Enhydra*, *Caramus*, *Balanæa* (aujourd'hui *Belnias*), *Paltos*, *Gabala* (aujourd'hui *Djebile*), *Heracleum* et *Posidium*. Toutes ces villes étaient autre-

---

parva, et quantum patet, tota oppidum; frequens tamen, quia etiam super aliena tecta sedem ponere licet.

fois sous la dépendance d'Aradus, État puissant, qui s'étendait à l'est jusqu'à Épiphanie, l'ancienne Hamat, sur l'Oronte.

Laodicée (aujourd'hui *Ladaquié*, 35° 25′ latitude nord, et 33° 24′ longitude est). Cette ville était indépendante de la Phénicie et située en face de l'île de Chypre, sur une saillie de la côte, (*promontorium, in quo Laodicea libera*) (1). « Elle est, dit Strabon, très-bien bâtie, sur le bord de la mer, avec un bon port ; son territoire, fertile, produit surtout beaucoup de vin, dont la plus grande partie est expédiée pour Alexandrie ; on le recueille sur une montagne qui domine la ville et qui est plantée de vignes presque jusqu'au sommet. Du côté de Laodicée cette montagne s'élève par une pente douce et peu sensible, de manière que le sommet se trouve fort éloigné de cette ville, tandis qu'il domine presque à pic le territoire d'Apamée (aujourd'hui *Famié*). Laodicée souffrit beaucoup lorsque Dolabella s'y fut réfugié : assiégé par Cassius, il se défendit jusqu'à la mort, et sa ruine entraîna celle d'une grande partie de la ville (2). »

Laodicée avait été fondée par Séleucus Nicator (3). Son port actuel est, comme tous les autres de cette côte, une espèce de parc enceint d'un môle dont l'entrée est fort étroite. Il pourrait contenir vingt-cinq à trente navires ; mais les Turcs l'ont laissé combler au point que quatre y sont mal à l'aise, et rarement se passe-t-il une année sans qu'il en échoue quelqu'un à l'entrée. Malgré cet inconvénient, Lataquié fait un très-gros commerce : il consiste surtout en tabacs à fumer, dont elle envoie chaque année plus de vingt chargements à Damiette ; elle en reçoit du riz, qu'elle distribue dans la haute Syrie pour du coton et des huiles. Le tabac remplace aujourd'hui les vins, qu'on exportait du temps de Strabon. La population actuelle de Laodicée, comme celle de Tripoli, est de quatre à cinq mille âmes.

La côte entre Tripoli et Ladaquié est un terrain de plaine. Les ruisseaux nombreux qui y coulent lui donnent de grands moyens de fertilité ; mais, malgré cet avantage, cette plaine est bien moins cultivée que les montagnes, sans en excepter le Liban, tout hérissé qu'il est de rocs et de sapins.

Après avoir décrit le nord de la Phénicie, parallèle à la Syrie, nous allons jeter un coup d'œil sur la partie méridionale, à peu près parallèle à la Palestine.

En partant de Tyr on rencontre d'abord, vers le 33° latitude, l'ancienne *Acé*, qui reçut plus tard, sous l'empereur Claude, une colonie romaine, et changea son nom contre celui de *Ptolémaïs* (aujourd'hui *Akha* ou *Acre*). Le rivage entre Tyr et Ptolémaïs était formé de ces dunes de sable dont les Phéniciens se servaient dans leurs fabriques de verre. Sur ce même rivage il se passa un phénomène que Strabon (XVI, p. 758) et Athénée (VIII, 2) rapportent, sur l'autorité de Posidonius. Une bataille se livra (vers 143 avant J. C.) entre les troupes de Tryphon d'Apamée, auxquelles s'étaient joints les habitants de Ptolémaïs, et celles de Sarpédon, général de Démétrius. Sarpédon, vaincu, se retirait dans l'intérieur, et les troupes de Tryphon revenaient en suivant le rivage, lorsque la mer, sortant de ses limites, les submergea et les fit périr. Strabon ajoute qu'un phénomène analogue (sans doute un tremblement de terre) eut lieu vers le mont Casius, près de l'Égypte. Et à ce sujet il émet une conjecture extrêmement remarquable, savoir que ces phénomènes sont soumis à certains retours périodiques.

Ptolémaïs était autrefois une ville considérable ; c'était le lieu d'embarcation pour les Perses qui se rendaient en Égypte. La ville d'Acre occupe aujourd'hui l'angle nord d'une baie qui s'étend, par un demi-cercle de trois lieues, jusqu'à la pointe du *Carmel*. Depuis l'expulsion des croisés elle était restée presque déserte ; mais de nos jours les travaux de Dâher l'ont ressuscitée ;

---

(1) Pline, V, 20.
(2) Strab., XVI, p. 752, édit. Casaub.
(3) Ce même Séleucus avait aussi fondé Antioche et Séleucie, à l'embouchure de l'Oronte. (Les indigènes appellent ce fleuve *êl Aasi*, le Rebelle, à cause de sa rapidité, d'où les Grecs ont fait *Axios*.)

ceux que Djezzâr y a fait exécuter la rendent l'une des premières villes de la côte. On vante la mosquée de ce pacha comme un chef-d'œuvre de goût. Son bazar, ou marché couvert, ne le cède point à ceux d'Alep même; et sa fontaine publique surpasse en élégance celles de Damas. Ce dernier ouvrage est aussi le plus utile, car jusque alors Acre n'avait pour toute ressource qu'un assez mauvais puits; mais l'eau est restée, comme auparavant, de médiocre qualité. Le port d'Acre est un des mieux situés de la côte, en ce qu'il est couvert du vent du nord et nord-ouest par la ville même; mais il est comblé depuis Fakr-êl-Din. Djezzâr s'est contenté de pratiquer un abord pour les bateaux. La fortification, quoique plus soignée qu'aucune autre, n'est cependant d'aucune valeur : il n'y a que quelques mauvaises tours basses près du port qui aient des canons. Cette campagne est une plaine nue, plus profonde et moins large que celle de *Sour*; elle est entourée de petites montagnes, qui s'étendent en tournant du cap Blanc au Carmel. Les ondulations du terrain y causent des bas-fonds où les pluies d'hiver forment des lagunes dangereuses en été par leurs vapeurs infectes. Du reste, le sol est fécond, et l'on y cultive avec le plus grand succès le blé et le coton. Ces denrées sont la base du commerce d'*Acre*, qui de jour en jour devient plus florissant. La partie de la baie d'Acre où les vaisseaux mouillent avec le plus de sûreté est au nord du mont *Carmel*, au pied du village de *Haïfa* (Caïffe). Le fond tient bien l'ancre et ne coupe pas les câbles; mais le lieu est ouvert au vent du nord-ouest, qui est violent sur toute cette côte. Le Carmel, qui domine au sud, est un pic écrasé et rocailleux, d'environ trois cent cinquante toises d'élévation. On y trouve, parmi les broussailles, des oliviers et des vignes sauvages, qui prouvent que jadis l'industrie s'était portée jusque sur cet ingrat terrain. Sur le sommet est une chapelle dédiée au prophète Élie, d'où la vue s'étend au loin sur la mer et sur la terre. Au midi le pays offre une chaîne de montagnes raboteuses, couronnées de chênes et de sapins. En tournant vers l'est on aperçoit, à six lieues, le village de *Nasra* ou *Nazareth*, célèbre dans l'histoire du christianisme. A environ deux lieues au sud-est de *Nasra* est le mont *Tabor*, d'où l'on a l'une des plus riches perspectives de la Syrie. Cette montagne est un cône tronqué, de quatre à cinq cents toises de hauteur. Le sommet a deux tiers de lieue de circuit. Jadis il portait une citadelle; mais à peine en reste-t-il quelques pierres. De là on découvre au sud une suite de vallées et de montagnes, qui s'étendent jusqu'à Jérusalem. A l'est on voit, comme sous ses pieds, la vallée du Jourdain et le lac de Dabarié, qui semble encaissé dans un cratère de volcan. Au delà la vue se perd vers les plaines du Hauran; puis, tournant au nord, elle revient, par les montagnes de Hasbêya et de la Qasmié, se reposer sur les fertiles plaines de la Galilée, sans pouvoir atteindre à la mer.

En quittant Ptolémaïs on rencontrait, après le mont Carmel, plusieurs petites villes, telles que *Sycaminopolis*, *Bucolopolis*, *Crocodilopolis* (1), dont il ne reste plus aujourd'hui de vestiges. Après cela on arrivait à la *Tour de Straton*, ancienne ville en ruines, où se trouvait le meilleur mouillage sur cette côte dangereuse. Hérode la rebâtit, et l'embellit d'édifices magnifiques; il lui donna le nom de *Césarée* (aujourd'hui *Kaïsarié*), en l'honneur de l'empereur Auguste, et l'éleva tout d'un coup au rang d'une ville du premier ordre. C'est là que résidait du temps de Ponce-Pilate le préteur romain qui avait le commandement en chef de toute la province. Aujourd'hui c'est une petite ville de peu d'importance. A dix lieues plus au sud était Joppé.

Joppé (aujourd'hui *Yafa*; 32° 5′ latitude nord et 32° 25′ longitude est). C'est là que quelques mythographes plaçaient le théâtre de la fable d'Andromède exposée au monstre marin. Strabon rapporte qu'on peut de ce lieu apercevoir Jérusalem. Pocock croit qu'en effet il n'est pas impossible de distinguer, par un temps clair, de la hauteur de Joppé quelqu'une des plus hautes tours de Jérusalem; et cela est d'autant plus vrai-

(1) Strab., XVI, p. 758 (édit. Casaub.).

semblable que, selon Josèphe, du haut de la tour de Pséphina à Jérusalem, les regards portaient jusqu'à la mer (1). On sait encore que quand Judas, pour se venger de la perfidie des habitants d'Iamnia, brûla leur port et leur flotte, la flamme fut aperçue de Jérusalem (2).

Joppé (Yafa) était le port des Juifs par excellence. C'est là qu'abordèrent les navires chargés des troncs de cèdre qu'Hiram avait envoyés pour la construction du temple; c'est là que s'embarqua Jonas; enfin c'est aux environs de Joppé que Richard Cœur de Lion et Napoléon Bonaparte ont commis des exploits. Yafa n'est aujourd'hui qu'un misérable village; presque tous les habitants ont péri par un tremblement de terre, en 1837. Son port, formé par une jetée, est en grande partie comblé. Le territoire est fertile en palmiers, en orangers, en citronniers et oliviers. A trois lieues à l'est d'Yafa est le village de *Loudé*, autrefois *Lydda* ou *Diospolis*.

En suivant la côte on rencontrait au sud de Joppé la petite ville de *Jamnia* (aujourd'hui *Yebna*), avec un port peu fréquenté. C'est aujourd'hui un village, qui n'a de remarquable qu'une hauteur factice et un petit ruisseau, le seul de ces districts qui ne tarisse pas en été; son cours total n'a pas plus d'une lieue et demie : avant de se perdre à la mer, il forme un marais, appelé *Roubin*, où l'on a essayé la culture des cannes à sucre.

De là au mont Casius, sur la frontière de l'Égypte, on comptait, selon Strabon, environ mille stades (près de cinquante lieues). Dans l'intervalle était le pays des Philistins, avec les villes maritimes d'Azote (Ezdoud) et Ascalon. Le territoire des Ascalonites était très-fertile en oignons. Ascalon était la ville natale d'Antiochus, cité par Strabon. *Azote* (*Asdod* des Hébreux) était le siège du culte syrien de Dagon. Cette ville fut prise par Psammétique, roi d'Égypte, après un siège de vingt-neuf ans ; plus tard elle fut détruite par Jonathan (3). Le préteur romain Gabi-

nius la releva de ses ruines, et la construisit à quelque distance de la mer. Dans les premiers temps du christianisme, la ville d'Azote était le siège d'un évêque. Ce n'est aujourd'hui qu'un village célèbre par ses scorpions.

En se rapprochant davantage de l'Égypte on rencontrait le port de Gaza, avec la ville du même nom, située sur une hauteur à quelque distance du littoral. Cette ville fut assiégée et ruinée par Alexandre le Grand.

Toute cette côte, surtout depuis Ascalon (*Azqualan*) jusqu'à Gaza, s'ensable au point, que la plupart des lieux qui étaient des ports dans l'antiquité sont maintenant reculés de quatre à cinq cents pas dans les terres. Les ruines d'Ascalon et Gaza sont des exemples qu'on peut citer. Gaza se compose de trois villages, dont l'un, sous le nom de *Château*, est situé au milieu des deux autres, sur une colline peu élevée. De ses murs la vue embrasse la mer, qui en est séparée par une plage de sable d'un quart de lieue, et la campagne, dont les dattiers et l'aspect ras et nu à perte de vue rappellent les paysages de l'Égypte. La chaleur, la sécheresse, le vent et les rosées y sont les mêmes que sur les bords du Nil. La position de Gaza, entre l'Égypte, l'Arabie Pétrée et la Syrie, en a fait de tout temps une ville assez importante. Les ruines de marbre blanc que l'on y trouve encore quelquefois prouvent que jadis elle fut le séjour du luxe et de l'opulence : elle n'était pas indigne de ce choix (1).

Dans cette description nous avons reculé les limites de la Phénicie, tant au nord qu'au midi, en signalant les principaux points avec lesquels les habitants devaient entretenir des relations intimes.

CHAPITRE II.

ÉTAT PHYSIQUE.

Végétaux (2).

La zone qui s'étend depuis le littoral de la Phénicie jusqu'aux bords de l'Euphrate présente à peu près la même

---

(1) Joseph., *Bell. jud.*, V, 4.
(2) Macab., II, 12.
(3) Macab., X, 84.

(1) Volney, *Voyage en Syrie*.
(2) Presque tout ce chapitre est extrait de mon *Histoire* inédite *de la Botanique*.

végétation. Ce n'est que dans les parties désertes et sablonneuses que les plantes changent de type et de caractères. Si nous avions eu le dessein d'exposer l'état actuel de cette zone, nous aurions analysé la *Flora orientalis* de Jaubert et de Spach, les travaux de Labillardière, de Boissier, etc. Mais nous n'en voulons faire connaître ici que l'état primitif; et pour cela nous avons dû prendre pour guide la Bible. Ce que nous allons dire est en même temps un résumé fidèle des connaissances botaniques chez les Phéniciens, les Hébreux, les Assyriens et les Chaldéens. Le règne de la nature ne se calque pas sur les circonscriptions politiques : c'est pourquoi les végétaux que nous allons passer en revue, le texte hébreu à la main, peuvent appartenir tout à la fois à la Phénicie, à la Syrie et à la Mésopotamie.

Les céréales occupent le premier rang par leur utilité. Leur nom, דגן (*dagán*), dans les langues sémitiques, loin d'avoir, comme celui de *céréales* (de *Cérès*), une origine mythologique, implique un des meilleurs caractères qu'on puisse assigner à ces plantes si répandues: car *dagán* dérive de *dagah*, *se multiplier*; et ce verbe lui-même vient de *dag*, *poisson*. Ainsi, la facilité avec laquelle se multiplient les céréales se trouve comparée, par le nom même qu'on leur donnait, à la fécondité si prodigieuse des poissons.

De grandes difficultés se présentent dans la détermination des espèces.

Le חנטה (*khintah*) des Phéniciens ou חטה (*khittah*) des Hébreux était-ce réellement notre *triticum sativum*, ou une de ces nombreuses variétés du froment cultivé? D'après les observations de Sprengel, d'Olivier et d'autres voyageurs ou naturalistes, le froment et la plupart de nos céréales sont originaires, non pas de la Sicile, comme le prétendent les Grecs, mais de la haute Asie et particulièrement du nord de la Perse. André Michaux dit avoir recueilli en Perse, sur une montagne, à quatre lieues de Hamadan, l'espèce de froment connue sous le nom d'*épeautre* (*triticum spelta*, Lin.). Si ces faits sont exacts, il est impossible que les Phéniciens, les Babyloniens, les Assyriens, et tous les peuples limitrophes de la Perse, n'aient pas connu le froment. Il est donc extrêmement probable que le *khintah* (au plur. *khintim*, ou *khittim*, graines de froment) était une espèce de *triticum* (πυρός des Grecs); mais il est absolument impossible de déterminer si le *khittah* ou *khittim* de la Bible (Exod. 9, 32; Deut. 8, 8; Job. 31, 9; Jes. 28, 25; Joël. 1, 11; Esr. 6, 9; Jer., 12, 13) était une variété du *triticum sativum*, L., ou le *triticum turgidum*, le *triticum durum* ou toute autre espèce (1).

Le mot *khitta* pourrait venir, suivant Gesenius, de l'araméen חטט (*khatat*), *creuser*. En sanscrit le froment se nomme *godhâma*, d'après la couleur jaune de la plante à sa maturité. Le psalmiste (Ps. 147, 14) appelle la farine avec laquelle on faisait le pain ordinaire la *moelle du froment*. Cette expression rappelle celle des poëtes grecs : μυελὸν ἀνδρῶν, moelle des hommes. Le mot לחם (*lékhèm*), pain, est quelquefois employé comme synonyme de *khitta*, froment. La même synonymie se retrouve en arabe et en grec (σῖτος). Ceci tendrait à prouver que le pain commun était chez la plupart des nations anciennes du pain de froment.

Le *seigle* (*secale cereale*, Lin.) ne paraît pas avoir été inconnu aux anciens habitants de l'Asie occidentale; mais on en faisait fort peu de cas. Le *secale villosum*, L., et le *secale orientale* sont des espèces non cultivées, indigènes de l'Orient. De tout temps le seigle paraît avoir été plus estimé des habitants du nord que de ceux du midi. Il n'est pas mentionné dans la Bible, à moins que ce ne soit le כסמת (*kusséméth*), nom que les interprètes appliquent les uns à l'épeautre (*triticum spelta*, L.), les autres à la vesce. On le fait dériver de כסם (*kasam*), tondre. En tenant compte de cette étymologie, le *kusséméth* peut être l'épeautre aussi bien que le seigle, l'un et l'autre ayant les épillets bien moins larges et moins ventrus que le froment cultivé. Gesenius et d'autres commentateurs ont à

---

(1) Une remarque intéressante à faire, c'est que le mot *khitta* s'applique presque exclusivement au fruit, c'est-à-dire à la partie la plus essentielle de la plante; car le pluriel *khittim* signifie *grains de froment*.

tort, selon nous, rendu le *kussémeth* des peuples sémitiques (1) indifféremment par les mots ζέα et ὄλυρα des Grecs. Hérodote confond, en effet, ensemble le ζέα et l'ὄλυρα. Mais Dioscoride en fait une distinction profonde, admise et reconnue par tous les botanistes : « Il y a, dit-il, deux espèces de ζέα, l'une à grains solitaires, et l'autre à grains géminés. » La première est le *triticum monococcum*, L., et la dernière le *triticum spelta*, L. C'est à celle-ci qu'il faut exclusivement réserver le nom de ὄλυρα. L'espèce récoltée en Grèce était difficile à dépouiller de ses grains ; c'est la qualité distinctive de l'épeautre (*triticum spelta*, L., ὄλυρα). L'espèce récoltée en Orient, et particulièrement en Égypte, au contraire, facile à battre ; c'était le petit épeautre (*triticum monococcum*, L., ζέα). C'est à ce dernier sans doute que s'applique le nom de *kussémeth*, en admettant qu'il faille entendre par-là une espèce de *triticum*.

Le millet (*panicum miliaceum*, L.), bien qu'indigène de l'Orient, n'est point mentionné avec précision dans la Bible. Car le mot נסמן (*nismân*), que les Septante et la Vulgate ont rendu par *millet*, n'est que le niphal du verbe סמן (*sâmân*), qui signifie *désigner*. C'est pourquoi le passage (Jes., 28, 25) ושערה נסמן doit être traduit par : « Il [plante] *de l'orge dans l'endroit désigné*, » au lieu de : « Il [plante] *de l'orge et du millet*. »

Le שערה (*sehorah*) est, sans aucun doute, l'orge (*hordeum*, L.) (2). Ce qui le prouve, c'est que les étymologies se rencontrent ici et s'appuient toutes sur le même caractère, savoir les arêtes longues et rudes des épis. En effet, *sehorah* dérive de *sahar*, *horruit*, de même que le latin *hordeum* vient de *horreo*, et le grec κριθή, de κρίζω, *strideo*, par allusion aux arêtes des épis. L'orge appartient presque exclusivement à l'ancien monde. Marco-Polo assure l'avoir trouvée à l'état sauvage dans les contrées septentrionales de l'Inde ; Olivier la suppose originaire de la Perse. L'orge remplaçait dans beaucoup de cas l'avoine, qui n'est pas mentionnée dans la Bible.

(1) En arabe *kersamat*.
(2) Le plur. שערים signifie *grains d'orge*.

Suivant Shaw, les Arabes ne cultivent point d'avoine (1). Cette céréale ainsi que le seigle sont de tout temps beaucoup plus en usage dans le nord que dans le midi, ce qui ne veut pas dire qu'ils ne puissent pas également réussir dans les pays méridionaux.

Le *dokhan* des Araméens est le *dokh'n* des Arabes. C'est une espèce de houque (le *holcus sorghum*, L., ou *sorghum vulgare*, Desf.), facile à reconnaître à ses feuilles, presque aussi larges que celles de la canne à sucre, et surtout à ses épillets en panicule, d'un brun plus ou moins foncé ainsi que les graines. C'est à ce dernier caractère que cette graminée doit son nom, qui vient évidemment de *dakham*, être de couleur brunâtre. Presque tous les interprètes le traduisent inexactement par *millet*. C'était le *milium indicum* des anciens botanistes. Le *holcus sorghum* est une des céréales les plus répandues dans la région méditerranéenne, particulièrement dans l'ouest de l'Asie et dans le nord de l'Afrique, où il est cultivé de temps immémorial (2). En Égypte on lui donne le nom de *dourah*. De toute antiquité c'est chez les Orientaux le blé par excellence. Les Arabes n'ont presque pas d'autre pain que celui de dourah. C'e-

(1) Shaw, *Voyage*, t. I, p. 286.
(2) Voici les principaux caractères botaniques du *holcus sorghum*, L. (*sorghum vulgare*, Desf.) : Tige presque de l'épaisseur d'un pouce, pleine de moelle, haute de un à deux mètres ; feuilles glabres, très-larges ; panicule ample, serrée, droite, quelquefois un peu inclinée ; glumes plus ou moins pubescentes ; semences grosses, comprimées, presque ovales, variables dans leur couleur, jaunes, rousses ou noires. Arêtes plus ou moins longues, droites ou torses, quelquefois nulles, de la couleur des semences. — La culture a produit plusieurs variétés, dont quelques-unes ont été érigées en espèces. Le *holcus saccharatus*, L., paraît être originaire de la Cafrerie : glumes très-velues, longue arête torse ; semences grosses, jaunâtres. — Le *holcus exiguus*, L., a été trouvé en Égypte par Forskal. Inférieur en grandeur aux autres espèces, il a le port d'un roseau commun (*arundo phragmites*) : panicule lâche, pyramidale, ordinairement purpurine ; arête torse. Kœler en a fait un genre particulier, sous le nom de *Blumenbachia*.

tait sans doute ce même blé dont l'Écriture sainte vante, en différents endroits, la fertilité. Isaac, qui suivant la Genèse (26, 12) moissonnait le centuple, avait probablement semé du *dourah*. Et lorsque Hérodote parle de céréales qui en Assyrie rapportaient deux à trois cents pour un, il faut peut-être entendre par là le *dourah*.

Voici comment Hérodote (lib. I, cap. 93) s'exprime sur la fertilité de l'Assyrie : « Il pleut rarement en Assyrie, et le peu d'eau qui tombe suffit à peine à la germination. Mais par des arrosements tirés du fleuve on entretient les champs. Le blé se développe, non comme en Égypte, où le fleuve, débordant, se déverse lui-même dans les terres, mais par des travaux artificiels d'hydraulique. Du reste, toute la Babylonie est, comme l'Égypte, sillonnée par des canaux. Le plus grand de ces canaux, tourné à l'orient d'hiver (πρὸς ἥλιον τετραμμένη τὸν χειμερινόν), est navigable : il coule de l'Euphrate dans un autre fleuve, le Tigre, où était bâtie la ville de Ninive. Cette contrée est de toutes celles que nous avons vues la meilleure à produire les fruits de Cérès. On n'essaye pas, il est vrai, de lui faire porter des arbres, tels que le figuier, la vigne et l'olivier ; mais la terre y est si favorable au fruit de Cérès (Δήμητρος καρπός), qu'on y récolte généralement deux cents, et dans les bonnes années trois cents pour un. Les feuilles du froment et de l'orge y acquièrent facilement quatre doigts de largeur (τὰ δὲ φύλλα αὐτόθι τῶν τε πυρῶν καὶ τῶν κριθέων τὸ πλάτος γίνεται τεσσάρων εὐπετέως δακτύλων). »

Cette dernière phrase démontre, d'une manière irréfragable, que le blé cultivé dans la Babylonie n'était, quoi qu'en dise Hérodote, ni le froment ni l'orge. Car une espèce ne dégénère pas au gré du sol : quelque fertile qu'on supposât la terre arrosée par l'Euphrate, les feuilles de l'orge et du froment n'y pouvaient pas par le seul effet du sol acquérir quatre doigts de largeur. Or, de toutes les céréales de ce pays celles dont les feuilles sont les plus larges, c'est le *dourah*. Ainsi, il résulte du passage cité, d'un côté que les Babyloniens mangeaient du pain de *dourah*, de l'autre que les Grecs ignoraient du temps d'Hérodote la culture de cette céréale. En effet, s'ils l'avaient connue, cet historien lui eût sans doute donné un nom particulier ; en aucun cas il ne l'aurait confondu avec l'orge et le froment.

Parmi les végétaux à graines féculentes appartenant à la famille des légumineuses, on trouve cité dans la Bible :

Le פּוֹל (*pól*), que les interprètes rendent par *faba*. Faut-il entendre par là le *faba major*, L., la fève des marais, ou le *phaseolus vulgaris*, L., le haricot ? Nous pensons que le mot פּוֹל ne désigne ni l'une ni l'autre espèce, en nous fondant tout à la fois sur l'étymologie et sur des coutumes anciennes. D'abord, *pól* a sans doute la même origine que l'éthiopien *polo*, qui signifie *gonfler*, bouillir. A cette origine se rattache aussi le mot latin *bulla*, bulle, et le français *peul*, par lequel on désignait autrefois un légume arrondi, gonflé, ayant quelque ressemblance avec une bulle de savon. Or, ceci ne peut s'appliquer qu'au pois chiche (*cicer arietinum*), qui est de tout temps cultivé comme plante alimentaire dans les contrées du midi (1). D'un autre côté, nous savons que les Égyptiens, par des motifs de religion, ne mangeaient pas de fèves. Or, les Hébreux ont emprunté plusieurs coutumes aux Égyptiens, et particulièrement tout ce qui est relatif aux aliments défendus ou réputés souillés. Les fèves en auraient-elles été exclues? Cela n'est pas probable, d'autant moins qu'Ézéchiel (4, 9), en parlant de la misère des hommes, et des aliments immondes, mentionne le pain fait avec des fèves.

Nous ne nous arrêterons pas au mot קָלִי (*kali*), que le Maistre de Sacy et d'autres interprètes ont traduit par *pois fricassés* (II Rois, 17, 28). Ce mot, qui vient de קָלָה (*kala*) torréfier, signifie *tostum*, c'est-à-dire grains *torréfiés*,

(1) Caractères botaniques du *cicer arietinum* : Tige rameuse, un peu velue ; feuilles à folioles nombreuses, avec une impaire, ovales, dentées ; stipules acuminées, lancéolées. Fleurs petites, blanches ou d'un pourpre violet, portée sur un pédoncule axillaire, uniflore. Gousses courtes, velues, pendantes, gonflées, renfermant une ou deux semences épaisses, irrégulières, qu'on a comparées à une tête de bélier.

et s'applique tant aux fruits des céréales qu'à ceux des légumineuses (1). (I Rois, 25, 18; Lev., 23, 14; Ruth, 2, 14). Encore aujourd'hui les Arabes mangent les graines torréfiées avec les épis.

Le nom de עדש (édesch), qui n'est employé qu'au pluriel, adaschim signifie lentilles, ou plutôt vesces. Ici encore c'est l'étymologie qui nous guide. En effet, adaschim vient de adasch, faire paître un troupeau. Or, ce n'était pas la lentille, mais la vesce qui servait, anciennement comme aujourd'hui, à amender les terres mises en jachère, en fournissant des pâturages excellents pour les troupeaux. D'ailleurs, la vesce (vicia sativa, L.) est plus commune que la lentille: on la trouve depuis les contrées les plus froides jusqu'aux contrées les plus chaudes de l'ancien monde. La lentille (ervum lens, L.) se plaît davantage dans les pays du nord (2). A la raison étymologique nous pouvons ajouter que les Arabes appellent la vesce adasch. C'est, comme on voit, exactement le même mot. Ainsi, ce n'est pas pour un plat de lentilles, mais pour un plat de vesces, qu'Ésaü vendit son droit de primogéniture (Gen., 25, 34).

Plantes potagères. Incontestablement le mot בצל (bétsel), au pluriel (betsa-

(1) Caractères botaniques de la vesce (*vicia sativa*, L.) : Tige couchée ou grimpante, garnie de feuilles alternes, composée d'environ cinq à sept paires de folioles ovales, tronquées, entières ou un peu échancrées, munies d'une petite arête; pétiole terminé par une vrille rameuse, quelquefois simple; stipules dentées, en demi fer de flèche, remarquables à leur base par une large tache foncée. Fleurs d'un pourpre vif, solitaires ou géminées, axillaires ou presque sessiles. Gousses oblongues, comprimées, un peu velues.
Caractères botaniques de la lentille (*ervum lens*, L.) : Tige grêle, anguleuse; feuilles composées de cinq à six paires de folioles oblongues, linéaires; pétioles terminés par un filet court; pédoncules filiformes, axillaires, chargés d'une à trois fleurs blanchâtres, un peu rayées de bleu sur l'étendard. Gousses courtes, ovales, un peu élargies, renfermant deux ou trois semences roussâtres, un peu convexes.
(2) Voyez J. B. Glaire, *Introduction aux livres de l'Ancien et du Nouveau Testament*, t. II, p. 195, note 2.

lim), signifie *oignons* (*allium cepa*, L.) : car les Syriens et les Arabes donnent le même nom aux oignons. Aucun pays ne devait être plus propre à la culture des oignons que la basse Égypte : ces plantes, en effet, aiment particulièrement un sol alluvionnaire, humide. Il ne faut pas juger des oignons du Midi par ceux du Nord, qui, comme nous savons, excitent le larmoiement et ont une saveur forte, irritante. Les oignons cultivés dans les pays méridionaux, et surtout en Égypte, sont doux, mucilagineux, et d'une saveur agréable. Ils sont aussi beaucoup plus gros que ceux du Nord. Les Hébreux regrettaient dans le désert les oignons d'Égypte (Nombres, 11, 5).

Ils regrettaient aussi les אבטיחים (*abattikhim*), que les traducteurs ont rendus par *melones*, melons (Nombres, 11, 5). En ôtant à ce mot hébreu l'א (*a*) prosthétique, on a l'arabe *batéikh*, d'où vient l'espagnol *badieca* et le français *pastèque*. Les *abattichim* que les Hébreux mangeaient en Égypte étaient donc des *pastèques*, ou melons d'eau (*cucurbita citrullus*, L.) (1). Du reste, les genres *cucumis* et *cucurbita* renferment une multitude d'espèces et de variétés que les anciens devaient souvent confondre entre elles. Toutes ces plantes sont originaires des climats chauds de l'Asie et de l'Afrique, et depuis longtemps réputées pour leurs propriétés rafraîchissantes. Les melons d'eau abondent en Égypte, et sont encore aujourd'hui la nourriture du peuple pendant les mois d'été.

Nous sommes d'opinion que les קשאים (*kischaïm*) étaient les melons proprement dits (*cucumis melo*, L.), et non

(1) Caractères botaniques de la pastèque (*cucurbita citrullus*, L.) : Feuilles très-profondément découpées, dirigées verticalement. Fruit presque orbiculaire, lisse, parsemé de taches étoilées; chair rougeâtre; graines noires ou rouges.
Caractères botaniques du melon (*cucumis melo*, L.) : Feuilles arrondies, un peu anguleuses ou dentées, fortement échancrées à leur base. Fruits ovales ou globuleux, très-variables dans leur forme, leur grosseur, leur couleur, ainsi que dans les côtes, les rides de leur écorce, etc.

pas, comme l'admettent tous les interprètes, les concombres (*cucumis sativus*, L.). D'abord les concombres, quel que soit le pays où ils croissent, exigent un certain apprêt pour être mangeables; et il n'est ici question que de fruits susceptibles, comme les oignons et les pastèques, d'être mangés crus. Ensuite, le nom hébreu se retrouve, par une transposition de consonnes, dans le grec σικύα, par lequel Théophraste désignait le melon. Encore aujourd'hui les Arabes appellent *khote* une variété de melon (*cucumis chote*) qui croît abondamment en Égypte. — Quant à l'étymologie, le nom *kischaïm* dérive certainement de *kascha*, être lourd, par allusion à la difficulté avec laquelle on digère ces fruits. On sait, en effet, que les melons déterminent chez certaines personnes un mouvement fébrile très-marqué et des indigestions.

Le mot חציר (*khatsir*) s'applique généralement à toutes les graminées; les interprètes le rendent par *gramen*, herbe (Job, 8, 12; 40, 15; Psaum., 104, 14). Mais ce *gramen* se trouve aussi au nombre des aliments d'Égypte que les Hébreux regrettaient dans le désert (Nomb., 5, 11). Quelle était cette espèce de graminées? Tous les commentateurs et interprètes pensent que c'était le poireau (*allium porrum*, L.). Cette opinion nous paraît tout à fait insoutenable. D'abord, le poireau n'est jamais assez répandu pour qu'on puisse lui appliquer le nom général d'*herbe* ou de *graminée*. Puis, il ne fournit point une nourriture aussi abondante ni aussi agréable que l'oignon. Le mot *khatsir* désigne ici, selon nous, réellement une graminée, mais une de ces espèces riches en sucre et dont on pouvait sucer la tige. Nous ne sommes pas éloigné de croire que c'était la véritable canne à sucre (*saccharum officinarum*, L.), qui sert encore aujourd'hui de nourriture principale aux paysans d'Égypte. Quoi qu'on dise, il nous paraît certain que la canne à sucre, mentionnée par Dioscoride et Pline, était depuis la plus haute antiquité connue des peuples de l'Orient. Pour l'interprétation que nous venons de proposer, nous avons au moins l'analogie; car il n'est pas besoin d'être botaniste pour reconnaître à la première vue que la canne à sucre est un roseau, et que par la structure de sa tige, de ses feuilles, par son port, etc., cette plante appartient à la grande famille des graminées. Les traducteurs qui admettent la version purement arbitraire des Septante (πράσα, *porros*) sont loin d'avoir pour eux l'analogie. Ils invoquent surtout à l'appui de leur opinion un passage, — qui le croirait? — de Juvénal, qui se moque si spirituellement des Égyptiens en disant qu'ils cultivaient leurs dieux, l'oignon et le poireau, dans leurs jardins (Sat. XV, v. 9) :

Porrum et cepam nefas violare, ac frangere
[morsu.
O sanctas gentes, quibus hæc nascuntur in
Numina !
[hortis

D'ailleurs, les Hébreux ne manquaient pas de mots pour désigner spécialement le poireau : ils l'appelaient *caratim*, selon les commentateurs rabbiniques. Or, s'il était en effet question du poireau dans le passage cité de la Bible (Nombr. 5, 11), l'écrivain sacré ne se serait-il pas servi du mot hébreu?

Le שום des Hébreux paraît avoir été réellement notre ail ou une variété de l'*allium sativum*, L. Car ce mot se trouve avec la même signification en chaldéen, en arabe, en syriaque, et en éthiopien. Il rappelle l'arabe *schama*, avoir de l'odeur : de tout temps, les Juifs paraissent avoir beaucoup aimé l'ail et l'odeur qui l'accompagne. Les Romains l'avaient, au contraire, en horreur. C'est peut-être là une des circonstances qui leur firent reprocher aux Juifs *odium totius generis humani*.

Mais l'ail est moins un aliment qu'un condiment. Tous les médecins, tant anciens que modernes, s'accordent à proscrire l'ail, comme un irritant. L'école de Salerne interdisait l'usage, non-seulement de l'ail, mais des oignons, des poireaux, des lentilles, etc., comme nuisibles aux yeux. Voici les vers dans lesquels elle formulait son précepte :

Hæc oculis multum : vina, Venusque nocent.
Acria ne mandes, nec quæ sint plena vaporum ;
Nec cepas, lentes, allia, porra, fabas.

On lit dans le Talmud que les Juifs avaient la coutume d'assaisonner à l'ail tous leurs mets. Hérodote nous apprend (1) que la pyramide de Chéops indiquait, en caractères égyptiens, la quantité de raves, d'oignons et d'aulx que les ouvriers avaient consommés. « Et si je me rappelle bien, ajoute-t-il, les paroles de mon interprète, tout cela s'élevait à une somme de mille six cents talents d'argent (2). »

Le pluriel מְרֹרִים (mérorim) de מְרֹר (mérari), s'applique à toutes les herbes amères. D'après Maïmonide, les Juifs mangeaient de ces herbes avec l'agneau pascal. Une des herbes amères les plus répandues, dans le Midi aussi bien que dans le Nord, c'est le pissenlit (*taraxacum dens leonis*, L.), dont les feuilles tendres, mais amères, fournissent aux premiers jours du printemps une excellente salade dépurative. C'était sans doute sinon la même espèce végétale, du moins des plantes congénères (de la famille des chicoracées) qu'il faut entendre par *mérorim*. C'est donc avec raison que les Septante traduisent ce mot par πικρίδες (3) et la Vulgate par *lactucæ agrestes*, laitues sauvages.

Le mot hébreu de פַּקֻּעֹת (*pakkuot*) s'applique certainement à une espèce de cucurbitacées. Mais quelle est cette espèce? Voilà la difficulté. Les interprètes parlent, les uns de *coloquintes*, les autres de *concombres sauvages*. Avant de nous prononcer, traduisons d'abord littéralement le passage de la Bible où il est question de *pakkuot* (II Reg., 4, 39-40): *Et l'un [d'eux] sortit dans le champ pour cueillir des herbes, et il trouva une plante grimpante sauvage et en cueillit des pakkuot sauvages plein son manteau; il revint, les coupa en morceaux dans un pot, et les fit cuire, car on ne savait pas ce que c'était. Ils engagèrent ensuite les hommes à manger; et il ar-*

(1) Voy. Ol. Celsius. *Hierobotanicon*, t. II, p. 56 (Upsalæ; 1747, in-8°).

(2) Herodot. II, 125 : Σεσήμανται δὲ διὰ γραμμάτων Αἰγυπτίων ἐν τῇ πυραμίδι ὅσα ἔς τε συρμαίην καὶ κρόμμυα καὶ σκόροδα ἀναισιμώθη, τοῖσι ἐργαζομένοισι· καὶ ὡς ἐμὲ εὖ μεμνῆσθαι τὰ ὁ ἑρμηνεύς μοι ἐπιλεγόμενος τὰ γράμματα ἔφη, ἑξακόσια καὶ χίλια τάλαντα ἀργυρίου τετελέσθαι.

(3) Nous rappellerons ici que Linné a donné le nom de *picris* (emprunté du grec πικρός, herbe amère) à un genre voisin des laitues et du pissenlit.

riva qu'en mangeant de cette bouillie ils s'écrièrent, et dirent : Homme de Dieu! la mort est dans le pot; et ils ne purent en manger.

Voici la traduction de Le Maistre de Sacy, faite sur la Vulgate : « Et l'un d'eux étant sorti dehors pour cueillir des herbes des champs, il trouva une *espèce de vigne sauvage*, et il en cueillit des *coloquintes sauvages* plein son manteau. Étant revenu, il les coupa par morceaux, et les mit cuire dans le pot; car il ne savait ce que c'était. Ils servirent ensuite à manger aux disciples d'Élisée, qui en ayant goûté s'écrièrent : Homme de Dieu! il y a un poison mortel dans ce pot; et ils ne purent en manger. »

On voit que les détracteurs de la Bible ont beau jeu s'ils forment leur jugement sur de pareilles traductions. « Cueillir des coloquintes sauvages sur une espèce de vigne sauvage, » c'est, en effet, le comble de l'absurde : pourquoi ne cueillerait-on pas aussi des prunes sur des chardons? Heureusement le texte hébreu ne dit rien de semblable. Le mot גֶּפֶן (*ghéfen*) vient de גָּפַן (*ghafan*), enlacer, et s'applique, d'abord à toutes les plantes grimpantes et sarmenteuses en général, puis, par restriction, à la vigne, plante sarmenteuse par excellence. Et même dans ce dernier cas, pour éviter toute erreur, l'écrivain sacré a soin de faire accompagner le mot *ghéfen* par *haïïn*, vin, de sorte que *vigne* se rend en hébreu par *plante sarmenteuse du vin* (Nomb., 6, 4; Jug., 13, 14). Lorsqu'il désigne toute autre plante grimpante, le mot *ghéfen* est suivi de שָׂדֶה (*sadéh*) champ, comme c'est le cas dans le passage cité.

Ce point éclairci, il reste à savoir de quelle plante grimpante il est ici question. A défaut d'autres indications, l'étymologie sera encore notre guide. *Paka* ou *baka* signifie *rompre*, *éclater*, en hébreu aussi bien qu'en syriaque et chaldéen. En arabe *faghâah* veut dire *faire du bruit*. Or, il existe une espèce de cucurbitacée, le *momordica elaterium*, L., dont les fruits, à l'époque de leur maturité, se détachent de leur pédoncule avec un léger bruit, et lancent au loin les graines et le suc qu'ils renferment. On serait tenté de croire que ces fruits sont des êtres animés, qui se tiennent en état de défense contre ceux qui les foulent aux pieds. Cette plante habite principalement la région méditerranéenne; elle était bien connue des anciens : Théophraste, Dioscoride et Pline en parlent. Le suc de ses fruits et de ses racines est très-amer ; il agit, à l'instar d'un poison, comme un purgatif et un émétique violent. Ainsi, d'après ces données, les *pakkuot* de la Bible sont les fruits du *momordica elaterium*, L., les concombres sauvages ou d'âne, *cucumes sylvestres s. asini* de la plupart des botanistes du seizième siècle. La seule chose que l'on pourrait objecter, c'est que le *momordica elaterium*, L., n'est pas une plante grimpante comme la vigne : elle a les tiges rampantes, étalées à terre, et non susceptibles de se relever, étant privées de vrilles. Mais les plantes voisines, munies de vrilles, par conséquent grimpantes, comme le *momordica balsamina*, L., originaire de l'Orient, et le *bryonia dioica*, L., commun dans nos climats et dans le Midi, n'offrent pas le même phénomène que le *momordica elaterium*. Les fruits du *momordica balsaminea*, L., sont de la grosseur et de la forme d'un œuf de pigeon, d'une belle couleur écarlate ou orangé. Les anciens en faisaient infuser les graines dans de l'huile d'amandes douces ou d'olive; ils en composaient un baume, préconisé pour calmer l'inflammation des plaies, etc. Les fruits du *bryonia dioica* (*vitis alba*, ἀμπελο-λεύκη) sont des baies rouges, d'une saveur fade et nauséabonde. Quant à la coloquinte (*cucumis colocynthis*, L.), c'est une plante qui n'est ni grimpante ni douée de la propriété que possède le *momordica elaterium*, L. Les interprètes commettent donc une erreur en traduisant *pakkuot* par *coloquintes*.

Arbres et arbrisseaux.

Les arbres et arbrisseaux sont désignés par la dénomination générale de עץ (*étz*), qui a quelque analogie avec le ὄζος (rameau) des Grecs, le sanscrit *asthi* et le latin *hasta*. Le nom de *étz* dérive lui-même de *atsah*, dur, et signifie primitivement le *bois* (Gen., 40, 19; Deut., 21, 22; Jos., 10, 26). Ainsi l'étymologie indique ici, comme dans mille autres mots, l'un des caractères les plus essentiels par lesquels on définit l'arbre ou l'arbrisseau, savoir la *lignosité* de la tige. Les arbres fruitiers sont distingués des autres par le nom de עץ פרי (*étz pri*), *arbres à fruit*. Ceux qui ne procurent que des matériaux de construction ou combustibles s'appellent tout simplement *etsim*, *ligna*.

Palmier. Dans toute la région méditerranéenne on ne connaît bien que deux espèces de palmier : le palmier nain (*chamærops humilis*, L.) et le dattier proprement dit (*phœnix dactylifera*, L.). C'est ce dernier qui nous intéresse particulièrement. Les Hébreux et les Chaldéens l'appelaient תמר (*tamar*), probablement de la racine inusitée de *tamar*, élevé. Les Arabes désignent encore par *tamar* tout à la fois le *palmier* et le *membre viril*. Les regards non habitués à la végétation méridionale sont frappés de la tige (*stipe*) svelte, élancée, dépourvue de branches et couronnée au sommet par une couronne de feuilles en éventail, composées de folioles ensiformes, qu'offre le dattier. Les Orientaux tirent profit de toutes les parties de cet arbre : la tige fournit un suc fermentescible; les feuilles servent à tisser divers ouvrages, et les dattes sont pour l'Arabe ce que la pomme de terre est pour l'habitant du Nord. La Mésopotamie, la Syrie, la Palestine et certaines parties de l'Arabie et de l'Égypte étaient regardées par les auteurs anciens comme les pays les plus riches en dattes. Mais, au rapport des voyageurs, il faut aujourd'hui beaucoup rabattre de ces richesses. Ainsi, Shaw après avoir dit qu'on trouve encore un assez grand nombre de palmiers dans les environs de Jéricho, ajoute : « A Sichem et en d'autres endroits vers le nord, je n'en ai vu que deux ou trois dans un même lieu, et, comme leur fruit n'arrive jamais à sa parfaite maturité, ils servent plutôt d'ornement qu'à aucun autre usage. Il y en a encore moins sur cette partie de la côte dont j'ai pu prendre connaissance, et le petit nombre que j'en ai vu croissent sur quelques ruines, ou se trouvent près de la retraite de quelqu'un de leurs cheiks (1). »

(1) Shaw, *Voy. en Barbarie*, t. II, p. 67.

BABYLONIE

Restitution du temple de Bélus

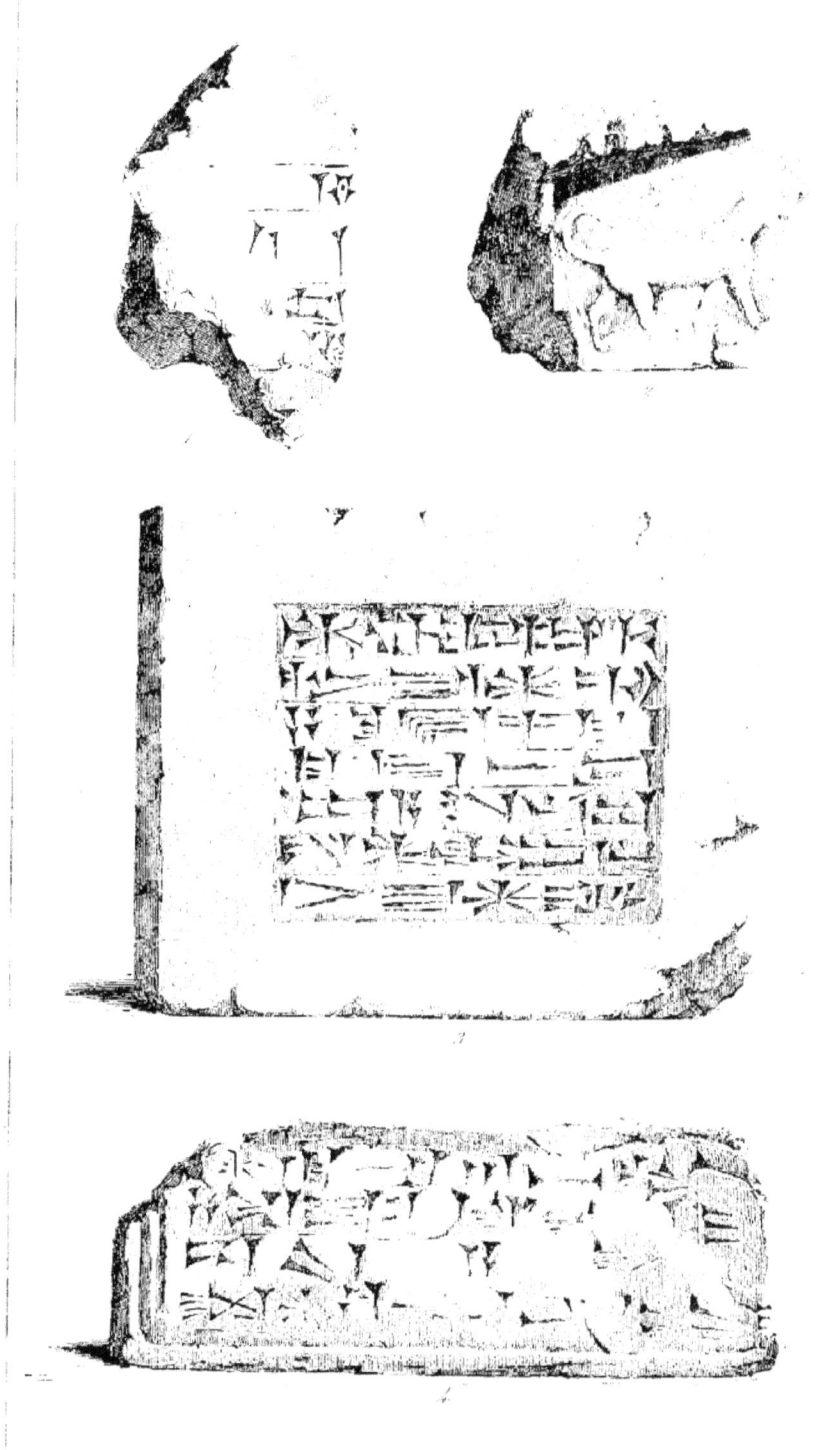

Le dattier doit être compris au nombre de ces plantes qu'on pourrait appeler *sociales ;* car on le rencontre presque toujours par groupes de dix, douze, vingt et cent, etc. On se rappelle ce passage de l'Exode (15, 27) : « Les enfants d'Israel vinrent ensuite à Élim, où il y avait douze fontaines et soixante-dix palmiers ; et ils campèrent auprès des eaux. » Suivant presque tous les voyageurs, l'*Élim* des Hébreux est le *l'or* moderne, probablement le *Bois de dattiers* (φοινίκειον) de Diodore et de Strabon.

Théophraste, Dioscoride et Pline parlent du sexe différent des dattiers et de la fécondation artificielle de ces arbres. Il est étonnant que ce fait n'ait pas conduit plus tôt les botanistes à la connaissance de l'hermaphrodisme de l'immense majorité des végétaux. La Bible ne parle pas de la pratique, fort ancienne en Égypte, qui consiste à secouer la poussière des fleurs mâles au-dessus des palmiers à fleurs femelles, pour obtenir des fruits mûrs. Les indigènes doivent, en effet, savoir de temps immémorial que sans cette précaution la récolte des dattes avorte immanquablement. — Ol. Celsius a déployé un grand luxe d'érudition en citant presque tous les passages des auteurs grecs et latins ayant trait aux palmiers (1).

Le mot hébreu תפוח (*tappouakh*) a été traduit par *pomme* ou *pommier*. Cette interprétation est selon nous complètement erronée : car 1° le pommier, étant un arbre de la zone tempérée froide, donne des fruits de très mauvaise qualité dans des régions plus chaudes, telles que l'Égypte, l'Arabie, la Palestine, la Mésopotamie, etc. Il y prospère même fort peu, et jamais ses fruits n'y attirent, ni par leur odeur ni par leur saveur, l'attention des voyageurs. Mais on trouve dans ces régions un arbre bien connu, dont toutes les parties exhalent une odeur fort agréable, c'est l'oranger ou le citronnier : c'est à lui que convient le nom de *tappouakh,* qui dérive de *nappakh* exhale une bonne odeur. C'est à lui qu'il faut appliquer ces paroles du Cantique des Cantiques, 7, 9 : « et l'odeur de votre bouche sera comme celle des *oranges* ». (Tous les traducteurs disent : « et l'odeur de votre bouche sera comme celle des *pommes* »). Les fruits de l'oranger ou du citronnier s'appelaient en grec χρυσόμηλα, pommes d'or, μῆλα μηδικά, pommes médiques ; quelquefois même on leur donnait la dénomination générale de μῆλα, pommes. C'est là sans doute qu'il faut chercher la source de l'erreur de ceux qui ont interprété la Bible d'après la traduction grecque des Septante (1). Enfin, il y a des commentateurs qui pensent que le *tappouakh* est le fruit du cognassier (*cydonia vulgaris*) (2). Ce fruit se recommande en effet par sa belle couleur jaune d'or, par son odeur suave, et, de plus, le cognassier appartient, comme le citronnier et l'oranger, à la flore méditerranéenne. Le choix doit donc être incertain entre le cognassier et l'oranger ; mais à coup sûr le *tappouakh* n'est pas notre pommier. Il n'y a que des traducteurs hommes du nord qui aient pu commettre une semblable erreur.

Grenadier. Le רמון (*rimmôn*) des Hébreux et des Chaldéens est selon toute apparence le grenadier *punica granatum*, L.). Le même nom s'applique à l'arbre aussi bien qu'au fruit. C'est le ῥοά de Théophraste. Pline l'appelle *malus punica.* parce qu'on le croyait originaire du territoire de Carthage. La pomme grenade était un des sept fruits de la terre promise (Deutéron., 8, 8) (3). Plusieurs endroits de la Palestine, fertile en pommes-grenades, portaient le nom de *Rimmôn ;* par exemple, la ville des Siméonites, à la frontière méridionale de la Palestine (Josué. 15, 32 ; 19, 7 ; Zach., 14, 10) ; la ville des Sabulonites (Jos., 19, 13) ; un rocher près Gibea (Jug. 20, 45) ; une station des Israélites (Nomb., 33, 19). — L'étymologie de *rimmôn* est obscure : quelques-uns le font venir de *ram*, élevé, épithète qui ne convient guère au grenadier. Cet arbre, qui appartient essentiellement à la région

---

(1) Ol. Celsius, *Hierobotanicon*, tom. II, p. 445-579 ; Upsal, 1747, in-8°.

(1) Comp. Cant., 2, 3 ; 8, 5 ; Prov., 25, 11.
(2) Celsius, *Hierobot.*, t. I, 254.
(3) Comp. Nomb., 20, 5 ; Cant., 4, 3 ; Ex., 28, 33. ; 2 Reg., 25, 17.

méditerranéenne, était incontestablement connu dès la plus haute antiquité. Le grand prêtre des Hébreux avait ses habits sacerdotaux ornés de grenades à leur bord. La fleur (balauste) est représentée sur plusieurs médailles phéniciennes et carthaginoises.

Le mot תְּאֵנָה (teènah) a été appliqué par les interprètes ou commentateurs tout à la fois au figuier commun (*ficus carica*, Lin.) et au bananier, *musa paradisiaca*. Ainsi, ils s'accordent tous à soutenir que les feuilles dont se couvrirent Adam et Ève étaient des feuilles de bananier, de *teènah* (Rosenmüller, Celsius, Gesenius, etc.) (1). Cependant dans les autres passages de la Bible ce même nom s'applique évidemment à notre figuier commun (*ficus carica*, L.), dont les fruits sont énumérés parmi les productions de la terre promise (Deutéron., 8, 8). La Palestine, en effet, a toujours été très-fertile en figuiers. Les figues portaient des noms différents, non-seulement d'après les variétés de l'espèce, mais suivant le degré de maturité, de dessiccation ou de forme de ces fruits. Ainsi, les figues d'hiver s'appelaient פַּגִּים (Cantiques, 2, 13), ὄλυνθος des Sept., *grossi* de la Vulgate. Les figues précoces, ou printanières, s'appelaient *bicouróth* (Jer., 28, 4; Mich., 7, 1; Hos., 9, 10), nom encore aujourd'hui usité chez les Arabes (*bucar*) pour désigner la même chose. Les figues desséchées et réduites en masses compactes se nommaient *débélim*, παλάθη. Or, puisqu'on donnait déjà des noms différents à des fruits qui provenaient d'une seule et même espèce d'arbre appelé תְּאֵנָה, il est impossible d'admettre que ce même nom dût, dans le passage cité de la Genèse, s'appliquer à un arbre différent. Et quelle différence! Le bananier ressemble moins encore à un figuier que le palmier ne ressemble à un pommier. La forme et la structure de la tige, des feuilles, des fleurs, des fruits, le mode de végétation, tout est différent. Sans doute les grandes et larges feuilles du bananier sont bien plus propres que les feuilles du figuier à cacher la nudité du corps; et c'est là l'unique raison

(1) Genèse, 3, 7.

(*post hoc, ergo propter hoc*) qui avait fait donner à cette monocotylédonée le nom vulgaire de *figuier d'Adam* et la dénomination scientifique de *musa paradisiaca*. Mais à ce titre il faudrait appeler *figuier d'Adam* une multitude d'autres plantes dont les feuilles offrent les mêmes avantages. Enfin, nous devons ajouter que le *musa paradisiaca*, L. (figuier d'Adam, bananier), paraît avoir été peu connu en Palestine, en Syrie, en Mésopotamie, et dans toute la région où l'on place généralement le paradis terrestre.

Le שִׁקְמָה (*schikmah*) (au pluriel masc. *schikmim*, 1 Reg., 10, 27; Jes., 99; Am., 7, 14; et au pluriel fém. *schikmoth*, Ps., 78, 47) est bien réellement le *ficus sycomorus*, L., ou figuier de Pharaon. C'est le συκάμινος des Septante et le *sycomorus* de la Vulgate (1). Ce dernier mot, composé de σῦκος, figue, et μόρος, mûrier, est très-expressif: le *sycomore* ressemble en effet par ses fruits au figuier, et par ses feuilles au mûrier. Cet arbre paraît avoir été jadis plus fréquent en Palestine et en Égypte qu'il ne l'est aujourd'hui. On le rencontre encore assez fréquemment en Nubie. Son bois, qui résiste beaucoup à la pourriture, servait particulièrement, chez les anciens Égyptiens, à la confection des cercueils de momie. Cet usage pourra expliquer en quelque sorte la diminution successive de cet arbre en Égypte. Quelques commentateurs ont pensé que le sycomore des anciens était notre érable (*acer pseudoplatanus*, L.). Cette opinion nous paraît tout à fait erronée: d'abord l'*acer pseudoplatanus* n'est pas un arbre de l'Orient; ensuite son fruit est loin de ressembler à une figue: c'est un fruit capsulaire, sec, à ailes membraneuses et nullement comestible. L'érable est indigène de l'Europe centrale (France, Allemagne, etc.) (2). Le nom de *sycomore*,

(1) Suivant Strabon (lib. XVII, p. 825) le nom de συκόμορος s'applique au fruit du συκάμινος (...καὶ ἡ συκάμινος ἡ ἐκφέρουσα τὸν γενόμενον καρπὸν συκόμορον).

(2) En général, les autres espèces d'*acer* appartiennent à la zone tempérée du globe: ses limites les plus méridionales sont le Caucase,

qu'on lui applique si improprement, a seul pu contribuer à le faire confondre avec le sycomore des anciens.

Olivier. Incontestablement le mot זית (*zaïth*) s'applique à l'olivier (*olea europæa*, L.), un de ces arbres qui caractérisent la région méditerranéenne. Il porte à peu près le même nom dans tous les dialectes sémitiques.

Amandier. Le mot שקד (*schaked*) désigne tout à la fois l'amandier et l'amande. Il dérive évidemment de *schakad, vigilavit, veiller, être éveillé*; par allusion aux fleurs, qui paraissent avant les feuilles, au réveil de la nature, dès les premiers jours du printemps. C'est sur cette étymologie que repose cette sorte de jeu de mots qu'on lit au chapitre I, 9, 11 et 12 de Jérémie, et que les traducteurs ne nous semblent pas avoir compris : « Que voyez-vous, Jérémie ? » Et je répondis : « *Je vois une branche d'amandier.* » Et Jéhova dit : « Vous avez bien vu, *car je veille* pour accomplir mes paroles. » Le mot שקד étant en même temps un substantif et le participe du verbe (*schakad*), sans les points massorétiques, signifie tout à la fois *amandier* et *celui qui veille*; il offre donc ici un de ces calembours assez fréquents dans les langues orientales et dont la Bible offre des exemples. Nous persistons dans notre interprétation, malgré l'autorité de Symmaque, d'Aquila, de la Vulgate, et en dépit de tous les traducteurs récents, qui ont rendu le passage מקל שקד אני ראה par : « *Je suis une verge qui veille*; » ce qui ne présente aucun sens raisonnable.

Selon toute apparence, la région méditerranéenne est la véritable patrie de l'amandier (*amygdalus communis*, L.).

Il est extrêmement rare de trouver dans les langues anciennes deux ou plusieurs synonymes donnés à un seul et même arbre. Encore les exemples que l'on cite sont-ils fort contestables. C'est pourquoi, malgré les témoignages cités par Celsius (*Hierobotanicon*, to-

me I, page. 254), nous nous refusons à croire que לוז (*louz*) signifie *amandier*, comme (*schaked*). Le nom de *louz*, qui rappelle le *nux* des Latins, paraît avoir été appliqué d'une manière générale aux fruits à noix. Nous préférons, par conséquent, l'interprétation des Septante, d'après laquelle *louz* est le noyer (*juglans regia*, L.), arbre bien connu des anciens, et que l'on croit originaire de la Perse. Mais nous n'admettons pas la version des traducteurs allemands, danois et suédois, d'après laquelle *louz* serait le noisetier ou *coudrier* (*corylus avellana*, L.); car autant cet arbrisseau est commun en France, en Allemagne, en Danemark, en Suède, autant il est rare en Palestine et les pays circonvoisins.

Enfin, le mot *louz* ne nous paraît être, après l'élimination de l'א prosthétique, qu'une forme abrégée de l'ἅπαξ λεγόμενον (Cant., 6, 11), *agouz*, dont la valeur n'a pas été contestée : *djaus, ghavus* signifient encore aujourd'hui *noyer*, en arabe et en syriaque.

Le ורתם (*rotèm*), dont les pauvres mangeaient les racines (Job, 30, 4), et à l'ombre duquel s'assit Élie dans le désert (I Reg., 19, 5), a donné lieu à bien des contestations (1). Selon les uns c'était le genévrier, selon d'autres le chêne; selon d'autres, enfin, une espèce de térébinthe, ou même le framboisier. Les Arabes donnent le nom de *ratam* à une espèce de genêt, que Forskal caractérise ainsi : *Genista rætam : foliis simplicibus, ramis alternis striatis; fructu ovali, uniloculari; flores albi* (2). Des botanistes modernes ont fait de cette espèce le genre *ratama*, et le placent à côté de celui de *genista*, dans la famille des légumineuses, tribu des papilionacées. Ed. Robinson a trouvé cette plante assez abondamment dans les Wadis, entre Suez et le mont Sinaï (3). L'étymologie du nom (de *ratam*, lier), ainsi que M. l'abbé Glaire l'a fait ressortir

la Caroline et le Japon; les limites les plus septentrionales sont la baie d'Hudson et l'Upland, en Suède.

(1) Voy. Celsius, *Hierobotanicon*, t. I, p. 246-250.
(2) Forskal, *Flora Ægyptiaco-Arabica*, p. 216.
(3) *Palæstina, und die Südlich angrenzenden Lænder*, etc., t. I, p. 137.

avec tant de raison, semble indiquer que c'est une plante à racines flexibles, qui peut servir du moins aux mêmes usages que le genêt (1).

Les mots איל (*el*), אילון (*élôn*), אלה (*éláh*), אילם (*élim*), ont beaucoup embarrassé les interprètes. On leur attribue des significations fort diverses. Ceux qui les rapportent à des végétaux les rendent indifféremment par *chêne*, *térébinthe*, *cyprès*, *châtaignier*, *amandier*, *hêtre*, *frêne*, *yeuse*, *tilleul*, *orme*. Ceux qui ne les rapportent pas à des végétaux les rendent par : *dieux* (*élim*), *idoles*, *héros*, *chefs*, *béliers*, *vertus*, *générations*, *plaine*, *vallée*, etc. (2). Il est incontestable que tous ces noms hébreux ont une commune origine, et qu'ils dérivent de *èl* (plur. *élim*), qui signifie *fort*, *puissant*. Ne pourrait-on pas les appliquer de même à des plantes ayant entre elles des rapports de famille qui se révèlent à la première vue? Nous le croyons; et nous proposons d'appliquer ces noms à tout un groupe d'arbres appartenant presque exclusivement au genre *pistacia*, L. Tels sont le pistachier proprement dit (*pistacia vera*, Lin.), le lentisque (*p. lentiscus*, L.), le térébinthe (*p. terebinthus*, L.). Ces arbres, quoique de grandeur moyenne, sont remarquables par leur végétation vigoureuse; ils caractérisent pour ainsi dire la région méditerranéenne, et ont été de tout temps très-communs en Syrie et en Palestine. Comme les palmiers, les différentes espèces de *pistacia* ont les fleurs dioïques, c'est-à-dire qu'ils ont les organes sexuels séparés, sur des tiges différentes; et les pistaches partagent les propriétés des fruits de l'amandier. Du reste, il n'est pas irrationnel de supposer que les anciens devaient avoir plus d'une fois essayé d'exprimer par des mots d'une origine commune des choses appartenant à un même groupe naturel. Ces essais, d'abord inaperçus et en quelque sorte inhérents à l'esprit humain, ont été probablement le point de départ de nos classifications et nomenclatures scientifiques.

Le לבנה (*libnèh*) est, d'après la Vulgate, le *peuplier*. C'est le *tilleul* pour les interprètes du Nord, pour Luther, les Suédois et les Danois. Le mot *libnèh* ne se rencontre que deux fois dans la Bible : au vers. 37 du chap. 20 de la Genèse (où il est parlé de branches vertes auxquelles Jacob ôta une partie de l'écorce, pour les rendre bicolores, vertes et blanches), et au vers. 13 du chap. 4 d'Osée; dans ce dernier passage le *libnèh* se trouve associé aux térébinthes. Les Septante ont assigné à ce mot deux valeurs différentes : dans la Genèse ils le rendent par στύραξ (*styrax*), et dans Osée par λεύκη (*populus alba*). Or, le styrax n'a rien de commun avec le peuplier blanc : il ne lui ressemble ni par son aspect ni par ses caractères botaniques. Il est donc difficile d'admettre que le même nom ait été appliqué à deux objets si différents.

Celsius, que presque tous les interprètes modernes ont suivi, se prononce pour la version de la Vulgate. « *Est autem styrax*, dit-il. *arbor lacrymam fundens instar lactis, vel mellis*, etc. *Quæ a virgis et negotio Jacobi satis videtur aliena...... Cum autem populi tres sunt species, alba, nigra et lybica, albam ad Ebræorum* LIBNEH *pertinere ipsa dictant nomina. Quippe a* לבן (*laban*) (*album esse*) *derivatur libneh, quæ Græcis et* λεύκη, *Latinis populus alba dicitur, non quidem a cortice albo, ut scribunt rabbini, sed potius a candida lanugine, quæ foliorum adversam partem obsidet* (1).

Mais, malgré les autorités qu'il invoque, nous ne partageons pas l'opinion de Celsius. Et voici nos raisons : 1° Le styrax (*styrax officinalis*, L.) est un arbre de moyenne grandeur, qui appartient bien plus à la flore de l'Orient que le peuplier, dont la véritable patrie est le nord tempéré; 2° ses feuilles sont, à leur face inférieure, au moins tout aussi blanches et cotonneuses que celles du peuplier blanc, circonstances que Celsius paraît avoir ignorée; de plus, ses fleurs sont blanches, assez semblables

---

(1) F. B. Glaire, *Introduction historique et critique aux livres de l'Ancien et du Nouveau Testament*, etc., t. II, p. 217 (Paris, 1839).

(2) Voyez Celsius, *Hierobot.*, t. I, 35.

(1) Cels., *Hierobot.*, t. I, p. 293-294.

à celles de l'oranger; 3° le mot hébreu en litige, sans les points-voyelles, לבנה (lebonah), peut aussi signifier *encens* ou *matière résineuse blanche* (λίβανωτός), ce qui s'applique parfaitement au styrax, dont l'écorce incisée laisse suinter une substance résineuse blanche, qui répand lorsqu'on la brûle une odeur agréable; 4° les Arabes désignent le *styrax* par le mot *lubna*, qui est tout à fait le *lebonah* des Hébreux.

Par toutes ces raisons nous sommes autorisé à croire que le לבנה de la Bible n'est pas notre peuplier, mais le *styrax* des Orientaux.

ערמון (*armón*), Genès., 30, 37; Ézéch. 31, 8. Ce mot, dérivé évidemment d'*aram*, élevé (d'où le mot d'*Arménie*, *Hochland*), a été appliqué au platane. Nous adoptons ici l'opinion de Celsius, qui rejette ici l'interprétation des Septante (ἐλάτη, *abies*) et celle des Suédois, qui ont rendu le mot *armón* dans la Genèse par *châtaignier*, et dans Ézéchiel par *amandier*.

Il est inutile de rappeler qu'il ne peut ici être question que du platane de l'Orient (*platanus orientalis*, Lin.), qui ne se distingue guère du platane d'Amérique (*platanus occidentalis*) que par la forme, un peu différente, des feuilles.

ארן (*orèn*), Jesai., 44, 14. Ce mot a fort embarrassé les interprètes. Les Septante les rendent par πίτυς, et la Vulgate par *pinus*; Tremellius, Grotius, Schmid, etc., l'ont traduit par *ornus*, se fondant sur l'analogie du mot ארן (1). D'après un passage d'Abou-'l-Fadli, cité par Celsius, les Arabes appellent *aran* un arbre qui porte des baies douceâtres et qui ressemble au pin. Or, cet arbre ne peut être que l'if (*taxus baccifera*, L.), appartenant à la flore méditerranéenne. Nous pensons que c'est là le ארן des Hébreux.

ארז (*érèz*) plur. *arazim*. Jes., 2, 13; 37, 24; Am., 2, 9; Ézéch., 31, 3; Psalm., 29, 5; 92, 13; 104, 16. On fait dériver le mot *érèz* de *aran*, être solide, stable. Les uns l'appliquent au pin (*pinus sylvestris*, L.), les autres au cèdre. Cette divergence d'opinion est loin d'être aussi grande qu'on pourrait le croire ; car le cèdre et le pin appartiennent tous deux à la même famille : ils sont résineux, comme en général les conifères, et jouissent de propriétés analogues. Linné avait même classé le cèdre dans le genre *pinus*, en lui donnant le nom botanique de *pinus cedrus* (1). Le mot *ers* signifie encore en arabe tout bois ou arbre résineux (2).

A n'en juger que par un passage d'Ézéchiel (31, 3), l'*érèz* de la Bible est décidément le *cèdre* du Liban. « Voyez Assur, dit le prophète : il était comme un *érèz* sur le Liban : ses branches étaient belles, touffues et répandant l'ombre; il était haut, et sa chevelure s'élevait d'entre les rameaux serrés. » Cette description s'applique parfaitement au cèdre du Liban : on admire surtout dans cet arbre ses branches touffues, rapprochées, étendues presque horizontalement et couronnées par une belle flèche (3).

תדהר (*tidehar*), Jes., 41, 19; 60, 13. On ne peut émettre que des conjectures

(1) Lamarck en a fait une espèce d'*abies* (*abies cedrus*), que les botanistes modernes ont érigée en genre, et ils appellent le cèdre du Liban *cedrus libanotica*, pour le distinguer du *cedrus indica* (*pinus deodara*, Roxb.), croissant dans les montagnes du Népaul et du Tibet. Desfontaines avait fait du cèdre du Liban une espèce de mélèze (*larix cedrus*).

(2) Dans les idiomes germaniques le mot *harz* s'applique aussi particulièrement à la résine qui découle des pins, des sapins, et en général des conifères, qui forment les bois noirs. De là *Harzwald*, synonyme de *Schwarzwald*, peut se dire de toutes forêts de pins ou de sapins. C'est ainsi qu'il faut comprendre la dénomination générique de *Hercyniæ montes*.

(3) Le cèdre du Liban planté, il y a plus d'un siècle, au jardin des Plantes par Bernard de Jussieu a perdu sa flèche par la foudre; mais ses belles branches nous rappellent très-bien les paroles d'Ézéchiel que nous venons de citer. — Il est à remarquer que du mot grec κέδρος vient le verbe κεδρόω, j'enduis d'huile de cèdre; de là sans doute en arabe le mot *kitran* (*alkitran*), matière résineuse, et, par corruption, en français le mot *goudron*.

(1) Cels., *Hierobotan.*, t. I, p. 188.

sur la signification de ce mot. La Vulgate l'a rendu dans un endroit par *ulmus*, et dans l'autre par *buxus*. Les Septante l'ont traduit par πεύκη, pin, version adoptée par plusieurs interprètes. Quelques-uns ont entendu par *tidehar* l'orneau, d'autres le platane. Il résulte des passages d'Isaïe, surtout du verset 19, chap. 41, que le *tidehar* était un arbre qui, comme le pin, le sapin et le cèdre, croissait par groupes nombreux pour former des forêts. On le trouvait sur le Liban. C'était peut-être une espèce de *thuya*, genre de conifère, intermédiaire entre les genévriers et les cyprès.

ברוש (*bérosch*), en chaldéen *béroth*), Jes., 14, 8; 37. 24; 55, 13; 60, 13; Hos., 14, 19; Zach., 11, 2; 1 Reg., 5, 6; 6, 15; 18, 36; 2 Par. 2, 7; 3, 5; Ézéch., 27, 5. Nah., 2, 4, 2; Sam., 6, 5; Cant., 1, 17. Il résulte de l'examen de ces nombreux passages que le *berosch* (de *berasch*, fendre) est le *cyprès* (*cupressus sempervirens*, L.). Le nom seul semblait déjà l'indiquer (1). Le cyprès est presque toujours cité dans la Bible à côté du cèdre. C'est qu'en effet ces deux arbres peuvent rivaliser ensemble par leur hauteur, par la verdure sombre de leur feuillage et par les usages de leur bois, réputé incorruptible, parce que, étant imprégné de résine, il résiste longtemps à la putréfaction (2). D'ailleurs, l'un et l'autre prospèrent dans les mêmes climats et dans les mêmes terrains. C'est donc avec raison que, selon l'expression du prophète Isaïe (37, 24), les grands cèdres et les beaux cyprès étaient *la gloire du Liban*.

Cette signification du mot ברוש, *cyprès*, étant à peu près certaine, nous ne nous arrêterons pas à combattre l'opinion de Celsius et de ceux qui l'ont rendu par *sapin* ou par *cèdre*.

גפר (*gopher*), Genès., 6, 4. Ce mot est très-probablement synonyme de כפר

---

(1) En ôtant à *cupressus* la première et la dernière syllabe, on a *press*, qui se rapproche singulièrement de l'hébreu *berosch*.

(2) On se rappelle que le bois de cèdre et de cyprès était employé dans la construction du temple de Salomon (1 Rois, chapitre 6).

(*cophèr*), poix, résine, ainsi que le conjecture Genesius (*Lexicum hebraicum et chaldaicum*). D'ailleurs, il ne se trouve qu'en combinaison avec *éts*, arbre; ainsi les mots *éts gophèr* (Genès., 6, 4) signifient *arbres* ou *bois résineux*, matériaux ordonnés pour la construction de l'arche de Noé. C'est une dénomination générale, qui peut s'appliquer à tout arbre résineux. En conséquence, nous ne pensons pas que le nom de *gopher* soit exclusivement applicable au *cyprès*. Le pin, le sapin, le cèdre, le mélèze, méritent ce nom avec tout autant de raison. Enfin, ce qui prouve qu'il ne s'agit ici que d'un terme générique, c'est le plur. *atsim* (in stat. constr. *atsé*) qui l'accompagne.

אהלים (*ahalim*), Num., 24, 6; Prov., 7, 17; אהלות *ahaloth*, Ps. 45, 9; Cant., 4, 14. Ce nom, dont on ne trouve dans la Bible que la forme masculine et féminine du plur., est généralement rendu par *bois d'aloès* ou *d'agalloche*. On a été longtemps dans l'incertitude sur l'arbre qui fournit le bois d'aloès; de même qu'on trouve encore aujourd'hui dans le commerce beaucoup de productions exotiques dont l'origine n'est pas encore parfaitement connue. Ainsi, la muscade, depuis longtemps d'un emploi si fréquent comme épice, était encore au siècle dernier une pomme de discorde pour les botanistes. Les détails qu'on avait donnés sur les caractères du végétal qui le produit étaient si défectueux, que Linné n'avait pas voulu en parler dans les dernières éditions de son *Systema Vegetabilium* (1).

Ce bois, tout à la fois recherché pour son odeur aromatique, provient, non pas d'une espèce d'aloès, de la famille des liliacées, mais de l'*aloexylon agallochi*, Lour., de la famille des légumineuses. C'est un arbre de l'Inde, pays avec lequel les Assyriens et les Hébreux devaient entretenir des relations commerciales. Il ne faut pas le confondre, comme on l'a fait, avec l'*excœcaria agallocha*, L. (*arbor excœcans*, Rumph.,

---

(1) Le muscadier (*myristica fragrans*, Lin. fils), d'abord classé dans les laurinées, fut décrit par de Jussieu comme le type d'une nouvelle famille (*myristicées*).

Herb. *Amb.* II, t. 79, 80), arbre également de l'Inde, mais de la famille des euphorbiacées: son bois, résineux, paraît aussi se vendre quelquefois sous le nom de *bois d'aloès*. Les mots אהלים, *agalaldjioun*, en arabe, et ἀγάλοχον en grec, s'accordent assez entre eux pour ne pas laisser de doute sur leur signification.

אשור (*aschour*), Ézéch., 27, 6; תאשור (*teaschour*); Jes., 41, 19; 60, 13. La plupart des interprètes et lexicographes entendent par *aschour* le cèdre ou une espèce voisine du cèdre, et par *teaschour* le buis (*buxus sempervirens*, L.). Nous pensons qu'en raison même de leur similitude, on aurait dû appliquer ces noms à des plantes beaucoup plus rapprochées l'une de l'autre : peut-être faut-il entendre par là ces deux espèces ou variétés de cyprès que les anciens botanistes appelaient cyprès mâle et cyprès *femelle*. Le dernier a ses rameaux redressés, formant une belle et longue pyramide (*cupressus sempervirens*, L.) : c'était probablement le *teaschour* des Hébreux. Le premier (*cupressus pendula*, L'Hérit.) a les rameaux étalés horizontalement, inclinés à leur extrémité : c'était peut-être l'*aschour* des Hébreux. Ce qu'il y a de certain, c'est que l'un de ces noms ne diffère guère de l'autre que par addition du ת (*th*), c'est-à-dire d'une des lettres caractéristiques du féminin.

Enfin, le mot *aschour*, soit qu'il dérive de l'analogie avec *éschoun*, obscurité, soit qu'il dérive de *aschur*, ne pourra pas s'appliquer au buis, dont le feuillage est loin d'être foncé comme celui des cyprès, et n'a pas la tige aussi droite.

שטה (*schittah*) (pour שנטה, *schintah*), Jes., 41, 19. Le *schittah*, ou שנטה, *schintah* des Hébreux, est selon toute apparence l'*acacia seyal*, L. (*mimosa nilotica* de Forskal). Cet arbre, remarquable par ses épines et la dureté de son bois, est encore aujourd'hui commun en Palestine. Les habitants l'appellent *sunt* ou *sumt*, nom qui ressemble assez au שנטה, *schintah* des Hébreux (1).

(1) Robinson, *Palastina*, etc., tome II, p. 341.

C'est du bois d'acacia qu'il faut entendre les *atsé shittim* de l'Exode, 25, 5; 26, 26.

תרזה (*tirêzah*), Jes., 44, 14. Ce mot dérive de *taraz*, être dur, et paraît s'appliquer à une espèce de chêne. On a le choix entre le *quercus robur*, L., et le *quercus ilex*, L. Les interprètes grecs le rendent par ἀγριοβάλανος, et la Vulgate par *ilex*.

ערבים (*ârabim*), Jes., 44, 4; Job, 40, 22; Psalm., 137, 2. Ce mot, qui ne se rencontre qu'au pluriel, désigne les *saules* en général. Il existe aussi en arabe, avec la même signification. Le genre *salix* est très-nombreux en espèces ; il est donc impossible de dire de quelle espèce il est question dans les passages indiqués. Cependant, on s'accorde à voir dans le saule dont parle le psaume 137, 2, le *salix pendula* (*s. babylonica*, L.), ou notre saule pleureur, symbole de tristesse.

Les saules se plaisent, comme on sait, dans les lieux humides et sur les bords des rivières. Ainsi, il y avait dans le territoire des Moabites une rivière des Saules (*nahar haârabim*), que Burkhardt croit avoir retrouvée près de la rivière moderne de *Karrah*.

קנמון (*kinnamôn*), Ex., 30, 23; Prov., 7, 17; Cant., 4, 14. Le *kinnamôn* était au nombre des aromates avec lesquels Jéhovah ordonna à Moïse de faire l'huile sainte (Ex., 30, 23) (1). Si, ce qui paraît incontestable, c'est la réellement la cannelle, c'est-à-dire l'écorce de plusieurs espèces de *cinnamomum*, arbres de l'Inde et particulièrement de l'île de Ceylan (la fameuse Taprobane des anciens), il faudra admettre que les habitants du pays de Canaan, c'est-à-dire les Phéniciens, entretenaient déjà du temps de Moïse un commerce actif avec l'Inde. Ce commerce se faisait, comme on sait, généralement

(1) Les autres ingrédients de l'huile sainte, qui servait à oindre le tabernacle et l'arche d'alliance, étaient la myrrhe, la canne aromatique et l'huile d'olive. La myrrhe était employée en quantité double de la cannelle et de la canne aromatique.

par l'intermédiaire des Arabes ; c'est pourquoi on prit pendant longtemps pour des produits de l'Arabie des marchandises de l'Inde. Hérodote, dans les renseignements qu'il nous donne sur la cannelle (lib. III, 111), fut la dupe des rusés marchands de Tyr, qui répandaient des contes pour dérouter la concurrence. Il ajoute avec raison que c'est des Phéniciens que nous avons appris le nom et la chose (ἀπὸ Φοινίκων κιννάμωμων καλεύμεν). Ainsi, plus de doute, le κινάμωνον ou *cinnamomum* est le קנמון des Hébreux et des Phéniciens. — Quant à la connaissance de l'arbre qui produit la cannelle, elle demeura pendant des siècles un mystère pour les naturalistes.

קיקיון (*kikaïon*), Jonas, 4, 6-10. Tout porte à croire que le végétal sous lequel s'abrita le prophète Jonas est le ricin (*ricinus palma Christi*, L.). Cette plante, qui est annuelle dans notre climat, devient vivace dans l'Orient, où elle acquiert les dimensions d'un arbre, et répand, par ses larges feuilles, un épais ombrage. Le *kiki*, nom que les Égyptiens donnaient à l'huile de ricin (Diod., I, 34), rappelle tout à fait le nom hébreu de *kikaïon*. C'est donc à tort que Symmaque, Aquila, Théodot l'ont traduit par κισσόν, *hederam*. D'autres ont voulu entendre par là une espèce de cucurbitacée (1).

מלוח (*malouakh*), Job ; XXX, 4. Dans le passage de Job le *malouakh* se trouve associé à d'autres plantes du désert, que les hommes mangent dans des cas de détresse. Le mot *malouakh*, dérivé de *mélakh*, sel, ne peut guère se dire que de ces plantes à feuilles charnues qui croissent aux environs des sources salées ou sur le littoral de la mer. Il faut sans doute l'entendre d'une espèce d'*aizoon* (de la famille des portulacées), que l'on mange comme le pourpier (2). Peut-être est-ce l'*aizoon canariense*, L., que M. Schubert a trouvée sur la rive sablonneuse près de Tor, dans la presqu'île Sinaïtique (1).

Luther, les interprètes suédois et danois ont traduit מלוח, *maloukh*, par *ortie*, sans doute parce qu'on mange l'ortie en guise d'épinards dans les pays du Nord où cette plante abonde. Mais alors elle ne mériterait le nom de *maloukh* qu'après avoir été assaisonnée de sel.

שושן (*schouschan*) ou שושן (*schóschan*), I Reg., 7, 19, 22, 26, 2 ; Chron., 4, 5 ; Psalm., 45, 1 ; 60, 1 ; 69, 1 ; 80, 1 ; Cant., 2, 1, 2, 16 ; 4, 5 ; 5, 13 ; 6, 2 ; 7, 2 ; Hos., 14, 6. La plupart des interprètes s'accordent à rendre le mot *schouschan* ou *schóschan* par lis, lis blanc (*lilium candidum*). S'il dérive, comme cela paraît incontestable, de la racine inusitée שוש, blancheur, cette version est assez plausible. Le lis blanc est en effet indigène de l'Orient, et on rencontre encore aujourd'hui de nombreuses espèces de liliacées dans les belles vallées de la Palestine, et particulièrement aux environs de Khalil (Hébron) (2).

D'autres interprètes ou commentateurs ont entendu le *schouschan* de la violette, du jasmin, du muguet (3), ou même de la rose.

Dans le temple de Salomon les chapiteaux des colonnes avaient la forme du *schouschan* (I Reg. 7, 19, 22), et il y avait un bassin ou coupe artificielle semblable à une fleur de *schouschan* épanouie (ibid., 26 et 2 ; Chron., 4, 5). Le psalmiste parle aussi d'un instrument de musique qui d'après ses formes avait reçu le nom de *schouschan* (Psalm., 45, 1 ; 60, 1 ; 69, 1 ; 80, 1) (4). — Dans le Cantique des Cantiques le *schóschan* est mentionné comme un symbole de grâce et de beauté. En réunissant ces détails comparatifs à l'autorité des meilleurs interprètes, il faut convenir que le שושן ne peut guère s'appliquer qu'au lis blanc. Si l'ornementation des cha-

---

(1) Comp. Niebuhr, *Description de l'Arabie*, t. I, p. 208 ; Bochart, *Hierozo.*, t. II, p. 293 ; Celsius, t. II, p. 273-282.

(2) Athénée, *Deipno.*, IV, 16.

(1) Schubert, *Reise in das Morgenland*, t. II, p. 275.

(2) *Ibid.*, t. II, p. 480.

(3) Le nom botanique du muguet (*convallaria maialis*, L.) paraît avoir été emprunté à l'expression biblique de *lis des vallées*, dans le *Cantique des Cant.*, 2, 1.

(4) Les traducteurs ont rendu ces mots inexactement par feuille de lis.

piteaux des colonnes du temple de Salomon a pu faire penser aux feuilles de l'acanthe, il faut au moins avouer que la forme d'une coupe ou d'un bassin ne s'accorde point avec la corolle si irrégulière de la fleur d'acanthe. D'ailleurs, celle-ci n'est point blanche, comme le lis. Quant aux traductions de violette, de rose et de muguet, elles nous paraissent dénuées de tout fondement.

חבצלת (*khabatséleth*), Cant., 2, 1; Jes., 35, 1. Le mot *khabatséleth* signifie *plante bulbeuse*; de *bétsel*, bulbe, oignon. Il peut donc s'appliquer à un très-grand nombre de plantes herbacées phanérogames de la division des monocotylédonées. On n'a donc pas plus de raison de l'appliquer aux lis, aux narcisses, aux colchiques qu'aux tulipes, aux jacinthes, aux orchidées, dont la Palestine produit de fort belles espèces. C'est sans doute à cause de cette incertitude que les Septante et la Vulgate ont rendu הבצלת tout simplement par *fleur* (ἄνθος, *flos*).

Les commentateurs rabbiniques, qui, soit dit en passant, étaient la plupart des naturalistes fort médiocres, entendent par ce mot la rose vulgaire (1).

Gesenius, en insistant (*Lexicon manuale*) en faveur de la signification de colchique d'automne (*colchicum autumnale*), oublie que cette plante (remarquable en ce que la fleur, d'un rose violacé, précède en automne les feuilles et le fruit bulbeux, qui paraissent au printemps), est aussi rare en Palestine qu'elle est commune dans les prairies de nos climats.

כרכם (*carcom*), Cant., 4, 14. Dans le passage indiqué de la Bible (Cant., 4, 14), le *carcom* se trouve associé à d'autres plantes, dont quelques-unes sont incontestablement originaires de l'Inde. Il n'est donc pas irrationnel d'admettre que ce mot, qui est presque identique avec le sanscrit *kunkuma*, le *curcuma* des Latins, s'applique à cette espèce de zingibéracées de l'Asie tropicale (*curcuma longa*, L.; *amomum curcuma*, Murr.) dont la racine est depuis longtemps employée comme matière tinctoriale jaune,

(1) Celsius, *Hierobotan.*, t. I, p. 488.
3º *Livraison.* (PHÉNICIE.)

sous le nom de *safran indien* (*crocus indicus*). Les Septante et la Vulgate rendent כרכם tout simplement par κρόκος, *crocus*, c'est-à-dire *safran* (1). Mais, il ne faut pas, comme l'ont fait Celsius et presque tous les interprètes modernes, entendre par là notre safran commun, qui est la matière colorante fournie par le pistil du *crocus sativus*, L., plante très-répandue dans toute la région méditerranéenne. Ce safran n'est donc pas apporté de l'Inde.

לענה (*leánah*), Deuteron., 29, 18; Prov., 5, 4; Jér., 9, 15; 23, 15; Thren., 3, 15, 19; Amos, 5, 7. La signification exacte de ce mot est fort incertaine : les Septante le rendent indifféremment par ἀνάγκη, ὀδύνη, πικρία, χολή. Dans un seul endroit, Prov., 5, 4, ils l'ont rendu par ἀψίνθιον; encore cette leçon est-elle regardée comme non authentique par Celsius (2) Les paraphrastes chaldéens, les commentateurs rabbiniques et la Vulgate l'interprètent par *absinthium*, absinthe.

Nous pensons que *leánah* (de la racine inusitée *laán*, être exécré), est un terme générique, qui s'appliquait à toutes les plantes détestées pour leur amertume, et devenues en quelque sorte l'emblème de la douleur ou d'un sort empoisonné. C'est dans ce sens qu'il se trouve employé dans la Bible, où il est le plus souvent associé au *fiel*.

Parmi les plantes qui méritent l'épithète d'amères, et que l'on rencontre fréquemment en Palestine et dans les wadis de l'Arabie, on remarque surtout deux espèces d'armoise (*artemisia judaica*, L., et *artemisia santolina*, L.). Peut-être est-ce à l'une de ces synanthérées que Salomon a voulu comparer la fin amère d'une prostituée (Prov., 5, 4). Nourrir quelqu'un de *leánah* était une locution proverbiale qui équivalait à châtier quelqu'un d'une manière terrible. Si ce châtiment était la peine capitale, le *leánah* devait être une plante vénéneuse, par conséquent bien différente de l'absinthe

(1) Le mot *safran* vient évidemment de l'arabe, et paraît avoir été primitivement appliqué à la racine de curcuma, que les Arabes apportaient de l'Inde dans la Syrie.
(2) Cels., *Hierobotan.*, t. I, p. 482.

ou de l'armoise. Je ferai observer, en passant, que presque tous les poisons végétaux, surtout ceux qui appartiennent à la classe des alcaloïdes, sont d'une amertume insupportable.

אֵזוֹב (*ézób*), Exod., 12, 22; Levit., 14, 4, 6, 51, 52; Num., 19, 6, 18; I Reg., 4, 33 [5, 13]; Psalt., 41, 9. Le ὕσσωπος des Grecs vient sans doute de l'hébreu *ézób*, et non pas de ὗς, porc, et ὤψ, ὀπός, aspect. Ce n'est pas le seul exemple d'un nom de plante que les Grecs aient emprunté aux Orientaux (Voyez *cinnamomon*). Mais l'hyssope des anciens est-il réellement l'hyssope des botanistes modernes (*hyssopus officinalis*, L.)? (1) Cette question doit être résolue négativement, si, comme cela nous paraît incontestable, le mot *ézób* dérive de *azab*, être rude ou velu; car la plante actuellement connue sous le nom d'hyssope n'est point velue; ses feuilles et sa tige sont plutôt lisses et glabres. Cependant on admet généralement que l'hyssope dont les Hébreux se servaient dans leurs purifications religieuses est une plante aromatique, qui, de même que notre hyssope, appartient à la famille des labiées. Suivant Gesenius (*Lexic. manual.*), c'est une espèce de menthe ou d'origan.

Le prieur du couvent de Sainte-Catherine, au mont Sinaï, montra à M. Schubert, voyageur en Palestine, une espèce

(1) Sur l'ordre de Moïse, les Israélites en Égypte faisaient des aspersions avec de l'hyssope trempé dans le sang de l'agneau pascal (Exod., 12, 22). Les lépreux, pour se purifier, après leur guérison, devaient offrir de l'hyssope trempé dans du sang de passereau (Levit., 14, 4, 6, 51, 52). On faisait aussi des aspersions avec de l'hyssope trempé dans l'eau contenant les cendres d'une vache rousse immolée (Nomb., 19, 18). Au verset 33, I Rois, chap. 4, il est dit que Salomon avait traité de tous les arbres depuis le cèdre du Liban jusqu'à l'hyssope qui sort de la muraille. Tout le monde se rappelle ce verset du Psalmiste : *Tu me purifieras avec de l'hyssope, et je serai sans tache*. Faisons observer, en passant, que le verbe חָטָא, commettre des péchés, employé ici au *piel*, ne signifie point *arroser* ni *asperger*, termes employés par tous les traducteurs, mais *purifier d'un péché* [par quelque rite sacré].

de labiée qui, par la forme de ses feuilles, avait beaucoup de ressemblance avec le *teucrium polium*, L. (1). Si de pareilles connaissances peuvent être transmises intactes par voie de tradition, il faudra s'en rapporter au jugement des moines du mont Sinaï.

Quant à l'ὕσσωπος dont il est parlé dans l'Évangile de saint Jean, 19, 29, nous ne pensons pas que ce soit la même plante que l'*ézób* de l'Ancien Testament. L'*ézób* était une plante touffue et basse : *touffue*, car elle servait aux aspersions; *basse*, parce qu'*elle sortait du mur* (יֹצֵא בַּקִּיר), et qu'elle est mise en contraste avec le cèdre élevé du Liban. (I Reg., 4, 33). Or, l'hyssope de l'évangéliste servit à présenter à Jésus-Christ sur la croix une éponge imbibée de vinaigre (2) : οἱ δὲ πλήσαντες σπόγγον ὄξους καὶ ὑσσώπῳ περιθέντες. Cette plante devait donc avoir un port différent de celle dont parle l'Ancien Testament. Peut-être était-ce le romarin (*rosmarinus officinalis*, L.), arbrisseau assez commun dans la région méditerranéenne, et dont la tige est susceptible d'acquérir une hauteur assez considérable. Cette conjecture rend inutile l'explication de Hiller, d'après laquelle on aurait attaché l'éponge à une touffe d'hyssope, fixée au bout d'un roseau.

כַּמֹּן (*cammón*), Jes., 28, 25, 27. Le *kammon*, κύμινον, *cuminum*, des Orientaux et des habitants de la région méditerranéenne, n'est pas, comme on l'a cru, le *kümmel* des Allemands ou des Hollandais. Ces deux plantes appartiennent, il est vrai, à la même famille (ombellifères); mais elles sont de genres différents : la première est sans doute le *cuminum cyminum* de Linné, qui ne croît point dans le Nord, tandis que la dernière, très-commune dans les prairies de l'Allemagne, est le *carum carvi*, L. Les Juifs faisaient un grand usage des graines du *cuminum cymi-*

(1) Schubert, *Reise in das Morgenland*, t. II, p. 323. — M. Schubert visita le mont Sinaï dans une saison (au commencement de mars) où peu de plantes étaient en fleurs; c'est pourquoi il lui fut impossible de déterminer exactement l'espèce.

(2) *Hierophyticon*, t. II, p. 45 et 46.

num, comme assaisonnement; et saint Matthieu nous apprend que les scribes et les pharisiens mettaient leur vanité à payer exactement la dîme du *cuminum*, de l'aneth et du *hedyosmum* (espèce d'*ocymum*)? (1).

Il résulte du passage de Jes., 28, 27, que l'on battait les tiges comme du blé, pour en séparer les graines.

גד (*gad*), Exod., 16, 31; Num., 11, 7. Le mot *gad* signifie la coriandre (*coriandrum sativum*. L.), ombellifère indigène de la région méditerranéenne. Cette signification est appuyée sur un passage de Dioscoride (*Mat. med.*, 3, 64), où il est dit que les Égyptiens appelaient la graine de coriandre όχιον, et les Phéniciens ou Carthaginois, γοιδ. Or, le nom de γοιδ est exactement le *gad* des Hébreux, dont la langue avait, comme on sait, la plus intime parenté avec celle des Phéniciens. Quant au nom grec de la plante, de κόριον ou κορίανον (de κόρις punaise), il se rapporte à un des caractères distinctifs du *coriandrium sativum* : les feuilles exhalent une odeur de punaise très-marquée, tandis que les graines ont une saveur aromatique et une odeur très-agréable.

Dans les passages indiqués de la Bible, l'écrivain sacré compare la manne, dont les Israélites se nourrissaient dans le désert, à la forme des graines de coriandre.

קצח (*kétsakh*)., Jes., 29, 25, 27. Les Septante rendent ce mot par μελάνθιον, et la Vulgate, par *nigella*, nielle. Il semble dériver de la racine inusitée *katsakh* amputer; probablement par allusion à une mauvaise herbe « qui doit être retranchée de la moisson ». Dans le passage cité (Jes., 28, 25, 27), le *kétsakh* se trouve associé au cumin (*cuminum cyminum*, L.). Est-ce là réellement la nielle (*lychnis githago*, Lam.) qui infeste nos champs de blé? Pour résoudre cette question, il faudrait savoir si la nielle croît aussi abondamment dans les champs de blé de la Palestine.

(1) Saint Matt., XXIII, 23 : Οὐαὶ ὑμῖν Γραμματεῖς καὶ Φαρισαῖοι ὑποκριταί, ὅτι ἀποδεκατοῦτε τὸ ἡδύοσμον, καὶ τὸ ἄνηθον καὶ τὸ κύμινον.

ראש (*rosch*), Deut., 29, 18; 32, 32, 33; Psalm, 79, 22; Jes., 8, 14; 9, 15; 23, 15; Thren., 3, 5, 19; Hos., 10, 4; Amos, 6, 22. Ce mot, qui signifie *tête*, s'applique, dans les passages indiqués, à un liquide amer, vénéneux, qui est, selon toute probabilité, le suc des *têtes* de pavot. La Vulgate et les traducteurs qui l'ont suivie le rendent par *fiel*. Suivant Celsius (1), c'est la ciguë; suivant d'autres, c'est l'ivraie; d'autres enfin prétendent qu'il faut l'entendre de la coloquinte.

Nous pensons avec Gesenius que ראש מי, *mé-rosch* (Jer., 8, 14; 9, 14; 23, 15), est le suc des têtes de pavot, suc qui concrété constitue l'opium. Ajoutons que presque dans toutes les langues, anciennes et modernes, les capsules de pavot portent, à cause de leur aspect, le nom de *têtes* (2).

דודאים (*doudaïm*), Genes., 30, 14, 15, 16; Cant., 7, 13, 14. Le mot *doudaïm* est le pluriel de l'adjectif *douda*, qui dérive de *dod*, amour. Les Septante le traduisent par μῆλα μανδραγορῶν, et la Vulgate par *mandragoræ mala*. Presque tous les interprètes modernes le rendent tantôt par *mandragores*, tantôt par *pommes d'amour*, fruit d'une solanée. Cependant cette signification leur a paru avec raison incertaine et très-contestable. Il est à remarquer que le mot *doudaïm* ne se rencontre qu'au pluriel, ce qui semble indiquer des fleurs ou des fruits, réunis en faisceaux de deux ou de plusieurs. A ce titre, le nom de *doudaïm* conviendrait parfaitement aux *pommes de Sodome* (*poma sodomitica*). Mais ces pommes ne sont pas, comme l'avait pensé Hasselquist, les fruits d'une solanée (*solanum me-*

(1) *Hierobotan.*, t. II, p. 47-52.
(2) Nous avons lieu de croire que le nom de μηκώνιον, méconium, que l'on rend par suc de pavot, dérive de l'hébreu *mé* (stat. constr. de *maïm*), eaux, et de κώνειον, que l'on traduit par *conium* (ciguë). Si cette étymologie est exacte, et que le méconium soit réellement le suc de pavot, il faudra admettre que le *conium* était, non pas la ciguë, mais le pavot. Les Athéniens faisaient donc boire aux condamnés à mort le suc du pavot ou une dissolution d'opium.

3.

longena, L.) ; elles appartiennent à l'*asclepias gigantea*, L., l'*œscher* des Arabes. C'est un arbre qui croît en Palestine, ainsi que dans la haute Égypte et en Nubie. Il a l'écorce grise, tubéreuse ; les feuilles ovales, oblongues, remplies d'un suc laiteux. « Son fruit, dit Robinson, est semblable à une pomme lisse, de couleur jaunâtre, et disposé en faisceau de trois à quatre ; si on le comprime, il crève avec bruit comme une vessie gonflée d'air ; et il ne reste dans la main qu'une enveloppe mince et des filaments fibreux ; il contient une espèce de soie fine, avec les graines. Les Arabes font des mèches avec cette soie, qu'ils emploient en guise d'amadou (1). » Robinson avait trouvé cet arbre à Aïn-Gidy, sur les bords de la mer Morte. Les fleurs paraissent de très-bonne heure, car déjà en mai on en voit les fruits. Cette particularité s'accorde parfaitement avec ce qu'on lit dans le Cantique des Cantiques, chap. VII, vers. 12 et 13, où il est question de plantes dont les fleurs annoncent le retour du printemps. Dans ce même passage on mentionne (verset 13) le parfum des fleurs du *doudaïm*, ce qui à coup sûr ne peut s'appliquer à la mandragore, ni à aucune solanée connue. Enfin, les fruits de l'*asclepias gigantea*, L. (pommes de Sodome), passent encore aujourd'hui, chez les Orientaux, comme un puissant aphrodisiaque ; c'est aussi la propriété que semble, d'accord avec l'étymologie du nom, leur attribuer l'auteur sacré (Genes., 30, 15, 16). Telles sont les considérations qui nous portent à croire que les *doudaïm* de la Bible sont, non pas le *mandragore*, mais les fruits d'une asclépiadée (2).

נֵרְדְּ (*nerd* ou *nard*), Cant., 1, 12 ; 4, 13 et 14 ; Evang. Marc., 14, 3 ; Job., 12, 3. Le nom de *nard*, adopté par les Grecs et les Latins (νάρδος, *nardus*), dérive du sanscrit *naladà* (en zend, *naradah*), qui signifie *odorant*. Il s'applique à une, peut-être à plusieurs plantes qui croissent dans l'Inde et dans l'Arabie méridionale ; de là le nom de *nardus indicus*, nard indien. Quelle est cette plante ? Celsius a fait là-dessus une savante dissertation ; mais il laisse, comme d'ordinaire, la question indécise. Le nard, réputé pour son odeur agréable, se trouve chez les anciens presque toujours associé à d'autres aromates fort recherchés (Cant., 4, 13 et 14). Depuis un temps immémorial on en a préparé des huiles odoriférantes, dont on se servait dans certaines solennités. L'Évangile nous représente Marie oignant les pieds de Jésus avec de l'huile de nard (1). Linné est d'opinion que le fameux nard des anciens appartient à l'*andropogon nardus*, graminée de l'Inde, figurée dans Rumphius (2). Peut-être est-ce plutôt le *jonc odorant* (*andropogon schœnanthus*, Lin.), espèce beaucoup mieux connue que la précédente. Cette plante croît aux lieux sablonneux, dans l'Inde et dans l'Arabie. Toutes ses parties exhalent une odeur suave aromatique, qui approche de celle de la rose. C'est sans doute à cause de son odeur que quelques commentateurs rabbiniques ont voulu interpréter *nard* par *rose* (3).

בֹּר (*bor*) et בֹּרִית (*borith*), Jerem., 2, 22 ; Malach., 3, 2.

Ces noms s'appliquent, selon nous, moins à des plantes qu'aux cendres alcalines qu'on en retire, et qui peuvent servir de moyen de blanchissage. Les *salsola*, et toutes les plantes marines dont on extrait la soude brute, peuvent servir à cet usage. (Voy. mon *Histoire de la Chimie*, tom. I.)

---

(1) Ed. Robinson, *Palästina*, *Tagebuch einer Reise, im Jahre* 1838, etc., tome I, p. 472.

(2) Joseph., *Bell. Jud.*, IV, 8, 4 ; Tacit. *Annal.*, V, 6 ; Gregor. Turon., *Miracul.*, I, 18, parlent de ces fruits.

(1) Ev. Joh., 12, 3 : ἡ οὖν Μαρία λαβοῦσα λίτραν μύρου νάρδου πιστικῆς πολυτίμου, ἤλειψε τοὺς πόδας τοῦ Ἰησοῦ.

(2) *Hort. Amb.*, 4, p. 22.

(3) Le nard indien, espèce d'andropogon, tel qu'il est répandu dans le commerce, est une racine chevelue, ou plutôt un assemblage de fibres entortillées, attachées à la tête de la racine, qui ne sont autre chose que les nervures des feuilles desséchées, ramassées en petits pelotons, d'un brun roussâtre, d'un goût amer, aromatique, et d'une odeur agréable, qui approche de celle du souchet.

פִּשְׁתָּה (*pischtah*, au plur. *pischtim*), Exod., 9, 31; Levit., 13, 47, 48, 59; Deuteron., 22, 11; Judic., 15, 14; Prov., 31, 13; Esaï., 19, 9; 42, 3; 43, 17; Jerem., 13, 1; Ezech., 40, 3; 43, 17, 18; Hos., 2, 5. 9; Jos., 2, 6.

Le nom de *pischtah* a été rendu par *lin*. Tous les interprètes, tant anciens que modernes, ont adopté cette version, qui cependant n'est aucunement justifiée; car on peut, peut-être avec plus de raison encore, traduire ce nom par *coton*. Dans tous les passages ci-dessus indiqués (excepté Exod., 9, 31; Jos., 2, 6), il n'est question que d'étoffes textiles en général. On s'est principalement appuyé sur les mots de l'Exod. (9, 31), *hapischtah ghibôl*, pour justifier l'interprétation vulgaire. Les Septante rendent ces mots par τὸ δὲ λίνον σπερματίζον, et la Vulgate, par *linum folliculos germinans*. Nous pensons que le mot *ghibôl*, qui ne se lit que cette seule fois dans la Bible, se dit ici du fruit de la plante, et non pas de la fleur (calice et corolle), ainsi que le veut Gesenius (*Lexicon hebr. et chald.*). Il importe de rappeler que les mots *hapischtah ghibôl* sont précédés de *hasscheôrah abib*, l'orge est en épi; c'est-à-dire que l'épi est à l'orge ce que le *ghibôl* (capsule) (1) est au *hapischtah* : tous les deux sont également utiles : l'un sert à nourrir, l'autre à vêtir l'homme. Or, si l'on traduit *hapischtah* par *lin*, l'image n'existe plus : les grains du lin sont loin d'avoir l'utilité de l'épi de l'orge, à moins qu'on n'en veuille extraire de l'huile, ce dont il n'est nulle part question dans la Bible. Le mot *hapischtah* ne peut donc s'appliquer qu'au *cotonnier* (*gossypium herbaceum*, L.), dont les fruits capsulaires renferment la matière textile. Notre interprétation est, de plus, confirmée par un passage de Josué (2, 6), où il est question d'une femme de Jéricho, nommée Rahab, qui cacha chez elle des hommes *dans des bois de cotonniers*, *hepischteh haêts*, mots que les traducteurs ont rendus par : *sous des bottes de lin*. Le cotonnier seul pouvait servir à un pareil usage; car on n'ignore pas que cette plante, d'ordinaire annuelle, devient vivace, ligneuse, dans des contrées chaudes (1), où elle acquiert quelquefois le port et les dimensions d'un petit arbre. Enfin, l'objection que le coton n'était pas connu des anciens n'est pas sérieuse (2).

בַּד (*bad*), Exod., 28, 42; 39, 28; Lev., 6, 3; Ezech., 9, 2; Dan. 10, 5. Le mot *bad* signifie *parcelle*, *fibre*, et peut se dire indifféremment d'un *fil de lin* ou d'un *fil de coton*. Il dérive de *badad*, séparer, disjoindre.

בּוּץ (*bouts*), I Chron., 4, 21; 15, 27; II Chron., 2, 14; 3, 14; 5, 12; Esth., 1, 6; 8, 15; Ezech., 27, 16. Le nom grec βύσσος (en latin *byssus*) dérive évidemment de *bouts*, et signifie la même chose. Les passages indiqués ne nous apprennent rien sur la nature même du *byssus*; il en résulte seulement que c'était une étoffe fine et précieuse, qui était employée pour les vêtements des rois et des prêtres. Au lieu de *bouts* on trouve souvent employé *schesch*, avec la même signification (Gen., 41, 42; Prov., 31, 22; Exod., 26, 1; 27, 9. 18; 28, 39). Le mot *bouts* paraît être égyptien, tandis que le mot *schesch* est purement hébreu, ayant pour racine *schousch* (blancheur), d'où dérive *schouschan*, *lis*; par allusion à la blancheur de la fleur. Si la tradition s'est conservée intacte, le *byssus* était du coton très-fin; car les Arabes donnent encore aujourd'hui le nom de *schesch* à de la mousseline, qui est un tissu de coton très-fin (3).

---

(1) Le mot גִּבְעֹל semble avoir lui-même quelque analogie avec *capsule*. On sait que le fruit du cotonnier est une capsule qui renferme des filaments soyeux, crépus (*coton*), entourant les graines.

(1) La vallée de Jéricho est, comme on sait, la partie la plus chaude de la Palestine.

(2) Au rapport de Pline (*Hist. Nat.*, XIX, 1), le cotonnier était de tout temps cultivé en Arabie et en Égypte. Les Phéniciens et les Carthaginois répandirent l'usage du coton en Grèce, en Italie et en Espagne.

(3) Voy. G. Wilkinson, *Manners and Customs of the ancient Egyptians*, etc., vol. III, p. 116. — Wilkinson combat cependant l'opinion que le *byssus* était du coton. Il s'appuie à cet égard sur les observations microscopiques que Ure, Bauer et Thompson ont faites sur les tissus trouvés dans les momies d'Égypte.

אבה (*ébèh*), Job., 9, 26. — גמה, Exod., 2, 3; Job., 8, 11; Jes. 18, 2; 35, 7. Le mot *ébèh* (de *abah*, incliner) ne se rencontre qu'une seule fois dans la Bible (Job., 9, 26), et signifie une matière servant à la construction de bateaux légers (*anioth ébèh*). Cette matière est peut-être le papyrus (*cyperus papyrus*, L.; *papyrus antiquorum*), dont le nom égyptien ou phénicien est *gomèh*, de *gama*, absorber, boire; par allusion à l'avidité de cette plante pour l'eau. L'affinité du papyrus pour l'eau était quelquefois employée comme terme de comparaison (Job., 8, 11; Jes, 35, 7).

« Le panier de jonc », *thébah gomèh* (Exod., 2, 3), dans lequel Moïse fut exposé sur le Nil, était sans doute un de ces petits bateaux de papyrus dont se servaient les Égyptiens. Les tiges étaient soudées avec de l'asphalte et de la poix. — Dans Isaïe (8, 11) il est parlé de vaisseaux de papyrus (*klé-gomèh*) glissant à la surface des eaux. Au rapport de Bruce et d'autres voyageurs, les Nubiens et les Abyssiniens construisent encore aujourd'hui des espèces de bateaux légers avec des tiges de papyrus. Pour comprendre cet usage il faut savoir que ces tiges triangulaires peuvent, dans des conditions de température et de sol convenables, acquérir les dimensions d'une grosse poutre. Cette cypéracée, jadis si célèbre pour la fabrication du papier, est aujourd'hui très-rare en Égypte; autrefois si abondante dans le Delta, elle se trouve aujourd'hui reléguée aux bords de quelques lacs ou rivières de la Nubie, de l'Abyssinie, et du Soudan.

Nous croyons inutile de rappeler que presque tous les interprètes ont rendu *ébèh* et *gomèh*, par *jonc*, *juncus*, *Schilf* (Luther). S'ils entendent par là une plante de la famille des juncées, ils sont dans l'erreur la plus complète. C'est bien au papyrus que doivent s'appliquer ces expressions; car seul il pouvait servir à la construction des bateaux du Nil.

אגמון (*aghêmón*), Job., 41, 11; Jes., 9, 14; 19, 15. L'*aghêmón* était une plante palustre, à juger d'après l'étymologie du nom (de *agam*, marais, eau stagnante). Au verset 32, chap. 41, Jérém., le mot *agam* a la même signification que *aghêmón* : il se dit d'une plante de marais, qui servait à construire des palissades. On l'employait aussi comme combustible. On trouve (Jes., 9, 14; 19, 15), l'*aghêmón* en opposition avec *kippah*, stipe, tige de palmier, pour désigner la faiblesse ou la soumission. En raison de l'usage auquel on destinait la plante palustre dont il est ici question, nous pensons que l'*aghêmón* était le grand roseau à quenouille (*arundo donax*, Lin.). C'est la plus forte espèce du genre *arundo* : sa tige dure, ligneuse, haute de trois à quatre mètres sert encore aujourd'hui à faire des claies et des palissades; elle est aussi employée comme combustible dans les contrées méridionales où cette plante est indigène. Ces roseaux, agités par le moindre vent, forment sur le bord des étangs des forêts d'un beau vert, qui rappellent par leur aspect les bois de palmiers. C'est probablement cette comparaison qui a donné lieu à la locution proverbiale indiquée dans Jes., 9, 14, et 19, 15.

קנה (*kanèh*), Jes., 43, 24; 42, 3; 36, 6; Ezech., 29. 6; Psalm., 68, 31. Si ce mot s'applique à une seule et même plante, il faudra admettre, d'après les passages cités, qu'elle avait, par sa tige, la forme d'un roseau, et qu'elle exhalait en même temps une odeur aromatique (Jes., 43, 24). Tout le monde connaît l'odeur aromatique de la racine de l'*acorus calamus*, Lin., plante originaire de l'Inde, et aujourd'hui assez commune en Europe, dans les lieux humides et marécageux. Mais cette plante n'a nullement la forme d'un roseau (*arundo donax*, *a. phragmites*, L.); sa tige a l'aspect d'une feuille étroite, terminée par un épi conique. Ce n'est donc pas le *kanèh* des Hébreux; ce nom dérivé de *kanah*, s'élever droit, fait évidemment allusion à la forme élancée de la tige. C'est probablement, ainsi que le *calamus aromaticus*, une de ces ombellifères, à odeur pénétrante et à longue tige creuse, qu'on trouve si fréquemment dans les endroits marécageux.

סוף (*souph*), Exod., 2, 3, 5; 13,

18; 15, 4; Num., 14, 25; 21, 4. Jud., 11, 16; I Reg., 9, 26; Psalm., 106, 7, 9, 22; Jes., 19, 6; Jerem., 49, 21; Jon., 2, 6. Ce nom ne s'applique pas à une espèce particulière de plantes; il s'entend des végétaux aquatiques en général, et plus spécialement des algues marines. Le golfe de Suez avait reçu le nom de *mer d'algues* (*yam souph*), à cause de ces plantes, qui y croissent abondamment.

אחו (*akhou*), Gen., 41, 2, 18; Job, 8, 11. Par ce mot on désignait, d'une manière générale, les plantes d'eau douce ou de marais, de même qu'on entendait par סוף toutes les plantes marines. Le mot *akhou*, qui est d'origine égyptienne, se retrouve aussi dans le dialecte grec alexandrin (ἄχι, ἄχει). Saint Jérôme l'emploie, et en donne l'explication suivante : *Quum ab eruditis quærerem quid hic sermo significaret, audivi ab Ægyptiis hoc nomine lingua eorum omne quod in palude virens nasci appellari* (1).

בכא (*bacá*), *becaïm*, 2 Sam., 5, 23 24; I Paral., 14, 14 et 15; Psalm., 84, 7. La plupart des interprètes juifs et chrétiens ont rendu ce mot par *mûrier, morus*. Les Septante et la Vulgate l'ont rendu par poirier (ἄπιος, *pyrus*) (I Paral., 14, 14 et 15). Aucune de ces versions ne nous paraît exacte, à en juger d'après l'étymologie du mot, qui dérive évidemment de *bacá*, pleurer, suinter des larmes; il faut entendre par là un arbre d'où découle habituellement une matière gommo-résineuse. Abu-'l-Fadli, cité par Celsius, décrit sous le même nom de *baca* un arbre ou arbrisseau de la Mecque, qui laisse suinter une matière résineuse (2). Serait-ce le *balsamodendron kataf*, Kunth., de la famille des burseracées?

בטנים (*botnim*), Genes., 43, 11. Ce mot dérive de *bèten, cunnus*, par allusion à la forme des fruits qu'il désigne. Les rabbins interprètent ce mot par *noix*; la plupart des lexiques le rendent par *noisette*. D'autres le traduisent par térébenthine; d'autres encore, par datte. Toutes ces versions doivent être rejetées. Nous adoptons sans hésiter l'opinion de M. Schubert, savoir que les *botnim* que Jacob envoya à Joseph en Égypte (Genes., 43, 11) étaient des pistaches : car, 1° les Arabes appellent encore le pistachier *butm*; 2° on rencontre encore aujourd'hui beaucoup de pistachiers à Hebron et aux environs; plusieurs de ces arbres paraissent être fort anciens (1).

מור (*mór*), Exod., 30, 23; Esth., 2, 12; Psalm., 45, 9; Prov., 7, 17; Cant., 1, 13; 3, 6; 4, 6, 14; 5, 1, 6, 13; Ev. Matth., 2, 11; Ev. Marc., 15, 23; Ev. Joh., 19, 39. *Mór* dérive évidemment de *marar, découler, être amère*, et s'entend d'une substance résineuse, amère, qui découle d'une plante. D'après tous les interprètes, c'est la myrrhe (*myrrha*, μύρρα, σμύρνα); le *mar* des Arabes (2). La myrrhe est en effet une substance résineuse, amère, d'une odeur aromatique pénétrante, de tout temps fort estimée des Orientaux, et qui se rencontre dans le commerce en larmes ou en grains, dont les plus volumineux sont de la grosseur d'une noisette. Elle vient de l'Arabie et de l'Abyssinie. Mais quel est le végétal qui la fournit? Les renseignements que nous donnent à cet égard les anciens sont très-divers : suivant Théophraste et Diodore, c'est un arbre qui ressemble, par son feuillage et son port, au *térébinthe* ou au *lentisque* (3). Pline le compare au genévrier (4), et Dioscoride à un acacia (5). Bélon (6) et d'autres naturalistes plus récents inclinent vers l'opinion de Dioscoride. Il est certain que la plupart des

---

(1) *Comm. ad Jes.*, XIX, 7. — Le mot ἄχει se rapproche beaucoup du copte OKE, jonc.
(2) Ol. Celsius, *Hierobotan.*, t. I, p. 339.

(1) Schubert, *Reise in das Morgenland*, t. II, p. 478. — Comp. Robinson, *Palæstina*, etc., t. I, 346.
(2) Le nom de *myrrha* lui-même est, selon toute apparence, d'origine sémitique, et dérive de *mar*, goutte, ou *marar*, stillavit.
(3) Theophrast., *Hist. plant.*, IX, 4; Diod., V, 41.
(4) Plin., *Hist. Nat.*, XII, 15.
(5) Dioscorid., *Mat. med.*, I, 75.
(6) Bélon, *Observat. singul.*, lib. II, c. 80.

acacias ou des *mimosas* fournissent de la gomme. Mais il est certain aussi, qu'aucune des espèces d'*acacias* ou de *mimosas* connues ne fournit une matière résineuse ayant les propriétés de la myrrhe. Il est infiniment plus probable que l'arbre à myrrhe appartient à la famille des térébinthacées, plantes dont la plupart sont remplies de matières résineuses aromatiques. Cette opinion s'appuie de l'autorité de Théophraste et de Diodore, confirmée par deux naturalistes modernes, *Ehrenberg* et *Hemprich*, qui ont parcouru l'Orient en observateurs judicieux. Ehrenberg a décrit l'arbre d'où découle la myrrhe; il l'appelle *balsamodendron myrrha* (*balsamodendron kataf*, Kunth.). Cet arbre (de la tribu des burséracées, famille des térébinthacées) est voisin du genre *boswellia*, dont quelques espèces (*boswellia serrata* et *bosw. glabra*) fournissent de l'encens.

La myrrhe, presque toujours associée à d'autres substances résineuses ou aromatiques, jouait un grand rôle dans les pratiques religieuses des Juifs et des Égyptiens. Elle entrait dans l'huile sainte, qui servait à oindre le tabernacle (Exod., 30, 23); elle était au nombre des présents qu'offrirent les Mages (Math., 2, 11). Nicodème (Jos., 19, 39) en fit un mélange avec d'autres aromates pour embaumer le corps de Jésus-Christ. Parmi les substances aromatiques que l'on faisait infuser dans du vin, pour lui communiquer des propriétés excitantes, la myrrhe occupe un rang distingué. C'est ainsi qu'il faut comprendre les mots : οἶνος ἐσμυρνισμένος, *vin myrrhiné* (Marc. 15, 23), qu'on offrait à boire à Jésus-Christ, conduit au supplice. Ce vin est amer, excitant, mais ne possède aucune des propriétés narcotiques ou stupéfiantes que lui supposent les commentateurs (1). Enfin, la myrrhe était aussi employée en guise de parfum (Cant., 1, 3; Prov., 7, 17; Psal., 45, 9) : on en parfumait les lits, les vêtements et le corps.

(1) Celsius, t. I, p. 533 : *Quærunt vinum illud* ἐσμυρμισμένον, *myrrha corruptum, ut stuporem induceret, excuteretque horrorem supplicii, et angorem animi ex diris cruciatibus, instante morte, provenientem.*

אטד (*atad*), Jud., 19, 14 et 15; Psalm., 58, 10. Ce mot a été rendu diversement, par *buisson*, *prunier sauvage*, *églantier*, *myrte*, *petit houx*. Cependant, les Arabes désignent par ce même mot une espèce de rhamnées, le *paliurus aculeatus*, Encyclop. (*rhamnus paliurus*, L.), arbrisseau très-commun en Palestine, et remarquable par ses fortes épines. Il y avait des localités qui portaient le nom de *atad*, sans doute à cause du grand nombre de ces arbrisseaux qui y croissaient (Gen., 4, 10). Il y avait une ville nommée *Paliurus*, située vis-à-vis de l'île de Crète. Hasselquist donne à notre arbrisseau le nom de *rhamnus spina Christi*, admettant, avec quelque probabilité, que les Juifs avaient fait de ses rameaux la *couronne d'épines de Jésus-Christ* (1). Mais il se trompe en le confondant avec le *nebec* ou *nabk* des Arabes, qui est le jujubier (*ziziphus lotus*) (2).

נטף (*nataph*), Exod., 30, 34. Ce mot, qui dérive de *nataph*, *stillavit*, désigne, d'une manière générale, toute sorte de gomme ou de résine qui découle d'un végétal. Les Septante le traduisent par στακτή (de στάζω, *stillo*). Quelques interprètes (Gesen., *Lex. Hebr. Chald.*) l'entendent de la myrrhe.

חלבנה (*Khélbénah*), Exod., 30, 34.

(1) Fred. Hasselquist, *Iter Palæstinum, eller Resa til heliga Landet*, etc. (Stockh., 1757, in-8°), p. 523 : *Rhamnus aculeis geminis ad alas foliorum; Arabibus nabk dicta arbor, frequentissima in Oriente inferiore. Hanc porrexisse ramos, ex quibus serta illa aculeata Salvatori imposita contorta fuit, verisimillimum est. Apta erat planta huic negotio, aculeis enim acuminatissimis, parvis, frequentibus, ad dolorem incutiendum commoda, ex ramis flexibilibus, teretibus, molliusculis facile ejusmodi serta contorquebantur, et quod, me judice, pro hoc egregium porrigit argumentum, hoc est, quod folia colore saturata viridi hederam referunt; voluere forsan calumniatores Christi invenire plantam huic aliquomodo similem, qua imperatores et duces coronabantur, ut etiam in ipso pœnæ instrumento calumniam inveniant.*

(2) Robinson, *Palæstina; Tagebuch einer Reise*, etc., 1er vol., p. 296 (Halle, 1841; in-8°).

BABYLONIE

BABYLONIE.

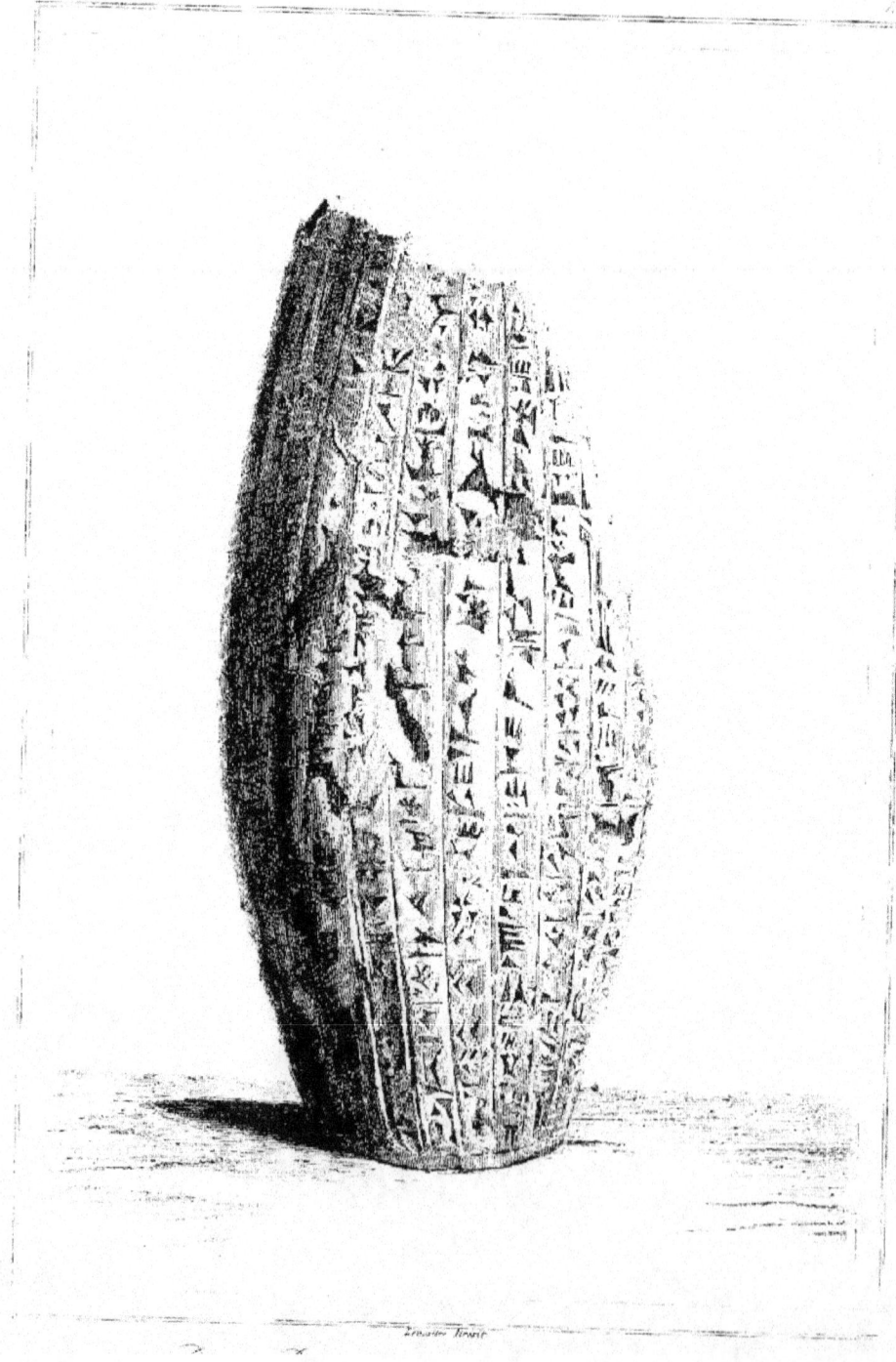

BABYLONIE.

BABYLONIE.

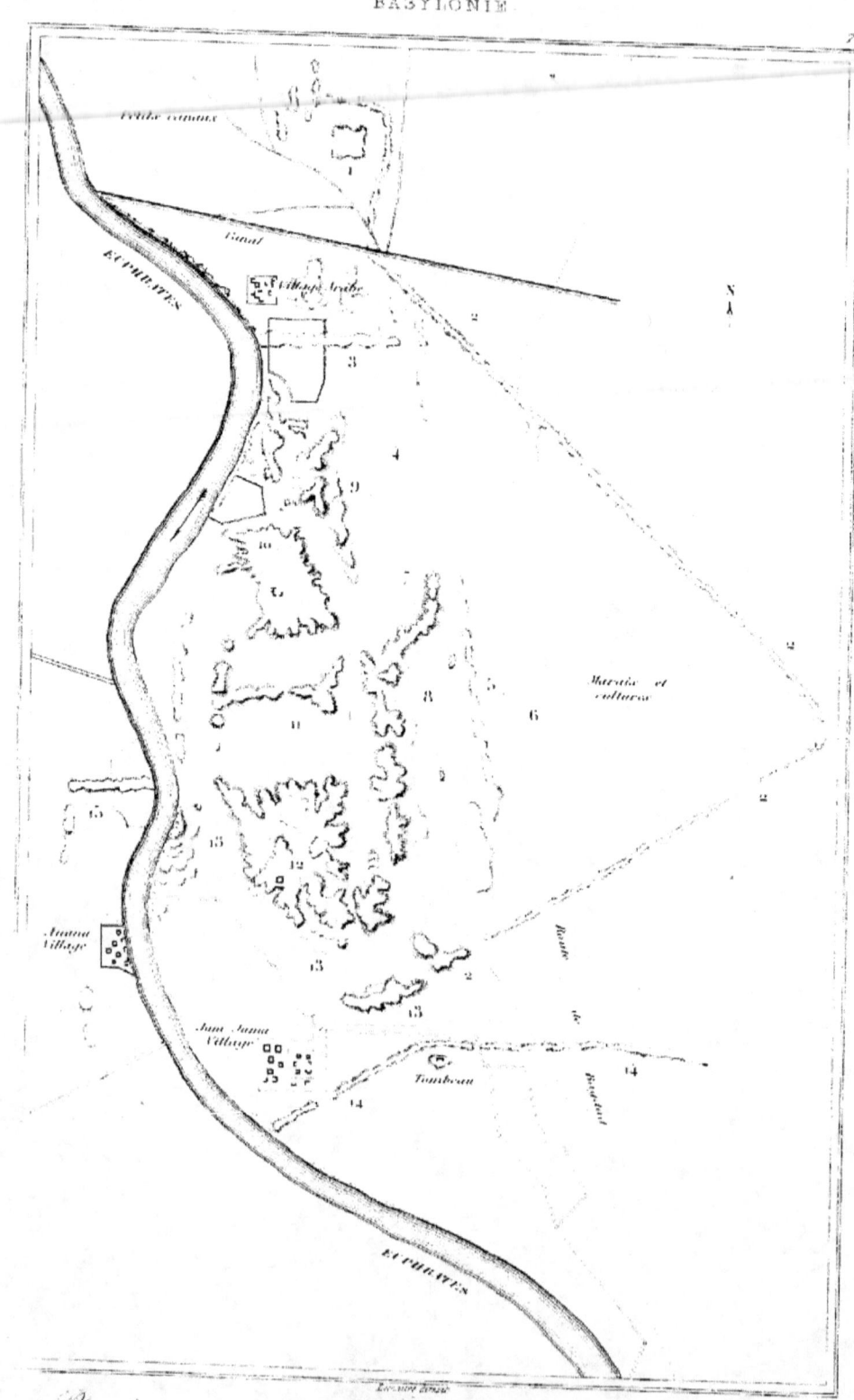

Plan des ruines du palais de Nabuchodonosor à Babylone.

Ce mot dérive de *khélbah*, matière grasse, et a donné naissance au *galbanum* des Latins, χαλβάνη des Grecs, dont il partage aussi sans doute la signification. Le חלבנה (*galbanum*, Plin., *Hist. Nat.*, XII, 56; χαλβάνη, Théophr., *Hist. Plant.*, IX, 9, 2) est une substance gommo-résineuse, jaunâtre, d'un aspect graisseux, et d'une odeur forte, particulière : c'est le suc concrété des racines d'une ou de plusieurs espèces de *ferula*, plantes aromatiques de la famille des ombellifères. Elle ressemble au *sagapenum* et à la *gomme ammoniaque*; peut-être toutes ces substances sont-elles souvent confondues entre elles (1). Le galbanum entrait dans le parfum sacré.

לט (*lad*), Gen. 37, 25. La plupart des interprètes entendent par la *myrrhe*, bien que la similitude même du nom rappelle le λήδανον des Grecs ou le *ladanum* des Latins. Le *ladanum* est, comme on sait, une matière résineuse, odorante, qui transsude des jeunes tiges, des rameaux et des feuilles de quelques espèces de *cistus*, et particulièrement des *cistus creticus* et *cistus ladaniferus*, arbrisseaux de la région méditerranéenne. On la récolte pendant l'été, en passant sur ces arbrisseaux, à plusieurs reprises, un fouet fait de lanières de cuir (2).

נכאת (*necôth*), Gen., 37, 25; 43, 11. Les Arabes donnent le nom de *nakaah* à la gomme adraganthe. Bochart (*Hierozo.* p. II, lib. IV, c. 12) a essayé de prouver que *necôth* est le *styrax*.

הדס (*hadas*), Nehem., 8, 15; Jes., 41, 19; 55, 13; Zach., 1, 8, 10, 11. Le *hadas* est le myrte (*myrtus*

---

(1) D'après l'opinion aujourd'hui généralement admise, le *galbanum* provient du *ferula ferulago*, L. (*ferula nodiflora*, Jacquin), plante indigène de la région méditerranéenne; le *sagapenum* est fourni par le *ferula persica*, Willd., et la gomme ammoniaque, par le *dorema armeniaca*, Don.

(2) En raison de ce mode de récolte, le *ladanum* mériterait le nom de *mastix* (μάστιξ, fouet), bien plutôt que le suc concrété du *pistacia terebinthus*, L. Au reste, ces matières devaient être souvent confondues entre elles.

communis, L.). C'est le même nom en arabe (*ás*); μυρσίνη des Septante; *myrtus* de la Vulgate. Le mot *hadas* vient de la racine inusitée *hadas*, se hâter; sans doute par allusion à la végétation hâtive de la plante en question. C'est ainsi que, suivant Varron, le saule, *salix*, doit son nom à la vigueur de sa végétation (de *salire*, saillir).

שום (*schoum*), Num., 11, 5. Le *schoum* est au nombre des plantes que les Israélites se souvenaient, avec délices, d'avoir mangé en Égypte. Les synonymes arabe, syriaque, et éthiopien démontrent que c'est l'ail (*allium sativum*) dont il est ici question. L'ail doit sans doute le nom de *schoum* à son odeur caractéristique : en arabe *schamon*, signifie *être odorant*. L'ail, cultivé chez nous, croît spontanément en Orient. C'est le σκόρδον des Grecs.

סנה (*sèneh*), Exod., 3, 2, 3, 4; Deuteron., 33, 16. Le buisson dans lequel Dieu apparut à Moïse, sous forme d'une flamme, porte le nom de *sèneh*, qui sans aucun doute n'est pas le *cassia senna*, Lin. C'est, suivant tous les interprètes, un arbuste ou arbrisseau épineux. D'après les uns c'est une espèce de ronce, d'après les autres une espèce de *rhamnus* (*rh. paliurus*). Serait-ce une espèce de *mespilus* (*M. oxyacantha*, L., ou *M. azarola*, L.?).

CHAPITRE III.

COLONIES, NAVIGATION ET COMMERCE DES PHÉNICIENS.

La gloire et la richesse des Phéniciens étaient dans leurs colonies. Celles-ci étaient le plus souvent créées par des raisons politiques ou par un excès de population de la métropole. La guerre, les inondations, les tremblements de terre, l'amour du gain, toutes ces causes réunies pouvaient avoir déterminé les habitants de l'ancienne Phénicie à quitter leur patrie et à chercher fortune ailleurs. L'Hercule tyrien est le mythe qui personnifie ces migrations, dont le résultat immédiat était de fusionner la race sémitique avec les races grecque et indigène des bords et des îles de la mer Méditerranée.

Le système colonial de la Phénicie était au plus haut degré de prospérité dans les onzième, dixième et neuvième siècles avant l'ère chrétienne. Les colonies fondées par l'État devaient envoyer le dixième des revenus tous les ans à Tyr, à l'occasion de la grande fête de Melcarth; elles devaient en outre partager avec la métropole le dixième des dépouilles opimes. Quant aux colonies fondées par des particuliers, elles étaient à peu près indépendantes de la métropole. Les colons organisés en état s'appelaient *am* ou *amat* (עמת), c'est-à-dire *peuple*, comme l'indiquent les inscriptions puniques qui nous sont parvenues. Le pouvoir était délégué à une assemblée populaire.

Établissements de l'Asie continentale. Ce sont les établissements les plus anciens de la Phénicie; ils étaient situés sur le trajet de la grande route commerciale de Tyr et de Sidon à l'Euphrate. *Dan*, nommée plus tard *Panéas* et *Hamath* sont déjà fréquentés du temps de Moïse, comme des points importants pour le commerce des Sidoniens (Jud., 18, 7; Genès., 10, 18). Les Phéniciens possédaient Eddana, au sud, et Nésibis au nord de l'Euphrate. Tarsus, la capitale de la Cilicie, qui passe, selon la mythologie, pour la plus ancienne ville du monde, était une colonie des Aradiens. La grande route de l'Euphrate se divisait, avant d'atteindre la côte de la Phénicie, en plusieurs branches, également occupées par des places importantes, au nombre desquelles étaient : *Myriandros*, dans le golfe d'Issus (1), *Laodicée*, le port d'Antioche (*Ramitha* de Sanchoniathon), qui était, comme Tyr et Sidon, « une mère dans Canaan (2). » Au sud de la Phénicie il y avait deux séries principales d'établissements : l'un allait aboutir à la mer Rouge, et l'autre à l'Égypte. Dans la première direction, on remarquait, sur le littoral, *Dor*, ville des Sidoniens (3), *Joppé* (4), la principale station du commerce des Phéniciens avec la Judée, le port d'*Ascalon*; et, sur les confins de l'Égypte, le sanctuaire du mont *Casius*, œuvre des Cabires, où mouillaient les vaisseaux phéniciens allant en Égypte? Dans la seconde direction, on passait par *Pétra*, la capitale des Nabathéens, pour arriver à *Éziongaber* et *Élat*, ports de la mer Rouge, dans le golfe Élanitique. C'est de ces ports, fort anciens, que les navigateurs de Tyr partaient pour l'Ophir et l'Inde (1). Les établissements dans les îles de Baharëin indiquent un commerce actif avec l'Arabie, la Babylonie, l'Inde et la Perse.

Colonies dans la partie moyenne et orientale de la mer Méditerranée. — L'île de *Chypre* (35° latitude nord), par sa position en face de la Phénicie, devint de bonne heure une station importante. Riche en minerais, cette île fut d'abord exploitée par les Chittiens et les Hamathéens, tribus cananéennes, qui fondèrent les deux principales villes, Citium et Amathonte. Plus tard, elle fut conquise par les Sidoniens, sous la conduite de leur roi Bélus, et se trouve représentée, sur les médailles antiques, comme l'une des plus anciennes colonies de Sidon. On y cite encore comme villes phéniciennes, Paphos, Karposia, Kérynie, Lapéthonte. L'île de *Rhodes* (36° latitude nord) fut aussi de bonne heure un point important pour la navigation entre l'Asie Mineure et la Grèce (2); plus tard les Doriens en chassèrent en partie les colons phéniciens (3).

Au quinzième siècle avant J. C., Cadmus conduisit des colons dans l'île de *Théra* (36° 20' latitude), plus rapprochée du Péloponnèse. Les toiles tissues par les femmes phéniciennes y étaient en grande réputation jusqu'à une époque assez récente. Au nord-ouest de Théra étaient deux autres colonies phéniciennes, l'île de *Mélos* (36° 40' latitude), riche en minéraux, et, au sud du Péloponnèse, l'île de *Cythère* (36° 15' latitude), célèbre pour la pêche des coquillages à pourpre. Toutes ces stations étaient situées en droite

---

(1) Xénophon, *Anab.*, I, 4.
(2) Josep., *Monumenta*, Tab., 35.
(3) Scylax, *Péripl.*, 104.
(4) Pline, V, 14.

(1) I Reg., IX, 26; XXII, 49; Num., XXX, 35; Deuteron., II, 8.
(2) Genès., X, 4; I, Chronic., I, 7.
(3) Athen., VIII, 61.

ligne sur la route qui allait de la Phénicie à la côte du Péloponnèse. L'île de Cythère était le principal entrepôt du commerce des Phéniciens avec la Grèce; c'est de là que se répandit le culte de la Vénus phénicienne. Au sud-est de Paros était aussi une colonie sidonienne sur l'île d'*Oléaros* (37° latitude) (1). Dans l'île de Crète il y avait les villes d'Itanos et de Lampé, importantes pour le commerce de l'Occident. Au nord, sur la route du Bosphore, les Phéniciens possédaient les mines de l'île de Thasus, en face d'Abdère. Cette île était célèbre par un temple d'Hercule de Tyr (2), et servait d'entrepôt au commerce de la Thrace et du Pont. Près de là, sur le continent, ils avaient exploité les mines d'or du mont Pangée, et fondé sur la côte la ville de Galepsus (3). Quant aux colonies du Bosphore et du Pont, on n'en sait rien de précis : elles se confondent avec le mythe de Phinéus. On cite Pronectus sur le Bosphore, Mariandyne en Bithynie et Tyros à l'embouchure du Dniester.

Tous ces établissements, à l'exception de ceux des îles de Cypre et de Thasos, étaient abandonnés déjà à l'époque des migrations dorique et ionienne. Il n'en était pas de même des colonies de l'Occident, qui étaient encore du temps de Strabon dans un état florissant.

Colonies en Sicile, en Sardaigne, dans les îles Baléares. — Avant l'arrivée des colons grecs dans la dernière moitié du huitième siècle avant J. C., les Phéniciens occupaient en Sicile tous les caps et les îles voisines. Après l'invasion des Grecs, ils se retirèrent dans l'intérieur, et y fondèrent des villes qui tombèrent plus tard sous le patronage de Carthage (4). Les établissements phéniciens les plus anciens de la Sicile sont : *Makara*, appelé, sur les médailles, *Rus-Melkarth*, c'est-à-dire cap d'Hercule; les Grecs, qui s'y établirent en 651 avant J. C., le nommèrent *Héraclée*. Panorme, appelé *Makhanath*, camp, sur les médailles phéniciennes, cité antique que déjà Sapho (vers 600 avant J. C.) indique avec Paphos comme le siège du culte de la Vénus de Tyr; enfin, *Motye* et *Solente*, deux villes fort anciennes, qui sont mentionnées dans le mythe de l'Hercule phénicien. Tous ces établissements sont situés dans la partie occidentale de l'île, qui regarde Carthage. Parmi les îles du voisinage, que possédaient les Phéniciens, il faut d'abord nommer *Melita*, Malte. Comme les Anglais aujourd'hui, les Sidoniens avaient déjà apprécié l'importance de ce poste pour la navigation de la Méditerranée. Mélita signifie *refuge;* par allusion sans doute à la sûreté de son port.

Voici comment Diodore de Sicile s'exprime sur le groupe d'îles dont Malte est la principale : « Mélite a plusieurs excellents ports; ses habitants sont riches. On y trouve des ouvriers de tous les métiers, mais principalement ceux qui fabriquent des toiles, d'une souplesse et d'une finesse remarquable. Les maisons de cette île sont belles, garnies d'auvents et enduites de chaux. C'est une colonie des Phéniciens, dont le commerce s'étendait jusque dans l'océan Occidental. Cette île, par sa situation et la bonté de ses ports, était pour eux une station sûre. Par leurs relations commerciales, les habitants sont devenus bientôt riches et célèbres. La seconde île s'appelle *Gaulos* (aujourd'hui *Gozzo*); elle est voisine de la première et pourvue de bons ports. C'est aussi une colonie des Phéniciens. Plus loin, du côté de la Libye, est l'île de Cercina (*Comino*), qui renferme une ville régulièrement bâtie; ses ports sont excellents, et peuvent recevoir non-seulement des bâtiments marchands, mais encore des navires de guerre (1). »

Au nord-ouest de Malte, à peu de distance de Carthage, était l'île de *Cossyra* (36° 50′ latitude nord), colonie puissante, qui paraît avoir gardé longtemps son indépendance; car les *Fasti trium-*

---

(1) Pline, IV, 12, 22; Mela, II, 7; Ovid., *Métamorph.*, VII, 463; Virg. *Æn.*, III, 126; Ptolém., III, 15; Steph. Byzant., V. Ὠλέαρος.
(2) Hérodot., II, 44; VI, 47.
(3) Pline, *Hist. Nat.*, VII, 57.
(4) Thucydid., VI, 2.

(1) Diodore, tome II, p. 12-13 de ma traduction.

phales (1) mentionnent deux victoires navales que les Romains avaient remportées, dans la première guerre Punique, sur les Cossyréens et les Carthaginois. Les médailles au type de Cossyra ont pour inscription : איבנם, c'est-à-dire, *Ile des Enfants*. Par *enfants* il faut entendre les Cabires. D'ailleurs le nom de *Cossyra* (Kossur) rappelle celui de *Khusor*, chef des Cabires phéniciens. Nous pensons que cette île est l'île de Calypso d'Homère.

L'île de *Sardaigne* était célèbre, dans toute l'antiquité, par la richesse de ses mines de fer et de plomb. Elle était située sur le trajet de la grande route commerciale qui s'étendait de l'Orient, le long de la côte africaine, jusqu'aux colonnes d'Hercule. *Carallis*, Cagliari, encore aujourd'hui la capitale de cette île, avait été fondée par les Tyriens. Beaucoup d'endroits y portent des noms libyques ou libyco-phéniciens. Cependant les indigènes furent en tout temps réfractaires à toute domination étrangère. « Quoique les Carthaginois, dit Diodore, se soient rendus maîtres de la Sardaigne, ils n'ont jamais pu subjuguer les anciens habitants de l'île. Les Ioléens s'enfuirent dans les montagnes, et y construisirent des habitations souterraines; ils entretenaient de nombreux troupeaux, qui leur fournissaient du lait, du fromage et de la viande en abondance. En quittant le séjour des vallées, ils se délivrèrent des travaux pénibles des champs. Leur vie dans les montagnes et des cavernes inaccessibles les ont préservés du joug que voulaient leur imposer les Carthaginois, et même les Romains, qui leur ont fait aussi souvent la guerre, n'ont pu réussir à les soumettre (2). » Les Romains traitaient ces montagnards comme des brigands, *mastrucati latrunculi*. Tibère y fit déporter quatre mille Juifs.

L'île de Corse, la *Kyrnos* des anciens, paraît aussi avoir possédé des établissements phéniciens; mais déjà depuis 600 avant J. C. il n'en restait plus de vestige.

Les îles Baléares étaient une station importante pour le commerce avec l'Espagne. Leur population était en grande partie d'origine phénicienne. La plus grande de ces îles s'appelait Pityuse, aujourd'hui *Iviza*, à cause de la grande quantité de pins (*pitys*) qui y croissaient. « Cette île, dit Diodore, est médiocrement fertile. Le sol y produit peu de vignes; il n'y croît que quelques oliviers, greffés sur des oliviers sauvages; mais on vante la beauté de ses laines. Cette île est traversée de collines et de vallées considérables. Elle renferme une ville, appelée *Eresus* (*Ebusus*), qui est une colonie des Carthaginois; ses ports sont spacieux, ses murailles très-hautes, et ses maisons nombreuses et bien bâties. Elle est habitée par des barbares de diverses races, mais principalement par des Phéniciens. Cette colonie fut établie cent soixante ans après la fondation de Carthage (1). » Encore du temps d'Auguste elle frappait des monnaies, dont un grand nombre nous sont parvenues. Sur ces monnaies on lit : אי בשם, c'est-à-dire *Ile des Pins* (2).

Colonies en Espagne. — Les établissements les plus importants se trouvent dans le sud-ouest de la presqu'île ibérique, dans la Turditaine, partie primitivement connue sous le nom de *Tarsis* ou de *Tartessus*. La Bible parle souvent de *vaisseaux* de *Tarsis*. « Tarsis trafiquait avec toi, dit Ézéchiel à la ville de Tyr, en t'apportant toutes sortes de richesses, et remplissait tes marchés d'argent, de fer, d'étain et de plomb (3). » Le chapitre 27 du prophète Ézéchiel est en grande partie consacré à la description de la splendeur et du commerce de Tyr. « Les premiers Phéniciens, dit Aristote, qui abordèrent à Tartessus prirent, pour des huiles et d'autres drogues, tant d'argent en échange, qu'ils ne purent le loger sur leurs navires, et qu'ils firent tous leurs ustensiles et même leurs ancres en argent (4). » Diodore raconte qu'un incendie dans les Pyrénées fit

---

(1) Gruter, *Inscript. lat.*, p. 297.
(2) Diodore, tome II, p. 66 de ma traduction. Voyez aussi ma note de la même page.

(1) Diodore, *loc. cit.*
(2) Pline, *Hist. Nat.*, III, 11.
(3) Ézéch., XXVII, 12. — Dans ce passage, les traducteurs ont rendu *Tarsis*, תרשיש, inexactement par *Carthage*.
(4) Aristote, *de Mirabilib.*, c. 147.

fondre d'immenses masses de minerai d'argent. « Ignorant l'usage de ce métal, les indigènes le vendirent aux marchands phéniciens, instruits de cet événement. En apportant cet argent en Asie, en Grèce et chez d'autres nations, ils gagnèrent d'immenses richesses. La cupidité de ces marchands fut telle, que leurs navires étant déjà chargés, ils coupèrent le plomb de leurs ancres, et y substituèrent de l'argent (1). » Ce récit ne rappelle-t-il pas les Espagnols dans le nouveau monde?

Le sud de la presqu'île ibérique et la côte africaine opposée entretenaient dès la plus haute antiquité des relations de commerce très-intimes. Les mêmes noms de ville, comme Carthage, Gadès, Utique, Leptis, Malaca, etc., se trouvent dans la Libye et dans l'Ibérie. Gadès était le foyer du culte d'Hercule tyrien pour toutes les colonies occidentales. C'est là qu'il posa, au commencement de son passage, les fameuses colonnes (rochers) qui portent son nom.

Colonies en Afrique. — C'est principalement sur la côte méditerranéenne de l'Afrique que les Phéniciens ont laissé des vestiges de leur génie commercial. Depuis le golfe de Sidra (la grande Syrte) jusqu'à l'île de Cerne, aujourd'hui Arguin, il existait une série d'établissements qui ont longtemps conservé leur antique prospérité (2). A l'ouest de la Syrte, jusqu'à la Numidie, on trouvait: *Ruscinona* (Tite-Live, XXX, 10), *Ruspina* (Pline, V, 3), *Rusuca* (Acta Concil., édit. Harduin, t. I, p. 1086), *Ruspe* (Vit. S. Fulgentii, c. 17), *Kephalé* (Strab. XVII, 3), *Caput Cillani* (Itin. Anton., p. 31) et *Caput-vada* (Procop., De Ædific., VI, 8); sur le littoral de la Numidie: *Rusicada* (Ptol., IV, 3; Plin., V, 2) et *Rusticia* (Act. Concil., t. II, p. 871); en Mauritanie: *Rusibis* (Ptol., IV, 1), *Rusconia* (Plin., V, 1), *Rusikibar* (Ptol.,

IV, 2), *Rusukuro* (Ibid. et Plin., V, 2), *Rusazis* (Itin. Anton., p. 17, Pline et Ptol.), *Rusubeser* (Ptol., ibid.); enfin, sur la côte atlantique: *Rusaddir*, c'est-à-dire *Cap de l'Atlas* (Plin., V, 1; Ptolém., IV, 1), *Risardir* (Plin., V, 1) et *Bysadium* (Ptolém., IV, 6). En allant de l'ouest à l'est, à partir de la Syrte, on rencontrait d'abord la région si fertile de la Byzacène, où, selon le mythe phénicien, Cadmus, s'étant enfui avec Harmonia, avait bâti cent villes fortifiées. C'est là qu'habitait la puissante tribu des Liby-Phéniciens, qui faisait le commerce de l'intérieur, et se livrait principalement à l'agriculture. Ce sont ces Liby-Phéniciens qui ont conservé pur leur idiome, issu du phénicien, jusqu'à l'époque de la conquête de l'Afrique par les Arabes. Les principales villes de la Byzacène étaient *Leptis magna* (1), fondée par des réfugiés politiques de Sidon; *Sabratha* (l'*Abrotanon* des Grecs), nommée, *Sabrotonon* sur les médailles phéniciennes, établissement de Tyriens. A l'est de la Byzacène était l'importante colonie d'*Adrumète*, également fondée par des Tyriens (2). A l'ouest était cette partie célèbre du littoral (depuis le promontoire d'Hermès jusqu'à Tabraca), où les Sydoniens établirent, en 1200 avant J. C., *Byrsa*, premier fondement de Carthage, et *Hippo-Diarhytos* (*Ippo-Akheret*, qui signifie *Hippo-Altera*). Plus tard, en 1100 avant J.C., les Tyriens fondèrent *Utique*, la colonie la plus importante dans cette région, après Carthage (3).

Les autres villes de la Numidie et de la Mauritanie étaient des colonies de Tartessus et de Carthage; leur fondation remonte aux septième et huitième siècles avant J. C. La ville forte d'*Auza*, dans la Mauritanie, était un point important pour le commerce avec l'intérieur de l'Afrique. D'après les annales de Tyr, elle avait été bâtie par le roi Ithobal, le père d'Isabel (4). Sur la même route de

---

(1) Diodore, tome II, p. 36 de ma traduction.

(2) Le nom de *rus* ou *ras* signifiant *cap*, n'est pas une raison suffisante pour conclure à une origine phénicienne; car ce nom est le même en arabe, comme dans toutes les langues sémitiques.

(1) Salluste, *Jugurth.*, LII, VIII; Plin., *Hist. Nat.*, V, 17; Sil. Ital., III, 256; Isid., *Orig.*, XX, 1.

(2) Solin., c. 40.

(3) Aristot., *de Mirabil.*, c. 146; Plin., XVI, 79; Justin, XVIII, 4; Mela, I, 7.

(4) Joseph., *Antiquit.*, VIII, 13.

l'intérieur étaient situées *Capsa* (1) et *Hecatompylos* ou *Thèbes* (2).

Mais les plus intéressantes des colonies phéniciennes de l'Afrique étaient celles de la côte atlantique, dans les belles provinces maritimes du Maroc. Suivant Ératosthène, cité par Strabon (lib. XVII, 3), les Tyriens y avaient fondé trois cents villes. Ces colonies eurent le même sort que celles de Tartessus, dont elles étaient tout à fait contemporaines (3). Abandonnées par la métropole, pendant la période assyrienne, elles tombèrent au pouvoir des barbares indigènes. Quelques-unes se maintinrent cependant jusqu'à l'époque où les Carthaginois envoyèrent, sous la conduite d'Hannon, de nouveaux colons, qui relevèrent en partie les anciens établissements. Comme la contrée atlantique du Maroc était à peu près inconnue aux Grecs et aux Romains, il ne faut pas s'étonner que nous ayons si peu de renseignements sur les colonies phéniciennes qui s'y trouvaient. Pomponius Méla (II, 9) mentionne *Tingis* (Tanger), et Strabon (III, 1) *Zelis* (Ceuta). On trouve, en outre, sur quelques médailles phéniciennes le nom de לך, *Lix* ou *Lekhes* (4), ville en partie habitée par des Libyens, en partie par des Phéniciens (5). Cette ville a, selon Pline, surpassé en grandeur l'ancienne Carthage (6). Plus au sud était le golfe du Commerce, *Sinus Emporicus*, où il y avait aussi quelques établissements phéniciens (7). Dans la contrée qui forme aujourd'hui la province de Suse il y avait l'établissement fortifié des Cariens (Καρικὸν τεῖχος du Périple), dont le nom phénicien, *Aggadir* (אגדר, mur), s'est conservé jusqu'à nos jours (8). Cet établissement, entouré d'une enceinte fortifiée, avait été fondé par des Cariens associés à des Phéniciens. Une association semblable avait construit le quartier des Cariens à Memphis. Dans le voisinage d'Aggadir il y avait les villes de *Gytte*, d'*Akra*, de *Melitta* et d'*Arambys* (1).

Au sud du Lixus les Phéniciens avaient des établissements dans une étendue de trente journées jusqu'aux confins du Sahara (2). Ici nos documents s'arrêtent. Nous savons seulement que le commerce des Phéniciens avec l'Afrique moyenne s'étendait, au rapport d'Hannon, jusqu'à l'île de Cerné (aujourd'hui Arguin).

C'est ici que vient se placer naturellement le Périple d'Hannon, sur l'époque duquel on est loin d'être d'accord : Gosselin le fait remonter à 1000 ans avant J.-C., et Mélot à 300 ans; la moyenne de 570, admise par Bougainville, est la date la plus probable. Ce Périple est, selon toute apparence, l'extrait d'un ouvrage plus considérable, écrit primitivement en phénicien. Nous ne possédons que la traduction grecque de cet extrait, dont voici la traduction (3) :

« Les Carthaginois résolurent qu'Hannon naviguerait au delà des Colonnes, et qu'il fonderait des colonies avec les Liby-Phéniciens. Il partit, emmenant avec lui une flotte de soixante vaisseaux, une quantité d'hommes et de femmes, au nombre de trente mille, des provisions et toutes les choses nécessaires.

« Après nous être embarqués et après avoir passé par le détroit, nous naviguâmes durant deux jours, et fondâmes ensuite une ville du nom de *Thymiatérium*. Il y avait à côté d'elle une grande plaine. De là nous fîmes voile à l'ouest, vers le cap libyen de *Soloës*, garni de toutes parts d'arbres. Après y avoir élevé un temple à Neptune, nous nous dirigeâmes, pendant une demi-journée, de nouveau vers l'ouest jusqu'au moment de toucher à un lac voisin de la mer, et rempli de joncs. Il s'y trouvait des éléphants et beaucoup d'autres animaux herbivores. Nous longeâmes le

---

(1) Sallust., *Jugurth.*, LXXXIX; Florus, III, 1; Oros., V, 15.
(2) Diod., IV, 18.
(3) Plin., XIX, 22; Strab., I, 3.
(4) Judas, *Étude démonstrative de la Langue Phénicienne*, Tab. 2. n. 16-20.
(5) Scylax, *Péripl.*, § III, p. 203, éd. Gail.
(6) Plin., V, 1.
(7) Plin., XIX, 22.
(8) *Gadès* signifie aussi *mur*; c'est une corruption d'*agadir*.

(1) Hannon, *Périple*.
(2) Strab., XVII, 3.
(3) Dans Hudson, *Geographiæ veteris scriptores græci minores*, Oxoniæ.

lac pendant une journée, et nous construisîmes des villes sur la mer, que nous appelâmes *Karikum Teichos, Gylte, Acra, Mélitte* et *Arambe*.

« En partant de ces lieux, nous arrivâmes au grand fleuve *Lixus*, qui descend de la Libye. Le long de ses rivages demeure un peuple nomade, les *Lixites*, qui faisaient paître leurs troupeaux; nous y fîmes quelque séjour en contractant avec eux alliance. Mais au-dessus d'eux vivaient des Éthiopiens sauvages, occupant un pays montagneux et riche en animaux, où le Lixus prend naissance. Les montagnes étaient habitées par des hommes d'une figure étrange, des Troglodytes, que les Lixites dépeignaient comme plus agiles à la course que des chevaux.

« Nous prîmes des interprètes parmi les Lixites, et nous passâmes près du désert durant deux jours. Nous nous portâmes de là à une journée vers l'est : ici nous rencontrâmes au fond d'un golfe une petite île ayant cinq stades de circuit; nous y établîmes des colons en lui donnant le nom de *Cerné*. Selon notre calcul, il nous semblait qu'elle devait être à une distance égale de Carthage; car on mit autant de temps pour le trajet de là aux Colonnes que de celles-ci à Cerné. Nous arrivâmes à un lac, en remontant un grand fleuve, nommé *Chrétes*. Ce lac renfermait trois îles plus grandes que Cerné. A partir de ces îles, il nous fallut une journée pour atteindre la fin du lac.

« Au-dessus de ce lac on voyait s'élever de hautes montagnes, couvertes d'hommes féroces, revêtus de peaux d'animaux qui nous lancèrent des pierres et nous empêchèrent d'aborder. En continuant notre route, nous parvînmes à un *grand fleuve*, rempli de crocodiles et d'hippopotames. Nous rebroussâmes chemin, et nous allâmes rejoindre Cerné.

« De cet endroit, nous nous embarquâmes vers le sud, et nous longeâmes les côtes pendant douze jours. Toute la contrée était habitée par des Éthiopiens, qui en nous voyant arriver prirent la fuite. Ils parlaient un langage inintelligible, même pour les Lixites qui nous accompagnaient. Le dernier jour nous abordâmes près de quelques montagnes élevées, et garnies de différentes espèces de bois odoriférants. Nous naviguâmes deux journées plus loin, et nous mouillâmes près d'un très-grand golfe, ayant des deux côtés un terrain plat, sur lequel nous vîmes brûler partout, la nuit, des feux à une certaine distance, et à une élévation plus ou moins grande. Nous y fîmes de l'eau, et nous côtoyâmes les rives pendant cinq jours; au bout de ce temps nous vîmes devant nous un grand golfe, auquel nos interprètes donnèrent le nom de *Corne d'ouest*. Il y avait dans ce golfe une grande île dans laquelle se trouvait un lac, qui à son tour renfermait une île plus petite.

« Nous abordâmes en ce lieu, où nous ne vîmes, le jour, que des forêts, mais la nuit beaucoup de feux; et nous entendîmes le son de flûtes, de cymbales, de timbales, et un bruit effroyable. La terreur s'empara de nous, et nos devins nous ordonnèrent de quitter l'île. Nous mîmes aussitôt à la voile, et nous passâmes près d'une contrée brûlante nommée *Thymiamata*. Elle était pleine de torrents de feu qui se jetaient dans la mer. Mais cette terre était inaccessible à cause de sa grande chaleur. La crainte nous fit encore quitter promptement ces parages.

« Pendant quatre jours en mer, nous aperçûmes, la nuit, les côtes couvertes de feux. Nous vîmes, au milieu de ce pays, un feu énorme qui semblait toucher jusqu'aux étoiles. Le jour nous y distinguâmes une montagne très-élevée, que l'on appelait le *char des dieux*. Durant trois jours nous passâmes près des torrents de feux, et nous approchâmes d'un golfe appelé la *Corne du Sud*. Dans l'angle de ce golfe il y avait une île pareille à l'autre dont nous avons parlé, laquelle contenait un lac; celui-ci renfermait à son tour une autre île, habitée par des hommes sauvages; mais la plupart d'entre eux étaient des femmes aux corps velus, que nos interprètes appelaient G'orilles [1] Nous ne pûmes pas attraper les hommes : ils s'enfuirent dans les montagnes et se défendirent avec des pierres. Quant aux femmes, nous en prîmes trois, qui mordirent et égratignèrent leurs conducteurs, et ne voulurent pas

---

[1] Sans doute par corruption du mot hébreu ou phénicien *goïm*, infidèles, magiciens.

les suivre. Nous les tuâmes, et nous leur ôtâmes la peau, que nous apportâmes à Carthage; car nous ne pûmes pas aller plus loin, faute de provisions. »

Remarques sur le Périple d'Hannon (1).

Il résulte de ce curieux document que les navigateurs puniques, sortis du détroit de Gibraltar, ont longé la côte orientale de l'Afrique. Jusqu'où ce voyage s'est-il étendu? Cette question a été vivement controversée, et n'a pas encore reçu de solution satisfaisante. Gosselin (*Recherches sur la Géographie des Anciens*, vol. I, p. 63) et Rennel (*Geography of Herodotus*, p. 910) représentent les deux opinions extrêmes. Le premier abrège le voyage d'Hannon tellement, que la Corne du sud serait le cap Noun (à 28° de latitude nord), tandis que le second le prolonge jusqu'à Sierra-Leone, vers le 8° de latitude nord.

Gosselin fonde son calcul sur des suppositions inadmissibles. Il pense que l'expression *hors des Colonnes* comprend encore le détroit, les Colonnes d'Hercule n'étant que les deux rochers Calpé et Abyla, à l'entrée intérieure du détroit. En partant de ce point, il place la ville Thymiatérium dans le détroit même, près de Ceuta; il prend le cap Soloës, qu'Hannon n'atteignit qu'au bout de deux journées en dehors des Colonnes, pour le cap Spartel, qui ferme l'issue du détroit du côté de l'Afrique, et il place l'île de Cerné à 33° ½ latitude nord, aujourd'hui île de Fédal. Mais d'abord la décision du sénat carthaginois enjoignit à Hannon d'établir des colonies et de faire des découvertes en *dehors du détroit*; puis, l'expression les *Colonnes* se prend ordinairement pour le détroit en général.

Gosselin prétend ensuite que la journée n'était pas de plus de six lieues. « Car, dit-il, Cook, en longeant la côte orientale de la Nouvelle-Hollande, n'avait pas pu faire plus de dix-sept lieues en vingt-quatre heures; c'est pourquoi on ne pouvait accorder à Hannon, qui la nuit se tenait tranquille et avait toute une flotte avec lui, que cinq lieues pour le jour. » Mais, cette comparaison n'est pas exacte. Cook naviguait le long d'une côte parsemée de bancs de coraux, et pour en lever la carte il fut obligé d'avoir presque toujours la sonde à la main. Rien de cela pour Hannon. Tout au contraire, Hannon, sorti du détroit, entra dans des courants qui vont avec une assez grande rapidité du nord au sud, et, au lieu de cinq lieues, il devait faire au moins trente lieues par jour; car Hérodote lui-même fixe (4, 86) une journée de navigation ordinaire (dans la Méditerranée) à sept cents stades (vingt-huit lieues). Enfin, il n'est nullement démontré que la flottille d'Hannon s'arrêtât la nuit pour ne marcher que le jour.

L'opinion de Rennel, admise en partie par Heeren, réunit plus de chances de probabilité (1). Nous l'adoptons, mais en y apportant plusieurs modifications importantes.

En supposant que la journée ait été en moyenne d'un degré de latitude (25 lieues), nous obtenons les résultats suivants :

La ville de *Thymiatérium* correspondrait à un endroit voisin de l'embouchure de la rivière Sebou, sur la côte atlantique du Maroc;

Le cap *Soloës* serait le *cap Blanc*;

Les colonies de *Karikum Teichos*, *Gytta*, *Acra*, *Mélite* et *Arambe*, se trouveraient entre Safi et Mogador;

Le fleuve *Lixus* serait la rivière *Sous*;

L'île de *Cerné*, l'une des Canaries (Fuertaventure?);

Le *grand Fleuve*, rempli de crocodiles et d'hippopotames, le *Sénégal*;

La *Corne d'Ouest*, le *cap Vert*;

La *Corne du Sud*, le *cap Roxo*, près de l'archipel des Bissagos.

Ainsi, d'après notre évaluation, c'est à 11° ou 12° latitude nord qu'il faut

---

(1) Voy. de Humboldt, *Tableaux de la Nature*, t. I, p. 181 a, édit. de 1849.

(1) Déjà avant Rennel, Bochart, *Geographia Sacra*, I, 33; Campomanes, *Antiguedad maritima de Carthago*, vol. II; Dodwell, *Dissertatio prima in geograph. min.*, éd. Hudson; et Bougainville, *Mémoires sur les découvertes d'Hannon* (Mémoires de l'Académie des Inscriptions, t. XXVI, XXVIII) font tous arriver Hannon jusqu'aux côtes de la Guinée.

placer le terme de l'expédition d'Hannon.

Jamais peut-être la côte occidentale de l'Afrique, dans le rayon indiqué, n'a eu un commerce plus actif qu'à l'époque où les Phéniciens et les Carthaginois tenaient le sceptre de la mer. On comptait sur cette côte plus de cent établissements phéniciens, dont nous avons déjà nommé les principaux. C'est avec le midi de l'Espagne, avec Tartessus et les colonies de la Turditaine que ces établissements étaient immédiatement en relation.

Les Phéniciens ont-ils fait le tour de l'Afrique ?

Cette question, contestée par les uns, a été résolue affirmativement par les autres. Voici le document le plus intéressant que nous ait fourni à cet égard le père de l'histoire, Hérodote.

« L'Afrique est manifestement environnée d'eau (Λιβύη δηλοῖ ἑωυτὴν ἐοῦσα περίρρυτος), à l'exception de l'isthme qui la joint à l'Asie. Néchao, roi d'Égypte, est à notre connaissance le premier qui ait démontré ce fait. Après avoir renoncé à l'achèvement du canal de communication entre le Nil et le golfe Arabique, il expédia des navires, montés par des Phéniciens, avec l'ordre de rentrer dans la mer qui baigne la côte septentrionale de l'Afrique (τὴν βορηίην θάλασσαν) et de revenir ainsi en Égypte. Partis de la mer Rouge, ces Phéniciens naviguèrent d'abord dans la mer Méridionale (océan Indien). Quand la disette se faisait sentir (ὅκως δὲ γίνοιτο φθινόπωρον), quel que fût le point de la côte, ils y abordaient, ensemençaient la terre, et attendaient la moisson. Après la récolte du blé ils continuaient leur navigation. Après avoir ainsi voyagé pendant dix ans, ils parvinrent, dans la troisième année, à la hauteur des Colonnes d'Hercule, franchirent le détroit, et arrivèrent en Égypte. On me rapporta une chose que je ne crois pas, et qui pourrait être croyable à tout autre, c'est que les navigateurs en tournant l'Afrique avaient le soleil à droite (περιπλώοντες τὴν Λιβύην τὸν ἥλιον ἔσχον ἐς τὰ δεξιά) (1). »

Ce document décide la question. Les Phéniciens ont fait le tour de l'Afrique : ce qui le prouve, c'est le fait même auquel Hérodote ne veut pas ajouter foi, lui qui croyait tant de choses. C'est qu'aussi aucune imagination n'aurait pu l'inventer : il fallait avoir passé la ligne équinoxiale et constaté *de visu* qu'en doublant la pointe méridionale de l'Afrique tout navigateur parti de la mer Rouge a le soleil à sa droite. Ainsi, plus de deux mille ans avant les Portugais, les Phéniciens avaient exécuté, en sens inverse, la circumnavigation du continent africain. L'histoire ne nous a pas conservé le nom de leur Vasco de Gama. Que de héros sont perdus pour la postérité parce que, comme le dit Horace, ils n'avaient pas eu de poëtes pour les célébrer (*caruere quia vate sacro*). Ce devait être en effet un spectacle étrange pour des marins exclusivement habitués à la Méditerranée de voir le soleil passer sur leur tête, et de l'avoir ensuite, en continuant leur marche vers le midi, non plus en face, mais derrière le dos. Des commentateurs ont été embarrassés pour expliquer comment les Phéniciens envoyés par Néchao ont pu avoir le soleil à leur droite; et ils sont partis de là pour contester la réalité de cette circumnavigation. Mais ils n'ont pas compris que les mots περιπλώοντες τὴν Λιβύην, *naviguant autour* expriment l'action même de tourner autour de la pointe de l'Afrique, de doubler, comme on dit maintenant, le cap de Bonne-Espérance. Et en doublant cette pointe, pour entrer dans l'océan Atlantique, n'avaient-ils pas le soleil à droite ? Tout est donc parfaitement d'accord avec l'observation, et le récit d'Hérodote porte le cachet de la véracité la plus évidente. D'ailleurs, tant que la terre ne leur manquait pas, les Phéniciens devaient continuer leur route : ils n'étaient pas hommes à reculer devant les tempêtes.

C'est donc la première expédition vraiment scientifique dont l'histoire fasse mention. Le but fut parfaitement rempli; car il fut démontré que l'Afrique est partout entourée d'eau, et que sans l'isthme de Suez ce serait une immense île.

Le document conservé par Hérodote nous intéresse encore sous un autre rapport : il nous apprend comment les Phéniciens exécutaient leurs voyages de

---

(1) Hérodot., IV, 42.

longs cours. Il est facile d'approvisionner nos énormes bâtiments pour des années ; il n'en était pas de même pour de petits bâtiments, sorte de radeaux, destinés au cabotage. Puis, la moisson dans une terre chaude et fertile ne se faisait attendre ni longtemps ni vainement.

Navigation dans le golfe Arabique, dans le golfe Persique, et dans l'océan Indien. — Ophir.

Nous n'avons que fort peu de renseignements sur la navigation des Phéniciens dans le golfe Arabique, dans le golfe Persique et dans l'océan Indien. Cependant cette navigation devait être très-active : elle alimentait les marchés de l'Égypte, de la Syrie et de la Grèce. Les voyages nautiques des Phéniciens dans le golfe Arabique furent une suite de leur alliance avec les Hébreux et de l'agrandissement du territoire de la Judée, reculé sous David jusqu'aux bords de ce golfe.

Asiongaber (1), au fond du golfe Élanitique, était le plus ancien entrepôt du commerce des Phéniciens et des Israélites avec l'Arabie et l'Inde. C'est là qu'ils s'embarquaient pour le pays d'Ophir. « Le roi Salomon équipa une flotte à Asiongaber, qui est près d'Élath, sur le bord de la mer Rouge, au pays d'Idumée ; et Hiram envoya avec cette flotte quelques-uns de ses gens, des marins qui entendaient fort bien la navigation, qui se joignirent aux gens de Salomon. Et étant allés en Ophir, ils y prirent quatre cent vingt talents d'or, qu'ils apportèrent au roi Salomon » (I Reg., 9, 26 et 27.). « Et la flotte d'Hiram, qui apportait l'or d'Ophir, apporta aussi en même temps une quantité de bois très-rare et des pierres précieuses » (*Ibid.*, 10, 11).

C'est à Asiongaber que débarqua la reine de Saba pour se rendre auprès du roi Salomon « avec des chameaux qui portaient des aromates et une quantité infinie d'or et des pierres précieuses » (I Reg., 10, 2).

L'or de l'Ophir était alors pour les Israélites et les Phéniciens ce que l'or du Nouveau Monde devint pour les Espagnols. — « Le roi Josaphat avait fait équiper une flotte, afin qu'elle fît voile en Ophir pour en apporter de l'or. Mais ses vaisseaux ne purent y aller, parce qu'ils furent brisés à Asiongaber » (I Reg., 22, 49).

Les Hébreux, sortis de l'Égypte, passèrent près d'Asiongaber, dans leur long voyage à travers le désert, où l'on n'aperçoit que des collines crayeuses, des pierres siliceuses, noires, et pas un brin d'herbe.

Élath, située à peu de distance d'Asiongaber, dans le pays des Édomites (Iduméens), avait aussi un port célèbre (1). Le roi David s'en empara après sa victoire sur les Iduméens (2 Sam., 8, 14). Ces derniers reprirent Élath, et la gardèrent jusqu'à l'époque où Usias la soumit de nouveau au royaume de Judée (2 Reg., 14, 14, 22). Enfin, Rezin, roi des Syriens, en fit la conquête, et cette ville avec son port fut à jamais perdue pour les Israélites (2 Reg., 14, 6). Des voyageurs modernes prétendent avoir trouvé des vestiges d'Élath près d'Akaba (2). C'était l'Ελάνη de Ptolémée, et l'*Ælana* de Pline (*Hist. Nat.*, 32, 38).

L'expédition de Salomon pour le pays d'Ophir est la plus ancienne dont l'histoire fasse mention : elle a eu lieu vers l'an 1000 avant J. C.

Qu'était-ce que le pays d'Ophir (3) ? Cette question a reçu bien des réponses différentes. Commençons d'abord par citer les plus hasardées. Calmet (4) place

---

(1) *Asiongaber*, ou plutôt *Eziongeber* (גבר עציו), signifie *épine dorsale de l'homme*, sans doute par allusion à quelque circonstance géologique. Du temps des Grecs cette ville s'appelait Bérénice.

(1) *Élath* ou plutôt *Aïlath* (אילת), arbres, verger, a donné son nom au golfe Élanitique.
(2) Rüppel, *Reisen*, Francof., 1829, p. 248 ; Robinson, *Palæstina*, t. I, 269.
(3) Le nom *Ophir* dérive évidemment de *aphar* ou *épher* (אפר), cendre, poudre ; par allusion à la *poudre d'or*, qui constitue encore une des principales branches de commerce des côtes et de l'intérieur de l'Afrique.
(4) *Dissertation sur le pays d'Ophir*, dans les *Traités géographiques*, La Haye, 1730, p. 287 et suiv.

l'Ophir en *Arménie*, de Hardt (1), en *Phrygie*, Oldermann (2), en *Ibérie*; Arias Montanus, Guill. Postell et d'autres, guidés par la ressemblance du nom, le placent au *Pérou*. Enfin, Christophe Colomb crut avoir retrouvé l'Ophir de Salomon dans l'île d'*Hispaniola*. Toutes ces opinions ne sont pas sérieuses : nous ne nous y arrêterons pas.

C'est sur les côtes baignées par l'océan Indien qu'il faut chercher l'Ophir (Voyez Huet, *Commentaire sur les navigations de Salomon*, dans les *Traités géographiques*, t. II, p. 65; d'Anville, dans les *Mémoires de l'Académie des Inscriptions*, t. XXX, p. 83).

Vitringa, Varerius, Lipenius, Reland et beaucoup d'autres votent pour l'*Inde*. Ils s'appuient particulièrement sur ce que les Septante ont rendu *Ophir* par *Sophir*, *Souphir*, *Sophara*, *Sophira*. Or, Sophir est le nom copte de l'Inde (Champollion, *l'Égypte sous les Pharaons*, t. I, p. 68). Le traducteur arabe a également rendu Ophir par *Sind* (Inde). Josèphe (*Archæolog. Jud.*, 8, 6), adoptant la version des Septante, ajoute que *Sophir*, appelée maintenant le pays d'Or (*Chersonesus aurea?*), est une contrée de l'Inde. Une autre raison invoquée en faveur de cette opinion est dans les produits qu'on rapportait de l'Ophir et qu'on trouve aussi dans l'Inde. Enfin, on rencontre sur la côte de Malabar la *Soupara* de Ptolémée, *Ouppara* d'Arrien, *Sophara* d'Aboulféda (aujourd'hui *Sefer*, près de Goa), qui paraît avoir été un ancien port phénicien.

Mais la plupart des auteurs, comme Michaelis, Vincent, Tychsen, Seetzen, Niebuhr, se déclarent pour une contrée de l'Arabie. Ils citent à leur appui un verset de la Bible (Gen., 10, 29), où Ophir est nommée avec d'autres pays (Saba, Chavila), qui sont situés dans l'Arabie méridionale; puis Diodore (2, 50; 3, 44), Strabon (16, 4), Pline (6, 28, 32), qui parlent de l'or qu'on trouve dans cette partie de l'Arabie. Dans un fragment d'Eupolème, conservé par Eusèbe (*Præparat. Evangel.*, 9, 30), on lit que David envoya des ouvriers pour exploiter les mines d'or de l'île *Ourphé* dans la mer Rouge, et en rapporter l'or en Judée. Un voyageur moderne, Seetzen, a rencontré dans l'Oman, à quatre lieues au sud de Sohar, un endroit nommé *El Ophir*.

Contre cette dernière opinion il y a une objection grave à alléguer, c'est la longueur même du voyage; car il ne fallait pas trois ans (temps indiqué pour l'expédition de la flotte de Salomon) pour aller d'Élath ou d'Asiongaber au sud de l'Arabie et en revenir. On peut même faire valoir cette objection contre l'opinion de ceux qui veulent chercher l'Ophir sur la côte de Malabar.

Bruce, réhabilitant l'hypothèse de Grotius et d'Huet, place l'Ophir sur la côte orientale de l'Afrique; il laisse le choix entre Zanguebar, la Mozambique et Sofala. Gesenius et ceux qui l'ont suivi n'admettent point cette idée, principalement parce que les mines d'or de cette région sont situées à une assez grande distance de la côte. Mais cette raison, loin d'invalider, confirme l'opinion de Bruce; car en admettant, ce qui est très-vraisemblable, que les Phéniciens débarquaient sur la côte, et pénétraient dans l'intérieur de l'Afrique, pour se procurer la poudre d'or et les autres marchandises indiquées, on s'explique la durée de l'expédition.

D'ailleurs le nom d'אפיר, qu'on peut prononcer indifféremment *Aphir* ou *Ophir*, et, par métathèse, *Aphri*, est (ce à quoi on n'avait pas songé) évidemment la racine du nom d'*Afrique*. Un fait qui nous paraît certain, c'est que non-seulement la côte orientale de l'Afrique, mais encore la côte occidentale étaient connues des Phéniciens, qui ont les premiers fait la circumnavigation de l'Afrique. Cela posé, n'auraient-ils pas pu venir chercher l'or sur la côte occidentale, où ce métal devait abonder?

Quant aux autres marchandises qu'on rapportait de l'Ophir, on les trouve en Afrique tout aussi bien que dans l'Inde. Comme l'interprétation laisse ici beaucoup de latitude, nous allons indiquer ces marchandises par leurs noms hébreux.

---

(1) *Dissertat. de regione Ophir*; Helmstadt, 1746.

(2) *Dissert. de regione Ophir*; Helm., 1716.

1° *Alsé haál mughim* (עֲצֵי הָאַלְמֻגִּים), *bois rare, bois précieux*, dont on ignore l'espèce. On croit généralement que c'est le *bois de sandal*, qui s'appelle en malabar *malagaga* et en sanscrit *mokáta* (1). D'autres pensent que c'est le bois odorant de l'*ayallochum aquilaria*, si estimé des anciens, sous le nom de *bois d'aloès*, en sanscrit *aguru* (2). Cette dernière opinion paraît assez probable : le mot grec *agallochon*, bois d'aloès, peut dériver du sanscrit *aguru* ou *agulu*, en changeant *r* en *l*, et ce dernier nom se rapproche assez de l'hébreu *algumim*, qu'on rencontre pour *almughim*. Mais ici il y a une objection sérieuse à faire; c'est que les Juifs avaient déjà pour cela un nom (*ahalim*, אֲהָלִים), qui se rapproche bien plus encore des noms grec et sanscrit que nous venons de citer. Plusieurs rabbins interprètent *almughim* par *corail*, *bois de corail*. En résumé, la signification de ce mot est encore incertaine. Serait-ce le bois d'ébène?

2° *Ephén iecarah* signifie littéralement *pierres précieuses*. Le texte n'en donne pas de description.

Ces marchandises sont mentionnées dans le I Reg., 10, 11. Au verset 22 du même chapitre on lit : « Les navires de charge (*áni Tarsis*, littéralement, *navires de Tarsis*), avec ceux du roi Hiram, faisaient voile de trois ans en trois ans, et rapportaient de l'or et de l'argent. »

3° *Schenhabim*, dents d'éléphant; du chaldéen *chen depil* (de *schén*, dent, et *pil*). C'est encore aujourd'hui une des principales branches de notre commerce avec les côtes de l'Afrique.

4° *Kophim* (au singulier : *coph*), singes; *kapi* en sanscrit et en malabar signifie *singe*.

Le grec κῆπος s'entend d'une grande espèce de singe à queue. L'Afrique nourrit un grand nombre de singes de différentes espèces.

5° *Thukim*, paons; en sanscrit *sikhin*. De là le grec ταῶς; et avec le digamma éolien ταϜῶς, d'où le latin *pavo*.

(1) Voy. Gesenii *Lexicon Hebraicum*, edit. Hoffmann.
(2) Voy. l'article INDIEN, dans l'Encyclopédie d'Ersch et Gruber.

Le paon commun (*pavo cristatus*, L.) appartient à l'Inde. Et c'est là peut-être la seule raison à l'appui de l'opinion que l'Ophir était l'Inde; car tous les autres produits que nous venons d'énumérer se rencontraient également en Afrique.

Pour émettre, à notre tour, notre opinion, nous dirons que le nom d'*Ophir* ne s'appliquait pas à une contrée particulière, mais que c'était une dénomination générale pour tout pays riche en or et en objets précieux; et dans ce cas on avait à choisir entre l'Inde (la côte de Malabar) et les côtes de l'Afrique.

Depuis l'époque (huitième siècle avant J.C.) où Asiongaber et Élath tombèrent au pouvoir des Syriens, nous n'avons plus de renseignements sur ces expéditions d'Ophir. Ézéchiel n'en parle pas dans le tableau qu'il trace du commerce de Tyr. Le port d'Héroopolis, près de la Suez moderne, remplaça pour les Phéniciens le port du golfe Élanitique. Pour se rendre dans le pays des Sabéens (Arabie méridionale) on préférait souvent la route de terre, qui partait de Gaza et passait près d'Élath. Les principaux entrepôts du commerce des Sabéens étaient du temps d'Ézéchiel *Ouden* (וּדָן), dont le nom rappelle celui d'*Aden*, et *Yavan*, dans l'Yémen. C'est là que l'on déposait, avant de les transporter plus loin, les marchandises provenant de l'Éthiopie (Afrique orientale et méridionale) et de l'Inde.

Les Phéniciens entretenaient un commerce non moins actif avec la côte orientale de l'Arabie et les îles du golfe Persique. Ils y trafiquaient avec les Dédanistes et les Regméens (les Herrhéens). « Les enfants de Dédan, dit Ézéchiel, ont trafiqué avec vous; notre commerce s'est étendu en plusieurs îles, et ils vous ont donné, en échange de vos marchandises, des dents d'ivoire et de l'ébène. » — « Saba et Regma venaient aussi vendre et acheter avec vous, et exposaient dans vos marchés tous les plus excellents parfums, les pierres précieuses et l'or (1). » Ces marchandises étaient le plus ordinairement emme-

(1) Ézéch., XXVII, 15, 22.

nées par des caravanes, à travers le désert, dans les ports de la Méditerranée. C'est l'Arabie qui, faisant le commerce de transit, passait pour engendrer les précieux produits qui ne venaient réellement que de l'Inde ou de l'Afrique.

A l'époque d'Homère les Phéniciens étaient connus aux Grecs tout à la fois comme pirates et comme négociants. Ils leur apportaient des jouets et des bagatelles brillantes ; quelquefois ils leur ravissaient leurs garçons et leurs filles, qu'ils vendaient à un prix élevé dans les marchés d'esclaves de l'Asie, ou que les parents rachetaient par de fortes rançons. « Dans une de leurs expéditions les Phéniciens abordèrent à Argos ; ils y étalèrent leur chargement, et l'avaient déjà presque entièrement vendu, lorsque, le cinquième ou le sixième jour après leur arrivée, plusieurs filles, parmi lesquelles se trouvait la fille du roi (Io, fille d'Inachus), vinrent sur le rivage, et s'approchèrent de la poupe du vaisseau pour choisir et acheter quelques marchandises ; les Phéniciens, épris à la vue de ces femmes, et s'animant entre eux, se jetèrent sur elles ; le plus grand nombre prit la fuite, et échappa ; mais Io et quelques autres, enlevées et portées sur le navire, furent conduites en Égypte (1). »

Cependant il n'y a jamais eu des relations commerciales bien actives entre la Grèce et la Phénicie. Les Grecs purent se passer d'autant plus facilement de la plupart des marchandises phéniciennes, qu'ils avaient la faculté de faire venir de leurs propres colonies d'Asie Mineure. Celles-ci, se trouvant en rapport avec l'intérieur de l'Asie aussi bien qu'avec Tyr et Sidon, recevaient et expédiaient les mêmes produits. Puis à l'époque de sa splendeur, c'est-à-dire pendant ses guerres avec les Perses, la Grèce eut dans les Phéniciens non-seulement des rivaux, mais aussi des ennemis politiques déclarés. La haine de ce peuple contre les Grecs se montre par son empressement à prêter des flottes aux Perses, et par le zèle dont il seconda les expéditions dirigées contre toute la Grèce et contre quelques-uns de ses États.

Les Phéniciens cependant conservèrent le privilége de fournir aux Grecs quelques-unes des denrées les plus recherchées et les plus précieuses, que ceux-ci ne trouvaient point dans leurs colonies. Ils leur vendaient l'encens et les parfums de l'Arabie, dont les Hellènes ne pouvaient se passer dans leurs sacrifices. Ils leur apportaient aussi les produits des fabriques et des manufactures de Tyr, tels que les vêtements de pourpre, les objets de parure, les jouets et autres articles qu'on ne fabriquait nulle part avec la même supériorité, ou que le goût prédominant avait mis à la mode. C'est principalement avec les colonies ioniennes et les villes du Pont que les Phéniciens faisaient leur commerce. Ils avaient à Milet des comptoirs ; et Thalès, l'un des sept sages de la Grèce, descendait de la famille phénicienne des Thélides (1). Il y avait des maisons de commerce tyriennes à Byzance et à Cios. Ils peuplaient leurs harems avec les esclaves ioniennes, et faisaient dans le Pont et le Palus-Méotide, des pêches très-lucratives.

Le coquillage (*murex brandaris*, L.) qui fournissait la pourpre était pêché en abondance sur les côtes du Péloponnèse et des îles environnantes (*îles d'Élisa* du prophète Ézéchiel, 27, 7). On rencontrait des établissements phéniciens dans les îles de l'Archipel, à Samos, à Mélos, à Théra, à Délos, particulièrement aux îles de Chypre et de Rhodes, comme l'attestent les inscriptions grecques qu'on y a trouvées (2). Les Tyriens commerçaient aussi avec Athènes, Thèbes et Corinthe : ils y apportaient des étoffes de laine, la pourpre et les poissons salés du Pont (3). La langue grecque elle-même offre des vestiges irrécusables de ces antiques relations. Ainsi, les noms des poids, des mesures et de beaucoup de marchandises, sont d'origine phénicienne, comme l'indique ce tableau :

---

(1) Hérodote, I, 1. Comparez *Odyssée*, XV, 402.

(1) Diog. Laert. *Vita Thales*.
(2) Bœckh, *Corpus Inscript. Græc.*, t. II, p. 213.
(3) Athen., II; Diog. Laert., *Vita Zenon.*, c. 2; Aristoph., *Aves*, 505; *Ran.*, 1125.

Grec.	Hébreu ou Phénicien.	Valeur.
Μνᾶ,	מנה (*maneh* ou *mnah*),	mine (poids).
Κερατίην,	גרה (*gherah*),	espèce de mesure.
Κάβος,	קב (*kab*),	id.
Κόρος,	כר (*kor*),	id.
Δραχμή,	דרכמון (*drachmon*),	id.
Μύρον,	מר (*mor*),	myrrhe.
Κιννάμον,	קנמון (*kinmon*),	cannelle.
Κάννα,	קנה (*kaneh*),	jonc aromatique (?).
Λιβανωτός,	לבנה (*lebonah*),	encens.
Χαλβάνη,	חלבנה (*khalbonah*),	galbanum.
Βάλσαμον	בשם (*besham*),	baume.
Νίτρον,	נתר (*neter*),	nitre.
Σάπφειρος,	שפיר (*shaphir*),	saphir.
Βύσσος,	בוץ (*boutz*),	tissu fin.
Συκάμινος,	שקמים (*shikmim*),	sycomore.
Ὕσσωπος,	אזוב (*ésob*),	hyssope.
Σάκκος,	שק (*sak*),	sac.

Du temps d'Homère on ne connaissait pas encore l'emploi des aromates et des onguents dans les sacrifices et solennités publiques; il n'en est question qu'à partir du huitième siècle avant J. C. (1).

Nous n'avons que de vagues données sur l'alliance commerciale des Tyriens et des Étrusques. Ces deux nations ont exercé pendant des siècles une domination exclusive sur la mer qui baigne la Sicile, les côtes de l'Italie et de la Gaule. Ils ne trouvèrent qu'au sixième siècle des concurrents sérieux dans les Phocéens qui fondèrent Massilia. Tout navire étranger était pris et pillé. C'est ainsi que les Étrusques se rendirent surtout redoutables comme pirates. Les marchandises que les Phéniciens apportaient en Italie portaient le cachet assyrien et babylonien, comme on peut s'en convaincre par l'inspection des vases dans les tombeaux étrusques d'Alisium, de Pyrgoï, de Caère et de Zambra (2). Sur ces vases sont représentés des figures ailées, des griffons, des combats avec des lions, etc., qui rappellent la mythologie babylonienne. D'autres marchandises portaient le type égyptien : dans ces mêmes tombeaux on a trouvé des figures de Phtha avec des inscriptions hiéroglyphiques, des boîtes d'onguent en albâtre également avec des hiéroglyphes, des vases d'émail avec la fleur du lotus, des scarabées, des canopes. On y a trouvé aussi des œufs d'autruche, des aromates et des objets d'ivoire travaillés, que les Phéniciens avaient apportés chez les Étrusques. Les *tibiæ Sarranæ* (flûtes de Tyr), *ostrum Sarranum* étaient déjà connus en Italie à une époque où l'on n'y connaissait pas encore le nom grécisé de *Tyrus*, venant de *Sor* ou *Sour*, nom phénicien de Tyr.

Mais c'est surtout avec les colonies occidentales, avec la Sardaigne, l'Espagne et la côte de l'Afrique, que les Phéniciens entretenaient un commerce aussi actif que lucratif. Ils exclurent de ce marché toutes les autres nations, soit par la force, soit par la voie plus pacifique des traités. Depuis longtemps ils en avaient rapporté de riches trésors, avant que les noms de *Tarsis*, de *Tartessus*, de *Turditaine*, fussent connus dans le reste du monde. Pour ôter aux autres peuples l'envie de visiter ces régions, ils répandaient les contes les plus effrayants; on allait même jusqu'à dire que les Phéniciens tuaient tous ceux qui se hasar-

(1) Voy. Athen., XV, 11; Sappho; Anacréon.

(2) W. Abeken, *Mittel-italien vor den Zeiten römischer Herrschaft.*(L'Italie moyenne avant la domination romaine); 1843.

daient à naviguer dans ces parages. Il paraît certain que ces cupides marchands avaient plus d'une fois coulé bas des navires grecs avec tout l'équipage pour que l'on ne révélât pas ailleurs l'existence des colonies de Tartessus. Ils en agirent de même à l'égard des établissements non phéniciens : ils détruisirent les colonies et les villes que les Grecs avaient fondées en Afrique et en Espagne (1). Du reste, c'est là une façon d'agir commune à la plupart des peuples de l'antiquité, comme nous l'apprend Ératosthène, cité par Strabon : « L'usage de repousser les étrangers est commun à tous les barbares ; c'est ce dont les Égyptiens ont été accusés. Les Carthaginois coulaient bas tout vaisseau étranger qu'ils rencontraient se dirigeant vers la Sardaigne ou vers les Colonnes d'Hercule (2). »

Ce système de blocus existait tant pour les colonies de l'ouest que pour celles de l'est. Tant que les Phéniciens régnaient en Ibérie, il était interdit à tous les Grecs d'y aborder. Strabon vante les richesses de la Turditaine : « Dans aucun pays on ne trouve, dit-il, autant d'or, ni d'argent, ni de cuivre. Le minerai se montrait partout à découvert, et on n'avait qu'à fouiller légèrement pour en obtenir en abondance. Les naturels connaissaient si peu la valeur de l'or et de l'argent, qu'ils en faisaient des ustensiles les plus usuels de la vie commune. Mais dès que les premiers trésors furent épuisés, et que leurs avides hôtes furent obligés d'ouvrir des mines, le sort des Ibériens devint plus pénible. »

Nous lisons dans Diodore que les mines espagnoles étaient exploitées par des esclaves dont la condition était des plus déplorables. Or, même en supposant que cet auteur n'ait rendu compte que de ce qui se passait du temps des Romains, nous sommes en droit de conjecturer qu'il en fut de même auparavant. A la vérité nous ne savons pas positivement jusqu'à quel point les indigènes furent contraints de se livrer à ce travail pénible ; mais il est difficile de croire qu'ils aient pu s'y soustraire entièrement, quoique la traite des esclaves pratiquée par les Phéniciens mît à la disposition de ceux-ci les bras dont ils avaient besoin.

Le territoire du Bætis était le plus fertile non-seulement en minerais, mais en d'autres productions naturelles : il est désigné par les mots : *tellus pulcherrima Tarsis*, dans une épigraphe latine, conservée par Gruter (1). C'était là que se trouvaient les griffons gardiens de l'or, et les Arimaspes monocles (2). Ce n'est que par hasard que des vaisseaux étrangers y abordèrent. Hérodote nous apprend que des Samiens, cherchant à gagner l'Égypte, furent surpris par un vent d'Orient très-fort, et qu'ils furent portés au delà des Colonnes d'Hercule jusqu'à Tartessus, où un dieu les avait conduits (θείη πομπῇ χρεώμενοι). « Ce port (ἐμπόριον) n'ayant été jusque là fréquenté par aucun vaisseau (grec), ils firent, sur les marchandises dont ils trafiquaient, le gain le plus considérable qu'aucun commerçant grec ait jamais fait, si l'on excepte cependant Sostrate d'Égine, fils de Léodamas. Ces Samiens prirent sur leurs bénéfices le dixième, qui montait à six talents, et l'employèrent à faire construire un monument en airain, de la forme des cratères argoliques, et orné sur les bords de têtes de gryphons en relief (3). »

Posidonius, qui avait visité la presqu'île Ibérique, assure que cette contrée n'était pas seulement πλουσία, riche, mais ὑπόπλουσια, assise sur des richesses, en faisant allusion aux mines d'or et d'argent. Il rapporte aussi, comme Diodore, la tradition du vaste incendie des Pyrénées et de la fusion des métaux, résultant de cet incendie. On prétend que cette masse d'argent qui se trouvait dans le trésor des rois de Perse provenait en grande partie des mines de l'Espagne. Du temps des Romains et des Arabes ces mines n'étaient pas encore entièrement épuisées. Il résulte des observations faites tout récemment par M. Paillette, savant ingénieur résidant en Espagne, que les travaux des Phéniciens et des Carthaginois témoignent d'un art métallurgique très-avancé, et que les Romains, ainsi que les Arabes, leur étaient

---

(1) Eusebius, Lond., 1842 (lib. II, 67); Strab., III, 5 ; XVII, 1, 19.
(2) Strab., XVII, p. 802 (édit. Casaub.).

(1) Gruter, *Inscript. Lat.*, p. 917.
(2) Æschyl. *Prom. vinct.*, 812 et suiv.
(3) Hérodote, IV, 152.

à cet égard bien inférieurs (1). L'or s'y trouvait en général à fleur de terre; et on l'y ramassait comme aujourd'hui dans la Californie; plusieurs fleuves en charriaient. L'étain se rencontrait principalement dans la Gallicie et dans la Lusitanie.

Nous terminerons ce qui est relatif aux mines de l'Ibérie par cette citation capitale de Diodore : « Les montagnes nommées les Pyrénées surpassent les autres par leur hauteur et leur étendue ; séparant les Gaules de l'Ibérie et de la Celtibérie, elles s'étendent de la mer du Midi à l'océan Septentrional, dans un espace de trois mille stades. Autrefois elles étaient en grande partie couvertes de bois épais et touffus; mais elles furent, dit-on, incendiées par quelques pâtres qui y avaient mis le feu. L'incendie ayant duré continuellement pendant un grand nombre de jours, la superficie de la terre fut brûlée, et c'est de là que l'on a donné à ces montagnes le nom de Pyrénées. La combustion du sol fit fondre des masses de minerai d'argent, et produisit de nombreux ruisseaux d'argent pur. Ignorant l'usage de ce métal, les indigènes le vendirent, en échange d'autres marchandises de peu de prix, aux marchands phéniciens, instruits de cet événement. Important cet argent en Asie, en Grèce, et chez d'autres nations, ils gagnèrent d'immenses richesses. La cupidité de ces marchands fut telle, que, leurs navires étant déjà chargés, ils coupèrent le plomb de leurs ancres, et y substituèrent l'argent, qui s'y trouvait encore en abondance. Les Phéniciens continuèrent longtemps ce commerce, et devinrent si puissants, qu'ils envoyèrent de nombreuses colonies dans la Sicile et les îles voisines, ainsi que dans la Libye, la Sardaigne et l'Ibérie. Longtemps après, les Ibériens, ayant appris les propriétés de l'argent, exploitèrent des mines considérables. Presque tout l'argent qu'ils en retirèrent était très-pur, et leur procura de grands revenus. Nous allons faire connaître la manière dont les Ibériens exploitent ces mines. Les mines de cuivre, d'or, d'argent sont merveilleusement productives. Ceux qui exploitent les mines de cuivre retirent du minerai brut le quart de son poids de métal pur. Quelques particuliers extraient des mines d'argent dans l'espace de trois jours un talent euboïque. Le minerai est plein de paillettes compactes et brillantes. Aussi faut-il admirer à la fois la richesse de la nature et l'adresse des hommes. Les particuliers se livraient d'abord avec ardeur à l'exploitation des mines d'argent, dont l'abondance et la facilité d'exploitation procuraient de grandes richesses. Mais lorsque les Romains eurent conquis l'Ibérie, ces mines furent envahies par une tourbe d'Italiens cupides, qui se sont beaucoup enrichis. Ces industriels achètent des troupeaux d'esclaves, et les livrent aux chefs des travaux métallurgiques. Ceux-ci leur faisant creuser le sol en différents points, et à de grandes profondeurs, mettent à découvert des filons d'or et d'argent. Les fouilles s'étendent aussi bien en longueur qu'en profondeur; ces galeries ont plusieurs stades d'étendue. C'est de ces galeries longues, profondes et tortueuses que les spéculateurs tirent leurs trésors. Si l'on compare ces mines avec celles de l'Attique, on trouvera une grande différence. Là à d'énormes travaux on ajoute beaucoup de dépenses; quelquefois, au lieu d'en tirer le profit qu'on en espérait, on y perd ce que l'on avait : de sorte qu'on peut appliquer à la mésaventure une énigme célèbre. Les exploiteurs, au contraire, des mines de l'Espagne ne voient jamais leurs espérances et leurs efforts trompés; s'ils rencontrent bien dès le commencement de leurs travaux, ils découvrent à chaque pas de nouveaux filons d'or et d'argent. Toute la terre des environs n'est qu'un tissu de ramifications métalliques. Les mineurs trouvent quelquefois des fleuves souterrains, dont ils diminuent le courant rapide en les détournant dans des fosses inclinés, et la soif inextinguible de l'or les fait venir à bout de leurs entreprises. Ce qu'il y a de plus étonnant, c'est qu'ils épuisent entièrement les eaux au moyen des vis égyptiennes qu'Archimède, de Syracuse, inventa pendant son voyage en Égypte. Ils les élèvent ainsi successivement jusqu'à l'ouverture de la mine; et ayant desséché les galeries, ils y tra-

---

(1) Ces observations, qui m'ont été communiquées verbalement par M. Paillette, doivent faire l'objet d'un travail important.

BABYLONE

Village de
Hhellesia

Lit de l'Euphrate

1. Constructions militaires de Nabuchodonosor.
2. Ruines des chärbas de Nabuchodonosor.
3. Lieu de sépulture.
4. Puits de décombres.
5. Emplacement du palais de Nabuchodonosor.
6. Plan des ruines du temple de Bélus.
7. Identité restituée du temple de Bélus.

O.
Nord

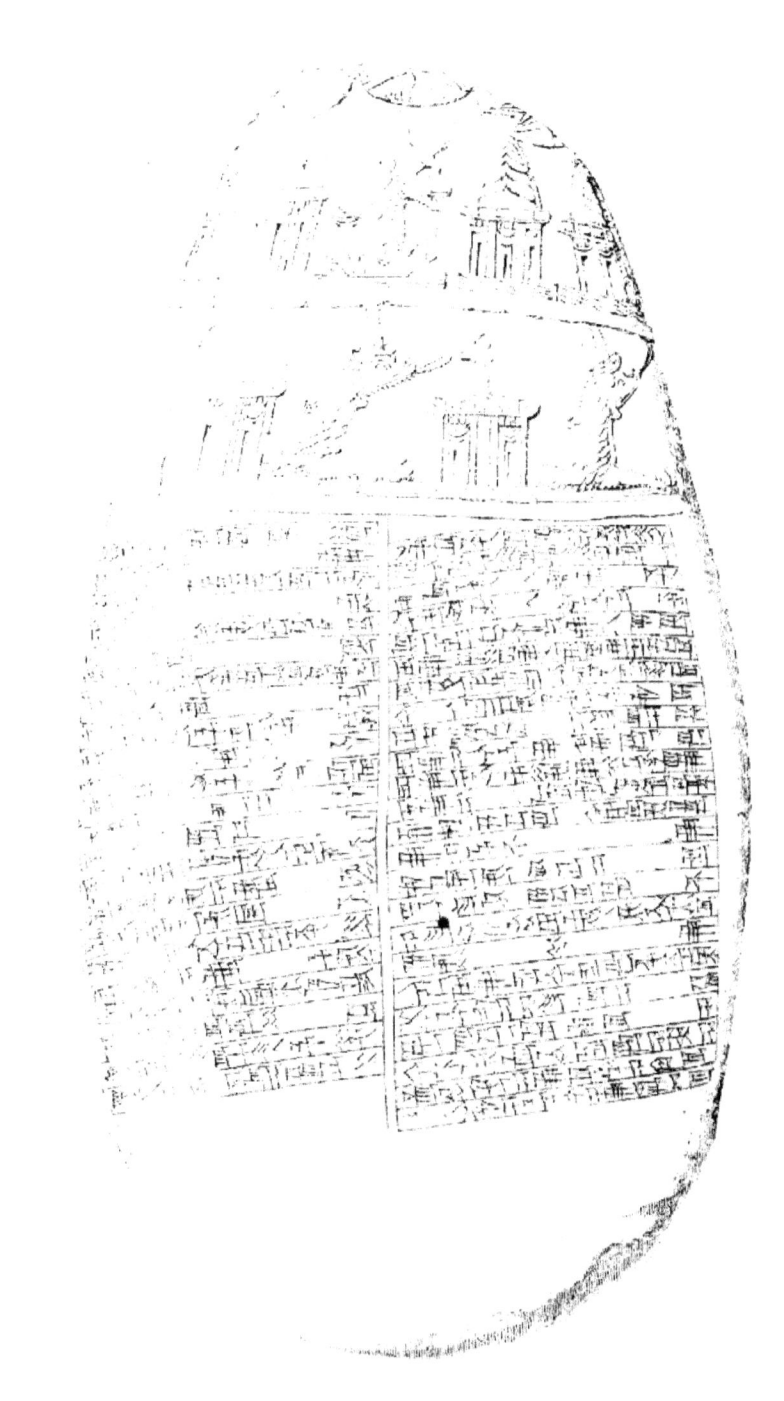

BABYLONIE

vaillent à leur aise. Cette machine est si ingénieusement construite, que par son moyen on ferait écouler d'énormes masses d'eau et on tirerait aisément un fleuve entier des profondeurs de la terre à sa surface. Mais ce n'est pas seulement en ceci qu'il faut admirer le talent d'Archimède ; on lui doit encore beaucoup d'autres ouvrages, plus grands, et qui sont célébrés par toute la terre. Nous les décrirons exactement et en détail lorsque nous serons arrivés à l'époque d'Archimède.

« Les ouvriers qui travaillent dans les mines rapportent donc à leurs maîtres d'énormes revenus. Ces malheureux, occupés nuit et jour dans les galeries souterraines, épuisent leurs forces et meurent en grand nombre d'un excès de misère. On ne leur donne aucun répit ; les chefs les contraignent, par des coups, à supporter leur infortune, jusqu'à ce qu'ils expirent misérablement. Quelques-uns, dont le corps est plus robuste et l'âme plus fortement trempée, traînent longtemps leur malheureuse existence ; cependant l'excès des maux qu'ils endurent leur doit faire préférer la mort. Parmi les nombreuses particularités de ces mines, on remarque comme un fait curieux qu'il n'y en a aucune dont l'exploitation soit récente : toutes ces mines ont été ouvertes par l'avarice des Carthaginois, à l'époque où ils étaient maîtres de l'Ibérie. C'était la source de leur puissance ; c'était de là qu'ils tiraient l'argent pour solder les puissantes et nombreuses armées dont ils se servaient dans toutes leurs guerres. Les Carthaginois ne se fiaient ni à la milice nationale ni aux troupes de leurs alliés. Entretenant la guerre à force d'argent, ils ont exposé aux plus grands dangers les Romains, les Siciliens et les Libyens. Au reste, de tout temps les Carthaginois ont été avides d'acquérir des richesses, et les Romains ne songeaient qu'à ne rien laisser à personne.

« On trouve aussi de l'étain en plusieurs endroits de l'Ibérie, non pas à la surface du sol, comme quelques historiens l'ont prétendu, mais dans des mines d'où on le retire pour le faire fondre comme l'argent et l'or. Les plus riches mines d'étain sont dans les îles de l'Océan, en face de l'Ibérie et au-dessus de la Lusitanie, et nommées pour cette raison les îles Cassitérides. On fait aussi passer beaucoup d'étain de l'île Britannique dans la Gaule, située en face ; les marchands le chargent sur des chevaux, et le transportent à travers l'intérieur de la Celtique jusqu'à Marseille et à Narbonne. Cette dernière ville est une colonie des Romains ; en raison de sa situation et de son opulence, elle est le plus important entrepôt de cette contrée (1). »

La laine de Tartessus était renommée comme le sont encore aujourd'hui les mérinos d'Espagne. Strabon, Martial et Tertullien en parlent. La pêche sur la côte Atlantique était aussi une branche d'industrie très-lucrative. On vantait surtout les murènes, les anguilles de mer et les thons. Les Phéniciens avaient des procédés pour saler ou mariner ces poissons. Ce commerce s'était perfectionné ; plusieurs colonies, comme Gadès, Sexti, la Nouvelle-Carthage et Malacat, s'en occupaient presque exclusivement. Le nom de *malakhat* (מלחת) signifie *salaison*, ταριχεία.

Le commerce de l'Afrique septentrionale était principalement entre les mains de cette race mélangée connue sous le nom des Libyo-Phéniciens. Il s'étendait, selon toute probabilité, le long de la zone d'oasis qui formait, d'après Hérodote, la limite entre la Libye *thériode* (remplie d'animaux) et la Libye *déserte*. Par cette zone, qui allait depuis l'oasis d'Ammon jusqu'aux Colonnes d'Hercule, on entretenait sans doute un commerce très-actif avec l'intérieur même de l'Afrique, avec les Garamantes et les Nègres (2). Tous les règnes de la nature fournissaient à ce commerce leur contingent. Parmi les minéraux et fossiles, on citait l'or, l'argent, le plomb, le cuivre, le fer, les pierres précieuses, le sel marin, l'alun, le natron, le cinnabre, le marbre de Numidie, le succin ; parmi les produits végétaux, diverses espèces de blé, le vin de palmier, les dattes, les grenades, les olives, les figues, les poires de Numidie, le poivre,

---

(1) Diodore de Sicile, tome II, p. 36 et suiv. de ma traduction.

(1) Voyez ce que nous avons dit sur le *Fezzan, l'intérieur de l'Afrique, etc.*, dans l'*Univers Pittoresque*.

le silphium, les artichauts, l'asperge, le chou de Carthage, la garance, le lin, le bois de cèdre, et d'autres bois de construction ; parmi les productions du règne animal, la laine, le miel, la cire (*cera punica*), des peaux, l'ivoire, des cornes d'antilope, les plumes et les œufs d'autruche, diverses espèces de gallinacées. Enfin, il ne faut pas oublier le commerce des esclaves, dont la Libye a été toujours l'entrepôt.

Quant au commerce qui se faisait sur la côte Atlantique, nous en avons déjà dit un mot à l'occasion du périple d'Hannon. Le point central était dans la province actuelle de Sous, aux environs d'Aggadir, le *Karikon tichos* d'Hannon. Au-dessous du Lixus se trouvait le *sinus Emporicus*, que M. Movers regarde comme identique avec le lac à succin, Céphisias, l'El-Mundja des modernes. Cette province est encore aujourd'hui la plus riche et la plus fertile du Maroc (1).

C'est sur la côte Atlantique de l'Afrique que s'arrêtaient les connaissances des géographes anciens, qui malheureusement n'ont pas tous puisé dans les annales de Tyr. « Là commence, dit Pomponius Méla (dans le dernier chapitre de son ouvrage), cette région qui fait face au couchant et qu'arrose la mer Atlantique. La première partie est occupée par les Éthiopiens. Celle qui vient après est inhabitée ; terre brûlée, couverte de sable, infestée de serpents. En face de cette terre brûlée sont des îles que les Hespérides ont, dit-on, habitées. Dans la partie sablonneuse s'élève la chaîne de l'Atlas, garnie de précipices ; son sommet inaccessible se perd dans les nues, et passe pour supporter le ciel et les astres. A l'opposite sont les îles Fortunées, riches en produits naturels et bien peuplées ; l'une d'entre elles est remarquable par deux sources : quand on boit à l'une, on est saisi d'un rire inextinguible, dont on ne guérit qu'en buvant à l'autre. Tout près de la plage, infestée par les animaux sauvages, habitent les Himantopodes, qui, dit-on, rampent plutôt qu'ils ne marchent ; puis les Pharasii, jadis riches, à l'époque où Hercule se dirigea vers les Hespérides ; maintenant délaissés,

(1) Voyez notre *Description du Maroc, etc.*, dans l'*Univers Pittoresque*.

pauvres, ils ne vivent que de bétail. De là on entre dans un pays varié de belles plaines et d'agréables montagnes, abondant en ébène, en térébinthe et en ivoire. La côte qu'habitent les Nigritiens et les Gétules nomades n'est pas non plus stérile ; on y trouve la pourpre et le murex, si renommés pour la teinture. Le reste de la côte appartient à la Mauritanie extérieure, et l'Afrique se termine à son extrémité insensiblement en pointe (*et in finem sui fastigantis se Africæ novissimus angulus*) (1). On y rencontre les mêmes richesses, mais en moindre abondance. Au reste, le sol est si fertile, que le blé y vient presque spontanément. Antée passe pour avoir régné sur ces régions, et, ce qui est évidemment une fable, on y montre, comme étant son tombeau, une colline médiocre ayant la forme d'un homme couché sur le dos ; si quelque partie se découvre, il commence à tomber des torrents de pluie, qui continuent jusqu'à ce qu'elle soit recouverte. Quant aux indigènes, les uns, moins nomades que ceux dont nous avons parlé, vivent dans les bois, les autres habitent dans des villes, dont les plus riches, parmi les moins grandes, sont loin de la mer, Gilda, Volubilis, Prisciana ; et plus près de la mer, Sala et Lynx, sur les bords du fleuve Lixius. Plus haut se trouve la colonie et le fleuve Zilia, enfin le cap Ampelusia, qui appartient déjà à notre détroit, terme de notre ouvrage et de la côte Atlantique (2). »

Strabon donne les indications suivantes sur le pays des Libyo-Phéniciens, qui commerçaient avec l'Afrique : « Le pays des Libyo-Phéniciens s'étend depuis le littoral de Carthage jusqu'au cap Céphalæ et jusqu'à la contrée des Massæsyliens ; il se prolonge à l'intérieur jusqu'aux montagnes des Gétules. Au-dessus des Gétules, et dans une situation parallèle, est le pays des Garamantes, d'où l'on apporte les pierres carthaginoises (3). On dit que les Garamantes

(1) Cette phrase est une preuve de plus que les anciens avaient doublé le cap de Bonne-Espérance longtemps avant les Portugais.
(2) Pomp. Mela, *De Situ Orbis*, lib. III, cap. 10.
(3) Une espèce de grenat. Comp. Pline, et Théophraste *De Lapidibus*.

sont éloignés de neuf ou dix journées des Éthiopiens, qui habitent le long de l'Océan, et de quinze du temple d'Ammon (lib. XVII). »

Tout est vague et obscur relativement à la position précise des colonies phéniciennes sur la côte Atlantique de l'Afrique. Ainsi, on a assigné à Lixus quatre ou cinq positions différentes. La position du golfe Emporique offre aussi des difficultés : « En naviguant, dit Strabon, hors du détroit, avec la Libye à gauche, on trouve la montagne que les Grecs nomment *Atlas*, et les barbares *Dyris*. Plus loin s'avance dans la mer un pic, le dernier de la Maurusie, à l'occident; on l'appelle Cotis (Κώτεις); près de là est une petite ville, non loin de la mer; les barbares l'appellent *Tinx*, Artémidore la nomme *Linx* et Ératosthène *Lixus*. Elle est située à l'opposite de Gadira, à une distance de huit cents stades, en droite ligne; et chacune de ces villes est également éloignée du détroit des Colonnes. Au sud du Lixus et du cap Cotis s'étend le golfe Emporique, entouré de comptoirs phéniciens. Toute la côte qui vient après offre des sinuosités.... La chaîne de montagnes qui traverse la Maurusie depuis le cap Cotis jusqu'aux Syrtes est habitée, ainsi que la région parallèle, d'abord par les Maurusiens, puis, à l'intérieur, par la plus grande des nations libyennes, les Gétules (1). »

Il nous manque ici le Périple d'Ophellas pour compléter, avec celui d'Hannon, ce que les anciens nous ont laissé sur ce point de géographie. Sur le bord du golfe Emporique on en trouvait un autre, où la mer, lors du flux, pénétrait jusqu'à la distance de sept stades; et en avant de cet autre il existait un terrain bas et uni, sur lequel s'élevait un autel d'Hercule, que les flots de la haute mer ne submergeaient point. Sur les bords des golfes qu'on rencontrait ensuite il existait d'anciens établissements tyriens, maintenant déserts, qui formaient au moins trois cents villes, détruites par les Nigrites et par les Pharusiens, peuples situés à trente journées de Linx.

Strabon trace le tableau suivant des productions naturelles de ce pays : « La Maurusie, à l'exception d'une petite partie déserte, est un pays riche, fertile, bien arrosé de rivières et baigné de lacs. Elle produit des arbres élevés et extrêmement nombreux : elle fournit aux Romains ces larges tables monoxyles (faites d'une seule pièce) très-agréablement veinées (ποικιλώτατας). Les rivières renferment, dit-on, des crocodiles et d'autres espèces d'animaux qui ressemblent à ceux du Nil. Quelques-uns pensent aussi que les sources du Nil sont proches des caps de la Maurusie. Une certaine rivière nourrit des *bdellies* (1) longues de sept coudées, ayant les branchies, par lesquelles elles respirent, percées de trous. On ajoute encore qu'il naît dans ce pays une vigne dont deux hommes ont peine à embrasser le tronc, et qu'elle donne des grappes d'une coudée. Toutes les plantes sont hautes, de même que le *lachanon nearon* et le *dracontion*. Les tiges du staphylin, de l'*hippomarathus* et du *scolymus* ont douze coudées de haut et quatre palmes d'épaisseur. Ce pays nourrit en abondance des dragons, des éléphants, des dorcades, des bubales et animaux semblables; puis des lions, des léopards. On y trouve aussi des belettes de la taille et de la forme des chats; seulement leur museau est plus proéminant; enfin une multitude de singes. De cela parle aussi Posidonius. Il raconte que dans la traversée de Gadira en Italie il aborda à la côte Libyque, et qu'il y vit un bois, près de la mer, rempli de ces animaux : les uns sur les arbres, les autres à terre, et quelques-uns ayant des petits et leur donnant à teter; enfin, qu'il ne put s'empêcher de rire en voyant leurs grosses mamelles, leurs têtes chauves, leurs protubérances et d'autres infirmités.

« Au-dessus de ce pays, sur la mer extérieure, est la région des Éthiopiens occidentaux, en grande partie mal habitée. « C'est là, dit Iphicrate, qu'on trouve des girafes, des éléphants et les animaux appelés *rhizes* (rhinocéros?); ces derniers ont la forme d'un taureau, et ressemblent aux éléphants pour leur

---

(1) Strab., lib. XVII, cap. 3.

(1) Les traducteurs rendent ce mot par *sangsues*.

manière de vivre, pour leur taille et leur force dans le combat. Il ajoute qu'il y a aussi des dragons si énormes, que l'herbe pousse sur eux, et que les lions attaquent les petits des éléphants; après les avoir blessés, ils s'enfuient à l'arrivée des mères; celles-ci, voyant leurs petits ensanglantés, les tuent; alors les lions reviennent sur leur proie tombée, et dévorent les cadavres. Bogus, roi des Maurusiens, dans une expédition contre les Éthiopiens occidentaux, envoya en présents à sa femme des roseaux semblables à ceux de l'Inde, et dont chaque entrenœud pouvait contenir huit chœnices; il lui envoya aussi des asperges analogues en grandeur (1). »

Le climat de l'intérieur de l'Afrique était jadis tout aussi meurtrier qu'il l'est encore aujourd'hui. C'est ce qui résulte positivement du témoignage de Strabon, qui en indique aussi les principales causes. « Les grandes chaleurs, dit-il, y occasionnent souvent des maladies pestilentielles; les lacs s'y dessèchent et deviennent des marais; les sauterelles s'y engendrent en quantité, etc. »

Le principal objet de ces voyages extra-méditerranéens sur la côte d'Afrique était la poudre d'or. Et il est très-vraisemblable que les Phéniciens et leurs successeurs, les Carthaginois, avaient des relations suivies avec le Soudan; seulement ils avaient soin de les envelopper de mystères. Comme, par exemple, lorsqu'ils disaient qu'en face du pays des Gyzantes il existait l'île de Céraunis, et qu'on y voyait un lac d'où les jeunes filles de l'endroit retiraient des paillettes d'or à l'aide de baguettes enduites de poix. C'est ce que nous raconte Hérodote, qui ajoute : « Ces mêmes Carthaginois affirment qu'au delà du territoire de la Libye, et en dehors des colonnes d'Hercule, il existe des pays habités. Ils y abordent avec des vaisseaux de commerce; et lorsqu'ils sont arrivés ils déposent sur le rivage leurs marchandises; ils remontent ensuite dans leurs navires, et font paraître de la fumée. Les habitants du pays, avertis par ce signal, accourent vers la mer, placent à côté des marchandises la quantité d'or qu'ils offrent en échange, et se retirent dans l'intérieur. Les Carthaginois reviennent; et si l'or qui leur est offert leur paraît payer la valeur de la marchandise, ils la laissent et emportent l'or. Si le prix ne leur paraît pas convenable, ils remontent dans leurs vaisseaux, et attendent tranquillement de nouvelles offres; les naturels du pays reviennent, et ajoutent une certaine quantité d'or, jusqu'à ce que l'on soit satisfait de part et d'autre. Dans tous les cas, on ne se fait aucun tort réciproquement; les uns ne touchent point à l'or tant que la quantité offerte n'est pas estimée égale à la valeur de la marchandise, les autres ne touchent point aux marchandises tant que leur or n'a point été enlevé (1). »

La poudre d'or est encore aujourd'hui une des principales branches du commerce avec l'intérieur de l'Afrique. C'est, comme anciennement, un commerce d'échange.

Les îles Canaries (îles Fortunées), et particulièrement l'île de Madère, jouaient aussi un certain rôle dans le commerce atlantique des Phéniciens. Voici le récit de Diodore qui, selon nous, doit s'appliquer à l'île de Madère : « En dehors des Colonnes d'Hercule, du côté de la Libye, on trouve une île (la plus grande des Canaries) d'une étendue considérable et située dans l'Océan. Elle est éloignée de la Libye de plusieurs journées de navigation, et située à l'occident. Son sol est fertile, montagneux, peu plat, et d'une grande beauté. Cette île est arrosée par de fleuves navigables. On y voit de nombreux jardins plantés de toutes sortes d'arbres, et des vergers traversés par des sources d'eau douce. On y trouve des maisons de campagne somptueusement construites, et dont les parterres sont ornés de berceaux couverts de fleurs. C'est là que les habitants passent la saison de l'été, jouissant voluptueusement des biens que la campagne leur fournit en abondance. La region montagneuse est couverte de bois épais et d'arbres fruitiers de toute espèce; le séjour dans les montagnes est embelli par des vallons et de nombreuses sources. En un mot, toute l'île est bien arrosée d'eaux douces, qui contribuent non-seulement au plaisir des habitants, mais encore à leur

---

(1) Strab., XVII, 3.

(1) Hérodot., IV, 195 et 196.

santé et à leur force. La chasse leur fournit nombre d'animaux divers, et leur procure des repas succulents et somptueux. La mer qui baigne cette île renferme une multitude de poissons ; car l'Océan est naturellement très-poissonneux. Enfin, l'air y est si tempéré, que les fruits des arbres et d'autres produits y croissent en abondance pendant la plus grande partie de l'année. En un mot, cette île est si belle, qu'elle paraît plutôt le séjour heureux de quelques dieux que celui des hommes.

« Jadis cette île était inconnue, à cause de son grand éloignement du continent, et voici comment elle fut découverte : Les Phéniciens exerçaient de toute antiquité un commerce maritime fort étendu; ils établirent un grand nombre de colonies dans la Libye et dans les pays occidentaux de l'Europe. Leurs entreprises leur réussissaient à souhait ; et, ayant acquis de grandes richesses, ils tentèrent de naviguer au delà des colonnes d'Hercule, sur la mer qu'on appelle Océan. Ils fondèrent d'abord sur le continent, près des colonnes d'Hercule, dans une presqu'île de l'Europe, une ville qu'ils nommèrent *Gadira*. Ils y firent les constructions convenables à cet emplacement. Ils y élevèrent un temple magnifique, consacré à Hercule, et instituèrent de pompeux sacrifices d'après les rites phéniciens. Ce temple est encore de nos jours en grande vénération. Beaucoup de Romains célèbres par leurs exploits y ont accompli les vœux qu'ils avaient faits à Hercule pour le succès de leurs entreprises. Les Phéniciens avaient donc mis à la voile pour explorer, comme nous l'avons dit, le littoral situé en dehors des colonnes d'Hercule; et pendant qu'ils longeaient la côte de la Libye, ils furent jetés par des vents violents fort loin dans l'Océan. Battus par la tempête pendant beaucoup de jours, ils abordèrent enfin dans l'île dont nous avons parlé. Ayant pris connaissance de la richesse du sol, ils communiquèrent leur découverte à tout le monde. C'est pourquoi les Tyrrhéniens, puissants sur mer, voulaient aussi y envoyer une colonie ; mais ils en furent empêchés par les Carthaginois. Ces derniers craignaient d'un côté qu'un trop grand nombre de leurs concitoyens, attirés par la beauté de cette île, ne désertassent leur patrie. D'un autre côté, ils la regardaient comme un asile où ils pourraient se retirer dans le cas où il arriverait quelque malheur à Carthage. Car ils espéraient qu'étant maîtres de la mer, ils pourraient se transporter, avec toutes leurs familles, dans cette île, qui serait ignorée de leurs vainqueurs (1). »

Nous avons vu plus haut que les Phéniciens, sous le règne de Nécao, avaient fait incontestablement le tour de l'Afrique, de l'est à l'ouest. Il ne nous reste malheureusement que de faibles indices pour affirmer qu'ils ont fait ce même voyage de circumnavigation de l'ouest à l'est, c'est-à-dire en sortant du détroit de Gibraltar. Ces indices, nous les trouvons dans Pline et dans Strabon. Le premier rapporte que Cælius Antipater avait connu un marchand qui avait navigué d'Espagne en Éthiopie (côte orientale de l'Afrique) (2). Pline ajoute aussi que Hannon, au temps de la prospérité de Carthage, a fait un voyage de circumnavigation depuis Gadès jusqu'à l'extrémité de l'Arabie, et qu'il en a laissé la relation par écrit (3). Serait-ce l'auteur du Périple qui probablement nous a été conservé incomplet et tronqué? Un certain Eudoxe, cité par Cornelius Népos, fit ce même voyage, mais en sens inverse; fuyant les armes du roi Lathyre, il sortit du golfe Arabique et poussa jusqu'à Gadès (4). Enfin, Métellus Céler, proconsul de la Gaule, reçut en présent, d'un roi suève, des Indiens qui, ayant quitté l'Inde pour se livrer au commerce, avaient été poussés par des tempêtes sur les côtes de la Germanie (5). Ne pour-

(1) Diodore, tome II, p. 18 de ma traduction.

(2) Plin., *Hist. Nat.*, lib. II, cap. 67 : *Cælius Antipater vidisse se qui navigasset ex Hispania in Æthiopiam commercii gratia.*

(3) *Ibid.* : *Hanno, Carthaginis potentia florente, circumvectus a Gadibus ad finem Arabiæ, navigationem eam prodidit scripto.*

(4) *Ibid.* : *Præterea Cornelius Nepos auctor est Eudoxum quemdam sua ætate, cum Lathyrum regem, Arabico sinu egressum, Gades usque advectum.*

(5) *Ibid.* : *... Indos a rege Suevorum dono datos qui, ex India commercii causa navigantes, tempestatibus essent in Germaniam abrepti.*

rait-on pas supposer que ces Indiens étaient des Américains, poussés sur les côtes de la Norvège ou de l'Allemagne par le courant du Golf-Stream?

Posidonius, cité par Strabon, parle des débris d'un navire gaditain, qui avaient été entraînés, par des courants marins, jusque sur la côte de l'Arabie (1). Pline rapporte aussi que de son temps on avait reconnu (dans le golfe Arabique) des emblèmes (*signa*) des vaisseaux espagnols.

Il est singulier que Strabon, après avoir discuté longuement la tentative de circumnavigation faite sous Cléopâtre par Eudoxe de Cyzique, ne voie dans les entreprises antérieures que des fables bergéennes (lib. II, p. 98 et 100.) Cela ne l'empêche pas cependant de reconnaître la possibilité de la circumnavigation et d'affirmer même qu'il ne reste, tant à l'est qu'à l'ouest, qu'une très-petite partie du littoral à côtoyer. Strabon n'était en aucune façon partisan de l'hypothèse, mise en avant par Hipparque et Marin de Tyr, d'après laquelle les côtes orientales de l'Afrique se rattachaient à l'extrémité sud-est de l'Asie, de manière que l'océan Indien devenait une mer méditerranéenne. En outre de la tête de cheval qui ornait le vaisseau de Gadira, et qu'Eudoxe montra, dit-on, en Égypte sur une place publique, on peut citer les débris d'un autre vaisseau qui, naviguant sur la mer Rouge, fut poussé par des courants occidentaux sur les côtes de l'île de Crète, suivant le récit d'un historien arabe, digne de foi, Masoudi dans le *Maroudj-al-Dzeheb* (2).

Deux produits, l'un minéral, le κασσίτερος (*étain*), l'autre de nature organique, l'ἤλεκτρον (*succin*), qui se trouvaient dans le commerce des Phéniciens, sont des indices irrécusables que ce peuple, éminemment marchand, visitait les îles et les côtes de l'Europe septentrionale. Gadira était l'entrepôt de ce commerce avec le nord de l'Atlantique. Le κασσίτερος servait à fabriquer des alliages avec le plomb. Ce mot est identique avec le sanscrit *kastira*, étain. C'est par le commerce, qui unissait les factoreries des Phéniciens, dans le golfe Persique, avec la côte orientale de l'Inde, que le mot *kastira*, qui se retrouve encore aujourd'hui dans l'un des anciens idiomes araméens, dans l'arabe, sous la forme *kasdir*, a pu parvenir à la connaissance des Grecs, avant même qu'on eût visité les îles Cassitérides. Les anciens connaissaient aussi l'étain, que recueillaient les Artabres et les Calaïques dans la partie nord-ouest de l'Ibérie, et qui se trouvaient plus à proximité que les Cassitérides (OEstrymnides d'Avienus) pour les navigateurs qui s'aventuraient hors de la Méditerranée. Al. de Humboldt nous apprend qu'en 1799 on exploitait encore dans les montagnes de la Galice une mine d'étain très-pauvre. « La présence, ajoute-t-il, dans cette contrée de l'étain, l'un des métaux les plus rares sur notre globe, a quelque importance géognostique, à cause de la connexité qui exista originairement entre la Galice, la presqu'île de la Bretagne et le comté de Cornouailles (1). »

Nous avons reproduit plus haut le Périple d'Hannon sur la côte occidentale de l'Afrique. Une autre entreprise, contemporaine de celle d'Hannon, fut dirigée par Himilcon sur les côtes occidentales de l'Europe. Mais de cette dernière il ne nous reste que des fragments conservés dans le poëme d'*Avienus*, et dont voici la traduction :... « Là où les flots de l'Océan se heurtent avec impétuosité contre les eaux de la Méditerranée, se trouve le golfe Atlantique. Ici est située la ville de Gadéir, nommée autrefois Tartessus; ici se montrent les colonnes d'Hercule, Abyla (à gauche de la Libye) et Calpé......... Et ici s'élève la tête du promontoire appelé anciennement OEstrymnum; et à ses pieds le golfe et les îles du même nom.

« Elles s'étendent bien loin, et sont riches en métaux d'étain et de plomb. Un peuple nombreux s'agite là, ayant l'esprit fier et une grande activité. Tous sont livrés exclusivement au soin du commerce; ils traversent la mer dans leurs canots, lesquels ne sont pas construits en bois de pin ou de sapin, mais fabriqués en peaux et en cuir. On met

---

(1) Strab., II, 3, 4.
(2) Humboldt, *Cosmos*, tome II, p. 484.

(1) *Ibid.*, p. 487. Cf. plus bas la notice de M. Paillette.

deux jours pour aller de là en bateau jusqu'à l'île Sacrée, comme on l'appelait jadis, qui occupe un grand espace dans la mer, et qui sert de demeure au peuple des Hiberniens.

« L'île des Albions se trouve à côté. Les expéditions de commerce des Tartessiens allaient jadis jusqu'aux OEstrymnides ; cependant le peuple de Carthage et de ses colonies autour des Colonnes d'Hercule naviguait sur cette mer qu'Himilcon visita jadis en quatre mois ; car aucun vent ne poussait ici le vaisseau : les flots de la mer y sont impassibles et paresseux, et sa surface est couverte de fucus qui retient le cours du navire, qu'entourent des monstres marins....... On voit le fort de Géryon de loin ; ici s'ouvre le large golfe de Tartessus (il faut une journée de navigation pour aller au fleuve de ce nom) ; là est située la ville de Gaddir (ce qui veut dire en langue punique enfermée de digues). On l'appelait d'abord Tartessus ; autrefois grande et riche, elle est actuellement pauvre et dégradée, et, sauf la fête d'Hercule, je n'y vis rien de grand. Le fort et le temple de Géryon inclinent vers la mer ; le golfe est couronné par une chaîne de rochers. Près du rocher le fleuve décharge ses eaux. A côté s'élève le mont Tartessus, couvert de bois. Vient ensuite l'île Érythéa, gouvernée par des Carthaginois ; car autrefois ce peuple y avait transporté des colons. Le bras de mer qui la sépare du continent et du fort Érythéa n'a que cinq stades de large. L'île est consacrée à la Vénus maritime, qui a ici un temple et des oracles.

« Au delà des Colonnes, sur les côtes d'Europe, les citoyens de Carthage possédaient jadis beaucoup de villes et de bourgs. Ils avaient l'habitude de construire des canots à fond plat, pour qu'ils pussent glisser facilement par-dessus les bas-fonds ; cependant vers le couchant, comme le dit Himilcon, il y a pleine mer ; aucun bâtiment ne s'est encore hasardé sur cet océan, où ne se fait jamais sentir le souffle des vents, et où des brouillards épais couvrent les eaux. C'est le vaste Océan, cette mer infinie, dont le mugissement vient frapper au loin les terres. Voilà ce que le Carthaginois Himilcon a vu de ses propres yeux ; et je le raconte d'après les annales antiques de Carthage (1). »

On admet généralement que les Cassitérides sont les îles Britanniques et les îles Sorlingues. Quant au pays de l'*électron*, il est plus difficile à en déterminer exactement la position. L'opinion émise il y a déjà longtemps, que l'*électron* (ambre, succin) provenait des côtes occidentales de la Chersonèse Cimbrique, a rencontré beaucoup de partisans. Les Massiliens, qui selon Heeren auraient pénétré, après les Phéniciens, jusqu'à la mer Baltique, dépassèrent à peine l'embouchure du Wéser et de l'Elbe. Pline place expressément l'île *Glessaria*, nommée aussi *Austrasia*, à l'ouest du promontoire des Cimbres, dans l'océan Germanique ; et le souvenir de l'expédition de Germanicus indique assez qu'il ne peut être question d'une île de la mer Baltique. Les grands effets du flux et du reflux, qui déposent le succin dans ces estuaires, ne peuvent aussi se rapporter qu'au littoral compris entre le Helder et la Chersonèse Cimbrique, et non à la mer Baltique, dans laquelle pouvait être située l'île Baltia, de Timée (2).

Les Phéniciens et les Carthaginois avaient soin, pour le répéter, d'effacer toute trace de leur navigation dans ces parages, et ils coulaient bas tout navire étranger qu'ils rencontraient dans les mers dont ils s'étaient arrogé la domination.

CHAPITRE IV.

RELIGION DES PHÉNICIENS.

Nous ne possédons qu'un petit nombre de documents relatifs à l'état de la religion chez les Phéniciens. Ces documents peuvent être divisés en deux catégories : 1° *sources indigènes*, 2° *sources étrangères*.

Au nombre des principales sources indigènes, on compte d'abord le fragment de Sanchoniathon, conservé par Eusèbe, sans parler des fragments sur

---

(1) Voyez Heeren, *Politique et Commerce des Peuples de l'Antiquité*, tome IV, p. 363.
(2) Sprengel, *Geschichte der geographischen Entdeckungen*, p. 51 ; Ukert, *Geographie der Griechen und Roemer*; 1832.

la cosmogonie phénicienne, conservée par le néoplatonicien Damascius et extraits des *Annales sacrées* des Sidoniens, ainsi que de Mochus, auteur phénicien (1) Le fragment de Sanchoniathon a une importance telle, que nous avons cru devoir le traduire intégralement du grec en français. (Voir à la fin du chapitre) (2). Les autres sources indigènes d'une valeur également incontestable sont les inscriptions phéniciennes, parmi lesquelles on remarque surtout celle qui a été récemment trouvée à Marseille.

Quant aux sources étrangères, elles consistent en plusieurs passages de la Bible (I Reg., 11, 5; 15, 31 et seq.; II Reg., 23, 13), et de quelques écrivains grecs et latins, parmi lesquels il nous suffira de citer Lucien (*de Syra Dea*) et Plutarque (*Crassus*, c. 27). Mais ce sont principalement les colonies phéniciennes en Afrique et en Europe qui nous ont laissé les renseignements les plus précieux sur la religion de la métropole.

L'essence de la religion phénicienne, c'est le polythéisme des Égyptiens, avec une forte tendance vers le monothéisme des Hébreux. Ce double caractère s'explique naturellement par la position géographique de la Phénicie, voisine de l'Égypte et de la Palestine. Dans cette religion la divinité n'est pas un être distinct de la nature : elle s'identifie avec elle, et se manifeste comme une puissance mystérieuse, sous le triple rapport de la création, de la conservation et de la destruction. Le principe mâle et le principe femelle, l'actif et le passif, le génie du bien et le génie du mal, le générateur et le destructeur, la lumière et les ténèbres, cet antagonisme dualistique si souvent représenté chez les Égyptiens, se retrouve aussi dans la religion des Phéniciens. Ici, comme chez les Grecs et les Romains, on peut admettre deux classes de dieux : les uns (*dii majores*) embrassent dans leur sphère d'activité tout l'univers ; les autres (*dii minores*) ont un empire plus restreint : ils président seulement aux astres, aux éléments, à certaines localités, etc. Ces derniers ne sont souvent que des héros ou des hommes divinisés.

Une observation qui est également applicable à l'Égypte, et qu'il importe de rappeler ici, c'est que les divinités du nord de la Phénicie différaient de celles du midi. Ainsi, là le dieu suprême s'appelait *El*, ici il se nommait *Baalsamim*. Au premier s'associait, comme divinité femelle, *Baaltis* ou *Berut*, avec Adonis ou Esmun, et au dernier, *Astarté* et *Melkart*. A Tyr Astarté était adorée comme l'épouse de Baal, tandis qu'à Sidon elle était adorée comme une vierge pure. Bien que cette distinction n'ait été encore prouvée que pour les dieux de la première classe, il est à supposer qu'elle existait aussi chez les divinités d'un rang inférieur.

Les divinités assimilées à des forces naturelles n'étaient pas seulement des idées abstraites : elles étaient figurativement et symboliquement représentées par des images plus ou moins anthropomorphiques. Les uns étaient mâles, les autres femelles ; il y en avait même qui indiquaient les différents âges de la vie : *Adonis*, l'enfance ; *Esmun*, l'adolescence ; *Baal*, l'âge viril ; *Belitan* (Saturne ou Aïon), la vieillesse. Il y avait des rois (*Moloch*) et des reines (*Astarte, Baaltis*). Enfin on attribuait aux dieux les passions et les sentiments des mortels.

Les épithètes que les Phéniciens appliquaient à leurs dieux se retrouvent aussi, en grande partie, dans l'Ancien Testament. Par *El* (le fort), au pluriel *élim*, ils désignaient le plus grand des dieux, le Kronos ou Zeus des Grecs. Le nom de *mélech, moloch, malk* (מלך), roi, est aussi une dénomination générale, qui pouvait s'appliquer à plus d'un dieu. C'est ainsi qu'Osiris s'appelait *Mélech-Osiris* ; Baal, *Mélech-Baal*. Le nom de *baal* est, par son emploi et sa signification, identique au mot *seigneur* : il s'applique tout à la fois au dieu suprême et à des hommes. Dans ce dernier cas il est synonyme d'*adon* (אדן), *dominus*.

---

(1) *Damascii philosophi Platonici de Primis Principiis*. Ad fidem codd. mss. nunc primum edidit Jos. Kopp. (Francof. ad Mœn., 1826, in-8°.)

(2) Voy. *De Sanchoniathone ejusque interprete Philone Commentatio*. Scripsit Vibaltit. (Christianiæ, 1842, in-4°.) — D. Guigniaut, *Sur les Sources de la Religion des Phéniciens, et en particulier de Sanchoniathon*, dans la *Revue de Philologie*, t. I, p. 485.

PHÉNICIE.

I. *Divinités de premier ordre adorées dans toute la Phénicie et les colonies phéniciennes.*

Les divinités du premier rang, formant la triade tyro-sidonienne, sont *Baal*, *Melcarth* et *Astarté*. La triade égyptienne de Memphis était *Ammom-Ra*, *Maouth* et *Chons*.

1. *Baal*. Le mot בעל (*baal*) signifie en hébreu, en chaldéen et en phénicien, *posséder*, *propriétaire*, *maître*. En sanscrit *pâla* signifie *maître*, *conservateur*. Avec l'article ה (*Habaal*) c'est le maître par excellence, le seigneur suprême, le premier dieu des Phéniciens, le *Bélus* des Babyloniens. Les Grecs et les Romains l'assimilent à leur Ζεὺς Ὀλύμπιος, *Jupiter optimus maximus*. Quelquefois on y ajoutait le nom de *samin* (שמם), *ciel*; de là *baalsamin*, maître du ciel, ou Seigneur de l'univers (1). C'était à celui-là qu'on sacrifiait des enfants dans des circonstances solennelles (2). Il avait ses prophètes, *nebieh Habaal* (I Reg., 18, 22, 25), et on lui élevait des statues, *habaalim* (Jud. 2, 11; 3, 7; I Sam. 7, 4; 12, 10). Son principal temple, *beth Habaal* (maison du Seigneur), était à Tyr. L'idée de Baal était comme le lien qui rattachait le polythéisme grossier au monothéisme plus éclairé; elle était en dehors du cercle anthropomorphique de la mythologie. Le *Baal étan* (*Belitan*), c'est-à-dire *le Seigneur éternel*, était le *Jéhovah* des Hébreux; car ce *nomen ineffabile* (dérivé du verbe היה, *haïah*, *être*) signifie en même temps *éternel*. Il porte aussi le nom de *Baalram*, c'est-à-dire de *maître suprême* (Num., 8, 3). Comme dieu du temps, les Grecs le comparaient à leur Κρόνος (Saturne). La *Baal-Zebub* (maître de l'habitation) était chez les Juifs le chef des démons. C'est ainsi que plus tard, chez les chrétiens, Jupiter était placé au premier rang dans l'enfer; pour les protestants le pape est l'antichrist. Les hommes sont ainsi faits : tout ce qui ne rentre pas dans leur croyance est maudit.

Melcarth ou *Baal-Melcarth*. Ce mot est une abréviation de מולך קרת, *Mélekh-Karth*, qui signifie *roi de la ville*, c'est-à-dire de *Tyr* (1). De là on a fait *Melicertus*, Μελίκερτος. C'est le *dieu Actif*, le distributeur de toutes les richesses; c'est lui que les marchands de Tyr invoquaient plus particulièrement. C'était le grand patron de Tyr. Suivant Cicéron, il était fils de Baal et d'Astéria (Astarté) (2). Les Phéniciens introduisirent et propagèrent le culte de *Melcarth* dans presque toutes leurs colonies. Le grand prêtre de cette divinité était à Tyr le personnage le plus important après le roi (3). Melcarth a été assimilé à l'*Hercule* des Grecs et des Romains, bien qu'il soit beaucoup plus ancien que ce dernier. Il présidait au mouvement du soleil et au retour des saisons. C'est pourquoi on l'appelait aussi *dieu du printemps*, *dieu de la moisson*, etc. (4). Les Tyriens le représentaient enchaîné, comme les Égyptiens leur Ammon, et les Romains leur Saturne. Melcarth, adoré comme symbole du soleil, était tout à fait l'Hercule des Égyptiens, appelé *Dsom*. On lui sacrifiait des cailles (5). Le commerce était dans ses principales attributions : on lui donnait alors le surnom de הרוכל, *Harokêl*, le marchand, d'où dérive très-probablement le *Heraklès* (Hercule) des Grecs. Le dixième travail de l'Hercule grec (expédition contre Chrysaor, sur les côtes de l'Ibérie) appartient évidemment à l'Hercule tyrien, qui par ses Colonnes limita à l'ouest la navigation des Phéniciens dans les temps primitifs.

A Carthage Melcarth était, comme à Tyr, vénéré tout à la fois comme le dieu du soleil et comme le dieu du commerce. Tous les ans on lui brûlait un bûcher

---

(1) Voy. Sanchoniathon; Saint-August., *Quæst. in Jud.*, lib. VII, quæst. 16.
(2) Cornel. Nepos, *Hannib.*, c. 2 : Pater meus, Hannibal, puerulo me, in Hispaniam imperator proficiscens Carthagine, Jovi Optimo Maximo hostias immolavit.

(1) Seldenus, *de Diis Syriis*, I, 6, p. 183, fait à tort dériver ce mot de מולך ערץ, *mélekh aritz*, roi fort.
(2) Cic., *de Natura Deorum*, III, 16. Comp. Sanchoniathon.
(3) Justin., XVIII, 4.
(4) Nonnus, *Dionys.*, XL, 418.
(5) Voy. Eudoxus, apud Athen., X, p. 392; Creuzer, *Symbolique*, t. I, p. 362.

d'où l'on faisait voler un aigle, symbole du phénix, qui devait revenir au bout de chaque grande année. Cette fête du phénix, instituée en l'honneur d'Hercule et célébrée probablement aux environs de notre Pâques (équinoxe du printemps), était une des fêtes les plus solennelles. Toutes les colonies envoyaient à Tyr, plus tard à Carthage, des députés qui devaient renouveler devant le dieu national le serment fédéral. C'est en souvenir de cette fête que Melcarth prenait le surnom de *Baal Bérith*, c'est-à-dire *dieu de l'alliance*. Suivant Pline (*Hist. Nat.*, XXXVI, 5) les Carthaginois lui offraient des sacrifices humains.

L'Hercule phénicien avait sur l'île de Malte, à Gadès et à Tartessus, des temples dont on voit encore aujourd'hui quelques vestiges. Sur ses autels brûlait le feu éternel (1). Mais, on ne lui élevait pas de statues. Le temple d'Hercule tyrien à Tartessus, dont Arrien fait mention (2), était construit dans le style phénicien. Au rapport de Justin (3), les habitants de Gadès en répandirent le culte dans presque toute l'Espagne.

La grande confusion qui règne relativement au mythe herculéen s'explique parce que chaque pays avait pour ainsi dire son Hercule. L'Hercule thasien, qui avait le plus de rapport avec celui de Tyr, était invoqué comme un dieu sauveur, σωτήρ. Il avait à Thasos un temple magnifique, dont parle Hérodote (4). L'Hercule idéen avait aussi beaucoup de points de contact avec l'Hercule tyrien.

Astarté. Ce nom est sans doute dérivé du syriaque *astar*, étoile (5). Astarté était une divinité féminine, assimilée souvent à l'étoile Vénus. Elle était représentée portant sur sa tête une étoile ou les insignes de la royauté (Voir Sanchoniathon). Elle avait un temple très-ancien à Sidon. La Bible la désigne sous les noms d'*Ascherah* ou d'*Ascheroth* (Jud., 2, 13; 1 Sam., 7, 4; 12, 10). Le prophète Jérémie la mentionne deux fois (7, 18; 44, 17) sous le nom de *reine du ciel*. Ses prêtresses étaient des femmes, qui se prostituaient aux étrangers; ce qui rappelle le culte de la Melytta-Ascherah à Babylone. L'*Aschera* des Phéniciens avait des analogies évidentes avec l'*Ischuari* des Indiens et l'*Isis* des Égyptiens. Lucien (*de Dea Syria*) la déclare sans hésiter pour la déesse de la lune. D'après Cicéron, Astarté est la quatrième Vénus, fille de Syria et de Tyrus, et épouse d'Adonis (1). Quoi qu'il en soit, le culte d'Astarté était fondé sur un antagonisme mystérieux, qui paraît avoir échappé aux auteurs grecs et latins. L'Astarté sidonienne, assimilée à la lune, était une déesse chaste, la Vierge céleste, *Numen Virginale* (2). On pouvait la comparer à l'*Artémis* (Diane) des Grecs. C'était le contraire pour la Vénus terrestre, l'*Aschra* de la Bible, dont les prêtresses étaient des prostituées. L'Astarté sidonienne avait les mêmes attributs que la déesse perso-assyrienne *Tanaïs;* elle porte même le nom de *Tanit*, תנת, dans les inscriptions carthaginoises (3). L'*Aschra* était l'épouse de *Baalsamin* (Jupiter), et avait son principal temple à Tyr; elle était assimilée à la planète Vénus. On pouvait la comparer à l'Aphrodite (Vénus) des Grecs.

Divinités principales vénérées dans le nord de la Phénicie. Les tribus qui habitaient la partie septentrionale de la Phénicie différaient sensiblement de celles du midi par leurs mœurs et leur religion. Ainsi, chez les Giblites, à Byblus et à Berytus, on trouve, au lieu de la triade tyro-sidonienne, les trois divinités principales: *El, Baaltis* et *Adonis*. *El*, le *Kronos* des Grecs, était regardé comme le fondateur des plus anciennes villes phéniciennes, Byblus et Berytus; c'était le *Melcarth*, c'est-à-dire le patron de ces villes, comme Baal était le *Melcarth* de Tyr. Sous beaucoup de

---

(1) Philostrat., *Vita Apollon.*, V, 5; Silius Italicus, III, 29-31.
(2) *Expedit. Alexand.*, II, 126.
(3) Justin., *Hist.*, XLIV, 5.
(4) Hérod., II, 44.
(5) Il est à remarquer que ce mot se retrouve, avec la même signification, en grec, en latin, en allemand (ἀστήρ, *astrum*, *stern*, etc.).

(1) Cicéron, *de Natura Deorum*, III, 23.
(2) St. Augustin, *de Civitate Dei*, II, 26.
(3) Voyez Müuter, *Über die Religion der Carthager*, p. 38.

rapports il est identique avec le *Baal-samim* du culte tyro-carthaginois : *El* et *Bel* ou *Baal* étaient les noms de la divinité suprême chez les Phéniciens, les Syriens et les Babyloniens.

Baaltis (1) ou *Aphrodite* était la divinité protectrice de la ville de Berytus. C'est là qu'elle aborda, après être née de l'écume de la mer; et elle y eut d'Adonis la nymphe Béroé ou Berytus. Les mythographes grecs lui donnent indifféremment les noms de *Rhéa*, de *Dione*, d'*Astronoé*, d'*Aphrodite*. Elle offre quelque ressemblance avec l'Isis égyptienne, que l'on fait voyager jusqu'en Phénicie. On lui consacrait des poissons, comme à la déesse tyrienne Darcéto. La *Vénus d'Aphaka* et la *Vénus Architis* étaient des modifications du culte de Baaltis. La première avait un caractère sidéral : « Une étoile, dit Sozomène, qui tomba dans le lac d'Aphaka fut prise pour la déesse (2). » Quant à la Vénus Archilis, elle était adorée à Césarée; on voyait son image sur le mont Liban (3); sur les monnaies de Césarée on la représente la tête voilée, inclinée tristement sur l'épaule gauche. Elle est le symbole de l'hiver, et rappelle la déesse tyro-babylonienne Salambo, pleurant la perte d'Adonis, symbole de la force génératrice du printemps. Baaltis porte quelquefois le surnom de *Bérouth*, ברית, *cyprès*, sans doute par allusion au culte de ces arbres.

Adonis, (de אדן, adon, *seigneur*) représente symboliquement, sous la forme d'un beau jeune homme, le principe mâle, fécondateur, constamment associé au principe femelle, dont nous venons de parler. C'est le dualisme sous la forme créatrice. Adonis était particulièrement adoré à Byblos, comme Baaltis l'était à Berytus. Il y portait le nom de *Gauas*, qui signifie le *sublime*,

(1) Le mot *Baaltis* (בעלתי) signifie *ma maîtresse*, ou *madame*.
(2) Sozomen., *Hist. Eccles.*, II, 3.
(3) Macrob., *Saturnal.*, I, 21 : *Simulacrum hujus deæ in monte Libano fingitur capite obnupto, specie tristi, faciem manu læva intra amictum sustinens, lachrymæ visione conspicientium manare creduntur; quæ imago, præter quod lugentis est, ut diximus, deæ terræ quoque hiemalis est*.

l'*élevé*, de גאון (*gavan*), élevé. C'est à ce nom que Sanchoniathon fait allusion quand il dit que chez les Bybliens la divinité (de l'endroit) s'appelle par excellence le plus grand des dieux (παρὰ Βυβλίοις ἐξαιρέτως θεῶν ὁ μέγιστος ὀνομάζεται). Le Gauas des Bybliens présidait à l'agriculture : c'était tout à la fois le dieu des semences et le dieu des moissons (1).

Le culte d'*Élioun* (עילון, suprême, ὕψιστος) était une modification de celui d'Adonis. Peut-être était-il identique avec celui de Kalaat-Fakna, aux environs de Byblos. Le mythe qui fait périr Élion sous les dents d'une bête féroce rappelle celui d'Adonis, déchiré par un sanglier, dans le voisinage de Byblos.

A cette même catégorie de divinités locales du nord de la Phénicie appartiennent *Esmoun*, l'un des Cabires, et *Memnon*. De ce dernier on cite trois temples : l'un à Apamée (2), le second près de Paltos, au bord du fleuve Badas (3), et le troisième au bord du fleuve Bélus (4). Le nom phénicien de Memnon paraît avoir été *Zerahk*, de זרח, c'est-à-dire *soleil levant*. De là le nom persan *Khourousch*, soleil, d'où l'on a fait *Cyrus*. Le culte de Memnon, qui rappelle celui du soleil, a été probablement d'origine persane.

Il faut aussi comprendre les *Cabires* (de כביר, puissant) au nombre des dieux qui étaient vénérés dans tous les États phéniciens. Les Cabires s'appellent ordinairement *enfants de Zadyk* (enfants de la justice) ou *Patèques*, c'est-à-dire *enfants de Phtha* (Vulcain), פתח (5). Les Cabires, bien qu'ils fussent au nom-

(1) Par une singulière coïncidence, les botanistes ont donné le nom d'*adonis* à un genre de plantes qui renferme deux espèces, dont l'une fleurit au printemps, et l'autre en automne (*a. æstivalis* et *a. autumnalis*).
(2) Oppian., *Cyneget.*, II, 150.
(3) Simonides, apud *Strab.*, XV, 3, 2.
(4) Joseph., *Bell. Jud.*, II, 18, 2.
(5) Le nom de *Phthah* est plutôt phénicien qu'égyptien. Il dérive évidemment de פתה (*patakh*), ouvrir. C'est donc le *Dieu qui ouvre le sein de la terre*. Ce qui vient à l'appui de cela, c'est que dans les fragments du Sidonien Mochus, Vulcain porte le nom Χουσωρός ἀνοιγεύς, c'est-à-dire *Chousoros l'ouvreur*.

5.

bre de huit, étaient quelquefois confondus avec les Dioscures. Ils étaient figurés symboliquement sur des médailles de Béryte, de Tripoli, d'Orthosia, de Tyr et Paltus. On en plaçait les images, semblables à celles d'un nain (πυγμαίου ἀνδρὸς μίμησις, Hérodote, III, 37), sur les proues des navires de guerre, tandis que la poupe portait l'emblème du dieu protecteur spécial de la contrée ou du navire (1). Les Patèques ou Cabires étaient comme les dieux Lares des navigateurs.

Le huitième, *Esmoun*, des Cabires, jouait un grand rôle dans la religion des Carthaginois. Il avait son sanctuaire dans la citadelle Byrsa, de Carthage, où résidait aussi le *patrium numen*. C'est dans ce sanctuaire que le sénat tenait ses séances et que l'on conservait les archives de l'État.

Le culte des *Puissants* (Cabires), fils de la *Justice* (Zadyk), est fort ancien. La métropole primitive de la Phénicie paraît en avoir été le foyer. De là il se propagea en Égypte. La station limitrophe entre la Phénicie et l'Égypte, le mont Kasius, était célèbre par un temple où se pratiquaient les mystères de ces divinités.

Nous ne savons presque rien sur ces mystères ni sur les attributs particuliers des huit Cabires, qui paraissent avoir été dans leur ordre de prééminence : 1° *Chusor-Phtha* ou *Usor*. Ce nom se trouve chez le Sidonien Mochus, cité par Sanchoniation (2), qui le compare à l'Héphæstus (Vulcain) des Grecs. Il dérive du mot phénicien ou hébreu הושר (*khusor*), qui signifie *ordre*, et de פתח, *ouvrir*. S'il faut entendre ce dernier mot dans le sens où il est généralement employé dans l'Ancien Testament (פתח רחם, *ouvrir le bas-ventre*, c'est-à-dire engendrer, Genès., 29, 31; 30, 22; 20, 18; 1 Sam., 1, 5), *Chusor-Phtha* aura été le *dieu qui ouvre, engendre l'ordre*, c'est-à-dire le *principe générateur* par excellence. Dans le sens mystique, autant qu'il nous est permis de le conjecturer, c'est le dieu qui *ouvre l'œuf du monde*, l'un des grands mystères de l'art sacré et de l'alchimie. Ce qui paraît certain, c'est qu'il a eu pour attribut un phallus, comme le Cabir égyptien Phtha. Lucien (*de Syra Dea*, cap. 16) a sans doute fait allusion à la manière dont on le figurait, en disant : σμικρὸς ἀνὴρ χάλκεος, ἔχων αἰδοῖον μέγα (Un petit homme d'airain, ayant un grand pénis).

Le nom de *Phtha* ou *Phthahi*, c'est-à-dire *celui qui ouvre* l'œuf du monde, pour en faire sortir le ciel et la terre, est littéralement rendu chez Sanchoniathon par ἀνοιγεὺς, *ouvreur* (1). De *Phtha* les Grecs ont fait Πάταικοι, *Patèques*, descendants de Phtha. On peut aussi entendre par *Phtha* celui qui ouvre le sein de la terre pour en retirer des minerais; car ce dieu passe pour l'inventeur du fer et des métaux en général, ce qui était tout à fait dans les attributs de l'Hephaistos des Grecs. Sur les médailles phéniciennes trouvées à Malaga on le voit représenté avec la coiffure caractéristique des Cabires, et portant des tenailles (2). Sur les médailles antiques d'Ébusus (Iviza) on le voit en costume de Vulcain, avec le tablier et le marteau. Parmi les localités où Chusor-Phtha était en vénération particulière on cite Tyr, Carthage et plusieurs autres villes d'Afrique et de l'Espagne.

A Chusor était associé la divinité femelle *Chusarthis*, dont le nom dérive évidemment de *khousor* ou *khosereth*, ordre, et de *thora*, loi. *Chusarthis* signifie donc *ordre, loi*. C'était, dans le sens physico-mystique, la personnifica-

---

(1) Le savant Schweigger (*Physik der Alten*) rapporte le culte des Dioscures ou Cabires aux phénomènes de l'électricité atmosphérique, tels que orage, éclair, tempête. Il est certain que les Dioscures étaient implorés par les marins pendant les orages, et qu'on les représentait avec une flamme (feu de Saint-Elme) au sommet de la tête. On s'explique donc parfaitement le culte des Cabires ou Dioscures chez un peuple essentiellement navigateur.

(2) Gaisford, corrigeant le texte d'Eusèbe, a rétabli la véritable leçon Χουσώρ, au lieu de Χοναώρ ou Χρυσώρ, que portent les anciennes éditions.

(1) D'après les théories des physiciens de l'art sacré, relativement à l'œuf du monde, le jaune représente la terre, le blanc, l'air ou l'atmosphère, et la coquille la voûte céleste. (Voy. mon *Histoire de la Chimie*, tome I.)

(2) Florez, *Medallas de España. Fab.*, LVI, n. 9-16.

PHÉNICIE.

tion de la loi qui maintient l'ordre dans l'univers. Cette dyade cosmogonique se retrouve aussi chez les Babyloniens : *Assoros* (חשור), ordre, était joint à *Kissereh* (קשרא), union.

La *Chusarthis* phénicienne était l'*Harmonie* des Grecs, l'une des Cabires de Samothrace. On rencontre des traces de son culte à Sidon, à Tyr, à Gabala, à Béryte, en Chypre, etc. A Gabala elle portait le nom araméen de *Dotho* (רבא), loi; on y conservait son voile, πέπλο; (1). Sur les médailles de cette ville elle est représentée la figure voilée, et assise sur un trône porté sur le dos d'un lion. Dans le sens mythologique Chusarthis était l'interprète des livres sacrés de Taaut, et conservait les annales célestes d'Aïon Ophion et d'Ulom (2). Elle avait plus d'une analogie avec la déesse *Onka*, la Minerve des Phéniciens, qui rappelle l'*Anuke*, déesse égyptienne, associée à la Neit de Saïs. Sur quelques médailles de Malaga elle est représentée comme symbole de la lune, éclairée par le soleil, et en conjonction sexuelle avec Vulcain.

Astarté, divinité protectrice de la Phénicie, était aussi au nombre des Cabires. Le mot כבירה (*cabirah*), *puissante*, était l'une de ses épithètes. Dans le sens mystique elle représentait la terre, comme Taaut le ciel. Elle était alors identique avec l'Isis des Égyptiens (3). Sur quelques monnaies phéniciennes on la trouve figurée à côté de deux autres Cabires.

Taaut, assimilé à l'Hermès des Grecs, était, selon toute apparence, le quatrième Cabire. Le mythe de Cadmus le Tyrien, quittant son pays à la tête d'une colonie, et allant à la recherche de sa sœur Europe (Harmonie), se rapporte aussi en grande partie à Taaut. Ce dieu passait pour l'inventeur de la métallurgie, de la médecine et de l'écriture. Aussi était-il surtout en grande vénération chez les savants, chez les physi-

ciens, les chimistes, etc. Comme inventeur de la médecine, il est représenté sur quelques monnaies avec une patère à la main. En Thrace il avait fait connaître la manière de travailler l'or, et en Béotie la manière de travailler le cuivre. Taaut, comme auteur des annales sacerdotales, et comme conseiller de l'Être suprême, correspondait au Thoth des Égyptiens. Dans le sens physico-mystique Taaut était le symbole du ciel, et invoqué en même temps qu'Astarté, symbole de la terre.

Adad et *Demarus* rappelaient les Dioscures des Grecs. Ils constituaient avec Astarté la grande triade, qu'on voit figurée sur beaucoup de monnaies phéniciennes. Adad ou Hadad était appelé *le roi des dieux*, et associé à la divinité femelle *Atargatis*. Suivant Hésychius, Adad ou Adod était aussi adoré chez les Phrygiens. Les Syriens et les Phéniciens en représentaient la figure entourée de rayons descendants, tandis que les Phrygiens le figuraient avec des rayons ascendants, symboles de la puissance fécondante du soleil. *Demarus* ou *Baal Demaroun* rappelle le nom d'un fleuve de la Phénicie, Damouras, aujourd'hui Nahr-Damur. Son nom signifie tout à la fois *colonne* (obélisque) et *palmier*, l'un et l'autre hiéroglyphe du phallus. Ainsi, dans le sens physico-mystique Adad et Demarus paraissaient avoir représenté les grands principes de la fécondation : la chaleur solaire et l'humidité. Voilà sans doute leur signification dans le culte des Cabires (1).

L'Héraclès phénicien paraît avoir été également au nombre des Cabires, qui étaient si souvent confondus avec les Dactyles idéens.

Esmoun (de אשמון, *huitième*) était le huitième ou dernier des Cabires, parmi lesquels il occupe cependant un rang élevé, conformément à ce principe reproduit par les alchimistes sur la fameuse table d'émeraude : « Le haut est le bas, le premier est le dernier, etc. (2). » Esmoun

---

(1) Pausan., IX, 41, 2.
(2) Nonn., XII, 32 ; XLI, 340.
(3) Varro, *de Lingua Lat.*, V, 10 : *Principes dii Cœlum et Terra, qui in Ægypto Serapis et Isis, Taautes et Astarte apud Phœnices, in Latio Saturnus et Ops. Terra enim et Cœlum, ut Samothracum initia docent, sunt dii magni.*

(1) On voit sur un monument assyro-babylonien un palmier se terminant, selon M. Lajard, en un phallus. (Lajard, *Recherches sur le culte, les symboles, les attributs et les monuments figurés de Vénus*; Paris, 1837.)
(2) Voyez mon *Histoire de la Chimie*, t. I.

était vénéré à Béryte : on ne trouve pas ailleurs en Phénicie des traces de son culte ; mais il était surtout vénéré à Carthage, dans l'île de Chypre et dans plusieurs villes phéniciennes de l'Espagne et de la Sicile. Sur les monnaies cabiriques des îles Baléares on le voit représenté avec la tête entourée de huit rayons. Les Grecs et les Romains l'assimilaient à Esculape.

II. *Divinités de second ordre.*

Les dieux de second ordre avaient surtout un caractère sidéral : l'un représentait le soleil, un autre la lune, d'autres les planètes, etc. Nous avons vu que plusieurs divinités de premier ordre avaient aussi des rapports avec les astres ; mais ces rapports étaient tout à fait généraux, et n'offrent pas ce caractère de spécialité qu'on trouve chez les divinités sidérales proprement dites.

Soleil. — Le culte pur du soleil fut apporté de l'Assyrie à Héliopolis en Phénicie (1). Les prêtres de ce culte s'appelaient *abdsems* (עבד שמש), c'est-à-dire *serviteurs du soleil*, nom que les Grecs ont traduit littéralement par *heliodules*. Les chevaux et les chars du soleil, dont il est parlé dans la Bible, appartenaient particulièrement à la Phénicie. Les quatre chevaux du soleil composaient la tétrade mystique à laquelle les Perses offraient des sacrifices et des honneurs particuliers. On sait que dans tout le paganisme les chevaux, symbole de la course rapide (par allusion à la vitesse des rayons), étaient consacrés au soleil. Le mot *abdsusim*, c'est-à-dire *adorateurs des chevaux*, se rencontre souvent dans les inscriptions phéniciennes. Le soleil, comme objet d'un culte spécial, n'était pas représenté figurativement, mais symboliquement, par des chevaux et un char. Il y avait un de ces chars à Héliopolis, en Phénicie, à Mabug sur l'Euphrate, et à Emésa.

A ce culte se rattachait intimement celui de Melkarth ou Hercule de Tyr, qui était souvent représenté comme le conducteur du char solaire, attelé de quatre chevaux. Dans le sens physico-mystique il a pour symbole une colonne (obélisque) surmontée d'une flamme. Dans le sens mythique le conducteur du char du soleil est tué par Typhon, et reste privé de vie pendant toute la durée de l'hiver ; puis il se réveille vers l'équinoxe du printemps, pour renouveler sa carrière. Les colonnes, symbole du soleil, étaient surtout vénérées dans le temple de Tyr ; elles portaient le nom de *Khammanim* (de *khamma*, *soleil*, *chaud*). — Bel-Baalsamim, Esmoun, Adonis et d'autres dieux avaient également un caractère sidéral.

Quant aux planètes, c'étaient des divinités naturellement subordonnées au soleil, qui leur donne la lumière et la vie. Mercure, Vénus et Mars étaient les *assesseurs*, πάρεδροι, du soleil, parce qu'elles transmettaient à la terre les forces reçues du soleil (1).

Lune. — Le culte de la lune était partout inséparable de celui du soleil. Suivant les différentes phases que présente cet astre, on lui attribuait des influences pernicieuses ou bienfaisantes. Chaque nouvelle lune, comme encore aujourd'hui chez les Orientaux, était l'occasion de fêtes solennelles, *Néoménies*. Plusieurs divinités avaient dans leurs attributs la lune ; telle était Astarté, avec son double caractère de bon et de mauvais génie (*bona cœlestis*, *inferna cœlestis*). Son char était traîné par des bœufs. Onka, Men ou Lunus appartenaient aussi au culte de la lune.

Planètes. — L'astrologie était la théologie des planètes. On trouve dans les religions anciennes des traces évidentes d'une croyance à l'influence des planètes sur les hommes et sur les événements qui arrivent dans ce monde. D'après l'astrologie chaldéenne, les planètes se divisaient en trois classes. Jupiter et Vénus étaient deux bons génies, Mars et Saturne, deux mauvais génies ; quant au Soleil, à la Lune, et à Mercure ils avaient un caractère mixte : ils participaient, suivant les circonstances, des uns et des autres.

Dans le sabéisme asiatique la planète *Mars*, ou *Aziz*, représentait le feu comme principe destructeur ; c'était une

---

(1) Macrob., *Saturnal.*, I, 23 : *Simulacrum Jovis Heliopolitani... diu habitum apud Assyrios, postea Heliopolim commigravit.*

(1) Julien, *Orat. in Sol.*, p. 135.

puissance ennemie de la nature vivante. C'était l'astre consacré à Baal-Khamman ou à l'Hercule de Tyr. Le dieu Nergal, ou Mars des Babyloniens, avait sans doute de grands rapports avec le Mars phénicien, qui portait le nom d'*Aziz* (עזיז), qui signifie *fort, puissant*.

Nous ne savons presque rien sur le culte de la planète Mercure chez les Phéniciens. Les Carthaginois lui avaient consacré le *promontorium Hermæum*, en Espagne. Son nom indigène était *Mokim* ou *Monim*, de בעקם, *perfide*: ce dieu avait un caractère double : *superis gratus et imis*. Il ne faut pas le confondre avec Taaut, qui avait une signification cosmique.

Épiphanius nous apprend (1) que les habitants de la Palestine appelaient la planète Jupiter *l'étoile de Baal* (בעל כוכב), ou *Cocab Baal*, *Baal* correspondant exactement à Jupiter. On pourrait rapporter à cette planète le nom d'un lieu ancien, *Baal Gad* (Dieu du bonheur).

Nous avons beaucoup plus de renseignements sur le culte de la planète Vénus. Ainsi, Strabon (lib. III, 1, 9) parle d'un temple érigé en l'honneur de Lucifer (Φωσφόρου ἱερόν), à Tartessus, colonie phénicienne à l'embouchure du Bætis. C'est par allusion à ce culte sans doute que les Romains appelaient cette planète *lux divina* (2). On sait que Vénus annonce par sa présence le lever et le coucher du soleil; de là les différents noms qu'on lui appliqua dès la plus haute antiquité. Dans l'*Ancien Testament* (Jes., 14, 12) elle s'appelle le fils *brillant de l'aurore* (הילל בן שחר). Les Arabes la nomment encore aujourd'hui *Alilat*, c'est-à-dire *la brillante*. Le nom de *Seroua* avait la même signification chez les Néo-Juifs. La planète Vénus passait pour favoriser la génération. C'est pourquoi on la voit souvent figurée, comme un attribut, sur la tête de la grande déesse Vénus, principe générateur de la nature. Le culte de la Vénus sidérale se trouve intimement lié à celui de la Vénus mère du monde. De là les différentes épithètes d'Astarté : Ἀστρονόη, Ἀστυνόμη, *Astoret naama*, *Naama* (la gracieuse).

La planète Saturne était, comme le soleil, consacrée au plus ancien et plus grand des dieux, à *El* ou *Baal* (Kronos), patron de Béryte et de Byblos. Selon Servius le nom de *Bel* s'appliquait chez les Babyloniens indifféremment à Saturne et au soleil (1). Il faut y ajouter encore la planète Jupiter, qui était aussi consacrée à Bel ou Baal. On ne trouve chez les Phéniciens aucune trace d'une croyance à l'influence malfaisante de Saturne, dont il est si souvent question dans l'astrologie. La planète la plus éloignée du soleil, et contenant dans son orbite les autres planètes, était par excellence l'astre dominant le sort de tous les êtres.

Le culte des éléments (terre, eau, air, feu) avait, comme celui des astres, un caractère double : il s'adressait tantôt directement à chacun de ces éléments, tantôt indirectement à la divinité dont ils relèvent. C'est là surtout qu'on trouve ce mélange de croyances mythologiques et d'une science physico-mystique.

L'*eau*, comme élément-dieu, recevait des sacrifices. C'est dans le lac sacré d'Aphaca qu'on jetait les offrandes pour la Vénus Aphacitis (2). Les eaux de la mer Morte et de quelques rivières de la Palestine étaient également des eaux sacrées. Le sang des animaux immolés en l'honneur de Neptune était mêlé aux flots de la mer. Encore du temps de saint Augustin il existait dans l'Afrique carthaginoise l'usage de jeter la chair des victimes dans les sources et les fleuves (3). Pline appelle le fleuve Belus *ceremoniis sacer* (4). Les Carthaginois, comme les Juifs, avaient le culte des sources et des fleuves (5). La mer Morte était d'ordinaire invoquée dans les serments, comme le Styx ou l'Achéron

---

(1) Epiphan. *Adversus Hœres.*, I, 16, 2.
(2) C'est pour cela qu'il faut lire dans le passage cité de Strabon, λουκεμ διβίναν (nom de l'étoile du berger), c'est-à-dire *lucem divinam*, au lieu de λουκεμ δουβίαν, *lucem dubiam*.

(1) Servius, *ad Æneid.*, I, 229 : Belus, primus rex Assyriorum, quos constat Saturnum, quem et solem dicunt, Junonemque coluisse... Apud Assyrios autem Bel dicitur quadam sacrorum ratione et Saturnus et Bel.
(2) Sozomen., *Hist. Eccles.*, lib. II, 3.
(3) Sanct. August., *Epistol.*, 47, n. 4.
(4) Plin., *Hist. Nat.*, XXXVI, 65.
(5) Polyb., lib. VII, 9, 2.

chez les Grecs et les Romains. Il y avait des lacs sacrés auprès des temples d'Ascalon, d'Aphaca et d'Hiéropolis. Lucien parle d'une fontaine à Béryte contenant des poissons sacrés. Les habitants de Tyr célébraient tous les ans près d'une fontaine la fête d'alliance de Neptune avec les nymphes.

Il est à regretter que nous ne connaissions guère la religion phénicienne que par les rapports, déjà si incomplets, des écrivains grecs, qui donnaient à ces dieux étrangers les noms de leurs divinités. Ainsi, Poséidon (Neptune) était particulièrement en honneur à Béryte, à Tyr, à Carthage, culte bien naturel chez un peuple essentiellement navigateur. Hesychius mentionne un Jupiter marin (θαλάσσιος Ζεύς) à Sidon. Il est aussi question d'une *Vénus marine*, probablement une modification de l'Astarté. Les écrivains grecs parlent, en outre, de *Pontus*, d'*Oceanus*, de *Nérée*, de Typhon dans la mythologie phénicienne.

Le *feu* était de tout temps en grande vénération auprès des peuples de l'Asie. Sanchoniathon nomme, comme une des plus anciennes triades de dieux phéniciens, *Phos, Pyr, Phlox* (lumière, feu, flamme) (1).

Le frottement de deux arbres agités par un vent violent fit naître le feu dans un bois de Tyr. C'est pourquoi Uso (c'est Sanchoniathon qui parle) adora le feu et le vent, après avoir élevé en l'honneur de ces deux éléments des colonnes dans l'île de Tyr : il leur fit des libations avec le sang des animaux tués à la chasse (2). Ce mythe se rapporte aux fêtes du feu dans les temples de Baal-Melkarth. Dans ces temples brûlait une flamme éternelle, *inextincta focis servant altaria flammæ* (3). Une colonne, symbole de la flamme, était l'image du Baal-Chamman. Celle qui se trouvait dans le temple de Tyr était en émeraude, et pendant la nuit elle éclai-

(1) Voyez l'origine de ce mythe dans Sanchoniathon.
(2) *Faire des libations de sang* est une variante de Gaisford, qui démontre qu'il faut lire dans le texte αἷμα δὲ σπένδειν, au lieu de ἅμα, etc.
(3) Silius Italicus, lib. III, 29.

rait tout le sanctuaire (1). Dans les temples de l'Astarté on entretenait aussi un feu perpétuel. Les météores ignés étaient les manifestations de quelque divinité. Dieu apparut à Moïse sous forme d'un buisson ardent. Les globes de feu qu'on voyait à des époques déterminées, à Aphaka, lieu de pèlerinage, étaient adorés comme la déesse de ce lieu. N'est-ce pas là le premier indice d'observations d'étoiles filantes faites à des périodes régulières? Les étoiles tombées du ciel, c'est-à-dire les aérolithes, étaient déposées dans le sanctuaire des temples, et reçurent les honneurs divins sous le nom de *bétyles*. L'antique *kaaba* du temple de la Mecque est probablement une de ces pierres noires ou bétyles (bolides, aérolithes), qui tombent de temps en temps du ciel. On en voyait dans le temple d'Astarté à Tyr.

Les étincelles qu'on aperçoit quelquefois au sommet des mâts (feu de Saint-Elme), par un temps fortement chargé d'électricité, étaient les Dioscures des Phéniciens. Hannon prit les feux qu'il voyait sur la côte occidentale de l'Afrique pour des manifestations divines.

L'*air* et les *vents* sont au nombre des principales puissances dans la cosmogonie phénicienne. Ils servent quelquefois de forme ou d'enveloppe matérielle sous laquelle la divinité apparaît aux hommes. Ainsi, Astarté était adorée comme une personnification, tantôt de l'air, tantôt de la mer. Esmoun, comme principe conservateur de la vie, était aussi identifié avec l'air.

La divinisation de la *terre* implique l'idée de fertilité. Au rapport de Polybe (lib. VII, 9, 2 et 3), les Carthaginois juraient par les dieux des prairies. On trouve tant chez les Phéniciens que dans leurs colonies des traces multipliées du culte des bosquets, des plantes vigoureuses et des arbres. On offrait primitivement aux productions naturelles du sol des sacrifices comme à des divinités. A ce culte se rattache celui des montagnes, qui devait représenter la figure ou le visage même (פניאל, *pnéél*, θεοῦ πρόσωπον) de quelque dieu. Le mont Carmel était particulièrement révéré : Tacite

(1) Herodot., lib. II, 44.

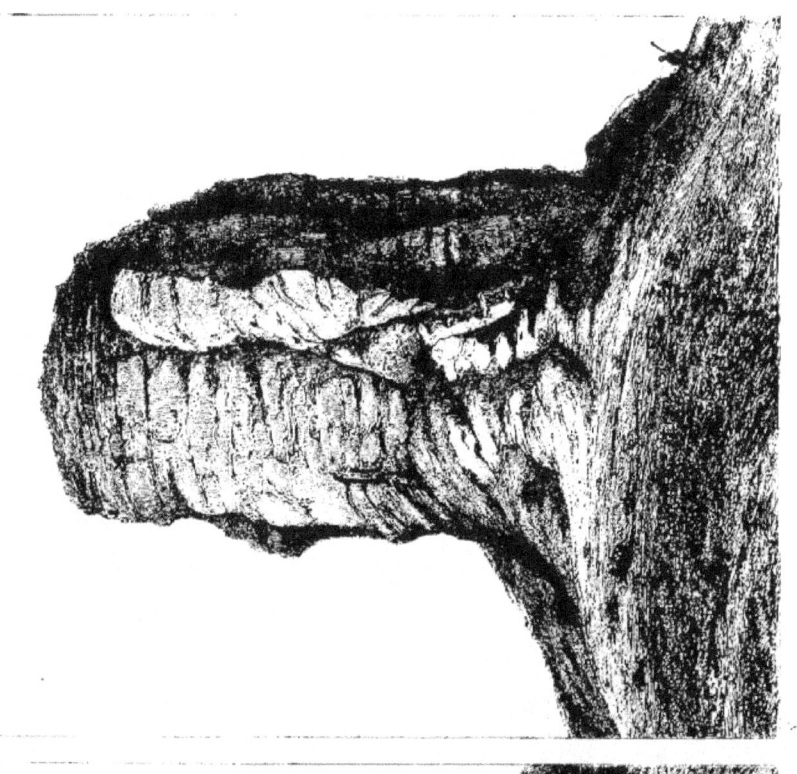

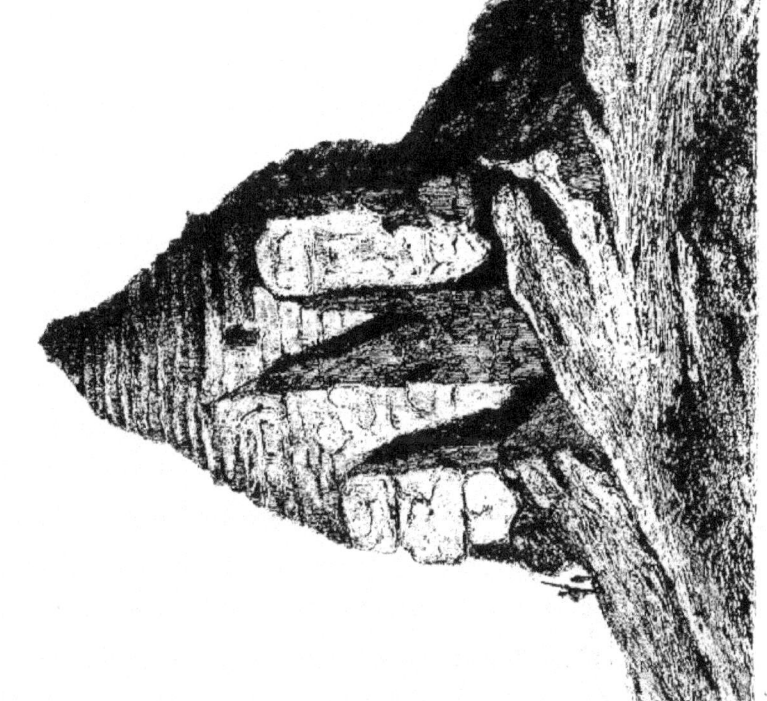

BABYLONIE

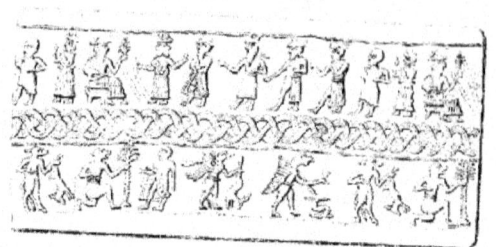

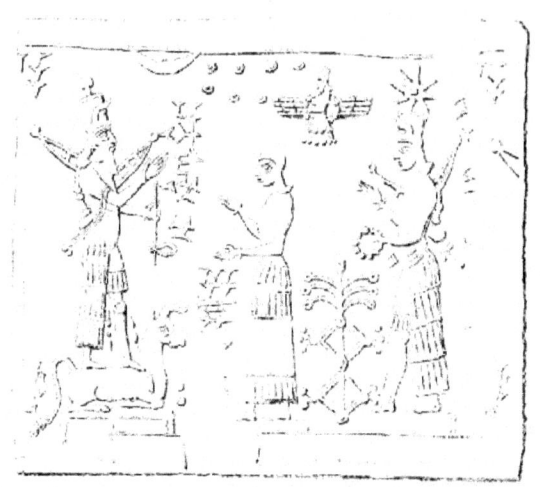

HASTINGS

(*Hist.*, II, 78) l'appelle *mons et deus*, et Suéton (*Vespas.*, c. 5) *Carmelus deus* (1). Le Liban, l'Anti-Liban et le mont Casius étaient, selon la mythologie de Sanchoniathon, des géants et des dieux indigènes. Le premier était le père du *Samemroum*, ou Hercule tyrien. L'Anti-Liban était vénéré, jusque dans les derniers temps du paganisme, sous le nom de *Dieu* ou *Baal-Hermon*. Le mont Casius était sous ce rapport le plus célèbre de tous. Évhémère, cité par Eusèbe, le désigne sous le nom de *vieux roi de la Syrie*. Comme le Parnasse, le Liban avait ses muses : le poëte Nonnus, dans sa mythologie phénicienne, les invoque (Λιϐανιάδες Μοῦσαι).

Parmi les animaux considérés comme des personnifications de certaines divinités, les serpents (en phénicien *tannim*) occupent le premier rang. Selon Philon de Byblos, les autres nations ont emprunté aux Phéniciens le culte des serpents, dont Taaut passe pour le premier grand prêtre. Le monde, κόσμος, était symboliquement représenté par un serpent tourné en cercle, comme pour indiquer, dit Macrobe, qu'il se suffit à lui-même. Le huitième Cabir, Esmoun, était figuré avec l'attribut d'Esculape, et placé au ciel comme porte-serpent (ὀφιοῦχος). Le bon et le mauvais génie (*Agathodémon* et *Kakodémon*) étaient également adorés sous la forme de serpents, l'un sans doute inoffensif et l'autre venimeux. Le taureau jouait un aussi grand rôle chez les Phéniciens que chez les Égyptiens. Astarté (*Astaroth karnaïm* de la Genèse, 14, 5), était représentée coiffée de cornes ou d'une tête de taureau. La déesse de Gabala, Doto, était figurée assise sur un trône porté par un lion. L'âne était, selon les écrivains de l'école d'Alexandrie, le symbole du dieu sémitique.

Baal. — Ce dieu, comme emblème de la lasciveté, était quelquefois représenté sous la forme d'un chien ou d'un porc. On offrait à la déesse de l'amour et de la prostitution les sacrifices de poissons, de tourterelles, d'oiseaux aquatiques et de boucs.

Pour ce qui concerne la cosmogonie et la théogonie des Phéniciens, voyez les *Fragments de Sanchoniathon*, pag. 78.

TEMPLES; IDOLES.

Un amas carré de pierres ou une colonne sur le haut d'une montagne (Carmel ou Casius), voilà les temples primitifs. Plus tard on y ajoutait des chapelles et des enceintes sacrées. Le temple n'était pas dans l'origine un lieu de réunion pour les dévots ; c'était un domicile d'honneur pour la divinité ou son symbole. Il se divisait en deux compartiments, l'un postérieur, l'autre antérieur. Dans le compartiment postérieur, c'est-à-dire le plus éloigné de l'entrée, on conservait les attributs sacrés du dieu, c'était l'ἄδυτος, le saint des saints chez les Juifs. Là se conservaient, loin du regard des profanes, les images ou les symboles de la divinité, les arches, les vases sacrés, qu'on promenait publiquement dans de grandes solennités. Les processions de la fête-Dieu chez les catholiques nous en offrent une idée. C'est dans le sanctuaire qu'on conservait aussi les annales sacrées et que les prêtres avaient établi, comme nous l'avons dit dans notre *Histoire de la Chimie*, des laboratoires de physique et de chimie ; on y voyait des stèles avec des inscriptions, et des emblèmes sacrés sur les murs. Dans le compartiment antérieur, près de l'entrée, étaient exposées à la vénération publique les images des divinités. Il y avait là un autel où l'on brûlait de l'encens et d'autres matières aromatiques. Les autels sur lesquels on offrait des victimes et des sacrifices non sanglants étaient à l'entrée et en dehors du temple. Pendant le service divin les prêtres et hiérodules dansaient autour. Il y avait encore dans tous les temples une source d'eau vive et un feu éternel. L'eau puisée dans cette source servait à des lustrations ou à la purification des prêtres et des initiés ; des bois ombragés, où l'on célébrait les orgies nocturnes, environnaient les temples des déesses de la nature. Des étangs et des lacs, contenant des poissons sacrés, étaient près des sanctuaires d'Ascalon, d'Aphaca et de Mabug.

Une colonne de pierre était le plus ancien idole d'un dieu. Une colonne de bois (*aschera*, אשרה) représentait une

---

(1) Le mot *Carmel* signifie *champ de dieu*, de כרם, *champ*, et אל, *dieu*.

déesse. Les colonnes de pierre portent le nom de *matsebot* (מצבות) dans l'Ancien Testament et dans les inscriptions phéniciennes. Les *khammamim* étaient des colonnes atténuées au sommet sous la forme d'une flamme : elles se rapportaient au culte du feu et de Baal. Celle de Melcarth ou Baal-Khamman, dans le temple de Tyr, était d'émeraude (émeraude artificielle?), et éclairée intérieurement pendant la nuit. Les figures ou colonnes de phallus, symboles des dieux de la génération, étaient placées, comme des obélisques, à l'entrée des temples (1). Celles qui figuraient dans les mystères priapiques avaient des dimensions beaucoup moins grandes. Les *bétyles*, dont nous avons déjà parlé, étaient, non pas des chapelles, comme on pourrait le croire d'après l'étymologie (de *bet*, maison, et *el*, dieu), mais des idoles grossièrement façonnées ou de véritables aérolithes. Ces idoles s'appelaient à Carthage *abadirs* (de *ab*, père, et *adir*, élevé), et leurs prêtres *eucaddires* (2). Les images figuratives ou symboliques des dieux étaient des ouvrages extrêmement grossiers, comparativement aux sculptures des Grecs. Presque tous les dieux avaient des ailes : *El*, ou le dieu suprême, en avait quatre, les autres n'en avaient que deux. La plupart sont des espèces de monstres bimorphes, moitié homme, moitié taureau, lion, etc. Beaucoup de ces types ont été retrouvés dans ces derniers temps par Botta et Layard dans les fouilles de Khorsabad et Nemroud. L'anthropomorphisme pur, c'est-à-dire la divinité faite à l'image de l'homme, paraît avoir été inconnu dans l'ancienne religion des Phéniciens et des autres nations sémitiques. Les Grecs, dans leur art plastique, osèrent seuls représenter leurs dieux sous la forme humaine. Mais cette assimilation comprenait tout à la fois le physique et le moral : les dieux des Grecs et des Romains sont des êtres ayant la figure en même temps que les passions de l'homme. Leur polythéisme était de l'anthropomorphisme pur, tandis que le polythéisme des nations de l'Asie était ce que nous proposerions d'appeler *tératomorphisme*, c'est-à-dire le culte des dieux représentés par des êtres surnaturels, par des monstruosités. Il y avait là un sentiment profond de l'inanité de l'homme en face de la grandeur divine. Ce sentiment épuré, ennobli, devait plus tard donner naissance au mosaïsme et au christianisme.

SACRIFICES.

Le monument phénicien découvert récemment à Marseille jette beaucoup de lumière sur plusieurs points de la religion phénicienne. On y voit énumérés les animaux destinés aux sacrifices, avec le tarif des prix, tel qu'il avait été arrêté par un décret du sénat de Carthage. Ces victimes portaient, comme en hébreu, le nom de *zabakh*; c'était le plus souvent des bestiaux (bœufs, moutons, boucs, etc.) ou des oiseaux. Dans cette liste les taureaux occupaient le premier rang : on les offrait particulièrement en l'honneur de Baal ou d'Hercule. Les vaches ne servaient pas aux sacrifices : on n'en mangeait pas la chair. « Les Égyptiens et les Phéniciens, dit Porphyre, dans son livre *sur l'Abstinence* (lib. II, cap. 11), auraient mangé de la chair humaine plutôt que de la chair de vache. » On n'immolait pas non plus de veaux; cependant on en amputait les parties génitales pour les offrir à Vénus. Les sacrifices de boucs étaient fort estimés : on donnait un bouc aux « femmes sacrées, » *khetochot*, comme prix de leur prostitution. Parmi les oiseaux on donnait la préférence à ceux qui semblent avoir l'instinct de la génération le plus marqué, tels que les pigeons, les poules, les perdrix, les cailles; ces dernières composaient le sacrifice favori de Baal-Melkarth. Nous ferons observer que ces gallinacés sont monogames, tandis que tous les autres oiseaux sont polygames. Cette préférence a donc sa raison dans un fait d'histoire naturelle. C'est une preuve de plus à l'appui d'une opinion que nous avons souvent exprimée, savoir qu'il faut expliquer les religions anciennes par les sciences physiques et naturelles. Les anciens observaient très-bien la nature : c'était là leur point de départ dans tout.

Les fameux sacrifices humains étaient

---

(1) Lucian., *de Dea Syr.*, c. 16.
(2) Saint Augustin, *Opp. om.*, t. II, p. 27, ed. Bassam., 1797.

offerts aux dieux vengeurs, particulièrement à Baal-Samin, à Astarté, à Hercule et à Mouth. Comme les victimes devaient être pures et sans tache, on choisissait pour cela des enfants mâles, plus souvent des vierges. En même temps on désignait l'objet le plus cher, le premier-né ou le fils unique des plus nobles familles de l'État. Le fils aîné du roi était la plus belle victime. Ces sacrifices étaient anciennement en usage non-seulement chez les Phéniciens et les Carthaginois, mais chez presque tous les peuples sémitiques, les Syriens, les Cananéens, les Israélites et les Arabes (1). On les offrait d'abord annuellement pour la grande fête de la purification, puis à l'occasion d'une grande entreprise, comme la fondation d'une colonie, d'une ville, ou d'une expédition. « Les Phéniciens, dit Porphyre, sacrifiaient la personne la plus chère à l'occasion d'une grande calamité, telle qu'une guerre, la famine, une épidémie. » Selon Eusèbe, on se proposait, par la mort d'un seul offerte en expiation aux divinités vengeresses, de prévenir la perte de tous. Parmi ces divinités *Moloch* (Kronos, Saturne) occupait le premier rang.

On lit dans l'*Ancien Testament* (1 Reg. 22, 10; Jérem., 31, 32; 19, 6) que les Hébreux idolâtres faisaient, d'après la coutume des Ammonites, des sacrifices humains dans la vallée d'Hinnon ou Jophet, près de Jérusalem. Au rapport des rabbins, il y avait dans cette vallée une statue de Moloch en airain, ayant la tête d'un taureau et le corps d'un homme, creux à l'intérieur; on allumait un bûcher sous cette statue, et on mettait les enfants sur les bras incandescents de l'idole. Cette description se rapproche beaucoup de celle que Diodore fait de la statue de Saturne (Moloch) à Carthage. Après la victoire d'Agathocle les Carthaginois se reprochèrent, entre autres manquements aux anciennes coutumes religieuses, de s'être aliéné Saturne, parce qu'ils lui avaient autrefois offert en sacrifice les enfants des plus puissants citoyens, et qu'ils avaient plus tard renoncé à cet usage en achetant des enfants secrettement et les élevant pour être immolés à ce dieu. « Des recherches établirent, continue l'historien grec, que plusieurs de ces enfants sacrifiés étaient des enfants supposés. En considérant toutes ces choses, et en voyant, de plus en plus, les ennemis campés sous les murs de leur ville, ils furent saisis d'une crainte superstitieuse, et ils se reprochèrent d'avoir négligé les coutumes de leurs pères à l'égard du culte des dieux. Ils décrétèrent donc une grande solennité, dans laquelle devaient être sacrifiés deux cents enfants, choisis dans les familles les plus illustres; quelques citoyens, en butte à des accusations, offrirent volontairement leurs propres enfants, qui n'étaient pas moins de trois cents. Voici quelques détails concernant ce sacrifice. Il y avait une statue d'airain représentant Saturne, les mains étendues et inclinées vers la terre, de manière que l'enfant qui y était placé roulait et allait tomber dans un gouffre rempli de feu (1). »

Imilcar, voyant ses troupes en Sicile ravagées par une épidémie, ordonna de sacrifier un enfant à Saturne, et de plonger dans la mer une foule de victimes en l'honneur de Neptune (2). Pendant ces sacrifices cruels, il était interdit aux parents de manifester le moindre signe de douleur, et le cri des infortunés était couvert par le bruit d'instruments retentissants. A la chute de la victime dans le gouffre embrasé, les prêtres observaient avec anxiété les traits du visage et les convulsions du corps et des membres, pour en tirer un bon ou un mauvais augure. Dans certaines solennités, on sacrifiait non-seulement des enfants, mais des adultes et surtout des centaines de prisonniers de guerre. Les victimes étaient désignées au sort (3).

On pratiquait des sacrifices humains non-seulement chez les peuples sémitiques, mais encore chez les Gaulois et les Mexicains.

(1) Voy. Münter, *Religion der Carthager*, p. 17 et suiv.

(1) Tome IV, p. 124 de ma traduction.
(2) Ibid., t. II, p. 326; Comp. Lactant., *Institut.*, I, 21; Plutarch., *De Superstit.*, c. XX; Justin., XVIII, 6; XXXIII, 6, 12; Euseb., *Præp. Evangel.*, IV, 16.
(3) Sil. Ital., IV, *Punic.*, 77.

PROSTITUTION; CIRCONCISION.

D'après une coutume religieuse répandue dans une grande partie de l'Asie, particulièrement dans l'Inde et dans la Babylonie, les jeunes filles avant leur mariage devaient se prostituer en l'honneur d'Astarté (1). Cette coutume existait aussi en Phénicie (2). Dans les temples ou bois sacrés où ces prostitutions avaient lieu on conservait l'image mystique de la déesse de la fécondation, espèce de fétiche, dont voici la figure :

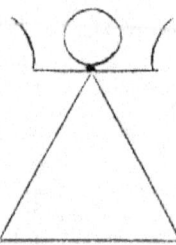

On trouve des figures semblables sur des monuments phéniciens ou libyques, sur des médailles, des animaux, des abraxas, etc. La Vénus de Paphos paraît avoir être représentée par une image du même genre (3). Ces prostitutions se faisaient pendant des pèlerinages à un endroit réputé saint, particulièrement à Héliopolis (4). Là était l'antique siège de la Vénus impudique de la Syrie. Les femmes et les enfants y étaient en commun. Les vierges devaient, selon la loi, s'offrir elles-mêmes aux étrangers (5).

---

(1) Voy. Heyne, *De Babyloniorum instituto religioso, ut mulieres ad Veneris templum prostarent;* in Commentat. Societ. Gœtting., t. XVI, p. 30 et seq.

(2) Athenag. adv. Gent., p. 27 : Γυναῖκες γοῦν ἐν εἰδωλείοις τῆς Φοινίκης πάλαι προκαθέζοντο ἀπαρχόμεναι τοῖς ἐκεῖ θεοῖς ἑαυτῶν τὴν τοῦ σώματος μισθαρνίαν, νομίζουσι τῇ πορνείᾳ τὴν θεὸν ἱλάσκεσθαι.

(3) Tacit., *Hist.*, II, 3 : *Simulacrum deæ non effigie humana; continuus orbis latiore initio tenuem in ambitum, metæ modo, exsurgens, et ratio in obscuro.*

(4) Euseb., *de Theophan.*, II, 14 ; Socrat., *Hist. Eccles.*, I, 18 ; Sozom., *Hist. Eccles.* I, 8, 9.

(5) Cette coutume existe encore dans quelques pays de l'intérieur de l'Afrique.

Leur beauté passait pour un don de la déesse à laquelle elles sacrifiaient. Peu à peu ces sacrifices tombèrent en désuétude, et furent remplacés par la coutume imposée aux femmes de se couper les cheveux tous les ans à la fête d'Adonis; celles qui ne voulaient pas s'y soumettre étaient livrées aux étrangers. Le prix de la prostitution était dépensé en offrandes pour la déesse (1). Les prêtresses des temples d'Aphaca, de Tyr, de Sicca Venerea, près de Carthage, servaient la divinité en offrant leurs corps. Elles étaient d'ordinaire déguisées en hommes. Le culte d'Astarté à Sicca Venerea a subsisté jusques aux premiers siècles de l'ère chrétienne (2).

La *circoncision* avait dans le sens religieux la même signification que la prostitution : c'était l'offrande des prémices de l'innocence; c'était un sacrifice d'initiation à la vie humaine. On la faisait en honneur d'El, du dieu de Béryte et de Byblos. Les Grecs et les Romains ne nous disent pas si la circoncision était pratiquée dans l'Afrique carthaginoise.

FÊTES.

Quelques-unes des solennités publiques rappellent les fêtes du christianisme. La *fête de la résurrection* d'Hercule fut d'abord célébrée par le roi Hiram Ier, dans le mois péritius (3). Or, d'après le calendrier de Tyr, le mois péritius commençait le 16 février et finissait le 17 mars. C'était donc la fête du printemps, coïncidant presque avec nos pâques; on célébrait le réveil de la nature, sous une forme allégorique. C'est au mythe de la résurrection du Baal de Tyr que le prophète Élie fait allusion (I Reg., 18, 27). D'après ce mythe, Baal ou Hercule de Tyr avait été tué dans sa lutte contre Typhon; mais son compagnon, Iolaüs (divinité lybico-

---

(1) Lucian., *de Dea Syria*, 6.

(2) August., *Civ. Dei*, II, 3; IV, 10. — Comp. Valer. Maxim., II, 6, 15 : Siccæ fanum est Veneris, in quod se matronæ conferebant, atque inde procedentes ad quæstum, dotes corporis injuria contrahebant, honesta nimirum tam inhonesto vinculo conjugia juncturæ. — Solin., c. 30.

(3) Joseph., *Antiquit.*, VIII, 5, 3.

phénicienne), le ressuscita par l'odeur d'une caille. C'est pourquoi les Tyriens lui offraient des sacrifices de cailles (1).

La fête de l'*Autocombustion* était célébrée en l'honneur d'Hercule de Gadès, qui s'était lui-même consumé dans le feu. Elle avait de l'analogie avec la fête sacéenne, qu'on célébrait dans l'Asie Mineure à l'époque du lever de Sirius ; la solennité se terminait par la combustion d'un homme sur un bûcher.

Une fête quinquennale était célébrée, en l'honneur de l'Hercule de Tyr, par des jeux semblables aux jeux olympiques. L'époque des vendanges était aussi l'occasion d'une fête, en souvenir de Dionysos, qui passait pour avoir inventé le vin à Tyr. La fête de la *Fuite* ou de la *Disparition* était une fête lunaire, en l'honneur d'Astarté, confondue, dans les mythes grecs, avec Io, Europe, Hélène, Harmonie.

Lucien nous donne les détails suivants sur les *Adonies*, ou fêtes d'Adonis (1).

« A Byblos, dit-il, j'ai vu un temple de Vénus byblienne, où l'on célèbre des mystères en l'honneur d'Adonis ; je m'y suis fait aussi initier. Les habitants prétendent que l'histoire d'Adonis s'est passée dans leur pays ; c'est pourquoi ils ont institué ces orgies, en célébrant la mort d'Adonis par un deuil public. Après s'être déchiré le sein et pleuré suffisamment, ils offrent au mort un sacrifice funèbre ; puis le lendemain ils le proclament ressuscité et monté au ciel. Ils se coupent aussi les cheveux, comme les Égyptiens à la mort de leur Apis. Les femmes trop coquettes pour sacrifier leur belle chevelure sont condamnées pendant un jour à se livrer au premier venu. Cependant la place où cette prostitution a lieu n'est ouverte qu'aux étrangers. C'est avec ce gain qu'on fait à Vénus un sacrifice. »

Quelque temps avant les Adonies on promenait publiquement des corbeilles de fleurs, ou des pots dans lesquels on avait semé des plantes ; c'est ce qu'on appelait *des jardins d'Adonis*. La fête elle-même durait deux jours ; le premier jour on célébrait avec pompe les funérailles d'Adonis, le second jour était consacré à des réjouissances. Cette fête était répandue dans une grande partie de l'Ancien Monde ; on en retrouve des traces en Babylonie (Baruch, VI, 30), en Assyrie (Macrob., *Saturnal.*, VIII, 14), en Égypte, en Grèce et même à Rome. Adonis est un mythe physico-astronomique, comme Hercule, avec lequel il a beaucoup d'analogie.

Nous devons mentionner une fête également très-répandue, et dont on retrouve encore des vestiges chez les habitants de la Syrie. C'était la fête des *fiançailles de l'eau douce avec l'eau de mer*.

Près de l'emplacement de l'ancienne Tyr est une tour ruinée, dans laquelle est un puits où les femmes viennent chercher l'eau. Ce puits a quinze ou seize pieds de profondeur ; mais l'eau n'en a pas plus de deux ou trois ; on n'en boit pas de meilleure sur toute la côte. Par un phénomène dont on ignore la raison, elle se trouble en septembre, et devient pendant quelque temps pleine d'une argile rougeâtre. C'est l'occasion d'une grande fête pour les habitants : ils viennent alors en troupe à ce puits, et ils y versent un seau d'eau de mer, qui selon eux a la vertu de rendre la limpidité à l'eau de la source (1).

Ici la mer passait pour le principe mâle, qui s'alliait à l'eau de source, représentant le principe femelle ; ailleurs c'était l'inverse, comme dans l'union des fleuves d'Adonis et Mars, personnifiés avec la mer. A Hiéropolis on portait deux fois par an de l'eau de mer dans le temple ; on accourait de fort loin pour participer à cette fête. On y versait l'eau dans une crevasse qui figurait une vulve. Ces théogonies avaient ordinairement lieu au printemps et en automne, à l'époque des équinoxes.

Dans ces fêtes les arts et l'industrie déployaient toute leur puissance. Les Éthiopiens, les Ciliciens, les Arabes, les Babyloniens, se rendaient dans les villes célèbres par quelque divinité ; et ces pèlerinages favorisaient singulièrement le développement du commerce.

---

(1) Athen., IX, 45.
(2) Lucian., *de Dea Syria*, t. III, p. 654, édit. Reisk.

(1) Volney, *Syrie*, p. 252 (édit. Didot).

APPENDICE AU CHAPITRE PRÉCÉDENT.

Traduction des fragments de Sanchoniathon (1);

Voici comment s'exprime Eusèbe (2) :
.... Ces choses sont exposées par Sanchoniathon, auteur très-ancien, qui, dit-on, vivait avant les temps de la guerre de Troie : on rapporte qu'il a écrit avec soin et véracité sur l'histoire phénicienne. Philon de Byblos (qu'il ne faut pas confondre avec Philon le Juif) a publié toutes les œuvres de cet historien, après les avoir traduites du phénicien en grec. Notre contemporain et antagoniste (3) en fait mention, et s'en fait un argument contre nous dans le quatrième livre de son ouvrage contre les chrétiens. Voici comment il s'exprime :
« Sanchoniathon de Béryte a raconté l'histoire des Juifs de la manière la plus véridique, parce qu'elle est la plus conforme à la description et aux noms des lieux : il en avait reçu les documents (ὑπομνήματα) de Hiérombal [Iéroubaal?], prêtre du dieu Iévo (4). Il dédia son ouvrage à Abibal, roi des Bérytiens, qui lui donna son approbation. Ces temps remontent avant la guerre de Troie, et se rapprochent de l'époque de Moïse, comme l'indiquent les annales des rois phéniciens. Sanchoniathon, qui a écrit fidèlement l'histoire antique en langue phénicienne, d'après les documents de la cité, et d'après les fastes des temples, naquit sous le règne de Sémiramis, reine des Assyriens, qu'on dit avoir existé avant les événements d'Ilium ou du moins vers la même époque. L'ouvrage de Sanchoniathon fut traduit en grec par Philon de Byblos. »

Voilà comment Porphyre nous atteste la véracité et l'antiquité de ce théologien. Plus loin il enseigne que ce n'est pas le Dieu de l'univers, ni même les habitants célestes, mais des mortels, des hommes et des femmes, de mœurs grossières, n'ayant rien de commun avec la vertu et la philosophie, enfin des êtres chargés de toutes sortes de vices, qu'on vénère encore aujourd'hui comme des dieux dans les villes et les campagnes. Ces écrivains nous en fournissent eux-mêmes les témoignages. Philon, divisant tout l'ouvrage de Sanchoniathon en neuf livres, s'exprime ainsi dans la préface du premier livre : « Cela étant, Sanchoniathon, homme fort instruit et studieux, désirant s'éclairer sur toutes les connaissances relatives à l'histoire primordiale, étudia soigneusement les œuvres de Taaut; car il savait que de tous les mortels Taaut a le premier inventé les lettres et écrit l'histoire. Il prit ainsi pour base celui que les Égyptiens nomment *Thoyth*, et les Alexandrins *Thoth*, noms que les Grecs traduisent par *Mercure*. » Cela dit, il adresse des reproches aux auteurs plus récents, qui, violant la vérité, ont rattaché les mythes des dieux à des allégories physiques et à des considérations théoriques. « Mais, reprend-il, les plus jeunes des hiérologues, rejetant l'histoire primitive, ont inventé des allégories et des mythes, et, les ayant façonnés à l'image des phénomènes cosmiques, ont institué des mystères, enveloppés de tant d'obscurité qu'il est difficile d'y reconnaître la vérité. Rencontrant les livres secrets des Ammonnéens (1), déposés dans les sanctuai-

---

(1) *Sanchoniathonis Berytii fragmenta De Cosmogonia et Theologia Phœnicum, græce versa a Philone Bylio, servata ab Eusebio Cæsariensi*, etc., recognovit Joh. Conr. Orellius. Lipsiæ, 1826; in-8°.

(2) Eusèbe, *Préparation Évangélique*, liv. I, ch. VI.

(3) Cet adversaire est Porphyre, célèbre philosophe néoplatonicien, né à Batanée (Syrie), en 233 après J.-C. Il avait composé un ouvrage en quinze livres contre le christianisme. Cet ouvrage dut être bien dangereux; car, après que Méthodius et plusieurs autres évêques eurent essayé de le réfuter, les empereurs chrétiens Théodose Ier et Valentinien Ier le firent détruire complètement. Porphyre était disciple de Plotin. Son véritable nom était *Malch* (de מלך, roi); *Porphyre* (πορφύριος) n'en est que la traduction grecque.

(4) Le Dieu Iévo, θεὸς ὁ Ἰευώ, est évidemment le יהוה אלהים (*Jéhovah Élohim*) des Hébreux. Le nom de יהוה était le tétragramme ou la tétrade mystique, signifiant *celui qui est, a été et sera* (du verbe היה); il était défendu de le prononcer : c'était un *nomen ineffable*.

(1) Selon toute probabilité *Ammonnéens* signifie *prêtres du soleil*. D'après une inscription phénicienne, trouvée aux environs de Carthage, le mot חמן signifie non-seulement

res et accessibles à peu de monde, il en fit une étude approfondie ; il s'empara des anciens mythes et des allégories, et acheva son travail ; son autorité prévalut jusqu'au moment où les prêtres d'une nouvelle génération le cachèrent à leur tour et en firent un mythe. De là ce sens mystique et occulte qui avait jusque alors échappé aux Grecs. » — Après cela, il ajoute : « Voilà ce que nous avons trouvé, désireux de connaître ce qui concerne les Phéniciens ; nous avons examiné beaucoup de matériaux, mais pas ceux que nous fournissent les Grecs : car ils ne s'accordent pas entre eux, et aiment mieux se combattre plutôt les uns les autres que réunir leurs efforts pour atteindre la vérité (διάφωνος γὰρ αὕτη [scil. ὕλη] καὶ φιλονεικότερον ὑπ᾽ ἐνίων μᾶλλον, ἢ πρὸς ἀλήθειαν συντεθεῖσα.) » Plus loin il dit :.... « Pour s'en convaincre, il faut se rappeler la discorde des Grecs ; nous avons élaboré sur ce sujet trois livres sous le titre d'*Histoire paradoxale.* » Et plus loin encore : « Pour mieux faire comprendre les détails qui vont suivre, il est nécessaire de rappeler que les plus anciens barbares, surtout les Phéniciens et les Égyptiens, dont les traditions ont été adoptées par les autres hommes, considéraient comme les dieux les plus grands ceux qui ont inventé les choses les plus nécessaires à la vie ou qui ont rendu quelque bienfait aux peuples. C'est donc ceux qu'ils estimaient leurs bienfaiteurs qu'ils adorèrent comme des dieux. On éleva des temples, et on érigea des stèles en leur honneur ; on consacra leurs noms sur des baguettes (1). Les Phéniciens les eurent surtout en grande vénération, et leur dédièrent des fêtes éponymiques. Ce qu'il y a de remarquable, c'est qu'ils transportèrent les noms de leurs rois à des éléments cosmiques et à quelques-unes de leurs divinités. Ils ne reconnaissent parmi les dieux physiques que le soleil, la lune, les autres planètes, et les éléments qui s'y rapportent, de manière que les uns sont mortels, les autres immortels. » Après cette préface, Philon aborde ensuite l'interprétation même de Sanchoniathon, exposant de la manière suivante la théologie phénicienne.

Théologie des Phéniciens d'après Sanchoniathon.

(Ext. Euseb. *Préparat. Évang.* liv. I, ch. x.)

[L'auteur] admet comme le principe du tout un air rempli de ténèbres et d'esprit, ou le souffle d'un air ténébreux, et un chaos trouble et noir (χάος θολερὸν ἐρεβῶδες) (1). Tout cela était infini, et durait depuis une éternité. Mais, ajoute-t-il, lorsque l'esprit (πνεῦμα) (2) devint amoureux de ses propres éléments et qu'il s'y mêla, il en résulta l'union qui s'appelle désir (πόθος). C'est là le commencement de toutes choses. Mais l'esprit ne reconnaissait pas son œuvre ; de son union naquit *Mot* (μωτ). Les uns entendent par là un limon, les autres une sorte de putrilage aqueux (ὑδατώδους μίξεως σῆψιν) (3). De là provient toute semence de la création, et la génération de tous les êtres. Il y avait d'abord des animaux n'ayant pas de sentiment (ζῶα οὐκ ἔχοντα αἴσθησιν); de ceux-là naquirent ensuite les animaux pensants (ζῶα νοερά), qui furent appelés *zophasimin* (Ζωφασημίν), c'est-à-dire contemplateurs du ciel (4), et qui reçurent une forme ovoïde : aussitôt brillèrent au ciel Mot, le Soleil, la Lune, les petits et les grands astres. Telle est la cosmogonie [des Phéniciens], qui con-

---

idole, mais encore *soleil: Baal-Khamman* est le dieu du soleil (Gesenius, *Linguæ Scripturæque Phœnic. Monumenta,* p. 170). Le plur. חַמָּנִים ne peut donc s'appliquer qu'aux prêtres.

(1) Les baguettes, ῥάβδοι, étaient des branches d'arbres sacrés déposées dans le sanctuaire des temples. On s'en servait plus tard dans les sortilèges. *Voy.* Seldenus, *de Diis Syris Syntagma,* lib. I, cap. II, p. 28.

(1) Ces lignes rappellent les premiers versets de la Genèse ; ἔρεβος, *orcus* des Grecs dérive sans doute de l'hébreu עֶרֶב, *vesper.*

(2) Le רוּחַ de la Genèse.

(3) Il est curieux de faire observer que dans les langues germaniques, comme en allemand, on donne le nom de *moder* à tout produit de décomposition animale ou végétale. Le nom *mot* est phénicien, et vient de מַלְט, avec l'élision du ל, טַמ (*mot*), qui signifie *matière limoneuse ou mucilagineuse.* (*Voy.* Gesen., *Monum. Phen.*, p. 393.)

(4) En hébreu צוֹפֵי שָׁמַיִם (*trophé samim*).

duit directement à l'athéisme. Voici comment l'auteur raisonne : après que l'air fut devenu resplendissant, la chaleur de la mer et celle de la terre donnèrent naissance aux vents et aux nuages, ainsi qu'aux précipitations et aux écoulements des eaux célestes. Puis, les éléments, d'abord distincts et séparés par la chaleur du soleil, s'entrechoquèrent de nouveau dans l'air ; de là les tonnerres et les éclairs. Au bruit du tonnerre les animaux pensants (νοερὰ ζῶα) se réveillèrent; épouvantés de ce son, le mâle et la femelle remuèrent au sein de la terre et de la mer. »

Telle est la zoogonie, que l'auteur fait suivre de ces paroles : « Voilà ce qui fut trouvé dans la cosmographie et les mémoires écrits de Taaut, tirés des arguments et des phénomènes que son intelligence lui a fait saisir et qu'ils nous a révélés. » Après avoir expliqué les noms des vents, de Notus, de Boréas, et des autres, il continue ainsi : « Ceux-là consacrèrent les premiers les germes du sol (βλαστήματα τῆς γῆς), les mirent au nombre des dieux, et adorèrent les productions dont ils vivaient : leurs descendants comme leurs ancêtres leur firent des libations et des sacrifices (1). Les idées de leur culte étaient en harmonie avec leur faiblesse et leurs besoins. Du vent *Kolpias* (2) et de sa femme *Bauv*, qui signifie *nuit* (3), naquirent deux hommes mortels : Aeon et Protogone ; Aeon découvrit la nourriture provenant des astres. De cela naquirent *Genos* (Γένος, genre) et *Genea* (Γενεά, procréation), qui habitèrent la Phénicie : après que la chaleur se fut déclarée, ils élevèrent leurs mains au ciel vers le soleil, parce qu'ils croyaient ce dieu seul maître du monde, l'appelant Beelsamin (Βεελσάμην), ce qui signifie chez les Phéniciens maître du ciel, Zeus chez les Grecs (1). »

Puis il relève ainsi l'erreur des Grecs : « Ce n'est pas sans dessein que nous avons insisté sur tous ces détails : pour conserver les traditions intactes, nous avons ajouté les noms aux choses (2) ; les Grecs les ont mal comprises, parce qu'ils avaient été trompés par une interprétation équivoque. » Il ajoute ensuite : « Æon et Protogone engendrèrent à leur tour des enfants mortels, appelés Lumière (Φῶς), Feu (Πῦρ) et Flamme (Φλόξ). Ceux-ci découvrirent le feu par le frottement des bois, et ils en enseignèrent l'usage. Ils engendrèrent des fils, distingués par leur stature. Ces derniers imposèrent leurs noms aux montagnes dont ils s'étaient emparés ; de là le *Casius* (3), le *Liban*, l'*Anti-Liban* et le *Brathy* (4). Ceux-ci engendrèrent *Memroumos* et *Hypsouranios* (5) ; ils tirèrent leur origine des mères [mortelles], car les fem-

---

(1) C'est ainsi que les Égyptiens vénéraient le poireau et l'ail, comme des divinités ; ce qui fit dire plaisamment à Juvénal, *Sat.*, XV, 9 :

Porrum et cæpe nefas violare et frangere morsu.
O sanctas gentes, quibus hæc nascuntur in hortis Numina!

(2) Si le mot *Kolpias* est réellement phénicien ; Bochart l'explique avec raison par קוֹל פִּי יָהּ (*kol pi iah*), qui veut dire : *voix de la bouche de Dieu*. Ce passage rappelle ces paroles pleines de mystères de l'Évangéliste : Au commencement était le *verbe*, et le *verbe* était chez Dieu, etc.

(3) En hébreu et chaldéen, בּוּת (*bouth*) signifie *pernoctare* ; il est donc très-probable, quoi qu'en dise Gesenius (*opus cit.*, p. 387), que *bauv* est un mot phénicien, et qu'il signifie en effet *nuit*.

(1) Beelsamin est la même chose que שָׁמַיִן בַּעַל, (*baal samin*), seigneur du dieu. Le mot בַּעַל (baal), *Belus* des Grecs et Romains, signifie indifféremment maître, seigneur et dieu ; il a tout à fait la valeur du grec κύριος.

(2) Le texte est ici obscur, par trop de concision : πρὸς τὰς αὖθις παρεκδοχὰς τῶν ἐν τοῖς πράγμασιν ὀνομάτων; *pour conserver les traditions intactes, nous avons ajouté les noms aux choses*. Les savants jugeront si notre traduction est préférable aux interprétations latines assez peu claires de Viger, de Potius et d'Orelli. Viger : *nominum alias ex aliis significationes*. Potius : *derivationes nominum in rebus ipsis sitorum*. Orelli : *varias hac etiam in parte nominum quæ rebus attribuuntur rationes ac significationes secuti sumus*.

(3) Le nom de Casius, qui dérive peut-être de קָדֹשׁ (kados), a été donné à plusieurs montagnes de la Syrie et de l'Arabie.

(4) On ne trouve le mont Brathy mentionné chez aucun géographe ancien.

(5) Nous pensons que *Hypsouranios* n'est que la traduction grecque du mot phénicien *Memroum*, dans lequel nous reconnaissons la racine רוּם (*roum*), hauteur, ὕψος.

s'étant enfui, envoya sa fille Astarté, avec deux autres de ses sœurs, Rhéa et Dione, pour faire tomber Kronus dans un piège. Mais ce dernier s'empara des deux sœurs, et en fit ses épouses. Averti de cette nouvelle, Uranus fit marcher contre Kronus Himarmène et Hora avec leurs auxiliaires. Mais Kronus se les appropria également. On rapporte que le dieu Uranus inventa aussi les Bétyles (Βαιτύλια), après avoir fabriqué des pierres animées (1). Kronus eut avec Astarté sept filles, les Titanides ou Artémides, et avec Rhéa, sept fils dont le plus jeune fut divinisé dès sa naissance. Avec Dione, il eut plusieurs enfants femelles, et de nouveau avec Astarté, deux enfants mâles : Pothus (Πόθος, désir, Cupido) et Éros (Ἔρως, amour).

« Après que Dagon eut inventé le blé et la charrue, ἄροτρον, il reçut le nom de *Jupiter Aratrius*. L'une des Titanides, ayant eu un commerce amoureux avec Sydyeus, dit le Juste, mit au monde Asclépius (2). Kronus engendra, dans Pérée, trois enfants, Kronus, l'homonyme du père, Jupiter Bélus et Apollon (3). Après ceux-ci naquirent Pontus, Typhon et Nérée, le père de Pontus. Pontus engendra Neptune et Sidon, qui, à cause de la douceur de sa voix, inventa la mélodie et le chant. Démarous engendra Mélicarthus, qui se nomme aussi Hercule (1). Uranus s'insurgea ensuite de nouveau ; et, après avoir fait défection, il s'adjoignit à Démarous, pour combattre Pontus. Démarous attaqua Pontus, mais ce dernier mit l'agresseur en fuite. Démarous fit un sacrifice pour s'être sauvé par la fuite. Dans la trente-deuxième année de son règne, Ilus, c'est-à-dire Kronus, fit tomber son père Uranus dans une embuscade, dans un endroit de l'intérieur de la terre : il s'empara de lui, et lui coupa les parties génitales près des sources des fleuves. Uranus, rendant l'âme, fut reçu au nombre des dieux : le sang, dégouttant des parties génitales, se mêla à l'eau des sources et des fleuves ; et on montre encore aujourd'hui l'endroit où cela eut lieu. Telle est l'histoire de Kronus et de cette époque fameuse que les Grecs vantent comme l'âge d'or des mortels, siècle de l'antique félicité. »

L'auteur ajoute ensuite : « Astarté, la très-grande, Jupiter Démarous, et Adod, roi des dieux, régnèrent sur le pays, d'après le vœu de Kronus. Astarté mit sur sa tête, comme insigne de la royauté, une tête de taureau (βασιλείας παράσημον κεφαλὴν ταύρου). En parcourant la terre, elle trouva un astre tombé du ciel ; elle le prit, et le consacra dans l'île sacrée de Tyr (2). Les Phéniciens disent qu'Astarté est Vénus. Kronus, faisant le tour de la terre (περιιὼν τὴν οἰκουμένην), donna à Minerve, sa fille, le royaume de l'Attique. Pendant les ravages d'une maladie pestilentielle, Kronus offrit en holocauste à Uranus, son père, son fils unique ; il se mit à circoncire ses parties génitales (τὰ αἰδοῖα περιτέμνεται), et força ses compagnons à en faire autant. Peu de temps après, il voua aux dieux son second fils, qu'il eut de Rhéa, et qui venait de mourir : il portait le nom de *Mouth* (3). Les Phéniciens l'appellent la

---

(1) Le vrai sens de ce passage paraît difficile à saisir. Quelques-uns prétendent que les *pierres animées*, λίθοι ἔμψυχοι, sont des aérolithes. *Bétyle* est un mot phénicien, rappelant l'hébreu בת אל (*beth-el*), maison de Dieu. Les premiers temples étaient des amas de pierres, peut-être d'aérolithes, de ces pierres tombées du ciel, dont l'origine est encore obscure, et qui paraissent avoir été jadis plus fréquentes que de nos jours.

(2) L'Asclépius des Grecs est l'*Esmoun* des Phéniciens, de שמני (*Semouni*), le huitième, parce que c'est le huitième des Cabires. Voyez Damascius, dans Photius, *Cod.*, CCXLII, p. 573 ; édit. Hoeschel.

(3) Jupiter Bélus, (בעל, *Baal*) avait un temple célèbre à Babylone. Voy. Hérodot., I, 181. Cicéron (de *Natura Deorum*, lib. III, cap. 16) l'appelle Hercule indien. — Cumberland pense que cet Apollon, qui était particulièrement vénéré chez les Tyriens (Quint. Curt., lib. IV, cap. 3), est le *Phut* des Égyptiens, et l'Apollo *Pythius* des Grecs.

(1) *Mélicarthus* est un mot phénicien qui signifie *roi de la terre*, מלך ארצא (*melek arta*), ou plutôt *roi de la ville* (de מלך קרתא) *melek cortha*.

(2) Le mythe fait ici allusion à la planète Vénus, dont le disque était, dans quelques monuments, figuré sur la tête de la Vénus Phénicienne (Astarté).

(3) *Mouth* en hébreu, comme en phénicien, מות, signifie *mort*.

Mort ou Pluton. Après cela, Kronus donna la ville de Byblos à la déesse *Baaltis*, qu'on nomme aussi Dione; il donna Bérytus à Neptune et aux Cabires agricoles et pêcheurs (1), qui déposèrent les restes de Pontus à Bérytus. Déjà auparavant, Taaut avait imité les figures d'Uranus (du ciel), de Kronus, de Dagon et des autres, et tracé les caractères sacrés des éléments (διετύπωσεν τοὺς ἱεροὺς τῶν στοιχείων χαρακτῆρας (2). Il imagina pour Kronus, comme emblème de la royauté, quatre yeux, dont deux placés à la face et deux à la partie postérieure : deux de ces yeux étaient à demi fermés; il lui attacha aux épaules quatre ailes, dont deux levées comme pour le vol, et deux abaissées.

« Pour ce qui concerne les yeux, le sens symbolique est que Kronus voit, quoique endormi, et qu'il dort, quoique éveillé. Les ailes avaient le même sens symbolique : le dieu prend son essor, quoiqu'en repos, et se repose, bien qu'il vole. Quant aux autres dieux, il ne leur attribua à chacun que deux ailes aux épaules, comme pour indiquer qu'ils étaient les compagnons de Kronus. De plus, il mit à ce dernier deux ailes sur la tête : l'une comme symbole de l'intelligence suprême, l'autre comme symbole du sentiment. Étant venu dans le pays du midi, Kronus donna toute l'Égypte au dieu Taaut comme royaume. Ces choses furent rédigées, selon l'ordre de Taaut, d'abord par les sept fils de Sydyk, les Cabyres, et par leur huitième frère, Esculape. Le fils de Thabion (3), qui fut de mémoire d'hommes le premier hiérophante des Phéniciens,

mêla toutes ces allégories à des phénomènes physiques et cosmiques, et transmit ce mélange de doctrines aux prophètes qui président aux orgies et aux mystères. Ceux-ci ajoutèrent encore à cette amplification, et transmirent l'œuvre à leurs successeurs et aux initiés. L'un d'entre eux était Isiris, l'inventeur des trois lettres (1)...., frère du *premier Chna* (marchand), c'est-à-dire Phénicien (2). »

Philon ajoute ensuite ceci : « Les Grecs, surpassant par leur aptitude (εὐφυΐα) tous les autres hommes, se sont d'abord appropriés la plupart des doctrines primitives, qu'ils ont ensuite enjolivées par des fables ingénieuses et variées. De là les fictions d'Hésiode et des poëtes cycliques relativement à la théogonie et à la gigantomachie. Et comme nous sommes, dès notre enfance, accoutumés à entendre le récit de ces fictions, il est difficile de s'en défaire, et on les prend, sans examen préalable, pour la vérité. »

Suite d'Eusèbe.

Bornons-nous à cet extrait de l'histoire de Sanchoniathon, traduite par Philon de Byblos, et approuvée comme véridique par Porphyre le philosophe. Ce dernier, dans son livre *sur les Juifs*, écrit ce qui suit sur Kronus.

Extrait de Porphyre.

« Taaut, que les Égyptiens appellent *Thoth*, renommé chez les Phéniciens pour sa sagesse, rédigea le premier en un corps de doctrine les notions vulgaires sur le culte des dieux. Après un grand nombre de générations, il eut pour successeurs le dieu Saurumbel et Thuso, dont le nom fut changé en celui de Chrusarthis : ils mirent en lumière la théologie de Taaut, obscure et enveloppée d'allégories. » Puis il ajoute : « Il

---

(1) *Baaltis*, בַּעֲלָה (*Baalet*), c'est-à-dire la femme de *Baal*, Junon ou Astarté.

(2) Au lieu du texte généralement adopté : μιμησάμενος—τῶν θεῶν ὄψεις Κρόνου τε καὶ Δαγῶνος, καὶ τῶν λοιπῶν διετύπωσεν —, je propose de ponctuer : μιμησάμενος — τῶν θεῶν ὄψεις Κρόνου τε καὶ Δαγῶνος καὶ τῶν λοιπῶν, διετύπωσεν. — Les *caractères sacrés des éléments* sont sans doute les hiéroglyphes figuratifs et symboliques. Le texte qui suit semble confirmer ma conjecture.

(3) Suivant Cumberland et Wagner, il faut entendre par là Sanchoniathon lui-même. Je pense, avec Orelli, qu'il est ici plutôt question de ce prêtre d'Iao, Hiérombal, qui est l'autorité de Sanchoniathon.

(1) On ignore quelles sont ces trois lettres qu'Isiris ajouta aux seize lettres déjà connues des Phéniciens. Suivant la tradition, Cadmus ajouta à l'alphabet phénicien, importé en Grèce, ces trois lettres : ζ, θ, ξ.

(2) *Chna* est sans doute l'équivalent de כְּנַעֲנִי (*chnani*), et signifie *marchand, cananéen*. C'est pourquoi j'ai cru devoir traduire : « *frère du premier chna* (marchand), *c'est-à-dire Phénicien*. »

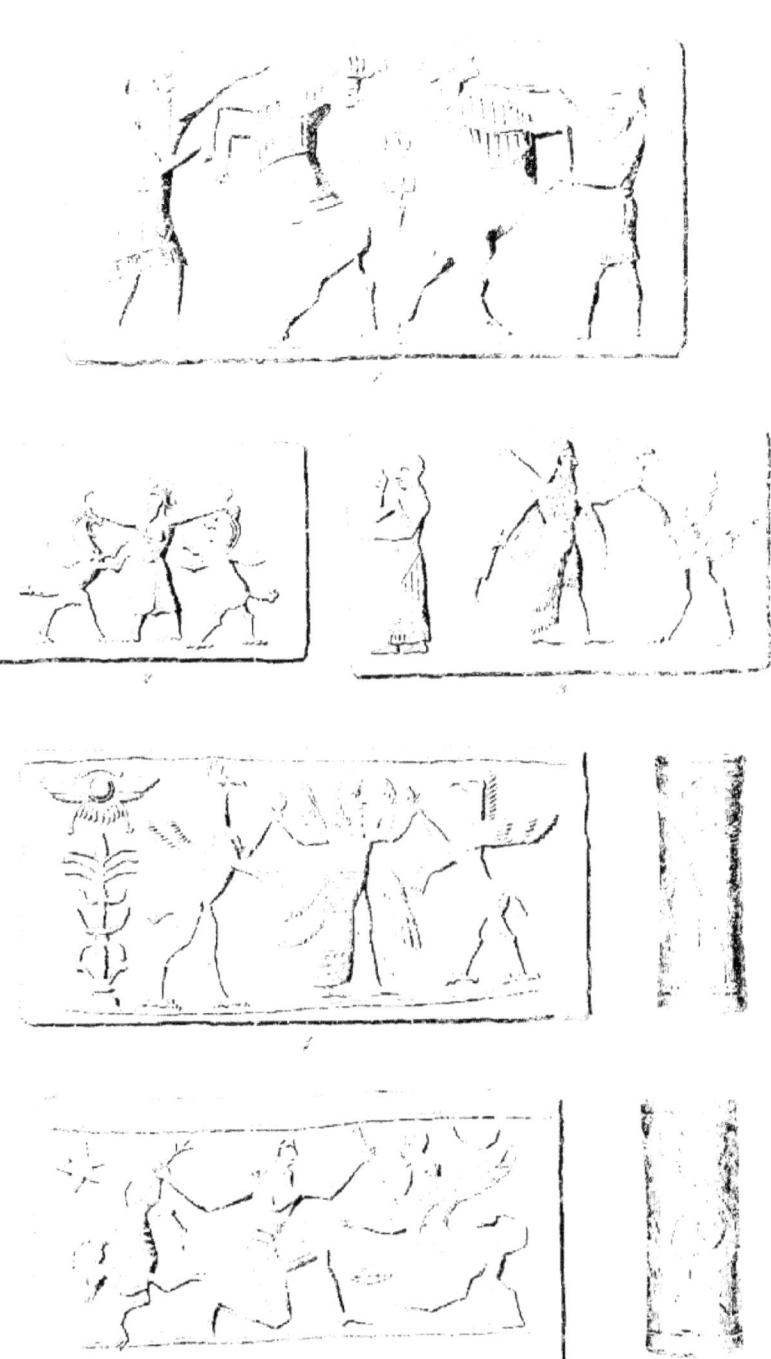

était de coutume chez les anciens que les chefs de l'État et de la nation devaient, en temps de grandes calamités, immoler aux génies vengeurs (τιμωροῖς δαίμοσι), pour le salut de tous, l'enfant le plus chéri; et ce sacrifice se pratiquait selon le rite des mystères (μυστικῶς). Or, Kronus, que les Phéniciens appellent *Israel* (1), et auquel on consacra, après sa mort, l'astre du même nom (Saturne), était roi du pays; il avait eu d'une nymphe indigène, nommée *Anobret* (2), un fils unique, appelé *Ieoud* (ce nom signifie encore aujourd'hui fils unique chez les Phéniciens) (3). Le pays ayant été accablé sous le poids d'une guerre grave, il revêtit son fils des ornements royaux, construisit un bûcher, et l'y sacrifia. »

Extrait d'Eusèbe.

Le même (Philon), revenant à l'histoire primitive des Phéniciens, extrait de Sanchoniathon, traduit ensuite les merveilles relatives aux reptiles et animaux vénimeux, qui ne sont d'aucune utilité pour les hommes, mais les infectent et leur causent la mort, en leur instillant un poison délétère et terrible. Voici à peu près comment il s'exprime : « Taaut attribua aux dragons et aux serpents une nature divine, croyance qui fut adoptée par les Phéniciens et les Égyptiens. Il prétendit que ce genre d'animaux était le plus rempli d'esprit et de feu; de là cette vitesse incomparable, sans le secours de mains et de pieds, ni d'aucun des moyens dont se servent les autres animaux pour se mouvoir. De plus, ce même genre présente différentes formes, et se porte promptement là où il le désire, en traçant des spires. Il vit très-longtemps et, se dépouillant de sa vieillesse, non-seulement il rajeunit, mais encore son corps s'accroît, et, arrivé à un certain degré de développement, il se résout en lui-même, ainsi que Taaut l'a indiqué dans les Écritures sacrées. Cela explique l'usage de ces animaux dans les pratiques religieuses et dans les mystères. Nous en avons parlé plus au long dans les livres intitulés *Ethothes* (1) : nous y avons fait voir que le serpent ne meurt pas de mort naturelle; il faut qu'il ait été violemment frappé. Les Phéniciens l'appellent le *bon génie* (ἀγαθὸν δαίμονα). Pareillement, les Égyptiens le nomment *Kneph* (2) : ils lui donnent pour attribut une tête d'épervier, à cause de la qualité essentielle (τὸ πρακτικόν) de cet oiseau. Ces détails s'accordent à la lettre avec ce que dit Épéis, l'allégoriste, qui est appelé chez eux (les Égyptiens) le très-grand hiérophante et hiéro-grammate, dont l'ouvrage a été traduit en langue grecque par Arius d'Héraclée. L'être primordial le plus divin (τὸ πρῶτον ὂν θειότατον) est le serpent à figure d'épervier, extrêmement gracieux (ἄγαν ἐπίχαρις); quand il ouvrait les yeux, il répandait partout la lumière dans la région la première née (3); quand il les fermait, il se manifestait des ténèbres. Il était aussi de la nature du feu (διάπυρον), comme Épéis le donne à entendre par l'expression : διηύγασε (resplendit), dont il se sert, à propos des Phéniciens. Phérécyde a traité du dieu dit Ophion et des Ophionides, sur lesquels nous reviendrons.

« Partant de la même idée, les Égyptiens pour représenter le monde tracent un cercle fermé, ayant l'aspect de l'air enflammé (περιφερῆ κύκλον ἀεροειδῆ καὶ πυρωπὸν χαράσσουσι) (4), et au milieu, un serpent étendu, à forme d'épervier (κατὰ μέσον τεταμένον ὄφιν ἱερακόμορφον), de manière que toute la figure ressemble à

---

(1) L'auteur semble ici faire allusion au sacrifice d'Abraham. On se rappelle que le nom d'*Israel*, c'est-à-dire de *lutteur avec Dieu*, fut donné, d'après la Genèse, à Jacob, neveu d'Abraham, patriarche des Israélites.

(2) *Anobret*, חן עברת, signifie *concevant par la grâce*, ce qui se rapporte assez bien à Sarah.

(3) *Ieoud*, de יחיד, signifie *unique*, μονογενής, *unigenitus*. C'était l'épithète d'Isaac.

(1) Le mot *ethothes* paraît signifier *annales*, en le faisant dériver de עת (*eth*), *temps*, au plur. עתות (*ethoth*).

(2) *Canaph*, כנף, en hébreu, signifie *oiseau*, *aile*, πτερόν.

(3) C'est-à-dire le ciel.

(4) Cette traduction nous paraît plus conforme aux monuments. On aurait pu traduire aussi : *cercle bleu* (comme l'air), *et parsemé de flammes*, d'après l'opinion de l'interprète latin.

celle de notre ☉. Le cercle désigne le monde, et le serpent du milieu, qui y est contenu, indique le bon Génie (τὸν μὲν κύκλον κόσμον μηνύοντες, τὸν δὲ μέσον ὄφιν συνεκτικὸν τούτου ἀγαθὸν δαίμονα σημαίνοντες (1). »

Zoroastre, le Mage, dans le livre sacré des rites Perses, s'exprime ainsi :
« Le dieu à tête d'épervier (κεφαλὴν ἔχων ἱέρακος) est le premier, impérissable, éternel, incréé (ἀγέννητος), indivis (ἀμερής), le plus dissemblable, le modérateur de tout ce qui est beau, inaccessible à la corruption (ἀδωροδόκητος), le meilleur des bons (ἀγαθῶν ἀγαθώτατος), le plus prudent des prudents; c'est le père de la bonne législation et de la justice, instruit par lui-même (αὐτοδίδακτος), naturel, parfait, sage, et le seul inventeur de la nature divine (ἱερᾶς φυσικοῦ μόνος εὑρέτης). » Ostanes dit la même chose dans son ouvrage intitulé l'*Octateuque* (2). Tous les autres, qui l'ont suivi, ont raisonné de la même manière. Représentant les premiers éléments par des serpents, ils leur consacraient des temples, et, les réputant les plus grands dieux et les chefs de l'univers, ils célébraient en leur honneur des sacrifices, des fêtes et des orgies. Voilà ce qui est relatif aux serpents.

Nous venons de donner un exposé de la théologie des Phéniciens. La parole salutaire de l'Évangile nous commande de fuir résolument ces doctrines et de poursuivre la guérison de la démence des anciens.....

Tout ce chapitre est la traduction textuelle d'à peu près tout ce qui nous reste de Sanchoniathon.

Arts et industrie chez les Phéniciens.

Parmi les arts qui avaient assuré aux habitants de Tyr et de Sidon une réputation impérissable, il faut placer en première ligne la *teinture de la pourpre*.

Qu'est-ce que la pourpre? Y en avait-il plusieurs espèces (1)? Quels étaient les procédés de teinture en usage?

Laissons d'abord les anciens répondre à ces questions. Les deux principales autorités sont ici *Aristote* et *Pline*.

Voici ce que dit Aristote (2). Après avoir décrit des mollusques de différentes espèces, le célèbre Stagirite continue ainsi : « Les pourpres naissent vers l'époque du printemps (γίγνονται αἱ πορφύραι περὶ τὸ ἔαρ). Ces animaux se réunissent pour cela en groupes compactes, formant une sorte de ruche (μελικήραν). Ils construisent cette ruche avec une matière muqueuse, où se développent les petits. Il y a plusieurs espèces de pourpres : les unes sont grandes, comme celles qu'on trouve autour du Sigeum et du Lectum, les autres petites, comme celle qu'on pêche dans l'Euripe et aux environs de la Carie. Celles qui vivent dans les golfes sont grandes et rudes d'aspérités (τραχεῖαι); la plupart ont un pigmentum, ou *fleur* (ἄνθος) noire, quelques-uns l'ont rouge (ἐρυθρόν) et en petite quantité. Celles qui naissent près des côtes sont petites, mais presque toutes à fleur rouge. On les pêche dans la saison où elles construisent leurs ruches. On n'en prend point à l'époque de la canicule : elles se cachent alors. Elles ont la fleur entre le *mécone* (pavot) et le cou, τὸ ἄνθος ἔχουσι ἀνὰ μέσον τῆς μήκωνος καὶ τοῦ τραχήλου) (3). Leur tissu est dense

(1) Porphyre, cité par Proclus (lib. III, in Timaeum), nous apprend que les Égyptiens figuraient *l'âme du monde* (τὴν ψυχὴν κόσμου) par ⊕; la croix + indique les quatre points cardinaux, tandis que le cercle ou serpent est le bon génie du Cneph.
(2) Ouvrage divisé en huit livres ou sections (ὀκτάτευχος). C'est dans le même sens qu'on dit *Pentateuque*.

(1) Les Phéniciens et les Hébreux distinguaient principalement deux espèces de pourpre; l'une, appelée *argaman* (ארגמן), était rouge, πορφύρα des Grecs, *purpura* des Romains (I Maccab., IV, 23; Ezéch., XXVII, 7, 16; Num., IV, 13; Exod., XXV, 26, 27); l'autre, nommée *tekeleth* (תכלת), était bleue, ὑακίνθινος, ὑακινθοβαφής (Exod., XXVI, 4, 31; Num., 4, 6; Ezéch., XXIII, 6; XXVII, 7, 24). Le mot *argaman* paraît venir du sanscrit *ragaman*, ou *ragavan*, de couleur rouge. Voyez Bochart, *Hieroz.*, tom. II, p. 740; tom. III, p. 655, et Braun, *De Vestitu Sacerdot.*, p. 187 et suiv. La pourpre bleue est, suivant quelques commentateurs, fournie par l'*helix ianthina*, L.
(2) Arist., *Hist. Animal.*, lib. V, cap. 13.
(3) Il faut se rappeler ici que les anciens divisent ce mollusque en deux parties : la par-

(σύμμιξις πολλή), et à l'aspect d'une membrane blanche qu'on enlève. Quand on le presse, il teint et colore la main (ὅλα ἑαυτοῦ βάπτει καὶ ἀνθίζει τὴν χεῖρα). Ce qui paraît être la fleur (pigmentum) s'y ramifie comme une veine (οἷον φλέψ), le reste est de matière terreuse. Au moment où les pourpres font leurs ruches, leur fleur est de très-mauvaise qualité. Les petites, on les brise avec leurs coquilles; car il n'est pas aisé de les en retirer; quant aux grandes, on retire la coquille pour enlever la fleur. A cet effet, on sépare l'un de l'autre le cou et le *pavot*; car la fleur est située entre ces deux organes, au-dessus de ce qui s'appelle le ventre (ἐπάνω τῆς καλουμένης κοιλίας). On a soin de broyer les pourpres vivantes; car dès qu'elles meurent elles rejettent la fleur. C'est pourquoi on les conserve dans des filets, jusqu'à ce qu'on en ait pêché une assez grande quantité pour procéder à l'opération (1). »

Voici comment s'exprime Pline (2), qui paraît avoir en partie copié Aristote : « Les pourpres (*purpuræ*) vivent d'ordinaire sept ans. Elles se tiennent cachées, comme les *murex*, vers le lever de Sirius. Elles se réunissent au printemps; alors en se frottant mutuellement elles font sortir de leur bouche une espèce de cire gluante. C'est ce que font aussi les murex. Mais les pourpres ont au milieu de la gorge cette fleur si propre à teindre les étoffes (*purpuræ florem illum tingendis expetitum vestibus, in mediis habent faucibus* (1). Il y a dans une veine blanche une petite quantité de cette précieuse liqueur, qui devient d'un rose brillant foncé (*nigricantis rosæ colore sublucens*). Le reste du corps est inutile. On tâche de les prendre vivantes, parce qu'avec leur vie elles perdent aussi leur suc. Les plus grandes, on les dépouille de leur coquille; mais pour les petites, on leur fait rendre la liqueur en les broyant vivantes avec la coquille. La meilleure pourpre d'Asie est celle de Tyr; on en trouve ailleurs, comme à Meninx, en Afrique, sur la côte océanique de la Gétulie, et dans la Laconie en Europe. Les faisceaux et les haches des licteurs frayent la voie à la pourpre (*viam faciunt*). Elle sert d'ornement à la jeunesse; elle distingue l'ordre équestre de la curie. On en orne le vêtement du pontife, du triomphateur, etc... L'animal (qui donne la pourpre) a une langue d'un doigt de long, si dure à la pointe, qu'il s'en sert pour perforer les autres coquillages. Il meurt dans l'eau douce et même dans tous les endroits où quelque rivière se mêle à l'eau de la mer. Mais dans la captivité il peut vivre de sa salive pendant cinquante jours. Tous les coquillages croissent très-promptement, surtout ceux à pourpre : ils acquièrent en un an tout leur développement.

« Les coquillages qui donnent les pourpres sont de deux genres. Le premier, qui est le plus petit, s'appelle *buccin*, par allusion à l'embouchure du *buccinum*, espèce de trompette; en effet, son ouverture (*os*) est ronde et incisée sur le bord (*margine incisa*). Le second se nomme *pourpre*; il a un canal contourné, par lequel il avance la langue; de plus, il est garni de pointes jusqu'au sommet (*clavatum est ad turbinem usque*); ces pointes sont disposées circulairement, au nombre de sept (*aculeis in orbem septenis fere*). Le buccin n'en a point; mais chez l'un et l'autre les cercles indiquent le nombre des

---

tie antérieure ou inférieure, appelée *cou* (τράχηλος, *cervix, spondilus*), et la partie postérieure ou supérieure, appelée *pavot* (μήκων, *papaver*). La première comprenait la tête et le manteau avec le membre; sa chair était plus dense : la dernière, plus molle, contenait le foie et l'ovaire. Les pêcheurs paraissent avoir vendu à part les mollusques privés du pigmentum. Celui situé entre « le pavot et le cou, » comprenait le cœur et, au-dessus, le rein (sac calcaire). Conf. *Athen.*, III, CH (vol. 1, p. 342, édit. de Schweigh.); Pline, XXXII, 6; *De Purpura Antiquorum*, Dissert. Heusinger, Eisenach., 1826.

(1) Suivant Julius Pollux (*Onomastic.*, I, 4), les Phéniciens, pour pêcher la pourpre, jetaient à la mer de longues cordes, auxquelles étaient attachés des paniers disposés par rangées et de la forme d'une cloche : l'animal, attiré par des appâts, entrait dans les paniers, mais ne pouvait plus en sortir. Ces paniers sont maintenus flottés au moyen de morceaux de liège. Cf. Ælian., *Hist. Animal.*, VII, 36.

(2) Plin., *Hist. Nat.*, IX, 36, 37, 38.

(1) Pline traduit ici mal le passage cité d'Aristote.

années (*sed utrisque orbes totidem quot habeant annos*). Le buccin ne s'attache qu'aux rochers, et on le pêche autour des écueils.

« Les pourpres s'appellent aussi pélagiennes (*pelagiæ*) ou marines. On en distingue plusieurs espèces, d'après leur nourriture et les lieux qu'elles habitent. Celles qui vivent dans la vase et dans les algues sont également de très-mauvaise qualité..... La meilleure espèce est la *dialutienne* (*dialutense*), ainsi appelée d'après les roches de couleur variée où elle se trouve. Les pourpres se pêchent dans de petites nasses à tissu lâche, qu'on jette dans la mer. On y met, en guise d'appât, des mollusques (coquilles bivalves), très-voraces, semblables aux moules (*clusiles mordacesque conchæ, ceu mitulos videmus*). Ces animaux, à demi morts, se raniment en absorbant l'eau de mer, et les pourpres, qui en sont friandes, viennent les attaquer en allongeant leur langue (*porrectis linguis infestant*) (1). Mais les conques bivalves, dès qu'elles se sentent atteintes, se ferment et compriment leurs agresseurs qu'on enlève ensuite, victimes de leur voracité.

« La meilleure pêche des pourpres se fait après le lever de la canicule ou avant le printemps ; car lorsqu'elles ont rendu l'espèce de cire dont nous avons parlé, leur suc est trop fluide. C'est ce qu'on ignore dans les ateliers de teinture, bien que ce soit un point important. On ôte ensuite à la pourpre la veine dont il a été question, et on y ajoute du sel, vingt onces pour chaque quintal. On laisse macérer cette liqueur pendant trois jours ; plus elle est nouvelle, plus elle a de force. Ensuite, on la fait bouillir dans des vases de plomb, jusqu'à ce que cent amphores soient réduites à cinquante livres (c'est-à-dire à un seizième environ) ; après quoi on la recuit, dans un fourneau long, à une chaleur modérée. Après avoir écumé les chairs qui tenaient aux veines, on procède à l'essai de la liqueur.... A cet effet, on y trempe de la laine bien lavée : la couleur qu'on cherche à obtenir est le rouge foncé. On laisse la laine s'imbiber pendant cinq heures.... Le buccin ne s'emploie pas seul, car il se déteindrait : mêlé avec la pourpre marine, il donne cette teinte sombre, alliée au brillant de l'écarlate. En employant cinquante livres de laine, deux cents livres de buccin, cent dix livres de pourpre marine, on obtient une très-belle couleur améthyste.... La pourpre tyrienne la plus estimée est celle qui a la couleur du sang caillé et qui est noirâtre par réflexion (*laus ei summa in colore sanguinis concreti, nigricans aspectu, idemque suspectu refulgens*). C'est pourquoi Homère appelle le *sang purpurin* » (1).

De ces passages d'Aristote et de Pline il résulte que l'animal qui fournissait la pourpre appartient à la classe des mollusques, qu'il était univalve, à coquille épineuse, dont l'ouverture se prolongeait en un bec (*cuniculatim procurrente rostro, et cuniculi latere introrsus tubulato, qua proferatur lingua*). A ces caractères on reconnaît le genre *murex* (le *siphonostomatum* de Blainville) : l'animal est pourvu d'une espèce de trompe et d'un opercule. On voit sur quelques médailles que c'est le genre indiqué. Quant à l'espèce, on admet généralement que c'est le *murex brandaris*, d'abord parce que c'est l'espèce la plus commune dans la mer Méditerranée, et qu'on en trouve des amas considérables dans les endroits où les anciens avaient des fabriques de pourpre. Mais beaucoup d'autres coquillages, tels que des *buccins*, des *ianthines* (espèces océaniques) pourraient aussi donner des nuances de pourpre.

Pendant tout le moyen âge, jusqu'aux temps modernes, on s'était borné à ce que Aristote, Pline et Vitruve (VII. 13) ont dit des coquillages à pourpre. Vers le milieu du seizième siècle un naturaliste éminent, Rondelet, essaya le premier de rectifier les idées des anciens sur l'anatomie de ces mollusques. Voici ce qu'il dit sur la pourpre (2) :

---

(1) Ce que Pline appelle ici improprement langue n'est autre chose qu'un prolongement du manteau, contenu dans une espèce de siphon par lequel l'animal aspire l'eau.

(1) Αἷμα πορφύρεον, *Iliad.*, XVII, 360. Virgile a dit dans le même sens, *purpuream anima* : purpuream vomit ille animam (*En.*).

(2) Rondelet, *Histoire des Poissons* ; Lyon, 1558, in-fol., p. 44, deuxième partie.

« La pourpre, dit-il, se nomme à Gênes *roncera*, à cause de ses aiguillons, à Venise *ognella*, en Languedoc *bure*, mot corrompu de *murex*. La pourpre que nous trouvons en notre mer n'est pas plus grande qu'un œuf; ailleurs on en trouve de bien plus grandes. Elle ha la coquille ridée, aspre, de couleur de cendre, aucune fois jaunâtre, aucune fois verte ou cendrée, au dedans jaune. Ell' ha plusieurs revolutions ou retours d'un côté. Ell' est semée de plusieurs pointes comme cloux. Ell' ha un bec long, creusé comme un tuiau, par lequel on dit qu'elle tire la langue. Deuant ce tuiau ha un trou rond, avec un couvercle que nous avons fait pourtraire à part. Voilà comme est la vraie pourpre, non pas comme d'aucuns l'ont descrite, les uns sans le long bec, les autres sans l'autre bout, qui est tourné en vis. Au dedans il y a telle chair comme aux autres de ce genre. Ce sont choses controuvées contre la vérité, ce que disent aucuns des ouïes des pourpres, et autres parties intérieures. Aristote en IIII livre de l'Histoire des animaux les descrit à la vérité comme elles sont. Il y a plusieurs différences des pourpres, selon Aristote, prises du lieu, de la grandeur ou petitesse de leur suc ou liqueur, laquelle en aucunes est noirâtre, aux autres rougeâtre. Pline en fait aucunes différences selon leur nourriture, et selon le lieu. Les pourpres naissent sans œufs, sans opération de masle et de femelle, comme nous avons déclaré selon la vérité au IIII livre. Les pourpres vivent de petits poissons qu'elles prenent, et de algues. Selon Aristote et Pline, elle tire par dessous son couvercle tant ell' est dure. La langue des pourpres et des autres semblables est ferme, ronde, charnue, qui se peut jetter hors; toutefois si par l'anatomie vous la regardez de près et sa manière, vous ne la trouverés si dure, que, tirée du long, du bec de la coquille, elle puisse percer les autres coquilles. Mais faut croire que les pourpres la tirent le plus qu'elles peuvent, et que par icelle sucent l'humeur et le suc des autres. Les pourpres vivent longtemps, elles vivent six ans. »

Les premières expériences pratiques sur le rétablissement de la pourpre des anciens furent faites au dix-septième siècle par un Anglais, et consignées dans le *Journal des Savants*, année 1686, lundi 12 août (1).

En voici le compte rendu textuel :

… « J'avoue que je n'ai point fait cette découverte sans en avoir reçu auparavant quelques avis. Au mois d'octobre de l'année 1684, des dames étant venues à Myne-Nead, où j'étais alors, et voyant les curiosités que j'avais ramassées en ces quartiers, me dirent qu'il y avait un certain homme, dans quelque havre ou baie en Irlande, qui faisait un gain considérable à marquer sur des toiles fines, qu'on lui envoyait de plusieurs endroits de cette île, les noms des gens ou telle autre chose que l'on voulait, de la couleur d'un très-beau cramoisi qui ne s'effaçait jamais. Elles ajoutèrent qu'elles avaient appris que cela se faisait avec une certaine substance liquide, tirée d'un poisson à coquille; et là-dessus leur ayant montré toutes celles que j'avais trouvées sur cette côte, l'une d'elles crut que c'était le *limpot*, et l'autre que c'était le poisson à coquille figuré à la fin de cette lettre; mais toutes les deux ensemble ne me surent jamais dire de quelle partie de ces deux animaux se tirait cette liqueur. Après leur départ de ce port je fis diverses experiences sur tous les poissons à coquille où je pouvais probablement espérer de la trouver. Je cassai les coquilles pendant que les poissons étaient encore en vie, et avec un pinceau de crin à courte pointe, que je trouvai le plus commode pour cela, je fis l'essai de toutes les parties d'un chacun que j'imaginai pouvoir donner la couleur. Ce fut avec peu de succès d'abord; car en lavant dans de l'eau de savon bouillante la toile que j'avais peinte, il n'y paraissait plus aucune teinture, ce qui me pensa faire abandonner mes recherches. Cependant, m'essayant enfin sur une partie de ce poisson où je m'attendais fort peu de

---

(1) Nouvelles découvertes et observations curieuses sur le poisson pourpre, tirées du *Journal d'Angleterre*, et contenues dans une lettre à Will. Cob, de Bristol, écrite à la Société Philosophique d'Oxford. *Observat. on the Purple (Philosoph. Transact. of Lond.*, tom. XXV, p. 1685. *Acta Erudit.*, Lips., 1686, p. 620).

trouver ce que je cherchais, il parut d'abord un verd clair, lequel étant sur le champ séché et lavé se changea en cette belle couleur cramoisie dont les dames m'avaient parlé. La manière dont l'on fait ces expériences, et qu'il est aussi à propos de suivre, est telle qu'il suit. Comme ces coquilles sont plus dures que la plupart de celles des autres espèces de semblables poissons, on les doit casser d'un bon coup de marteau, tenant leur ouverture en bas; de sorte qu'on n'écrase pas le corps du poisson qui est dedans. Les pièces cassées étant ôtées, il paraît une veine blanche en travers dans une petite raie en fente près de la tête du poisson, où est cette liqueur. Il faut la prendre en cet endroit, avec un pinceau qui soit court, un peu rude, et en pointe; tant à cause de la viscosité de cette liqueur, qui est blanche dans la veine, qu'afin de la faire mieux pénétrer dans la toile fine ou dans la soie blanche. Je dis la soie, car quoique je ne l'aie pas encore éprouvée là-dessus, elle sera, je crois, meilleure que la toile, et fera paraître la couleur plus luisante et plus vive.

« Les lettres, figures ou autres choses qui seront ainsi peintes sur la toile ou sur la soie, paraissent d'abord d'un vert clair, fort agréable, qui se changera successivement en plusieurs autres couleurs, si ces choses sont exposées au soleil environ le midi pendant l'hiver; mais si c'est en été, il faut le faire une ou deux heures après qu'il est levé, et autant avant qu'il se couche, car à une autre heure du jour pendant cette saison, ce changement se ferait si subitement qu'à peine le pourrait-on distinguer. La première couleur qui succède à ce vert clair ou gai est un vert brun, qui dans peu de minutes devient un vert de gris. Celui-ci, après quelques autres moments, se change en bleu, et ce bleu passe peu de temps après à un rouge tirant sur la couleur de pourpre. Enfin, dans l'espace d'une heure ou deux, supposé que le soleil luise toujours, il se forme un rouge de pourpre fort foncé, auquel cet astre (dont les divers degrés de chaleur font que ces changements ne se produisent pas, ou moins vite) ne peut rien ajouter davantage. Cette dernière couleur ayant été lavée dans de l'eau bouillante et avec du savon, et la matière étant exposée au soleil et au vent pour la sécher, paraît un très-beau cramoisi, fort éclatant, ressemblant à la vraie couleur de pourpre. Quoiqu'on ne se serve d'aucun styptique pour la retenir, elle se conserve toujours, pourvu qu'on ait pris soin de la faire bien pénétrer dans le linge. Je l'ai expérimenté ainsi avec des mouchoirs qui ont été lavés plus de quarante fois sans perdre que fort peu de l'éclat qu'ils avaient la première fois que je les eus lavés. J'avais marqué de grandes lettres sur autant de morceaux de toile qu'il y a de couleurs différentes, pour les mettre dans un livre, où elles ne seraient pas exposées à l'air. Par ce moyen j'ai montré plusieurs mois après ces mêmes couleurs, distinguées comme il a été dit; mais à force d'ouvrir souvent le livre, elles changent, excepté les deux dernières, du moins si on les lave; car si on les lave, toutes les couleurs se changent en une même. Pendant que la toile sur laquelle on a ainsi écrit est exposée au soleil, elle rend une fort méchante odeur. Elle est si mauvaise, que plusieurs personnes n'ont pu la supporter, comme si c'était un mélange d'ail et d'autres choses fortes et puantes; j'en ai vu l'expérience même avec de la toile que j'avais gardée pour le moins une année entière dans un livre, sans qu'on s'aperçût que fort peu de cette odeur avant que je l'eusse mise au soleil. J'ai observé de plus que la toile séchée et lavée d'abord après qu'on a écrit ou peint dessus paraît plus éclatante que lorsqu'elle a été gardée longtemps, en ayant pour cet effet lavé quelques-unes sur-le-champ et d'autres après les avoir gardées quatorze mois. Pour ce qui est des coquilles, il y en a de différentes couleurs; car quoique pour la plupart elles soient blanches, on en voit quelques-unes de rouges, d'abord qu'elles sont tirées d'entre les rochers; quelques autres sont très-jaunes, d'autres de ces deux couleurs ensemble; quelques autres encore d'un brun obscur et d'une couleur de sable parsemée de lignes parallèles blanches et brunes.

« J'envoyai au mois de novembre 1684 les premières toiles où j'avais peint des lettres et des noms avec cette couleur à M. Plot, qui était alors secrétaire de la Société Royale de Londres. Cet illustre corps les trouva si curieuses, aussi bien que mes premières observations contenues dans la lettre que j'y avais jointe, que ces messieurs voulurent bien se charger de m'en remercier de leur part. Ils députèrent outre cela quelques gentils-hommes pour les aller présenter au feu roi, qui, avec plusieurs personnes illustres à qui elles furent montrées, prit beaucoup de plaisir à les voir et à lire la relation de cette nouvelle découverte.

« Je fus prié ensuite d'envoyer de ces poissons en vie dans leurs coquilles. Je le fis par le moyen d'un bâtiment qui allait à Londres, les ayant mis dans un vase de terre découverte, où l'on changeait tous les jours l'eau de mer dont il était plein. C'est de cette manière que j'en ai conservé près de quinze jours, et j'aurais pu même les conserver encore plus longtemps si je ne m'en fusse servi. Il me semble que cette espèce d'animal est en quelque façon amphibie; car il vit alternativement dans l'un et dans l'autre élément, c'est-à-dire tantôt dans l'eau et tantôt dans l'air, suivant la vicissitude des marées. Lorsque cet expédient lui manque dans les vaisseaux où l'on le garde, il se sert de celuy qui suit pour trouver l'air.

« Lorsqu'il est mis dans un vaisseau plein d'eau de mer (car l'eau fraîche lui est contraire et le fait bientôt mourir), et qu'il a demeuré pendant quelque temps au fond du vaisseau, il s'élève jusqu'à la surface de l'eau, et en étendant une espèce de lèvre avec son couvercle, il s'attache au côté du vase, qui lui aide à monter, ayant presque la moitié de cette partie hors de l'eau; et ainsi tantôt il se plonge tout à fait dans l'eau, et tantôt il se tient dans un milieu qui le fait aussi jouir de l'air. C'est à la faveur d'un expédient si curieux que je travaillais à satisfaire aux désirs de sa majesté britannique et de la Société royale, lorsque ce dessein fut interrompu par la mort du roi d'Angleterre. »

Environ vingt-cinq ans plus tard, ces expériences furent reprises par Réaumur, pendant un voyage qu'il fit sur les côtes du Poitou. Laissons ce célèbre physicien s'expliquer lui-même (1).

« C'est, dit-il, en considérant au bord de la côte les coquillages de cette espèce, que la mer avait laissés à découvert pendant son reflux, que je trouvai l'an passé une nouvelle teinture de pourpre que je ne cherchais point. Le hasard a presque toujours part à nos découvertes; tout ce que peut faire l'attention, c'est de mettre, en physique comme au jeu, les hasards à profit. Je remarquai que les *buccinum* (je leur conserve ce mot latin) étaient ordinairement assemblés autour de certaines pierres, ou sous certaines arcades de sable, que la mer seule a creusées en entraînant le sable inférieur, et laissant le supérieur, qui est lié par les tuyaux des vers qui y étaient autrefois logés; je remarquai, dis-je, que les *buccinum* semblaient quelquefois en si grande quantité dans ces endroits, qu'on pouvait les y ramasser à pleines mains, au lieu qu'ils étaient dispersés ça et là partout ailleurs. Mais je remarquai en même temps que ces pierres, ou ces arcades de sable, étaient couvertes de certains grains dont la figure avait quelque air d'un sphéroïde elliptique ou d'une boule allongée. La longueur de ces grains était d'un peu plus de trois lignes, et leur grosseur d'un peu plus d'une ligne. Ils me parurent contenir une liqueur d'un blanc tirant sur le jaune, couleur assez approchante de celle de la liqueur que les *buccinum* donnent pour teindre en pourpre. Cette seule ressemblance et la manière dont les *buccinum* étaient toujours assemblés autour de ces petites graines me firent soupçonner qu'on en pourrait peut-être tirer une teinture de pourpre, telle qu'on la tire de ces coquillages. Une conjecture à la vérité ne peut guère avoir un fondement plus léger; mais aussi l'expérience dont il s'agissait pour m'en éclaircir était des plus simples. Elle me parut même un peu plus fondée lorsque, ayant examiné ces grains de plus près, j'en aperçus quelques-uns qui avaient un œil rougeâtre. J'en détachai aussitôt des pierres, auxquelles ils étaient fort adhérents, et, me servant du premier linge et le moins coloré qui se présenta dans le moment, j'exprimai de leur suc sur les manchettes de ma chemise; elles m'en parurent un peu plus sales, mais je n'

(1) Réaumur, *Mém. de l'Académ. des Sciences*, année 1711, 14 novembre.

vis d'autre couleur qu'un petit œil jaunâtre, que je demêlais à peine, dans certains endroits. Divers objets qui attirèrent mon attention me firent oublier ce que je venais de faire; je n'y pensais plus du tout, lorsque, jetant par hasard les yeux sur les mêmes manchettes, un demi-quart d'heure après, je fus frappé d'une agréable surprise : je vis une fort belle couleur pourpre sur les endroits où les grains avaient été écrasés. J'avais peine à croire un changement si prompt et si grand; je m'imaginais presque que quelques grains rougeâtres s'étant mêlés parmi les autres avaient seuls donné cette belle couleur, et cela même était assez remarquable. Je ramassai donc de nouveau de ces grains, et avec plus de choix; j'avais soin de ne détacher des pierres que ceux qui me paraissaient les plus blancs ou plutôt les moins jaunes; je mouillai encore mes manchettes de leur suc, mais en des endroits différents, ce qui ne leur donna point d'abord de couleur qui approchât en aucune façon du rouge. Cependant je les considérais à peine pendant deux ou trois minutes, que je leur vis prendre une couleur pourpre pareille à celle que les premiers grains leur avaient donnée. Cette couleur pourpre était aussi belle que celle qu'on tire des *buccinum*; c'est même peut-être trop peu en dire. J'avais seulement à craindre qu'elle n'en eût pas toute la tenacité, et qu'elle ne fût en cela moins propre à faire des teintures. L'eau de la mer servit bientôt à m'éclairer. Je lavai dedans mes manchettes autant que je le pus, sans apercevoir d'altération dans la couleur nouvelle qu'elles avaient prise, et elles l'ont conservée, malgré un grand nombre de blanchissages par lesquels elles ont passé depuis; il faut pourtant savoir que chaque blanchissage l'affaiblit, quoiqu'il ne l'ôte point. »

Plus tard, Duhamel, pendant un voyage en Provence, compléta les expériences de Réaumur. Les observations de Duhamel sont d'un si haut intérêt, même sous d'autres rapports, que je ne puis m'empêcher de les reproduire ici (1).

(1) *Mém. de l'Acad. des Sciences*, année 1736 : *Quelques expériences sur la liqueur colorante que fournit la pourpre.*

« Comme je me proposais, dit-il, de faire plusieurs expériences sur les coquillages nommés *pourpres*, j'en fis pêcher une provision, que je mis en réserve dans une terrine pleine d'eau de la mer, que je renouvelais tous les jours. J'en conservai de cette manière douze à quinze jours; mais tous les jours il m'en mourait plusieurs, et je m'apercevais que les autres dépérissaient, qu'ils n'avaient plus tant de liqueur, et que ce qui m'en restait était plus longtemps à prendre la couleur rouge. Je crois avoir encore remarqué qu'outre ceux qu'on m'apportait de la mer en différents temps, il s'en trouvait qui avaient plus de suc colorant que les autres, et dont le suc prenait plus aisément couleur. Mais en ayant eu de très-bien conditionnés, je les conservai dans ce même état très-longtemps, dans un panier couvert que je fis jeter dans un des bassins de l'arsenal, où ils jouissaient de l'eau salée. Mes poissons se conservèrent à merveille moyennant cette précaution, et j'étais en état d'avoir recours à mon magasin quand j'en avais besoin pour les expériences que je vais rapporter. Ayant donc bien vérifié, par plusieurs expériences, que toutes les fois que je mettais le suc colorant de mes pourpres sur du linge exposé au soleil, il devenait rouge en quelques minutes, après avoir passé par les couleurs dont j'ai parlé, je voulus m'assurer s'il ne prendrait pas cette couleur à l'ombre; pour cela j'en frottai un morceau de linge que je laissai passer la nuit sur ma cheminée, mais il devint seulement vert, et ne rougit pas. J'essayai encore si le grand air ne réussirait pas mieux; pour cela je mis de ce suc colorant sur un morceau de linge que je posai sur une fenêtre au nord, et sur laquelle la lune ne donnait pas, afin d'éviter toute lumière, et je le retirai le lendemain avant le soleil; il n'avait pas changé de couleur le jour suivant. Je répétai cette expérience, qui réussit de la même manière, ce qui prouve que le soleil agit d'une façon très-singulière et très-efficace sur le suc colorant dont il s'agit. Mais agit-il par la chaleur ou simplement par sa lumière? Soupçonnerait-on qu'il ajoutât quelque chose au suc colorant? ou produit-il cet effet par quelque évaporation, et ne peut-on

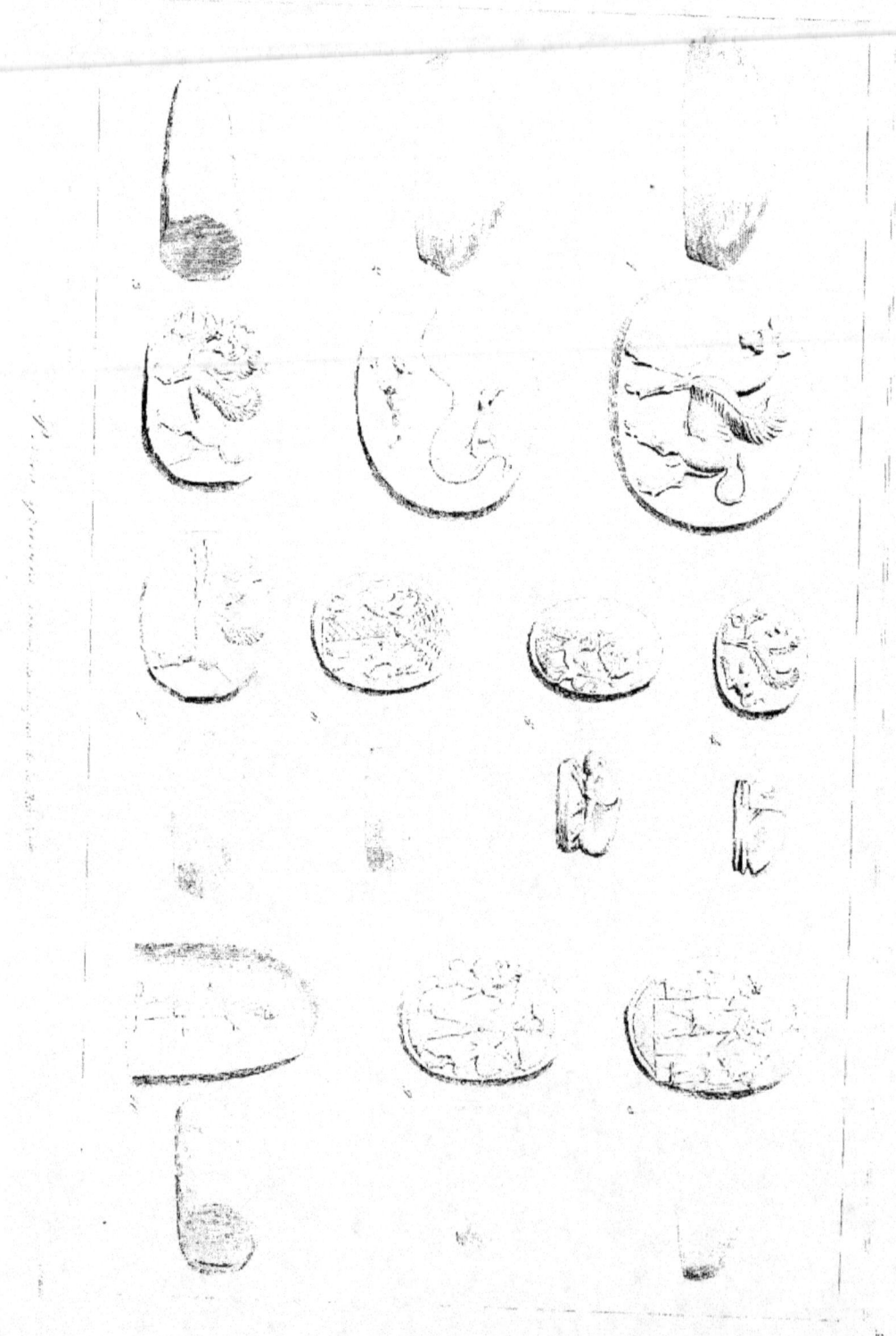

pas suppléer au défaut du soleil par le feu artificiel? Ce sont des idées qui me vinrent d'abord à l'esprit, et qui m'engagèrent à faire les expériences suivantes. Pour reconnaître si le soleil agissait par sa chaleur, j'exposai des linges frottés de ce suc colorant, quelquefois à l'heure de midi à un soleil très-chaud, d'autres fois au soleil levant, au soleil couchant, ou au soleil un peu affaibli par des nuages. Dans tous ces cas, à mesure que mes linges séchaient, ils prenaient les couleurs requises, et devenaient d'un beau pourpre, de telle sorte cependant que quand le soleil était plus vif l'opération était plus tôt exécutée, et la couleur me paraissait un peu plus vive; et les changements s'opéraient encore plus promptement quand je les exposais au foyer d'un miroir ardent, ayant la précaution de ne pas brûler la matière. Dans cette expérience la chaleur et la lumière augmentent en même temps. Ainsi elles ne me faisaient pas connaître si le soleil agit par la lumière ou par sa chaleur, ce qui m'engagea à faire l'expérience suivante. Je posai sur un appui de fenêtre bien échauffé par les rayons du soleil un morceau de linge mouillé du suc colorant, et que j'avais couvert en partie d'un écu. Dans le moment la partie du linge exposée au soleil se colora, mais celle qui était sous l'écu resta seulement de couleur verte. Je substituai à l'écu d'autres corps opaques, mais bien plus minces, comme du laiton, etc. Mais la portion qui était à l'ombre demeurait toujours verte. Avant que de suivre plus loin les expériences, je voulais essayer si le feu ne pourrait pas faire prendre quelques couleurs à la même liqueur; j'en frottai donc des linges, comme dans les expériences précédentes: j'en présentai tantôt à un très-petit feu, tantôt à un grand feu; j'en mis sur une plaque de fer chaude, j'en mis dans une tourtière à différents degrés de chaleur. Mais rien de tout cela ne me réussit: les linges devenaient vert d'abord clair, ensuite très-foncé; mais, au lieu de devenir rouges, ils jaunissaient. Comme quelques chimistes ont pensé que la couleur rouge que prennent quelques corps dans la calcination venait d'une portion de la matière même du feu, qui se concentrait dans les pores du mixte, je voulus essayer si je ne parviendrais pas à colorer ma matière en l'exposant à la vapeur du soufre brûlant, qui abonde en phlogistique; mais ce moyen ne me réussit pas mieux que ceux que j'avais tentés auparavant. Cependant, m'étant avisé d'exposer au soleil un de ces linges que j'avais desséchés à la vapeur du soufre, il prit néanmoins un peu de rouge en quelques endroits. En répétant de pareilles expériences dans ma chambre, pour les faire voir au père Pesenas, jésuite, et correspondant de l'Académie, il nous vint dans la pensée que ce seraient peut-être les rayons de lumière colorés en rouge qui se fixeraient dans cette liqueur, ce qui nous fit imaginer d'en exposer dans une chambre obscure aux différentes couleurs d'un prisme. Nous avons exécuté cette expérience avec toute l'attention requise; mais mes linges sont également restés verts à toutes les couleurs que le prisme produisait. Cependant les linges ayant été enveloppés dans du papier, ils ont pris au bout de quelque temps une légère teinture rouge; mais tous ne l'étaient pas devenus dans un égale proportion. Sur quoi il est bon de remarquer qu'il y a eu plusieurs échantillons qui n'ayant pas rougi d'abord ont acquis une petite couleur à la longue dans les papiers où je les conservais, et qu'il y en a aussi qui pendant l'expérience n'avaient pris qu'une teinte légère, et qui dans la suite sont devenus plus foncés, et le linge qui avait reçu les rayons rouges avait plus rougi que les autres.

« Après avoir tenté de découvrir si le phénomène en question dépendait de quelque portion de la lumière qui se fixait dans le suc colorant qu'on y exposait, je me proposai de reconnaître s'il ne dépendait pas, au contraire, de l'évaporation de quelque matière qui empêchait la couleur rouge de se manifester. La forte odeur d'ail qui s'échappe de ce suc colorant, et les expériences que j'ai rapportées, qui font voir que quand on couvre ce suc d'un corps très-mince, il ne se colore pas, semblant indiquer quelque évaporation, pour m'assurer s'il y en avait, je mis de ce suc colorant dans une fiole; je la bouchai bien, je l'exposai au soleil, et dans l'instant le suc devint rouge. Je fis plus, je frottai à l'ombre un linge avec du suc colorant, et je le collai sous un verre poli qui avait deux à trois doigts d'épaisseur. Certainement de cette manière l'évaporation devait être fort diminuée. Cependant le linge devint en très-peu de temps du plus beau pourpre du monde, et quand je le retirai, il n'était pas parfaitement sec. Ainsi, pendant qu'un simple laiton empêche l'effet du soleil sur la liqueur, un verre épais de deux à trois doigts semble le favoriser; car dans toutes les expériences je n'ai pas eu de rouge si parfait. Il me paraît que les expériences que j'ai rapportées jusqu'à présent prouvent assez bien que le soleil agit dans cette occasion principalement par sa lumière; mais en voici d'autres, qui me paraissent encore plus décisives. Je pris trois carrés d'un même papier; j'en noircis un avec de l'encre, l'autre je l'huilai, et le troisième je le laissai dans son état naturel. Je mis des linges imbibés du suc colorant sous les trois papiers et je les exposai au soleil, où les linges prirent couleur à proportion de la transparence des papiers qui les couvraient. Celui qui était sous le papier noir sortit entièrement vert, depuis il a un tant soit peu rougi. Celui qui était sous le papier blanc n'avait rougi que dans les endroits où le papier avait été mouillé; il a aussi depuis rougi partout, mais faiblement. Au contraire, celui qui était sous le papier huilé est devenu d'un rouge extrêmement foncé et beau. Ces expériences m'ont encore engagé à en faire d'autres, en employant, au lieu de papier blanc, des papiers de différentes couleurs, pour voir s'il n'en résulterait pas des différences sur la couleur du suc de la pourpre. Je pris donc des feuilles de papier, les unes bleues, les autres vertes, les autres jaunes et les autres rouges. Je frottai les unes d'essence de térébenthine, pour augmenter leur transparence, et les autres je les laissai dans leur état naturel. La différence des couleurs ne me parut pas avoir produit aucun effet, et toute la différence que je remarquai entre tous ces essais me parut toujours dépendre du plus ou du moins de transparence qu'il y avait entre les différents papiers, les échantillons ayant pris plus de couleur sous les papiers frottés de térébenthine que sous les autres; les échantillons qui étaient sous le papier rouge non huilé n'avaient presque pas pris couleur; ceux qui étaient sous le papier vert l'avaient pris imparfaitement, ayant plusieurs taches vertes; ceux qui étaient sous le papier jaune, qui à la vérité était fort mince, de même que le vert, étaient assez rouges; mais ce qui me surprit le plus, c'est que, quoique le papier bleu parût assez opaque, les échantillons qui étaient au-dessous étaient assez bien colorés. Dirait-on que les échantillons qui étaient sous le papier rouge étaient les moins colorés, parce que ce papier réfléchissait les rayons de cette couleur, et qu'au contraire le bleu en laissait passer? Mais je n'ai garde de hasarder une pareille conjecture sur des expériences que je n'ai pû répéter que deux fois, et qu'il aurait fallu faire avec des précautions qui me devenaient impossibles dans mon voyage, comme d'avoir des papiers de même qualité, également chargés de couleur, des verres colorés, etc. Ainsi je m'en tiens à la différence la plus sensible, qui est celle que j'ai remarquée entre les papiers que j'avais frottés d'huile de térébenthine, et ceux que j'avais laissés dans leur état naturel. »

Aux autorités qui précèdent il convient d'ajouter celle d'un des conchiliologistes les plus éminents de notre époque.

Murex brandaris. — « Il est aujourd'hui bien reconnu, dit M. Deshayes, que le *murex brandaris* est la coquille qui fournissait aux anciens leur belle couleur de pourpre..... Les auteurs qui suivirent ne furent pas tous d'une opinion semblable, et l'on a vu Réaumur, après une discussion approfondie, présenter l'opinion nouvelle, que la pourpre des anciens était produite par une coquille qui vit uniquement dans l'océan Atlantique (*purpura lapillus*, Lamk.), et que l'on n'a point encore recueillie dans la Méditerranée. Cette opinion de Réaumur ne peut donc être adoptée; car, sans aucun doute, les anciens trouvaient près d'eux et en abondance le mollusque qui leur fournissait la pourpre. Notre savant ami M. Bory de Saint-Vincent, dans son ouvrage sur les îles Fortunées,

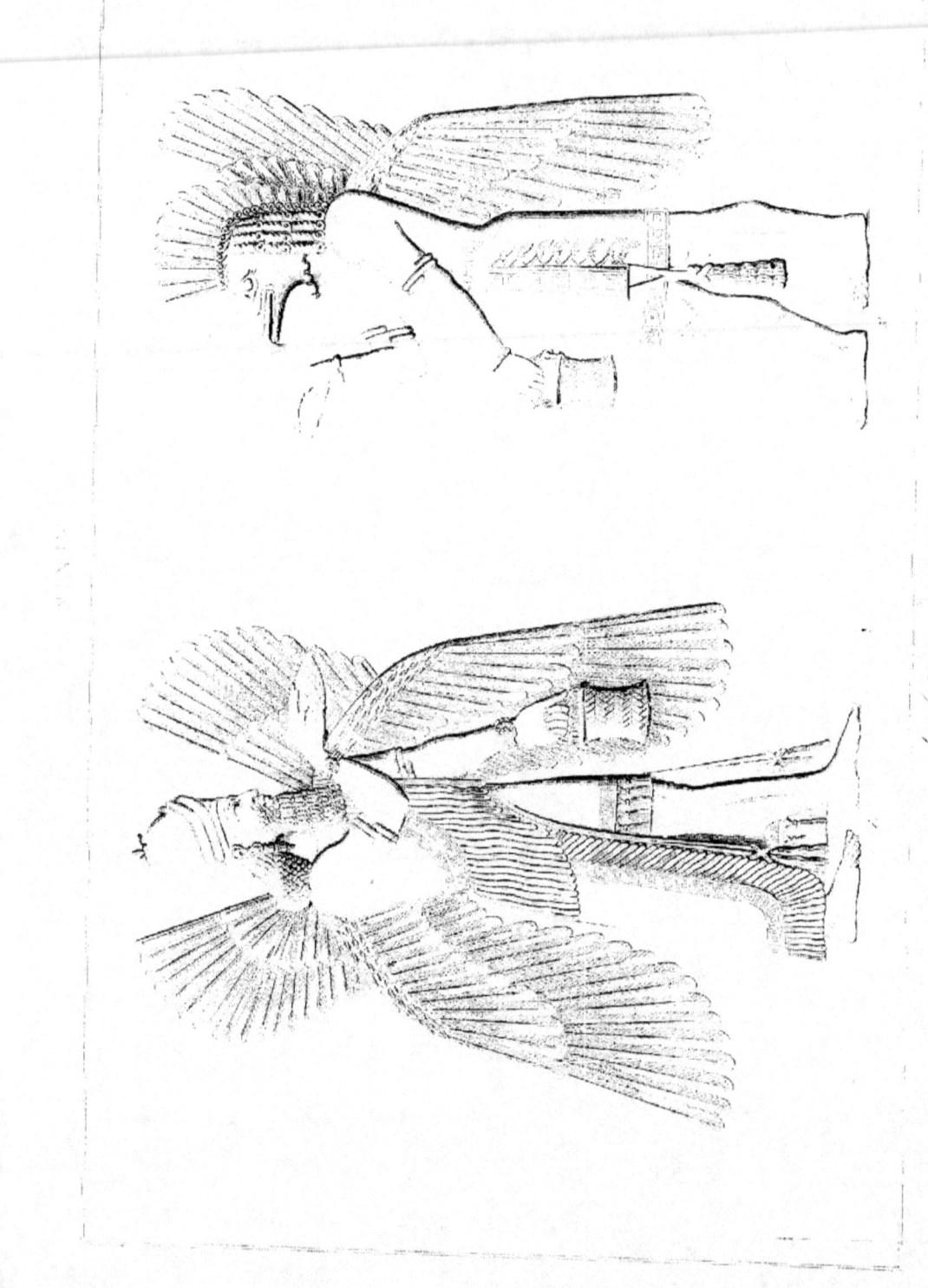

...nse que les anciens allaient chercher ns ces îles une plante tinctoriale (l'or-ille) qui y est très-abondante, et que est d'elle qu'ils tirèrent d'abord la belle einture pourpre qui avait tant de valeur ez eux. Cette manière de voir, tout génieuse qu'elle nous paraisse, ne s'accorde point avec les faits tels que les auteurs anciens les rapportent. Pline, en effet, décrit avec exactitude les procédés employés pour retirer du mollusque la belle couleur pourpre. Cette couleur a la propriété de s'imprégner d'une manière très-durable sur les étoffes de laine, sans que ces étoffes aient subi aucune préparation. Pline indique même par quels moyens l'on peut obtenir divers degrés de teinture ou plutôt diverses qualités, selon certains procédés, ou en trempant les étoffes dans la liqueur après que les plus fines et les plus chères ont été teintes. Il ajoute aussi comment les teintures les plus vulgaires s'obtenaient, en prenant presque toute espèce de mollusques à coquille, et en leur faisant subir une préparation semblable à celle de la véritable pourpre. Rien du récit de Pline ne peut s'accorder avec l'opinion de M. Bory de Saint-Vincent. Nous croyons donc qu'elle peut être mise au nombre des théories, assez multipliées, qui ont été présentées à diverses époques sur la pourpre des anciens. Un fait important est dû à l'exploration de la Morée par la commission scientifique; c'est celui qui a été recueilli par M. Boblaye. Ce savant distingué a observé dans les ruines d'une ville antique des amas considérables du *murex brandaris*, amas qu'il crut d'abord être semblables à quelques-uns des dépôts les plus modernes que l'on rencontre épars dans les plaines basses de la Morée; mais, ayant remarqué que ces amas de *murex brandaris* étaient formés de cette seule espèce, dont le test avait une altération particulière, que ne présente pas celui des individus recueillis dans les dépôts modernes, ce savant demeura convaincu par l'ensemble de ces faits que ces amas étaient le résultat de la fabrication en grand de la teinture pourpre, dont ils étaient une preuve authentique. Plusieurs travaux historiques sur la pourpre des anciens ayant été produits à diverses époques, il est inutile d'insister davantage sur un sujet à l'égard duquel nous ne pourrions répéter que ce qui était déjà su.

« Le *murex brandaris*, intéressant sous le rapport historique, ne l'est pas moins sous le rapport zoologique, à cause des nombreuses variations qu'il offre soit à l'état vivant, soit à l'état fossile. Lorsque l'on a sous les yeux un très-grand nombre d'individus provenant de diverses localités, on aperçoit une série de dégradations ; c'est ainsi que les épines qui couronnent la spire deviennent de plus en plus courtes et finissent quelquefois par être réduites à de simples tubercules obtus et arrondis; le canal de la base, ordinairement très-long, se raccourcit lui-même progressivement, et finit par n'avoir plus que la moitié de sa longueur habituelle. (C'est ce qu'on voit dans le *murex trunculus*.)

« Si ces variétés ne se présentaient que sur un petit nombre d'individus, on pourrait supposer qu'elles sont le résultat d'un accident ; mais elles se répètent sur un grand nombre des mêmes localités, ce qui fait voir que la cause qui les produit s'est introduite profondément dans l'organisation. Si, après les avoir envisagées sous le rapport des décroissements, nous les examinons dans la variété où ces parties s'accroissent, nous en trouverons qui, au lieu de deux rangs d'épines sur le dernier tour, en ont un troisième, placé entre les deux autres ; dans d'autres variétés les épines de la base du canal deviennent fort grandes, et celles du dernier tour s'allongent aussi et se recourbent en arrière; les stries transverses, ordinairement très-fines, deviennent quelquefois plus profondes et finissent par se changer en de véritables sillons. Ces variétés assez tranchées que nous venons de signaler se joignent par une foule de nuances individuelles, qu'il serait impossible de décrire séparément, et qu'il suffit de voir une seule fois pour être assuré qu'elles constituent par leur ensemble une seule espèce susceptible de recevoir et de conserver des modifications assez profondes pour que le test lui-même en porte l'empreinte (1). »

D'après les expériences de Heusin-

---

(1) M. Deshayes, *Mollusques de la Méditerranée* (*Expédition scientifique de la Morée*, tom. III, p. 189).

ger (1), la matière colorante réside dans le sac calcaire ou rein des gastéropodes. Ce sac est situé à droite du cœur et renferme le pigmentum au centre d'une masse calcaire plus ou moins cristalline. De la partie postérieure du rein sort un canal excréteur qui longe l'intestin rectum. La matière colorante est donc sécrétée directement par le rein ou indirectement par les glandules qui l'entourent. Primitivement *blanche*, elle passe, par l'influence de la chaleur et de la lumière, successivement au *vert clair*, au *vert foncé*, au *vert bleuâtre*, au *bleu*, au *rouge*, au *rouge foncé*. Cette dernière nuance devient d'un *pourpre noir*, par l'action de l'eau de savon. Les différents acides et alcalis peuvent produire une infinité d'autres nuances.

Le mot *pourpre* (*purpurea sc. vestis,*) πορφύρεος) ne doit pas s'entendre de toutes les couleurs obtenues avec des espèces de buccin ou de murex. On connaissait aussi l'usage de certaines plantes pour teindre en pourpre ; il y avait de ces établissements de teinture dans le golfe Arabique et dans le golfe Persique (2). La teinture rouge ou violette végétale peut être cependant moins ancienne que celle faite avec des substances tirées du règne animal. Cette dernière, déjà mentionnée par Homère (*Iliad.*, VI, 291; *Odyss.*, XV, 424), s'appelait souvent ἁλιπόρφυρος pour la distinguer de la première. Mais de ce qu'on fabriquait aussi des étoffes de pourpre en Lydie, dans l'Arabie, et même dans l'Inde (3), il ne faut pas conclure, comme Movers, que l'art de teindre en pourpre n'a pas été inventé en Phénicie ; car on confond ici évidemment les deux espèces de pourpre, la végétale (connue en Lydie, Arabie, Inde), et l'animale, qui était exclusivement phénicienne (pourpre tyrienne ou sidonienne). Celle-ci était employée, selon la Bible, principalement chez les Assyriens, les Araméens, les Babyloniens, les Perses, les Madianites (1). Les rois de l'Asie en faisaient une grande consommation; dans le palais de Suze on conservait des étoffes de pourpre pour la somme énorme de 5,000 talents. La pourpre n'était jamais oubliée là où il était question de luxe asiatique (2). D'après la tradition mythologique, Sandon-Hercule en fut l'inventeur ; il en orna, selon les uns, Astarté, sa bien-aimée. Selon d'autres, l'inventeur de la pourpre fut un roi de Phénicie : celui-ci filait lui-même la laine, portait une robe de pourpre, trônait sous un dais de pourpre, et se consuma sur un bûcher avec ses habits de pourpre (3).

Il y avait des fabriques et des pêcheries de pourpre non-seulement sur les bords de la Méditerranée, mais encore dans quelques établissements de la côte (4) Atlantique de l'Europe et de l'Afrique. Selon Vitruve, le sac tinctorial des mollusques variait de couleur suivant les contrées.

Voici l'énumération des localités où les Phéniciens avaient des fabriques et pêcheries de pourpre : sur la côte de la Syrie: *Tyr* (Strab., XVI, 2 ; Plin., V, 19), *Sidon* (Clem. Alexandr., *Pædag.*, II,

---

(1) *De Purpura antiquorum*, etc., in-4°; Eiensach, 1826.

(2) Stephan. Byzant. v. Ἀβασγνοί, Strab., XVI, 4 (p. 784, édit. Casaub.); Arrian., *Peripl. Mar. Erith.*, p. 13 édit. Hudson; Arrian., *Anabas.*, VII, 19. Pour les plantes tinctoriales employées chez les anciens, voy. Joan. Lyd., *de Magistr.* III, 64 ; Vopisc. Aurel., c. 29; Steph. Byz., l. cit.; Ibn Baïthar, tom. I, p. 28, éd. Sontheimer.

(3) Hom., *Iliad.*, IV, 141 ; Aristoph., *Pax*, v. 1173; *Acharn.*, 112 ; Ælian., *Hist. An.*, IV, 46; Athen., II, 30 ; Ctésias apud *Phot.*, p. 47 ; Arian., *Peripl. Mar. Eryth.*, p. 21 édit. Hud. Cf. F. Benary, dans *Jahrbüch. für wissenschaftl. Kritik.*, année 1841, p. 141.

(1) Ezéch., XXIII, 6 ; XXVII, 24. ; Jerem., X, 9; Dan., V, 7 ; XVI, 29 ; Esth., I, 6 ; VIII, 15; Jud., VIII, 26.

(2) Athen., XII, 38; Arrian. *Anab.*, VI, 29; Curt., X, 1, 24 ; Liv., IX, 5; Diod., *De Alexand. fort.* c. 2.; Plut., XVII, 70 ; Plutarch. *Alex.*, c. 36.

(3) Pollux, *Onom.*, I, 45 ; Achill. Tat., I, 1 ; II, 11 ; Joan. Lyd., *De Mens.*, I, 19 ; Diod., II, 23; Dio Chrysost. *Orat.*, tom. II p. 323 éd. Reisk.; Tertull., *De Pallio*, c. 4 ; Lucien., *Quomodo Hist.*, etc., c. 10 ; Treb. Pollio, *Trig. Tyr.*, c. 29 ; Justin., I, 3 ; Ath., XII, 38.

(4) Vitruv., *De Architect.*, VI, 13 ; 1, 2. Ce qu'il y a de certain, c'est qu'il existe des coquillages à pourpre (les *ianthines*) qui appartiennent plus particulièrement à l'océan Atlantique.

PHÉNICIE.

10, § 115; Vopisc., *Aurel.*, c. 29), *Sarepta*, *Dor* (Steph., 373. v. Δώρος), Césarée, *Lydda*. En face du littoral de la Syrie : *Chypre* (Isid., *Orig.*, XIX, 28, 3); les côtes du *Péloponnèse*, d'où les Tyriens tiraient du temps d'Ézéchiel leurs meilleures pourpres (Ézéch., XXVII, 7); l'île de Cythère (*Porphyrusa*). Les Cariens, faisant la concurrence aux Tyriens, fournissaient la pourpre laconienne (Strab., VIII, 6; Pausan., III, 21, 6). Il y avait de ces fabriques dans les îles de *Crète*, de *Théra*, de *Rhodes*, de *Cos*, de *Misyrus* et de *Gyarus*. Sur le littoral du nord de l'Afrique : *Meninx* (Plin., IX, 60), *Succubis* (Treb. Pollion., *Claud.* c. 14), *Zuchis*, dans la petite Syrte (Strab., XVII, 3), *Culla*, dans la Mauritanie (Solin., c. 39). Il y en avait aussi, sur la côte Ibérique, dans la Turditaine, et dans les îles Baléares. Enfin, les colonies de la côte Atlantique et des îles Canaries fournissaient la fameuse *pourpre gétulique* (1).

Outre les auteurs cités (Aristote, Pline, Vitruve, Athénée, Pollux, Cole, Réaumur, Duhamel, Deshayes, Heusinger), ont traité de la pourpre :

Fab. Columna, *Tractatus de Purpura*; in-4°, Romæ, 1616; ed. major, cum adnotationibus, 1674.

G. Wedelius, *Programma de Purpura et Bysso*; in-4°, Ienæ, 1706.

G. G. Richter, *Programma de Purpuræ antiquo et novo Pigmento*; in-4°, Gœtting, 1741.

Roswall, *Dissertatio de Purpura*; in-4°, Lond., 1750.

(1) Horat., *Epist.* II, 2, 181; Mela, III, 10; Sil. Ital., XVI, 570; Plin., V, 1; VI, 37; Solin., c. 56.

J. A. Peyssonnel, *Observ. on the Limax*, etc. (*Philosoph. Transact. of Lond.*, vol. L°, année 1757, p. 585).

Giuseppe Olivier, *Della Scoperta di due Testacei Porporifici, con alcune riflessioni sopra la porpora degli antichi*, etc. (Opuscoli scelti di Milano, XIV, 361; *Zoologia Adriatica*, p. 156 et 303).

L. Beffi, *Delle Porpore* (Opuscoli scelti di Milano, t. XVI, 130).

Angel. Cortinovis, *Sopra di alcuni sperimenti sulle Chiocciole porporifere* (Opuscoli scelti di Milano, t. XVII, 50).

Amati, *De Restitutione Purpurarum*, edit. III, Cesenæ, 1784. — A cet ouvrage on a joint le traité *De antiqua et nupera Purpura*, avec des notes par Capelli.

Michaele Rosa, *Dissertazione delle Porpore e delle materie vestiarie presso gli antichi*, 1786.

Marti, *Memorias sobre la Purpura de los antiguos, restaurada en España*, in-4°, Madrid, 1779.

H. de Blainville, *Disposition méthodique des espèces récentes et fossiles des genres Pourpre, ricinule, licorne et concholépas*, etc. (Nouvelles Annales du Muséum, année 1832, t. I, p. 189).

W. A. Schmidt, *Forschungen aus dem Gebiete des Alterthums*, t. I, p. 96-212.

Heeren, dans le t. II, p. 97 (de l'edit. franç.) n'a fait que reproduire les idées, en grande partie inexactes, d'Amati.

Voici les gravures (grandeur naturelle) des coquillages propres à donner de la pourpre : fig. 1, *murex brandaris*, L.; fig. 2, *murex trunculus*, Lam.; fig. 3, *Purpura hæmastoma*, Lam.; fig. 4, *Ianthine communis*, L.

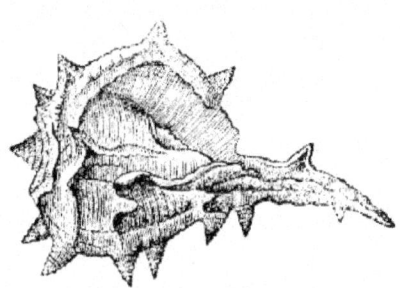

fig. 1.

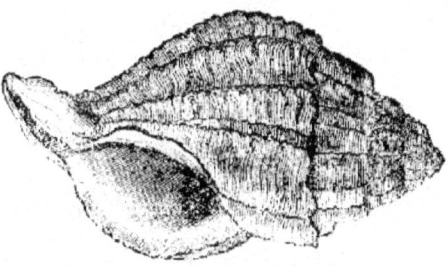

fig. 2.

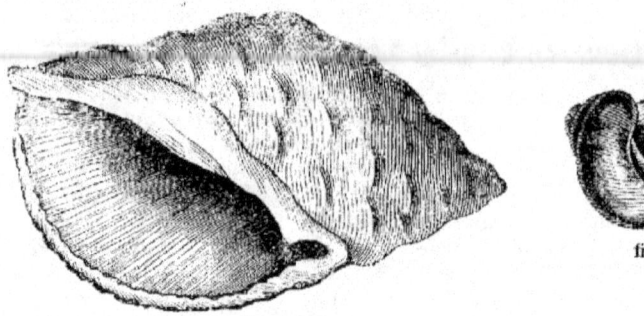

fig. 3.   fig. 4.

Après la teinture de la pourpre (1), on attribue aux Phéniciens deux autres inventions fort importantes, celle des lettres et celle du verre. Toutes ces questions de priorité sont presque impossibles à résoudre, et n'offrent d'ailleurs qu'un intérêt fort secondaire. Les Égyptiens connaissaient le verre de temps immémorial. Les anciens s'accordent à dire (Hérodot., V, 57, 58; Diod., V. 74) que l'écriture a été apportée des Phéniciens chez les Grecs. Il résulte en effet d'un examen comparatif que l'alphabet grec primitif correspond exactement aux vingt-deux lettres de l'alphabet phénicien. Plutarque (*Quæst. symp.*, IX, 3) et Pline (VII, 56) rapportent que Palamède avait ajouté, du temps de la guerre de Troie, à l'ancien alphabet quatre caractères nouveaux : θ, ξ, φ, χ, et que plus tard Simonide y ajouta ζ, η, ψ, ω. Mais ceci est inexact, au moins pour ζ, η, θ, qui appartiennent évidemment à l'ancien alphabet.

Une chose remarquable, c'est que le développement extraordinaire du commerce n'avait pas fait négliger la culture du sol. La viticulture passe même pour avoir été inventée par les Tyriens (2). Les vins de Tyr, de Byblos, de Béryte, de Tripolis, de Sarepta, de Gaza et d'Ascalon étaient exportés au loin. Quelques-uns de ces vins sont même vantés des gourmets de Rome et de la Grèce.

L'art de saler les poissons (ταριχεία) était connu et pratiqué bien longtemps avant le Hollandais auquel Charles-Quint fit élever une statue. Les pêcheries de Tyr et de Béryte étaient très-productives.

Les Phéniciens paraissent avoir servi de modèles à plusieurs nations dans l'art de l'architecture et des fortifications. C'est à eux qu'on doit l'invention du pavage : les rues de Carthage et de Tyr furent pavées lors de la fondation même de ces villes (1). Des ouvriers sidoniens et giblites avaient construit le temple et les principaux palais de Jérusalem (2). Les cèdres et les carrières de marbre du Liban fournissaient leurs matériaux de construction. Le bois de cèdre ou de cyprès était estimé, pour son incorruptibilité. Dans l'intérieur des palais les murs étaient plaqués d'or ou d'ivoire ; le plancher était en marbre. — Les Phéniciens étaient passés maîtres dans la construction des navires (3). Les inépuisables forêts de cèdres du Liban étaient surtout très-propres à cela. Les grands et beaux navires de commerce portaient le nom générique de *vaisseaux de Tarsis* ou de *Turditaine*, c'est-à-dire de vaisseaux qui faisaient le service entre la Phénicie et Tarsis ou la Turditaine (4). On em-

(1) Quelques écrivains prétendent que la pourpre de Tyr était faite avec des plantes tinctoriales, comme la garance, le pastel, l'indigo, etc. Il se peut qu'on ait fait très-anciennement usage de ces matières colorantes ; mais cela ne détruit point la fabrication de la pourpre avec des coquillages.
(2) Achill. Tat., II; 2.

(1) Virgil., *Æn.*, I, 423 ; Nonn. *Dion.*, XL, 354 et sq.
(2) I Reg., V, 20 ; II Sam., V, 11 ; Ézech., XXVII, 9.
(3) Strab., XVI, 2, 23 ; Hérod., VII, 97 ; Diod., XI, 13.
(4) I Reg., X, 22 ; XXII, 49 ; Strab., III, 2.

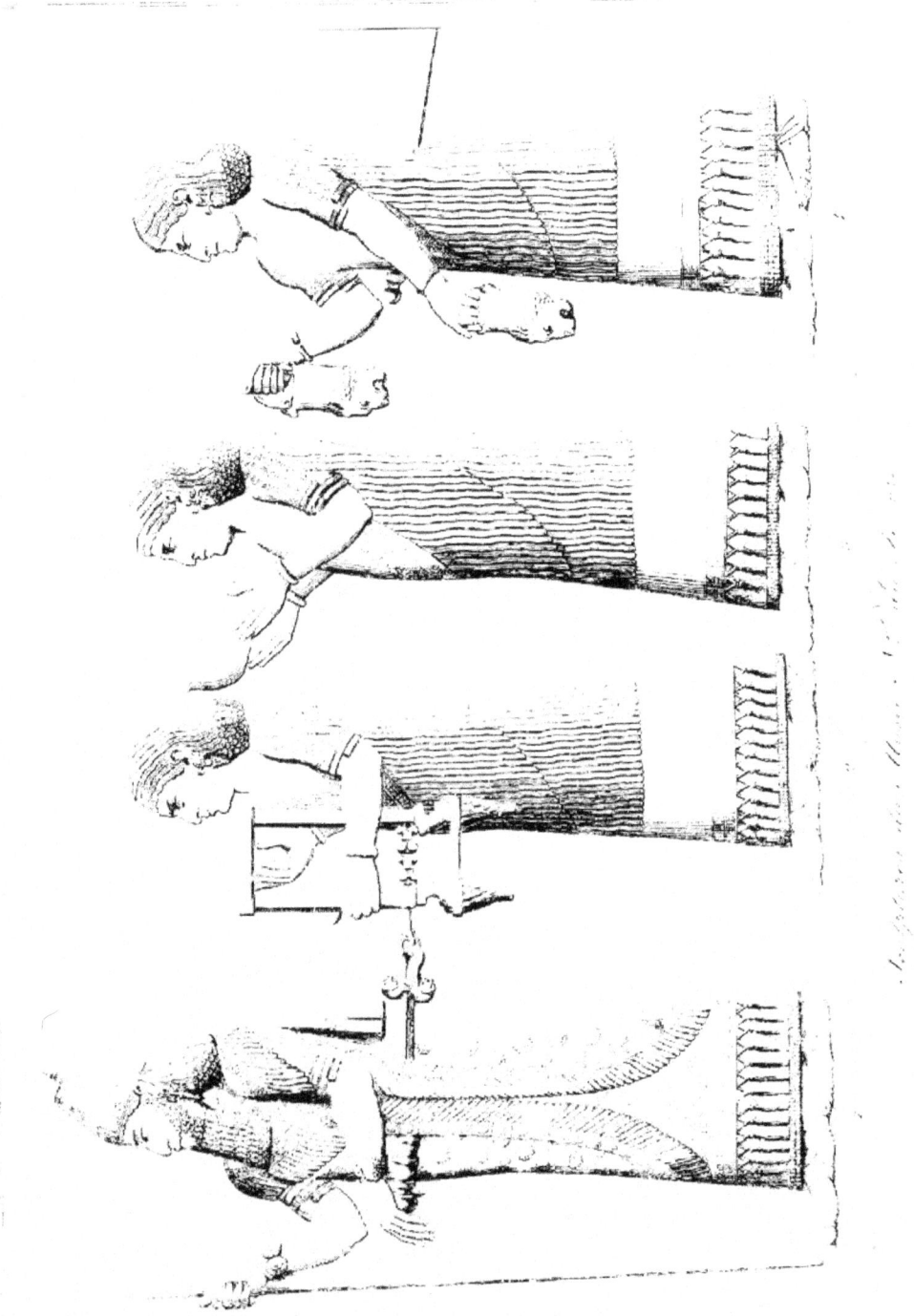

ployait aussi cette expression au figuré pour indiquer quelque chose de grand, de beau, de magnifique (1). Les vaisseaux marchands ordinaires s'appelaient γαῦλοι (2); leur tirant était faible; ils étaient larges, voûtés et propres à loger une volumineuse cargaison.

La métallurgie, dont nous avons déjà dit un mot, était une des principales richesses des Phéniciens. Les mythographes en attribuent l'invention à Alètes, le même que Cadmus. Les mines les plus exploitées se trouvaient dans l'île de Chypre, dans la Bithynie, la Thrace, la Sardaigne, l'Ibérie et la Mauritanie. Malheureusement, nous n'avons que fort peu de renseignements sur les différentes méthodes d'exploitation employées chez les anciens. Peut-être parviendra-t-on un jour, par des fouilles qu'on fera dans d'anciennes mines abandonnées en Espagne, à combler cette lacune, si regrettable, de l'histoire de la science. Le vœu que nous émettons vient d'être en partie rempli, grâce au zèle infatigable de MM. Guillaume Schulz et Adrien Paillette. Voici comment ces deux savants ingénieurs résument leurs observations récentes sur les fameuses mines d'étain de la presqu'île Ibérique, jadis exploitées par les Phéniciens et les Carthaginois (3) :

« Si l'on jette un coup d'œil sur les auteurs anciens, on ne tarde pas à reconnaître que l'étain était employé dès la plus haute antiquité, et que l'un des plus grands commerces des Phéniciens fut la vente de ce métal, qu'ils achetaient dans les pays situés au delà des colonnes d'Hercule et de la colonie de Tartessus.

« Plus tard, nous voyons Posidonius et Pline parler clairement, sous les noms de *cassiteron* et de *plumbum album*, de l'étain qu'on exploitait du côté de la Lusitanie, chez les Artabres et les Galiciens, ainsi que sur d'autres points qu'ils indiquent toujours comme situés au nord de la Lusitanie ou Portugal.

« Les auteurs que nous citons disent que l'étain n'était pas seulement trouvé à la surface de la terre, mais bien exploité par excavations et fondu ainsi qu'on le fait pour l'or et l'argent. Pline parle encore des sables stannifères de couleur noire qui sont lavés et fondus ensuite dans des fourneaux destinés à cet usage. Comme on le voit, tout ceci s'applique bien aux minerais de la province de Zamora, de Galice et des Asturies. Mais ce que les relations anciennes offrent selon nous de plus remarquable, c'est le passage de Pline, cap. 47, passage qui l'a fait souvent accuser d'inexactitude dans ses récits.... « *Invenitur et in aurariis metallis quæ alutia vocant....* » Passage qui tendrait à prouver que Pline a voulu parler des mines d'étain d'Ablaneda, situées à côté des immenses exploitations et lavoirs d'or des environs de Salas, dont nous parlerons, ainsi que de plusieurs mines d'or des Asturies, dans un mémoire que nous préparons depuis longtemps. Nous ne connaissons en effet aucune exploitation d'étain et d'or dans le même gisement. Ces mines d'étain de l'antiquité dans les Asturies sont très curieuses. L'une, celle de Salabe, probablement chez les anciens Artabres, située sur le bord de la mer, à l'est de Ribadeo, se présentait sous les rapports les plus favorables pour un peuple navigateur et hardi comme la nation phénicienne, et l'autre, non loin des rives du fleuve (le Nalon, Nœlus), où existait, selon les *Tables* de Ptolémée, la fameuse Argentoleas, n'offrait pas des conditions moins avantageuses de transport et d'exploitation. Nous n'avons pas la prétention de formuler dans la présente notice une monographie complète de ces mines anciennes, notre intention étant de fournir seulement une légère idée des terrains stannifères de la Galice et des Asturies, et en même temps de faire connaître plus spécialement celui qui a fourni la pyrite stannifère. Nous dirons pourtant quelques mots des vieilles exploitations, afin de pouvoir donner à comprendre les résultats du traitement de la ballestérosite et les passages obscurs des auteurs anciens (Pline, entre autres) sur le *plumbum album*, *candidum*, et sur

---

(1) Psalm., XLVIII, 8.
(2) Herodot., III, 136; VI, 17; Scyl. *Peripl.*, § 111; Athen., VII, 114.
(3) Notice sur quelques gisements d'étain en Espagne, dans le *Bulletin de la Société Géolog.*, décembre 1849.

le *stannum*, divisé en trois classes bien distinctes par le même auteur.

« *Roches des gisements stannifères.* Les gisements d'étain dans la Galice sont distribués dans trois régions, ainsi que l'a indiqué l'un de nous dans sa description géologique de ce pays. — L'un de ces districts est celui de Penouta et Ramilo, dans la partie orientale de la province d'Orense, où l'on rencontre l'étain oxydé en petites masses ou en petits filons, soit dans le granit en partie décomposé, soit dans un schiste micacé contigu à ce même granit. La découverte de ce minéral date de la fin du dernier siècle; mais son exploitation n'a jamais eu une véritable valeur. Elle occupe accidentellement quelques paysans, ainsi que cela avait lieu dès l'origine de la découverte, et se continue de nos jours dans la province limitrophe de Zamora. — Le deuxième ces districts embrasse le pays de Verin et Monterey, au sud d'Orense, près des frontières du Portugal. Dans cette région on trouvait l'étain oxydé dans les fentes du granit qui se montre au village de Arcucelos, ou bien en filons très-étroits courant au milieu des schistes micacés amphibolifères de Villar de Cuervos. D'immenses travaux de recherches, pratiqués au compte du gouvernement espagnol durant les premières années de ce siècle, ont fourni de l'étain de qualité supérieure, mais pas en assez grande quantité pour que l'État en continuât l'exploitation. Diverses circonstances locales, qu'il est inutile de rapporter ici, ont été cause que ce gisement n'a pas été l'objet d'entreprises particulières ultérieures. — La troisième et principale région stannifère de la Galice existe dans les montagnes de Monter et de Aviou, et la limite des provinces d'Orense et de Pontevedra. La découverte date de 1830, et elle va en augmentant peu à peu d'importance, puisque actuellement on y connaît plus de trente filons, sur un espace de trois lieues carrées. — Quelques-uns d'entre eux sont d'une grande régularité et d'une certaine richesse, fournissant l'étain oxydé massif en veines qui ont de un à vingt centimètres de puissance, qui sont accompagnées de mica jaunâtre, de quartz blanc. Les filons coupent le schiste micacé amphibolique, non loin du contact avec le granit. Leur exploitation, bien que n'ayant pas été suspendue depuis l'origine de la découverte, n'a cependant pas pris tout l'essor qu'elle méritait, par suite du manque de chemins, de l'isolement de cette contrée, et surtout en raison du bas prix de l'étain anglais en Espagne. Dans ce district stannifère on trouve abondamment de beaux échantillons de tungstate de chaux, de wolfram, de blende, et parfois aussi d'émeraudes blanches.

« On n'exploite pas aujourd'hui de mine d'étain dans les Asturies; mais nous connaissons deux endroits où, selon les apparences, il y eut dans l'antiquité la plus reculée des exploitations montées sur une vaste échelle. Nous ne nous hasarderons pourtant pas à dire sous quelle forme se présentait le minerai et quelle était sa qualité. L'ancienne exploitation de Salabe sur la côte de la mer Cantabrique à une lieue et demie à l'est de Ribadeo, fut ouverte, selon toutes les probabilités, sur un gisement d'étain situé au centre de roches plutoniques (granit, porphyre, syénite, amphibolite), qui se trouve pour ainsi dire isolé au milieu de cette vaste extension de schistes argileux, ardoisiers et de grauwake du système que MM. Sedgwick et Murchison nommèrent, il y a longues années, cambrien. L'attaque du gîte, qui a lieu à ciel ouvert, descend à notre connaissance, à plus de vingt mètres, et l'espace exploité, de forme très-irrégulière, dénote pourtant un cubage de plus de quatre millions de mètres cubes, sans qu'il reste pour cela en quelque endroit un atome de gangue ou de filon qui n'ait pas été utilisé. Trois galeries d'écoulement percées à différents niveaux ont servi successivement à la sortie des eaux qui pouvaient incommoder le champ d'exploitation. La plus profonde est au niveau même de notre Océan actuel qui la baigne, et dont les flots, si impétueux dans la saison d'hiver, ont garni l'entrée principale de galets et de cailloux roulés. Un canal ou aqueduc (*acequia*) amenait, après les milliers de détours qu'exigeait un parcours de trois lieues de longueur, les eaux que pouvait nécessiter cette vaste exploitation. Le minerai se

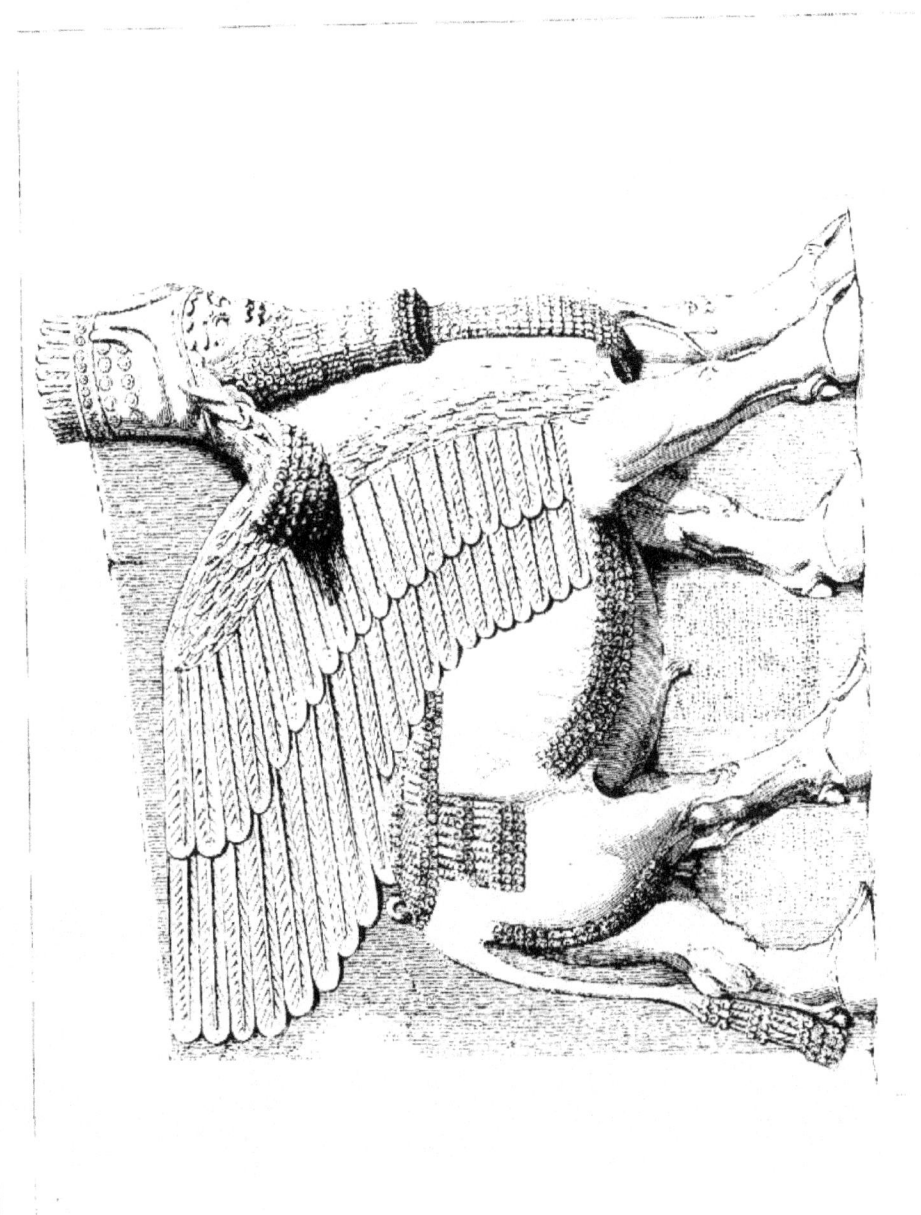

brisait à la main, et passait ensuite au moulin à bras (*rota trusatilis*) sur des blocs de quartz, ainsi que le prouvent ceux qu'on a trouvés, et qui attestent un long usage dans ce service.

« Les fourneaux qui servaient à fondre le minerai étaient petits, nombreux, et tous renfermés dans une *double enceinte* de fossés formant une fortification (différente des *castra*), à peu de distance de la mine même. Les poids dont se servaient les anciens ouvriers pour mesurer ou vendre le fruit de leurs labeurs étaient de pierre, et pourtant d'une aussi grande exactitude que ceux de bronze. Une forte couche de tourbe couvre malheureusement le fond visible de cette étonnante excavation. Malgré tout, on peut dire sans crainte que le fond véritable est au-dessous du niveau de la mer, qui forme une sorte de lac de nous ne savons combien de mètres de profondeur. Les seuls minéraux qu'on rencontre sur les parois de ce gouffre sont du sulfure de molybdène et de la pyrite en assez grande abondance, il est vrai, mais toujours engagés dans le granit porphyrique ou le porphyre. Nous ne saurions dire si l'on a exploité dans ces lieux l'étain oxydé pur ou un autre minerai de ce métal.

« La vieille exploitation d'Ablaneda, située à une lieue sud de Salas et à sept lieues à l'ouest d'Oviédo, n'est pas moins étonnante que celle de Salabe, peut-être même fut-elle prise sur une échelle plus incroyable. — Comme elle est située sur le penchant d'une montagne, elle présente cette circonstance remarquable de trois aqueducs (*acequias*) à des niveaux différents, aqueducs qui servirent dans les temps anciens à amener, par des moyens soigneusement exécutés, des eaux courantes sur le siége d'exploitation. Le premier ou le plus bas de ces aqueducs a tout au plus une demi-lieue de longueur. Le troisième, sans doute le plus moderne, à trente mètres au-dessus du second, par conséquent à une cinquantaine de mètres au-dessus du premier, ne laisse pas que d'avoir près de deux lieues de parcours. Tous trois sont admirablement tracés et souvent taillés dans un quartzite très-dur. Ces trois canaux ou aqueducs prouvent jusqu'à l'évidence que les anciens exploitants avaient besoin d'eau courante sur les lieux où ils abattaient et travaillaient le minéral, et qu'il ne leur suffisait pas d'avoir l'eau au pied de l'endroit d'où ils extrayaient la mine.

« Ces mêmes besoins ou nécessités peuvent avoir été remplis à Salade avec un seul aqueduc, par cette raison toute simple que le pays est plat, et que l'exploitation, s'étendant dans le sens horizontal, augmentait en profondeur. C'est, par conséquent, le contraire de ce qui a dû exister à Ablaneda, où les travaux ouverts au pied d'une montagne ont pris de l'accroissement en hauteur. La contrée d'Ablaneda est dans le terrain dévonien plus ou moins modifié, et tout près de la limite orientale du terrain silurien. Au centre du groupe dévonien s'est fait jour une série compliquée de roches plutoniques, telles que granits, diorites et amphibolites. Les roches métamorphiques circonvoisines sont des quartzites ou grès transformés en lydienne noirâtre et du calcaire dévonien amené à l'état de marbre blanc saccharoïde. Ce calcaire a été également l'objet d'une exploitation ancienne.

« Les travaux des mineurs de l'antiquité n'attaquaient pas le granite commun: *Ils suivaient seulement ses points de contact avec le terrain dévonien caractérisé* par une roche grauwachiforme fissurée et bouleversée. Ici, comme à Salabe, le point le plus profond des excavations paraît recouvert d'une espèce de couche de tourbe résultant des matières herbacées qui se sont accumulées dans une sorte de lagune. A une très-petite distance, au sud de ces incroyables travaux, existe un filon de pyrite arsenicale avec pyrite cuivreuse courant dans une diorite qui recouvre le granite. Parmi les éléments de ce filon, véritable gîte de contact, on rencontre des cristaux de grenat, d'amphibole, de feldspath, et de quelques autres minéraux. L'échantillon d'étain oxydé rencontré par M. Desaignes dans les terres labourées de Soto de los Infantes, pourrait provenir du filon de contact que nous venons de citer, et qui est connu sous le nom de *mine de Carlès*, ou bien même des anciennes excavations d'Ablaneda, par la raison toute simple que ces deux gisements sont fort voisins du village de Soto. Au surplus, nous ne saurions assurer quel fut le véritable minerai exploité par les anciens à Ablaneda, quoique nos convictions, assises sur de nombreuses données géologiques et minéralogiques, nous portent à croire que ce minerai a été principalement de l'étain.

« *Gisement de la pyrite stannifère, ou ballestérosite.* — Le récit abrégé que nous venons de faire des anciennes mines des Asturies, où nous supposons, avec de fortes probabilités, qu'on a exploité de l'étain, a pour but principal de démontrer que la découverte de la ballestérosite est complétement indépendante de ces données, et surtout que le nouveau minéral se présente dans des circonstances originales et tout à fait inattendues ».

Les Phéniciens savaient aussi travailler les métaux, et leur donner, ainsi qu'à l'ivoire, les formes les plus variées. Qu'on se rappelle les chefs-d'œuvre que Salomon fit exécuter pour son temple, par Hiram, ouvrier de Tyr. Il faut en lire les détails dans le Ier *livre des Rois*, chap. VII, vers. 13-50 (1).

« Le roi Salomon fit venir de Tyr Hiram, qui était fils d'une femme veuve de la tribu de Nephtali, et dont le père était de Tyr. Il travaillait en bronze, et il était rempli de sagesse, d'intelligence et de science pour faire toutes sortes d'ouvrages de bronze. Hiram étant donc venu trouver le roi Salomon, fit tous les ouvrages qu'il lui ordonna.

« Il fit deux colonnes de bronze, dont chacune avait dix-huit coudées de haut, et un réseau de douze coudées qui entourait chaque colonne.

« Il fit aussi deux chapiteaux de bronze qu'il jeta en fonte, pour mettre sur le haut de chaque colonne; l'un des chapiteaux avait cinq coudées de haut, et l'autre avait aussi la même hauteur de cinq coudées;

« Et on y voyait une espèce de rets et de chaînes entrelacées l'une dans l'autre avec un art admirable. Chaque chapiteau de ces colonnes était jeté en fonte; il y avait sept rangs de mailles dans le réseau de l'un des chapiteaux, et autant dans l'autre.

(1) Comp. II Rois, XXV, 13 et suiv.; *Chroniq.*, IV, 15 et suiv.

« Il fit ces colonnes de manière qu'il y avait deux rangs de mailles qui couvraient et entouraient les chapiteaux; ces mailles étaient posées au-dessus des grenades : il fit le second chapiteau comme le premier.

« Les chapiteaux qui étaient au haut des colonnes dans le parvis étaient faits en façon de lis, et avaient quatre coudées de hauteur.

« Et il y avait encore au haut des colonnes, au-dessus des rets, d'autres chapiteaux proportionnés à la colonne; et autour de ce second chapiteau il y avait deux cents grenades disposées en deux rangs.

« Il mit ces deux colonnes au vestibule du temple : et ayant posé la colonne droite, il l'appela sachin; il posa de même la seconde colonne, qu'il appela booz.

« Il mit au-dessus des colonnes cet ouvrage fait en forme de lis, et l'ouvrage des colonnes fut ainsi entièrement achevé.

« Il fit aussi une mer de fonte, de dix coudées d'un bord jusqu'à l'autre, qui était toute ronde; elle avait cinq coudées de haut, et elle était environnée tout alentour d'un cordon de trente coudées. Au-dessous de son bord il y avait des espèces de consoles qui l'entouraient : savoir, dix dans l'espace de chaque coudée; et il y avait deux rangs de ces consoles qui avaient été aussi jetées en fonte.

« Cette mer était posée sur douze bœufs, trois desquels regardaient le septentrion, trois l'occident, trois le midi, et trois l'orient; et la mer était portée par ces bœufs, dont tout le derrière du corps était caché sous la mer.

« Le bassin avait trois pouces d'épaisseur, et son bord était comme le bord d'une coupe, et comme la feuille d'un lis qui est épanoui; et il contenait deux mille bats.

« Il fit aussi dix socles d'airain, dont chacun avait quatre coudées de long, quatre coudées de large, et trois coudées de haut.

« Ces socles paraissaient comme assemblés de plusieurs pièces, les unes limées et polies, les autres gravées; il y avait des ouvrages de sculpture entre les jointures.

« Là, entre des couronnes et des entrebas, il y avait des lions, des bœufs, et des chérubins ; et au droit des jointures il y avait aussi, tant dessus que dessous, des lions, des bœufs, et comme des courroies d'airain qui pendaient. Chaque socle avait quatre roues d'airain et des essieux d'airain ; aux quatre angles il y avait comme de grandes consoles jetées en fonte, qui soutenaient la cuve, et se regardaient l'une l'autre.

« Au haut du socle il y avait une cavité, dans laquelle entrait la cuve ; ce qui paraissait au dehors était tout rond et d'une coudée, en sorte que le tout était d'une coudée et demie ; il y avait diverses gravures dans les angles des colonnes ; et ce qui était entre les colonnes n'était pas rond, mais carré Les quatre roues qui étaient au droit des quatres angles, étaient jointes ensemble par-dessous le socle, et chacune de ces roues avait une coudée et demie de hauteur.

« Ces roues étaient semblables à celles d'un chariot : leurs essieux, leurs rais, leurs jantes et leurs moyeux étaient tous jetés en fonte.

« Et les quatre consoles qui étaient aux quatre angles de chaque socle, faisaient une même pièce avec le socle, et étaient de même fonte.

« Au haut du socle il y avait un rebord d'une demi-coudée de haut, qui était rond, et travaillé d'une telle manière que le fond de la cuve pût s'y enchâsser ; et il était orné de gravures et de sculptures différentes, qui étaient d'une même pièce avec le socle.

« Hiram fit encore dans les entre-deux des jointures, qui étaient aussi d'airain, et aux angles des chérubins, des lions et des palmes ; ces chérubins représentant un homme qui est debout, en sorte que ces figures paraissaient non point gravées, mais des ouvrages ajoutés tout à l'entour.

« Il fit ainsi dix socles fondus d'une même manière, de même grandeur, et de sculpture pareille.

« Il fit aussi dix cuves d'airain, chacune desquelles contenait quarante bats, et était de quatre coudées de haut : et il posa chaque cuve sur chacune des dix socles.

« Il plaça ces dix socles ; savoir, cinq au côté droit du temple, et cinq autres au côté gauche ; et il mit la mer d'airain au côté droit du temple entre l'orient et le midi.

« Hiram fit aussi des marmites, des chaudrons et des bassins ; et il acheva tout l'ouvrage que le roi Salomon voulait faire dans le temple du Seigneur.

« Il fit donc deux colonnes et deux cordons sur les chapiteaux, avec deux réseaux pour couvrir les deux cordons qui étaient aux chapiteaux des colonnes,

« Et quatre cents grenades dans les deux réseaux : savoir, deux rangs de grenades dans chaque réseau dont étaient couverts les deux cordons des chapiteaux qui étaient au haut des colonnes :

« Dix socles, et dix cuves sur les socles ;

« Une mer, et douze bœufs sous cette mer ;

« Des marmites, des chaudrons et des bassins. Tous les vases qu'Hiram fit par l'ordre du roi Salomon pour la maison du Seigneur étaient de l'airain le plus pur.

« Le roi les fit fondre dans une plaine proche de Jourdain, en un champ où il y avait beaucoup d'argile, entre Socboth et Sarthan.

« Salomon mit dans le temple tous les vases ; et il y en avait une si grande quantité, qu'on ne pouvait marquer le poids de l'airain qu'on y avait employé.

« Salomon fit aussi tout ce qui devait servir dans la maison du Seigneur, l'autel d'or, et la table d'or sur laquelle on devait mettre les pains toujours exposés devant le Seigneur ;

« Et les chandeliers d'or, cinq à droite et cinq à gauche, devant l'oracle, qui étaient de fin or, et au-dessus desquels il y avait des fleurs de lis et des lampes d'or. Il fit aussi des pincettes d'or.

« Des vases à mettre de l'eau, des fourchettes, des coupes, des mortiers, et des encensoirs d'un or très-pur. Les gonds des portes de la maison intérieure du Saint des saints, et des portes de la maison du temple, étaient aussi d'or. »

Les plus anciens monuments de l'art phénicien étaient les colonnes du temple de Melkarth (Hercule) à Tyr, et les petites colonnes d'airain du temple de Melkarth à Gadès, sur les chapiteaux desquels avaient été inscrites toutes les dépenses des constructions (1). Les figures informes de divinités monstrueuses qu'on a trouvées à Mact, dans l'île de Sardaigne, et ailleurs, sont d'une provenance et d'un âge trop incertains pour que nous puissions les faire entrer ici en ligne de compte. — Les coupes sidoniennes, ou vases d'or et d'argent, étaient renommées dans toute l'antiquité (2). Ces coupes, appelées dans Athénée (lib. XI, 54) κύπρια, du mot sémitique כפור, avaient les bords garnis d'ornements d'or (Odyss., IV, 616), et étaient en argent ciselé (3); il y en avait aussi à bords garnis en pierres précieuses (4).

On fabriquait aussi à Tyr et à Sidon des bracelets et des colliers d'or ou d'argent garnis, les uns d'électron (perles de succin), les autres de pierreries (5). Les murs des temples et des palais, les idoles, les boucliers étaient couverts d'or laminé (6).

L'ivoire servait principalement à des travaux de marqueterie, pour orner des palais, des trônes, et même des bancs de trirèmes. On l'employait aussi à la fabrication des instruments de musique, particulièrement des flûtes (7). Les pierreries entraient dans l'ornement du costume royal. Le prophète Ézéchiel (XXVIII, 13) nous montre le roi de Tyr, comme un chérub, brillant de pierres précieuses : « Vous avez été dans les délices du paradis de Dieu; votre vêtement était enrichi de toutes sortes de pierres précieuses; la sardoine, la topaze, le jaspe, la chrysolithe, l'onyx, le béryl, le saphir, l'escarboucle, l'émeraude et l'or ont été employés pour relever votre beauté, et les instruments de musique les plus excellents ont été fabriqués pour célébrer le jour auquel vous avez été créé. »

(1) Strab., III, 5; 5.
(2) Hom., Iliad., XXIII, 740; Virg., Æn., I, 724; Athen., XI, 27.
(3) Virg., Æn., I, 640; Athen., XI, 34.
(4) Virg., Æn., I, 729; Joseph., Antiq., VIII, 7, 2; Diod., III, 47; Cic., in Verr., II, 4, 27.
(5) Odyss., XV, 459; Pausan., IX, 4, 2.
(6) Plin., XXXV, 4; Liv, XXV, 39; 1 Rois, 6, 17; Ezéch., XXVII, 11.
(7) Dion. Halic., VII, 72; Ézéch., XXVII, 6; I Reg., X, 18.

Tyr fournissait au commerce, pendant de longs siècles, des vases et autres objets de verre. Les Égyptiens, qui fabriquaient aussi du verre, ne pouvaient pas soutenir la concurrence. Ce qu'on admirait surtout, c'était les verres ciselés et diversement colorés des Sidoniens (1). Combien de choses que nous croyons d'invention nouvelle! C'est le cas de dire : *Nil novum sub sole*.

On trouve souvent dans les tombeaux étrusques des *boîtes en albâtre*, qui sont exécutées dans le style égyptien, et qui paraissent avoir été apportées en Italie par le commerce des Phéniciens. Les auteurs anciens en parlent (2).

Les principales étoffes teintes étaient la laine et le coton. La laine fine, il en est déjà question dans les mythes qui parlent de l'invention de la pourpre et de l'art de tisser. On la faisait venir, en grande quantité, de Milet, du Pont, de l'Espagne, de l'Afrique de l'Arabie; enfin de tous les pays où l'on s'occupait de l'élève des moutons (3). Le mot בוץ, byssus, paraît avoir été appliqué indifféremment à des étoffes de coton et de lin. Il est probable que le משי du prophète Ézéchiel (XVI, 10) « les fils précieux, solides, » qui venaient des entrepôts de l'Euphrate, étaient le tissu sérique, νῆμα Σηρικόν, c'est-à-dire de la soie. Toutes ces étoffes étaient généralement d'un tissu très-fin, transparent, teint de pourpre et rayé de couleurs variées. Homère (Il., XXIV, 229) nomme παμποίκιλα πέπλα les vêtements tissés par les femmes sidoniennes. Ces mêmes vêtements, imitant le chatoiement des plumes du paon, s'appelaient encore *tyriens*, Τυρέα, au moyen âge (4).

Consultez sur les arts chez les Phéniciens, outre l'excellent ouvrage de Movers, la brochure que vient de publier M. Édouard Gerhard : *Ueber die Kunst der Phœnicier*, Berlin, 1848, 47 pages in-4°, avec 7 planches.

(1) Plin., XXXVI, 65; Strab., XVI, 2, 25; Achill. Tat., II, 3.
(2) Plin., XXXVI, 12; Aristoph., Ran., 1125; Lucian., Hetær., XIV, 2; Theophrast., Caract., 4.
(3) Strab., III, 2; XII, 8; Ézéch., XXVII, 21; Avien., Fab., 13; Polyb., XII, 3.
(4) Constant. Porphyrogen., tom. I, p. 228.

HISTOIRE DE LA PHÉNICIE.

Les Phéniciens sont autochthones : aucun mythe, aucune croyance religieuse indigène, ne les fait venir de l'étranger. Leurs divinités furent aussi leurs premiers rois. Baal ou El, souverain de la Phénicie, avait fondé les plus anciennes villes du pays, parmi lesquelles Sidon prétendait être contemporaine de la création du monde. Sans doute plusieurs de ces divinités, comme Baal, Astarté, etc., se retrouvaient aussi chez les Babyloniens; mais si les uns disent qu'elles furent introduites de la Babylonie, d'autres soutiennent avec tout autant de raison qu'elles y furent apportées de la Phénicie.

La Phénicie est, selon la tradition, le pays natal de *Chna* ou *Phœnix*, d'où descendent les Phéniciens (1). Ceux-ci revendiquèrent la priorité de l'invention de toutes les choses nécessaires à la vie, ainsi que la découverte des sciences, des arts et de l'industrie. Les Cananéens de la Bible sont identiques avec les Phéniciens primitifs.

L'histoire de la Phénicie a été divisée en quatre périodes (2). La première comprend les temps mythologiques jusque vers 1600 avant J. C., époque où Sidon devint la cité la plus puissante du pays.

La deuxième période est de 1600 à 1100 avant J. C. Dans cet intervalle on voit apparaître les Assyriens et les Égyptiens comme nations conquérantes.

La troisième période (de 1100 à 826) est celle de la plus grande splendeur. Les petits établissements que les Phéniciens avaient dans les îles de la Grèce disparaissent et sont remplacés par les grandes colonies fondées dans l'occident de l'Europe et sur la côte Atlantique.

Dans la quatrième période les Phéniciens perdent leur indépendance, et partagent le sort de l'empire des Perses.

(1) Phot., *Biblioth.*, édit. Bekker : Ἐπιχώριος Φοῖνιξ. Solin., XXXVIII, 3 : Hunc Phœnice ortum, qui antiquior Jove, de primis terræ alumnis.

(2) Movers, *des Phænizische Alterthum*, tom. I, part. 2; Berlin, 1849.

Première Période.

Les historiens de l'antique Phénicie, d'après les fragments de Mochus et de Sanchoniathon, assignent à cette période antéhistorique une durée de 30,000 ans, divisée en trois âges. A chacun de ces âges correspondait un ordre particulier de divinités. Le premier coïncide avec la naissance des plus anciens dieux et des premiers autochthones sur le littoral de la Phénicie. Ceux-ci furent les premiers pêcheurs, chasseurs, pasteurs, agriculteurs et navigateurs. Dans le second âge, on voit succéder à cette vie primordiale un État policé, la fondation de villes comme Byblos, Sidon, Tyr, ayant des dieux pour souverains. Dans le troisième âge, le Baal de Sidon, comme roi de la Phénicie, remplaça l'El de Byblos. Mais ici s'arrêtent les fragments de Sanchoniathon (1).

La fertilité du sol, la douceur d'un climat maritime, et certaines circonstances topographiques ont sans doute fait abandonner de bonne heure aux habitants la vie nomade des tribus sémitiques. C'est pourquoi ils sont arrivés plus vite que les autres peuples à un haut degré de civilisation. Les cèdres et cyprès du Liban leur offraient le bois de construction qui manquait aux habitants du sud de la Palestine et aux Égyptiens. De ces mêmes montagnes on tirait le fer et le cuivre, matières nécessaires à la navigation et à l'industrie. Les plaines fertiles du littoral, pourvues d'excellentes rades, fournissaient le lin et le chanvre. Par sa situation, la Phénicie devint de bonne heure l'entrepôt du commerce entre les pays de l'Euphrate, du Nil et de l'Arabie, par conséquent le lien entre le royaume des Pharaons et l'empire des Assyriens.

(1) D'après Philon Hérennius, cité par Étienne de Byzance, le règne de Baal, fondateur de Tyr et de Babylone, est de 2000 ans antérieur à la Sémiramis d'Hérodote. Or, comme cette Sémiramis a vécu cinq générations, c'est-à-dire 150 ans environ, avant Nitocris (vers 750 av. J.-C.), le règne de Baal est de 2750 av. J.-C., époque qui coïncide avec la fondation du temple de Melkarth (hercule) de Tyr. Voy. Steph. Byzant., voc. Βαβυλών.

Deuxième Période.

A l'époque de la conquête de la Palestine par les Israélites (dans le quinzième siècle avant l'ère chrétienne), Sidon était la métropole de la Phénicie, et possédait plusieurs établissements d'industrie et de commerce sur le continent asiatique et dans quelques îles de la Méditerranée. Le pouvoir des Sidoniens doit donc dater au moins depuis 1600 ans avant J. C. Au douzième siècle il passa entre les mains des Tyriens, après la fondation des colonies si importantes de Gadès et d'Utique. Placée entre deux empires également puissants, l'Égypte et l'Assyrie, la Phénicie devait être avec la Palestine souvent le point de mire de l'un et de l'autre. Son alliance ou sa conquête devait être vivement disputée.

Les Assyriens paraissent avoir reculé, dans trois périodes différentes, les limites de leur empire jusque vers le littoral de la Phénicie. Dans chacune de ces périodes apparaît une Sémiramis, toujours contemporaine de la gloire assyro-babylonienne. Dès que les Assyriens ou Babyloniens se montrent conquérants, on voit presque constamment une Sémiramis à leur tête.

Premier empire assyro-babylonien. Il comprenait aussi la Phénicie et la Palestine. Voici les documents sur lesquels on peut s'appuyer. Suivant Ctésias, cité par Diodore (II, 1), Ninus soumit la Phénicie et toute l'Asie Mineure. La légende place le lieu de naissance de Sémiramis à Ascalon, en Syrie. « Il existe, dit Diodore (II, 4, tom. I, p. 115 de ma traduction), dans la Syrie une ville nommée Ascalon. Dans son voisinage est un vaste lac, profond et abondant en poisson. Sur les bords de ce lac se trouve le temple d'une déesse célèbre, que les Syriens appellent Dercéto : elle a le visage d'une femme, et sur tout le reste du corps la forme d'un poisson. Voici les motifs de cette représentation : les hommes les plus savants du pays racontent que Vénus, pour se venger d'une offense que cette déesse lui avait faite, lui inspira un violent amour pour un beau jeune homme qui allait lui offrir un sacrifice; que Dercéto, cédant à sa passion pour ce Syrien, donna naissance à une fille ; mais que, honteuse de sa faiblesse, elle fit disparaître le jeune homme et exposa l'enfant dans un lieu désert et rocailleux ; enfin, qu'elle-même, accablée de honte et de tristesse, se jeta dans le lac et fut transformée en un poisson. C'est pourquoi les Syriens s'abstiennent encore aujourd'hui de manger des poissons, qu'ils vénèrent comme des divinités. Cependant l'enfant fut élevé miraculeusement par des colombes, qui avaient niché en grand nombre dans l'endroit où elle avait été exposée; les unes réchauffaient dans leurs ailes le corps de l'enfant, les autres, épiant le moment où les bouviers et les autres bergers quittaient leurs cabanes, venaient prendre du lait dans leur bec et l'introduisaient goutte à goutte à travers les lèvres de l'enfant, qu'elles élevaient ainsi. Quand leur élève eut atteint l'âge d'un an, et qu'il eut besoin d'aliments plus solides, les colombes lui apportèrent des parcelles de fromage, qui constituaient une nourriture suffisante. Les bergers furent fort étonnés à leur retour de voir leurs fromages becquetés alentour. Après quelques recherches, ils en trouvèrent la cause, et découvrirent un enfant d'une beauté remarquable ; l'emportant avec eux dans leur cabane, ils le donnèrent aux chefs des bergeries royales, nommé Simma; celui-ci, n'ayant point d'enfants, l'éleva comme sa fille, avec beaucoup de soin, et lui donna le nom de Sémiramis, qui signifie colombe, dans la langue syrienne. Depuis lors tous les Syriens accordent à ces oiseaux les honneurs divins. Telle est à peu près l'origine fabuleuse de Sémiramis.

« Cependant Sémiramis était arrivée à l'âge nubile, et surpassait en beauté toutes ses compagnes. Un jour le roi envoya visiter ses bergeries. Memonès, président du conseil royal et administrateur de toute la Syrie, fut chargé de cette mission ; il descendit chez Simma, aperçut Sémiramis, et fut épris de ses charmes. Il pria Simma de la lui donner en mariage; il l'épousa, la mena à Ninive, et eut d'elle deux enfants, Hyapate et Hydaspe. Sémiramis, qui joignait à la beauté de son corps toutes les qualités de l'esprit, était maîtresse absolue de son époux, qui, ne faisant rien sans la consulter, réussissait dans tout. »

D'après une autre tradition, Sémiramis était originaire de Damas, en Syrie. Justin donne la même origine aux Juifs (1). La déesse Tanaïs paraît avoir été, non pas Vénus Urania, mais la Sémiramis mythique.

D'après Ctésias, cité par Diodore, Ninus est le chef des deux dynasties de Babylone et de Ninive auxquelles succédèrent les Mèdes, tandis que chez Bérose il représente la dynastie chaldéenne et arabe : il tue Zoroastre, le dernier roi de la dynastie mède, et fait la guerre en commun avec roi arabe Ariée (2).

Manéthon et Josèphe parlent aussi d'un ancien empire assyrien, qui comprenait la Phénicie et s'étendait jusqu'en Égypte. Josèphe (*Antiq. Jud.*, I, 9. 1; 10, 1) n'hésite pas à rapporter aux Assyriens les données de l'Écriture sainte (*Genes.*, XXIV, 1) relatives à un empire de l'Asie qui s'étendait, vers l'époque d'Abraham (2000 ans avant J.-C.), jusqu'à la Palestine. Cusan-Risataïm, qui commandait en Palestine du temps des Juges, était aussi un roi assyrien (*Ibid.*, V, 3, 2.). Manéthon fait remonter ce grand empire assyrien vers l'époque de la quinzième dynastie égyptienne (2630 à 2347 avant J.-C.). « Dans ce temps les Hyksos vinrent de l'Orient, et soumirent l'Égypte. Salatis, leur premier roi, régnait à Memphis dans la basse Égypte, et songeait à mettre en état de défense l'est de l'Égypte, pour s'opposer à l'ambition des *puissants Assyriens, qui cherchaient à pénétrer dans ce pays*. En conséquence il fortifia une ville dans le nome séthroïtique, appelé Avaris (près de Péluse, entre l'Égypte et la Syrie), y mit une forte armée, et l'exerça à des manœuvres militaires pour intimider les Assyriens (3). » Ailleurs, Manéthon appelle les rois de la quinzième dynastie des *Phéniciens*, c'est-à-dire des habitants de Canaan.

Le chronographe syrien Bar-Hebræus raconte, d'après le fragment d'une liste mythologique des rois de l'ancienne Babylone, que le troisième roi chaldéen, nommé Samir, avait fait la guerre aux Javanites et aux Cananéens, et qu'il les avait vaincus (1). Le nom de *Javanites*, synonyme d'*Ioniens*, s'appliquait particulièrement aux colons grecs de l'Asie Mineure ; et parmi les *Cananéens* on comprenait tout à la fois les habitants de la Palestine et de la Phénicie. Quant à Samir (Hercule-Sandan, Sémiramis?), c'est un personnage sur lequel il est impossible d'avoir des renseignements historiques.

A l'appui d'un empire des Babyloniens et de peuples confédérés, il cite ces paroles de la Genèse (XIV, 1 et suiv.) : « En ce temps-là Amraphel, roi de Sinear (Babylonie), Arioch, roi du Pont, Kedorlaomir, roi des Élamites, et Thadal, roi des Gojim, firent la guerre contre Béla, roi de Sodom, contre Birsat, roi de Gomorrhe, contre Sinéab, roi d'Adama, contre Semober, roi de Seboïm, et contre le roi de Béla, qui est Soar. Tous ces rois s'assemblèrent dans *la vallée des acacias* (עמק השדים), qui est maintenant la *mer de sel* (המלח ים). Ils avaient été assujettis à Kedor pendant douze ans, et la treizième année ils se retirèrent de sa domination. Ainsi, l'an quatorzième, Kedorlaomir vint avec les rois qui s'étaient joints à lui, et ils défirent les Raphaïtes, les Zusites et les Émites. » — Mais dans ces paroles il n'est pas question d'un empire assyrien, mais seulement d'une alliance de rois, parmi lesquels le roi d'Élam était le plus puissant.

D'après une autre tradition, les Assyriens ou Babyloniens paraissent encore au seizième siècle avant J.-C. en guerre avec les Phéniciens. Le canon d'Eusèbe place cette guerre dans l'année 470 après Abraham, qui correspond à peu près à l'année 1544 avant J.-C. Bar-Hebræus mentionne aussi pour cette époque « une puissante lutte des Chaldéens contre les Phéniciens (2). » Plus tard, au quatorzième siècle avant J.-C., époque où régnait à Babylone une dynastie arabe, nous voyons Cusan-Risataïm essayer de reculer les limites de

---

(1) Justin., XXXVI, 2 : *Judæis origo Damascena, Syriæ nobilissima civitas, unde et Assyriis regibus genus et regina Semirami fuit.*
(2) Sincelle, p. 147; Justin, I, 1.
(3) Maneth. apud Joseph., *Contra Apion.*, I, 14.

(1) *Chronograph. Syr.*, p. 10.
(2) *Chron. Syr.* 290.

son empire jusqu'à la mer Méditerranée.

Vers cette même époque il se passa dans l'Asie occidentale des événements auxquels il est fait allusion dans les livres de Moïse. « Les fils d'Ismaël habitaient depuis Khavilah (הוילה) jusqu'à Sur (שור), qui est en face de l'Égypte, quand on entre dans l'Assyrie (*Genes.*, XXV, 18). Les Ismaélites occupaient anciennement une partie de la Mésopotamie et une grande partie de l'Arabie jusqu'à l'Égypte. Les Madianites, qui sont comptés au nombre des Ismaélites, habitaient à l'est de la mer Morte; ils trafiquaient avec l'Égypte. Ceux qui vendirent Joseph à Putiphar en Égypte s'appellent (*Genes.*, XXXVII) indifféremment *Madianites* et *Ismaélites*. « Ils venaient de Giléad, portaient sur leurs chameaux de la gomme en morceaux (1), du baume (2) et de la résine (לט), et ils se rendaient en Égypte (*Genes.*, XXXVII, 25). » — « Les Madianites campèrent dans les plaines de Moab, près du Jourdain, au delà duquel est situé Jéricho » (*Num.*, XXII, 1. Cf. XXVII, 3).

Cusan-Risataïm, roi de la Mésopotamie, était probablement un émir madianite. Les Israélites et les Phéniciens lui furent soumis pendant huit ans, ainsi que le dit la Bible : « Les enfants d'Israël habitèrent au milieu des Cananéens, des Khithéens, des Amoréens, des Périzéens, des Khévéens et des Jébuséens. Ils prirent leurs filles pour femmes, et donnèrent leurs filles à leurs fils, et ils adorèrent leurs dieux. Et les fils d'Israël firent le mal aux yeux de Jéhovah; ils oublièrent Jéhovah, leur dieu; ils adorèrent Baalim et Astaroth. Jéhovah s'irrita contre les Israélites, et les livra dans la main de Cusan-Risataïm, *roi d'Aramée entre les fleuves* (נהרים מלך ארם). Ils servirent Cusan-Risataïm pendant huit ans. » (*Jud.*, III, 5-8.)

---

(1) Le mot נכאת, qui est ici employé, signifie *broiement*. Les Septante le rendent par θυμίαμα; Aquila, par στύραξ. En arabe *nacogh* signifie gomme.

(2) צרי. Conf. Strab., XVI, p. 763, édit.; Casaub. Tacit., *Hist.*, V, 6; Plin., *Hist. Nat.*, XII, 25.

En résumé, les documents qui nous restent sur la seconde dynastie assyrienne sont trop incertains pour être pris sérieusement en considération. On peut écrire des volumes sur des hypothèses et des mythes; mais quel profit en retire-t-on pour la science?

Troisième Période. — *Splendeur de Tyr.*

Depuis son agrandissement par les colons sidoniens en 1209 avant J.-C., la ville de Tyr devint le principal théâtre des événements du pays. A dater de ce moment les livres de l'Ancien Testament passent les Sidoniens presque entièrement sous silence, et ne parlent plus que des richesses des Tyriens. C'est la substitution d'une puissance à une autre. Un fait important, qui marque l'état prospère de Tyr, c'est la fondation des antiques colonies de Gadès et d'Utique, vers 1105 à 1100 avant J.-C. A ce fait se rattachent de grandes entreprises navales, comme la conquête de Tartessus ou de la Turditaine, ainsi que la colonisation des côtes septentrionales et occidentales de l'Afrique.

La constitution primitive de Tyr paraît avoir été d'abord démocratique; puis elle devint oligarchique. A Gadès il y avait deux suffètes, comme dans la métropole. Ces suffètes, qui étaient souvent en guerre avec les Israélites, recevaient le nom de *princes* ou de chefs, ἡγούμενοι. Enfin, depuis qu'*Abibaal*, père de Hiram Ier, s'était emparé du pouvoir souverain, Tyr exerça une sorte d'hégémonie sur toute la Phénicie. Le chef souverain prit le titre de « roi de Tyr, de Sidon et des Phéniciens » (1).

Homère, chose surprenante, ne met en scène que les Sidoniens, à une époque où les Tyriens devaient déjà occuper le premier rang (2). C'est que du temps de ce poëte la puissance des Tyriens était encore trop récente, et la renommée des Sidoniens n'était pas encore effacée chez les autres nations et notamment chez les Grecs.

Ménélas visita à Sidon *Phaidimos*, roi

---

(1) Eupolémus dans Euseb., *Præp. Evang.*, IX, 31.

(2) *Il.*, VI, 290; XXIII, 743; *Odyss.*, IV, 84, 618; XV, 116; XIII, 285.

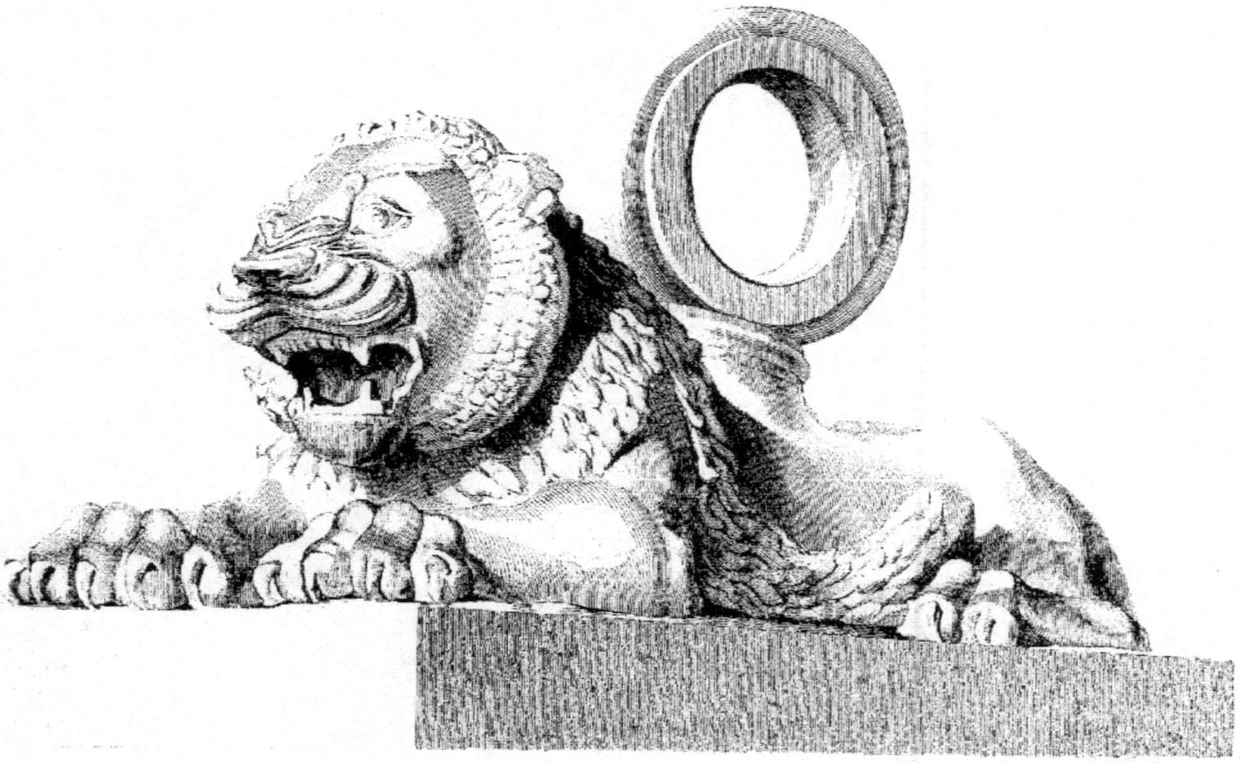

Lion de bronze

des Sidoniens (*Odyss.*, IV, 618; XV, 116). Les scoliastes font ici observer que Phaidimos avait un autre nom en phénicien, et qu'il s'appelait *Sobalos* ou *Sethlon* (1). Phalis figure aussi comme roi de Sidon dans la guerre de Troie.

*Hiram I*er (de 980 à 947 avant J.-C.).

L'histoire de la Phénicie ne commence à se débrouiller qu'au règne de Hiram Ier.

Les documents les plus précieux pour cette partie de l'histoire se trouvent dans les fragments de Ménandre et de Dius conservés par Josèphe (2). En voici la traduction.

Fragments de Ménandre.

« Après la mort d'Abibal, son fils Hiram (Εἴρωμος) prit les rênes du gouvernement. Il vécut cinquante-trois ans, et en régna trente-quatre. Il construisit la digue d'Eurichorus, et érigea la colonne d'or qu'on voit dans le temple de Jupiter. Il fit couper les bois de cèdres dans le mont Liban pour couvrir les temples (ἔκοψεν ἀπὸ τοῦ λεγομένου ὄρους Λιβάνου κέδρινα ξύλα εἰς τὰς τῶν ἱερῶν στέγας). Il fit abattre les anciens temples, et construisit ceux d'Hercule et d'Astarté. Il célébra le premier la résurrection d'Hercule dans le mois Péritius, lorsqu'il marcha contre les Citiens, qui avaient refusé à payer le tribut et qu'il soumit de nouveau à son pouvoir. Vers le même temps, il y avait un jeune homme, fils d'Abdémon, qui parvint à résoudre tous les problèmes que lui proposa Salomon, roi de Jérusalem. »

Fragment de Dius.

« Hiram succéda au roi Abibal. Il fit construire la chaussée des quartiers orientaux de la ville, agrandit la ville proprement dite, y fit entrer le temple de Jupiter Olympien, qui était isolé dans une île, en comblant l'espace intermédiaire, et l'orna d'offrandes d'or.

---

(1) Conf. Eustath., in *Odyss.*, IV, 618. Le nom de *Sobalos* (שׁוֹבָל) se rencontre aussi dans l'Ancien Testament (*Gen.* XXXVI, 20; XXIII, 20, I *Chron.* II, sc.) *Sethlon* est l'hébreu שתליו, progéniture, scion.

(2) Joseph., *Antiq.*, VIII, 5, 3; *contra Apion.*, I, 17, 18.

Il monta sur le Liban, et fit couper du bois pour la construction des temples (ἀναβὰς εἰς τὸν Λίβανον ὑλοτόμησε πρὸς τὴν τῶν ἱερῶν κατασκευήν). On raconte que Salomon, tyran de Jérusalem (τὸν τυραννοῦντα Ἱεροσολύμων) envoya des énigmes à Hiram, et que celui-ci, n'ayant pu les deviner, fut condamné à payer une somme d'argent considérable. Puis, un Tyrien, Abdémon, les devina, et celui-ci proposa à son tour des énigmes à Salomon; ce dernier n'ayant pu les résoudre, dut payer une amende à Hiram (1). »

A ces documents, conservés par Josèphe, il faut joindre plusieurs passages de la Bible où il est question des relations politiques et commerciales des Israélites avec les Phéniciens (2), et quelques fragments de Chaetus, de Théophile, d'Eupoleme, cités par les Pères de l'Église et particulièrement par Eusèbe (3).

Nous ne savons rien d'Abibal, dont le nom se lit sur une gemme du cabinet des médailles de Florence (4). Hiram (5) lui succéda, à l'âge de vingt ans. Ceci eut lieu, d'après des recherches chronologiques exactes, en 980 avant J.-C., huit années avant la mort du roi David. Nous n'avons pas de détails précis sur les constructions qu'Hiram fit exécuter à Tyr; nous savons seulement qu'elles furent faites à une époque où les Israélites avaient

---

(1) On voit que Ménandre et Dius ont puisé l'un et l'autre à la même source. L'*Eurychore* (Εὐρύχορος) de Ménandre est ce que Dius appelle les *parties orientales de la ville* (τὰ πρὸς ἀνατολὰς μέρη τῆς πόλεως). L'île où se trouvait Tyr était primitivement un roc nu; son nom même l'indique (צר *tsor*, rocher). Encore aujourd'hui on trouve, en fouillant sur l'emplacement de Tyr, le rocher nu à quelques pieds au-dessous de la surface du sol, excepté dans la partie orientale de l'île, où Hiram avait construit des môles. Le puits dont nous avons parlé plus haut est situé dans l'aire de l'ancien Eurychore.

(2) I *Reg.*, V, 15-32; VII, 13-46; IX, 10-14; 26-29; II *Sam.*, V, 11; VII, 2.

(3) Euseb., *Præp. Evang.*, IX, 33, 34.

(4) Voy. M. de Luynes, *Essai sur la Numismatique des satrapes et de la Phénicie*. Pl. XIII, n. I.

(5) D'après les textes anciens on peut lire indifféremment *Hiram* ou *Hirom*, Voy. Movers, t. I, part. II, p. 327, note 25.

soumis à leur domination tous les peuples du voisinage, à l'exception des Phéniciens. Le renvoi de la fête de la résurrection de Melkarth (Hercule) au mois péritius prouve que les rois de Tyr étaient en même temps revêtus de l'autorité spirituelle. Cette fête se célébrait vers l'équinoxe du printemps, et le mois péritius commençait vers le 16 février. Les Cittiens (habitants de l'île de Chypre) étaient déjà tributaires de Tyr avant l'avénement d'Hiram, ainsi que cela résulte indirectement du passage de Ménandre ci-dessus cité. Eupolème (Eusèb. *Præp. Evang.*, IX, 30) commet une erreur évidente quand il dit que le roi David avait subjugué la Phénicie. Le roi d'Israël fut, pendant toute la durée de son règne, l'ami et l'allié de Hiram, comme l'atteste l'Ancien Testament, qui rapporte tous les exploits de David (1). Hiram envoya des ouvriers phéniciens à Jérusalem pour construire à David un palais (2).

Après la mort de David, Hiram envoya une ambassade à Jérusalem pour vivre avec Salomon sur le même pied d'amitié (1 *Reg.*, V, 15). On sait qu'il aida puissamment ce dernier dans la construction du magnifique temple de Jérusalem (3). Au terme d'un traité, dont une copie était, selon Josèphe, conservée dans les archives de Tyr, le roi de Phénicie s'était engagé à fournir tous les charpentiers et maçons, ainsi que les matériaux (bois de cèdre et de cyprès) nécessaires à cette construction, moyennant vingt mille kors de froment et vingt mille kors d'huile. Au rapport de Chaetus et de Ménandre de Pergame, Salomon avait épousé une fille d'Hiram (1). La Bible parle du mariage de Salomon avec la fille d'un roi d'Égypte (I *Reg.*, III, 1), ainsi que de son harem, où il y avait aussi plusieurs Sidoniennes, qui pratiquaient librement le culte d'Astarté.

D'après quelques traditions hébraïques et grecques, Hiram avait fait bâtir à Tyr un temple pareil à celui de Jérusalem, et il y avait introduit des cérémonies juives; enfin la colonne du temple d'Hercule qu'avait admirée Hérodote venait de Salomon, qui aurait voulu par là témoigner sa reconnaissance au roi des Israélites pour l'érection du temple. Des légendes fort anciennes attribuent au roi de Tyr une longévité fabuleuse (2).

Josèphe fournit le fil d'Ariane dans le labyrinthe de la chronologie phénicienne. « La construction du temple (de Salomon) fut commencée dans la onzième année (dans un autre passage, *C. Apion.*, I, 18, on lit *dans la douzième année*) du règne d'Hiram. Depuis la fondation de Tyr jusqu'à la construction du temple, il s'était écoulé deux cent quarante ans. Et depuis la construction de ce temple jusqu'à la fondation de Carthage il s'est passé cent quarante-trois ans (3). »

---

(1) I *Reg.*, V, 15, 21 et suiv.
(2) II *Sam.*, V, 11; VII, 2.
(3) II *Chron.*, 2; Joseph. *Antiq.*, VIII, 2, 6-8; Euseb., *Præp. Evang.*, IX, 33, 34.

(1) Voy. *Tatian. Orat. contra Græcos*, § 37; Clem. Alex., *Stromat.*, I, 21.
(2) Origen. *Homil.*, XIII, in Ezech., t. XIV, p. 161 ed. Lommatsch: *Solent Hebræi, inter cæteras fabulas suas et genealogias atque interminabiles quæstiones, hæc contra Hiram regem Tyri dicta intelligere, quam a Salomone usque ad Ezechielem anni sunt plurimi, quos eo tempore homines non vixisse conspicuum est... Adduntque fabulæ suæ miraculum, ut contra scripturam, imo sine scripturæ auctoritate dicant, Hiram vixisse mille annis.*
(3) Joseph., *Antiq.*, VIII, 3, 1; *Cont. Ap.* I, 18

NINIVE.

Liste des rois de Tyr depuis Hiram jusqu'à la fondation de Carthage (1).

Durée des règnes de :	Josèphe.	Ruffin.	Théophile.	Eusèbe.	Syncelle.	Anonyme.
Hiram....................	34 ans.	34	manque	34	34	34
Baléazar..................	7	7	17	17	17	7
Abdastartus...............	9	9	manque	9	9	9
Anonyme..................	12	12	manque	manque	manque	manque
Astartus..................	12	12	12	12	12	12
Astarymus.................	9	9	9	9	9	9
Phelès....................	8 mois.	8 mois.	8 mois.	8 mois.	8 mois.	18
Ithobaal..................	32 ans.	32 ans.	12 ans.	33 ans.	32 ans.	32
Balezorus.................	6 (8)	6	7	8	8	18
Myttonus..................	9 (25)	9	29	29	25	25
Pygmalion.................	47	40	manque	48	47	48
Somme des années jusqu'à la 7ᵉ année du règne de Pygmalion.	155	155				155+18

La valeur de ces données chronologiques est subordonnée au synchronisme établi par Josèphe ; elle dépend de la détermination exacte de l'année où commença la construction du temple de Salomon (dans la quatrième année du règne de Salomon) et de l'année où fut fondée Carthage (époque de la fuite d'Élissa). Or, d'après les recherches les plus exactes (2), la fuite d'Élissa tombe dans l'année 826 avant J.-C.; par conséquent la douzième année du règne d'Hiram (année où fut commencé le temple de Salomon) tombe dans l'année 969 avant J.-C.; et la fondation de Tyr, dans l'année 1209 avant J.-C.

Baléastartus (3) était âgé de trente-sept ans quand il succéda à son père. Il ne régna que sept ans (946-940 avant J.-C.), en laissant quatre fils : Abdastartus, âgé de vingt ans, Astartus, de dix-sept ans, Astarymus, de douze ans, et Phélès, de sept ans. Il eut pour successeur Abdastartus, qui périt dans une conspiration, après neuf années de règne (939-931 avant J.-C.). Cette conspiration avait été ourdie par les quatre fils de la nourrice d'Abdastartus. Ceux-ci tuèrent le roi, et sut se maintenir sur le trône pendant douze ans (930-919 avant J.-C.). L'histoire n'en a pas conservé le nom. Je ferai remarquer en passant que les nourrices royales paraissent avoir joui d'une grande influence chez les Carthaginois et les Israélites (1).

Cependant la révolution qui met un esclave sur le trône paraît avoir eu sa cause, non pas seulement dans les intrigues d'une femme, mais dans le mécontentement de la nombreuse population ouvrière de Tyr, exploitée peut-être par quelques riches familles, de connivence avec le gouvernement. Ce roi populaire est probablement le même personnage que Strato, dont Justin raconte ainsi l'histoire (2) :

« A la suite d'une conspiration, les esclaves égorgèrent leurs maîtres et toute la population libre ; ils s'emparèrent de la ville, des maisons, de l'administration de l'État, se marièrent, et, sans être libres eux-mêmes, donnèrent le jour à des enfants libres. Parmi tant de milliers d'esclaves, un seul, d'un

(1) La première colonne du tableau donne les chiffres du texte de Josèphe, édit. Dindorf ; la 2ᵉ, d'après la traduction de Ruffin (éd. Colon. 1534) ; la 3ᵉ les nombres de *Théophile ad Autol.* III, p. 132 (édit. Paris 1616) ; la 4ᵉ ceux d'Eusèbe ; la 5ᵉ, de Syncelle, et la 6ᵉ ceux d'un anonyme (Cramer, *Anecdota Græc.*, t. I, p. 186).
(2) Voy. Movers, ouv. cité, p. 149 et suiv.
(3) Ce nom s'écrit différemment : Βααλέαζερος chez Syncelle, Βάζωρος chez Théophile, et Βααλζάβερ dans le fragment de Cramer.

(1) Voy. Appian., VIII, 28 ; Virgil., *Æn.*, IV, 632.
(2) Justin., XVIII, 3.

caractère plus doux, touché du sort de ses maîtres, d'un vieillard et d'un enfant, s'abstint de les maltraiter, et leur montra, au contraire, un respect mêlé de compassion. Tandis qu'il cachait, et qu'on les croyait morts, les esclaves, délibérant sur le sort de la république, résolurent d'élire pour roi celui d'entre eux qui le premier aurait aperçu le soleil levant, et qui à ce titre serait le plus agréable aux dieux. L'esclave demeuré fidèle vint en donner la nouvelle à Straton (c'était le nom de son maître), dans la retraite qui lui servait d'asile. Instruit par ses conseils, pendant que les autres, rassemblés dès minuit dans une vaste plaine, ont les yeux fixés vers l'orient, lui seul regarde l'occident. Chercher à l'occident le lever du soleil semblait à tous une folie; mais, le jour s'approchant, comme les premiers rayons du soleil doraient les toits les plus élevés de la ville, et que la foule attendait toujours jusqu'à ce qu'elle vît le soleil lui-même, il leur en montra le premier la lumière sur le faîte des maisons. Un stratagème si ingénieux dans un esclave parut incroyable; on voulut en connaître l'auteur; il avoua que c'était son maître. On comprit alors combien l'homme libre est supérieur à l'esclave, et que l'esclave, inférieur en intelligence, ne l'emporte qu'en cruauté. On fit grâce au vieillard et à son fils; on jugea qu'ils avaient été sauvés par la volonté des dieux, et Straton fut élu roi. »

La révolution, dont le sens et les détails sont sans doute dénaturés et mal compris par Justin, dura douze ans, et eut pour résultat l'émigration d'un grand nombre de patriciens. Ceux-ci, s'étant ligués avec les colonies, parvinrent à mettre sur le trône Astartus, fils de Baléastartus, frère aîné du roi assassiné et petit-fils d'Hiram. C'était une restauration de l'ancienne famille royale. Mais, chose remarquable, ce replâtrage d'une royauté ne ramena pas le calme dans les esprits, et les conspirations eurent leur cours. Mais il fut impossible de rétablir le principe de l'hérédité, sur lequel repose la royauté. Après douze années de règne (918-907 avant J.-C.), Astartus mourut, à l'âge de cinquante-quatre ans, et ses fils furent écartés du trône ou déclarés incapables de lui succéder. Astarymus, troisième fils de Baléastartus, fut proclamé roi. Après neuf années de règne (906-898 avant J.-C.), il fut tué par son frère Phélès ou Phellès, qui, au bout de huit mois, fut à son tour tué, à l'âge de cinquante ans, par Ithobaal, qui rendit la royauté pendant quelque temps héréditaire dans sa famille.

Ainsi, dans un espace de trente-trois ans il y eut cinq rois à Tyr, dont aucun ne légua l'empire à sa postérité. Ithobaal était un prêtre de l'Astarté (ὁ τῆς Ἀστάρτης ἱερεύς), et descendait probablement d'une branche cadette de l'ancienne famille royale.

Dans ces temps il se passait des événements non moins graves dans les États voisins de la Phénicie. A la mort de Salomon les peuples subjugués se détachèrent du royaume des Israélites, et le Pharaon Sisach ou Sésonchis mit par une guerre heureuse (928 avant J.-C.) la Palestine à deux doigts de sa perte. La Phénicie ne paraît pas avoir pris une part active à cette guerre des Égyptiens avec les Juifs.

Ithobaal (Ethbaal) régna tranquillement pendant trente-deux ans. A la fin de ce règne les fragments des annales de Tyr se trouvent de nouveau d'accord avec les renseignements bibliques. Ithobaal est le père de la fameuse Jézabel, épouse d'Ahab : « ce roi, qui adora Baal, avait pris pour femme Jézabel, fille d'Ethbaal, roi des Sidoniens. » — Ithobaal fonda, sur la frontière septentrionale de la Phénicie, la ville de Botrys, qui servit longtemps de forteresse contre les envahissements des rois syriens de Damas et contre les brigandages des habitants du Liban. Sous son règne tout le littoral du nord de l'Afrique se couvrit de colonies syriennes, qui entretenaient un commerce très-actif avec l'intérieur même de l'Afrique. Les fragments de Ménandre (1) placent vers la même époque la fondation d'Anza, dans l'intérieur de la Mauritanie. — Ces mêmes fragments relatifs à Jézabel sont d'une grande importance pour le synchronisme de l'histoire juive.

Ithobaal, qui régna de 897 à 866 avant

---

(1) Joseph., *Antiq.*, VIII, 13, 2.

J.-C., eut pour successeur son fils Balézor (*Badézor* de Josèphe). Celui-ci ne régna que huit ans (de 865 à 858 avant J.-C.); il mourut à l'âge de quarante-cinq ans, et laissa l'empire à son fils *Mutton* ou *Muttan* (Myttonus), âgé de huit ans. Sous ces différents règnes il s'était formé des factions puissantes, sur lesquelles l'histoire ne nous a laissé aucun détail. Mutton (de 857 à 833 avant J.-C.) mourut à l'âge de trente-deux ans, et transmit les rênes du gouvernement à ses enfants mineurs, Pygmalion et Élissa.

Ici se place le plus grand événement de l'histoire phénicienne, la fondation de Carthage. Cet événement fut déterminé par des guerres intestines, à la suite desquelles la faction aristocratique, vaincue, fut obligée de chercher ailleurs une patrie. Voilà ce qu'il y a de plus clair dans cette révolution, travestie par les mythes et légendes. Justin est ici notre principal guide. Voici son récit (1).

« Vers cette époque, le roi Tyron (Mytton) mourut après avoir institué héritiers Pygmalion, son fils, et sa fille, Élissa, princesse d'une rare beauté. Pygmalion, malgré son extrême jeunesse, fut mis en possession du trône par le peuple; Élissa épousa son oncle, Acerbas, prêtre d'Hercule, et qui à ce titre était le second dignitaire de l'État. Acerbas avait d'immenses trésors, qu'il cachait avec soin; et comme il craignait l'avarice de Pygmalion, il renfermait son or, non dans des coffres, mais dans le sein de la terre. Quoique personne n'en sût rien, on ne laissait pas que d'en parler; et Pygmalion, tourmenté par sa cupidité, fit assassiner, au mépris des droits de la nature, un homme qui était à la fois son oncle et son beau-frère. Longtemps pleine d'horreur pour le crime de son frère, Élissa dissimule son ressentiment, compose son visage, et prépare en secret sa fuite. Elle s'associe quelques-uns des principaux citoyens, qu'elle croit animés de la même haine pour le roi, et disposés à s'exiler et à fuir. Puis elle aborde son frère, et, s'armant de la ruse, elle dit « qu'elle veut « aller se fixer près de lui, pour ne pas « habiter plus longtemps le palais d'un « époux qu'elle veut oublier, et n'avoir « plus sous ses yeux des objets dont la « présence importune renouvelle inces- « samment sa douleur. » Pygmalion accueille avec plaisir le projet de sa sœur, espérant qu'elle apporterait avec elle les trésors d'Acerbas. Mais le soir même de ce jour Élissa fait embarquer avec toutes ses richesses les gens envoyés par le roi pour aider aux préparatifs de son départ, gagne la haute mer, et les force à jeter dans les flots des sacs pleins de sable, et liés avec soin comme s'ils eussent contenu de l'argent. Puis, versant des larmes, elle appelle Acerbas d'une voix lamentable, et le prie d'agréer les richesses qu'il a laissées et d'accepter en sacrifice cet or qui avait été la cause de sa perte. » S'adressant ensuite aux mandataires du roi, elle leur dit « que si elle est menacée de la mort, à laquelle elle aspire depuis si longtemps, ils le sont, eux aussi, des tourments et des supplices les plus cruels, pour avoir dérobé les trésors d'Acerbas à la cupidité d'un tyran que la soif de l'or a rendu parricide. » Tous, épouvantés, consentent à s'exiler avec elle; et dans le même temps un grand nombre de sénateurs, dont la fuite était préparée pour cette nuit même, viennent la rejoindre. Ils sacrifient à Hercule, dont Acerbas avait été le pontife, et vont chercher une autre patrie.

« Ils touchèrent d'abord à l'île de Chypre. Là, le prêtre de Jupiter, obéissant à l'ordre des dieux, s'offre d'accompagner Élissa avec sa femme et ses enfants, et de partager sa fortune, en stipulant qu'il jouirait lui et ses descendants, à perpétuité, des fonctions sacerdotales. La condition fut acceptée comme un heureux présage. C'était la coutume en Chypre d'envoyer sur les bords de la mer, à certains jours fixes, des jeunes filles nubiles, pour y gagner l'argent de leur dot, en sacrifiant à Vénus leur virginité. Élissa en fit enlever et embarquer environ quatre-vingts, les destinant à devenir les épouses de ses jeunes gens et à peupler sa ville. Cependant Pygmalion, instruit de l'évasion de sa sœur, se disposait à la poursuivre et à porter contre elle des armes impies; mais il s'arrêta, quoique avec peine, cédant aux prières de sa mère et aux me-

---

(1) Just., XVIII, 4.

naces des dieux. Les devins lui annoncèrent « qu'il ne s'opposerait pas impunément à l'établissement d'une ville « que les dieux distinguaient déjà du « reste du monde. » Cette prédiction donna aux émigrants le temps de respirer. Arrivé sur les côtes d'Afrique, Élissa recherche l'amitié des habitants, qui se réjouissaient à la fois de la venue de ces étrangers et de trouver une occasion de trafic et d'échange mutuels. Elle achète ensuite autant de terrain qu'en peut couvrir la peau d'un bœuf, pour y faire, jusqu'au moment de son départ, reposer ses compagnons des fatigues d'une si longue navigation ; elle fait couper cette peau en bandes très-étroites, et embrasse ainsi une plus grande étendue de terrain qu'elle n'avait paru en demander. C'est ce qui fit donner dans la suite le nom de *Byrsa* à cet emplacement. Attirées par l'espoir du gain, les populations voisines affluèrent pour vendre à ces nouveaux hôtes des denrées de toute nature ; et, se fixant elles-mêmes dans ces lieux, elles contribuèrent, par leur nombre, à donner à la colonie l'aspect d'une ville. Des députés d'Utique vinrent leur offrir des présents, comme à des frères, et les exhorter à bâtir une ville dans le lieu que le sort leur avait assigné. Les Africains eux-mêmes témoignaient un vif désir de les retenir. Ainsi, du consentement de tous, Carthage fut fondée à la condition de payer un tribut annuel pour le sol qu'elle occupait. En commençant à creuser ses fondements, on trouva une tête de bœuf, présage d'un terrain fécond, mais laborieux, et d'un éternel asservissement. On transporta donc les travaux dans un autre endroit, et la découverte d'une tête de cheval, symbole d'une nation belliqueuse et puissante, consacra l'emplacement de la cité nouvelle. La renommée y attira bientôt une foule d'habitants, qui vinrent la peupler et l'agrandir.

« Déjà Carthage florissait par le succès de ses entreprises et par son opulence, lorsque Hiarbas, roi des Maxitains, fit appeler près de lui dix des principaux Carthaginois, et leur demanda la main d'Élissa, en les menaçant de la guerre s'ils refusaient. Les députés, n'osant rapporter cette nouvelle à la reine, usèrent avec elle de toute l'astuce carthaginoise. Ils dirent, « que le roi de« mandait quelqu'un pour venir les ci« viliser, lui et ses Africains ; mais est-il « un seul Carthaginois qui puisse con« sentir à quitter ses proches pour aller « chez des barbares partager leur vie « sauvage. » La reine alors leur reprochant « de refuser une condition pénible « dans l'intérêt de cette patrie à laquelle « ils doivent, au besoin, le sacrifice de « leur vie, » ils lui déclarent les volontés du roi, ajoutant « qu'elle doit faire elle-même ce qu'elle prescrit aux autres, si elle veut sauver Carthage. » Surprise par cet artifice, Élissa invoqua longtemps le nom d'Acerbas, son mari, en répandant des larmes et en poussant des cris de désespoir. Elle répond enfin « qu'elle ira où l'appellent les destins de Carthage. » Elle prend un délai de trois mois, fait dresser un bûcher aux portes de la ville, sous prétexte d'apaiser les mânes de son époux et de lui offrir un sacrifice avant son nouveau mariage, immole un grand nombre de victimes, et monte sur le bûcher, un fer à la main. Se tournant alors vers le peuple, elle lui dit que, « puisqu'il le veut ainsi, elle va se joindre à son époux », puis elle se perce le sein et meurt. Tant que Carthage fut invincible, Élissa fut honorée comme une déesse. Fondée soixante-douze ans avant Rome, cette ville fut aussi célèbre par ses victoires au dehors que par ses discordes civiles et ses agitations intestines. »

De la comparaison de ce récit de Justin avec les fragments de Ménandre et les commentaires de Servius (*in Virgil. Æn.*), il résulte que, 1° Carthage fut fondée par le parti aristocratique de Tyr, qui avait succombé dans sa lutte contre le parti démocratique, qui dominait le roi ; 2° les détails sur les motifs de l'émigration d'Élissa et sur le meurtre du grand prêtre ne sauraient être raisonnablement révoqués en doute ; 3° les détails relatifs à l'émigration même d'Élissa et à sa suite sont la plupart enveloppés de mythes et d'allégories, empruntés à des traditions phéniciennes.

On a confondu Élissa avec *Dido* ou *Anna*, épithète d'Astarté. Mais cette erreur n'a été commise que par les auteurs grecs ou romains, qui n'ont pas directement puisé leurs renseignements

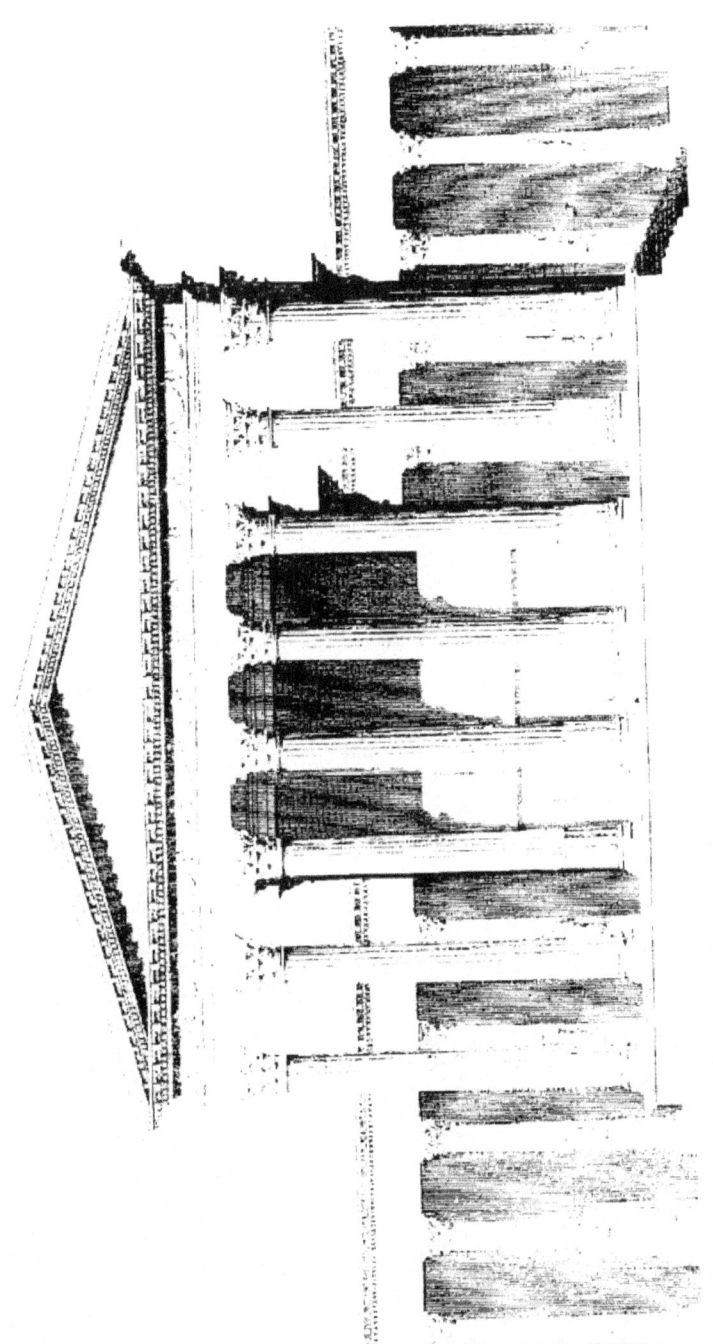

aux sources phéniciennes et carthaginoises (1). *Dido* signifie *errante*, comme le mot grec *planète*, et *Anna* signifie la *gracieuse* (2).

Période de décadence (de 826-747).

Nous manquons tout à fait de documents sur cette période; nous savons seulement qu'à partir de l'année 826 avant J.-C. (époque de la fondation de Carthage), la Phénicie perdit de plus en plus de son importance. Tyr, dont la population affluait sur la côte africaine, fut bientôt éclipsée par Carthage; les arts et l'industrie des Sidoniens furent transplantés sur les rivages de la Libye. Il est à regretter que l'histoire ne nous ait laissé aucun détail sur ces émigrations volontaires ou forcées, où la politique et les questions sociales paraissent avoir joué un si grand rôle. Un fait certain, c'est que la nouvelle colonie prit un accroissement prodigieux et extrêmement rapide; car environ soixante ans après sa propre fondation Carthage envoya elle-même des colonies dans l'île de Sardaigne, et en 654 (avant J.-C.) elle se mit en possession des îles Baléares (3). Aussi depuis lors on n'entendit plus parler de nouveaux établissements de Tyr, et le nom même de Phénicien fut remplacé par celui de *Puniens* (*Puni*, *Pœni*) ou *Carthaginois* dans les principales transactions commerciales. Peu à peu les anciennes colonies de l'Occident (Tartessus, Gadès) et celles du reste de l'Afrique (Utique, établissements de la côte Atlantique), d'où les familles aristocratiques tiraient en grande partie leurs richesses et leur influence, abandonnèrent Tyr, leur métropole, et reconnurent l'hégémonie de Carthage. Nous avons vu dans le passage cité de Justin qu'à l'époque même de la fondation de Carthage les autorités d'Utique essayèrent déjà de se rapprocher de la nouvelle colonie. D'un autre côté, les Grecs, et particulièrement les Ioniens, resserrèrent les domaines du commerce des Phéniciens : l'île de Chypre, la Cilicie et le nord du littoral syrien reçurent des colonies grecques.

On comprend que la Phénicie ainsi affaiblie devint une conquête facile. Aussi les Assyriens, les Égyptiens, les Perses en furent-ils successivement les maîtres.

La Phénicie sous la dernière domination assyrienne (de 747 à 609 avant J.-C.).

Depuis le milieu du huitième siècle (avant J.-C.) l'histoire de la Phénicie se lie étroitement à l'histoire de la Palestine, de la Syrie, enfin de tous les pays situés en deçà de l'Euphrate. Nous n'avons que des données très-vagues sur les relations des rois assyriens *Phul* (747 avant J.-C.), *Tiglatpilesar* et leurs successeurs avec le littoral de la Syrie, c'est-à-dire la Phénicie. Les petits prophètes, et particulièrement Zacharie (IX, 1 et suiv.) fournissent seuls ici quelques indications. On se rappelle que le roi Ahaz (720 à 705 avant J.-C.), roi des Juifs, avait appelé à son secours le roi assyrien Tiglatpilesar, et que celui-ci s'empara de la Syrie, et força Ahaz même à lui payer tribut. Salmanassar, roi d'Assyrie, envoya en exil les douze tribus d'Israël (en 722); et c'est aussi vers cette époque qu'il est question dans un fragment de Ménandre de la soumission des principales cités de la Phénicie.

Je donne ici intégralement la traduction de ce fragment important, conservé par Josèphe (1). « Le nom de ce roi (Salmanassar) est inscrit dans les Annales des Tyriens) ἐν τοῖς Τυρίων ἀρχαίοις ἀναγέγραπται); car il marche contre Tyr, sous le règne du roi *Éloulaios*. Ménandre, qui a composé une chronique

---

(1) Cont. Joseph. *contra Apion.*, I, 18; Caton l'ancien, dans Solin., XXVII, 9 : Sed quæ super Carthagine *veraces libri* prodiderunt, hoc loco reddam. Urbem istam, ut Cato in oratione senatoria autumat, cum rex Japon rerum in Libya potiretur, Elissa mulier exstruxit, domo Phœnix. — Ibid. I, 6 : Hoc tractu temporum,... ab Elissa Tyria, quam quidam Dido autumant, Carthago conditur.

(2) L'*Etymologicum magnum* rend le mot Διδώ exactement par πλανῆτις : il dérive du phénicien נדידא (dida), qui signifie *errante*, comme l'hébreu נדיבה; c'était une épithète d'Astarté, assimilée à la planète Vénus. *Anna* vient de חנן (*khanan*), être gracieux.

(3) Diod., V, 16.

(1) *Antiq. Jud.*, IX, 14, 2.

(τῶν χρονικῶν ἀναγραφήν) et traduit les annales des Tyriens en grec, rend ainsi compte de cet événement : *Éloulaios, auquel ils (les Tyriens) donnent le nom de* PYA, *régna trente-six ans. Celui-ci entreprit une expédition navale, et soumit les Cittiens rebelles. Salmanassar, roi des Assyriens, leur envoya une députation, et envahit toute la Phénicie; puis il conclut avec tous un traité de paix, et retourna chez lui. Sidon, Aké, l'ancienne Tyr, et beaucoup d'autres villes se révoltèrent contre les Tyriens, et se livrèrent au roi des Assyriens. Comme les Tyriens ne voulurent pas reconnaître son pouvoir, le roi marcha de nouveau contre eux; les Phéniciens (rebelles) lui équipèrent une flotte de soixante navires et de huit cents rameurs. Les Tyriens les attaquent avec douze navires : ils dispersent la flotte ennemie, et font environ cinq cents prisonniers. Ce glorieux exploit fut universellement célébré à Tyr. Le roi des Assyriens se retira en établissant des postes militaires autour du fleuve et des conduits d'eau, afin d'empêcher les Tyriens de venir y puiser. Les Tyriens furent ainsi forcés pendant cinq ans à boire dans des puits forés* (πίνοντες ἐκ φρεάτων ὀρυκτῶν). *Voilà ce qui est écrit dans les Annales de Tyr et ce qui arriva sous Salmanassar, roi des Assyriens.* »

Dans le document que nous venons de citer il est question de deux expéditions des Assyriens : l'une, entreprise à l'occasion de la soumission des Cittiens rebelles, fut terminée par un traité de paix; l'autre, particulièrement dirigée contre les Tyriens, finit par l'occupation d'une partie du territoire de Tyr. La Bible aussi parle de deux expéditions de Salmanassar; pendant la première le roi assyrien força Hosée, roi d'Israël (qui régna de 707 à 699 avant J.-C.), à lui payer tribut; mais plus tard celui-ci refusa de continuer le payement de ce tribut, par suite d'une alliance conclue avec Sévéchus, roi d'Égypte (1) (qui régna de 717 à 704 avant J.-C.); et c'est ce qui détermina la seconde expédition de Salmanassar, la conquête de Samarie et l'exil des Juifs (699 avant J.-C.). Cette dernière expédition tomba dans la septième année du règne d'Hosée (701 avant J.-C.), tandis qu'il faut placer la première au plus tôt dans la première ou seconde année du même règne (707 ou 708 avant J.-C.). Ces deux expéditions de Salmanassar dont parle la Bible sont évidemment identiques avec celles dont il est question dans le fragment de Ménandre. A cette occasion le prophète Isaïe reproche aux Pharaons, en termes amers, l'abandon de leurs alliés (1).

Que devinrent les Tyriens au bout de cinq années d'investissement? En continuant à rapprocher les dates ci-dessus émises avec le récit de la Bible, on arrive au règne de *Sargon*, successeur de Salmanassar, qui fit la conquête du pays des Philistins, quelques années avant l'expédition de Sennachérib en Égypte. Or, la conquête du pays des Philistins et l'expédition en Égypte, prédite par Isaïe pendant que Sargon assiégeait Asdod, implique en quelque sorte la soumission préalable ou simultanée de la Phénicie. Tyr était un poste important pour tous ceux qui songeaient à la conquête de l'Égypte.

Dans tout le septième siècle il ne nous reste aucun renseignement direct sur l'histoire de la Phénicie. Bérose (2) parle avec détail des guerres de Sennachérib en Asie Mineure, en Babylonie et en Égypte, mais sans nommer la Phénicie. Probablement les Phéniciens restèrent alors fidèles aux souverains d'Assyrie, et aidèrent, selon toute apparence, Sennachérib à vaincre les Grecs dans un combat naval, dont Abydème fait mention (3). Ils ne sont pas non plus compris au nombre des peuples rebelles (Égyptiens, Juifs, Philistins) qu'Asarhaddon, qui régna, suivant Bérose, de 675 à 668 avant J.-C., essaya de remettre sous son joug.

Après l'invasion des Scythes, qui ravagèrent l'Asie pendant vingt-cinq ans, (de 634 à 607), la Phénicie paraît avoir partagé le sort de la Palestine. A Ascalon ils furent arrêtés par Psammiti-

---

(1) II *Reg.*, XVII, 4; comp. Hérod., II, 157.

(1) Isa., XXXVI, 6.
(2) In Hierouym. *Comment. in Is.*, c. 37.
(3) Abydème, cité par Eusèbe : *Ad litus maris Ciliciæ Græcorum classem profligatam depressit.*

PALMYRE

chus. « Maîtres de l'Asie, dit Hérodote, les Scythes se mirent en marche vers l'Égypte; ils rencontrèrent dans la Palestine de Syrie (ἐν τῇ Παλαιστίνῃ Συρίῃ) Psammitichus, roi d'Égypte : il les engagea, à force de présents et de prières, à ne pas s'avancer plus loin. En se retirant, les Scythes s'emparèrent d'Ascalon, ville de Syrie; la plupart la traversèrent sans y causer aucun dommage; mais un petit nombre de traînards pillèrent le temple de Vénus Uranie (ἐσύλησαν τῆς Οὐρανίης Ἀφροδίτης), le plus ancien, comme on me l'a assuré, de tous les temples de cette déesse; car celui de Cypre, comme les Cypriens en conviennent eux-mêmes, lui est postérieur, et un autre, que l'on voit à Cythère, a été fondé par des Phéniciens, qui sont d'origine syrienne. Vénus, pour venger son injure, frappa les Scythes qui pillèrent le temple d'Ascalon, ainsi que leurs descendants, de la maladie des femmes (ἐνέσκηψε ἡ θεὸς θήλεαν νόσον); et les Scythes eux-mêmes avouent la cause de cette maladie. Les étrangers qui viennent en Scythie reconnaissent aisément ces malades, qu'on appelle *énaréens* (1). »

La Phénicie sous les rois égyptiens et chaldéens (de 609 à 538 avant J.-C.).

Après la mort de Psammitichus (611 avant J.-C.), son fils, Nécos, envahit la Palestine et battit près de Magdole (609 avant J.-C.) le roi Josias. Voici le récit d'Hérodote : « Nécos fit faire des vaisseaux, tant sur la mer Septentrionale que sur le golfe Arabique, dans la mer Érythrée; et l'on voit encore les traces des chantiers où ils furent construits. Ces vaisseaux lui formèrent une marine, dont il se servit pour l'exécution de ses projets. D'un autre côté, il mena par terre une armée contre les Syriens, qu'il vainquit près de Magdole (1). A la suite de ce combat, il s'empara de Kadytis (2), ville considérable de la Syrie, et consacra l'habit dont il était vêtu quand il remporta ces victoires, à Apollon, dans le temple des Branchides, au pays des Milésiens (3). »

Bérose, chose remarquable, présente la guerre du pharaon Nécos comme le fait d'un satrape rebelle, qui avait été chargé du gouvernement de la Syrie, de la Phénicie et de l'Égypte, et la domination des Chaldéens comme un simple changement du siège du gouvernement. « Lorsque *Nabucodrossor* (Nabuchodonosor) père de Nabupalasar, apprit que le satrape préposé à l'Égypte, aux pays de la Cœlésyrie et à la Phénicie, s'était révolté, il abandonna à son jeune fils une partie du pouvoir, et le chargea d'entreprendre l'expédition contre le rebelle. Nabucodrossor le défit en bataille rangée, et fit rentrer les pays dans l'obéissance. Vers la même époque son père Nabupalasar tomba malade, et mourut à Babylone, après vingt et un ans de règne. Informé peu de temps après de la mort de son père, Nabucodrossor mit ordre aux affaires de l'Égypte et des autres contrées, et fit, sous les ordres de quelques-uns de ses amis, diriger sur la Babylonie les prisonniers juifs, phéniciens, syriens et égyptiens, pendant qu'il se rendit lui-même à travers le désert, par la voie la plus courte, à Babylone. Après leur arrivée, il assigna aux prisonniers les endroits les plus convenables de la Babylonie comme colonies (4). »

Ces renseignemens s'accordent avec ceux de la Bible : car aussitôt après la bataille de Karschemisch le prophète Jérémie avait prédit que les souverains de l'Asie occidentale, particulièrement les rois de Sidon et de Tyr, porteraient

---

(1) Hérodot., I, 105. La plupart des commentateurs admettent, d'après les observations d'Hippocrate, confirmées par quelques voyageurs récents, qu'il s'agit d'une sorte d'impuissance naturelle, qui rend les hommes semblables aux femmes. Quant à moi, je pense qu'Hérodote fournit ici le plus ancien document à l'histoire de la blennorrhagie. L'expression θήλεα νόσος me paraît synonyme de βλεννός ῥοή, écoulement qui se trouve ici assimilé au flux cataménial de la femme, que les anciens considéraient, non pas comme un phénomène purement physiologique, mais comme une véritable maladie, essentiellement inhérente à la femme (θήλεα νόσος).

(1) Magdol est la *Magdala-Sebaia* des Thalmudistes; cet endroit était situé près de Berséba, sur la grande route de l'Égypte en Palestine.
(2) *Kadytis* est sans doute Gaza.
(3) Hérodot., II, 159; Comp. I Reg. X, 22.
(4) Josèph., *Antiq.*, X, 11, 1; *Contra Apion.*, I, 19; Eusèb., *Præp. Evangel.*, IX, 41.

avec les Juifs, pendant soixante-dix ans, le joug des Chaldéens (1). La grande ville commerciale Térédon, que Nabuchodonosor avait fondée sur le golfe Persique, on l'avait probablement entièrement peuplée de déportés phéniciens. C'est un procédé qui fut plus tard suivi par Alexandre.

Mais il ne s'agit pas seulement de conquérir; il faut savoir conserver. Impatients du joug des Chaldéens, les peuples assujettis ne songèrent qu'à recouvrer leur autonomie. La tribu de Juda se soulève la première (II Reg., XXIV, 1). Son exemple est suivi par le roi Joachim. Celui-ci succombe; il est déporté avec une partie de son peuple, et remplacé par Sédékias, créature de Nabuchodonosor. Plus tard, vers la cinquième ou sixième année du roi Sédékias (594 ou 593 avant J.-C.), la douzième de Nabuchodonosor, la conspiration devint générale : les rois de Tyr, de Sidon et de Jérusalem décidèrent, dans une assemblée tenue à Jérusalem, de se rendre indépendants. A cette conspiration se joignirent aussi les Moabites et les Ammonites (2); et il est à croire que l'Égypte elle-même n'y était pas étrangère. On n'écouta point la voix de Jérémie, qui essayait de détourner le roi de Juda de ses folles tentatives.

Le roi chaldéen Nabucodrossor, plus connu sous le nom de *Nabuchodonosor* (*Nebucadnezar* de la Bible), marcha contre le foyer de l'insurrection. Il investit la ville de Jérusalem, la prit après trois ans de siége (en 587 avant J.-C.), la détruisit de fond en comble, et envoya les habitants en exil. L'année suivante (586) il soumit, après une vaillante résistance, toute la Phénicie, à l'exception de Tyr, que Nabuchodonosor assiégea pendant treize ans. Cette résistance même prouve que Tyr était encore une ville puissante et peuplée ; c'était la *Tyr insulaire* (Sor) qu'assiéga le roi chaldéen (3), ce qui s'accorde d'ailleurs fort bien avec les témoignages de la Bible.

(1) Jérém., XXV, 21.
(2) Jérém., XXVII, 3.
(3) La ville de Sor ou Tyr insulaire ne doit pas être confondue avec celle de Sara ou Palæ-Tyr, située sur le continent, dans le lieu nommé aujourd'hui *Adloun*.

Ézéchiel (XXVII, 4) en parlant de Tyr dit : « Toi qui demeures aux avenues de la mer »; et un peu plus loin : « Tes confins sont au cœur de la mer. » Puis, prêtant la parole au roi de Sor : « Je suis assis au cœur de la mer. »

Malgré la clarté de ces témoignages, Marsham, Perizonius et quelques autres ont pensé que la ville assiégée par Nabuchodonosor était située sur le continent (1).

(1) La Tyr primitive, la Palæ-Tyr ou Sor, était située sur le continent. Les rochers d'Adloun offrirent aux premiers colons sidoniens un abri, un sol excellent, facile à cultiver, arrosé par un ruisseau (le Léontès), et enfin une petite baie qui les invitait à la pêche. Ce fut peut-être de ce petit port, creusé par la nature, que partit la première barque lancée par cette nation tyrienne qui devait un jour couvrir la mer de ses voiles et coloniser les côtes de l'Afrique et de l'Europe. Les rochers d'Adloun renferment les tombeaux des anciens Tyriens; c'était la nécropole tant de la ville insulaire que de la ville continentale. Toutes les chambres sépulcrales ont la même disposition : leur forme intérieure est celle d'un carré un peu allongé, dont un côté est occupé par l'ouverture qui sert d'entrée, tandis que les parties latérales et celle du fond présentent des bancs destinés à recevoir les cadavres. Le banc du fond, réservé peut-être au chef de la famille, est invariablement plus grand que les deux autres. Au pied des rochers dans lesquels ont été creusées toutes ces hypogées on trouve des puits à peu près semblables à ceux qui à Pétra et en Égypte étaient destinés à la sépulture du peuple. Parmi les tombeaux d'Adloun il en est plusieurs qui, destinés sans doute à des personnages importants, peut-être aux rois de Tyr, ont été pratiqués dans des morceaux de rocher séparés de la masse; ceux-là, par leur forme de pyramides monolithes et tronquées, rappellent les monuments funéraires de Pétra. La forme de ces tombeaux n'est pas le seul cachet d'antiquité qui distingue cette nécropole des autres lieux de sépulture qu'on rencontre en Syrie. On y voit aussi des stèles égyptiennes. L'une de ces stèles représentait un conquérant faisant au dieu Phtha une offrande de prisonniers. C'est là tout ce que l'on peut y reconnaître, même en s'aidant du jeu des ombres projetées par la lueur d'un flambeau. L'action corrosive de l'air de la mer a effacé la légende hiéroglyphique qui couvre ce tableau depuis la hauteur des épaules du dieu jusqu'au bas du cadre, et il n'y a plus de

Mais saint Jérôme (1) n'hésite pas à adopter l'opinion contraire : il dit que le roi de Babylone joignit au continent l'île sur laquelle s'élevait la ville, par les déblais, les pierres et le bois qu'il jeta dans l'eau. Reland balance entre les deux opinions, ne se prononçant ni pour l'une ni pour l'autre, et Hengstenberg pense que la ville de Tyr était déjà bâtie dans une île quand Josué fit le partage de la terre d'Israël. L'opinion de saint Jérôme a ici une grande autorité; car ce père de l'Église réunissait à une science profonde la connaissance parfaite de la localité. D'autres autorités nous permettent aussi d'affirmer que la ville qui existait du temps de Nabuchodonosor était située dans une île : c'est d'abord celle de Sanchoniathon, qui donne plusieurs fois à Sor l'épithète d'île ; puis celle d'une lettre citée par Flave Josèphe, dans laquelle Hiram, roi de Tyr, demande à Salomon, roi de Jérusalem, de lui envoyer, en retour de divers matériaux qu'il s'engage à lui fournir pour la construction du temple, du blé, dont il manque, dit-il, dans l'île qu'il habite. Il est vrai que la même lettre, rapportée dans le premier livre des *Rois*, V, 8, et dans les *Chroniques*, II, 15, ne fait nulle mention de l'état insulaire de la capitale du roi Hiram. L'absence de ce renseignement dans les livres saints, tout en diminuant le poids du témoignage de Josèphe, ne constitue pas une contradiction, et elle laisse subsister les autres preuves que nous venons de produire. Nous pensons donc que la ville assiégée et prise par Nabuchodonosor était située dans une île, mais non pas dans celle qui devint plus tard l'assiette de la ville de Tyr qui tomba au pouvoir d'Alexandre.

Si les savants qui ont traité de la difficulté qui nous occupe avaient eu sous les yeux une topographie exacte de la péninsule tyrienne, ils auraient probablement été conduits à reconnaître qu'elle est formée de deux îles qui furent successivement réunies au continent par les travaux de Nabuchodonosor et d'Alexandre.

visible que quelques signes isolés. (Bertou, *Essai sur la topographie de Tyr*, p. 85.)

(1) Hiéronim. in Ezech., XXV et XXVII, et in Amos, I.

La première île, c'est-à-dire la plus voisine du continent, celle qu'habitaient les Tyriens quand Nabuchodonosor en entreprit le siège, était bornée à l'est par un canal fort étroit, qui la séparait de la terre ferme, et vers l'occident par un autre détroit, resserré entre son rivage et celui de la seconde île.

Les îles n'avaient cependant pas toujours été isolées l'une de l'autre ; réunies par une chaussée qu'Hiram avait fait élever, elles étaient néanmoins restées séparées du continent.

Les habitants de Sor, protégés par la situation de leur ville, résistèrent, d'après ce que dit Philostrate, pendant treize ans aux efforts des Babyloniens. Nabuchodonosor, voyant qu'il ne pouvait lasser le courage de ces fiers insulaires, résolut de combler le détroit qui l'empêchait de s'approcher de leurs remparts.

Quand ce grand ouvrage fut achevé, les Tyriens, jugeant sans doute qu'ils ne pourraient plus résister aux assiégeants, se retirèrent dans la seconde île, celle dans laquelle Alexandre les trouva. Nabuchodonosor, en entrant dans Sor, se vit trompé dans son attente. Furieux de la trouver presque déserte et dénuée de ces grandes richesses qu'il avait promis de partager avec les soldats, pour les récompenser de leurs fatigues, il passa au fil de l'épée ce qui restait d'habitants, et fit raser ensuite la ville jusqu'aux fondements.

Une fois réfugiés dans cette seconde île, les assiégés durent, pour éviter d'y être poursuivis par Nabuchodonosor, couper la chaussée qui la réunissait à la ville qu'ils venaient d'abandonner, et ce fut ainsi qu'environ 572 ans avant J. C. les Tyriens s'établirent dans l'île qu'Alexandre joignit plus tard au continent.

Saint Jérôme dit bien que Nabuchodonosor a comblé le détroit qui séparait Tyr du continent ; mais il ne dit pas si ce fut entièrement, ou s'il y jeta seulement une chaussée comme celle qu'Alexandre fit élever plus tard. Ce n'est donc que par induction que nous sommes arrivé à supposer que le canal avait dû être entièrement comblé, et nous allons dire comment nous avons été conduit à adopter cette opinion. Il paraît certain que

1° Nabuchodonosor, ne disposant pas

de la mer, puisqu'il n'avait pas de vaisseaux, n'avait pu se contenter d'approcher des murailles par une étroite chaussée, sur laquelle ses soldats se seraient trouvés entassés et livrés aux coups des assiégeants, et qu'il avait dû par conséquent combler tout le détroit de manière à ce que son front d'attaque fût au moins égal à l'une des faces de la ville;

2° Si l'île la plus voisine du continent n'y avait été réunie que par une étroite chaussée, cela aurait formé à la naissance de l'isthme une sorte d'étranglement qui aurait rendu très-sensible l'état primitif des deux îles. Ce trait de la topographie de Tyr aurait certainement attiré l'attention des historiens et des voyageurs qui ont décrit cette localité; mais aucun d'eux n'en a fait mention, pas même ceux qui ont donné les dimensions de la chaussée d'Alexandre. Les travaux de Nabuchodonosor étaient cependant tout aussi bien garantis contre l'invasion des sables que ceux d'Alexandre, et comme ces derniers ils auraient dû conserver leurs premières dimensions jusqu'à l'époque où l'affaissement définitif du grand môle méridional a permis aux vagues soulevées par le vent Africus d'apporter cette masse de sables qui a envahi l'isthme tout entier et complétement modifié sa forme.

Telles sont les considérations qui nous ont fait présumer que les Babyloniens avaient comblé dans toute son étendue le canal qui séparait l'île tyrienne du continent. Ces considérations sont empruntées à M. de Bertou (1).

Il se présente ici quelques difficultés chronologiques que M. Movers a résolues d'une manière satisfaisante dans son excellent ouvrage intitulé : *Das Phœnizische Alterthum*, Berlin, 1849.

Josèphe place le commencement du siège de Tyr dans la *septième année* du règne de Nabuchodonosor; et pourtant, d'après ses propres calculs, cet événement arriva *douze ans* plus tard. Car depuis la première année du siège de Tyr jusqu'à la vingtième année du règne d'Hiram il compte cinquante-quatre ans trois mois, en ajoutant que la quatorzième année du règne d'Hiram correspond à la première année du règne de Cyrus. Or, en remontant d'après ces données au commencement du siège de Tyr on obtient quarante-huit ans trois mois, comme l'explique cette addition :

	Ans.	Mois.
Siège de Tyr, sous Ithobaal.	13	»
Baal régna.	10	»
Eknibaal, juge.	»	2
Ckelbes, juge.	»	10
Abbar grand-prêtre.	»	3
Mytton et Gerastartus, juges, régnèrent avec le roi Balator.	»	»
	6	»
Merbaal, roi.	4	»
Hiram, roi.	14	3
Total.	48	3

Si la quatorzième année du règne d'Hiram correspond à la première du règne de Cyrus, en voici les conséquences : la première année du règne de Cyrus correspond à l'an 210 de l'ère de Nabonassar ou à l'an 538 avant J.-C. De là la première année du siège de Tyr, entrepris quarante-huit ans trois mois auparavant, tombera dans l'an 163 ou 162 de l'ère de Nabonassar, qui est la vingtième ou dix-neuvième année du règne de Nabuchodonosor, ou l'an 586 ou 585 avant J.-C. Il faut ici se rappeler que la Bible donne deux dates différentes du règne de Nabuchodonosor. La première, peu adoptée (1). s'accorde avec la chronologie chaldéenne de l'ère de Nabonassar, telle qu'elle est indiquée dans le Canon de Ptolémée, dans Bérose et Abydème, et d'après laquelle la première année du règne de Nabuchodonosor tombe dans l'année 144 de l'ère de Nabonassar, ou 604 avant J.-C. La seconde commence à la première année du règne de Nabuchodonosor, avec la dernière année de Nabopolassar, qui avait associé son fils à l'empire. Dans ce dernier cas la prise de Jérusalem tombe dans la dix-neuvième année du règne de Nabuchodonosor (2), tandis que dans le premier cet événement coïncide avec la dix-huitième année du règne de ce roi. Josèphe suit la chronologie chaldéenne, qui assigne à Nabuchodonosor quarante-trois ans de règne, et place la destruction du

(1) *Essai de la Topographie de Tyr;* Paris, 1843.

(1) Jerem., LII, 28, 29; Judith., II, 1; I, 1.
(2) II Reg., XXV, 8; Jerem., LII, 12.

temple de Jérusalem dans l'année 18 du règne de ce prince (1). Sans doute Josèphe s'est encore ici servi de la même chronologie ; mais, cela étant, il devait en partant de la première année de Cyrus placer le commencement du siége de Tyr non pas dans la septième, mais dans la dix-neuvième année du règne de Nabuchodonosor.

Or, comment expliquer cette erreur, qui se trouve reproduite dans tous les manuscrits de Josèphe, de Ruffin, d'Eusèbe et de saint Clément d'Alexandrie? Le voici:

Dans l'antiquité juive et chrétienne il y avait deux chronologies pour les soixante-dix ans de l'exil babylonien; l'une, la plus ordinaire, comptait depuis la destruction de Jérusalem jusqu'à la deuxième année du roi Darius, fils d'Hystaspe (de 587 à 518 avant J.-C.); c'est celle que suivirent les textes corrompus de Josèphe, de saint Clément, d'Eusèbe, etc. L'autre chronologie, également très-ancienne, et dont on trouve des traces dans l'Ancien Testament, comptait de la déportation de Joachim jusqu'à la première année du règne de Cyrus (de 597 à 538). Or, le point de départ de cette dernière chronologie tombe dans la septième année du règne de Nabuchodonosor (2). C'est cette donnée, confondue avec la dix-neuvième année du règne de ce roi, qui a été introduite dans les deux récits qui parlent de l'exil babylonien.

Après la solution de ces difficultés chronologiques, on a :

Pour le commencement du siége de Tyr, 586 avant J.-C;

Pour la fin du siége, et dernière année d'Ithobaal, 574 avant J.-C;

Pour la quatorzième année du règne d'Ithobaal ou la première année du règne de Cyrus, 538 avant J.-C.

Après le siége de Tyr par Nabuchodonosor, l'histoire offre de nouvelles lacunes. Que devint la Phénicie? Il est probable qu'elle demeura quelque temps sous l'autorité des rois de Babylone. L'expédition d'Apriès (le pharaon *Hophra* de la Bible) contre la Phénicie et Cypre est un événement trop isolé pour dissiper des ténèbres. Cette expédition (572 ou 571 avant J.-C.) avait sans doute été provoquée par les tentatives de conquête que Nabuchodonosor avait faites du côté de l'Égypte. Nous n'en savons que les quelques mots qu'en disent Hérodote (1) et Diodore. Voici comment s'exprime ce dernier : « Apriès régna pendant plus de vingt-deux ans. Il marcha, à la tête d'une nombreuse armée de terre et d'une flotte considérable, contre l'île de Cypre et la Phénicie ; il prit d'assaut Sidon, et porta la terreur dans les autres villes de la Phénicie. Il vainquit, dans un grand combat naval, les Phéniciens et les Cypriens, et retourna en Égypte, chargé de butin (2). »

La Phénicie jouit enfin de la paix jusqu'à l'époque où Cambyse accomplit (526 avant J.-C.) les projets de conquête déjà formés par Cyrus. Dans cet intervalle il y eut quelques changements de constitution, sur lesquels les historiens nous ont conservé fort peu de détails. Si Nabuchodonosor ne parvint pas à prendre Tyr, au moins paraît-il avoir eu assez d'influence pour imposer aux habitants un roi du parti babylonien. Ce qui tendrait à le prouver, c'est que les Tyriens peu de temps après l'invasion des Égyptiens déposèrent leur roi, abolirent même la royauté, pour la remplacer par des *suffètes* ou *juges*. *Eknibal*, fils de *Baslach* (3), fut le premier revêtu (en 562 avant J.-C.) de la dignité de suffète. Cette dignité paraît avoir été annuelle. Mais, par suite de quelques intrigues de parti, Eknibal ne la garda que deux mois. Il eut pour successeur *Chelbes*, fils d'*Abde* (4), qui régna dix mois. Aux nouvelles élections la haine des partis éclata de nouveau, et

---

(1) Jos., *Antiq.*, X, 9, 11; *Contra Ap.*, I, 20, 21.
(2) Jérém., LII, 28.

(1) Hérod., II, 182.
(2) Diodor., t. I, p. 78 de ma traduction.
(3) *Eknibal* signifie *acheté de Baal*, de קנִיבעל (*Knibaal*) avec l'א (*a*) prosthétique. Quant à *Baslach*, abréviation de *Baalsalach*, il signifie *envoyé de Baal*, de בעלשלח (*Baalsalach*). La traduction grecque donne Βασιλήχ.
(4) Chelbès, fils d'Abdée, Χέλβης Ἀβδαίου. *Khelbes*, abréviation de *Baal-Khalab* (בעל־הלב), signifie *le maître gras*. *Abde* vient d'עבד, *serviteur*.

amena un interrègne de trois mois, pendant lequel nous voyons le grand-prêtre *Abbar* (1) à la tête du gouvernement. Bientôt chaque parti nomma son suffète : *Mytton* et *Gerastart*, fils d'Abdelim (2), furent élus pour six ans (561 à 556 avant J.-C.).

Au bout de ce temps il y eut probablement une nouvelle révolution, par suite de laquelle la royauté fut rétablie. Cependant, il n'y a que des hypothèses sur cette partie de l'histoire phénicienne. Enfin, vers 526 avant J.-C., la Phénicie tombe avec l'Égypte au pouvoir de Cambyse. Depuis cette époque jusqu'aux conquêtes d'Alexandre cette contrée demeure une province du grand empire des Perses, et n'offre plus aucun intérêt historique.

La Phénicie au pouvoir des Grecs.

La conquête de la Phénicie et le siége de Tyr forment un des épisodes les plus intéressants de l'expédition du grand Macédonien. Voici le récit que nous en a laissé Diodore de Sicile :

« En quittant la Cilicie, Alexandre se dirigea vers l'Égypte. Il entra dans la Phénicie. Il soumit plusieurs villes, et fut bien accueilli par les indigènes. Les Tyriens seuls lui résistèrent. Le roi voulait offrir un sacrifice à Hercule le Tyrien ; mais les habitants lui refusaient obstinément l'entrée de leur ville. Alexandre, irrité, les menaça de prendre leur ville de force ; mais les Tyriens soutinrent intrépidement le siége, car ils se flattaient de plaire à Darius et de s'assurer sa bienveillance. Ils croyaient aussi que le roi les récompenserait magnifiquement si en occupant Alexandre à un siége long et périlleux ils parvenaient à donner à Darius le temps de faire ses préparatifs. Ils comptaient aussi sur la position forte de leur île, sur leurs moyens de défense et sur le secours de Carthage, qui était une de leurs colonies. Le roi reconnut que la ville était inexpugnable par mer, tant à cause des murs qui l'environnaient qu'à cause de la flotte qui la protégeait de ce côté. Il remarqua aussi que l'attaque était presque impraticable par terre, la ville étant séparée du continent par une passe de quatre stades de largeur. Il résolut cependant de tout tenter plutôt que de souffrir que cette seule ville bravât la puissance des Macédoniens. Il déblaya donc le terrain de l'ancienne Tyr, et avec les milliers de pierres tirées de ces décombres il fit élever une digue de deux plèthres de large. Il appela à ce travail tous les habitants des villes voisines ; et, grâce au nombre des bras qui y étaient employés, l'ouvrage fut bientôt terminé.

« Les Tyriens s'approchant, sur leurs barques, de la digue en construction se moquaient d'abord du roi, et lui demandaient en riant s'il voulait être plus fort que Neptune. Mais en voyant, contre leur attente, la jetée s'exhausser de jour en jour, ils résolurent de transporter à Carthage les enfants, les femmes et les vieillards, et de ne conserver que la population valide pour la défense des murs et l'armement de quatre-vingts trirèmes. Ils eurent encore le temps d'expédier à Carthage une partie de leurs enfants et de leurs femmes ; mais, serrés de près par les travaux du siége, et hors d'état de se défendre par leur flotte, ils furent forcés à soutenir le siége de toutes parts. Quoiqu'ils fussent déjà abondamment pourvus de catapultes et d'autres machines de guerre, ils en firent construire beaucoup d'autres encore, ce qui leur était facile en raison du grand nombre de mécaniciens et d'autres ouvriers que renfermait Tyr.

« Après avoir ainsi rassemblé des instruments de guerre de toutes sortes, dont plusieurs avaient été nouvellement imaginés, ils en garnirent toute l'enceinte de la ville, mais surtout l'endroit où la digue touchait au mur. Lorsque l'ouvrage des Macédoniens n'était plus qu'à une portée de trait, les dieux envoyèrent aux assiégeants quelques augures. Un cétacé d'une grosseur énorme, poussé par l'impétuosité des vagues, vint tomber contre la chaussée sans faire aucun dommage ; une partie de son corps y resta longtemps appliquée, et frappa d'épouvante les spectateurs ; mais le

---

(1) *Abbar* (חבר) signifie *magicien*.

(2) *Mytton* ou *Mattan* (Μάγγηνος, Mygdonius) signifie *don*, de מתן ; c'es. une abréviation de Mattan-Bal, Mutumbal, dont la traduction grecque est *Théodore* (don de Dieu, *Dieudonné*). *Gerastaart*, גר עשתית, signifie *préposé d'Astarté* ; *Abdelim* veut dire *serviteur de Dieu.*

monstre rentra dans la mer, et laissa les deux partis flotter dans des craintes superstitieuses. Chacun interprétait ce prodige dans un sens favorable, comme l'annonce d'un secours de Neptune. D'autres prodiges vinrent encore ajouter à la terreur de la foule. Chez les Macédoniens les pains que l'on brisait pour les manger étaient comme teints de sang. Un Tyrien prétendait avoir eu une vision dans laquelle Apollon lui disait qu'il allait quitter la ville.

« Mais le peuple soupçonna que c'était là une fable forgée pour complaire à Alexandre, et déjà les jeunes gens couraient après cet homme pour le lapider, lorsque les magistrats le cachèrent en le faisant entrer comme suppliant dans le temple d'Hercule. Cependant les Tyriens superstitieux lièrent avec des chaînes d'or le piédestal de la statue d'Apollon, se flattant ainsi d'empêcher le dieu de quitter leur ville.

« Les Tyriens, alarmés des progrès des travaux de la digue, armèrent des bâtiments légers d'un grand nombre de projectiles, de catapultes, d'archers et de frondeurs. S'approchant ainsi de la chaussée en construction, ils blessèrent ou tuèrent beaucoup d'ouvriers; car les traits lancés sur des hommes sans armes et serrés les uns contre les autres, frappaient un but certain et exposé à tout les coups. Aussi les flèches atteignirent-elles non-seulement la face, mais encore le dos des travailleurs occupés sur une chaussée étroite et dans l'impossibilité de résister à l'ennemi des deux côtés à la fois. Alexandre, pour remédier à ce grave inconvénient, arma tous ses navires, et, se mettant lui-même à la tête de la flotte, se dirigea en toute hâte vers le port de Tyr pour intercepter la retraite aux Phéniciens. Dans la crainte que les ports ne tombassent au pouvoir de l'ennemi, qui pourrait s'emparer de la ville laissée sans défense, les barbares s'empressèrent de rentrer à Tyr. Des deux côtés, on fit force de rames; déjà les Macédoniens allaient toucher au port, et les Phéniciens se voyaient tout près de leur ruine, lorsque, redoublant d'efforts, ceux-ci abandonnèrent les navires laissés en arrière, et parvinrent à se réfugier dans la ville. Renonçant à son entreprise, le roi fit reprendre avec plus d'ardeur encore les travaux de la digue, et défendit les ouvriers par un grand nombre de bâtiments. L'ouvrage allait déjà atteindre la ville, dont la prise semblait imminente, lorsqu'un violent vent de nord-ouest endommagea une grande partie de la digue. En voyant ses travaux ruinés par la nature Alexandre fut fortement embarrassé, et se repentit déjà d'avoir tenté ce siége; mais en même temps, poussé par un désir irrésistible de vaincre, il fit couper dans les montagnes des arbres énormes, qui, étant jetés avec toutes leurs branches, dont les intervalles étaient remplis de terre, servirent à amortir la violence des flots. Il répara ainsi promptement le dommage causé par la tempête; et lorsque la construction, grâce au nombre des bras qui y étaient employés, n'était plus qu'à une portée de trait des murs de la ville, il fit placer ses machines de guerre sur l'extrémité de la digue. Il battait ainsi les murs en brèche avec les balistes et les catapultes, en même temps qu'il balayait les remparts à coups de traits. Les archers et les frondeurs aidèrent à ces attaques, et blessèrent un grand nombre d'assiégés.

« Cependant les Tyriens, marins expérimentés, firent construire par leurs artisans et leurs mercenaires des machines de guerre ingénieuses. Ainsi, pour se garantir des traits lancés par les catapultes, ils inventèrent des roues divisées par des rayons nombreux; ces roues, étant tournées à l'aide d'une machine, détruisaient l'effet des flèches, soit en les brisant, soit en les tordant. Quant aux pierres lancées par les balistes, ils en amortissaient l'effet par des constructions formées de matières molles. Cependant, le roi attaqua les murs du côté de la digue en même temps qu'il fit, avec toute sa flotte, le tour de la ville et en examina l'enceinte; il était évident qu'il se disposait à bloquer la ville tout à la fois par terre et par mer. Les Tyriens n'osèrent point se mesurer avec cette flotte; et Alexandre, rencontrant trois trirèmes à l'entrée du port, se dirigea sur elles, les coula toutes, et rentra dans son camp. Pour doubler en quelque sorte la sécurité que le mur leur offrait, les Tyriens construisirent, à cinq coudées de celui-ci, un second mur de dix coudées de large, et comblèrent l'intervalle creux de ces deux enceintes avec des pierres et des matières de terrassement. De son côté Alexandre, joignant ensemble plusieurs trirèmes, établit sur ce pont flottant des machines de guerre avec lesquelles il battit le mur en brèche dans l'étendue d'un plèthre. Déjà les Macédoniens se disposaient à pénétrer par cette brèche dans l'intérieur de la ville, lorsque les Tyriens firent pleuvoir sur eux une grêle de traits, et parvinrent, non sans peine, à les repousser; ils profitèrent de la nuit pour réparer leur mur. Enfin, la digue atteignit les murs de la ville, et transforma l'emplacement de Tyr en une presqu'île; il se livra alors sous les remparts plusieurs combats sanglants. Les assiégés, ayant sous les yeux les dangers qui les menaçaient et calculant les désastres qui résulteraient de la prise de leur ville, étaient résolus à se défendre en désespérés.

« Les Macédoniens firent approcher des tours égales en hauteur aux murs de la ville; du sommet de ces tours élevées ils jetèrent des ponts volants, et sautèrent hardiment sur les créneaux. Mais les Tyriens trouvaient de grands moyens de défense dans l'emploi de leurs machines, si ingénieusement construites. A l'aide d'énormes tridents d'airain, terminés en forme de hameçons, ils accrochaient aux boucliers les soldats postés sur les tours, et les ayant ainsi bien fixés, ils attiraient les assiégeants à eux au moyen de câbles attachés à ces tridents. Il fallait donc ou lâcher les boucliers et exposer le corps nu à une grêle de traits, ou, pour éviter la honte de perdre ses armes, se tuer, en se précipitant du haut des tours. D'autres se servaient de filets de pêcheur pour envelopper les hommes qui combattaient sur les ponts volants; et, les privant de l'usage de leurs mains, ils les faisaient tomber au pied des murs.

« Les Tyriens eurent encore recours à une autre invention ingénieuse pour abattre le courage de leurs ennemis et leur infliger d'atroces tortures. Ils construisirent des boucliers d'airain et de fer, qu'ils remplirent de sable, et les exposèrent à un grand feu, afin de rendre ce sable brûlant. Au moyen d'une machine particulière, ils lançaient ce sable sur les plus hardis assaillants, et leur faisaient essuyer des tourments cruels; car ce sable, pénétrant à travers la cuirasse et les vêtements, brûlait la chair sans qu'on pût porter des secours aux malheureux qui en étaient atteints. Pareils à des hommes mis à la torture, ils poussaient des cris déchirants; ils étaient saisis de délire, et expiraient dans d'affreuses douleurs. En même temps que les Phéniciens lançaient ces projectiles brûlants, ils accablaient les assaillants d'une grêle de javelots, de pierres et de flèches. De plus, avec des vergues armées de faux, ils coupaient les câbles des béliers et en détruisaient ainsi l'action. Ils lançaient aussi sur les ennemis des masses de fer rougies au feu, qui ne manquaient jamais leur but à cause de l'épaisseur des rangs ennemis. Enfin, à l'aide de corbeaux et de mains de fer, ils arrachaient les soldats des ponts volants. Grâce à toutes ces machines, mises en jeu partant de bras, ils tuaient un grand nombre d'assaillants.

« Malgré la terreur que les assiégés répandaient par leurs moyens de défense, les Macédoniens ne se désistaient point de leur audace; et, marchant sur les corps de ceux qui étaient tombés, ils ne songeaient point au sort malheureux de leurs compagnons d'armes. Alexandre opposa aux balistes de l'ennemi des catapultes qui, lançant d'énormes pierres, ébranlèrent les murs, et du haut des tours de bois il fit pleuvoir une grêle de traits qui blessèrent dangereusement ceux qui se montraient sur les remparts. Pour se garantir de l'effet de ces projectiles, les Tyriens avaient placé en avant des murs des roues de marbre qui, par un mouvement de rotation imprimé par quelque machine, brisaient les flèches ou les détournaient de leur direction, et en faisaient ainsi manquer l'effet. En outre, ils avaient fait coudre ensemble des peaux et des cuirs pliés en double et rembourés de plantes marines : ils se servaient de ces substances molles pour amortir le choc des projectiles. Enfin, les Tyriens n'avaient rien négligé pour leur défense. Munis de tant de secours, ils tinrent intrépidement tête à l'ennemi : quittant l'enceinte et les portes de l'intérieur des tours, ils s'avancèrent jusqu'aux ponts jetés sur les murs pour se mesurer avec les assaillants; là ils luttaient corps à corps pour le salut de la patrie; quelques-uns d'entre eux,

PALMYRE.

Temple de Neptune et grande galerie.

armés de haches, coupèrent à l'ennemi la partie du corps qui se montrait à découvert. C'est ainsi qu'un des chefs macédoniens, nommé Admète, homme brave et vigoureux, résistant vaillamment aux Tyriens, fut frappé au milieu de la tête d'un coup de hache, et expira en héros. Voyant les Macédoniens serrés de si près par les Tyriens, Alexandre fit, à l'approche de la nuit, sonner la retraite. Il songea d'abord à lever le siége et à continuer sa marche vers l'Égypte; mais il se ravisa, pensant qu'il serait honteux de laisser aux Tyriens toute la gloire de ce siége, et, bien qu'il n'y eût de son avis qu'un seul de ses amis, Amyntas, fils d'Andromène, il recommença l'assaut.

« Alexandre exhorta les Macédoniens à ne pas lui céder en courage, puis il arma tous les navires, et bloqua vigoureusement la ville par terre et par mer. S'étant aperçu que le mur était plus faible dans la partie qui regarde les ports, il y dirigea les ponts des trirèmes sur lesquelles il avait dressé les plus fortes machines de guerre. Ce fut dans cet assaut que le roi accomplit un fait d'armes d'une audace incroyable. Il abaissa sur le mur de la ville le pont volant de l'une des tours de bois; il le traversa seul, défiant la fortune et bravant le désespoir des Tyriens; jaloux d'avoir pour témoins de sa bravoure cette armée qui avait battu les Perses, il ordonna aux autres Macédoniens de le suivre; il se mit à leur tête, il en vint aux mains avec les assiégés, et tua les uns à coups de lance, les autres avec son épée. Ils repoussa même quelques-uns avec son bouclier, et comprima l'audace de ses adversaires. Dans cet intervalle, le bélier renversa sur un autre point un pan de mur considérable. Les Macédoniens pénétrèrent par cette ouverture dans l'intérieur de la ville. En même temps la troupe d'Alexandre franchit les murs au moyen des ponts volants, et se rendit maîtresse de la ville. Mais les Tyriens, rassemblant toutes leurs forces, se barricadèrent dans les rues, et se firent presque tous écharper, au nombre de plus de sept mille. Le roi vendit les femmes et les enfants à l'enchère, et fit pendre tous les jeunes gens, au nombre d'au moins deux mille. Quant aux prisonniers, ils étaient si nombreux, que, quoique la plupart des habitants eussent été transportés à Carthage, il n'y en eut pas moins de treize mille.

« Tel fut le sort des Tyriens, qui avec plus de courage que de prudence avaient soutenu un siége de sept mois. Le roi ôta à la statue d'Apollon les chaînes d'or dont les Tyriens l'avaient entourée, et prescrivit de donner à ce lieu le nom d'*Apollon Philalexandre*. Il offrit à Hercule de magnifiques sacrifices, distribua des récompenses aux plus braves soldats, ensevelit les morts avec pompe, institua roi de Tyr Ballonymus, dont la fortune singulière mérite d'être mentionnée.

« L'ancien roi Strabon perdit le trône par son amitié pour Darius. Alexandre laissa Héphæstion maître de choisir parmi ses hôtes celui qu'il voudrait pour roi de Tyr. Voulant du bien à l'hôte chez lequel il était logé, Héphæstion avait d'abord songé à le proclamer souverain de la ville. Mais celui-ci, quoiqu'un des citoyens les plus riches et les plus considérés, refusa cette offre, comme n'ayant aucune parenté avec la famille royale. Héphæstion lui demanda alors de désigner à son choix un descendant de race royale; son hôte lui répondit qu'il en existait un, homme sage et vertueux, mais extrêmement pauvre. Héphæstion lui ayant répliqué qu'il le ferait nommer roi, l'hôte se chargea de la négociation. Il se rendit donc auprès de celui qui venait d'être nommé roi de Tyr, et lui apporta le manteau royal. Il trouva ce pauvre homme couvert de haillons et occupé dans un jardin à puiser de l'eau pour un faible salaire. Après lui avoir appris l'événement, il le revêtit des ornements royaux, le conduisit sur la place publique, et le proclama roi des Tyriens. La multitude accueillit le nouveau roi avec des démonstrations de joie, et admira elle-même ce caprice de la fortune. Ballonymus resta attaché à Alexandre, et sa royauté peut servir d'exemple à ceux qui ignorent les vicissitudes du sort (1). »

Ce récit de Diodore diffère, dans certains détails, de celui d'Arrien. D'après Arrien (2), Alexandre ayant quitté Ma-

---

(1) Diod., t. III, p. 220 et suiv. de ma trad.
(2) Arr. *Expedit. Alex.*, II, 7.

rathe, reçut à composition Byblos et Sidon, se rendit devant Tyr, et demanda à entrer dans cette ville pour y offrir un sacrifice à Hercule. Les Tyriens, tout en accédant à ses autres demandes, lui firent dire qu'aucun Grec, aucun Macédonien, n'entrerait dans leur ville. Alexandre, indigné de ce refus, exposa à son armée les motifs qui allaient lui faire entreprendre le siége de cette ville, dont la prise pouvait seule, disait-il, assurer le succès de ses projets sur l'Égypte et sur Babylone. Le siége décidé, Alexandre résolut de former une jetée du continent à la ville. « Du premier côté, ajoute Arrien, les eaux sont basses et fangeuses, du côté de la ville leur plus grande profondeur est de trois ozgyes (deux mètres et demi); mais les matériaux étaient sous la main, des pierres en abondance, et du bois pour les soutenir. On enfonçait facilement le pilotis, dont la vase formait le ciment (1). »

Il résulte de ce qui précède que l'île tyrienne était tout à fait séparée du continent; et si l'historien ne nous a pas fait connaître la largeur du détroit, Guillaume de Tyr, témoin oculaire, a suppléé à cette lacune, en évaluant la longueur de la chaussée d'Alexandre à la distance que peut parcourir un trait lancé par un arc, c'est-à-dire cinquante ou soixante mètres. Il résulte encore du passage cité que la ville détruite par Nabuchodonosor n'avait pas été relevée, et que ce furent ses ruines qui fournirent aux Macédoniens cette abondance de pierres et de bois qu'ils avaient sous la main. La jetée avançait vers la ville; mais les Tyriens, encore maîtres de la mer, parvinrent à la détruire par l'incendie. Cependant, Alexandre, loin de se décourager, fait recommencer un môle plus large, et part avec les Hypaspistes et les Argiens, pour rassembler et retirer tous les vaisseaux de la côte des Sidoniens, reconnaissant la prise de Tyr impossible tant que les assiégés tiendraient la mer. Arrien dit que cette expédition se dirigea vers l'Arabie; mais comme il ajoute qu'elle fut de retour le onzième jour à Sidon, il est clair qu'elle n'a pas eu le temps d'aller en Arabie,

mais qu'elle aura seulement servi à soumettre les populations du Liban et de l'Anti-Liban.

A son arrivée à Sidon, Alexandre y trouva Cléandre, qui venait du Péloponnèse avec quatre mille stipendiaires grecs. A ce renfort vinrent se joindre les flottes de Byblos et d'Arados, et ce fut avec ces nouveaux éléments de succès que le vainqueur de Darius revint à Tyr. — Les Tyriens s'étaient d'abord proposés d'engager un combat naval; mais quand ils virent que la flotte d'Alexandre s'était grossie de celles de Cypre et de la Phénicie, ils jugèrent plus prudent de se tenir sur la défensive, et rassemblèrent leurs trirèmes à l'embouchure des ports, qu'ils fermèrent à l'ennemi de tous côtés. « Alexandre, dit Arrien, n'essaya pas de forcer l'entrée du port qui est vers Sidon, trop étroite et défendue d'ailleurs par des trirèmes placées la proue en avant; il se contenta de couler à fond trois galères qui étaient avancées vers l'extrémité; mais ceux qui les montaient regagnèrent à la nage l'île qui les protégeait. ».

Il est clair, d'après ce qui précède, que Tyr avait plusieurs ports, et que celui qu'on désigne ici comme étant *tourné vers Sidon* ne peut être que le bassin septentrional, dans lequel on pénétrait en passant entre deux tours carrées, qu'on réunissait par une chaîne de fer. Arrien nous dit bien pourquoi Alexandre n'avait pas essayé de forcer l'entrée du port septentrional, mais il se tait absolument sur les motifs qui l'empêchèrent de forcer l'entrée du port méridional. Ce silence est expliqué par la disposition de ce dernier bassin, dans lequel on ne pouvait pénétrer que par le port septentrional et le canal qui traversait l'île (1).

La marine marchande avait dû quitter Tyr, pour aller chercher fortune et protection ailleurs. Il est probable qu'Alexandre trouva les grands ports tout à fait libres, et put s'y installer sans rencontrer d'opposition. Le lendemain de son arrivée, le grand conquérant fit attaquer la ville vers le port, en face de Sidon, par Andromaque, conduisant les

(1) Arr. *Exped. Al.*, II, 112.

(1) Bertou, *Essai sur la Topographie de Tyr*, p. 60; et le plan de cette ville.

La grande galerie.

âtiments de Cypre; il fit tenir par les Phéniciens l'espace au delà du môle, du côté qui regarde l'Égypte, et qu'il occupait lui-même. Les points d'attaque sont ainsi nettement indiqués. Alexandre, placé au sud de la ville, fit battre le mur du Cothôn, qui formait la première enceinte qui regarde l'Égypte, tandis qu'il confia à Andromaque la direction de l'attaque contre le port qui regarde Sidon.

Il paraît qu'au temps d'Alexandre les bords de Tyr étaient bien différents de ce qu'ils sont aujourd'hui. Car Arrien nous apprend qu'alors, « pour empêcher les navires de charge et les trirèmes qui portaient les machines des Macédoniens d'approcher de leurs murailles, les assiégés avaient jeté des quartiers de rocher dans la mer tout autour de l'enceinte de la ville; ces rochers ayant été enlevés, l'approche des murs redevint facile (1), » tandis qu'aujourd'hui tout le tour de la presqu'île est tellement hérissé d'écueils, qu'il n'y a pas sur tout le rivage, le col de l'isthme excepté, un seul point où la plus petite barque puisse aborder sans courir le risque d'échouer; et quant aux trirèmes et aux autres navires qui portaient les machines de guerre des assiégeants, ils eussent été obligés de s'arrêter à plus de trois cents mètres des bords de l'île si elle avait eu alors les limites qu'elle a aujourd'hui. Une partie de l'île tyrienne a donc dû disparaître sous les flots de la mer (2).

En continuant à interroger le récit d'Arrien, on pourra en déduire la disposition du camp d'Alexandre, l'ordre de l'attaque et les principales circonstances de la prise de la ville.

La mer une fois fermée aux Tyriens par les avantages remportés sur leur flotte, on approcha les machines près des murs: en face du môle et de Sidon la solidité des remparts les rendait inutiles. Ces remparts avaient cent cinquante pieds de haut, étaient épais en proportion et formés de larges assises de pierres liées entre elles avec du gypse. Quand Alexandre eut reconnu l'impossibilité d'entamer les parties du rempart qui sont désignées dans ce qui précède, il résolut d'ouvrir la brèche à l'angle sud-est de la ville. Cet angle était formé par la clôture du Cothôn, qui existe encore en partie, et peut par ses dimensions, vraiment gigantesques, nous donner l'idée de ce qu'étaient ces murailles qu'Alexandre jugea inébranlables; mais revenons au récit d'Arrien: « En effet, dit l'historien, le mur (celui de l'angle sud-est) cède et s'ouvre, on jette des ponts, et sur-le-champ on s'avance du côté de la brèche. Mais les Tyriens repoussent aisément l'ennemi. » Trois jours après, la mer étant dans le plus grand calme, Alexandre revient avec ses vaisseaux chargés de machines à l'attaque des murs, les ébranle du premier choc et en abat une grande partie; ce fut alors qu'à la tête de ses intrépides Hétaires il pénétra dans la ville par la brèche que ces machines avaient ouverte à l'angle sud-est de son enceinte. La flotte combinée des Macédoniens et des Phéniciens attaque alors le port qui regarde l'Égypte, en rompt les barrières, coule à fond les vaisseaux qu'elle y trouve, chasse les plus éloignés du rivage, et brise les autres contre la terre, tandis que les Cypriens trouvent le port en face de Sidon sans défense, s'en emparent et pénètrent aussitôt dans la ville.

L'historien a bien clairement indiqué dans ce qui précède l'existence des ports qui étaient de chaque côté de la ville, et on ne peut douter que celui qui est désigné comme étant en *face de Sidon* ne soit le port intérieur, puisque la conséquence immédiate de sa prise fut l'entrée des Cypriens dans la ville. Ce qui concerne le port *tourné vers l'Égypte* ne s'explique pas aussi facilement. On ne peut guère admettre que la flotte qui s'en empara fût parvenue à renverser les murs de huit mètres d'épaisseur du Cothôn, et qu'elle eût pu se trouver dans cet étroit bassin en même temps que les vaisseaux tyriens, dont elle coula les uns à fond en donnant la chasse aux autres. Il paraît plus probable que cette action aura eu lieu dans le grand port méridional, que, d'après Strabon, nous avons nommé le port Égyptien.

Forcés sur tous les points, les Tyriens abandonnent leurs murs; ils se rallient dans l'Agénorium, et de là font face aux Macédoniens. Alexandre les attaque avec

---

(1) Arrien, II, 7.
(2) Bertou, ouvrage cit., p. 61.

les Hypaspistes, en tue une partie et se met à la poursuite des autres. Arrien porte à huit mille le nombre des Tyriens tués pendant le carnage, et à trente mille celui des prisonniers qui furent vendus comme esclaves.

C'est ainsi que Tyr tomba au pouvoir d'Alexandre, après un siége qui dura sept mois, et pendant lequel le vainqueur de l'Asie fut obligé de déployer toutes les ressources de son génie, de sa persévérance et de son courage. Arrien dit que Tyr fut prise au mois d'hécatombéon, Anicétus étant archonte à Athènes. Cet Anicétus, ou Nicératus comme le nomme Diodore de Sicile, ou encore Nicétès, selon Denys d'Halycarnasse, était archonte dans la première année de la 112e olympiade, qui correspond à l'an 332 avant l'ère vulgaire.

Après les détails qui précèdent, nous croirions superflu de répéter d'après Quinte-Curce, Polybe et d'autres, ce que nous venons d'emprunter à Arrien et à Diodore. Cependant nous allons signaler encore quelques différences. Selon Diodore, le bras de mer qui séparait l'île de Tyr du continent avait une largeur de quatre stades ; mais de quels stades l'historien a-t-il fait usage? S'il eût estimé lui-même la largeur du détroit, il se fût sans doute servi d'un des grands stades compris cinq ou six cents fois dans un degré ; mais Diodore a puisé ce qu'il nous a dit de Tyr dans un autre historien, et il peut avoir copié cette mesure sans la ramener au stade olympique. D'ailleurs nous savons que les historiens d'Alexandre ont souvent été entraînés, par l'admiration que leur inspirait leur héros, à exagérer un peu la grandeur de ses entreprises ; ne nous étonnons donc pas si Diodore, Quinte-Curce et Pline, donnent à la chaussée d'Alexandre une longueur plus considérable que celle qu'elle eut en effet, et que Guillaume de Tyr, témoin oculaire et bien digne de confiance, évalue à la distance que peut parcourir une flèche lancée par un arc, c'est-à-dire cinquante à soixante mètres.

Diodore et Quinte-Curce, qui, d'après l'opinion de M. de Sainte-Croix. ont puisé les renseignements qu'ils donnent touchant le siége de Tyr à une source commune, l'ouvrage de Clitarque, disent que les Tyriens avaient envoyé les femmes, les enfants et les vieillards à Carthage ; mais Arrien ne fait pas mention de cette circonstance.

Diodore nous apprend qu'il n'y avait que quatre-vingts trirèmes dans les ports de Tyr. On voit dans Arrien que le roi Azelmicus était en mer probablement avec une partie des forces navales de ses États, lesquelles ne devaient pas être très-considérables. Tyr, en paix avec les Perses, n'avait pas besoin de forces maritimes imposantes ; la marine indispensable à sa prospérité, c'était la marine marchande : or celle-là avait dû s'éloigner dès les premiers préparatifs de la guerre.

Diodore et Quinte-Curce rapportent que la première chaussée entreprise par les Macédoniens étant près d'atteindre les murs de la ville, fut renversée par un ouragan ; mais les deux historiens ne s'accordent pas sur la direction du coup de vent. Le premier attribue la ruine des travaux à l'Argeste, qui, selon Pline, est le vent du nord-ouest, tandis que le second semble indiquer l'Africus, c'est-à-dire le sud-ouest, puisqu'il signale ce vent comme étant le principal obstacle que devait rencontrer la construction du môle. « Aussitôt après l'accident que venaient d'éprouver les travaux des Macédoniens, dit Quinte-Curce, Alexandre entreprit une nouvelle chaussée. Cette fois, il l'exposa, non de flanc, mais de front au vent : elle devait ainsi protéger les autres travaux, cachés pour ainsi dire sous son ombre (1). »

Il résulte bien clairement du sens des paroles de Quinte-Curce que la seconde chaussée, qui avait à traverser un canal (courant du nord au sud), ne fut pas dirigée de manière à former des angles droits avec les deux terres qu'elle devait réunir, mais, au contraire, des angles très-aigus, puisqu'elle ne devait plus présenter le flanc, mais le front au vent. Que ce vent soit donc venu du nord-ouest ou du sud-ouest, il n'en résulte pas moins que pour lui présenter le front la jetée dut traverser le détroit en suivant une ligne oblique. Ce premier point établi, il reste encore à déterminer si la jetée fut conduite vers le nord-ouest ou le sud-ouest.

(1) Quint. Curt., IV, 3.

En faveur de la première direction, celle du nord-ouest, nous ne connaissons que le témoignage de Diodore de Sicile, tandis qu'en faveur de la seconde, celle du sud-ouest, nous avons d'abord l'autorité de Quinte-Curce, et ensuite le document reproduit par Buckingham, où il est dit que l'isthme aboutissait à l'angle sud-est de l'île tyrienne. Mais des raisons beaucoup plus graves que ces probabilités nous portent à conclure que le môle fut dirigé vers le sud-ouest. D'abord, on ne comprendrait pas que les premiers travaux des Macédoniens eussent pu être renversés par un coup de vent du nord-ouest, puisque de ce côté ils se trouvaient garantis par l'île et les hautes murailles de la ville; ensuite on sait que le vent du nord-ouest (nommé par les Arabes, Abou-el-Schita, père de la pluie) ne règne en Syrie qu'après l'équinoxe de septembre. L'Africus, ou vent du sud-ouest, souffle, au contraire, souvent et avec impétuosité pendant le printemps, époque à laquelle la première jetée fut renversée par la tempête dont il est ici question. Si l'on admettait même que la marche régulière des vents eût été intervertie, et que le témoignage formel de Diodore dût ici l'emporter sur la déduction que nous avons tirée de celui de Quinte-Curce, on ne devrait pas encore conclure, et c'est là ce qu'il est intéressant d'établir, que la seconde jetée avait été dirigée de manière à présenter le front au nord-ouest, puisqu'une telle disposition l'eût exposée à être prise en flanc par le vent Africus, qui règne ordinairement, et on peut dire à l'exclusion de tout autre, à cette saison de l'année pendant laquelle les Macédoniens élevèrent leur môle. Cette dernière considération nous ayant paru concluante, nous n'avons pas hésité à tracer la chaussée en lui faisant traverser le détroit du nord-est au sud-ouest (1).

La jetée d'Alexandre, construite, on le sait, avec des matériaux provenant de l'ancienne Tyr, ruinée par Nabuchodonosor, doit cacher des monuments épigraphiques et des fragments de sculpture qu'il serait fort intéressant d'exhumer du milieu des sables qui les recouvrent; et les fouilles qu'on pourrait tenter dans ce but seraient moins difficiles après les recherches auxquelles nous venons de nous livrer. Après avoir décrit la prise et le sac de la ville, Quinte-Curce ajoute que les Sidoniens, confondus dans les rangs de l'armée d'Alexandre, se souvenant de leur conformité d'origine avec les Tyriens, en sauvèrent plus de quinze mille, qu'ils surent soustraire au massacre général, en leur donnant refuge à bord de leurs vaisseaux. Les autres historiens ne font pas mention de cette circonstance; mais comme il n'y a aucune dénégation à opposer au témoignage de Quinte-Curce, il ne serait pas juste de contester aux Sidoniens un trait d'humanité qui honore leur mémoire.

« On peut juger, dit encore Quinte-Curce, de tout ce qu'il y eut de sang répandu, en songeant que seulement dans l'enceinte des remparts six mille combattants furent massacrés, et que deux mille hommes qu'avait épargnés la rage épuisée des soldats furent attachés à des croix et pendus tout le long du rivage (1). »

L'historien termine sa narration du siége de Tyr en rappelant les noms des colonies fondées par les habitants de cette ville qui, dit-il, choisirent ces lieux pour établir leur jeunesse, devenue trop nombreuse, « ou peut-être, suivant une autre tradition, ajoute-t-il encore, parce que, fatigués des continuels tremblements de terre qui désolaient leur pays, ils furent forcés de se chercher par les armes de nouvelles demeures en dehors » (*seu quia crebris motibus terræ (nam hoc quoque traditur) cultores ejus fatigati, nova et externa domicilia armis sibimet quærere cogebantur*).

La tradition, qui existait déjà au temps de Quinte-Curce, prouve qu'à toutes les époques l'île tyrienne a été remuée par des tremblements de terre. Justin, qui ne consacre que peu de lignes à décrire le siége de Tyr, prétend que cette ville fut prise par trahison : « *Non magno post tempore*, dit-il, *per proditionem capiuntur* (2). »

Polyen s'efforce aussi de prouver que ce fut par surprise qu'Alexandre se rendit maître de Tyr, et Plutarque ne

---

(1) Bertou, p. 66.

(1) Curt., IV, 4.
(2) Justin, XI, 10.

donne aucun détail qui puisse prendre place après les extraits que nous venons de citer.

Les témoignages de Quinte-Curce et de Justin constatent l'existence de deux temples consacrés à Hercule par les habitants de Tyr : l'un, dans l'île, était sous l'invocation d'Hercule Tyrien; l'autre, *extra muros*, sous celle d'Hercule Astrochiton. Nous pensons que ce dernier était situé sur la petite éminence nommée Maschouk, où l'on retrouve des substructions antiques (1).

Les historiens d'Alexandre varient sur les pertes qu'éprouvèrent les Tyriens. Arrien se borne à dire que le nombre des assiégés tués lors de la prise de la ville fut de huit mille. Diodore dit que sept mille individus périrent les armes à la main, et que deux mille adolescents furent pendus après le carnage, ce qui porterait le nombre des morts à neuf mille. Quinte-Curce parle de six mille combattants massacrés dans l'enceinte des murs, et de deux mille hommes attachés en croix le long du rivage; ce qui forme un total de huit mille morts; nombre égal à celui qui est mentionné par Arrien. Mais il faut remarquer que Quinte-Curce ne cite ce nombre de six mille individus massacrés dans l'intérieur des murailles de Tyr que pour donner une idée de tout ce qu'il y eut de sang répandu dans ce terrible désastre, et que par conséquent on doit naturellement conclure que le nombre total des morts fut de beaucoup supérieur à ce chiffre.

Arrien affirme que trente mille personnes furent plongées dans l'esclavage. Diodore réduit ce nombre à treize mille, et Quinte-Curce, comme nous l'avons déjà dit, fait aux Sidoniens l'honneur d'un généreux mouvement qui les aurait portés à sauver plus de quinze mille des vaincus, et enfin ces deux derniers historiens s'accordent à dire qu'avant la fin du siége les Tyriens avaient envoyé à Carthage leurs femmes et leurs enfants.

Quoi qu'il en soit des différences que présentent les chiffres que nous venons de rapprocher, ils prouvent au moins que quand Tyr, ville tout insulaire, « *Tyrus tota insula est*, » tomba au pouvoir d'Alexandre, elle devait être assez grande pour contenir une population de cinquante à soixante mille âmes. Or, nous avons démontré que l'île réduite à sa limite occidentale actuelle n'aurait pu contenir que vingt-deux mille cinq cents habitants, et cela en admettant que la population sédentaire y ait été une fois et demie aussi compacte qu'à Paris. Il paraît donc bien évident que cette île était plus grande alors qu'elle ne l'est aujourd'hui; et puisque Pline nous apprend que de son temps le périmètre de la ville insulaire était déjà à peu près ce qu'est encore aujourd'hui celui de l'île elle-même, il est bien manifeste que ce dut être entre l'époque du siége par Alexandre et celle à laquelle remonte le récit de Pline, c'est-à-dire entre la trois cent trente-deuxième année avant J.-C. et le premier siècle de notre ère, que l'île éprouva dans son étendue la diminution que nous venons de signaler. Ce fut en effet pendant la période comprise entre ces deux dates, c'est-à-dire 143 ans avant J.-C., que la côte de la Phénicie fut remuée par un phénomène géologique qui paraît avoir été la principale cause de l'affaissement et de l'immersion d'une partie considérable de l'île tyrienne (1).

Quand Alexandre vint assiéger Tyr, cette ville était le grand entrepôt des richesses de l'Inde, *l'emporium*, le centre du commerce du monde connu. Après qu'il en eut renversé les murailles et massacré la population, le vainqueur de l'Asie, qui ne voulait pas que Tyr pût redevenir une puissance au milieu de ses nouveaux États, comprit que pour empêcher son influence politique de jamais se relever il fallait en tarir la source, et il lui enleva le monopole du commerce en fondant Alexandrie. Les navires richement chargés qui depuis longtemps allaient jeter l'ancre dans le port d'Éziongaber prirent dès lors la route d'Arsinoé, et les caravanes qui partaient de la pointe Élanitique pour se rendre à Tyr, en passant par les vallées d'Akaba et d'Araba, furent bientôt remplacées par d'autres, qui se dirigèrent d'Arsinoé vers le Nil, pour arriver au port d'Alexandrie, qui était devenu

---

(1) Bertou, p. 68.

(1) Bertou, p. 69.

le nouveau rendez-vous de la marine marchande.

Tyr, privée de son commerce maritime, se releva cependant encore par son industrie. Sa pourpre et ses verreries furent longtemps célèbres, mais ne purent lui rendre l'influence politique qu'elle avait acquise par le commerce alors qu'elle en était le centre.

En 313 avant J.-C. Tyr tomba par trahison au pouvoir d'Antigone, après un siège maritime qui dura treize mois. Cette longue résistance prouve assez que Tyr, ruinée par Alexandre, n'avait pas tardé à se relever et à acquérir une importance propre à exciter l'envie des lieutenants d'Alexandre, qui s'étaient partagé les dépouilles du grand conquérant.

Ptolémée regarda l'Égypte comme son domaine, depuis qu'il avait battu Perdiccas. La Phénicie et la Cœlé-Syrie, pays voisin de l'Égypte, semblaient à sa convenance ; il songea donc à s'en rendre maître. Il choisit pour cette expédition un de ses amis, Nicanor, avec une armée suffisante. Celui-ci pénétra en Syrie, fit le satrape Laomédon prisonnier, et soumit toute la province. Il soumit également les villes de la Phénicie, y établit des garnisons, et retourna en Égypte. Tel fut le résultat de cette courte et heureuse expédition (1).

En 284 Séleucus s'empara de toute la Syrie, y compris la Phénicie, et fonda la dynastie à laquelle il a donné son nom. L'histoire de la Phénicie offre peu d'intérêt sous le règne des Séleucides. En 176 avant J.-C., Antiochus Épiphane sortit de Tyr pour marcher contre les Égyptiens, et, après les avoir vaincus entre le mont Casius et Péluse, il revint dans l'ancienne capitale de la Phénicie.

En 143 avant J.-C. la côte de la Phénicie fut bouleversée par un phénomène géologique (2), qui a probablement réduit les dimensions de l'île tyrienne, en causant la submersion du banc de rochers qui s'étend vers l'ouest, et sur lequel M. Bertou a trouvé des traces non équivoques des anciennes constructions qui y étaient assises. Ce phénomène était tout à fait analogue à celui qui se manifeste souvent lors des grands tremblements de terre. La mer se retira, et revint ensuite avec une extrême impétuosité, sortant de ses limites et s'élevant au-dessus de son niveau ordinaire, pour rentrer dans son lit. On peut donc très-bien admettre que la grande commotion qui s'était fait sentir sur la côte de la Phénicie avait déterminé l'immersion de la partie occidentale de l'île tyrienne (1).

Le cataclysme raconté par Posidonius (2) démantela probablement les grands môles qui s'étendaient au nord et au sud de la presqu'île, mais ne les fit pas disparaître complètement, puisqu'on voit encore aujourd'hui une partie du rocher sur lequel s'appuyait le môle du nord, et que M. Bertou a pu préciser l'époque de la disparition de celui du sud, que Maundrell vit encore en 1697. Si l'on s'étonnait que les Tyriens n'eussent jamais entrepris de réparer ces môles, nous ferions observer qu'à l'époque où ils furent renversés il y avait déjà près de deux siècles que le siège du commerce universel avait été transporté à Alexandrie, et que Tyr ne prospérait plus que par la fabrication de sa pourpre. Réduits à s'occuper exclusivement d'industrie, les Tyriens n'avaient plus besoin de ces grands ports qui pendant si longtemps avaient abrité les flottes du monde connu (3).

Tyr et les autres villes de la Phénicie faisaient partie, comme nous l'avons dit, de ce royaume de Syrie qui pendant plus de deux siècles et demi fut gouverné par les Séleucides.

Suivant Appien ce règne dura deux cent soixante-dix ans, et deux cent cinquante et un ans selon Eusèbe. L'ère

---

(1) Diodore, t. III, p. 339 de ma traduction.

(2) Voyez plus haut, p. 118.

(1) « Tout le littoral de la Phénicie paraît s'être affaissé. A Césarée (tour de Straton), à Beyrouth (*Berytus* ou *Julia-Felix*), à Djebael (*Byblos*), à Batroun (*Bostris*), on voit des ruines antiques qui sont envahies par les flots de la mer, et au Nahar-el-Kelb (*Lycos*) d'anciennes carrières sont complètement immergées. Cette dépression paraît s'être opérée violemment aux époques des grands tremblements de terre qui ont si souvent remué le sol de la Phénicie. » (Bertou, p. 55.)

(2) Athen., VIII, 2; Strab., XVI, 1.

(3) Bertou, p. 55.

des Séleucides commence vingt ans après la prise de Tyr par les Macédoniens, et douze ans après la mort d'Alexandre, par conséquent en 312 avant l'ère chrétienne.

Vers la 64ᵉ année avant J.-C., Pompée vint en Syrie et soumit à l'empire romain le royaume fondé par les lieutenants d'Alexandre.

Depuis que la Phénicie avait perdu son indépendance, son histoire se trouve associée à celle des empires dont elle était une province. Nous renvoyons donc pour cela aux histoires spéciales des Perses, des Séleucides et des Romains. Nous nous bornerons seulement à faire connaître le sort de Tyr jusqu'au moment où l'on n'en entend plus parler.

Au rapport de Strabon, les rois de Syrie avaient laissé à Tyr son indépendance, et elle en obtint la confirmation de la part des Romains, moyennant quelques redevances (1). Ceci est confirmé par Josèphe, qui dit que Marc-Antoine avait donné à Cléopâtre toute la côte de la Phénicie, depuis l'Éleuthère jusqu'à l'Égypte, à l'exception de Sidon et de Tyr, auxquelles il laissa l'indépendance dont il savait qu'elles jouissaient dans les temps anciens (2). Cependant, d'après Dion Cassius, Auguste, qui était allé en Orient au printemps de l'an 734 (18 ans avant J.-C.), aurait privé les Tyriens et les Sidoniens de leur liberté, à cause des factions qui régnaient parmi eux (3). Ce qui donne un grand poids à cette assertion de Dion Cassius, c'est que nous voyons qu'Hérode fit élever dans Tyr des lieux d'assemblée, des magasins publics, des marchés et des temples presque immédiatement après l'arrivée d'Auguste, et qu'il ne paraît pas probable qu'Hérode soit intervenu dans la construction des monuments d'une ville qui ne relevait pas de son autorité. Selon toute probabilité, cette privation de la liberté des Tyriens n'était que momentanée et une simple mesure disciplinaire.

Au moment où Tyr tomba au pouvoir des musulmans, elle faisait partie, ainsi que les autres villes de la Phénicie, de l'empire gréco-romain, dont le siége était à Constantinople.

C'est sous le califat d'Omar, en l'année 740 de notre ère, que Yézid, fils d'Abou-Sofian, se rendit maître de Tyr; et c'est de cette époque que date l'établissement des sectateurs de Mahomet sur la côte de la Phénicie; car Constantin Porphyrogénète, qui était campé à Césarée avec son armée, ayant appris la soumission de Tyr et de Tripoli, s'embarqua avec sa famille, et retourna à Constantinople. Les Arabes, de race sémitique comme les Hébreux et les Phéniciens, rendirent à Tyr son ancien nom (1).

Pendant la longue période de l'occupation musulmane, nous rencontrons à peine le nom de Sour dans les ouvrages des Arabes. Ibn-Batouta, qui écrivait au commencement du quatorzième siècle, ne donne de Sour qu'une description très-succincte. Édrisi et Ibn-Alatyr donnent aussi très-peu de détails sur la topographie de cette ville, qui soutint plusieurs siéges à l'époque des croisades et resta pendant cent soixante-sept ans (de 1124 à 1291) au pouvoir des chrétiens de l'Occident.

L'historien Guillaume, archevêque de Tyr, est ici notre guide. Voici ce qu'il raconte en partie comme témoin oculaire (2) : « En 1112 le roi de Jérusalem, après avoir soumis Ascalon, vint avec toutes ses forces de terre et de mer mettre le siége devant Tyr; mais, après plus de quatre mois de travaux, de fatigues et de dépenses considérables, le

---

(1) Strab., XVI, p. 757 ed. Casaub.
(2) Josèphe, Ant. Jud., XV, 4.
(3) Dion Cass., LIV, 7.

(1) En arabe *tsour*; en hébreu צור (*tsor* ou *tsour*). Pendant toute la période qui sépare la première invasion de la Phénicie par les Arabes et celle de la conquête de ce pays par Alexandre, la ville qui nous occupe fut nommée Τύρος par les Grecs, et *Tyrus* par les Romains. Mais il paraît que ces derniers désignaient aussi sous le nom de *Sara* la première ville fondée par les Sidoniens. On retrouve ce nom dans Plaute : *Purpuram tibi ex Sara attuli*, et dans Silius Italicus : *Sarrano murice fulgens*. Voici la remarque que fait à ce sujet un ancien scoliaste sur le livre IV des *Géorgiques* de Virgile : *Quæ nunc Tyrus dicitur olim* SARRA *vocabatur, a pisce quodam qui illic abundat, quem lingua sua* SAR *appellant*.

(2) Guil. Tyr., *Hist.*, lib. XI.

roi se vit forcé de renoncer à ses espérances et d'abandonner son entreprise. Ce ne fut que douze ans après cette première tentative, en 1124, que les chrétiens parvinrent enfin à se rendre maîtres de la ville, qu'ils considéraient comme la métropole et en quelque sorte la tête de la province de Phénicie.

« Le 15 donc des calendes de mars (15 février 1124) nos deux armées arrivèrent auprès de la ville de Tyr, et l'investirent aussi bien qu'il leur fut possible. Cette ville est située, comme l'a dit le prophète Ézéchiel, au milieu de la mer ; elle est entourée de tous côtés par les eaux, *excepté sur une étroite langue de terre, qui n'a de longueur que celle que peut parcourir une flèche lancée par un arc.* » Enfin, d'après cet historien, il est impossible pour tous ceux qui ne connaissent pas les localités d'approcher de la ville sans échouer, s'ils n'ont soin de prendre un guide qui ait une connaissance exacte de ces parages.

En suivant le récit de Guillaume de Tyr, on retrouve l'indication d'une double muraille qui défendait la ville du côté de l'est, et aussi de l'existence d'un fossé vaste et profond dans lequel on pouvait facilement faire entrer les eaux de la mer des deux côtés. Ce fossé pourrait bien être le canal dont Alexandre avait réuni les deux rives par une chaussée. L'historien parle ensuite des deux ports qui sont vers le nord, mais moins pour les décrire que pour nous apprendre que la flotte chrétienne alla s'abriter dans la partie du port extérieur qui se trouvait alors garantie des vents de l'ouest par l'île elle-même. « Au nord, dit l'auteur, est le port extérieur de la ville, défendu à son entrée par deux tours, et enveloppé par les remparts de la place. »

L'existence des deux ports septentrionaux est parfaitement constatée dans ce que nous venons de citer, aussi bien que dans un autre endroit du récit où l'historien parle de jeunes gens qui passèrent à la nage du port intérieur dans le port extérieur ; mais l'archevêque ne parle jamais des ports méridionaux. Ce silence de l'historien, tout surprenant qu'il est, ne saurait cependant invalider les faits et les témoignages authentiques qui constatent l'existence de ces deux ports, dont l'un, le Cothôn, existe encore, tandis que l'autre, le port Égyptien, a été reconnu et décrit, il y a moins d'un siècle et demi, par le voyageur Maundrell.

Si une omission pouvait servir à en expliquer une autre, nous ferions remarquer que le chroniqueur n'a pas parlé non plus du bel aqueduc qui de son temps amenait à Tyr l'eau des réservoirs de Ras-el-Aïn. Certes, cette seconde omission est plus extraordinaire encore que la première ; car elle porte sur un ouvrage dont les croisés assiégeant Tyr avaient dû tirer un double profit, tant en utilisant son produit qu'en en privant les assiégés.

Dans l'énumération des avantages que présentait la position de Tyr, l'historien rend justice à l'excellente qualité des terres qui en dépendent. « Quoique Tyr, dit-il, soit située au milieu de la mer et entourée comme une île par les flots, elle a en dehors, sur la terre ferme, un territoire excellent et une plaine qui se prolonge sur un sol riche et fécond, et fournit toutes sortes d'avantages aux habitants. Cette plaine n'est pas considérable, comparée du moins avec le territoire des autres villes ; mais son peu d'étendue est amplement compensé par sa fertilité, et l'abondance de ses produits représente un nombre d'arpents beaucoup plus considérable. »

Guillaume de Tyr parle alors des limites et de l'étendue de cette plaine, et ce qu'il en dit est parfaitement conforme à ce que des voyageurs plus modernes ont observé sur les lieux mêmes. Il arrive ensuite à la description des sources et des grandes citernes : « Toute la contrée, dit-il, tire des avantages inappréciables des eaux de cette source (il parle ici de la principale) : elle féconde les jardins et les lieux plantés d'arbres fruitiers, et donne beaucoup d'agrément à tous les vergers ; elle favorise en outre la culture de la canne mielleuse avec laquelle on fabrique le sucre, si précieux et si nécessaire aux hommes pour toutes sortes d'usages, comme pour leur santé, et que les négociants transportent dans les parties les plus reculées du monde. » Après avoir parlé du sable siliceux qu'on employait dans les fabriques de verre, et qui se trouve dans cette même plaine, l'historien ajoute : « Ces diverses productions ont rendu le nom de la ville de Tyr célèbre chez toutes les nations étrangères, et fournissent aux négociants les moyens de faire des fortunes considérables. Outre ces précieuses ressources, la ville de Tyr a encore l'avantage de posséder des fortifications incomparables, etc. »

On pourra juger, en lisant ce témoignage, si nous n'avons rien exagéré en parlant de la richesse du sol de Tyr et des avantages qu'un peuple sagement gouverné en pourrait retirer. Il n'y avait peut-être qu'une mauvaise administration qui pût réduire à l'état de misère où nous la voyons tombée une ville qui, par sa situation, semblait être appelée à jouir de la plus haute prospérité.

Nous ne suivrons pas l'historien des croisades dans son intéressante description du siège de Tyr. « Cette ville, dit-il en terminant, fut prise et rendue au nom du Christ, l'an 1124 de l'Incarnation, le 29 du mois de juin, et la sixième année du règne de Baudouin II, roi de Jérusalem. »

Les chrétiens ne jouirent ni tranquillement ni longtemps de leur conquête. En 1187 ils eurent un premier siège à soutenir contre Saladin, qui attaqua Tyr sans succès. Bientôt après, et vers la fin de la même année, quand Jérusalem fut retombée aux mains des infidèles, et que l'armée chrétienne eût été presque anéantie à Tibériade, Saladin vint de nouveau mettre le siège devant la capitale de la Phénicie; mais il y rencontra l'élite des chevaliers d'Occident, qui s'y étaient réunis sous les ordres du vaillant Conrad de Montferrat, et qui eurent à arrêter les forces combinées de terre et de mer du nouveau vainqueur de l'Orient.

Les musulmans furent donc réduits à s'éloigner une seconde fois des murs de Tyr. Bientôt après, en 1202, un fléau plus terrible que la guerre, un tremblement de terre, vint fondre sur toute la Syrie, et plus particulièrement sur Tyr. « La ville de Tyr ne conserva, dit-on, que quelques maisons », et la secousse fut si violente, qu'au dire d'Abd-Allatif, plusieurs lieux habités disparurent totalement, sans qu'il en restât le moindre vestige. Les chrétiens de Tyr travaillèrent avec ardeur à relever leur ville; mais en 1291 ils furent obligés de l'abandonner définitivement. La violente commotion qui remua le sol de la Phénicie en 1202 pourrait bien avoir contribué à activer l'affaissement du banc de rochers sur lequel étaient assis le grand môle du port Égyptien et l'île tyrienne elle-même (1).

Depuis l'époque des croisades la Phénicie ne joue plus aucun rôle important dans l'histoire. Elle tomba, vers le commencement du seizième siècle, au pouvoir des empereurs ottomans, qui la possèdent encore aujourd'hui.

CONSTITUTION ET GOUVERNEMENT DES PHÉNICIENS.

La constitution politique de Carthage peut nous donner une idée de celle de la Phénicie; car cette dernière était sans doute calquée sur la première. Or, cette constitution était démocratique; c'était le gouvernement du pays par la nation souveraine. Cela résulte clairement des textes bien interprétés d'Aristote, de Polybe, de Diodore, de Tite-Live et de Justin.

L'autorité suprême résidait dans l'assemblée que les Grecs nomment βουλή, et les Romains *senatus*. Quelle était l'organisation de cette assemblée?

Selon les auteurs cités, les membres du sénat étaient nommés, sans doute pour un temps limité, par les *hétairies* (ἑταιρίαι) du peuple. Or, ces hétairies n'étaient pas des castes ni des corporations nobiliaires, mais de véritables colléges électoraux; car le mot même d'*hétairie*, de ἑταῖρος, compagnon, suppose une *compagnie*, une réunion d'hommes ayant des droits égaux. Le sénat de Carthage

(1) « Le 26 de schaban (20 mai 1202), de grand matin, on ressentit un violent tremblement de terre qui jeta l'épouvante parmi les hommes. Le tremblement dura longtemps; les secousses ressemblaient au mouvement d'un crible, ou à celui que fait un oiseau en abaissant et élevant ses ailes. — Beaucoup de lieux habités disparurent totalement, sans qu'il en restât le moindre vestige, et une multitude innombrable d'hommes périrent. Le soulèvement de la mer et l'agitation des flots n'offraient plus qu'un aspect horrible et méconnaissable; les eaux s'entr'ouvrirent en divers endroits et se divisèrent en masses semblables à des montagnes. » (*Relation de l'Égypte par Abd-Allatif*; traduction de Silvestre de Sacy, p. 414.)

était donc l'assemblée des délégués des hétairies, c'est-à-dire des représentants de la nation.

Cette assemblée était investie de tous les pouvoirs, à l'exception du pouvoir judiciaire. Elle ne siégeait pas d'une manière permanente. En temps ordinaire elle était remplacée par une commission tirée de son sein. Cette commission (σύγκλητος) déléguait, à son tour, à un certain nombre de ses membres la direction de toutes les affaires civiles et militaires. Cette seconde commission s'appelait le *conseil des Anciens* (γερουσία). Mais aucune de ces commissions n'avait le droit de faire ni de rapporter des lois : à la grande assemblée seule appartenait le pouvoir législatif.

Le président de l'assemblée et des deux commissions de délégués portait le titre de *suffète* (שפט), qui signifie *juge*; c'est ce que les Grecs et les Romains ont traduit par βασιλεύς ou *rex*, roi. Ainsi, le peuple, les délégués (sénateurs, *optimates*) et le suffète ou roi, tel est le fond de la constitution phénicienne ou carthaginoise (1).

Une chose remarquable, c'est le nombre *trois*, qui représente les éléments de toutes les constitutions politiques chez les peuples de l'antiquité. Est-ce l'effet du hasard ou de croyances mystiques, religieuses? Le dernier me paraît le plus probable; car la *triade* sacrée ou la trinité, que des philosophes modernes ont essayé de ressusciter, se retrouve au fond de toutes les religions. Le nombre *trois* et ses multiples par *quatre* (la *tétrade*) et par dix ($3 \times 10 = 30$; $10 \times 30 = 300$; $3 \times 4 = 12$), expriment partout le nombre des hommes auxquels les nations confiaient temporairement le dépôt de la souveraineté.

Voici quelques exemples de cette trichotomie mystique. Le peuple romain se composait de trois tribus (les *Ramnes*, les *Tities* et *Luceres*). Chaque tribu était divisée en dix curies, et chaque curie était présidée par un *curio* ou *curionius*, ce qui faisait un total de trente curies et de trente curions. A leur tour, les curies étaient divisées chacune en dix décuries ou *gentes*, ce qui faisait en tout trois cents décuries et autant de sénateurs, ou présidents des décuries (1).

— La même répartition du pouvoir existait chez les Doriens, et surtout chez les Spartiates et les Crétois. Dans tous les États ou colonies doriques on comptait trois tribus, dont chacune était partagée en dix *phratries* (2). A Sparte chaque *phylé* (tribu) comprenait également dix phratries, en tout trente, qui étaient représentées dans le sénat par trente chefs ou députés, dont vingt-huit portaient le titre de *vieux* (γέροντες) et deux celui d'*éphores* ou rois. Dans l'île de Crète la souveraineté était exercée par le peuple, divisé en dix *phratries*, représentées ou présidées par autant de κόσμοι et aidés d'un même nombre de sénateurs ou gérontes. — A Athènes la *phylé* (caste) des nobles comprenait trois phratries, comparables aux trois phylés des Spartiates Doriens. Lorsque la noblesse jugea les Alcméonides, le tribunal se composa de trois cents *eupatrides*; chaque phratrie en fournissait cent. Et lorsque l'Alcméonide Callisthène fut renversé par les Eupatrides (nobles), et que le sénat (βουλή) démocratique fut dissous, Isagoras institua le conseil des Trois-Cents.

Mais revenons à la constitution phénico-carthaginoise. Le suffète était en même temps chef du pouvoir exécutif; mais le commandement des forces militaires lui était interdit. Ce commandement appartenait à un autre suffète, qui pendant sa présence à Carthage remplissait aussi les fonctions de vice-président. Les deux suffètes étaient nommés par le peuple, sur une liste présentée par l'assemblée. Leur pouvoir était annuel. Néanmoins, dans des circonstances graves la durée du commandement des forces militaires pouvait être prorogée. C'est ce qui était arrivé pendant les guerres des Carthaginois en Sicile et en Espagne.

---

(1) Serv., ad Æn., IV, 682 : Quidam hoc loco volunt tres politias comprehensas, *populi, optimatium, regiæ potestatis*. Cato enim ait de tribus istis partibus ordinatam fuisse Carthaginem.

(1) Voy. Gœttling, *Geschichte der Rœmischen Staatsverfassung*; Walter, *Geschichte des Rœm. Rechts*, t. I, p. 18.
(2) Voy. Ottf. Müller, *Geschichte der Hellen. Stämme and Städte*, t. II, p. 31.

La place de suffète militaire était, comme on devait s'y attendre, la plus briguée. C'était aussi celle qui portait le plus d'ombrage au peuple et au sénat. Là était le côté vulnérable de la constitution punique. La conduite et les opérations du suffète étaient surveillées par une députation de l'assemblée ou du sénat. Cette députation, véritable comité de salut public, pouvait, sur un simple rapport, faire décréter le rappel du général en chef ou sa prorogation. Celui-ci, ambitieux ou non, ne devait supporter qu'avec impatience cet état de suspicion organisé. De là mille tiraillements en sens contraires, suivis de conflits fâcheux. L'histoire d'Annibal en fournit une preuve éclatante.

On ne sait rien de précis sur l'organisation judiciaire chez les Carthaginois et chez les Phéniciens. Un collège de juges, au nombre de cent quatre, était chargé de toutes les affaires civiles. Quant à la justice criminelle, elle était exercée par des délégations analogues à notre jury.

Il n'y eut point à Carthage d'aristocratie héréditaire proprement dite. Tout citoyen pouvait arriver aux plus hautes dignités. Seulement, quand une famille avait déjà donné à l'État des citoyens fidèles, elle se recommandait plus particulièrement à la faveur populaire. A la longue il pouvait ainsi se former une sorte de noblesse (*optimates*), témoin les Magon, les Barca, les Hannon, les Amilcar; mais on n'y perdait rien : c'était la noblesse de l'intelligence et du cœur, à laquelle on devrait toujours et partout confier le sort des nations.

LANGUE ET ÉCRITURE PHÉNICIENNES.

Le phénicien appartient à la famille des langues sémitiques. Il a une grande analogie avec l'hébreu. Cette analogie s'explique par le voisinage et par l'origine probablement commune des nations phénicienne et juive.

D'après les témoignages des anciens, les Phéniciens sont les inventeurs de l'alphabet. Ce qui est certain, c'est que leur écriture est un des plus anciens systèmes alphabétiques connus, et qu'elle a servi en quelque sorte de modèle à la plupart des peuples de l'Occident, et particulièrement aux Grecs. Dans les monuments lapidaires les lettres phéniciennes présentent beaucoup de variantes, sur la valeur desquelles on n'est pas encore d'accord. Voici les caractères types, tels qu'on les voit sur les médailles de l'époque des princes achéménides :

PHÉNICIEN.	HÉBREU.	NOMS ET VALEUR.		PHÉNICIEN.	HÉBREU.	NOMS ET VALEUR.	
	א	aleph	a		ל	lamed	l
	ב	beth	b		מ	mem	m
	ג	guimel	g		נ	noun	n
	ד	daleth	d		ס	samech	s
	ה	hé	h		ע	aïn	a'
	ו	vav	w	ou	פ	phé	f
	ז	zaïn	z		צ	tsade	ts
	ח	kheth	kh		ק	kof	q
	ט	teth	t		ר	resch	r
	י	yod	y		ש	schin	sch
	כ	caf	k		ת	thau	th

Les monuments lapidaires qui conservent des vestiges de l'écriture phénicienne sont au nombre d'environ quatre-vingts, sans parler des médailles. Gesenius les a décrits et expliqués dans son ouvrage intitulé : *Scripturæ Linguæque Phœniciæ Monumenta, quotquot supersunt edita et inedita, ad autographorum optimorumque exemplorum fidem edidit additisque de scriptura et lingua Phœnicum commentariis illustravit*, P. I-III; Lipsiæ, 1837, in-4°. — Ces monuments ont été découverts dans les différentes contrées avec lesquelles les Phéniciens ou les Carthaginois entretenaient des relations : on en a trouvé à Athènes (trois inscriptions bilingues), à Malte, en Chypre, dans les ruines de Citium, en Sardaigne, en Sicile, dans les ruines et le territoire de Carthage, à Tyr, à Sidon, à Saint-Jean d'Acre, à Laodicée, en Cilicie, en Espagne, etc. Mais, chose remarquable, aucun de ces monuments ne remonte à une haute antiquité : ils appartiennent presque tous à l'époque comprise entre Alexandre le Grand et le siècle d'Auguste. L'inscription punique qu'on lit sur un arc de triomphe élevé à Septime-Sévère ne date que du commencement du troisième siècle de l'ère chrétienne. Les médailles trouvées en Cilicie remontent seules jusqu'au temps de la domination des Perses.

C'est sur les monuments de Sicile, de Malte, de Chypre et de Carthage qu'on voit les plus beaux caractères de l'écriture phénicienne. Ceux des médailles phéniciennes de l'Espagne et des îles voisines sont déjà moins beaux; enfin ceux de la Numidie, du temps d'Hiempsal I, Hiempsal II, Juba I, et Juba II, représentent une sorte d'écriture cursive (*scriptura rustica*). L'écriture phénicienne primitive se rapproche le plus des lettres grecques les plus anciennes, ainsi que l'attestent les monuments.

L'alphabet phénicien se compose, comme l'hébreu, de vingt-deux lettres. On le lit de même de droite à gauche, à l'exception des caractères d'une médaille sicilienne (Voy. Gesenius, *Monument. Phœn.*, p. 59). On n'y remarque aucune trace de voyelles; on n'y trouve pas même les équivalents des lettres hébraïques ו et י. Dans les plus anciennes inscriptions les mots ne sont pas distancés ; ce n'est que plus tard qu'on les sépara par des points ou par des espaces. Quelquefois plusieurs lettres sont unies par un seul trait; ces abréviations, jointes au manque de voyelles et à la fusion des mots, ajoutent encore aux difficultés qu'offre l'interprétation des monuments phéniciens (1).

Gesenius indique comme type de l'ancienne écriture phénicienne l'inscription qu'on lit sur la base de deux candélabres antiques trouvés à Malte, et dont l'un se conserve aujourd'hui à la bibliothèque Mazarine (2). Cette inscription est bilingue (en grec et en phénicien). Voici le texte phénicien, transcrit en caractères carrés chaldéens :

לאדנן למלקרת בעל צר אש נדר
עבדך עבדאסר ואחי אסרשמר
שן בן אסרשמר בן עבדאסר כשמע
קלם יברכם

(*Domino nostro Melcarto, domino Tyri, vir [vovens, servus tuus Abdosir cum fratre meo Osirs- [chamar, ambo filii Osirschamari, filii Abdosiri. Ubi [audiverit vocem eorum benedicat iis*).

L'inscription grecque, beaucoup plus concise, est ainsi conçue :

ΔΙΟΝΥΣΙΟΣ ΚΑΙ ΣΑΡΑΠΙΩΝ ΟΙ
ΣΑΡΑΠΙΩΝΟΣ ΤΥΡΙΟΙ
ΗΡΑΚΛΕΙ ΑΡΧΗΓΕΤΕΙ.

(*Dionysius et Sérapion, les fils de Sérapion, Tyriens, à Hercule fondateur*) (3).

(1) Swinton, J. J. Barthélemy, Bayer, Akerblad, Kopp, Lindberg, et surtout Gesenius ont le plus contribué aux progrès de l'étude épigraphique phénicienne, punique ou carthaginoise.

(2) Cette inscription est gravée sur du carbonate calcaire saccharoïde. Le candélabre déposé à la bibliothèque Mazarine est le mieux conservé : il fut envoyé en 1780 à Louis XVI; l'autre se trouve à la Bibliothèque publique de Malte.

(3) Fourmont (*Saggi di Cortona*, t. III, p. 89) et les auteurs du *Novi Tractatus Diplomatici* (t. I, p. 656) avaient les premiers essayé d'expliquer ce monument épigraphique; mais leur interprétation donne un sens évidemment absurde : *Urinatori* (magno) *urinatorum magistro* (deo) *duci et* (deo) *absorbenti in die* (quo) *sublevarunt* (anchoram), *et natarunt et exierunt e Tyro, portam reliquerunt eum, cœperunt invenire coralium : exierunt iterum e Tyro, ecce vas-*

Les Phéniciens, et en général les peuples sémitiques, avaient de tout temps la coutume de perpétuer par la voie des inscriptions gravées sur des pierres ou sur du métal la mémoire de quelque événement ou personnage important (1). Dans les temples on lisait sur les colonnes l'énumération des frais d'un édifice public (2). Les auteurs anciens mentionnent des inscriptions gravées sur des stèles, sur des bétyles et des dons consacrés (3). Le périple d'Hannon avait été écrit sur l'une des colonnes du temple de Baal à Carthage, et Polybe a copié dans son ouvrage l'inscription phénicienne et grecque d'Hannibal dans le temple d'Apollon à Lacinium (4).

Il est à remarquer que, sauf quelques médailles et une gemme (5), on n'a encore découvert dans la Phénicie même aucune inscription phénicienne. Cela tient sans doute à ce que ce pays a été jusqu'à présent très-superficiellement exploré. C'est dans les antiques colonies des Phéniciens qu'on a trouvé les monuments les plus intéressants de cette nation marchande. Sur l'emplacement de l'ancien Citium, aujourd'hui Larnaka, en Chypre, Pococke découvrit trente-trois inscriptions, auxquelles il en faut ajouter trois autres, trouvées récemment par un archéologue allemand, Louis Ross, dans le voisinage de Larnaka (6). Malheureusement les copies de Pococke sont peu exactes et celles de Porter ont péri, à l'exception de cinq, que Swinton a publiées dans les *Philosophical Transactions*, tom. LIV, tab. 22. Les inscriptions trouvées dans l'île de Malte sont généralement assez bien conservées. Neuf de ces inscriptions, que Castelli de Torremuzza a communiquées dans son ouvrage sur la Sicile (1), n'ont pas été reproduites dans les *Monumenta*.

Les inscriptions phéniciennes interprétées par Gesenius sont au nombre de soixante-dix-sept, y compris celle que nous venons de reproduire, et qui occupe le n° 1 dans *Scripturæ Linguæque Phœniciæ Monumenta, quotquot supersunt*. Nous ne mentionnerons encore que celles qui offrent le plus d'intérêt.

N° 2. Cette inscription, gravée sur un fragment de marbre, fut trouvée, en 1761, dans une caverne sépulcrale de l'île de Malte. On la conserve à la Bibliothèque Nationale (Cabinet des Antiques). Il est inutile de rappeler que l'explication repose sur l'assimilation du phénicien à l'hébreu.

חדר בת עלם קבר נגעל
נקה בכלת הזה רח
מרף אם בשת הנב־
על בן ברמלך

Conclave domus æternæ (est) *sepulcrum. Depositus est pius in hoc claustro. Spiritus remissionis* (est) *mater ignominiæ. Hannibal filius Barmelech* (2).

N° 57. Cette inscription numidique fut découverte en 1833, par sir Grenville Temple à Maghrawa, village de Barbarie (l'ancien *Tucca Terebinthina*). On la conserve dans le musée de la Société Asiatique de Londres (3).

לאדן בעל חמן כ׳ ע׳ שמע
קלת חכמבבעל אדן למכת עלם

tare *Lydiam*. J. J. Barthélemy parvint à la déchiffrer d'une manière plus satisfaisante. Son interprétation a été adoptée par Gesenius avec quelques légères variantes (*Scripturæ Linguæque Phœniciæ Monumenta*, p. 96).

(1) Comp. *Exod.*, XXXI, 18; *Deuteron.*, XXVI, 2.
(2) Strab., lib. III, 5, 5.
(3) Philo apud Euseb., *Præp. Évangel.*, I, 9; Philostr., *Vita Apollonii*, V, 5; Photius, *Biblioth.*, p. 348; Valer. Maxim., I, 2.
(4) Polyb., lib. III, 33, 5-16; 35, 1-8; Tit. Liv., lib. XXVIII, 46.
(5) Cette gemme fut trouvée par le consul prussien Wildenbruch. Voy. Kœhne, *Zeitschrift*, 3e année, 379.
(6) Les inscriptions de Citium que Pococke a reproduites dans sa *Description de l'Orient* (t. II, tab. 33) ne sont pas toutes phéniciennes, ainsi que Rœdiger l'a démontré (*Hellenica*, t. I, p. 118); il y en a deux (les n°s 9 et 19) qui sont araméennes. — Les inscriptions rapportées par Ross ont été tra-

duites par Benary (*Comptes rendus de l'Acad. des Sc. de Berlin*, année 1845, p. 250). Voy. de Saulcy, *Revue de Philologie*, p. 504.

(1) *Siciliæ et adjacentium insularum veterum Inscriptionum nova Collectio*; edit. 2 (Panormi, 1784).
(2) Gesenius, *Scripturæ Linguæque Phœniciæ Monumenta*, etc., p. 96.
(3) *Excursions in the Mediterranean*, etc., t. II, p. 353.

PHÉNICIE.

עת מו(ע)שלים בן משיבעל בן
בועשנתן בן מציתבעל

Domino Baali Solari, Regi æterno, qui exau-
[*divit*
preces Hicembalis (Hiempsalis), *domini regni*
[*æterni*
populi Massylorum, filii Magsibalis (Miclpsæ),
[*filii*
Massinissæ, filii Mezetbalis (Metezuli).

N° 57.

לאדן בעל כמן מלך ע' שמע
קלת חכמשבעל אדן בן

N° 74.

ברכת תבא ברת תחפי המנחא זי אוסרי אלהא
מן רעם באיש לא עבדת וכרצי איש לא אמרת תמה
קדם אוסרי בריכה הוי מן קדם או סרי מינקרה
הוי פלחה נמעתי ובין חסיא הוישלם.

*Benedicta sit Thebe filia Techephi, sacerdotis Osiridis dei.
stomachosa neminem læsit et calumnias in neminem dixit. O integra
coram Osiride, benedicta esto ab Osiride. Honorata
esto, cultrix deliciarum mearum, et inter pios esto. Vale* (2).

הבבעל בן מעשיבעלן

Domino Beali Solari, Regi æterno, qui exau-
[*divit*
voces Hacamsbalis (Hiempsalis) *Domini, filii*
Hicebalis, filii Magsibalan.

Cette inscription est gravée sur une pierre qui fut trouvée par M. de Scheel, consul danois, entre Bedja (*Vacca des anciens*) et Kef (*Sicca Venerea* des anciens), dans la régence de Tunis. On la conserve au musée de Copenhague (1).

Cette inscription est gravée au bas du fameux *monument de Carpentras*, dont on ignore la provenance. On sait seulement qu'il était au commencement du dix-huitième siècle en la possession de Rigord, commissaire de la marine à Marseille; d'où il passa entre les mains de Mazangue, président du parlement d'Aix. Les héritiers de celui-ci le vendirent à Inguimbert, évêque de Carpentras, qui le légua à la Bibliothèque de cette ville. — Les figures placées au-dessus de l'inscription ressemblent à celles qu'on voit sur beaucoup de monuments égyptiens. La partie inférieure représente une momie portée sur le dos d'une lionne, (symbole de la terre), et soutenue par le génie des ténèbres, à tête de chacal, et par le génie du bien, à tête d'épervier. A la partie supérieure on voit la défunte offrir des sacrifices à Osiris, assis sur son trône et portant les attributs ordinaires de l'Amenthes.

L'inscription du mont Éryx (Trapani del Monte) en Sicile est presque indéchiffrable (3). L'île de Sardaigne a fourni trois monuments épigraphiques de quelque importance (4). Les ruines de Carthage surtout ont donné une riche moisson de documents épigraphiques. Le Hollandais Humbert apporta en 1820 au Musée de Leyde quatre stèles, auxquelles il faut encore ajouter quelques autres monuments, de manière que le nombre des inscriptions carthaginoises jusqu'à présent connues s'élève à seize (5).

(1) Gesenius, ouvrag. cit., p. 202.
(2) Ibid., p. 228.
(3) Cette inscription, très-exactement copiée par Castelli, se compose de huit lignes tronquées. Gesenius traduit ainsi le commencement de la première ligne : *Dominæ Suthul, filiæ Chebir-Chazzim.*

2ᵉ ligne : *Omnia* [*sunt*] *citharæ et cantus et gemitus fidium in concione domus Me-Camos.*

4ᵉ ligne : ... *Præ nive ei candida erit stella et sinus velatus tibi instar cordis nivis.*
Il n'ose pas se prononcer sur le sens des autres lignes. (*Script..... Monumenta,* p. 158.)
(4) Le premier de ces monuments épigraphiques fut trouvé près de l'ancienne ville de Nora, aujourd'hui *Pola*, dans un champ de vigne. (Bernardo de Rossi, *Effemeridi litterarie di Roma*; année 1774, p. 348.) Gesen., *Monumenta,* p. 156. Les deux autres sont expliqués dans C. Judas, *Étude démonstrative de la Langue Phénicienne,* Paris, 1847, pl. 28. Voy. De la Marmora, *Voyage en Sardaigne,* 2ᵉ éd., Paris, 1840, tome II.
(5) Treize de ces inscriptions furent reproduites en 1837, dans les *Monumenta* de Gesenius. Quant aux trois autres, on les trouve communiquées, l'une dans le *Journal Asiatique* (Sauley), mars 1843, p. 275), l'autre, dans Judas (*Étude démonstrative de la Langue Phénicienne,* pl. 8, 9), et la troisième dans le *Thesaurus* de Gesenius, p. 1345.

Nous passerons sous silence les autres inscriptions décrites dans l'ouvrage cité de Gesenius.

Elles offrent beaucoup moins d'intérêt ; le plus souvent elles se composent de quelques mots ou lettres à demi effacés, et susceptibles de recevoir les interprétations les plus diverses. Ce sont ou des épitaphes ou des inscriptions votives. Les premières commencent presque invariablement par ces mots : מצבא אבן *monument en pierre de*..... Les dernières, par : לאדן בעל : *au seigneur Baal.*

Jusqu'en 1837 on connaissait, comme nous l'avons dit, soixante-quatorze inscriptions phéniciennes, puniques ou libyques, reproduites et interprétées dans l'ouvrage de Gesenius. Depuis lors ce nombre s'est augmenté de trente-cinq. Parmi les inscriptions récemment découvertes nous mentionnerons, comme la plus étendue et la plus intéressante, celle de Marseille. Elle est gravée sur deux fragments de pierre, bien ajustés, que mit à nu un maçon, démolissant, en 1845, à Marseille, une vieille maison située non loin de l'emplacement occupé autrefois par le temple de Diane. M. de Saulcy en traduisit d'abord les premières lignes (1). M. Judas en donna une traduction complète avec un fac-simile dans son ouvrage intitulé : *Étude démonstrative de la Langue Phénicienne et de la Langue Libyque*, Paris, 1847. Enfin, la traduction que M. l'abbé Bargès, professeur d'hébreu, a publiée en 1847 nous paraît offrir le plus de garantie (2). La voici :

1. « Temple de Baal. Loi concernant les offrandes (qui doivent être présentées aux prêtres par les maîtres des sacrifices, loi conforme) aux ordonnances décrétées du temps de Khelesbaal, le suffète, fils de Bodtanith, fils de Bod, et de.... le suffète, fils de Bodaschmoun, fils de Khelesbaal, et de leurs collègues.

2. « Pour un taureau tout à fait robuste

(1) *Revue des Deux Mondes*, 17 décembre 1846.

(2) *Temple de Baal à Marseille, ou grande inscription phénicienne découverte dans cette ville*, etc.; Paris, 1847, broch. gr. in-8°.

et adulte, s'il est d'ailleurs entièrement sain, il sera donné aux prêtres dix pièces d'argent par bête, et pour la cuisson de chacune d'elles il leur sera offert une part de la victime, savoir, trois cents sicles de chair ; cette part sera coupée en morceaux, et on la rôtira, ainsi que la peau, les intestins et les pieds de la victime ; le reste sera laissé au maître du sacrifice.

3. « Pour un veau à qui les cornes n'ont pas encore poussé, qui marche lentement et stimulé par le bâton, ou bien pour un bélier entièrement fort et arrivé à l'âge adulte, s'ils sont d'ailleurs parfaitement sains, il sera donné aux prêtres cinq pièces d'argent par bête, et pour la cuisson de chacune il leur sera offert une part de la victime, savoir : cent cinquante sicles de chair ; cette part sera coupée en morceaux, et on la rôtira, ainsi que la peau, les intestins et les pieds ; le reste sera laissé au maître du sacrifice.

4. « Pour un bouc ou une chèvre entièrement forts et adultes, si ces bêtes sont parfaitement saines, il sera donné aux prêtres un sicle et deux oboles pour chacune d'elles, et pour le morceau d'usage, il leur sera offert trente sicles de chair. Ce morceau sera coupé et rôti, ainsi que la peau, les intestins et les pieds ; le reste sera laissé au maître du sacrifice.

5. « Pour un agneau, un chevreau ou un faon de biche, entièrement forts et adultes, s'ils sont parfaitement sains, il sera donné aux prêtres trois quarts de sicle d'argent et d'oboles (tant) par bête, et pour la cuisson il leur sera offert un morceau de la victime, du poids de (tant), lequel sera coupé et rôti, ainsi que la peau, les intestins et les pieds ; le reste sera laissé au maître du sacrifice.

6. « Pour un petit de chevreuil, s'il brille d'une parfaite santé, s'il est remarquable par sa légèreté à la course et doué d'une belle apparence, il sera donné aux prêtres trois quarts de sicle d'argent et deux oboles par bête, ainsi que les intestins et les pieds ; le reste sera laissé au maître du sacrifice.

7. « Pour un oiseau ou des prémices sacrées, pour une oblation de nourriture ou une oblation d'huile, il sera donné

aux prêtres une pièce d'argent et dix oboles pour chacun de ces objets.

8. « Pour tout morceau qui sera levé devant les dieux, il en reviendra aux prêtres une part, laquelle sera rôtie. Quant aux morceaux......

9. « Pour une libation, pour du lait, de la graisse et pour toute espèce de sacrifice qu'un homme peut offrir en sacrifices gras.........

10. « Pour tout sacrifice qu'offrira un pauvre en bétail ou un pauvre en oiseaux, rien ne sera assigné aux prêtres..........

« Tout lépreux, toute personne attaquée de la teigne et quiconque implorera les dieux. Tous ceux qui sacrifieront......

.... Pour tout.....

11. « Homme mort, l'offrande pour chaque sacrifice sera faite conformément au règlement établi dans l'inscription...

12. « Quant à l'offrande qu'il (le maître du sacrifice) présentera, il la placera sur un morceau de la victime, et il la donnera conformément à l'écrit lequel... et Khelesbaal, fils de Bodaschmoun, et leurs collègues.

13. « Tout prêtre qui se fera donner pour l'offrande quelque chose de plus que ce qui aura été rôti ou placé sur le morceau de la victime, sera condamné à une amende........ Quant à l'argent au maître du sacrifice qui l'aura offert, il donnera (le double de) l'offrande qui... »

Nous possédons de plus vingt-sept épigraphes numidiques, sans parler de l'inscription bilingue de Tuggurt (en phénicien et libyque) (1). Dans les régions à l'est de Carthage, où l'idiome phénicien s'est conservé le plus longtemps dans toute sa pureté, on n'a encore trouvé qu'un très-petit nombre de monuments épigraphiques (2). La Cyrénaïque et la Pentapole, jadis si florissantes, doivent receler encore bien des monuments dont la découverte jetterait une vive lumière sur l'histoire de la civilisation chez les peuples de l'antiquité. La même observation s'applique aussi à la côte du Maroc, où les Phéniciens et Carthaginois avaient fondé des colonies. Il y a là une lacune à combler et de la gloire à recueillir.

Les médailles phéniciennes sont beaucoup moins rares que les monuments épigraphiques proprement dits. Celles de Tyr ne remontent pas au delà de l'année 170 avant J.-C.; elles ont été frappées sous le règne des Séleucides Antiochus IV, Démétrius I, Démétrius II, Antiochus VII (169-134 avant J.-C.). Elles portent pour effigie la tête du roi, entourée du diadème, avec cette inscription : βασιλέως Ἀντιόχου (ou Δημητρίου) Τυρίων. Le millésime est en caractères grecs. On y lit généralement trois lettres phéniciennes לצר (à Tyr), quelquefois accompagnées de ces deux mots: אם צדנם (mère, c'est-à-dire métropole des Sidoniens). Les médailles des Tyriens du temps de leur indépendance momentanée (126 avant J.-C.) portent une tête d'Hercule imberbe, entourée d'un rameau de laurier, ou une tête de femme voilée, surmontée d'une tour; à côté on voit une feuille de palmier. On y lit : Τύρου ἱερᾶς καὶ ἀσύλου. Les plus anciennes sont en argent, les autres en airain. — Les médailles de Sidon sont presque toutes en airain; leur type et leur âge les rapprochent tout à fait de celles de Tyr. Beaucoup d'autres médailles, d'or, d'argent et d'airain, ont été trouvées à Ptolémaïs (Saint-Jean d'Acre), à Laodicée, à Beyrouth, à Tarsus, en Sicile, en Sardaigne, en Espagne, en Afrique, etc. Gesenius en a donné en grande partie la description (1). — Les médailles de Sidon ressemblent beaucoup à celles de Tyr : on y voit une tête laurée et imberbe d'Hercule, à droite, avec la peau de lion nouée autour du col; sur le revers, une massue surmontée du monogramme de Tyr, et une inscription phénicienne, le tout dans une couronne de chêne. Il y a des médailles incertaines portant des caractères phéniciens, et qui ne paraissent pas être antérieures à l'ère des Séleucides (2).

---

(1) Voy. Gesenius, *Monumenta*, tab. 2-26, 20-47. — Judas, ouvrage cité, pl. 10-26.
(2) On en a découvert deux près de Tripoli, un dans l'île de Djerbi (la *Meninx* des anciens) et trois (dont deux trilingues) sur l'emplacement de *Leptis Magna*. Ces derniers furent publiés dans le *Journ. Asiat.*, oct. 1846.

(1) *Scripturæ Linguæque Phœniciæ Monumenta*, p. 269-328.
(2) Mionnet, *Description des Médailles antiques*, etc., t. VI, p. 334-472. Confer. M. de Luynes, *Médailles des Satrapes*.

Après les inscriptions et les médailles, on trouve quelques debris de la langue phénicienne ou punique dans quelques vers de Plaute (*Pœnulus*, act. V, sc. 1, vers 1-10), que beaucoup d'érudits ont essayé d'interpréter. — Voici ces vers de Plaute et l'interprétation qu'en donne Gesenius (*Monumenta Phœniciæ*, page 375) :

MIL. Vin' appellem hunc Punice?
AG. An scis? MIL. Nullus est me hodie Pœnus Punior
AG. Adi atque appella, quid velit, quid venerit,
Qui sit, quojatis, unde sit : ne parseris.
MIL. *Avo* ! quojates estis? aut quo ex oppido ?
חוו
Salvete

HAN. *Hanno Muthumballe bechaedre anech.*
חנון מתיבעל בקרתא אנך
Hanno Muthumbalis ex Carthagine ego
AG. Quid ait? MIL. Hannonem sese ait Carthagine,
Carthaginiensem Muthumbalis filium.
HAN. *Vo* ! MIL. Salutat. HAN. *Donni* ! MIL. Doni volt tibi
Salve אדני
חוו mi domine
Dare hinc nescio quid ? audin' pollicerier ?
AG. Saluta hunc rursus Punice verbis meis.
MIL. *Avo donni* , hic mihi tibi inquit verbis suis.
חוו אדני
Salve, domine
HAN. *Mi bar bocca?* MIL. Istuc tibi sit potius quam mihi!
מי בר בכי
Quo ex oppido es?
AG. Quid ait? MIL. *miseram* esse prædicat *buccam* sibi.
Fortasse medicos nos esse arbitrarier.
AG. Si ita est, nega esse : nolo ego errare hospitem.
MIL. Audi tu, *rufen nu lo, is tam !* AG. Sic volo
רפאין אנו לא אישתם
medici nos non (sumus), vir bone !
Profecto vera cuncta huic expedirier.
Roga, numquid opus sit. MIL. Tu, qui zonam non habes,
Quid in hanc venistis urbem, aut quid quæritis?
HAN. *Muphursa* AG. Quid ait? HAN. *Mure lech ianna* AG. Quid venit?
מפרשה מורה לך יענה
Explicationem Doctor tibi explicabit.
MIL. Non audis? *mures Africanos* prædicat
in pompam ludis dare se velle ædilibus.
HAN. *Læch la chananim li menuchot.* AG. Quid nunc ait?
לך לחננים לי מניחות
Abi ad (deos) misericordes, mihi quies sit.
MIL. *Ligulas, canalis* ait se advexisse et *nuces :*
Nunc orat operam ut des sibi ut ea veneant.

PHÉNICIE.

AG. Mercator, credo, est. HAN. *Is amar hinam* } AG. Quid est?
אִישׁ אָמַר חִנָּם
Vir loquitur frustra }

HAN. *Palu me rega datham* } AG. Milphio, quid nunc ait?
פְּלוּא מַה רְקָה דַעְתָּם
Mirum, quam inanis cognitio eorum }

MIL. *Palas vendundas sibi ait, et mergas datas,*
Ut hortum fodiat, atque ut frumentum metat.
Ad messim, credo, missus hic quidem tuam.

AG. Quid istuc ad me? MIL. Certiorem te esse volui,
Ne quid clam furtive accepisse censeas.

HAN. *Muphonnium sucorahim* } MIL. Heu! cave si feceris
מִפְּנֵיהֶם שְׁקָרְתָם
Removebo mendacia eorum. }
Quod hic te orat. AG. Quid ait, aut quid orat, expedi.

MIL. *Sub cratim* uti jubeas sese *supponi*, atque eo
Lapides *imponi* multos, ut sese necet.

HAN. *Gunebel balsamen ierasan!* } AG. Narra, quid est?
גָּאוֹן נָבָל בַּעַל שָׁמַיִם יְרַסֵּן
Petulantiam scurræ deus cœlorum capistret! }
Quid ait? MIL. Non, hercle, nunc quidem quicquam scio

HAN. At ut scias nunc, dehinc Latine jam loquar.
Servom, hercle, te esse oportet et nequam et malum,
Hominem peregrinum advenam qui irrideas.

Dans la même comédie de Plaute (act. V, sc. 1), on trouve les dix vers phéniciens suivants :

1 Yth alonim valonuth   sicarthi simacom syth
2 Chym lacchu yth tummy'   'sthyal mytthibarium ischi
3 Liphocaneth yth byn achi   iadidi ubynuthii
4 Birna rob syllohom   alonim ubymysyrthohom
5 Bythylm moth yun   ochoth li velech Antidamaschon
6 Ys sid dobrim thyfel   yth chylys choa them liful
7 Yth binu ys   dibburt hinn ocutnu Agorastocles
8 Yth emanethi hy chyr saely   choc syth naso : Byrinæ
9 Id chi llu hily gubulim   lasibil thym
10 Body aly thera ynnynnu ysl ym moncor lu sim.

Voici l'interprétation qu'en donne Gesenius (*Monum. Phœn.* p. 368)

1 *Superos superasque celebro hujus loci,*
2 *Ut, ubi abstulerunt prosperitatem meam, impleatur jussu eorum desiderium meum*
3 *Servandi filium fratris mei e manu prædonum et filias meas*
4 *Virtute magna quæ dii (est) et imperio eorum.*
5 *Ante mortem ecce amicitia (erat) mihi tecum, o Antidama :*
6 *(Qui erat) vir contemnens loquentes fatua, strenuus robore, integer in agendo :*
7 *Filium eis est fama hic (esse) cognatum nostrum Agorastoclem :*
8 *Fœdus meum (i. e. tesseram fœderis), imaginem numinis mei, pro more fero. Indicavit*
9 *Testis quod hæ regiones ei (sunt) ad habitandum ibi.*
10 *Servi ad januam ecce tuna interrogata num cognitum adsit nomen.*

Si nous ajoutons aux débris cités de la langue phénicienne quelques noms propres d'hommes, de divinités, de villes, de pays, etc., qui se rencontrent chez les auteurs grecs et latins, nous aurons passé en revue à peu près tout le trésor de cette langue. En voici le relevé d'après l'ouvrage de Gesenius :

Environ 350 mots phéniciens (fournis par les inscriptions, et les médailles) (1).
— 180 mots phéniciens (noms propres d'hommes et de divinités) (2).
— 400 mots phéniciens (noms propres de villes, de pays et mots phéniciens épars chez les auteurs anciens) (3).

Total... 930

En y ajoutant les noms nouveaux fournis par les inscriptions découvertes depuis la publication de l'ouvrage de Gesenius, on aura un peu plus de mille mots ; c'est là tout ce qui nous reste de la langue phénicienne. Ce nombre suffit sans doute pour avoir une idée générale de cette langue, mais il ne suffit pas, selon nous, pour déchiffrer couramment les textes et les inscriptions qu'on pourrait encore découvrir.

(1) Gesen., op. cit., p. 346-357 (Phœniciæ Linguæ Reliquiæ ex inscriptionibus et numis).
(2) Ibid., p. 399-415.
(3) Ibid., p. 419-430; p. 384-395.

BABYLONIE, ASSYRIE, CHALDÉE, MÉSOPOTAMIE.

L'Asie occidentale a été le berceau de la civilisation humaine. Les contrées arrosées par l'Euphrate et le Tigre, et comprises entre le 30e et le 37e degré de latitude boréale, entre le golfe Persique et la chaîne du Taurus, furent de bonne heure habitées par des peuples plus ou moins unis par leur religion, par leurs mœurs et leur langue. Un grand fleuve et un sol fertile, voilà le noyau des grands empires.

L'histoire et les délimitations politiques des régions de l'Euphrate et du Tigre sont très-vagues et obscures; les anciens eux-mêmes ne nous ont laissé à cet égard que des renseignements fort incomplets et souvent contradictoires. Ils sont cependant nos seuls guides; car l'imagination ne saurait en aucune manière suppléer à l'histoire.

Il a toujours régné une étrange confusion relativement aux noms de *Babylonie*, d'*Assyrie*, de *Chaldée* et de *Mésopotamie*.

Locke a dit que la plupart des erreurs et des discussions viennent de ce qu'on ne s'entend pas bien sur les mots. Cette parole du grand philosophe anglais trouve ici particulièrement son application.

Qu'est-ce qu'on entendait jadis par *Assyrie* (1)?

Les historiens les plus anciens donnaient ce nom exclusivement *à un pays situé entre l'Euphrate et le Tigre*. Hérodote, d'accord avec la Bible, l'emploie comme synonyme de *Babylonie* (2).

Dans Ctésias, cité par Diodore, les mots *Syrie* et *Assyrie* sont aussi synonymes (1). Les rois des Perses, ayant fait de Babylone leur principale résidence (2), s'appellent dans la Bible *rois d'Assyrie* (3).

μαστότατον καὶ ἰσχυρότατον, — ἣν Βαβυλών). — Cf. 2 Reg., XXIII, 29; Jérem., II, 18; Jes., VIII, 8.

(1) Diodor., II, 2 : Ninus ramena ses troupes en *Syrie*, pour y choisir un emplacement convenable à la fondation d'une grande cité (de Ninive) (... τὰς δὲ δυνάμεις ἀπαγαγὼν εἰς τὴν Συρίαν, ἐξελέξατο τόπον εὔθετον εἰς πόλεως μεγάλης κτίσιν). — Curt., V, 1, 35 : *Syriæ regem, Babylone regnantem*. — Strabon (XVI, 1) donne à croire que le nom de *Syriens* s'étendait depuis la Babylonie jusqu'au golfe d'Issus (δοκεῖ δὲ τὸ τῶν Σύρων ὄνομα διατεῖναι ἀπὸ μὲν τῆς Βαβυλωνίας μέχρι τοῦ Ἰσσικοῦ κόλπου). Le même auteur (*ibid.*) emploie *Syriens* comme synonyme d'*Assyriens*, quand il dit que les Mèdes furent soumis par les Perses comme les Syriens le furent par les Mèdes (Μήδους μὲν ὑπὸ Περσῶν καταλυθῆναι, Σύρους δὲ ὑπὸ Μήδων).

(2) Herod., II, 178 : καὶ ἔνθα (à Babylone) σφι τῆς Νίνου ἀναστάτου γενομένης τὰ βασιλήϊα κατεστήκεε. Au rapport de Xénophon (*Anab.*, III, 5, 15; *Cyrop.*, VIII, 6, 22), le roi des Perses résidait sept mois de l'année à Babylone, trois mois à Suse, et deux à Ecbatane; dans ces deux dernières résidences il passait le printemps et l'été.

(3) Esra, VI, 22 : *Darius* y est désigné sous le nom de מלך אשׁור, *roi d'Assyrie*. —
Les mots : *assyrien, babylonien, perse*, ont été employés comme synonymes chez les auteurs, tant anciens que modernes. Les villes et les monuments bâtis en Mésopotamie par les rois perses sont évidemment *perses*, et doivent être désignés sous ce nom; cependant quelquefois aussi on leur a donné le nom de *babyloniens* ou d'*assyriens*, à cause du pays où ils étaient situés. Cette synonymie se comprend et se justifie; mais elle ne s'applique pas aux villes et aux monuments *assyriens* aujourd'hui en litige; car on veut que ces derniers datent de l'empire des Assyriens,

(1) Les remarques topographiques qui vont suivre sont extraites de mon second mémoire *sur les Ruines de Ninive*, adressé le 22 mai 1850 à l'Académie des Inscr. et Belles-Lettres.

(2) Herodot., I, 192 et 193; dans ces chapitres les mots Βαβυλωνίη χώρη et Ἀσσυρίη χώρη sont employés indifféremment pour désigner une seule et même contrée. — *Ibid.*, cap. 178 : Babylone est nommée la ville la plus célèbre et la plus forte de l'*Assyrie* (τῆς δὲ Ἀσσυρίης ἐστὶ μέν κου καὶ ἄλλα πολίσματα μεγάλα πολλά, τὸ δὲ οὐνο-

L'Assyrie ancienne a pu s'étendre en deçà de l'Euphrate, et se confondre avec la Syrie (1), car les rois assyriens, si souvent en guerre avec les Juifs, avec les Arabes et les Phéniciens, avaient leur sphère d'activité bien plutôt en deçà de l'Euphrate qu'au delà du Tigre. *Jamais aucun auteur antérieur au règne des Parthes n'a parlé d'une Assyrie située au delà du Tigre.*

C'est avec juste raison que l'on invoque la Bible comme la meilleure autorité en fait d'histoire assyrienne. Or, voici ce que dit Moïse, contemporain de la splendeur de Ninive :

Le *Tigre coule à l'est* DE L'ASSYRIE (2).

Là, point d'équivoque. « Le Tigre coule à l'est de l'Assyrie »; ces termes sont aussi nets et précis que si l'on disait que le Rhin coule à l'est de la France.

Cela étant, comment a-t-on pu chercher *au delà du Tigre* les ruines de l'antique capitale de l'Assyrie? Supposé que ces ruines existent, ce n'est point là qu'on les aurait trouvées. Chercher Ninive au delà du Tigre, c'est comme si dans quelques milliers d'années d'ici (puisque rien n'est stable) on voulait chercher Paris au delà du Rhin.

Maintenant voici sans doute la cause de l'erreur. Les Parthes, dont les ancêtres avaient servi dans les armées de Xerxès et de Darius, furent toujours hostiles à la dynastie gréco-macédonienne. Guerriers intrépides, ils finirent par entamer l'empire des successeurs du lieutenant d'Alexandre, et bientôt la dynastie des Arsacides remplaça celle des

---

antérieur à celui des Mèdes et des Perses. Et c'est là ce que je conteste.

(1) Conf. Jes., XIX, 23.
(2) Genès., II, 14, littéralement : *Le Tigre, lui, coulant à l'est de l'Assyrie* :

חדקל הוא ההלך קדמת אשור

Le mot קדמת (*stat. constr.* de קדם) accompagné du nom propre d'un pays ou d'une ville se trouve dans d'autres endroits de la Bible (Genès., IV, 16; I Sam., XIII, 5; Ezéch., XXXIX, 11), et toujours avec la signification : *à l'orient de*. Ainsi, par exemple, on lit dans I Sam., XIII, 5 : « Les Philistins vinrent camper à Mikmas *à l'orient de Beth-Avèn* (קדמת בת-און); » c'est qu'en effet l'une de ces villes était à l'orient de l'autre, exactement comme le Tigre coulait à l'est de l'Assyrie (קדמת אשור). Rien de plus simple, rien de plus évident; et cependant on a torturé de mille façons le sens de cette dernière phrase, pour mettre Moïse, chose étrange! d'accord avec des écrivains qui vivaient plus de quinze siècles après lui. D'ailleurs, que l'on traduise les mots אשור קדמת par *de l'orient, vers l'orient* ou, comme les LXX, *au-devant de* (κατέναντι), etc., on n'en fera point sortir d'autre sens que celui que j'ai indiqué.

Les contrées de l'Euphrate et du Tigre étaient pour les Juifs situées à l'orient. C'est seulement dans ce sens que קדמת pouvait aussi se rendre par *en avant de*, *au-devant de*, etc. Ainsi pour le Juif l'Euphrate coulait à *l'orient* ou *au-devant de* la Syrie, de même que le Tigre coulait à *l'orient de* ou *au-devant de* la Mésopotamie, de l'Assyrie et de la Babylonie. Mais les antiquaires ne pensent pas ainsi (ils ont tant de logique!) : selon eux (voir l'article de M. de Longpérier,

Revue Archéologique, octobre, 1850), cette interprétation est sans doute vraie pour la Syrie et l'Euphrate, mais pour l'Assyrie et le Tigre c'est tout différent. En effet, dans ce dernier cas, — toujours suivant ces mêmes antiquaires, — le Tigre coule à l'occident de l'Assyrie : « Moïse l'a entendu dans ce sens à peu près comme un Arabe qui regardant la Seine du quai Voltaire, dirait que cette rivière coule *devant* le Louvre. » (Voyez la *Revue* citée, p. 435.) A la bonne heure. Mais alors de deux choses l'une : ou Moïse (pour qui l'Euphrate et le Tigre coulent d'abord à l'orient de la Palestine et de la Syrie), après avoir passé le Tigre, aura fait subitement face en arrière; et alors, non-seulement le Tigre, mais l'Euphrate même devaient pour lui couler à l'occident de l'Assyrie et de la Babylonie; ou bien, si l'on avait quelque scrupule à faire Moïse ainsi pirouetter sur lui-même, il faudrait le faire venir directement de la Chine. C'est de là apparemment qu'il est venu avec les archéologues qui lui prêtent leur esprit.

Ninive pouvait, comme le dit Hérodote, être située sur le Tigre, c'est-à-dire sur le bord occidental de ce fleuve; mais dans aucun cas la capitale de l'Assyrie ne pouvait être située à plusieurs lieues à l'est de la limite orientale (Tigre) de l'Assyrie. Et on ne saurait faire intervenir ici la formation de dépôts alluvionnaires; car la rapidité du courant et la nature du terrain s'y opposent absolument : il faudrait chercher les ruines de Ninive *sur le Tigre*, au fond du fleuve plutôt qu'à une certaine distance du rivage.

Séleucides (vers l'an 250 avant J. C.). Jaloux d'évoquer en toute circonstance le glorieux souvenir des Mèdes et des Perses, ils donnèrent, en face de l'étranger qui occupait encore la Mésopotamie, des noms célèbres à des contrées et à des villes situées au delà du Tigre, où étaient leurs principaux campements. Quoi qu'il en soit, il est certain que l'Assyrie, telle qu'elle est circonscrite par Strabon (1) et par Ptolémée (2), n'est mentionnée chez aucun écrivain antérieur à la dynastie des Séleucides et même à l'ère chrétienne. Mais ce n'est pas seulement une nouvelle Assyrie qu'on rencontrait au delà du Tigre, il y avait aussi une Chaldée et une Babylonie (3). Toutes ces contrées *transtigriques* n'avaient donc de commun que les noms avec l'Assyrie, la Chaldée et la Babylonie *mésopotamiques*. Malheureusement la ressemblance des noms amène facilement la confusion des cho-

ses; c'est ce qui est arrivé pour les deux Assyries, dont chacune avait aussi sa Ninive (1). La Ninive des Parthes et des Sassanides, prise par l'empereur Héraclius, en 624 *après* J.-C. (2), a été confondue avec la Ninive de Sardanapale (3),

(1) L'Assyrie moderne. Strabon (XVI, 1) l'appelle *Aturie* (Ἀτουρία), qui n'est que la forme chaldéenne du nom d'*Assyrie*; elle était située au delà du Tigre, et limitrophe du territoire d'Arbèles (ἡ δ' Ἀτουρία τοῖς περὶ Ἄρβηλα τόποις ὁμορός ἐστι). Cf. mon premier mém., p. 25. C'est de cette Aturie ou Assyrie que les géographes arabes ont fait leur *él Atsoura*.

(2) Ptolémée place, comme Strabon, l'Assyrie ou Aturie au delà du Tigre, et en indique les limites reproduites sur d'anciennes cartes. Ptol., *Geograph.*, VI, 1 : Ἡ Ἀσσυρία περιορίζεται ἀπὸ μὲν ἄρκτων τῷ εἰρημένῳ τῆς Μεγάλης Ἀρμενίας μέρει παρὰ τὸν Νιφάτην κατὰ τὸ ὄρος, ἀπὸ δὲ δύσεως Μεσοποταμίᾳ κατὰ τὸ ἐκτεθειμένον τοῦ Τίγριδος ποταμοῦ μέρος, ἀπὸ δὲ μεσημβρίας Σουσιανῇ... ἀπὸ δὲ ἀνατολῶν Μηδίας μέρει...

(3) *Arbèles est situé dans la Babylonie, et en dépend* (τὰ Ἄρβηλα τῆς Βαβυλωνίας ὑπάρχει, ἃ κατ' αὐτὴν ἐστιν). Ces paroles de Strabon s'appliquent évidemment à une Babylonie *transtigrique*, où elles donnent à la Babylonie une étendue qu'elle n'avait pas primitivement. — Quant au pays des anciens Chaldéens (*Casdim* de la Bible), il est fort différent de celui dont parle déjà Xénophon; celui-ci parle des Chaldéens comme d'un peuple voisin de l'Arménie (*Anab.*, IV, 3, 4; V, 5, 17; VII, 8, 25). Le nom de Chaldéens s'applique encore aujourd'hui à quelques tribus qui habitent les montagnes au nord-est de Mossoul, dans le voisinage de Khorsabad.

(1) Strabon, qui n'est pas toujours un guide très-sûr, paraît avoir le premier commis cette confusion, quand il place la Ninive « qui disparut aussitôt après la dissolution de l'empire des Assyriens » (ἠφανίσθη παρὰ χρῆμα μετὰ τὴν τῶν Σύρων κατάλυσιν) *dans les plaines de l'Aturie* (τὰ τῆς Ἀτουρίας πεδία τῇ Νίνῳ περίκειται); car un peu plus loin ce même géographe dit : *Babylone était anciennement la métropole de l'Assyrie* (πάλαι μὲν οὖν ἡ Βαβυλὼν ἦν μητρόπολις τῆς Ἀσσυρίας, *aujourd'hui c'est Séleucie, située sur le Tigre*. — Ainsi donc, *Assyrie* est ici, comme dans Hérodote et la Bible, synonyme de *Babylonie*, et Strabon est parfaitement d'accord avec les autorités les plus anciennes. Mais, il n'en est plus de même pour l'*Aturie* (Assyrie moderne) : là, Strabon n'a pour lui aucune autorité ancienne, c'est-à-dire antérieure à l'ère chrétienne. « L'Assyrie qui avait jadis Babylone pour métropole » n'est certainement pas la même que l'Assyrie voisine des montagnes de l'Arménie, où se trouvait la Ninive prise par Héraclius, et dont la position géographique est exactement déterminée par Ptolémée. Ce géographe en indique la longitude et la latitude dans la liste des villes et villages de l'Assyrie situés sur le bord oriental du Tigre (πόλεις δέ εἰσι καὶ κῶμαι τῆς Ἀσσυρίας παρὰ μὲν τὸ τοῦ Τίγριδος μέρος). Or, Ptolémée ne confond pas, comme Strabon, cette moderne Ninive, située à 36° 40' lat., et 70° 30' longit., avec l'antique capitale des Assyriens, qui avait depuis longtemps disparu. — La distinction récente de l'Assyrie en supérieure et inférieure ne décide absolument rien; car la première était l'Assyrie moderne ou *transtigrique*, et la dernière l'Assyrie ancienne ou *mésopotamique*. Voilà les résultats qui doivent être désormais acquis à la science.

(2) Cedren., vol. I, p. 730 (édit. Bonn.); Theophan., vol. I, p. 492 (édit. Bonn.) — On peut avoir très-bien trouvé les ruines de cette moderne Ninive; mais alors les monuments dits assyriens sont de l'époque des Arsacides et des Sassanides; et comme les Parthes et les Néoperses voulaient en tout imiter les Mèdes et les anciens Perses, il y aura une étude fort instructive à faire pour distinguer la copie de l'original.

(3) Il en est du tombeau de Sardanapal

détruite par Cyaxare en 625 avant J.-C. Voilà le mot de l'énigme.

Cette confusion n'existe, il est vrai, que chez des auteurs qui tous sont *postérieurs* au règne d'Auguste; mais c'était là une raison de plus pour consulter surtout les auteurs *antérieurs* à l'ère chrétienne dans une question qui touche à une si haute antiquité. Quels archéologues mal avisés que ceux qui, pour retrouver, par exemple, les ruines de *Gergovia*, n'accorderaient leur confiance qu'à des documents récents, et ne prendraient pas au sérieux les autorités anciennes, seules aptes à trancher une pareille question topographique? C'est pourtant là ce que font ceux qui, sur la foi d'Ibn-Saïd, d'Aboulféda, de Bochart, de M. d'Anville et d'autres plus récents encore, sans compter les traditions musulmanes, soutiennent que les belles ruines des environs de Mossoul sont celles de Ninive détruite il y a près de vingt-cinq siècles. (Voy. la petite carte ci-dessous).

comme de la situation de l'ancienne Ninive; l'incertitude est la même. Callisthène, Strabon, Arrien placent le tombeau de Sardanapal en deçà de l'Euphrate, près des murs d'Anchiale (τὸ μνῆμα τοῦ Σαρδαναπάλου ἐγγὺς ἦν τῶν τειχῶν τὴν Ἀγχιάλου; Arrian., *Expedit. Alex.*, II, 5). Ils ajoutent que ce roi des Assyriens avait fondé les villes de Tarse et d'Anchiale. S'il y a eu deux ou plusieurs Sardanapal (selon Amyntas cité par Athénée), il faut avouer, au moins, qu'ils se ressemblaient tous par leur caractère, car toutes les inscriptions leur attribuent les mêmes vices. Ainsi, les traditions les plus anciennes placent Ninive dans les environs de l'Euphrate; et l'histoire même semble les confirmer: c'eût été en effet une rude besogne (témoins Xénophon et Alexandre le Grand) de passer et repasser sans cesse le Tigre et l'Euphrate; et c'est là pourtant ce que les rois assyriens auraient été obligés de faire avec leurs armées pour pénétrer dans la Syrie et la Palestine, si leur capitale avait été bâtie dans le pays des Carduques, près des montagnes de l'Arménie. Or, c'est précisément dans le pays des Courdes (les Carduques des anciens) que l'on a trouvé les

Le Tigre (1) est comme une ligne de démarcation entre les nations indo-persanes et les nations sémitiques ou araméennes. De ces deux grandes souches de peuples, qui les premiers entreprirent la civilisation du monde, l'une étend ses ramifications au nord-ouest, l'autre au sud-ouest. Aux peuples indo-persans se rattachent, par leurs langues et leurs institutions, les populations de l'Europe. Les nations sémitiques se partagent l'Assyrie, la Syrie, l'Arabie, la Palestine, la Phénicie, et envahissent l'Afrique. Tel est le point de vue élevé qui domine l'histoire.

ASSYRIE, *d'après Ptolémée.*

Toutes les cartes de géographie ancienne ont été dressées sur les indications de Ptolémée, sans qu'on ait tenu compte des renseignements, souvent contradictoires avec ceux de Ptolémée, fournis par des auteurs antérieurs à ce géographe. Ces cartes ont toujours servi de guide dans des questions de géographie ancienne et comparée. Voilà comment on s'explique l'origine de tant d'erreurs grossières, accréditées et propagées par des hommes d'ailleurs fort érudits, mais qui ne se sont pas toujours donné la peine de réunir, pour ces questions, tous les passages des anciens, de les examiner, de les contrôler sévèrement pour en faire sortir des résultats incontestables.

Situation de l'Assyrie, d'après Ptolémée (1). L'Assyrie est limitée au nord par la partie de la grande Arménie qui regarde le mont Niphate, à l'occident par la partie de la Mésopotamie qui est baignée par le Tigre, au midi par la Susiane, que limite le Tigre, à l'orient par la Médie. Le pays qui avoisine l'Arménie s'appelle *Arrhapachitis*; celui qui avoisine la Susiane s'appelle *Sittacène*. La contrée intermédiaire est habitée par les *Garaméens* (Γαραμαῖοι); celle qui est entre l'Arrhapachitis et les Garaméens se nomme *Adiabène*. Entre les Garaméens et la Sittacène est l'*Apolloniatis*. Au-dessus de ce dernier pays (ἧς ὑπέρκειται) sont les *Sambates* (Σαμβάται ἔθνος). Au-dessus de l'Adiabène il y a la *Kalcanique* (ἡ Καλκανική), et au-dessus des Garaméens l'*Arbélite*.

Voici, suivant Ptolémée, les villes et les villages de l'Assyrie situés sur les bords du Tigre (παρὰ τὸ τοῦ Τίγριδος μέρος):

	Latit. nord.	Long. orient.
Mardé,	à 38° ¼	76°
Saura,	37° ¼	76° ¼
Bessara,	37° ⅓	77°
Belkiana,	37°	77° ½
Ninus,	36° ⅔	78°
Sakada,	36° ½	78° ¼
Oroba,	36° ⅓	78° ½
Theldé,	36°	80°
Ctésiphon,	36° ½ (2)	80°

ruines de la prétendue Ninive. Mais n'aurait-il pas été alors plus naturel de guerroyer contre les nations établies entre le Tigre et la mer Caspienne, que de venir se battre contre les peuples établis entre l'Euphrate et la Méditerranée? A l'est de Mossoul était le théâtre des guerres de Khosroès avec Héraclius. Là on devait et on doit encore trouver des ruines de monuments arsacides et sassanides. Ces ruines, où sont-elles? Les ruines d'Artemita, d'Apollonia, de Persépolis, de Tigranocerta, etc., ne sont-elles pas presque identiques à celles de Khorsabad et de Nimroud? Voilà ce qu'il aurait d'abord fallu éclaircir?

(1) Le mot *Tigre* (en hébreu *khidekel*) est lui-même d'origine médo-perse: *tegher* en zend, *teghera* en pelwi (d'où le *Tigris* des Grecs et des Romains), signifie flèche. Quant au mot *khidekel*, il se compose de *khid* ou *khod*, qui en hébreu ou araméen signifie *rapide*, et de *tigra*, qui a la même signification en sanscrit; c'est donc un mot hybride, moitié indo-persan, moitié araméen, comme pour indiquer en quelque sorte le rôle que joue ce fleuve comme ligne de partage entre les nations indo-persanes et les nations araméennes. Gesen., *Lexic. hebr. chald. voc.* חִדֶּקֶל. — En persan, *tir* signifie flèche. Strabon (XI, 527, édit. Casaub.) et Pline (*Hist. Nat.*, VI, 27) donnent une étymologie analogue. — Le Tigre n'est d'ailleurs mentionné que deux fois dans la Bible: dans le passage déjà cité, et dans Daniel (III, 4), où il est question de Cyrus, roi des Perses. Pourquoi n'y est-il pas aussi célèbre que le fleuve qui baignait Babylone, l'antique rivale de Ninive?

(1) Claud. Ptolem. *Geograph.*, lib. VI, cap. 1, p. 81 et suiv. de l'édit. Tauchnitz (Lips., 1843).

(2) La Ctésiphon de Ptolémée est de plus d'un degré plus au nord que la célèbre Ctésiphon qui devint une des principales villes de la *Babylonie*, par suite de la décadence

Dans les autres parties, plus intérieures, de l'Assyrie :

	Latit. nord.	Long. orient.
Bithaba,	à 38° $\frac{2}{3}$	77° $\frac{2}{3}$
Lartha,	38° $\frac{1}{2}$	78° $\frac{1}{3}$
Zigira,	38° $\frac{1}{4}$	79° $\frac{2}{3}$
Darna,	38° $\frac{1}{2}$	80° $\frac{1}{2}$
Obana,	39° (1)	81°
Thesara,	38° $\frac{1}{2}$	81° $\frac{1}{4}$
Korcoura,	38° $\frac{1}{6}$	78° $\frac{2}{3}$
Oroba,	38° $\frac{1}{2}$	79° $\frac{2}{3}$
Degia,	38° $\frac{1}{2}$	80° $\frac{1}{2}$
Komopolis,	38° $\frac{1}{6}$	81° $\frac{1}{3}$
Dosa,	37° $\frac{1}{2}$	79°
Gaugamela,	37° $\frac{1}{2}$	79° $\frac{1}{2}$
Sarbena,	37°	79°
Arbela,	37° $\frac{1}{2}$	80°
Gomara,	37° $\frac{2}{3}$	80° $\frac{1}{3}$
Phousiana,	37° $\frac{2}{3}$	82° $\frac{1}{6}$
Isonoé,	37° $\frac{1}{2}$	82° $\frac{1}{6}$
Soura,	36° $\frac{3}{4}$	83°
Chatracharta,	36° $\frac{1}{6}$	80° $\frac{1}{3}$
Apollonia,	36° $\frac{1}{2}$	81° $\frac{1}{6}$
Theboura,	36° $\frac{1}{3}$	82° $\frac{1}{3}$
Arraba,	36° $\frac{1}{2}$	83°
Kinna,	36° $\frac{1}{2}$	83° $\frac{1}{3}$
Arteneita,	36°	81° $\frac{1}{4}$
Sittace,	35° $\frac{1}{2}$	82° (2)

de Babylone et de Séleucie. Y avait-il deux Ctésiphon? Ce serait comme pour Ninive, que Ptolémée place aussi près de l'Arménie.

(1) On voit par ce degré de latitude que Ptolémée prolongeait son Assyrie jusqu'au delà du lac Van (*lacus Arsissa*), dans l'Arménie, ce qui est en contradiction formelle avec les autorités plus anciennes et avec l'histoire des Assyriens, dont toute la sphère d'activité était, comme je l'ai déjà fait remarquer, en deçà de l'Euphrate.

(2) Voilà trente-quatre villes dont Ptolémée indique la situation dans l'Assyrie. Encore ce géographe s'est-il évidemment borné à n'énumérer ici que les villes (au nombre desquelles était aussi une Ninive) qui existaient de son temps dans ce pays; car il ne nomme pas Opis, Kœnes, Larissa, Mespila, etc., parce que ces villes étaient à l'époque de Ptolémée depuis longtemps en ruines, et avaient disparu comme l'ancienne Ninive. Pourquoi n'a-t-on pas songé à ces villes contemporaines de Ptolémée quand on a exécuté les fouilles de Khorsabad et de Nimroud? N'était-il pas plus facile de découvrir des ruines qui ne datent que de dix à douze siècles (ce qui est déjà une belle antiquité) que des ruines qui datent de 2400 ans?

Les rivières qui parcourent l'Assyrie et qui se jettent dans le Tigre sont :
Le *Lycus*, dont les sources sont à 39° lat. et 78° long. (1), et l'embouchure à 36° $\frac{1}{2}$ lat. et 79° long.;
Le *Caprus*, dont les sources sont à 39° $\frac{1}{2}$ lat. et 79° long. et l'embouchure à 36° $\frac{1}{6}$ lat. et 79° long.;
Le *Gorgos*, dont les sources sont à 37° lat. et 80° $\frac{1}{3}$ long., et l'embouchure à 36° $\frac{1}{3}$ lat. et 80° long.

Telle est l'Assyrie de Ptolémée. C'est là, pour le répéter, l'Assyrie des Séleucides et des Arsacides. L'Assyrie qui fut le théâtre d'une partie si importante de l'histoire ancienne était située entre l'Euphrate et le Tigre, dans la partie inférieure de la Mésopotamie, là où était la Babylonie. L'Assyrie de Ptolémée forme aujourd'hui la plus grande partie du Kurdistan, le pays des anciens Carduques, qui certes ne figurent point dans la Bible.

BABYLONIE, *d'après Ptolémée*.

La Babylonie est limitée au nord par la Mésopotamie, au couchant par l'Arabie déserte, au levant par la partie de la Susiane qui s'étend le long du Tigre jusqu'au golfe Persique, au midi par la partie de l'Arabie déserte qui touche au golfe Persique. — La Babylonie est arrosée par le fleuve royal (Βασίλειος ποταμός) le *nahar malkha*, qui traverse Babylone, et par le Maarsernès (?), qui se jette dans l'Euphrate. Ces rivières et les canaux qui en dérivent (ἐκτροπαί) forment des étangs et des marais.

On trouve le long de l'Euphrate l'*Auchanitis*, du côté de l'Arabie déserte, la *Chaldée*, et autour des marais, l'*Amardokée*.

Voici les villes et les villages de la Babylonie, depuis le golfe Persique jusqu'à la ville d'Apamée :

Du côté du Tigre :

	Latitude.	Longitude.
Biblé,	à 34°	79°
Didigoua,	33° $\frac{1}{4}$	79° $\frac{1}{2}$
Pounda,	33°	79° $\frac{1}{2}$
Batracharta,	32° $\frac{1}{2}$	79° $\frac{1}{2}$

(1) D'après ces indications, le Lycus de Ptolémée ne serait pas le grand Zab, mais le Nicephorias; le Caprus serait le grand Zab et le Gorgos le petit Zab.

	Latitude.	Longitude.
Thalatha,	à 32° $\frac{1}{6}$	80°
Altha,	32° $\frac{1}{4}$	79° $\frac{1}{2}$
Teredon,	31° $\frac{1}{6}$	80°

Du côté de l'Euphrate :

Idicara,	33° $\frac{1}{3}$	77°
Douraba,	34°	77° $\frac{1}{3}$
Thakkona,	34° $\frac{1}{2}$	77° $\frac{1}{4}$
Thelbegkani,	35° $\frac{1}{2}$	78° $\frac{1}{2}$

Sur la rivière qui traverse Babylone :

Babylone,	à 35°	79°

Sur le Maarsarès :

Volgésie,	à 34° $\frac{1}{2}$	78° $\frac{1}{2}$
Barsita,	34° $\frac{1}{3}$	78° $\frac{1}{4}$

Au-dessous de ces villes, du côté des marais et de l'Arabie déserte :

	Latitude.	Longitude.
Biana,	à 33° $\frac{2}{3}$	79°
Choudonka,	33° $\frac{1}{4}$	78°
Choumana,	33° $\frac{1}{6}$	79°
Kaesa,	32° $\frac{1}{3}$	76° $\frac{1}{3}$
Berarinda,	32° $\frac{1}{2}$	77° $\frac{1}{2}$
Orchoé,	32° $\frac{2}{3}$	77° $\frac{1}{2}$
Bethana,	32° $\frac{1}{12}$	79°
Thelmé,	32°	76° $\frac{1}{3}$
Sorthida,	31° $\frac{1}{2}$	77°
Iamba,	31° $\frac{1}{4}$	78°
Rhagia,	31° $\frac{1}{3}$	78° $\frac{1}{3}$
Chiriphé,	31° $\frac{1}{6}$	79° $\frac{1}{4}$
Ratta,	30° $\frac{1}{2}$	79° $\frac{1}{4}$ (1)

MÉSOPOTAMIE, *d'après Ptolémée.*

La Mésopotamie est limitée au nord par la grande Arménie, à l'ouest par la Syrie de l'Euphrate, à l'est par la partie de l'Assyrie Tigrique qui s'étend depuis la frontière de l'Arménie jusqu'aux Autels d'Hercule, et au midi par la Babylonie d'un côté, et par l'Arabie déserte de l'autre. — Les principales montagnes de la Mésopotamie sont le Masion et le Singaras.

Les rivières qui descendent de ces montagnes sont, entre autres, le *Chaboras*, dont les sources sont à 37° $\frac{1}{4}$ lat. et 74° longit., et l'embouchure dans l'Euphrate à 34° lat. et 74° longit. ;

Et le *Soocoras*, dont les sources sont à 37° lat. et 75° longit., et l'embouchure dans l'Euphrate à 34° lat. et 76° longit.

Les contrées que la Mésopotamie renferme sont, du côté de l'Arménie, l'*Anthémusie*, au-dessous de laquelle est la *Chacitis*; au-dessous de celle-ci est la *Gauzanitis*, et du côté du Tigre l'*Acabène*. Au-dessous de la *Gauzanitis* est la *Tingène*, et, beaucoup plus près de l'Euphrate, l'*Ancobaritis*.

Voici les villes et villages de la Mésopotamie situés sur les bords de l'Euphrate :

	Latitude.	Longitude.
Porsica,	à 37° $\frac{1}{2}$	72°
Aniana,	36° $\frac{2}{3}$	72° $\frac{1}{2}$
Barsampsé,	36° $\frac{1}{4}$	72° $\frac{1}{3}$
Sarnouca,	36°	72° $\frac{1}{3}$
Bersinca,	35° $\frac{1}{3}$	72° $\frac{1}{2}$
Maubes,	35° $\frac{2}{3}$	72° $\frac{2}{3}$
Nicephorium,	35° $\frac{1}{3}$	73° $\frac{1}{12}$
Magouda,	35° $\frac{1}{6}$	73° $\frac{1}{6}$
Chabora,	35° $\frac{1}{6}$	74°
Thelda,	34° $\frac{1}{4}$	74° $\frac{1}{2}$
Aphphadana,	34° $\frac{1}{12}$	74° $\frac{1}{4}$
Banabé,	34° $\frac{1}{12}$	74° $\frac{3}{4}$
Zitha,	34° $\frac{1}{4}$	75° $\frac{1}{3}$
Bethauna,	34° $\frac{1}{4}$	76°
Rescipha,	34°	76°
Agamua,	33° $\frac{1}{2}$	77° $\frac{1}{2}$
Endrapa,	33° $\frac{2}{3}$	77° $\frac{1}{6}$
Addaia,	34°	77° $\frac{1}{3}$
Pacoria,	34° $\frac{1}{4}$	77° $\frac{1}{3}$
Teridata,	35° $\frac{1}{3}$	77° $\frac{1}{2}$
Naarda,	35° $\frac{1}{3}$	77° $\frac{2}{3}$
Sipphara,	35° $\frac{2}{3}$	78° $\frac{1}{4}$

A la hauteur où l'Euphrate se divise en plusieurs branches (canaux), dont l'une traverse Babylone et l'autre Séleucie, tandis que celle du milieu se nomme *fleuve royal*, on rencontre :

	Latitude.	Longitude.
Séleucie,	à 35° $\frac{2}{3}$	79° $\frac{1}{2}$

Sur les bords du Tigre :

Dorbeta,	à 37°	76°
Sapphé,	38° $\frac{2}{3}$	76°
Deba,	38° $\frac{1}{3}$	76°
Singara,	38°	76°
Betoun,	36° $\frac{1}{4}$	77°
Labana,	36° $\frac{1}{2}$	77° $\frac{1}{3}$
Birtha,	36° $\frac{1}{2}$	78° $\frac{1}{4}$
Karthara,	36° $\frac{1}{4}$	79°
Manchané,	36°	79° $\frac{1}{6}$

(1) Que sont devenus ces villes ou villages indiqués par Ptolémée? A l'exception de Babylone, on n'a pas même songé à en chercher les ruines. On s'est exclusivement attaché à chercher les villes babyloniennes de la Genèse.

Et après Séleucie :

	Latitude.	Longitude.
Scaphé,	à 34° 1/2	79° 1/4
Apamea,	34° 1/3	79° 1/3

Dans la Mésopotamie centrale :

	Latitude.	Longitude.
Bithias,	à 37° 2/3	72° 1/3
Edessa,	37° 1/2	72° 1/2
Ombrœa,	37° 1/6	73°
Ammœa,	37° 1/4	73° 1/3
Souma,	37° 2/3	73° 1/2
Rhisina,	37° 1/2	73° 1/2
Olibera (Oxira),	37°	73° 1/2
Sarrara (ou Sarrane),	38° 1/2	74°
Sakane ou Sanake,	37°	74°
Arxama ou Aroma,	37° 2/3	74° 1/2
Gizama,	37° 1/4	74° 1/2
Sinna,	37° 1/6	74° 1/2
Mambuta,	37° 1/4	74° 1/2
Nisibis,	37° 1/2	75° 1/6 (1)
Bithiga,	37° 1/2	75° 1/2
Baxaala ou Baala,	37°	75° 1/2
Auladis,	36° 2/3	73°
Ballatha,	36° 1/2	73°
Karrhes,	36° 1/2	73° 1/2
Tirittha,	36° 1/4	73°
Dengubis,	36° 1/2	74°
Orthega ou Orgetha,	36°	74°
Eleïa,	35° 1/2	74° 1/2
Zama,	36° 2/3	75°
Sinna,	36° 2/3	75°
Gerbatha ou Garbatha,	36°	77°
Dabusa ou Badausa,	36°	76°
Bariana,	36°	77° 1/2
Akrabes,	35° 2/3	73° 1/2
Apphadana,	35° 1/2	74°

	Latitude.	Longitude.
Rhesène,	à 35° 2/3	74° 2/3
Rehala,	35° 5/6	75° 1/4
Aluanis,	35° 1/2	74° 5/12
Bimatra,	35° 1/3	76°
Duremma,	35°	76° 1/3

Si j'ai d'abord fait connaître les données fournies par Ptolémée (bien que ce géographe soit beaucoup moins ancien qu'Hérodote, Xénophon et même que Strabon), c'est que, pour le répéter, presque toutes les cartes de géographie ancienne ont été dressées sur ces données, qui pourtant ne se rattachent qu'à des villes ou villages florissant sous le règne des Arsacides.

L'Assyrie ancienne ou la Babylonie (car ces deux noms étaient employés comme synonymes) était située entre l'Euphrate et le Tigre; cela est incontestable. Quant à ses limites au nord et au sud, elles sont très-incertaines. Néanmoins, en prenant les deux extrêmes, on peut soutenir avec beaucoup de raison que la Babylonie ou l'Assyrie ancienne comprenait le territoire, en général plat, qui s'étend depuis Kurnah (à 31° latitude), ou la jonction de l'Euphrate avec le Tigre, jusqu'à Anah sur l'Euphrate et Tekrit sur le Tigre, ce qui fait une étendue de 3 à 4 degrés de latitude.

ÉTAT PHYSIQUE DES CONTRÉES DE L'EUPHRATE ET DU TIGRE, D'APRÈS LES AUTEURS ANCIENS ET MODERNES.

C'est une perte bien regrettable que celle de l'ouvrage d'Hérodote sur l'Assyrie. Le peu que nous savons sur l'état physique, les mœurs, les coutumes, etc., de l'Assyrie, c'est à la Bible et à quelques historiens (Hérodote et à Xénophon) que nous le devons. Encore à l'époque où ces derniers en parlaient tous les pays de l'Euphrate et du Tigre appartenaient déjà à l'empire des Perses.

Moïse nous apprend seulement (*Genes.*, X, 11) que l'Assyrie fut colonisée par la tribu d'Assur, venant du pays de *Schinear*, et qu'elle y bâtit les villes de *Ninive*, de *Kalah*, de *Rehoboth* et de *Resen*. Quant à la population du Schinear, elle était elle-même venue de l'Orient et parlait la même langue que l'Assur (1).

(1) La ville de *Nisibis*, existant encore aujourd'hui avec le même nom (*Nisibin*), fournit ici un excellent moyen de contrôle géographique. Sur la carte du colonel Chesney, *Nisibin* est située sous 37° lat. (moins 30 minutes); la latitude de Ptolémée est donc d'un degré (ou de 60 minutes) trop boréale, à moins que la *Nisibis* ancienne ne fût située d'un demi-degré plus au nord que la *Nisibin* d'aujourd'hui. Dans ce cas les ruines doivent indiquer l'ancien emplacement présumé. Quant à la longitude, *Nisibin* est à 40° 50′ 9″ long. orient. de Greenwich; 75 degrés longitude de Ptolémée correspondent donc à peu près à 40° 3/4 long. orient. de Greenwich, c'est-à-dire que le rapport est sensiblement comme 15 est à 8 (15 degrés de long. Ptol. équivalent à peu près à 8 degrés de long. Greenw.). Il sera donc facile de contrôler la détermination de ces localités de Ptolémée à l'aide de la carte du colonel Chesney.

(1) Voy. *Encyclopédie allemande* d'Ersch et Gruber, art. ASSYRIE.

Les passages suivants d'Hérodote forment la principale source de la matière qui nous occupe. En voici la traduction fidèle :

VOYAGE D'HÉRODOTE EN BABYLONIE.
(Environ 430 ans avant J.-C.)

..... « Toute la terre sur laquelle règne le grand roi (γῆ πᾶσα ὅσης ἄρχει) est divisée en districts (διαραίρηται), pour la fourniture de son entretien et de son armée (ἐς τροφήν αὐτοῦ τε καὶ τῆς στρατιῆς), sans y comprendre les impôts ordinaires (πάρεξ τοῦ φόρου). L'année étant de douze mois, la Babylonie (Βαβυλωνίη χώρη) subvient pendant quatre mois à cette fourniture ; pour les autres mois, c'est le reste de toute l'Asie (ἡ λοιπὴ πᾶσα Ἀσίη). Donc l'Assyrie (ἡ Ἀσσυρίη χώρη) est le tiers de la puissance de l'Asie (τρίτη μοίρη ἡ Ἀσσυρίη χώρη τῇ δυνάμει τῆς ἄλλης Ἀσίης). Aussi le gouvernement de cette province, que les Perses appellent *satrapie*, est de beaucoup plus fort que les autres gouvernements : Tritanæchmas, fils d'Artabaze, qui avait obtenu du roi cette province, en tirait chaque jour une artabe d'argent. (L'artabe est une mesure perse, qui vaut un médimne et trois chœnices attiques) (1). Le roi y entretenait pour son usage, outre les chevaux de guerre, huit cents étalons (οἱ ἀναβαίνοντες τὰς θηλείας) et seize mille juments (αἱ δὲ βαινόμεναι ἑξακισχίλιαι καὶ μύριαι) (2) ; car on admettait vingt juments pour un étalon. Il se faisait aussi élever une si grande quantité de chiens indiens, que quatre grands villages dans la plaine (ἐν τῷ πεδίῳ κῶμαι μεγάλαι) devaient fournir leurs aliments, et étaient pour cela exemptés de tout autre tribut. Tels étaient les revenus de celui qui avait le gouvernement de Babylone (3).

« La *terre des Assyriens* est peu humectée par la pluie (ἡ γῆ τῶν Ἀσσυρίων ὕεται ὀλίγῳ), et le peu d'eau qui tombe suffit à peine pour faire germer le blé (τὸ ἐκτρέφειν τὴν ῥίζαν τοῦ σίτου); mais dans le terrain qui a des arrosements tirés du fleuve la moisson croît et prospère. Il n'en est pas comme en Égypte, où le fleuve, qui déborde, se répand dans les champs ; ici ce n'est qu'à force de bras et par des machines hydrauliques qu'on arrose (χερσί τε καὶ κηλωνηΐοισι ἀρδόμενος). En effet, *toute la Babylonie* est, comme l'Égypte, sillonnée de canaux (κατατέτμηται ἐς διώρυχας) ; le plus grand, tourné à l'orient d'hiver (πρὸς ἥλιον τετραμμένη τὸν χειμερινόν), est navigable : il va de l'Euphrate au Tigre, autre fleuve, sur lequel la ville de Ninive était bâtie (Τίγρην, παρ' ὃν Νίνος πόλις οἴκητο). Cette contrée est de toutes la plus fertile que nous connaissions en céréales (ἁπασέων μακρῷ ἀρίστη τῶν ἡμεῖς ἴδμεν Δήμητρος καρπὸν ἐκφέρειν). On n'essaye pas d'y cultiver des arbres [fruitiers], ni le figuier, ni la vigne, ni l'olivier ; car il est si propre aux céréales, que le blé rapporte en moyenne (τὸ παράπαν) deux cents, et dans les années les plus favorables trois cents pour un. Les feuilles du froment et de l'orge y acquièrent facilement jusqu'à quatre doigts de largeur (τὰ δὲ φύλλα αὐτόθι τῶν τε πυρῶν καὶ τῶν κριθῶν πλάτος γίνεται τεσσέρων εὐπετέως δακτύλων).

« Quant à la grosseur d'arbre (δένδρεον μέγεθος) du *millet* (κέγχρον) et du *sésame* (σήσαμον), je n'en parlerai pas, bien que j'en aie une exacte connaissance (ἐξεπιστάμενος), très-convaincu que ceux qui n'ont pas visité la Babylonie ne croiraient pas ce que je leur dirais de ses productions. On n'y fait point usage d'huile d'olive, mais de celle de sésame. Les habitants ont des *palmiers* plantés dans toute la plaine (εἰσὶ δέ σφι φοίνικες πεφυκότες ἀνὰ πᾶν τὸ πεδίον) ; la plupart portent des fruits, d'où ils tirent des aliments, du vin et du miel (ἐκ τῶν καὶ σιτία καὶ οἶνον καὶ μέλι ποιεῦνται). Ils les soignent (θεραπεύουσι) à la manière des figuiers (συκέων τρόπον) : ils attachent aux palmiers à dattes le fruit que les Grecs appellent les palmiers mâles (φοινίκων τοὺς ἔρσενας Ἕλληνες καλέουσι, τούτων τὸν καρπὸν περιδέουσι τῇσι βαλανηφόροισι τῶν φοινίκων) ; l'insecte (ψήν) qui s'y trouve mûrit la datte (βάλανον) en y pénétrant, et l'empêche de tomber. Les palmiers mâles portent dans leur fruit des insectes comme les figuiers sauvages (ὄλυνθοι) (1).

« Mais ce qui m'a le plus étonné, après la ville même, c'est ce que je vais dire.

---

(1) L'artabe était une mesure de capacité, équivalant à environ 1.372 hectolitres.
(2) Miot met *six mille*, sans dire d'après quelle autorité.
(3) Hérodot., I, 192.

(1) Hérodot., I, 193.

Les barques qui servent à naviguer sur le fleuve jusqu'à Babylone sont rondes et toutes en peau. La carcasse en est construite avec des branches de saule, que l'on coupe dans le pays des Arméniens, au-dessus de celui des Assyriens; et on applique à l'extérieur, sur ses branches, en forme de couverture, des peaux, qui ne laissent voir ni proue ni poupe. Ces barques, qui ont ainsi la forme de rondaches, descendent le fleuve; elles sont chargées de marchandises et toutes recouvertes de paille; elles portent principalement des tonneaux de vin de palmier. Elles sont dirigées par deux rames et par deux hommes, qui se tiennent debout; l'un pousse la rame en dedans, et l'autre en dehors. Il y en a de très-grandes et de petites : les plus grandes peuvent porter une charge de cinq mille talents. Dans chacune de ces barques est placé un âne; dans les grandes, on en place plusieurs. Après qu'ils sont ainsi arrivés par eau à Babylone, ils déchargent leurs marchandises, vendent la carcasse de leur navire et toute la paille; mais ils chargent les peaux sur leurs ânes, et retournent par terre en Arménie. La rapidité du courant ne permet en aucune façon de remonter le fleuve; aussi construit-on les barques, non pas en bois, mais en peaux. Après leur retour en Arménie, ils recommencent la même navigation (1).

« [Les habitants du pays] (2) portent, comme habillement, une tunique de lin, qui descend jusqu'aux pieds (ἐσθῆτι δὲ τοιῆδε χρέονται, κιθῶνι ποδηνεκέϊ λινέῳ). Sur cette tunique ils en mettent une autre, en laine, et jettent autour d'eux un petit surtout blanc; leur chaussure est faite à la mode du pays, et ressemble aux brodequins béotiens (καὶ ἐπὶ τούτων ἄλλον εἰρίνεον κιθῶνα ἐπενδύνει καὶ χλανίδιον λευκὸν περιβαλλόμενος ὑποδήματα ἔχων ἐπιχώρια, παραπλήσια τῆσι Βοιωτίησι ἐμβάσι). Ils laissent croître leurs cheveux, attachent à leur tête des mitres, et se parfument tout le corps (κομέοντες δὲ τὰς κεφαλὰς μίτρῃσι ἀναδέονται, μεμυρισμένοι πᾶν τὸ σῶμα). Ils portent chacun un cachet ou anneau (σφρηγῖδα ἕκαστος ἔχει), et un bâton travaillé artistement (σκῆπτρον χειροποίητον), au sommet duquel est figuré (ἔπεστι πεποιημένον) ou une pomme, ou une rose, ou un lis (κρίνον), ou un aigle, ou tout autre objet; car ils n'ont pas la coutume de se servir d'un bâton qui ne porte pas quelque insigne (ἄνευ γὰρ ἐπισήμου οὔ σφι νόμος ἐστὶ ἔχειν σκῆπτρον). Tels sont leurs costumes (1).

« Voici maintenant leurs institutions. La plus sage est, selon mon opinion, la suivante, qui est aussi, d'après ce que j'ai appris, en usage chez les Vénètes d'Illyrie. Dans chaque village toutes les filles nubiles étaient rassemblées une fois par an, et conduites dans un lieu préparé, où les hommes se rangeaient en foule autour d'elles. Un crieur public les mettait à l'enchère l'une après l'autre, en commençant par la plus belle. Après que celle-ci était vendue au prix de beaucoup d'or, on passait à celle qui lui approchait le plus en beauté; et ainsi de suite. Ces ventes se faisaient pour le mariage. Tout ce qu'il y avait dans Babylone d'épouseurs (ἐπίγαμοι) riches, enchérissant les uns sur les autres, achetaient d'abord les plus belles, tandis que les gens du peuple, qui se souciaient moins de la beauté que de l'argent, acceptaient les filles laides. Le crieur, après avoir vendu les plus belles, mettait à l'enchère les laides, c'est-à-dire qu'il commençait par adjuger la plus laide à celui qui offrait de l'épouser pour le moins d'argent (ἐλάχιστον χρυσίον λαβών). Cet argent se prenait sur la vente des belles, de manière que le prix offert pour celles-ci servait à marier les laides et les difformes. Il n'était permis à personne de marier sa fille à son choix; de même que nul ne pouvait emmener celle qu'il avait achetée, sans fournir caution. Par cette caution il devait s'engager à épouser celle qu'il avait choisie, et alors il pouvait l'emmener. Dans le cas où les deux époux ne se convenaient pas, la loi ordonnait de rendre l'argent. Il était permis à tout habitant d'un autre village d'acheter ainsi une femme. Cette belle institution n'est plus maintenant en usage (2). Mais

---

(1) Hérodot., I, 194.
(2) Miot et les autres traducteurs disent *Assyriens*, nom qui doit alors comprendre aussi les Babyloniens.

(1) Hérodot., I, 195.
(2) Miot ajoute ici de son invention : *chez les Assyriens*.

plus récemment ils ont institué une autre coutume, tendant à ce que leurs filles ne soient pas maltraitées ni emmenées dans une autre ville. Quoi qu'il en soit, lorsque plus tard ils sentirent les maux de la guerre, les gens du peuple, pressés par la faim, ont commencé à prostituer leurs filles (1).

« Les indigènes (2) ont encore une autre coutume (ἄλλος σφι νόμος), presque tout aussi sage : Ils portent les malades sur la place publique ; car ils n'ont pas de médecins. Les passants s'approchent du malade, l'interrogent sur son mal, et s'ils ont éprouvé, soit eux, soit quelqu'un de leur connaissance, la même maladie, ils lui indiquent le remède qui les a guéris. Il n'est pas permis de passer près du malade sans lui demander quel est son mal (3).

« Ils embaument leurs morts dans du miel (ταφαὶ δέ σφι ἐν μέλιτι), et leurs cérémonies funèbres (θρῆνοι) ressemblent à celles des Égyptiens. Toutes les fois qu'un Babylonien s'est approché de sa femme, il se parfume en s'asseyant autour d'un vase où l'on brûle de l'encens (περὶ θυμίημα καταγιζόμενον ἵζει) (4). La femme en fait autant de son côté. Lorsque le jour paraît, l'un et l'autre se lavent ; car ils ne touchent à aucun vase avant de s'être lavés. La même chose est en usage aussi chez les Arabes (5). De toutes les coutumes, la plus honteuse est celle que je vais rapporter. Toute femme indigène (πᾶσαν γυναῖκα ἐπιχωρίην) doit une fois dans sa vie s'asseoir dans le temple de Vénus, et se livrer à un étranger. Beaucoup de femmes riches, qui rougissent de se mêler aux autres, se font conduire au temple dans des voitures couvertes, et suivies d'un nombreux domestique. Mais voici comment la plupart procèdent. Elles s'asseoient dans l'enceinte de Vénus, ayant la tête enveloppée d'une cordelette en forme de couronne (στέφανον ἔχουσαι θώμιγγος) ; les unes arrivent, les autres s'en vont. Entre les rangs compactes des femmes sont pratiqués des passages, que parcourent les étrangers en faisant leur choix. Aucune femme, dès qu'elle s'est assise, ne retourne à la maison avant qu'un de ces étrangers ne lui ait jeté quelque argent sur les genoux et n'ait eu commerce avec elle en dehors du temple. En jetant l'argent l'étranger dit : J'invoque pour toi la déesse Mylitta. Les *Assyriens* donnent à Vénus le nom de Mylitta. Quelque modique que soit la somme, la femme ne peut la refuser : ce serait un sacrilège, car cet argent est sacré. Elle doit également suivre le premier qui lui en a jeté, et ne peut dédaigner personne. L'acte accompli, et ayant satisfait à la déesse, elle se retire dans sa maison, et dès ce moment elle ne se vendrait plus à personne, quelles que fussent les offres qu'on pourrait lui faire. Les femmes remarquables par leur beauté et leur taille sont vite expédiées ; mais celles qui sont disgracieuses de corps attendent longtemps avant de pouvoir satisfaire à la loi. Il y en a qui attendent ainsi trois et quatre ans. Une semblable coutume existe aussi dans quelques endroits de l'île de Chypre (1).

« Telles sont les principales institutions des Babyloniens. Il y a parmi eux trois tribus (πατριαί) qui ne mangent que du poisson. Après l'avoir pêché, ils le dessèchent au soleil, puis ils le jettent dans un mortier, le pilent et le tamisent à travers un linge ; ils en font indifféremment ou des gâteaux ou une pâte que l'on cuit comme le pain (2). »

Tel était, d'après un témoignage oculaire, l'état de la Babylonie dans le cinquième siècle avant l'ère chrétienne. La description d'Hérodote paraît s'appliquer principalement au centre de la Babylonie (aux alentours de Babylone).

VOYAGE DE XÉNOPHON DANS LES CONTRÉES DE L'EUPHRATE ET DU TIGRE, AU SERVICE DE CYRUS LE JEUNE.

Peu de temps après, Xénophon visita les mêmes contrées qu'Hérodote. Voici ce que le chef des Dix-Mille nous apprend sur l'état physique des pays de l'Euphrate.

---

(1) Hérodot., I, 196.
(2) Miot dit les *Assyriens*. C'est *Babyloniens* qu'il faudrait dire. Voy. le chapitre suivant.
(3) Hérodot., I, 197.
(4) Ibid., 198.
(5) Ibid., 199.

(1) Hérodot., I, 199.
(2) Ibid., 200.

L'armée grecque passa l'Euphrate à Thapsaque (vers 35° 40' lat.), après que Cyrus lui eut appris seulement alors le projet qu'il avait de marcher contre son frère, le roi Artaxerxès. Se dirigeant au sud, elle avait l'Euphrate à sa droite, et traversait une région déserte que Xénophon appelle, au lieu de Mésopotamie, *Arabie*.

« Dans cet endroit le sol était uni comme la mer (ὁμαλὸν ὥσπερ θάλαττα) et couvert d'*absinthe* (πεδίον — ἀψινθίου πλῆρες) (1). Il y avait encore d'autres productions ou des roseaux, tous odorants comme des aromates (εἰ δέ τι καὶ ἄλλο ἐνῆν ὕλης ἢ καλάμου, ἅπαντα ἦσαν εὐώδη, ὥσπερ ἀρώματα) (2) ; mais il n'y avait pas d'arbre. On y rencontrait des animaux de toute espèce : un très-grand nombre d'*ânes sauvages* (ὄνοι ἄγριοι), beaucoup d'*autruches* (στρουθοὶ μεγάλοι) (3). Il y avait aussi des *outardes* (ὠτίδες) et des *antilopes* (δορκάδες) (4). Ces animaux étaient quelquefois poursuivis par les cavaliers. Les ânes s'arrêtaient, après avoir gagné de l'avance sur le poursuivant ; car ils couraient bien plus vite que les chevaux ; puis, après avoir laissé le cheval s'approcher, ils reprenaient leur course. Il n'y avait d'autre moyen pour les prendre que de changer de monture, de distance en distance. La chair de ceux qu'on avait pris à cette chasse ressemblait à celle du cerf, seulement elle était plus délicate (5). Personne ne put attraper d'autruche. Les cavaliers en abandonnèrent bientôt la poursuite : cet oiseau s'enfuyait, rapide à la course, et se servait de ses ailes comme d'une voile (τοῖς μὲν ποσὶ δρόμῳ, ταῖς δὲ πτέρυξιν ἄρασα, ὥσπερ ἱστίῳ χρωμένη). Quant aux outardes, on peut les prendre quand on les poursuit vivement ; car elles volent bas comme les perdrix et se fatiguent vite (ταχὺ ἀπαγορεύουσι). Leur chair est très-agréable au goût (1). »

En continuant sa marche le long de l'Euphrate, Xénophon rencontra une ville déserte, grande, nommée *Korsoté* ; elle était entourée par la rivière Mascas. Il y resta trois jours pour s'approvisionner. Environ trois étapes et demie plus loin il arriva à *Pyles* (2), près de l'Euphrate. Là le terrain était très-boueux, et il y périt beaucoup de bêtes de somme (πολλὰ τῶν ὑποζυγίων ἀπώλετο ὑπὸ λιμοῦ).

« Car, ajoute Xénophon, il n'y avait pas de *graminées* (χόρτος), ni aucun arbre ; toute la contrée était nue (ψιλὴ ἦν ἅπασα ἡ χώρα). Les habitants creusent, sur les bords du fleuve, des pierres meulières (ὄνους ἀλέτας), les taillent et les transportent à Babylone, où ils les vendent contre du blé, qui fait leur nourriture (ἀνταγοραζόντες σῖτον ἕξων) (3). »

« Au delà de l'Euphrate (il faut se rappeler que Xénophon avait passé ce fleuve à Thapsaque, et qu'il continuait sa route en longeant la rive orientale) était une ville grande et riche, nommée *Charmandé*. Les soldats y achetèrent des vivres. Ils traversèrent le fleuve sur des espèces de radeaux faits avec des peaux cousues et remplies de foin. Ils y achetaient principalement *du vin fait avec le gland du palmier* (οἶνον ἐκ τῆς βαλάνου πεποιημένον τῆς ἀπὸ τοῦ φοίνικος) (4) et du blé de millet (*sorgho?* σῖτον μελίνης) (5) ; car ces productions sont en abondance dans le pays. C'est là que les Grecs, pour un motif très-futile, allaient se livrer un combat sanglant. »

Xénophon traversa ensuite la Babylonie proprement dite. Là, après la troisième étape, Cyrus passa en revue son armée dans une plaine (*Anab.*, I, 7, 1).

---

(1) Comp. Ammian. Marcell., XXV, 8.
(2) Comp. Arrian., *Anab.*, VII, 20.
(3) *Struthocameli*. Les στρουθοὶ μικροί (petits *struthi*) sont des moineaux. Le moineau libyque (στρουθὸς λιβυκὸς) d'Aristote (*De Part. Anim.*, IV, 14) est l'autruche d'Afrique.
(4) Voy. Amm., XXIV, 1 et 8.
(5) Les ânes sauvages, aujourd'hui rares dans les contrées de l'Euphrate et du Tigre, se rencontrent encore fréquemment dans quelques provinces de la Perse (Farsistan, Khusistan). Voy. Ker Porter, *Travels*, t. I, p. 460.

(1) Xenoph., *Anab.*, I, 5, 1-3.
(2) *Pyles* ou *Portes-Babyloniennes* (Πύλαι Βαβυλώνιαι). En face de cet endroit, en deçà de l'Euphrate, était située la ville de *Charmandé*. Voy. Étienne de Byzance, au mot Χαρμάνδη.
(3) Xenoph., *ibid.*, 4-6 (pag. 47-49 de l'édit. Bornemann).
(4) Comp. Dioscorid., V, 40 ; Plin., XIII, 4.
(5) Les habitants étaient donc des *mélinophages*. Comp. II, 4, 13 ; VI, 46 ; VI, 6, 1 ; I, 2, 22.

Une étape plus loin on rencontra un fossé (τάφρος) de cinq orgyies de large sur trois de profondeur, et s'étendant dans un trajet de douze parasanges, jusqu'au mur médique (μέχρι τοῦ Μηδίας τείχους). « Là sont les canaux (διώρυχες) qui conduisent l'eau du Tigre (ἀπὸ τοῦ Τίγρητος ποταμοῦ ῥέουσαι). Ils sont au nombre de quatre, d'un plèthre de large, très-profonds, et on y voit naviguer des bâtiments chargés de blé (πλοῖα σιταγωγά). Ils se jettent dans l'Euphrate, et sont à la distance d'un parasange les uns des autres; on les passe sur des ponts.

« Après la bataille de Cunaxa et la mort de Cyrus, les Grecs se retirèrent vers le Tigre. Ils eurent beaucoup d'obstacles à surmonter avant d'atteindre ce fleuve. Des fossés et des canaux d'irrigation (αὐλῶνες) leur barraient le passage; ils durent les combler avec des *palmiers* abattus (1).

« En continuant ainsi leur route, ils arrivèrent dans des villages où les chefs firent prendre des provisions. Il y avait dans ces villages du blé (σῖτος), *beaucoup de vin de dattier* (οἶνος φοινίκων πολὺς) et *du moût fermenté de dattes* (ὄξος ἑφτὸν ἀπὸ τῶν αὐτῶν) (2). Les dattes (αἱ βάλανοι τῶν φοινίκων) telles qu'on en voit chez les Grecs ne sont ici données qu'aux esclaves; celles réservées aux maîtres sont des dattes de choix, *admirables de beauté et de grosseur* (θαυμάσιαι τὸ κάλλος καὶ τὸ μέγεθος); *elles ont tout à fait l'aspect du succin* (ἡ δὲ ὄψις ἠλέκτρου οὐδὲν διέφερεν). Ils en dessèchent aussi une certaine quantité, et les conservent comme dessert. C'est un mets qui rend la boisson agréable, mais qui cause des maux de tête. Ce fut là aussi que les soldats mangèrent pour la première fois *la cervelle du palmier* (τὸν ἐγκέφαλον τοῦ φοίνικος); et la plupart furent émerveillés de la forme et de la nature de cet aliment délicieux (οἱ πολλοὶ ἐθαύμασαν τότε εἶδος καὶ τὴν ἰδιότητα τῆς ἡδονῆς). Mais cet aliment était lui-même très-céphalalgique. Le palmier dont on a enlevé *la cervelle* se dessèche entièrement. Les Grecs restèrent trois jours dans ces villages (3). »

(1) *Anab.* II, 3, 10.
(2) Comp. Athen., XIV, p. 651, et la note de Schneid. dans l'édit. de Bornemann, p. 119.
(3) *Anab.* II, 3, 14 (p. 119-121, édit. Born.).

« Après trois étapes de marche, ils arrivèrent au mur Médique, et le dépassèrent. Ce mur était construit en briques cuites, soudées avec de l'asphalte; il avait vingt pieds de large sur cent de haut; sa longueur était de vingt parasanges; il n'était pas bien éloigné de Babylone. » — Un peu plus loin, les Grecs traversèrent deux canaux, l'un sur des ponts, l'autre sur des bateaux joints ensemble. Les canaux sortaient du Tigre, et alimentaient des fossés d'irrigation; ces fossés se divisaient eux-mêmes en branches ou rameaux plus petits, comme on le voit en Grèce pour la culture du millet (ὥσπερ ἐν τῇ Ἑλλάδι ἐπὶ τὰς μελίνας). Ils atteignirent ainsi les bords du Tigre, à l'endroit où était situé Sittace, ville grande et peuplée (μεγάλη καὶ πολυάνθρωπος); elle était à quinze stades (deux kilomètres et demi) du fleuve. Les Grecs y établirent leurs tentes, dans le voisinage d'un parc (παράδεισος), grand, beau et garni d'arbres de toutes espèces (δάσυς παντοίων δένδρων). Enfin, ils passèrent le Tigre, un peu au-dessous d'Opis, sur un pont de trente-sept bateaux (1). » (Voyez la suite de la marche des Grecs, plus bas au chapitre, *topographie de Ninive*).

DESCRIPTION DE LA MÉSOPOTAMIE (ASSYRIE, BABYLONIE, CHALDÉE), PAR STRABON (lib. XV, cap. 1).

« Les Assyriens sont contigus (συνάπτουσιν) à la Perse et à la Susiane. On comprend sous le nom d'Assyrie la Babylonie et une grande partie du territoire environnant (πολλὴν τῆς κύκλῳ γῆς), savoir, l'*Aturie*, où est Ninive (2), l'Apolloniatide, les Élyméens, les Paraitaques et la Chalonitide vers le mont *Zagrium* (3), les plaines aux environs de Ninive (τὰ περὶ τὴν Νίνον πέδια), la Dolomène, la Kalachène, la Chazène, l'Adiabène, les peuples de la Mésopotamie, voisins des Gordyens, les Mygdoniens de Nisibe jusqu'au Zeugma de l'Euphrate, enfin une

(1) *Anab.* II, 4, 24.
(2) Il est évident qu'il s'agit ici de la seconde Ninive, bien différente de l'ancienne; car le texte donne Ἀτουρία, ἐν ᾗπερ ἡ Νίνος καὶ ἡ Ἀπολλωνιᾶτις, etc., que les traducteurs ont eu tort de rendre par Aturie, où *était* Ninive.
(3) Aujourd'hui les monts *Hamarine*.

grande partie du pays situé au delà de l'Euphrate, pays habité par des Arabes et des Syriens, et s'étendant jusqu'aux Phéniciens, aux Libyens, à la mer d'Égypte et au golfe d'Issus (1).

« Le nom de Syriens paraît s'être étendu depuis la Babylonie jusqu'au golfe d'Issus, et même anciennement depuis ce golfe jusqu'au Pont-Euxin. Aussi les Cappadociens, tant ceux du Taurus que ceux du Pont, ont conservé jusqu'à présent le nom de *Leuco-Syriens* (Syriens blancs), comme s'il y avait aussi des Syriens noirs. Les historiens de l'empire des Syriens, quand ils disent que les Mèdes ont été renversés par les Perses et les Syriens par les Mèdes, n'entendent par *Syriens* d'autres que ceux qui avaient établi leur empire à Babylone et à Ninive, et au nombre desquels était Ninus, qui fonda Ninive [dans l'Aturie] (2), et Sémiramis, sa femme, qui lui succéda et qui bâtit Babylone. Outre ses travaux à Babylone, on montre encore beaucoup d'autres ouvrages de Sémiramis presque sur tout le continent, tels que des môles, des murailles, des fortifications, des canaux, des lacs, des routes et des ponts.

« La disparition de la ville de Ninive fut aussitôt suivie de la dissolution de l'empire des Syriens (voyez plus loin ce qui concerne Ninive).

« Dans l'Aturie est le village de Gaugamela, où Darius perdit sa couronne. Ce lieu est aussi célèbre par son nom, qui signifie *maison du chameau*. Darius, fils d'Hystaspe, l'appela ainsi, parce qu'il en avait assigné le revenu au chameau qui, chargé, entre autres bagages, de la provision du roi, avait supporté le plus de fatigue en traversant le désert de la Scythie. Les Macédoniens, ne voyant dans Gaugamela qu'une misérable bourgade, appelaient leur victoire d'après le nom d'Arbèles, endroit plus considérable, colonie d'Arbelius d'Athmorée.

« Après Arbèles et le mont Nicatorium, on rencontre la rivière *Caprus*, à la même distance (d'Arbèles) que le *Lycus* (ἐν ἴσῳ διαστήματι, ὅσῳ καὶ ὁ Λύκος (1). La contrée porte le nom d'Artacène. Aux alentours d'Arbèles on trouve aussi la ville de *Demetrias* (Δημητριὰς πόλις), ensuite la *source de Naphthe* (ἡ τοῦ Νάφθα πηγή), les Pyres (feux, τὰ Πυρά), le *temple de* (Diane) *Anéa* (τὸ τῆς Ἀναίας ἱερόν), *Sadraques* (Σαδράκαι), le *palais de Darius, fils d'Hystaspe* (τὸ Δαρείου τοῦ Ὑστάσπεω βασίλειον), et le *Cyparisson* (forêt de cyprès, ὁ Κυπαρισσών).

« A cause de la rareté du bois de charpente (ὕλη), on construit avec des poutres et piliers de palmier. On entrelace ces piliers avec des cordelettes de jonc (ἐκ τῆς καλάμης σχοινία), et on y applique des couleurs. On enduit les portes d'asphalte. Celles-ci sont hautes, et toutes les maisons ont le sommet en cône (οἶκοι καμαρωτοί), vu l'absence du bois de construction (διὰ τὴν ἀξυλίαν) : car la contrée est nue ; il n'y a en grande partie que des arbustes, abstraction faite du palmier (2). Ce dernier est très-abondant (πλεῖστος) dans la Babylonie. On le trouve aussi abondamment dans la Susiane, dans la Perse littorale et dans la Carmanie. On ne fait pas usage de toits en tuile ; car il n'y pleut guère. La même chose s'observe à Suse et dans la Sittacène.

« Il y a dans la Babylonie une caste ou colonie (κατοικία) de philosophes indigènes, appelés *Chaldéens*, qui s'occupent principalement d'astronomie. Quelques-uns font aussi métier de tirer l'horoscope (γενεθλιαλογεῖν) ; mais ils n'ont pas l'approbation des autres. Il existe aussi une tribu (φῦλον) de Chaldéens qui habite une contrée de la Babylonie voisine des Arabes et de la mer Persique (3). Les Chaldéens astronomes sont de différentes origines (γένη) ; car il y a des *Orchéniens* (de la ville d'Orché), des *Borsippéniens* (de la ville de Borsippa) et plusieurs autres, qui se divisent en autant de sectes (αἱρέσεις), suivant les différentes doctrines (δόγματα) qu'ils

---

(1) Sous le nom d'Assyrie on comprenait, comme on voit, une très-vaste région.

(2) Les mots [dans l'Aturie], qui plus haut s'appliquent à la Ninive moderne, me paraissent être ici une addition du copiste, et doivent être retranchés du texte qui portera : Νίνος, ὁ τὴν Νίνον κτίσας.

(1) *Caprus*, aujourd'hui le *petit Zab*; *Lycus*, le *grand Zab*.

(2) Strab., XVI, 1 : ψίλη γὰρ ἡ χώρα καὶ θαμνώδης ἡ πολλή, πλὴν φοίνικος.

(3) Un peu au-dessous de Bassora.

professent. Les mathématiciens font mention de quelques-uns d'entre eux, comme Kidénas, Naburianas et Sudinas. Séleucus de Séleucie est Chaldéen, ainsi que beaucoup d'autres hommes considérables.

« Borsippa (actuellement Brouss) est une ville consacrée à Diane et Apollon. Il y a une grande *fabrique de toile* (λινουργεῖον μέγα). On y voit une masse de chauves-souris, beaucoup plus grandes que partout ailleurs ; on les prend pour les manger, et on les conserve salées (ταριχεύονται).

« Le pays des Babyloniens est borné à l'Orient par les Syriens, les Élyméens et les Parætacéniens ; au midi, par le golfe Persique et les Chaldéens, jusqu'aux Arabes Messéniens (1) ; à l'occident, par les Arabes Scénites, jusqu'à l'*Adiabène* (2) et la Gordyée ; au nord, par les Arméniens et les Mèdes, jusqu'au Zagrium et aux peuples qui l'avoisinent.

« Ce pays est arrosé par plusieurs fleuves ; les plus grands sont l'Euphrate et le Tigre, toutefois après ceux de l'Inde. Le Tigre est navigable jusqu'à *Opis* (3) et la ville actuelle de Séleucie. Opis est un bourg (κώμη) qui sert de marché pour les pays environnants (ἐμπορεῖον τῶν κύκλῳ τόπων). Quant à l'Euphrate, il est navigable jusqu'à Babylone à plus de trente mille stades de la mer. Les Perses, pour empêcher de remonter ces fleuves et de prévenir l'invasion de l'étranger, y avaient établi des cataractes artificielles. Alexan-

---

(1) Cf. Philostorg. *Hist. Eccles.*, III, 7.

(2) A juger par cette phrase, l'Adiabène devait être située en deçà de l'Euphrate. Cependant on place cette région généralement au delà du Tigre ; Marcellin est de cette opinion : *Intra hunc circuitum Adiabena est, Assyria priscis temporibus vocitata, longaque adsuetudine ad hoc translata vocabulum ea re quod inter Onam et Tigridem sita navigeros fluvios, adiri vado numquam potuit : transire enim διαβαίνειν dicimus Graeci, et veteres quidem hoc arbitrantur. Nos autem id dicimus quod in his terris amnes sunt duo perpetui, quos et transivimus, Diabas et Adiabas, juncti navalibus pontibus, ideoque intelligi Adiabenam cognominatam.*

(3) Ainsi, suivant Strabon, *Opis* serait situé au midi de Séleucie, tandis que, selon Xénophon, cette ville était beaucoup plus au nord. Je pense qu'au lieu d'*Opis*, il faut lire ici *Coche*.

dre, à son arrivée, détruisit toutes celles qu'il pouvait, et particulièrement [celles du Tigre depuis la mer] jusqu'à Opis. Il s'occupa aussi des canaux. L'Euphrate subit une crue, qui commence au printemps et dure jusque vers l'été, à l'époque où les neiges fondent dans l'Arménie (1). Les champs seraient donc submergés et convertis en lacs si l'on ne détournait pas l'excès d'eau par des canaux et des tranchées, comme on le fait en Égypte pour le Nil. Voilà pourquoi on a pratiqué ces canaux. On a besoin d'une grande dépense de main-d'œuvre ; car la terre est profonde, molle, et cède au point d'être facilement charriée par les courants, qui rendraient ainsi les campagnes stériles, tandis que les canaux et les embouchures se comblent. Il résulte de là que l'excédant des eaux se répand de nouveau sur les plaines voisines de la mer, y forme des lacs et des marais couverts de jonc (καλαμῶνας), avec lesquels on tresse toutes sortes de vases (ἐξ ὧν καλάμινα πλέκεται παντοῖα σκεύη), les uns enduits d'asphalte et susceptibles de contenir des liquides (τὰ ὑγροῦ δεκτικά), les autres servant sans autre préparation. On en fait aussi des voiles, qui ressemblent à des nattes ou à des claies. — Le curage de ces canaux est donc un travail nécessaire, mais qui exige beaucoup de bras : un excès d'eau est aussi nuisible à l'agriculture qu'une extrême sécheresse.

« Au rapport d'Aristobule, Alexandre, monté sur une barque qu'il gouvernait lui-même, examina les canaux et les fit nettoyer par la multitude d'hommes qui l'accompagnaient ; il boucha les uns et fit ouvrir les autres. Ayant remarqué un canal qui se dirigeait vers les marais et les étangs de l'Arabie, et se refusait aux opérations convenables, il fit ouvrir un nouveau canal, à environ trente stades de là, dans un terrain pierreux, et il y détourna les eaux. Alexandre avait déjà conçu le projet de s'emparer de l'Arabie, et à cet effet il avait fait construire des bâtiments, les uns en Cypre et en Phénicie, les autres en Babylonie ; les premiers, démontés pièce à pièce, furent apportés à Thapsaque en sept stations,

---

(1) Cette crue de l'Euphrate a été observée par tous les voyageurs.

et descendirent ensuite le fleuve jusqu'à Babylone ; les seconds furent construits en Babylonie, avec les cyprès des bois sacrés et des parcs (τῶν ἐν τοῖς ἄλσεσι καὶ τοῖς παραδείσοις κυπαρίττων). Alexandre fit aussi fouiller les tombeaux des rois, dont la plupart étaient construits dans des lacs. A propos de ces lacs de l'Arabie (Babylonie), on prétend que l'eau privée de débouchés s'ouvre des issues sous terre, et que, portée ainsi jusqu'aux Cœlésyriens, elle forme des torrents qui produisent, vers Rhinocolura et le mont Casius, les lacs qu'on trouve dans ces endroits ainsi que les Barathres. »

Strabon doute avec raison de la possibilité de ce fait, par la raison, très-simple, que l'eau pourrait très-bien se frayer un passage vers le golfe Persique. Il combat aussi Polyclite, qui soutenait que l'Euphrate ne se débordait pas par la fonte des neiges dans les montagnes, et que le Tigre reçoit la plus grande partie des eaux qui descendent de ces montagnes. « Car le Tigre, continue-t-il, coule à travers les mêmes plaines que l'Euphrate ; et les hautes montagnes qui, selon Polyclite, causent les inondations n'ont pas non plus la même hauteur partout : plus élevées vers le nord, elles acquièrent de l'étendue et s'abaissent vers le midi. D'ailleurs, on juge de la quantité des neiges non-seulement d'après la hauteur des montagnes, mais encore d'après leur exposition : la même montagne sera couverte de plus de neiges et les neiges subsisteront plus longtemps à la partie septentrionale qu'à la partie méridionale. Or, le Tigre, qui prend sa source dans la région la plus méridionale de l'Arménie voisine de la Babylonie, ne peut recevoir beaucoup d'eau par la fonte des neiges, vu qu'il descend du revers austral ; conséquemment il devrait moins se déborder, tandis que l'Euphrate reçoit les eaux des deux versants, non d'un seul groupe, mais d'un grand nombre de montagnes. Il faut ajouter à cela la longueur de la route que ce fleuve parcourt, d'abord dans la grande et dans la petite Arménie, ensuite à partir de ce dernier pays et de la Cappadoce jusqu'à Thapsaque, après avoir franchi le Taurus et servi de limite entre la Syrie inférieure et la Mésopotamie ; enfin dans le reste de son cours, jusqu'à la Babylonie et jusqu'à son embouchure, route, en tout, de trente-six mille stades.

« Le pays produit de l'orge, comme nulle part ailleurs (κριθὰς ὅσας οὐκ ἄλλη), et on dit qu'il rend trois cents pour un (1).

(1) Il est à remarquer que Strabon, ou plutôt Ératosthène, cité par Strabon, fait aussi croître dans l'Inde presque toutes les productions naturelles qu'il attribue à la Babylonie. « L'évaporation (ἀναθυμίασις) de tant de fleuves et les vents étésiens font que l'Inde (ἡ Ἰνδική) est arrosée par des pluies d'été si abondantes, que les plaines sont inondées (λιμνάζει τὰ πεδία). Dans cette saison des pluies (ἐν τούτοις τοῖς ὄμβροις) on sème du lin (λίνον), du millet (κέγχρον), du sésame, du riz (ὄρυζα) et du bosmora (βόσμορον). Dans la saison de l'hiver (τοῖς χειμερινοῖς καιροῖς) on sème du froment (πυροί), de l'orge (κριθαί), des légumes (ὄσπρια), et d'autres fruits comestibles que nous ignorons. Les produits de l'Inde sont à peu près les mêmes que ceux de l'Éthiopie et de l'Égypte. Les animaux qui vivent dans les fleuves de ces deux pays se trouvent aussi dans l'Inde, excepté l'hippopotame. Cependant Onésicrite prétend qu'il y a aussi des hippopotames. » (Strab., XV, 1, p. 690 édit. Casaub.) Aristobule, cité par Strabon, nous apprend que l'on cultivait le riz dans des plaines dont on avait soin de retenir l'eau par des digues (τὴν ὄρυζαν ἑστάναι ἐν ὕδατι κλειστῷ), et qu'on le semait sur des bandes de terrain en relief (πρασίας δ'εἶναι τὰς ἐχούσας αὐτήν). La tige atteignait jusqu'à quatre coudées de haut (environ un mètre), portait beaucoup d'épis, riches en graines (τετράπηχυ, πολύσταχύ τε καὶ πολύκαρπον). La récolte se faisait vers le coucher des Pléiades (fin d'automne), et on le battait comme l'épeautre (πτίσεσθαι ὡς τὰς ζείας). L'auteur ajoute que l'on cultivait ainsi le riz, non-seulement dans l'Inde, mais dans la Bactriane, dans la Babylonie, dans la Susiane et dans la Basse-Syrie. Selon Mégille, on semait le riz avant les pluies, mais il avait, pour son développement, besoin d'être submergé. Quant au *bosmorum*, qui croissait aussi dans les contrées mésopotamiques (dans le Pendjab ?) (ἐν ταῖς μεσοποταμίαις), Onésicrite dit que c'est un blé plus petit que le froment (σῖτός ἐστι μικρότερος τοῦ πυρετοῦ). Dès qu'on l'a battu on le torréfie (φρύγεται, ἐπὰν ἀλοηθῇ, et on s'astreint par un serment à lui faire subir l'action du feu dès la sortie de l'aire, et à n'en point exporter la graine. (Strab., *ibid.*, p. 692). — Qu'était le *bosmorum*, que Dio-

reste des choses nécessaires est fourni par le palmier; car on en fait du pain, du vin, du vinaigre, du miel (sirop) de la farine (ἄλφιτα), et toutes sortes d'ouvrages nattés (πλεκτά). Les forgerons employent les noyaux de dattes au lieu de charbon. Macérés dans l'eau, ces noyaux servent à la nourriture des bœufs et des moutons. Il existe, dit-on, une chanson persane où les avantages des palmiers sont portés au nombre de trois cent soixante (1). On y fait généralement usage de l'huile tirée du sésame, plante rare dans d'autres lieux. — Avant l'expédition d'Alexandre on ne connaissait pas la vigne dans la Babylonie. Ce sont, au rapport de Strabon (XV), les Macédoniens qui l'y apportèrent les premiers. Pour la planter, ils ne faisaient pas de fosses; mais ils enfonçaient dans le sol des pieux ferrés par le bout (πατταλους κατασεσιδηρωμενους), puis en les retirant, ils mettaient à leur place les plants de vigne.

dore (II, 36) nomme *bosporum?* Je pense que c'est le *tef*, et non la lentille, comme le conjecturent les traducteurs de Strabon (t. V, p. 15).

(1) M. Rich, ancien consul anglais à Bagdad, rapporte que les habitants de cette contrée font encore aujourd'hui des dattes leur principale nourriture. Ils les pressent en forme de gâteaux, ils en font de la mélasse (*debs*), du vinaigre, et en distillent une liqueur spiritueuse appelée *arrak*; mais ils ignorent les deux derniers usages mentionnés par Strabon. L'huile de sésame est toujours la seule espèce employée, comme du temps de Strabon, soit pour manger, soit pour brûler (Rich, *Voyage aux Ruines de Babylone*, p. 154, de la trad. franç. de M. Raimond; Paris, 1818). M. Raimond, ancien consul de France à Bagdad, a complété ces observations de Rich. « A Bassorah, dit-il, on pile encore aujourd'hui les noyaux de dattes pour les donner à manger aux animaux, et les forgerons sabéens les emploient aussi en guise de charbon. » — Cf. Plutarch., *Symp.*, VIII, 4. Les Orientaux modernes ont encore aujourd'hui pour cet arbre le même enthousiasme, d'ailleurs mérité. « L'arbre *béni*, dit Kaswini, ne se trouve que dans les pays où l'on professe l'islamisme. Le prophète a dit : *Honorez le palmier, il est votre tante paternelle* (le palmier est féminin en arabe); et il lui a donné ce nom parce qu'il a été formé du reste du limon dont Adam fut créé. »

11ᵉ Livraison. (PHÉNICIE.)

La Babylonie produit aussi beaucoup d'asphalte, sur lequel Ératosthène donne les détails suivants : L'asphalte liquide, qu'on appelle *naphte*, vient dans la Susiane; l'asphalte sec, susceptible de se solidifier, vient dans la Babylonie. La source de ce dernier est près de l'Euphrate (1). Quand le fleuve se gonfle lors de la fonte des neiges, cette source se gonfle aussi, et se déverse dans l'Euphrate; là l'asphalte s'agglomère en gros morceaux, qui servent aux constructions faites avec des briques cuites. D'autres prétendent qu'on trouve aussi l'asphalte liquide dans la Babylonie. On dit que des bateaux en nattes de joncs acquièrent de la solidité quand on les enduit d'asphalte. Quant à l'asphalte liquide ou naphte, il attire le feu quand on l'approche; et si l'on y tient un corps oint de cette matière, il s'enflamme. L'eau, loin de l'éteindre, ranime la flamme; on ne peut l'éteindre qu'avec du limon, du vinaigre, de l'alun et de la glu. On raconte qu'Alexandre, pour en faire l'expérience, ayant ordonné de verser de cet asphalte dans une baignoire où était un jeune garçon, fit approcher une lumière. Aussitôt le jeune garçon fut entouré de flammes : il aurait péri si les assistants ne fussent parvenus, à force d'eau, à surmonter la violence du feu (2).

(1) Cf. Hérod., I, 179.
(2) Cf. Plut., *in Alexand.*, 35. — Comparez Am. Marcell., XXIII, 6 : « Sous le nom d'*Assyrie* on comprend de vastes régions, etc. C'est là que l'on trouve près du lac *Sosingita* le bitume. Le Tigre, englouti par ce lac, reparaît après avoir longtemps coulé sous terre. C'est là aussi que se produit le naphte, espèce de poix résineuse, semblable au bitume; un petit oiseau qui se poserait un instant dessus périrait aussitôt sans pouvoir s'envoler. Cette espèce de liquide, une fois enflammé, ne peut être éteint que par du sable. Il y a dans ces mêmes contrées un gouffre (*hiatus terrœ*) d'où s'élève un gaz mortel (*halitus letalis*), d'une forte odeur, qui tue tout animal qui en approche. Cette pestilence (*lues*) sort d'un puits profond; si elle se répandait en plus grandes masses, elle ne manquerait pas de rendre les alentours inhabitables. Il y avait, à ce qu'on assure, un semblable gouffre (*foramen*) à Hiérapolis en Phrygie. — L'huile médique (*oleum medi-*

Selon Posidonius, il y a en Babylonie deux espèces de sources de naphthe : les unes fournissent le blanc, les autres le noir. Le premier renferme du soufre liquide : c'est pourquoi il brûle ; le second sert pour les lampes au lieu d'huile.

« Babylone, ajoute Strabon, était jadis la métropole de l'Assyrie ; maintenant c'est la Séleucie, sur le Tigre. Près de là est un grand bourg, appelé Ctésiphon, que les rois des Parthes ont choisi pour leur séjour d'hiver (χειμάδιον), voulant épargner aux Séleuciens l'embarras de loger le corps de soldats scythes (1) (qui les accompagne). Aussi Ctésiphon est plutôt une ville parthe qu'un bourg, en raison de sa puissance, de sa nombreuse population, du dépôt de ses marchandises, et de l'établissement de ses ateliers (2). Les rois y passent l'hiver, à cause de la douceur du climat ; pendant l'été ils séjournent à Ecbatane et dans l'Hyrcanie. »

Voici ce que Strabon dit de l'*Adiabène*, qu'il place, avec la Mésopotamie, à l'occident de la Babylonie.

La plus grande partie de l'Adiabène est un pays de plaine ; c'est une dépendance (μέρος) de la Babylonie, quoiqu'elle ait un gouvernement particulier. Elle touche aussi dans quelques endroits à l'Arabie.... Les Parthes ont subjugué les Mèdes et les Babyloniens ; mais ils ne purent jamais soumettre les Arméniens. Tigranes, entre autres, sut leur résister vaillamment. Les habitants s'appellent *Adiabéniens* et *Saccopodos*.

La description que Strabon fait ensuite des usages des Perses s'accorde presqu'en tous points avec celle d'Hérodote. « Les Perses ont pour vêtements une tunique de lin, qui leur tombe jusqu'aux pieds (χιτῶν λινοῦς ποδήρης), et un surtout de laine blanche (ἐπενδύτης ἐρεοῦς) ; leur chaussure ressemble à une espèce de brodequin (ἐμβάδι ὅμοιον). Ils portent aussi un cachet (au doigt) et une canne bien travaillée, surmontée d'une pomme, d'une rose, d'un lis ou d'un autre objet semblable. »

La Mésopotamie est ainsi appelée parce qu'elle est comprise entre l'Euphrate et le Tigre, qui forment ses limites orientale, occidentale et méridionale. Au nord elle a pour limites le Taurus, qui la sépare de l'Arménie. Sa plus grande largeur, entre Thapsaque, ancien passage de l'Euphrate, et l'endroit où Alexandre passa le Tigre, est de deux mille quatre cents stades. La plus petite distance entre ces deux fleuves est environ à la hauteur de Babylone et de Séleucie : elle excède un peu deux cents stades. La Mésopotamie, en raison de la courbure des fleuves, ressemble à un bateau. De Thapsaque à Babylone, Ératosthène compte quatre mille huit cents stades, et deux mille stades depuis le Zeugma jusqu'à Thapsaque.

Près du Tigre est le pays des Gordyéens (1), que les anciens appelaient

---

cum), dont parle le même auteur, et qui servait à enduire les flèches, était préparée avec de l'huile de naphthe. Pour l'obtenir, dit-il, on fait macérer très-longtemps dans de l'huile commune (*oleum usus communis*), sans doute l'huile d'olive) une certaine herbe, puis on l'épaissit avec une autre matière, qui est l'huile de naphthe. » La flèche, enduite de ce mélange, si elle n'est pas lancée trop rapidement, brûle tous les points où elle s'attache, et la flamme ne peut être éteinte que par du sable. (*Si emissum lentius laxiore arcu, nam ictu exstinguitur rapido, hæserit usquam, tenaciter cremat ; et si aqua voluerit abluere quisquam, æstus excitat acriores incendiorum, nec remedio ullo quam jactu pulveris consopitur.* (Am. Marcell., XXIII, 6, 37.)

(1) Strab., XVI, 1 : Φειδόμενοι τῶν Σελευκέων, ἵνα μὴ καταστᾳθμεύοιντο ὑπὸ τοῦ Σκυθικοῦ φύλου καὶ στρατιωτικοῦ. Ce passage est fort remarquable, en ce qu'il fait voir que les rois parthes avaient pour gardes des étrangers d'une bravoure reconnue.

(2) Ammien-Marcellin (XXIII, 6) met Ctésiphon, avec Babylone et Séleucie, au nombre des villes les plus belles et les plus célèbres de l'Assyrie (*urbes splendidissimæ et pervulgatæ*) : *Ctesiphon, quam Vardanes priscis temporibus instituit, posteaque rex Pacorus, incolarum viribus amplificatam et mœnibus, Græco indito nomine Persidis, effecit specimen summum.* Il cite, en outre, comme villes de l'Assyrie, Térédon (près de Basra), Apollonie, Vologésie (*Vologesocerta* de Pline) et Apamée (*Apamia Mesene cognominata*). Cette dernière était probablement située sur la rive orientale du Tigre, près de Mossoul. Séleucie est nommé *ambitiosum opus Nicatoris Seleuci.*

(1) Coray, se fondant sur l'autorité de Wes-

Carduques; au nombre de leurs villes on compte *Sarisa, Satalka* et *Pinaka*, place très-forte (κράτιστον ἔρυμα), qui comprend les tertres (ἄκρας), dont chacun est environné d'un mur particulier (ἑκάστην ἰδίῳ τείχει τεταγισμένην). de manière à former trois villes (τρίπολιν). Cependant elle fut soumise au roi d'Arménie, et les Romains l'emportèrent d'assaut, bien que les Gordyéens passassent pour très-habiles dans l'architecture et la poliorcétique (1). Aussi Tigranes les employait-il aux travaux de ce genre. — Pompée ajouta aux États de Tigrane tout ce qu'elle offre de districts fertiles (2). Le pays est riche en pâturages et en brebis; il produit des arbres toujours verts (τὰ ἀειθαλῆ), et un aromate, l'*amomum*. Il nourrit aussi des lions. On y trouve aussi de la naphthe, et la pierre *gangitis*, que fuient les serpents.

La partie méridionale de la Mésopotamie et éloignée des montagnes est aride, stérile, et occupée par les Arabes Scénites, brigands et pâtres, changeant facilement de lieu, quand les pâturages et le butin viennent à manquer. Le pied des montagnes est souvent infesté par ces Arabes et par les Arméniens. Enfin, il est soumis la plupart du temps à ces derniers ou aux Parthes, qui les pressent des deux côtés, car ils possèdent la Médie et la Babylonie.

Entre l'Euphrate et le Tigre coulent deux autres fleuves, le premier, fleuve royal (le canal Naharmalkha?), le second, *Aborrhas* (Chaboras, Khabour); ce dernier limite l'Anthémusie. Les marchands qui se rendent de la Syrie à Babylone et à Séleucie traversent le désert occupé par les Arabes Scénites, qu'on appelle aujourd'hui Maliens. Ces marchands passent l'Euphrate à la hauteur de l'Anthémusie. A quatre schœnes du fleuve est *Bambyce*, appelée Édesse et Hiéropolis, où l'on révère la déesse syrienne Atargatis. Après avoir traversé le fleuve, la route conduit, à travers le désert, jusqu'à *Skénés*, vers les frontières de la Babylonie; c'est une ville considérable, située sur un canal, à vingt-cinq journées de marche (du passage de l'Euphrate); elle est de dix-huit schœnes de Séleucie. Il y a sur la route des auberges tenues par des chameliers (καμηλίται); elles sont bien fournies d'eau. — Les Scénites accordent un passage paisible, à la condition d'un léger tribut. — La rive orientale de l'Euphrate est la limite de l'empire des Parthes. La partie en deçà du fleuve jusqu'à la Babylonie dépend des Romains ou des chefs des tribus arabes, lesquels obéissent les uns aux Parthes de préférence, les autres aux Romains.

Tels sont les renseignements textuels de Strabon.

Description physique et topographique des contrées de l'Euphrate et du Tigre, par Pline l'Ancien (*Hist. nat.*, V, 24, et VI, 26).

Toute la Mésopotamie, sous l'empire des Assyriens, ne se composait que de bourgs (*vicatim dispersa*), à l'exception de Babylone et de Ninive. Les Macédoniens, en raison de la fertilité du sol, rapprochèrent ces bourgs pour en faire des villes. Aussi, outre les (deux) villes nommées, y compte-t-on aujourd'hui *Séleucie, Laodicée, Artemita* (1) et *Antioche* (2), fondée par Nicanor, préfet de la Mésopotamie.

A l'occident des Orontes on trouve la ville de *Gaugamela* (3) ainsi que la ville de *Sue*, située dans les montagnes. Puis vient la ville d'*Asochis*; enfin, dans

---

seling (ad Diod., I, 28, t. I, p. 662), lit *Gordyéens* (Γορδυαίων) au lieu de Parthes.

(1) Strab., XVI, 1 : Ἔδοξαν Γορδυαῖοι διαφερόντως ἀρχιτεκτονικοί τινες εἶναι, καὶ πολιορκητικῶν ὀργάνων ἔμπειροι. — J'insiste sur ce passage, parce que les villes ou places fortes de Sarisa, Satalka et Pinaka me paraissent très bien se rapporter aux emplacements de Khorsabad, Kouyoundjik et Karamlès.

(2) Cf. Plutarch., *in Pomp.*; Appian., *Bell. Mithridat.*, § 105.

(1) La topographie de *Laodicée* (nom donné d'après celui de la mère de Séleucus Nicator) et celle d'*Artémite* sont tout à fait incertaines.

(2) Il ne faut pas confondre cette ville avec l'Antioche de la Syrie. L'Antioche dont il est ici question devait être située quelque part sur l'Euphrate, chez les Arabes *Oréens* (montagnards). *Opis* sur le Tigre portait aussi le nom d'*Antiochia*. Édesse s'appelait de même *Antioche*. C'est de celle-ci qu'il s'agit.

(3) Aujourd'hui *Karamlès*?

la plaine, *Diospage*, *Polyteleia*, *Stratonico*, *Anthemunte* (1).

Dans le voisinage de l'Euphrate est *Nicephorium* (2). Cette ville fut bâtie par Alexandre, à cause de la situation favorable du lieu (*propter loci opportunitatem*). Plus haut on trouve le *Zeugma* (le *pont*), à soixante-douze mille de *Samosate*. Le Zeugma (τὸ ζεῦγμα) est célèbre par le passage de l'Euphrate (*transitu Euphratis nobile*). Cette ville et *Apamée* furent fondées par Séleucus, qui les avait jointes par un pont (*ex adverso Apamia Seleucus, idem utriusque conditor, ponte junxerat*) (3). En allant d'Apamée vers l'orient on rencontre une ville très-bien fortifiée (*oppidum apprime munitum*), qui avait autrefois soixante-dix stades de circuit. On la nommait palais des Satrapes (*Satrapum Regia*); c'était un dépôt de tributs; aujourd'hui elle est réduite à une forteresse (4). *Hebata* subsiste encore, ainsi qu'*Oruros*, à deux cents cinquante milles du Zeugma, où furent fixées sous Pompée le Grand les limites de l'empire Romain (5).

Pline ne met ici aucune méthode dans sa description : il saute du Tigre à l'Euphrate, du nord au midi, sans prévenir le lecteur. Après avoir superficiellement indiqué les limites de l'empire romain du côté de la Mésopotamie, il vient à parler tout à coup d'une branche artificielle de l'Euphrate, œuvre, dit-on, du gouverneur Gobaris, pour empêcher que Babylone ne souffrît de la trop grande irruption des eaux. « Tous les Assyriens l'appellent *Armalchar*, c'est-à-dire *fleuve royal* (6).

(1) Ces villes portant des noms gréco-barbares sont tout à fait inconnues.

(2) Aujourd'hui *Rakkah*, au confluent du Belik et de l'Euphrate (sous 35° 55' latitude nord, et 39° 5' longitude).

(3) L'Apamée dont il est ici question était donc située sur la rive gauche de l'Euphrate, juste en face du Zeugma, qui était sur la rive droite. *Zeugma* est le *Rum-Kalah* (château Romain) d'aujourd'hui. *Samosate* se nomme aujourd'hui *Suméisat*.

(4) A l'orient du Zeugma et d'Apamée on rencontrait Edesse, ou Callirrhoe (*Orfah*). C'est de cette ville sans doute que Pline veut parler.

(5) *Hebata* et *Oruros* (*Oara* ?) étaient situées du côté de Nisibe (*Mardin* et *Dara* ?).

(6) Ce nom est une corruption de *Naharmalkha* (Voy. Amm. Marcellin).

Au point où commençait le canal (Naharmalkha) était située la ville d'Agrane (*Agrani oppidum*), très forte, qui fut détruite par les Perses.

« *Séleucie*, fondée par Séleucus Nicator, est à quatre-vingt-dix mille pas de Babylone, à l'endroit où le Naharmalka se joint au Tigre. On lui donne le surnom de *Babylonienne*. Elle est aujourd'hui libre, indépendante, et conserve les mœurs macédoniennes. On dit que le nombre de ses habitants s'élève à six cent mille, et que son plan topographique est celui d'un aigle déployant ses ailes (*situm mœnium aquilæ pandentis alas*); son territoire est le plus fertile de tout l'Orient. A trois mille pas de là les Parthes ont bâti, par un sentiment de jalousie (1), *Ctésiphon*, dans la Chalonitide. Ctésiphon (*Vardana* des Parthes) est aujourd'hui la capitale de l'empire (*caput regni*). Tout récemment le roi Vologesus a construit dans le voisinage la ville de *Vologesocerta*.

« On trouve encore dans la Mésopotamie *Hipparène*, célèbre par la doctrine des Chaldéens, et bâtie, comme Babylone, sur le fleuve *Narraga*, qui a donné son nom à une ville (2). Les murs d'Hipparène furent renversés par les Perses. On place dans le même canton, vers le midi, les Orchènes, qui forment la troisième classe des savants Chaldéens (*tertiæ Chaldæorum doctrina*). C'est d'eux que viennent les Orthophantes (moralistes) et les Gnésiachartes (généalogistes).

« Néarque et Onésicrite fixent à quatre cent douze mille pas la longueur de la navigation depuis le golfe Persique jusqu'à Babylone. Des écrivains postérieurs ont compté quatre cent quarante mille pas depuis Séleucie jusqu'à la mer. Juba ne porte qu'à cent soixante-quinze mille la distance de Babylone à *Charax* (3).

(1) *Invicem ad hanc exhauriendam.*

(2) Les commentateurs se sont donné beaucoup de peine pour trouver la situation de ce fleuve. Je soupçonne que le *Narraga* est l'Euphrate lui-même, que les indigènes appelaient *Nahar*, le fleuve. C'est en adoptant cette conjecture que l'on comprend parfaitement le sens de cette phrase : *Hipparenum, Chaldæorum doctrina clarum, et hoc, sicut Babylon, juxta flumen Narragam.*

(3) Aujourd'hui *Manameh*, à l'angle occidental de la base du delta du Shat-el-Arab.

BABYLONIE.

Les Attales, brigands, tribu d'Arabes (1), infestent les environs de Charax. Plus loin sont les Scénites. Les Arabes nomades occupent ensuite les bords de l'Euphrate jusqu'aux déserts de Syrie, d'où ce fleuve s'infléchit vers le midi en quittant les solitudes de Palmyre. La distance entre Séleucie et l'entrée de la Mésopotamie est de onze cent vingt-cinq milles de navigation sur l'Euphrate, et la distance entre la Séleucie et la mer Rouge (golfe Persique) est de trois cent vingt milles de navigation sur le Tigre. De Séleucie au Zeugma il y a cinq cent vingt-sept milles, et du Zeugma à la mer il y a cent soixante-quinze milles. Au confluent du Tigre et de l'Euphrate, du côté du Tigre, est située la ville de *Digba* (2).

VOYAGE D'AMMIEN-MARCELLIN DANS LES PAYS DE L'EUPHRATE ET DU TIGRE.

Ammien-Marcellin accompagna, comme on sait, l'empereur Julien pendant son expédition contre les Perses, en 363 de l'ère chrétienne. Il passe l'Euphrate (au commencement du mois de mars 363 de J.-C.) près d'Hiérapolis, sur un pont de bateaux. Il vint à *Batnes* (3), ville municipale de l'Osroène, où il fut témoin d'un prodige de mauvais augure. Il se rendit ensuite à grands pas à Carres (*renit cursu propero Carras*) (4), ville ancienne, célèbre par la mort des deux Crassus et la défaite des légions romaines : « Là on trouve, continue Marcellin, deux grands chemins qui conduisent en Perse : l'un à gauche, par l'Adiabène et le Tigre (5), l'autre à droite, par l'Assyrie et l'Euphrate. Julien s'arrêta quelques jours à Carres, pour faire les préparatifs nécessaires. » — De là il prit à droite, et arriva en une petite journée au port *Davane* (*Davanam, castra præsidiaria*) où la rivière Bélias prend sa source pour se jeter dans l'Euphrate (1).

Julien passa la nuit dans cet endroit, et vint le lendemain à *Callinice*, place forte et bien située pour le commerce (*Callinicum munimentum robustum et commercandi opimitate gratissimum*) (2). Il y vaqua aux mystères de Cybèle, qu'on célébrait à Rome le 27 mars. Le lendemain (28 mars) il côtoya avec son armée les bords du fleuve (Euphrate), qui commençait à s'enfler des eaux qui s'y rendent de tous côtés (*aquis adolescentibus undique convenis*). Là il reçut les hommages de quelques roitelets sarrasins (*Saracenarum reguli gentium*), qui lui amenèrent des troupes auxiliaires.

Au commencement d'avril, Julien entra dans *Cercusium*, place très-forte et artistement ornée (*munimentum, tutissimum et fabre politum*); l'Abora et l'Euphrate, qui l'entourent, en forment une place insulaire (3) (*velut spatium insulare fingentes*). Dioclétien, fortifiant les frontières de l'empire contre les Perses, qui venaient souvent ravager la Syrie, environna Cercusium de murs et de tours élevées. C'était auparavant une ville petite et peu sûre.

Julien, pendant qu'il était à Cercusium pour donner à son armée et au bagage le temps de passer le pont de bateaux jeté sur l'Abora, reçut de fâcheuses nouvelles de Salluste, préfet des Gaules, qui conseillait à l'empereur de renoncer à son expédition. A peine eut-on passé le pont que l'empereur le fit détruire pour ôter à ses soldats tout espoir de retraite.

« De là, continue Ammien, nous vînmes à *Zaïtha* (4), mot qui signifie oli-

---

(1) *Attali latrones, Arabum gens.*
(2) Cette ville s'appelle aujourd'hui *Kornah*.
(3) Aujourd'hui *Bir* ou *Bireh-djik*, environ dix lieues à l'ouest d'Orfah (Edesse).
(4) Aujourd'hui *Harran*, située environ huit lieues au sud d'Orfah, sur une branche de la rivière Bélik, affluent de l'Euphrate. — Cf. sur la défaite de Crassus, *Florus*, III, 12; Plutarque, *Vie de Crassus* ; Eutrop., VI, 18.
(5) D'après ce passage, il faut croire que l'Adiabène était située en deçà du Tigre, tandis que sur toutes les anciennes cartes on voit cette contrée au delà de ce fleuve.

(1) *Belias fluvius*, aujourd'hui *Bélik*.
(2) Appelée *Callinice*, plus tard, *Leontopolis* et *Nicephorium*, elle se nomme aujourd'hui *Rakkah*. Peut-être l'ancienne ville était-elle située un peu plus au nord.
(3) Dans cet espace insulaire on voit aujourd'hui un misérable village, *Abou-Serai*. L'*Abora flumen* d'Ammien est le *Chaboras*, aujourd'hui *Khabour*.
(4) *Zaïtha*, aujourd'hui probablement *Werdi*, sur la rive gauche de l'Euphrate.

vier; nous y vîmes le tombeau de l'empereur Gordien (1). Julien sacrifia ici, avec sa piété naturelle, aux mânes de cet empereur; marchant ensuite sur *Dura* (2), ville déserte (*desertum oppidum*), il s'arrêta à la vue d'une troupe de soldats qui lui présentèrent un lion très-gros (*immanissimi corporis leo*), qui était venu fondre sur l'armée et qu'on avait percé de flèches. — Ce présage annonçait la mort d'un roi; mais il était incertain de quel roi il s'agissait. — Le jour suivant (7 avril), vers le coucher du soleil, l'air fut tout à coup obscurci par un petit nuage (*ex parva nubecula subito aere crassato usus adimitur lucis*), qui creva au milieu du fracas du tonnerre et de nombreux éclairs. Un soldat tomba frappé de la foudre avec deux chevaux qu'il ramenait de l'abreuvoir. »

Pour rassurer les troupes, alarmées par ces augures, Julien prononça un discours célèbre. L'historien ajoute que les Gaulois servant dans l'armée romaine se distinguaient surtout par leur humeur enjouée et bruyante.

C'est ici qu'Ammien intercale dans son récit la description du royaume des Perses, dont nous reproduirons plus bas les principaux détails (3). En attendant, poursuivons son itinéraire.

Après s'être assuré des bonnes dispositions de ses troupes, Julien entra, dès la pointe du jour, sur *le territoire assyrien* (*candente jam luce Assyrios fines ingressus*) (4). Il s'avança avec précaution, par bataillons carrés (*agminibus quadratis*, ayant l'aile droite, sous les ordres de Névita, appuyée sur l'Euphrate. Après deux jours de marche, il arrive dans une ville déserte (*civitatem desertam*), située sur les bords du fleuve (5). Dans cet endroit on rencontra des troupeaux de cerfs (*greges cervorum*); on en tua, les uns à coups de flèches ou de lance, et les autres, à coups de rames; le reste se sauva rapidement dans les solitudes connues (*incohibili cursu evasit ad solitudines notas*). Quelques marches plus loin, l'empereur prit le fort *Anatha* (1), situé du côté opposé de l'Euphrate, grâce à l'intervention du prince Hormisdas, qui servait dans l'armée romaine. Les assiégés, pour montrer qu'ils souscrivaient à la paix, parurent en suppliants, précédés d'un bœuf couronné (2). Ce premier succès enhardit les troupes.

Le lendemain des tourbillons de vents violents (*ventorum turbo*, *plures vertigines concitans*) renversèrent des édifices, des tentes et même des soldats. On n'avait jamais vu de pareil ouragan. En même temps le fleuve déborda, rompit plusieurs écluses et engloutit les bateaux chargés de grains.

Malgré la prise si facile d'Anatha, Julien n'en continua pas moins à se défier au milieu de ces régions inconnues, des ruses de leurs habitants. Il arriva ainsi à *Thilutha*, forteresse située au milieu du fleuve (*castra in medio fluminis sita*), place fortifiée par la nature (3). Sommés de se rendre, les habitants répondirent qu'il n'en était pas encore temps, mais qu'ils remettraient la ville aussitôt que les Romains se seraient rendus maîtres de l'intérieur du pays (*cum interiora occupaverint protinus gradientes Romani*).

Julien reçut la même réponse et fut de même renvoyé d'une autre place, nommée Achaïachala (*munimentum Achaiachala*); elle était également entourée par l'Euphrate et d'un accès très-difficile (4). Le lendemain il passa devant une

(1) Gordien le Jeune, vainqueur des Perses à *Resaina* (auj. *Ras-el-Aïn*, à dix lieues au sud-est d'Orfah), fut assassiné par la faction du préfet prétorien Philippe.

(2) *Dura*, auj. *Djavariyah* ou *Raoua*.

(3) Am. Marcell., XXIII, 2.6.

(4) Ce passage prouve, comme tant d'autres, que l'Assyrie n'était pas seulement située au delà du Tigre.

(5) Cette ville ne peut être la même que celle qu'on vient de mentionner. Le nom de *Dura* était-il appliqué généralement aux villes désertes?

(1) Aujourd'hui *Anah*.

(2) Amm. Marc., XXIV, 1, 6 : *Denique præ se bovem coronatum agentes, quod est apud eos susceptæ pacis indicium, descendere suppliciter*.

(3) Amm. Marcell., XXIV, 2 : *Locum immenso quodam vertice tumescentem, et potestate naturæ velut manu circumsæptum humana*. *Thilutha*, aujourd'hui peut-être *Sheibigah*.

(4) Ibid.: *Fluminis circumitione vallatum, arduumque transcensu*. *Achaiachala*, aujourd'hui peut-être *Bozar*.

BABYLONIE.

forteresse (*castra*), abandonnée à cause de la faiblesse de ses murs; il la brûla.

A deux cents stades de là (environ 33 kilomètres) on rencontra Baraxmalcha (*locus Baraxmalcha*) (1). Après y avoir traversé une rivière (*amne transito*) on arriva, après sept milles de chemin, à la ville de Diacire (*Diacira civitas*): elle était vide d'habitants, mais remplie de blé et de sels brillants (*frumento et salibus nitidis plena*) (2). Il y avait au haut de la citadelle un temple fort élevé (*templum alti culminis arci superpositum*). On mit le feu à la ville, et on égorgea quelques femmes qui s'y trouvaient.

Après avoir traversé une source de bitume (*trajecto fonte scatenti bitumine*), on vint occuper la ville d'Ozogardane (*Ozogardana oppidum*) (3), que les habitants avaient abandonnée à l'approche de l'armée romaine. On y montra le tribunal de Trajan. Cette ville fut également brûlée. Après deux jours de marche, l'armée romaine fut assaillie par une troupe de Perses, étincelants par leurs casques et horribles par leurs armures épaisses (*corusci galeis et horrentes indutibus rigidis*).

Ayant repoussé cette attaque, les Romains s'avancèrent jusqu'au bourg Macépracta (*ad vicum Macepracta*) (4). On y voyait les vestiges des murs qui, s'étendant jadis au loin, devaient protéger l'Assyrie contre les incursions de l'étranger (5). Là une partie du fleuve se partage en larges canaux (*pars fluminis scinditur largis aquarum agminibus*), qui conduisent les eaux jusque dans l'intérieur de la Babylonie, pour l'usage des champs et des villes environnantes (*usui agris futura et civitatibus circumjectis*). L'autre partie, sous le nom de Naharmalcha (1), c'est-à-dire *fleuve des rois* (*fluvius regum*), baigne Ctésiphon. Il y a à son commencement (*in exordio*) une tour élevée en guise de phare (*turris in modum phari excelsior*). Ce fut là que l'infanterie effectua son passage sur des ponts solidement construits. La cavalerie avec les bêtes de somme passa à la nage les endroits les moins dangereux du fleuve.

On vint ainsi, toujours harcelé par l'ennemi, à la ville de Pirisabore (*civitatem Pirisaboram*); elle est grande, populeuse et environnée d'eau comme une île (*ambitu insulari circumvallatam*) (2). Elle était fortifiée par une double enceinte, garnie de tours aux angles (*turres angulares*); et au milieu se trouvait une citadelle assise sur la cime aplatie d'un mont escarpé; bombée au milieu, elle présentait l'aspect d'un bouclier argolique, excepté du côté du septentrion, où ce qui manquait à sa rondeur était compensé par les rochers qui se trouvaient dans l'Euphrate et qui la défendaient fort bien; on y voyait les saillies des créneaux construits de bitume et de briques cuites (3).

Julien fit le siége de cette ville. Les habitants, pour amortir la violence des traits, étendirent sur les remparts des draps flottants, tissus de poils; ils se défendirent eux-mêmes vaillamment avec des boucliers faits en osier très-solide et couverts de peaux d'ours. On les aurait pris pour des figures de fer (*ferrea nimirum facie omni*): des lames artistement ajustées aux membres leur garan-

---

(1) *Baraxmalcha*, aujourd'hui probablement *Sananiyah*.

(2) *Diacira*, aujourd'hui peut-être *El-Uzz*.

(3) Aujourd'hui *Bagdadyah*?

(4) Aujourd'hui *Sawirah* ou *Hith*?

(5) Amm. Marc., XXIV, 2 : ... *In quo semiruta murorum vestigia videbantur, qui priscis temporibus in spatia longa protenti, tueri ab externis incursibus Assyriam dicebantur.* — Ainsi, l'Assyrie ancienne était située entre l'Euphrate et le Tigre. Le mur dont il est ici question paraît être celui que Xénophon appelle *mur de la Médie*.

(1) Mot araméen, de *nahar*, fleuve, et *melekh*, roi. Cf. Pline, VI, 26. Le Naharmalcha était un canal qui sortait de l'Euphrate et joignait le Tigre près de Séleucie. Ctésiphon était située sur la rive gauche, et Séleucie sur la rive droite, presque en face l'une de l'autre.

(2) *Pirisabora*, aujourd'hui *Feludjah* ou *Jemail*?

(3) Amm. Marc., XXIV, 2, 12 : *Occupant arcem, asperi montis interrupta planitie superpositam, cujus mediatas in sublime consurgens, tereti ambitu Argolici scuti speciem ostendebat, nisi quod a septentrione id quod rotunditati deerat in Euphratis fluenta projectæ cautes eminentius tuebantur : in qua excellebant minæ murorum, bitumine et coctilibus laterculis fabricatæ.*

tissaient tout le corps (1). Retirés dans la citadelle, ils lançaient des roseaux ferrés (*arundines ferratas*) avec de grands arcs qui ne se pliaient que lentement. On lâchait la corde à grands coups de doigts (*nervi digitorum acti pulsibus*). Julien déploya beaucoup de courage pendant ce siége, et paya de sa personne. Il fit construire une machine appelée Hélépole; c'est la vue de cette machine qui détermina les assiégés à se rendre. La place fut brûlée comme les autres.

Après une marche de quatorze milles, on arriva dans un endroit dont les champs étaient fécondés par des eaux abondantes. Les Perses, d'avance instruits de notre route, lâchèrent les écluses. Le sol fut donc converti en une vaste mare (*humo late stagnante*). Pour traverser le pays, on construisit de petits ponts avec des outres, avec des bateaux de cuir et des poutres de palmier.

Dans ces régions les champs sont la plupart plantés de vignobles, et de diverses espèces d'arbres fruitiers (*consiti vineis varioque pomorum genere*) (2). Les palmiers y forment des forêts naturelles qui s'étendent jusqu'au territoire de Mésène et à la grande mer (3). On y voit partout des *régimes* et des *spathes* (*termites et spadica*), dont le fruit donne en abondance du miel (sirop) et du vin. On dit que les palmiers se marient (*maritari*), et qu'on peut facilement distinguer les sexes. On ajoute qu'on féconde les palmiers femelles en les saupoudrant de la semence des mâles, et qu'elles éprouvent du plaisir dans cet amour. Que la preuve en est qu'étant inclinés les uns vers les autres, des vents violents ne pourraient parvenir à les séparer; que si par hasard la femelle ne reçoit pas l'influence du mâle, elle ne produit que des fruits avortés; et si l'on ignore de quel mâle la femelle est éprise, on oint son tronc avec la semence d'un mâle; excitée par cette odeur agréable, elle indique le désir de s'accoupler (1).

Les soldats passant à côté de plusieurs îles y rencontrèrent des vivres en abondance. Harcelé par les Persans, Julien arriva dans un endroit où une grande partie de l'Euphrate se divise en beaucoup de branches (*in rivos dividitur multifidos*). Là il mit le feu à une ville que les Juifs qui l'habitaient avaient abandonnée parce que les murailles étaient trop basses.

En continuant sa route, Julien arriva devant *Maogamalcha*, ville grande et entourée de murs solides (*urbem magnam et validis circumdatam mœnibus*) (2). Cette ville était bien fortifiée, et avait une citadelle au haut d'un roc, égalée par des tours formidables (3). Julien en fit le siége. Les habitants des environs s'enfuirent à Ctésiphon, dans des troncs d'arbre creusés, ou sur des petites barques. On se battit vaillamment à coups de flèches, avec de gros cailloux, avec des torches enflammées et des maillets; les Romains firent jouer les balistes, les scorpions, et les béliers. La place fut prise après des prodiges de valeur, et la garnison passée au fil de l'épée. Quelques habitants s'étaient réfugiés dans des cavernes, si nombreuses dans ce pays. On ferma l'entrée de ces cavernes avec de la paille et des sarments auxquels on mit le feu : les malheureux y périrent asphyxiés.

L'armée continuant sa marche victorieuse, on arriva à des bosquets et à des champs couverts de riches productions (*ad lucos venimus agrosque pube nariorum seminum lætos*). On y trouva un palais bâti dans le goût romain (*regia Romano more ædificata*) : on le laissa subsister. Il y avait dans ce même en-

---

(1) *Ibid*. Laminæ singulis membrorum lineamentis cohærenter aptatæ, fido operimento totam hominis speciem contegebant.

(2) Il est à remarquer qu'avant l'expédition d'Alexandre la vigne n'avait pas encore été introduite en Babylonie.

(3) Mésène était une bande de terre, isolée par un canal sortant du Tigre près d'Amide.

(1) Amm. Marc., XXIV, 3. De cette histoire il n'y a de vrai que la première partie : les palmiers, il est vrai, sont *dioiques*, c'est-à-dire qu'ils ont les deux sexes séparés, sur des pieds différents, et on féconde les femelles artificiellement par la poussière du mâle; mais quant à cette espèce d'accouplement qui rappelle le coït des animaux, il y a certainement de l'exagération.

(2) *Maogamalcha*, aujourd'hui *Musséir*.

(3) Amm. Marcell., XXIV, 4 ... turres celebritate et altitudine formidandæ, montem saxeum arcis naturaliter editum æquabant.

droit une grande enceinte, arrondie, destinée aux délassements royaux. On y voyait enfermées des bêtes sauvages, des lions à crinière, des sangliers à fortes défenses, des ours, tels qu'ils sont en Perse (*ursos, ut sunt persici*), féroces au delà de toute imagination et d'autres animaux énormes. Les cavaliers brisèrent les portes de l'enclos, et tuèrent ces bêtes à coups d'épée et de dards.

— Le terrain est fécond et bien cultivé. La ville de *Coche*, nommée aussi *Séleucie*, n'en est pas fort éloignée. Julien traversa cette ville abandonnée, que détruisit Verus; une source permanente y forme un vaste étang, qui se décharge dans le Tigre (*in qua perpetuus fons stagnum ingens ejectat, in Tigridem defluens*). Julien y vit un grand nombre de corps attachés à des gibets (*corpora vidit suffixa patibulis*) (1); c'étaient les parents de celui qui avait livré Pirisabore (2).

De là on vint au bord méridional du Naharmalcha (*flumen fossile*); Trajan et, après lui, Sévère l'avaient fait creuser pour en faire un vaste canal, recevant les eaux de l'Euphrate, pour porter les navires jusqu'au Tigre. Ce canal était alors à sec, et comblé en partie avec de grosses pierres; Julien le fit déblayer. Aussitôt l'eau y rentra, et l'armée put s'embarquer pour gagner l'autre rive du Tigre, à la hauteur de Ctésiphon. Débarquée sur l'autre rive, l'armée se reposa dans une campagne abondante, qu'embellissaient des arbrisseaux, des vignes et des cyprès verdoyants. Il y avait au milieu un palais de plaisance, bien ombragé; on y voyait dans toutes les parties de l'édifice d'agréables peintures, représentant le roi tuant à la chasse des bêtes sauvages; car on ne peint ou ne sculpte chez les Perses que des massacres et des scènes de guerre.

Julien livra près de Ctésiphon une bataille sanglante, où il défit les Perses. A la description que Marcellin fait de l'ennemi on reconnaît la fidélité des sculptures et peintures de Khorsabad (3). On y voit aussi figurer des éléphants.

Le vainqueur poursuivit l'ennemi jusque sous les murs de Ctésiphon.

L'empereur renonça cependant à faire le siège de Ctésiphon, tant parce que sa situation la rendait imprenable que parce que Sapor approchait avec une nombreuse armée. Après avoir brûlé ses navires, il s'éloigne du Tigre, pour s'avancer dans l'intérieur du pays. Les ennemis brûlèrent leurs moissons pour faire périr les Romains par la disette. Julien, réduit à l'extrémité, songea à la retraite. Fallait-il revenir par l'Assyrie (*per Assyriam reverti*), en côtoyant les montagnes, ou fallait-il s'avancer dans la *Corduène* (1) et y dévaster *Chilocome* (*Chilocomum*)? Les haruspices ne conseillèrent ni l'un ni l'autre parti.

Enfin le 16 juin on se mit en marche pour la Corduène. On aperçut ce jour-là un tourbillon de poussière, qui fit croire à la présence de troupeaux d'ânes sauvages (*asini agrestes*), très-fréquents dans ces contrées, et qui se réunissent ainsi pour résister aux attaques des lions (2). L'armée se reposa pendant deux jours à la villa Humbra (*Humbra villa*), où elle trouva des vivres en abondance.

Après soixante-dix stades de marche, on arriva à *Maranga*. Écoutons ici le témoin oculaire : « Dès la pointe du jour apparut une immense multitude de Perses avec Mérène, chef de la cavalerie, deux fils du roi et un grand nombre de nobles. Ces troupes étaient pour ainsi dire bardées de fer (*catervæ ferratæ*); leurs membres étaient tout couverts de lames, parfaitement adaptées aux jointures. Leurs têtes étaient si bien enveloppées de coiffures imitant des faces hu-

Persæ objecerunt instructas cataphractorum equitum turmas sic confertas, ut laminis coaptati corporum flexus splendore præstringerent occursantes obtutus, operimentis scorteis equorum multitudine omni defensa; quorum in subsidiis manipuli locati sunt peditum, contecti scutis oblongis et curvis, quæ texta vimine et corii crudis gestantes, densius se commovebant. Post hos elephanti gradientium collium specie, motuque immanium corporum propinquantium exitium intentabant, documentis præteritis formidati.

(1) *Corduène* est probablement synonyme de *Sitacène*.

(2) Ibid., XXIV, 8

(1) On voit des représentations de ce genre sur les bas-reliefs de Khorsabad.
(2) Amm. Marc., XXIV, 5.
(3) Amm. Marcell., XXIV, 6 : Contra hæc

maines, que, semblables à des corps durs squamiformes (*imbracteatis corporibus solidis*), elles ne pouvaient être entamées par les flèches que dans les petites ouvertures faites pour les yeux et les narines. Ceux qui devaient combattre avec des piques (*contis*) se tenaient immobiles, comme attachés avec des chaînes d'airain; près d'eux étaient les archers (*sagittarii*), qui, écartant leurs bras, tendent leurs arcs flexibles, de manière que la corde frise le mamelon droit, tandis qu'ils tiennent de la main gauche la pointe du trait; puis, avec une extrême adresse, ils décochent les roseaux, qui volent en sifflant et causent des plaies dangereuses. Derrière les archers on voyait des éléphants splendidement équipés, dont les trompes terribles inspiraient l'épouvante et effrayaient surtout les chevaux par leurs cris, leur odeur et leur aspect étrange. Leurs cornacs (*magistri insidentes*) portaient à la main droite des couteaux à manche, depuis la défaite qu'ils avaient essuyée devant Nisibe; si l'animal, devenu furieux, cessait d'obéir à son cornac, pour empêcher qu'en se tournant il n'écrasât l'armée qu'il devait servir, on l'abattait en lui enfonçant avec violence ce couteau au niveau de la vertèbre qui joint le col à la tête. L'expérience avait montré à Hasdrubal, frère d'Annibal, que c'est ainsi qu'on ôte promptement la vie à ces animaux (1). »

Mais les Perses, habitués à combattre de loin, ne résistèrent pas au choc des Romains. Ils fuyaient comme la pluie que chasse le vent, en décochant par derrière des flèches pour empêcher la poursuite (*pone versus directis sagittis hostes a persequendi fiducia deterrere*).

Après cette bataille, l'armée romaine se reposa pendant trois jours. Dans cet intervalle Julien fut effrayé par des prodiges, par des météores ignés ou étoiles filantes. Le quatrième jour il leva son camp. Il continua sa marche avec les précautions ordinaires, lorsqu'on lui annonça que l'arrière-garde venait d'être attaquée. Sans cuirasse, il saisit un bouclier, et court au point menacé. Au même moment le centre est assailli par une troupe de Parthes armés de toutes pièces (*cataphractorum parthicus globus*). Au milieu de cette mêlée, Julien reçoit un coup de javelot qui pénètre à travers les côtes profondément dans le foie (*costis perfossis hæsit in ima jecoris fibra*). Il se coupe les tendons des doigts par les efforts qu'il fait pour se l'arracher. On le transporte au camp, où l'on panse la blessure. Sentant la douleur diminuer, l'intrépide empereur remonte à cheval; mais ses forces trahissent son courage : la plaie se rouvre, il perd du sang en abondance. On le ramène au camp, où il expira en prononçant ces magnifiques paroles, recueillies d'un témoin auriculaire (Ammien Marcellin) : « Je suis sans remords; je ne me reproche aucun méfait commis, soit pendant mon exil, soit depuis que j'ai pris les rênes de l'empire : je l'ai reçu des immortels comme un dépôt, je me flatte de l'avoir conservé pur, en gouvernant avec modération et en ne faisant ou ne soutenant jamais la guerre qu'après un mûr examen. Si l'avantage ou l'utilité que j'en espérais n'a pas toujours répondu à mon attente, c'est parce que les dieux disposent des événements. Convaincu qu'un gouvernement juste n'a d'autre but que l'intérêt et le bonheur du peuple, j'ai toujours eu, vous le savez, plus de penchant pour la paix, et j'ai banni de ma conduite la licence, destructive des mœurs et des choses. Partout où la république, que j'ai constamment regardée comme une mère souveraine (*imperiosa parens*), m'a exposé au danger, je m'y suis porté avec joie, et me suis accoutumé à mépriser les disgrâces du sort..... On a raison de regarder comme lâche tout homme qui désire la mort lorsqu'il ne le faut pas, et qui la craint lorsqu'il est temps de la recevoir. Mes forces ne me permettent pas de vous en dire davantage. C'est à dessein que je ne vous nomme point mon successeur. Je pourrais ne pas indiquer le plus digne, ou, en nommant celui que je croirais le plus capable, l'exposer au plus grand danger par cette préférence. Tel qu'un tendre fils, je souhaite que la république trouve après ma mort un chef (*rectorem*) qui soit digne d'elle (1). »

(1) Amm. Marcell., XXV, 1. — Cf. Tite-Live, XXVII, 49.

(1) Amm. Marcell., XXV, 3.

Y a-t-il beaucoup de princes qui puissent en dire autant? — Quand Julien mourut, il n'avait que trente-deux ans, l'âge d'Alexandre à Babylone. L'endroit où mourut Julien devait être tout près de Bagdad.

Jovien, qui fut proclamé empereur à la suite de quelques intrigues, conclut avec Sapor un traité honteux (1). Par ce traité, les Romains devaient abandonner toutes leurs conquêtes dans la Mésopotamie, y compris même la ville de Nisibe, dont les habitants se transportèrent à Amide.

La retraite de l'armée romaine offre peu d'incidents remarquables. Quelques indications topographiques, dont il faudrait contrôler l'exactitude sur les lieux mêmes, pourraient faire facilement retrouver la route des Romains. Après l'élection de Jovien, l'armée atteignit, toujours harcelée par l'ennemi, vers le soir le fort *Sumère*, où elle fut jointe par les Palatins qui s'étaient réfugiés dans le château de Vaccat. Le lendemain les Romains vinrent établir leur camp dans une vallée qui était comme environnée d'une enceinte, et qui n'avait qu'une issue un peu large (2). On planta tout autour des pieux pointus.

La nuit suivante l'armée vint occuper *Charcha*. Il y avait eu des levées de terre (*aggeres*) faites sur les rivages pour empêcher les Sarrasins d'insulter l'Assyrie. Après trente stades de marche, l'armée arriva à Dura, ville où elle demeura quatre jours. Pendant ce séjour, un fort détachement composé de soldats nageurs passa le Tigre pendant la nuit, et mit en fuite les ennemis postés sur le rivage. Ce hardi coup de main fut exécuté principalement au moment de la crue des eaux; car on était dans la canicule. Bientôt toute l'armée passa le Tigre : les uns le rompirent obliquement à la nage, les autres passèrent le fleuve assis sur des outres (*supersidentes utribus*); enfin, d'autres essayaient de retenir les bêtes de somme, nageant çà et là, avec des claies d'osier. Enfin, on atteignit la rive droite du Tigre, à l'exception des malheureux qui périrent dans le trajet (1).

Après une marche rapide, on arriva à *Hatra*, ville ancienne, située au milieu d'un désert et abandonnée depuis longtemps (*vetus oppidum in media solitudine positum, olimque desertum*) (2). Trajan et Sévère, ayant entrepris de la détruire, y faillirent périr avec leurs armées. « Nous apprîmes, dit l'historien, que dans cette plaine aride, de soixante-dix lieues d'étendue, on ne trouvait que de l'eau salée et fétide, et pour toute nourriture que de l'aurone (*abrotanum*), de l'absinthe (*absinthium*), de la serpentaire (*dracontium*) et d'autres herbes aussi peu ragoûtantes (*aliaque herborum genera tristissima*).... Au bout d'une marche de six jours, nous ne trouvâmes pas même d'herbes (*nec gramina quidem*). Heureusement le tribun Mauritius et Cassien, duc de la Mésopotamie (*dux Mesopotamiae*), nous joignirent au château d'*Ur* (*ad Ur nomine Persicum venere castellum*) (3), et nous sauvèrent de la famine en apportant des provisions. Mais ces provisions furent bientôt épuisées, et nous aurions été réduits à manger de la chair humaine, si celle des bêtes que l'on tua n'avait pas duré quelque temps (4). »

Cependant l'armée continua sa marche; elle arriva, après avoir beaucoup souffert de la faim, à *Thisalphata*, et de là à Nisibe, où finirent ses maux.

Procope inhuma le corps de Julien dans le faubourg de Tarse, d'après le

---

(1) Les Romains devaient rendre, entre autres, les cinq provinces situées au delà du Tigre, savoir : l'*Arzane*, la *Moxoène*, la *Zabdicène*, la *Rehimène*, la *Cordacène* (Amm., XXV, 7). On voit que l'Assyrie n'était point comprise au nombre de ces provinces situées au delà du Tigre. La paix fut conclue pour trente ans.

(2) Ibid., XXV, 6 : In valle castra ponuntur, velut murali ambitu circumclausa, praeter unum exitum eundemque patentem.

(1) D'après ce qui suit, l'armée romaine passa le Tigre vingt-cinq à trente lieues au-dessus de Bagdad, peut être à *Gaim* ou *Samarrah*, en face d'un lac salé situé au milieu d'une région aride.

(2) Je doute que *Hatra* soit l'*El-Hathr* (carte du colonel Chesney). *Hatra* devait être située un peu moins au nord, quelque part entre le Tigre et la rivière *Tharthar*, qui se jette dans le lac salé.

(3) *Ur*, l'*Orche* de Strabon et l'*Orchoé* de Ptolémée. C'est probablement l'*El-Hadhr* des modernes.

(4) Amm. Marcell., XXV, 8.

vœu même de cet empereur, Jovien mourut peu de temps après, à Dodastane (sur le Sangarius), ville qui sépare la Bithynie de la Galatie.

PRODUCTIONS NATURELLES DES CONTRÉES DE L'EUPHRATE ET DU TIGRE. VÉGÉTAUX ET ANIMAUX.

Rauwolff, au seizième siècle, et Pietro della Valle, au dix-septième, ont les premiers donné quelques notions sur la constitution physique de la Mésopotamie. Le dernier voyageur s'exprime ainsi sur le climat de cette contrée : « L'air y est parfaitement bon, mais très-échauffé; et vous pouvez bien en tirer une conséquence de ce qui est maintenant. Quoique nous soyons au mois de décembre, beaucoup de gens dorment dans les divans et les grandes salles toutes ouvertes, et quasi en plein air; la saison étant ici en ce même mois aussi douce et tempérée qu'elle l'est à Naples vers la fin de septembre; avec un avantage particulier pour ceux de ce pays-ci, qu'on y mange encore des melons très-excellents. Les melons viennent de Mossoul, où fut autrefois Ninive, et on les fait descendre par eau sur le Tigre, ainsi que d'autres marchandises, non sur des barques ordinaires, mais sur des arbres, ou plutôt sur des chevrons joints ensemble; car le fond n'en est pas de bois : il consiste en une quantité de peaux de bouc remplies d'air, qui sont artistement unies, en forme carrée d'une manière fort industrieuse. Ils en usent ainsi, parce qu'en plusieurs endroits où les eaux sont basses ces outres s'élèvent plus aisément au-dessus, et ne se brisent pas avec tant de facilité que le bois quand les occasions se rencontrent de heurter contre des pierres ou d'autres matières dures, ce qui arrive assez souvent (1). »

Mais c'est particulièrement à Olivier et à Ainsworth que nous devons une appréciation exacte de la constitution physique et des productions naturelles de la Mésopotamie. Olivier divise cette région en quatre zones (2).

« La Mésopotamie, dit-il, qui se dirige entre les deux fleuves du nord-ouest au sud-est, dans une longueur de deux cents lieues et une largeur très-irrégulière, mais beaucoup moindre, me paraît devoir être divisée en quatre zones, biens distinctes quant à l'élévation du sol, la nature des terres, les productions végétales et la température de l'air.

« La première zone, ou la plus septentrionale, s'étend des sources de l'Euphrate et du Tigre, situées vers le 39e degré de latitude jusqu'au 37e degré et 20 min. ou environ, où se trouvent les villes de Sémisat sur l'Euphrate; Se, verek, au pied du mont Taurus; Merdin sur le mont Marius, et Gérineh, sur le Tigre. Cette zone faisait partie autrefois de la grande Arménie, et se nommait *Sophena*. La seule ville un peu considérable que l'on y voie aujourd'hui, indépendamment de celles que nous venons de nommer, c'est Diar-Békir, qui est la résidence d'un pacha de premier rang.

« Cette partie de la Mésopotamie est élevée, montagneuse, assez fertile; elle abonde en sources. L'hiver y est froid : il y neige et il y pleut souvent, depuis vendémiaire jusqu'à la fin de floréal. Le sommet des plus hautes montagnes seulement y est couvert de neige toute l'année. L'été y est sec, assez doux sur les hauteurs, assez chaud dans les plaines et les vallées.

« Elle produit des pâturages excellents, des grains et des fruits en quantité. On y cultive la vigne et le mûrier. On en exporte de la soie, beaucoup de noix de galle, de la gomme adragante, du poil de chèvre, de la laine, du miel, de la cire et un peu de coton. On voit sur la plupart des montagnes des forêts de chênes, de pins, de sapins, d'érables, de frênes, de châtaigniers, de térébinthes. On fait de l'huile à manger avec les graines de sésame, et de l'huile à brûler avec celles de ricin.

« Il y a plusieurs mines de cuivre, presque aussi riches que celles des environs d'Erzérum et de Trébisonde. Il y en a quelques-unes d'orpin ou orpiment. On dit aussi qu'il y a, près de Kéban et d'Argana, des mines d'argent, de plomb et même d'or, que l'on exploite et dont on envoie le produit à Constantinople;

---

(1) Pietro della Valle, IIe partie des *Voyages*, etc.; Paris, 1661, in-4°, p. 33-34.
(2) Olivier, *Voyages dans l'empire Othoman*, t. II, p. 419 et suiv.

on y trouve aussi beaucoup de volcans éteints.

« Les villes, bourgs et villages de cette première zone sont peuplés de Turcs, d'Arméniens et de Curdes, qui se livrent à l'agriculture et au commerce, font quelques maroquins, fabriquent quelques étoffes de laine ou de coton, exploitent les mines et travaillent à divers ustensiles de cuivre. Mais les Curdes sont plus ordinairement pasteurs : leurs villages sont presque déserts une bonne partie de l'année, parce qu'ils descendent l'hiver, avec leurs femmes, leurs enfants et leurs troupeaux, dans les lieux les plus tempérés de la Mésopotamie et du Curdistan, où ils sont assurés de trouver de ces pâturages abondants. Ils vont l'été sur les montagnes de l'Arménie, de l'Aderbidjan et de la Perse, où la fonte des neiges et la fraîcheur du climat dans cette saison entretiennent de la verdure.

« Il n'y a pas de doute que les Curdes ne soient les descendants des Carduques, dont parle Xénophon dans la retraite des Dix-Mille : l'identité de noms et de lieu et la conformité de mœurs ne laissent aucun doute à ce sujet. Mais les Carduques étaient-ils aux Mèdes ce que les Turcomans sont aujourd'hui aux Turcs ou Othomans ? ou étaient-ils un peuple aussi distinct de leurs voisins que les Curdes le sont des Turcs? Je serais porté à croire que les Mèdes n'étaient que la portion conquérante des Carduques, plus civilisée, et devenue par là plus populeuse. Je laisse cependant ce doute à éclaircir à ceux qui sont plus familiarisés que moi avec l'histoire ancienne, et qui ont fait des recherches sur l'origine, les progrès et la chute des peuples anciens; je remarquerai seulement que les Curdes des environs de Bagddad, de Kermanchah et d'Amadan parlent la même langue, ont la même religion et les mêmes mœurs que ceux de Tauris, d'Erserum et de Diarbékir, et que cette langue, différente de la turque et de l'arabe, a de très-grands rapports avec la persane.

« La deuxième zone s'étend du 37° degré 20 min. ou environ, jusqu'au 35° degré. Elle renferme les villes de Birth, d'Orfa, de Ras-al-Aïn, de Nisibis, de Mossul, les montagnes de Senjaar, celles des environs de Ras-al-Aïn, et tout le cours des rivières Khabour et Alhaouli, jusqu'aux environs de Kirkérieh. C'était la Mésopotamie proprement dite des anciens, divisée en deux provinces, l'Osroène à l'occident, et la Mygdonie à l'orient. Cette partie de la Mésopotamie est beaucoup moins élevée que l'autre, et presque toute en plaine, si ce n'est aux environs d'Orfa et de Ras-al-Aïn, où l'on voit quelques petites montagnes irrégulières, et celles de Senjaar, qui sont presque isolées. La partie que nous avons traversée depuis Birth jusqu'à Mossul nous a offert partout des indices de volcans éteints, et, d'après les renseignements qui nous ont été donnés, nous soupçonnons aussi que le Senjaar fut un volcan dans les siècles les plus reculés.

« Cette zone est infiniment plus fertile, plus riche, plus abondante en productions que la première, mais beaucoup moins cultivée. La température est assez douce l'hiver ; il y gèle peu, et ce n'est même qu'à la partie la plus voisine de la première zone. Les chaleurs de l'été y sont très fortes, et se prolongent jusqu'au milieu de l'automne. Il y pleut beaucoup à la fin de l'hiver et au commencement du printemps, et peu en automne. L'été y est très-sec, et la terre y est desséchée de bonne heure.

« Si ce pays était un peu plus arrosé, soit par les pluies, soit au moyen des irrigations, il ne le céderait, pour l'abondance et la diversité de productions, à aucun pays de la terre. En effet, lorsque les pluies du printemps se prolongent un peu, les orges et les froments s'élèvent à une grande hauteur, et produisent trente et quarante fois autant que la semence confiée à la terre dans l'état actuel : les pâturages y sont excessivement abondants et les troupeaux fort nombreux. On y récolte des grains et des légumes de toute espèce, un peu de riz, beaucoup de sésame et une assez grande quantité de coton. La vigne, l'olivier et le mûrier y viennent très-bien, mais n'y sont pas assez multipliés. Les abeilles s'y plaisent singulièrement, et donnent un miel de très-bonne qualité. Les orangers, les citronniers et les cédrats y sont fort beaux. Les pêchers, les abricotiers, les amandiers, les figuiers, les grenadiers, les pruniers, les cerisiers, les poiriers y donnent des fruits excellents. Nous pourrions citer un grand nombre d'autres productions; mais comme elles sont moins importantes, nous ne nous y arrêterons pas.

« Cette partie de la Mésopotamie est toute en plaine, et n'est susceptible d'aucune culture, si ce n'est dans les vallées que le Tigre et l'Euphrate se sont creusées pour asseoir leur lit; et où ils ont ensuite déposé une couche épaisse de limon. On ne voit partout dans ce vaste désert que des terres grisâtres et blanchâtres, imprégnées de sélénite et même de sel marin. Le gypse s'y montre partout à un ou deux pieds de profondeur. Le bitume n'y est pas rare non plus : on le voit couler en divers endroits à la surface de la terre.

« En hiver il y gèle fort peu et il y pleut rarement : l'été y est très-sec et excessivement chaud. Dès le milieu du printemps tous les végétaux y seraient brûlés par l'ardeur du soleil si on ne voyait en abondance parmi eux un grand nombre de plantes grasses et d'arbustes, tels que les kalis, les salsolas, les pallasias, qui conservent au milieu même de l'été leur fraîcheur et leur verdure. On y voit aussi, en grande quantité, une absinthe très-odorante et un petit *mimosa*. Ici le palmier, cultivé sur les bords des fleuves, peut mûrir ses fruits.

« Dans l'expédition de Cyrus, l'armée, au rapport de Xénophon, y vit des ânes sauvages et des autruches; ce qui prouve que cette partie de la Mésopotamie était aussi peu fréquentée alors qu'elle l'est aujourd'hui. Les autruches y sont encore nombreuses; mais l'âne sauvage y est, dit-on, rare, ou ne s'y montre même plus; il s'est réfugié sur les montagnes et dans les lieux inhabités de la Perse, où on le rencontre quelquefois. Il est possible aussi qu'il se trouve dans l'intérieur de l'Arabie. La population de cette partie de la Mésopotamie se réduit à deux ou trois villages situés sur le Tigre, et à quelques hordes peu nombreuses d'Arabes qui parcourent en hiver ces plaines, et y trouvent pour leurs troupeaux un pâturage, sinon abondant, du moins très savoureux : ils s'approchent l'été des fleuves ou des lieux élevés de la seconde zone. La rive gauche de l'Euphrate depuis Kikérieh ne présente aucune habitation, et on ne voit plus sur la droite que Hit et Anath.

« La quatrième zone enfin, qui commence à sept ou huit lieues au nord-ouest de Bagdad, et à quelques lieues au-dessous de Hit, et se termine au confluent des deux fleuves, au 30° degré 50 min. de latitude, est une terre d'alluvion, parfaitement en plaine, de la plus grande fertilité lorsqu'on peut l'arroser. On doit joindre à cette zone les terres qui sont à droite et à gauche du fleuve des Arabes, depuis Korna jusqu'au golfe Persique. Elles sont toutes un produit des fleuves, et ne diffèrent que fort peu des terres basses de l'Égypte. C'est probablement entre cette quatrième zone et la troisième qu'a dû être placé le mur de Sémiramis, afin de séparer les terres cultivables de celles qui ne l'étaient pas, et les garantir par là des incursions des Arabes.

« Cette partie de la Mésopotamie, qui était plus spécialement désignée sous le nom de Babylonie, ressemble beaucoup au Delta, par la température de l'air, la nature des terres et la diversité des productions; il y fait seulement un peu plus froid en hiver, lorsque les vents soufflent pendant quelques jours du nord et du nord-est, et un peu plus chaud en été, à cause du plus grand éloignement de la Méditerranée, d'où lui vient le vent rafraîchissant. Les terres y sont aussi un peu moins fertiles, parce qu'elles ne reçoivent pas le limon des fleuves avec la même régularité que celles du Delta. Il faut nécessairement les arroser pour qu'elles produisent, et les garantir avec soin des inondations, qui sont ici dévastatrices, parce qu'elles sont trop subites et trop irrégulières. C'est à quoi sans doute s'étaient appliqués les peuples qui ont été autrefois les maîtres de ces contrées; car on voit partout quelques restes d'anciens canaux : on rencontre de même en beaucoup d'endroits, des amoncellements de terre, qui se prolongent à de grandes distances en ligne droite, et qui entourent des terrains parfaitement nivelés. On croit reconnaître que la plupart des terres étaient disposées en échiquier; chaque propriété, soit qu'elle fût carrée ou de forme triangulaire, avait ses bords élevés, autant pour la garantir des inondations, que pour avoir la facilité d'y introduire les eaux d'irrigation sans nuire aux cultures voisines.

« Le Tigre et l'Euphrate, comme on sait, n'ont pas leurs crues régulières et constantes, comme le Nil. Si les pluies qui tombent au printemps, sur les frontières de la Perse et de la Turquie, et sur les contrées les moins élevées du Curdistan, de l'Arménie et de la partie supérieure de la Mésopotamie, se mêlent tout à coup aux eaux qui proviennent de la fonte des neiges, alors les deux fleuves reçoivent un volume d'eau qu'ils ne peuvent contenir; alors les lieux les plus bas sont inondés, tandis que ces fleuves ne débordent pas si les eaux de pluie sont peu abondantes et la fonte des neiges lente et successive. Il en est de même en automne et en hiver : si les pluies sont tout à coup abondantes dans la première et la seconde zone de la Mésopotamie, dans le bas Curdistan et sur les frontières de la Perse, l'Euphrate et le Tigre se répandent sur les terres de la quatrième zone, et y causent des ravages plus ou moins considérables.

« Il ne pleut jamais dans cette partie de la Mésopotamie depuis floréal jusqu'en brumaire, et très-rarement pendant les autres mois de l'année, ce qui fait qu'on n'y peut cultiver que les terres arrosées par l'eau des fleuves; mais les habitants de ces contrées, plus prévoyants et plus industrieux sans doute que les Égyptiens, ont été bien moins exposés à des famines que ces derniers, parce que, ne comptant jamais sur les inondations pour ensemencer leurs champs, tâchant même de les en garantir, ils étaient parvenus à les arroser toutes les fois qu'ils en avaient besoin.

« Les Babyloniens étaient exposés aux mêmes fléaux que les Égyptiens. Les vents du sud, à la vérité, sont moins pernicieux en Arabie qu'en Égypte, parce qu'ils n'ont point à parcourir une étendue de terre aussi grande et aussi embrasée que celle de l'Afrique; mais ils sont néanmoins très-nuisibles à la plupart des végétaux, en ce qu'ils hâtent leur maturité, et qu'ils dessèchent considérablement la terre; ils agissent peut-être aussi sur eux à peu près de la même manière qu'ils agissent sur nous, en rendant l'air atmosphérique moins propre à la respiration; et à la suite de ces vents on voit arriver, de l'intérieur de l'Arabie et des contrées les plus méridionales de la Perse, des nuées de sauterelles, dont le ravage pour ces contrées est aussi fâcheux et presque aussi prompt que celui de la plus forte grêle en Europe : nous en avons été deux fois les témoins. Il est difficile d'exprimer l'effet que produisit sur nous la vue de toute l'atmosphère remplie de tous les côtés, et à une très-grande hauteur, d'une innombrable quantité de ces insectes, dont le vol était lent et uniforme, dont le bruit ressemblait à celui de la pluie. Le ciel en était obscurci et la lumière du soleil considérablement affaiblie. Dans un moment les terrasses des maisons, les rues et tous les champs furent couverts de ces insectes, et dans deux jours ils avaient presque entièrement dévoré toutes les feuilles des plantes. Mais heureusement ils vécurent peu, et ne semblèrent avoir émigré que pour se reproduire et mourir. En effet, presque tous ceux que nous vîmes le lendemain étaient accouplés, et les jours suivants tous les champs étaient couverts de leurs cadavres (1). A la suite de ces sauterelles on voit toujours arriver le *ramarmar*, ou

(1) *Acridium peregrinum, thorace linea elevata, segmentis tribus, corpore flavo, alis hyalinis, basi marginequc exteriori flavescentibus.* — Cet insecte est un criquet plutôt qu'une sauterelle. Tout son corps est d'un beau jaune, avec les élytres marquées de taches et de bandes obscures. Les ailes ont leurs nervures jaunes et obscures ; elles sont d'ailleurs transparentes, et ont une faible couleur jaune à leur base et au bord extérieur, qui se perd insensiblement vers le milieu de l'aile. Les pattes postérieures sont jaunes, comme le reste du corps, mais l'extrémité des épines est d'un beau noir. Le corselet a une ligne au milieu, moins élevée que dans le criquet émigrant, et trois lignes transversales enfoncées, indépendamment de celle, moins marquée, qui se trouve près du bord antérieur. Les mandibules sont d'un jaune gris. On voit une pointe conique, perpendiculaire, assez marquée, entre la base des premières pattes. Ce criquet a ordinairement depuis deux pouces et demi jusqu'à deux pouces et trois quarts de la tête au bout des ailes. Il est quelquefois d'un rouge clair et pâle, au lieu d'être jaune. Olivier l'a trouvé en Égypte, en Arabie, en Mésopotamie et en Perse.

ramarmog, connu des naturalistes sous le nom de *merle rose* (1). L'hiver il habite l'Indoustan, l'intérieur de l'Afrique et de l'Arabie, et vient l'été en Perse, en Arménie, en Mésopotamie et dans presque toute l'Asie Mineure ; il paraît rarement en Grèce et dans les îles de l'Archipel. C'est une des plus belles espèces de ce genre. La tête, le cou, les pennes des ailes et la queue sont d'un beau noir, avec des reflets verts et pourpres. La poitrine, le ventre, le dos et le croupion sont d'un beau rose. Le bec et les pieds sont jaunes. Le mâle seul est orné d'une huppe noire, qui se porte en arrière. Le ramarmar semble suivre les sauterelles dans leur émigration, non-seulement pour s'en nourrir, mais même pour les détruire ; car il en tue bien plus qu'il n'en mange. Il attaque de même presque tous les insectes. Cet oiseau est en vénération dans tout l'Orient, à cause du bien qu'il y fait. Personne ne se permettrait de le tuer ou de lui faire du mal en présence d'un musulman. On raconte à son égard une infinité d'histoires, aussi absurdes les unes que les autres.

« Le lion qui habite les parties de l'Arabie et de la Perse voisines du fleuve des Arabes, depuis le golfe Persique jusqu'aux environs de Hellé et de Bagdad, est probablement l'espèce de lion dont Aristote et Pline ont parlé, et qu'ils regardaient comme une espèce différente, sous plusieurs rapports, de celle qui est répandue dans l'intérieur de l'Afrique. Le lion d'Arabie n'a ni le courage, ni la taille, ni même la beauté de l'autre. Lorsqu'il veut saisir sa proie, il a plutôt recours à la ruse qu'à la force ; il se tapit parmi les roseaux qui bordent le Tigre et l'Euphrate, et s'élance sur tous les animaux faibles qui viennent s'y désaltérer ; mais il n'ose attaquer le sanglier, qui est ici fort commun, et fuit dès qu'il aperçoit un homme, une femme, un enfant. S'il attrape un mouton, il s'échappe avec sa proie ; mais il l'abandonne, pour se sauver, lorsqu'un Arabe court après lui. S'il est chassé par quelques cavaliers, ce qui lui arrive assez souvent, il ne se défend point, à moins qu'il ne soit blessé, et qu'il n'y ait pour lui aucun espoir de salut dans la fuite. Dans ce cas il est capable de s'élancer sur l'homme et de le mettre en pièces avec ses griffes ; car c'est encore plus le courage que la force qui lui manque. Achmed, pacha de Bagdad depuis 1724 jusqu'en 1747, en eût été déchiré, après avoir rompu sa lance dans une partie de chasse, si son esclave Soléiman, qui lui succéda au pachalik, ne fût venu promptement à son secours, et n'eût percé d'un coup de yatagan le lion déjà blessé par son maître.

« Il y a dans les jardins de Bagdad une espèce de mangouste, qui n'est pas plus grande qu'un écureuil, et qui ressemble beaucoup à l'ichneumon d'Égypte, si ce n'est qu'elle est cinq à six fois plus petite, plus déliée, plus jolie ; qu'elle a le pelage plus fin, et qu'elle s'apprivoise plus aisément. On la nomme dans le pays *rat palmiste*, non qu'elle vive sur les dattiers ni se nourrisse de son fruit, mais probablement parce qu'elle se tient dans les jardins, tous plantés de dattiers. Nous en avons gardé trois pendant quatre ou cinq mois, et nous les avons nourries, comme celles d'Égypte, de viande, de poissons et d'œufs. Cette mangouste se familiarise en quelque sorte comme le chat ; mais elle est plus colère que lui et se fâche plus aisément. Elle se tient sur la main, sur les genoux, se laisse prendre ; mais au moindre geste qui lui déplaît, à la moindre pression qu'on lui fait en la prenant, elle donne un coup de dent suivi d'un glapissement, qui est son cri ordinaire de colère. Elle grogne en mangeant comme l'ichneumon, et comme lui elle est très-sensible au froid. Elle se cachait l'hiver dans nos lits ou sous les matelas de nos divans. Nous la regardons comme une espèce différente de celle de l'Inde, et de toutes celles qui sont décrites. Nous avons perdu les trois individus que nous avions préparés avant notre départ. — Nous avons trouvé dans ces contrées un grand nombre de lézards, un entre autres plus long et plus gros que le bras d'un homme ; il se fait dans les champs un terrier semblable à celui d'un renard ; nous en avions préparé deux individus, que nous avons perdus. Nous avons été plus heureux pour les espèces que nous avions mises

---

(1) *Turdus roseus*, Linn. ; *turdus Seleuci*, Forskal.

dans l'eau-de-vie de dattes : elles s'y sont très-bien conservées. La première espèce est assez rare ; nous ne l'avons vue que sur les arbustes des environs de Bagdad (1). Elle se nourrit d'insectes, et nous a paru être de la plus grande agilité; elle appartient au genre agame. L'autre espèce est très-commune en Perse et au nord de l'Arabie. Elle fait son trou dans la terre, et court à sa surface avec assez d'agilité pendant la forte chaleur du jour, mais le matin nous la trouvions quelquefois dans une sorte d'engourdissement qui ne lui permettait pas de se sauver. Elle appartient au même genre que la précédente (2). »

Ainsworth divise toute la région de l'Euphrate et du Tigre en trois grandes zones ou districts naturels. La première zone, sous le rapport géologique, comprend les roches plutoniques et métaphoriques. C'est le district des montagnes, la contrée des forêts, des arbres fruitiers, de l'olivier, de la vigne, du blé et des pâturages. La seconde zone comprend les formations sédimentaires. C'est le district des plaines sablonneuses, la contrée du mûrier, du cotonnier, du maïs, du sésame, du tabac. La troisième zone comprend les dépôts alluvionnaires. C'est le district des plaines basses et humides, la contrée du dattier, du riz, des plantes salines et des pâturages gras.

Le Taurus (*tar* en persan signifie *chaîne de montagnes*), dans la première zone, se compose d'un noyau central de granit, de gneiss et de micaschiste, associés à des pierres calcaires et à des diorites. Les parois ou pentes sont formées de diallage, de serpentine, d'actinolite, de stéaschiste, de schiste argileux, de grès et de calcaire. La contrée subalpine, située entre le Taurus et les plaines de la Syrie, se compose de roches pyroxéno-feldspathiques, que l'on rencontre aussi dans la vallée d'Aksu et dans d'autres endroits entre Mar'ash et Aïn-Tab. La contrée subalpine, entre le Taurus et les plaines de la Mésopotamie, présente à peu près les mêmes caractères. — Le climat du Taurus appartient à la catégorie des climats dits excessifs : les étés sont très-chauds et les hivers très-froids ; enfin il y tombe beaucoup de neige. A Aïn-Tab, Ainsworth vit (le 15 janvier 1836) le thermomètre descendre, vers sept heures du matin, à 27° au-dessous du point de congélation. En été la chaleur est extrême à Diar-Bekr, à Amasiyah et Kapan. En traversant (le 26 février 1836) les collines de Marash (*Marsdin*), le voyageur anglais trouva de la neige à deux pieds d'épaisseur, et d'une couche si compacte, qu'elle pouvait porter un cheval. Le mois suivant les amandiers et les poiriers étaient en fleurs dans les vallées (1).

Dans la seconde zone (environs de Mossoul) le printemps est très-précoce. « Déjà vers le mois de février, dit Ainsworth, on voit dans les plaines voltiger des papillons, qui s'abritent, pendant les nuits, assez froides, sous diverses espèces d'*artemisium* et de *mimosa*. Au même mois des pluies abondantes préparent le sol à nourrir une luxuriante végétation. La température moyenne est de 10° centigrades. Vers le 11 février les premières cigognes apparurent, et toutes vinrent successivement prendre possession de leurs nids ; les pélicans et les cormorans voltigeaient en troupeaux sur les rives du Tigre. Les buttes de Ninive commençaient à se couvrir de verdure, et le Tigre montait rapidement. Dès les premiers jours de mars les sansonnets (*starlings*) faisaient entendre leur chant ; les hirondelles se montraient, et les oies rouges,

---

(1) *Agama agilis*, Oliv. Ce saurien est d'un gris jaunâtre, un peu mélangé d'obscur ; ses écailles sont petites, irrégulières sur la tête, rhomboïdales sur le corps ; celles du dos et de la queue ont une ligne élevée, qui se prolonge en angle aigu, et se termine en une pointe, beaucoup plus marquée sur le cou. Les écailles du ventre sont lisses.

(2) *Agama ruderata*, Oliv. Il est d'un gris clair, nuancé d'un gris nébuleux. La tête et tout le dessus du corps sont couverts d'écailles de grandeur inégale, dont quelques-unes, plus grandes et plus élevées, ressemblent à de petites verrues. Les écailles de la queue ont une ligne élevée au milieu ; celles du ventre sont simples, rhomboïdales, un peu terminées en pointe. — La langue de ces deux espèces de lézards est grosse, courte et arrondie. Voilà ce que nous apprend Olivier.

12ᵉ *Livraison*. (PHÉNICIE.)

(1) Ainsworth, *Researches in Assyria, Babylonia and Chaldæa, forming part of the labours of the Euphrates Expedition.* London, 1838, 1 vol. in-8°, p. 18 et suiv.

(*red geese*, bernaches) arrivaient de la Nubie pour faire leurs nichées sur les rocs escarpés qui surplombent les fleuves. Les anémones et les narcisses épanouissent leurs corolles, et les abeilles bourdonnent dans les champs. Une huitaine de jours après les renoncules fleurissent, les figuiers et les abricotiers bourgeonnent. Vers la fin de mars on voit les routes ornées des fleurs de giroflées, de thlaspis, d'épipactis. Les tragopogons et *l'astragalus spinosus*, aux jolies fleurs mouchetées, attirent le regard du passant.

« Au commencement d'avril il y eut environ une vingtaine d'espèces de phanérogames en fleurs (1) ; et parmi celles-ci une petite *anthemis*, représentant notre marguerite des champs. Mais les plantes qui à cette époque frappent le plus les regards par l'éclat de leurs fleurs, ce sont le *trollius asiaticus*, le *sternbergia lutea* et le *gladiolus byzantiacus*. — Dans les jardins les amandiers sont en pleine floraison, et les pastèques commencent à montrer leurs cotylédons. D'immenses troupeaux d'outardes émigrent des plaines basses de la Mésopotamie pour se réfugier vers les plateaux de l'Arménie. Dans la seconde moitié d'avril les insectes deviennent nombreux ; les lézards, les scorpions, les myriapodes sortent des murs crevassés ; d'innombrables chauves-souris quittent leurs retraites, et deviennent la proie des éperviers. L'*iberis* croît abondamment dans les champs, à côté du *lunaria alepensis*, qui est beaucoup recherché par les dames de Mossoul, à cause de son doux parfum. Les laitues se vendent déjà au marché. Le thermomètre dépasse en moyenne 15°. Cependant la température est encore variable ; il tombe de la pluie dans les montagnes, le Tigre s'élève et s'abaisse alternativement, souvent de dix pieds en vingt-quatre heures.

« Le beau temps commence dans la première semaine de mai. Le thermomètre dépasse 20°. Aux graminées printanières, telles que les *poa*, *festuca*, *bromus koeleria*, *aira*, etc., succèdent maintenant les *chrysurus*, *brachypodium*, *dactyloctenium*, *echinaria*, etc. Vers le 10 mai on commence à faucher les prés, et la moyenne du thermomètre dans la dernière semaine de mai est de 25 à 30°. Les habitants couchent pour la plupart sur les toits ; et les maisons sont infestées de serpents. La plante la plus commune, qui borde les routes, est le *nigella damascæna*. Les mûres commencent à mûrir. Les chaleurs de cette saison passent pour mal saines. L'atmosphère est dans un état électrique très-inégal.

« Dans les premières semaines de juin les ouragans, venant du sud, désolent les plaines. Ils sont ordinairement précédés d'un temps calme et lourd. Pendant que ces ouragans se déchaînent, le ciel est généralement sans nuages, et rarement il tombe de l'eau. Vers la fin de juin la chaleur brûle presque toute la végétation. Les melons d'eau viennent dans les jardins, et les montagnards apportent des pommes, des poires et des noix (1). »

Le colonel Chesney donne sur l'état physique de la Mésopotamie les détails suivants :

« Le sol de la Mésopotamie se compose d'argile sablonneuse (*sandy clay*), dont la surface là où il n'y a pas d'eau est un véritable désert. Mais partout où la terre est arrosée par les nombreuses tranchées et canaux d'irrigation qui sortent des fleuves, elle est extrêmement productive. Entre Bagdad et l'Euphrate une partie de la surface est occupée par des marais et des lacs salés (*salt lakes*) ; près des rivages on rencontre plusieurs *khors* ou lacs d'eau douce, dont les plus remarquables sont ceux qui inondent le voisinage d'Aker-Kouf, de Birs-Nimroud et de Lamloum. A l'époque des crues on trouve, au-dessus et en dessous de Kurnah, de vastes terrains sous l'eau.

« La partie centrale de la Mésopotamie jouit d'un climat intermédiaire entre la partie septentrionale et la partie méridionale, qui représentent les deux extrêmes. La région méridionale, ou la

---

(1) Ce nombre me paraît au-dessous de la vérité ; car dans notre climat, par exemple aux environs de Paris, on trouve au commencement d'avril au moins cinquante espèces de phanérogames déjà en fleur ; et Ainsworth parle ici des environs de Mossoul, sur le Tigre.

(1) Ainsworth, *Researches in Assyria*, etc., p. 132 et suiv.

plus chaude, c'est la Babylonie, qui sous les Perses était séparée du reste de la Mésopotamie, et s'étendait au nord jusqu'au mur Médique, sous la latitude de Sammarah et d'Anah. Mais c'est là précisément que l'on sent pendant l'hiver les vents froids du désert. Ces vents sont surtout violents vers le mois de janvier, époque où la pluie est fréquente et où il neige même quelquefois. C'est cependant la saison où chacun vaque à ses occupations. Car pendant l'été les habitants sont chassés par la chaleur dans leurs *sard-abs*, ou chambres souterraines voûtées.

« Cette région est très-propre à la culture du cotonnier, de la canne à sucre, de l'indigotier et principalement du dattier. Les dattes qu'on récolte vers le cours inférieur de l'Euphrate sont même plus fines et plus délicates que celles du Nil et du Tafileh. Cependant au nord d'Anah le dattier cesse déjà de bien prospérer.

« La zone intermédiaire entre Anah et Balie, jusqu'au 36ᵉ degré latitude nord, présente, tant par ses habitants que par ses productions, le caractère de l'Arabie. Le sol est également plat, et cultivé çà et là sur les rives de l'Euphrate; les champs cultivés alternent avec des pâturages, qui sont entièrement brûlés pendant l'été. Dans cette saison la chaleur est très-forte, principalement depuis midi jusqu'au coucher du soleil; mais les nuits sont tempérées.

« Aux environs du Khabour le dattier cesse déjà de porter des fruits; mais les orangers, la vigne, les poiriers, les pommiers, et d'autres fruits y arrivent à perfection.

« La partie septentrionale de la Mésopotamie, comprenant à l'est l'ancienne Mygdonie (collines volcaniques du Sindjar, de Mardin et Diarbekr) et à l'est l'Osroène, diffère, par son climat, entièrement de la zone précédente. Il y fait, ainsi que l'a déjà observé Ainsworth, très-froid en hiver et très-chaud en été. Cette partie s'étend sur l'Euphrate, depuis Suméisat et Orfah jusqu'à Rakkah. En été et pendant la première moitié de l'automne il tombe rarement de l'eau dans la Mésopotamie supérieure; mais vers les mois de novembre et de décembre il y pleut abondamment. On trouve dans cette région une grande variété d'arbres fruitiers; les orangers, les vignes, les grenadiers, les noyers, les pistachiers et les arbres fruitiers septentrionaux, y donnent d'excellents fruits. La Mésopotamie proprement dite, l'*Al-Djezireh* (l'île) des Arabes, produit du tabac, du blé Indien, du froment, de l'orge, du coton, beaucoup de laine fine, des poils de chèvre, des noix de galle, et des baies jaunes (*yellow berries*) dans le district montagneux du nord. Les fruits les plus communs sont, outre le raisin et les grenades, les pastèques, les figues, les abricots, les coings, les poires. Parmi les arbres forestiers, on remarque surtout les tamariniers, les peupliers et le *sycomore* (1).

(1) Le nom de *sycomore* vient de σῦκος, figue, et μόρος, mûre. On n'est pas encore parfaitement d'accord sur la valeur exacte de ce mot. Les uns l'appliquent à l'érable (*acer pseudo-platanus*), les autres à une espèce particulière de figuier (*ficus sycomorus*, L.) qu'on cultive en Égypte pour les usages de la table; son bois passe pour incorruptible. Les interprètes de la Bible se sont donné beaucoup de peine pour savoir quelle est l'espèce d'arbre que saint Luc (chap. 17, v. 6) désigne par συκάμινος. On rend ordinairement ce mot par *sycomore*, ou par figuier de Pharaon, *ficus Pharaonis*; les Arabes l'appellent *Djumez*. C'est donc réellement une espèce de figuier, et non pas d'érable, comme on l'avait supposé. Luther s'est complètement trompé en traduisant συκάμινος par *maulbeerbaum*, mûrier. (Voyez Hasselquist, *Iter Palæstinum*, etc.; Stockholm, 1757, p. 521.) Mais la controverse a été encore plus vive au sujet de l'arbre sur lequel monta Zachée pour voir passer Jésus-Christ (Saint Luc, 19, 4). Le mot συκομουρέα, dont se sert ici l'évangéliste, a été également rendu tantôt par *sycomorus*, tantôt par *ficus*. On voit aujourd'hui, d'après Hasselquist, dans le voisinage de Jéricho, un arbre (espèce d'*elæagnus*?) ayant les feuilles semblables à celles du prunier, et portant pour fruits des drupes d'où les Arabes expriment une huile qu'ils vendent aux voyageurs, sous le nom d'*huile de Zachée*; ils lui attribuent les propriétés d'un puissant vulnéraire. Les moines latins font avec les noyaux du fruit, qui ressemblent aux noix du *juglans regia*, des rosaires, qu'ils expédient en Europe. Les traducteurs protestants ont eu doublement tort de rendre le mot συκομουρέα par *mûrier*, d'abord parce que c'est contraire au texte grec, ensuite

Au-dessous du Khabour toutes les plaines sont couvertes d'absinthe. Ces plaines sont habitées par des buses et des ânes sauvages.

« On y trouve aussi des troupes nombreuses de chacals. Les lions et les hyènes sont assez rares; mais le gibier (lièvres, blancs ou gris, perdrix, francolins, oies, canards sauvages, pélicans, etc.) y est commun. Les rivières sont très-poissonneuses; on y pêche surtout des barbeaux et des carpes. Les carpes de l'Euphrate deviennent quelquefois d'une grosseur énorme. On y trouve aussi beaucoup de pois, d'épinards, de câpres et de caroubes.

« La Mésopotamie produit une grande quantité d'orge (*barley*) et de froment (*wheat*), tant à l'état sauvage qu'à l'état cultivé (*in their wild as well as cultivated state*). Mais il paraît que l'avoine n'est nulle part cultivée par les Arabes sédentaires. Les légumes les plus usités sont les oignons, les épinards, et les fèves; ils viennent admirablement bien tout près des rivières, après la retraite des eaux.

« Les animaux domestiques de la Mésopotamie sont le chameau, le cheval, le buffle, le mouton, la chèvre, tous d'une race supérieure; mais les vaches et les bœufs sont d'une qualité inférieure. La région septentrionale, montagneuse, est riche en minerais de cuivre, de plomb, de fer, qui s'ajoutent aux produits en grains, miel, cire, noix de galle, etc., tandis que la région plate, méridionale, fournit du sel, de la chaux, du bitume, du naphthe et une surabondance de dattes. Mais les troupeaux font la principale richesse des habitants (1). »

La Mésopotamie, en quelque sorte le berceau de la civilisation humaine, est, par un singulier contraste, une des contrées les moins bien connues sous le rapport de l'histoire naturelle. Elle est peut-être aussi imparfaitement connue que certaines contrées de l'Afrique et de l'Australie. Cela tient en grande partie à ce que les voyageurs, y compris même Olivier et Ainsworth, qui parcoururent la Mésopotamie, n'étaient peut-être pas assez versés en botanique et en zoologie pour distinguer nettement entre elles les espèces animales et végétales qu'ils rencontraient.

Voici le petit nombre de données que nous avons pu recueillir à cet égard.

Végétaux de la Mésopotamie.

Les *astragalus tragacantha* et *a. poterium* caractérisent les steppes assyro-mésopotamiques, comme les *astragalus austriacus, a. falcatus, a. christianus, a. dumetorum* caractérisent les steppes de la Russie et de la Tartarie. Ces astragales sont accompagnés d'*oxytropis caudata* et *o. pilosa*. Le *mimosa agrestis* de la Mésopotamie paraît correspondre au *robinia frutescens* de l'Asie centrale. Voilà pour les arbustes et arbrisseaux.

Pendant les mois d'octobre et de novembre, la végétation entre l'Euphrate et le Tigre éprouve un temps d'arrêt. Tout est aride, et on n'y aperçoit aucun bouquet de verdure. Mais bientôt, vers la fin de novembre, les vents amènent du Liban d'épais nuages (*Nile-clouds*) qui viennent se résoudre en pluie au pied du Taurus et des montagnes de l'Adiabène. Après ces premières ondées, les graminées ne tardent pas à pousser leurs tigelles à travers une terre sèche et brunâtre; quelques synanthérées se montrent aussi, en dépit du froid, mais elles n'atteignent pas encore la floraison. Les plantes bulbeuses ou à racines charnues, épaisses, se hâtent surtout à développer leur germe au contact de la première humidité. C'est ainsi qu'on voit ap-

« parce que, dit Hasselquist, le mûrier ne croît point aujourd'hui sur le territoire de la ville de Jéricho, et s'y cultivait encore moins du temps de Jésus-Christ; d'ailleurs, il n'a été guère cultivé en Judée, un peu plus en Galilée, mais surtout sur le mont-Liban ». (*Morus quippe in territorio urbis Jericho, ubi res accidit, nec hodie crescit, et multo minus tempore Christi ibi colebatur arbor, vix unquam Judeæ, parum Galileæ, Syriæ vero et monte Libano copiosissime culta.*) Hasselquist n'a pas trouvé de sycomore aux environs de Jéricho; mais il pense que cet arbre a pu y croître à l'époque de Jésus-Christ. (Voyez Hasselquist, op. cit., p. 522.) Les caisses dans lesquelles les Égyptiens mettaient leurs momies étaient en bois de *ficus sycomorus*.

(1) Chesney, *Expedition of the Euphrates*, etc.; Lond., 1850, 1 vol., p. 105 et suiv.

paraître diverses espèces de *colchicum*, de *crocus*, de *tulipa*, d'*ixia*, d'*arum*. Mais celles qui se montrent trop tôt sont quelquefois ensevelies sous la neige, et ne peuvent déployer tout leur luxe oriental de fleurs qu'au premier souffle du printemps.

La flore printanière est principalement fournie par des amaryllidées, des asphodélées, des liliacées et des orchidées. La flore estivale se compose surtout de plantes cotonneuses, souvent hérissées d'épines, appartenant aux familles des synanthérées et des légumineuses. On voit des plaines entières tapissées de *cnicus*, *carduus*, *centaurea*. Les petites fleurs des papillonacées frappent moins les regards. On y voit aussi beaucoup de plantes aromatiques, de la famille des labiées, telles que les *stachys*, *thymus*, *sideritis*, *satureia*, *origanum*.

Le caractère le plus saillant de la végétation mésopotamienne, c'est le manque d'arbres forestiers. La forêt de Nisibis, qui avait fourni du bois à la construction la flotte de Trajan, est un véritable phénomène. Cette circonstance, il ne faut pas, comme Ritter, l'attribuer au défaut d'humidité, mais bien au défaut de plantations. On coupe volontiers les forêts, mais on n'aime pas à en planter. L'homme se moque bien de sa descendance; il ne songe qu'au présent. Encore quelques siècles, et l'intérieur de l'Europe sera aussi pelé que les bords de la Méditerranée. Voilà le résultat de la civilisation. Les pays les plus anciennement civilisés n'ont plus de forêts.

Les seuls arbres que l'on voit se grouper pour former quelques bouquets de végétation arborescente sont une espèce de *pyrus*, une espèce de *salix*, une *rubus* et le *rhus coriaria*, sur les bords de l'Euphrate.

Le sol cultivé est infecté de *glycyrrhiza glabra* et *g. echinata*, de *mimosa agrestis* et de *euphorbia pyrrhus*. Le platane oriental, qui croît principalement autour des sources et des tombeaux, acquiert souvent des dimensions gigantesques. Le platane qu'Ainsworth a mesuré près de Bir avait trente-six pieds de circonférence, un autre à Daphné, près d'Antioche, avait quarante-deux pieds de tour. Ainsworth le croit âgé d'au moins mille ans.

Les plantes alimentaires panifiables sont cultivées en petit nombre. Parmi les céréales et autres plantes farineuses, on remarque le froment (*houta* des habitants), l'orge (*shaéir*), la lentille (*addes*), le pois chiche (*hummos*), la fève (*tul*), la gesse (*djibban*), la vesce, *vicia nissoliana* (*kishna*), le haricot, *phaseolus maximus* (*maash*), et surtout les *holcus sorghum* et *h. bicolor*, le *durra* des Arabes. On cultive aussi la luzerne (*fusa*).

Au nombre des plantes potagères on remarque : le *cucumis citrullus* (*djibbes*), le *cucumis melo* (*batèche*), l'aubergine, ou *solanum melongena* (*badindjan*), le gombo, ou *hibiscus esculentus* (*bamyah*), des concombres, des courges (*kurrah*, *kusasifr*, *squasch*, etc.).

Parmi les arbres fruitiers de la Mésopotamie on a particulièrement signalé : l'olivier (*zéitun*), le pistachier ou *pistacia officinarum* (*fistouk*), le mûrier blanc (*tut*), le mûrier noir (*tut shamy*), le grenadier (*roman*), le figuier (*tin*), le cerisier (*kires*), l'abricotier ou *prunus armeniaca* (*mishmish*); trois variétés de prunes que les indigènes distinguent par les noms de *azaz*, *hough* et *kulb altaïr*; le pommier (*tuffa*), le poirier (*nidjaz*), le cognassier (*sfirgle*), le cornouiller mâle (*kierazi*), l'amandier (*luz*); le noyer, ou *juglans regia* (*djuz*), le noisetier (*finduk*), le jujubier (*anab*), le châtaignier (*abou-faruwa*), le *pinus cembra* (*sinnuber*).

Les plantes industrielles sont le tabac (*tutun*), le sésame (*simsim*), le ricin (*khurwoa*), le chanvre (*kimbis*), le *trigonella fœnum græcum* (*hulby*), le carthame des teinturiers (*kurtim*), le cotonnier (*kutn.*)

Enfin d'autres plantes utiles et cultivées sont : le câprier (*kibber*), la mauve (*hubeïsi*), l'oseille (*hornaïd*), le cresson (*rished el moï*), le *lycoperdon tuberosum* (*kimmai*), la sarriette (*zabre*), le *sinapis orientalis* (*hurdle*), le *tordilium syriacum* (*shik akul*), le bois de réglisse (*sus*), l'asperge (*hillcun*), *arum colocasia* (*kolkas*), dont les feuilles sont employées en guise de papier.

A l'est de Mossoul le peuple se nourrit principalement de la racine d'une espèce de scorsonère. L'épinard est fourni par diverses espèces d'*atriplex*. Les Arabes de l'Euphrate emploient en salade des feuilles de *lactuca*, de *sonchus*, de *carduus* et de beaucoup d'autres plantes. Ils mangent, sous le nom d'oignons, non-seulement les bulbes de *l'allium cepa*, mais de plusieurs espèces de *scilla*, d'*ixia*, de *crocus*. Leur henné (matière tinctoriale jaune) leur est fourni par le *lawsonia inermis*. La gomme adragante provient non-seulement de *l'astragalus tragacantha*, mais des *a. alopecuroides*, *guttatus*, *poterium*, etc.). On en exporte des quantités considérables à Alep.

Animaux de la Mésopotamie.

La faune de la Mésopotamie est beaucoup mieux connue que la flore, grâce à M. Helfer, naturaliste distingué, qui se joignit, à Bir, à l'expédition du colonel Chesney; malheureusement son séjour tomba dans une saison très-défavorable à ce genre d'observations.

Mammifères. Les grands mammifères sont rares; on ne peut d'ailleurs s'en procurer que difficilement. Le lion (*felis leo*), encore très-fréquent en Mésopotamie à l'époque de l'empereur Julien, ne se rencontre guère aujourd'hui que dans les montagnes du Taurus et de l'Amanus. Il paraît descendre quelquefois jusqu'au Belik et au Khabour; mais on ne le trouve plus, comme autrefois, dans le désert babylonien. Cette remarque s'applique aussi au léopard (*felis leopardus*) et à la panthère (*felis pardus*). Cette dernière espèce est, dit-on, très-commune dans le Liban, où on l'appelle *nimer*. Le tigre du Bengale (*felis tigris*) ne paraît en aucun temps s'être beaucoup avancé à l'ouest de l'Inde, tandis qu'on le rencontre bien loin au nord de cette contrée. Le tigre chasseur, *tááhd* des Arabes, paraît être non pas le guépard (*felis jubata*, *yuz* des Perses, *chitraka* en sanscrit) (1), mais une variété sans crinière (*felis venatica?*). Les voyageurs modernes ne l'ont pas retrouvé en Mésopotamie. Helfer trouva sur les rives du Sadjour, le léopard commun, le *felis chalybeata* et le *f. caracal*. La plus commune des espèces des *felis* est, selon Ainsworth, le *felix chaus*, Guldenst. Le lynx (*felis lynx*), *wushak* des Arabes, n'habite que les districts boisés. On en rencontre aussi des variétés aux oreilles noires. L'hyène (*hyæna striata*) est un des carnassiers les plus répandus dans la partie occidentale de l'Asie; le moindre buisson, un pan de mur lui sert souvent d'asile. On y rencontre aussi une variété blanche, sorte d'albinos. Une variété de chat domestique est connue dans le pays sous le nom de *kutta adjemi*, chat perse. Les ours bruns et noirs ne sont pas rares dans le Taurus et dans les montagnes du Kurdistan. L'ours noir s'y appelle *marga mar*, et l'ours brun, qui vient quelquefois jusqu'à Mossoul, *duba*. — Le loup (*canis lupus*), assez commun, quitte rarement le Taurus pour venir rôder dans les plaines, où il est remplacé par une espèce noire (*lupus lycaon*), qui se rencontre fréquemment sur les rives du Sadjour. Le chacal (*canis aureus*) est très-commun dans tout l'Orient; il présente en Mésopotamie et en Perse quelques variétés qui n'ont pas été encore suffisamment étudiées. Les renards (*ta'aleb*) sont aussi très-répandus; le *canis corsac* (*isatis* de Buffon) se rencontre fréquemment sur les rives de l'Euphrate, tandis que le renard rouge (*canis vulpes*) est plus commun dans le Taurus. On voit partout, dans les bazars et dans les rues, de nombreuses races de chiens, entre autres, le chien turcoman à longues oreilles et à poil doux. La fouine, que M. Helfer a vue dans la plaine, est le *mustella sarmatica*. L'ichneumon (*herpestes ichneumon*) et le putois n'y manquent pas non plus. Le *mustella mardes* se tient dans le Taurus.

Dans toute l'Assyrie on ne trouve aucune espèce de singe, bien que le climat ne s'y oppose point, et que l'on rencontre le singe commun (*simia inuus*, Sylv.) dans des latitudes beaucoup plus élevées, comme à Gibraltar. On en trouve à Aden (*Azadi*). Les chauves-souris, si fréquentes dans les vieilles ruines, appartiennent principalement aux genres *rhinolophus* et *nycteris*; les espèces ne sont pas décrites. Le hérisson d'Europe y est remplacé par le hérisson aux longues oreilles (*erinaceus auritus*).

Les souris (*sorex*) et les rats (*mus*) infestent la Mésopotamie; il y a plusieurs espèces nouvelles, qui n'ont pas été dé-

(1) W. Ainslei, *Materia Indica*, vol. II, p. 180.

crites. Les plus communs sont, comme partout, le *sorex pusillus* et le *mus decumanus*. La souris aveugle, *spalax typhlus* et *georychus typhlus*, s'y trouvent aussi en quantité considérable. Les forêts hébergent quelques espèces inconnues d'écureuils. Ainsworth trouva dans les plaines une nouvelle espèce de taupe. Les lièvres (deux espèces) et les lapins (*arnab*) ne sont pas très-communs. La loutre (*lutra vulgaris*) et le castor (*castor fiber*) se voient sur les bords de l'Euphrate, le castor particulièrement à l'embouchure du Khabour. La marmotte (*arctomys marmotta*) et le *spermophilus citillus* se tiennent sur les montagnes du Taurus. Le hamster (*cricetus vulgaris*) est assez commun dans les plaines. Le porc-épic, *kimfoud* des Arabes (*histrix cristata*), est très-commun dans des endroits rocailleux ombragés. Les gerboises (*dipus sagitta* et *dipus jaculus*) sont peut-être plus communes en Mésopotamie que dans aucun pays du monde. Ainsworth trouva dans la forêt d'Amran, près de Rakkah, sur l'Euphrate, une espèce nouvelle de *gerbillus*, dont il donne la description suivante : pelage gris bleuâtre foncé sur le dos, d'un blanc sale en dessous; poils épais; queue noire en dessus et en dessous, avec deux raies latérales brunes; joues blanches, front noir; oreilles ouvertes, proéminentes, mais pas longues; moustaches longues; incisives supérieures avec un sillon longitudinal; longueur du corps, dix pouces; longueur de la queue, sept pouces; face inférieure des pattes postérieures seule privée de poil. Cette espèce, que l'on pourrait appeler *gerbillus euphraticus*, ne paraît différer que par ses dimensions, plus grandes, du *gerbillus tamaricinus* de Pallas et du *gerbillus meridianus* de Desmarest (*dipus indicus* du général Hardwike). Ainsworth avait trouvé un de ces animaux accroché par sa longue queue à l'épine d'une branche d'arbre, où il avait ainsi péri de faim. Cette espèce habite particulièrement les bois marécageux d'Amram, formés de tamariniers, de peupliers, de jasmins, de ronces, de mûriers sauvages, et d'une asparaginée grimpante.

Le sanglier (*sus aper*) est très-commun dans les roseaux qui bordent les lacs salés et les rivières. Les antilopes y paissent en troupeaux nombreux; l'*antilope dorcas* (*ghazâl* des Arabes) est si peu sauvage, qu'on la voit quelquefois sur les bords de l'Euphrate paître avec les moutons. Sur les bords du Tigre cette espèce est remplacée par l'*antilope subgutturosa*. Le cerf rouge (*cervus elephas*), le daim (*cervus dama*) et le chevreuil (*cervus dama*) sont plus communs dans le Taurus, où l'on trouve aussi le capricorne (*capra ibex*), la chèvre caucasienne (*capra caucasius*) et une très-belle variété de notre chèvre commune. M. Helfer vit dans une maison à Azass les cornes de l'*ovis ammon*, qui paraît se rencontrer dans les montagnes du Taurus.

Parmi les animaux domestiques on remarque trois variétés d'ânes : l'âne commun, plus grand qu'en Europe, la race à taille plus svelte et à membres effilés, et l'âne de Damas, à pelage très-doux et foncé. L'âne ou cheval sauvage (*equus khur* ou *hemionus*) n'a pas été rencontré par les membres de l'expédition de l'Euphrate; une fois, ils croient en avoir vu de loin (ce qui est douteux) sur la route de Nisibis. Ainsworth ne put pas même s'en procurer une peau, tant cet animal est devenu rare depuis les temps de Xénophon. Les chevaux sont de race arabe. Le chameau, dont on se sert généralement en Mésopotamie pour le transport des charges, est une race croisée du chameau arabe ou à une bosse (*camelus dromedarius*) avec le chameau bactrien ou à deux bosses (*camelus bactrianus*). Il est moins docile que le chameau arabe, supporte moins bien la soif; il est plus grand et plus poilu. Sa charge ordinaire est de huit cents livres (quatre cents livres de chaque côté du bât). Le chameau arabe, qui se contente pour toute nourriture des buissons rabougris du désert, ne porte jamais au-dessous de cinq cents livres. Une autre race, également obtenue par le croisement, c'est le dromadaire proprement dit; cet animal très-agile, aux pieds effilés, et à petites bosses, rend de grands services dans la guerre pour le transport des dépêches.

Les moutons et les chèvres font la principale richesse des habitants de la Mésopotamie. Il y a deux races de moutons : la race tartare, caractérisée par une énorme queue de graisse, pesant quelquefois plus de quinze livres, et la brebis des Bédouins (*runnam*), dont la queue est un peu moins grosse que chez la brebis commune (*ovis aries*). Il y a trois variétés de chèvres domestiques : la chèvre syrienne, à cornes courtes, noires, et à longues oreilles brunes, pendantes; la chèvre taurique, généralement connue sous le nom d'*angora*, à poils blancs, légèrement frisés; et la chèvre kurde, à longs poils frisés, soyeux, à longues oreilles pendantes, et à cornes infléchies latéralement. On emploie particulièrement trois races bovines : le bœuf commun (*bos taurus*, *al taur*, le bœuf, et *al buzr*, la vache), avec deux variétés fondées sur la petitesse ou la grandeur de la taille; le *zébu*, ou bœuf à bosse indien, très-commun sur l'Euphrate, et le buffle ordinaire, *bos bubalus*, qui constitue la race bovine la plus usitée chez les Arabes et les Turcomans, habitent les bords de l'Euphrate et du Tigre.

Oiseaux. La partie méridionale de la Mésopotamie est pauvre en oiseaux, tandis que la partie septentrionale avec le Taurus offre la plupart des espèces d'Europe. Les rapaces y forment une des classes les plus nombreuses; le vautour gesnérien (*vultur percnopterus*) est très-commun dans toutes les villes et sur les cimetières. Le vautour cendré (*vultur cinereus*) égale en grandeur le condor. M. Helfer tua à Bir, sur l'Euphrate, un vautour à tête blanche (*vultur vulvus*). Le *falco ossifragus* est aussi assez commun. Les *falco milvus*, *f. tinnunculus* et *f. gentilis*, shahin des Arabes, sont répandus dans les plaines; on les dresse à la chasse. Les hiboux et les chats-huants, qui vivent dans les cavernes crayeuses de l'Euphrate et les montagnes du Taurus, sont : le grand-duc (*strix bubo*, boumi des Arabes), le *strix flammea*, la chouette (*strix passerina*), la petite chouette (*athena nudipes*), la chouette de l'Inde (*athena indica*), la chouette de l'Oural (*strix uralensis*). Le caprimulgue (*caprimulgus europæus*) s'y rencontre aussi, de même que le corbeau commun (*corvus corax*), les corneilles, *corvus corone*, *corvus cornix*, *corvus monedula*, le *coracias garrula*, shikrak des indigènes, le *sturnus vulgaris*, l'*oriolus galbula*: ce dernier arrive en octobre. Les mangeurs d'abeilles (*merops apiaster*, wourwar des Arabes, et *m. cœruleo-cephalus*), le *circus cyaneus* et le *c. rufus*, se tiennent aux environs de l'Euphrate.

Parmi les grives, on remarque la grive chantante (*turdus musicus*), le merle noir (*turdus merula*), sharuhr des Arabes, la grive de vigne (*turdus rufus*), la grive des rochers, *turdus saxatilis*, dans les jardins de Bir, et les mangeurs de sauterelles (*turdus roseus*, sucournour des Arabes, et *t. seleucus*). L'oiseau chanteur qu'en Syrie et en Mésopotamie on appelle *bulbul* est notre rossignol, *sylvia luscinia*, tandis que le *bulbul* des Persans est une espèce de grive. Le bec-figue s'appelle *asfur-el-tin*. Le moineau (*fringilla domestica*) est ici aussi commun qu'en Europe : c'est le fidèle compagnon des caravanes. Le roitelet paraît être ici un oiseau migratoire.

Outre l'alouette commune (*alauda arvensis*), qui est très-rare en Mésopotamie, on remarque l'alouette hupée (*alauda cristata*), qui y est très-commune; l'alouette des rivages, *a. alpestris*, l'alouette noire (*a. tatarica*) et l'*a. calandra*. Après les alouettes viennent la grande mésange (*parus major*), la mésange charbonnière (*p. ater*), l'ortolan (*emberiza hortulana*), l'*emberiza citrinella* (goldammer des Allemands), plusieurs espèces de *fringilla* (*f. linaria*, *f. carduelis*, *f. pyrrhula*, *f. serinus*), le *phœnicura suecica*, le *salicaria galactotes*, l'*anthus rufescens*, plusieurs espèces nouvelles d'*alcedo*, non décrites, deux espèces d'hirondelles, le coucou (*cuculus canorus*), rare (*humam* des Arabes), l'*yunx torquilla*, et l'*upupa epops* (shibubuk des Arabes), très-commun, trois espèces de *muscicapa*, et l'*ampellis garrulus* ou *fallax*.

Parmi les gallinacées, Ainsworth a remarqué quatorze espèces de *columba*, objet d'une chasse très-fructueuse, entre autres, le *c. risoria* (sit-el-roum des Arabes) et *c. testaceo-incarnata* de Forskal. La *columba livia* se rencontre principalement sur les rochers. Les perdrix grises et rouges (*perdix cinerea*, *p. græca*, *p. rufa*, *p. petrosa*) sont également abondantes. Une espèce noire habite principalement le Taurus. Le *tetrao francolinus* n'est pas aussi fréquent que dans les plaines de Djilwan. Le faisan ou *djage* (*phasianus colchicus*) ne se tient que dans les districts boisés ; l'espèce que les indigènes nomment *dik busrauwy* est inconnue des naturalistes. Le francolin, *perdix francolinus*, de l'Europe méridionale, appartient aussi aux contrées de l'Euphrate et du Tigre. La perdrix des steppes, *pterocles arenarius*, se répand par milliers dans les plaines. Le colonel Chesney tua une perdrix de neige (*lagopus*) à Bir sur l'Euphrate. Ainsworth rencontra le *syrrhaptes Palasii*, partout sur le Tigre, au sud jusqu'à Kut-âmarah. La caille (*coturnix*) est, au contraire, très-rare.

L'autruche (*struthiocamelus*), *na'amy* des Arabes, semble avoir disparu de la Mésopotamie avec l'onagre ou âne sauvage, l'un et l'autre si communs du temps de Xénophon (1). Cependant l'outarde (*otis tarda*, ὦτις de Xénophon) y est toujours aussi commune (2). On y trouve aussi plusieurs espèces de *charadrius* et de *tringa*.

Les échassiers et les palmipèdes caractérisent toute la zone méridionale de la Mésopotamie jusqu'au golfe Persique. Malheureusement les observations sont ici encore fort incomplètes. Ainsworth trouva l'*ibis religiosa* dans un bois, près de Seroug. Voici les noms des oiseaux qui tous vivent dans l'eau ou dans le voisinage des rivières et des marais : le pélican commun (*pelicanus onocrotalus*), la cicogne, la grue, l'*anthropoides virgo*, sept espèces de hérons, entre autres le héron à aigrette (*ardea cinerea*), le flamant, le cygne, le cormoran (*pelicanus* ou *halieus carbo*), diverses espèces de *colymbus*, entre autres le *colymbus aureus*, le *mergus merganser*, le *querquedela cracca*, le *chauliodes strepera*, le *mareca Penelope*, le *tadorna rutila*, plusieurs espèces de mouettes (*procellarius*), le *machetas pugnax*, le *sterna leucoptera*. A ces oiseaux il faut joindre des légions de ralles (*rallus*), de poules d'eau (*fulica*), de canards (*anas boschas, a. caudacuta, a. clypeata; abou-mélek* des Arabes) et d'oies (*anser albifrons, a. nigra, a. regalis, a. nubica*).

Oiseaux de passage. Le coucou (*cuculus canorus*), deux espèces d'hirondelles, l'oriole (*oriolus gracula*), qui part en octobre, la pie (*garrulus pica*), qui arrive en octobre, l'autruche noire (?), la grande outarde (*otis tarda*), la petite outarde (*otis tetrao*), l'*upupa epops*, la tourterelle (*columba risoria*), environ quatorze espèces de pigeons, le *motacilla boarula*, le *pyrgita petronia*, le *carduelis spinus*, le gros bec vert (*coccothraustes chloris*), les *motacilla*, les *scolopax*, les *squatarola*, les *tringa*, les *rallus*, les *fulica*, les *emboriza*, l'*yunx torquilla*, l'*ardea garzetta*, le *totanus glottis*, le *troglodytes europæus*, le *muscicapa grisola*, les *turdus pilaris* et *t. iliacus*, les *saxicola leucomela* et *s. rubetra*, le *trichodroma phenicoptera*, l'*ibis sacra*, le *vanellus keptaschka*.

Dans les plaines entre Alep et Aïntab on voit d'immenses troupeaux d'oiseaux, auxquels les habitants donnent le nom de *taïr-el-ráouf*, c'est-à-dire d'*oiseaux magnifiques*. C'est une espèce peu connue des naturalistes ; elle est intermédiaire entre le héron et la cigogne. Le dessus du corps est d'un blanc grisâtre, le dessous est blanc, les ailes sont bordées de rouge écarlate ; la partie inférieure du bec est également rouge écarlate, et la partie supérieure d'un gris noirâtre ; le bec a près de cinq pouces de long, sur deux tiers de pouce de large ; le pourtour de l'œil est rouge ; les pattes sont jaune foncé. Cet oiseau singulier a quatre pieds de haut sur neuf d'envergure. On raconte que plusieurs milliers de ces oiseaux se réunissent pour organiser de véritables pêches : à cet effet une partie de la bande se charge de barrer les rivières (le Saggeour), avec leurs queues et leurs ailes étendues, tandis que les autres, à un signal donné par une sentinelle, tombent sur les poissons, les grenouilles, etc., presque mis à sec par ce barrage extraordinaire (1).

---

(1) Cependant, selon Olivier, l'autruche y est encore assez fréquente.

(2) Ainsworth pense que l'outarde de Xénophon, de la Mésopotamie méridionale, et que l'on rencontre aussi en Arabie, n'est pas l'espèce commune, *otis tarda*, mais une espèce particulière, différente de celle d'Europe. Serait-ce l'*otis tetrao*?

(1) Chesney. *Expedition of the Euphra-*

Reptiles. Cette classe d'animaux a été enrichie de quelques espèces nouvelles par l'expédition de l'Euphrate. Parmi les *Chéloniens*, on rencontre deux espèces de tortues terrestres, dont l'une ressemble au *testudo græca*. L'Oronte a fourni une nouvelle espèce de *trionyx* ou *gymnopus*; elle se rapproche du *gymnopus ægyptiacus* (*trionyx ægyptiacus* de Geoffroy Saint-Hilaire), mais elle en diffère en ce qu'elle n'a ni la tête ni le bord de la carapace tachetés de blanc jaunâtre. Peut-être est-elle identique avec le *trionyx euphraticus* d'Olivier, que l'on trouve dans l'Euphrate, qui nourrit aussi deux espèces particulières d'*emys*. On voit dans les plaines une dizaine de lacertiens, parmi lesquels le lézard *amaiva*, à grandes taches. Dans les vieilles ruines, on rencontre trois espèces de *gecko*. Le caméléon, très-abondant dans la vallée d'Antioche, ne se tient que dans les districts boisés. Peut-être trouverait-on quelques crocodiliens dans l'Euphrate inférieur. A tous ces sauriens il faut ajouter l'*agama mutabilis* et le *scincus cupreus*. — Les ophidiens sont très-nombreux. Parmi les *coluber*, dont trois espèces seulement venimeuses, on remarque deux espèces nouvelles : le *coluber Cliffordii*, et le *coluber Chesnei*, qui ne diffère du *coluber hippocrepis* que par la forme de la tête, qui est plus aiguë, par la forme et l'étendue des plaques nasales et labiales, ainsi que par la disposition des taches. Le *vipera euphratica* ne diffère du *v. elegans* que par la disposition des plaques et leur coloration. Trois nouvelles espèces de *coronella* (couleuvres à capuchon) : le *c. multicincta*, *c. modesta*, *c. pulchra* (1). On a trouvé en outre sept espèces de grenouilles (non déterminées) et les *bufo arabicus* et *b. variabilis*.

Poissons. Ainsworth cite une espèce d'anguille (*ophidium masbacambelus* de Hom.), que les habitants appellent *simmak*, deux espèces de *silurus*, le *cobitis barbatula* (*kebudy*), le barbeau (*cyprinus barbus*, *kirsin* des Arabes), un des poissons les plus communs dans l'Euphrate supérieur, le poisson sacré des étangs Djami-Ibrahim à Orfah, le *cyprinus cephalus* ou *burak* des Arabes, la murène (*muræna anguilla*, *simmak-kéiat*) dans le lac d'Antioche, le *cyprinus niloticus*, *bunni* des Arabes, commun dans le Tigre, ainsi que le *macropteronotus* ou *shabbut* des Arabes. Les rivières du Taurus et les affluents du Tigre supérieur renferment aussi beaucoup de truites (*salmo*).

Insectes. M. Helfrich a fait une riche récolte d'insectes sur les bords de l'Euphrate. La plupart sont des orthoptères, des hyménoptères et des lépidoptères. A l'époque des pluies il recueillit deux cents espèces de coléoptères, dont un grand nombre appartient à l'Europe méridionale. De sept cents espèces britanniques de scarabides, quarante se trouvent aussi en Mésopotamie. On y collecta soixante espèces de *curculionides*, cinq espèces de *pselaphus* et une seule espèce de *carabus*, le *c. Hemprichii*.

De quelques plantes caractéristiques de la Mésopotamie.

Platane.

Synonymes : *platanus orientalis*, L. ; πλάτανος de Théophraste ; πλατάνιστος d'Hérodote ; *tzinar* en persan ; *doulbe* en syrien ; *doulb* en arabe (1).

Ce bel arbre paraît appartenir exclusivement à l'Asie occidentale; car on ne l'a pas rencontré dans les contrées orientales de l'Inde. Dans les vallées à l'ouest de l'Afganistan le platane et les peupliers sont les arbres les plus communs, qui s'étendent de là jusque dans l'ancienne Carie. Dans ce pays il y avait, selon Hérodote (V, 119), une forêt de platanes qui servit d'asile contre les Perses. Bernier, qui n'en avait point vu dans le cours inférieur de l'Indus et du Gange, à Delhi et Agra, fut agréablement surpris d'en trouver dans les vallées septentrionales de l'Indus et dans le Cachemir. Elphinstone (*Account of Caubul*, Lond., 1815, in-4°, p. 150) a trouvé le platane indigène dans l'Afghanistan.

---

tes, etc., vol. I, p. 732. — La plupart des oiseaux ci-dessus mentionnés furent pris par les officiers de l'*Expédition de l'Euphrate*, et donnés à la Société Géologique de Londres.

(1) Voy. Chesney, *Exped.*, vol. I, p. 735, pour la description des caractères. Ces espèces ont été déterminées par M. Martin.

(1) Cf. Ritter, *Erdkunde*, t. XI, p. 551 et suiv.

Cet arbre était aussi très-estimé chez les Lydiens : le riche Pythios envoya en présent à Darius un platane d'or et une vigne d'or (Hérod., VII, 27). Xerxès suspendit au fameux platane, qu'on montrait à Sardes, des ornements d'or, et y plaça une garde (Hérod., VII, 31). Des traces de cette espèce de culte pour le platane et pour les arbres en général se retrouvent encore aujourd'hui chez les Persans (1). Le Père Angelo (*Gazophylac. Ling. Pers.*, artic. PLATANO, p. 293) dit : *Vi sono platani nella Persia riveriti con culto superstizioso per loro antiquita*). On croyait que les saints (*aoulia*) qui avaient, de leur vivant, prié sous l'ombre des platanes aimaient à y séjourner après leur mort. Ces faits ne rappellent-ils pas la religion des Germains?

Marco-Polo trouva le platane dans le Khorasan, à Damaghan, l'ancienne Hécatompyle; il ajoute que les musulmans l'appelaient l'*arbre du soleil*, et les chrétiens l'*arbre sec* (2). Le fruit sec, non comestible, de cet arbre avait donné lieu à cette sentence des chrétiens de saint Jean, appelés sabéens : « L'homme vaniteux ressemble au luxurieux platane, riche en bois et en feuillage, mais qui ne donne pas de fruit à son propriétaire. »

Oléarius (3) dit que le *fruit du platane est rude et à peu près de la grosseur d'une châtaigne, mais sans noyau, et ne peut point se manger*. Et Marco-Polo : *Produce ricci simili a quei dalle castagne, ma niente e in quelli*. C'est bien là le fruit du platane, que Frazer et d'autres nomment aussi sycomore, mais qu'il ne faut pas confondre avec l'*acer pseudo-platanus*, L. — Son bois, Marco-Polo l'appelle *giallo*, jaune, et le compare à celui du buis; ses fibres sont très-entrelacées.

Téhéran s'appelait la *ville des platanes*, comme Constantinople se nomme la ville des cyprès (4). Olivier y mesura un tronc qui près de la racine avait environ soixante-dix pieds de circonférence. Un platane âgé de mille ans, qui ombrageait, dit-on, la mosquée de Sari, avait reçu le nom de *phénix végétal*, probablement parce que cet arbre renouvelle son écorce, symbole du rajeunissement. Ce caractère fort remarquable avait déjà été indiqué par Théophraste.

On voit à Ispahan des allées de platanes plantés en échiquier. On rencontre cet arbre dans les montagnes du Taurus et de la Perse occidentale, ainsi que dans les vallées du Tigre et de l'Euphrate, en compagnie du *vitex agnus castus* et d'autres végétaux. Suivant Théophraste (*Hist. Plantar.*, IV, 56), le platane ne réussit que dans un sol où les racines sont baignées par des eaux vives. Pline décrit un de ces arbres, en Lycie, dans le tronc duquel toute une société pouvait faire un repas (*Hist. Nat.*, XII, 5). — Le platane a passé de l'Asie Mineure en Chypre, en Crète, et dans les contrées méridionales de l'Europe (1).

Grenadier (punica granatum, L.).

Selon toute apparence, le grenadier a été apporté de l'Asie en Europe à une époque fort reculée. Son nom hébreu est *rimmon*, d'où les Arabes ont fait *roman* et les Portugais *romaos*. Son nom grec ῥοά ou ῥοιά indique aussi une origine sémitique. Les Phéniciens ou Sidoniens l'introduisirent en Afrique, à Carthage. Pline, *Hist. Nat.*, XIII, 34, dit : *Sed circa Carthaginem punicum malum cognomine sibi vindicat, aliqui granatum appellent* (2). — Le grenadier jouait un grand rôle dans la religion des peuples asiatiques. Son fruit avait été consacré au dieu du soleil, à Hadad-Rimon, divinité syrienne. Sa fleur, en raison de sa forme et surtout de sa couleur rouge, était par-

---

(1) *Voy.* W. Ouseley, *Voyage*, Lond., 1819, in-4°, vol. I; et Chardin.

(2) Ramusio, vol. II : *l'alboro del sole che si chiamo per i christiani l'arbor secco*.

(3) Oléarius, *Moscovitische und persionische Reisebeschreibung*; Hamb., 1696, p. 291.

(4) Pietro della Valle, *Viaggi*, Venet. 1661; p. 459.

(1) *Voy.* Otto v. Richter, *Wallfahrten im Morgenlande*; Berlin, 1822, in-8, p. 113.

(2) Les Grecs appelaient le fruit ἡ σίδη, qui rappelle le nom de *Sidon*. Mais Bochart et Ritter pensent que ce nom rappelle plutôt le territoire *Sidène* en Cappadoce, riche, dit-on, en grenadiers, d'où ces arbres auraient été apportés en Grèce par des Béotiens (Athen., *Deipn.*, XIV, 650).

ticulièrement consacrée au soleil (Plin., XIII, 34). Le fruit et la fleur composent les ornements d'anciens tombeaux. Le Jupiter Casius des Syriens est représenté tenant dans sa main une pomme-grenade.

Du temps de Moïse (Deuter., VIII, 8), les grenades sont mentionnées parmi les principaux produits de la terre de Canaan. On en trouve encore aujourd'hui en abondance dans les vallées d'Hébron. Il y en avait aussi en Égypte, Abd-Allatif en parle; mais elles étaient d'une qualité inférieure à celles de la Palestine et de la Mésopotamie (1). — Aristote avait déjà très-bien caractérisé les pommes-grenades par leur saveur vineuse : αἱ οἰνώδεις ῥοαί (Aristote, *Problème* XIX, 44). Le vin de grenade, dont parle Dioscoride (lib. V, 34), est encore aujourd'hui fort usité en Syrie (à Alep).

Olivier et Ainsworth ont fait voir que le grenadier est tout à fait indigène dans les plaines de la Mésopotamie. Il paraît surtout prospérer aux environs de Bagdad et dans quelques localités situées au delà du Tigre. — Les contrées chaudes de la Perse paraissent être sa véritable patrie (2). Les Perses l'appellent *nar* ou *anar*. Il en est fait mention, sous le nom de *miveh*, arbre à fruit, dans le *Bundehesch* (Zend-Avesta). Selon Ker Porter, on voit les grenades figurées, comme ornement, sur les murs de Persépolis (3). Elles surmontaient la lance des mélophores.

Enfin, d'après tous les documents et les observations réunis, le grenadier appartient à une zone comprise entre le 30° et 44° degré latitude nord.

Pistachier.

Le pistachier (*pistacia vera*, πιστακία) croît sans culture en Perse, en Syrie et en une partie du littoral de la Méditerranée. Le *pistacia lentiscus*, cultivé dans les îles de l'Archipel, et particulièrement à Scio, et le *pistacia atlantica*, dans la Mauritanie, au sud de Tunis, donnent la résine connue sous le nom de *mastix*, que ne fournit pas le vrai pistachier, dont les fruits verdâtres, imprégnés d'une huile aromatique, sont comestibles; la quatrième espèce, le *pistacia terebinthus* des anciens, croît à l'état sauvage sur les bords de la Méditerranée : il ne donne ni des pistaches ni du mastix, mais une huile balsamique, jaune rougeâtre, qui transsude des fissures de l'écorce et sert à divers usages.

Théophraste (*Hist. Plant.*, IV, 4, 7) indique le premier le pistachier, en parlant d'un *arbre semblable au térébinthe, qui croît dans la Bactriane et porte des noix grosses comme des amandes, mais d'une saveur plus agréable*. Nicophron, médecin de Colophon, qui vivait du temps d'Attalus Ier, roi de Pergame (150 avant J. C.), appelle ces fruits βιστάκια ἀμυγδαλόεντα (*Theriac.*, V, 891), des *pistaches amygdaloïdes* du Choaspes, fleuve de la Susiane, sur les bords duquel était la résidence royale de Suse. — Le mot βιστάκιον, πιστάκια, φιστάκια paraît être d'origine sémitique (de *biztak*). Posidonius d'Apamée, en Syrie, mentionne τὸ βιστάκιον (1). — Suivant Galien (*De Aliment. Facult.*, II, 30), il y avait des pistachiers à Alexandrie et surtout à Berœa en Syrie. Or, Berœa (Strab., XVI, 751) occupe l'emplacement d'Alep, où ces arbres croissent encore aujourd'hui en abondance. On leur donne aussi le même nom que les Juifs (*boutm* ou *botnim*) (2).

Au rapport de Strabon, les montagnes arides du Paropamisus, que traversa Alexandre pour se rendre dans la Bactriane, n'offraient d'autre nourriture que le fruit d'un arbrisseau semblable au térébinthe (... πλὴν τερβίνθου θαμνώδους, Strab., XV, 725). Le géographe persan que cite de Sacy, dans son *Histoire des Sassanides* (3), dit avoir vu au nord d'Hérat (35° 20' lat. nord) un vaste bois de pistachiers dont les habitants venaient de plusieurs lieues à la ronde cueillir les fruits. Bakoui (commence-

---

(1) Abd-Allatif, *Relat. d'Égypte*, dans la Chrestomath. de Sacy.

(2) *Voy.* Chardin, Olivier, Ouseley. Ces voyageurs parlent tous avec enthousiasme des beaux grenadiers qu'ils ont trouvés aux environs d'Ispahan.

(3) Ker Porter, *Voy.*, t. I, p. 603.

(1) Athen., XIV, 61.

(2) Russel, *Voy.*, I, p. 65. — Comp. Browne, *Travels*; Lond., 1799, p. 384. — Barker, in *Bowring's Report on Syria*; Lond., 1840, p. 113.

(3) *Mém. sur les Antiq. de la Perse*, p. 390.

ment du quinzième siècle) place plus au nord encore, dans le Ferghana, des noyers et des *phostais* (pistachiers) (1). C'est là, selon toute apparence, la limite la plus septentrionale. Olivier en avait vu cultiver aux environs de Téhéran et d'Ispahan. Kœmpfer donne des détails sur la culture du pistachier dans la Perse méridionale (2).

La Perse, la Syrie et la Palestine sont la véritable patrie du pistachier. C'est de ces pays qu'on l'a transplanté dans d'autres parties de la région méditerranéenne (3).

Cyprès.

Le cyprès (*cupressus sempervirens*) et ses variétés appartiennent au sol classique de l'ancien monde. Leur patrie est le bassin méditerranéen, entre 45° et 30° lat. nord.

Dans le *Zend-Avesta* le cyprès est consacré à Ormuzd, dieu de la lumière. Dans le *Boun-Dehesch* il est mis au nombre des douze espèces végétales qui donnent la santé. Parmi ces arbres étaient aussi le platane, le peuplier, le *pinus deodara* (de *deo-dar*, arbre de Dieu) et d'autres arbres à fruits non comestibles. Le poète Firdousi parle souvent du cèdre (4). C'était l'arbre du paradis, et, à cause de sa cime pyramidale, offrant l'image de la flamme, on le plantait devant l'entrée des temples de feu; on le trouve figuré à Persépolis et sur tous les monuments perses; car les rois des Perses étaient des serviteurs d'Ormuzd. Cet arbre était autant vénéré chez les Perses, du temps des Arsacides et des Sassanides, que l'était le chêne chez les nations germaniques. C'était certainement le même culte (5); seulement, comme les cyprès ne prospèrent pas dans les montagnes de la Germanie et de la Gaule aussi bien que dans l'Iran, on songea à les remplacer par des arbres indigènes. Sur les anciennes pierres tumulaires on voit souvent le cyprès figuré à côté du lion, symbole du soleil (1). On trouve un grand nombre de ces pierres depuis Ispahan jusqu'à Téhéran (2). Cet usage du cyprès comme ornement des tombeaux et des cimetières a résisté au fanatisme des chrétiens et des musulmans, et s'est propagé de l'Asie en Europe. La plantation des cyprès était une occupation des rois, ainsi qu'on le voit encore par l'exemple du shah Abbas le Grand, au dix-septième siècle.

D'après les croyances antiques, tout est animé dans la nature, et certains arbres étaient particulièrement le refuge des âmes décédées. Comp. Virgil., *Æn.*, II, 714:

...Justaque antiqua cupressus,
Relligione patrum multos servata per annos.

Les contrées de l'Euphrate et du Tigre ont toujours été très-riches en cyprès, qui ombrageaient les châteaux de plaisance des rois des Perses: *in agro consedimus opulento, arbustis et vitibus et cupressorum viriditate lætissimo* (Ammien Marcellin). En raison même de leurs croyances religieuses, les Perses devaient beaucoup favoriser la propagation de cet arbre dans la Babylonie et la Mésopotamie. Alexandre fit construire une flotte avec les troncs de cyprès tirés des jardins et des bois sacrés de Babylone (3). Strabon (XVI, p. 738) parle d'un bois de cyprès près d'Arbèles, où l'un des fils de Darius Hydaspes avait un palais de plaisance. On rencontre encore aujourd'hui des bois de cyprès aux environs de Ras-el-Aïn (*Theodosiopolis*), d'Orfah (*Edessa* ou Callirhoë), à Bir sur l'Euphrate, à Alep, etc. (4).

Le cyprès supporte assez bien le froid, ainsi que l'avait déjà observé Pline (*Hist. Nat.*, XVI, 60: *In Creta... sponte maxime qui in Idæis montibus et quod Albos vocant, summisque jugis, unde nives numquam absunt, plurima, quod miremur*). Ceci est confirmé par Tournefort: « Quoi qu'en dise Bélon, dit ce célèbre botaniste, Théophraste et Pline ont eu raison d'assurer que les cyprès

---

(1) Bakoui, *Notices et Extr. de la Bibl.*, t. II, p. 510.
(2) Kœmpfer, *Amœnit. Exot.*, 1712, p. 409.
(3) Plin., *Hist. Nat.* XV, 24; XIII, 10.
(4) Voy. Mohl, *traduction de Firdousi*.
(5) Mos. Choren., *Hist.*, lib. I, 19: *Cupressi pro ceremoniis consecratæ*.

(1) Ritter, *Asie*, t. VI, 712.
(2) Ouseley, *Voy.*, vol. III, p. 83.
(3) Arrian., *Expedit. Alexand.*, VII, 19.
(4) *Voy.* Moltke, *Briefe über die Türkei*; Berlin, 1841, p. 230.

croissent naturellement sur les montagnes Blanches de la Crète, aussi bien que dans les vallées (1). »

Olivier.

Synonymes : *olea europæa*, ἔλαιος (κότινος ou ἀγριελαία, *oleaster*), *saït* des Hébreux; *zeïtoun* des Arabes, des Persans et des Turcs; *djulpaty* des Hindous; *bua minyak* des Malais.

L'olivier est un des arbres qui caractérisent essentiellement la région méditerranéenne. Mais il s'avance beaucoup plus dans l'intérieur des terres, du côté de l'Afrique et de l'Asie, que du côté de l'Europe; ce qui se comprend facilement: l'Europe est des trois continents anciens le seul qui soit entièrement extra-tropical.

L'olivier est l'arbre le plus anciennement mentionné. Un rameau d'olivier était de bonne heure le symbole de la paix, peut-être comme représentant la culture paisible du sol. La *feuille d'olivier* (עלה זית) que la colombe apporte à Noé est l'indice de la retraite des eaux du déluge (2). C'est l'emblème de la paix après un bouleversement (3).

L'olivier fut dès la plus haute antiquité cultivé pour son fruit, dont on extrait une huile d'un grand usage. D'après une loi de Moïse, cet arbre ne devait être secoué qu'une fois dans l'année pour en faire tomber les fruits les plus mûrs; les fruits restants appartenaient aux étrangers, aux orphelins et aux veuves (4). L'huile sortant la première de la presse était, comme la plus pure, destinée aux lampes de l'arche d'alliance (5), ou à la cérémonie du sacre, pour oindre, par exemple, le roi David (6). De la le mot χριστός, *Christus*, משיח (*messiah*), *messie*, signifiant, *seigneur* ou *roi*, en tant qu'*oint* avec de l'huile d'olive.

Josué nous apprend que les Israélites, à leur entrée dans la Palestine, n'avaient pas besoin d'y planter l'olivier ni la vigne, et qu'ils les y trouvèrent déjà depuis longtemps cultivés par les Cananéens (7). Le produit de la récolte des olives était un des principaux revenus des rois de Jérusalem. David nomma Balhanan inspecteur de ses vergers d'oliviers (1), et Salomon paya 20,000 *baths* d'huile pour le bois de cèdre qu'Hiram, roi de Tyr, lui avait envoyé (2). Dans tout l'Ancien Testament, l'huile d'olive est un symbole de l'abondance et de la bénédiction céleste.

Comme l'olivier n'a pas de feuilles caduques, il passait aussi pour l'emblème de la durée éternelle. « Je demeurerai, dit le psalmiste, comme un olivier vert dans la maison du Seigneur » (3). Jérémie compare même l'ancien peuple d'Israël à un bel olivier fertile, vert (Jérémie, XI, 16), tandis que les païens sont comparés dans le Nouveau Testament (*Epist. ad Rom.*, XI, 17-21) à un oleastre, qu'il faut d'abord fertiliser par la greffe.

C'est à tort que M. Ritter s'efforce de démontrer que l'olivier est exclusivement originaire de l'Asie, et qu'il faudrait l'appeler *olea asiatica* plutôt qu'*europæa*. Un fait qui domine ici la science, c'est que les plantes que l'on rencontre sur les bords africains et asiatiques de la Méditerranée croissent parfaitement aussi sur les côtes européennes opposées. La priorité d'introduction d'un végétal d'une zone dans une autre, située à peu près sous les mêmes lignes isothermes, est donc une question insoluble et oiseuse. Si l'olivier cultivé provient, comme c'est incontestable, de l'olivier sauvage, il faut reconnaître que ce dernier, avec ses nombreuses variétés, est aussi répandu dans le midi de l'Italie, de l'Espagne et de la France que dans l'Asie occidentale (4). En Grèce, tout comme en Palestine, la culture de l'olivier remonte aux temps les plus reculés. Cet arbre y joue de même un rôle important dans les traditions mythologiques et dans les cérémonies religieuses. Minerve *Cecropia* était gardienne de la citadelle d'Athènes, de l'olivier sacré et de la lampe éternelle (5). Cet arbre fut de même en très-grand

---

(1) Tournefort, *Voy.*, t. I, p. 10.
(2) Genèse, VIII, 11.
(3) Nehem., VIII, 15.
(4) Deuteronom., XXIV, 20.
(5) Exod., XXVII, 20; XXX, 24.
(6) I Sam., XVI, 1.
(7) Jos., XXIV, 13.

(1) I Chronic., XXVIII, 28.
(2) II Chronic., II, 10.
(3) Psalm., LII, 10.
(4) Link, *Die Urwelt und das Alterthum*; Berl., 1821, t. I, p. 241.
(5) Creuzer, *Symbolique*, etc., t. III, p. 390.

honneur chez les Romains : *Oleæ honorem Romana majestas magnum præbuit*, etc. *Athenæ quoque victores olea coronant, Græci vero oleastro Olympiæ* (1).

Une chose remarquable, c'est que dans tous les temps l'olivier paraît avoir été rare en Égypte. On n'en voit pas de trace sur les anciens monuments. Strabon, qui a lui-même voyagé dans ce pays, rapporte que l'on ne trouve de beaux oliviers que dans le seul district d'Arsinoé, près du lac Mœris (ἐλαιόφυτός τε γὰρ μόνος ἐστί) (2), et qu'il y en a bien dans les jardins d'Alexandrie, mais que leurs fruits ne donnent pas d'huile. Selon saint Jérôme, l'Égypte ne manque pas d'huile ; mais la meilleure vient du pays d'Éphraïm et de Samarie en Palestine (3). Abd-Allatif (mort en 1231) en parlant des plantes oléagineuses de l'Égypte ne mentionne pas l'olivier (4). Enfin Olivier et Sonnini disent que l'on ne rencontre en Égypte des oliviers que çà et là aux environs de quelques villages.

Pline prétend que l'olivier était inconnu dans toute l'Afrique (Mauritanie, Carthage, Gétulie), en Italie et en Espagne, encore à l'époque de Tarquin l'Ancien (5). Autour du golfe Arabique, près des trois îlots du golfe Élaïnitique, il y avait, selon Strabon, des bois d'oliviers éthiopiques, qui paraissent avoir différé de l'espèce commune (6).

Cependant Della-Cella trouva dans la Cyrénaïque et aux environs de Derna de véritables forêts d'oliviers superbes. Au sud-est de Tripoli, dans le désert d'Haroudge, entre Mésurate et le Fezzan, là où commence la colline basaltique, on ne rencontre, suivant le shérif Imhammed, que le *talk*, arbre semblable à l'olivier, et dont le bois dur, jaune citron, est employé par les Fezzaniens à la fabrication de leurs ustensiles (7). Ce n'est qu'à l'ouest des monts Ghuriano que les oliviers recommencent à paraître.

Le sol de l'Arabie ne semble point favorable à la culture de l'olivier. Aucun voyageur n'en parle. Chez les Arabes même il est rarement question de l'huile d'olive, et Avicenne ne l'indique que comme un laxatif (1). Cependant, sur les confins de l'Arabie, dans la vallée de Raphidim (Arbaïn) au pied du mont Horeb, et dans le jardin du couvent du Sinaï, on rencontre des oliviers à une hauteur assez considérable ; car, selon Russegger, ce couvent est situé à 5,115 pieds au-dessus du niveau de la mer.

Du temps d'Hérodote il n'y avait en Babylonie ni figuier, ni vigne, ni olivier (2). On ne trouve pas non plus de trace de cet arbre utile dans les régions situées au delà de l'Indus. On y employait la matière butyracée fournie par le palmier *ghee* aux mêmes usages que dans l'Occident l'huile d'olive. Au rapport d'Arrien, les parties méridionales de la Perse (côtes de la Karamanie) produisaient beaucoup d'arbres fruitiers, excepté l'olivier (πλὴν ἐλαίης) (3). L'olivier ne croît nulle part sur le mont Ararat ; mais on y trouve la variété sauvage et diverses espèces d'*elæagnus* (4).

C'est dans les provinces de l'Asie Mineure que l'olivier a été de tout temps très-abondant. C'est là que cet arbre paraît trouver le sol et le climat les plus plus favorables à son développement.

L'olivier se remarque non-seulement par son feuillage toujours vert, mais encore par sa longévité. Près de Ramla, sur la route de Joppé à Jérusalem, Châteaubriand rencontra une plantation d'o-

---

(1) Plin., *Hist. Nat.*, XV, 5.
(2) Strab., XVII, p. 809, édit. Casaub.
(3) Hieron., *ad Hoseam Comment.* c. 12. Cf. Relandi *Palæstina*, lib. I, p. 381 (4. 1714).
(4) Abd Allatif, *Relation de l'Égypte*, p. 311 et suiv. de la trad. de Sylvestre de Sacy.
(5) Plin., XV, 1.
(6) Strab., XVI, 773 et 777.
(7) Scheriff Imhammed.

(1) Avicen., *Canon Med.*, lib. II. Cf. W. Ainslie, *Materia Indica*, vol. I, p. 268.
(2) Herodot., I, 193 : οὔτε συκέην, οὔτε ἄμπελον, οὔτε ἐλαίην.
(3) Arrian., *Hist. Indic.*, XXXII, 5. Cf. Strab., XV, p. 726.
(4) L'*elæagnus angustifolia* qu'on appelle vulgairement *olivier sauvage*, bien qu'il n'appartienne pas à la même famille que l'olivier cultivé, peut supporter les froids de l'Europe centrale et boréale. J'ai vu deux de ces arbres en pleine terre dans des contrées assez froides, l'un à Donaueschingen, près de la source du Danube, et, l'autre à Rudolstadt (à près de 50° latitude nord), au bas du château du prince de Schwarzbourg-Rudolstadt.

liviers en quinconce, que l'on attribue à Godefroi de Bouillon. Le mont Olivier, si célèbre dans la Bible, présente encore aujourd'hui des arbres fort anciens, bien qu'ils ne paraissent pas remonter jusqu'au temps de Jésus-Christ; car Titus, lors de la destruction de Jérusalem, fit abattre tous les bois d'alentour (1). Les arbres du Jardin des Oliviers, de Gethsémané, où Jésus fut trahi (St. Matth., XXVI, 30), sont peut-être plus anciens encore. Ils sont au nombre de huit, protégés par une petite église qui y fut construite du temps de saint Jérôme. Peut-être furent-ils plantés à l'époque où l'impératrice Hélène visita la Terre Sainte (an 326 de l'ère chrétienne). Ce qui prouve la haute antiquité des huit oliviers de *Gethsémané* (mot qui signifie *pressoir d'huile*, aujourd'hui *Djesmanyie*), c'est que les moines franciscains, au couvent desquels ils appartiennent, ne payent pour chacun qu'un *médin*. Or, cet impôt date des premiers conquérants arabes, qui exigèrent des habitants le payement d'un médin au trésor des califes pour chaque olivier en plein rapport, tandis que pour tous les oliviers plantés plus tard on devait payer au souverain la moitié du produit de la récolte. Cette loi est encore en vigueur. Clarke regarde ces oliviers, à cause de la largeur de leurs feuilles et de leur face inférieure, très-blanchâtre, comme une espèce différente de l'*olea europœa*. Mais la culture peut donner lieu à un grand nombre de variétés, et les caractères indiqués ne sont pas spécifiques. Ces vétérans de la végétation ont le tronc creux; on en a rempli l'intérieur de pierres, pour les garantir contre les coups de vent. Les racines sont également protégées par une espèce de môle, et chaque arbre est entouré d'une balustrade (2). Ce verger fit déjà l'admiration de Bernard de Breydenbach (en 1488), de Rauwolff (en 1573) et de Maundrell (en 1697).

Du temps de Pline on révérait dans l'Élide un olivier dont les branches fournirent, selon la tradition, la première couronne à Hercule: *Olympii oleaster ex quo primus Hercules coronatus est, et nunc religiose* (1), etc.

C'est probablement à son feuillage, toujours vert, et à sa facilité de reproduction, que l'olivier devait son caractère sacré (2). L'olivier que Minerve fit sortir de terre dans l'Acropolis d'Athènes (3) fut brûlé jusqu'à un moignon de souche lors de l'incendie d'Athènes par Xerxès. Et ce moignon de souche poussa peu de temps après des rejetons, qui furent pour les Athéniens comme un indice de l'indestructibilité de leur puissance (4). Pausanias (*Attica*, c. 72) fait pousser à cet arbre des rejetons de deux coudées le jour même où les Perses le brûlèrent avec le temple d'Érechthée.

L'olivier se reproduit par boutures aussi facilement et aussi rapidement que le saule, auquel il ressemble par les feuilles. Au rapport de Pausanias, la massue qu'Hercule avait coupée à un olivier sauvage (*cotinus*), dans le golfe Saronique, bourgeonna dans le golfe de Corinthe, où Hercule l'enfonça au pied d'un autel de Mercure (5).

L'olivier est rarement déraciné par les vents, tant ces racines s'enfoncent profondément dans le sol. Son accroissement est très-rapide, et il est passé en proverbe que celui qui sème des oliviers n'en voit pas les fruits (6). C'est pourquoi on le propagea de tout temps par bouture.... *Canam et prolem tarde crescentis olivæ*, dit Virgile (*Georg.*, II, 3).

Figuier (ficus carica).

La zone de végétation de cet arbre fruitier dépasse celle de l'olivier, tant au Nord qu'au Sud. On rencontre le figuier dans l'Arabie, dans l'Éthiopie, comme au

---

(1) Joseph., *de Bello Jud.*, VI, 8.
(2) Bové, *Relation d'un voyage botanique en Égypte*, dans les *Annales des Scienc. Nat.*, t. I; 1837.

(1) Plin., XVI, 89; Ibid., XV, 1: *Negavit (Hesiodus) oleæ satorem fructum ex ea percepisse quemquam: tam tarda tunc res erat.* Pline cite ici un ouvrage perdu d'Hésiode.
(2) Odyss., VII, 116: ἐλαῖαι τηλεθόωσαι.
(3) Plin., XVI, 89: *Athenis quoque olea durare traditur in certamine edita a Minerva.*
(4) Hérodote, VIII, 53, 55.
(5) Pausan., *Corinth.*, XXXI, 13.
(6) Châteaubriand, *Itinéraire*, t. II, p. 26. Cf. Rosenmüller, *Handbuch des biblischen Alterthums*.

delà de l'Oxus et du Kour, dans les vallées du Caucase, où l'olivier ne prospère plus. Le figuier réussit même en pleine terre dans le nord de la France (sur les côtes de la Bretagne) et en Irlande. A l'est, il ne paraît pas franchir l'Indus, et dans l'Hindostan il est remplacé par d'autres espèces, différentes du *ficus carica*. Ibn-Batuta, voyageur arabe du quatorzième siècle, dit positivement que l'Inde manque de nos figues, ce qui se voit déjà par la requête d'Amitrochates au roi Antiochus, requête conservée par Athénée (*Deipnosoph.*, XIV, p. 652. édit. Schweigh). Elphinstone et Alexandre Burnes ne rencontrèrent pas non plus le figuier dans le plateau de l'Afghanistan. Mais Burnes le vit apparaître dès qu'il eut franchi l'Hindou-Khou, près de la ville d'Haibuk. Il ne l'avait pas vu dans le Kaboulistan.

Chardin et d'autres voyageurs ont remarqué que les figues que l'on récolte aux environs d'Ispahan, de Téhéran et de Kaschan, ne valent pas celles du midi de la France. Ce n'est qu'à partir de Schiraz que la figue devient un aliment général. Les vergers de Shuhré Babic, sur les frontières du Fars, sont célèbres par leurs figues, pêches, abricots, prunes, pommes, poires, amandes, noix, cerises et grenades. Quoi qu'il en soit, l'Asie occidentale ne paraît jamais avoir produit des figues aussi estimées que celles de la Grèce. Les figues attiques étaient déjà renommées du temps des rois de Perse (1). Chez les Perses la figue se nomme *andjir*, mais l'idiome pehlvi a conservé le nom hébreu *tihn*.

Le figuier ne commence à bien réussir que dans la Mésopotamie moyenne et supérieure, sur les rives du Tigre. Il préfère un sol rocailleux à un terrain gras et plat. Il était inconnu en Babylonie, du temps d'Hérodote. Il paraît toujours avoir été très-commun sur les bords du Pont-Euxin, de la Méditerranée, dans toute l'Asie mineure, en Grèce, en Italie, dans le Midi de la France, et dans la presqu'île Ibérique. Du côté de l'Arabie, au midi de la Palestine, en Égypte et dans toute l'Afrique orientale, jusqu'à la baie Delogoa, le *ficus carica* est en grande partie remplacé par le *ficus sycomorus*, dont le bois est encore aujourd'hui employé en Égypte, non plus pour les caisses de momies, mais pour la construction des barques du Nil. — Les Grecs connaissaient depuis longtemps la caprification pour améliorer le fruit du figuier (1).

Le figuier est également fort ancien en Palestine. Les messagers que Moïse avait envoyés du désert pénétrèrent jusqu'à Hébron, et revinrent avec des grappes, des grenades et des figues (2). L'ancien nom *teenah* s'est conservé jusqu'à ce jour dans toute la Syrie (*tihn*, figue). Jérémie compare le bon et le méchant peuple d'Israel aux bonnes et aux mauvaises figues (XXIV, 2, 3). Les mauvais doivent être coupés par le glaive (Jérémie, XXIX, 17). Tout le monde connaît la parabole du figuier desséché (saint Matth., XXI, 19; XXIV, 32; saint Marc, XIII, 26). Les figuiers du lac Génézareth donnaient des fruits pendant dix mois sans interruption (3). La figue verte (*pag*) du printemps était mûre vers la fin de juin; c'était la plus estimée, sous le nom de *bicurrah*. La figue d'été (*karmouse*) mûrissait en août, et la figue d'automne vers l'époque de la chute des feuilles. Les figues desséchées sous forme de gâteaux (*debelim*) étaient chez les Hébreux la nourriture ordinaire du peuple. — Homère parle du figuier sauvage (ἐρινός) aux environs de Troie (4), et du figuier cultivé dans les jardins d'Alcinoüs (5).

BABYLONE ET SES ENVIRONS.

Le nom de *Babylone* est d'origine sémitique, c'est la *Babel*, בבל, des Hébreux, mot qui, à son tour, dérive de בלל (*balal*), *confondre*, par allusion à la confusion des langues. De *Babel* les Grecs, en changeant la terminaison, ont fait Βαβυλών (*Babylon*), nom qui fut ensuite adopté par tous les peuples de l'Occident. Les historiens ne sont pas

---

(1) Ath., *Deipn.*, V, p. 372.

(1) Aristot., *Hist. Anim.*, V, 32; Theophr., *Hist. Plant.*, II, 8.
(2) Num., XIII, 24. Cf. Deutéron., VIII, 8; I Reg., IV, 25; II Reg., XVIII, 3.
(3) Joseph., *de Bell. Jud.*, III, 10 ... οὐκ ὄντος δέκα μησὶν ἀδιαλείπτως χορηγεῖ.
(4) *Iliad.*, VI, 433; XI, 167; XXII, 145.
(5) *Odyss.*, VII, 116; XII, 103, 432.

d'accord sur le fondateur de la ville de Babylone : les uns désignent Bélus, les autres Sémiramis, d'autres enfin se taisent absolument au sujet du fondateur de cette ville. Suivant Quinte-Curce, la première opinion paraît avoir obtenu le plus grand nombre de suffrages (1). Ctésias et Diodore ont adopté la seconde. D'après Ammien-Marcellin, les murs de Babylone furent construits par Sémiramis, et le palais ou la citadelle par Bélus (2). Il se présente ici une autre difficulté, qui a beaucoup occupé les commentateurs et les chronologistes : la Sémiramis de Diodore, fondatrice de Babylone, ne saurait être la Sémiramis d'Hérodote. La dernière, de cinq générations plus ancienne que Nitocris, était contemporaine de Nabonassar, dont l'ère commence en 747, c'est-à-dire à une époque bien postérieure à la fondation de Babylone. C'est ce qui a porté quelques-uns à admettre une Sémiramis II, femme de Nabonassar, bien différente de l'ancienne Sémiramis. Suivant Volney, l'erreur venait, non pas d'Hérodote, mais des prêtres chaldéens qu'il avait interrogés. « Ces prêtres n'auront pas osé, dit Volney, faire remonter la chronologie des rois de Babylone au delà de ce Nabonassar, qui avait ordonné de brûler toutes les anciennes chroniques, pour faire perdre le souvenir des rois ses prédécesseurs et avoir l'honneur de donner son nom à une ère nouvelle; cependant ces mêmes prêtres, ne pouvant passer sous silence le nom de Sémiramis, si célèbre dans toute l'Asie, et qu'Hérodote, dans ses questions, n'avait sans doute pas négligée, ils se seront bornés à la placer immédiatement avant Nabonassar, et à la faire sa contemporaine. » (3)

Cette solution peut être ingénieuse; mais elle ne démontre pas que l'époque de Sémiramis doive être reculée jusqu'à celle qu'on assigne au règne de Ninus. D'ailleurs, le scrupule de violer les intentions de Nabonassar que l'on suppose aux prêtres chaldéens ne pouvait guère exister à l'époque où Hérodote se trouvait à Babylone, alors soumise aux Perses et simplement le chef-lieu d'une satrapie. Telles sont les objections que Miot soulève contre Volney. Malheureusement l'explication que nous donne le savant traducteur d'Hérodote ne nous paraît guère plus propre à résoudre le problème. Il pense que Sémiramis a réellement vécu à l'époque indiquée par Hérodote, c'est-à-dire postérieurement à la fondation de Babylone, et que c'est par une sorte de vanité, si commune à tous les peuples, que les Babyloniens ont, par la suite, reporté Sémiramis et ses ouvrages à des temps plus reculés, pour dissimuler les travaux exécutés pendant la domination des Assyriens. « En effet, dit Miot, en admettant que l'origine de Babylone soit de beaucoup antérieure à celle qu'Hérodote nous donne pour l'existence de Sémiramis; qu'il y ait eu de temps immémorial dans Babylone un temple de Bélus, des monuments sacrés, des tours pour servir d'observatoire, des murailles d'enceinte; que ces constructions aient été l'ouvrage du fabuleux Bélus ou de Ninus, ou de Nabuchodonosor, toujours est-il vrai que cette ville n'a pu être l'objet exclusif des soins de Ninus, qui venait de fonder Ninive sur le Tigre, ni de sa femme, ni de ses successeurs, quelque avantage que la position de Babylone ait eu sur celle de Ninive, parce que, dans cette supposition, le siége de l'empire y eût été transporté, ce qui n'eut pas lieu. Il faut donc reconnaître que Babylone n'a pu acquérir l'extrême importance qu'elle a eue par la suite, que lorsqu'elle est devenue la capitale d'un État libre, indépendant et puissant; un tel État n'a commencé qu'au temps où les Babyloniens se sont soustraits au joug des Assyriens de Ninive, et ce temps est justement l'époque de Nabonassar. Rien ne paraît donc plus naturel que de placer à cette même époque, comme le fait Hérodote, l'existence de Sémiramis. C'est alors seulement qu'elle aura exécuté, soit comme reine, soit comme régente, les travaux que son

---

(1) Q. Curtius, V, 1 : Semiramis eam (Babylonem) condiderat, vel, *ut plerique crediderre*, Belus, cujus regia ostenditur.

(2) Ammian., XXIII, 6 : *Babylon, cujus moenia bitumine Semiramis struxit; arcem enim antiquissimus rex condidit Belus*.

(3) Volney, *Recherches nouvelles sur l'Histoire Ancienne*, partie III ; *Chronologie des Babyloniens*.

génie, son goût pour les grandes choses, et surtout sa politique, ont dû lui faire entreprendre, tant pour sa gloire que pour offrir un asile aux peuples qu'il était de son intérêt de dérober à la puissance chancelante de Ninive et mettre cet asile en sûreté. Voilà probablement ce qui lui a mérité le nom de fondatrice de Babylone (1). »

Cette opinion de Miot ne paraît guère plus satisfaisante que celle de Volney. Il ne me semble pas nécessaire de supposer quelque altération dans le texte et de lire *quinze* générations au lieu de *cinq*, pour mettre Hérodote d'accord avec Diodore et les autres historiens.

Babylone, cité fameuse, dont les siècles n'ont pu diminuer l'antique renommée, a été de la part des historiens et des archéologues le sujet de savants travaux et de nombreuses discussions. Hérodote et Diodore en sont le principal, pour ne pas dire l'unique, point d'appui. Aussi, avant d'aborder les questions litigieuses, ne saurais-je mieux faire que de mettre d'abord en parallèle les textes de ces deux écrivains concernant la fondation de Babylone et les merveilles que cette ville renfermait.

Hérodote, lib. I, c. 178-182. — « La ville de Babylone est située dans une vaste plaine ; elle forme un carré parfait dont chaque côté est de cent vingt stades : l'enceinte totale est par conséquent de quatre cent quatre-vingts stades. Telle est la grandeur de Babylone, bâtie d'ailleurs avec une magnificence qui l'emporte beaucoup sur toutes les autres villes que nous connaissons. Elle est entourée d'abord d'un fossé profond, très-large et rempli d'eau, ensuite d'un mur dont l'épaisseur est de cinquante coudées royales, et la hauteur de deux cents. La coudée royale est de trois doigts plus longue que la coudée ordinaire.

« Il faut dire ici comment fut employée la terre retirée du fossé, et de quelle manière on construisit le mur. A mesure que l'on creusait le fossé, la terre qui en sortait était immédiatement façonnée en briques ; et lorsqu'on en avait disposé un nombre convenable, on les faisait cuire au four. On bâtissait ensuite avec ces briques, enduites d'une couche d'asphalte chaud, au lieu de simple chaux délayée, en les disposant par assises, et entre chaque troisième assise on introduisait un lit de tiges de roseaux. On construisait par ce procédé, d'abord les parois du fossé, et ensuite le mur, en continuant d'employer le même genre de construction. Élevés au sommet du mur et sur ses bords, deux rangs de tourelles à un seul étage, contiguës et tournées l'une vers l'autre, laissaient entre elles l'espace nécessaire pour le passage d'un char attelé de quatre chevaux. Dans le pourtour de la muraille on comptait cent portes, toutes en airain, avec les jambages et les linteaux de même métal. L'asphalte qui servit à la construction de ces murailles était tiré de la ville d'Is, située à huit journées de marche de Babylone, sur une rivière du même nom. Cette rivière, peu considérable, qui se jette dans l'Euphrate, roule avec ses eaux une grande quantité de morceaux d'asphalte.

« C'est ainsi que Babylone fut entourée de murs. La ville est partagée en deux grandes portions par le fleuve qui coule au milieu. Ce fleuve est l'Euphrate ; il vient de l'Arménie ; il est large, profond, rapide, et va se jeter dans la mer Érythrée. Le mur d'enceinte touche donc par chacune de ses extrémités le fleuve, et, formant un angle à ce point, il se rattache des deux côtés à une maçonnerie construite également de briques cuites, qui forme les quais des deux rives du fleuve. L'intérieur de la ville, rempli de maisons de trois à quatre étages, est traversé par des rues alignées, se coupant à angles droits, les unes parallèles, les autres perpendiculaires au fleuve. Celles-ci sont terminées toutes par une porte, qui s'ouvre dans la maçonnerie du quai où elles aboutissent ; toutes ces portes sont, comme on vient de le dire, d'airain, et conduisent au fleuve.

« Le mur d'enceinte était, comme on le voit, la principale défense de Babylone. On en avait en outre élevé un intérieur et parallèle, presque aussi solidement construit que le premier, mais moins épais. On remarque au centre de

---

(1) Note 55 du tome I, p. 212 de la traduction d'Hérodote.

chacune des deux portions de la ville une grande construction, le palais du roi, dont le circuit, très-vaste, était fortifié, et le monument à portes d'airain, consacré à Jupiter-Bélus, qui subsiste encore de mon temps. Il est quadrangulaire, et chaque côté peut avoir deux stades. Au milieu s'élève une tour solide ayant un stade en longueur et en largeur; sur cette première tour une autre est bâtie, une troisième sur celle-ci, et ainsi de suite jusqu'au nombre de huit. On peut monter au sommet de toutes par une rampe qui circule en dehors de chacune d'elles. A la moitié du chemin on a ménagé un lieu de repos, et des siéges sur lesquels ceux qui montent peuvent s'asseoir. Sur la dernière tour se trouve une grande chapelle, où l'on voit un lit très-large, magnifiquement couvert, près duquel est une table d'or. Du reste, on n'y aperçoit aucune image de divinité. Personne ne passe la nuit dans ce lieu, si ce n'est une femme seule qui doit être du pays, choisie par le dieu, et que désignent les Chaldéens prêtres de Bélus.

« Ces prêtres disent, et à mon jugement cela n'est pas croyable, que le dieu lui-même se rend dans le temple et s'y repose sur le lit qui lui est préparé, ainsi que cela a lieu, suivant les Égyptiens, à Thèbes, où une femme passe également la nuit dans le temple de Jupiter-Thébain.

« Il existe encore dans le monument de Babylone un temple inférieur, où l'on voit une grande statue d'or de Jupiter assis. Devant cette image est une table d'or, aussi très-grande; le siége et les degrés sont également en or, et, suivant ce que disent les Chaldéens, on a employé huit cents talents de ce métal à la confection du tout. En dehors est un autel d'or, et non loin un autre, plus grand, sur lequel on offre en sacrifice les victimes adultes; car il n'est pas permis de les immoler sur l'autel d'or, où l'on ne peut offrir que des animaux qui tettent. Sur le grand autel les Chaldéens brûlent chaque année mille talents d'encens, lorsqu'ils célèbrent la fête du dieu. Il y avait aussi autrefois dans l'enceinte sacrée une statue d'or massif de douze coudées de haut; mais je ne l'ai point vue, et je ne rapporte ici que ce que les Chaldéens m'ont dit. Darius, fils d'Hystaspe, qui avait grande envie de s'en emparer, n'osa pas le faire; mais Xerxès l'enleva, et fit même tuer le prêtre qui voulut l'empêcher de la déplacer. Tels étaient les principaux ornements de ce temple. On y voyait en outre un grand nombre d'offrandes faites par des particuliers. »

Diodore, lib. II, c. 7-10. — « Sémiramis, jalouse de surpasser en gloire son prédécesseur, résolut de fonder une ville dans la Babylonie; elle fit venir de tous côtés des architectes et des ouvriers au nombre de deux millions, et fit préparer tous les matériaux nécessaires. Elle entoura cette nouvelle ville, traversée par l'Euphrate, d'un mur de trois cent soixante stades, fortifié, selon Ctésias de Cnide, de distance en distance par de grandes et fortes tours. La masse de ces ouvrages était telle, que la largeur des murs suffisait au passage de six chariots de front, et leur hauteur paraissait incroyable. Au rapport de Clitarque et de quelques autres, qui suivirent plus tard Alexandre en Asie, le mur était d'une étendue de trois cent soixante-cinq stades, qui devaient représenter le nombre des jours de l'année. Il était construit avec des briques cuites et enduites d'asphalte. Son élévation était, d'après Ctésias, de cinquante orgyes, mais selon des historiens plus récents, elle n'était que de cinquante coudées, et sa largeur était de plus de deux chariots attelés; on y voyait deux cent cinquante tours d'une hauteur et d'une épaisseur proportionnées à la masse de la muraille. Il ne faut pas s'étonner si le nombre des tours est si petit comparativement à l'étendue de l'enceinte; car dans plusieurs endroits la ville était bordée de marais, en sorte que la nature rendait inutile la fortification de main d'homme. On avait laissé un espace de deux pléthres entre les maisons et le mur d'enceinte.

« Pour hâter l'exécution de ces travaux, la reine avait assigné l'espace d'un stade à chacun de ses amis, et leur fournissait les matériaux nécessaires avec l'ordre d'achever leur tâche dans l'année. Pendant qu'ils s'acquittaient de leur devoir avec zèle, elle construisit dans la partie la plus étroite du fleuve un pont de cinq stades de longueur, reposant sur des piles enfoncées à une grande profondeur et à un intervalle de douze pieds l'une de l'autre; les pierres étaient assujetties par des crampons de fer, et les jointures soudées avec du plomb fondu. Les faces de chaque pile exposées au courant de l'eau étaient construites sous forme de saillies anguleuses, qui, coupant les flots et amortissant leur impétuosité, contribuaient à la solidité de la construction. Le pont était recouvert de planches de cèdre et de cyprès, placées sur d'immenses madriers de palmiers; il avait trente pieds de large, et n'était pas le moins beau des ouvrages de Sémiramis. De chaque côté du fleuve elle éleva des quais magnifiques, presque aussi larges que les murailles, dans une étendue de cent soixante stades. Elle fit construire à chaque extrémité du pont un palais d'où elle pouvait voir toute la ville. Ces deux palais étaient, pour ainsi dire, les clefs des deux quartiers les plus importants. Comme l'Euphrate, traversant Babylone, coule vers le midi, l'un de ces palais regardait l'orient, l'autre l'occident, et tous deux étaient d'une grande magnificence. Celui qui était situé au couchant avait soixante stades de circuit; il était fortifié par de beaux murs, très-élevés et construits en briques cuites. En dedans de ce mur était une autre enceinte, faite avec des briques crues, sur lesquelles étaient imprimées des figures de toutes sortes d'animaux; ces figures étaient peintes avec tant d'art, qu'elles semblaient êtres vivantes. Cette enceinte avait quarante stades de longueur. Son épaisseur était de trois cents briques, et sa hauteur, suivant Ctésias, de cinquante orgyes; la hauteur des tours était de soixante et dix orgyes.

« Enfin, en dedans de cette seconde enceinte il y en eut une troisième, qui entourait la citadelle, dont le périmètre était de vingt stades, et qui dépassait en hauteur le mur intermédiaire. Sur les tours et les murailles on avait représenté toutes sortes d'animaux, parfaitement imités par les couleurs et le relief. On y voyait une chasse, composée de différents animaux, qui avaient plus de quatre coudées de haut. Dans cette chasse, Sémiramis était figurée à cheval, lançant un javelot sur une panthère; auprès d'elle était Ninus, son époux, frappant un lion d'un coup de lance.

« On pénétrait dans la citadelle par une triple porte, derrière laquelle étaient des chambres d'airain, s'ouvrant par une machine; enfin, ce palais l'emportait de beaucoup en étendue et en beauté sur celui qui était situé sur la rive opposée. Ce dernier n'avait qu'un mur d'enceinte en briques cuites, de trente stades de circuit. Au lieu de figures d'animaux, on y voyait les statues d'airain de Ninus, de Sémiramis, des gouverneurs de province et la statue de Jupiter, que les Babyloniens appellent Bélus. On y remarquait cependant des représentations de combats et de chasses très-agréables à la vue.

« Sémiramis choisit ensuite le lieu le plus bas des environs de Babylone pour y construire un réservoir carré, dont chaque côté était de trois cents stades. Ce réservoir était fait de briques cuites et d'asphalte; sa profondeur était de trente-cinq pieds. Elle fit détourner le fleuve pour le conduire dans ce réservoir, et construire une galerie souterraine communiquant avec les palais situés sur chaque rive; les voûtes de cette galerie étaient bâties en briques cuites, de quatre coudées d'épaisseur, et enduites d'une couche d'asphalte bouilli. Les parois de la galerie avaient vingt briques d'épaisseur, douze pieds de haut, jusqu'à l'arc de la voûte, et la largeur de la galerie était de quinze pieds. Cet ouvrage fut terminé en sept jours; elle fit rentrer le fleuve dans son lit, de telle façon que, au moyen de la galerie souterraine, elle pouvait se rendre d'un palais à l'autre sans traverser l'eau. Les deux extrémités de la galerie étaient fermées par des portes qui ont subsisté jusqu'à la domination des Perses. Après cela, Sémiramis éleva au milieu de la ville un temple consacré à Jupiter, que les Babyloniens nomment Bélus, ainsi que nous l'avons dit. Comme les historiens ne sont pas d'accord sur ce monument, et qu'il est tombé en ruines par la suite des temps, il est impossible d'en donner ici une description exacte. On convient cependant qu'il était extraordinairement élevé, et qu'à cause de son élévation les Chaldéens y faisaient leurs travaux astronomiques, en observant soigneusement le lever et le coucher des astres. Tout l'édifice était construit avec beaucoup d'art, en asphalte et en briques; sur son sommet se trouvaient les statues de Jupiter, de Junon et de Rhéa, recouvertes de lames d'or. Celle de Jupiter représentait ce dieu debout et dans la disposition de marcher; elle avait quarante pieds de haut, et pesait mille talents babyloniens. Celle de Rhéa, figurée assise sur un char d'or, avait le même poids que la précédente; sur ses genoux étaient placés deux lions, et à côté d'elle étaient figurés d'énormes serpents en argent, dont chacun pesait trente talents. La statue de Junon, représentée debout, pesait huit cents talents; elle tenait dans la main droite un serpent par la tête, et dans la main gauche un sceptre garni de pierreries. Devant ces trois statues était placée une table d'or plaqué, de quarante pieds de long, sur quinze de large, et pesant cinq cents talents. Sur cette table étaient posées deux urnes du poids de trente talents; il y avait aussi deux vases à brûler des parfums, dont chacun pesait trois cents talents; et trois cratères d'or, dont l'un consacré à Jupiter, pesait douze cents talents babyloniens, et les autres, chacun six cents. Tous ces trésors furent plus tard pillés par les rois des Perses. Quant aux résidences royales et autres édifices, ils disparurent par l'injure du temps, ou ils tombèrent en ruine; aujourd'hui une petite partie seulement de Babylone est habitée; le reste de l'espace compris dans ses murs est converti en champs cultivés.

« Il y avait dans la citadelle le jardin suspendu, ouvrage, non pas de Sémiramis, mais d'un roi syrien postérieur à celle-ci : il l'avait fait construire pour plaire à une concubine. On raconte que cette femme, originaire de la Perse, regrettant les prés de ses montagnes, avait engagé le roi à lui rappeler, par des plantations artificielles, la Perse, son pays natal. Ce jardin, de forme carrée, avait de chaque côté quatre plèthres; on y montait, par des degrés, des terrasses posées les unes sur les autres, en sorte que le tout présentait l'aspect d'un amphithéâtre. Ces terrasses ou plates-formes sur lesquelles on montait étaient soutenues par des colonnes, qui, s'élevant graduellement de distance en distance, supportaient toutes le pied des plantations; la colonne la plus élevée, de cinquante coudées de haut, supportait le sommet du jardin et était de niveau avec les balustrades de l'enceinte. Les murs, solidement construits, à grands frais, avaient vingt-deux pieds d'épaisseur, et chaque issue dix pieds de largeur. Les plates-formes des terrasses étaient composées de blocs de pierre dont la longueur, y compris la saillie, était de seize pieds sur quatre de largeur. Ces blocs étaient recouverts d'une couche de roseaux mêlés de beaucoup d'asphalte; sur cette couche reposait une double rangée de briques cuites, cimentées avec du plâtre; celles-ci étaient, à leur tour, recouvertes de lames de plomb, afin d'empêcher l'eau de filtrer à travers les atterrissements artificiels, et de pénétrer dans les fondations. Sur cette ouverture se trouvait répandue une masse de terre suffisante pour recevoir les racines des plus grands arbres. Ce sol artificiel était rempli d'arbres de toute espèce, capables de charmer la vue par leur dimension et leur beauté. Les colonnes, s'élevant graduellement, laissaient par leurs interstices pénétrer la lumière, et donnaient accès aux appartements royaux, nombreux et diversement ornés Une seule de ces colonnes était creuse depuis le sommet jusqu'à sa base; elle contenait des machines hydrauliques qui faisaient monter du fleuve une grande quantité d'eau, sans que personne pût rien voir à l'extérieur. Tel était ce jardin, qui, comme nous l'avons dit, fut construit plus tard (1). »

En jetant un coup d'œil sur les récits d'Hérodote et de Diodore, on s'aperçoit aisément qu'il existe entre eux quelques notables différences. Le récit de Diodore est plus complet, plus détaillé que celui d'Hérodote; mais tous deux portent le cachet d'une véracité incontestable. Si l'un et l'autre ont raison, comment expliquer les divergences? Hérodote et Diodore ont tous deux visité Babylone; pour le premier, la chose paraît hors de doute; quant au dernier,

(1) Tome I de ma traduction.

il a lui-même soin de nous apprendre qu'il a mis trente ans à la rédaction de sa *Bibliothèque Historique*, et qu'il a a parcouru une grande partie de l'Asie, afin de voir de ses propres yeux la plupart des contrées les plus importantes (1). Comment aurait-il oublié de visiter Babylone?

Voilà donc deux auteurs qui, jouissant d'une égale autorité, ont droit à la même confiance. Mais ce qu'il ne faut pas oublier, c'est qu'ils ont visité la même ville chacun à plus de quatre siècles d'intervalle. Pendant ce laps de temps bien des changements auront dû s'opérer.

A côté d'Hérodote et de Diodore vient se placer une autorité bien plus ancienne et plus vénérable encore, Moïse. Malheureusement l'auteur du *Pentateuque* ne nous donne sur Babylone d'autres détails que la construction de la Tour de Babel. Mais son récit est si précieux, que nous croyons devoir le joindre aux textes des deux historiens grecs cités :

Genèse, ch. XI, 1 - 9. « La terre n'avait alors qu'une seule langue et qu'une même manière de parler. Et comme ces peuples étaient sortis du côté de l'Orient, ayant trouvé une campagne dans le pays de Sennaar, ils y habitèrent; et ils se dirent l'un à l'autre : Allons, faisons des briques, et cuisons-les au feu. Ils se servirent donc de briques comme de pierres, et de bitume comme de ciment. Ils s'entre-dirent encore : Venez, faisons-nous une ville et une tour qui soit élevée jusqu'au ciel, et rendons notre nom célèbre avant que nous nous dispersions par toute la terre. Or, le Seigneur descendit pour voir la ville et la tour que bâtissaient les enfants d'Adam ; et il dit : « Ils ne sont tous maintenant qu'un peu-« ple, et ils ont tous le même langage; et « ayant commencé à faire cet ouvrage, ils « ne quitteront point leur dessein qu'ils « ne l'aient achevé entièrement. Descen-« dons en ce lieu, et confondons-y telle-« ment leur langage, qu'ils ne s'entendent « plus les uns les autres. » C'est de cette manière que le Seigneur les dispersa dans tous les pays du monde, et ils cessèrent de bâtir cette ville. C'est aussi pour cette raison que cette ville fut appelée Babel, parce que c'est là que fut confondu le langage de toute la terre. »

La Bible, jointe à Hérodote et à Diodore, forme la source primordiale de nos connaissances sur l'antique Babylone. Nous avons ici à regretter la perte irréparable des écrits de Ctésias, de Clitarque et d'autres, qui avaient également vu Babylone. Après ces autorités viennent Strabon et les historiens d'Alexandre, particulièrement Quinte-Curce et Arrien, auxquels on peut ajouter quelques faibles notices de Justin et de Pline l'Ancien. A ces renseignements fournis par les anciens il faut ajouter les observations des voyageurs modernes. Telles sont les données sur lesquelles nous pourrons nous appuyer dans les recherches que nous allons entreprendre.

Strabon, XVI, 1 (p. 738 de l'édition de Casaub.). « Babylone est située dans une plaine (comme Ninive). Son enceinte a trois cent quatre-vingt-cinq stades de tour, sur trente-deux pieds d'épaisseur (1). La hauteur du mur est de cinquante coudées dans l'intervalle des tours, et de soixante coudées, en y comprenant les tours. La largeur (πάροδος) est assez grande pour que deux quadriges y puissent facilement courir en sens contraire. Aussi cette enceinte est-elle au nombre des sept merveilles du monde, de même que le jardin suspendu (κρεμαστὸς κῆπος), qui a la forme d'un carré, dont chaque côté est de quatre plèthres (2). Il se compose de plu-

---

(1) Diodore, I, 3.

(1) Hérodote donne, comme on vient de le voir, quatre cent quatre-vingts stades de tour. Philostrate (*Vit. Apoll. Tyan.*, I, 25), Pline (VI, 26), Tzetzès, Solin et Martien Capella donnent le même chiffre d'après Hérodote. — Diodore, copiant Ctésias, donne trois cent soixante stades. Ce nombre doit être rapproché de celui de trois cent soixante-cinq (nombre des jours de l'année), qu'il faut lire dans Quinte-Curce. Quant aux trois cent quatre-vingt-cinq stades de Strabon, c'est probablement trois cent soixante-cinq que l'auteur aura voulu dire.

(2) Environ quatre cents pieds.

Les auteurs se contredisent encore plus pour la hauteur que pour la circonférence. Selon Hérodote, la hauteur des murs est de deux cents coudées (trois cents pieds) ; selon Diodore (Ctésias), elle est de deux cents coudées (trois cents pieds) ; selon Quinte-

sieurs terrasses voûtées (ψαλιδώμασι καμαρωτοῖς), qui s'élèvent les unes au-dessus des autres, soutenues par de gros piliers en forme de cubes (ἐπὶ πεττῶν κυβοειδῶν). Les piliers sont creux et remplis de terre, de manière à pouvoir contenir les racines des plus grands arbres. Ces piliers ainsi que les planchers des terrasses (αἱ ψαλίδες) et les voûtes (καμαρώματα) sont en briques cuites, cimentées avec de l'asphalte. On arrive à l'étage supérieur par des gradins (προσβάσεις κλιμακωταί), le long desquels on a disposé des limaces (κοχλίας), par lesquelles des hommes commis à cet effet font sans cesse monter l'eau de l'Euphrate dans le jardin. Le fleuve coule à travers le milieu de la ville ; il a un stade de large, et se trouve près du jardin. On voit aussi là (αὐτόθι) le tombeau de Bélus (Βήλου τάφος), maintenant ruiné ; c'est, dit-on, Xerxès qui le détruisit. [Ce tombeau] était une pyramide quadrangulaire (πυραμὶς τετράγωνος), en briques cuites (ἐξ ὀπτῆς πλίνθου), ayant un stade de hauteur et de côté. Alexandre avait l'intention de le rétablir. Mais l'entreprise demandait beaucoup de travaux et de temps ; car il aurait fallu deux mois et dix mille ouvriers pour enlever seulement les décombres. Bientôt après le roi mourut. Personne ne s'occupa ensuite de ce monument. Le reste fut également négligé ; et la ruine de cette ville devint l'ouvrage à la fois des Perses, du temps et des Macédoniens, surtout depuis que Séleucus Nicator eut fortifié Séleucia sur le Tigre, à trois cents stades de Babylone. Ce souverain et ses successeurs eurent une grande prédilection pour Séleucie, et y transportèrent leur résidence (βασίλειον). Aussi est-elle maintenant devenue plus grande que Babylone (νῦν ἡ μὲν γέγονε Βαβυλῶνος μείζων). Celle-ci est en grande partie déserte, et on peut lui appliquer ce qu'un poète disait de Mégalopolis en Arcadie :

« La grande ville n'est plus qu'un grand désert » (ἐρημία μεγάλη ἐστὶν ἡ Μεγάλη πόλις).

Quinte-Curce, V, 1... « — Cette superbe ville est l'œuvre de Sémiramis, et non de Bélus, dont on voit le palais (*cujus regia ostenditur*). Son mur est de briques cimentées de bitume (*murus instructus laterculo coctili, bitumine interlitus*), et a trente-deux pieds d'épaisseur : deux quadriges peuvent s'y rencontrer sans danger. Il a cent coudées de haut et les tours sont de dix pieds plus élevées. L'enceinte est de trois cent soixante-huit stades, et l'on rapporte que la tâche avait été de faire un stade par jour. Les maisons ne touchent pas aux murs ; car il y a un espace intermédiaire de près d'un arpent (*ædificia non sunt admota muris, sed fere spatium unius jugeris absunt*) ; et même toute la ville n'est pas occupée par des constructions ; il n'y a d'habité que l'espace de quatre-vingt-dix stades, et tout n'y est pas continu : les édifices y sont, pour plus de sécurité, isolés ; ils ensemencent et cultivent tout le reste, afin qu'en cas d'attaque du dehors, ils aient de quoi nourrir les assiégés (1). L'Euphrate coule par le milieu, encaissé entre de puissants quais (*magnæ molis crepidinibus*). Toutes ces grandes constructions sont entourées de larges cavernes (*circumveniunt cavernæ ingentes, in altitudinem pressæ*), pour amortir le choc du fleuve (*ad accipiendum impetum fluminis*), qui sans ces réservoirs (*nisi essent specus lacusque*) dépasserait la hauteur des quais, et inonderait la ville. [Ces réservoirs] sont construits en briques cuites, et tout l'ouvrage est revêtu d'un couche de bitume (*totum opus bitumine adstringitur*). Un pont de pierre (*pons lapideus*), jeté sur le fleuve, joint les deux quartiers opposés (*jungit urbem*). Ce pont est aussi au nombre des merveilles de l'Orient ; car l'Euphrate charrie beaucoup de limon (*altum limum vehit*) ; il a donc fallu en retirer beaucoup de vase pour l'y asseoir sur des fondements soli-

---

Curce, de cent coudées (cent cinquante pieds) ; selon Philostrate, de cent coudées (cent cinquante pieds). Philon de Byzance admet, comme Strabon, cinquante coudées (soixante-quinze pieds). Ces mesures suivent la progression géométrique : cinquante, cent, deux cents.

(1) *Ibid.* : Ac ne totam quidem urbem tectis occupaverunt ; per XC stadia habitatur ; nec omnia continua sunt ; credo quia tutius visum est pluribus locis spargi ; cætera serunt coluntque, ut, si externa vis ingruat, obsessis alimenta ex ipsius urbis solo subministrentur.

des. Puis il s'y accumule des sables, qui s'attachent aux rochers sur lesquels repose le pont, arrêtent le cours de l'eau, dont la violence est d'autant plus grande qu'elle est moins libre dans son canal. La citadelle (*arx*) a vingt stades de tour; les tours reposent sur un soubassement de trente pieds (xxx *pedes in terram turrium fundamenta demissa sunt*); et il y a jusqu'au sommet de la forteresse (*summum munimenti fastigium*) quatre-vingts pieds. Au haut de la citadelle (*super arce*) sont les jardins suspendus (*pensiles horti*), merveille fabuleuse pour les Grecs; ils égalent le sommet des murailles, et sont parés d'arbres nombreux élevés et ombrageux (*multarumque arborum umbra et proceritate amœni*). Des piliers, posés sur le roc soutiennent toute la charge (*saxo pilæ, quæ totum onus sustinent, instructæ sunt*). Sur ces piliers est une plate-forme, pavée de pierres carrées (*super pilas lapide quadrato solum stratum est*), susceptible de recevoir une épaisse couche de terre et de l'eau pour l'arroser (*patiens terræ, quam altam injiciunt, et humoris quo rigant terras*). Cette terrasse porte des arbres si vigoureux, que leurs troncs ont huit coudées d'épaisseur, sur cinquante pieds de haut, et qu'ils produisent autant de fruits que s'ils croissaient dans leur sol naturel (1). Et, tandis que le temps use non-seulement les œuvres de l'homme, mais à la longue la nature même, cette terrasse, pressée par une si lourde charge et par les racines de tant d'arbres, se conserve intacte (*moles inviolata durat*); elle est, il est vrai, soutenue par vingt larges pilastres (*lati parietes sustinent*) (2), distants de onze pieds l'un de l'autre, de manière que de loin on croirait voir des forêts sur la crête de leurs montagnes. On rapporte qu'un roi de Syrie, régnant à Babylone, fit bâtir cet ouvrage, pour plaire à sa femme, qui aimait beaucoup les bois et les lieux champêtres

Arrien (VII, 17) ne donne pas de description particulière de Babylone; il rapporte seulement que le temple de Bélus (ὁ Βήλου νέως) était dans le centre de la ville (ἐν μέσῃ τῇ πόλει), que ce monument était très-grand et bâti en briques cuites soudées avec de l'asphalte (ἐκ πλίνθου ὀπτῆς ἐν ἀσφάλτῳ ἡρμοσμένης). Ce temple ainsi que les autres sanctuaires (ἱερά) des Babyloniens furent détruits par Xerxès, à son retour de la Grèce. Alexandre eut l'intention de le réparer ou de le reconstruire sur de nouvelles bases. Les Assyriens avaient consacré à Bélus de vastes territoires et beaucoup d'or.

Les renseignements de Justin se bornent à ce peu de mots : [Semiramis] *Babyloniam condidit, arenæ vice bitumine interstrato; quæ materia in illis locis passim e terra exæstuat. Multa et alia præclara hujus reginæ fuere* (1).

Pline s'exprime ainsi : « Babylone, capitale des nations Chaldaïques (*Chaldaicarum gentium caput*) fut la ville la plus célèbre du monde.... Ses murs avaient soixante mille pas de tour, sur deux cents pieds de haut et cinquante de large; encore sont-ce des pieds babyloniens, dont chacun est de trois doigts plus grand que le nôtre. L'Euphrate traversait cette merveille par le milieu (*interfluo Euphrate mirabili opere utroque*). Le temple de Jupiter Bélus y subsiste encore (*durat adhuc ibi Jovis Beli templum*). Ce Bélus était l'inventeur de la science sidérale. Du reste [Babylone] est rentrée dans le désert (*cætero in solitudinem rediit*). La cause de sa ruine est dans le voisinage de Séleucie, bâtie par Nicator, à quatre-vingt-dix mille pas de ses murs, à l'endroit où le canal de l'Euphrate joint le Tigre (*in confluente Euphratis fossa perducti atque Tigris*) (2).

RUINES DES ENVIRONS DE HILLAH OU HILLEH (*Ruines de Babylone*).

A. *Description générale des groupes, tant de la rive orientale que de la rive occidentale de l'Euphrate.*

C'est le plus grand groupe de ruines qu'on ait jusqu'à présent trouvé sur les

---

(1) Quint. Curt., V, 1.... : Adeoque validas arbores sustinent moles, ut stipites earum, etc.
(2) Ce que l'auteur nomme ici *parietes*, il l'a nommé plus haut *pilæ* : comment les traducteurs ont-ils pu voir là « de larges et fortes murailles, toutes faites à voûtes ? »

(1) Justin., I, 2.
(2) Pline, *Hist. Nat.*, VI, 26.

bords de l'Euphrate. De ce groupe le côté mésopotamique, sur la rive gauche de l'Euphrate, est seul bien connu. Quant au côté exo-potamique, à quelque distance de la rive droite, il n'a pu être encore suffisamment exploré, à cause du voisinage des Bédouins, qui dévalisent les voyageurs, s'ils ne sont pas accompagnés d'une forte escorte.

Voici les renseignements que nous fournissent à cet égard les voyageurs, en commençant par les plus anciens.

1. *Benjamin de Tudèle* (dixième siècle).

Benjamin du Tudèle a fait la première mention de ces ruines. « A trente milles de Résen, dit-il, est Babel, ville entièrement détruite, où se voient encore les ruines du palais de Nabuchodonosor, inaccessibles aux hommes, à cause des serpents et des dragons qui les infestent (1). »

(1) *Itinerarium* Benjameni Tudelensis; Antverpiæ, 1575, in-12, p. 70 et seq. Hinc (ab Resen) vero itinere Babel illa antiqua distat triginta miliarium spatium complexa, jamque funditus eversa, in qua Nabuchodonosoris regiæ ruinæ adhunc visuntur, hominibus inaccessibiles, propter varia et malefica serpentum draconumque ibidem degentium genera. Ab his ruinis non plus quam viginti millibus passuum distantes habitant Israelitarum viginti millia, qui in synagogis preces fundunt; in quibus præcipua est illa Danielis, superior antiqua contignatio, quadris lapidibus lateribusque constructa, eademque materia templum et palatium Nabuchodonosoris et caminus ignis ardentis, in quem Hananias, Misael et Azarias conjecti sunt. Atque omnia hæc in valle cunctis notissima visuntur. Inde ad Hhilam (*Hilleh*) miliaria quinque peraguntur, ubi Israelitarum decem fere millia sunt, in quatuor synagogas divisa, ex quibus una Mairi ibidem sepulti fuit; cui proxima etiam sunt sepulcra magni Zeghiri filii Hama et magni Maari; conveniuntque eodem Judæi quotidie precationis causa. Illinc quatuor miliaria sunt ad turrim quam divisionis filii ædificare cœperant, quæ eo genere laterum construebatur quod arabice *lagzar* vocatur. Fundamenti longitudo duo fere miliaria continet, murorum vero latitudo ducentorum quadraginta cubitorum est; ubi vero latissima, centum cannas continet. Inter denarum cannarum spatia viæ sunt in spirarum formam per totum ædificium productæ; quibus conscensis, e supremo loco agri prospiciuntur ad miliaria viginti, quippe regio ipsa latissima ac planissima est. Atqui ædificium hoc igni

Il ajoute plus loin qu'à quatre milles de Hillah on voyait la tour de Babel, construite en briques, et présentant des terrasses sur lesquelles on montait à la tour par une route en spirale. Il donne aussi les dimensions, qui s'accordent assez bien avec celles que les voyageurs modernes donnent de Birs-Nimroud.

Maundeville ne parle des ruines de Babylone que par ouï-dire. *Rauwolff* prit les ruines (débris de murs, d'arcades, de ponts, fragments de briques, d'asphalte, etc.) aux environs de Feloudjé (qu'il nomme *Élugo*) pour celles de Babylone.

2. *Pietro Della-Valle* (dix-septième siècle).

Voici ce que raconte ce voyageur :

« Il y avoit longtemps que j'avois envie de me promener le long de l'Euphrate, qui en est éloigné, dans le dessein de voir Babel, qui est la véritable Babylone et le lieu où fut autrefois la tour de Nembrod, de laquelle on m'avoit dit qu'il se trouvoit encore des ruines considérables, mais que l'on n'y alloit presque point, parce que c'étoit le bruit commun qu'en tous ces quartiers-là on ne voyoit que voleries et meurtres, à cause des courses qu'y faisoient plusieurs Arabes, vassaux ou sujets d'un certain Mubareck, qui commande absolument dans les déserts de Babylone et d'Arabie, aux lieux les plus proches de la mer, sur le golfe Persique. Ce Mubareck reconnoît le roi de Perse pour son souverain. »

Pietro Della Valle visita ces ruines le 23 novembre 1616. Il partit de Birder-Chan, château désert et abandonné, « d'où estant partis de grand matin, nous nous trouvâmes justement une bonne heure devant midi sur les vestiges et les ruines de l'ancienne Babel, où nous plantâmes le pavillon, afin d'avoir la commodité de dîner à nostre aise, et de nous y arrester autant de temps qu'il en faudroit pour bien voir et observer toutes choses. Je fis le tour de ces ruines de tous les costez : je montay au plus haut ; je cheminay partout au-dedans ; j'y fis une revue fort exacte, et enfin vous saurez tout ce que j'y ai remarqué par le récit que je vais vous faire (1).

de cœlo quondam tactum atque infima usque excisum est.

(1) *Les fameux Voyages de Pietro Della*

« Au milieu d'une plaine fort vaste et toute vnie, ou environ à vn bon quart de lieuë de l'Euphrate, qui la trauerse en cet endroit vers le couchant, se voit, encore aujourd'hui assez éleuée, une masse confuse de bastiments ruinés qui font vn tas prodigieux du mélange de diuers matériaux, soit que cela ait été fait de la sorte dès le commencement, comme c'est mon opinion, soit que le déblai ait confondu toutes ces ruines, et les ait pêlemêle réduites à la forme d'vne grosse montagne, de quoy il ne paroist aucunes marques où l'on puisse arrester son jugement. Elle est de figure quarrée, en forme de tour, ou de pyramide, auec quatre faces, qui répondent aux quatre parties du monde; mais, si je ne me trompe, et si ce n'est par le désordre des ruines, comme il peut arriuer, il semble qu'elle paroist auoir plus de longueur du septentrion au midy que du levant au couchant. Elle peut auoir de circuit, ainsi que je l'ay mesurée tellement quellement, enuiron mille cent trente-quatre pas des miens, qui font bien, à mon auis, vn bon quart de lieuë. Sa mesure, son assiette et sa forme ont du rapport auec cette pyramide que Strabon appelle le tombeau de Bélus; et ce doit estre apparemment celle dont la sainte Escriture fait mention, la nommant la *tour de Nembrod* en Babylone, ou Babel, comme ce lieu s'appelle encore aujourd'huy (1).

« D'ailleurs aussi il faut faire réflexion sur vn si long temps qui peut entièrement changer et renuerser tous les ouurages des mortels; veu qu'il n'y a guères moins que quatre mille ans que cette ville fut bastie : et quant à moy, je m'estonne comme on y peut voir encore subsister si peu qu'il en reste, ayant égard à ce qu'en dit Diodore Sicilien, que de son temps tout cela estoit déja réduit au petit pied. La hauteur de cette espèce de montagne, faite de ruines, n'est pas égale partout, mais a du plus et du moins en diuers endroits; néantmoins le pignon du plus haut palais de Naples a beaucoup moins d'éleuation. Cette masse, considérée de tous les costez, ne peut pas représenter à la veuë des figures bien régulières, et ne fait qu'un composé difforme; ce qui est ordinaire à toutes sortes d'ouurages ruinez, ou par le temps ou par les hommes. On y voit des endroits plus hauts, et plus bas; icy escarpez, raboteux et inaccessibles, la plus adoucis, et d'vne pente plus facile à monter. Il y a aussi des vestiges de torrens causés par les pluyes du haut en bas; et mesme quand on est dedans et au-dessus, on void des endroits, les vns plus creux, les autres plus releuez; et enfin ce n'est qu'vne montagne de confusion. Il n'est pas possible de reconnoistre s'il y a jamais eû de degrez pour y monter, et quelques portes pour y entrer; d'où il est aisé de juger que les escaliers estoient tout à l'entour sur les dehors de la place, et que, comme les parties les moins solides, ils ont esté les premiers démolis et renuersez, en sorte que l'on n'en apperçoit pas la moindre marque. Au dedans, quand on se promène en la partie supérieure, on trouve quelques grotes, mais tellement ruinées, qu'on ne peut pas discerner ce que ç'a esté; et l'on doute de quelques-vnes, si elles ont esté faites en mesme temps que fut basty cet ouvrage, ou creusées du depuis par les paysans, pour s'y mettre à couuert, en quoy se trouue d'auantage de vray-semblance : néantmoins les mahométans s'imaginent, mesme auec quelque sorte de foy, que ces cauernes sont destinées de la part de Dieu pour seruir de lieux de supplices à Harût et à Marût, qui sont, à ce qu'ils feignent, deux anges que Dieu avait enuoyez du ciel pour obseruer, ou pour faire justice des crimes des hommes, et qui ne s'acquittèrent pas fidèlement de cette commission : mesme Belon le rapporte aussi comme vne des folies contenuës dans l'Alcoran et ses gloses; et plusieurs de leurs docteurs me l'ont ici confirmé de viue voix. Ils disent donc que ces mal-heureux anges, au lieu de faire leur deuoir ici-bas, devinrent amoureux d'vne belle femme, qui, ayant eû recours à eux pour leur demander justice contre son mary, fut sollicitée par eux de contenter leur ardeur par vn adultère; à quoy elle leur promit de consentir, pourveû qu'ils luy enseignassent vne certaine

---

Valle, gentilhomme romain, etc.; Paris, 1661, in-4°, 2ᵉ partie, p. 42.

(1) La ruine dont parle ici Pietro Della Valle est évidemment le Moudjalibeh.

oraison, par la vertu de laquelle les anges montent au ciel et en descendent comme il leur plaist : et que l'ayant bien apprise, elle la récita, et fut aussi-tost transportée dans le ciel, laissant sur la terre ces pauures anges qu'elle avoit dupez; lesquels, pour avoir voulu commettre vn tel peché, ne purent plus s'éleuer en haut; et que mesme, ayant résolu d'expier volontairement ce project d'adultère, ils auoient prié Dieu qu'il leur en fist plus-tost souffrir la peine en ce monde qu'en l'autre; ensuite de quoy il les auoit condamnez à demeurer en vne de ces grottes dont j'ay parlé, pendus jusqu'au jour du jugement par les paupieres ou par les sourcils. Ne nous arrêtons pas davantage à ces rêveries et extrauagances, et revoyons les ruïnes de cette fameuse tour.

« Cette masse en toutes ses parties fait voir assez que la tour ne fut bastie par Nembrod que de grandes et grosses briques, ce que ie remarquay soigneusement, comme vne chose fort curieuse, en faisant creuser quelques endroits auec des pics. Il y a apparence que ces briques n'estoient que de terre cruë, sans passer par le feu, et séchées seulement au soleil, qui est très-ardent en ces quartiers là; peut-estre de la mesme manière que le sont ces mottes de terre que les Espagnols appellent *tuppies*; et pour faire la liaison des vnes auec les autres, il n'y fut employé ni chaux, ni sable, mais seulement de la terre détrempée et pétrie; et dans les lieux qui seruoient comme de planchers, on auoit entre-meslé auec cette terre, qui sert de chaux, des roseaux brisez, ou des pailles dures, telles que sont celles dont on fait les grosses nattes, afin de rendre l'ouurage plus fort. Après on voit d'espace en espace en diuers endroits, surtout où il faut de plus forts appuys, plusieurs autres briques de la mesme grandeur et grosseur, mais plus solides et cuites au fourneau, et massonnées auec de bonnes chaux, ou du bitume : néanmoins, il est certain que le nombre est beaucoup plus grand de celles qui sont seulement séchées au soleil. La curiosité m'a porté à prendre quelques morceaux de ces briques cruës et cuites, aussi bien que du bitume, et de ces roseaux qu'ils mettent entre deux; et j'en porterai en Italie, pour les montrer aux antiquaires curieux, parce qu'il me semble que de telles pièces d'antiques sont à estimer. Ce n'est pas d'aujourd'huy que l'on fait mention de la manière de bastir en ce païs auec le bitume, au lieu de chaux et de ciment; comme on peut voir non-seulement chez Justin, qui a réduit en abbrégé l'histoire de Trogus, quand il parle des édifices de la reyne Sémiramis, mais mesme dans l'Escriture sainte quand elle fait, en l'onzième chapitre de la Genèse, la description de cette prodigieuse tour, de la ville contiguë, dont elle attribue la structure à Nembrod, et les autheurs profanes, à Bélus.

« Il nous restoit encore plusieurs heures du jour; après avoir veu et reueu Babel, et parce que nous estions proches d'vne ville nommée *Hella*, inconnuë à l'autheur de l'abbrégé géographique, et peut-estre à beaucoup d'autres, à ce que j'en puis sçauoir, quoy qu'elle soit vne des principales de la prouince de Babylone, nous prismes résolution d'y aller au gîte; ce que mesme nous aurions fait, quand elle eust esté plus éloignée qu'elle n'estoit, soit à cause qu'il y auoit lieu d'espérer que nous y serions mieux traitez que dans les champs, soit pour le désir que nous auions de la considérer, puisque nous en estions si près. Nous y arrivasmes à l'heure que l'on dit les complies parmy les chrestiens; mais auant que d'y arriuer, nous auions trouvé sur le chemin vne mosquée, qui est aussi vn pélérinage de déuotion pour les mahométans, qui l'ont nommée *Gium-Giuma*; c'est-à-dire la mosquée du crâne, parce qu'elle est bastie en vn lieu où fut trouvé la teste d'vn de ces hypocrites qui sont chez eux en réputation de saints, quoy que très-mal à propos. Nous sejournasmes à Hella toute la journée suivante, afin de la bien voir : et je vous diray en peu de parolles, qu'elle est située sur l'Eufrate, moitié deçà, moitié delà; et l'on passe de l'vne à l'autre sur un pont de barques, fait comme celuy de Baghdad; mais je n'y vis en tout que vingt-quatre barques, quoy qu'il en faille bien davantage lorsque les eaux sont grosses. Les maisons y sont basties comme à Baghdad, et faites de bonnes briques anciennes; il n'y a pourtant qu'vn étage par tous les logements. Il n'y a point de maisons qui n'ait son jardin bien garny de bons arbres fruictiers de diuerses espèces; et surtout de palmiers en si grande abondance, et tellement hauts, qu'ils surpassent de beaucoup le comble des maisons, qu'ils couurent et cachent entièrement de leurs branches; en sorte que quand on voit de loin la ville, il semble que ce ne soit autre chose qu'vne épaisse forest de ces arbres qui portent des dattes, qui dans ces plaines et sur les riuages de ce fleuue font vn spectacle fort riant aux yeux. On n'y remarque rien de fort curieux, soit pour les édifices qui sont sur pied, soit pour les restes de l'antiquité : toutesfois on peut bien croire qu'anciennement toutes ces terres voisines de l'Eufrate ont été grandement habitées : et l'on pourroit bien asseurer, sans erreur, que l'on a basty la ville de Hellà des ruïnes de Babylone. Ce fut dans cette mesme ville de Hellà que j'appris qu'il n'y auoit pas plus d'vne demie journée de chemin de ses dehors jusques au lieu où l'on voit encore aujourd'huy le sépulchre du prophète Ézéchiel; mais qu'il eust fallu prendre vne autre route que celles que j'auois tenuë; et que plusieurs juifs y vont souuent comme à vn pèlerinage de déuotion. Les Arabes disent qu'il est justement sur le riuage du ce mesme fleuve Chobar, ou Chabor, selon leur prononciation, comme la sainte Escriture en parle dans les visions de ce prophète. Alors qu'on me donna cet auis, ie ne le compris pas bien, pour le peu d'intelligence que j'auois pour lors de la langue arabesque : cela fut cause que ie n'y allay point; de quoy ie me suis repenti du depuis, après que ie me suis veu éloigné de ses lieux, me sentant beaucoup plus suffisant en cette sorte de langue. »

3. *Niebuhr* (en 1766).

Niebuhr ne doute pas que Babylone ne fût située près de Hellé. « Car, non-seulement les habitants, dit-il, appellent encore aujourd'hui cette contrée *Ard-Babel*, mais on y trouve encore des restes d'une ancienne ville, qui ne peut avoir été une autre que Babylone. A en juger par ces ruines, il semble que Hellé se trouve dans l'enceinte de la muraille de la ville de Babylone; mais quand on parle d'antiquités babyloniennes, il ne faut pas s'attendre à de si superbes monuments comme on en trouve encore en Perse et en Égypte..... Sur l'Euphrate et le Tigre on ne trouve que de la terre basse, depuis le golfe Persique jusqu'à Hellé et Bagdad, et plus loin encore au nord. Si les Babyloniens avaient voulu bâtir avec des pierres taillées, ils auraient été obligés de les chercher fort loin, et cela aurait coûté trop cher; c'est pourquoi ils construisaient leurs plus beaux édifices avec des briques, de l'épaisseur à peu près des nôtres et d'un pied carré, et ils savaient les cuire parfaitement.....

« A mon avis, on trouve des restes de la citadelle et du célèbre jardin suspendu, à environ trois quarts d'un mille d'Allemagne, au nord-nord-ouest de Hellé, et tout près du rivage oriental du fleuve; le tout ne consiste qu'en de grandes collines pleines de décombres. Les murailles qui se trouvent au-dessus de la terre sont emportées il y a déjà longtemps; mais les murailles du fondement s'y trouvent encore, et moi-même j'ai trouvé ici des gens occupés à tirer de ces pierres, pour les transporter à Hellé. Au lieu que dans toute la contrée, depuis le golfe Persique jusqu'à Kerbeleh, on ne trouve presque pas d'autres arbres que des dattiers, on rencontre entre les collines de ces ruines, çà et là, d'autres arbres fort vieux. On voit d'ailleurs dans toute cette contrée, sur les deux rives de l'Euphrate, de petites collines pleines de morceaux de briques.

« Au sud-ouest de Hellé, à un quart de mille, et par conséquent à l'ouest de l'Euphrate, on trouve encore d'autres restes de l'ancienne Babylone. On y voit toute une colline de briques, et au-dessus il y a une tour qui paraît être intérieurement toute remplie de ces pierres. Mais les pierres du dehors sont perdues par le temps dans cette épaisse muraille, ou plutôt dans ces grands tas de pierres. Il y a çà et là de petits trous, sans doute pour y donner un libre passage à l'air, et pour empêcher au dedans l'humidité, qui aurait pu nuire au bâtiment. Au temps que Babylone était encore une cité florissante, et que toute la contrée des environs était remplie de bâtiments;

(1) Ibid., p. 49 et suiv.

cette tour doit avoir eu une très-belle vue; car on voit de là *Mesched-Ali*, mosquée qui est au moins à huit lieues de distance. J'avais déjà vu cette tour, dans mon premier voyage à Hellé. Mon guide la nommait *Birs-Nimrod*, et me racontait qu'un roi de ce nom avait bâti ici un grand et magnifique palais; que lorsqu'il faisait du tonnerre, il tirait des flèches en l'air, comme s'il voulait faire la guerre à Dieu; qu'il s'était vanté qu'il avait blessé Dieu, et fit alors voir une flèche qui était retombée de l'air teinte de sang; qu'ensuite Dieu l'avait puni par des insectes, qui le poursuivaient partout, etc.

« Je n'eus pas d'occasion de faire ici connaissance avec des savants mahométans, excepté le *cadi*, et celui-ci ne savait rien de Birs et du palais, que la fable que je viens de rapporter. Mais en relisant ensuite ce qu'Hérodote dit du temple de Bélus et de sa forte tour, il m'a paru très-vraisemblable que j'en avais retrouvé là des restes; et c'est pourquoi j'espère qu'un de mes successeurs dans ce voyage en fera de plus exactes recherches, et nous en donnera la description. J'y fis le voyage tout seul avec mon guide; mais à peine avais-je jeté quelques regards sur ces monceaux de pierres, lorsque je vis quelques Arabes à cheval à mes côtés, et je croyais que le plus sûr était de retourner à la ville. Si j'avais alors eu quelque idée que je me trouvais près de la tour de Babylone, peut-être aurais-je risqué davantage. Mais je ne croyais pas qu'il fût prudent de se laisser piller pour des tas de pierres.

« Dans le voisinage de cette tour on trouve deux maisons de prières (*Kubbets*), bâties il y a environ quatre-cent ans, et déjà ruinées en partie. On y trouve quelques inscriptions sur des briques de terre grasse cuite. On sait que les Babyloniens ont transmis leurs observations astronomiques à la postérité au moyen des pierres cuites. A Bagdad, et dans d'autres villes de cette contrée, où des pierres taillées sont rares et précieuses, et même en Perse, où l'on peut avoir les plus beaux marbres à bon marché, on trouve pareillement des inscriptions sur des pierres cuites; et l'on ne saurait soutenir ni que les Arabes et les Perses n'eussent eu d'autres matériaux à écrire et qu'ils fussent ignorants dans les sciences. On peut bien plutôt en conclure que les Babyloniens ont déjà porté fort loin l'art d'écrire.

« Un mahométan a bâti dans cette contrée une petite *Kubbé* ou coupole, en l'honneur du prophète Élie, et le peuple pense que ce prophète y est enterré. Mais cela est aussi incertain que ce que l'on avance que *Job* aurait demeuré à une demi-lieue au sud de Hellé.

« En 1766 le 5 janvier je partis de Hellé. Le chemin d'ici à Bagdad va presque tout droit au nord, c'est-à-dire jusqu'à *M'havie* quatre lieues, de là jusqu'à *Scandrie* quatre lieues, ensuite jusqu'à *Biruns* trois lieues, et de là jusqu'à *Chan-Assad* trois lieues, et de Chan-Assad jusqu'à Bagdad quatre lieues, et à chacun de ces endroits l'on trouve un fort grand caravansérail (1). »

4. *Olivier* (en 1794).

« Le sol sur lequel Babylone fut assise, à vingt lieues au sud de Bagdad, ne présente au premier aspect aucune trace de ville : il faut le parcourir en entier pour remarquer quelques buttes, quelques légères élévations, pour voir que la terre a été presque partout remuée. Là des Arabes sont occupés, depuis plus de douze siècles, à fouiller la terre et retirer les briques dont ils ont bâti en grande partie Cufa, Bagdad, Mesched-Ali, Mesched-Hasseni, Hellé, et presque toutes les villes qui se trouvent dans ces contrées. Mais ce qui a contribué, autant que ces fouilles, à faire disparaître la presque totalité des ruines de Babylone, c'est que, bâtie sur un terrain uni, terreux, totalement privé de pierres, et dans une contrée où le bois a toujours été rare, les habitants furent obligés d'avoir recours à la terre que les fleuves ont déposée. Ils en formèrent des briques qu'ils firent durcir au soleil, et qu'ils lièrent avec le roseau qu'ils avaient sous la main. C'est par la même raison qu'ils employèrent communément, dans la construction des édifices en briques cuites, le bitume au lieu de chaux. On sent qu'un édifice bâti avec

(1) Niebuhr, *Voyage en Arabie et en d'autres pays circonvoisins*, t. II, p: 235 et suiv. (Amsterdam, 1786, in-4°.)

des briques qui n'étaient pas cuites a dû, lorsqu'il a été détruit, ne laisser que de faibles traces de son existence : les débris ont dû se confondre bientôt avec la terre environnante. Cependant, malgré le temps et les Arabes, malgré le peu de solidité des matériaux qui y furent employés, on découvre encore quelques restes de très-grands édifices. On voit des murs très-épais, que les Arabes démolissent jusqu'à leurs fondements ; ils sont en briques cuites. Mais ce qu'il y a de plus remarquable, ce qui paraît être les restes du temple de Bélus, que Sémiramis fit bâtir, c'est un monticule assez étendu, formé de terre à sa superficie, et d'où les Arabes retirent de grandes briques cuites, liées les unes aux autres par le même bitume dont nous avons parlé. Il y a entre chaque couche de briques un mince lit de roseaux et de bitume. Dans ce monticule, dont la forme paraît carrée, et dont le pourtour est de onze à douze cents pas ordinaires, on a trouvé diverses cavités, mais qui n'ont pas été assez déblayées pour les suivre dans toute leur étendue et pour en deviner l'usage. Ce monticule est à une lieue au nord de Hellé, à un quart de lieue de la rive orientale de l'Euphrate (1).

« Le temple de Bélus, selon Hérodote, était carré, et avait deux stades en tout sens : on y voyait au milieu une tour massive d'un stade ; sur cette tour s'en élevait une autre ; sur celle-ci une troisième, et ainsi de suite, jusqu'à huit. D'après ce rapport d'Hérodote, on est porté à croire que c'est ce temple et l'élévation prodigieuse de ses tours qui ont donné lieu à la fable de la confusion des *langues*, dont le sens moral n'échappe pas à celui qui apprécie les choses à leur juste valeur. Entre ce monticule et le fleuve il y a beaucoup de décombres, beaucoup de fondements de vieux murs. C'est là où l'on trouve ordinairement les grandes briques sur lesquelles sont tracés ces caractères inconnus. J'en ai rapporté une bien différente des autres : elle n'a que deux pouces et demi de long et deux pouces de large ; elle est convexe d'un côté et plate de l'autre : sa plus grande épaisseur est d'un pouce. On y voit sept rangées de lettres, avec une interruption entre la troisième et la quatrième rangée ; ces caractères paraissent avoir été tracés avec plus de soin que sur les grandes briques.

« On trouve quelques ruines à l'occident de l'Euphrate : on y découvre aussi parfois des briques contenant des caractères ; mais nous y avons cherché en vain les traces du palais des rois ; nous n'avons pu suivre non plus, ni découvrir en aucun endroit, les remparts de la ville, qui avaient, selon Hérodote, cinquante coudées d'épaisseur, et cent portes d'airain massif.

« A la partie la plus méridionale des ruines de Babylone, sur la rive droite de l'Euphrate, on trouve Hellé, ville de dix à douze mille habitants, bâtie depuis trois ou quatre siècles pour servir d'entrepôt aux marchandises qui se rendent à Bagdad, et qui remontent l'Euphrate plutôt que le Tigre, parce que les eaux du premier ont moins de pente que celles du second. Hellé est devenue par cette raison une ville assez importante : elle communique avec la Mésopotamie par un pont de bateaux. Le pacha de Bagdad y place un douanier et un sandjak-bey : celui-ci occupe, avec sa garde, le château qui est situé sur le bord du fleuve. Hellé a une étendue assez considérable, parce qu'elle renferme beaucoup de jardins plantés de dattiers, de citronniers, de limons doux, de grenadiers. Elle est entourée d'un mur que le pacha de Bagdad entretient avec soin. Ses rues sont étroites et ne sont point pavées ; ses maisons assez basses, et bâties en vieilles briques cimentées avec de la terre. On revêt quelquefois le mur, tant à l'extérieur qu'à l'intérieur, d'une légère couche de plâtre, afin de le rendre plus propre et plus agréable à la vue. Cette ville, selon Niebuhr, est au 32e degré 28 minutes 30 secondes de latitude. A deux lieues au sud-sud-ouest de Hellé, il y a des ruines assez considérables, que l'on ne nous permit pas d'aller voir à cause des Arabes bédouins. » (1)

Tels sont les renseignements fournis par Olivier.

(1) Olivier parle ici du Moudjelibeh ou citadelle.

(1) Olivier, *Voyage dans l'empire Othoman*, etc., t. II, p. 436 et suiv. (Paris, 1804, in-4°.)

Rich (en 1811 et suiv.)

Tout le pays entre Bagdad et Hillah présente un désert tout à fait uni et inculte, à l'exception de quelques monceaux de terre qu'on voit en s'approchant de la dernière ville. Que ce pays ait été, à une époque plus reculée, dans un état bien différent de ce qu'il est aujourd'hui, il le paraît sans aucun doute par le nombre des canaux, quoiqu'à présent desséchés, dont il est traversé, et la quantité de petites éminences couvertes de morceaux de briques et de tuiles cassées qu'on aperçoit de tous les côtés, marque incontestable des populations anciennes. Les Zobéites sont aujourd'hui les seuls Arabes qui habitent cette étendue de pays. Leur cheik répond de la sûreté de la route, qui est si fréquentée qu'en comparaison des autres endroits on y entend rarement parler de vol. De distance en distance, pour la commodité des voyageurs, on a bâti des khans ou caravansérais, qui ont chacun un petit village de fellahs qui en dépend. Le premier, à sept milles environ de Bagdad, s'appelle Kiaya-Khan, à cause d'Ahmed-Kiaya, le ministre de Suleïman-Pacha, qui l'a fait bâtir. C'est un assez beau bâtiment; mais il est trop près de la ville : personne ne s'y arrête plus à présent. La route générale de Hillah va du nord au sud. La station suivante, c'est *Assad-Khan* (1), à cinq milles environ de Kiaya-Khan; et à quatre à cinq milles de là la route est coupée par le célèbre Nahr-Malcha, ou *fluvius regius*, ouvrage qu'on attribue à Nabuchodonosor (2). Ce canal est aujourd'hui à sec, quoique du temps des califes il servît encore à l'arrosement des terres. Il est resserré par deux éminences très-élevées; sur celle du nord, près de la route, est située une petite ruine appelée Cheik-Choubar, qu'on aperçoit de loin.

Avant d'arriver au Nahr-Malcha, on rencontre, à moitié chemin, entre Assad-Khan et l'autre station, un petit canal sur lequel se trouve un pont d'une seule arche, à présent ruiné. Il y a quelque temps qu'un gros lion, venant régulièrement tous les soirs des bords de l'Euphrate, s'arrêtait à ce pont : les voyageurs en étaient remplis d'épouvante. Il fut à la fin tué par un Arabe de la tribu des Zobéites.

Éloigné de plus de sept milles, le khan qui vient après est *Bir-Innûs*, ou le puits de Jonas; les Turcs l'appellent Orta-Khan, et le regardent par erreur comme la moitié du chemin de Bagdad à Hillah. Ce khan n'est remarquable que par un puits profond, où l'on a pratiqué

(1) Ce caravansérai a été bâti par Arbonaï-Aglou, le fils d'Arbonaï, qui lui a donné ce nom, qui signifie *affranchi*, pour montrer que c'était un don gratuit qu'il faisait à l'humanité. Pietro della Valle, Otter et Ives, écrivent, le premier, *Azaub*, le second, *Azeb-Khan*, et le dernier, *Azaup*; tous les trois se rapprochant davantage de la véritable prononciation. Ce caravansérai est appelé *Chour* par Abdoul-Kérim, à cause de l'eau de son puits qui est saumâtre.

(2) *Nahr-Malcha* : ce canal et un autre, dont le nom ne nous est pas connu, furent creusés dans le dessein d'empêcher les débordements de l'Euphrate dans la grande crue des eaux, en mai, juin et juillet. Quoique leur destination primitive eût été de prévenir les ravages que causaient les inondations de ce fleuve dans les environs de la ville, ils réunissaient encore le triple avantage d'être utiles à la défense du pays, à la communication du Tigre et à l'agriculture. Hérodote dit que Nicotris fit creuser ces canaux pour se mettre à l'abri des incursions des Mèdes. Quinte-Curce, dans sa description de Babylone, ne parle point de ces canaux; mais en parlant de l'Euphrate, il dit, lib. V, chap. 1er : *Euphrates interfluit magnæque molis crepidinibus coercetur. Sed omnium operum magnitudinem circumveniunt cavernæ ingentes, in altitudinem pressæ ad accipiendum impetum fluminis : quod ubi appositæ crepidinis fastigium excessit, urbis tecta corriperet, ni essent specus lacusque qui exciperent*. Par ce récit, qui doit paraître extraordinaire, il semblerait que le Nahr-Malcha, du temps d'Alexandre, était ou comme perdu, ou devenu presque entièrement inutile.

Le Nahr-Malcha semble avoir été oublié jusqu'aux empereurs romains. Il fut réparé par Trajan. Sévère le fit déblayer 163 ans après. Julien, se rappelant cet incident, qu'il avait lu dans la vie de cet empereur, le fit nettoyer à ses frais, après l'avoir découvert avec beaucoup de peine. Depuis cette époque il n'est plus fait mention de ce canal, sinon du temps des califes, comme le marque M. Rich sur l'autorité du major Rennel.

un escalier qui descend jusqu'à l'eau, et par la tombe d'un saint turc. C'est dans cet endroit que l'on attrape les beaux faucons de l'espèce appelée *balaban*, qui servent à chasser l'antilope.

A environ sept milles de Birinnus, on trouve Iskandérie, caravanserai beau, vaste, bâti aux dépens de Mohammed-Hussèin-Khan, l'émir-ed-devlet du roi de Perse, près d'un autre du même nom, qui lui est fort inférieur, et qui existe toujours, quoique abandonné. Tout alentour de ce khan, qui est construit de briques trouvées sous terre sur le lieu même, on voit des vestiges de bâtiments, qui sembleraient annoncer l'existence antérieure de quelque grande ville. Proche de celui-ci, et sur la même ligne, s'offre le premier caravanserai de la route de Kerbela, ou mieux de Musséib, appelé Misraktchi-Oglou, du nom du marchand de Bagdad qui l'a fait faire. Il y a plus de huit milles de distance de Iskandérie au khan Hadji-Suléiman, qui est un mauvais bâtiment construit par un Arabe. C'est ici que le chemin est coupé par un canal, dérivé de l'Euphrate au village de Nassériat, qui est au nord 20° ouest de la route. Ce canal est plein d'eau au printemps, ainsi que plusieurs autres, qui sont entre celui-ci et Hillah.

Mahaouil, situé à quatre milles de Hadji Suléiman et près d'un grand canal où il y a un pont, est aussi un caravanserai de peu d'importance. Au delà de ce pont, tout annonce l'approche d'une grande ville; on peut dire en effet que c'est presqu'à cet endroit que commencent les ruines de Babylone, tout le pays jusqu'à Hillah offrant par intervalles des vestiges de bâtiments où l'on découvre des briques cuites au feu et durcies au soleil et du bitume. Trois éminences surtout fixent l'attention par leur grandeur. Une partie de la terre, à droite et à gauche du chemin, est quelquefois couverte d'eau comme un marais; cependant, lorsque M. Riche y passa il n'y en avait point. La route qui tend directement au midi passe à un quart de mille de la célèbre masse que Piétro Della-Valle appelle la tour de Bélus. Hillah est à neuf milles de Mahaouil et presqu'à quarante-huit de Bagdad.

Dans les jardins qui sont à quelques centaines de pas à l'occident de la porte Husséinieh, se trouve le Mesdjid-Eschams, mosquée bâtie sur le lieu même où, selon une tradition vulgaire, il s'opéra un miracle en faveur d'Ali, semblable à celui de Josué, et d'où cette mosquée prit son nom. C'est une petite bâtisse qui a un obélisque pour minaret, ou mieux un cône vide, travaillé au dehors comme un ananas, et placé sur une base de forme octogone. Cette forme est curieuse, et se remarque dans plusieurs vieux bâtiments, particulièrement à la tombe de Zobéide, la femme de Haraoun-el-Rachid, à Bagdad. Le dedans de cette mosquée est porté par des rangs de piliers courts de deux pieds de circonférence, d'où sortent des arches aiguës, dont la figure et la disposition ressemblent d'une manière frappante à de l'architecture gothique. Elle ne renferme rien de remarquable, qu'une tombe que les gens du pays croient être celle du prophète Josué. Il y a dans la contrée une grande quantité de tombeaux, qu'on suppose appartenir à autant de prophètes. On voit sur le Tigre, entre Bagdad et Bassora, le tombeau d'Ezra; à douze milles dans le désert, au sud-ouest de Hillah, celui d'Ézékiel; et vers le sud, celui de Job : les deux premiers sont des lieux de pèlerinage pour les Juifs, qui ne reconnaissent pas ceux de Job et de Josué.

Le district de Hillah s'étend au nord, depuis le canal de Husséinieh, qui mène de l'Euphrate près de Musséib à Imam-Hussein, jusqu'à la ville de Hasca, au midi : il est toujours gouverné par un bey géorgien, nommé par le pacha de Bagdad, qui afferme ce gouvernement pour une certaine somme qu'on lui paye chaque année.

Les habitants de Hillah jouissent d'une très-mauvaise réputation. L'air y est salubre; le terrain, extrêmement fertile, rapporte, quoiqu'à peine à moitié cultivé, une grande quantité de dattes, de riz et d'autres grains de différentes espèces.

C'est l'Euphrate qui produit cette grande fertilité : avec un courant plus égal, il a ses bords plus bas que ceux du Tigre. Strabon lui donne un stade de largeur à Babylone. Rennell environ quatre cent cinquante pieds anglais, et d'Anville, par son échelle encore plus réduite, trois cent trente. Niebuhr dit qu'à Hillah ce fleuve a quatre cents pieds danois de large. M. Rich l'a mesuré au pont avec une ligne graduée, et il a obtenu pour résultat soixante-quinze brasses ou quatre cent cinquante pieds. Cependant, comme le fleuve passe à travers les ruines, il varie de largeur. Il a deux brasses et demie de profondeur. La force moyenne de son courant est de deux nœuds environ, peut-être coule-t-il un demi-nœud de moins quand les eaux sont basses, et un nœud de plus quand elles sont hautes. Le Tigre est infiniment plus rapide : il a un courant de sept nœuds dans sa plus grande crue. L'Euphrate commence à croître avant le Tigre; augmentant un peu au milieu de l'hiver, il diminue bientôt après. En mars il croît encore; et à la fin d'avril il est dans toute sa hauteur, où il se maintient jusqu'à la fin de juin. Parvenu à ce degré, il inonde le pays d'alentour, remplit les canaux qu'on lui a préparés, et facilite l'agriculture à un point surprenant. Les ruines de Babylone se trouvent alors tellement submergées, que les vallées qui les coupent se changent en marécages, et il y en a une grande partie dont on ne peut approcher. Mais l'inondation de l'Euphrate la plus remarquable se voit à Feloudjeh. Quand les eaux rompent leurs digues, elles submergent le pays, et s'étendent presque jusqu'aux rives du Tigre, avec assez de profondeur pour porter les radeaux et les bateaux à fond plat.

L'Euphrate coule du nord au sud à travers le site de Babylone; son eau est regardée comme plus salutaire que celle du Tigre. On y rencontre très-souvent des briques et quelques pans de muraille.

Avant d'entrer dans une description détaillée des ruines de Babylone, il est nécessaire, afin d'éviter les répétitions, d'énoncer qu'elles consistent en des éminences de terre formées de la décomposition des bâtiments, déchirées, sillonnées par le temps, et couvertes, à la surface, de morceaux de briques, de bitume et de pots de terre.

En examinant ces ruines du midi au nord, le premier objet qui fixe l'attention, c'est une basse colline attenante à la levée. Elle est couronnée de deux petits murs parallèles, qui se touchent, exhaussés et larges de quelques pieds, portant des marques incontestables d'un oratoire mahométan ou koubbé. Cette ruine, appelée Djumdjuma, donne son nom au village qui est un peu à gauche. Le géographe turc dit : « Au nord de Hillah se trouve, sur la rivière, Djumdjuma, qui est le lieu de la sépulture d'un sultan. » Dans le pays on entend communément *crâne* par le mot *djumdjuma*, qui signifie aussi, selon Castel et Golius : *Puteus in loco salsuginoso fossus*. L'une ou l'autre de ces significations lui convient.

Après les ruines se présente la première grande masse de la colline indiquée de onze cents verges de longueur et de huit cents dans sa plus grande largeur, presque de la forme d'un octant et d'une hauteur irrégulière. Cette masse peut avoir dans sa partie la plus élevée cinquante à soixante verges environ au-dessus du niveau de la plaine. On y a fait des fouilles dans le dessein de trouver des briques; et tout à fait en bas du point le plus haut il y a un petit dôme entouré d'une enceinte oblongue, qui renferme, à ce qu'on prétend, la dépouille mortelle d'un des fils d'Ali, nommé Amran, et de sept de ses compagnons, qui furent tués à la bataille de Hillah. Malheureusement néanmoins, pour l'honneur de la tradition, il est connu, par de meilleures autorités, que c'est une de ces fraudes assez ordinaires dans le pays. Ali n'avait point de fils qui fût ainsi désigné. A cause des objets remarquables qu'on y voit, M. Rich a distingué cette éminence par le nom d'*Amran*.

Au nord est une vallée de cinq cent cinquante verges de long, toute couverte de touffes de mauvaises herbes, et coupée par une ligne de ruines de peu d'élévation. A cette vallée succède la seconde grande masse, d'une figure presque carrée, de sept cents verges de long et de large. Son angle sud-ouest communique à l'angle nord-ouest de l'éminence d'Amran par un rideau fort élevé, qui a près de cent verges de largeur. Beauchamp fit ici ses observations; c'est, à n'en pas douter, la partie la plus intéressante des ruines de Babylone; chaque vestige qu'on y découvre annonce un assemblage de bâtiments de beaucoup supérieurs à tous ceux dont il reste des marques au côté oriental. Les briques en sont du plus beau type. Cet endroit en est le plus grand magasin, et, malgré qu'on en ait tiré et qu'on en tire sans cesse de grandes provisions, il semble qu'il y en a toujours en abondance. Mais la méthode qu'on emploie pour les déterrer a causé beaucoup de confusion, et a grandement contribué à rendre plus difficile la découverte du dessin primitif de cette éminence, puisqu'en fouillant les ouvriers y pénètrent en tous sens, creusant des ravins et répandant les décombres à la surface du sol. Dans quelques endroits ils ont attaqué la masse solide, et percé des passages souterrains, qui en s'éboulant ensevelissent les ouvriers sous leurs débris. On voit dans toutes ces excavations des murs de briques cuites bâtis avec une espèce de mortier à chaux de très-bonne qualité, et parmi les objets épars à la surface de ces éminences, des morceaux de vases d'albâtre, de belles poteries de marbre, et une grande quantité de tuiles vernies, dont la couleur et l'éclat sont d'une fraîcheur surprenante. Dans une caverne près du côté méridional M. Rich découvrit une urne sépulcrale de poterie qui avait été cassée par la pioche. Tout près de là on a trouvé des os humains, qui se sont pulvérisés aussitôt qu'on les a touchés. D'un côté on voit encore debout un pan de murailles de quelques verges, dont la face, très-bien conservée, semble avoir été la façade de quelque bâtiment; de l'autre on remarque un amas de décombres si confus, que l'on dirait que le ravin a été pratiqué dans un bâtiment solide. Sous les fondements du bout méridional on a percé une ouverture, d'où se découvre un passage souterrain dont le plancher est carrelé et le mur de chaque côté bâti de larges briques et de bitume, et qui est couvert de pierres, de sable, de plusieurs verges de longueur sur une d'épaisseur. Le fardeau que portent ces pierres est si grand, que les murs sur lesquels elles reposent ont penché considérablement. Ce passage est à moitié plein d'eau saumâtre, probablement de l'eau de pluie, qui s'est imprégnée de salpêtre en filtrant à travers les ruines. Les ouvriers prétendent qu'un peu en avant il y a assez d'élévation pour qu'un homme à cheval puisse y passer sans se baisser. Selon M. Rich, il a sept pieds environ de hauteur, et mène vers le sud. Beauchamp, qui l'a décrit, s'imagine que ce dut être une partie des murs de la ville. Le dessus de ce passage est cimenté de bitume, l'autre partie du ravin l'est de mortier, et toutes les briques sont chargées de caractères cunéiformes. Le bout septentrional du ravin paraît avoir été traversé par une muraille très-épaisse, de briques jaunes cimentées de mortier d'une blancheur éclatante, et qu'on a enfoncée en creusant pour y chercher des briques. Un peu au nord de là, M. Rich découvrit ce que Beauchamp n'avait vu qu'imparfaitement, et qu'il avait pris pour une idole, sur la foi des gens du pays. Un vieillard arabe avait trouvé cette idole en fouillant; mais, ne sachant qu'en faire, il l'avait enfouie de nouveau (1). M. Rich fit venir ce vieillard, qui indiqua l'endroit, et mit un certain nombre d'hommes à l'ouvrage. Au bout d'une pénible journée de fatigue, ils déblayèrent assez de terre pour laisser apercevoir, placé sur un piédestal un lion de granit gris commun, grossièrement sculpté; il avait une taille colossale et une ouverture circulaire à la gueule où l'on pouvait introduire le poing.

Un peu à l'occident du ravin, le premier objet qu'on remarque est appelé par les naturels du pays *Kassr*, ou palais. C'est une belle ruine à découvert, en partie détachée des décombres; on la voit à une considérable distance; elle paraît d'une fraîcheur si surprenante, que ce ne fut qu'après l'avoir examinée quelques minutes que M. Rich dit s'être convaincu que c'était réellement un reste de Babylone. Cette ruine consiste en plusieurs murailles et en plusieurs piliers de huit pieds d'épaisseur, tournés vers les quatre points cardinaux, en quelques endroits ornés de niches; dans d'autres, renforcés par des

---

(1) Il est vraisemblable que plusieurs morceaux antiques ont été détruits de cette manière. Les habitants du pays donnent le nom d'idoles à toutes les pierres chargées d'inscriptions ou de figures.

pilastres et des éperons, et bâtis de belles briques cuites, dont le parement est encore parfaitement conservé. Le ciment de chaux qui leur sert de liaison est si tenace, que ceux qui s'occupent à chercher des briques les ont abandonnées, ne pouvant les détacher sans les casser. Le faîte de ces murailles est miné ; il paraît qu'elles ont été beaucoup plus élevées. Peu s'en faut qu'en dehors elles n'aient été déblayées jusqu'aux fondements ; mais au dedans de leur âtre elles sont encore encombrées dans quelques parties. Une de ces murailles, fendue en trois, semble avoir été renversée par un tremblement de terre. On dirait que le passage du ravin y communiquait. Au-dessous il y a quelques creux où plusieurs individus ont perdu la vie ; personne aujourd'hui n'ose s'y aventurer ; l'entrée en est à présent comblée. Près de cette ruine on aperçoit un tas de débris, qui ont leurs côtés curieusement diversifiés par le changement successif des matériaux, qui étaient pour la plupart, à ce qu'il paraît, des briques durcies au soleil. M. Rich n'a pu découvrir aucun roseau dans les joints. Les ouvriers ont pratiqué près de là deux sentiers pour porter des briques au bord du fleuve, d'où elles sont ensuite transportées en bateau à Hillah. Un peu au nord-nord-est se présente l'arbre célèbre que les naturels du pays appellent *athéti*, qui selon eux fleurissait dans les jardins de l'ancienne Babylone. Ils prétendent que Dieu l'a préservé exprès de la destruction de cette ville, afin d'offrir à Ali un lieu convenable pour attacher son cheval après la bataille de Hillah. Cet arbre est sur une espèce de butte ; il n'en reste plus que la moitié du tronc, qui annonce qu'il a été d'une grosseur considérable. Le bout de ses branches est encore parfaitement verdoyant ; quand le vent les agite, elles rendent un bruit sourd et mélancolique (1). Raimond et d'autres pensent que cet arbre indique l'emplacement des fameux jardins suspendus de Sémiramis. Tous les habitants du pays affirment qu'il est très-dangereux à l'entrée de la nuit de s'approcher de cette éminence, parce qu'elle est habitée par de malins esprits.

A un mille au nord du Kassr, ou à cinq bons milles de Hillah, et à neuf cents verges de l'Euphrate, se voit la dernière éminence qui termine cette chaîne de ruines. Pietro Della-Valle, qui l'a décrite, prétend que c'était la tour de Bélus. Rennell a adopté cette opinion. Les naturels du pays appellent cette ruine Meukallibeh, ou, suivant la prononciation arabe vulgaire de cette contrée, *mudjélibeh*, c'est-à-dire *renversé sens dessus dessous* : dénomination qu'ils donnent aussi quelquefois à la hauteur du Kassr. Le Mudjélibeh a une forme oblongue ; sa hauteur et ses côtés, qui regardent les points cardinaux, sont irréguliers. Le côté du nord a deux cents verges de long, celui du sud deux cent dix-neuf, celui de l'est cent quatre-vingt-deux, et celui de l'ouest cent trente-six. L'élévation de l'angle sud-est, ou de l'angle le plus haut, est de cent quarante-un pieds. La face occidentale, qui est la plus basse, est aussi la plus intéressante par rapport à la vue qu'elle offre du bâtiment. On voit près du sommet un mur un peu élevé, avec des interruptions, bâti en briques crues mêlées avec de la paille ou des roseaux hachés menu et cimentés de mortier de terre grasse, qu'on n'a pas épargné ; il y a entre chaque couche de briques une couche de roseaux. Au côté septentrional, on voit encore quelques vestiges où se trouve le même genre de construction. L'angle sud-ouest est surmonté d'une espèce de tour ou de lanterne ; les autres sont dans un état moins parfait, mais peut-être dans le principe furent-ils ornés de la même manière. Le côté occidental est le plus bas et le plus facile à gravir, le septentrional le plus difficile. Le temps les a tous coupés en sillons, et en plusieurs endroits où ces ravines se sont jointes ensemble, ces sillons sont d'une grande profondeur, et pénètrent bien avant dans l'éminence. Le sommet est couvert de monceaux de décombres ; en creusant, on y découvre des couches de briques cuites cassées qui ont été cimentées de mortier, et çà et là des briques entières chargées d'inscriptions. Le tout est couvert de morceaux de poteries, de briques, de bitume, de cailloux, de briques vitrifiées ou scories, et même des

---

(1) Cet arbre est, selon Ainsworth, une variété du *tamarix orientalis*. Cf. Ritter, t. XI, 919.

coquilles, etc. « Comme je demandais à un Turc, dit M. Rich, comment il pensait que ces dernières substances avaient été apportées là, il me répondit sans balancer : *Par le déluge*. On aperçoit dans divers endroits des tanières de bêtes féroces. Je trouvai dans une de ces tanières des os de mouton et d'autres animaux, et je sentis une odeur forte, comme celle du lion. J'y trouvai aussi une grande quantité de piquants de porc-épic, et dans la plupart des cavités une multitude de chauves-souris et de hibous. C'est ici que j'appris pour la première fois ce qu'on dit en Orient des satyres : je m'étais toujours imaginé que la croyance à l'existence de ces êtres fantastiques appartenait à la mythologie de l'Occident ; mais un tchoadar, ou un tchoadar, qui était avec moi quand j'examinai cette ruine, se mit à raconter que l'on trouve dans ce désert un animal qui ressemble à un homme depuis la tête jusqu'à la ceinture, mais qui a des cuisses ou des jambes de brebis ou de chèvre. Il dit aussi que les Arabes en font la chasse avec des chiens, et qu'ils en coupent les parties inférieures pour les manger, ne touchant pas à leurs parties supérieures, à cause de leur ressemblance avec celles de l'espèce humaine. Tout cela rappelle ce passage de la Bible : « Les bêtes sauvages du désert y feront leur demeure, et leurs maisons seront remplies de créatures plaintives ; les hibous l'habiteront, et les satyres y feront leurs danses » (Isaïe, XIII, 21).

Au côté septentrional du Mudjélibeh, près du sommet, est une niche ou retraite, assez élevée pour y admettre un homme debout. Derrière il y a une ouverture basse, qui mène à une petite cavité d'où sort, à droite, un passage qui va en montant obliquement vers l'occident, et se perd dans les décombres. Les naturels l'appellent *serdaub*, ou *cellier*. M. Rich apprit, il y a plusieurs années, que quelques personnes en y cherchant des briques en retirèrent beaucoup de marbre, et ensuite une bière de bois de mûrier, dont une partie paraissait couverte de bitume. Cette bière renfermait un corps, enveloppé étroitement dans un linceul, qui tomba en poussière aussitôt qu'il fut exposé à l'air. Ce récit, joint à la considération que c'est le lieu le plus favorable à donner une idée du plan original de cette ruine, engagea M. Rich à mettre douze hommes à l'œuvre, afin d'ouvrir d'en haut un passage dans le serdaub. Ils creusèrent dans une butte de soixante pieds carrés, revêtue de belles briques et de bitume, et toute remplie de terre. Ils y trouvèrent une poutre de bois de dattier, une lance de cuivre et quelques vases de terre. Un de ces vases était très-mince, et avait à l'extérieur quelques restes d'un beau vernis blanc. Après trois jours de travail, ils pénétrèrent jusqu'à l'ouverture, et découvrirent un passage étroit, de près de dix pieds de hauteur, à moitié plein de décombres, contenant des briques cuites et des briques crues, avec une couche de roseaux entre chaque rang, excepté dans une ou deux assises près du bas, où elles étaient cimentées de bitume : ce passage paraissait avoir eu originairement un revêtement de belles briques cuites et de bitume pour cacher celles qui n'étaient que durcies au soleil, dont le corps du bâtiment était principalement composé. En face de ce passage il s'en présente un autre, rempli de terre jusqu'au haut, ou plutôt le même passage continue vers l'est, où il s'étend probablement à une distance considérable, peut-être même tout le long du côté du Mudjélibeh : en le creusant M. Rich découvrit près du sommet une bière de bois avec un squelette bien conservé. Sous la tête de la bière il y avait un caillou rond, au dehors un oiseau de cuivre y était attaché, et au dedans se voyait un ornement de même nature, qui semblait avoir été suspendu à quelque partie du squelette. Après l'extraction de cette bière, on déterra un peu plus loin, dans les décombres, le squelette d'un enfant. Il est vraisemblable que tout ce passage, quelque grand qu'il fût, était occupé de la même manière ; mais tant ici que dans les urnes sépulcrales trouvées au bord du fleuve on n'aperçut aucun crâne. Au pied du Mudjélibeh, à soixante-dix verges de distance environ, il y a au nord et à l'ouest des restes d'une colline de terre très-basse, qui semble avoir fermé l'enceinte de cet édifice. Plus loin au nord de la rivière, on ne voit plus de vestiges de ruines.

Voilà ce que M. Rich a observé sur le côté oriental du fleuve. Voici maintenant ce qui reste de Babylone sur le côté occidental. Les récits détachés et peu fidèles de quelques voyageurs modernes ont induit en erreur d'Anville et Rennell, en leur faisant croire que la rive occidentale de l'Euphrate contenait des ruines considérables de la même forme que celles de la rive opposée. Tout ce côté-là est plat et coupé par des canaux, dont les plus remarquables sont le Tadjia ou le fossé d'Ali-Pacha, et le canal Thamassié. Les bords du fleuve sont occupés par un petit nombre de villages, entourés de murailles de boue, au milieu de quelques terres cultivées; mais il n'y a pas le moindre vestige de ruines, excepté en face de l'éminence d'Amran, où l'on voit deux petites éminences de terre couvertes d'herbe, l'une et l'autre formant une ligne droite; et un peu plus loin deux autres, qui leur ressemblent. Elles n'ont pas plus de cent verges d'étendue, et le lieu est appelé Anana par les gens du pays. Au nord la contrée a l'apparence d'un marécage verdoyant.

Mais, quoiqu'on n'aperçoive point de ruines dans le voisinage immédiat du fleuve, la masse qui est de beaucoup la plus remarquable et la plus frappante de toutes les ruines de Babylone est située à six milles environ au sud-ouest de Hillah. Elle est appelée par les Arabes *Birs-Nemrod* (1), et par les Juifs la prison de Nabuchodonosor; elle a été décrite par le père Emmanuel Baillet et Niebhur, à qui la crainte des Arabes ne permit pas de le voir de près.

Voici comment M. Rich rend compte de sa visite à Birs-Nemrod. « J'ai visité,

(1) Le mot *birs* ne paraît pas être d'origine arabe. En chaldéen, *birah* signifie *palais*, *citadelle* (*castellum*, βασίλειον). Dans la Bible ce nom s'applique non-seulement au château royal de Suse (*Nehem.*, I, 1; *Esth.*, I, 2; II, 3; VIII, 3, 15; *Dan.*, VIII, 2), mais encore à toute la ville (*Esth.*, I, 5; II, 5; VIII, 14; IX, 6; XI, 12). Il s'applique aussi au temple de Jérusalem (I *Paral.*, XXIX, 1, 19; *Nehem.*, II, 8). Gesenius pense que ce mot est d'origine persane; car chez les Perses un *château* ou *castel* s'appelle *baru*, en sanscrit *pura*, *puri*, *pur*, en grec πύργος, βάρις. La citadelle de Carthage se nommait *Byrsa*.

dit-il, le Birs-Nemrod dans un moment qui répondait tout à fait à la grandeur de son effet. La matinée était d'abord orageuse, et nous menaçait d'une grande chute de pluie. Mais comme nous nous approchions du but de notre voyage, les nuages qui s'étaient accumulés se séparèrent: ils nous laissèrent entrevoir le Birs, dominant sur la plaine, présentant l'apparence d'une montagne ronde couronnée d'une tour, avec un rideau élevé, qui s'étend le long de son pied. Comme pendant la première partie de notre promenade nous fûmes entièrement privés de la vue de cette ruine, cela nous empêcha d'en acquérir par gradation l'idée, en général si nuisible à l'effet, et si particulièrement regrettée de tous ceux qui visitent les pyramides d'Égypte. A peine fûmes-nous parvenus à une distance convenable, qu'elle s'offrit tout d'un coup à la vue, au milieu des masses roulantes de nuages noirs et épais, obscurcies en quelques endroits par cette espèce de brouillard dont la confusion produit quelque chose de sublime, tandis que des traits d'une lumière vive, présageant l'orage, étaient répandus dans le désert au delà, et servaient à donner quelque idée de l'étendue immense et de la triste solitude du pays désolé où se trouve située cette respectable ruine.

« Le Birs-Nemrod est une éminence d'une figure oblongue, de sept cent soixante-deux verges de circonférence, coupée à l'orient par un fossé profond; elle n'a que cinquante à soixante pieds d'élévation, mais à l'occident elle s'élève en cône à cent quatre-vingt-dix pieds de hauteur, et son sommet se termine par une muraille solide de briques de trente-six pieds de hauteur sur vingt-huit pieds de large, diminuant de grosseur vers le faîte, qui est rompu, irrégulier et fendu par une grande crevasse qui se prolonge jusqu'à un quart de sa hauteur. Cette muraille est percée d'outre en outre par de petits trous carrés qui sont dispersés en losange. Les belles briques cuites dont elle est bâtie sont chargées d'inscriptions, et le ciment, qui semble être de mortier de chaux, quoiqu'il soit difficile de distinguer la nature de la liaison des couches, tant elles sont serrées ensemble, est si admirable qu'il est presque impossible de détacher une de ces briques sans la casser. Le reste du sommet de cette éminence est couvert d'énormes morceaux d'ouvrages de briques d'une forme indéterminée, tombés ensemble et changés en de solides masses vitrifiées, comme si elles avaient subi l'action du feu le plus violent, ou qu'on les eût fait sauter avec de la poudre à canon. Cependant on peut très-bien distinguer les couches de briques, ce qui est un fait singulier, que je ne suis pas en état d'expliquer. Ces ruines extraordinaires, comme elles le paraissent, sont les mêmes dont parle le père Emmanuel, qui ne fait aucune attention à la hauteur prodigieuse sur laquelle elles sont élevées (1).

(1) M. Raimond, ancien consul à Basra, ajoute aux détails qui précèdent la remarque suivante : « *Vingt-huit pieds de large*... Sans doute M. Rich a voulu dire vingt-huit pieds de long; car tout au plus si cette muraille en a huit d'épaisseur..... *Petits trous carrés disposés en losange*.... Ces trous sont de trois bons pouces carrés, enduits en dedans et dans toute leur longueur d'une légère couche de plâtre; ils présentent successivement, à droite et à gauche, une ligne d'angles saillants et rentrants depuis le bas jusqu'en haut. J'ai toujours pensé qu'ils avaient été ainsi placés afin de servir d'échelle, ou pour donner de la fraîcheur à l'édifice. — *Chargées d'inscriptions*,.... A ces mots on dirait qu'il y en a sur toutes les briques. Pour moi, je ne me rappelle pas en avoir vu; et il me semble impossible qu'il y en eût, parce que ces briques sont posées à plat les unes sur les autres, et qu'il n'y a jamais d'inscription sur les côtés. Ces détails n'étant donc pas assez circonstanciés, je prendrai la liberté de faire remarquer ici une fois pour toutes que ces briques que l'on trouve à Babylone n'ont des inscriptions que sur une de leurs surfaces, et qu'elles sont appliquées ou mieux encadrées dans les murailles avec une couche de bitume que l'on a mise exprès sur l'autre. En effet, l'on aperçoit toujours sur le côté opposé de l'inscription une espèce de matière noirâtre qui y est attachée et que l'on prendrait pour de la suie de cheminée; mais c'est de la terre ou plutôt de la poussière, dont la chaleur du climat a fait disparaître le bitume avec lequel elle avait été mêlée. J'en ai mis dans le feu, et de suite j'ai remarqué une légère ébullition de substance huileuse, accompagnée d'une odeur forte et pénétrante, comme celle du bitume. — *Masses vitrifiées*... Ces masses vitrifiées approchent plutôt de la nature

« Il est presque inutile de faire observer que toute cette éminence est elle-même une ruine, creusée en ravines par le temps, couverte de débris, comme partout ailleurs, et de morceaux de pierres noires, de pierres, de sable et de marbre. Dans la partie orientale on distingue aisément des couches de briques durcies au soleil, mais sans aucun roseau quelconque; circonstance qui atteste peut-être la haute antiquité de cette ruine, parce qu'on trouve ordinairement des roseaux partout où il y a des briques crues. Dans le côté du nord on aperçoit des vestiges de bâtiment qui ont une grande ressemblance avec un monceau de briques. Au pied de l'éminence on découvre un escalier à peine élevé au-dessus de la plaine, dont l'étendue excède de plusieurs pieds la base véritable ou mesurée. Toute cette ruine est entourée d'une enceinte carrée comme au Mudjélibè, mais en beaucoup meilleur état et d'une plus grande dimension. A une petite distance du Birs, et sur la même ligne que le côté oriental, il y a une autre éminence, beaucoup plus longue que large, et qui n'est pas inférieure à celle du Kassr en élévation. Sur le sommet sont deux koubbès, ou oratoires; l'un, qui passe pour le lieu où Abraham fut jeté dans le feu par ordre de Nemrod, qui contemplait la scène du haut du *Birs*, s'appelle *Mokam-Ibrahim-Khalil* (1); l'autre, qui est tombé en

de la pierre que de celle du verre. Ce ne peut être que l'effet de quelque grand incendie. Compactes et plus dures que les briques, d'après l'épreuve répétée que j'en ai faite, ces masses sont noires, d'une couleur sans éclat, sans vivacité; au premier coup d'œil on les prendrait pour des quartiers énormes de roches noires, si l'on n'apercevait dans le dessus, où apparemment l'action du feu s'est fait moins sentir, plusieurs couches de briques qui ont commencé à se décomposer. »

(1) Note de M. Raimond : « *Le lieu où Abraham fut jeté dans le feu*. Ce n'est point à Birs-Nemrod que ce patriarche fut, selon les musulmans, jeté dans une fournaise ardente; les sunnites et les schyites rapportent tous que c'est à Orfa, où l'on voit encore même aujourd'hui le réservoir qui fut, à ce qu'ils prétendent, construit pour recevoir les eaux de la source qui sortit du milieu du bûcher, changé en une prairie charmante. Ce réservoir, que j'ai vu, est plein de poissons qui sont

ruine, s'appelle *Mokam-Saheh-Zéman*; mais j'ignore la partie de la vie de Mehdi qu'il rappelle. Je cherchai sans succès dans ces deux oratoires les inscriptions dont parle Niebuhr. Près d'Ibrahim-Khalil il y a une petite excavation dans la terre, qui ne mérite pas qu'on y fasse attention; mais cette éminence est intéressante par sa position et les rapports qu'elle a avec d'autres, comme j'aurai dans la suite occasion de le faire remarquer.

« On aperçoit autour du Birs des restes de ruines à une distance considérable. Au nord se trouve le canal qui fournit de l'eau à Méched-Ali; il fut creusé aux dépens du Nabab-Schedjâd et Derlet; les naturels l'appellent Indiè. »

A la description de ces ruines, qu'on suppose avoir été situées dans l'enceinte même de la ville, il peut être utile de joindre celle de quelques lieux remarquables dans le voisinage de Hillah, qui ont quelque rapport aux ruines de Babylone. Nebbi-Eyoub, ou le tombeau du prophète Job, est un *koubbé* placé près de l'Euphrate, à trois lieues au sud de Hillah. Au-dessous passe le grand canal Djazéria, qu'on dit être fort ancien, près duquel il y a deux éminences ou masses de ruines appelées *El-Mokhatal* et *El-Adouar*. A quatre lieues plus bas que Hillah, du même côté que l'Euphrate, mais non pas sur les bords, est un village appelé Djerbouïya, où se trouve un amas considérable de ruines comparables à celles de Babylone, que les gens du pays désignent par le nom de *Boursa*, vraisemblablement le Borsippa de Strabon ou le Barsista de Ptolémée.

Dans le désert occidental, vers le nord-ouest, on découvre du haut du Mudjélibeh une grande éminence appelée *Touérieh*. Du même côté, à deux lieues ouest de Hillah, est le village de Tahmassieh, bâti par le Schah-Thamas, fils de Nadir-Schah, où se trouvent aussi quelques éminences peu importantes. Ce village occupe, à n'en pas douter, quelque partie du site de Babylone. On découvre encore du haut du Mudjélibeh, à une grande distance vers le sud, deux grandes éminences, dont les noms ne me sont pas connus. A cinq à six milles à l'est de Hillah se voit *El-Kheymar*, qui est une ruine curieuse, en ce qu'elle représente en petit le Birs-Nemrod. La base est un tas de décombres dont le sommet offre une masse d'ouvrages de briques rouges, entre chaque couche desquelles on aperçoit une certaine substance blanche qui se réduit en poudre sitôt qu'on la touche. C'est une efflorescence de salpêtre.

A ces ruines M. Rich ajoute encore celles d'Akerkouf, ou, comme on l'appelle généralement, *la Tour de Nemrod*; car les habitants de ces contrées sont aussi empressés d'attribuer tous les vestiges de l'antiquité à Nemrod, que ceux d'Égypte de les attribuer à Pharaon. Cette tour est située à dix milles nord-ouest de Bagdad; c'est un massif épais de briques crues, d'une forme irrégulière, sortant d'une base de décombres. Il y a une couche de roseaux entre chaque cinquième ou sixième couche de brique; car le nombre n'en est pas régulier. Percée d'outre en outre par de petits trous carrés, ainsi que le Birs-Nemrod, elle offre à la moitié de sa hauteur du côté de l'orient, une ouverture semblable à une fenêtre. Les couches de ciment sont très-minces, ce qui est extraordinaire, vu que ce n'est que de la terre. Cette tour a cent vingt-six pieds de hauteur, cent de diamètre dans sa plus grande largeur, et trois cents de circonférence au pied de l'ouvrage de briques au-dessus des décombres. Tout ce qui reste de cette ruine contient cent mille pieds cubiques. (Voy. le *Voyage* d'Ives, p. 298.) A l'est on voit une hauteur ressemblante à celles du Birs et d'El-Kheymar (1).

---

très-familiers, et pour lesquels le peuple a la plus grande vénération. Aboulkérim dit à peu près la même chose. — *Près d'Ibrahim-Khalil il y a une petite excavation*. Cette excavation était presque entièrement remplie de paille lorsque je la vis; mais, d'après ce que j'ai pu en découvrir, il m'a semblé que c'était un souterrain voûté en briques cuites, divisé en quatre conduits, faisant chacun face à un des points cardinaux. Je suis porté à croire qu'il y en a un qui aboutissait au Birs. »

(1) Note de M. Raimond : « *Akerkouf*. M. Rich, à l'exemple d'Ives, dit que cette ruine est généralement appelée la tour de Nemrod; mais je ferai observer que les gens du pays ne connaissent, de temps immémorial, cet édifice que par le nom de *Nemrod-Tépessy*, le sommet ou le Mont-Nemrod. Le ré-

Examen comparatif des ruines de Hillah par Rich et Raimond. — D'après les détails que les auteurs anciens nous ont transmis de Babylone, nous savons que ses murs, le temple de Bélus, le château royal et les jardins suspendus, étaient les édifices les plus beaux et les plus magnifiques que Babylone renfermait dans son enceinte, comme aussi les plus susceptibles de laisser les plus belles ruines. Pour savoir jusqu'à quel degré les vestiges que l'on voit à présent sont au-dessous de l'idée qu'on pourrait s'en former, il faudrait les dégager, jusqu'au rez-de-chaussée, des décombres où ils sont ensevelis.

« D'un côté, dit Raimond, si l'on considère ces ruines du même œil qu'un voyageur examinerait celles de quelques villes d'Europe, on sera surpris qu'il reste de Babylone des vestiges aussi considérables ; de l'autre, si l'on juge de la durée d'une ville par le temps qu'on aura mis à la bâtir et par la nature des matériaux et le nombre des ouvriers employés à sa construction, on n'a pu être longtemps à bâtir Babylone, quelle que fût son étendue ; ou bien il faut reconnaître qu'Alexandre n'a pas eu le temps de construire une ville sur les bords du lac, ou que la plupart des maisons n'étaient que de briques durcies au soleil. Il en aura été assurément de même de Babylone, avec cette différence seulement qu'il n'y a point de doute que les édifices publics et les palais du roi et des grands de sa cour n'aient été bâtis de briques cuites au feu, et que les restes qu'on en voit aujourd'hui n'en aient fait partie. Sous ce rapport il semble qu'on doit voir avec une nouvelle surprise ce qui existe aujourd'hui de cette fameuse ville, et avouer sans difficulté que si elle eût été bâtie, ainsi que ses maisons, en murailles solides de briques cuites,

sident donne à Akerkouf les mêmes dimensions que son compatriote lui assigne. Celui-ci examina et mesura cette tour en 1758, et celui-là en 1812 ; j'oserai avancer qu'il est presque impossible que cette bâtisse, qui ne ressemble en aucune manière au Birs-Nemrod, soit demeurée ainsi dans le même état pendant l'espace de cinquante-quatre ans ; car si durant ce période de temps elle n'a éprouvé aucune espèce de changement quelconque, ni dans l'élévation ni dans la circonférence, on peut induire de là qu'elle n'est pas de toute antiquité, ou qu'elle n'a jamais été beaucoup plus élevée ni beaucoup plus étendue ; mais il est facile d'y remarquer le ravage que le temps y fait chaque année. A trente pieds environ au-dessus de sa base, sa circonférence est moins grande que dans le milieu. Elle y est comme minée par l'humidité, et son sommet, battu par la pluie, qui en détache toujours les parties les plus molles, est sillonné en plusieurs endroits. Quant aux petits trous carrés dont parle M. Rich, il n'y a point de doute qu'ils n'aient servi aux échafaudages qu'on a été obligé de faire pour la construire. Niebuhr rapporte que cette tour a environ soixante-dix pieds de hauteur, et qu'à chaque sixième ou huitième couche de briques il y en a une de joncs ; « que le « côté du nord est presque perpendiculaire...... « Aux autres côtés, où la terre est plus séchée « par le soleil et se peut plutôt changer en « poussière, il y a beaucoup de cet édifice « emporté par le vent. » M. Rich dit qu'il y a une couche de roseaux chaque cinquième ou sixième couche de briques, et Ives à chaque septième ou huitième. Pour moi, qui visitai cette tour en 1802, je remarquai à chaque septième couche de briques crues une couche de roseaux placée au milieu d'un mortier de terre. M. Rich donne à cette tour une origine babylonienne, établissant sans doute son opinion sur l'antique nom de Nemrod, que la tradition a conservé à cette ruine ; mais ce rapport n'est pas satisfaisant. La construction de cette tour ne pouvait être d'aucune utilité à Babylone, dont elle est éloignée et séparée par les canaux que la reine Nicotris fit creuser pour se mettre à couvert des incursions des Mèdes. Il est plus naturel de penser que c'est l'ouvrage d'un des premiers califes de Bagdad, qu'on aura abandonné du moment que cette ville aura cessé d'être la capitale de l'empire. Ives est d'avis qu'Akerkouf était une tour qui servait de vedette ou d'observatoire ; selon Niebuhr quelque roi persan ou calife l'aura fait construire pour y prendre le frais ; et selon Other, c'était un sépulcre. Quelque conforme que soit l'opinion du dernier à l'usage auquel étaient destinées les pyramides d'Égypte, j'adopterai celle du premier, qui me paraît d'autant plus vraisemblable que c'est la plus analogue aux coutumes du pays. Bagdad, autrefois bâtie au milieu d'une vaste plaine et dont la vue a dû être bornée par les nombreux jardins qui l'entouraient, aura eu besoin d'un point élevé pour découvrir le désert et épier les mouvements de l'ennemi. »

on en trouverait, malgré son ancienneté, des ruines aussi belles et en aussi grande quantité que partout ailleurs où les villes sont bâties de pierre.

« Quelque étrange que paraisse cette opinion, la preuve en est évidente. Que reste-t-il de la ville de Séleucie? que reste-t-il de Ctésiphon? Rien pour ainsi dire, de l'une ni de l'autre. Babylone était encore dans un état florissant quand la première ville fut construite : on sait que son fondateur la fit construire pour diminuer l'importance de l'autre, et en faire la capitale de son empire. Elle n'était donc en général bâtie que de briques séchées au soleil.

« La plus grande circonférence que les anciens aient assignée aux murs de la ville est de quatre cent quatre-vingts stades, la plus modérée de trois cent soixante. Strabon leur en accorde trois cent quatre-vingt-cinq. Mais le plus petit de ces calculs suppose à Babylone une étendue que nous pouvons à peine nous figurer aujourd'hui. Quelque grande qu'elle fût, néanmoins sa population nous donne l'idée d'un district renfermé dans une enceinte, plutôt que d'une ville régulière. Les rues qu'on dit avoir menées d'une porte à l'autre n'étaient que des chemins par des terres cultivées où des bâtiments étaient distribués en groupes. Quinte-Curce dit positivement que l'enceinte de Babylone contenait assez de pâturages et de terres labourables pour fournir à l'entretien des habitants pendant un long siége. Et Xénophon rapporte que lorsque Cyrus la prit, ce qui eut lieu durant la nuit, les habitants du quartier opposé n'en furent pas avertis avant la troisième partie du jour, c'est-à-dire trois heures après le soleil levé; effet provenant sans doute de la grande distance des groupes de maisons les uns des autres; puisque si elles n'eussent été séparées que par des rues régulières, le bruit et la confusion auraient répandu par toute la ville avec beaucoup plus de rapidité la nouvelle de cet événement.

Diodore, l'auteur de la circonférence la plus modérée des murs de Babylone, semble avoir abandonné la bonne leçon, rejetant celle de Ctésias pour en adopter une qui raccourcit trop le plan de cette ville. Il est facile de le voir par les dimensions du palais de soixante stades de circuit; il dit, sur la foi de cet historien, que la seconde enceinte de ce palais avait trois cents briques d'épaisseur et cinquante orgyes de hauteur, et les tours qui l'accompagnaient, soixante-dix. Il est à présumer que Diodore entend que ces trois cents briques étaient placées sur leur côté, car il serait fort ridicule de supposer qu'elles l'eussent été autrement. Ainsi, en calculant chacune de ces briques à trois pouces trois lignes, leur véritable épaisseur, et en leur accordant deux lignes de liaison, on verra que l'épaisseur de cette muraille a dû être de quatre-vingt-cinq pieds, cinq pieds de moins que celle des murs de la ville selon Hérodote. Il dit encore, sans rappeler que ces murs avaient été abaissés, qu'ils n'avaient que cinquante coudées, ou soixante-quinze pieds, de hauteur, et que leur largeur était plus qu'il ne fallait pour laisser passer six chariots de front, espace qui ne répond pas à une quarantaine de pieds. Cette disparité des dimensions est trop grande pour ne pas fixer l'attention du lecteur. Aussi est-il probable que Diodore aura confondu ces dimensions, qui représentent, à peu de chose près, celles que l'on trouve dans Hérodote. Les tours de soixante-dix orgyes, ou quatre cent vingt pieds, de hauteur y conviennent également; car ce serait une absurdité de croire que ce palais avait des tours aussi élevées. Diodore ajoute ensuite : « Le troisième mur surpassait celui du milieu en largeur et en hauteur. » C'est là une exagération. On peut se demander quelle doit avoir été la hauteur des jardins suspendus, qu'on apercevait en amphithéâtre à une longue distance. Mais Quinte-Curce, si l'on peut s'en rapporter à son récit, l'indique en disant : *Triginta pedes in terram turrium fundamenta demissa sunt, ad octoginta summum munimenta fastigium pervenit.* Cette version, sans doute, mérite la préférence, comme la plus vraisemblable, correspondant mieux à l'idée des dimensions du palais de soixante stades, dont Diodore ne nous a transmis qu'un détail erroné, et se rapprochant davantage de cinquante coudées, que Strabon suppose à la hauteur des jardins suspendus.

« Toutes les relations s'accordent sur la hauteur des murs de Babylone, qui était de cinquante coudées, Darius Hystaspe les ayant, après la rébellion de la ville, réduits à cette dimension de la prodigieuse hauteur de trois cent cinquante pieds qu'ils avaient auparavant, afin d'ôter à ses habitants la possibilité de la défendre. M. Rich n'en put découvrir le moindre vestige. C'est une circonstance d'autant plus inexplicable, qu'existant après les dernières ruines de la ville, ces murs servirent longtemps d'enceinte à un parc, et que saint Jérôme nous apprend que dans son temps ils étaient encore en assez bon état. D'ailleurs, la destruction à laquelle ils auront consécutivement été exposés lors de la construction de Hillah et d'autres places semblables n'explique pas d'une manière satisfaisante la cause de leur disparition entière. Car tout évident qu'il est que ces murs auront été les premiers objets à fixer l'attention de ceux qui recherchaient des briques, la masse de décombres qui en formait, selon toute apparence, le cœur ou la substance, jointe aux fossés, qui étaient très-profonds, aurait dû seule, quand toutes les briques en auront été enlevées, laisser des traces qui devraient se faire remarquer aujourd'hui.

« La levée artificielle du fleuve et son parapet ne le cédaient ni en construction ni en solidité aux murs de la ville. Sur la foi de Diodore, le premier de ces ouvrages avait cent soixante stades de long. Il ne reste plus aucune trace ni de l'une ni de l'autre ; car, bien qu'il soit vraisemblable que celui-là pourrait s'y méprendre qui examinerait à la légère la colline qui forme à présent le bord oriental du fleuve, et que M. Rich a appelée *la levée*, les altérations arrivées dans le cours de la rivière à cet endroit, la figure de la partie méridionale de la colline, et surtout les urnes sépulcrales trouvées dans son épaisseur près du bord de l'eau, ne laisseraient pas de preuves suffisantes que ce ne fût quelque reste de l'ancienne levée.

« L'édifice le plus extraordinaire qu'il y eût à Babylone était la tour, c'est-à-dire la pyramide ou le sépulcre de Bélus, dont la base, selon Strabon, était un carré d'un stade de chaque côté, et d'un stade de hauteur. On croit en général qu'Hérodote a donné un détail outré de ses dimensions.

« Le carré au centre duquel était cette tour avait deux milles et demi de circuit, et contenait les temples où se rendaient les honneurs divins à la déité tutélaire de Babylone, et peut-être aussi des cellules pour le nombreux établissement de prêtres qui y étaient attachés.

« Ce sépulcre tire un nouvel intérêt de la probabilité que c'est la même tour que les descendants de Noé, sous la conduite de Nemrod, élevèrent dans la plaine de Sennaar, et dont l'achèvement fut interrompu par la confusion des langues. Quoi qu'il en soit, les ruines d'un bâtiment solide de cinq cents pieds de hauteur doivent, quand même il ne resterait aucun vestige de la ville, être un objet très-remarquable. Pline, soixante-dix ans après Strabon, parle du temple de Jupiter-Bélus, l'inventeur de l'astronomie, comme encore existant, et depuis le temps de Tudèle, le premier qui en rappela le souvenir, tous les voyageurs qui se sont trouvés près du site de Babylone ont pris l'éminence la plus apparente pour la tour de Bélus. Benjamin de Tudèle, Rauwolff et quelques autres crurent la voir parmi les ruines de Féloudjé, et, ne s'attachant qu'à vérifier les paroles de l'Écriture, s'imaginèrent qu'elle était infestée de toutes espèces de reptiles vénimeux.

« M. Rich, par les mesures ci-dessous qu'il donne, cherche à établir que le temple de Bélus était soit le Birs-Nemrod, soit le Mudjélibé.

	Pieds anglais
Circonférence totale ou somme des quatre côtés du Birs.	2,286
Du Mudjélibé.	2,111
De la tour de Bélus, calculée approximativement, à raison de cinq cents pieds par stade.	2,000

« Mais quelque rapport de ressemblance que l'on suppose exister entre ces ruines, il n'y en a aucun ni pour les dimensions ni pour les matériaux employés dans leur construction. A part les morceaux de muraille entassés les uns sur les autres, le Birs-Nemrod n'est qu'une belle muraille, ou mieux un pilier carré, oblong, isolé, s'élevant à une hauteur de trente-cinq à trente-six pieds environ, sur vingt-six de longueur, et sept à huit d'épaisseur, et qu'on dirait avoir été toute nouvellement bâtie, tant les briques en sont fraîches et bien conservées. Le Mudjélibé offre l'aspect d'une ruine bien différente et dans son étendue et dans sa conformation. C'est un plateau irrégulier, plus long au nord et à l'est qu'au sud et à l'ouest, et moins élevé à l'occident et à l'orient. On y voit encore une tour ou lanterne, une niche, une cave, un passage souterrain qui semble avoir fait le tour de l'édifice. Partout ce sont des murailles de briques crues, quelques morceaux de muraille de briques cuites, avec du bitume ou du mortier de plâtre. Toutes ces particularités sont autant d'obstacles qui s'opposent à la comparaison, ou mieux à l'identité que M. Rich s'efforce à trouver. De plus, dans le Mudjélibé on trouve des briques cuites et crues, du bitume, du mortier calcaire, du mortier argileux avec de la paille ou des roseaux hachés menu, et des couches de roseaux. Dans le Birs-Nemrod, à l'exception des briques cuites, du mortier calcaire et peut-être du bitume, on n'aperçoit aucun autre ingrédient. »

Ainsi, de ce court résumé on peut aisément inférer que le Mudjélibeh, à cause des diverses circonstances relatées ci-dessus, ne saurait être le temple de Bélus; et que le Birs-Nemrod, supposé que ce temple eût été situé à l'occident de l'Euphrate, n'indique pas également par ses proportions qu'il ait jamais eu la moindre ressemblance avec cet édifice. Enfin, il n'est pas douteux que par rapport à la commodité de l'eau, qui aura été si nécessaire aux ouvriers durant l'exécution de leur travail, et à ceux qui desservaient le temple, le fondateur de cette tour n'ait choisi à cet effet l'emplacement le plus rapproché du fleuve; avantage précieux dans les pays chauds, que n'offre ni le Mudjélibeh ni le Birs-Nemrod.

La citadelle ou le palais, ainsi désigné parce qu'il servait en même temps de défense et de séjour, avait à l'extérieur un mur de soixante stades de tour. Au dedans de ce premier mur on en voyait un second, de quarante stades, dont l'intérieur était orné de peintures tout alentour, comme c'est encore aujourd'hui la coutume en Perse; et au-dedans de celui-ci, encore un autre, de trente stades, décoré de dessins de chasse. Sur la rive opposée du fleuve, et du même côté que la tour de Bélus, était situé le vieux palais, dont le mur extérieur n'avait pas plus de trente stades de circuit. Au-dessus du nouveau palais ou de la citadelle se présentaient les jardins suspendus, qui selon Strabon formaient un carré de quatre plèthres de chaque côté et de cinquante coudées de hauteur. Quand on considère les dimensions du palais des Séfêvièhs à Ispaham, et d'autres bâtiments semblables qui existent encore en Orient, on ne fait aucune difficulté d'admettre la description du palais de Babylone dans toute son étendue. Les antiquaires examineront combien le mesurage du fleuve renfermé dans la limite s'accorde avec celui du palais. Le Mudjélibeh, sous quelques rapports, répondrait assez aux détails que nous avons des jardins suspendus. Mais M. Raimond objecte que plus de la moitié du Mudjélibeh est bâti de briques durcies au soleil, de roseaux et de mortier de terre. Ce ne sont pas là les matériaux qui conviennent à la construction de la terrasse d'un jardin, surtout du genre de celui qui faisait l'embellissement de Babylone et l'admiration de tous les peuples.

On avait pratiqué un passage sous le lit de l'Euphrate dont on ne saurait s'attendre à trouver aujourd'hui les vestiges. Sémiramis éleva, selon Diodore, un obélisque en pierre de cinq pieds carrés et de cent vingt-cinq pieds de hauteur. Comme on ne découvre aucune tradition concernant ce monument dans les villes qui furent bâties dans le voisinage après la destruction de Babylone, il est possible qu'on parvienne un jour à en trouver des traces.

D'après les détails qui nous ont été transmis de Babylone, et d'après ce qui en reste aujourd'hui, il y a tout lieu de croire que les édifices publics qui servaient à son embellissement étaient plus remarquables par la grandeur des dimensions que par l'élégance du dessin, et par la solidité de la sculpture que par la beauté de l'exécution. La tour de Bélus semble n'avoir étonné que par sa taille. Inférieure en quelque sorte aux pyramides, elle ne surpassait par son aspect ni ces monuments ni le grand temple du Mexique. Les ornements, dont Xerxès la dépouilla, représentent une richesse barbare plutôt que de goût. Tous les morceaux de sculpture déterrés parmi les ruines, quoiqu'il y en ait qui paraissent exécutés avec le plus grand soin, annoncent un peuple barbare. En effet, serait-on parvenu à un degré de raffinement beaucoup plus haut que celui que les Babyloniens semblent avoir atteint, on aurait de la peine à faire quelque chose avec des briques et du bitume, qui sont des matériaux si peu favorables à la construction. Malgré l'assertion de Dutens, on peut supposer avec raison que les Babyloniens n'avaient aucune connaissance de l'arcade. Des pieds droits, des étais et des pilastres semblent avoir remplacé la colonne; car il ne convient pas de donner le nom de pilier au poteau de dattier, qui était alors, comme aujourd'hui, d'un grand usage dans l'architecture de ce pays. Quand Strabon et Xénophon rapportent que les portes de Babylone étaient frottées de bitume, ils veulent sans doute parler de l'huile de naphte, dont on vernit encore à présent tous les ouvrages de peinture. Lorsqu'il s'agissait de bâtir une muraille de quelques pieds d'épaisseur, des briques communes ou des décombres en formaient l'intérieur, qui était pour ainsi dire encaissé dans un revêtement de belles briques. On voit parmi les ruines des traces de ce mode de construction, qui viennent à l'appui de cette opinion.

On trouve à Babylone deux sortes de briques, l'une cuite au feu, et l'autre purement durcie au soleil. Il y est déjà fait allusion dans la Genèse, chap. XI, v, 3

Dixit qui alter ad proximum suum : Venite, faciamus lateres et coquemus eas igni, et habuerunt lateres pro saxis et bitumen pro cimento.

La grandeur moyenne des briques cuites au feu est de treize pouces carrés, sur trois d'épaisseur. On en trouve de la moitié de cette dimension, et quelques-unes d'une autre forme pour des ouvrages particuliers, tels que des coins arrondis, etc. Ces briques sont de différentes couleurs; les unes sont blanches, tirant plus ou moins sur le jaune, comme les belles briques de nos planchers, qui sont l'espèce la plus fine; rouges comme notre brique commune, l'espèce la plus grossière; d'autres avec une teinte de noir, qui sont très-dures. La brique crue est de beaucoup plus grande que la brique cuite; ce n'est en général qu'un épais morceau de terre, où l'on aperçoit des roseaux ou de la paille hachée qu'on y a mêlée exprès afin de la mieux lier. Les terrasses des maisons de Bagdad sont couvertes de cette espèce de mortier, que l'on fait avec de la terre et de la paille hachée.

On découvre dans les ruines de Babylone trois espèces de ciments, du bitume, du mortier calcaire, et de la terre glaise. Selon M. Rich le premier ne fut jamais d'un usage aussi général qu'on le présume communément. Sauf quelques morceaux épars sur les éminences, on n'en trouve à présent que dans peu de bâtisses, et rarement, comme l'indiquent les raisons pour lesquelles il était employé. Quoique les sources de Hit soient inépuisables, les Babyloniens avaient sous la main un ciment beaucoup meilleur, dont la découverte était très-facile, et le salpêtre dont ces ruines abondent prouve que l'on se servait en général du ciment de chaux. Le bitume dans sa préparation coûte beaucoup plus de frais et de travail que la chaux, pour la cuisson de laquelle suffit un simple feu de ronces, qu'on trouve en grande quantité dans le désert. Au contraire, pour faire perdre au bitume sa fragilité, et lui donner du liant, il faut le mêler avec une certaine proportion d'huile. Après tout, la ténacité du bitume n'est pas à comparer à celle du mortier. Les briques que Niebuhr trouva si faciles à se disjoindre étaient toutes cimentées de bitume; et M. Rich a toujours remarqué que dans les endroits où M. Raimond rencontra le même ciment, au passage souterrain du Kassr, les briques se détachaient sans aucun effort avec une petite pioche ou même avec une truelle; mais là où l'on avait employé le meilleur mortier, comme au Birs, il n'y avait ni force ni art qui pût les arracher sans les casser en morceaux.

Les sources de Hit fournissent la plus grande partie du bitume encore employé. Quant aux puits situés au midi de Kerkouk, ils ne produisent que du naphte. Hit cependant n'est pas le seul endroit où il y ait des sources de bitume et de naphte. Il y en a à Anah, dans le Chamieh, sur le bord du fleuve, une grande source, qui rend en même temps du sel en eau, et à un quart de lieue de là on rencontre une source de naphte imprégné de soufre. Dans la Mésopotamie, à huit lieues de Hit, il y a du bitume, mais qui n'est pas si bon que le premier. A Hammam-Ali et Técrit il y a du naphte avec une espèce de bitume inférieur, qui ne se congèle presque pas même en hiver, et que les gens du pays appellent *djir*, tandis qu'ils ne connaissent l'autre que sous le nom de *zift* en turc, et *kir* en arabe. Il existe, d'après ce qu'on a assuré à M. Raimond, du bitume dans les ruines d'une ville appelée Bonéhi, à quatre journées de Aïn-Aïd sur le chemin de Djébel-el-Khammer; mais on ne sait pas où en est la source. M. Rich prétend aussi que le *zift* et le naphte sortent de la même source; mais ce renseignement n'est pas exact. Le bitume ne se trouve que rarement avec le naphte. A Mendèli il y a plusieurs sources abondantes de naphte, qui y coulent avec du sel dissous dans l'eau; et celles de Kufri, de Kormati et de Tavouk ne produisent point de *zift*. Il est digne de remarque que le territoire de Bagdad ne produit que du naphte noir, et que le blanc vient de Perse.

Entre Babylone, Hit et Anah, on trouve presque partout trois sortes de terres calcaires. La première, appelée *noura*, est une poussière blanche, particulièrement en abondance à Hit et à Anah; mêlée avec de la cendre, elle sert d'enduit à la partie basse des murailles dans les bains et dans les lieux exposés à l'humidité. La seconde, appelée par les Turcs *kiredji*, et *djos* par les Arabes, est aussi une poussière mêlée à des morceaux de la même substance et des cailloux ronds; le pays entre Hillah et Feloudjèh en produit beaucoup. C'est le ciment ordinaire de cette contrée, le même que le mortier des ruines de Babylone. Enfin, la dernière terre calcaire, appelée *borax*, ressemble à du gypse, et se trouve en gros morceaux raboteux, couleur de terre à l'extérieur. Quand elle est brûlée, elle forme un excellent plâtre ou un bon lavage blanc. Il y a à Babylone du mortier d'une couleur rouge, qu'on dirait fait de terre glaise, et une autre espèce de ciment, dont il reste à faire mention. C'est le ciment pur de terre glaise ou de boue; on ne l'emploie que dans les constructions de briques durcies au soleil, mais il est très-mauvais, quelque épaisse qu'en soit la liaison. Au Mudjélibeh on trouve une couche de roseaux au-dessus de chaque couche de ciment de boue, entre le ciment et la couche de brique. « J'ai peine à concevoir, dit Rich, pourquoi on a fait usage de roseaux, production ordinaire des marais, à moins que ce ne fût dans l'intention d'empêcher les briques de s'enfoncer inégalement ou trop vite dans la couche de boue. On en voit qui se sont admirablement bien conservées, et on peut en arracher tant qu'on veut. Mais il n'y en a point dans les endroits où un autre ciment sert de liaison. Hérodote affirme que le dessus des roseaux est couvert de bitume; j'ai effectivement remarqué sur des morceaux de bitume de petites impressions qu'on prendrait pour des impressions de roseaux, quoiqu'il n'en restât pas un brin; et, d'après d'autres observations que j'ai faites, je suis porté à croire que ces impressions pourraient provenir d'une autre cause. On voit à Ctésiphon, comme à Babylone, des couches de roseaux dans le ciment de terre; il doit en être de même à Séleucie : ceux qui ont construit cette ville n'auront pas manqué d'imiter en détail l'architecture babylonienne, et d'être imités à leur tour par les Parthes leurs voisins (1). »

(1) Note de M. Raimond : « *Des couches de roseaux au-dessus de chaque couche de boue.* Si cela est, un des côtés des briques étant laissé à sec, la muraille n'aurait pu acquérir aucune solidité, ce qui n'était assurément pas le but de celui qui bâtissait. Au contraire, j'ai aperçu à Ctésiphon, sur chaque couche de brique crue, une couche de mortier de terre par-dessus laquelle on a mis une couche de roseaux, et par-dessus celle-ci une seconde couche de mortier, et puis une autre couche de briques, ainsi du reste; incident que M. Rich, à ce que je crois, a voulu exprimer. Je crois devoir faire observer que la raison sur laquelle ce résident motive l'usage des roseaux au Mudjélibé, ne me paraît pas trop plausible. Si l'on avait appréhendé ce qu'il suppose, on n'aurait dû mettre du mortier de terre que ce qu'il en fallait pour lier les

Critique des opinions de M. Rich par M. Raimond. « M. Rich, en disant dans ce dernier paragraphe que d'immenses cités ont été bâties des matériaux enlevés de Babylone, annonce tout le contraire de ce qu'il a articulé plus haut. En effet, quand on jette les yeux autour de soi, et qu'on cherche ces villes immenses, on ne les retrouve pas, on n'en voit même pas de traces. Si elles ont jamais existé, il est très-probable qu'elles auront à leur tour disparu tout à fait, ou qu'elles auront été construites à une distance plus éloignée que les endroits que l'on présume leur avoir servi d'emplacement.

« Des quatre divisions que M. Rich a faites dans sa description des ruines de Babylone, il n'y en a que trois qui méritent quelque attention. La première, c'est la grande masse d'Amran, qui n'offre rien de bien intéressant; la seconde, c'est le grand carré, qu'il assure être de sept cents verges tant en longueur qu'en largeur; sa distance de Hillah répond à celle que lui ont donnée Pietro Della-Valle et Beauchamp. Mais on ne saurait y distinguer une circonférence de onze cent trente-quatre pas ordinaires, que le premier mesura, ni l'enceinte qu'il vit à cinquante ou soixante pas de là, ainsi que la vaste plaine qui était à l'entour de cette enceinte; peut-être que dans l'intervalle de deux siècles cet espace aura été défiguré ou comblé par les déblais que ceux qui fouillaient pour des briques y auront jetés. Peut-être aussi M. Rich aura-t-il, comme Pietro Della-Valle, compris dans cette enceinte la ruine d'Amran et le Khassr. La troisième division, c'est le Khassr. Je désirerais que ce résident, qui, sans crainte d'être interrompu dans ses observations par les Arabes, a eu tout le temps d'examiner cette ruine à son aise, se fût un instant imaginé que c'était le palais aux jardins suspendus. Il aurait été plus minutieux dans ses recherches, et en aurait vraisemblablement obtenu des résultats aussi heureux que satisfaisants. Mais il n'y a pas songé, et s'il a divisé ces ruines en quatre parties, c'est pour faciliter le lever de son plan. Cependant, cette contrée

briques ensemble, comme on fait aujourd'hui à Bassora : les habitants se seraient épargné l'embarras de se procurer des roseaux dans la construction de leurs bâtiments. Ils avaient, selon moi, un autre but en vue, celui d'affermir les murailles en leur donnant une liaison plus forte, et par conséquent plus propre à résister aux injures du temps, quand même on ne les aurait mis qu'entre deux couches de mortier de terre simple au lieu d'un mortier de terre glaise et de paille hachée menu. Mais M. Rich n'en a point découvert parmi les couches de briques cuites, quoiqu'il y en eût à la levée, sur la foi d'Hérodote, et au jardin suspendu, selon Diodore, et qu'il paraisse que Pietro Della-Valle et Beauchamp en ont vu dans le dernier endroit ou tout près. La raison que j'ai donnée ci-dessus de l'usage qu'on faisait des roseaux dans les ouvrages de briques durcies au soleil est applicable à ceux de briques cuites au feu. Ces roseaux rendent la liaison plus forte; ainsi le père de l'histoire ne m'étonne pas, quand il dit au sujet du fossé et des murs de Babylone, que « de trente couches en trente couches on met des lits de roseaux entrelacés ensemble. » Cette précaution, tout étrange qu'elle semble être, aura, comme je vais le démontrer, rendu chaque série de trente couches de briques aussi solide qu'une masse de pierre, puisque dans chaque lit les roseaux étaient entrelacés d'un bout à l'autre; de sorte que ces masses se supportaient l'une et l'autre, et pesaient également de tous les côtés sur les fondements en gardant leur aplomb. S'il m'est permis de juger de ce qu'on a dû faire à Babylone par ce qu'on fait ici aujourd'hui, je dirai qu'à présent même on y place dans les piliers des serdâbs, un peu au-dessous de la naissance des arcades qui portent la maison, des pièces de mûrier clouées en forme de cadre, et dont les côtés paraissent au dehors. Il y a des serdâbs où l'on met à chaque pilier deux de ces cadres, l'un en haut à l'endroit indiqué, et l'autre en bas. On met encore au rez-de-chaussée des pièces de mûrier à la retombée des voûtes, dans les angles, aux portes et dans tous les endroits qui ont besoin de solidité, quoique bâtis de briques cuites et de chaux ou de plâtre. A Ctésiphon j'ai aussi remarqué dans le Tackt-Kisra des pièces de bois au coin de chaque côté, à la naissance de la voûte; ils se sont bien conservés. Ainsi les murailles de Babylone formant une masse énorme, leur base aurait déversé, ou se serait entr'ouverte sous le fardeau immense dont elle était chargée, si l'on n'eût pas eu la précaution de la soulager en mettant au moins de trente couches en trente couches un lit de roseaux entrelacés ensemble. »

ayant toujours été habitée, on pourrait croire, avec quelques fortes présomptions, que le nom de Khassr est de toute antiquité, nous rappelant sa primitive destination, et que de génération en génération ce nom aura été, comme celui de Takt-Kisra de Ctésiphon, transmis par la tradition aux habitants actuels du pays. Ce fait une fois admis, on retrouve dans le Khassr un reste du palais aux jardins suspendus, et la situation de la tour de Bélus n'est plus un problème. Quoi qu'il en soit, il est à remarquer qu'en 1804, lorsque je visitai ces ruines pour la seconde fois, je n'y aperçus aucune brique séchée au soleil, et que M. Rich ne semble pas y en avoir vu. Il est aussi à remarquer que les grandes ruines sont jointes ensemble par d'autres de moindre grandeur, ou par de petites collines de décombres; c'est ainsi que la ruine d'Amran tient à celle du milieu, et celle-ci au Khassr, qui se perd dans la plaine septentrionale, où est situé le Mudjélibè de M. Rich. Cette ruine forme la quatrième division : elle réunit, selon le résident anglais, les mêmes accidents que la ruine que Pietro Della-Valle a visitée : je veux dire une masse immense dans le milieu, des briques cuites au feu, et une vaste enceinte bornée par la plaine. Mais il y a des briques durcies au soleil, des morceaux de roseaux, du mortier de terre, et son enceinte, peu élevée, n'est que de terre, à soixante-dix verges de distance au nord et à l'ouest, et sa distance de Hillah n'est pas du tout favorable à une semblable conjecture. M. Rich, enfin, compare le Mudjélibè et le Birs-Nemrod à la tour de Bélus, afin de trouver dans leur rapport l'emplacement de cet édifice. Il expose habilement les circonstances qui leur sont favorables comme celles qui ne le sont pas. Mais, quelque enclin qu'il soit à donner la préférence au premier, il se décide pourtant pour le second, qu'il exclut ensuite des limites des murs de Babylone. Ainsi, bien loin de fixer le lieu où était bâtie cette célèbre tour, il détruit les conjectures du major Rennell par d'autres conjectures, qui sont encore plus improbables. On a dû remarquer l'endroit où ce géographe place le temple de Bélus. Mes observations justifient son opinion.

C'est un fait que la tour de Bélus était placée au milieu de Babylone, et que ce fut le bâtiment le plus marquant de tous les édifices publics; c'est encore un fait que, selon Hérodote, cette tour était bâtie sur le côté oriental de l'Euphrate, et le vieux palais sur le côté opposé. Diodore, qui se tait sur le premier fait, ne s'accorde pas avec le père de l'histoire sur le second; et Strabon, sans désigner le côté, dit que le palais aux jardins suspendus était situé sur le bord du fleuve, et que là était le tombeau de Bélus. D'après ce géographe, il paraît que ces édifices étaient près l'un de l'autre sur la même rive. Ainsi, la possibilité du nouveau palais étant marquée par celui-ci, et celle du vieux palais par celui-là, il est plus que vraisemblable que Diodore s'est trompé. Il aura par mégarde, comme il a déjà été observé plus haut, placé à l'orient le palais qui était à l'occident, et à l'occident celui qui était à l'orient. Quoique Hérodote dise que l'enceinte du vieux palais était grande et bien fortifiée, on ne peut douter que le fleuve, sur la droite duquel il était situé, n'ajoutât à sa force, en empêchant l'ennemi de s'en approcher facilement. La description que fait Diodore du palais avec une muraille unique de trente stades, répond assez à l'idée qu'Hérodote en a donnée. Trop faible pour être sur la rive gauche, ce palais était défendu par le fleuve, et devait à la nature ce que l'autre, de soixante stades de tour, avec sa triple muraille, devait à l'art. N'ayant rien à craindre du côté de l'Arabie, dont elle était séparée par le lac et son canal, Babylone se trouvait exposée aux incursions des Mèdes du côté de la Mésopotamie. Il est naturel de présumer que le palais le plus fort ou la citadelle, aura été de ce côté-là : ce qui prouve assez l'erreur que Diodore aura commise. Après avoir ainsi démontré la position de ces deux palais, je n'ai plus qu'à déterminer quelles sont les ruines décrites par M. Rich qui répondent à la position de la tour et du palais à triple enceinte.

« Il est reconnu que le temple de Bélus et les deux palais aux extrémités du pont étaient les trois plus beaux édifices dont Babylone ait jamais pu se vanter. Ils étaient aussi les édifices les plus vastes comme les plus élevés; en s'écroulant ils se seront confondus, et auront rempli de décombres, à une grande distance, le vide qui les entourait ; et leurs ruines doivent par conséquent avoir été les plus considérables et les plus intéressantes, comme elles le sont encore aujourd'hui. De celles dont M. Rich a levé le plan, celles du milieu et du Khassr en approchent davantage. Construites de briques cuites au feu, elles offrent une idée frappante de ce que dut être le primitif état de ces bâtiments dont elles ne sont que les débris. Quoique pour la plupart encore ensevelies sous terre, elles semblent par leur grandeur, leur élévation et la nature de leurs matériaux, réclamer parmi les autres ruines la renommée dont jouit jadis la tour de Bélus avec le palais aux jardins suspendus. Quant aux ruines du Mudjélibé et du Birs, elles sont bien loin de leur disputer cet honneur ; les unes, avec des briques cuites et crues, des roseaux et du mortier de terre, sont à plus de mille pas du fleuve que M. Rich dit avoir vu encore couler plus loin à l'occident, et les autres, qui ne consistent qu'en briques cuites, en sont à plus de deux lieues. D'ailleurs, quel que soit l'emploi auquel ces deux bâtisses ont été destinées, elles ne sauraient ni l'une ni l'autre exciter, par ce qu'il en reste, ni tant de surprise ni tant d'admiration qu'en excitent la masse du milieu et le Khassr.

« Mais quelque puissantes que soient ces considérations, il ne me semble pas qu'il soit inutile d'y joindre celle-ci. C'est que sur la foi de Strabon, qui copie Aristobule, Alexandre voulant faire réparer le temple de Bélus employa dix mille hommes pendant deux mois à faire seulement déblayer les terres qui l'encombraient ; mais qu'il y avait tant de travail et qu'il fallait tant de temps, qu'il mourut avant que d'avoir achevé ce qu'il avait commencé. C'est que pour faire transporter aujourd'hui les matériaux existants du Mudjélibé ou du Birs-Nemrod il ne faudrait ni soixante jours ni dix mille hommes ; et je doute que ce même nombre d'hommes pût dans un an déblayer la masse du milieu et le Khassr. C'est que l'endroit où devaient être situés le temple de Bélus et le nouveau palais devait être le lieu le plus remarquable, le plus beau, le plus habité, par conséquent le mieux bâti, de toute la ville et le plus environné de belles maisons. L'écroulement de ces maisons aura ajouté à la masse des ruines de ces deux édifices, qu'aura encore grossie la poussière du désert. De plus, si ce que Strabon rapporte d'Alexandre est un fait authentique, l'état primitif des ruines peut avoir été altéré par l'enlèvement des décombres dont on aura formé dans les environs des éminences et des ravins, qui avec le temps auront aussi été comblés par les sables mouvants, par la poussière que le vent y aura roulée, ou par les débris qu'y auront jetés les ouvriers en creusant pour trouver des briques ; et alors il ne serait pas, ce me semble, ridicule de s'imaginer qu'on retrouve ces éminences et ces ravins dans les ruines d'Amran, la colline qui s'en élève et les deux rideaux parallèles que M. Rich appelle l'un la limite A, et les deux autres les lignes E et F.

« Enfin, d'après tout ce qui a été développé ci-dessus, je crois pouvoir soutenir que si Babylone fut jamais construite sur l'Euphrate et dans le district d'Ard-Babel, les ruines que l'on y voit à trois mille au nord de Hillah, sont celles du temple de Bélus et du palais aux jardins suspendus ; et que, tant par leur grandeur que par leur magnificence, les ruines du milieu du plan de M. Rich sont les restes du premier édifice, et celles du Kassr les restes du second. Peut-être trouvera-t-on cette opinion étrange et mal fondée ; je prie ceux qui seront portés à la condamner de vouloir bien, avant de prononcer, se donner la peine d'envisager cet incident sous les points de vue dont il est susceptible. Pour prouver le contraire par des raisonnements, c'est une chose un peu difficile, et le prouver par des faits, c'est-à-dire par des recherches partielles sur les lieux mêmes, cela est impossible, à moins qu'on ne fasse entièrement nettoyer la base de ces masses de ruines, ce qui n'est pas l'ouvrage d'un jour, ni l'entreprise d'un simple particulier, ni même d'un prince turc (1). »

(1) *Voyage de M. Rich aux Ruines de Babylone*; traduit et enrichi d'observations par M. Raimond, ancien consul de Bassora ; Paris, 1818, p. 180 et suiv.

Buckingham (en 1816).

D'après ce voyageur les ruines de Babylone décrivent un circuit de deux mille cent dix pieds anglais. Les angles les plus élevés du *Mudjellibet* (1), au sud-est, sont de cent quatre-vingt-onze pieds. Du haut de cette masse on voit couler le majestueux Euphrate, bordé de rives verdoyantes, et, à cinq milles vers le sud, les minarets de Hillah, dont les maisons sont cachés par des dattiers.

Suivant Buckingham, le Mudjellibet est, non pas la tour de Bélus, mais plutôt le temple de Jupiter-Bélus, à juger par l'emplacement qu'en donne Hérodote. Selon toutes les probabilités, c'était une forteresse ou un château. « Le Mudjellibet est une bâtisse carrée, qui ressemble aux anciennes forteresses que l'on rencontre à l'est du Tigre. Ce qui prouverait que c'était une forteresse, c'est qu'on y a trouvé, entre autres, une caisse en bois de mûrier, renfermant un corps humain, enveloppé d'une toile légère, enduite de bitume. Ce corps était parfaitement bien conservé et couvert d'amulettes antiques. Ce ne peut donc pas être un temple, car il aurait été souillé par un corps mort. »

L'intervalle compris entre le Mudjellibet et la butte la plus voisine au sud est d'environ un mille. Cette butte s'appelle *el Kasr*. Le terrain bas est couvert d'herbes et de dattiers au centre. (M. Fraser prétend n'y avoir trouvé aucun vestige d'herbes ni d'arbres). Les pans de murs, cimentés par de minces couches de mortier, sont si bien conservés, qu'on ne leur donnerait pas cent ans de date. C'est là ou aux environs que devaient être les jardins suspendus. Buckingham appuie cette opinion « sur un arbre toujours vert, semblable à un cèdre, à tige courte, épaisse, l'unique de son espèce dans toute la contrée, et situé sur le sommet d'un monceau de ruines, où personne n'aurait jamais songé à le planter. C'est, ajoute-t-il, l'unique survivant de Babylone, qui ait été épargné par la colère de Dieu. »

La substance blanche, filamenteuse que Buckingham trouva dans les interstices des briques de la butte *al-Hheimar* excita toute sa curiosité. D'après la description qu'il en donne, ce n'était que de l'amianthe. — Les ruines de Babylone sont bordées à l'est par une plage aride, couverte de sable jaune. Buckingham parcourut ces ruines avec le plan de Rich à la main, qu'il trouva parfaitement exact (1).

Baillie Fraser (décembre 1834).

Voici ce que rapporte ce voyageur :

« Les ruines de Babylone se composent d'une immense étendue de monticules amorphes, dont le plus élevé, sur la rive droite de l'Euphrate, est le *Birs-Nimrod*. Sur la rive gauche est le *Mudjellibeh* (Mondjelibet), que nous venons d'atteindre. Au sud de là est le *Kasr*, monceau de ruines, que l'on suppose représenter le grand palais avec les jardins suspendus. Tout près de là est une autre masse, qui paraît avoir été un palais de moindre importance. Plus au sud encore est la colline d'*Amran*, qui paraît renfermer les débris de beaucoup d'édifices importants. A l'est-nord-est, à six milles environ du Mudjellibeh, est une butte conique isolée, nommée *Al-Heimar*; enfin, à quinze milles au nord de ces ruines est le *Tuebo*, autre butte conique, assez considérable, que quelques-uns considèrent comme l'angle nord-est de l'antique cité. Il y a en outre une multitude de monticules moins élevés, dont les uns indiquent le trajet d'anciens canaux et les autres les remparts qui défendaient les principaux édifices.

« Le *Mudjellibeh* est un édifice carré, dont les faces regardent les quatre points cardinaux. » — Fraser en estime la hauteur, dans les points les plus élevés, à quatre-vingt-dix ou cent pieds ; et il cite à cet égard la divergence des autres voyageurs (Rich, Buckingham, Ker-Porter). L'auteur s'abstient de répéter ce qu'ont dit d'autres voyageurs, et il se pique d'honneur de ne dire que ce qu'il a vu lui-même : *It is now*, ajoute-t-il, *but a mass of crumbled and crumbling bricks, both raw and fire-baked, mingled with the usual debris of pottery, glass and slag, in a*

(1) On voit, par cet exemple, que chaque voyageur a une orthographe différente des mots arabes.

(1) J. S. Buckingham, *Travels in Mesopotamia*, etc., p. 417, 436 et suiv. (London, 1827; in-4°.)

confusion worthy of its name, which, according to some, is a corruption of Mukalibeh or the « overturned. » — La partie inférieure paraît avoir été percée d'une rangée continue de petites voûtes et de chambres, ayant servi de support à la sur-construction. De la plate-forme très-inégale du Mudjellibeh on jouit d'une perspective étendue sur tout ce monde de ruines. D'un côté on voit le cône rouge d'Al-Heimar, de l'autre, à une plus grande distance, la masse imposante du Birs, et la ville de Hillah, reconnaissable à ses plantations de dattiers.

« Après avoir examiné ce singulier monument pendant une à deux heures, nous passâmes à un autre monticule, moins élevé, mais plus étendu et beaucoup plus déchiré. L'*el-Kasr*, c'est son nom actuel, paraît marquer l'emplacement du palais de Nébucadnezar et des jardins suspendus de la reine Amytis. S'il en est ainsi, hélas, quel changement! La magnificence d'alors n'est aujourd'hui qu'un ignoble amas de briques et de poteries brisées, un tertre de ruines, troué par la pluie et par la main des Arabes. Les briques cuites paraissent avoir été plus abondamment employées que pour la construction du Mudjellibeh. Les fragments de murs encore debout sont d'une maçonnerie si bien cimentée, qu'il est impossible d'en détacher les briques. Dans l'une des cavités creusées par les Arabes pour l'extraction des matériaux de construction, on voit le Lion de granit, noir ou gris, découvert par M. Rich, et il reste encore un des lions de la place, mais il s'enfonce de plus en plus dans les décombres, et finira par y disparaître. (Voir la figure à la pag. 228.)

« J'ai appris depuis que ce lion est un éléphant dont la trompe a été brisée. — Nous y avons ramassé divers fragments de vases en albâtre et des tuiles vernies (*glazed tiles*) portant des figures d'hommes et d'animaux en relief, avec leurs couleurs en émail. Ces objets passent pour avoir fait partie des jardins suspendus. Nous y trouvâmes aussi des fragments de bronze et de cristal de roche; mais aucun objet de valeur. Après avoir regardé l'arbre solitaire (espèce de tamarinier, qui poussa, selon les Arabes, en une seule nuit, pour ombrager Ali, qui s'était réfugié là, après la bataille de Hillah, et qui avait planté son bâton en terre pour y attacher son cheval), nous nous sommes dirigés vers une autre masse de décombres, connue sous le nom de *colline d'Amran*. Mais il n'y a là rien de curieux à voir. Nous ne pûmes pas examiner la saillie qui s'avance jusque dans le fleuve, et qui renferme des vases funéraires : le pied de la colline est baigné par un cours d'eau rapide et tourbillonnant.

« Le jour était déjà à son déclin. Nous accélérâmes le trot de nos chevaux pour nous rendre à Hillah; avant d'y arriver on passe par des vergers de dattiers et on traverse de nombreux canaux; puis on passe l'Euphrate sur un pont de bateaux, moitié moins long que celui du Tigre à Bagdad. » — Fraser passa la nuit à Hillah, et le lendemain matin il alla avec ses compagnons visiter la *tour de Babel* ou *temple de Bélus*. Il estime à huit milles le trajet à parcourir. « Le Birs apparaît de loin comme une colonne élevée (*a lofty pillar*), bâtie sur une colline de terre (*built upon an earthen hill*), qui proémine au-dessus d'un vaste désert uni, garni de quelques monticules et de tessons épars. La hauteur de la butte paraissait de cent quatre-vingts à deux cents pieds au-dessus du niveau de la plaine, et la tour ou colonne de trente-cinq pieds. En l'examinant de plus près, on découvre que c'est une masse de briques séchées au soleil, de diverses couleurs, jaunes et rouges, d'où saille la tour d'une maçonnerie superbe. Ce qui prouve que cette ruine est très-ancienne, c'est la couche externe des fragments de briques qui forme une sorte de macadamisage recouvrant tout le sommet et les parties latérales. Les briques du sommet sont d'une qualité supérieure, et ne se réduisent pas facilement en poussière, comme les briques de la construction basse. Je ne vis point de briques séchées au soleil dans la partie centrale à laquelle conviendrait mieux le nom de *tour*. Du côté sud-est, le plus rapproché de Hillah, il y a une grande masse, composée de briques séchées au soleil, actuellement jointe à la partie inférieure du centre; mais je suppose que cette masse était primitivement distincte, et que les débris entraînés par la pluie l'ont en quelque sorte soudée avec l'autre. Les autres faces n'offrent pas de projection analogue.

« C'est après avoir monté sur cette butte que l'on comprend toute l'étendue et l'originalité de cette construction. Arrivé au sommet, on se trouve à la base du pilier bâti en briques cimentées, si belles et si minces que l'on croirait pouvoir les arracher facilement. Cette belle maçonnerie est fendue en deux par une crevasse qui laisse voir le jour à travers; sa largeur fort petite est si peu en proportion avec sa hauteur et toute sa masse, qu'elle serait tombée depuis longtemps si elle n'était pas en connexion intime avec le soubassement. Elle défie les éléments et les saisons, ainsi que la main destructrice de l'homme. Les objets qui frappent le plus les regards sont des vitrifications noirâtres, qui paraissent être tombées d'un point plus élevé que le pilier debout. Ces vitrifications ont la dureté de la lave. »

Ce qui frappa encore Fraser, c'est l'absence de toute végétation dans ces ruines, sauf quelques rares buissons de *salsola* et de tamariniers. Le Birs (*Borsippa* de Strabon) marque probablement l'ancien quartier où les Chaldéens faisaient leurs observations astronomiques.

En retournant de Hillah à Bagdad, Fraser trouva, à une certaine distance de l'Euphrate, la butte conique *Al-Heimar* (la Rouge), ainsi nommée, à cause des briques cuites dont elle se compose. Ces briques sont moins belles et moins solides que celles du Birs. Il n'y a rien de curieux dans cette butte, si ce n'est une poudre blanche que l'on trouve à des intervalles inégaux, dans les couches de briques, et qui a beaucoup préoccupé les antiquaires. Selon les uns, c'est une sorte de ciment en décomposition, selon les autres, ce sont les débris pourris de roseaux. Mais pourquoi le ciment et les roseaux seraient-ils ici plus décomposés qu'ailleurs? — Du haut du tertre, M. Fraser plongea la vue sur cette plaine couverte de monticules de ruines, et il put se convaincre que l'Al-Heimar ne formait pas, comme on l'avait pensé, l'angle sud-est de l'enceinte de Babylone; mais que la butte était située tout à fait au dehors de cette enceinte (1).

(1) J. Baillie Fraser, *Travels in Koordis-*

Colonel Chesney (1838) (1).

L'expédition de l'Euphrate exécutée sous les ordres du colonel Chesney n'a-jouta rien de nouveau à la connaissance des ruines de Babylone. On n'a pu trouver aucune trace de ces espèces de tunnels qui faisaient, selon Diodore de Sicile, communiquer entre eux deux palais opposés (l'un sur la rive gauche, l'autre sur la rive droite). Le passage au-dessous du Kasr était bâti en briques, sous forme d'une voûte moderne. — Les briques séchées au soleil sont plus grandes que les briques cuites. Les dernières ont, en général, onze à treize pouces carrés, sur trois quarts de pouce d'épaisseur: elles sont quelquefois nuancées de diverses couleurs, et cimentées avec de la chaux ordinaire. Mais les briques des substructions, des revêtements et des assises ont été cimentées avec du bitume. La face inférieure porte généralement une inscription ou des figures, quelquefois couverte d'une sorte d'émail vitreux; le ciment adhère d'ordinaire à la face supérieure. Les briques simplement séchées au soleil ont près de quatre pouces et demi d'épaisseur, sur onze un quart à quatorze pouces carrés. Les plus grosses pèsent trente-huit livres onze onces; elles sont en argile mêlée d'un peu de sable et de paille hachée. Elles durcissent rapidement par l'exposition au soleil. Les caractères inscrits sur ces briques se ressemblent tellement, que l'on a pu conjecturer avec quelque raison que les Babyloniens connaissaient l'emploi des types mobiles. — Le colonel Chesney a vu aussi la statue colossale du lion ou de l'éléphant dont parle Fraser. Cette masse, à cause de sa lourdeur, n'a pu être enlevée. En voici le dessin d'après l'ouvrage de Chesney, 2ᵉ vol., p. 630.

tan, Mesopotamia, etc.; vol. II, p. 10-16, 21-24, 36.

(1) Chesney, *Expedition to the Euphrates and Tigris*, etc., vol. II, p. 605 (Lond., 1850).

En comparant les ruines actuelles avec les descriptions que les historiens anciens ont données de Babylone, il faut, ce que l'on n'a pas toujours fait, tenir compte de l'action du temps sur les matériaux de construction employés, de l'exhaussement successif probable d'un terrain essentiellement alluvionnaire, de l'affaissement des bâtisses sur un sol meuble, enfin, du lit variable de l'Euphrate.

On n'arrivera, selon moi, à formuler un jugement exact sur toutes les ruines de la Babylonie ou de l'Assyrie, qu'après avoir suffisamment apprécié les différentes conditions modificatrices que je viens d'énumérer, et que voyageurs et antiquaires ont passé presque toujours sous silence. C'est là une preuve de plus à l'appui de la grande thèse que je soutiendrai toute ma vie, savoir que toutes les sciences sont solidaires, et qu'on ne sera, par exemple, qu'un fort médiocre archéologue, si aux connaissances historiques et philologiques on ne joint pas l'étude des sciences physiques et naturelles.

Il est certain que les hommes qui ne cultivent qu'une seule branche des connaissances humaines à l'exclusion de toutes les autres, ont pour la plupart le jugement faux et marqué au coin de la plus stupide intolérance.

B. Description particulière des groupes selon leur ordre d'importance.

Il est à remarquer que les deux groupes les plus importants occupent deux points cardinaux opposés de la superficie babylonique, le *Birs-Nimroud* au sud, près la rive occidentale de l'Euphrate, et le *Moudjellibeh* au nord, près de la rive orientale.

1° *Birs-Nimroud (tour de Nemrod, tour de Bélus ou de* Babel ; *temple de Baal).*

Si le Birs-Nimroud est réellement un débris de la tour de Babel ou du temple de Bélus, il faut avouer que c'est la ruine la plus ancienne du monde. Cette ruine, d'après la carte de Chesney (*carte VIII of the river Euphrates*), est à environ neuf kilomètres au sud-sud-ouest de Hillah, (ville située à 32° 28′ 35″ latitude nord et à 44° 48′ 40″,5 longitude est de Greenwich) et à quatre kilomètres environ de la rive occidentale de l'Euphrate, à la hauteur d'Al-Dablah, bourg composé de deux cents maisons. — Benjamin de Tudèle, comme nous avons vu, a le premier indiqué la topographie de cette antique ruine, qui fut visitée plusieurs siècles après par Niebuhr et par Beauchamp. Mais ces derniers ne visitèrent pas le tertre principal. C'est surtout à Rich que nous devons les premiers renseignements précis sur Birs-Nimroud ; nous venons de les donner. Plus tard ces renseignements furent complétés par Buckingham, Ker-Porter, Keppel et Fraser. Buckingham a donné peu de détails à cet égard, tandis que Ker-Porter fournit les indications les plus circonstanciées. « De Hillah, dit-il, je me dirigeai au sud-ouest vers Birs-de-Nemrod (Chesney l'appelle *Ibrahim-Khalil*). A mesure que j'avançais, la végétation disparaissait et le terrain devenait tout à fait stérile. Nous reconnûmes facilement, d'après l'état de la surface, qu'il avait jadis été couvert de bâtiments, dont nous découvrîmes à chaque pas de nombreux vestiges. Enfin, après avoir marché l'espace d'un mille, nous arrivâmes à un groupe considérable de monceaux dont le plus remarquable s'élevait de vingt-cinq pieds au-dessus du sol ; du haut de cette élévation où j'étais monté, je reconnus que le pays présentait à plus d'un mille à la ronde le même aspect montueux, et que, de plus, il était couvert partout de débris d'anciennes habitations qu'il est si facile de distinguer dans toutes les ruines de Babylone. Je remarquai, du côté de Birs-Nimroud, les restes d'un édifice fort considérable, qui semblaient occuper plus de deux milles de terrain, et m'étant porté à cette même distance vers le sud-ouest, je suivis des traces de collines jusqu'à un mille de ce point. Peut-être était-ce là l'emplacement du plus petit ou plus ancien palais. Je laissai derrière moi ces collines, et poursuivant ma route dans la même direction sud-ouest, j'avais à peine fait un mille que j'arrivai dans un endroit couvert d'un haut gazon ; après quoi je trouvai de nouveau une plaine aride et comme ondulée par une multitude de collines. Ces collines moins importantes que les premières, étaient pourtant couvertes des mêmes débris à plus d'une lieue à la ronde. La route, à partir de ce point, est tracée, l'espace d'un mille, dans un terrain cultivé, à l'extrémité duquel nous passâmes un canal, et à trois quarts de lieue plus loin nous entrâmes dans un bois de dattiers qui masque le village de Tahmassia. (*Voy.* planche IX.) Nous fîmes encore environ quatre milles au delà de ce village, à travers un terrain alternativement couvert de cultures et de gazon, et nous vîmes enfin s'ouvrir devant nous un espace de près de deux milles, où étaient épars une infinité de débris d'anciens édifices, que l'on pouvait suivre de l'œil jusqu'à l'extrémité occidentale de *Birs-Nimroud* (1). »

Cette tour solitaire, qui paraît être la *pyramide octogone de Bélus* (Strabon, XVI, p. 738, édit. Casaub.), présente, vue du côté sud-est, l'aspect d'une colline étendue qui se termine, vers l'ouest, d'une manière pyramidale et abrupte. Sa circonférence, qui figure, de l'ouest à l'est, un rectangle oblong, est, mesurée à la base, de deux mille quatre-vingt-deux pieds, selon Ker-Porter, et de deux mille deux cent quatre-vingt-six pieds, selon Rich. La *face orientale* de cette butte, d'une longueur de quatre cent cinquante-neuf pieds, comprend deux divisions ou étages superposés : l'étage inférieur, faisant saillie comme une plate-forme d'environ soixante pieds de haut, est diversement sillonné par les eaux de pluie. Au milieu de ce bas étage se voit enfoncé l'étage supérieur, ou la seconde masse principale, sous forme d'un cône à base carrée, de deux cents pieds de haut. Le sommet de ce cône est couronné par un puissant pan de mur qui s'élève comme une tour verticale de trente-cinq pieds de haut. (*Voy.* planche IV, fig. 3). La *face occidentale* de la butte est roide, escarpée, et ne présente pas de saillie avancée ni de gradin. Cette face est plus imposante et se voit de loin dans la plaine comme un relief colossal (fig. 1). Les faces *méridionale* et *septentrionale* sont tout aussi abruptes, mais elles font moins d'effet, à cause du profil latéral du contre-fort ou terrasse de la face orientale. La face septentrionale du Birs offre seule çà et là des fragments de murs bâtis en belles briques cuites, rouge pâle,

(1) Ker-Porter, *Travels*, etc., t. II, p. 305 et suiv.

de douze pouces en carré sur trois quarts de pouces d'épaisseur. Ces pans de murs de vingt pas d'épaisseur sont les vestiges des terrasses par lesquelles on montait par une voie en spirales jusqu'au sommet où devaient être le trône et la table d'or de Bélus. Au moyen de ces restes de murs, superposés par gradins, on peut s'élever encore aujourd'hui commodément tout autour (surtout en partant de la face orientale) à peu près jusqu'à la moitié de la butte, ce qui prouverait qu'ils représentent à peu près les trois ou quatre terrasses inférieures, tandis que les terrasses supérieures se sont écroulées, et ont écrasé dans leur chute les terrasses inférieures et élargi ainsi énormément toute la base du monument. Les pluies et le temps auront fait le reste. Le dernier pan de mur (de trente-cinq pieds de haut sur vingt-huit de large) debout, droit, couronnant la butte comme une tour, est, selon Ker-Porter, la portion angulaire de l'une des terrasses supérieures croulées ou le pan du vestibule au milieu duquel s'élevait le temple même de Bélus. Ce pan turriforme est un des plus beaux morceaux de l'architecture antique. Bien qu'il ait été fendu, probablement par la foudre, ses briques cuites sont encore si solidement jointes par une légère couche de ciment, qu'il est impossible de les détacher à moins de les briser. Il est, comme le monument d'Akerkouf, percé de trous carrés, et a résisté aux injures du temps. La masse sur laquelle il est assis, ainsi que tout le reste de la butte, n'est en apparence qu'un monceau de poussière où l'on ne distingue les briques que par le toucher ; le tout est couvert d'une couche de lichen, si lente à se former dans un climat chaud et sec.

Le pan turriforme qui surmonte la butte offre, particulièrement sur la face septentrionale, des vitrifications jaunes, rouges, bleues, résultat de la fusion de roches siliceuses. C'est sans doute là un effet de la foudre, et, comme il est dit, dans la Génèse (XI, 17) que le Seigneur arrêta la construction de la tour de Babel, Ker-Porter et d'autres ont vu dans ces vitrifications la preuve manifeste de cette antique manifestation de la colère de Dieu, comme si la foudre ne pouvait pas tomber tous les jours sur de vieilles bâtisses (1). Du haut de ce vénérable débris on jouit d'une perspective magnifique : à l'est on voit l'Euphrate briller comme un ruban d'argent, et à l'ouest se déploie à perte de vue le désert aride de l'Arabie. Pas un brin d'herbe, pas un buisson n'égaye cette solitude désolée. Un sol dénué de toute végétation, voilà ce qui, selon Fraser, caractérise en Mésopotamie la présence des ruines, vestiges attristants d'une civilisation éteinte. Ce même voyageur assure que l'on n'y trouve point de lions, comme le prétendent Ker-Porter et Kappel, mais bien des hyènes et des chacals (2).

On a trouvé dans ces ruines de Birs-Nimroud beaucoup de pierres taillées, d'amulettes, de cylindres, etc., dont une partie est aujourd'hui conservée au Musée Britannique à Londres et au Cabinet des Antiques à Paris (*Voy.* les pl. XV-XIX). En 1840, Wellstdt vit un juif employer vingt ouvriers à fouiller ces ruines pour en retirer des objets antiques dont il faisait un commerce très-lucratif (3).

Tous les environs sont plats, couverts d'efflorescences salines et entrecoupés de canaux, dont un de construction moderne (*voy.* planche IX).

La plaine où est situé le Birs-Nimroud est comme un vaste carré, garni de tertres dont le plus grand est en même temps le plus rapproché du Birs-Nimroud. Ce tertre a la forme d'un triangle, dont la base regarde les terrasses de la tour de Bélus; il est à cent pas de la terrasse la plus basse, et occupe une surface presque quatre fois plus grande que celle du Birs-Nimroud. (*Voy.* planche IX, F.). Il est rempli de fissures et couvert de débris en briques, de vitrifications, d'asphalte ; mais on n'y voit point de substructions. Il y a deux chapelles (*kubbes*) mahométanes, nommées Ibrahim-Khalil et Mekam-Saheb. Ce tertre représente, selon Ker-Porter, l'autel de Bélus, attenant, d'après Hérodote, à la tour de Baal. Peut-être aussi y avait-il la demeure des prêtres et le fameux trésor, qui fut pillé par Xerxès (1).

Hérodote avait trouvé à la tour ou temple de Bélus huit terrasses, dont on voit encore, suivant Ker-Porter, les trois ou quatre terrasses inférieures. (La planche V représente ce temple avec ses huit terrasses comme du temps d'Hérodote). Est-ce là réellement ce fameux monument qu'Alexandre le Grand avait déjà essayé de déblayer ? Il me paraît aussi difficile de le nier que de l'affirmer. Quoi qu'il en soit, il est certain que cet édifice, par son élévation et par sa construction pyramidale, éminemment solide et non vacillante, devait être singulièrement propre à servir d'observatoire astronomique. Enfin, je pense que l'on ne se trompera pas en admettant que le Birs-Nimroud est le vénérable débris d'un antique observatoire des Chaldéens.

2° *Moudjelibeh* (2) (de *Moukelibeh*, sens dessus dessous).

C'est la partie septentrionale du grand amas de ruines connues sous le nom de ruines de Babylone, à environ huit kilomètres au nord de Hillah et à une petite distance de la rive gauche de l'Euphrate. Rennell, le capitaine Frédéric et Kinnaïr lui ont donné à tort le nom de *tour de Bélus*. Le chemin qui y conduit est tout plat, couvert de mares et d'efflorescences salines. Ce terrain n'est coupé que par quelques rangées de collines, et par beaucoup de petits canaux et de tranchées d'irrigation. Ces rangées de collines sont, d'après Ker-Porter, les restes du mur extérieur ou de la grande enceinte de Babylone. Au niveau du grand canal, à quelques centaines de pas au nord d'un village arabe, commence la grande enceinte (représentée par une file de monticules), qui se dirige d'abord du nord-ouest au sud-est, dans une étendue de deux milles, puis elle se courbe pour se

---

(1) Les Arabes croient que ces masses vitrifiées sont les traces de la fournaise d'Abraham, où ce patriarche faisait fondre les idoles des Assyriens. Cette version en vaut bien une autre. Beaucoup de voyageurs anglais membres de la société biblique l'ont adoptée avec empressement.

(2) Fraser, *Travels*, etc., t. II, p. 36.

(3) Wellsted, *Travels to the city of Caliphs*, I, p. 224.

(1) Arrian., *Expedit.*, Alex., III, 16.

(2) Ce nom s'écrit indifféremment *Mucallibe*, *Mujallibah*, *Mudjaliba*, *Maclube*, etc., selon les diverses prononciations du mot arabe.

diriger du nord-est au sud-est (*Voy.* planche VII, 2, 2). Au niveau du coude l'enceinte présente un intervalle vide, de trois cents pieds d'étendue, qui paraît avoir été occupé par un pylône ou par une citadelle dont les traces ont disparu. Tout le plan forme ainsi un triangle, dont l'hypoténuse est représentée par le cours sinueux de l'Euphrate. Au nord du grand canal, l'enceinte offre une autre rangée de monticules qui, dirigée d'abord directement du sud au nord, se courbe brusquement à l'ouest pour entourer en demi-cercle une butte quadrangulaire, dont les faces sont orientées suivant les points cardinaux comme celles du Birs-Nimroud. Cette butte, au milieu d'un réseau de petits canaux, c'est le Mudjelibeh, vestige, dit-on, de la *grande citadelle* de Babylone (*Voy.* la même planche, fig. 1). La situation septentrionale fait voir, en effet, que c'est surtout de ce côté là que Babylone avait à redouter les attaques des peuples envahissants. Si cette ruine colossale a été plus épargnée que les autres, cela tient sans doute à sa plus grande distance de l'Euphrate, où l'on embarquait les matériaux pour la construction des nouvelles cités, parmi lesquelles Séleucie occupait le premier rang (1). Et encore aujourd'hui ces ruines sont exploitées comme de véritables carrières. On se demande alors s'y l'on peut réellement trouver encore aujourd'hui des ruines sur l'emplacement de l'ancienne Babylone. Aussi des hommes judicieux, comme Rennell et Beauchamp, n'ont vu particulièrement dans le Moudjelibeh que les débris de quelque ville mahométane, comme Al-Nil (dont parle Assamani, dans la vie de saint Élie) remontant au temps des kalifes.

La butte carrée de Moudjelibeh s'élève à cent quarante pieds au-dessus du niveau de l'Euphrate. Les faces occidentale et septentrionale ont à leur base, la première cinq cent cinquante et un, et la dernière cinq cent cinquante-deux

(1) Plin., VI, 30 : *Babylon ad solitudinem rediit, exhausta vicinitate Seleuciæ.* — Alexandre le Grand (Diod., XVII, 115) avait fait démolir le mur de Babylone dans une étendue de dix stades, pour construire la terrasse de quatre stades carrés où fut construit le bûcher d'Héphestion.

pieds de longueur, suivant Ker-Porter. Les faces méridionale et orientale ont moins de développement ; elles ont deux cent trente pieds de largeur. La circonférence totale est de quinze cent soixante-trois pieds. Le sommet n'est qu'une plate-forme raboteuse, où l'on aperçoit, vers le sud-est, quelques restes de tour, dont l'un taillé à pic. On y reconnaît des traces évidentes de maçonnerie. La face occidentale est la moins conservée, quoique sillonnée de crevasses profondes où l'on a trouvé quelques squelettes (1). Sur la crête du Moudjelibeh on a trouvé beaucoup de fragments de verre et de roches vitrifiées. A six cents pieds à l'ouest coule l'Euphrate, sur les bords duquel est le village de Moudjelibeh. Selon les Arabes, qui servaient de guides à Kinnéir, la butte Moudjelibeh renferme le puits visible des anges déchus Haroul et Maroul, dont parle le Koran. Ker-Porter n'y trouva pas une seule brique entière ; mais tous les fragments étaient couverts d'inscriptions cunéiformes, généralement en sept lignes. La disposition de la rangée de monticules qui entoure le Moudjelibeh comme d'une ligne de circonvallation, se rattachant à l'enceinte générale, ainsi que l'absence de toute trace d'enceinte à l'ouest, dans les points attenant à l'Euphrate, firent naître dans Ker-Porter l'hypothèse que la grande butte carrée pourrait bien être le dernier vestige de la grande citadelle ou château royal de Babylone (2). Le long de la rive orientale de l'Euphrate (hypoténuse du triangle) était la troisième grande ligne de fortification ou mur littoral (Diodore, II, 8) dont on voit encore quelques débris baignés par le fleuve.

3° *Kasr, palais royal avec les jardins suspendus.*

Ce groupe de ruines, également sous forme d'une butte carrée, occupe presque le milieu du grand amas de tertres qui s'étend du nord au sud le long de la rive orientale de l'Euphrate (*Voy.* la fig. 10 de la planche VII). Le *Kasr* (mot arabe qui signifie *palais*) a huit cents yards (à trois pieds l'yard) de long sur six cents yards de large, et s'élève encore aujour-

(1) *Voy.* plus haut Rich.
(2) Ker-Porter, *Travels*, t. II, p. 347.

BABYLONIE.

d'hui à soixante-dix pieds au-dessus du niveau de l'Euphrate. Cette masse est diversement crevassée, et déjà en 1818 Ker-Porter ne retrouva plus ce que Beauchamp avait vu en 1782 et Rich en 1811. On y voit des carrières de quarante à cinquante pieds de profondeur. Il y a des *serdabs* (caves, cavernes) d'où l'on a retiré des squelettes d'homme et la statue colossale d'un lion en marbre noir, de neuf pieds de longueur; l'animal est représenté debout, dressé contre une figure humaine couchée sur le dos (1). Ce groupe, dont Keppel a donné le dessin, n'ayant pas été enlevé, paraît être aujourd'hui entièrement enfoui sous les remblais. On veut y reconnaître une représentation de Daniel dans la fosse aux lions. Ker-Porter a remarqué dans la maçonnerie de cette ruine que la partie inférieure seule renferme des briques cimentées avec du bitume, tandis que la partie supérieure offre des traces manifestes de l'emploi du mortier blanc, ce qui distingue le Kasr du Birs-Nimroud. C'est dans ces décombres, susceptibles de recevoir l'eau de l'Euphrate, que l'on a voulu voir les vestiges des terrasses des jardins suspendus, attenant au palais du roi (Daniel, IV, 1). Une des grandes curiosités du Kasr c'est l'arbre antique qui se voit à cent pas à l'ouest de l'endroit où l'on a trouvé la statue de lion. Cet arbre, dont Keppel a donné la gravure, est, dit-on, un échappé des jardins suspendus de Sémiramis, *miraculum pensilis horti* (Q.-Curce, V, 5). C'est, selon Ainsworth, une variété du *tamarix orientalis*.

(1) Keppel, *Personal Narrative*, etc., t. I, p. 213.

Au sud, le Kasr se rattache à d'innombrables monticules de ruines, peu élevés, qui s'embranchent avec le côté nord-est du groupe d'Amran (fig. 12, planche VII).

4° *Amran Ibn-Ali.*

Ce groupe de ruines, au nord du village de Djum-Djuma, environné de dattiers, occupe un espace encore plus large que le Kasr. Il a six cent cinquante pas d'étendue de l'est à l'ouest. Il est plus bas que les autres monticules, et on n'y trouve que des tessons de briques et de poterie. Sur la pente occidentale, on a rencontré quelques urnes funéraires. Pendant la crue de l'Euphrate cette pente est en partie baignée par les eaux. C'est près de l'Amran que Rich trouva le reste d'un second arbre également très-ancien, mais d'une espèce indéterminée. L'Amran paraît avoir été la nécropole de Babylone.

RUINES DES ENVIRONS DE BABYLONE (HILLAH) ET DE BAGDAD.

1° *Ruines de Séleucie et de Ctésiphon.*

Séleucie et Ctésiphon étaient les villes les plus considérables de la Babylonie sous le règne des Parthes, pendant les premiers siècles de l'ère chrétienne. Séleucie, *ambitiosum opus Seleuci Nicatoris*, était située sur la rive droite (occidentale) du Tigre, tandis que Ctésiphon était située en face, sur la rive gauche. Voici ce que Pline rapporte sur Séleucie. « Séleucie porte le surnom de *Babylonienne*; elle est aujourd'hui libre et indépendante. On y vit à la macédonienne (*Macedonum more*). On dit que sa population s'élève à six cent mille âmes. La figure de son plan est un aigle déployant ses ailes (*aquilæ pandentis alæ*) (1). » A deux ou trois kilomètres au-dessous (au midi) de ces villes, le Nahar-Malkha, (aujourd'hui le canal *Abou-Hitti*) venait se jeter dans le Tigre. Ce canal se trouve environ à quinze kilomètres au sud du Nahr-Isa ou canal de Saklawiyah.

A l'occasion de la prise de Séleucie par Vérus, Ammien Marcellin raconte ce qui suit : « Les lieutenants du césar Vérus ayant pris cette ville, ils en enle-

(1) Pline, VI, 26.

vèrent la statue d'Apollon-Comée (Apollon à la longue chevelure), qui fut transportée à Rome, et placée par les prêtres dans le temple d'Apollon-Palatin. On rapporte qu'après qu'on eût enlevé cette statue et incendié la ville, les soldats, fouillant un temple, découvrirent un petit trou (*foramen angustum*); que, l'ayant débouché dans l'espoir d'y trouver quelque trésor, il sortit d'un gouffre profond, tenu jusque alors fermé par les moyens secrets des Chaldéens, un principe épidémique (*labes primordialis*) qui engendra des maladies incurables, et étendit, du temps de Verus et de Marc-Antonin, ses affreux ravages depuis les frontières de la Perse jusqu'au Rhin et dans les Gaules (1). »

Ctésiphon, fondée par les Parthes, et foyer de leur puissance, était encore une ville très-florissante à une époque où Babylone et même Séleucie étaient déjà tombées en ruines. Il est à remarquer que presque toutes les tentatives des Romains depuis Crassus jusqu'à Julien vinrent échouer devant Ctésiphon. Cette ville fut bâtie par Vardane; plus tard le roi Pacore en augmenta la population et fortifia davantage ses murs. « Il lui donna un nom grec (Κτησιφῶν), et en fit la ville la plus splendide de la Perse (*Persidis effecit specimen summum*) (2). »

Presque tous les voyageurs s'accordent à regarder les ruines de *Takt-Kesra* (arche de Chosroès) comme étant celles de Ctésiphon. Pietro Della Valle a l'un des premiers signalé ces ruines à l'attention des archéologues. Voici son récit :

« Et après environ une demi-lieue de traverse dans le pays nous trouuasmes ce que nous cherchions, qui étoient les ruines d'un ancien bastiment, que quelques juifs ignorans disent auoir esté le temple où Nabuchodonosor faisoit adorer sa statuë d'or, si renommée dans la sainte Escriture ; ce qui n'est pas hors d'apparence, quant au lieu, veu que le texte sacré porte que cette statuë fut éleuée et passée dans vn champ, sinon

(1) Amm. Marcell., XXIII, 6. — Il est à remarquer que l'épidémie, dont parle Ammien Marcellin, avait à peu près suivi la route du choléra.

(2) Amm. Marc., XXIII, 6.

proche de la ville de Babylone, du moins dans la prouince Babylonienne, qui pouuoit bien s'estendre jusques-là; toutesfois ie trouué étrange qu'il peut estre resté jusques à notre temps tant de vestiges d'un ouvrage tellement ancien, surtout n'ayant pas esté bastis de pierres. Les mahométans, ausquels ie m'en rapporte plûtost qu'aux juifs, qui n'en sont pas si bien instruits qu'eux, nomment cette masse *Taccan Kesra*, c'est-à-dire le Portique de César ; et il estoit basty, à ce qu'ils disent, au lieu où estoit autrefois Ctésiphonte, par les rois de Perse de la dernière race, lesquels, à l'imitation de nos empereurs de Rome, se faisoient aussi appeler Césars. Et j'appris que ce reste d'antique estoit encore célèbre dans les histoires et les géographies persiennes, que j'auray soin de recourrer et de bien entendre quelque iour. On peut de là tirer vne conséquence manifeste, que la ville de Ctésiphonte estoit en cet endroit pendant les guerres de nos empereurs auec les roys de Perse ou auec les Parthes; et toutes les histoires qui en font mention parlent souuent de cette fameuse ville : à quoy j'adjouste encore que par la mesme conséquence Séleucie estoit aussi en ce mesme endroit, parce que Strabon témoigne clairement que Ctésiphonte n'estoit qu'vn faux-bourg de Séleucie; et qu'il auoit esté basty par les rois des Parthes, que pour ne pas apporter tant d'incommodité à cette ville par leur nombreuse cour, et par les logements d'vne armée de Scythes qu'ils traisnoient toujours après eux, quand ils venoient passer l'hyuer, à cause de la chaleur du climat comme ils passoient l'esté en Hircanie, ou en Ecbatane; et que mesme ce fauxbourg s'estoit tellement accrû et augmenté par la résidence d'vn si grand monde, qu'il estoit deuenu vne fort bonne ville.

« Donc, si cela est véritable, il est certain que Séleucie et Ctésiphonte estoient toutes deux en mesme situation; c'est pourquoy ce terrain, commun à l'vne et à l'autre, a esté nommé auec raison par les Arabes, *Médaïn* ; comme s'ils disoient que de deux villes on n'en a fait qu'vne. A propos de quoy vn autheur nommé Agathias, parlant de ce grand roy Cosroès, qui fut accablé de mélancholie et saisi de désespoir pour la déroute de son armée, qui fut défaite près de là, dit qu'il y fut transporté sur les bras de ses domestiques au dernier période de sa vie : d'où il paroist que cet autheur confond ces deux villes, et n'en fait qu'une mesme chose. Il est fait aussi mémoire dans le Martyrologe Romain, au vingt-et-unième d'auril, d'vn saint Simeon qui fut éuesque de Ctésiphonte et de Séleucie ensemble, ce qui sert de caution à ce raisonnement : et ce que présentement les Arabes appellent Médaïn est interpreté Ctésiphonte dans vne géographie persienne, qui est en estime chez eux, et qui a esté composée par vn fort bon autheur, ainsi qu'on m'a fait entendre, à cause peut-estre que le notable accroissement de Ctésiphonte auoit déjà tout à fait effacé le nom et la mémoire de Séleucie; et parce que ces deux villes si proches, et qui ne faisoient qu'vn corps, Séleucie estoit de la Mésopotamie, comme il est remarqué dans l'abrégé géographique; ie m'imagine qu'elle estoit située à main droite vers la partie la plus occidentale du Tigre, et Ctésiphonte, au contraire, à la gauche, et vers son costé oriental, où fut érigé cet Ainan-Kesra (Takt-Kesra), qui estoit dans un endroit plus commode pour receuoir les rois des Parthes qui venoient de ce costé-là. Sçachez donc que l'Ainan-Kesra, selon les mahométans, ou l'arcade de Soliman-Bey, comme l'appellent grossièrement quelques-vns des nostres, à cause de la proximité de son tombeau, est vn bastiment de briques cuites au feu, et jointes ensemble auec de bonne chaux, ayant des murailles fort épaisses; et son frontispice qui regarde l'orient est historié depuis le haut jusques au bas de mille compartiments de ces mesmes briques, ayant de longueur cent quatorze de mes pas. Il y auoit, comme il paroist encore, trois nefs semblables à celles de nos églises; mais il n'y a plus que celle du milieu qui subsiste, ayant de longueur soixante-deux pas des miens, et de largeur, trente-trois. J'en pris la mesure le plus justement qu'il me fut possible, quoy qu'auec bien de la difficulté, à cause de l'inégalité et de l'embarras du terrain. A l'entrée, il n'y a point de grande porte au milieu, comme ailleurs, mais la nef du milieu, quelque hauteur et largeur qu'elle contienne, est entièrement ouuerte par deuant, de manière que par dehors on void tout depuis le pied des murailles jusques au sommet de la voûte : ce qui a donné occasion à ceux du pays d'appeler cet édifice l'Arcade, parce qu'avec sa grande voûte ainsi ouuerte de front il représente la figure d'vn grand arc. Par-dedans on void au fond, sur le derrière, et tout au milieu, vne petite porte qui fait face en arcade, comme aussi assez proche d'elle il y en a deux autres semblables, des deux costez pour donner entrée dans les deux aisles, qui sont tout à fait ruïnées, aussi bien qu'vne partie de la vouste et de la muraille de derrière. Mais il n'est pas besoin que ie prenne la peine de vous en faire la description, puisque mon peintre en a dessiné fort exactement le plan et la perspectiue; et vous verrez cette antique naïuement dépeinte dans le tableau qu'il en doit faire à loisir.

« Assez près de là, on me montra vn lieu plein de ruïnes, que les juifs disent auoir esté la fosse des lions, ou vn lieu fait exprès pour y renfermer des bestes farouches, où fut jeté Daniel, ce que j'estime assez mal fondé, par les histoires sçauons certainement, que la ville de Ctésiphonte de Perse estoit en ce quartier-là; et comme elle estoit grande et magnifique, il ne faut pas s'estonner s'il y auoit quantité de bastiments d'importance, qui pour estre aujourd'huy entièrement détruits ne laissent aucune connoissance de ce que c'estoit autrefois. Nous allâmes ensuite plus auant, pour voir la mosquée de Soliman-Bey, faite de briques anciennes par les Mores, auec quelque sorte d'agreément, quoy qu'elle soit bien petite : et en tournoyant quelque temps par ces campagnes, outre plusieurs ruïnes que nous trouuasmes éparses çà et là, de materiaux semblables à ceux de Babel, c'est-à-dire de briques cruës, auec des roseaux brisez comme de grosses pailles, nous vismes aussi les ruïnes des murailles de la ville, par où il paroist encore assez qu'elle estoit fort grande : et ces murailles ont quelques restes reconnoissables, estant réduites comme en petites buttes, auec vn mélange confus de terre et de briques, dont l'enceinte occupe par un tour continu un grand espace de ces campagnes, tant du costé du fleuve où nous estions, qui est sa riue orientale que de l'autre costé de delà : en sorte que ce fleuue auoit son cours, et passoit par le milieu de la ville, ou plustost de ces deux villes jointes en vne, comme j'ay déjà dit; quoyque quelques gens du pays, qui me semblent trop ignorants pour leur donner creance, veulent faire croire qu'en ce temps-là il couloit par vn autre chemin.

« De quelque façon que fust autrefois cette ville, il est constant qu'elle fut très-considérable, et au delà du commun ; ce qui est aysé de juger par sa situation et par ses ruines. Nous trouuasmes aussi sur le bord du fleuue d'autres murailles, faites de bonnes briques cuites au fourneau, où le bitume auoit esté employé au lieu de chaux, comme les autheurs rapportent qu'estoient celles de Semiramis ; et j'en pris, comme à l'ordinaire, de petits fragments où le bitume tenoit encore, et ie les emporte auec moy dans vne boëte auec du coton comme des choses précieuses ; ce qui a donné sujet de rire plus de quatre fois à diuers ignorans qui demeurent sur les lieux, qui ne sçauent comme quoy interpréter les motifs de nostre curiosité. Après nous estre pleinement satisfaits de ces remarques, nous rentrasmes dans notre vaisseau, et par le moyen des bâteliers qui tiroient à la corde contre le fil de l'eau, nous remontasmes vers Baghdâd; et nous logeasmes pour la seconde fois proche du village nommé Kierd-Hiaggi-Curdi, afin d'y passer la nuict, comme nous auions fait la précédente (1). »

Environ cent ans après, ces ruines furent visitées par Ed. Yves. Il y a environ six heures de chemin pour se rendre de Bagdad à Takt-Kesra, qui est à un mille du Tigre. « Ni les Turcs ni les Arabes, dit ce chirurgien anglais, ne savent rien sur ces ruines ; ils ignorent si ce sont les vestiges d'un temple ou d'un palais. L'évêque nous disait qu'il y avait là autrefois un temple dédié au soleil. (Nous donnons ci-dessous le dessin de la façade orientale de Tak-Kassra (Portique de Kosroës) d'après une gravure de Doidge, dans l'ouvrage d'Ives.) Toute cette façade

a trois cents pieds de longueur ; l'arc du milieu a quatre-vingt-cinq pieds de large sur trois cents pieds de haut ; le passage voûté a cent cinquante pieds, de l'est à l'ouest ; les niches qu'on voit sur la face frontale de l'édifice ressemblent à celles de nos anciennes abbayes (2). La façade occidentale (opposée à celle que représente la gravure) est très-endommagée. Sous le portique, il y a des nichées de pigeons, de geais, de moineaux et d'autres oiseaux. On peut s'y abriter, avant que le soleil ne soit arrivé au zénith. Du côté du sud, entre ce monument et le Tigre,

(1) *Les fameux Voyages de Pietro Della Valle*, etc., 2ᵉ partie ; Paris, 1661, in-4°, p. 64-68.

(2) Buckingham, *Travels in Mesopot.*, tome I, page 519, dit que ce monument, vu de loin, présente l'aspect de l'abbaye de Westminster, moins ses clochers gothiques.

est un tombeau et une mosquée, nommée *Haud-Keffey* (probablement les ruines de *Mushoffer* de la carte du colonel Chesney), et sur la rive opposée est un moulin à poudre nommée *Purite Kaune*, établi pour l'usage du pacha de Bagdad.

« Dans une grande étendue, aux alentours de Tak-Kesra on rencontre des ruines d'autres vastes édifices, mais dans un tel état de délabrement, qu'il n'en reste plus la moindre partie d'un mur debout. Les briques et le mortier y sont cependant si abondants, qu'il est naturel d'admettre qu'il y avait là autrefois une cité de plusieurs milles de circonférence, et d'après les rapports que les historiens ont donnés de l'étendue et de la situation de Ctésiphon, on a de très-fortes raisons de croire que c'est à l'emplacement de cette puissante et magnifique cité (1). »

Yves apprit que, d'après une opinion généralement répandue dans le pays, Tak-Kesra n'est l'ouvrage d'aucun prince indigène, perse, parthe ou turc, mais que cet édifice fut construit par un prince européen qui soumit la contrée. Yves part de là pour conjecturer que Tak-Kesra fut bâti par Alexandre le Grand ou par un de ses lieutenants. Il me paraît plus rationnel d'admettre que cet édifice, dont l'architecture est évidemment romaine, fut bâti par quelque empereur romain, peut-être par Trajan. Le nom même de *Kesra*, qui signifie plutôt César que *Khosroës*, semble l'indiquer.

Les Arabes ou les Turcs y rattachent des fables et des légendes, comme à tous les monuments dont l'origine leur est inconnue. Ils racontent, entre autres, que le Tak-Kesra fut la résidence du roi Kesra, fils de Shiwran; qu'une longue chaîne s'étendait depuis le sol jusque dans la chambre à coucher du prince, et que ceux qui avaient quelque plainte à porter tiraient à cette chaîne. Un jour un âne tira à cette chaîne, et se plaignit, dans un langage intelligible, du mauvais traitement de son maître. Ce dernier fut sévèrement puni, et depuis lors toutes les bêtes de somme sont bien traitées dans le pays. Un gros serpent noir apporta au prince, pour le récompenser, une graine de pastèque, et c'est de cette graine que sont venus tous les melons d'eau du monde. — « A un mille et demi à l'est du Portique, ajoute Ives, est une masse de décombres, semblable à un ancien môle (*mud-wall*), carré, dont les faces regardent l'est, l'ouest et le nord; la rivière baigne le quatrième côté. Ce môle ou mur a environ quarante pieds de haut sur trente d'épaisseur, et chaque côté est d'environ un mille de long. Nous pensons que ce fut une citadelle protégeant la grande cité (Ctésiphon). Dans les ruines d'alentour on a trouvé beaucoup de médailles anciennes. »

Ives visita Tak-Kesra et les ruines des environs le 28 mai 1758.

Niebuhr ne vit malheureusement pas ces ruines. Beauchamp, qui y passa en janvier 1781, en dit à peine quelques mots. Il les appelle *Thé-Cascet* ou *Trôm de Cascet*. Il en donna l'étymologie turque de *el-tak-kesere*, c'est-à-dire l'*arc est rompu*, d'après la légende du tremblement de terre au moment de la naissance du prophète (1).

Quelques années après Olivier visita ces ruines, et en donna les renseignements que voici :

« Si nous partons de Bagdad, et si nous suivons la rive gauche du Tigre en descendant, nous traverserons, après trois heures de marche, la *Diala*, rivière à peu près aussi grande que la Marne. Après avoir marché encore deux heures et demie, nous nous trouverons sur les ruines de Ctésiphon, et nous remarquerons un vaste monument, nommé

---

(1) Quand on compare les magnifiques débris de Ninive (?) avec les misérables restes de Ctésiphon, ville beaucoup plus récente, on a lieu de s'étonner. L'observation d'Yves me paraît si importante, que je dois la reproduire textuellement : *The bricks and mortar however are in such abundance, that no doubt can possibly remain but that here once stood a city of several miles in circumference; and from the accounts given by historians of the extent and situation of Ctesiphon, there is the greatest reason to believe that on this very spot, that magnificent and powerful city once stood.* Edw. Yves, *Voyage from England to India*, etc.; Lond., 1773, in-4°, p. 290.

(1) Beauchamp, *Mémoires sur les Antiquités Babyloniennes, Journal des Savants*, 1790, p. 797.

Tak-Kesré ou *Aiouan-Kesré*, dont on voit la description dans le *Journal des Savants* et la figure dans le *Voyage de Ives*. Ce monument, bâti en briques cuites, est à un quart de lieue du Tigre. Il présente à l'orient une façade de deux cent soixante-dix pieds de long sur quatre-vingt-six de hauteur. Au milieu est un portique ou grande voûte de soixante-seize pieds de largeur, cent quarante-huit de profondeur et quatre-vingt-cinq de hauteur. Les murs de la voûte ont vingt-trois pieds d'épaisseur, et ceux de la façade dix-huit. La façade présente au rez-de-chaussée six fausses portes, et deux autres qui sont ouvertes. On y voit aussi quatre rangées de fausses fenêtres, fort rapprochées les unes des autres, que l'on dirait avoir été des niches à statues : elles ont à peine un pied d'enfoncement. La rangée qui est immédiatement au-dessus des portes a ses fausses fenêtres beaucoup plus petites que les autres. Aucune d'elles ne paraît avoir été ouverte ; ce qui suppose que ce n'est pas par cette façade que les appartements étaient éclairés. Ce monument est un peu dégradé à la partie supérieure de la façade, ainsi qu'à la partie antérieure de la voûte ; mais les côtés ont bien plus souffert, car on doit croire qu'il y avait deux corps de bâtiments, l'un au nord et l'autre au sud de la voûte, qui ont été démolis, et dont on croit reconnaître quelques vestiges. Il y a aussi, à la face occidentale, quelques restes de murs, qui font soupçonner que cet édifice s'étendait encore de ce côté. On croit communément dans le pays que *Tak-Kesré* ou *Aiouan-Kesré* veut dire portique ou arcade de Kosroës. »

« Quoi qu'il en soit de cette explication, le *Tak-Kesré* ne nous paraît pas avoir été un temple consacré au soleil, comme on l'a cru communément ; mais les restes d'un vaste palais que les rois parthes firent construire à Ctésiphon, et qu'ils habitèrent tout le temps qu'ils furent les maîtres de ces contrées. Ils imitèrent en cela les rois perses, qui passaient une partie de l'année à Suze, à Babylone, et l'autre partie à Écbatane. L'arcade qui est restée presque intacte était probablement un vaste salon de ce palais, que la chaleur excessive du climat rendait nécessaire ; car on ne peut douter que par son étendue, l'épaisseur de ses murs, et son exposition à l'orient, il ne dût être très-frais, et tenir lieu de ce serdap ou salon voûté, et enfoncé de quelques pieds dans la terre, où tous les habitants de Bagdad passent leur journée en été. Le palais des rois devait avoir son serdab proportionné au luxe qu'ils étalaient ; il devait, à cause de son utilité, être la pièce la plus vaste et la plus belle de tout l'édifice. Le sol où l'on peut soupçonner l'emplacement de Ctésiphon a près de deux milles d'étendue ; on suit en plusieurs endroits les murs qui en formaient l'enceinte ; ils étaient fort épais, assez élevés, et bâtis en grandes briques durcies au soleil et liées avec de la paille, le tout disposé par couches, à peu près comme dans le monument d'Agerkouf. On y voit par-ci par-là des buttes de décombres et des restes de murs en briques. Il y a aussi du côté du fleuve quelques restes de fortes murailles bâties en briques cuites, pour lesquelles on avait employé le bitume au lieu de ciment. La végétation sur le sol de cette ville est plus abondante qu'aux environs : les plantes y sont plus vigoureuses, et les arbrisseaux plus touffus et plus forts.

« A quelque distance du Tak-Kesré on voit une mosquée, élevée, dit-on, sur le tombeau du barbier de Mahomet, nommé *Suleiman-Pak*, *Soliman-le-Pur* : les mahométans vont quelquefois visiter ce tombeau, et y passer plusieurs jours dans le jeûne et la prière. Le scheik arabe qui dessert cette mosquée compte bien plus sur les offrandes des dévots musulmans que sur une faible rétribution que doit lui donner le pacha. A la rive occidentale du Tigre, vis-à-vis Ctésiphon, il y avait une autre ville, dont celle-ci ne fut d'abord que le faubourg : c'était Séleucie, dont l'accroissement sous les Grecs fut si considérable, que Babylone en souffrit. Séleucie devint la première ville de la contrée et la résidence des rois ; elle était à dix-huit lieues au nord-nord-est de Babylone. Nous n'avons pas visité ses ruines, parce que nous ne pûmes traverser le fleuve, faute de bateaux ; mais plusieurs Arabes, qui connaissaient bien ces lieux, nous dirent que l'on y voit encore les traces d'une très-grande ville : il y a, comme à Ctésiphon, beaucoup de ruines, beaucoup de décombres; les remparts sont encore très-apparents, et bâtis en briques durcies au soleil. Ces deux lieux sont désignés par les Arabes sous le nom d'*El-Médaïn*, ou les *Deux-Villes* (1). »

Il est bon d'ajouter à ces détails que les pierres sont soudées avec du mortier ou ciment calcaire blanc, ce qui indique, comme l'avait observé Buckingham, une construction romaine plutôt que babylonienne (2).

Rich visita ces ruines quatre fois (en mars 1811, en janvier et en décembre 1812, et en mai 1821); il a consigné dans son journal les principaux résultats de ses observations (3).

Dans sa première visite il remarqua superficiellement que les fragments de briques et de poteries étaient de même nature que ceux des ruines de Babylone. Là les rives du Tigre, de dix à douze pieds de haut, se composent d'un sol argileux, présentant çà et là quelques bouquets de végétation, rarement des arbres, et où se tiennent des troupeaux de courlis (*koorkies*), des milans et des pélicans. Dans sa seconde visite Rich trouva entre le Tak-Kesra et le fleuve des restes d'un grand mur, bâti en couches de briques non cuites. Ce mur paraît plus ancien que celui qui se trouvait à l'est du monument principal. Au cintre de la voûte du Tak-Kesra il vit un anneau de fer attaché à une poutre. Quelques mois après (dans la troisième visite, le 12 décembre 1812) cet anneau avait disparu, sans doute enlevé par les Arabes, qui s'imaginaient y trouver de l'or. Au milieu de pareils habitants comment peut-on espérer trouver des vestiges précieux de Babylone et de Ninive? — Rich remarqua, en outre, que la voûte était percée d'un grand nombre d'ouvertures par où le jour pénétrait, ouvertures auxquelles s'adaptaient des tuyaux de terre. De semblables ouvertures, destinées à donner de la lumière et à alléger le poids de la voûte, se trouvent aussi dans beaucoup de constructions romaines, par exemple, dans le cirque de Caracalla. La partie inférieure du mur, plus accessible à la main destructrice de l'homme, était beaucoup plus endommagée que la partie supérieure. L'épaisseur de la façade frontale allait en diminuant de bas en haut, depuis vingt jusqu'à huit briques de largeur.

Riche employa sa troisième visite à mesurer particulièrement les principales parties du monument. Ces mesures correspondent à peu près à celles d'Olivier. Il observa que le Tigre a déposé beaucoup d'alluvion du côté de Ctésiphon, tandis que le cours du fleuve paraît s'être infléchi à l'ouest et avoir entraîné une partie de Séleucie. Les murs de Ctésiphon ne paraissent point avoir été baignés par le Tigre. Les ruines du sud-est de Tak-Kesra forment un groupe à part; elles sont situées dans le district de Bostan (*jardin*).

Rich porta ensuite son attention sur les ruines de Séleucie. Le mur occidental, le plus rapproché du fleuve, est entièrement détruit, tandis que le mur septentrional, à trois milles anglais au-dessus de Tak-Kesra, et le mur méridional, en face même de ce monument, subsistent encore. Plus au sud, on trouve le tombeau d'un cheik qui présente le fragment d'une colonne antique de marbre bigarré. Plus loin est un lac formé par le Nahr-Malkha, canal auquel se rattachaient beaucoup d'autres canaux, plus petits.

La quatrième et dernière visite de Rich offre peu d'intérêt pour la question qui nous occupe.

En 1824 J. Keppel visita ces mêmes ruines, mais d'une manière assez superficielle. On n'est pas sûr que les noms qu'il donne, sur la foi de ses guides arabes, se rapportent aux localités déjà décrites par d'autres voyageurs. Sur la rive occidentale du Tigre, près de l'emplacement de Séleucie, il trouva le sol couvert de débris et de monceaux de ruines; les collines étaient garnies de buissons épineux et le bas terrain marécageux. A deux heures de chemin du rivage, il rencontra des vestiges de grands édifices, parmi lesquels un fragment de sta-

---

(1) Olivier, *Voyage dans l'Empire Othoman*, t. II, p. 433 et suiv. (Paris, 1804, in-4°).
(2) Buckingham, *Travels in Mesopotamia*, etc., p. 528.
(3) J. Cl. Rich, *Narrative*, etc., vol. II, ch. XIX, p. 159, et append. VI, VII et VIII.

tue représentant une femme assise sur un trône carré, tout à fait dans le style égyptien. Ce trône repose sur une base de dix pouces d'épaisseur; la moitié supérieure est rompue. Le tout est en granit, roche que l'on ne rencontre nulle part dans cette contrée. Selon les Arabes, il y eut là jadis une grande cité dont les habitants s'attirèrent, par leurs péchés, la colère de Dieu, et cette pierre représentait un frère et une sœur dans un commerce incestueux. (Voyez la figure ci-dessous.

Keppel mesura à son tour le monument de Tak-Kesra, et ses mesures s'accordent à celles de Rich. Mais il ne regarde pas la fameuse arcade du milieu comme un demi-cercle, mais comme une parabole se rapprochant presque de l'ogive. Suivant lui, la maçonnerie est en briques cuites, mais moins bien façonnées que les briques babyloniennes. La base a été endommagée par les débordements du fleuve, cause de la disparition rapide des ruines. Tous les ans les pèlerins se rendent au tombeau du faiseur de miracles Soliman-Pak, et font une station pieuse à Tak-Kesra. C'est probablement pour cela que ce monument n'est pas depuis longtemps un monceau informe de ruines (1).

En décembre 1834 (la veille de Noël) les ruines de Séleucie furent visitées à la hâte par B. Fraser, accompagné des docteurs Finlay et Ross. Il passa le Tigre à Bagdad; il trouva le terrain fertile, mais couvert de salsolas et d'arbrisseaux (mimosas, câpriers, caroubiers), employés comme combustible. Après un voyage de cinq heures et demie, à cheval, il se trouva sur l'emplacement de l'ancienne Séleucie, reconnaissable à ses murs élevés, en partie debout, et entourant un espace immense, jonché de briques, de débris de poterie et de verre. Fraser put se procurer des pâtres des environs de Tak-Kesra diverses médailles, des pierres taillées, un cylindre de cristal de roche et de petites statuettes en métal. Par le trajet qu'il fit de Séleucie à Hillah, il jugea que cet espace mésopotamique devait être anciennement couvert d'habitations, de villages et de villes (1).

L'ouvrage tout récent du colonel Chesney n'ajoute aucun nouveau détail à ce qui précède.

2° *Ruines d'Aker-Kouf.*

Bagdad a ses ruines comme Mosoul. — Les ruines d'Aker-Kouf sont situées à quatre milles au nord-ouest de Bagdad, sur la rive droite du canal Sakhwiyah (Nahr A'ra), que le bateau à vapeur anglais *l'Euphrate* passa en juillet 1838. Les Turcs les appellent aussi *Akar-i-Babil* ou *Kasr-Nemroud*. Mentionnés d'abord par César Féderigo, en 1563, puis par Rauwolff et quelques autres voyageurs, sous le nom de *Tour de Nimrod*, ces ruines n'ont été pour la première fois bien indiquées que par Niebuhr. « A deux lieues et demie à l'ouest de Bagdad, dit ce voyageur, est une tour nommée *Aker-Kouf*, que plusieurs voyageurs ont prise pour la tour de Babylone. Elle est en briques séchées au soleil. A chaque sixième ou huitième couche il y a une couche de jonc de deux doigts d'épaisseur. Dans cet édifice ou colline murée on trouve de petits trous qui, selon toute apparence, ont percé horizontalement toute cette muraille, mais qui actuellement sont la plupart bouchés. (Voy. les planches XI et XII, représentant les principales façades de la masse turri-

(1) J. Keppel, *Personal Narrative of Travels in Babylon*, etc., Lond., 1827-28, t. I, p. 122 et suiv.

(1) J. Baillie Fraser, *Travels in Koordistan, Mesopotamia*, etc., Lond., 1840, vol. II, p. 1-9.

forme d'Aker-Kouf). Toute la hauteur est d'environ soixante-dix pieds. Le côté nord (fig. 2, pl. XI) est presque perpendiculaire ; et il semble aussi y avoir une entrée, mais qui est beaucoup trop haute pour qu'on puisse y monter sans échelle. Aux autres côtés, où il y a une grande partie de l'édifice emportée par le vent, le jonc le soutient beaucoup. Ce n'est pas là la tour de Babylone, qui était près de l'Euphrate, tandis que Aker-Kouf est plus près du Tigre. » — Niebuhr incline à penser que c'est le reste d'une maison de plaisance, construite par un des premiers califes de Bagdad (1).

Suivant le colonel Chesney, les ruines d'Akbad, troisième ville de Nemrod, dont parle la Genèse, doivent être placées à quelque distance d'Akar-Kouf, qui en aurait été la citadelle ou *baris* (2). Chesney a donné sur ces ruines les détails suivants, qui s'accordent assez bien avec les observations de Niebuhr : « Les briques d'Akar-Kouf ont onze pouces un quart carrés sur quatre pouces d'épaisseur. disposées avec régularité et cimentées avec de la mauvaise argile ou plutôt avec de la boue. Mais une grande singularité de construction consiste dans l'introduction de part et d'autre de couches de roseaux à des intervalles rapprochés, depuis la base jusqu'au sommet de la masse. C'est ordinairement après chaque sept rangées de briques (deux pieds onze pouces d'intervalle) que l'on remarque une couche de roseaux. Ces roseaux se composent de trois strates, disposées de manière à se croiser les unes les autres, la supérieure étant parallèle à l'inférieure et croisée à angle droit par la moyenne. Cette bâtisse, sans doute originairement une pyramide, est maintenant de forme irrégulière, avec beaucoup de remblai à la base, qui s'étend à cent cinquante-sept pieds au nord et au sud, et à cent dix pieds à l'est et à l'ouest. La hauteur est de cent vingt-huit pieds. Sur le côté oriental (fig. 1, pl. XI), à peu près vers le milieu, il y a une ouverture, qui paraît avoir été l'entrée d'une chambre sépulcrale. Dans beaucoup d'endroits cette bâtisse est percée, particulièrement près du sommet, de trous carrés, pareils à ceux qu'on voit sur des édifices arabes pour le maintien des échafaudages (1). »

Ives, qui visita ce monument presque en même temps que Niebuhr (13 juin 1758), le considère comme une tour où les Chaldéens faisaient leurs observations astronomiques. Il pense que cette tour était primitivement carrée. M. Doidge en a donné le premier dessin. Du reste, Ives ne donne aucun détail de ces ruines. Il ajoute seulement que les habitants du pays les considèrent comme la tour de Nemroud ou tour de Babel.

Beauchamp ne vit, en 1784, cette tour qu'en passant : il l'entendit appeler *Garyouf* (2). Olivier la visita quelques années après, et en fait la description détaillée que voici :

« A quatre lieues à l'ouest de Bagdad, on voit un monument antique, connu des chrétiens sous le nom de *Tour de Nembrod*, ou *Tour de Babel*, et des Arabes sous celui d'*A-Yarkouf*. C'est une masse solide, carrée, construite en briques, que l'on a attaquée sur deux de ses faces, afin d'y pénétrer, dans l'intention sans doute d'en connaître la destination, ou d'y chercher des trésors, que les Arabes supposent être enfermés dans tous les édifices anciens..... Les briques qu'on y a employées ne sont pas cuites au feu, mais seulement séchées et durcies au soleil ; elles ont environ treize pouces en carré de surface, et deux pouces et demi d'épaisseur. On les a posées à plat, les unes sur les autres, et cimentées avec la même terre dont elles furent faites. On en compte huit ou dix rangées, qui forment une couche de deux pieds ou deux pieds et demi d'épaisseur. On a placé au-dessous de ces briques quatre ou cinq pouces de gravois ou terre grossière, puis une couche de deux à trois pouces, formée de trois rangées de paille ou de roseaux qui se croisent. Les couches de briques recommencent au-dessus de

---

(1) Niebuhr, *Voyage*, etc., t. I, p. 248, de l'éd. française.
(2) Chesney, *Expedition*, etc., vol. I, p. 117.

(1) Chesney, *Exped.*, vol. II, p. 606. — Ives (*Voy.*, etc., Lond., 1773-4, p. 273) donne à cette bâtisse cent vingt-six pieds de hauteur, et trois cents pieds à la base, y compris le remblai. Ker-Porter et Ainsworth donnent cent vingt-cinq pieds de hauteur.
(2) Beauchamp, dans le *Journal des Savants*, mai 1785, p. 859.

celles de roseaux, et les gravois sont toujours placés au-dessus des briques. Le tout se continue avec le même ordre jusqu'au sommet de la tour. La seule chose que nous ayons remarquée, c'est que les lits de briques ne sont pas toujours égaux : on en voit qui ont à peine deux pieds d'épaisseur, et d'autres qui en ont près de trois. On avait ménagé, à peu de distance les uns des autres, des trous carrés, qu'on dirait avoir servi aux échafaudages, et peut-être aussi à faciliter le desséchement de cette masse ; car on voit évidemment qu'ils pénètrent fort avant dans l'intérieur. Les lits de paille qui saillent aujourd'hui hors des briques, paraissent de loin ; ils sont parfaitement conservés, et ont résisté aux temps, bien plus que n'aurait fait le bois le plus dur. Ils ont seulement un peu bruni là où ils ont été exposés à l'air. Si l'on parvient à les en retirer, ainsi que nous l'avons fait aux murs de Ctésiphon, on reconnaît qu'ils ont appartenu à la même plante qui croît abondamment sur la rive des deux fleuves, et dans les marécages qu'ils forment. C'est une espèce de graminée, l'*uniola bipennata*, Linn., qui diffère peu du *poa cynosuroides*, de Retzius.

« Ce qui porterait à croire que ce monument n'a jamais eu plus d'élévation qu'on ne lui en voit aujourd'hui, c'est qu'il est terminé par une couche épaisse de terre, qu'on suppose avoir formé une terrasse à son sommet. Cependant il n'est pas douteux que les vents et les pluies n'aient dégradé la partie supérieure, puisque celles des faces que la main de l'homme n'a point attaquées ont été un peu entamées, et l'auraient été davantage si les couches de paille ne les avaient garanties. On doit conjecturer aussi que ce monument est massif, attendu que, entamé presque jusqu'au centre, à sa face méridionale et à sa face occidentale, on n'a découvert aucune cavité. Les couches de briques, de gravois et de paille sont disposées comme à l'extérieur. On y voit aussi les trous carrés dont nous avons parlé plus haut. La face septentrionale (*fig.* 1, pl. XI) présente à la vérité, aux deux tiers de sa hauteur, une ouverture semblable à une porte ; mais il est évident qu'elle a été faite lorsqu'on a voulu sonder ce monument, car les parois sont irrégulièrement taillées et aucune brique n'y est entière. A cent pas de là, du côté du midi, on voit une butte de terre de quelques toises d'élévation, qui laisse apercevoir quelques gros murs bâtis en briques cuites. Nous les avons regardés comme les restes d'autant d'édifices ; de sorte qu'il est possible qu'Akerkouf soit le site d'une ville ancienne.

« Mais à quel usage ce monument fut-il destiné ? On ne peut le regarder ni comme un palais, ni comme un temple, ni comme une forteresse. On le prendrait plutôt pour un lieu d'observation, s'il existait sur l'une de ses faces des traces d'escalier par où l'on aurait pu monter à son sommet, si l'on voyait quelque reste de porte qui pût faire présumer que cet escalier avait été pratiqué dans l'intérieur. En effet, bâti sur un terrain uni, à six lieues de l'Euphrate, à quatre du Tigre, à cinq ou six du mur de Sémiramis, ce monument, haut peut-être de plus de cent pieds, pouvait être un lieu propre à avertir les Babyloniens de l'approche de leurs ennemis. Il pouvait, par sa hauteur, permettre à l'homme de porter au loin ses regards, et transmettre, par des signaux, ce qu'il apercevrait à une grande distance. Cependant si l'on réfléchit qu'il eût été bien inutile de bâtir à grands frais une masse aussi considérable pour n'obtenir qu'un lieu d'observation, on est alors porté à croire qu'à l'imitation des Égyptiens, les habitants de Babylone élevèrent ce monument à la mémoire de quelqu'un de leurs rois, qu'ils le destinèrent à contenir ses dépouilles, et qu'au lieu de lui donner une forme pyramidale, qui n'eût pas résisté aux vents et aux pluies, à cause des matériaux qu'on y employa, ils lui donnèrent une forme carrée. On peut conjecturer dans ce cas que la butte et les élévations dont nous avons parlé ne furent autre chose qu'un temple, et des maisons de prêtres, qu'on avait bâties à l'entour du monument, ainsi qu'on le voit auprès des pyramides (1). »

Kinneir prend ce lieu pour la Sittace de Xénophon, qui en effet devait être

---

(1) Olivier, *Voyage*, etc., t. II, p. 432-433 (édit. in-4°).

située dans le voisinage. Il donne au monument d'Aker-Kouf une hauteur de cent quatre-vingt-dix pieds, et le considère, d'accord avec Ker-Porter, comme contemporain des ruines de Babylone, mais d'une construction plus achevée (1).

Buckingham, accompagné de l'antiquaire Bellino, crut y reconnaître la forme primitive d'une pyramide, et compara les briques et roseaux avec ceux de Tanis dans le Delta d'Égypte (2).

Bellino le prit pour un monument sépulcral. Ker-Porter y chercha en vain des inscriptions cunéiformes. Il pensa que la majeure partie de la ville de Bagdad avait été construite avec les ruines d'Aker-Kouf, de même que Hillah et d'autres villes ont été bâties avec les ruines de Babylone, enfin que la masse qui reste est un des plus anciens monuments assyriens, et peut-être une de ces tours de Bélus comme il y en avait à Babylone et en général dans chaque ville babylonienne. Il l'entendit appeler par les Turcs *Nimroud Tepessi*.

Les observations les plus récentes sur Aker-Kouf, nous les devons à M. Fraser, qui séjourna à Bagdad à deux reprises différentes. De ce que la masse turriforme se compose de briques non cuites, tandis que le remblai est composé de briques cuites, il conclut que ce n'est que le noyau d'un édifice dont le revêtement a été dispersé. Il y remarqua des couches transverses de roseaux qui paraissaient si frais, que le cheval du docteur Ross, un de ses compagnons de voyage, se mit à en manger comme si c'était de la paille. Ces couches donnent de loin aux contours un aspect serratidenté. La masse, actuellement tout à fait amorphe, présente du côté méridional une ouverture, et à la moitié de la hauteur une caverne qui ne pourrait servir que de retraite aux chacals. Les plus jeunes des compagnons de Fraser y pénétrèrent, dans une petite chambre;

mais la poussière et une légion de chauves-souris qui en sortirent les empêchèrent de n'y rien voir. Ross crut reconnaître dans cette masse une sorte d'orientation, ce qui viendrait à l'appui de l'opinion de Ker-Porter. Fraser n'en donne pas les dimensions, mais il adopte la donnée d'un ingénieur italien, qui prétend avoir trouvé l'Aker-Kouf plus élevé que le Birs-Nemroud des ruines de Babylone (1).

On n'a pas encore fait de fouilles à Aker-Kouf. Les environs sont souvent inondés et assez fertiles. On ne saurait donc pas les comparer à un désert.

NINIVE ET SES RUINES.

La position géographique de l'antique capitale des Assyriens a été récemment l'objet d'une assez vive discussion entre M. de Saulcy et moi, à l'occasion des ruines découvertes par M. Botta aux environs de Mossoul. Je ne rappellerai pas ici tous les détails de cette discussion, dont le *Moniteur Universel* et l'*Illustration* furent les organes (2); je me bornerai à reproduire le contenu du mémoire *sur la situation et la destruction de Ninive*, que j'ai eu l'honneur d'adresser le 20 février 1850 à l'Académie des Inscriptions et Belles Lettres. Dans ce premier travail, je m'étais imposé la tâche de passer successivement en revue les auteurs sacrés et profanes qui fournissent quelques renseignements sur la topographie de Ninive.

---

(1) Macd. Kinneir, *Mem. of the Pers. Empire*; Lond., 1813-14, p. 252. Cf. Ainsworth, *Researches in Babyl., Assyr.*, etc., p. 175.

(2) Buckingham, *Travels in Mesopot.*, etc., p. 395-401.

(1) Baillie Fraser, *Travels in Koordistan, Mesopotamia, etc.*; London, 1840, in-4°, vol. II, p. 163.

(2) L'article où j'émis pour la première fois des doutes sur l'authenticité des ruines parut dans les *Tablettes Européennes* (7° livraison, 10 septembre 1849; compte-rendu de l'ouvrage de Layard, intitulé : *Nineveh and its remains*, London, 1849). Ces doutes, je les reproduisis en partie plus tard dans l'*Illustration* (numéro du 22 décembre 1849). M. de Saulcy me fit l'honneur d'y répondre dans le *Moniteur Universel* (15 janvier 1850). — Réplique de ma part dans l'*Illustration* (numéro de février 1850). Nouvelle réponse de M. de Saulcy dans le *Moniteur* (18 février 1850). — Nouvelle réplique dans l'*Illustration* (2 mars 1850).

A. *Auteurs sacrés.*

Moïse (environs 1500 avant Jésus-Christ). Le déluge venait de faire table rase de la population du globe. Les trois fils de Noé, avec leurs femmes, étaient appelés à repeupler la terre. L'un des petits-fils, *Nimrod*, « qui fut un fort chasseur devant Jehovah », eut pour capitale de son royaume Babel, et [en outre, les villes de] *Erekh, Akkad* et *Kaléneh*, dans la terre de *Sinéar* (1). — Le texte du verset suivant du même chapitre de la Genèse porte : « Et de cette terre sortit Assur, et bâtit *Nineveh* et *Rekhoboth*, ville, et *Kalakh*. » Mais ce verset peut aussi se traduire : « et il (Nimrod) porta ses pas hors de cette terre, et bâtit Nineveh, etc. » Car *Assour* (אשור) n'est pas seulement un nom propre, c'est aussi le participe du verbe inusité אשר, correspondant au latin *gressus*; en sorte qu'on peut rendre יצא אשור littéralement par *exiit gressus* (2).

Enfin, on peut admettre cette troisième version : *et il* [Nimrod] *sortit de cette terre,* [et se rendit en] *Assyrie.* Dans ce cas il y aurait omission de l'aspirée ה, indiquant l'action de se diriger vers un endroit, et, au lieu de אשור, il faudrait lire אשורה.

Bien que cette interprétation soit moins probable que les deux premières, il reste encore du doute sur la question de savoir si c'est Nimrod, fils de *Kusch*, ou Assur, fils de Sem, qui a fondé Ninive (3); mais ce qui n'est pas douteux, c'est que dans le texte cité la fondation de Babylone (*Babel*) est mentionnée avant celle de Ninive (4).

Quant à la situation de Ninive, la Ge-

nèse nous apprend seulement que cette ville était hors de la terre de Sinéar (Babylonie) et probablement à peu de distance de la ville de Resen, à en juger par le verset 12 : [et il bâtit aussi] *Resen, entre Nineveh et entre Kalakh, elle* [Resen] *la grande ville.*

Ainsi, du temps de Moïse Resen l'emportait sur Ninive. Kalakh, Resen, *la grande ville* (העיר הגדלה), et Rhekhoboth (1), de fondation contemporaine, étaient situées dans le pays compris entre l'Euphrate et le Tigre.

On s'est demandé comment à une époque aussi rapprochée du déluge l'espèce humaine a pu se multiplier au point de permettre aux petits-fils de Noé de fonder des royaumes et de bâtir plusieurs villes importantes. Je ne fais que signaler cette objection, sans y répondre.

Jonas (environ 840 ans avant J. C.). — Chapitre III, versets 3 et 4 (je traduis littéralement) : *Et Jonah se leva et alla à Nineveh, selon la parole de Jehovah, et Nineveh était une* VILLE GRANDE A DIEU (עיר־גדולה לאלהים), AYANT TROIS JOURNÉES DE MARCHE (מהלך שלשת ימים) (2). *Et Jonah se mit en route, et* [pendant] UNE JOURNÉE DE MARCHE DANS LA VILLE (יום אחד בעיר מהלך), *il cria et dit : Dans quarante jours Ninive sera détruite.*

Ainsi, le prophète Jonas nous apprend seulement que Ninive était une grande ville; mais rien dans le texte n'autorise à dire que cette ville eût *trois journées de* TOUR. Car le substantif מהלך, mar-

---

(1) Genèse, X, 9 et 10.

(2) Voy. Gesenius, *Lexicon Hebraïcum et Chaldaicum*; voc. אשור et אשר.

(3) Il est à remarquer que depuis le verset 2 jusqu'au verset 20 du chapitre X de la Genèse, il n'est question que de la généalogie de Japhet et de Cham. Le verset 11 est comme une sorte de parenthèse ou de transposition; car depuis le verset 21-31 il est exclusivement question de Sem et de ses descendants, au nombre desquels était *Assur*.

(4) Ninive ou *Nineveh* signifie, selon Bochart, *demeure de Ninus.* Mais ne pourrait-on pas faire dériver ce nom de *Nin* (נין), *descendance, postérité ?*

(1) Quelques interprètes, qui ont pris *Rekhoboth* pour le pluriel féminin de רחב, *rue*, ont traduit (verset 11) : « Et il bâtit Ninive et *les rues de cette ville* » (ואת־רחבת עיר). Mais non-seulement cette version ne donne pas de sens raisonnable, mais encore l'auteur sacré, comme pour prévenir toute méprise, a fait suivre *Rekhoboth* du mot עיר (*ville*), sans article. D'autres, enfin, prenant עיר pour le nom propre d'une ville, ont traduit : « Et il bâtit Ninive et *Rekhoboth et Ir*, etc. » Mais dans ce cas le mot עיר, comme les autres noms propres, aurait été précédé de ואת־ avec makk. Quant à la situation de *Rekhoboth*, on suppose qu'elle était sur l'Euphrate, entre Cercusium et Anath.

(2) Les Septante ont rendu le texte hébreu littéralement : πορείας ὁδοῦ τριῶν ἡμερῶν.

che, *chemin*, dérivé du verbe הלך, *ivit*, n'a jamais signifié *tour*, *circuitus*. Cependant il ne manque pas d'expression en hébreu pour désigner la circonférence d'un lieu.

On viole donc le texte en donnant à Ninive une étendue que n'a aucune de nos grandes villes modernes. Les mots מהלך שלשת ימים signifie évidemment qu'il faut *trois journées de marche pour parcourir tous les quartiers de la ville*. Ce qui le prouve, c'est que Jonas prêcha pénitence aux Ninivites *une journée de marche* (מהלך יום אחד) DANS LA VILLE (בעיר); et pour remplir sa mission le prophète ne faisait certainement pas le tour de la ville. L'interprétation que je donne ici est donc tout à la fois la plus rationnelle et la plus conforme au texte hébreu (1).

Chapitre IV, verset 11. Les cent mille Ninivites qui *ne savaient pas distinguer leur main droite de leur main gauche* ne donnent pas à la population de Ninive un chiffre trop exagéré, comparativement à ce qu'on pourrait trouver d'ignorants pécheurs à Paris ou à Londres.

Nahum (700 ans avant J. C.). — Voici ce qu'on lit dans la prophétie contre Ninive : *J'effacerai* [dit Jéhovah] *ton nom de tout souvenir, je briserai les idoles de pierre et de métal* (פסל ומסכה) *de la maison de ton Dieu...* (Chap. I, 14).

Chap. II, 7. *Les portes des fleuves s'ouvriront, et le palais sera entraîné.*

La destruction du *palais* (ההיכל), qui était sans doute le palais du roi (τὰ βασίλεια), est exprimée dans le texte avec une énergie inimitable : ההיכל נמוג, veut dire que *le palais sera fondu, dissous dans les eaux*, נמוג, niph. de מוג, signifie *fondre, liquéfier, dissoudre*).

Les mots שערי הנהרות, *portes des fleuves*, sont d'une certaine importance pour la topographie de Ninive. L'Euphrate s'appelle *le fleuve* par excellence, הנהר (2); et le pluriel féminin, הנהרות, *les fleuves*, qui est ici employé, désigne à la fois l'Euphrate et le Tigre. Or, si, d'après l'ordre de Jéhovah, Ninive devait être inondée par les portes, c'est-à-dire par *les ouvertures* de l'Euphrate et du Tigre, cette ville devait être nécessairement située quelque part dans l'espace compris entre ces deux fleuves. Comment concilier alors le texte de la Bible avec l'opinion de ceux qui placent Ninive en dehors de cet espace mésopotamique ?

Le prophète continue ainsi (II, 9) : *Et Ninive* [est] *comme un étang, ce n'est plus que de l'eau.*

Elle est ruinée, c'est un désert, elle est anéantie.

Où est maintenant cette demeure de lions ?

Zephaniah (environ 650 ans avant J. C.). — Ce prophète se joignit à Nahum pour prédire la destruction complète de Ninive. Chap. II, 13 : *Jéhovah étendra sa main vers le septentrion, il détruira Assur, et* IL CHANGERA NINEVEH EN UNE SOLITUDE ARIDE COMME LE DÉSERT.

Toutes ces prophéties furent accomplies. L'histoire l'atteste. Et la Bible est ici parfaitement d'accord avec les auteurs profanes, comme on va le voir.

B. *Auteurs profanes.*

Hérodote. — Le père de l'histoire avait visité la Babylonie et l'Assyrie vers l'an 440 avant J. C.; ses paroles sont donc d'une grande autorité.

Liv. I, chap. 193. Après avoir parlé des canaux de l'Assyrie, il cite le *Tigre, sur lequel était bâtie la ville* [de] *Ninive* (*Ninus*) : Τίγρην, παρ' ὅν Νίνος πόλις οἴκητο (1).

Liv. II, chap. 150. Pendant son séjour en Égypte, Hérodote apprit que le lac Mœris avait été creusé artificiellement. Sur sa demande, ce qu'était devenue la terre retirée de ces fouilles, les habitants lui répondirent qu'elle avait été enlevée. Puis il ajoute : « *Je le crus sans peine* (εὐπετέως ἔπειθον); *car je savais par ouï-dire que quelque chose de semblable était arrivé dans Ninive, ville des Assyriens* (ᾔδεα γὰρ λόγῳ καὶ ἐν Νίνῳ τῇ Ἀσ-

---

(1) Cette interprétation est aussi celle de Théodoret et d'Éphraem.

(2) Voy. *Genès.*, XXXI, 21; *Exod.*, XXXIII, 31.

(1) Les historiens grecs donnent le même nom de *Ninus* à la ville de Ninive et à son fondateur.

συρίων πόλι γενόμενον ἕτερον τοιοῦτο). *Des voleurs s'avisèrent de ravir les grandes richesses de Sardanapale, roi de Ninive, gardées dans des trésors souterrains* (φυλασσόμενα ἐν θησαυροῖσι καταγαίοισι). *En commençant de leurs maisons, ils continuèrent à creuser sous terre jusqu'à la demeure royale* (τὰ βασιλήια οἰκία); *ils profitèrent de la nuit pour enlever le déblai et le jeter dans le Tigre, qui coule à côté de Ninive* (ἐς τὸν Τίγριν ποταμὸν παραρρέοντα τὴν Νίνον). »

Ainsi, Ninive était située sur le Tigre; mais Hérodote ne dit pas si elle était sur le bord oriental ou sur le bord occidental ; il n'en indique pas même la distance de Babylone ni de toute autre ville, prise pour point de départ.

Liv. I, chap. 185. Dans ce chapitre, Ninive est seulement nommée. Nitocris, qui régna à Babylone *cinq générations* après Sémiramis, se fortifia derrière l'Euphrate, pour se mettre à l'abri des *Mèdes, qui s'étaient déjà emparés de plusieurs villes, parmi lesquelles était aussi Ninive* (ἄλλα τε ἀραιρημένα ἄστεα αὐτέοισι, ἐν δὲ δὴ καὶ τὴν Νίνον).

Voilà donc Ninive tombée une première fois au pouvoir des Mèdes. Et la prise de cette ville eut lieu à une époque fort reculée, c'est-à-dire *à plus de mille ans avant* l'ère chrétienne, si l'on fait remonter le règne de Sémiramis seulement à 1200 avant J. C. Mais, comme cet événement dérange le calcul des chronologistes, les uns déclarent qu'Hérodote s'est trompé, et qu'au lieu de *cinq* générations, il faut lire *quinze*; les autres imaginent au moins deux Sémiramis, dont la première serait fabuleuse; d'autres, enfin, pensent que l'erreur vient non pas d'Hérodote, mais des prêtres chaldéens, qui, en courtisans bien appris, voulaient ménager la susceptibilité de Nabonassar, quoique ce roi fût mort longtemps avant le voyage de l'historien grec. Le champ est donc ouvert aux hypothèses.

Liv. I, chap. 102, 103, 106. Phraorte, fils de Déjocès, après avoir soumis les différents peuples de l'Asie (κατεστρέφετο τὴν Ἀσίην ἀπ' ἄλλου ἐπ' ἄλλο ἰὼν ἔθνος), *tourna ses armes contre les Assyriens et contre ceux des Assyriens qui possédaient Ninive, et qui étaient auparavant maîtres de tous* [les autres] (στρατευσάμενος ἐπὶ τοὺς Ἀσσυρίους, καὶ Ἀσσυρίων τούτους οἳ Νίνον εἶχον καὶ ἦρχον πρότερον πάντων). — Phraorte échoua dans cette entreprise, et périt avec une grande partie de son armée.

Son fils, Cyaxare, introduisit le premier en Asie l'ordre et la discipline militaires; le premier il distingua les différentes espèces d'armes, et fit combattre dans les rangs séparés les lanciers (αἰχμοφόρους), les archers (τοξοφόρους) et les cavaliers (ἱππέας); car *auparavant on combattait sans ordre et pêle-mêle* (πρὸ τοῦ δὲ ἀναμὶξ ἦν πάντα ὁμοίως ἀναπεφυρμένα).

Ce passage, que je ne fais que signaler ici, sera d'un grand secours dans l'appréciation des monuments retirés des fouilles de Korsabad, de Kouyonjik, etc.

Cyaxare marcha contre Ninive (ἐστρατεύετο ἐπὶ τὴν Νίνον), désirant renverser cette ville (τὴν πόλιν ταύτην θέλων ἐξέλειν), et venger son père. Il avait vaincu les Assyriens dans une première rencontre, et il assiégeait encore Ninive, lorsqu'il fut assailli par une grande armée de Scythes, sous la conduite de leur roi Madyès.

Les Scythes demeurèrent vingt-huit ans maîtres de l'Asie, et dans cet intervalle tout fut bouleversé par leurs excès (τὰ πάντα σφι ὑπό τε ὕβριος καὶ ὀλιγωρίης ἀνάστατα ἦν). — Cependant Cyaxare en égorgea un grand nombre dans des repas où il les enivrait. C'est ainsi que les Mèdes parvinrent à ressaisir leur premier pouvoir. Ils prirent ensuite Ninive, et soumirent les Assyriens, à l'exception du territoire babylonien (τήν τε Νίνον εἷλον, καὶ τοὺς Ἀσσυρίους ὑποχειρίους ἐποιήσαντο πλὴν τῆς Βαβυλωνίης μοίρης).

Hérodote renvoie les détails du siége et de la destruction de cette ville à son ouvrage sur l'Assyrie, qui malheureusement ne nous est pas parvenu (1).

Ainsi, Ninive tomba une seconde fois au pouvoir des Mèdes. On place cet événement dans l'année 625 ou 606 avant J. C.

Ctésias. — Dans ce qui concerne

(1) Dans un autre passage (I, 178), Hérodote rappelle de nouveau la destruction de la capitale des Assyriens, en ajoutant que depuis cet événement (τῆς Νίνου ἀναστάτου γενομένης) Babylone devint le siége de l'empire.

l'histoire des Assyriens, Diodore avait pris pour guide Ctésias. Celui-ci avait composé une histoire des Perses (*Persica*), sur des documents puisés aux archives de l'empire des Perses. On sait que Ctésias fut longtemps médecin du roi Artaxerxès Mnémon, et qu'il se trouva à la bataille de Cunaxa (en 401 avant J. C.). Il devait donc connaître l'Assyrie pour le moins aussi bien qu'Hérodote.

Voici maintenant ce que Ctésias nous apprend relativement à Ninive.

Diodor., *liv. II*, *chap.* 3. « Ninus se hâta de construire une ville si considérable que non-seulement elle devait surpasser en grandeur toutes les autres villes, mais qu'il devait être difficile à la postérité d'en avoir une plus grande..... Il rassembla donc de tous côtés, sur *les bords de l'Euphrate* (ἐπὶ τὸν Εὐφράτην ποταμόν), des troupes [d'ouvriers] et des matériaux, et il fonda une ville bien fortifiée, ayant une forme oblongue. Les plus longs côtés de la ville étaient de cent cinquante stades, et les plus courts de quatre-vingt-dix, de telle façon que la totalité de l'enceinte était de *quatre cent quatre-vingts stades* (1). Et en effet personne n'a bâti par la suite de ville semblable en étendue..... *Le mur avait cent pieds de haut, et il était assez large pour que trois chars pussent y marcher de front* (2). Le nombre total des tours était de quinze cents ; elles avaient chacune deux cents pieds d'élévation. Il la fit habiter par des gens qui étaient pour la plupart des Assyriens très-puissants, et il y admit aussi les volontaires des autres nations. Il appela la ville de son nom Ninus, et assigna aux habitants une grande partie du pays limitrophe. »

Ibid., *chap.* 7. » Sémiramis fit ensevelir Ninus dans le palais royal, et fit élever sur sa tombe une terrasse immense (χῶμα παμμέγεθες), qui avait, au rapport de Ctésias, neuf stades de haut et dix de large. Comme *la ville est située dans une plaine, sur l'Euphrate* (τῆς πόλεως παρὰ τὸν Εὐφράτην ἐν πεδίῳ κειμένης), cette terrasse s'aperçoit de très-loin, semblable à une citadelle ; elle existe, dit-on, encore aujourd'hui, bien que *Ninive eût été ruinée de fond en comble par les Mèdes* (τῆς Νίνου κατεσκαμμένης ὑπὸ Μήδων), lorsqu'ils mirent fin à l'empire des Assyriens (1). »

Arbace, chef des Mèdes, se ligua avec Bélésys, commandant de Babylone, pour détrôner Sardanapale. Après une première défaite, Sardanapale se retira dans Ninive pour la défendre, et donna le commandement de l'armée à Salæmène, son beau-frère. « Les rebelles, continue l'historien, s'étant rangés en bataille *dans la plaine située devant la ville* (κατὰ τὸ πεδίον τὸ πρὸ τῆς πόλεως), vainquirent les Assyriens dans deux combats ; ils tuèrent Salæmène et massacrèrent une grande partie de ses soldats dans la fuite ; les autres, *coupés dans leur retraite sur la ville, furent forcés de se jeter dans l'Euphrate* (τοὺς δ' ἀποκλεισθέντας τῆς εἰς τὴν πόλιν ἐπανόδου, καὶ συναναγκασθέντας ἑαυτοὺς ῥίπτειν εἰς τὸν Εὐφράτην ποταμόν), où ils périrent presque tous. Le nombre des morts fut si grand, que le fleuve conserva dans un long trajet la couleur du sang dont il était teint. Le roi, assiégé dans l'enceinte de la ville, fut abandonné de la plupart de ses peuples, impatients de recouvrer leur liberté. Voyant son empire réduit à la dernière extrémité, Sardanapale envoya ses trois fils et deux filles, avec de grandes richesses, dans la Paphlagonie, auprès de Cotta, le plus dévoué de ses gouverneurs. En même temps il dépêcha dans toutes les provinces des messagers avec des ordres écrits (βιβλιαφόρους) pour y faire lever des troupes et préparer ce qui était nécessaire pour soutenir un siège. Un ancien oracle avait dit que Ninive ne serait jamais prise d'assaut, à moins que le fleuve lui-même ne se déclarât ennemi de la ville. Or, ne s'imaginant pas que pareille chose pût jamais avoir lieu, et plein d'espérance, il se disposa à soutenir le siège en attendant les secours qu'il avait ordonnés. » (Diod., II, 26.)

« Exaltés par leurs succès, les rebelles pressèrent le siége ; mais ils ne purent

---

(1) Hérodote (*Voy.* liv. I, chap. 178) donne exactement la même étendue à Babylone.

(2) Voir plus loin les dimensions que Xénophon donne au mur de *Larissa*, ville en ruines, sur les bords du Tigre.

(1) Tom. I, p. 121, de ma traduction de Diodore.

faire aucun mal à ceux qui étaient dans la ville, défendus par la fortification des murs. Car les *catapultes* (πετροβόλοι), les *tortues* (χελῶναι χωστρίδες) et les *béliers* (κριοί), *machines destinées à battre les murs en brèche* (πρὸς ἀνατροπὴν μεμηχανημένοι τειχῶν), *n'étaient pas encore inventées dans ces temps* (οὔπω κατ' ἐκείνους τοὺς καιροὺς ἐξεύρηντο) (1). Le roi eut soin de fournir aux habitants de la ville toutes sortes de provisions en abondance. Le siége traînait donc en longueur : pendant deux ans on se contentait d'attaquer les murs et de couper les convois. La troisième année, il arriva que *l'Euphrate, dans une crue, inonda une partie de la ville* (τὸν Εὐφράτην μέγαν γενόμενον κατακλύσαι τε μέρος τῆς πόλεως), et renversa le mur dans une étendue de vingt stades. Ce fut alors que le roi, persuadé de l'accomplissement de l'oracle, désespéra de son salut. Pour ne pas tomber entre les mains des ennemis, il dressa dans son palais un immense bûcher, et y entassa tout son or, son argent, et là-dessus toute sa garde-robe royale (τὴν βασιλικὴν ἐσθῆτα). S'enfermant avec ses femmes et ses eunuques dans une chambre construite au milieu du bûcher, il se fit ainsi réduire en cendres avec ses gens et son palais. Instruits de la mort de Sardanaple, les rebelles entrèrent par la brèche dans la ville, et s'en emparèrent. Ils revêtirent Arbace du manteau royal (τὴν βασιλικὴν στολὴν), le proclamèrent roi, et lui déférèrent l'autorité souveraine.

« Le nouveau roi distribua à ses compagnons d'armes des récompenses, et nomma des satrapes. Bélésys le Babylonien, qui avait prédit l'avénement d'Arbace, se présenta à lui pour lui rappeler ses services, et réclamer le gouvernement de la Babylonie, qui lui avait été promis dès le commencement. Il lui déclara aussi que dans le temps où le sort était encore incertain, il avait fait vœu à Bélus que si l'on réussissait à se rendre maître de Sardanapale et à brûler son palais, il en transporterait les cendres à Babylone, et qu'il élèverait près du temple de ce dieu une terrasse (χῶμα)

(1) Nous reviendrons sur ce passage dans l'appréciation des monuments de la prétendue Ninive.

destinée à rappeler *aux navigateurs de l'Euphrate* (τοῖς κατὰ τὸν Εὐφράτην πλέουσιν) le souvenir de la destruction de l'empire des Assyriens. Il faisait cette demande parce qu'il avait appris d'un eunuque qui s'était réfugié chez lui, ce qui devait s'y trouver d'or et d'argent. Arbace, ne sachant rien de tout cela, parce que le roi s'était fait brûler dans son palais avec tous les siens, remit les cendres à Bélésys, et lui accorda la Babylonie exempte de tribut. Bélésys fit ensuite *appareiller des barques, et les envoya à Babylone chargées de la plus grande partie des cendres avec l'or et l'argent y contenus.* Cependant la chose s'étant ébruitée, le roi nomma pour juges de cette affaire les chefs qui avaient été ses compagnons d'armes. L'accusé avoua son crime devant le tribunal, qui le condamna à mort. Mais le roi, plein de magnanimité, et voulant signaler le commencement de son règne par un acte de générosité, fit grâce à Bélésys, et lui laissa l'argent et l'or dérobés. Il ne lui ôta pas non plus le gouvernement de la Babylonie, jugeant les services rendus plus grands que les torts qu'il avait reçus. Le bruit de cette modération se répandit partout, et il en recueillit une estime universelle : tout le monde jugeait digne de la royauté celui qui savait ainsi pardonner. Arbace se conduisit avec douceur à l'égard des habitants de Ninive : après leur avoir à tous remis leurs biens, *il les transplanta dans des villages* (αὐτοὺς μὲν κατὰ κώμας διώκισε), *et rasa la ville* (τὴν δὲ πόλιν εἰς ἔδαφος κατέσκαψεν) (1). (Diod., II, 27 et 28.)

Tel est le récit de Ctésias, conservé par Diodore. Il en résulte que :

1° Ninive était située, non pas sur le Tigre, mais sur l'*Euphrate* (2). Ce fait est reproduit comme nous venons de

(1) Tome I, p. 142-144, de ma traduction.
(2) Le récit de Ctésias est en partie reproduit dans un fragment de Nicolas Damascène, découvert à la bibliothèque de l'Escurial par M. Charles Müller. Dans ce fragment, Ninive n'est nommée qu'une seule fois, et se trouve placée sur le Tigre (τὸν Τίγριν ποταμὸν ῥέοντα πλησίον τῆς Νίνου καὶ προσκλύζοντα τὸ τεῖχος). Reste à savoir si Nicolas Damascène fut un meilleur copiste que Diodore. (C. Müller, *Fragm. Hist. Græc.*, tom. III, p. 858, édit. Didot.)

BABYLONIE.

le voir, dans plus de quatre passages différents, et garanti par tous les manuscrits de l'auteur. Les détails mêmes du récit exigent que Ninive fût sur les bords de l'Euphrate. On violerait le texte en substituant le nom du Tigre à celui de l'Euphrate. Et pour infirmer le témoignage du médecin d'Artaxercès, on ne saurait alléguer les limites qu'il donne à l'Assyrie; car du temps d'Hérodote et de Ctésias le nom de *Syrie* ou d'*Assyrie* avait un sens assez vague et beaucoup plus étendu. Hérodote même donne le nom d'*Assyrie* à la Babylonie (1).

2° La ville de Sardanapale, bâtie par Ninus, fut ruinée de fond en comble, et ses habitants dispersés dans des villages.

Cet événement arriva à une époque qui varie, suivant les auteurs, entre 843, 840, 830, 827, 822, 816, etc., avant J.-C. (2).

Mais si Arbace, chef des Mèdes, rasa la ville de Ninive et mit fin à l'empire des Assyriens, que faut-il penser de la prise de Ninive par Cyaxare, arrivée en 625 ou 606 avant J.-C.? A-t-on reconstruit une nouvelle Ninive, non plus sur l'Euphrate, mais sur le Tigre? Et devint-elle, dans un intervalle assez court, aussi florissante que l'ancienne? Comment et quand les rois mèdes successeurs d'Arbace furent-ils chassés, et cédèrent-ils la place à une nouvelle dynastie assyrienne? Encore une fois le champ est ouvert aux hypothèses.

Xénophon (expédition de Cyrus le Jeune). — Après la bataille de Cunaxa, livrée en 401 avant J.-C., Xénophon se retira avec les débris de l'armée grecque le long du Tigre; il indiqua avec soin toutes les villes, même les villes en ruines par où il passa, et il ne nomma pas une seule fois Ninive. Il devait cependant avoir foulé l'emplacement présumé de la ville de Ninus; car voici, sur le bord oriental du Tigre, le tracé de son itinéraire :

Après la bataille où Cyrus frère d'Artaxercès perdit la vie, Xénophon commanda une partie de l'armée grecque; il passa d'abord le Tigre, sur un pont de bateaux, à la hauteur du canal qui joint l'Euphrate au Tigre (1).

Longeant ensuite le bord oriental du Tigre, il atteignit, après quatre étapes (σταθμούς), vingt parasanges, la rivière Physcus, d'un plèthre de largeur. Cette rivière avait un pont, et là était *une grande ville* habitée (καὶ ἐνταῦθα ᾠκεῖτο πόλις μεγάλη), nommée *Opis* (2). — De là il traversa la *Médie, contrée déserte pendant six étapes* (διὰ τῆς Μηδίας σταθμοὺς ἐρήμους ἕξ) (3), trente parasanges, et entra dans les villages de Parysatis, mère de Cyrus et du roi. — De là, il continua sa marche, pendant quatre étapes, vingt parasanges, à travers un pays également désert, en ayant le Tigre à sa gauche (τὸν Τίγρητα ποταμὸν ἐν ἀριστερᾷ ἔχοντες). Dans la première étape, il vit au delà du fleuve (πέραν τοῦ ποταμοῦ) *une grande ville habitée et riche*, nommée *Cènes* (πόλις ᾠκεῖτο μεγάλη καὶ εὐδαίμων ὄνομα Καῖναι), d'où les barbares amenèrent, sur des radeaux de peaux, du pain, du fromage et du vin (4). — Il arriva ensuite au bord du Zapatas (ἐπὶ τὸν Ζαπάταν ποταμόν), de quatre plèthres de large; il le passa avec ses troupes, harcelées par les barbares (5). Après avoir, plus loin, traversé un ravin (χαράδρα) (6), il continua sa marche le long du Tigre. « *Là était une grande ville déserte* (ἐνταῦθα πόλις ἦν ἐρήμη μεγάλη), nommée *Larissa*. Elle était anciennement habitée par des Mèdes; son mur avait vingt-cinq pieds de large, sur cent pieds de haut (7); il avait deux parasanges de tour; il était construit en briques cuites (ᾠκοδόμητο πλίνθοις κεραμίαις), mais la base était en pierre de taille (κρηπὶς δὲ ὑπῆν λιθίνη) jusqu'à

---

(1) Hérodote, I, 192, 193, 194.
(2) Voy. Ch. Müller, *Castoris Reliquiæ*, p. 159 et suivantes, à la fin d'Hérodote, éd. Didot.

(1) Xenoph., *Anabasis*, II, 3.
(2) La ville d'Opis se trouvait donc exactement à l'embouchure du Physcus dans le Tigre. C'est ce que n'indiquent pas toutes les cartes.
(3) Xénophon appelle ici *Médie* ce que des auteurs plus récents nomment *Assyrie*.
(4) Xénoph., *Anab.*, II, 4.
(5) Quelques cartes indiquent Cænes inexactement au delà ou à l'embouchure même du Zapatas.
(6) Peut-être le *Lycus*.
(7) Je ferai remarquer que ce sont à peu près les dimensions que l'on donnait à l'enceinte de Ninive.

la hauteur de vingt pieds. Les Perses, lorsqu'ils succédèrent aux Mèdes, l'assiégèrent sans succès ; il fallut une intervention en quelque sorte divine pour s'en emparer. » — « A côté de cette ville, continue l'historien, était une pyramide en pierre (πυραμὶς λιθίνη), d'un plèthre de large sur deux plèthres de haut. »

De là, il marcha une étape, six parasanges, jusqu'à *un grand mur abandonné* (τεῖχος ἔρημον μέγα), situé près d'une ville. Le nom de cette ville était *Mespila* (Μέσπιλα). « *Les Mèdes l'habitaient jadis* (Μῆδοι δὲ αὐτήν ποτε ᾤκουν). *La base du mur était en pierre polie, incrustée de coquillages* (ἦν δὲ ἡ μὲν κρηπὶς λίθου ξεστοῦ κογχυλιάτου), ayant cinquante pieds d'épaisseur, sur autant de haut. Sur cette base était bâti un mur de briques (πλίνθινον τεῖχος), de cinquante pieds de large sur cent de haut; le circuit était de six parasanges. Là se réfugia, dit-on, Médéia, femme du roi, à l'époque où les Perses renversèrent l'empire des Mèdes. » — De là Xénophon s'avança de quatre parasanges, et rencontra des villages riches en provisions. Il traversa ensuite une plaine ; il vit un *château royal et beaucoup de villages alentour* (βασίλειόν τι καὶ περὶ αὐτὸ κώμας πολλάς). Il fallait pour s'y rendre traverser des collines élevées, qui tenaient à une montagne (οἳ καθῆκον ἀπὸ τοῦ ὄρους), au pied de laquelle était un village (1). Là, les Grecs se consultèrent sur leur marche ultérieure. Leur embarras était grand : d'un côté, une chaîne de montagnes élevées se rapprochant de plus en plus du Tigre ; de l'autre, le fleuve, dont on ne pouvait toucher le fond en le sondant avec des piques. Enfin, sur quelques indications données par des indigènes, ils se dirigèrent vers le pays montagneux des Carduques, limitrophe de l'Arménie (2).

Tel est l'itinéraire qu'on aurait dû avoir sous les yeux lorsqu'on entreprit des fouilles sur les bords et à quelque distance du Tigre. C'est ainsi qu'on aurait pu s'assurer si les ruines découvertes par MM. Botta et Layard ne pourraient se rapporter à celles de *Larissa*, de *Mespila* ou de ce *château royal entouré de villages*. Peut-être plus bas trouverait-on encore quelques vestiges de Cènes et d'Opis. A coup sûr, le célèbre historien qui longea la rive orientale du Tigre à une époque où les ruines de Ninive auraient dû être encore parfaitement (1) reconnaissables, était un meilleur guide que les Arabes modernes, pour lesquels toutes les tours ou cités en ruines sont l'œuvre de Nemroud (2).

Expédition d'Alexandre le Grand. — La bataille de Gaugamèle, qui mit fin à l'empire de Darius, fut livrée dans le voisinage de l'emplacement présumé de Ninive. Cependant les historiens d'Alexandre le Grand ne mentionnent aucunement cette ville. Je me trompe ; car voici ce que dit l'un des plus anciens :

« Darius partit de Babylone à la tête de toutes ses troupes..... *Dans sa marche, il avait le Tigre à sa droite et l'Euphrate à sa gauche* (κατὰ δὲ τὴν ὁδοιπορίαν δεξιὸν μὲν ἔχων τὸν Τίγριν, ἀριστερὸν δὲ τὸν Εὐφράτην)..... Car il avait hâte de livrer bataille dans les plaines de Ninive, si propres au déploiement d'une grande armée (3). » — Darius changea ensuite de direction, il passa le Tigre, et s'avança dans les plaines d'Arbèles, ayant ce fleuve à sa gauche.

Ainsi, la ville de Ninus était située dans la Mésopotamie ; et si elle était sur le Tigre, comme le dit Hérodote, elle ne pouvait être que sur la rive droite ou occidentale. Ce témoignage de Diodore est corroboré par celui de Quinte-Curce : *Darius Babylone copias movit. A parte dextra erat Tigris, nobilis fluvius; lævam tegebat Euphrates, agmen Me-*

---

(1) Xénoph., *Anab.*, III, 4.
(2) *Ibid.*, III, 5.

(1) Lors du passage de Xénophon il n'y avait que deux cent vingt-cinq ans depuis la destruction de Ninive par Cyaxare, en admettant pour cet événement la date de 625 avant J.-C.

(2) Aucune saine critique ne saurait ici faire intervenir l'autorité des traditions locales, qui placent, par exemple, le tombeau de Jonas dans le voisinage de la cité même dont ce prophète avait prédit la ruine. Non-seulement on ne peut citer aucun témoignage historique à l'appui, mais d'autres traditions, tout aussi respectables, placent ce même tombeau à Gath, dans la Galilée. Voy. Rosenmüller, *Schol. Proph. min.*, vol. II, p. 315.

(3) Diodore, XVII, 53.

sopotamiæ campos impleverat. Tigri deinde superato, etc. (1).

Arrien lui-même semble l'appuyer en disant que le Tigre, venant de l'Arménie, forme, avec l'Euphrate, une contrée intermédiaire appelée pour cela *Mésopotamie*, et qu'il coule près de Ninive, jadis ville grande et riche (2).

Les ouvrages de Béton, de Diognète, et d'Amyntas, auraient pu répandre beaucoup de lumière sur la géographie, encore si obscure, de l'Orient. Malheureusement, ils n'ont point survécu aux ravages du temps. Amyntas, qu'on suppose avoir fait partie de l'expédition d'Alexandre, avait composé un livre intitulé : Σταθμοὶ Ἀσίας. Athénée, qui en a conservé quelques faibles fragments, s'exprime ainsi (*Deipn.* XII, p. 529, édit. Schweigh., et *Reliqua scriptorum de rebus Alexandri magni*, édit. Didot, p. 136) : « Amyntas, dans le troisième livre des *Stathmes*, dit qu'il y avait dans [le territoire] de Ninive un tertre élevé (χῶμα ὑψηλόν), que *Cyrus* (3) fit démolir pendant le siège pour s'en faire un rempart contre la ville. On raconte que ce tertre était [le tombeau] de Sardanapale, roi de Ninive, et qu'il y avait sur une colonne de pierre (ἐν στήλῃ λιθίνῃ) cette inscription, gravée en *lettres chaldéennes* (Χαλδαϊκοῖς γράμμασιν), que Chœrile a rendue par ces vers : J'ai régné, et tant que je voyais la lumière du soleil je buvais, je mangeais, je me livrais à l'amour, sachant que la vie est courte, etc. (4). »

Je constate par cette citation que l'inscription qu'on lisait sur l'un des monuments de l'antique Ninive était en *caractères chaldéens*.

Strabon. — C'est le seul auteur ancien qui place positivement la ville de Ninus sur la rive orientale du Tigre. Voici

(1) Quint. Curt., IV, 916.
(2) Arrian., *Indica*, 42. Faut-il voir dans ce passage quelque allusion à la ville moderne?
(3) Au lieu de *Cyrus*, il faut probablement lire *Cyaxare*; à moins qu'on ne veuille admettre que Ninive, détruite par Cyaxare, avait été de nouveau relevée de ses ruines pour être renversée une troisième fois, peu de temps après son second rétablissement.
(4) Ces vers, bien connus, du poëte Chœrile sont aussi cités par Strabon, par saint Clément d'Alexandrie et autres.

ce qu'il dit : « *La ville de Ninive fut donc anéantie* (ἡ μὲν οὖν Νίνος πόλις ἠφανίσθη) aussitôt après la destruction de l'empire des Syriens (1). Elle était beaucoup plus grande que Babylone (2), et *située dans une plaine de l'Aturie* (ἐν πεδίῳ κειμένη τῆς Ἀτουρίας). L'Aturie est limitrophe du pays d'Arbèles (ταῖς περὶ Ἄρβηλα τόποις ὅμορός ἐστι), et en est séparée par le fleuve Lycus. Arbèles dépend de la Babylonie (τὰ Ἄρβηλα τῆς Βαβυλωνίας ὑπάρχει), dans laquelle elle est comprise (ἃ κατ' αὐτήν ἐστιν). Mais au delà du Lycus (ἐν δὲ τῇ περαίᾳ τοῦ Λύκου) sont *les plaines de l'Aturie qui entourent Ninive* (τὰ τῆς Ἀτουρίας πεδία τῇ Νίνῳ περίκειται) (3). »

Il résulte de ce passage que la capitale de l'empire assyrien était en effet située au delà du Tigre, quelque part dans l'Aturie ; mais Strabon ne nous apprend absolument rien relativement à la position de cette ville sur le bord oriental de ce fleuve, qu'il ne nomme même pas. Ce n'est pas tout ; les mots τὰ τῆς Ἀτουρίας πεδία τῇ Νίνῳ περίκειται donnent évidem-

(1) *Syriens* et *Assyriens* sont ici synonymes. C'est ce que Strabon nous apprend lui-même : « Lorsque les historiens disent que les Syriens furent renversés par les Mèdes, ils entendent par *Syriens* ceux qui avaient le siège de leur empire à Babylone et à Ninive. Parmi eux on compte Ninus, qui fonda Ninive dans l'Aturie. » (Strab., XVI, 1.)
(2) J'avais d'abord pensé que c'était par un *lapsus calami* que M. de Saulcy avait mis sur le compte de *Strabon* l'enceinte de quatre cent quatre-vingts stades. Mais comme cette assertion se trouve reproduite une seconde fois dans le même article (*Moniteur*, 15 janvier 1850), je me permettrai de rappeler à l'illustre académicien que ce n'est pas Strabon, mais Ctesias qui donne à l'enceinte de Ninive une étendue de quatre cent quatre-vingts stades, c'est-à-dire que c'est la même autorité qui place Ninive sur les *bords de l'Euphrate* (voir plus haut).
(3) Strabon donne ici, d'une part, à la Babylonie une étendue trop exagérée ; de l'autre, il renferme l'Aturie dans des limites trop étroites ; car *Aturie* n'est que la forme chaldéenne du mot *Assyrie*. On sait que c'est un des principaux caractères du chaldéen de substituer souvent aux sifflantes *s* ou *ש* les dentales *d* ou *t*. Ainsi, au lieu de צוּר rocher, on dit טוּר, au lieu de זָהָב or, דְּהַב, etc.

ment à entendre que Ninive était située *au milieu d'un pays de plaine*. Elle n'était donc pas baignée par les eaux du Tigre. Mais alors Strabon se trouve en opposition formelle avec Hérodote (1). Ainsi, le témoignage tant invoqué de Strabon, loin de résoudre la difficulté, ajoute encore à nos incertitudes.

Pline. — Pline l'Ancien, qui périt en l'an 79 de J.-C., victime de son zèle pour la science, est loin de s'accorder avec Strabon ; car il déclare en termes formels que cette ville était située sur le Tigre, non pas au delà, mais *en deçà du fleuve*, c'est-à-dire sur *la rive droite ou occidentale : Fuit Ninus imposita Tigri, ad solis occasum spectans* (2).

Lucien. — Lucien, né un an après la mort de Pline, parle en termes très-explicites de la destruction complète de Ninive. Voici le texte du passage où le nautonier Caron demande à Mercure de lui montrer les fameuses cités (τὰς πόλεις δέ τὰς ἐπισήμους δεῖξόν μοι ἤδη), comme *Ninive, la ville de Sardanapale* (τὴν Νίνον, τὴν Σαρδαναπάλου), Babylone, Ilion, etc. Mercure répond : Ἡ Νίνος μὲν, ὦ πορθμεῦ, ἀπόλωλεν ἤδη, καὶ οὐδ' ἴχνος ἔτι λοιπόν, οὐδ' ἄν εἴποις ὅπου ποτ' ἦν (3).

Ninive, ô nautonier (je traduis littéralement), *est déjà détruite, et il n'en reste pas même de vestiges ; tu ne dirais même pas où elle était jadis.*

Lucien était de Samosate, sur l'Euphrate, conséquemment pas très-loin de l'emplacement de la ville de Sardanapale. Écrivain instruit et indépendant, il avait sans doute lui-même vérifié ce qu'il met dans la bouche de Mercure ; car s'il avait outragé la vérité, ses contemporains, qu'il raillait avec une verve si impitoyable, ne se seraient pas fait faute de lui en faire un reproche.

L'objection que l'auteur place lui-même dans son dialogue à l'époque où vivait le fameux athlète Milon de Crotone, c'est-à-dire 125 ans environ après la destruction de Ninive par Cyaxare, est loin de nuire à ma cause ; car si déjà alors on ne voyait plus de vestiges de la ville de Sardanapale, à bien plus forte raison n'en devait-il rester du temps de Lucien.

Philostrate (en 244 de J.-C.). — L'auteur de la *Vie d'Apollonius de Tyane* ajoute encore à nos doutes relativement à la situation de Ninive ; car il place cette ville non plus sur le Tigre, mais tout à fait en dehors de la Mésopotamie, à une certaine distance de la rive occidentale de l'Euphrate, sur la route d'Antioche à Hiérapolis, ou plutôt à Hiérapolis même. « Apollonius, dit-il, part d'Antioche et *arrive dans l'ancienne Ninive* (ἀφικνεῖται ἐς τὴν ἀρχαίαν Νίνον), où se trouve érigée une statue, dans un genre barbare (ἐν ᾗ ἄγαλμα ἵδρυται τρόπον βάρβαρον). « Puis, il donne une courte description de cette statue, qui portait de petites cornes aux tempes (1). Or, cette *ancienne Ninive* était *Hiérapolis*.

Ce témoignage est corroboré par un écrivain originaire d'Antioche, par Ammien-Marcellin, d'après lequel Hiérapolis est l'ancienne Ninive, *vetus Ninus* (2).

Il est à remarquer que ce même écrivain parle d'une autre Ninive (*Ninus* et *Nineve*), qu'il place bien loin d'Hiérapolis, dans l'Adiabène, au delà du Tigre (3).

Tacite (4), *Ptolémée* (5), *Théopha-*

---

(1) Strabon, XVI, 1.
(2) Pline, *Hist. Nat.*, VI, 13.
(3) Lucian., in *Charon.*, p. 23 (édit. Didot).

(1) Philostrat. *Vita Apollon.* (1, 3, édit. Didot ; pag. 10, édit. Kayser). Dans un autre passage (I, 19) l'auteur raconte que Damis, compagnon d'Apollonius, avait autrefois habité cette ancienne Ninive (Δᾶμις ἀνὴρ οὐκ ἄσοφος τῆς ἀρχαίαν ποτ' οἰκῶν Νίνου). Voyez aussi, III, 58 : ἐπὶ τὴν Νίνον ἐλθεῖν αὖθις. — Lucian., *de Dea Syriæ*.
(2) Amm. Marcell., XIV, 8, 7 : *Commagena, nunc Euphratensis, clementer adsurgit ;* Hierapoli, vetere Nino, *et Samosata, civitatibus amplis illustris.*
(3) Amm. Marcell., XXIII, 6, 22 : *In hac Adiabena Ninus est civitas, quæ olim Persidis regna possederat* ; et lib. XXIII, 7 : *Postquam reges, Nineve Adiabene ingenti civitate transmissa*, etc.
(4) Tacit., *Annal.*, XII, 13 : *Tramisso amne Tigri, permeant Adiabenos.... sed capta in transitu urbs Ninos*, etc.
(5) Ptolémée (*Géograph.*, VI, 1, p. 169, edit. Bertii, Amstelod., 1618, in-fol.), en énumérant les villes et les villages de l'Assyrie situés le long de la partie du Tigre (πόλεις δέ εἰσι καὶ κῶμαι τῆς Ἀσσυρίας, παρὰ μὲν τὸ

ne (1), *Cedrenus* (2) et autres (3) mentionnent aussi une ville de Ninive (*Ninos, Ninévi*) comme existante de leur temps, entre le Zabatas (Lycus) et le Tigre. Il y avait donc, à une époque assez récente, une ville, peut-être même plusieurs villes ou villages, qui portaient le nom de l'ancienne capitale des Assyriens. C'est ainsi que l'on compte deux Babylone, trois Ilion, deux Ecbatane, plus d'une Carthage, une demi-douzaine d'Antioche, etc. Et ces villes de même nom étaient presque toujours situées dans des endroits différents ; car le terrain d'une cité détruite était sacré ou maudit.

Aucun des auteurs qui parlent de la nouvelle Ninive, prise par Héraclius, n'est antérieur à l'ère chrétienne. Sa fondation n'est donc pas fort ancienne. Mais il serait oiseux d'insister là-dessus ; car ce ne sont point les ruines de cette nouvelle Ninive dont Ptolémée a fixé, au deuxième siècle de notre ère, la position géographique, mais celles de la Ninive antique détruite par Cyaxare, en 625 avant J.-C., qu'on veut avoir retrouvées de nos jours.

Résumé. — Il résulte des documents qui précèdent que les auteurs anciens ne s'accordent point entre eux sur la position géographique de l'antique Ninive ; qu'ils la placent tantôt entre l'Euphrate et le Tigre, tantôt sur l'Euphrate même, tantôt enfin sur le Tigre. Et, en admettant cette dernière opinion, on ignore encore s'il faut la placer sur le bord oriental ou sur le bord occidental de ce fleuve. En présence de ces témoignages si divergents, quelle règle convient-il de suivre ?

Un juge passionné, partial, se prononcera pour celui qui cadre le mieux avec ses idées personnelles, avec son opinion, d'avance arrêtée. Ne pouvant nier les autres témoignages, il cherchera, par tous les moyens imaginables, à en diminuer la valeur. Cela s'appelle quelquefois de la critique ; c'est d'un autre nom qu'il faudrait l'appeler.

Un juge calme, impartial, hésitera, il reconnaîtra loyalement l'impossibilité de vider le procès, faute de preuves convaincantes, visibles, palpables.

Les *anciens nous laissent dans le doute et dans l'incertitude relativement à la situation de l'antique Ninive*. Pourquoi ? C'est que déjà à une époque fort reculée il ne restait plus de preuves, c'est-à-dire de vestiges de la capitale des rois assyriens.

L'antique Ninive fut détruite de fond en comble. Ce fait capital est attesté par tous les témoignages tant sacrés que profanes ; et il explique ce qui précède. Les paroles du prophète : « Ninive sera anéantie, et on se demandera : Où est maintenant cette demeure de lions ? » ont reçu leur accomplissement. L'histoire le crie aux plus incrédules. Il importe peu de savoir au juste à quelle époque et combien de fois Ninive fut détruite ; il est même inutile de savoir où elle était située. Il suffit de constater que la ville d'Asarhaddon fut si bien anéantie, que quelque temps après on ne s'accordait plus sur son emplacement.

Ce que l'on cherchait en vain il y a plus de deux mille ans, peut-on prétendre l'avoir trouvé aujourd'hui ? S'il en est ainsi, il faut avouer que les fouilles de Khorsabad, de Kouyunjik, de Keramles, de Nimroud, etc., ont dépassé tout ce qu'on saurait imaginer ; car ce ne sont pas d'insignifiants débris qu'on y a trouvés, mais des statues colossales, intactes, mais des bas-reliefs conservant leurs lignes de sculpture les plus délicates, mais des chambres entières, mais des murs debout, mais des palais avec leur portail, mais des peintures aux couleurs vives, jusqu'à des traces d'incendie ; et cela non pas dans un point très-limité, mais dans un espace qui donnerait à Ninive une étendue fabuleuse.

Si ces belles et immenses ruines sont celles de Ninive, les anciens étaient fous ou aveugles en ne s'accordant pas entre eux sur la place que cette ville avait occupée. Et en présence des décombres

---

τοῦ Τίγριδος μέρος), fixe la position d'une Ninive (Νίνος) à 36° 40′ latitude et 70° 30′ longitude.

(1) Theophan. *Chronograph.* (*Corpus Histor. Byzant.*, édit. Bonn., vol. I, p. 492). Héraclius prit *Ninevi*, et passa le grand *Zabas* (Lycus) : Καὶ καταλαβὼν τὴν Νινευί, καὶ περάσας ὁ βασιλεὺς τὸν μέγαν ποταμὸν Ζαβᾶν.

(2) Cedrenus, vol. I, p. 730 : Διαβὰς τὸν Ταβὰν ποταμὸν πλησίον τῆς πόλεος Νινευὶ ακτεσκήνωσε.

(3) Voy. Abulfar., *Hist. dynast.*, p. 444 ; Tuch., *Comment. geograph.*

informes de la rivale de Ninive ne deviennent-elles pas un insurmontable embarras? Voilà plus de deux mille quatre cents ans que Ninive est ruinée; et il ne nous reste que quelques misérables briques de la fameuse Babylone, dont Hérodote avait admiré les murailles (1), et qui au quatrième siècle de notre ère, du temps d'Ammien-Marcellin, était encore au nombre des cités les plus splendides du pays (2).

D'ailleurs, l'état d'intégrité où sont les magnifiques monuments retirés de ces fouilles n'éloigne-t-il pas de l'esprit toute idée d'une destruction violente, complète (3)?

On répond que ces ruines, ayant été enfouies, ont pu se conserver longtemps; mais cette objection n'est pas sérieuse, car il faudrait supposer que la destruction de Ninive ne fut qu'un simulacre de destruction. Ces ruines n'ayant pu disparaître que lentement, par un abaissement des bâtisses et un exhaussement graduel du sol, Hérodote, Ctésias, Xénophon et même Lucien auraient dû les avoir vues encore à fleur de terre, et alors toute incertitude aurait cessé. Enfin, faut-il supposer que Cyaxare, au lieu de renverser Ninive, l'enterra malicieusement? Mais personne ne voudrait admettre une semblable supposition. Enfin, quels que soient leurs arguments, les partisans de l'authenticité des ruines de Ninive se trouvent toujours en contradiction flagrante avec les témoignages réunis de l'Écriture Sainte et des auteurs profanes, qui tous établissent, tant directement qu'indirectement, une destruction radicale de l'antique capitale des rois assyriens.

RUINES DE NINIVE D'APRÈS LES VOYAGEURS.

Ainsi, il ne restait plus de vestiges de Ninive du temps des auteurs anciens (depuis trois à quatre siècles avant J.-C. jusqu'à trois à quatre siècles après J.-C.) que nous venons de citer. Ce n'est que depuis l'occupation des contrées de l'Euphrate et du Tigre par les Musulmans que l'on entend parler de « tours de Nimroud, de tombeaux d'Abraham, d'ouvrages d'Assour, etc. Ce n'est qu'à dater du moyen âge, vers le dixième siècle de l'ère chrétienne, que les ruines de Ninive apparaissent tout à coup, comme des aérolithes tombés des nues (car les anciens ne les avaient point vues); des géographes, des voyageurs et des archéologues, d'ailleurs fort estimables, ne cessent depuis lors d'en parler sur l'autorité, hélas! des légendes et des géographes arabes, venus au monde plus de quinze siècles après la destruction de l'antique capitale de l'Assyrie.

Je trouve dans *Benjamin de Tudèle*, voyageur du dixième siècle, le passage suivant, que je traduis textuellement : « *Mutsal* (Mossoul), qui s'appelait autrefois *Assur la Grande*, renferme sept mille Juifs. Cette ville est maintenant le seuil du royaume de la Perse, et conserve encore son importance et son ancienne grandeur sur les bords du fleuve *Hhidekel* (Tigre); entre elle et l'antique Ninive il n'y a qu'un pont. Mais Ninive a été détruite de fond en comble. Il y a cependant beaucoup de castels au dedans de l'ancienne enceinte, d'où il y a la distance d'une parasange jusqu'à la ville Adbael. *Ninive avait été bâtie au bord du fleuve Hhidekel* » (1). — Ainsi, selon

---

(1) Hérodote donne à Babylone la même étendue (quatre cent quatre-vingts stades de tour) que Ctésias donne à Ninive.

(2) Ammien Marcellin, XXIII, 6, 23 : In omni autem Assyria multæ sunt urbes... splendidissimæ... vero et pervulgatæ hæ solæ sunt tres : Babylon et Ctesiphon... post hanc, Seleucia, ambitiosum opus Nicatoris Seleuci.

(3) L'état d'intégrité, qui exclut même l'hypothèse d'un tremblement de terre, n'aurait jamais dû faire songer à Ninive. N'était-il pas plus simple, plus logique et surtout plus conforme à l'histoire, de se rappeler ces villes abandonnées qui, faute d'habitants, ont fini par se couvrir de terre? Le nombre de ces villes désertes, πόλεις ἔρημαι, a dû singulièrement augmenter depuis Xénophon.

(1) Benj. Tudel. *Itinerarium*, etc., p. 58 : « *Mutsal, cui quondam nomen Assur magna fuit, in qua septem millia Judæorum sunt. Atque hæc urbs Persiæ regni nunc initium est, amplitudinemque illam et magnitudinem antiquam retinet; ad Hhidekel flumen sita, inter quam et Ninivem antiquam pons tantum interest; sed Ninive excisa funditus est. Pagi tamen et castella multa sunt intra antiqui ambitus spatium, a quo ad Adbael urbem parasangæ unius distantia est. Erat autem Ni-*

Benjamin de Tudèle, Ninive était située au bord même du Tigre; et de son temps déjà il n'en restait plus de vestiges.

Niebuhr répéta ce qu'il avait entendu dire des indigènes, sans cependant se prononcer sur la question de savoir si *Nounia* occupe l'emplacement de l'antique Ninive. « Avant d'arriver à Mossoul, dit ce voyageur, on voit, en venant d'Arbil, un village sur une colline, village nommé *Nounia*. Le prophète Jonas y est, dit-on, enterré. Une autre colline est nommée *Kalla Nounia*, ou *citadelle de Ninive*. A Mossoul, où je logeai près du Tigre, on me montrait encore les remparts de Ninive, que j'avais pris pour une chaîne de collines. » (Niebuhr en a donné le dessin (1). Il cite aussi le village de *Kouïo-Djouk* (de *koyoun*, brebis).

Tavernier (en 1643) parle aussi des débris de l'ancienne Ninive, situés au nord du pont jeté sur le Tigre près de Mossoul; il raconte qu'on voit au nord de cette ville une multitude de voûtes ou de cavernes abandonnées, et qu'on ignore si ce sont là d'anciennes habitations ou des substructions. A une demi-heure du Tigre, Tavernier visita la colline où se trouve, dit-on, le tombeau d'Ionas avec une mosquée (2).

Kinnéir mentionne les monticules des environs de Mossoul comme artificiels, et renfermant peut-être des monuments antiques. Il y place la ville de Larissa de Xénophon (3).

Rich examina le premier les monticules des environs de Mossoul, et en donna un dessin exact (4). — Mannert et Richard ont cherché l'ancienne Ninive sur l'Euphrate dans la Babylonie.

Ainsworth confirma les observations de Rich. « Sur la rive gauche du fleuve, dit-il, et directement en face de Mossoul, se trouvent les ruines de Ninive, *Nonia* des indigènes, *Eski Nineveh* des Turcs. Les murs ruinés de la cité, autant qu'il est actuellement permis d'en tracer le circuit, forment un parallélogramme irrégulier de 9,470 yards de tour; le côté ouest a 3,500, le côté sud 1,370, le côté nord 2,000, le côté est 2,600 yards. Au côté est, qui fait face à la plaine, il y a des débris de trois enceintes; sur tous les autres côtés il n'y a que les débris d'une seule enceinte (1). » Ainsworth pense que tout ce parallélogramme renfermait l'antique Ninive. A l'appui de son opinion, il cite Diodore, Strabon, le prophète Jonas, I, 2; III, 3; IV, 11; Nahum, II, 9; III, 16, 17. Le plus remarquable de ces monceaux de ruines est celui connu sous le nom de *Koyunjuk* (le petit agneau). « C'est, dit-il, une énorme masse, de forme irrégulière, de 43 pieds de haut sur 2,563 yards de circonférence; ses côtés sont escarpés et le sommet plat. On y trouve de la brique fine et de la poterie avec de l'écriture cunéiforme belle et extrêmement petite; on la découvre surtout lorsque les pierres ont été lavées par une forte pluie. »

DES FOUILLES FAITES AUX ENVIRONS DE MOSSOUL, PAR M. BOTTA (2).

Nous laisserons d'abord M. Botta lui-même raconter les diverses circonstances fort curieuses qui accompagnèrent la découverte des beaux et magnifiques débris de monuments, dont une partie se conserve aujourd'hui au musée du Louvre.

« Le gouvernement français ayant jugé utile d'envoyer à Mossoul un agent consulaire, voulut bien me choisir pour rem-

---

nive ad Hhidekel ripam ædificata. In urbe vero Assur tres synagogæ nunc sunt prophetarum trium, Abdiæ, Ionnæ filii Amithæ et Nahhum Elcussei. Inde profectus, tertioque peracto itinere, in Rahaban deveni, antiquis Rehhoboth appellatam, juxta Euphratem fluvium sitam, in qua Judæi bis mille fere sunt... Est autem maxima et pulcherrima urbs undique muris cincta, apprimeque munita, pulcherrimis hortorum et paradisorum suburbanis instructa. In ejusdem fluminis ripa Karkesia est, olim Charchamis dicta, unico itinere a Rhhaba remota. »

(1) Nieb. *Voy. en Arabie*, etc., t. II, p. 286.
(2) Tavernier, *Sixième Voyage*, I, p. 194.
(3) Kinnéir, *Journey through Asia Minor*, p. 460.
(4) J. Cl. Rich, *Narrative of Koordistan*, etc., vol. II, p. 126 et suiv.

(1) Ainsworth, *Travels and Researches in Assyria*, t. II, p. 137 et suiv.
(2) Ce récit est extrait du grand et magnifique ouvrage qui se publie, aux frais du gouvernement français, sous le titre de *Monument de Ninive*, découvert et décrit par M. P. E. Botta, mesuré et dessiné par E. Flaudin. Paris, imprimerie nationale 1849, in-fol.

plir ces fonctions. Avant mon départ pour cette ville, qui eut lieu au commencement de l'année 1842, M. Mohl, le savant traducteur de Firdousi, appela mon attention sur l'intérêt archéologique qu'offrait cette localité, et m'engagea vivement à faire des fouilles dans les environs de ma future résidence. Personne n'ignore, en effet, que les documents fournis par les auteurs anciens et la tradition locale, confirmée par des traces encore évidentes, s'accordent à placer l'antique capitale de la monarchie assyrienne sur la rive orientale du Tigre, en face de Mossul (1).

« Je promis à M. Mohl de ne point oublier sa recommandation : mais je dus attendre, pour tenir ma promesse, que l'établissement définitif du consulat de Mossul me donnât tout à la fois des ressources pécuniaires plus considérables et des moyens d'action plus puissants. En attendant, je me bornai à recueillir tous les petits objets d'antiquité qui me paraissaient offrir de l'intérêt, et je pris des renseignements afin de me déterminer sur le choix d'un lieu favorable à des recherches sérieuses.

« Je ne fus pas aussi heureux dans mes acquisitions d'antiquités que j'aurais pu l'espérer d'après les rapports de M. C. Rich, résident de la compagnie des Indes à Bagdad, qui à deux reprises avait visité Mossul. Cet exact et savant observateur avait eu le bonheur d'acheter dans ce pays plusieurs objets intéressants, et je me représentais en conséquence cette localité comme une mine féconde; mais un séjour de plusieurs années m'a conduit à une conclusion différente. M. Rich venant le premier sur ce sol encore vierge avait pu récolter à la fois tout ce que pendant de longues années le hasard avait réuni dans les mains des habitants, et l'on n'en doit rien conclure au sujet de l'abondance réelle des objets d'antiquité que l'on peut trouver dans les environs de Mossul. Pour moi, à l'exception de quelques fragments de briques et de poteries, je n'ai rien pu récolter en fait d'antiquités certainement indigènes,

si je puis m'exprimer ainsi; et comme pour m'en procurer je n'ai épargné ni soins ni dépenses, j'ai quelque raison de croire qu'elles ne sont pas communes.

« Les cylindres en particulier, ces reliques assyriennes si curieuses, à cause des emblèmes dont elles sont couvertes, sont fort rares à Mossul; et de tous ceux qui tombèrent entre mes mains, pas un seul, à ma connaissance, n'avait été trouvé sur le territoire de Ninive. Tous ceux dont j'ai pu suivre la trace, et c'est le plus grand nombre, avaient été apportés de Bagdad, et par conséquent de Babylone ou des environs. Le lieu de provenance des autres m'est resté inconnu. Je puis en dire autant des cachets assyriens; ils viennent presque tous de Bagdad. On verra plus tard que cette rareté des petits objets d'antiquité a été confirmée par les recherches que j'ai faites à Ninive et à Khorsabad, puisque pendant toute la durée des fouilles on n'a pas rencontré un seul cylindre. Je fais cette remarque parce que l'on pouvait difficilement s'attendre à ce fait, qui modifiera peut-être les opinions reçues au sujet de la patrie réelle de ces pierres gravées mythologiques.

« Le succès des informations que je pris, dans le but de trouver un endroit convenable pour y faire des fouilles, ne fut pas plus encourageant, et les rapports des habitants ne me fournirent à cet égard rien de précis. Le lieu qui semblait offrir le plus de chances de succès, et auquel je dus naturellement penser d'abord, était le monticule sur lequel est bâti le village de *Niniouah*, dernier reste de la ville immense dont il a conservé le nom; car avant moi M. Rich y avait vu des murailles souterraines couvertes d'inscriptions cunéiformes, et cet indice n'était pas à négliger; mais le nombre et l'importance des maisons qui couvrent ce monticule ne me permettaient pas d'y faire des recherches, repoussées d'ailleurs par les préjugés religieux des habitants. Là en effet est bâtie la mosquée de *Nabi-Younès*, qui d'après les traditions locales renferme, comme son nom l'indique, le tombeau du prophète Jonas, et le sol en est regardé comme sacré.

« Je dus donc chercher un autre emplacement; mais rien ne pouvait me

---

(1) On vient de voir que les auteurs anciens ne s'accordent nullement à placer l'antique capitale de la monarchie assyrienne sur la rive orientale du Tigre.

guider avec quelque certitude dans le vaste espace couvert de traces d'anciens édifices qui s'étend autour du village de Niniouah. On a en effet répandu beaucoup d'opinions erronées au sujet de l'état actuel des ruines de Ninive ; on les a représentées comme une mine journellement exploitée de briques et des pierres utilisées dans la construction des maisons de Mossul ; et on les a ainsi assimilées aux ruines de Babylone, qui ont fourni pendant plusieurs siècles et fournissent encore les matériaux nécessaires à la bâtisse dans les villes environnantes. Mais il n'en a jamais pu être ainsi à Ninive ; et bien certainement il n'en est point ainsi aujourd'hui. La raison en est évidente : la masse des ruines de l'ancienne ville, tout ce qui en subsiste encore, murailles d'enceinte et monticules, étant formé de briques simplement séchées au soleil, et réduites par l'action du temps à un état terreux, celles-ci ne sont pas propres à servir de nouveau. Sans doute dans la construction des anciens monuments on a dû employer quelquefois des matériaux plus solides, tels que pierres et briques cuites au four, et c'est ainsi que par hasard on a pu en découvrir ; mais on ne les a employés que comme accessoires, la masse des murailles étant formée de briques crues. Il n'y a donc sous ce rapport aucune similitude entre Ninive et Babylone ; les ruines de cette dernière ville, offrant des amas énormes de briques excellentes, ont pu être exploitées comme des carrières ; tandis que les masses de terre seuls restes de Ninive ne pouvaient être utilisées de la même manière. Aussi ne comprendrait-on pas qu'on y cherchât au hasard de rares matériaux, tandis qu'aux portes de Mossul se trouvent des carrières de gypse dont l'exploitation est moins dispendieuse que ne le seraient des fouilles incertaines.

« C'est seulement près de Mossul, et souvent même dans son enceinte, que les habitants ont quelquefois cherché des matériaux. A quelques pieds sous terre ils y trouvent des restes d'anciennes constructions ; mais, malgré toutes mes recherches, je n'ai pas remarqué un seul indice qui me permît de rapporter ces restes à une époque antérieure à la fondation de la ville actuelle. Jamais, à ma connaissance, cette exploitation n'a mis au jour des briques antiques ou des pierres portant des inscriptions cunéiformes, que les habitants connaissent bien aujourd'hui, et dont ils m'auraient certainement apporté les moindres débris s'ils en avaient trouvé. Aussi, suis-je convaincu que les murailles existantes sous le sol dans l'intérieur de Mossul, auprès de ses portes, sont relativement modernes ; ce sont les fondations ou les appartements souterrains de maisons ruinées à une époque où la ville, comme il y a peu d'années encore, occupait un espace beaucoup plus considérable qu'aujourd'hui.

« Quant aux ruines situées sur la rive orientale du Tigre, pendant un séjour de plusieurs années je n'ai jamais entendu dire qu'on y fît des fouilles pour y chercher des matériaux de construction. Aussi n'ai-je pas vu dans les maisons du Mossul la moindre trace d'un débris antique, et cependant j'ai fait des recherches spéciales à ce sujet. Les murailles n'y sont pas, comme on l'a dit, bâties de briques et revêtues de gypse ; je n'en connais pas un seul exemple. Les murs de toutes les maisons sont formés de fragments de pierres gypseuses ou calcaires grossièrement cimentées avec du plâtre ; il en est de même des voûtes : mais la forme, les dimensions et l'absence de toutes inscriptions cunéiformes montrent évidemment que ces briques n'ont point été tirées des monuments de Ninive.

« J'ajouterai encore un fait pour montrer combien peu les habitants de Mossul sont habitués à chercher dans les ruines voisines les matériaux dont ils ont besoin. Le pacha de Mossul, voulant faire construire des fours pour la garnison de cette ville, s'est empressé de me demander et de faire enlever les briques que les travaux de Khorsabad avaient mises à découvert. Certes, s'il y en avait eu, comme on l'a dit, en abondance aux portes de la ville, ou s'il eût été facile d'en trouver, il n'en aurait pas envoyé chercher à quatre lieues de distance.

« N'ayant donc pour me guider dans mes recherches aucune exploitation précédente, et ne pouvant tenter d'ouvrir le monticule de Nabi-Younès, je choisis, pour y commencer mes opérations, celui de *Koyoundjouk*, situé au nord du village de Niniouah, auquel il est joint par les restes d'une ancienne muraille de briques crues. Ce vaste monticule est une masse évidemment artificielle, et selon toute apparence il a dû supporter autrefois le principal palais des rois d'Assyrie. A la face occidentale, et près de l'extrémité méridionale de cette colline, quelques briques, de grandes dimensions, cimentées avec du bitume, semblaient indiquer des restes de constructions antiques, et c'est sur ce point qu'au mois de décembre 1842 je commençai mes fouilles.

« Les résultats de ces premiers travaux furent peu importants; mais ils ne manquent cependant pas d'intérêt, si on les rapproche des découvertes que je fis plus tard : ils acquièrent alors une signification que seuls ils n'auraient pas, et c'est ce qui m'engage à en renvoyer la description après celle du monument de Khorsabad. Je me bornerai à dire ici que mes ouvriers mirent au jour de nombreux fragments de bas-reliefs et d'inscriptions, mais que rien de complet ne vint me récompenser de mes peines et de mes dépenses. Je ne me décourageai pas cependant, et, en dépit des apparences défavorables, je continuai pendant trois mois ces recherches presque infructueuses.

« Dans l'intervalle, mes travaux attirèrent l'attention. Sans se rendre bien compte de leur but, les habitants savaient cependant que je cherchais des pierres portant des inscriptions, et que j'achetais toutes celles que l'on m'offrait. C'est ainsi que dès le mois de décembre 1842 un habitant de Khorsabad avait été conduit à m'apporter deux grandes briques à inscriptions cunéiformes trouvées auprès de son village, et m'avait proposé de m'en procurer autant que je le désirerais. Cet homme était teinturier, et construisait ses fourneaux avec les briques que le monticule sur lequel son village est situé lui fournissait. Comptant toujours sur la réussite de mes premières fouilles, je ne suivis pas immédiatement cette faible et unique indication; mais trois mois plus tard, c'est-à-dire vers le 20 mars 1843, fatigué de ne rencontrer dans le monticule de Koyoundjouk que des débris sans valeur, je me rappelai les briques de Khorsabad, et j'envoyai quelques ouvriers pour tâter le terrain dans cette localité.

« Telle est la manière dont je fus conduit à une découverte qui dépassa mes espérances, et justifia pleinement les prévisions de M. Mohl, le véritable instigateur de mes recherches. Si j'insiste sur ces détails, c'est parce que cette découverte a été racontée d'une manière certainement plus dramatique, mais complétement inexacte.

« Trois jours après, un de mes ouvriers revint de Khorsabad pour me dire qu'on y avait déterré des figures et des inscriptions. La description qu'il m'en fit était si confuse, et je me méfiais tellement des rapports exagérés, que je ne voulus pas risquer un voyage inutile, et aller vérifier moi-même ce dont je doutais encore. Je me contentai d'envoyer un de mes domestiques, avec ordre de me copier quelques caractères des inscriptions. J'acquis ainsi la certitude que ces inscriptions étaient cunéiformes, et je n'hésitai plus alors à aller moi-même à Khorsabad, où, avec un plaisir que l'on comprendra sans peine, j'eus la première révélation d'un nouveau monde d'antiquités.

« Mes ouvriers avaient eu le bonheur de commencer les fouilles précisément dans la partie du monticule où le monument était mieux conservé, de manière qu'il n'y avait plus qu'à suivre les murailles déjà découvertes pour arriver infailliblement à déblayer l'édifice tout entier. En peu de jours ils avaient déterré tout ce qui reste de la salle n° I, la porte A, la façade K, et les bas-reliefs 1, 2, 3, 4, 5, et 6 de la façade L. (Voyez les dessins de M. Flandin.) Dès mon arrivée sur les lieux, je compris que ces restes ne pouvaient former qu'une très-petite partie d'un monument considérable enfoui dans le monticule, et pour m'en assurer, je fis creuser un puits à quelques pas plus loin. Immédiatement on vit paraître les bas-reliefs 8, 9 et 10 de la façade L, qui m'offrirent les premières figures complètes. Je trouvai encore, lors de cette première visite, les deux autels et les restes saillants hors de terre de la façade à l'autre extrémité du monticule. Enfin une personne qui m'accompagnait me fit remarquer la ligne de monticules formant la grande enceinte.

« Par une lettre, datée du 5 avril 1843,

je m'empressai d'annoncer mes premiers succès à M. Mohl, et de lui envoyer un plan de ce qui avait déjà été déblayé. J'y joignis des copies d'inscriptions et des dessins bien imparfaits sans doute, mais ayant au moins le mérite de la naïveté. Cette lettre fut communiquée le 7 juillet 1843 à l'Académie des Inscriptions et Belles Lettres, puis insérée dans le *Journal de la Société Asiatique de Paris*.

« Malgré quelques difficultés, causées par la mauvaise volonté du pacha de Mossul et par les craintes des habitants du village, je fis continuer les fouilles avec une activité excitée de plus en plus par l'abondance de leurs produits ; et le 3 mai 1843 je pus adresser à M. Mohl une seconde lettre plus importante que la première, et accompagnée de nouvelles inscriptions et de nouveaux dessins. A cette époque les fouilles avaient mis à découvert la porte B, le commencement de la salle n° II, la porte C, et les premiers bas-reliefs de la salle n° III. Ce fut devant la porte B que l'on découvrit, pour la première fois, sous le pavé de briques, des réduits semblables à ceux où plus tard, devant d'autres portes, M. Flandin trouva des statuettes de terre cuite. Les réduits de la porte B étaient malheureusement vides. Je découvris aussi à cette époque les restes de la muraille de soutènement, et un nouvel indice vint s'ajouter à tous les autres pour prouver que l'édifice devait s'étendre dans tout l'intérieur du monticule ; quelques coups de pioche données fort loin des premières tranchées, mirent à découvert les restes d'une muraille ornée de bas-reliefs, près des salles XIII et XIV. Cette seconde lettre adressée à M. Mohl fut, comme la première, communiquée à l'Académie des Inscriptions, et insérée dans le *Journal de la Société Asiatique*.

« Jusque là les fouilles de Khorsabad, comme celles du monticule de Kayoundjouk, avaient été exécutées à mes frais ; et la modicité de mes ressources personnelles m'aurait bientôt forcé à les interrompre, quoique l'habile numismate M. E. de Cadalvène, aujourd'hui directeur de la poste française à Constantinople, eût bien voulu venir à mon secours ; mais dans l'intervalle l'attention du monde savant avait été vivement excitée par l'annonce des premiers résultats, et l'on avait obtenu pour moi les moyens de continuer des recherches dont le succès était désormais assuré. A la demande de M. Mohl, auquel MM. Vitet et Letronne s'empressèrent de prêter leur bienveillant appui, le gouvernement français s'était décidé à donner une nouvelle preuve de la générosité avec laquelle il aime à favoriser les entreprises scientifiques. Par décision du 24 mai 1843, M. Duchâtel, ministre de l'intérieur, mit à ma disposition une somme de 3.000 francs, et je pus dès lors donner plus d'activité et d'étendue à mes travaux.

« Ce ne fut cependant pas sans rencontrer des obstacles sans cesse renaissants ; les environs marécageux du village de Khorsabad ont une réputation proverbiale d'insalubrité, qui fut bien justifiée par mon expérience personnelle et par celle des ouvriers que j'employais. Nous en éprouvâmes tour à tour les dangereux effets, et je faillis une fois en devenir la victime. Mais ce fut la moindre de mes difficultés, et la mauvaise volonté de l'autorité locale en était d'une bien plus inquiétante et bien plus difficile à vaincre. On sait que les musulmans, trop ignorants pour comprendre les vrais motifs de nos recherches scientifiques, les attribuent toujours à la cupidité, seul mobile de toutes leurs actions. Ne pouvant s'expliquer les dépenses que nous faisons pour déterrer des débris antiques, ils croient que nous cherchons des trésors. Les inscriptions que nous copions avec tant de soins sont à leurs yeux des talismans qui gardent ces trésors, ou qui indiquent où ils se trouvent ; d'autres, qui se croient plus habiles sans doute, ont recours pour expliquer nos recherches à une supposition plus bizarre encore ; ils s'imaginent que leur pays a appartenu anciennement aux Européens, et que ceux-ci cherchent dans les inscriptions des titres constatant leurs droits, à l'aide desquels ils puissent un jour revendiquer la possession de l'empire ottoman.

« Ces absurdes préjugés ne pouvaient manquer d'influence sur le caractère cupide et soupçonneux de Mehmed-Pacha, alors gouverneur de la province de Mossoul; et il ne tarda pas à s'inquiéter de mes recherches, qu'il avait cependant d'abord autorisées. Préoccupé de l'idée des trésors cachés dans les ruines que je déterrais, il se contenta d'abord de faire surveiller mes ouvriers par des gardiens, et de se faire apporter les moindres objets de métal que les fouilles mettaient à découvert; il soumettait ces débris à toutes les épreuves possibles, pour s'assurer qu'ils n'étaient pas d'or; puis, s'imaginant que, malgré cette surveillance, les hommes que j'employais pouvaient lui soustraire des objets précieux, il menaçait de les mettre à la torture pour les forcer à lui révéler l'existence de ces trésors imaginaires; aussi plusieurs fois mes ouvriers furent-ils sur le point de m'abandonner, malgré les assurances de protection que je pouvais leur donner, tant ils connaissaient bien le caractère cruel de Mehmed-Pacha. Ce fut une lutte de tous les jours, des négociations sans cesse à recommencer; et le dégoût m'aurait peut-être forcé à tout abandonner, si je n'avais pas été encouragé par la certitude que j'avais acquise de l'intérêt extrême de ma découverte. Les travaux, souvent interrompus par ces tracasseries, avancèrent cependant peu à peu jusqu'au commencement du mois d'octobre 1843, époque à laquelle le pacha, obéissant peut-être à des insinuations parties de Constantinople, m'interdit formellement de continuer les fouilles. Il lui fallait un prétexte; mais un gouverneur turc n'en manque jamais, et voici celui qu'il inventa. Avec sa permission, expresse, j'avais fait bâtir à Khorsabad une petite maison pour m'y loger quand j'allais visiter les ruines. Le pacha prétendit que cette maison était une forteresse élevée par moi pour dominer le pays; il informa son gouvernement de cette circonstance, et mes innocentes recherches prirent subitement les proportions d'une question internationale.

« Je ne perdis pas de temps pour faire lever cette interdiction; par un courrier expédié le 15 octobre 1843, j'informai M. le baron de Bourqueney, ambassadeur à Constantinople, de ce qui se passait, et je le priai de demander à la Porte les ordres nécessaires pour que je pusse continuer librement des travaux exécutés alors par ordre et aux frais du gouvernement français; en attendant le succès des démarches de l'ambassade, j'eus beaucoup de peine à obtenir de Mehmed-Pacha qu'il ne fît pas démolir ma maison de Khorsabad ni remplir les excavations, qu'il affectait de considérer comme les fossés de ma prétendue forteresse. Il finit cependant par m'accorder un délai, espérant que ses mensonges obtiendraient du crédit à Constantinople, et que la Porte approuverait sa conduite. Les moyens qu'il employa pour parvenir à ce but étaient très-curieux, et me donnèrent l'occasion d'apprendre comment il se fait que ce gouvernement turc soit constamment trompé sur ce qui se passe dans les provinces de l'empire. Par une longue expérience, les habitants de Mossul savaient que Mehmed-Pacha ne reculait devant aucun moyen pour arriver à ses fins; aussi la crainte les rendait-elle dociles à ses volontés. Il força d'abord le cadi de Mossul à aller à Khorsabad, et à rédiger un rapport mensonger sur l'étendue de ma forteresse; ce rapport fut envoyé à Constantinople, accompagné d'un plan imaginaire propre à donner l'idée la plus effrayante de cette humble chaumière. Puis il fit rédiger une pétition contre la continuation de mes recherches, et força les habitants de Khorsabad à la signer; cette pétition fut également envoyée à Constantinople.

« Pendant tout ce temps Mehmed-Pacha ne cessait de protester devant moi de sa bonne volonté, m'assurait qu'il était étranger aux difficultés que je rencontrais, et me donnait par écrit les ordres les plus favorables, tout en menaçant ensuite les habitants du bâton s'ils avaient le malheur d'y obéir. Un trait seul de cette longue comédie peindra la manière dont Mehmed-Pacha jouait son rôle. Je lui dis un jour que les premières pluies de la saison avaient fait tomber une partie de la maison bâtie à Khorsabad. Il se mit à rire de l'air le plus naturel; et, s'adressant aux nombreux officiers qui l'entouraient, il leur dit : « Voyez quelle est l'impudence des habitants de Khorsabad : ils prétendent que le consul de France a fait construire une redoutable forteresse, et un peu de pluie suffit pour la démolir. Je vous assure, monsieur le consul, que si je n'avais peur de vous faire de la peine, je les ferais tous mourir sous le bâton; ils le méritent bien pour avoir osé vous accuser. » Et c'était lui qui avait inventé ce conte, et ses menaces seules empêchaient les habitants de le démentir. Au bout de quelque temps cependant, Mehmed-Pacha avait fini par comprendre que la guerre qu'il me faisait lui était plus nuisible qu'utile. Sa position n'était plus sûre; et comme il cherchait une réconciliation, j'aurais pu obtenir la permission de reprendre mes travaux. Sa mort même, qui eut lieu dans l'intervalle, m'en fournit l'occasion; mais je connaissais à cette époque les intentions du gouvernement français et l'envoi d'un dessinateur que j'avais demandé. Je savais avec quelle promptitude les sculptures une fois exposées à l'air se détérioraient, et il me parut préférable d'attendre l'arrivée de cet artiste, pour qu'il pût dessiner les bas-reliefs à mesure qu'ils sortiraient de terre. Je ne doutais pas d'ailleurs que l'ambassade de France ne réussît à obtenir des ordres qui me missent à l'abri de toute vexation, et en conséquence je ne jugeai pas à propos de profiter des occasions qui s'offraient; je voulus pour commencer attendre que j'eusse tous les moyens de continuer le travail sans crainte d'interruption, et avec toutes les chances possibles d'en tirer profit. J'utilisai d'ailleurs le retard en achevant la copie des inscriptions déjà découvertes, et en faisant transporter dans la cour de ma maison de Khorsabad tous les bas-reliefs qui me parurent dignes d'être envoyés en France.

« A l'époque où les fouilles furent interrompues voici quelles étaient les portions du monument déjà exhumées, celles dont j'ai donné la description dans le *Journal de la Société Asiatique*: La salle III avait été entièrement déblayée, ainsi que la moitié de la salle IV; la moitié de la salle II l'avait été également, et par la porte E j'avais pénétré dans la salle V. La façade L avait été découverte jusqu'au bas-relief 20. J'avais ainsi ouvert la porte F; et aux pieds d'un des taureaux ailés qui la décoraient j'avais trouvé un lion de bronze, le seul qui restât de tous ceux qui jadis ont dû orner les portes. En creusant pour asseoir les fondations de ma maison, on avait mis au jour la tête d'un des taureaux de la porte M, et cela seul, si je ne l'avais eue déjà, m'aurait donné l'assurance que tout l'intervalle compris entre ce point et la porte F était rempli de débris antiques. Enfin, les rapports des habitants ne me permettaient pas de douter qu'il n'y eût aussi des ruines enfouies dans l'endroit où plus tard j'ai trouvé le monument construit en pierres basaltiques. Des indices certains m'annonçaient donc l'existence de trésors archéologiques dans toute l'étendue du monticule; et ma conviction à cet égard était telle, que je ne cessais de l'exprimer dans les lettres que j'adressais à M. J. Mohl.

« L'Académie des Inscriptions et Belles Lettres avait suivi avec le plus vif intérêt les progrès de mes découvertes. La certitude de résultats plus grands encore l'engagea à appuyer la demande que j'avais faite d'un dessinateur, qui pût mieux que moi conserver, par des copies exactes, les sculptures qu'il serait impossible d'envoyer en France. Cette demande fut accueillie par décision des 5 et 12 octobre 1843, précisément à l'époque à laquelle le pacha de Mossul arrêtait mes recherches. MM. Les ministres de l'intérieur et de l'instruction publique s'entendirent pour me donner les moyens de terminer cette entreprise d'une manière digne du gouvernement français. Un nouveau crédit fut mis à ma disposition pour la continuation des travaux; et sur la désignation de l'Académie M. E. Flandin, jeune peintre qui, conjointement avec M. Coste, avait déjà rempli en Perse une mission semblable, fut choisi pour aller à Khorsabad dessiner les sculptures que j'avais découvertes, ou que je découvrirais. En même temps MM. les ministres décidèrent que toutes les sculptures dont l'état de conservation permettrait le transport seraient envoyées en France, et qu'une publication spéciale ferait connaître au monde savant le résultat de mes découvertes. Mais il restait à obtenir le consentement de la Porte; et les personnes qui ignorent les ressources que le mensonge fournit à la diplomatie ottomane auraient peine à s'imaginer toutes les difficultés que l'ambassade de France eut à vaincre pour décider le divan à ne plus faire semblant de croire à ce fantôme de fortifications soi-disant élevées par le consul de France à Mossul. Quelques obstacles plus réels, et fondés sur des particularités de la loi musulmane, s'ajoutaient d'ailleurs à ce ridicule prétexte. Le village de Khorsabad était bâti sur le monticule qu'il s'agissait de déblayer; il fallait obliger les habitants à transporter ailleurs leur domicile et à démolir leurs anciennes maisons. Or la loi ne permet pas d'empiéter sur des terrains propres à la culture, et l'espace destiné au nouveau village ne pourrait par conséquent être pris sur les terrains de cette nature qui entouraient le monticule. L'insistance de M. le baron de Bourqueney triompha des répugnances de la Porte. En vertu d'une convention spéciale, les habitants de Khorsabad furent autorisés à me vendre leurs maisons, et à aller s'établir momentanément au bas du monticule. On me permit de conserver la maison cause de tant de débats, jusqu'à la fin des travaux.

« Les fouilles furent permises à condition de remettre ensuite le terrain dans son état primitif, pour que le village pût être rebâti sur le même emplacement; enfin un commissaire de la Porte fut envoyé à Mossul pour prévenir de nouvelles difficultés. Mais cette négociation, rendue interminable par le mauvais vouloir du divan, avait pris plusieurs mois, et ce ne fut que le 4 mai 1844 que M. Flandin, arrivant à Mossul, put m'apporter les firmans demandés par moi en 1843.

« Rien ne s'opposait donc plus à la reprise des travaux; j'avais à ma disposition des fonds suffisants pour achever le déblai du monument tout entier; M. Flandin était arrivé pour dessiner les bas-reliefs, et je pouvais en outre compter sur son assistance active et cordiale. Je pris en conséquence toutes les mesures nécessaires pour commencer immédiatement et pousser activement les travaux. Il fallait d'abord débarrasser le terrain des maisons qui le couvraient; ce fut chose facile, et je n'eus point de peine à contenter leurs humbles propriétaires, qui désiraient eux-mêmes le déplacement du village, et se trouvaient heureux de l'opérer à mes dépens. Mais il fallait encore désintéresser les propriétaires ou plutôt les usufruitiers du terrain sur lequel devait être bâti le nouveau village; et leurs prétentions étaient si exorbitantes qu'elles auraient absorbé une grande partie des fonds qui m'avaient été alloués, si le pacha, en me rappelant par hasard une des singularités de la loi turque, ne m'avait fourni lui-même un moyen de les forcer à modérer leurs demandes. On me pardonnera peut-être sur ce sujet curieux une petite digression, dont le but est de faire exactement connaître les difficultés qui s'opposaient à l'achat du village de Khorsabad.

« On a dit que ce village et le terrain environnant appartenaient à une mosquée, et ne pouvaient par conséquent être vendus sans infraction à la loi, qui ne permet pas la vente des biens devenus *wakf*: c'est une erreur. Les maisons appartenaient aux paysans qui les habitaient; mais le sol sur lequel était bâti le village, comme le sol environnant, était possédé par plusieurs individus, dont chacun avait une part plus ou moins forte du revenu. Ils n'en étaient pas cependant propriétaires en réalité; car dans les pays musulmans il n'y a pas de propriété véritable, mais un simple droit de possession payé chaque année par une redevance. Tout le sol destiné à la culture, à l'exception des jardins et des vergers, appartient à un être abstrait, représentant la communauté musulmane, et représenté lui-même par le souverain. Celui-ci, n'étant en quelque sorte qu'un tuteur, dispose du sol dans l'intérêt de la société qu'il personnifie; mais il ne peut l'aliéner par une vente à perpétuité. Il ne peut jamais faire que des concessions temporaires, en échange d'une redevance annuelle ou d'un service à rendre. Quelquefois, il est vrai, ces concessions se transmettaient par voie d'héritage ou de vente; mais c'était un abus, une véritable infraction à la loi. Aussi le vice-roi d'Égypte, Mehmed-Ali, a-t-il pu sans difficulté reprendre aux usurpateurs du domaine public les biens qu'un long abus avait perpétués dans leurs familles, et pendant mon séjour à Mossul cet exemple a-t-il été suivi, sans plus de réclamations, par le gouvernement turc. En 1845 la Porte a révoqué dans cette province toutes les anciennes concessions de terrains, et ordonné qu'à l'avenir elles seraient annuelles et vendues aux enchères.

« Tel était l'état des choses à Khorsabad. Les sept individus qui se partageaient le terrain, et dont le principal était Vahia-Pacha, un des anciens gouverneurs de Mossul, n'avaient aucun droit de propriété réel, mais seulement un droit de possession perpétué par abus dans leurs familles; c'est ce qui me fournit des armes contre leur cupidité. Lorsque je traitais devant le pacha de l'achat des maisons, le fondé de pouvoir de ces individus eut l'imprudence de réclamer pour eux une indemnité; le pacha lui répondit qu'ils n'y avaient aucun droit, parce que le sultan était seul maître de la terre, et en disposait comme il le voulait. Ce fut un avis pour moi; et fort de cet argument, il me fut facile de déterminer les propriétaires à accepter avec reconnaissance une indemnité convenable que j'aurais eu le droit de leur refuser. Mais ils sentaient si bien eux-mêmes combien leur demande était en réalité mal fondée, qu'ils ne voulurent pas me donner un reçu, et me prièrent de garder le silence, de peur que leur insistance ne parvînt jusqu'aux oreilles du pacha.

« Je reviens à ma narration. De malheureuses circonstances mirent à ma disposition le nombre d'ouvriers nécessaire pour achever promptement de déblayer le reste du monument. Peu de mois auparavant, le fanatisme des Curdes était parvenu à triompher de la résistance séculaire que le courage des Nestoriens lui avait opposée. Retranchés dans les hautes montagnes où le Zâb prend sa source, ces chrétiens, derniers restes d'une des plus anciennes sectes séparées de l'Église catholique, avaient pu jusqu'à nos jours se soustraire à la domination musulmane; mais en 1843 leurs propres divisions les affaiblirent, au point de les mettre hors d'état de lutter contre la puissance toujours croissante de leurs ennemis. Après une courageuse mais inutile résistance, quelques tribus nestoriennes furent détruites par les Curdes, et pour échapper à un massacre général un grand nombre de ces chrétiens, suivant l'exemple de leur patriarche, Mar-Phinoun, se réfugièrent soit à Mossul, soit dans les villages des environs, où ils pouvaient au moins trouver la sécurité en échange de leur indépendance. Déjà j'avais eu à répandre sur ces malheureux chrétiens les bienfaits directs du gouvernement français, toujours empressé à venir en Orient au secours des victimes du fanatisme; la continuation de mes recherches à Khorsabad me fournit un nouveau moyen de soulager leur misère en utilisant leur travail, et je trouvai parmi eux toute une population d'ouvriers à la fois robustes et dociles. Leur secours me fut d'autant plus utile, qu'il m'était à peu près impossible de me procurer parmi les habitants des environs le nombre d'ouvriers nécessaire. Retenus par leurs occupations habituelles, ils ne pouvaient venir travailler aux fouilles, ou s'ils avaient consenti à le faire, ils m'auraient fait payer trop cher leurs services. En outre, de singulières superstitions leur inspiraient de la répugnance pour ce genre de travail, et en particulier il m'a toujours été impossible d'obtenir la coopération des habitants du village même de Khorsabad : ils craignaient, disaient-ils, que cela ne portât malheur à eux et à leurs familles. Quant aux Nestoriens, quoiqu'ils eussent beaucoup à souffrir du climat de la plaine, si différent de celui des montagnes élevées qu'ils avaient jusque alors habitées, ils travaillèrent avec ardeur, et beaucoup d'entre eux purent retourner dans leur pays emportant leur économie, et plus riches qu'ils n'avaient jamais été.

« Toutes les difficultés étant levées, vers le milieu du mois de mai 1844, je recommençai enfin les fouilles longtemps interrompues par les circonstances que je viens de rapporter, et ne m'arrêtai plus jusqu'à la fin du mois d'octobre de la même année. M. Flandin ayant d'abord à dessiner les bas-reliefs mis à découvert avant son arrivée, les travaux, au commencement, marchèrent avec lenteur; mais peu à peu nous pûmes leur donner plus de développement, et nous employâmes à la fin jusqu'à près de trois cents ouvriers. Pendant ces six mois nous n'eûmes qu'une pensée, celle de réunir nos efforts pour tirer tout le parti possible de la découverte que j'avais faite, et nous travaillâmes en conséquence d'un commun accord. M. Flandin, avec un soin extrême, dessinait les bas-reliefs à mesure qu'ils sortaient de terre, mesurait le monument et en préparait le plan définitif, pendant que de mon côté je m'occupais, non moins activement, à copier les nombreuses inscriptions qui couvraient une partie des murailles. Si nous eûmes l'un et l'autre beaucoup à souffrir, nous en fûmes bien récompensés par les résultats et par la nature même de nos travaux. Ce n'était pas sans plaisir en effet que nous pouvions d'heure en heure aller voir ce que la pioche des ouvriers avait mis à découvert; que nous cherchions à deviner la direction des murailles encore enfouies, les scènes dont elles nous offriraient la représentation, et même la signification des bas-reliefs successivement déterrés. Mais le détail de nos difficultés comme de nos jouissances aurait peu d'intérêt pour le lecteur : je m'abstiendrai donc de décrire minutieusement les progrès journaliers des travaux dont cet ouvrage contient le résultat définitif. Je dois cependant reconnaître le zèle avec lequel M. Flandin s'associa à moi pour achever l'exhumation du monument que j'avais découvert. Moins habitué que moi aux misères de la vie orientale, il sentait plus vivement les désagréments d'un séjour prolongé dans un misérable village, sous le climat le plus brûlant, et plus d'une fois sa santé en souffrit; mais son courage ne faiblit pas, même dans les graves circonstances qui mirent un instant en danger le consulat de Mossul et l'existence de toute la population chrétienne. Sa part dans l'entreprise ne se borna pas à l'exécution des travaux graphiques, dont il était spécialement chargé; mais comme mes occupations ne me permettaient pas de rester constamment à Khorsabad, je m'en rapportai à lui pour la surveillance et l'emploi des ouvriers, et je lui dois même la découverte de quelques objets qui m'auraient peut-être échappé, tels que les statuettes de terre cuite cachées sous le pavé et les urnes funéraires. Nous travaillâmes donc de concert; et si quelque mérite s'attache aux travaux qui ont amené l'exhumation complète du monument de Khorsabad, M. Flandin peut à juste titre en revendiquer une part.

« Au point où l'exploitation était parvenue lorsque Mehmed-Pacha me força à l'interrompre, il ne restait plus qu'à suivre les murailles déblayées, puisque leur prolongation dans l'intérieur des terres indiquait naturellement la direction que nous devions donner aux travaux : c'est ce que nous fîmes jusqu'à ce que les traces disparurent. Le monument s'étendait cependant plus loin autrefois, et nous en suivîmes quelque temps des murailles de briques; mais leur revêtement de plaques sculptées n'existait plus, et divers indices nous montrèrent que dès les temps les plus anciens une partie du monument avait été détruite à dessein, et que les matériaux solides en avaient été enlevés pour être employés ailleurs à d'autres usages. Dans l'espoir cependant de retrouver encore les traces perdues, nous ouvrîmes des tranchées sur plusieurs points du monticule; mais ce fut inutilement, et nous dûmes enfin renoncer à l'espoir de voir de nouvelles richesses s'ajouter à celles que nous avions trouvées. A la fin du mois d'octobre 1844 je considérai comme complète l'exhumation de ce qui restait du palais de Khorsabad, et je mis par conséquent un terme aux travaux d'exploitation. A cette époque M. Flandin avait terminé ses dessins, ou du moins ceux qu'il était indispensable de terminer sur les lieux pour servir de modèle aux doubles qui se représentaient si souvent. La tâche dès lors était remplie. Le 9 novembre il put quitter Mossul, et aller à Paris soumettre son travail à l'Académie des Inscriptions et Belles Lettres, et en faire admirer les résultats au public lui-même. Une commission, composée de MM. Raoul-Rochette, Letronne, F. Lajard, E. Burnouf, Guignaut et J. Mohl, fut nommée par l'Académie pour faire un rapport sur les dessins de M. Flandin. Par l'organe de son rapporteur, M. Raoul-Rochette, cette commission donna au travail de cet artiste un tribut d'éloges bien mérité, et fit sentir la nécessité de livrer, par une publication spéciale, ses dessins et les documents que je rapporterais à l'étude des savants et des artistes. Dans la séance du 16 mai 1845, l'Académie adopta les conclusions de la commission, ordonna l'impression du rapport, et nous donna ainsi, par son suffrage, la première récompense de nos travaux.

« M. Flandin avait pu, au commencement du mois de novembre 1844, quitter Khorsabad, et retourner en France pour y jouir d'un repos bien nécessaire, après six mois de souffrances et de fatigues. Mais ma tâche n'était pas finie. J'avais d'abord à achever la copie des inscriptions, travail commencé un an avant l'arrivée de cet artiste, continué pendant tout son séjour, et qui m'occupa encore plusieurs mois après son départ. En outre, conformément aux ordres du gouvernement, nous avions choisi de concert les morceaux de sculpture les plus remarquables et les mieux conservés pour les envoyer en France; et, après le départ de M. Flandin je restai seul pour préparer et emballer ces précieux débris, les faire transporter à Mossul, et de là les expédier à Bagdad. En effet, toutes les difficultés qui s'opposaient à cette exportation avaient été levées. La Porte avait d'abord mis quelques restrictions à l'enlèvement des sculptures; mais elle avait fini par céder à l'insistance de M. le baron de Bourqueney, qui n'avait cessé de prendre le plus vif intérêt à l'exhumation de Ninive. Il obtint les ordres nécessaires, et je restai libre d'enlever tous les objets dont l'envoi en France me paraîtrait désirable. »

Transport des bas-reliefs, fragments de sculpture, etc.

M. Botta continue ainsi son récit : « J'eus alors à lutter contre un nouveau genre de difficulté : je n'avais à ma disposition ni machines, ni ouvriers habitués à de pareils travaux; tout me manquait à la fois, et cependant je devais transporter à quatre lieues de distance des blocs dont quelques-uns pesaient jusqu'à dix et douze mille kilogrammes. Il fallut tout inventer, tout enseigner, et surtout ne pas désespérer des succès après bien des essais souvent infructueux. La nécessité me força, bien contre mon gré, à scier en plusieurs morceaux quelques pièces dont le poids et les dimensions auraient rendu le transport sinon impossible, au moins trop dispendieux. Quant à l'emballage, comme il n'y avait pas moyen de faire construire des caisses assez solides, je fus obligé d'adopter le système le plus simple; je me contentai de recouvrir la surface sculptée des bas-reliefs avec des poutres reliées par des écrous à des pièces de bois correspondantes, placées sur la face postérieure. L'expérience a prouvé que ces moyens de protection pouvaient remplir leur but. L'opération la plus difficile fut celle du transport; j'eus beaucoup de peine à faire construire un chariot d'une solidité suffisante; je dus même bâtir une forge, afin de fabriquer des essieux assez forts pour supporter une charge aussi lourde; et l'on comprendra sans peine quels ouvriers j'avais à ma disposition, lorsqu'on saura que ces essieux exigèrent un travail de six semaines. Je réussis pourtant à construire un chariot, mais j'eus tout autant de peine à trouver les moyens de le traîner. Le pacha de Mossul m'avait d'abord prêté quelques buffles habitués à ce travail, qu'il me reprit plus tard, par un caprice inexplicable; j'essayai alors, mais inutilement, d'employer des bœufs de labour, et en définitive je fus contraint d'avoir recours aux bras des Nestoriens. En outre, la route de Khorsabad à Mossul, détrempée par des pluies continuelles, n'offrait aucune résistance; les roues du chariot, malgré leur épaisseur de près d'un mètre, enfonçaient dans la boue jusqu'aux essieux; dans plusieurs endroits je fus obligé de faire paver la route, ou de la couvrir avec des planches; deux cents hommes suffirent à peine pour traîner quelques-uns des blocs. Les difficultés étaient telles, que plus d'une fois j'eus lieu de craindre de ne pouvoir expédier cette année les pièces les plus lourdes, et en même temps les plus intéressantes.

« Le temps pressait, en effet; si des pluies abondantes gênaient, à Mossul, mes travaux, par un contraste fâcheux il était tombé pendant l'hiver de 1844 à 1845 très-peu de neige dans les montagnes : aussi non-seulement le Tigre fut loin d'atteindre sa hauteur ordinaire, mais encore il commença à décroître bien avant l'époque accoutumée. Il fallait cependant profiter des hautes eaux pour envoyer à Bagdad les objets destinés à l'exportation; car le transport des sculptures exigeait des radeaux d'une dimension inusitée, et quelques jours de retard pouvaient me mettre dans la nécessité d'attendre l'année suivante. A force d'activité je parvins à surmonter les obstacles, et à terminer ces pénibles opérations avant que le Tigre eût achevé de décroître.

« Au mois de juin 1845, huit mois après

l'achèvement des fouilles, toutes les sculptures avaient été amenées sur le bord du fleuve, et au moyen d'un plan incliné pratiqué dans la berge, embarquées sur des radeaux. Ce dernier travail fut malheureusement clos par un triste accident. On travaillait à charger le dernier bloc, et déjà on l'avait placé sur le plan incliné : pour le mettre en mouvement, un des Nestoriens s'obstina, malgré des avertissements réitérés, à le tirer par-devant ; on ne put arrêter la course de cette lourde masse déjà ébranlée, et le malheureux ouvrier fut écrasé contre les pièces précédemment chargées sur le radeau. Ce fut le seul accident grave que j'aie eu à regretter pendant toute la durée des travaux. Puisqu'en écrivant ce préambule j'ai eu principalement en vue de rendre justice à ceux qui m'ont aidé, on me pardonnera, j'espère, de citer en finissant le chef des ouvriers, Naaman-ebn-Nouch, qui depuis le commencement de mes recherches dans le monticule de Koyoundjouk jusqu'à la fin des travaux, n'a cessé de me donner les preuves de deux qualités bien rares dans son pays, l'intelligence et la probité ; c'est lui que j'avais chargé d'aller explorer Korsabad, et qui en a découvert les richesses cachées, depuis les circonstances difficiles, et c'est bien certainement à lui que je dois d'avoir pu surmonter les difficultés que j'ai rencontrées pendant le transport des sculptures.

« A la fin du mois de mai toutes les sculptures extraites du monticule de Khorsabad avaient été heureusement débarquées à Bagdad, et confiées aux soins intelligents de M. Loewe-Weymars, consul général de France, désormais chargé de les acheminer vers leur destination définitive. Pendant un an il les eut en quelque sorte sous sa garde ; car les nécessités du service ne permirent pas plus tôt l'envoi d'un bâtiment de l'État ; et les rares navires du commerce qui fréquentent le golfe Persique n'auraient pu se charger d'une semblable cargaison. Ce fut seulement au mois de mars 1846 que la gabare le Cormoran, commandée par M. le lieutenant de vaisseau Cabaret, put arriver à Bossora. M. Loewe-Weymars eut alors pour charger ces masses à bord des barques du pays tout autant de peine que j'en avais eu à les envoyer jusqu'à Bagdad ; mais il réussit également à leur faire descendre le Tigre jusqu'au lieu où le navire avait dû les attendre. Au commencement du mois de juin M. Cabaret avait pu les embarquer sans accident, et partait de Bossora pour revenir en France, où, après une heureuse traversée, il arriva au mois de décembre 1846. Après avoir touché à Brest, le Cormoran vint au Hâvre ; et dans les derniers jours de l'année M. Cabaret put y débarquer la première collection d'antiquités assyriennes qui eût encore été apportée en Europe. Par ordre de M. le ministre de l'intérieur, j'étais allé en surveiller le transbordement sur le chaland destiné à la porter à Paris, où elle a été débarquée sans accident et placée au Louvre. »

Tel est le récit des opérations dont les résultats sont consignés dans le grand ouvrage, publié aux frais de l'État. On sait avec quelle libéralité les Chambres ont d'abord accordé les crédits nécessaires pour solder les dépenses, puis, sur le rapport de M. Crémieux, voté le projet de loi relatif à la publication des matériaux recueillis par MM. Botta et Flandin.

Description du monticule de Khorsabad et du pays environnant, d'après M. Botta (1).

Après s'être dégagé définitivement à Djézireh des montagnes au milieu desquelles il prend sa source, le Tigre en suit encore la base pendant quelque temps ; puis, grossi par les eaux du Peichabour (rivière formée par la réunion du Haizil et du Khabour, qui tous deux descendent des monts Djonds), il vient baigner l'extrémité occidentale du djébel Zakhô ou montagne de Zakhô. A partir de ce point les premières élévations qui bordent la chaîne du Curdistan, s'écartant peu à peu, laissent entre elles et le fleuve une plaine dont la largeur augmente progressivement, et atteint vis-à-vis de Mossul environ dix kilomètres.

Cette plaine est loin d'être unie, et ne présente pas le caractère alluvial qu'offre la Mésopotamie dans la partie inférieure

(1) Ouvrage cité, chapitre II du texte.

du cours de l'Euphrate et du Tigre; au contraire, elle est fortement ondulée et sillonnée par les cours qui descendent des montagnes, coulent du nord-est au sud-ouest vers le fleuve, en suivant l'inclinaison générale du terrain. Le principal de ces cours d'eau est le *Khausser*, qui, prenant sa source au nord de Mossul, dans les montagnes d'Alcosch, vient se jeter dans le Tigre, en traversant l'enceinte même des antiques murailles de Ninive.

C'est dans cette plaine bornée à l'ouest par le Tigre, à l'est par les montagnes, que se trouve le monticule de Khorsabad; il est situé près de la rive orientale du Khausser, à deux kilomètres de la première chaîne de collines, et à seize kilomètres environ dans le nord-nord-est de Mossul. N'ayant pas de mesures précises, M. Botta ne put donner cette dernière distance que comme une approximation; au dire des habitants, elle serait certainement plus grande, car ils la portent à cinq heures de caravane; mais il est probable qu'ils l'exagéraient, pour faire payer plus cher les transports.

Placé ainsi à l'écart, loin de la route principale qui de Mossul conduit à Diarbékir, le village de Khorsabad, par sa situation et son peu d'importance, devait échapper aux investigations des Européens; cependant le hasard semble y avoir conduit M. Rich, pendant le cours d'un voyage qu'il fit de Mossul au couvent de Rabban-Ormuzd : c'est du moins ce qui semble certain d'après sa relation et la carte qu'il y a jointe. M. Rich en effet, après avoir visité le couvent ruiné de Thar-Matti, a regagné la plaine en traversant la première chaîne de collines qui sépare les eaux du Gornel de celles du Khausser. En suivant le pied des collines, de Seidkhan à Imam-Fadla, il a vu, dit-il, plusieurs monticules placés les uns près des autres, et en particulier un très-considérable à sommet plat. « Je ne doute pas, ajoute M. Botta, que ce dernier ne soit celui de Khorsabad; car le village nommé Imam-Fadla par M. Rich est certainement le village de Fadlié, situé au pied de la montagne, à une demi-lieue de Khorsabad; la position, la mention de jardins dans cet endroit, et mieux encore la comparaison des noms, ne laissent aucune incertitude : *Fadlié* est en effet la forme même que doit prendre en arabe un nom de localité dérivé de celui d'un individu qui se serait appelé *Fadla*. Or, de Fadlié M. Rich a dû nécessairement voir le monticule de Khorsabad, dont le sommet est effectivement plat; il a dû voir également les monticules plus petits qui l'entourent, et qui font partie de l'antique enceinte fortifiée. Je soupçonne même que le nom de *Kassiroak*, marqué sur la carte de M. Rich près d'Iman-Fadla, est une corruption de celui de *Khorsabad*, corruption due peut-être au graveur; car dans cet endroit il n'y a, à ma connaissance, aucun village de ce nom. Niebuhr ayant suivi, pour aller de Mossul à Mardin, la route du désert, à l'ouest du Tigre, n'a pu s'approcher de Khorsabad; mais le nom de ce village n'a pu échapper à ses recherches, si précises et si exactes; il a donné en effet une liste des villages situés au nord de Mossul et à l'est du fleuve, et j'y vois le nom de *Khastabad* qui est une des variantes encore usitées aujourd'hui de celui de *Khosaçbad*. Ce dernier nom en effet, n'étant pas arabe, et n'offrant pour les habitants aucune signification, est écrit et prononcé par eux de manières très-diverses; on dit indifféremment *Khorsabad*, *Khirsabad*, *Khorstabad*, *Khastabad*, *Khestéabad*. Les habitants expliquent même et justifient cette dernière prononciation par une étymologie; ils font dériver *Khestéabad* de deux mots persans, *khesté*, malade, et *abad*, demeure; en sorte que ce nom signifie, selon eux, *demeure des malades*, ce qui s'accorde bien avec l'insalubrité des environs. »

Cependant, d'après Yacouti (*Dictionnaire Géographique*), on doit écrire et prononcer *Khouroustâbâz*. Yacouti, en effet, parle de Khorsabad, et mentionne même les ruines qui s'y trouvaient enfouies; voici ce qu'il en dit :

« Khouroustâbâz est un village à l'est du Tigre, faisant partie du district de *Ninioua*; on y trouve beaucoup d'eau et des jardins arrosés avec le surplus des eaux du Ras-el-Na'our, appelées Zarâ'at. Dans le voisinage se trouve une ville ancienne ruinée, appelée Saro'ûn. »

Quant à cette ville de Sar'oûn, voici ce qu'en dit Yacouti, dans le même dictionnaire :

« Sar'oûn était une ancienne ville du

district de Ninioua, et la meilleure du district de Mossul. Elle est ruinée; on croit qu'il y existe d'anciens trésors, et l'on dit que des individus y ont trouvé de quoi se contenter. Il y a une histoire au sujet de cette ville, qui est mentionnée dans les anciennes chroniques (1). »

C'est M. Rawlinson, consul général de S. M. Britannique à Bagdad, qui a indiqué cette curieuse citation, d'autant plus intéressante, qu'elle fixe la véritable orthographe du nom de Khorsabad. Le nom de *Khourousabad* pouvait très-bien se décomposer en *Khourous* et *abâd*, et signifier ainsi la *demeure de Cyrus*; mais, selon les orientalistes qui croient aux ruines de Ninive, la présence d'un *t* et d'un *z* dans *Khouroustabáz* rend cette étymologie impossible.

Deux routes conduisent de Mossul à Khorsabad, en passant au nord ou au sud du monticule de Koyoundjouk. En suivant la route septentrionale on est obligé de traverser le Khausser, près de son embouchure, pour le traverser de nouveau à peu de distance de Khorsabad. On évite ce passage, qui n'est pas toujours facile pendant les hautes eaux, en se tenant sur la rive orientale du Khausser, au sud de Koyoundjouk, et c'est la route que je suivais ordinairement. Après avoir passé le Tigre sur le pont de bateaux, ou dans des barques, lorsque la crue force d'enlever ce moyen de communication, on entre dans l'enceinte de Ninive par une des coupures de la muraille entre le village de Ninioua et le Koyoundjouk, et l'on en sort au point même où le Khausser, contournant cette dernière colline, coupe le rempart oriental pour pénétrer dans l'enceinte; c'est l'endroit où quelques restes de maçonnerie, dans le lit de cette rivière, semblent indiquer l'existence d'un ancien pont, ou plutôt de quelque construction destinée à supporter la continuation de la muraille, tout en donnant passage aux eaux. A partir de ce point la route tourne peu à peu vers le nord, en suivant la rive gauche du Khausser; et, après avoir traversé un ravin profond, qui va se joindre à cette rivière, se sépare du chemin de Bachihâ, au pied de l'éminence sur laquelle est situé le village ruiné de Hachemié.

Dans cette portion de la route on remarque, à la base des élévations qui la bordent à l'est, ces masses de concrétions que M. Rich regarde comme des reste de maçonneries antique. Mais d'après M. Botta ces prétendues constructions ne paraissent être autre chose que de ces conglomérats si communs dans les terrains diluviens; ce sont des lits de cailloux roulés, unis par un ciment argileux. En allant de Mossul à Zâkho, on trouve des masses de conglomérats tout à fait semblables dans les ravins qui coupent transversalement la plaine, en descendant des montagnes; et il n'y a aucune raison de croire que l'origine de ceux qui bordent la vallée du Khausser soit différente. Cette observation n'ôte rien au mérite de la description que M. Rich a donnée de l'enceinte de Ninive, et dont l'exactitude paraît parfaite.

Depuis le village de Hachemié jusqu'à Khorsabad la route n'offre rien de remarquable; elle se rapproche peu à peu de la chaîne des montagnes, en traversant une vaste plaine ondulée, dont le sol fertile est partout cultivé ou cultivable, mais pas un arbre n'en interrompt la monotonie; aussi, dès que le soleil (et dans ce pays sa puissance se fait sentir de bonne heure) a desséché la végétation, rien ne peut être plus triste à voir et plus ennuyeux à traverser que cette longue succession de champs en jachère ou dépouillés de leurs moissons. Vers le milieu de la route on aperçoit de nouveau le Khausser, qui s'en était écarté, mais qui s'en rapproche dans un de ses nombreux détours, et là on passe au pied d'une petite colline qui domine la rivière. Cette colline est évidemment artificielle, car le terrain qui l'entoure est jonché de pierres et de fragments de briques; mais les dimensions en sont trop petites pour donner aux archéologues l'espoir de découvertes importantes.

Précisément à cet endroit la route traverse le lit d'un torrent, qui va, comme celui de Hachemié, se jeter dans le Khausser, puis de là elle s'élève peu à peu par une lente ondulation. Lorsqu'on

---

(1) Cette ancienne ville de Sarône vient s'ajouter aux autres preuves que j'ai fournies contre l'existence de l'antique Ninive sur la rive orientale du Tigre.

est arrivé au point culminant, on aperçoit pour la première fois Khorsabad, placé dans une plaine relativement très-basse, et dont la verdure, même dans l'été, contraste agréablement avec l'aridité générale du pays ; on descend alors dans cette plaine, et bientôt on pénètre dans l'antique enceinte fortifiée, en passant par une coupure à travers laquelle s'échappe un petit ruisseau ; on traverse enfin le terrain marécageux, qui occupe une grande partie de l'espace enfermé par l'ancienne muraille, et l'on arrive au village, qui avant les recherches de M. Botta était bâti sur le sommet même du monticule.

Pendant tout ce trajet, depuis Mossul jusqu'à Khorsabad, on n'aperçoit nulle part la trace de la muraille qui, selon les historiens, a dû environner Ninive. « Depuis le point, ajoute M. Botta, où l'on sort de la grande enceinte qui entoure Koyoundjouk et le monticule de Ninioua, jusqu'au village où j'ai déterré un monument considérable, je n'ai rien vu qui indiquât des restes d'anciennes constructions ; les ondulations de la plaine sont évidemment naturelles, et causées par des mouvements du sol, beaucoup trop étendus pour qu'on puisse les attribuer à la main des hommes ; nulle part on ne voit de ces tumulus, indices certains en Orient de constructions enfouies, et dont une suite marquerait sur le terrain une ligne de murailles. La petite colline qui se trouve à moitié chemin forme la seule exception à ce que je viens de dire ; mais elle ne se rattache à rien, et de son isolement complet on peut hardiment conclure qu'elle n'a jamais fait partie d'un système de fortifications. J'ai fait la même observation en suivant l'autre route, qui conduit de Mossul à Khorsabad en passant au nord de Koyoundjouk, et de là se dirige vers le village, à une assez grande distance à l'ouest de la première : je n'y ai pas aperçu la muraille que j'aurais pu m'attendre à rencontrer ; et en revenant du couvent de Rabban-Ormuzd, près d'Alcoreh à Mossul, M. Rich, ainsi que moi, n'en a pas vu de trace, puisque dans sa relation il n'en parle pas. Enfin, en partant de Khorsabad pour aller à Mardui, j'ai également observé le terrain avec attention, et n'ai pas été plus heureux dans mes recherches à cet égard ; par conséquent je n'ai rencontré les restes de la muraille de Ninive ni au delà du monument que j'ai découvert, ni en deçà, c'est-à-dire entre cet édifice et la grande enceinte de Ninioua (1).

« On sait cependant que des murs de briques crues, tels que ceux qui ont dû entourer Ninive, laissent des traces en quelque sorte ineffaçables ; nous en avons la preuve à Mossul même, où ceux qui forment l'enceinte de Ninioua sont encore parfaitement distincts, et n'ont été méconnus par personne. Or, puisqu'on ne trouve pas plus loin de vestiges semblables, faut-il en conclure que cette même enceinte était celle de la ville, et que le palais de Khorsabad était placé au dehors, à une grande distance, ce qui forcerait à regarder comme une fable tout ce que les auteurs sacrés et profanes nous ont rapporté au sujet de l'immense étendue de la capitale de l'Assyrie ? Il ne m'appartient pas de résoudre ce problème, et je livre le fait aux discussions des savants ; je ferai seulement observer qu'un fait analogue s'est présenté à Babylone : la muraille de cette ville avait des dimensions énormes ; elle a subsisté jusqu'à des temps relativement modernes, et cependant un observateur habile et attentif, M. Rich, n'a pu en découvrir la moindre trace. »

Le terrain bas au milieu duquel est situé Khorsabad, n'est complètement ouvert que du côté de l'ouest ; au sud, en effet, il est borné par l'élévation de la plaine que l'on a traversée pour y arriver ; à l'est s'élèvent des montagnes calcaires qui séparent le bassin du Tigre de la vallée du Gomel, et au pied desquelles sont bâtis les villages de Fadlié, Bachika, etc., dans de petits vallons qui donnent naissance à des sources dont l'eau vivifie quelques bosquets d'oliviers ; au nord s'étend une chaîne de collines à travers lesquelles passe le Khausser ; à l'ouest, au contraire, la vue se promène sans obstacle sur la plaine arrosée par le Tigre, au delà duquel on aperçoit au loin les monts Sindjâr, demeure principale des Yézidis.

(1) Cette absence de tout débris d'enceinte est un argument de plus à l'appui de la thèse que je soutiens.

La situation basse de ce terrain et la grande quantité des eaux qui s'y réunissent donnent aux habitants beaucoup de facilités pour arroser leurs plantations, et cela explique la fraîcheur de ce petit canton au milieu de l'aridité générale. En effet, aujourd'hui comme du temps de Yacouti, le Na'our, après avoir fait tourner de nombreux moulins, déverse le surplus de ses eaux sur le territoire de Khorsabad; de plus, une source abondante, après avoir donné la vie aux jardins de Fadlié, vient ajouter ses eaux à celles qui arrosent les environs du monticule. Sans doute les habitants ne tirent pas de ces précieuses ressources tout le parti qu'ils pourraient en tirer; mais ils cultivent cependant quelques champs de coton, de légumes, etc., et dans un pareil pays les moindres bouquets de verdure sur un sol brûlé reposent agréablement la vue. Malheureusement cette situation basse, si avantageuse pour la culture, entraîne avec elle les inconvénients qui en sont inséparables dans un pays chaud; les eaux surabondantes, ne trouvant pas un écoulement facile, forment dans l'enceinte et sur divers points autour du monticule, des marais dont les exhalaisons rendent pendant l'été l'air très-malsain. Cette insalubrité est encore augmentée par la mauvaise qualité des eaux que l'on peut boire à Khorsabad; celles du Khausser, dont le lit a très-peu de pente et est tapissé de plantes aquatiques sont presque stagnantes; celles du Na'our et de la source de Fadlié, quoique plus salubres selon les habitants, contiennent cependant de l'hydrogène sulfuré, provenant sans doute de la décomposition du plâtre (sulfate de chaux) par des matières organiques.

Dans sa première visite à Khorsabad M. Botta trouva le sommet du monticule, dans une partie de son étendue, occupé par un village, qu'il a fallu, comme nous venons de voir, acheter et détruire pour pouvoir déterrer les ruines qu'il recouvrait. Ce village se composait d'environ cent cinquante petites maisons ou chaumières couvertes de toits de chaume, et bâties, comme celles du pays, de briques séchées au soleil, au milieu desquelles, par une singularité remarquable, ne s'offrait aucun débris antique; les habitants connaissaient bien vaguement l'existence de constructions souterraines; mais ils étaient loin de savoir qu'ils n'eussent qu'à fouiller le sol pour y trouver des matériaux en abondance. Ils ont probablement été entretenus dans cette ignorance par le hasard, qui a fait qu'aucun des silos qu'ils creusaient pour y conserver leurs grains n'a atteint une des murailles; peut-être aussi trouvaient-ils plus commode et moins dispendieux de mouler grossièrement le limon des marais voisins; peut-être enfin des croyances superstitieuses leur faisaient-elles craindre d'utiliser les matériaux antiques. Quoi qu'il en soit, M. Botta a remarqué que les briques crues dont ils se servaient avaient précisément la même forme et les mêmes dimensions que les briques cuites au four employées pour paver les terrasses de l'édifice antique. Ce détail n'est pas sans intérêt; car il montre avec quelle ténacité les populations de l'Orient conservent les anciens usages.

Il est à remarquer que la population de ce village n'était pas arabe ni sémitique; la plupart des habitants étaient Curdes, et quelques-uns prétendaient être originaires de la Perse. Leur religion même a droit de confirmer cette tradition; car ils n'étaient pas sunnites, comme le sont les musulmans de la Mésopotamie, mais appartenaient à une secte particulière, qui par ces derniers est accusée de se rapprocher du schiisme et même de la religion des Yézidis. Cependant ils assuraient à M. Botta qu'ils étaient sunnites, et que les accusations de leurs voisins n'étaient nullement fondées. Un seul des habitants était chrétien *chaldéen;* c'est ainsi qu'on désigne les Nestoriens qui, abjurant leur antique hérésie, se sont réunis à l'Église romaine, dont ils admettent les dogmes, tout en conservant leur rite et leur liturgie particulière. Ce chaldéen, au reste, n'appartenait réellement pas à la population de Khorsabad; il était teinturier, et, comme beaucoup de gens de son état, il avait quitté Mossul pour échapper au monopole que cette ville exerce sur cette industrie. C'est ce teinturier qui, forcé, pour construire ses fourneaux, d'employer les briques antiques dont le sol des environs était jonché, avait été conduit à en apporter deux à M. Botta, et l'avait mis sur la voie de ses belles découvertes.

« J'ai inutilement, dit M. Botta, interrogé les habitants pour savoir s'il n'existait pas parmi eux quelque tradition relative à l'histoire de ce petit canton et au monument que le monticule renfermait. J'ai également demandé si leur village n'avait pas eu anciennement d'autre nom que celui de *Khorsabad*. Mes recherches à cet égard ont été sans résultat, et je n'ai pu recueillir que des fables relatives aux trésors que les Orientaux croient toujours être cachés dans les monuments antiques; les habitants ne connaissaient pas d'autres noms que celui de Khorsabad, et ils ignoraient complétement l'existence de l'ancienne ville de Sar'oun dont parle Yacouti. »

A propos de la ville de Sar'oun, il convient d'expliquer une contradiction apparente entre la citation extraite du Moûdjim-el-Boudan et la situation du village de Khorsabad au sommet même du monticule. D'après Yacouti, le village était auprès des ruines de Sar'oun, tandis qu'il les recouvre de nos jours; mais les expressions du géographe arabe étaient certainement exactes de son temps, et elles l'étaient encore il y a peu d'années. En effet, jusqu'à ces derniers temps le village était dans la plaine, à deux cents pas du monticule et par conséquent des ruines; mais l'anarchie causée par l'affaiblissement de l'autorité de la Porte dans ces provinces éloignées rendait cette position dangereuse; la population y était continuellement exposée aux attaques des Curdes et des Arabes, qui venaient souvent jusqu'aux portes de Mossul braver les pachas, trop faibles pour réprimer leurs brigandages, ou trop insouciants pour s'en donner la peine. Obligés de se défendre eux-mêmes, les habitants, il y a environ vingt ans, se décidèrent à transporter leurs demeures sur le sommet du monticule, position qui leur permettait de voir de loin s'approcher des ennemis, et rendait la défense plus facile. Avant cette époque Khorsabad se trouvait bien, comme dit Yacouti, auprès des ruines, et il s'y trouve encore aujourd'hui; car les fouilles ayant nécessité la destruction du village, on l'a rebâti de nouveau dans sa situation primitive, laquelle, à cause de la proximité de l'eau, est plus commode pour les habitants, et n'a pas d'ailleurs actuellement les inconvénients qu'elle avait autrefois. Depuis l'administration énergique de Mehmed-Pacha, l'ordre a été un peu rétabli dans ces contrées; et si les habitants y souffrent encore, comme dans toute la Turquie, des exactions de leurs gouverneurs, ils n'ont plus du moins à craindre d'être pillés par leurs voisins.

Tel était à Khorsabad l'état apparent des lieux. La couche moderne superposée en quelque sorte aux monuments anciens, dont de rares vestiges indiquaient seuls l'existence; les débris de la façade désignée par a dans la planche IV du *Monument de Ninive*, paraissaient hors de terre, mais les pierres renversées ne laissaient pas voir les sculptures dont elles étaient ornées; les tiares des taureaux de la façade m (*ibid.*), saillants au-dessus du sol, étaient cachés par les maisons; enfin des débris de fragments de briques, épars sur le sommet du monticule ou dans ses environs, pouvaient seuls faire soupçonner que le sol recouvrait de vastes constructions.

Faisons abstraction de ce que le temps et la barbarie ont accumulé sur ce terrain, et étudions l'œuvre des anciens.

L'ensemble des constructions assyriennes de Khorsabad se compose d'un monticule artificiel, supportant un vaste édifice, et d'une enceinte quadrilatère, fortifiée d'espace en espace par des tours. Le monticule n'est pas placé dans l'intérieur de l'enceinte, mais il occupe une partie d'un des côtés du quadrilatère, interrompant la continuité de la muraille, et la dépassant à l'intérieur comme à l'extérieur : c'est à peu près la même disposition que celle de Koyoundjouk, par rapport aux murs qui en dépendent. Ce monticule entame également un des côtés de l'enceinte; seulement il ne le dépasse pas à l'intérieur; mais par sa face occidentale il contribue à former la muraille dans une partie de son étendue. L'enceinte de Khorsabad est orientée de manière que les diagonales du carré correspondent exactement aux quatre points cardinaux. Pour étudier cet ensemble, commençons par le support de l'édifice, dont le mur fortifié n'est qu'un accessoire. Le monticule de Khorsabad est une masse artificielle, dont le plan est assez régulier; il semble formé de deux rectangles, de dimensions inégales, dont le plus petit se confondrait, par l'une de ses faces, avec le milieu d'un des côtés d'un autre, plus régulier et plus grand ; le plan en fera mieux comprendre la forme qu'une description. Il est orienté exactement comme l'enceinte ; en sorte que les faces des quadrilatères qui le forment sont parallèles aux côtés semblables de la muraille. Partout isolé, il est séparé des murs d'enceinte, qu'il interrompt, par deux ouvertures, l'une, plus étroite, au nord, l'autre, beaucoup plus grande, au sud. En voici les dimensions mesurées aussi exactement qu'il a été possible eu égard aux pentes indécises et aux irrégularités. Les mesures sont prises aux points où les talus finissent dans la plaine :

Longueur du nord-ouest au sud-est perpendiculairement à la muraille d'enceinte. . . . . 300 mètres.

Largeur du grand rectangle au dehors de l'enceinte. . . . . 300. m.

Largeur du petit rectangle au dehors de l'enceinte. . . . . 180 m.

Les talus, assez roides, sont d'un accès difficile pour un homme à cheval; si ce n'est par quelques points, dans les angles rentrants, le sommet est à peu près plat, sans être partout de même niveau. La portion nord-ouest, formant ce que M. Botta appelle le petit rectangle, et située presque entièrement en dehors de l'enceinte, est la plus élevée, et se maintient à une hauteur constante. En dedans d'une ligne qui, passant sur le monticule, continuerait la muraille, le niveau s'abaisse graduellement vers l'est, en sorte que la face sud-est a près de cinq mètres de moins que la face nord-ouest. A peu près au milieu de la face sud-ouest, dans l'angle droit formé par la jonction des deux portions, il y a un petit cône qui domine le reste de la surface ; c'est le point le plus élevé.

L'isolement de cette masse au milieu de la plaine en rendait l'aspect assez imposant. Selon M. Botta, sa hauteur ne dépassait pas douze, et n'atteignait certainement pas quinze mètres.

Faisons maintenant le tour du monticule, pour en prendre une connaissance plus détaillée, en partant du fond de l'angle rentrant ouvert au nord et fermé par la rencontre des faces nord-est du petit rectangle et nord-ouest du grand. De ce point, une longueur de soixante mètres, dans la direction du nord-est, conduit à l'angle nord du grand quadrilatère; cet angle forme, avec l'extrémité opposée de la muraille, l'ouverture septentrionale de l'enceinte ; ouverture fort étroite, car elle n'a pas plus de vingt-cinq mètres. Près de là, quelques tranchées, creusées dans le monticule, ont mis à découvert les restes douteux d'une porte et des rangées d'urnes funéraires. De ce point, en marchant vers le sud-est, on suit un des petits côtés de la portion la plus large du monticule, de celle qui est placée en dedans de la muraille, et dont la hauteur diminue à mesure que l'on avance. Cette face a une longueur d'environ cent vingt mètres, puis elle tourne à angle droit pour se continuer sur une ligne de trois cents mètres nettement dirigée du nord-est au sud-ouest; c'est la face la plus basse du monticule; elle forme le bord oriental du plateau, à peu près uni, qui descend, par une pente douce, du plateau plus élevé renfermant les ruines. A peu près au milieu de cette face se trouvent les débris de la façade a (pl. IV, n° 2, des planches de l'ouvrage de MM. Botta et Flandin). Vis-à-vis de cette porte, dans la plaine, à vingt mètres environ du monticule, commence une élévation du terrain, étroite, allongée, et qui se continue parallèlement à la face que nous suivons, jusqu'à son angle sud-est. Il en résulte une espèce de fossé, dans toute l'étendue bordée par ce petit monticule accessoire; aujourd'hui il est difficile de dire quel en a pu être le but, et à quoi a servi la petite éminence qui le forme. Une autre élévation semblable commence à douze mètres de l'angle sud-est, et paraît continuer la face du monticule dont elle suit la direction ; elle est moins longue que l'autre, n'ayant guère plus de cent mètres, tandis que la première en a plus de deux cents.

Après cet angle la face du monticule tourne brusquement vers le nord-ouest, et suit cette direction sur une longueur d'environ quatre-vingt dix mètres par un nouveau détour à angle droit; elle remonte au nord-est, parallèlement à la grande face sud-est, puis tourne encore brusquement au nord-ouest, et là se trouve le cône, que M. Botta a signalé comme le point le plus élevé du monticule. Cette espèce de pic était et est encore surmonté d'une petite tour carrée tout à fait moderne et ne différant en rien des bâtisses actuelles du pays. « J'ai longtemps cru, ajoute M. Botta, que ce cône était un travail récent propre à exhausser la tour qu'il supporte, et qui dans des temps d'anarchie a pu servir à observer l'approche des ennemis ; mais en y pratiquant une fouille j'ai reconnu que, comme le reste du monticule, il était construit en briques crues entièrement semblables aux autres, et qu'il était par conséquent d'une antiquité non contestable. »

Nous avons ainsi fait le tour de la portion la plus large du monticule; elle forme un quadrilatère presque régulier, si le petit cône en question n'en dérange la symétrie.

À partir du cône commence la portion la plus étroite et la plus élevée du monticule, celle qui est située en dehors de l'enceinte. De même que l'autre, elle est à peu près quadrilatère; mais les contours en sont beaucoup moins réguliers, et plus profondément entamés par des angles rentrants, qui probablement tiennent en partie au plan primitif, quoiqu'ils aient pu être augmentés par l'action du temps.

Au point de jonction du cône avec le monticule, on voit un des angles de la muraille de soutènement qui saillait hors de terre lors de la première visite de M. Botta à Khorsabad; de ce point la face du monticule court vers le nord-ouest, sur une longueur de cent vingt mètres, puis tournée à angle droit vers le nord-est; elle suit cette direction pendant cent soixante-dix mètres, formant ainsi le côté nord-ouest du petit quadrilatère. Le côté offre une profonde échancrure correspondant à une terrasse ou esplanade qui a dû exister entre le grand monument et le petit édifice de pierres basaltiques; c'est cette échancrure qui présente le point le plus accessible pour arriver directement au village. Près de la pointe méridionale de cette échancrure, on voit la première assise d'un angle de la muraille de soutènement; il y en avait également des vestiges à l'autre pointe de l'échancrure; mais ils ne sont point marqués sur le plan, ayant été dès le commencement des fouilles enterrés sous les déblais; c'est là en effet que se trouva la première salle dont la découverte amena celle des autres.

Sur cette même face, mais plus au nord, une seconde échancrure correspond à une autre esplanade, située devant une des façades du monument; de l'angle nord de cette face un retour à angle droit ramène le contour du monticule vers le sud-est, sur une longueur de cent cinquante mètres, formant ainsi l'autre côté de l'angle rentrant dirigé vers le nord, du fond duquel nous sommes partis. À quarante mètres environ de cette face, près de son angle nord, on remarque un puits, qui semble inutile, placé comme il l'est sur le bord d'une rivière. M. Botta pense que c'est un ouvrage antique; le fond en est pavé par une pierre percée de sept trous, à travers lesquels jaillit en abondance une eau très-fraîche, et qui, selon les habitants, est beaucoup plus salubre que celles des environs; elle est légèrement sulfureuse, comme la source de Fadlié. L'existence de cette dalle au fond de ce puits a porté M. Botta à croire à son antiquité, parce que c'est là un soin que dans ces contrées on ne se donnerait pas la peine de prendre actuellement. Il est possible que les anciens habitants, ayant cru, comme ceux d'aujourd'hui, à la salubrité de cette eau, aient eu l'idée de l'amener de la montagne voisine par un conduit souterrain.

Le sommet du monticule n'offre rien qui mérite l'attention; le village, placé sur la partie la plus élevée et embarrassant la grande échancrure de la face nord-ouest, couvre ainsi la plus grande partie des ruines; le plateau le plus large, qui descend en pente douce vers l'intérieur de l'enceinte, est cultivé, et ne diffère en rien du terrain des environs.

DESCRIPTION DE L'ENCEINTE. — L'enceinte fortifiée du monument de Khorsabad forme un grand rectangle très-régulier, ayant cent soixante-quinze mètres de long sur seize cent quarante-huit de large : la muraille qui l'entoure, et qui paraît aujourd'hui comme un long tumulus à coupe arrondie, ayant à peu près cinquante mètres de largeur à sa base, est surmontée d'espace en espace, mais à des distances irrégulières, par des élévations qui la débordent à l'intérieur comme à l'extérieur, et qui indiquent l'existence de petites tours. L'orientation du rectangle est telle, que les diagonales sont dirigées vers les points cardinaux; le côté nord-ouest est largement ouvert, sur une longueur de cinq cents mètres, et cette ouverture est en grande partie occupée par le monticule qui supporte l'édifice.

Pour en faire la description, commençons par l'extrémité de la muraille qui forme le bord septentrional de cette ouverture.

De ce point à l'angle nord de l'enceinte il y a une distance d'environ quatre cent cinquante mètres; et dans toute cette partie la muraille, dirigée vers le nord-est, est plus basse et bien moins distincte qu'ailleurs. A cent quarante-cinq mètres de l'extrémité on voit l'indice d'un autre mur, qui se détache à angle droit du mur principal, et s'avance dans l'intérieur de l'enceinte; comme il se perd dans la plaine, on ne peut deviner quel en a été le but.

L'angle nord de la muraille est, comme les trois autres, parfaitement droit, et elle court ensuite très-régulièrement au sud-est; devenant de plus en plus élevée et distincte, à mesure que l'on avance, elle prend l'aspect d'une large chaussée, actuellement cultivée, mais sur le sol de laquelle on remarque beaucoup de fragments de briques. A cent cinquante mètres de l'angle, un mur plus étroit s'en détache à l'extérieur, se dirige au nord-est sur une longueur de quatre-vingt-dix mètres, et se termine par une éminence arrondie, qui semble indiquer la place d'une tour; on remarque une éminence semblable, mais plus considérable, sur le mur d'enceinte même, à trois cents mètres de l'angle; enfin à deux cents mètres plus loin on voit une coupure par laquelle un petit ruisseau pénètre dans l'intérieur de l'enceinte. La muraille, se continuant ensuite en droite ligne jusqu'à l'angle est, n'offre plus rien de remarquable qu'une autre tour, placée à trois cent cinquante mètres de cet angle. La face nord-est porte donc trois tours, en y comprenant celle qui termine la muraille accessoire. A partir de la coupure qui donne passage au ruisseau, on commence à distinguer le fossé extérieur, qui a environ cinquante mètres de large.

La muraille qui forme le côté sud-est est très-distincte, ainsi que le fossé qui la borde dans toute son étendue. Elle n'offre d'ailleurs aucun détail remarquable, si ce n'est un élargissement extérieur, à deux cents mètres de l'angle est, et deux tours, dont la première est placée à huit cent vingt-cinq mètres de ce même angle, et l'autre à mille soixante-quinze; la première se trouve donc à peu près exactement au milieu de ce côté, puisque sa longueur totale est de seize cent quarante-cinq mètres.

L'angle sud est, comme les autres, parfaitement droit; à sa hauteur le fossé cesse d'être distinct, en sorte qu'il ne paraît border que deux des côtés de l'enceinte, les côtés nord-est et sud-est. Après un intervalle de trois cents mètres depuis l'angle sud, la face sud-ouest présente des traces de constructions accessoires assez remarquables. Une muraille s'en détache à l'intérieur, pour former un carré d'environ deux cents mètres de côté, enfermant de toutes parts un espace de la même forme. Un des côtés de ce carré, auquel on n'aperçoit aucune trace d'ouverture, est formé par la muraille d'enceinte elle-même, qui, considérablement élargie en cet endroit, prend l'aspect d'un monticule débordant à l'extérieur, et envoyant dans la plaine deux longs prolongements ou contre-forts. Cette disposition est assez semblable à celle du monticule même de Khorsabad; la ressemblance serait complète si le carré intérieur, formé par la muraille accessoire, était plein au lieu de renfermer un espace creux. M. Botta fit faire quelques fouilles dans cet endroit, mais sans succès; il n'y a trouvé que des pierres sans inscriptions ni sculptures, et des fragments de briques. Dans l'état actuel il est impossible de dire ce qu'a pu être cette espèce d'enceinte sans issue, renfermée elle-même dans la grande enceinte. Le côté sud-ouest de celle-ci n'offre ensuite plus rien de remarquable, si ce n'est deux tours, assez régulièrement placées à six cents mètres chacune de l'angle correspondant, de manière à diviser cette face, dont la longueur est de dix-sept cent cinquante mètres, en trois portions à peu près égales. On y voit aussi, à deux cent soixante-dix mètres de l'angle ouest, une coupure par laquelle s'échappe le petit ruisseau qui entre dans l'enceinte à travers le côté nord-est. C'est aussi par cette coupure que passe la route qui de Mossul conduit à Khorsabad.

A partir de l'angle ouest la muraille revient au nord-est sur une longueur de sept cent trente-cinq mètres, pour former une partie de la face nord-ouest ; elle se termine en s'abaissant peu à peu, et laisse entre elle et le monticule une ouverture de cent cinquante mètres. Près de sa terminaison une petite éminence indique la place d'une dernière tour ; enfin, à cent soixante-quinze mètres de l'angle ouest il y a une coupure à travers laquelle un ruisseau détaché de la petite rivière va rejoindre celui qui traverse l'enceinte. Cette rivière longe tout le côté nord-ouest de l'enceinte, en s'en rapprochant peu à peu de manière à passer très-près de l'angle ouest, qu'elle contourne en faisant un coude : c'est une saignée du Na'our, destinée à arroser les terres ; aussi est-elle souvent à nu lorsque les eaux ont été détournées sur les champs voisins.

Il résulte de cette description que la muraille d'enceinte de Khorsabad offre les traces de huit tours ; trois sur le côté nord-est, deux au côté sud-est, deux au côté sud-ouest, et une seule au côté nord-ouest. Ces tours ont actuellement l'apparence de petits monticules arrondis. On voit, en outre, quelques monticules semblables dispersés dans la plaine, et un entre autres assez considérable, à un kilomètre environ de Khorsabad. L'isolement et la forme conique de ces petites élévations ne permettent pas de douter qu'elles ne soient artificielles ; et elles renferment probablement les restes de constructions antiques ; mais elles sont trop peu considérables pour que l'on puisse espérer d'y trouver rien d'important.

Les ouvertures qui donnent accès dans l'enceinte sont au nombre de cinq, toutes situées dans la partie nord-ouest ; trois d'entre elles, l'une au côté nord-est, et les deux autres près de l'angle ouest, pa-

raissent destinées à donner passage aux eaux. Il est difficile de dire actuellement si elles datent des temps antiques, et si, par conséquent, elles font partie du plan primitif. Cette ouverture qui coupe le côté sud pour livrer passage au ruisseau est très-distincte ; les bords de la muraille y sont très-nets, et l'on ne voit pas, lorsqu'on la traverse, de pente indiquant les déblais qu'aurait dû produire la muraille, si elle était tombée naturellement, ou si elle avait été ouverte à dessein. Si cette ouverture, par laquelle sort le ruisseau, est antique, il doit en être de même de la coupure qui donne accès à celui-ci à travers le côté nord-est ; mais dans cet endroit la muraille étant beaucoup moins distincte, on ne peut apercevoir aucun indice d'antiquité dans l'apparence nette des bords. Cependant, si, comme il est probable, cette vaste enceinte a été destinée à enclore les jardins du palais construit sur le monticule, l'on est en droit de conjecturer que cette coupure a été faite pour introduire l'eau nécessaire à l'arrosage, et sans laquelle dans ce pays il n'y a pas de végétation possible. Quant à l'ouverture qui traverse la face de nord-ouest près de l'angle ouest, on ne saurait en expliquer l'existence par cette hypothèse. Cependant, si elle est moderne, il est difficile de dire dans quel but elle a pu être faite ; peut-être n'est-elle due qu'à un affaissement de la muraille causé par le marais qui baigne celle-ci à l'intérieur. Pour ce qui est des deux ouvertures qui isolent le monticule de l'enceinte, elles passent pour être antiques ; cela au moins paraît certain pour la plus méridionale et la plus grande : le terrain de celle-ci est tout à fait de niveau ; et quoique la muraille, avant de l'atteindre, paraisse diminuer peu à peu, il est cependant difficile de croire qu'elle ait assez complètement disparu pour ne laisser aucune trace. Il peut, au contraire, exister des doutes au sujet de l'ouverture septentrionale, qui est beaucoup plus petite. Il n'y reste, il est vrai, aucun vestige de la muraille ; mais comme l'espace ouvert est beaucoup plus étroit, et que le mur d'enceinte dans cette partie est bien plus effacé qu'ailleurs, on peut supposer qu'il a été détruit par l'action du temps et par le passage continuel des hommes et des animaux autour du monticule.

Le terrain compris dans cette vaste enceinte est à peu près horizontal; et comme il est un peu déprimé dans quelques points, les eaux se rassemblent et forment des marécages dans lesquels la nature des plantes indique la présence du sol; quelques parties desséchées par l'ardeur du soleil pendant l'été se couvrent d'efflorescences blanches. C'est cette portion de la route comprise dans l'enceinte qui a offert les plus grandes difficultés lors du transport des sculptures; quoique le sol parût ferme et solide à la surface, du moins pendant les chaleurs, il ne formait cependant qu'une croûte peu épaisse, recouvrant l'eau ou la vase, dans lesquelles les roues du chariot s'enfonçaient tellement qu'on ne pouvait les en tirer qu'avec les plus grands efforts.

Autour de ces marais le terrain de l'enceinte est cultivé comme le reste de la plaine; celle-ci en dehors de la muraille n'offre presque rien qui mérite d'être noté; seulement, en face du monticule, de l'autre côté de la petite rivière, il y a quelques ondulations de terrain qui indiquent peut-être d'anciennes constructions. Mais, malgré la présence de quelques pierres, cela est douteux; car il est possible que ces traces soient dues aux ruines de l'ancien village, qui effectivement était placé dans cet endroit. Dans un des creux où se rassemblent les eaux entre ces élévations se trouve un des deux autels découverts par M. Botta; il était à moitié enfoui dans la vase. Le second était jeté dans un champ situé plus au sud.

Tel est l'état actuel du monticule servant de base au monument, et de la muraille destinée à en renfermer les dépendances. En voici maintenant le mode de construction. Trompé par les apparences extérieures, M. Botta avait d'abord cru que le monticule était une simple accumulation de terres rapportées; mais des fouilles pratiquées en divers endroits le convainquirent que c'était une masse de briques séchées au soleil et posées par assises régulières. Ces briques, contrairement à ce qui arrive pour celles qui sont recuites au four, ne portent aucune inscription, et l'on n'aperçoit pas de trace de paille hachée dans leur composition; les assises ne sont nulle part séparées, comme à Babylone, par des lits de roseaux, et ne sont unies par aucun ciment bitumineux ou calcaire. Les briques ne semblent liées que par le même limon qui a servi à les faire; en sorte qu'aujourd'hui on ne peut les distinguer des couches du sol que par les lignes régulières, et souvent de couleurs différentes, que l'on aperçoit sur les parois des tranchées ouvertes. Lorsque ces parois ont subi pendant quelque temps l'action de l'air et du soleil, ces apparences disparaissent, et rien alors ne peut servir à distinguer ces masses de briques crues de la terre environnante. Autant qu'on en peut juger d'après leur état de cohésion et de décomposition actuel, ces briques ont environ quarante centimètres de longueur sur douze d'épaisseur; elles sont plus épaisses que celles qui ont été employées au passage des terrasses.

On conçoit qu'une masse terreuse formée de briques simplement séchées n'aurait pu résister à l'action du temps et des éléments; la partie supérieure n'aurait pas tardé à se fondre en quelque sorte et à s'écrouler: pour prévenir cet effet, qui aurait promptement amené la chute du monument, le monticule a été entouré d'une muraille de soutènement très-solide, qui servait de revêtement au massif de briques. Cette muraille, dont on voit un angle, était construite en blocs de pierres calcaires très-dures, venant des montagnes voisines; ces blocs ont la forme de parallélipipèdes rectangles, d'une coupe régulière, et sont disposés par assises, de manière à présenter alternativement au dehors leur face la plus large ou une de leurs extrémités; c'est-à-dire que tous étant posés de champ, l'un tapisse le massif, puis un et quelquefois deux autres continuent l'assise par leurs extrémités, la même alternative se répétant dans toute la longueur de celle-ci. Il en résulte qu'étant tous de même longueur, ceux qui présentent une extrémité au dehors dépassent à l'intérieur la ligne des autres, et s'encastrent dans le massif de briques. Cette disposition avait pour but de lier solidement l'amas terreux intérieur au revêtement extérieur.

Pendant la longue suite de siècles

postérieurs à la ruine de l'empire d'Assyrie et à la destruction du monument de Khorsabad, le revêtement, malgré sa solidité, a dû tomber ou même être démoli dans l'intention d'en faire servir les débris à d'autres usages; rien alors ne soutenant plus le massif de briques, les parties supérieures ont dû nécessairement s'écrouler, et c'est ainsi sans doute que les pentes se sont formées. Telle est aussi l'origine des échancrures qui en découpent les faces. Le plan du monument permet en effet d'affirmer que dans sa partie nord-ouest le monticule était plus étendu qu'il ne l'est aujourd'hui.

La muraille d'enceinte a été mise à découvert par une tranchée creusée près de l'angle est, à travers le long tumulus qui l'indique et la recouvre aujourd'hui. Cette muraille de quatorze mètres d'épaisseur, consistait en un massif de briques crues, supporté par une base formée d'un blocage grossier, revêtu à l'extérieur d'un parement de pierres calcaires. Ce soubassement n'a qu'un mètre de haut; le blocage intérieur est formé de pierres irrégulières entassées sans aucun ciment, et offrant un peu l'apparence d'une construction cyclopéenne; les blocs du revêtement sont taillés seulement à leur surface extérieure et sur les faces latérales, qui se touchent; l'extrémité intérieure, engagée dans le blocage, est irrégulière.

Sur cette base s'élève le mur de briques dont les assises régulières ont pu être comptées au nombre de douze, sur une hauteur totale de deux mètres. Les dimensions de ces briques sont semblables à celles dont le massif du monticule est composé, et elles ne sont pas plus séparées que ces dernières par des couches de roseaux, ni liées par du bitume ou par une autre espèce de ciment. En dehors de la muraille la tranchée pratiquée a mis à découvert les débris d'une autre construction (pl. III, B), qui devait occuper le fond ou le bord extérieur du fossé. Peut-être à cet endroit y avait-il une porte, et cette construction est-elle le reste d'une chaussée destinée à servir de passage à travers le fossé.

Comme on le voit, les rangs de briques subsistant encore dans l'intérieur des terres qui les cachent, n'ont aujourd'hui qu'une hauteur totale de trois mètres; mais il est indubitable qu'anciennement la hauteur de la muraille a dû être beaucoup plus considérable. En effet, cette masse de briques crues n'a pas été enfouie subitement, et avant de l'être, elle a dû rester pendant plusieurs siècles exposée à l'action de l'air et de la pluie; elle a donc dû nécessairement se dégrader et s'affaisser peu à peu, comme cela a eu lieu, par exemple, pour la grande enceinte de Ninive vis-à-vis de Mossul (1). « C'est, ajoute M. Botta, à l'affaissement de cette muraille de terre, qui s'est en quelque sorte délitée, que j'attribue en grande partie son enfouissement actuel et la grande largeur du tumulus qui en marque la place. » A mesure que le sommet s'est décomposé, les détritus se sont entassés à la base, jusqu'au moment où le sommet s'est trouvé de niveau avec les amas de terre produits par la décomposition et amoncelés de chaque côté; cette dégradation naturelle a dû s'arrêter alors, et les derniers rangs de briques, protégés par les débris, ont été conservés jusqu'à nos jours.

En voyant ces vastes constructions de briques, on se demande naturellement d'où a pu être tirée la terre qui a servi à les fabriquer? Les marais de l'enceinte et ceux des environs, indiquant des dépressions évidentes de terrain, pourraient fournir la réponse à cette question. Ces marais sans doute sont aujourd'hui peu profonds, et le terrain paraît presque partout de niveau; mais il est facile de concevoir qu'ils ont dû être peu à peu comblés par les détritus des végétaux et l'accumulation de la vase apportée par divers ruisseaux; l'existence de ces monuments depuis tant de siècles rend cette explication plausible. Le fossé, en outre, quoique très-peu visible aujourd'hui, a pu être autrefois beaucoup plus profond; et la terre qui en a été extraite a pu suffire pour la construction de la muraille. A peu de distance au nord de Khorsabad il y a de

---

(1) Cela étant, pourquoi les anciens ne s'accordent-ils pas entre eux sur la situation de Ninive? Évidemment parce que déjà de leur temps il n'en restait plus de vestiges à la surface du sol.

vastes fondrières, que M. Botta n'a pas traversées sans peine en partant du village pour regagner la route de Mardin ; elles doivent peut-être aussi leur origine à l'extraction de la terre nécessaire à la fabrication des briques.

Le lecteur connaît maintenant Khorsabad, le monticule et l'enceinte ; il nous reste à indiquer sommairement les monuments qui y ont été déterrés.

Exposition du plan des constructions antiques de Korsabad (1).

Il est très-difficile de faire une description méthodique des monuments que renfermait le monticule de Khorsabad ; et en jetant les yeux sur le plan (pl. IV), on en comprendra facilement les raisons. D'abord ceux qui ont élevé ces édifices se sont probablement peu préoccupés d'un ordre monumental ; ils ont rassemblé sur une base commune divers bâtiments nécessités par le séjour d'un souverain asiatique, en se réglant pour l'arrangement sur l'espace ou sur des convenances dont nous n'avons plus d'idée. En outre, dans leur état actuel, les monuments sont évidemment incomplets ; dans toute la partie nord-ouest l'éboulement du bord supérieur du monticule a entraîné la chute d'une portion des salles, et dans la partie sud-est l'absence aujourd'hui totale du revêtement primitif n'a pas permis de reconnaître la disposition intérieure du grand édifice qui entourait l'esplanade *m* (pl. VI).

Il est cependant possible de voir que l'ensemble des constructions se compose de quatre monuments distincts, dont deux sont entièrement séparés, et deux se confondent par un angle, sans avoir cependant de communication directe. Des deux premiers, l'un est un petit édifice de pierres noires, basaltiques, marqué X (pl. VI). Les salles XIII et XIV, dont il ne subsiste plus qu'une partie, constituaient l'autre, qui se trouve séparé de l'ensemble par le passage, ou la salle n° X. Les deux monuments contigus étaient beaucoup plus vastes ; l'un est formé par les salles I, II, III, IV, V, VI, VII, VIII,

X, XI et XII. Comme celui-ci avait conservé partout son revêtement de gypse, c'est dans son intérieur que l'on a trouvé la plus grande partie des inscriptions et des bas-reliefs découverts. L'autre était composé d'un corps de bâtiment central et de deux ailes en retour formant l'esplanade *m*; sauf la décoration des portes, le revêtement de cet édifice a complètement disparu ; il n'en reste plus que les murailles de briques crues.

L'irrégularité des rapports de ces monuments entre eux ne me permettant pas de procéder méthodiquement, je crois qu'il est préférable de les décrire séparément, après avoir toutefois donné une idée exacte de leur ensemble et de leur situation respective. Pour en faciliter la description, M. Botta distingue chacun de ces monuments par un nom particulier ; il donne le nom de *palais* à l'édifice formé par les salles nombreuses dans lesquelles le revêtement sculpté existe encore ; le monument contigu à celui-ci, dans lequel on n'a pas trouvé de sculpture, est désigné par le nom d'*édifice ruiné ;* enfin il appelle *temple* le petit édifice séparé, marqué *x* sur le plan, et *bâtiment accessoire* celui dont il ne reste qu'une portion formée par les salles XIII et XIV. Voici dans quel ordre M. Botta a divisé son sujet :

1° La position générale ;
2° La disposition particulière de chacun des édifices ;
3° Le mode de construction ;
4° Des détails propres à éclaircir divers points douteux, tels que le mode de toiture, l'enfouissement, etc. ; mais pour bien saisir les détails dans lesquels entre M. Botta il faut avoir sous les yeux les beaux dessins dont M. Flandin a enrichi ce magnifique ouvrage.

FOUILLES DE M. LAYARD AUX ENVIRONS DE MOSSUL.

Ruines de Nemroud, de Koyoundjik, de Karamles, de Keskaf, de Kalah-Schergat, etc.

Pendant l'automne de 1839 et l'hiver de 1840 (1), un Anglais, M. Layard, par-

---

(1) Chapitre III de l'ouvrage de MM. Botta et Flandin.

(1) Ce récit est extrait de mon compte ren-

courait l'Asie Mineure et la Syrie, visitant tous les lieux remarquables mentionnés dans l'histoire. Sans guide ni domestique, il n'avait pour compagnon qu'un ami, pour garde qu'un poignard. Une valise, attachée derrière la selle d'un cheval, composait tout son bagage. Le 18 mars il quitta Alep pour traverser la plage déserte qui s'étend de Bir à Orfa. A cette époque la guerre était allumée entre les deux grands réformateurs de l'islamisme, le sultan Mahmoud et Méhémet-Ali, vice-roi d'Égypte, et les tribus arabes profitaient de l'occasion pour piller les caravanes. Cependant l'intrépide voyageur atteignit sans encombre Nisibi ou Nésib, petite ville qui devint bientôt célèbre par la victoire qu'Ibrahim-Pacha remporta sur l'armée turque. Il s'arrêta quelque temps à Mossul, pour visiter les ruines situées sur la rive droite du Tigre, et renfermées dans les monticules de Koyounjick et Nebbi-Yonas. De là il se rendit, à travers une plaine aride, à la butte de Kalah-Shergat, vaste amas de décombres, près du village Hammoun-Ali, à quelque distance du point de jonction du Tigre avec la rivière Zab, le Lycus des anciens. — Les villes autrefois si fameuses de l'Assyrie et de l'Égypte ne sont aujourd'hui que des tertres ou monticules, qu'un peuple ignorant prend pour des tombeaux de géants. L'ignorance a parfois les charmes de la poésie.

Ces monticules, couverts d'herbes qui se dessèchent pendant les chaleurs de l'été, montrent çà et là, dans leurs flancs déchirés par des torrents d'hiver, les dépouilles qu'ils recèlent. Quelques tessons, des fragments de poteries, d'albâtre, de briques, sont ordinairement tout ce qui reste de la splendeur d'une antique cité. Ces débris, qui attristent l'âme, contrastent singulièrement avec l'aspect que nous offrent dans l'Asie Mineure les ruines grecques et romaines, signalées au loin par de sveltes colonnes qui s'élèvent gracieusement du milieu d'un bois verdoyant de myrtes et de lauriers roses. — Les indigènes désignent invariablement Nemrod comme le constructeur des tours, des palais et des villes en ruines. Nemrod joue dans les traditions musulmanes le même rôle qu'Odin chez les Scandinaves.

Après avoir passé plus d'un an à explorer la Mésopotamie, M. Layard revint à Constantinople, dans l'intention d'intéresser ses compatriotes à des fouilles qui devaient être entreprises sur une grande échelle.

Pendant cet intervalle M. Botta, récemment nommé consul à Mossul, avait lui-même fait commencer des fouilles sur les bords du Tigre, à Koyounjik, à l'emplacement présumé de Ninive. Après plusieurs mois de travaux infructueux, il allait renoncer à son projet, quand un paysan vint lui dire qu'il trouverait plus loin une grande quantité de pierres semblables à celles qu'il cherchait. M. Botta, souvent trompé par de pareilles indications, ne fut pas d'abord décidé à suivre l'avis du paysan. Cependant, pour l'acquit de sa conscience, il envoya plus tard au village indiqué un agent avec deux ouvriers. Après avoir essuyé quelques oppositions de la part des habitants, les ouvriers obtinrent enfin la permission de creuser un puits dans le monticule. A une petite profondeur ils touchèrent au sommet d'un mur construit en fragments de plâtre sculptés. A cette nouvelle, M. Botta se transporta lui-même au village de *Khorsabad*. Il fit aussitôt ouvrir, comme nous venons de le voir, une large tranchée dans la direction du mur, et mit ainsi à découvert plusieurs chambres communiquant entre elles, et bâties avec des pièces de plâtre couvertes de représentations sculptées de batailles, de processions, de sièges de villes, d'êtres fabuleux, etc. Tout un monde éteint reparut à la lumière.

Le consul français s'empressa d'annoncer sa bonne fortune aux savants de l'Europe, et il eut la courtoisie de faire d'abord passer ses dessins et ses lettres par les mains de M. Layard, qui, comme nous venons de le dire, résidait alors à Constantinople. L'annonce de la découverte de Ninive produisit une grande sensation, et le gouvernement se piqua d'honneur de faire venir à grands frais et déposer au Louvre les pans de murs, statues et bas-reliefs qui devaient, il y a trois mille ans, orner la capitale de Ninus.

du de l'ouvrage de M. Layard, dans les *Tablettes Européennes* du 10 septembre 1849.

Ce fut alors que M. Layard redoubla d'instances auprès de l'ambassadeur de sa nation ; et le succès obtenu par le consul français détermina enfin sir Stratfort Canning à fournir à son compatriote les moyens de recueillir dans ces fouilles une part de gloire.

Parti de Constantinople, M. Layard arriva à Mossul vers la fin d'octobre 1845, et il se mit sur-le-champ à l'œuvre. Ses recherches portèrent moins sur les ruines de Khorsabad que sur les buttes situées le long de la rive orientale du Tigre, depuis le village de Nemroud jusqu'à Koyounjick, près de Mossul. Dans les ruines de Nemroud, il trouva des objets de sculpture tout à fait semblables à ceux que M. Botta avait trouvés à Khorsabad. Cependant ces deux villages sont à plus de quarante kilomètres l'un de l'autre, et tous deux passent pour contenir les ruines de Ninive.

Il faut lire dans l'ouvrage de M. Layard la description de ces gigantesques bas-reliefs, de ces figures ailées, à tête d'homme, aux cheveux frisés, et à corps de lion ou de taureau, figures plus étranges encore que celles qu'on voit sculptées autour du portail de nos vieilles cathédrales. Le fini de l'exécution y révèle un art avancé et une profonde connaissance de la nature ; le contour des muscles et le trajet des artères y sont nettement mis en relief.

Aucun Européen ne doit entreprendre des fouilles dans ce pays sans s'être préalablement assuré de l'amitié des tribus nomades, qui sont généralement habituées à se moquer des ordres du pacha, et vivent dans un état d'hostilité permanent contre les autorités établies. Nous ne parlons même pas de la superstition et des préjugés religieux des habitants, qui suscitent à tout chrétien mille tracasseries.

Ruines de Nemroud (1). Ces ruines sont situées à 36° lat. nord et 43° 27′ long. est de Greenwich, sur la rive gauche (orientale) du Tigre, à trois ou quatre kilomètres de ce fleuve, à peu près à égale distance de la rive droite de l'Abou-Selmen (le Grand-Zab), et presque au sommet de l'angle que ces deux rivières forment par leur jonction. Elles sont à neuf lieues environ au sud de Mossul et à quinze lieues de Khorsabad, en ligne directe (en comptant vingt-cinq lieues par degré de latitude) d'après l'excellente carte de M. Layard.

Nemroud est un petit village, rempli de décombres, comme *Naïfa*, autre petit village, à deux kilomètres au nord-ouest de Nemroud. C'est à vingt minutes de chemin à l'est du village de Nemroud que se trouve le principal amas de ruines (*the principal mound*). Je laisse ici parler M. Layard lui-même : « L'absence de toute végétation me facilita l'examen de ces ruines. Des fragments de poteries et de briques portant des inscriptions cunéiformes gisaient épars de tous côtés. Les Arabes épiaient tous mes mouvements, et me voyaient avec surprise ramasser des objets. Bientôt ils se mirent eux-mêmes au travail, et me rapportèrent des tas de décombres au milieu desquels je trouvai, à mon grand plaisir, un fragment de bas-relief. La pierre avait été exposée au feu, et ressemblait en tout point (*in every respect*) au gypse brûlé (*burnt gypsum*) de Khorsabad. Convaincu par cette découverte qu'on rencontrerait d'autres restes de sculptures, je me mis à la recherche d'un endroit où l'on pourrait commencer des fouilles avec succès. Awad (serviteur arabe) me conduisit à une pièce d'albâtre qui apparaissait au-dessus du sol. Nous ne pûmes pas la soulever, et en creusant autour, nous vîmes que c'était la partie supérieure d'une large masure (*slab*). J'ordonnai à tous les ouvriers de creuser autour, et bientôt ils mirent à nu une seconde masure, à laquelle la première avait été unie. En continuant ainsi, nous découvrîmes une troisième, et, dans le courant de la matinée, nous en trouvâmes jusqu'à dix, le tout formant un carré ; il n'y manquait qu'une seule pierre, à l'angle nord-ouest. Il était évident que le sommet d'une chambre (*the top of a chamber*) avait été mis à découvert, et que la brèche (*gap*) était son entrée (la chambre A du plan). En continuant à creuser, je trouvai au centre de ces masures plusieurs inscrip-

---

(1) Les Arabes donnent, comme nous l'avons vu, à beaucoup de ruines le nom de Nemroud.

tions cunéiformes très-bien conservées (*in the best preservation*). Je laissai là la moitié de mes ouvriers pour déblayer la chambre, tandis que je me dirigeai avec l'autre moitié vers l'angle sud-est des ruines, où j'avais observé beaucoup de fragments d'albâtre calciné. J'attaquai le côté qui, étant fortement incliné, prévint tout encombrement. Nous atteignîmes immédiatement un mur, portant les mêmes caractères cunéiformes; mais la masure avait subi l'action d'une chaleur intense : elle était fendillée de toutes parts, et menaçait de tomber en pièces. La nuit arrêta nos travaux, et je revins au village, satisfait de mon résultat. Il était évident que des édifices considérables étaient enfouis sous ces décombres, et que si les uns avaient été détruits par le feu, les autres y avaient échappé. Comme il y avait des inscriptions, et que l'on avait trouvé le fragment d'un bas-relief, il était naturel de supposer qu'il y avait aussi des sculptures ensevelies.

« Le lendemain matin, cinq Turcomans de Sélameyah, attirés par la perspective de gages réguliers, vinrent grossir ma troupe. J'en employai la moitié à déblayer la chambre incomplètement vidée la veille, et le reste à poursuivre le mur dans l'angle sud-ouest de la butte. Avant le soir la première besogne fut achevée, et je me trouvai dans une chambre bâtie avec des blocs (*slabs*) d'environ huit pieds de haut, sur quatre à six de largeur, placés perpendiculairement et bien joints ensemble. L'un de ces blocs s'était dévié de sa place, et était supporté, dans une position inclinée, par le sol qui était derrière. On y lisait, en caractères arabes, le nom, grossièrement gravé, d'Ahmed-Pacha, l'un des précédents gouverneurs héréditaires de Mossul. Un habitant de Sélameyah me raconta à cette occasion qu'il y avait une trentaine d'années que l'on avait employé des chrétiens à chercher ici des pierres pour la réparation du tombeau d'un saint musulman, du sultan Abd-Allah, enterré sur la rive gauche du Tigre, à quelques milles au-dessous de la jonction de ce fleuve avec le Zab. Le plancher de la chambre était pavé en briques, plus petites que celles qui avaient servi à la construction des murs. Elles étaient couvertes d'inscriptions des deux côtés, et placées sur une couche de bitume, qui portait l'empreinte de caractères cunéiformes. Comme le plafond manquait, il était impossible de préciser la hauteur primitive de la chambre.

« Dans les déblais, près du plancher, je trouvai divers ornements d'ivoire, portant des traces de dorure. On y voyait une figure d'homme vêtu d'une longue tunique, tenant dans une main la croix ansée des Égyptiens, la portion d'un sphinx accroupi, et des fleurs dessinées avec beaucoup de goût et d'élégance. — En atteignant au pied des masures du sud-ouest, je trouvai un grand amas de charbon, preuve évidente de la destruction de ces édifices par le feu. Je continuai les fouilles dans plusieurs directions, et dans beaucoup de points je rencontrai des murs communiquant entre eux sous différents angles.

« Le troisième jour, j'ouvris une tranchée dans la butte conique, et je n'y trouvai que des fragments de briques portant des inscriptions (1). »

M. Layard continua ses fouilles jusqu'au 13 novembre (il les avait commencées le 9) dans le côté sud-ouest, mais sans découvrir de sculptures. Il retourna ensuite à Mossul, pour aplanir quelques difficultés auprès du pacha; puis il revint à Nimroud. Pendant son absence, les ouvriers avaient continué les travaux de déblayement. Ils mirent à découvert de nouveaux murs et de nouvelles entrées, ainsi que des fragments de briques chargés d'inscriptions. D'après la disposition de ces inscriptions M. Layard jugea que dans certains endroits les pans de quelques édifices avaient servi de matériaux à la construction d'autres édifices, situés dans un coin opposé. Le sol, mêlé de briques séchées, de poteries et de fragments d'albâtre, offrit beaucoup de résistance aux outils. Les Chaldéens, montagnards robustes, étaient employés à défoncer ce sol compacte, et les Arabes à emporter le déblai.

Pour se mettre à l'abri des dépréda-

---

(1) Layard, *Nineveh and its remains*, etc., vol. I, p. 26-31. (Lond., 1849.)

tions des Arabes, M. Layard transporta sa résidence de Naïfa à *Selameyah.* Ce dernier village, à deux lieues plus au nord, près du Tigre, était autrefois une place de quelque importance. Les géographes arabes le mentionnent comme un gros bourg, et le rattachent généralement aux ruines d'Assur ou Nimroud. En 1838 Sélameyah était encore un village florissant, et pouvait fournir cent cinquante cavaliers bien armés. Mais depuis que le pacha l'avait mis au pillage, les habitants s'étaient réfugiés dans les montagnes. A l'époque (en 1843) où M. Layard y transporta sa résidence, il ne restait plus de ce village que dix misérables cabanes au milieu de ruines de bazars et de rues environnant le kasr ou palais, appartenant à la famille des anciens pachas de Mossul. C'est là que M. Layard demeura pendant les fouilles qu'il fit exécuter à Nimroud.

Les habitants actuels de Sélameyah et de la plupart des villages de ce district du pachalik sont des Turcomans, qui descendent des tribus que les premiers sultans turcs amenèrent avec eux du nord de l'Asie pour repeupler cette contrée dévastée par des invasions étrangères et des massacres répétés. Dans cette partie de l'empire ottoman, excepté à Mossul et dans les montagnes, on rencontre à peine quelques vestiges de l'ancienne population. Les habitants des plaines à l'est du Tigre sont généralement Turcomans ou Kurdes, mêlés aux Arabes ou aux Yézides, qui sont des étrangers dans le pays, et dont l'origine ne saurait être facilement déterminée. Le petit nombre de Chaldéens et de chrétiens jacobites dispersés à Mossul et dans les villages voisins, ou établis dans les parties les plus inaccessibles des montagnes, leurs anciens lieux de refuge devant les bandes de Tamerlan, sont probablement les seuls descendants des habitants primitifs de ces régions (1).

Tous les matins M. Layard se rendait avec ses ouvriers aux ruines. Plusieurs murs furent complétement déblayés. Après quelques nouveaux efforts, il découvrit sur la face nord d'un mur, près de l'entrée de la chambre, deux bas-reliefs superposés et séparés l'un de l'autre par une bande d'inscriptions (1). Le bas-relief supérieur représentait une scène de combat. Deux chariots, traînés par des chevaux richement caparaçonnés, sont chacun occupés par un groupe de trois guerriers; le principal personnage est sans barbe et évidemment un eunuque. Il a le corps revêtu d'une cotte de mailles, et porte sur la tête un casque pointu, dont les parties latérales se prolongent de manière à couvrir les oreilles, la partie inférieure de la face et le cou. A la main gauche tendue il tient un arc bandé, pendant qu'il tient à la main droite une flèche prête à être lancée. Un second guerrier fait galoper trois chevaux à travers une plaine. Un troisième guerrier, sans casque, à cheval et à barbe frisée, tient un bouclier pour la défense du principal personnage. Sous les pieds des chevaux sont les ennemis blessés et vaincus. L'ornementation est riche et élégante; le dessin des membres et des muscles est parfait. « Sous tous ces rapports, ainsi que sous le rapport du costume, cette sculpture, ajoute M. Layard, non-seulement ressemble aux bas-reliefs de Khorsabad, mais elle les surpasse même (2). »

Le bas-relief inférieur représente le siége d'une forteresse ou d'une ville fortifiée. A la gauche sont des guerriers tenant chacun d'une main un bouclier rond, et de l'autre un glaive court; une tunique, serrée par une ceinture, et ornée de franges, leur descend jusqu'aux genoux; un carquois est suspendu au dos, et le bras gauche tient un arc. Ils portent aussi des casques pointus. Le premier guerrier monte sur une échelle placée contre une forteresse. Trois tours avec des créneaux s'élèvent au-dessus des murs. Dans la première tour sont des guerriers : l'un sur le point de tirer l'arc, l'autre lève un bouclier et jette une pierre aux assaillants, qui se distinguent des assiégés par leur coiffure, qui est un simple bandeau retenant les cheveux au-dessus des tempes. Leurs barbes étaient soigneusement arrangées. La seconde tour est occu-

---

(1) Layard, vol. I, p. 38.

(1) N°s 1 et 2 des planches de Layard.
(2) Layard, vol. I, p. 41.

pée par un frondeur prêt à lancer un projectile. Dans l'espace compris entre cette tour et la troisième, et au-dessus d'un portique en voûte, est une figure de femme ou d'eunuque, reconnaissable à ses cheveux tombant sur les épaules. Sa main droite est levée dans l'attitude de demander grâce. Dans la troisième tour sont des assiégés, dont l'un décoche un trait, tandis que l'autre tient un bouclier et s'efforce de mettre le feu à une hélépole (machine de guerre semblable à une catapulte), rapprochée du mur sur un plan incliné, composé de sarments. Le n° 2 est une pierre angulaire, dont les bas-reliefs sont fort endommagés.

Ici les fouilles furent un moment interrompues, par les tracasseries du pacha, qui prétendait que l'on violait des tombeaux, ce qui est interdit par la loi. — En reprenant ses recherches M. Layard découvrit au centre du monticule deux taureaux gigantesques ailés, à moitié détruits, puis deux petits lions ailés, qui paraissaient avoir occupé l'entrée d'une chambre, enfin une figure humaine, de neuf pieds de haut, ayant la main droite levée et tenant à la main gauche un rameau à trois fleurs (1).

Dès lors il n'y eut plus de doute sur l'existence de sculptures, d'inscriptions et même de grands édifices dans l'intérieur de la butte de Nemroud. M. Layard en avertit sir Stratford Canning, ambassadeur anglais à Constantinople, et demanda un firman à la Porte, afin de pouvoir continuer ses recherches sans avoir à essuyer le mauvais vouloir des habitants ou des autorités locales. C'était vers la Noël. En attendant une réponse, M. Layard se retira à Mossul, après avoir couvert de terre ses précieuses trouvailles et laissé un agent à Sélameyeh, village tout voisin de Nemroud. M. Layard se rendit ensuite à Bagdad, préparant les moyens d'enlever plus tard les sculptures qu'il venait de découvrir.

Il revint à Nemroud le 17 janvier. Dans cette saison Nemroud n'était plus un tertre aride; les pluies continuelles depuis le mois de décembre y avaient fait pousser de la verdure. Du haut de ce tertre pyramidal la vue embrasse d'un côté la vaste plaine située entre le Tigre et le Zab, tandis que de l'autre elle s'arrête sur un terrain onduleux, borné par les cimes neigeuses des montagnes du Curdistan. Les tentes noires des Arabes tranchaient sur le tapis vert de la plaine, où paissaient de nombreux troupeaux. A peine M. Layard eut-il repris ses fouilles, qui amenèrent la découverte de nouvelles sculptures (des figures d'hommes à longues robes frangées, portant des *pyréthés* ou vases contenant le feu sacré), que le cadi de Mossul le fit accuser, par des voies détournées, de rechercher des trésors. Pour comble de malheur, les tribus arabes des environs harcelaient de leur côté sans cesse les ouvriers, qui devaient souvent s'occuper de leur défense personnelle contre les assaillants.

Cependant vers le milieu de février, M. Layard put reprendre ses fouilles, et sa persévérance fut largement récompensée; il mit à nu des bas-reliefs dont les ornements et les costumes rappelaient tout à fait ceux de Khorsabad. Ces bas-reliefs représentent un roi, reconnaissable à sa tiare, debout sur un guerrier terrassé; il élève la main droite, et appuie la gauche sur un arc. L'homme qui est sous ses pieds, probablement un ennemi vaincu ou un rebelle, porte un bonnet pointu. Un eunuque tient un parasol au-dessus de la tête du roi, qui semble s'entretenir avec la figure d'homme placée en face. Derrière cet homme, probablement un ministre, dont la coiffure consiste en un simple filet autour des tempes, sont deux serviteurs, dont le premier est un eunuque et le second une figure à barbe. Ce bas-relief est séparé d'un autre, placé au-dessus, par une bande d'inscriptions. Mais les sculptures de ce bas-relief supérieur étaient si endommagées, que l'on ne pouvait y distinguer que la figure d'un homme blessé, portant un casque semblable à celui des Grecs (*a helmet with a curved crest, resembling the Greek*).

Dans la même tranchée M. Layard découvrit encore d'autres sculptures de figures gigantesques et des inscriptions, également très-endommagées,

(1) On voit une ou deux de ces figures au musée du Louvre. Voyez la planche.

non par le feu, mais par l'action de l'air, auquel ce monument avait été longtemps exposé avant d'être enseveli (1).

Le monticule était sillonné par un ravin. M. Layard fit ouvrir une tranchée au centre de ce ravin. Après deux jours de travail, les ouvriers mirent à nu des figures humaines, bien au-dessus de la grandeur naturelle, sculptées en bas-relief et présentant tout l'aspect d'un ouvrage récent. Les ornements délicatement gravés sur les robes, les franges, les bracelets, la barbe et les cheveux frisés, tout était dans un état de conservation parfait. Ces figures se tournaient le dos, et étaient munies d'ailes. Elles paraissaient représenter des divinités présidant à l'ordre des saisons. L'une, dont la face était tournée à l'est, porte une bête fauve sur son bras droit, tandis qu'elle tient dans la main gauche un rameau à cinq fleurs. Elle a autour de la tête un bandeau, orné au front d'une rosette. L'autre tient un vaisseau carré dans la main gauche, et dans la main droite une pomme du pin (*fire cone*) (2). La tête est enveloppée d'un bonnet, à la base duquel est une corne. Le costume de l'un et de l'autre personnage consiste en une stole tombant des épaules aux talons, et en une tunique descendant jusqu'aux genoux; ces vêtements sont ornés de broderies et de franges, et la chevelure est arrangée artistement. Les membres sont d'un dessin parfait et les muscles fidèlement marqués. La sculpture est traversée par une inscription.

M. Layard attribue ces bas-reliefs à la partie la plus ancienne du palais de Nemroud, sans doute parce qu'ils étaient le mieux conservés; ce n'est guère logique.

La pierre angulaire de l'édifice porte une figure humaine ailée et à tête d'aigle ou de vautour. (M. Layard en donne le dessin que voici : « Le bec, d'une largeur considérable et à demi ouvert, laisse voir une langue pointue, colorée en rouge (*still coloured with red paint*). Sur les épaules tombe la chevelure frisée ordinaire, et sur le sommet de la tête s'élève une crête de plumes. Deux ailes sortent du dos; dans une main on voit le pyréthé et dans l'autre le *fircone*.

Sur toutes ces figures il était facile de distinguer la couleur des cheveux, de la barbe, des yeux et des sandales. Le bloc où elles étaient représentées n'avait point souffert de l'injure du temps, et pouvait être facilement enlevé.

Cependant M. Layard s'était concilié non-seulement l'estime, mais la coopération même du chéik Abd-ur-Rahman et de ses gens, qui occupaient les environs des ruines de Nemroud. Surmontant leur antipathie naturelle pour ce genre de travaux, les Arabes finirent par s'y intéresser eux-mêmes vivement. « Le lendemain, dit M. Layard, en me rendant au camp du chéik Abd-ur-Rahman, je fus rejoint par deux Arabes de sa tribu, qui avaient lancé leurs chevaux au galop. En s'approchant de moi, ils s'arrêtèrent : « Allez vite aux ruines, dit l'un d'eux, car on vient de trouver Nemroud lui-même. Par Allah! c'est merveilleux, mais c'est vrai. Nous l'avons vu de nos propres yeux. Il n'y a qu'un Dieu! » En poussant tous deux cette exclamation, ils galopèrent vers leurs tentes sans prononcer d'autre parole.

« Arrivé aux ruines, je descendis dans la nouvelle tranchée, et trouvai les ouvriers, qui m'avaient déjà aperçu, réunis près d'un tas de palmiers et de manteaux. Au moment où Awad s'avança, me demandant un présent pour célébrer la circonstance, les Arabes ôtèrent une espèce d'écran, qu'ils avaient construit en toute hâte, et découvrirent à mes regards une énorme tête d'homme, sculptée en plein sur de l'albâtre de la contrée; le reste du corps était encore engagé dans le sol. Je vis en même temps que cette tête devait appartenir à une de ces figures à corps de lion ou de taureau ailé qu'on avait trouvées à Khorsabad. Elle était admirablement bien conservée. Son expression était calme et majestueuse, et le

---

(1) Layard, *Nineveh*, etc., vol. I, p. 62 : *These experiments were sufficient to prove that the building had not been entirely destroyed by fire, but had been partly exposed to gradual decay.*

(2) Ces prétendus cônes ou pommes de pin sont, selon moi, des bourgeons, symbole du réveil de la nature.

contour de ses traits dénotait une connaissance de l'art qu'on ne devait guère s'attendre à trouver dans les ouvrages d'une époque si reculée. Le bonnet était entouré de trois cornes; il était arrondi et sans ornement au sommet, comme ceux qu'on a jusqu'à présent rencontrés en Assyrie. (*Voy.* la figure ci-dessous.)

« Je n'étais plus surpris de la stupéfaction et de la terreur des Arabes à cette apparition. Il ne fallait pas une grande force d'imagination pour se créer les êtres les plus fantastiques. Cette tête gigantesque, blanchie par le temps, sortant des entrailles de la terre, pouvait bien avoir appartenu à un de ces fantômes épouvantables que les indigènes dépeignent, dans leurs traditions, comme s'élevant lentement des enfers pour apparaître aux mortels. L'ouvrier qui le premier avait mis le monstre à nu jeta avec terreur son outil, et courut à toutes jambes à Mossul, sans regarder derrière lui.

« Pendant que je faisais nettoyer la sculpture et que je donnais des ordres pour continuer les travaux, un bruit de cavalerie vint frapper mes oreilles. C'était Abd-ur-Rahman, suivi de la moitié de sa tribu, qui se montra au bord de la tranchée. Aussitôt que les deux Arabes dont nous avons parlé eurent gagné leurs tentes et publié les merveilles qu'ils avaient vues, tous les autres montèrent à cheval et se mirent en route pour s'assurer eux-mêmes de la vérité. Dès qu'ils aperçurent la tête, ils s'écrièrent tous à la fois : « Il n'y a qu'un seul Dieu, et Mohamed est son prophète! » J'eus quelque peine à déterminer le chéik à descendre dans la fosse et à se convaincre que c'était une figure de pierre. « Ce n'est pas là, s'écriait-il, l'ouvrage des mains de l'homme, c'est celui de ces géants infidèles dont parle le prophète, que la paix soit avec lui! et qui étaient plus grandes que le plus haut des palmiers; c'est une de ces idoles que Noé, — que la paix soit avec lui! — a maudites avant le déluge. » Ces paroles, prononcées après un examen minutieux, furent applaudies par tous les assistants (1). »

Cependant la nouvelle de l'apparition de Nemroud lui-même parvint aux oreilles du cadi des ulémas. Ceux-ci se réunirent pour délibérer, et obtinrent un ordre formel du pacha d'arrêter les fouilles. En conséquence, M. Layard renvoya ses ouvriers, excepté deux, qui continuaient les travaux pour ainsi dire en cachette. Vers la fin de mars, il découvrit deux autres lions à ailes et à face humaine, différant des autres par la forme humaine, qui était prolongée jusqu'au thorax armé. Ces figures conduisaient d'une main une chèvre ou biche, tandis que de l'autre elles tenaient un rameau à trois fleurs. Elles occupaient l'entrée septentrionale de la chambre dont les lions déjà mentionnés formaient le portail méridional. Elles ont environ douze pieds de haut, sur autant de longueur. Le corps et les membres sont admirablement bien dessinés; la façon des muscles et des os indique une profonde connaissance de l'anatomie des formes. Ces sculptures sont partie en plain (*in full*), partie en relief. La tête et le poitrail, regardant la chambre, sont en plain; un côté seulement du bloc est sculpté; la partie postérieure est appuyée contre le mur en briques non cuites. Tout le reste du bloc est couvert d'inscriptions cunéiformes.

Les réflexions archéologico-historiques auxquelles se livre ici M. Layard, ne reposent que sur de simples hypothèses

(1) *Nineveh and its remains*, p. 65 et suiv.

(p. 70). L'intégrité même de ces monuments aurait dû lui prouver qu'ils ne pouvaient être aussi anciens qu'il le pense.

Derrière ces lions était une autre chambre (chambre C du plan). M. Layard fit débloquer environ cinquante pieds du mur septentrional. Sur chaque bloc étaient gravées des figures ailées, à bonnet cornu, avec le panier carré (pyréthé) et le bourgeon. Elles étaient groupées par deux, l'une en face de l'autre; dans l'espace intermédiaire se trouvait un arbre symbolique, semblable à celui de la pierre angulaire de la chambre B. Tous ces bas-reliefs étaient d'une exécution inférieure aux autres.

Durant le mois de mars, M. Layard reçut la visite des principaux chéiks des Djebours-Arabes, dont les tribus venaient de passer le Tigre pour faire paître leurs troupeaux dans le voisinage de Nemroud, ou cultiver du durrah sur les bords du fleuve. Les Djebours sont une branche de l'ancienne tribu des Obéides. Leurs campements ordinaires sont sur les rives de Khabour, depuis l'embouchure de cette rivière dans l'Euphrate jusqu'à sa source à Ras-el-Aïn. Ils furent subitement attaqués et pillés, il y a deux ou trois ans, par les Aneyza, et obligés de quitter leurs demeures pour se réfugier dans les environs de Mossul. C'est là l'histoire de beaucoup de ces tribus arabes. Les Djebours étaient alors divisés en trois branches, obéissant chacune à son chéik. Ces trois chefs se nommaient Add'rubbou, Mohammed-Emin et Mohammed-El-Dogher. Ils rendirent de grands services à M. Layard pour la continuation de ses fouilles (1).

Le milieu de mars est ici la plus belle époque de l'année. Des fleurs de toutes couleurs émaillaient les prairies; elles n'y étaient pas clairsemées, comme dans les climats du Nord, mais groupées et rapprochées. Les chiens, en revenant de la chasse, étaient teints en rouge, en blanc ou en jaune, suivant les espèces de fleurs à travers lesquelles ils s'étaient frayé une route.

« Abd-ur-Rahman, raconte M. Layard, vint un matin dans ma tente, proposant de me faire voir un ouvrage remarquable du géant Nimrod, taillé dans le roc. Les Arabes le nomment *Negoub*, c'est-à-dire *la Caverne*. Nous fûmes des heures avant d'y arriver, parce que nous avions chassé en route le lièvre et la gazelle. Un tunnel, percé dans le rocher, s'ouvre par deux voûtes basses sur la rivière (le grand Zab). Il est d'une longueur considérable, et continué pendant environ un mille par un canal profond, également taillé dans le roc, mais ouvert par le sommet. Je soupçonnai tout de suite (*I suspected at once*) que c'était un ouvrage assyrien, et, en examinant l'intérieur du tunnel, je découvris un bloc couvert de caractères cunéiformes, qui était tombé dans la crevasse d'un rocher et y formait une sorte de plate-forme. Je parvins, avec beaucoup de peine à constater qu'il y avait aussi une inscription sur la face opposée de la table. Comme l'endroit était très-sombre, il me fut presque impossible de copier le peu de caractères qui avaient résisté à l'injure des temps. Quelques jours après, d'autres qui avaient par hasard entendu parler de ma visite, et qui espéraient y trouver quelques débris assyriens, envoyèrent des ouvriers, qui, trouvant le bloc, le mirent en pièces, pour la facilité du déplacement. La destruction de cette table est très-regrettable; car par le fragment de l'inscription que j'ai copiée je pus voir qu'il contient une liste de rois importants et à moi inconnue (1). J'avais l'intention de retirer soigneusement la pierre, avec l'espoir de m'assurer, dans une lumière convenable de l'exactitude de la forme des caractères. Ce n'était pas la seule perte que j'avais à déplorer par la jalousie et la concurrence des rivaux (*from the jealousy and competition of rivals*).

« Le tunnel de Négoub est incontestablement un ouvrage remarquable,

(1) Ils appartenaient à la secte des schiites. D'après la doctrine de ces sectaires, les objets susceptibles d'absorber l'humidité deviennent impurs après qu'un chrétien ou un juif y a touché.

(1) *From the fragment of the inscription I copied, I can perceive that it contained an important, and to me new, genealogical list of kings.* Affirmer aussi imperturbablement qu'on sait ce que renferment ces inscriptions indéchiffrables, voilà ce qui ne me surprend plus.

entrepris, autant que j'en puis juger par le fragment d'inscription, pendant le règne d'un roi assyrien de la dernière dynastie, qui peut avoir élevé la table pour rappeler l'achèvement de l'œuvre. Son but est plus incertain. Ce tunnel peut avoir été construit pour conduire les eaux du Zab dans la contrée environnante pour les besoins de l'irrigation, ou il peut avoir été la terminaison du grand canal, dont le tracé est marqué encore par une double rangée de collines près des ruines de Nemroud, et qui aura joint le Tigre au Zab. Dans tous les cas, le niveau des deux rivières, aussi bien que la face du pays, doit avoir changé considérablement depuis la période de sa construction. A présent Négoub est au-dessus du niveau du Zab, et ce n'est qu'à l'époque des crues que l'on trouve de l'eau dans l'ouverture du Tunnel (1). »

M. Layard suspendit ses fouilles en attendant des secours de Constantinople. Il profita de cet intervalle pour visiter le cheik de la grande tribu arabe de Chammar, qui occupe presque toute la Mésopotamie. Ce chéik, qui s'appelait Sofuk, avait eu des démêlés fâcheux avec le pacha de Mossul.

Cependant M. Layard se hâta de revenir à Nemroud. Les deux ouvriers qu'il y avait laissés avaient trouvé derrière les lions de l'entrée orientale de la chambre deux petits objets en cuivre, des tablettes d'albâtre, portant des inscriptions des deux côtés, etc. (2). Parmi les objets on remarque la tête en cuivre d'un bélier, plusieurs mains ayant les doigts joints, ou quelques fleurs et des têtes de canards.

Les chaleurs de l'été ralentirent les travaux. La verdure fut brûlée aussi vite qu'elle avait poussé au premier souffle du printemps. Les vents chauds du désert firent disparaître herbes et arbrisseaux, et des nuées de sauterelles obscurcirent l'atmosphère. Les Arabes Abou-Solmans plièrent leurs tentes, et vinrent s'établir dans leurs *ozailis* ou cabanes de roseau sur les bords de la rivière. Les Chemuttis et Dgehesh étaient retournés à leurs villages, et la plaine présentait le même aspect nu et désolé qu'au mois de novembre. Des orages violents, soulevant des colonnes de sable, obscurcissaient de temps à autre l'air, et forçaient les travailleurs à chercher un refuge sous les blocs de pierre.

Cependant les ouvriers continuèrent leurs fouilles. Ils mirent à découvert, dans une autre tranchée, des sculptures représentant un roi tenant un arc d'une main et deux flèches de l'autre. Il est suivi d'un eunuque portant une massue, un second arc et un carquois. En face du roi est son vizir, les mains croisées sur la poitrine et également suivi d'un eunuque. Ces figures sont environ de huit pieds de haut; le relief est très-peu saillant, et les ornements riches et soigneusement gravés. Les bracelets et les armes sont tous ornés de têtes de bœuf et de bélier. On voit encore la couleur aux cheveux, à la barbe et aux sandales. Près de l'angle d'un mur est une des figures ailées, à bonnet cornu, portant un bourgeon d'une main et un panier carré de l'autre. Ses dimensions sont gigantesques : elle a environ seize pieds et demi de haut. Les figures d'hommes qui viennent après paraissent appartenir à une race différente : les unes sont dans l'attitude de suppliants, les autres offrent des présents. Une de ces figures est suivie de deux singes, qu'elle mène par une corde. L'un de ces singes se lève sur ses pattes de derrière, tandis que l'autre est assis sur les épaules de son conducteur. Les costumes de toutes ces figures sont étranges. Elles portent des bottes hautes, relevées aux orteils et ressemblant un peu à celles qui sont encore en usage en Turquie et en Perse (*high boots turned up at the toes, somewhat resembling those still in use in Turkey and Persia*) (1). Leurs bonnets, quoique coniques, paraissaient avoir été faits en étoffe de feutre ou de lin. Leur tunique varie de forme; et les franges différent de celles des guerriers à haut bonnet représentés sur d'autres bas-reliefs. Le conducteur des singes porte une tunique qui descend jus-

---

(1) Layard, vol. I, p. 80-81.
(2) Tous ces objets se trouvent actuellement au Musée Britannique.

(1) Layard, vol. I, p. 126. — Ces bas-reliefs se trouvent aujourd'hui au Musée Britannique.

qu'au gros de la jambe (to the calf of the leg). Ses cheveux sont retenus par un simple bandeau. Il y avait des traces de couleur noire sur toute la face, et il est probable que la figure devait représenter un Nègre. Il se peut aussi que la peinture des cheveux ait été entraînée par l'eau de pluie sur le reste de la sculpture. Ces particularités indiquent que les personnes ainsi figurées étaient des prisonniers de quelque contrée lointaine, apportant des tributs au conquérant.

M. Layard découvrit enfin des figures à tête d'aigle, des lièvres ou des taureaux à tête d'homme, semblables à celles déjà exhumées, ainsi que des débris de bas-reliefs représentant des scènes de combats et de siéges de ville. L'une des sculptures les plus belles, actuellement au Musée Britanique de Londres, est la tête d'un taureau ailé, à face humaine, en calcaire jaune (yellow limestone). Le reste du corps était tombé en morceaux. Au-dessous de ces débris, M. Layard trouva seize lions de bronze, admirablement dessinés, diminuant de grandeur depuis un pied de long jusqu'à un pouce de large. Sur leur dos était fixé un anneau qui leur donnait l'apparence de poids (giving them the appearance of weights). Il y trouva aussi un vase de terre brisé, sur lequel étaient représentées deux figures de Priape, avec des ailes et des griffes d'oiseau, une gorge de femme et une queue de scorpion. — Sur les murs on voyait une figure d'homme portant le rameau quinquéflore, et le siége d'une forteresse, bâtie au bord d'une rivière. On y voit une tour défendue par un homme armé et deux autres, par des femmes. Trois guerriers, probablement pour échapper à l'ennemi, traversent la rivière à la nage; deux d'entre eux s'aident pour cela de peaux gonflées d'air, à la façon des Arabes qui habitent les bords des rivières de la Mésopotamie; seulement dans ces bas-reliefs les nageurs sont figurés comme tenant l'ouverture par laquelle on a fait entrer l'air fermée par leur bouche. Le troisième, percé de flèches lancées par deux guerriers agenouillés sur le rivage, lutte, sans le support d'une peau, contre le courant. Trois arbres grossièrement dessinés complètent l'arrière-fond.

Dans le compartiment supérieur de la paroi voisine on voit représenté le siége d'une ville, avec le bélier (hélioppole) et la tour mobile; la partie inférieure est occupée par un sujet qui représente un roi accueillant des prisonniers (?) que son vizir lui amène. Le roi est suivi de ses serviteurs et d'un chariot. Les prisonniers (?) portent sur leur tête des vases et divers objets, parmi lesquels on semble reconnaître des châles et des dents d'éléphant. Sur une troisième paroi, dans le compartiment supérieur, on voit le roi à la chasse, et dans le compartiment inférieur ce même roi est debout sur un lion; plus loin on voit le roi debout sur un taureau terrassé.

La sculpture la plus remarquable jusqu'à présent découverte est, selon M. Layard (1) la chasse aux lions, tant par la composition du groupe que par la correction du dessin et sa parfaite conservation... *It is probably the finest specimen of assyrian art in existence.* Sur le plancher au-dessous des sculptures on découvrit des débris considérables de plâtre peint, encore adhérant aux briques non cuites qui étaient tombées en masse de la partie supérieure du mur. Les couleurs, particulièrement le bleu et le rouge, étaient aussi brillantes et vives, après qu'on en eût enlevé la terre, que si l'on venait de les employer. Exposées à l'air, elles se fanaient rapidement. Les dessins étaient élégants et soignés. Il fut impossible de conserver ces ornements : la terre tombait en pièces dès qu'on essayait de l'enlever.

Ce fut à ce moment que M. Layard reçut de Constantinople l'autorisation de continuer ses fouilles au profit du Musée Britannique. Toutes les difficultés avaient ainsi été aplanies par la puissante intervention de sir Stratford Canning et par la générosité intelligente du gouvernement turc.

M. Layard prit dès lors trente ouvriers à son service. La chambre qu'il parvint à déblayer a cent cinquante-quatre pieds de long sur trente-trois de large; elle dépasse par ses dimensions celles

(1) Toutes ces sculptures sont maintenant au Musée Britannique

de Khorsabad. Près de la pierre d'un des angles était une figure ailée; plus loin, une plaque sur laquelle sont gravées quatre figures. Deux rois sont placés en face l'un de l'autre, mais séparés par l'arbre symbolique; au-dessus d'eux est la divinité aux ailes et à queue d'oiseau, déployées, renfermée dans un cercle, et tenant un anneau dans une main; elle ressemble à l'image (*the zoroastrian ferouher*) si commune dans les sculptures de Persépolis. Chaque roi tient une massue ou instrument composé d'un manche (*handle*), avec une pomme ou cercle (*a ball or circle*) au bout (1); ce bas-relief, envoyé en Angleterre, a été brisé en morceaux.

Sous un bloc que M. Layard estime être un autel, et qui était couvert d'inscriptions, on trouve des fragments d'os et quelques pièces d'or laminé. Beaucoup d'autres sculptures furent mises à nu; mais comme elles ressemblaient presque toutes à celles déjà décrites, nous n'en ferons pas ici une mention spéciale. Nous signalons cependant d'autres représentations, qui ont un rapport évident avec le culte du soleil, du feu et des astres : une figure de roi, suivie d'autres figures, à tête d'aigle; le roi porte autour du cou des emblèmes astronomiques, renfermés dans un carré ou dispersés sur la plaque. Ces emblèmes sont généralement au nombre de cinq, et comprennent le soleil, une étoile, un croissant, un instrument bi ou trifurqué, et un bonnet cornu. Sur la plaque du centre on voit un roi assis sur son trône, et les pieds posés sur un escabeau supporté par des griffes de lion; dans la main droite, levée, il tient une coupe, la gauche est posée sur son genou. Son costume ressemble à celui des rois figurés sur les autres bas-reliefs. Sur sa poitrine sont gravés divers emblèmes religieux et des figures semblables à celles qu'on voit sur les cylindres et cachets babyloniens. Parmi ces figures on remarque des hommes luttant avec des animaux, des chevaux ailés, des griffons, l'arbre sacré et le roi lui-même pratiquant des cérémonies religieuses. Tout cela est artistement brodé sur le vêtement, qui paraissait avoir été primitivement peint. Devant le roi est debout un eunuque, qui tient d'une main un chasse-mouche et de l'autre le couvercle de la coupe du roi. Une pièce d'étoffe brodée, un essuie-main, jetée sur l'épaule, est prête à être présentée au roi, comme cela se pratique encore aujourd'hui dans l'Orient après l'action de boire ou l'ablution. Derrière l'eunuque est une figure ailée, portant un bonnet cornu (*horned cap*), avec le bourgeon et le panier carré ordinaires. Derrière le trône sont deux eunuques, portant les armes du roi, et suivis d'une seconde figure humaine ailée. Leurs costumes et ornements sont richement brodés. Les couleurs adhèrent encore aux sandales, aux sourcils, aux cheveux et aux yeux. Les sculptures (actuellement en Angleterre) sont parfaitement bien conservées; les linéaments des figures ont encore toute leur netteté. Sur la plaque se voient les inscriptions d'usage. — La chambre G (du plan) fournit d'autres groupes semblables, ainsi que des figures symboliques ou mythologiques dont il sera question plus loin.

M. Layard fit des dispositions pour embarquer ces monuments sur un navire qui devait remonter le Tigre jusqu'au tombeau du sultan Abd-Allah, qui avait été en partie construit avec les matériaux de la butte de Nemroud. La grande difficulté était de les faire transporter intacts jusqu'au lieu de l'embarquement. Ici M. Layard fut obligé de suspendre ses travaux, à cause de la forte chaleur d'été. Il profita de cet intervalle pour visiter les ruines de Khorsabad, où M. Botta venait de faire des fouilles. Il trouva les chambres déjà en partie comblées par la chute des remblais. « Les sculptures, dit Layard, se détériorent rapidement, et bientôt il ne restera plus que peu de chose de ce remarquable monument. Au pied de la butte gît un autel ou trépied, semblable à celui qui est maintenant au Louvre. (Voyez la figure sur la page suivante). Les sujets de sculptures et les caractères des inscriptions sont à peu près les mêmes que ceux de Nimroud. »

(1) C'était tout simplement un bâton surmonté d'une pomme, dont les Babyloniens faisaient un si fréquent usage.

De là il visita les sources du Khausser, qui se divise en plusieurs branches avant d'atteindre le village de Khorsabad,

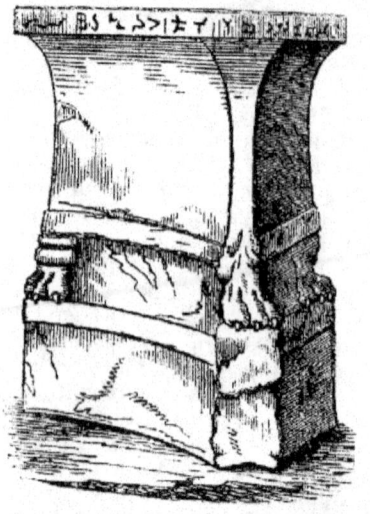

et se jette dans le Tigre près de Koyoundjik. Ces sources se trouvent dans l'extrémité septentrionale du Djebel-Makloub. Au delà du Djebel-Makloub s'étend une plaine qui aboutit à la première rangée de collines du Kourdistan. Cette plaine et particulièrement le village de Aïn-Sifni sont habités par des Yézidis. Les maisons blanches et les tombeaux coniques de ce village contrastent avec la malpropreté des habitations des chrétiens et des musulmans. En quittant le district des Yézidis, on entre dans des montagnes habitées par la grande tribu kourde des Missouris. Elles sont traversées par des vallons bien boisés et bordés de rochers à pic, au pied desquels le Ghomel, affluent du Ghazir (*Bumadus* des anciens) roule ses eaux.

« Dans quatre heures nous atteignîmes, dit M. Layard, le grand village de Kaloni ou Kalah-oni, bâti au milieu de vignobles, au-dessus du lit du Gomel. Les maisons, bien construites, étaient vides. D'énormes cornes de bouquetin (*ibex*) étaient suspendues au-dessus des portes et aux angles des édifices. Les habitants vivaient à quelque distance de là, sur les bords de la rivière, dans leurs cabanes d'été, construites avec des branches d'arbre. Le chef de ces Kourdes était absent: mais sa femme nous accueillit hospitalièrement. Des tapis, ouvrage de ses femmes, furent étendus sous un mûrier, et on plaça devant nous de grands bols de lait et de crème, des assiettes de bois contenant du riz bouilli, des rayons de miel, et des paniers de fruits fraîchement cueillis. Les hommes se tenaient respectueusement assis à une certaine distance, et répondaient franchement à toutes mes questions. Les femmes, sans voile, apportaient de la paille pour nos chevaux. Leurs cheveux tombaient en longues tresses derrière le dos, et leurs fronts étaient ornés de rangées de pièces de monnaie ou de perles. Quelques-unes méritaient la réputation de beauté dont jouissent les femmes des Missouris. L'endroit était riche en beautés de la nature. La vallée, encaissée entre les rochers élevés, était ombragée par une foule d'arbres fruitiers, tels que mûriers, pêchers, figuiers, noyers, oliviers et grenadiers. Ces arbres étaient entremêlés de vignes, de champs de blé indien, de sésame, de coton. Tout annonçait un air d'aisance et de propreté (1). »

Nous rappellerons ailleurs d'autres détails de cette excursion dans les montagnes du Kourdistan. M. Layard, de retour à Nemroud vers la fin d'octobre, se mit de nouveau à l'œuvre avec un renfort d'ouvriers nestoriens. Il découvrit quelques nouveaux bas-reliefs du plus haut intérêt. On y voit un roi, entouré de ses soldats, livrer un combat sous les murs d'une forteresse ennemie. Il se tient majestueusement debout sur un char traîné, comme d'ordinaire, par trois chevaux richement caparaçonnés. Il lance une flèche soit contre les assiégés, qui défendent les tours et les remparts, soit contre un guerrier qui, blessé, tombe de son chariot, dont l'un des chevaux s'est abattu. Un serviteur protège le roi avec son bouclier, tandis qu'un autre tient les rênes et excite les chevaux. Un guerrier tombé d'un chariot ennemi est déjà foulé aux pieds des chevaux. Au-dessus du roi est représentée la grande divinité, comme à Persépolis, sous forme d'un figure ailée renfermée dans un cercle. Derrière le

(1) Layard, vol. 1, p. 153.

roi, qui porte le bonnet cornu, sont trois chars; le premier, traîné par trois chevaux, est occupé par un guerrier percé d'une flèche, et semblant demander quartier. Dans les deux autres chars sont deux guerriers, l'un décochant un trait, l'autre conduisant les chevaux lancés au grand trot. Dans chacun des chars est un étendard; sur l'un des étendards est figuré un archer à bonnet cornu, sans ailes, debout sur un taureau; sur l'autre, deux taureaux, tournés dos à dos. Au bas du premier bas-relief sont tracés des lignes ondulées comme pour indiquer une surface d'eau et des arbres gisant épars. Des groupes de combattants sont introduits sur divers points.

Les deux plaques voisines représentent le retour après la victoire. Au front d'une procession triomphale on aperçoit plusieurs guerriers portant des têtes et les jetant aux pieds des vainqueurs. Deux musiciens jouent avec le plectrum sur des instruments à cordes. Ils sont suivis de guerriers représentés sans armes et tenant des étendards, au-dessus desquels vole un aigle avec une tête d'homme dans ses griffes. Derrière eux vient le roi tenant d'une main un arc et de l'autre deux flèches; au-dessus des chevaux est la divinité protectrice. Le second guerrier (qui auparavant portait le bouclier) est ici remplacé par un eunuque, tenant le parasol au-dessus de la tête du monarque; le troisième guerrier tient encore les freins des chevaux, qui sont conduits en laisse par des écuyers. Derrière le char du roi est un cavalier conduisant un second cheval, richement enharnaché. Après la procession triomphale, on voit le château et le pavillon du roi victorieux. Le plan du premier est représenté par un cercle, divisé en quatre compartiments égaux, et environné de tours et de retranchements. Dans chaque compartiment il y a des figures qui paraissent préparer un festin : l'un tient un mouton que l'autre dépèce, un troisième semble occupé à faire du pain. Divers vases et ustensiles sont placés sur des tables et des chaises, tous remarquables par l'élégance de leurs formes. Le pavillon est soutenu par trois piliers ou colonnes; au sommet de l'un de ces piliers est le bourgeon si souvent figuré, et sur les autres sont des figures de bouquetins prêts à sauter. Le haut du pavillon est couvert d'une riche étoffe (soie ou laine), ornée d'une frange de pommes de pin. Au-dessous du dais est un homme occupé à panser un cheval, tandis que les autres mangent dans des auges. Un eunuque, à l'entrée d'une tente, reçoit quatre prisonniers ayant les mains liées derrière le dos, qu'amène un guerrier à bonnet pointu. Au-dessus de ce groupe sont des figures singulières, unissant la forme humaine à celle d'une tête de lion : l'une tient de la main droite une lanière, tandis que de la gauche elle saisit la mâchoire inférieure; l'autre tient les deux mains levées et jointes sur le front. Elles portent des tuniques tombant jusqu'aux genoux; une peau leur tombe de la tête sur les épaules jusqu'aux chevilles. Elles sont suivies d'un homme vêtu d'une tunique courte, et levant un bâton des deux mains.

Les autres bas-reliefs représentent des scènes de combats semblables. On y voit, entre autres, un bélier (hélopole) attaché à une tour mobile. Quelques assiégés essayent de l'accrocher, tandis que d'autres cherchent à y mettre le feu, que les assiégeants s'efforcent d'éteindre en versant de l'eau du haut de la tour mobile. La forteresse est prise par escalade; les femmes et les enfants sont emmenés prisonniers.

Voici encore d'autres bas-reliefs, fort intéressants. Le premier représente un bateau contenant un char, sur lequel est le roi. Celui-ci tient d'une main des flèches, de l'autre un arc. Un eunuque, debout devant le char, parle avec le roi, et semble lui indiquer quelque objet éloigné. Derrière le char est un second eunuque, avec un arc et une massue. Le bateau est remorqué par deux hommes nus, marchant sur le rivage, tandis que quatre hommes font manœuvrer les rames. Une de ces rames, à extrémité très large, est attachée à l'aide d'une corde à la poupe, et sert en même temps de gouvernail. « C'est là précisément, ajoute M. Layard, la pratique adoptée par les habitants de Mossoul, quand ils traversent le Tigre dans des barques. » Un homme nu traverse la rivière à la nage, en s'aidant d'une peau enflée, ce qui se fait encore aujourd'hui. D'autres guerriers se disposent à passer la rivière ; sur le rivage se tiennent trois officiers, dont l'un est armé d'une lanière, ou fouet, probablement pour maintenir la discipline (1).

En déblayant le plancher des chambres où se trouvaient ces bas-reliefs, M. Layard découvrit, parmi les décombres, une grande quantité de petites lamelles de fer, qui n'étaient autre chose que les écailles des armures qu'on voit représentées sur les sculptures (*and I soon recognized in it the scales of the armour represented on the sculptures*) (2). Le fer était tout rouillé, ce qui se conçoit sans peine. Deux ou trois paniers furent remplis de ces reliques d'armure. En ôtant la terre on trouva d'autres fragments d'armure, les uns en cuivre, les autres en fer, d'autres encore en fer plaqué de cuivre (*iron inlaid with copper*). Enfin, on découvrit un casque complet (*a perfect helmet*), ressemblant par ses formes et ses ornements au casque pointu représenté sur les bas-reliefs (*resembling in shape and in the ornements the pointed helmet represented in the bas-reliefs was discovered*) (3). Mais, après en avoir enlevé la rouille, il tomba en pièces. Les fragments furent soigneusement réunis et envoyés en Angleterre. Les figures que l'on voit sur ces sculptures, à la partie inférieure des casques pointus, sont des plaques de cuivre enchâssés dans du fer. On découvrit plusieurs autres casques de formes différentes ; quelques-uns avec une crête arquée au sommet (comme on en voit sur les bas-reliefs) ; mais ils tombèrent aussi en pièces. On trouva aussi des portions d'armure en cuivre, et relevées en bosse, avec de petits trous pour y passer les clous aux jointures.

M. Layard découvrit, en outre, plusieurs fragments de vases en albâtre blanc et en argile cuite. Sur quelques-uns des paniers (en albâtre) il y avait des caractères cunéiformes, tandis que les vases de poterie offraient divers caractères, que l'on voit quelquefois sur les monuments babyloniens et phéniciens, probablement une écriture cursive d'un usage commun, tandis que l'écriture cunéiforme, composée de lettres plus complexes, était réservée pour les inscriptions monumentales et sacrées. Les vases paraissent avoir été peints en jaune et ornés de barres et de lignes en zig zag ou de dessins noirs. Deux autres vases, l'un en albâtre et l'autre en verre, furent mis à découvert par M. Layard lui-même. « Chacun, dit-il, portait le nom et le titre du roi de Khorsabad, écrit de deux manières différentes, comme dans les inscriptions de Khorsabad. Le verre offrait une sorte d'exfoliation, et de petites lames opalines, demi-transparentes y étaient incrustées, comme dans les verres des tombeaux grecs et égyptiens. »

C'est en faisant ouvrir (au nord) une tranchée derrière l'un des deux taureaux ailés gigantesques, occupant le centre de la butte, que M. Layard découvrit le fameux *obélisque*. (Voyez plus bas).

Cet obélisque (aujourd'hui dans le musée de Londres) est sculpté sur les quatre faces. Il y a en tout trente petits bas-reliefs, au-dessus et au-dessous, et entre ces bas-reliefs il y a deux cent dix lignes d'inscription. « Le tout est parfaitement bien conservé : les inscriptions manquent à peine d'une lettre ; les figures sont aussi nettes que si elles étaient sculptées depuis quelques jours seulement. Le roi y est deux fois représenté, suivi de ses serviteurs. Un prisonnier (?) est à ses pieds, et son vizir et des eunuques introduisent des hommes conduisant différents animaux et portant sur

---

(1) Comp. Herod., VII, 56 et 223. Xerxès fit marcher ses soldats à coups de fouet. C'est sans doute les Assyriens qui lui avaient enseigné cette pratique, puisque tout doit venir des Assyriens, peuple bien plus étonnant que les Chinois. Et les anciens n'en ont rien dit !

(2) Il faut ignorer complètement l'histoire de la métallurgie pour soutenir que les anciens Assyriens savaient travailler le fer à un point de perfection dont les Grecs et les Romains n'avaient aucune idée. Puisqu'on prétend que les Grecs ont emprunté tant de choses aux Assyriens, pourquoi ne leur ont-ils pas aussi emprunté leurs cottes de mailles et leurs harnais en fer ? C'était le cas ou jamais.

(3) Ceci est important à noter ; car on ne saurait objecter que ces fragments d'armure ont été accidentellement apportés dans ces ruines, et qu'ils n'ont rien de commun avec les monuments exhumés.

leurs épaules ou dans leurs mains des vases et autres objets de tribut. Les animaux sont l'éléphant, le rhinocéros, le chameau bactrien, à deux bosses, le taureau sauvage, le lion, l'antilope, et diverses espèces de singes. Parmi les objets apportés en tribut, on reconnaît des dents d'éléphant, des châles et des fagots de bois précieux. La nature même de ces bas-reliefs donne naturellement à conjecturer que ce monument fut érigé en commémoration de la conquête de l'Inde, ou de quelque autre contrée éloignée de l'est de l'Assyrie, et sur les confins de la péninsule indienne. Le nom du roi, dont les exploits paraissent être rappelés par ces inscriptions, est le même que celui qu'on lit sur les taureaux gigantesques du centre » (1).

Dans l'angle sud-est de la butte, derrière un lion ailé, M. Layard découvrit une espèce d'idole fort endommagée ; c'était un monstre à tête de vautour, à corps d'homme et à queue de poisson. Un peu plus loin étaient deux sphinx : la face est imberbe ; les ailes, d'un travail fini, paraissent avoir soutenu une colonne ou plate-forme. Il n'y avait pas d'inscription. Le plâtre dont les sphinx étaient faits se réduisait en poussière (2). Derrière un lion accroupi, d'un modèle parfait, M. Layard trouva des caractères cunéiformes, qui, suivant lui, renferment les noms du fils, du père et du grand-père des palais assyriens trouvés aux environs de Mossul. Il renvoie les preuves de cette explication au vol. II, part. II, chap. 1.

Ce qui est plus sûr que toutes ces interprétations, c'est un sarcophage trouvé dans la même tranchée. Ce sarcophage, très-étroit, de cinq pieds de long, contenait un squelette entier, mais qui tombait en poussière au contact de l'air. Il y avait à côté deux jarres en poterie rouge et une petite boîte en albâtre, semblables à celles qu'on a trouvées dans des tombeaux égyptiens.

M. Layard profita de la crue du Tigre pour faire embarquer une partie de ses magnifiques trouvailles, et les transporter à Basra, et de là en Angleterre,
par la voie de Bombay. Ce fut là peut-être la partie la plus difficile de toute l'entreprise. Parmi les objets précieux à Nemroud, il importe de signaler encore des tablettes et statuettes en ivoire ; ce qui prouve que l'on ne savait pas seulement bien travailler l'ivoire, mais que cette marchandise devait être parfaitement connue dans le pays. Il provenait sans doute des éléphants conquis dans l'Inde. Quelques-unes de ces statuettes représentent des figures assises avec des cartouches d'hiéroglyphes. Ces statuettes sont émaillées d'une substance bleue, incrustée dans l'ivoire, et elles portent çà et là des traces de dorure ; le tout dans le style égyptien. Dans les décombres, autour du squelette, on trouva des ornements, des colliers, des perles en verre opaque coloré, en agate, cornaline et améthyste ; un petit lion accroupi, en *lapis-lazuli*, troué au dos, avait été suspendu au collier. Avec les perles et les verroteries se trouvait un cylindre, sur lequel était représenté le roi dans son char, à la chasse du taureau sauvage. On découvrit aussi un ornement en cuivre, ressemblant à un cachet moderne, deux bracelets en argent, et une espèce d'épingle pour les cheveux.

« En continuant à creuser au delà de ce tombeau, j'en trouvai un second de même construction et de même grandeur. Il y avait deux vases de poterie à vernis vert, d'une forme élégante et très-bien conservés. Près de là était un miroir en cuivre, et une cuiller de cuivre lustrale, le tout dans le style égyptien. Beaucoup d'autres tombeaux furent ouverts, contenant des vases, des miroirs, des cuillers, des perles et d'autres ornements. Quelques-uns étaient construits en briques cuites, soigneusement jointes, mais sans mortier ; d'autres se composaient de grands sarcophages en terre, couverts d'une plaque d'albâtre d'un seul morceau, semblables à ceux découverts dans l'angle sud-est de la butte. Après avoir ramassé avec soin ces objets contenus dans les tombeaux, je les enlevai et me mis à *creuser plus profondément dans la butte*. Je fus surpris de trouver, à *environ cinq pieds au-dessous des tombeaux*, les restes d'un édifice. On pouvait encore suivre

---

(1) Layard, vol. I, p. 346.
(2) Ce sont des sphinx grecs, coiffés à la parthe.

les traces de murs en briques non cuites; mais les plaques de pierre (*slabs*), avec lesquelles ces murs avaient été consolidés n'étaient plus à leur place : elles étaient dispersées sans ordre, et gisant pour la plupart sur le plancher, de briques cuites. Sur ces plaques il y avait à la fois des sculptures et des inscriptions. Une plaque succédait à l'autre; et quand j'eus ainsi déblayé une vingtaine de tombeaux, je nettoyai le terrain dans l'espace d'environ cinquante pieds carrés. Les ruines ainsi mises à nu offraient un singulier aspect. Plus de cent plaques étaient ainsi exposées à la vue, disposées par rangées comme les feuilles d'un livre gigantesque. Chaque plaque portait des sculptures; et comme elles étaient placées dans une série régulière, suivant les sujets qui y étaient figurés, il est évident qu'elles avaient été enlevées dans l'ordre où elles étaient d'abord placées contre les murs de briques non cuites. Elles avaient été laissées là pour qu'elles fussent prêtes à être transportées ailleurs. Ce qui prouve qu'elles n'avaient pas été ainsi arrangées avant de servir à l'édifice pour lequel elles avaient été primitivement sculptées, c'est que les Assyriens gravaient leurs plaques après et non pas avant qu'elles fussent mises en place. Les sujets de représentation étaient continués sur des plaques ajoutées; car il y a des figures et des chars divisés par le milieu; et on y voit des places pour des crampons, ou des queues d'aronde (*dovetails*) en fer. Ces places étaient évidemment jadis remplies, car il y avait encore les marques ou taches laissées par le métal. Au sud des taureaux du centre étaient deux figures gigantesques, semblables à celles découvertes au nord. Ces sculptures ressemblaient, sous beaucoup de rapports, à quelques-uns des bas-reliefs trouvés dans le palais sud-est, où la face sculptée de la plaque était tournée vers les murs de briques non cuites. Il paraîtrait donc que l'édifice du centre avait été détruit pour fournir des matériaux à la construction de ce bâtiment. Mais il y avait des tombeaux au-dessus des ruines. L'édifice était détruit; et dans la terre et le déblai accumulé de ces ruines un peuple, dont les vases funéraires et les ornements étaient identiques, par leur forme et par leurs matériaux, à ceux trouvés dans les catacombes de l'Égypte, avait enseveli ses morts. Quelle race occupait alors la contrée, après la destruction des cités de l'Assyrie? A quelle époque ces tombeaux furent-ils faits? Quelle antiquité leur présence assigne-t-elle aux édifices qui sont dessous? Ces questions, il m'est impossible de les résoudre, et elles seront insolubles tant qu'on n'aura pas déterminé l'origine et l'âge des objets contenus dans ces tombeaux (1).

« Les bas-reliefs diffèrent considérablement de ceux du palais nord-ouest, tant pour le caractère de la sculpture que pour l'exécution des sujets, tels que costumes des figures, enharnachement des chevaux, et forme des chars. La différence était si grande, que la courte période écoulée entre les règnes du père et du fils pourrait à peine avoir donné lieu, excepté dans des circonstances extraordinaires, à un changement si considérable dans tous ces points. Comme les taureaux du centre portaient le nom du fils du fondateur de l'édifice nord-ouest, il est permis de présumer que les ruines avoisinant ces taureaux appartiennent à la même période que le reste du palais. Cependant, ceci est sujet à doute (2). Les taureaux

---

(1) Ces questions sont, au contraire, très-faciles à résoudre, si l'on ne prend pas ces ruines pour celles de Ninive. Les Perses étaient maîtres de l'Égypte (que l'on songe à Khosrou Ier et à Khosrou II, qui certainement ont donné leur nom a *Khosrabad*), et plus tard les Séleucides, les Arsacides et les Séleucides avaient des rapports fréquents avec les Égyptiens. Quand on émet des opinions absurdes, on tombe dans une impasse. — Il est évident que les ruines qui sont au-dessous de ces tombeaux doivent être plus anciennes que les tombeaux et les ruines qui sont au-dessus. Or, si ces dernières ruines et les tombeaux remontent aux temps de Sémiramis, de Nemroud et des anciens Assyriens, on doit être fort embarrassé pour fixer la date des ruines placées au-dessous, à moins d'admettre qu'elles sont antérieures au déluge. C'est la conséquence logique, forcée, de l'opinion de ceux qui voient dans tous ces monuments l'œuvre des anciens Assyriens.

(2) C'est la conséquence d'une opinion insoutenable. *Va sempre bene.*

peuvent être seuls restés debout sur la plate-forme, et peuvent avoir été placés longtemps avant la construction d'un édifice (1). Il y avait là un petit nombre d'inscriptions accompagnant les bas-reliefs, et elles pourraient plus tard servir à décider la question. Cependant sur le plus grand nombre de plaques l'espace intermédiaire entre les bas-reliefs était sans aucune inscription.

« Les sujets de ces sculptures ainsi réunies ensemble étaient, sauf un petit nombre de figures gigantesques de rois, d'eunuques et de prêtres ou divinités ailées, des scènes de combats et de siéges. Quelques cités étaient représentées aux bords d'une rivière, au milieu de bois de dattiers; d'autres étaient situées sur des montagnes. Parmi les peuples conquis il y avait des guerriers montés sur des chameaux. On peut donc en inférer qu'une partie de ces sulptures furent exécutées en mémoire d'une invasion d'Arabes ou peut-être d'une partie de la Babylonie. Les habitants des cités sont assistés par des auxiliaires ou alliés du désert voisin. La race conquise était, comme dans les bas-reliefs du palais nord-ouest, généralement sans casques ni armures, et leurs cheveux tombaient en désordre sur leurs épaules. Quelques-uns cependant portaient des casques, qui diffèrent par leur forme de ceux des vainqueurs... Des béliers, différents de ceux qu'on voit dans les sculptures plus anciennes (?) (2), se voyaient sur les bas-reliefs représentant des siéges de villes. Ils n'étaient pas accompagnés de la tour mobile. Quelques-unes

(1) Quelle explication dérisoire, toujours pour le besoin d'une opinion qui a contre elle non-seulement les anciens, mais les monuments mêmes, et qui ne repose absolument sur aucune preuve.

(2) Puisque ces *slabs* ou plaques sculptées ont été au-dessous des autres sculptures, au-dessous même des tombeaux, elles devraient être, au contraire, plus anciennes. Mais nous savons déjà, par le raisonnement d'autres archéologues, que les ruines *les plus anciennes* sont presque à fleur de terre, tandis que les ruines plus récentes sont *au-dessous*. Mais, me dira-t-on, c'est le monde renversé. C'est là, répondrai-je, précisément l'argument capital sur lequel les antiquaires ont fondé leurs croyances.

de ces machines (hélopoles) avaient des pièces saillantes (*rames*, béliers), qui, au lieu d'être en tête de bélier, étaient en pointes de flèche.

« Sur deux de ces plaques (envoyées en Angleterre) sont des bas-reliefs d'un haut intérêt. Ils représentent la prise d'une cité, dans l'enceinte de laquelle croissent des palmiers et d'autres arbres. La place ayant été saccagée, on voit les vainqueurs emporter les dépouilles. Des eunuques, debout près des portes, comptent à mesure qu'on les fait défiler devant eux, les moutons, les bœufs, et d'autres bestiaux, et ils en inscrivent le nombre avec une plume sur des rouleaux de papier ou de cuir. Dans la partie inférieure du bas-relief sont deux chariots, traînés par des bœufs. Dans chacun de ces chariots il y a deux femmes et un enfant. Les femmes semblent emporter des paquets contenant des provisions ou des choses précieuses, sauvées pendant le sac de la ville. Près des portes sont deux béliers (hélopoles), qui, la ville ayant été prise, sont au repos. Le sujet n'est pas mal arrangé, et les bœufs traînant les chariots sont bien dessinés.

« Sur le fragment d'une plaque on voyait deux têtes de chevaux gigantesques, bien dessinées, mais sculptées en très-bas-relief et fortement endommagées. Je découvris aussi des fragments d'un taureau ailé à tête humaine, le tout en relief. J'ai pu emporter l'une des têtes.

« Sur d'autres plaques on voyait le roi assis sur son trône; le soleil, la lune et d'autres emblèmes religieux, sont placés au-dessus de sa tête (1), et il reçoit des prisonniers les bras liés derrière le dos. Des eunuques enregistrent les têtes de l'ennemi, qui gisent aux pieds des guerriers victorieux; puis on voit une procession de divinités portées sur l'épaule des hommes, et beaucoup d'autres sujets.

« Les côtés de toutes les plaques, ainsi placées les unes contre les autres, étaient tout usés. Il était donc évident qu'elles n'avaient pas été ensevelies par le même procédé que les sculptures du palais nord-ouest, dont les murs ne

(1) Exactement comme sur les médailles des Arsacides.

pouvaient pas avoir été longtemps exposés. Si l'édifice auquel elles avaient originairement appartenu a été soudain enterré, il doit avoir été exhumé par la suite (1). Les plaques auront été alors éloignées de leur place, et arrangées telles qu'on les a trouvées, c'est-à-dire toutes prêtes à être employées à d'autres usages, probablement pour la construction des palais sud-ouest. N'ayant pas été emportées, parce que ce palais n'a pas été fini, elles ont été laissées là, et se sont ainsi peu à peu couvertes de poussière et de décombres. Comme les plaques étaient placées de côté et non pas debout, tous les bas-reliefs ont été plus ou moins endommagés. Beaucoup d'entre elles étaient complétement détruites, et ne montraient plus aucune trace de sculpture. La partie supérieure des plaques n'avait pas d'abord été endommagée; cela prouve qu'elles n'ont point souffert pendant qu'elles étaient dans leur position primitive, mais qu'elles ont souffert quand on les a enlevées.

« Bien que sur chaque plaque les deux bas-reliefs fussent séparés l'un de l'autre par un espace non sculpté, comme dans le palais nord-ouest, cependant il n'y avait d'inscriptions que dans un très-petit nombre de cas. — Il n'y avait pas non plus d'inscriptions au dos, comme cela a invariablement lieu dans le palais nord-ouest... En somme, je ne doute guère, d'après l'aspect des ruines, que l'édifice auquel ces sculptures appartenaient primitivement n'ait été subitement enterré comme celui du cône nord-ouest de la butte, et qu'il n'ait plus tard déterré, parce qu'on manquait de matériaux pour la construction du palais sud-ouest. Ces plaques, n'ayant pas été mises en réquisition, sont restées exposées aux injures du temps, jusqu'à ce qu'elles aient été enterrées de nouveau par une accumulation graduelle de sable et de décombres.

« A l'est des taureaux du centre, je découvris les restes de plusieurs plaques encore placées dans leur vraie position. La partie inférieure seule restait, la partie supérieure avait été entièrement

(1) Quelle hypothèse pour le besoin d'une

détruite. Sur ces plaques on voyait des figures ailées gigantesques, avec le panier carré et la fleur sacrée ordinaires. Plusieurs tranchées furent ouvertes autour de ces ruines; mais, à l'exception des sculptures qui viennent d'être mentionnées et des fragments d'un second taureau ailé en calcaire jaune, je ne pus trouver aucune trace de construction dans le centre même de la butte (1). »

M. Layard donne ensuite la description des sculptures trouvées dans une espèce de portique dont les deux entrées opposées étaient gardées par des sphinx et par des taureaux gigantesques à face humaine et à corps de taureau ou de lion ailé, et dont le centre était occupé par un portail formé par une seconde paire de taureaux. Les plaques des murs portaient des bas-reliefs qui par leur style différaient de ceux des autres édifices; mais la plupart n'étaient pas du tout sculptées. Du reste, ce sont toujours les mêmes costumes et les mêmes scènes de combats ou de siéges de ville (2). Dans une de ces représentations, un guerrier à bonnet pointu, figuré au-dessus d'une forteresse, coupe un câble auquel est suspendu un vase; ce câble qui passe au-dessous du mur de la forteresse, sans doute pour puiser de l'eau, s'enroule, en haut de la forteresse, entre deux archers, autour d'une poulie, toute semblable à nos poulies par lesquelles nous descendons les seaux dans les puits (3). (Voy. la fig. sur la page suivante.) — Sur une autre plaque on voit des guerriers déchargeant leurs flèches par derrière, en fuyant.

Dans la partie inférieure d'une autre plaque (n° 3) on voit une procession de dieux portés sur les épaules des guerriers, ou une procession de guerriers qui, revenant du sac d'une ville, portent les idoles du peuple vaincu (4). Chaque figure

(1) Layard, vol. II, p. 9 et suiv.
(2) Ibid., p. 28 et suiv.
(3) Ainsi, ces antiques Assyriens, à peine deux ou trois siècles après le déluge, qui avait fait table rase de la population du globe, étaient en possession de toutes les découvertes utiles, qu'il a fallu ensuite plus d'un millier d'années pour retrouver. Quelle précocité de génie d'un côté, et quel oubli ou quelle ingratitude de l'autre !
(4) Cette dernière hypothèse n'est pas pro-

BABYLONIE.

est portée par quatre hommes. La première est celle d'une divinité femelle,

assise dans une espèce de pliant, et regardant le spectateur ; la face est en plein et non pas de profil, comme dans presque toutes les autres sculptures. Dans une main elle porte un anneau, et dans l'autre une espèce d'éventail ou de triangle ; son bonnet carré cornu (*square horned cap*) est surmonté d'une étoile. La figure qui vient après est également celle d'une divinité femelle, coiffée d'un bonnet semblable, assise sur un siége, et tenant à la main gauche un anneau ; dans la main droite elle porte quelque chose qu'on ne peut distinguer. La troisième figure, beaucoup plus petite que les deux précédentes, est cachée dans une espèce de boîte, portée sur un char ; elle porte aussi un anneau dans la main gauche. La quatrième est celle d'un homme dans l'action de marcher : d'une main il tient la foudre, semblable au Jupiter grec, représenté comme à Malthaiyah ; de l'autre, une hache : il est vêtu d'une tunique richement ornée, tombant jus-

bable. Les vainqueurs ne devaient pas traiter avec tant de cérémonie les idoles des peuples vaincus.

qu'aux genoux. Les guerriers qui portent ces figures étaient probablement précédés et suivis d'autres, portant également des idoles ; mais on n'en put point trouver de vestige parmi les ruines. Sur chaque plaque, entre les bas-reliefs, était une inscription, divisée en deux parties par une ligne perpendiculaire.

Au-dessous du palais sud-ouest, à vingt-pieds environ au-dessous de la surface, M. Layard trouva une espèce de cachette carrée, faite en briques soigneusement jointes, qui contenait plusieurs petites têtes en argile non cuite de couleur foncée. « Ces têtes sont garnies de barbes et ont des bonnets très-pointus (point de haumes ni de mîtres). Ce sont probablement des idoles, placées par quelque usage religieux, sous les fondations des édifices. Des objets à peu près semblables furent trouvés à Khorsabad, enterrés sous les plaques formant le plancher, entre les taureaux gigantesques. Près de l'entrée D du grand portique on découvrit, dans une masse de bois travaillé et de charbon, et sous une plaque renversée, un morceau de poutre bien conservé. Il paraît être en bois de mûrier. C'est le seul fragment de bois entier découvert jusqu'à présent dans les ruines de l'Assyrie (1). »

Le coin sud-est de la butte paraît avoir servi de lieu d'enterrement « à ceux qui occupèrent cette contrée après la destruction des plus anciens palais assyriens » (*the oldest of the Assyrian palaces*). M. Layard y trouve encore des tombeaux, des squelettes, des vases de toutes grandeurs, des lampes, de petites boîtes en albâtre, des lacrymatoires, etc., semblables à ceux trouvés au-dessus des ruines de l'édifice situé au centre de la butte. Les squelettes dès qu'ils étaient mis à découvert se réduisaient en poussière. Deux crânes cependant se sont conservés entiers. Sous ces tombeaux on trouve les restes d'un édifice ; mais il n'y avait pas de trace d'inscriptions.

(1) Ce fait seul suffirait pour prouver que ces ruines ne peuvent pas remonter à vingt-cinq siècles ; car tout le monde sait que dans nos cimetières, après cent ans et moins, il ne reste plus de traces de cercueils en bois. La décomposition du bois enterré est très-rapide.

Dans les déblais de cet édifice on découvrit une tête de femme en albâtre blanc, richement ornée et présentant des vestiges de couleur. (Cette tête se conserve au Musée Britannique.)

En ouvrant une tranchée dans le coin méridional de la butte, on trouva une plate-forme basse, dans laquelle étaient taillées plusieurs cavités semblables à ces foyers où les indigènes mettent leurs charbons pour rôtir leurs mets. C'est ce que les Arabes appellent le *kibat*. Le tout était enseveli sous un tas de charbons et de décombres, où l'on trouva divers petits vases et un fragment de plaque polie ayant sur chaque face une inscription cunéiforme, et, sur les côtés, des figures d'animaux.

Sur la face orientale de la butte, près du coin nord, M. Layard découvrit, au centre, à quinze pieds environ au-dessous des plates-formes, une petite chambre *voûtée* (dix pieds de haut sur autant de large), bâtie en briques cuites, et dont les parois, construites selon les règles de la voûte, étaient en partie vitrifiées. Était-ce un fourneau pour fondre du verre ou des métaux? C'est ce qui était difficile à décider. Dans diverses autres tranchées, à dix ou quinze pieds au-dessous de la surface, M. Layard trouva des planchers pavés en briques cuites, qui toutes portaient, dans la moitié nord de la butte, « le nom du fondateur du palais le plus ancien (1). » Dans les décombres on ramassa trois pattes de lion en cuivre, d'un travail exquis, ayant probablement fait partie du support d'un trône.

En résumé, ces ruines, M. Layard l'avoue lui-même, ne furent examinées que superficiellement. « Quand après avoir ouvert une tranchée d'une certaine longueur et à une profondeur raisonnable, il n'apparaissait pas de vestige de sculpture ni d'inscription, j'abandonnais l'essai pour le renouveler ailleurs. Par ce moyen je pouvais au moins affirmer que dans aucun point de la butte il n'y avait d'édifice considérable, bien qu'il soit extrêmement probable que des plaques enlevées à un édifice, et réunies ensemble pour servir en cas de besoin, comme celles trouvées au centre de la butte,

(1) Layard, vol. II, p. 42.

pouvaient être encore ensevelies sous le sol (1). »

Ruines de Koyoundjik (Koyoundjouk). Koyoundjik avait été signalé par Rich et d'autres voyageurs, comme le véritable emplacement de Ninive. M. Botta y fit le premier faire des fouilles; plus tard M. Layard en fit aussi entreprendre, mais dans une direction différente. L'un et l'autre continuèrent ainsi leurs recherches d'abord pendant environ un mois, mais sans succès. « Un petit nombre de fragments de sculpture et d'inscriptions furent découverts, qui me mirent à même, dit M. Layard, d'affirmer avec quelque confiance que les ruines étaient celles d'un palais contemporain ou presque contemporain de celui de Khorsabad, et conséquemment d'une époque plus récente que le plus ancien palais de Nimroud. Toutes les briques mises à découvert portaient le nom du même roi, mais je ne pus trouver aucune trace de sa généalogie. »

Les buttes de Koyoundjik et de Nebbi-Younas (tombeau du prophète Jonas) sont renfermées dans un espace quadrangulaire, assez étendu, en face de Mossul, sur la rive orientale du Tigre, conséquemment entre Khorsabad, au nord, et Nemroud, au midi. M. Layard fit exécuter ses fouilles sur le même plan que celles de Nemroud. Les ruines de Koyoundjik sont traversées par le Khausser, qui se jette, tout près de là dans le Tigre. Les habitants de Mossul furent spectateurs de ces travaux d'exhumation. Les anciens, avant d'élever un

(1) Ainsi, M. Layard avoue lui-même qu'il n'a exploré que la partie supérieure de la butte (à quinze ou vingt pieds de profondeur). Mais si cette partie renferme, comme il le dit, les monuments de l'antique Ninive, que faut-il donc chercher au-dessous? Il ne peut y avoir que les ruines des préadamites ou les débris de cette fameuse race de géants dont la méchanceté nous a valu le déluge. Ah! j'allais oublier ces fameuses plaques de réserve, que les architectes avaient enterrées au-dessous de leurs constructions, sans doute pour mieux les garder ou pour ménager une surprise à leurs successeurs, car je ne vois pas trop pourquoi ils auraient fourré ces plaques au-dessous des édifices debout.

édifice, paraissent avoir d'abord construit sur le sol une plate-forme en briques cuites; c'est cette plate-forme qu'il fallait rencontrer, pour ouvrir une tranchée.

Le palais avait été également détruit par le feu. Les plaques d'albâtre se réduisaient en poussière. L'architecture était dans le même style que celle des palais de Khorsabad et de Nemroud. On y trouva aussi des taureaux ailés à face humaine, gardant l'entrée des cours, des bas-reliefs de plus grande dimension que ceux de Nemroud. Les costumes des guerriers et les harnais des chevaux étaient comme ceux de Khorsabad. Les bas-reliefs représentaient des sacs de villes et des scènes de chasse. Parmi les décombres on trouva de petites bouteilles en verre et d'autres objets. « Le nom du roi, dit M. Layard, se rencontrant sur le dos des plaques et sur les briques, ressemble à celui qui occupe la seconde place sur la liste généalogique dans les courtes inscriptions qui se lisent sur les taureaux et les lions du palais méridional, plus récent, de Nemroud. »

Les montagnes sont figurées, comme sur les bas-reliefs de Nemroud, par un réseau de lignes qui s'élève en cône. Dans un des groupes on voit représentées des vignes portant des grappes (1). On voit aussi un eunuque écrivant sur des rouleaux de parchemin le nombre des têtes de l'ennemi que lui apportent des guerriers.

Nous n'entrerons pas dans la description détaillée de ces bas-reliefs, qui d'ailleurs reproduisent des sujets déjà connus. Au reste, la butte de Koyoundjik n'a été explorée que superficiellement, et on n'en a pas atteint les couches profondes.

Au sud-est de Koyoundjik sont les ruines de *Karamles*, à environ deux lieues à l'ouest du Ghazir (Bumandus). M. Layard y a découvert une plate-forme de briques : *And*, ajoute-t-il, *the Assyrian origin of the ruin was proved by the inscription on the bricks which contained the name of the Khorsabad king.* Ainsi, les ruines de Karamles sont contemporaines de Khorsabad. M. Layard n'y a pas fait d'autres recherches.

Kalah-Sherghat. Les ruines de Kalah-Sherghat sont situées à plus de vingt-cinq lieues (en ligne directe) au sud de Khorsabad, sur la rive occidentale (droite) du Tigre. Or, ces ruines ressemblent en tout à celles de Nemroud et de Khorsabad. Ninive aurait donc occupé une étendue de plusieurs départements sur les deux rives du Tigre!

M. Layard eut ici pour guide Abd-Rubbou, chéik des Arabes-Dyabour, qui lui rendit de grands services. Sur la route de Mossul à Kalah-Sherghat, il rencontra beaucoup d'animaux sauvages, tels que loups, chacals, renards, sangliers, et même des lions. Au sujet de ces derniers, M. Layard diffère des autres voyageurs, qui prétendent que le lion est aujourd'hui un animal très-rare dans la contrée; voici ce qu'il en dit : « On trouve quelquefois des lions près de Kalah-Sherghat, rarement plus haut sur le Tigre. Quand je descendis la rivière, il y a un an, pour me rendre à Bagdad, j'entendis le hurlement d'un lion non loin de cet endroit (Kalah-Sherghat); cependant on voit rarement ces animaux, et nous battîmes en vain les buissons pour en faire sortir ce noble gibier. » Puis il ajoute, ce qui semble contredire ce qui précède : « Le lion se rencontre fréquemment sur les rives du Tigre au-dessous de Bagdad, rarement au-dessus. Sur l'Euphrate, on l'a vu, je crois, monter jusqu'à Bir, où relâchèrent les bateaux à vapeur de la première expédition de l'Euphrate sous le colonel Chesney. Les Arabes en prennent souvent dans le Sindjar et sur les rives du Khabour; ces animaux abondent dans le Khusistan, l'ancienne Susiane. J'en ai fréquemment vu deux ou trois ensemble, et j'en ai fait la chasse avec les chefs de tribu de ce pays (1). »

Mais revenons aux ruines. Les principales excavations furent faites au côté occidental de la butte. On découvrit dans la première tranchée une figure assise, en basalte noir, dans le style des sculptures de Nemroud et de Khor-

---

(1) On se rappelle que du temps d'Hérodote il n'y avait pas de vignes en Assyrie.

(1) Layard, vol. II, p. 48.

sabad. (*Voy.* la figure ci-dessous). Elle était sculptée en plein et non en relief,

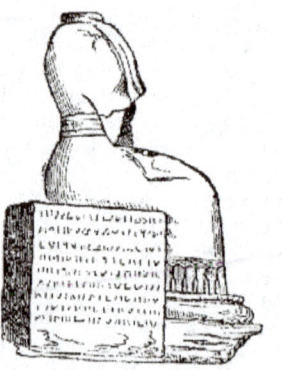

et représentait probablement un roi. Une partie de la barbe se voyait encore ; les mains paraissent avoir été posées sur les genoux ; une longue robe à franges tombait jusqu'aux malléoles. Cette figure se voyait, au dire des Arabes, au-dessus du sol il y a quelques années ; elle y était comme isolée, et il n'y avait pas de vestiges d'édifice autour. Le bloc carré sur lequel elle est assise est couvert, sur trois côtés, d'inscriptions cunéiformes. « La première ligne (je laisse parler M. Layard), contenant le nom et les titres du roi, était presque effacée (*almost defaced*) ; mais un ou deux caractères me mirent à même de rétablir un nom identique avec celui qui se lit sur les grands taureaux du centre de la butte de Nimroud. En jetant mes yeux sur la première colonne de l'inscription je trouvai les noms de son père (le fondateur du plus ancien palais de Nemroud), et de son grand-père, ce qui prouvait à la fois que la lecture était exacte (*which once proved that the reading was correct*). Bientôt après, un Arabe m'apporta une brique portant une courte légende, qui contenait les trois noms entiers. Je fus ainsi mis à même de fixer comparativement l'époque de ces ruines nouvellement découvertes. Dans aucun temps je ne sentis la valeur des listes généalogiques sur les différents monuments de Nimroud plus que dans l'examen des autres ruines en Assyrie. Elles me mirent à même d'assurer la date comparative de chaque édifice et plaque qui se présentaient à moi, et de fixer le style de l'art à chaque époque (1). »

Les autres parties de la butte renfermaient des débris de murs, mais pas de sculptures. On exhuma plusieurs tombeaux semblables à ceux découverts au-dessus des palais de Nemroud, et on en retira des vases de terre et des bouteilles (*bottles*). Dans les déblais on trouva des fragments d'une pierre portant des inscriptions cunéiformes, un pièce de cuivre portant ces mêmes caractères, et des morceaux d'une pierre noire avec de petites figures en relief, qui paraissent avoir appartenu à un obélisque semblable à celui de Nemroud (*like that dug up at Nimroud*). Les sarcophages ou tombeaux étaient droits, comme ceux de Nemroud, et les caisses en briques cuites presque carrées, et trop petites pour contenir un corps humain, à moins qu'on ne l'y ait fait entrer de force, ou après lui avoir enlevé les chairs. (C'était une coutume chez les Perses de n'enterrer leurs corps qu'après avoir fait manger les chairs par les oiseaux de proie.) Une preuve que les corps n'avaient pas été brûlés, c'est qu'on y trouve tous les os du squelette intacts (*all the bones of the skeleton being found entire*). Dans ces sarcophages on trouve de nombreux petits vases, des ornements en métal et une coupe en cuivre, ressemblant par la forme et la bosselure à celle représentée dans la main du roi sur l'un des bas-reliefs d'une chambre du palais nord-ouest de Nemroud (*cupper cup, resembling in shape and in the embossing upon it, that represented in the hand of the king, in one of the bas-reliefs of chambre of the north-west palace of Nimroud* (2)).

Au-dessus de ces anciens tombeaux s'en

(1) Layard, ib., p. 51.
(2) La vérité perce toujours, malgré tout ce que l'on fait souvent pour l'obscurcir. Si les tombeaux renferment les objets (*voy.* plus haut les écailles de cuirasse) dont les bas-relief sont l'image, il est évident que la race que recélaient ces tombeaux ne devait pas être différente de celle que représentent les bas-reliefs de la prétendue Ninive. Or, cette race est celle des Perses ou des Parthes. Voilà une des meilleures preuves à l'appui de ma thèse.

trouvaient d'autres d'une date récente. On y voyait encore des débris de chair adhérant aux os, et qui en partie ont servi de nourriture aux hyènes (1). Malgré ses recherches, M. Layard ne put atteindre ici les assises en briques cuites, qui lui avaient servi de guides dans les fouilles de Nemroud. — Le Tigre empiète sur les ruines de Kalah-Sherghat, dont il enlève tous les ans des portions considérables, et laisse à nu des vases, des sarcophages et des débris d'édifice. « Le long des bords du fleuve, dit M. Layard, plusieurs restes de maçonnerie circulaire, ayant l'air de puits, ont été ainsi mis à découvert. J'en ouvris deux ou trois; je les trouvai remplis de terre, mêlée d'ossements humains et de fragments de poterie et de vases. J'ai trouvé des puits semblables parmi les ruines, sur les bords des rivières de la Susiane. L'un de ces puits ayant été ouvert, sur les bords du Dizful, on y trouva des débris semblables à ceux qui viennent d'être décrits (2). »

La principale ruine de Kalah-Sherghat ressemble aux ruines de Khorsabad, de Nemroud et d'autres sites : c'est une grande butte carrée surmontée d'un cône ou d'une pyramide. De longues lignes de petits monticules ou remparts enceignent un espace quadrangulaire, qui, à en juger par les débris de poterie épars, paraît avoir été primitivement occupé en partie par de petites habitations ou par des édifices peu importants. A Kalah-Sherghat le sommet conique s'élève au centre de la face septentrionale de la grande plate-forme. Immédiatement au-dessous de ce cône est un mur ou rempart en pierres de taille, bien jointes. Les créneaux de ce rempart subsistent encore, et présentent l'aspect de ceux qu'on voit aux tours et forteresses figurées sur les sculptures de Nemroud (3). « C'est probablement, ajoute M. Layard, un ouvrage assyrien ; et les quatre côtés de la butte peuvent

(1) Layard, p. 59.
(2) Ibid., p. 60.
(3) Ibid., p. 61 : *The battlements still existing on the top of this wall are cut into gradines, resembling in this respect the battlements of castles and towers, as frequently represented in the Nimroud sculptures.*

avoir offert originairement la même construction. Kalah-Sherghat, comme forteresse, au pied du Djebel Khounkhah, est très-bien située pour dominer le cours moyen du Tigre et défendre l'entrée de la Babylonie. »

La principale butte de Kalah-Sherghat est une des plus grandes ruines du pays. Ainsworth lui donne 4685 yards de circonférence (1). Elle n'est pas cependant entièrement artificielle. Quelques éminences naturelles du sol se trouvent renfermées dans ces monceaux de briques, qui n'ont pas encore été suffisamment explorés (2). M. Layard regrette de n'avoir pu examiner ces ruines à fond : *And*, ajoute-t-il, *I have little doubt, from the fragments discovered, that many objects of interest, if not sculptured slabs, exist in the mound.*

Je pense qu'on peut en dire autant de quelques autres ruines, dispersées sur une surface de plus de cent lieues carrées, à l'est et à l'ouest du Tigre, ainsi qu'au nord et au sud de Mossul.

Ainsi, à deux ou trois lieues au nord-ouest de Kalah-Sherghat, non loin de la rive gauche de Thathar, sont les ruines d'*Al-Hather*, qui se reconnaissent de loin à la teinte jaune d'or du calcaire de cette contrée. Il n'y a pas le moindre doute qu'Al-Hather ne soit le *Hatra* d'Ammien-Marcellin, ville où Trajan et Sévère faillirent périr avec leurs armées : *Hatram venimus, vetus oppidum in media solitudine positum, olimque desertum; quod diruendum adorti temporibus variis Trajanus et Severus, principes bellicosi, cum exercitibus pene deleti sunt* (3). C'est là qu'il faudrait faire des fouilles. L'emplacement de la ville d'Al-Hatra et de ses

(1) *Journal of the Geographical Society*, vol. XI, p. 5.
(2) M. Layard, tout en reconnaissant que l'on connaît à peine quelques noms de cités assyriennes antérieures à l'empire des Perses, laisse ici le choix entre *Challah* de la Genèse (X, 11) et *Ur* d'Abraham. Les ruines de Kalah-Sherghat seraient alors contemporaines de celles de Nimroud et de Khorsabad. (Layard, p. 64). L'*Ur* d'Ammien Marcellin (XXV, 8) serait trop moderne.
(3) Ammien Marcellin, XXV, 8.

ruines étant parfaitement déterminé, on aurait en quelque sorte un étalon sûr pour mesurer l'antiquité des ruines de Khorsabad et de Nemroud. Et pour ma part, sauf vérification ultérieure, je suis parfaitement convaincu que les ruines d'Al-Hatra fourniront des monuments en tout semblables à ceux de la prétendue Ninive. Pour résoudre cette question si intéressante pour l'histoire et pour l'archéologie, le gouvernement, d'accord avec l'Institut, n'aurait qu'à confier à un savant actif et intelligent la mission d'entreprendre des fouilles sur le lieu indiqué. (1)

A l'ouest de Mossul, sur la route de Sindjar, on rencontre également plusieur ruines (*Tel Afer,* Tel Vender, ruines de Djoubbarah, de Khan), qui attendent encore un explorateur.

A douze lieues environ au nord-ouest de Mossul, et à plus de trente lieues de Kalah-Sherghat, on voit, près de Malthayiah, village chrétien, dans le district de Dohak, des sculptures en tout semblables à celles de Khorsabad, de Koyoundjik et de Nemroud. Ces sculptures sont sur quatre plaques, taillées dans le rocher. Chaque plaque ou table contient neuf figures. « Deux figures, la première et la dernière, sont celles de rois. Les autres sont celles de divinités debout sur des animaux. La première divinité porte le bonnet à cornes carré, non arrondi au sommet et surmonté d'une pointe ou d'une fleur de lys (2). Les ornements sont si défigurés qu'il me fut impossible de les distinguer nettement. Elle tient un anneau dans une main, et une corde ou serpent dans l'autre. Elle est debout sur deux animaux, dont l'un est un taureau et l'autre une espèce de griffon ou de lion, à tête d'aigle, mais sans ailes. La seconde divinité est sans barbe, et tient un anneau d'une main ; elle est assise sur un siége dont les bras et les parties inférieures sont soutenus par des figures humaines à queue (semblables à celles du vase découvert à Nemroud) et par des oiseaux à tête d'homme. Le tout repose sur deux animaux, un lion et un taureau.

« La troisième divinité ressemble à la première, et se tient sur un taureau ailé. Les quatre divinités suivantes portent au sommet du bonnet à cornes des étoiles à six rayons. La première tient un anneau dans une main, et est debout sur un griffon sans ailes. La seconde tient aussi un anneau, et est montée sur un cheval, enharnaché comme les chevaux représentés sur les sculptures de Khorsabad ; la troisième, debout sur un lion ailé, tient la foudre, semblable au Jupiter Olympien sur les peintures et les statues grecques (1). La quatrième est sans barbe, porte un anneau et se tient sur un lion sans ailes. Les deux rois, qui regardent les divinités, ont un main levée, tandis que dans l'autre ils portent une massue ou quelque instrument analogue.

« Toutes ces tables (tumulaires) ont beaucoup souffert par une longue exposition à l'air, et l'une d'elles a été en partie détruite à l'entrée d'une chambre qui probablement servit de tombeau taillé dans le roc. Peut-être ce tombeau était-il lui même fermé par une table, faisant partie du sujet des bas-reliefs. De semblables excavations se rencontrent dans les sculptures du Rocher de Bavian, qui appartient à la même époque que celles de Maïthayiah (2). »

On voit que tout cela est identique avec les sculptures de Khorsabad. Ces rochers excavés de Malthayiah près de Dohak mériteraient également d'être examinés à fond. — A Alkoshi, à deux lieues à l'est de Dohun, les mahométans et les chrétiens montrent avec respect une petite caisse de plâtre, couverte d'un drap vert, comme étant le tombeau du prophète Nahum. Les murs de la chambre sont couverts de papiers où sont tracées, en caractères hébreux, des sentences morales. L'édifice qui renferme ce tombeau est moderne. Il n'y a ni inscriptions ni fragments d'objets antiques (3).

---

(1) Ainsworth et Ross ont donné dans le *Journal de la Société Géographique de Londres* le plan et une courte notice des ruines d'Al-Hather. Layard ne les a vues qu'en passant.

(2) Layard, vol. I, p. 109 et 110.

(1) On voit ici évidemment l'influence de la civilisation grecque (apportée par les Séleucides) sur les indigènes (Perses et Parthes).

(2) Layard, vol. I, p. 230 et suiv.

(3) C'était pourtant bien le cas de trouver

M. Layard partit le 24 juillet 1846 pour retourner en Angleterre, où il fit paraître, en 1849, l'ouvrage intitulé : *Nineveh and its remains*, dont je viens de faire une analyse succincte. Les journaux de l'année dernière (juin 1850) ont annoncé le nouveau départ de M. Layard pour continuer ses recherches, si précieuses pour l'histoire et l'archéologie persanes.

J'ai fait voir plus haut que si les anciens qui vivaient il y a quinze à vingt siècles ne s'accordaient pas entre eux sur la situation de l'antique Ninive, l'autorité de M. d'Anville, mort en 1782 de J.-C. et de ceux qui l'ont suivie, me paraît (et je ne serai pas seul de cet avis) insuffisante pour résoudre une pareille question, à moins que les ruines assyriennes, loin de se détériorer avec le temps, n'aient eu le privilège de croître et de rajeunir. C'est là sans doute l'opinion de ces mêmes archéologues qui pensent que les ruines plus anciennes sont non pas au-dessous, mais au-dessus des ruines plus modernes.

Et la preuve, la voici. Allez sur les bords du Tigre; ouvrez quelque tranchée dans des monticules qui indiquent la présence de ruines. Les premiers bas-reliefs que touche la pioche, ce sont des monuments assyriens, des sculptures de Ninive ou de toute « autre ville de la Genèse, plus ou moins florissante quelque temps après le déluge ». Ce sont les grands prêtres de la science qui le disent : il faut les croire sur parole. Cependant, un scrupule vous obsède : voilà, direz vous, une histoire bien vieille, et pas mal obscure, que celle des premiers hommes après le déluge. Après Nemroud, Abraham et les autres patriarches sont venues des nations dont l'histoire est infiniment mieux connue ; les Mèdes, les Perses, les Grecs, les Romains, les Parthes, etc., doivent aussi avoir laissé dans ce même pays des traces profondes de leur passage. Ils doivent avoir construit des villes et des monuments. Ou sont-elles donc les ruines de ces villes et de ces monuments? Si vous revendiquez tout pour les Assyriens et les descendants directs de Noé (qui, j'ose le croire, ne devaient pas être très forts en architecture), que reste-t-il pour les Perses et les Parthes, qui nous touchent de beaucoup plus près? Je ne vois à cela d'autre solution que d'admettre qu'il faut creuser plus profondément dans le sol et chercher les monuments perses et parthes, qui sont plus récents, *au-dessous* des monuments assyriens, beaucoup plus anciens ; à moins d'admettre encore, d'après le système du monde renversé, que ce sont les Assyriens (revenus sans doute de l'autre monde sous forme de démons) qui ont fait disparaître les ouvrages de leurs successeurs, pour mettre à leur place les monuments qu'on vient d'exhumer aux environs de Mossul sous le nom de *monuments de Ninive*. Quiconque brave le bon sens doit être puni par le ridicule.

C'est le propre de la vérité de faire entrer tout naturellement les faits dans le cadre de l'histoire et de la logique. Chaque pas que l'on fait dans cette voie encourage à continuer (1).

Après les anciens, ce sont les monuments qui me donnent raison. Ces monuments, magnifiques vestiges de la vieille civilisation indo-perso-germanique, sont les commentaires sculptés des écrivains de l'antiquité qui nous parlent des Mèdes, des Perses et des Parthes. Costumes, mœurs, religion, type de race, tout s'y retrouve. C'est surtout des scènes de chasse, occupation favorite des rois perses, et des représentations guerrières, qu'on admire sur les murs des palais construits sur les rives du Tigre. Ce que ces palais nous montrent, Ammien-Marcellin nous le dépeint.

« Pour nous reposer de nos fatigues, dit-il, nous fîmes halte dans une riche campagne (*in agro consedimus opulento*), tapissée d'arbustes, de vignes et de cyprès. Au milieu de cette campagne était un palais de plaisance ombragé, dont toutes les pièces offraient d'agréables

---

des objets antiques dans le mausolée du prophète qui avait prédit la ruine de Ninive. Il est vrai qu'on montre aussi un tombeau de Nahum à Bethogabra, près d'Emmaüs, en Galilée ; mais les archéologues n'y regardent pas de si près.

(1) Ce qui suit est extrait de mon second mémoire présenté à l'Académie des Inscriptions et Belles Lettres, le 24 mai 1850.

peintures (*cujus in medio diversorium opacum est et amœnum, gentiles picturas per omnes ædium partes ostendentes*); le roi y est diversement représenté à la chasse tuant des bêtes sauvages (*regis bestias venatione multiplici trucidantis*). Car on ne peint et l'on ne figure pas autre chose chez eux (les Perses), que des scènes de combats et de guerre (*nec enim apud eos pingitur vel fingitur aliud præter varias cædes et bella*) (1). »

C'est là en effet ce que l'on voit représenté sur les murs des palais retirés jusqu'ici des fouilles de Khorsabad, de Nemroud, de Koyoundjik, de Karamles et de Kalah-Sherghat (2). Des palais de plaisance (*diversoria castella*, βασίλεια) semblables à celui que décrit le compagnon de l'empereur Julien paraissent avoir été assez fréquents sur les rives du Tigre, et particulièrement sur les routes qui conduisaient à Suse et à Ecbatane, où les rois des Perses passaient le printemps et l'été. Xénophon rencontra près de Mespila un de ces palais (βασίλειόν τι), qui était probablement le *château royal de Darius, fils d'Hys-*

(1) Ammian. Marcell. XXIV, 6, 1. Ammien Marcellin accompagnait alors l'empereur Julien, qui se retirait, comme Xénophon, le long du Tigre; mais, moins heureux que le commandant de la retraite des Dix-Mille, Julien y trouva la mort, le 26 juin 363 de notre ère.

(2) Les ruines de Kalah-Sherghat trouvées par M. Layard sur la rive occidentale du Tigre sont situées à plus de vingt-cinq lieues en ligne directe au sud de Khorsabad, qui est à quelque distance de la rive orientale du Tigre; or, ces ruines sont tout à fait semblables aux autres. Les enclavera-t-on aussi dans l'enceinte de Ninive? Quelle que soit « la taille respectable » qui convient à Ninive, on hésitera peut-être à lui donner cent et même quatre-vingts lieues de tour, c'est-à-dire une étendue de plusieurs départements. Comme très-probablement les ruines qu'on pourra découvrir sur les rives du cours moyen et inférieur du Tigre ressembleront de même aux autres, il faudra se mettre en quête de tous les noms des villes assyriennes contemporaines de Ninive (*improbus labor!*), si l'on ne veut pas que ce soient des ruines perses. Les archéologues aimeraient-ils à se rapprocher du déluge, par horreur des temps historiques?

taspe (τὸ Δαρείου τοῦ Ὑστάσπεω βασίλειον), indiqué par Strabon, et dont la position semble devoir se rapporter à Khorsabad (1). Ces palais étaient d'ordinaire entourés de parcs (παράδεισοι), où les rois pouvaient se livrer à la chasse (2).

(1) Xenoph. *Anab.*, III, 4; Strab. XVI, 1. Les fouilles de MM. Botta et Layard ayant amené, sur des points très-distants, des découvertes presque identiques, il faut à tout jamais abandonner l'hypothèse d'une ville unique en ruines. Maintenant, quelles sont les villes ou palais anciens qui correspondent à ces points? C'est une question secondaire, dont je ne m'occuperai pas ici; d'ailleurs on ne sera pas embarrassé de la résoudre. Kalah-Sherghat, Nemroud, Koyoudjik, correspondent assez bien aux villes de Cœnes, de Larissa, de Mespila, mentionnées par Xénophon; et Karamles ne devait pas être loin de Demétrias et d'Arbèles : Strabon indique encore aux environs d'Arbèles un temple d'Anæa-Sadrakæ (qui, d'après le texte, peut être tout à la fois le nom d'une ville et celui du château de Darius), les Feux ou Bûchers (probablement le nom d'un endroit où se dégageaient des gaz inflammables), et le Bois de cyprès... Voici le texte de Strabon (XVI, 1), à consulter : Μετὰ δὲ Ἄρβηλα καὶ τὸ Νικατόριον ὄρος (ὃ προσωνόμασεν Ἀλέξανδρος νικήσας τὴν περὶ Ἄρβηλα μάχην) ὁ Κάπρος ἔστι ποταμός, ἐν ἴσῳ διαστήματι, ὅσῳ καὶ ὁ Λύκος· ἡ δὲ χώρα Ἀρτακηνὴ λέγεται. Περὶ Ἄρβηλα δέ ἐστι καὶ Δημητριὰς πόλις· εἶθ' ἡ τοῦ Νάφθα πηγή, καὶ τὰ Πυρά, καὶ τὸ τῆς Ἀναίνας ἱερόν, καὶ Σαδράκαι, τὸ Δαρείου Ὑστάσπεω βασίλειον, καὶ ὁ Κυπαρισσών.... Ptolémée (*Geograph.* VI, 1) sera aussi de quelque secours pour décider cette question topographique; mais il me paraît plus sage de ne l'aborder qu'après s'être assuré si ces ruines n'appartiennent pas à une époque plus récente encore que celle des Achéménides; car il y a des indices qui les rapprocheraient de l'époque des Arsacides et même des Sassanides. Quoi qu'il en soit, plus on les examinera, plus on sera tenté de les ramener à cette dernière époque.

(2) Il y avait de ces palais, environnés de *paradisi*, dans presque toutes les provinces de l'empire perse. Xénophon (*Anab.*, I, 2, 7) en vit un à Célænes, ville de la Phrygie. Le parc était rempli de bêtes sauvages, et Cyrus (le jeune) y chassait à cheval : Ἐνταῦθα Κύρῳ βασίλεια ἦν καὶ παράδεισος μέγας, ἀγρίων θηρίων πλήρης, ἃ ἐκεῖνος ἐθήρευεν ἀπὸ ἵππου, ὁπότε γυμνάσαι βούλοιτο ἑαυτόν τε

Ce serait un beau travail de détacher une à une ces figures étranges qui ornent les palais mis au jour par le zèle infatigable de MM. Botta et Layard, d'interroger ces monuments, les textes anciens à la main, et de les faire parler après des siècles de silence.

J'ose en offrir ici un faible essai, en commençant par le petit *obélisque* trouvé par M. Layard au milieu des ruines de *Nimroud*. Ce petit obélisque passe pour un des *plus anciens monuments assyriens* (1). Il a 6 pieds 8 pouces 5/8 (mesure anglaise) de hauteur, les deux faces les plus larges ont 1 pied 11 pouces 3/4, et la largeur des deux faces les plus étroites est de 1 pied 3 pouces 3/4. On prétend que ce petit obélisque (qui n'est qu'une stèle) est la même chose que la *pyramide de pierre* (πυραμὶς λιθίνη) que Xénophon (*Anab.*, III, 4, 9) remarqua sur la rive orientale du Tigre, près de la ville de Larissa. Or, cette pyramide avait *un pléthre* (environ 100 pieds) *de largeur sur deux pléthres* (environ 200 pieds *de haut* (2). Ces dimensions de la pyramide de Larissa ne conviennent donc, comme l'on voit, en aucune façon à celles du monument de Nemroud, ce qui n'empêche pas des archéologues célèbres d'être d'un avis tout différent (3).

Supposé même que Xénophon se soit trompé par une illusion optique des plus étranges, et que la pyramide de 100 pieds de large sur 200 de haut, soit réellement la stèle d'environ 6 pieds 1/2 de haut sur deux pieds de large, ce dernier monument n'en atteste pas moins une origine persane par les objets qu'il représente. Les animaux qui s'y trouvent sculptés appartiennent presque tous à l'Inde et à la Bactriane (4). Au nombre

καὶ τοὺς ἵππους. Ce parc était traversé par le Méandre, dont les sources jaillissaient du palais même (διὰ μέσου δὲ τοῦ παραδείσου ῥεῖ ὁ Μαίανδρος ποταμός· αἱ δὲ πηγαὶ αὐτοῦ εἰσιν ἐκ τῶν βασιλείων). — Xénophon campa près d'un autre parc, situé sur le bord du Tigre, « grand, beau et garni d'arbres de toutes espèces » (ἐγγὺς παραδείσου μεγάλου καὶ καλοῦ καὶ δασέος παντοίων δένδρων; *Anab.*, II, 4, 14). — Ces châteaux entourés de parcs étaient des stations ou lieux de repos pour les rois quand ils étaient en voyage. Xénoph. *OEconom.* : ἐν ὁπόσαις τε χώραις ἐνοικεῖ καὶ εἰς ὁπόσας ἐπιστρέφεται, ἐπιμελεῖται τόπων, ὅπως κῆποι τε ἔσονται, οἱ παράδεισοι, καὶ ἐν τούτοις αὐτὸς τὰ πλεῖστα διατρίβει. Conf. *Cyrop.*, I, 3, 14; I, 4, 5; VIII, 1, 38. *Hellen.*, lib. III. Philostrat. *de Vita Apollon.* lib. I. — Quinte-Curce (lib. VIII) s'exprime ainsi sur la beauté de ces *paradisi* : *Barbarae opulentiae in illis locis haud ulla sunt majora indicia, quam magnis nemoribus, saltibusque, nobilium ferarum greges clausi. Spatiosas ad hoc eligunt silvas, crebris perennium aquarum fontibus amoenas. Muris nemora cinguntur, turresque habent venantium receptacula.* — Le parc qu'Ammien-Marcellin (XXIV, 5) avait vu près de Coche ou de Séleucie sur le Tigre contenait des lions, des ours et des sangliers. *Erat enim in hac regione extentum spatium et rotundum, loricae ambitu circumclausum, destinatas regiis voluptatibus continens feras, cervicibus jubatis leones, armisque hispidos apros et ursos (ut sunt Persici) ultra omnem rabiem saevientes, et alia lecta immania corpora bestiarum, quas omnes diffractis portarum obicibus, equites nostri venatoriis lanceis et missilium multitudine confoderunt.* — Dans ces chasses, le roi s'était réservé le privilège exclusif de porter le premier coup au lion ou à toute autre bête. Le satrape Mégabyse fut condamné à mort par Artaxerxès pour avoir manqué à cette règle de l'étiquette. (Ctésias, *frag. Pers.*, p. 53, édit. Didot : ἐξέρχεται βασιλεὺς ἐπὶ θήραν, καὶ λέων ἐπέρχεται αὐτῷ· μετεώρου δὲ φερομένου τοῦ θηρίου, βάλλει ἀκοντίῳ Μεγάβυζος, καὶ ἀναιρεῖ· καὶ ὀργίζεται Ἀρταξέρξης ὅτι πρὶν ἢ αὐτὸς τύχῃ Μεγάβυζος ἔβαλε· καὶ προστάσσει τὴν κεφαλὴν τὸν Μεγάβυζον ἀποτμηθῆναι.). Les *paradisi* et les nombreuses scènes de chasse que représentent les dessins de MM. Flandin et Layard peuvent donner une idée exacte des textes que je viens de citer.

(1) Voy. Layard, *Nineveh and its remains*, Atlas, pl. 53 : *This monument, probably one of the most ancient and interesting historical records in existence, appears to have been erected by the son of the founder of the nord-west palace, the earliest known assyrian edifice.* — Il a été transporté au Musée Britannique de Londres.

(2) Xénoph., *Anab.*, III, 4, 9 : Παρὰ ταύτην τὴν πόλιν (scil. Λάρισσαν), ἦν πυραμὶς λιθίνη, τὸ μὲν εὖρος ἑνὸς πλέθρου, τὸ δὲ ὕψος δύο πλέθρων.

(3) M. de Saulcy, *Moniteur* du 18 février 1850.

(4) Ces animaux n'appartiennent pas, il est vrai, exclusivement à ces pays; car on voyait

de ces animaux qui sont amenés en tribut au roi, on remarque le *rhinocéros*, l'éléphant, de grandes espèces de singes, une espèce d'antilope et le dromadaire (*camelus bactrianus*).

Or, à quelle époque l'Inde devint-elle tributaire de l'Assyrie? ou seulement à quelle époque les souverains du Tigre et de l'Euphrate essayèrent-ils de pénétrer dans l'Inde?

Sémiramis, de fabuleuse mémoire, voulut, dit-on, conquérir l'Inde, où Bacchus l'avait précédée; mais elle échoua complétement dans son entreprise. En effet, elle n'en revint qu'avec vingt hommes (1); bien plus, suivant Mégasthène (contemporain de Séleucus Nicator), cité par Strabon, elle mourut sans avoir exécuté son projet (2). Cyrus aurait échoué comme Sémiramis : il n'en serait revenu qu'avec sept hommes (3). « Mais comment, continue Strabon, pourrions-nous ajouter foi à de pareilles expéditions? Mégasthène est aussi de notre avis, quand il ordonne de ne point croire à ces vieilles traditions sur l'Inde. »

Aujourd'hui on trouve les anciens trop incrédules; je n'aurais pas rappelé le nom de Sémiramis, si, — qui le croirait? — on ne l'avait pas fait intervenir comme une grande autorité à l'appui du prétendu monument assyrien.

Darius, fils d'Hystaspe, entreprit le premier de reculer les limites de son empire jusqu'à l'Indus (4). C'est sur le rapport de Scylax, envoyé *pour apprendre où l'Indus avait son embouchure*, que ce roi des Perses se décida à faire une expédition par mer, et soumit les Indiens (1). Plus tard, ces conquêtes se sont sans doute agrandies. Il y avait des Indiens, des Hydraces, à la solde des Perses (2), et Cyrus le jeune, en parlant de l'étendue de l'empire de ses pères, en donne pour limite au midi les pays d'une chaleur extrême.

Voudra-t-on suppléer au silence de l'histoire par des hypothèses, et soutenir, sans preuve aucune, que les Assyriens ont été maîtres de l'Inde avant les Perses? Mais alors Cyrus et Darius, fils d'Hystaspe, héritiers de l'empire des Mèdes et des Assyriens, en attaquant l'Inde, n'auraient fait que châtier un pays rebelle, ce qui est absolument contraire à tous les témoignages de l'histoire. Car ceux-ci nous représentent l'Inde comme un pays pour ainsi dire vierge des atteintes des conquérants asiatiques, et gouverné par des rois indigènes. Darius lui-même n'y avait pas pénétré fort loin; car Alexandre le Grand trouva l'Indus comme limite de l'empire des Perses.

Ainsi, supposé même que la pyramide de Xénophon (3) soit l'obélisque de

---

aussi des éléphants, des rhinocéros et des singes en Égypte, où ils étaient amenés de l'Abyssinie et de l'intérieur de l'Afrique. Mais ce fait est loin de nuire à ma cause; car l'Égypte fut quelque temps tributaire des rois de Perse, tandis qu'elle n'a jamais été soumise aux rois assyriens.

(1) Strab., XV, 1. : Σεμίραμις ἐστράτευσεν ἐπὶ Ἰνδοὺς καὶ Κῦρος· (ἀλλ' ἡ μὲν ἀνέστρεψε, φεύγουσα μετὰ εἴκοσιν ἀνθρώπων· ἐκεῖνος δὲ μεθ' ἑπτά).

(2) Strab., *Ibid* ... Σεμίραμιν ἀποθανεῖν πρὸ τῆς ἐπιχειρήσεως.

(3) Suivant Arrien (*Exped. Alexand.*, VI, 24, 4). Cyrus perdit presque toute son armée dans le désert de la Gédrosie. D'après Mégasthène (Strab., VI, 1), il approcha seulement de l'Inde dans son expédition contre les Massagètes.

(4) On donnait anciennement un sens beaucoup plus étendu au mot *Inde*; car on y comprenait plusieurs pays situés en deçà de l'Indus. Ainsi les Assacènes ou Astacènes, qui, suivant Arrien (*Indic*, 1), étaient soumis aux Assyriens, aux Mèdes et aux Perses, habitaient en deçà de l'Indus jusqu'au fleuve Cophene. (Τὰ ἔξω Ἰνδοῦ ποταμοῦ τὰ πρὸς ἑσπέρην ἔστε ἐπὶ τὸν ποταμὸν Κωφῆνα Ἀσταχηνοί καὶ Ἀσσαχηνοί, ἔθνεα Ἰνδικὰ ἐποιχέουσι.) Les Ἀσταχηνοί sont les *Aspagani* de Pline (*Hist. Nat.*, VI, 23), et suivant Wilken (*Acad. des Sciences de Berlin*, 1819, p. 261) les *Afghans* modernes, en changeant le mot *Aspaga*, par une aspiration propre au zend, en *Asfaga*.

(1) Hérodot. IV, 44 : Τῆς δὲ Ἀσίης τὰ πολλὰ ὑπὸ Δαρείου ἐξευρέθη, ὃς βουλόμενος Ἰνδὸν ποταμόν — εἰδέναι τῇ ἐς θάλασσαν ἐκδιδοῖ, πέμπει πλοίοισι ἄλλους τε τοῖσι ἐπίστευε τὴν ἀλήθειαν ἐρέειν, καὶ δὴ καὶ Σκύλακα ἄνδρα Καρυανδέα..... Μετὰ δὲ τούτους περιπλώσαντας Ἰνδούς τε κατεστρέψατο Δαρεῖος καὶ τῇ θαλάσσῃ ταύτῃ ἐχρᾶτο. — Cette conquête même ne comprenait pas les Indiens proprement dits. (Hérodot, III, 101.)

(2) Hérodot., VII, 65; Strab., XV, 1.

(3) Cette pyramide, si elle eût été érigée

M. Layard, ce monument ne peut faire allusion qu'à des événements qui se sont passés sous la dynastie des Achéménides.

Mais ce n'est pas tout. Sur ce monument on voit figuré un animal qui en tout temps a été très-rare, et qui ne vit qu'au delà du Gange, dans le sud-est de l'Asie, par conséquent très-loin de l'ancienne limite de l'empire des Perses; j'ai nommé le *rhinocéros* (1).

Cet animal, offert en présent ou en tribut, suppose donc des relations intimes avec la partie la plus reculée de l'Inde, où Alexandre lui-même n'avait pas pénétré (1). Or, ce n'est qu'à des époques assez récentes que ces relations ont commencé à s'établir. Séleucus Nicator, pour arrêter les progrès de Tschundraguptas, paraît s'être avancé jusqu'à l'embouchure du Gange ; mais cela est encore douteux (2). Cependant, il est certain que les Séleucides et les rois de l'Inde s'envoyaient réciproquement des ambassadeurs chargés de présents. Mégasthène, cité plus haut, et Daïmaque étaient au nombre de ces ambassadeurs (3). Depuis la fondation de l'empire des Bactres, en 250 avant J.-C., les relations de l'Inde avec la Mésopotamie devinrent plus intimes. Euthydème, Eucratide, Démétrius devaient en favoriser le développement. Ménandre paraît avoir poussé ses conquêtes jusqu'au Gange. Enfin, vers les premiers siècles de l'ère chrétienne, il y eut des royaumes indo-parthes, indo-grecs et indo-scythes; et plus tard, après la chute des Arsacides (en 226 après J.-C.), les Sassanides multiplièrent encore leurs points de contact avec les contrées les plus reculées de l'Hindostan (4).

En résumé, les Assyriens, les Mèdes et même les premiers rois perses n'avaient jamais franchi l'Indus; et les peuples avec lesquels ils étaient en rapport habitaient tous en deçà de ce fleuve. Ce n'est que depuis la fondation des différents royaumes indo-grecs et indo-parthes qu'on a pénétré plus profondément dans l'Hindostan. Voilà l'époque où l'on peut avoir représenté sur un mo-

par Darius, aurait eu déjà cent ans environ quand Xénophon l'aperçut.

(1) Il n'en est pas du rhinocéros comme du lion. Celui-ci était jadis beaucoup moins rare qu'aujourd'hui ; et cela s'explique en partie par la chasse destructive qu'en ont faite les Romains et tous les autres peuples. Rien de semblable pour le rhinocéros. Les auteurs tant anciens que modernes nous dépeignent cet animal comme ayant été rare à toutes les époques, et cette remarque ne s'applique pas seulement au rhinocéros de l'Inde, mais encore à celui de l'Afrique (Éthiopie). Ni Aristote ni Ctésias, qui ont traité des animaux de l'Inde, ne paraissent avoir connu le rhinocéros; du moins ils n'en parlent point. Le premier dont il est fait mention dans l'histoire fut celui qui parut à la fête célèbre de Ptolémée Philadelphe, et que l'on fit marcher le dernier des animaux, comme le plus curieux et le plus rare : il était de l'Éthiopie (Athen., lib. V, p. 201, édit. 1597). Le premier qu'on vit en Europe parut aux jeux de Pompée. Pline ajoute qu'il n'avait qu'une corne, et que ce nombre était le plus ordinaire (*Hist. Nat.*, VIII, 20). Auguste en fit tuer un autre dans le Cirque avec un hippopotame, lorsqu'il triompha de Cléopâtre (Dion Cass., LI). Cf. Pausanias, lib. IX, p. 572, édit. Hanov., et Artémidore, cité par Strab., XVI, p. 774. Mais, chose remarquable, tous ces auteurs ne parlent que du rhinocéros de l'Afrique. Celui de l'Inde paraît avoir été inconnu même aux Grecs et aux Romains. Alexandre avait rencontré beaucoup d'éléphants dans l'Inde ; mais ses historiens ne nous disent pas qu'il ait rencontré des rhinocéros. C'est qu'en effet il n'avait pas pénétré au delà du Gange, dans la patrie de ces animaux. (Cf. *Specimen Zoologiæ geographicæ*, Lugd. Bat., 1777, in-4°, p. 377; Lesson, art. *Rhinocéros*, dans le *Dict. d'Hist. Nat.*; Cuvier, *Ossements et Fossiles*, t. III, p. 36 et suiv.). Cet animal était même encore très-imparfaitement connu du temps de Buffon ; car ce grand naturaliste raconte « qu'à la vue de ceux qui arrivèrent à Londres en 1739 et 1741 on reconnut aisément les erreurs de ceux qui avaient publié des figures de cet animal. »

(1) Plut., *Vit. Alex.*; 62. Plin.; *Hist. Nat.*, VI, 21.

(2) Voy. l'excellent article *Indien*, par Benfey, p. 67, 2ᵉ sect. tome XVII; dans l'*Encyclopédie allemande d'Ersch et Gruber*.

(3) Athen., I, 18; Strab., II, 1.

(4) Voyez sur cette partie, tout à la fois si obscure et si intéressante de l'histoire, l'article déjà cité de Benfey, le magnifique ouvrage de Wilson (*Ariana antiqua*); M. de Longpérier, *Sur les Médailles des Sassanides*; Grotefend, etc.

nument élevé au bord du Tigre un animal fort rare, inconnu au médecin d'Artaxerxès et au précepteur du grand conquérant macédonien. Si c'est le rhinocéros de l'Inde que représente l'obélisque de Nemroud, ce monument ne peut avoir été érigé qu'à une époque comparativement assez récente, c'est-à-dire sous le règne des Arsacides ou des Sassanides. S'il représente, au contraire, la seconde espèce, il remonte au règne des Aché-

ménides; mais en aucun cas il ne *saurait être antérieur à Cambyse*, qui rendit l'Égypte tributaire de l'empire perse; et c'est par la voie de l'Égypte que le rhinocéros d'Afrique devait arriver en Asie (1).

Cette dernière thèse pourrait très-bien se soutenir, si l'on ne voyait figuré sur le même obélisque de Nemroud un autre objet qui tranche la question. (Voy. la gravure; planche de Layard.)

Xénophon dit, en parlant des Perses : « *Aujourd'hui* leur vie est beaucoup plus molle que du temps de Cyrus... En été ils ne se contentent pas de l'ombre des arbres et des rochers ; car là même ils s'abritent sous d'autres ombres, faites mécaniquement, par des hommes qui se tiennent debout à leurs côtés (2). »

Cette ombre *faite mécaniquement*, pour laquelle Xénophon n'avait pas même de nom particulier, est évidemment le parasol, représenté sur l'obélisque de Nemroud ainsi que sur les monuments de Khorsabad, de Kalah-Sherghat, de Koyoundjik, etc. D'après le texte cité, il n'était pas encore connu du temps de Cyrus l'Ancien, et le mot *aujourd'hui* veut dire deux siècles au moins après la destruction de Ninive; car Xénophon était, comme on sait, contemporain de Cyrus le jeune, qu'il accompagna dans son expédition contre Artaxerxès Memnon. On ne faisait donc alors usage du parasol que pour se garantir du soleil.

Selon toute apparence, le parasol n'a jamais été sous les Achéménides le signe du commandement.

Hérodote indique tous les détails de la pompe dont s'entourait Xerxès dans sa fameuse expédition, et il aurait oublié de mentionner l'emblème du pouvoir souverain !

Après la bataille d'Issus, la tente et toute la livrée de Darius tombèrent entre les mains d'Alexandre. Or, puisque le roi des Perses, dans sa fuite précipitée, avait abandonné sa mère et sa femme, il aurait très-bien pu avoir oublié son parasol, qui eût été pour les Grecs un objet de curiosité immense, comme le fut naguère pour les Parisiens le parasol marocain pris à la bataille d'Isly.

Pour que le parasol soit si souvent représenté sur ces monuments, et qu'on le voie invariablement tenu au-dessus de la tête du roi, soit debout, soit assis sur son trône, il faut qu'il ait servi à autre chose qu'à se procurer de l'ombre : c'est certainement ici (et personne ne le conteste) le signe du commandement, un attribut de la royauté. Or, c'est la si-

(1) Le rhinocéros d'Afrique et le chameau de la Bactriane, offerts en tribut, auraient été, pour ainsi dire, les symboles des limites extrêmes de l'empire de Cambyse.

(2) Xénoph., *Cyropæd.*, VIII, 8 (p. 656 édit. Schneid.) : Ἀλλὰ μὴν καὶ θρυπτικώτεροι πολὺ νῦν, ἢ ἐπὶ Κύρου, εἰσί... Ἔν γε μὴν τῷ θέρει οὐκ ἀρκοῦσιν αὐτοῖς οὔθ' αἱ τῶν δένδρων οὔθ' αἱ τῶν πετρῶν σκιαί, ἀλλ' ἐν ταύταις ἑτέρας σκιὰς ἄνθρωποι μηχανώμενοι αὐτοῖς παρεστῶσι.

gnification qu'il a dans l'Hindostan, où son usage est, de temps immémorial, fort répandu (1). Et, pour le répéter, les pays de l'Euphrate et du Tigre n'eurent des relations intimes avec l'Inde que sous le règne des Parthes (dynastie des Arsacides) et des Néo-Perses (dynastie des Sassanides), qui, tout en imitant avec une sorte d'affectation les mœurs et jusqu'aux costumes des Mèdes et des anciens Perses, empruntèrent beaucoup de choses aux Indiens, auxquels ils étaient déjà naturellement alliés par la race et la langue. Ainsi donc, ce prétendu monument assyrien, sur lequel on voit tout à la fois le parasol et le rhinocéros, ne peut pas même remonter au règne des Achéménides.

Je pourrais m'arrêter là ; car ce qui précède me paraît prouver surabondamment qu'on n'a point découvert les ruines de l'antique Ninive, ce qui était le but de mon travail, basé sur l'autorité réunie des anciens et des monuments. Mais qu'il me soit permis de citer encore quelques exemples à l'appui de ce que j'ai dit plus haut, savoir que les monuments découverts sur les bords du Tigre sont les commentaires sculptés des écrivains grecs et romains qui nous parlent des Mèdes, des Perses et des Parthes.

Tout nous retrace ici les emblèmes du culte du Soleil, du feu, de la religion de Zoroastre. Le roi, qui était en même temps le grand pontife, porte sur tout son costume, sur sa tiare (particulièrement sur la partie frontale), sur ses vêtements, sur ses anneaux, sur le harnais même de ses chevaux, un ornement symbolique qu'on retrouve de même sur les monuments de Persépolis. Cet ornement c'est le disque du soleil, semblable à une fleur épanouie (voir la planche III), et pour prévenir toute équivoque, ce même disque rayonnant est placé sur des médailles de rois parthes, à côté du croissant, symbole de la lune, comme l'indique la gravure ci-contre (2).

(1) Arrien (*Indic.*, 16) dit, en parlant des Indiens : Σκιάδια (*umbracula*) προβάλλονται τοῦ θέρεος ὅσοι οὐκ ἠμελημένοι Ἰνδῶν.

(2) Voy. Visconti, *Iconographie Grecque*, pl. 49.

Quand le grand roi, ὁ μέγας βασιλεύς, se montrait revêtu de ses ornements resplendissants de soleils, formés de rayons d'or enchâssant des pierres précieuses, il était honoré à l'égal d'une divinité (1) : on le saluait à genoux, on l'adorait (προσκυνεῖν, *adorare*). L'adoration (προσκύνησις, *adoratio*) était exigée de tous ceux qui étaient admis à l'audience du roi, et introduits par des espèces d'huissiers ou maîtres des cérémonies (εἰσαγωγεῖς) (2). C'est ce que l'on voit sur l'obélisque de Nemroud, ce « très-ancien monument assyrien ». On le saluait dans l'attitude de la prosternation, quelquefois seulement à genoux et les mains jointes pardevant (3). Les suppliants avaient les mains jointes derrière

(1) Outre ces emblèmes, véritables armoiries, que les rois perses prodiguaient sur leur livrée, ceux-ci rappelaient encore par leurs titres le nom de l'astre bienfaisant. Ainsi, *Cyrus* signifie *soleil*, comme nous l'apprend Ctésias (Plut., in *Artaxerx.*) : *khoro*, en zend, *soleil*. Les rois sassanides s'intitulaient *frères du soleil et de la lune*. Amm. Marcell., XXIII, 6.

(2) Les Grecs, en relation avec les rois des Perses, se refusaient souvent à ce mode de salutation, au risque de nuire à leurs intérêts. Hérodot., I, 136 ; Xénoph., Anab., III, 2 : Οὐδένα γὰρ ἄνθρωπον δεσπότην, ἀλλὰ τοὺς θεοὺς προσκυνεῖ. *Cyrop.*, IV, 4 ; V, 3 ; VIII, 3. — Conon ne fut pas admis à l'audience de Xerxès, parce qu'il avait refusé de l'adorer, Justin., VI, 2 : « Conon, diu rege per epistolam frustra fatigato, ad postremum ipse ad eum pergit, *cujus aspectu et colloquio prohibitus est quod eum adorare nollet.* » — Pélopidas, envoyé après la bataille de Leuctres auprès d'Artaxerxès, adora le roi avec une restriction mentale. (Ælian., *Var. Hist.*, I, 21.)

(3) Voy. Brisson, *De regio Persarum Principatu*, p. 9-10 (édit. 1606), où l'on trouve réunis les différents passages relatifs à ce genre de salutation.

le dos; c'est ce qui les distinguait de ceux qui faisaient le simple salut prescrit par l'étiquette (1). Cette manière de saluer le roi n'existait pas seulement chez les Perses, elle était aussi en usage à la cour des Arsacides et des Sassanides. Au rapport de Xénophon et d'Arrien, Cyrus reçut les premiers honneurs de l'adoration (2).

Le fondateur de l'ancienne monarchie perse régla lui-même le cérémonial de la marche ou procession royale. Il faut lire ces passages de Xénophon les dessins des monuments de Khorsabad et de Nemroud à la main.

« La veille de la sortie du palais (cérémonie qui devait être un nouveau moyen employé pour rendre l'autorité du roi plus respectable), Cyrus manda auprès de lui ses principaux officiers, et leur distribua des robes médiques (στολὰς μηδικάς); et les Perses prirent alors pour la première fois cet habillement. En faisant cette distribution il leur dit « qu'il voulait se rendre avec eux dans les champs consacrés aux dieux et y offrir des sacrifices... Tous les préparatifs de la marche furent terminés le lendemain avant que le jour parût. On avait placé de chaque côté de la route une haie de soldats, comme on en place encore maintenant dans les endroits que le roi doit traverser, et il n'est permis qu'aux grands personnages de passer au milieu (ὧν ἐντὸς οὐδενί ἐστιν εἰσιέναι τῶν μὴ τετιμημένων). Il y avait des *mastigophores* (porteurs de fouet, μαστιγοφόροι) qui devaient frapper quiconque ferait du désordre (οἳ ἔπαιον εἴ τις ἐνοχλοίη). Un corps de quatre mille doryphores (δορύφοροι, lanciers), sur quatre rangs, était placé en face du palais, deux mille de chaque côté de l'entrée. Tous les cavaliers présents avaient mis pied à terre, et tenaient leurs mains sous leurs *candys* (διειρχότες τὰς χεῖρας διὰ τῶν κανδύων). Les Perses occupaient la droite, et les alliés la gauche du chemin; les chars étaient aussi rangés en nombre égal des deux côtés.

« Lorsque les portes du palais furent ouvertes, on en vit d'abord sortir quatre taureaux de toute beauté (ταῦροι πάγκαλοι) qui devaient être offerts à Jupiter et aux autres divinités (1) désignées par les mages. Après les taureaux venaient des chevaux qui devaient être sacrifiés au Soleil (ἵπποι, θῦμα τῷ Ἡλίῳ); ensuite un char blanc, à timon doré, richement orné, consacré à Jupiter (ἅρμα λευκόν, χρυσόζυγον, ἐστεμμένον, Διὸς ἱερόν) (2); puis venait le char blanc du Soleil, orné comme le précédent; enfin, un troisième, traîné par des chevaux couverts de housses de pourpre (φοινικίσι κατατεπταμένοι οἱ ἵπποι). Derrière ce char marchaient des hommes portant du feu dans un grand bassin ou foyer (πῦρ ἐπ' ἐσχάρας μεγάλης φέροντες) (3).

Cyrus parut enfin lui-même, monté sur un char, portant la tiare droite (ὀρθήν ἔχων τὴν τιάραν), une tunique de pourpre d'une étoffe blanche au milieu (χιτῶνα πορφυροῦν μεσόλευκον) (4), habillement réservé au roi seul (ἄλλῳ δ' οὐκ ἔξεστι μεσόλευκον ἔχειν), des hauts-de-chausses teints en couleur pourpre foncé (περὶ τοῖς σκέλεσιν ἀναξυρίδας ὑσγινοβαφεῖς) et un candys tout en pourpre (κάνδυν ὁλοπόρφυρον). Il avait aussi un diadème autour de la tiare (εἶχε δὲ καὶ διάδημα περὶ τῇ τιάρᾳ). Ses cousins (συγγενεῖς) portaient le même diademe, distinction qui a été conservée jusqu'à ce jour. Il avait les mains découvertes. A côté de

---

(1) Ammien-Marcellin, XVIII, 8.
(2) Xénoph., *Cyrop.*, VIII, 3 : Πρόσθεν δὲ Περσῶν οὐδεὶς Κῦρον προσεκύνει; Arrian, *Anab.*, IV, 11 : Λέγεται τὸ πρῶτον προσκυνηθῆναι ἀνθρώπων Κῦρον. — En se prosternant, on prononçait ces paroles : « O roi, vivez éternellement, » מלכא לעלמין חיי (Daniel, VI, 7 et 21).

(1) Les Grecs assimilaient à leurs dieux les dieux des barbares. Jupiter est ici synonyme de ciel. (Strab., XV : Τὸν οὐρανὸν ἡγούμενοι Δία.).

(2) Ce char était orné (comme le représentent les monuments) de disques solaires, semblables à des corolles (de fleurs) épanouies. C'est ce qu'indique le mot ἐστεμμένον employé par Xénophon. On le portait à bras. (Voy. planche II.)

(3) Ce que Xénophon nomme ici ἐσχάραι (foyers), Quinte-Curce (III, 3) l'appelle *altaria*, et Ammien-Marcellin *foculos* (lib. XXIII, 6). On voit de ces autels de feu figurés sur les monuments. 320.

(4) C'est ce que Quinte-Curce (III, 3) nomme *tunicam purpuream, cui medium album intextum erat*.

lui était placé le conducteur du char (ἡνίοχος), homme d'une haute taille, mais qui semblait inférieur à celle du roi. Dès qu'on aperçut Cyrus, tous l'adorèrent, soit que des agents (κεκελευσμένοι) en eussent donné l'exemple, soit par un effet d'admiration spontané.

« Après que le char de Cyrus fut sorti du palais, les quatre mille doryphores se mirent en marche, et vinrent se placer deux mille de chaque côté du char. Environ trois cents *skeptuques* (σκηπτοῦχοι, porte-sceptre, eunuques), richement équipés et armés de lances, suivirent à cheval. Après eux on menait en main environ deux cents chevaux, élevés pour Cyrus, ornés de freins d'or et couverts de housses à longues lanières ou franges (χρυσοχάλινοι καὶ ῥαβδωτοῖς ἱματίοις κατατεπταμένοι). Ils étaient suivis de deux mille *xystophores* (1), après lesquels marchait le corps d'élite des dix mille (οἱ πρῶτοι γενόμενοι μύριοι), disposés par carrés de cent.

« Une multitude d'hommes suivaient le cortége en dehors des deux haies. De tous côtés, on présentait des requêtes à Cyrus. Celui-ci envoyait dire par ses *skeptuques* (il y en avait toujours trois de chaque côté du char pour porter ses ordres, ἕνεκα τοῦ διαγγέλλειν) de s'adresser à ses officiers chargés de lui rendre compte des demandes...

« Lorsqu'on fut arrivé aux champs sacrés (τὰ τεμένη), on sacrifia d'abord à Jupiter des taureaux, qui furent brûlés en entier (ὁλοκαύτωσαν τοὺς ταύρους), puis au Soleil, des chevaux, qui furent brûlés de même. On offrit ensuite des victimes à la Terre (τῇ σφάξαντες) (2), comme l'avaient ordonné les mages, enfin aux héros protecteurs de la Syrie. Les sacrifices achevés, comme le lieu était beau, Cyrus marqua un espace d'environ cinq stades pour ordonner une course aux chevaux... Il ordonna aussi une course de chars, après laquelle il distribua des bœufs et des coupes aux vainqueurs (1). »

Après ce récit détaillé, Xénophon ajoute : « *Le cérémonial de cette marche, ordonné par Cyrus* (2), *s'observe encore aujourd'hui, quand le roi sort de son palais* (οὕτως ἔτι καὶ νῦν διαμένει ἡ βασιλέως ἔλασις). »

L'étiquette de cette pompe royale paraît avoir subsisté jusqu'à la chute du grand empire des Perses; car Quinte-Curce trace, à quelques détails près, le même tableau du cortége de Darius, allant à la rencontre d'Alexandre le Grand (3).

___

(1) Les ξυστοφόροι (porteurs de javelots courts) étaient les mêmes que les *melophores*, tirés du corps d'élite des dix mille, appelés les *Immortels*.

(2) Ce culte de la Terre rappelle celui de la *Hertha* chez les anciens Germains (Tacit., *Germ.*, 40, 45). Le mot *Hertha* (*erd*, *art*, *arts*) signifie *terre* dans les dialectes germaniques, comme dans les idiômes persans.— Les Perses adoraient, outre le Soleil, la Lune, Vénus, le feu, les vents, l'air. Le Soleil s'appelait *Mithras* (Strab., XV, 3).

(1) Xénoph., *Cyropæd.*, VIII, 3. — Pour m'indiquer des renseignements historiques sur l'architecture et les beaux-arts à Ninive, M. de Saulcy (*Moniteur*, 18 février 1850) m'avait invité à lire quelques versets d'Ezéchiel (XXIII, 14, 15, 16); je prends la liberté de l'inviter, en retour, à lire le passage ci-dessus de Xénophon. Des juges impartiaux décideront de quel côté est le vrai.

(2) Cyrus ne l'a donc pas emprunté aux Assyriens, ni même aux Mèdes, qui succédèrent aux Assyriens.

(3) *Curt.*, III, 3 : Patrio more Persarum traditum est orto sole demum procedere; die jam illustri signum e tabernaculo regis buccina dabatur; super tabernaculum, unde ab omnibus conspici posset, imago Solis crystallo inclusa fulgebat. Ordo autem agminis erat talis. Ignis, quem ipsi sacrum et æternum vocabant, argenteis altaribus præferebatur. Magi proximi patrium carmen canebant. Magos trecenti et sexaginta quinque juvenes sequebantur. Puniceis amiculis velati, diebus totius anni pares numero : quippe Persis quoque in totidem dies descriptus est annus. Currum deinde Jovi sacratum albentes vehebant equi : hos eximiæ magnitudinis equus, quem Sol is appellabant, sequebatur; aureæ virgæ et albæ vestes regentes equos adornabant. Haud procul erant vehicula decem, multo auro argentoque cælata. Sequebatur hæc equitatus duodecim gentium, variis armis et moribus. Proximi ibant quos Persæ *Immortales* vocant, ad decem millia. Cultus opulentiæ barbaræ : non alios magis honestabat...... Cultus regis inter omnia luxuria notabatur : purpureæ tunicæ medium album intextum erat; palam auro distinctam aurei accipitres, velut rostris inter se correrent, adornabat, et zona aurea muliebriter cinctus

Les Perses aimaient singulièrement ces marches d'apparat. Si les anciens ne nous l'avaient pas dit, les monuments découverts par MM. Botta et Layard nous l'auraient appris. La planche IV en offre un fragment. On y voit deux eunuques portant le char du soleil, sur lequel « ne monte aucun mortel » (Hérodot. VII, 40); derrière ce char sont les chevaux sacrés, *Niséens*, magnifiquement caparaçonnés, ἱεροὶ Νισαῖοι καλεύμενοι ἵπποι (Hérod. *loc. cit.*).

Qu'il me soit permis d'examiner de plus près quelques-unes de ces figures dépeintes par les anciens et sculptées sur ces monuments. Ce sera le commentaire du texte qui précède.

Taille haute, bien faite, chevelure épaisse, barbe très-fournie, tête plus souvent ronde qu'ovale, tels sont les principaux caractères du type *perso-germanique* de la race caucasienne. C'est ce type qu'offrent la plupart des personnages représentés sur les monuments; on est surtout frappé de cette expression de bonhomie et de mâle vigueur, traits saillants du type germanique, que porte leur physionomie. (*Voy.* les planches). Tous ces personnages ont la chevelure épaisse et une longue barbe, artistement bouclée (1). La chevelure était un ornement pour les Perses, comme chez certains peuples germaniques c'était un des signes distinctifs de la race royale. — Xénophon rend cet arrangement soigneux de la chevelure par le mot si expressif de προσθέτοι (sc. κόμαι), *cheveux étagés*; et il ajoute que cette mode a passé des Mèdes aux Perses (2). Les Parthes l'adoptèrent par la suite (3). — Hérodote donne aux Perses le nom de *chevelus* (κομαγέαι) (1). C'est l'épithète que les chroniqueurs du moyen âge donnent aux anciens rois francs. Dans l'épitaphe d'Eschyle, rapporté par Athénée (lib. XIV), les Perses sont appelés βαθυχαιτιεῖς, *hommes à épaisse crinière*. — L'empereur Vespasien répondit spirituellement aux astrologues qui lui annonçaient comme un mauvais présage l'apparition d'une comète, que cela regardait le roi des Perses, dont la chevelure était trop longue (*cui capillus effusior*) (2).

Coiffure (tiare, *cyrbasis*, *cidaris*). La *tiare droite* (τιάρα ὀρθή) entourée du diadème était chez les Perses l'insigne de l'autorité souveraine (3). C'est

---

acinacem suspenderat, cui ex gemma erat vagina. Cidarim Persæ regium capitis vocabant insigne; hoc cærulea fascia albo distincta circumibat. Currum decem millia hastatorum sequebantur: hastas argento exornatas, spicula auro præfixa gestabant. Dextra lævaque regem ducenti ferme nobilissimi propinquorum comitabantur. Horum agmen claudebatur triginta millibus peditum, quos equi regis quadringenti sequebantur.

(1) Les eunuques se reconnaissent à l'absence de la barbe, et aux traits plus arrondis, plus efféminés de leur visage.

(2) Xén., *Cyr.*, I, 3: Νόμιμα ἢ νῦν Μήδοις.

(3) Plutarch., in *Crasso*.

---

(1) Hérod., lib. III.

(2) Suéton., in *Vespas.*, cap. XXIII. !

(3) Xénoph., *Anab.* II, 5: Τὴν μὲν γὰρ ἐπὶ τῇ κεφαλῇ τιάραν βασιλεῖ μόνῳ ἔξεστι ὀρθὴν ἔχειν. Ejusd. *Cyrop.*, VIII, 3: Εἶχε (Cyrus) δὲ καὶ διάδημα περὶ τῇ τιάρᾳ. Cf. Lucian., in *Navig.* et in *Piscat.* Aristoph., *Aves*, V, 486 et 487, compare le coq portant la crête droite au roi des Perses, orné de la tiare ou kyrbasie:

Διὰ ταῦτ᾽ ἄρ᾽, ἔχων, καὶ νῦν ὥσπερ βασιλεύς
  [ὁ μέγας διαβιβάσκει.
Ἐπὶ τῆς κεφαλῆς τὴν κυρβασίαν, τῶν ὀρ-
  [νίθων μόνος ὀρθήν.

Le scoliaste, citant Plutarque, fait observer ici que les rois des Perses seuls portaient la tiare droite. *Suidas* (voc. τιάρα) confirme ces témoignages, en ajoutant que les généraux portent la tiare inclinée, sans doute pour la distinguer de celle du roi: Τιάρα κόσμος ἐπικεφάλαιος, ἣν οἱ βασιλεῖς μόνοι ὀρθὴν ἐφόρουν παρὰ Πέρσαις· οἱ δὲ στρατηγοὶ κεχλιμμένην. — *Cyrbasie* et *cidaris* sont employés comme synonymes de *tiare* ou de coiffure royale. *Hesychius* : Τιάρα ἡ λεγομένη κυρβασία· ταύτῃ δὲ οἱ Περσῶν βασιλεῖς μόνοι ἐχρῶντο ὀρθῇ· οἱ δὲ στρατηγοὶ ἐπικεχλιμμένῃ. *Suidas* : Κύρβασις· ἔνιοι μὲν τιάραν ᾗ οἱ βασιλεῖς τῶν Περσῶν ὀρθῇ ἐχρῶντο· οἱ δὲ στρατηγοὶ ἐπικεχλιμμένῃ. Arrien (lib. VI, 29), en parlant du satrape Atrobate, dit qu'il se proclama roi des Perses et des Mèdes, après avoir mis la *cydaris droite* (ὀρθὴν τὴν κίδαριν περιθέμενος, ἀβασιλέα προσεῖπεν αὐτὸν Περσῶν τε καὶ Μήδων). Cf. Plutarch., in *Anton*. (κίδαριν ὀρθήν). Bessus, après le meurtre de Darius, se proclama roi en prenant τιάραν ὀρθὴν et περσικὴν στολήν (Arrian., III).

exactement la coiffure du roi représentée sur les monuments en question (*voy.* planche III). On y voit deux bandes, qui enveloppent (sous forme de deux zones) la tiare, et descendent derrière les épaules; les intervalles laissés entre les zones du diadème sont garnis de disques solaires et d'autres ornements en or et en pierreries. Ces zones (bandes) étaient bleues ou pourpres, bordées de blanc (1). Toute l'étoffe était parfumée des plus précieux aromates (2). Les rois parthes, jaloux d'imiter les rois des anciens Perses, adoptèrent une coiffure semblable comme signe distinctif de leur autorité (3).

La coiffure ordinaire des Perses avait la forme d'un bonnet conique, semblable à la tiare royale, si ce n'est que celle-ci était tronquée au sommet et surmontée d'une pointe immobile, droite (ὀρθή). Dans le bonnet commun, la pointe pouvait se fléchir, soit en avant, soit en arrière (ἐπικεκλιμμένη et ὑποκεκλιμμένη) (4), ce qui tenait à la nature de l'étoffe employée. C'est là ce qu'Hérodote appelle πίλους ἐπαγέας, *bonnets flexibles* (5). Cimon, commandant de la flotte d'Athènes, usa d'un stratagème en coiffant ses soldats de bonnets, afin de les faire prendre pour des Perses (1). La matière de ces bonnets était probablement de la laine. Si la fourrure était épaisse, la pointe du bonnet (πῖλος, *pileus*) devait être droite ou s'incliner difficilement et à la longue (2). C'est ce bonnet droit que portent beaucoup de figures d'hommes sur les monuments de Khorsabad et de Nemroud, à moins qu'on ne veuille le prendre pour un bonnet métallique (3). Les Parthes, qui l'avaient aussi adopté, en reçurent le surnom de *pileati* (4). Sur d'autres figures que représentent ces mêmes monuments la pointe du bonnet est indifféremment inclinée en arrière ou en avant, comme l'indiquent Suidas et Hésychius (5). Les cercles qui entourent quelquefois la partie inférieure du bonnet paraissent être l'indice d'un rang élevé. Le bonnet-tiare des commandants militaires ressemblait à celui des mages (6). Or, chez les mages ce bonnet couvrait en même temps les joues et les lèvres. C'est ce que nous montrent aussi les monuments. — Au lieu du bonnet conique, on y remarque aussi une coiffure plate, semblable à une calotte ou plutôt à un morceau d'étoffe, lié autour de la tête. C'est ce que Strabon, décrivant le costume des Perses, appelle un *morceau de toile autour de la tête* (7). — Au rapport d'Hérodote et de Xénophon, les

---

(1) Curt., III, 3 : *Cærulea fascia albo distincta.* Ibid., 6 : *Purpureum diadema, distinctum albo.*

(2) Suivant Hésychius, la tiare ou cidaris était composée de matières résineuses, odoriférantes, telles que la myrrhe et le *labyze* : Ἐστί (κίδαρις) δὲ ἐκ σμύρνης καὶ λαθύζου· ἡ δὲ λάθυζός ἐστι πολυτιμωτέρα αὐτῆς τῆς σμύρνης, καὶ ὄζει ἥδιστον, καὶ θυμίαμά ἐστι κάλλιστον παρὰ βασιλεῖ· ἐκ τούτων ἡ κίδαρις πέπλασται.

(3) Joseph., *Antiquit.* XX, 3 : Ὀρθὴν ἐπέτρεψε αὐτῷ φορεῖν, καὶ ἐπὶ χρυσῆς κλίνης καθεύδειν, ὃ μόνον ἐστὶ γέρας καὶ σημεῖον τῶν Πάρθων βασιλέων. Dion. Cass., XXXVI : Tigrane portait la tiare enveloppée du diadème (τιάραν καὶ διάδημα περὶ αὐτήν).

(4) Pollux, *Onomast.* VII, 13, en énumérant les diverses parties du costume *particulier aux Perses* (Περσῶν ἴδια), nomme, outre le *candys* et les *anaxyrides*, la tiare, en ajoutant qu'on l'appelle aussi κυρβασία, κίδαρις et *bonnet* (πῖλος). — Hésychius définit le κίδαρις par *bonnet royal* (πῖλος βασιλικός), « que l'on appelle aussi tiare « (ὃν καὶ τιάραν καλοῦσι).

(5) Hérodote (VII, 61), décrivant le dénombrement des troupes de Xerxès dans la plaine de Dorisque, dit que les Perses avaient autour de leur tête des bonnets flexibles (περὶ μὲν τῇσι κεφαλῇσι εἶχον τιάρας καλεομένους πίλους ἐπαγέας).

(1) Diodor., XI.

(2) Ces bonnets de laine sont encore aujourd'hui en usage chez beaucoup de montagnards de race indo-germanique.

(3) C'est ce bonnet que Strabon (XV, 3) nomme πίλημα πυργωτόν (en forme de tour); c'était la principale coiffure des soldats. Le mot πίλημα (bonnet) éloigne toute idée d'une coiffure métallique.

(4) Martial., lib. X, *Epigr.* 22.

(5) Ce bonnet, à pointe inclinée en avant, ressemble exactement au bonnet phrygien, comme on le voit sur un bas-relief du Louvre (Sacrifice à Mithras).

(6) Strab., XV, 3 : Ἡγεμόνεσι..... τιάραι παραπλήσιαι ταῖς τῶν μάγων.

(7) Strab., XV, 3 : Ῥάκος δὲ σινδόνιόν τι περὶ τῇ κεφαλῇ.

Perses allaient au combat, les uns coiffés du bonnet ou tiare, les autres tête nue, d'autres enfin portant des casques d'airain ou de fer, ayant quelque ressemblance avec les casques grecs (1). C'est exactement ce que nous montrent encore les monuments (2).

Vêtement. Le vêtement caractéristique des Mèdes, des Perses et des Parthes était une robe longue, qui tombait presque jusqu'aux pieds et donnait à la taille une très-belle apparence. C'est ce vêtement que les anciens désignaient sous les noms de Μηδικὴ στολή, Περσικὴ στολή, στολὴ βαρβαρικὴ, *medica vestis, persica vestis, palla* (3). Cette *stole* ou robe médo-persique est définie par χιτὼν ποδήρης, c'est-à-dire tunique allant jusqu'aux pieds (4). Le nom spécial de ce vêtement était κάνδυς, *candys* (5).

Cyrus emprunta le candys aux Mèdes, et le fit d'abord prendre à ses compagnons d'armes. « Car ce vêtement, ajoute Xénophon, lui semblait mieux cacher les défauts du corps et faire paraître beaux et très-grands de taille ceux qui le portaient. » — Ces mots peignent très-fidèlement les figures à longues robes que nous montrent les monuments (*voy.* les planches) (1).

La tunique longue était en lin et en coton (בוץ, *byssus*) (2). La stole royale était teinte de pourpre, brodée d'or et garnie de pierres précieuses (3): aussi Élien compare-t-il les plumes du paon à l'habillement chamarré des Mèdes et des Perses (4). Le roi, ses cousins (συγγενεῖς), ses principaux officiers, ainsi que ses eunuques (ces derniers remplissaient tout à la fois les fonctions de chambellans, de conseillers et d'aides de camp) avaient seuls le droit de porter le candys, avec la différence que celui du roi était en pourpre marine (rouge-violet), c'est-à-dire teint avec le coquillage à pourpre (*murex Brandaris*), tandis que pour les autres il était en rouge commun, le

(1) Hérod., VII, 61 : Ἔρχονται εἰς τὰς μάχας ἔχοντες κυρβασίας ἐπὶ τῇσι κεφαλῇσι. Xénoph., *Anab.* I, 8 : Κῦρος δὲ ψιλὴν ἔχων τὴν κεφαλὴν εἰς τὴν μάχην καθίστατο· λέγεται καὶ τοὺς ἄλλους Πέρσας ψιλαῖς ταῖς κεφαλαῖς ἐν τῷ πολέμῳ διακινδυνεύειν. Hérod., VII, 63 : Ἐπὶ τῇσι κεφαλῇσι εἶχον ἔνιοι αὐτέων καὶ χάλκεα καὶ σιδήρεα ἐξεληλαμένα ποιήματα. Xénoph., *Cyrop.* VII, 3 : Κρανέσι χαλκοῖς, λόφοις λευκοῖς.

(2) Sur les dariques, ainsi que sur les médailles des Arsacides et des Sassanides, la coiffure des rois est un bonnet droit, à sommet plus ou moins tronqué.

(3) Hérod., V, 49, et VII, 61 ; Xénoph., *Cyrop.*, I, 3, 4 ; II, 4 ; VIII, 4 ; *Anab.*, I, 2 ; IV, 5 ; Arrian., IV et VI ; Plutarch., in *Alexandr.*

(4) On l'appelle aussi χιτὼν χειριδωτός, ce qui veut dire tunique à manches *où l'on passe la main,* et non pas tunique dont les manches vont jusqu'aux mains ; car ces manches auraient caché les anneaux que les Perses portaient, non-seulement autour des poignets, mais encore autour des bras.

(5) Suidas et Hésychius définissent le *candys* par *tunique perse* (κανδύς, χιτὼν περσικός). Or, la tunique persique n'était autre que le χιτὼν ποδήρης (tunique allant jusqu'aux pieds), qui différait beaucoup de la tunique courte des Grecs. — Voy. Hase, in H. Steph., v. Κανδύς (édit. Didot).

(1) Xénoph., *Cyrop.*, lib. VIII, 1 : Στολήν τε γοῦν εἵλετο τὴν Μηδικήν, αὐτός τε φορεῖν καὶ τοὺς κοινῶντας ταύτην ἔπεισεν ἐνδύεσθαι· αὐτὴ γὰρ αὐτῷ συγκρύπτειν ἐδόκει, εἴ τις τι ἐν τῷ σώματι ἐνδεὲς ἔχοι, καὶ καλλίστους καὶ μεγίστους ἐπιδεικνύναι τοὺς φοροῦντας.

(2) Hérodot., I, 195.

(3) Les pierres précieuses sont disposées circulairement et enchâssées dans un petit cadre carré. Les broderies d'or sont des disques solaires (armoiries des rois persans), ayant une pierre précieuse au centre. (*Voy.* planche I.) Quelquefois on y voyait figurés des animaux de diverses espèces ; sur le candys de Xerxès on voit représenté des combats d'éperviers (*pallam, auro distinctam, aurei accipitres, velut rostris inter se corruerent, adornabant.* Curt.) On voit des ornements semblables sur les candys des rois parthes figurés sur les médailles (*voy.* Cabinet des Médailles de la Bibl. Nat.) — Comp. Plutarch., in *Artax.*; Joseph., *Antiq. Jud.*, XI, 6, en parlant du roi Artaxerxès, s'exprime ainsi : Ἐπὶ τοῦ θρόνου, τὸν βασιλικὸν περικείμενον κόσμον, ὃς ἦν ἐκ ποικίλης μὲν ἐσθῆτος, χρυσοῦ δὲ καὶ λίθου πολυτελοῦς. — Le candys s'appelait aussi ζωτός ou ζωδιωτός, à cause des animaux qui y étaient figurés. Pollux, VII, 43 : Κατάστικτος χιτών ἐστιν, ὁ ἔχων ζῶα ἢ ἄνθη ἐνυφασμένα· καὶ ζωτὸς δὲ χιτὼν ἐκαλεῖτο καὶ ζωδιωτός.

(4) Ælian., *Hist. Animal.*, V, 21. — Comp. Diod. Sic., lib. VI.

plus souvent teint avec une couleur végétale (1). Quand le roi voulait honorer quelqu'un, il lui donnait, entre autres présents, un candys (2). Par-dessus la tunique longue de lin (allant jusqu'aux pieds) (χιθών, ποδηνεκέα λινέον), on mettait une autre tunique (plus courte) en laine (εἰρίνεον κιθῶνα); et sur celle-ci on portait une sorte de chemisette blanche, χλανίδιον λευκόν (3). C'est l'habillement que portaient les Perses à l'époque où Hérodote visita Babylone. C'est aussi ce genre de costume que retracent les monuments. (*Voy.* les planches.)

Quelle est cette espèce de surtout à franges qui recouvre la stole (candys) du roi (*voy.* planche III)? C'est, selon toute apparence, la *caunace* (χαυνάκη) dont parle Aristophane, et qu'on appelait aussi la *persane*. L'interprétation qu'en donne le scoliaste s'applique exactement à ce que nous montrent les monuments (4). La tunique longue est de même frangée au bas; c'est pourquoi les Grecs l'appelaient στολιδωτός (5).

(1) Pollux, *Onomast.*, VII, 13 : Ὁ μὲν βασίλειος κάνδυς ἁλιπόρφυρος· ὁ δὲ τῶν ἄλλων, πορφυροὺς. — Xénoph., *Cyrop.*, I, 3, 2. — C'est à cause de cette double nuance que les étoffes teintes avec la pourpre marine se nommaient *dibaphes* (deux fois teintes); peut-être les obtenait-on réellement par deux immersions successives dans le bain. Le mot *hysginobaphe* paraît avoir eu la même signification.

(2) Xénoph., *Anab.*, I, 2; *Esther*, VIII, 15: « Mardochée reçoit d'Artaxerxès מַלְכוּת לְבוּשׁ, *une robe royale*. »

(3) Hérodot., I, 195. — Le χλανίδιον λευκόν était le μεσόλευκον de quelques auteurs, ainsi appelé parce qu'il enveloppait le milieu du corps, et ressemblait à un tablier blanc. On lui donnait aussi le nom barbare de *Sarapis*. Cf. Ctes., *Fragm.*, p. 73, éd. Didot.

(4) Aristoph., *Vesp.*, V. 410 : Οἱ μὲν καλοῦσι περσίδ', οἱ δὲ καυνάκην. Le scoliaste Palamède ajoute que la *caunace* est un surtout persique ayant des franges des deux côtés (χαυνάκη ἐστι περσικὸν ἱμάτιον ἔχον ἐκ τοῦ ἑτέρου μέρους μαλλοὺς).

(5) Pollux, *Onomast.*, VII, 13 : Στολίδες, — στολιδωτός — : τὰς ἐξεπίτηδες ὑπὸ δεσμοῦ γιγνομένας κατὰ τέλη τοῖς χιτῶσι ἐπιπτυχάς, μάλιστα ἐπὶ λινῶν χιτωνίσκων. — La *caunace* paraissait remplacer la tunique de laine qui recouvrait la tunique longue.

Anaxyrides (1). Les *anaxyrides* étaient plus que de simples chausses; car elles couvraient étroitement la cuisse et la jambe, et étaient souvent entourées de jarretières (*voir* les monuments). Véritables pantalons collants, les anaxyrides étaient une des pièces caractéristiques du costume des Mèdes et des Perses. Elle leur valut le surnom de *braccati* (2), comme aux Gaulois, issus de la grande filiation indo-persane. Quels rapprochements instructifs viennent s'ajouter encore aux preuves tirées de la linguistique!

Alexandre n'osa pas porter les anaxyrides, parce qu'il se serait trop écarté du costume grec. « Mettre les candys et les anaxyrides était synonyme de s'habiller à la mode des Perses (3). » — Hérodote nous apprend que les Perses marchaient au combat revêtus de leurs anaxyrides en peau (4), et, d'après Xénophon, celles-ci étaient rayées ou teintes de couleurs vives (5). C'est ainsi, en effet, que nous les représentent les monuments (*voy.* la gravure à la page suivante).

Ceinture (ζώνη, *zona*). La ceinture était une partie indispensable du costume des Perses. Chez les Grecs les femmes seules s'en servaient pour serrer la taille. Cette particularité entre peut-être pour beaucoup dans le reproche d'une vie efféminée que les Grecs adressaient aux Perses. — Le roi portait une cein-

(1) Les *anaxyrides* sont des *pantalons collants*; le mot *chausses* (qui ne couvrent les membres inférieurs que jusqu'aux genoux) ne leur convient pas. Ce n'était donc pas là les pantalons larges dont on attribue l'invention à Sémiramis. — Les κνημῖδες, qu'on connaissait déjà à la guerre de Troie, ne couvraient que la jambe; c'étaient de simples *jambarts*, et non pas des anaxyrides.

(2) Ovid., *Trist.*, lib. V, eleg. 11; Persius, *Sat.*, III : *Medos braccatos*. Conf. Pollux. *Onomast.*, VII, 13; Hésychius et Suidas, voc. Ἀναξυρίς; Eustath., *ad Iliad.*, lib. I; H. Stephen., *Thesaur. Ling. Græc.*, voc. Ἀναξυρίς. — Les *anaxyrides* s'appelaient *saraharas* ou *saraballes* (Dan., III, 21 et 27), étaient aussi en usage chez les Parthes.

(3) Suidas, voc. Κάνδυς.

(4) Hérod., lib. VII, 61, I, 71 : Ἀναξυρίδα ἔχοντες ἔρχονται εἰς τὰς μάχας.

(5) Xén., *Anabas.*, I, 5 : Ἀναξυρίδες ποικίλαι. *Cyr.*, VIII, 3 : Ἀναξυρίδες ὑσγινοβαφεῖς.

ture d'or, à laquelle était suspendu le glaive à fourreau garni de pierres précieuses (1). Les guerriers portaient des poignards attachés à la ceinture, sur la

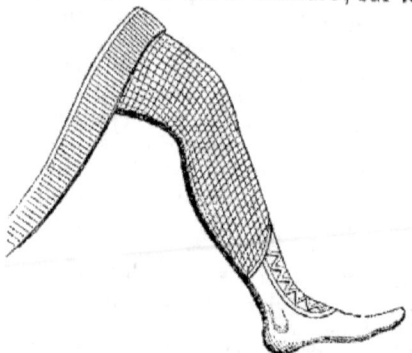

cuisse droite (2). (*Voy*. les monuments, toujours d'accord avec les textes anciens.)

Chaussure. En examinant les monuments, on est frappé de l'aspect mesquin que présente la chaussure (sandale à talon), même celle du roi, à côté de la richesse du reste du costume. Ce contraste n'avait point échappé aux Grecs. *Chaussure persique* était synonyme de *chaussure de misérable apparence* (3) (*voy*. pl. I, II). — Cependant, on voit aussi sur les mêmes monuments les porteurs d'anaxyrides chaussés d'une espèce de brodequins allant jusqu'au mollet (*voy*. la figure

(1) Curt., III, 3 : *Zona aurea muliebriter cinctus, acinacem suspenderat, cui ex gemma erat vagina.* — Les Grecs appelaient les sujets des rois de Perse *adorateurs de la ceinture persique*, περσικὴν ζώνην προσκυνοῦντας. (Plutarch., in *Alexand.*) — C'était la coutume des Perses de saisir par la ceinture les condamnés à mort et de les livrer aux exécuteurs de la sentence. (Xénoph., *Anab.*, I, 6; Diod., XII.) — L'un des apanages de la reine des Perses portait le nom de *ceinture*. (Xénoph., *Anab.*, I, 4.)

(2) Hérodot., VII, 61 : Ἐγχειρίδια παρὰ τὸν δεξιὸν μηρὸν παραιωρεύμενα ἐκ τῆς ζώνης, dit cet auteur en parlant des soldats perses de l'armée de Xerxès.

(3) Stephan. Byzant., : Περσικαί, εἶδος εὐτελοῦς ὑποδήματος. — Hesychius : Περσικά, εὐτελῆ ὑποδήματα. — Eustath., in *Dionys., de Situ Orbis*, vers. 1057 : Αἱ παρονομαζόμεναι αὐτοῖς Περσικαὶ ἐμβάδες, ὥς τινές φασιν, ὑπόδημα εὐτελές ἦν.

précédente), et le dépassant même quelquefois. Ici encore les sculptures s'accordent avec le texte; car Hérodote dit, en parlant des habitants de la Babylonie, alors sujets des rois de Perse, qu'ils portaient des chaussures semblables aux brodequins béotiens (1).

Boucles d'oreilles. Une chose qui frappe à la première vue, c'est que presque tous les personnages sculptés sur les monuments ont des pendants ou boucles d'oreilles, dont plusieurs se composent de grosses perles. Les Mèdes et les anciens Perses ne paraissent pas avoir fait de cet ornement un usage aussi général. Hérodote, qui a décrit si minutieusement (1, 195) le costume des habitants de l'Assyrie (Babylonie), et Xénophon, qui eut le loisir d'examiner de si près bien des Perses, n'en font pas même mention. Cet ornement aurait dû cependant attirer leur attention, d'autant plus qu'il était tout à fait inusité chez les Grecs (2). Mais ce qui est ici digne de remarque, c'est que les boucles d'oreilles furent d'un usage extrêmement commun sous le règne des Arsacides et des Sassanides, c'est-à-dire à une époque où les relations avec l'Inde (où les pendants d'oreilles, comme le parasol, sont connus de temps immémorial) étaient infiniment plus fréquentes anciennement (3). (*Voy*. les planches.)

Collier et bracelet. Le collier et le bracelet étaient au nombre des ornements les plus estimés chez les Perses. Ils faisaient partie des présents royaux, et formaient la marque distinctive des

(1) Hérodot., I, 195 : Ὑποδήματα ἐπιχώρια, παραπλήσια τῇσι Βοιωτίῃσι ἐμβάσι.

(2) Dans la retraite des Dix-Mille, un certain soldat, qui voulait se faire passer pour Grec, fut reconnu pour un Lydien, parce qu'il avait les oreilles percées (ἐπεὶ ἐγὼ αὐτὸν εἶδον, ὥσπερ Λυδὸν ἀμφότερα τὰ ὦτα τετρυπημένον, *Anab.*, III, 1, 31; *voy*. la note de Schneider, p. 177. — Cependant les habitants de la Palestine paraissent avoir connu de bonne heure les boucles d'oreilles (נזמים. *Jud.*, VIII, 26 ; *Jes.*, III, 19).

(3) Tertul., *De Cultu Fœmin.* — Procop., *de Bello Persico*, lib. 1 : Μάργαρος λευκότητί τε καὶ μεγέθους ὑπερβολῇ ἔντιμος, ἐξ ὠτὸς τοῦ δεξιοῦ ἀπεκρέματο.

personnes les plus considérables (1). Le collier entourait plus ou moins lâchement le cou; tandis que les bracelets, composés chacun de deux à trois tours d'anneau, étaient immédiatement appliqués sur la peau. Ces derniers étaient de deux sortes : l'un se mettait un peu au-dessus de l'articulation du bras avec l'avant-bras : c'était le περιβραχιόνιον (anneau autour du bras); l'autre se portait presque au niveau de l'articulation du poignet : ce dernier se nommait plus spécialement le ψέλλιον (2). C'est ce que nous montrent encore les monuments, toujours d'accord avec les textes anciens (*voy.* les planches). Les Parthes et les Perses du temps des Sassanides portaient des bracelets en or, garnis de pierres précieuses et surtout de perles, *depuis la soumission de l'Inde* (*armillis uti, monilibusque aureis et gemmis, præcipue margaritis, quibus maxime abundant*, ADSUEFACTI POST INDIAM VICTAM (3).

Armes. Machines de guerre. Les auteurs grecs et latins dépeignent les Parthes et les Perses comme des archers exercés (*sagittiferos*, ἀγκυλοτόξους), habiles même à lancer la flèche en arrière, en fuyant à cheval. [*Fidentemque fuga Parthum, versisque sagittis.*] Voy. la gravure, d'après un monument de Nemroud.

(1) Xénoph., *Anab.*, I, 2 et 8; II, 2; VII, 2; *Cyrop.*, I, 3; II, 4; VIII, 5.
(2) Xénoph., *Cyrop.*, lib. VI, 1 et 4 : Περιβραχιόνια καὶ ψέλλια πλατέα περὶ τοὺς καρποὺς τῶν χειρῶν.
(3) Amm. Marcellin, lib. XXIV. Cf. Chares Mytilen., cité par Athen., lib. II.

C'étaient les ἱπποτοξόται par excellence : le cheval, l'arc et la flèche ne les semblaient jamais quitter. A la première vue des monuments on reconnaît combien poëtes et historiens sont ici des peintres fidèles (1).

Ces guerriers cuirassés, couverts d'une espèce de cotte de mailles, les uns à pied, les autres montés sur des chevaux bardés et caparaçonnés, ne rappellent-ils pas ces fameux *cataphracti* ou *clibanarii*, qui plus d'une fois avaient fait trembler les Grecs et les Romains? Ammien-Marcellin, qui les avait vus de près (précisément dans le voisinage des fouilles qu'on a entreprises sur les bords du Tigre), en fait le portrait suivant : *Cataphracti equites, quos illi Clibanarios vocant Persæ, thoracum muniti, teguminibus et limbis ferreis cincti, ut Praxitelis manu polita crederes simulacra, non viros : quos laminarum circuli tenues, apti corporis flexibus, ambiebant per omnia membra deducti; ut quocumque artus necessitas commovisset, vestitus congrueret junctura cohærenter apta* (2). L'aspect de ces hommes couverts de cuirasses en lames d'acier poli devait inspirer de la terreur à ceux qui n'y étaient pas accoutumés.......... *Species, quam atrox visu! quam formidolosa! Operimento ferri, equi atque homines pariter obseptii (Clibanariis in exercitu nomen est) superne omnibus textis equorum pectoribus; demissa lorica, et crurum tenus pendens, sine impedimento gressus, a noxa vulneris vindicabat* (3).....
Οὐ τὰ στέρνα μόνον, ἀλλὰ καὶ σῶμα τὸ ἄλλο ἅπαν, τεθωράκισται. Ἐργασία δὲ τοῦ θώρακος τοιάδε. σκυτάλας χαλκᾶς τε καὶ σιδηρᾶς, ὅσον σπιθαμαίας, πάντοθεν εἰς σχῆμα τετράγωνον ἐλάσαντες, καὶ ἄλλην ἐπ' ἄλλην κατ' πλευρῶν ἄκρα τῶν ἐφαρμό-

(1) Virgil., lib. III; Horat., lib. I, od. 19; Georg., III; Ovid., lib. II; Fast.; Plutarch., in *Crasso*; Procop., lib. I, *De Bello Pers.*; Senec., *Epist.*, 36; Justin., XII, 2. Cf. Brison, *De Reg. Pers.*, lib. III (p. 278). — Déjà du temps de Xénophon les Perses étaient d'excellents archers (οἱ δὲ βάρβαροι ἱππεῖς, καὶ φεύγοντες ἅμα ἐτίτρωσκον, εἰς τοὔπισθεν τοξεύοντες ἀπὸ τῶν ἵππων. *Anab.*, III, 3.
(2) Am. Marcell., XXIV, 6.
(3) Mazarius Rhet., in *Panegyrico Constant.* Cf. Leo imp., *Tactic.* cap. 6, 31.

σαντες κ. τ. λ. Σιδηροῦς τις ἀνὴρ φαινό-
μενος ἦ καὶ σφυρήλατος ἀνδριὰς κινούμε-
νος. (1). (*Voir* les Commentaires sculptés
de Khorsabad, de Nemroud, etc. La
gravure ci-dessous, d'après un monument de Nemroud, représente un de ces
guerriers revêtus d'une véritable cotte
de mailles : *laminarum circuli tenues,
apti corporis flexibus, ambiebant per
omnia membra deducti...*)

ne pesaient que 1360 livres, et Josèphe
en mentionne que l'on pouvait transporter à dos de mulet. Suivant Végèce,
les assiégés prévenaient l'effet de ces
machines en rendant, pendant la nuit,
le chemin par où elles devaient s'approcher des murs impraticable pour
le lendemain (1).

C'est l'hélépole qu'on voit représentée
sur les monuments de Khorsabad, de
Nemroud, etc. Ammien-Marcellin, pendant l'expédition de Julien contre les
Perses, en donne une peinture fidèle :
« ..... Au bélier, dit-il, ainsi nommé à
cause de la forme de l'extrémité de la
poutre (*arietis efficiens prominulam
speciem*), a été substituée une autre
machine, l'hélépole.... En voici la construction. On fait, avec des poutres liées
par des crampons de fer, une énorme
tortue ; on la couvre de peaux de bœuf
et de branches d'osier enduites de terre
glaise, pour les mettre à l'abri des projectiles enflammés. Le front est garni
de pointes très-aiguës, trisulques (en
pointe de flèche), lourdes masses de
fer, et telles que les peintres ou sculpteurs nous représentent les foudres
(*conseruntur ejus frontalibus trisulcæ
cuspides præacutæ, ponderibus ferreis
graves, qualia nobis pictores ostendunt fulmina vel fictores*) ; de sorte
qu'elles percent et rompent tout ce qu'elles frappent. Beaucoup de soldats, renfermés dans cette machine, la dirigent
avec des roues et des cordes, et la lancent contre la partie la plus faible des
murailles, et si les assiégés n'en dé-
tournent pas promptement l'effet, elle
ne tarde pas à ouvrir un brèche (2). »

Hélépole. La machine de guerre nommée *preneur de ville*, ἑλέπολις, fut,
selon Diodore, inventée dans la première année de la CXXIX^e olympiade
(année 304 avant J. C.), par Démétrius, occupé au siége de Rhodes. « Elle
servait à l'attaque des murs ; sa base
était carrée, chaque côté formé de poutres équarries jointes ensemble par des
crampons de fer ; l'espace intérieur était
étagé par des planches, laissant entre
elles environ une coudée d'intervalle,
et destinées à porter ceux qui devaient
faire jouer la machine. Toute la masse
était supportée par des roues, grandes
et solides (l'hélépole de Démétrius avait
huit roues) ; et, afin de pouvoir im-
primer à la machine toutes sortes de
directions, on y avait adapté des pivots
mobiles. Elle servait à protéger l'action
des balistes ayant la forme de grandes
flèches (2). » Les hélépoles variaient de
grandeur. Celles dont parle Vitruve

Les pièces en *pointe de flèche* (*trisulcæ cuspides præacutæ*), solidement
attachées au front qui frappait les murailles, éloignent de l'esprit toute idée
du *bélier* proprement dit. Et comme la
description d'Ammien-Marcellin s'applique très-exactement à la machine figurée sur les monuments, je suis en
droit de conclure que c'est l'*hélépole* (3).

p. 194 et suiv. de ma traduction). Cf. Plutarch., *in Demetr.*; Athen., VI, 9; Vitruve,
X, 16.

(1) Héliod., *Æthiop.*, IX.
(2) Diod. Sic., XX, 91 et suiv. (tome IV,

(1) Veget., *De Re Militari*, IV, 20.
(2) Amm. Marcell., XXIII, 4.
(3) Selon Ctésias, cité par Diodore « les

(*Voy.* la gravure ci-dessous, d'après le dessin d'un monument de Koyoundjik. (Cf. Layard, vol. II, p. 460.)

Dans les grandes solennités, le *feu sacré* ou *éternel* (ἄσβεστον πῦρ, *ignis æternus*) était promené sur des autels portatifs, et dans des *pyréthés* ou espèces de paniers à anse, si fréquents sur les monuments (1). On y portait aussi le char du soleil, sur lequel était sculpté un cheval blanc, symbole de la même divinité.

Le lion, portant quelquefois un cercle au dos (lion du zodiaque?), les ailes d'aigle, les cornes de taureau, sont tout à la fois les symboles de la royauté et du soleil, principe vivifiant de la nature. La fameuse pomme de pin (propre sans doute à allumer le feu) me paraît être un bourgeon, parfaitement reconnaissable à sa forme et à la disposition des écailles, symbole du réveil de la nature vers l'équinoxe du printemps, et, par extension, symbole même du soleil (1). (*Voyez* pl. I, fig. 1 : le bourgeon sort épanoui du sommet de la tête, entourée de cornes, symbole du principe fécondant; la main droite tient le bourgeon non éclos, et dans la main gauche est le *pyréthé*, ou vase de feu sacré. Au principe de la lumière et du bien (Ormuzd) était opposé le principe des ténèbres et du mal (Arihman). Celui-ci avait pour symbole un serpent (Zend-Avesta). — Les fig. 1 et 2 de la planche II représentent Arihman tenant à la main droite un serpent court et à grosse queue (espèce venimeuse) tandis que de la main gauche il écrase un lion (symbole d'Ormuzd).

Chaque peuple exprime à sa manière le sentiment religieux qu'il éprouve en contemplant l'univers. Les uns s'arrêtent aux effets, les autres essayent de remonter aux causes mêmes. Les habitants de l'étroite et féconde vallée du Nil, bordée de montagnes et de sables stériles, avaient l'esprit subjugué par les merveilles de ce contraste. En face des manifestations fécondes de la vie sous mille formes variées, se dressent les pyramides, hiéroglyphes de l'immobi-

---

(1) Strab., *loc. cit.*; Xénophon, *Cyrop.*, VIII.; Curt. IV.; Socrat.; *Hist. Ecclésiast.*, cap. VIII : Εἰώθει ὁ βασιλεὺς (roi sassanide) ἐν οἴκῳ τινι τὸ διηνεκὲς καιόμενον πῦρ προσκυνεῖν. — Les πυρεῖα ou πυραιθεῖα, dans lesquels on conservait et portait le feu éternel, étaient des vases d'argile (Hésychius). Au rapport de Cédrénus et de Théophane, les mages s'appelaient aussi les *prêtres du feu* (τοῦ πυρὸς ἱερεῖς). Le feu sacré, dont ils étaient les gardiens, passait pour tombé du ciel. *Ferunt etiam [magi] ignem cœlitus lapsum apud se sempiternis foculis custodiri, cujus portionem exiguam, ut faustam præisse quondam Asiaticis regibus dicunt* (Am. Marcellin).

(1) La fleur du bananier (*musa paradisiaca*) offre quelque ressemblance avec ce cône.

lité, au milieu des sables du désert. Mais lorsque l'intelligence n'est pas, pour ainsi dire, terrassée par le spectacle animé de la nature, l'homme cherche au ciel l'explication de ce qui frappe ici-bas ses regards. L'astre de la lumière et de la chaleur devient d'abord l'objet de ses méditations et de son culte. C'est là l'histoire des Perses.

Chaque peuple aussi a ses hiéroglyphes, qui rappellent les principaux traits de son culte. On ne saurait même excepter ceux qui prétendent au spiritualisme le plus épuré : les philosophes d'Alexandrie reprochaient aux premiers chrétiens d'avoir emprunté leur croix à l'antique Égypte. Lorsque les symboles ou sujets révérés sont, comme chez les Égyptiens, très-nombreux, il est aisé d'en former par des abréviations graphiques une sorte d'alphabet sacré; mais lorsque le culte s'adresse à des éléments peu nombreux, à des agents physiques, tels que le feu ou la lumière, la combinaison d'une écriture hiéroglyphique doit offrir beaucoup plus de difficultés. Un cercle ou disque (symbole du soleil) ne se prêtera guère à des signes alphabétiques (1). L'image d'un rayon, d'un cône de lumière, ou d'une flamme telle qu'on la représente sur les autels du feu sacré, s'y prêtera mieux. (Voy. la gravure ci-contre, d'après le dessin d'un monument de Khorsabad (Flandin) (2).

Cette image, diversement orientée, c'est là, selon moi, *l'élément de l'écriture cunéiforme*, que je propose de nommer *pyroglyphique* (de πῦρ, *feu*, γλύπτω, *je sculpte*). L'écriture cunéiforme est donc, suivant mon opinion, la langue sacrée des adorateurs du feu, comme les hiéroglyphes sont les symboles d'un polythéisme grossier. Les hiéroglyphes sont propres aux monuments égyptiens, de même que les *pyroglyphes* (1) caractérisent les monuments érigés sous les dynasties des Achéménides, des Arsacides et des Sassanides (2), c'est-à-dire à l'époque où le culte du feu était en quelque sorte la religion de l'État chez les maîtres de

(1) D'ailleurs, le cercle ou disque solaire était déjà employé comme ornement (voy. plus haut); il était en quelque sorte l'armoirie particulière des rois des Perses : sur les monuments de Persépolis, comme sur ceux trouvés aux bords du Tigre, on voit quelquefois ce cercle entourant une figure cornue et garnie d'ailes (d'aigle) déployées. Les cornes étaient le signe de la royauté (Dan., VIII, 20). Un aigle d'or (oiseau consacré au soleil) porté sur un long javelot était la bannière des rois perses. Xénoph., *Cyrop.*, VII : ἦν δ' αὐτῷ τὸ σημεῖον ἀετὸς χρυσοῦς, ἐπὶ δόρατος μακροῦ ἀνατεταμένος καὶ νῦν δὲ ἔτι τοῦτο τὸ σημεῖον τῷ Περσῶν βασιλεῖ διαμένει. La figure ailée (planche I, 2) porte les principaux symboles du soleil, une tête d'aigle, un bourgeon dans la main droite, et le vase du feu sacré dans la main gauche.

(2) On y voyait aussi le fameux *barsom*, dont il est si souvent question dans le *Zend-Avesta*: c'était un faisceau de branches d'un nombre déterminé, et réunies par un lien (*evanguin*) tiré d'un arbre vert. Cf. Anquetil-Duperron, *Zend-Avesta*, t. III (*Usages religieux des Parses*), p. 532. Les cérémonies avec lesquelles on coupait le barsom rappellent exactement celles des Druides pour le gui.

(1) Le nom de *pyroglyphes*, que je donne aux caractères cunéiformes ou en coin, a l'avantage de ne pas indiquer simplement une forme qui ne rend compte de rien, mais de s'attacher à la raison, à l'essence même de la chose. On n'hésitera pas, je l'espère, d'adopter un nom aussi significatif, qui à lui seul résume tout un nouveau système.

(2) Les Séleucides, les Arsacides et les Sassanides doivent aussi avoir laissé des traces nombreuses de leur règne. Peut-être découvrira-t-on un jour aux emplacements de Ctésiphon et de Séleucie, ou ailleurs, des inscriptions bilingues en grec et en caractères *pyroglyphiques*, qui hâteraient singulièrement la solution d'une question dont je viens, si je ne m'abuse, fournir la véritable clef.

l'Asie. La différence des époques est indiquée, comme dans les inscriptions grecques ou latines, par quelques différences dans les traits des *pyroglyphes* (1); et ce qu'on a nommé espèces *persane, médique et assyrienne de l'écriture cunéiforme*, paraît au fond la même écriture pyroglyphique sacrée, seulement tracée à des périodes différentes.

Au rapport de Bérose, cité par saint Clément d'Alexandrie, « les Perses n'adoraient pas, comme les Grecs, des statues de dieux en bois ou en pierres, ni, comme les Égyptiens, des ibis et des ichneumons, mais, comme des philosophes, ils adoraient le feu et l'eau. Cependant bien des générations après ils commencèrent, sous le règne d'Artaxerxès, fils de Darius Ochus, d'adorer des statues à l'image de l'homme. Ce roi érigea le premier la statue de Vénus Anaïtis (2) à Babylone, à Suse et à Ecbatane, et en ordonna le culte aux Perses, aux Bactriens, à Damas et à Sardes. »

Il résulte de ce passage important de Bérose, autorité si grave (3), que les monuments représentant des idoles ne peuvent pas être antérieurs à Artaxerxès Mnémon, qui a commencé à régner en l'an 404 avant l'ère chrétienne. A partir de cette époque jusqu'au règne des Sassanides (225 après J.-C.), l'art, comme la religion, fut peu à peu altéré par l'introduction de quelques éléments nouveaux, soit grecs, sous le règne des Séleucides (trépieds, colonnes d'ordre ionien; voy. la gravure, représentant, d'après un monument de Khorsabad, une espèce de pavillon de pêche), soit in-

diens, sous le règne des Arsacides et des Sassanides (martichoras, gryphons, etc.) (1). Mais peut-être déjà avant Artaxerxès Mnémon on y avait introduit

---

(1) Les *pyroglyphes* des Perses, comme les *hiéroglyphes* des Égyptiens, étaient une écriture sacrée; on ne la voit que sur les monuments et les objets (autels, etc.) relatifs au culte. Mais les Perses avaient sans doute aussi une langue *démotique*, d'un usage plus commun. Celle-ci offrait-elle quelque analogie avec les langues sémitiques, assyrienne, chaldéenne, phénicienne, hébraïque ? C'est ce que des recherches ultérieures parviendront peut-être à éclaircir.

(2) La Vénus Anaïtis est, selon les uns la Vénus Uranie, selon les autres la Diane des Perses; selon d'autres, enfin, la personnification de la planète Vénus, qui s'appelle *Anahid* en persan (étoile du matin et étoile du soir). Cf. *Anaitis*, dans l'*Encyclopédie allemande* d'Ersch et Gruber. Strabon l'appelle *Anæa*, et, ce qu'il y a de remarquable, il place un temple de cette déesse (τῆς ’Αναίας ἱερὸν) dans les environs d'Arbèles (XVI, 1), c'est-à-dire dans la contrée où M. Layard a trouvé un monument qui paraît tout à fait se rapporter à cette divinité. (Layard, *Nineveh and its remains*, vol. II, p. 456.)

(3) ’Αγάλματα μὲν θεῶν οὐ ξύλα καὶ λίθους ὑπειλήφασιν ὥσπερ Ἕλληνες, οὐδὲ μὴν ἴβιδας καὶ ἰχνεύμονας, καθάπερ Αἰγύπτιοι, ἀλλὰ πῦρ τε καὶ ὕδωρ, ὡς φιλόσοφοι. Μετὰ πολλὰς μέντοι ὕστερον περιόδους ἐτῶν ἀνθρω-
ποειδῆ ἀγάλματα σέβειν αὐτοὺς Βήρωσσος ἐν τρίτῃ Χαλδαϊκῶν παρίστησι, τοῦτο ’Αρταξέρξου τοῦ Δαρείου τοῦ Ὤχου εἰσηγησαμένου, ὃς πρῶτος τῆς ’Αφροδίτης ’Αναΐτιδος τὸ ἄγαλμα ἀναστήσας ἐν Βαβυλῶνι καὶ Σούσοις καὶ ’Εκβατάνοις, Πέρσαις καὶ Βάκτροις καὶ Δαμασκῷ καὶ Σάρδεσιν ὑπέδειξε σέβειν. S. Clement. Alexandr., *Admonitio ad Gentes*, p. 32 (édit. Lugd., Bat., 1616, in-fol.) C. Müller, *Histor. Græc.*, vol. II, p. 506 (édit. Didot).

(1) Le martichoras était un animal fabuleux de l'Inde. Il avait, selon Ctésias, la face d'un homme, la taille d'un lion et les pieds également d'un lion ou d'un taureau; les yeux et les oreilles étaient semblables à ceux de l'homme; il avait une triple rangée de dents, la peau rouge, et se nourrissait de chair humaine. *Ctesiæ Fragmenta*, p. 80, 91 et 92, édit. Didot.; Phot. *Biblioth.*, LXX, p. 144; Ælian. *H. A.*, IV, 21. Le gryphon était également un animal de l'Inde : il avait la forme d'un lion, le dos et le col garnis de larges ailes, la bouche ressemblant au bec d'un aigle, et la *tête telle que la figurent les peintres et les*

des éléments égyptiens, comme le montre la gravure, d'après un dessin du palais de Nemroud (Layard); et comme

le dit positivement Diodore, copiant Ctésias : « Les objets richement travaillés en ivoire et en pierreries que renfermaient les édifices de Thèbes furent pillés par les Perses à l'époque où Cambyse incendia les temples de l'Égypte. On rapporte qu'il fit alors transporter ces dépouilles en Asie, et qu'il *emmena avec lui des artisans égyptiens, pour construire les palais royaux si célèbres* (καὶ τεχνίτας ἐξ Αἰγύπτου παραλαβόντας, κατασκευάσαι τὰ περιβόητα βασίλεια) (1). Les Sassanides, jaloux de la gloire des anciens rois perses, auxquels ils empruntèrent même leurs noms, entreprirent de rétablir la reli-

gion de leurs ancêtres, conséquemment aussi les arts qui s'y rattachent (1).

C'est guidé par ces données diverses qu'on arrivera probablement à déterminer l'âge précis des monuments en question. Ce travail, dont je viens de jeter la première ébauche, sera, si je ne me trompe, du plus haut intérêt, non-seulement pour l'archéologie et les arts, mais pour l'histoire même de la civilisation; car aux premiers siècles de notre ère il y eut dans le vaste espace compris entre le Tigre et le Gange plusieurs empires mixtes (indo-parthe, indo-scythe, indo-perse), vrais ponts jetés entre l'Orient et l'Occident. Il s'est passé là des événements que nous cache encore un voile mystérieux. C'est de là peut-être qu'est parti le premier choc qui eut pour ricochet la grande migration des peuples.

CONCLUSIONS.

1° *Les ruines de Ninive, si elles existent, ne peuvent point avoir été trouvées là où on les a cherchées.*

2° *Les monuments découverts sur les bords du Tigre sont les commentaires sculptés des auteurs anciens qui nous parlent des Mèdes, des Perses et des Parthes* (2).

3° *L'écriture cunéiforme, que je propose de nommer écriture pyro-*

---

sculpteurs (καὶ τὴν κεφαλὴν ὁποίαν οἱ χειρουργοῦντες γράφουσι καὶ πλάττουσι). Le martichoras et le gryphon sont représentés sur les monuments de Persépolis, comme sur ceux qui ont été trouvés aux bords du Tigre. *Ctes. Fragm.*, éd. Didot, p. 101; Ælian. *Hist. Anim.*, IV, 52. Ces animaux fabuleux paraissaient avoir une signification mystique. Ainsi, le dragon était chez les Parthes le signe de la multitude : il signifiait *mille* (σημεῖον δὲ πλήθους τοῦτο αὐτοῖς· χιλίους γὰρ οἶμαι ὁ δράκων ἄγει). *Script. Belli Parth.*, in *Fragm. Hist. Græc.*, t. III, p. 654, édit. Didot. L'introduction de toutes ces figures dimorphes symboliques ne remonte probablement pas au delà de l'époque où les Parthes et les Perses commencèrent à entretenir des relations suivies avec l'Inde.

(1) Diodor., I, 46 (tom. I, p. 55 de ma traduction).

(1) Voy. M. de Longpérier, *Médailles des Sassanides*; Paris, 1840, in-4°.

(2) Les partisans des ruines de Ninive ne se refusent pas à reconnaître cette concordance, ainsi que la ressemblance des ruines de Persépolis avec celles des environs de Mossul; mais ils essayent de l'expliquer par des raisonnements que l'on pourrait qualifier fort sévèrement. Supposé même (ce que les anciens ne disent nullement) que tout vienne des Assyriens, on ne niera point que les Mèdes, les Perses, les Parthes, qui sont venus après, ont aussi bâti des villes et des monuments. Or, où sont-elles, les ruines de ces villes et de ces monuments? Les ruines anciennes sont-elles moins rares que les ruines modernes? Le temps, par une exception merveilleuse, a-t-il respecté l'original plutôt que la copie? Faut-il creuser plus profondément et chercher les ruines perses ou parthes au-dessous des ruines assyriennes? L'Orient est un pays enchanté, on le sait; mais je croyais qu'il ne l'était que dans les contes arabes.

21.

glyphique, *est la langue sacrée des adorateurs du soleil* (culte de Mithras); son élément hiéroglyphique est l'image d'*un rayon ou d'un cône de lumière.*

TOPOGRAPHIE COMPARATIVE.

Nous venons de nous arrêter suffisamment sur Babylone et Ninive. Maintenant nous allons suivre les deux rives de chacun des deux grands fleuves qui caractérisent en quelque sorte toute l'Asie occidentale; car l'Euphrate et le Tigre sont pour les contrées qui nous occupent ce que le Nil est pour l'Égypte.

Villes principales situées sur l'Euphrate et le Tigre ainsi que dans l'espace compris entre ces deux fleuves.

Après avoir quitté le territoire de l'Arménie, l'Euphrate se fraye un passage à travers la chaîne du Taurus pour entrer dans la Mésopotamie proprement dite. Là il présente à sa courbure occidentale, et sur la rive droite, la ville de *Samosate* (τὰ *Samosata*), aujourd'hui *Suméisat* (37° 5' lat. nord, 38° 40' long. Greenwich) (1). Le pays où cette ville est située est la Commagène des anciens. Du temps de Strabon Samosate était fortifiée (ἐρυμνὴ πόλις), et possédait un château royal (βασίλειον) (2). Au rapport de Pline, il y avait dans cette ville un étang célèbre, qui rejetait une espèce de limon inflammable (*maltha*), avec lequel les habitants défendaient leurs murs contre l'armée de Lucullus (3). Samosate est le lieu natal de Lucien. L'empereur Julien y avait fait en partie construire sa flotte, pendant son expédition contre les Perses. L'Euphrate jusqu'à Suméisat a toujours passé pour inaccessible à la navigation, à cause de ses nombreux écueils et de ses passes, fort étroites et rapides. Cependant, pendant la campagne de 1839, Hafiz-Pacha fit parvenir ses approvisionnements sur des radeaux jusqu'à Suméisat. A partir de là l'Euphrate est navigable, sans aucune interruption grave (*without any serious interruption*), jusqu'à la mer, dans un trajet de onze cent quatre-vingt-quinze milles un quart anglais (1). Le district de Suméisat est sous le gouvernement d'un bey kurde.

Un peu au-dessous de Samosate était le *Zeugma* (passage) (2) commagénien de l'Euphrate. C'est le point de l'Euphrate le moins distant de la mer (mer de Chypre). Aussi était-ce par là que les Grecs et les Romains se rendaient dans la Mésopotamie, soit qu'ils traversassent la Cilicie (*Portes Ciliciennes*), soit qu'ils s'embarquassent à Tarse. Alexandre y fit passer son armée sur un pont de chaînes, dont il existait encore des vestiges (des anneaux rouillés, *annuli rubigine infestati*) du temps de Pline (Pline, XXXIV, 15). Le passage étant devenu de plus en plus fréquenté, on y construisit la ville de *Zeugma*; elle était située, comme Samosate, sur la rive droite, et appartenait par conséquent à la Syrie plutôt qu'à la Mésopotamie. Elle était à soixante-douze mille pas de Samosate (3).

A l'est de Zeugma, à vingt-cinq ou trente lieues de l'Euphrate, on trouvait les villes d'Édesse, de Haran et de Rasaïn. Un peu plus loin était Nisibis, sur le Mygdonius (aujourd'hui *Djokdjakhah*), dans la contrée des Mygdoniens, faisant partie de la Mésopotamie.

Édesse ou *Callirhoé* (aujourd'hui *Orfah* ou *Urfah*, à 36° 40' lat.). Selon Étienne de Byzance, cette ville doit son nom au cours rapide des eaux du Bélik, sur lequel elle est située. Pline prétend qu'elle s'appelait autrefois Antioche. Elle appartenait à l'Osroène,

(1) Les deux cartes que j'ai sous les yeux sont : pour la topographie ancienne, celle de Dufour, appartenant à l'Atlas des *OEuvres de Rollin*, édit. Letronne; et pour la topographie moderne la belle carte du colonel Chesney (*Expedition to the Euphrates and Tigris*). C'est d'après ces deux cartes que je donne les déterminations de longitude et de latitude.

(2) Strab., XVI; conf. Stephan. Byz.

(3) Plin., *Hist. Nat.*, II, 104. Josèphe, *Bell. Jud.*, VII, 27, en fait aussi mention.

(1) Chesney, *Expedition to the Euphrates*, etc., vol. I, p. 45.

(2) *Zeugma* signifie pont, union (de ζεύγνυμι), par allusion au pont de bateaux joints ensemble sur lequel on passait ordinairement les grands fleuves.

(3) Conf. Plin., VI, 24; Dion. Cass., XL; Ptolem., V, 15. — Chesney se trompe en plaçant le Zeugma des anciens à Samosate (Suméisat) même.

district de la Mésopotamie. Eusèbe raconte que l'on avait conservé à Édesse la tente du patriarche Jacob, et qu'elle fut consumée par la foudre sous le règne d'Antonin. C'est entre Édesse et Haran (Carres) que l'empereur Caracalla fut tué, au moment où il descendait de cheval pour satisfaire à un besoin pressant. Il voulait, dit Spartien, se rendre à Carres, pour y visiter le dieu Lunus (1). D'après Strabon, on révérait la déesse *Atargatis* à Édesse, ville qui pour cela s'appelait aussi *Hieropolis* ou *Bambyce*. — Russan pense qu'Orfah est l'Ur ou Uz des Chaldéens. Chesney adopte cette opinion, et y ajoute les remarques que voici : « Plusieurs particularités montrent que la résidence de Job ne pouvait être ni dans l'Idumée, ni, comme l'a supposé le docteur Lee, dans le district intermédiaire entre Damas et l'Euphrate, mais qu'elle était très-probablement dans le voisinage d'Orfah. où le nom du grand patriarche s'est conservé. On doit se rappeler que le district d'Orfah était un des principaux siéges de la nation sémitique. C'était le pays de Buz, fils de Nahor (Genès., XXII, 20-21) et probablement aussi celui du fils aîné d'Aram (Genes., X, 23), auquel on attribue la fondation de Damas ; car cette place paraît avoir été occupée par la branche des fils de Noé, qui se dispersèrent à l'Occident (2). » On dirait vraiment que les voyageurs anglais ne parcourent l'Orient que pour chercher des commentaires à la Bible. Quant aux événements de l'histoire profane, ils s'en occupent fort peu, et commettent souvent à cet égard les plus étranges bévues. Au nord d'Orfah s'élèvent des collines calcaires, contre-forts du Taurus.

Haran ou *Carrhes* (*Carrhæ*), ville autrefois célèbre, à dix lieues environ au sud-est d'Orfah, sur une branche du Bélias (*Belix*). Cette ville est célèbre par la défaite de Crassus :

Miserando funere Crassus
Assyrias Latio maculavit sanguine Carrhas,

dit Lucain (3). On croit que c'est le

(1) Spartian., in *Caracalla*.
(2) Chesney, *Expedition*, vol. II, p. 77. Il y a une gravure qui représente la grande mosquée d'Orfah.
(3) Comp. Amm.-Marcell., XXIII, 4 ;

Haran, חָרָן , de la Bible, antique résidence d'Abraham. Il y avait une autre ville du même nom, près du golfe Persique.— *Haran* est un lieu de pèlerinage des Yézides, comme ayant été le séjour de Seth. Les Yézides fanatiques ont aussi en grande vénération les pyramides d'Égypte, parce qu'ils croient que Saba, fils de Seth, y est enseveli. A l'ouest de Haran était *Batnœ*, aujourd'hui *Seroudje* selon Chesney. Dans les environs (à vingt-trois milles de Bir ou Bireh-djik) on rencontre quelques ruines. Mais les seuls objets intéressants sont deux lions de forme colossale, non achevés, qu'on trouve à Aulau-Tagh, environ huit milles au midi de Seroudj. Ces lions ressemblent tout à fait à ceux qu'on a trouvés sur les rives du Tigre (1). La pierre employée est du basalte ; sa plus grande longueur est de douze pieds (mesure anglaise), sa hauteur de sept pieds trois pouces, et son épaisseur un pied quatre pouces à deux pieds.—Les ruines de Haran proprement dites sont à vingt milles au sud-est d'Orfah ; elles consistent en un bain, un château, et quelques débris d'une église, près du *mur de Rebecca*. Le fleuve royal de Strabon traverse les ruines de Carrhes.

Haran était autrefois une cité principalement habitée par des Sabéens ; elle eut ses souverains jusqu'en 1199 (2) ; mais le voisinage d'Orfah lui fit perdre son importance. Le Bélik a sa source près de Haran.

Rasaïn (*Resen*, *Resina*). Cette ville paraît être déjà mentionnée dans la Bible (II *Reg.*, 4 et 17), où il est question des Israélites que le roi d'Assyrie fit, dans la neuvième année du règne d'Osée, transporter dans l'Assyrie, dans les villes de la Médie, et dans *Gozan* sur le fleuve *Khabor* (3). La Genèse (X, 12) parle

Strab., XIII; Ptol., V, 18; Plutarch., in *Crasso*.
(1) Chesney, vol. I, p. 114.
(2) De Guignes, *Hist. des Huns*, I, p. 345.
(3) Seulement, au lieu de *in Chabor fluvio Gozan*, il faudra lire *in Gozan*, etc., בְּגוֹזָן חָבוֹר נְהַר ; car il est certain que Khabor est ici le *Chaboras* des anciens et le *Khabour* des modernes. Quant au mot Gozan, le *g* des Orientaux est très-souvent rendu par un *r* chez les Occidentaux ; par là s'explique facilement *Rozan* ou *Rezen*.

aussi d'une ville de *Resen*, située entre Ninive et Calah. C'est probablement la même, si toutefois il n'est pas oiseux de soulever seulement ces questions topographiques quand il s'agit d'une antiquité aussi reculée (1).

Nisibis (aujourd'hui *Nisbin* ou *Nisibin*, à 36° 35′ lat.). Étienne de Byzance place cette ville sur le Tigre (πόλις ἐν τῇ περαίᾳ, τῇ πρὸς τῷ Τίγρητι), tandis que Josèphe (*Antiquit.*, XVIII, 12) la place sur l'Euphrate. Ainsi voilà une ville dont la topographie est parfaitement connue; son nom s'est même conservé jusqu'à nos jours; et cependant on la plaçait tantôt sur l'Euphrate, tantôt sur le Tigre. Cela était arrivé aussi à Ninive et à la plupart des villes situées dans l'espace intermédiaire (Mésopotamie) entre ces deux fleuves. La ville de *Calah* de la Genèse (X, 10) est, selon quelques savants, Nisibe. Selon Pline, elle s'appelait aussi Antioche. Jovien l'abandonna au roi Sapor. Suivant Philon, cité par Étienne de Byzance, *Nasibis* ou *Nesibis* signifie en phénicien un *amas de pierres*. — Antiochus le Grand passa l'hiver à Nisibis (en 217 avant J.-C.) avant de passer le Tigre à la poursuite de Molo.

Trajan y fit réunir (en 107 après J.-C.) les matériaux nécessaires pour la construction d'une flotte. L'empereur Severus défit les Parthes qui assiégeaient Nisibis, en 177. Aujourd'hui c'est une place peu importante.

A une petite distance de la rive droite, sur la route d'Antioche, à environ quarante lieues au-dessous du Zeugma, on rencontre les ruines de la ville de Magog ou de Bambyce, également connue sous les noms d'*Hierapolis* et de *Ninus vetus*. Si en effet les ruines de l'ancienne Ninive étaient quelque part, ce serait plutôt près de l'Euphrate que du Tigre qu'il faudrait les chercher; car toute l'histoire, à défaut de la géographie, vient à l'appui de cette opinion. On trouve à *Ninus vetus* les débris épars d'une citadelle et de deux temples. Du plus petit de ces temples il reste l'enclos et des fragments de sept colonnes. Parmi les vestiges du plus grand, qui était le temple d'Astarté ou de l'Atar-

(1) Amm.-Marcell., XIV, 8; Plin., V, 23.

gatis, *Venus Decerto* des Syriens, on remarque quelques fragments d'une architecture massive, semblable à celle des Égyptiens, et onze arches du côté d'une cour quadrangulaire pavée, où gisent épars des fûts de colonne et des chapiteaux à fleurs de lotus. Un peu à l'ouest des murs est une vaste nécropole, qui renferme beaucoup de tombeaux païens et syriens, avec des inscriptions anciennes. C'est encore un champ à explorer.

Olivier, en venant d'Alep, passa l'Euphrate à Birt (Bireh ou Biridjek) pour se rendre de là à Édesse ou Orfah. L'Euphrate à Birt peut être comparé au Rhône pour la quantité de ses eaux et leur rapidité. Il grossit considérablement au commencement du printemps, parce qu'il pleut beaucoup dans cette saison, et que les neiges de l'Arménie fondent presque subitement. Il grossit aussi en automne, lorsque les pluies tombent en abondance dans l'Arménie inférieure (1). — Birt (*Birtha* des anciens) est une petite ville, dont la population est évaluée par Olivier à trois ou quatre mille habitants. Elle est située en pente sur une colline crétacée, et est entourée d'un mur en assez mauvais état. On voit au bas de la ville, sur des rochers, un château qui tombe en ruines, et qui ne semble avoir été bâti là que pour empêcher ou protéger le passage du fleuve. Près d'un caravansérail, hors de la ville, il y a diverses grottes qui servent de refuge aux voyageurs. Le chemin de Birt à Orfah est plat, et n'est interrompu que par quelques collines calcaires. A deux ou trois lieues d'Orfah il y a des indices de volcan. Voici la description qu'Olivier donne de cette ville (2) :

« Orfa occupe une étendue assez considérable, et peut avoir trente ou quarante mille âmes de population. Elle est bâtie sur la pente de deux collines, et est entourée de remparts très-mal entretenus. Entre les deux collines est un vallon d'où l'on voit sortir une source très-abondante qui fournit de l'eau aux habitants, et qui va arroser ensuite un grand nombre de jardins. Un peu au-des-

(1) Olivier, *Voyage dans l'Empire Othoman*, p. 327 (in-4°; Paris, 1804).
(2) Ibid., p. 328.

sous de la source, on a construit un bassin carré, d'une centaine de pas de longueur, dans lequel on voit une prodigieuse quantité de poissons. Leur nombre ne s'est accru à ce point que parce qu'on est persuadé qu'ils sont sacrés, et qu'ils donneraient la mort à quiconque oserait en manger ou même leur faire le moindre mal. Il y a sur les bords de ce bassin des marchands de gâteaux pour les dévots et les oisifs qui veulent régaler les poissons, et se procurer le divertissement de les voir accourir de toutes parts, se presser, se heurter, se renverser pour attraper les morceaux qu'on leur jette. Il faut admirer dans le préjugé qui s'est établi à leur égard, l'adresse de celui qui l'a fait naître et de ceux qui l'entretiennent; car ces poissons, prodigieusement nombreux pour une étendue si bornée, fournissent dans tous les temps un spectacle fort agréable, et rendent ce lieu le plus fréquenté de la ville. Le bassin baigne, d'un côté, les murs d'une mosquée, et est ombragé, de l'autre, par de très-beaux plateaux. Les maisons d'Orfa sont assez solidement bâties, en pierres de taille ou moellons; elles sont peu élevées, et terminées en terrasse. Les rues ont dans leur milieu un canal de deux à trois pieds de largeur, où les eaux de pluie et toutes les immondices se réunissent; ce qui laisse sur les côtés deux sortes de trottoirs assez propres, pour la commodité des passants. On voit dans cette ville, comme dans toutes celles de l'empire othoman, beaucoup plus de mosquées qu'on ne voit d'églises dans les villes catholiques de l'Europe. Toutes sont surmontées d'un minaret plus ou moins beau, plus ou moins élancé, suivant le revenu de la mosquée. Les Arméniens ont dans la ville une église près de laquelle loge l'évêque de cette communion; ils ont un autre hospice hors de la ville, dans lequel notre guide avait jugé convenable de nous établir. Il y a aussi plusieurs bazars voûtés, assez bien construits, destinés, les uns aux marchands d'étoffes, et les autres aux orfévres et autres ouvriers. La ville est peuplée par des Arabes, des Curdes, des Turcs, des Arméniens et des Juifs. Les trois premiers, musulmans de religion, forment les trois quarts de la population. Les Juifs sont pauvres et peu nombreux. Les Arméniens, quoique opprimés, sont assez riches, parce que le commerce qu'ils font avec Alep, Diarbékir et Mossul leur fournit de quoi réparer les pertes que les agents du gouvernement leur occasionnent assez souvent.

« Orfa n'est pas seulement une ville d'entrepôt, elle est en état de fournir une assez grande quantité de froment, d'orge et de légumes, tels que fèves, haricots et pois chiches; quelques toiles de coton, qui se fabriquent dans son sein, et quelques ouvrages d'orfévrerie et de bijouterie, qui sortent de la main de ses ouvriers. On y fabrique aussi de très-beaux maroquins, qui passent à Alep et à Diarbékir pour se répandre en Syrie et dans l'Asie Mineure. On voit fort peu de vignes aux environs de la ville. Les juifs et les Arméniens font pour eux un vin blanc et un vin rouge, qui seraient assez bons s'ils n'y mettaient infuser des pommes de pin, qui lui donnent un goût de poix, fort désagréable à ceux qui n'y sont pas accoutumés. Les femmes sont voilées par une grande pièce de toile blanche qui les enveloppe jusqu'aux pieds et se replie sur la tête; elles portent en outre une pièce carrée de crin noir qui se rabat sur le visage, et qui leur permet de voir sans être vues.

« Les hommes n'ont pas de costume différent de celui que nous avons vu en Syrie; ils portent en voyage des abas tout noirs ou à bandes longitudinales, blanches et noires, larges ou étroites qui ressemblent beaucoup, par la forme, aux chasubles des prêtres catholiques. Les pauvres de la ville et les habitants des villages voisins portent dans leur parure une sorte de casaque à manches courtes, tombant un peu au-dessous de la ceinture: elle est bigarrée sur le dos de couleurs éclatantes, formant un dessin triangulaire. Cette sorte de casaque n'est pas commune vers les côtes maritimes. On en fabrique beaucoup à *Marhas*, petite ville située au sud-ouest d'Alep: elles coûtent de huit à dix piastres, et sont en laine assez fine; les abas sont en laine ou en laine et poil de chèvre; les plus communs valent dix ou douze piastres; les plus chers se vendent jusqu'à cent piastres. On est dans l'usage de percer aux filles, pendant leur enfance, une narine pour y passer un anneau d'or ou d'argent. Nous avons vu quelques femmes dont la cloison intermédiaire du nez était percée et ornée d'un grand anneau d'or. Nous avions déjà observé sur les côtes de Syrie, parmi les habitants des campagnes, l'usage d'une narine percée; mais il n'était pas aussi général qu'à Orfa, Mardin, Mossul, Bagdad et autres villes de l'intérieur.

« Le château construit à la cime d'un rocher calcaire excita notre curiosité. Nous y montâmes par un chemin très-rude, taillé en quelques endroits dans le roc. Parvenus dans son enceinte, nous n'aperçûmes que des ruines, des voûtes écroulées, des murs ébranlés, à moitié détruits et prêts à s'abattre, des souterrains affaissés; en un mot, presque rien d'entier, si ce n'est une grande salle où se logent quelques janissaires préposés à la garde de ce château. Du côté de la ville, et à la proximité des remparts, s'élève une masse oblongue de maçonnerie soutenant à chacune de ses extrémités une très-grosse colonne d'ordre corinthien, dont le chapiteau a souffert, et dont la base est enveloppée dans une maçonnerie plus récente. Ayant fait le tour de ce reste d'édifice à travers les décombres dont il est entouré, nous reconnûmes que sa forme est celle d'un carré long, et qu'il est soutenu par une voûte, ayant une porte et deux fenêtres carrées sur chaque grande face. Une seule de ces colonnes paraît avoir eu une inscription; ce que nous reconnûmes à des entailles régulières qu'elle présente sur son fût, au quart de sa hauteur, et à quelques caractères arabes très-mal conservés, dont on voit encore des traces sur les rouelles mêmes des pierres de taille dont les colonnes sont formées. A quelques pas de cet édifice, que nous présumâmes avoir été un tombeau, on voit deux énormes piliers qui soutiennent un portique d'une construction qui nous a paru contemporaine aux colonnes, mais ébranlées jusqu'à leur fondement.

« Les murs dont ce château est environné sont très-élevés, quoique posés sur des rochers escarpés; ils sont de construction arabe, à en juger par les inscriptions dans cette langue qui y sont enclavées; mais il nous a paru qu'ils ne forment qu'un revêtement à d'autres murs plus anciens, que l'on aperçoit dans les endroits où le mur arabe s'est écroulé. Ce qui nous a frappé le plus dans cette ancienne fortification, c'est la profondeur du fossé que l'on a taillé dans le rocher, et qui l'entoure sur toute la face qui regarde la campagne. Nous avons évalué sa profondeur à trente-cinq ou quarante pieds, et sa largeur à vingt-cinq ou trente. Ce travail a dû être très-long et très-pénible, attendu que la roche est très-dure. Au delà de ce fossé le terrain s'élève considérablement, de sorte que le château est dominé autant qu'il domine la ville.

« Toute la pente qui se trouve au-dessous du château, la colline qui est vis-à-vis celle qui vient après, en un mot, tous les escarpements qui sont à l'occident de la ville, présentent de toutes parts des ouvertures carrées ou en arceau, qui conduisent à autant de catacombes taillées dans le roc. Celles où nous sommes entrés avaient une chambre carrée, dans laquelle on descend par sept ou huit marches taillées au milieu de l'une des faces; les trois autres présentent chacune un enfoncement demi-circulaire, laissant au bas une banquette longue de cinq à six pieds, large d'un pied et demi, haute de deux pieds, sur laquelle il est vraisemblable que l'on posait les corps embaumés. Mais toutes les catacombes ne sont pas aussi simples que celles-là; on en voit, dans le nombre, dont les arceaux portent des moulures très-bien exécutées, d'autres où le souterrain est divisé en plusieurs pièces, et quelques-unes où les loges sont disposées comme celles d'Alexandrie, avec la différence que, dans celles d'Orfa, on n'y voit qu'un seul rang de loges, tandis que dans celles d'Alexandrie il s'en trouve trois ou quatre les uns sur les autres. Les catacombes d'Orfa sont mieux conservées que celles d'Égypte, parce qu'elles ont été taillées dans une roche calcaire très-dure, et qui a dû résister bien mieux que le tuf graveleux et coquillier qui forme le territoire d'Alexandrie.

« Ces ouvrages datent sans doute d'une époque où les beaux-arts étaient en honneur à Orfa; nous en avons jugé entre autres par une belle vignette et une feuillure en trèfles, sculptées sur le contour de l'ouverture d'un de ces souterrains, qui ne déprécieraient aucun ouvrage moderne. L'intérieur consistait en une grande chambre carrée, plus spacieuse que les autres, sans enfoncements demi-circulaires, ni banquette, ni aucune apparence de sarcophage : on voyait seulement une niche au fond, taillée en demi-dôme, qui lui aurait donné l'apparence d'une chapelle si nous n'en avions rencontré d'autres six fois plus petites, et dans lesquelles nous avions de la peine à nous tenir debout, qui présentaient une semblable niche. La plupart de ces catacombes ont une ou deux fenêtres que l'on juge avoir été pratiquées, après coup, lorsqu'on a voulu convertir cet asile de la mort en refuge ou demeure de vivants. On juge de cette intention par la différence de travail que présentent ces ouvertures. Les anciennes, qui servent de portes, ont toutes une feuillure profonde taillée dans le roc, servant à recevoir la porte de bois ou de pierre qui en défendait l'entrée. Les fenêtres n'ont point de semblable feuillure; elles sont d'ailleurs taillées grossièrement. On voit de plus dans l'intérieur de toutes les catacombes qui ont des fenêtres la trace du feu qu'on y a fait pendant longtemps, et qui les a noircies. Aujourd'hui encore celles qui sont les plus voisines de la ville sont presque toutes occupées par des familles curdes.

« La colline qui domine le château, où l'on voit le plus de ces anciennes sépultures, est nommée par les gens du pays, *Tapdaag* ou la montagne du Canon, parce qu'il est vraisemblable que dans les temps modernes on aura attaqué le fort avec quelques canons transportés sur cette hauteur. On trouve dans cette ville beaucoup de médailles et de monnaies en cuivre des rois Abgares; elles sont peu conservées et d'un bronze cassant, assez mauvais; celles des Séleucides sont plus rares, mais beaucoup plus belles. Nous y avons vu des médailles en argent, de la plus grande beauté et de la plus parfaite conservation. On y voit aussi quelques médaillons en bronze des empereurs romains. Les monnaies du Bas-Empire, des Croisés et des Arabes y sont très-communes; on nous en apportait de temps en temps des sacs qu'on nous offrait à vendre pour un ou deux paras chaque monnaie ou médaille. On en voit parmi ces dernières, avec des figures : quelques-unes ont d'un côté des caractères arabes, et de l'autre des têtes grecques. Nous eûmes aussi occasion d'acheter deux amulettes parthes, dont j'ai donné le dessin. On sait qu'Édesse fut pendant longtemps la capitale de l'Osroène, province située à l'orient de l'Euphrate; les Séleucides en furent les maîtres tant qu'ils régnèrent en Syrie. Ce pays appartint ensuite aux Abgares, qui résidèrent à Édesse. Un de ces rois est connu dans l'histoire ecclésiastique par la lettre qu'Eusèbe prétend qu'il écrivit à Jésus-Christ, pour le prier de venir le guérir de la lèpre, et par la réponse qu'il en reçut; réponse dans laquelle Jésus promet d'envoyer pour cela un de ses disciples. En effet, après la mort de Jésus, l'apôtre Thadée vint guérir le roi et convertir les habitants d'Édesse. Environ deux siècles après, Caracalla s'empara de ce pays, et en fit une province romaine. Il y fut assassiné par les ordres de Macrin, qui, de simple gladiateur devenu préfet du prétoire, eut l'ambition de s'asseoir sur le trône des Césars. Édesse fut enlevée aux empereurs d'Orient par les Arabes, sous le calife d'Abu-Béker; les croisés s'en emparèrent en 1092, et l'érigèrent en comté. Après bien des changements, après avoir appartenu aux soudans d'Alep, aux Mameluks d'Égypte, après avoir été pillée par Tamerlan, Édesse, ainsi que toute la Mésopotamie, passa au pouvoir des Ottomans en 1517, sous Sélim, et s'y sont maintenus depuis lors. Les seuls maux qu'elle ait eu à éprouver par la guerre, depuis qu'elle appartient aux Turcs, lui sont venus des pachas, qui ont tenté plusieurs fois de s'y maintenir, malgré la volonté du sultan et malgré leur faiblesse réelle. L'histoire des révoltes des pachas, des expéditions militaires qu'ils ont occasionnées, des punitions par le fer ou le poison qui se sont ensuivies, ne présenterait aucun intérêt; elle prouverait seulement combien l'institution des pachas est vicieuse, combien il est difficile à la Porte de les maintenir dans le devoir, ou de les faire rentrer sous l'obéissance lorsqu'ils s'y sont soustraits. Nous ne devons pas néanmoins passer sous silence ce dont nous avons été le témoin.... »

D'Orfah Olivier se rendit à *Merdin*. Il marcha pendant sept heures à travers une plaine fertile, ou en grande partie arrosée et parsemée, en divers endroits, de fragments de pierres volcaniques. Cette plaine est terminée par une colline calcaire, qui se dirige du nord au sud, et qui part de la montagne peu élevée qui se trouve à deux lieues au nord d'Orfah. Dans un endroit nommé Alkaouï il vit plusieurs catacombes, semblables à celles d'Orfah. Il traversa ensuite une plaine inculte qui offre des traces de produits volcaniques. Les rivières de cette région, ainsi que celles de la Syrie et de la Perse, renferment une espèce de crabe que Bélon avait rencontrée en Crète, et que Rondelet a figurée dans son *Histoire des Poissons* (1).

Olivier donne la description suivante de la ville de Merdin (2) : « Merdin, que l'on regarde comme l'ancienne *Mardé* ou *Miridé*, est situé au sommet d'une haute montagne, sous le 37e degré 19 minutes de latitude nord ; il est en pente, et se présente au sud. L'œil parcourt de ce lieu élevé une étendue de terrain assez considérable. Les fertiles plaines de la Mésopotamie que l'on a devant soi ne sont interrompues que par les montagnes de Senjaar, que l'on aperçoit à vingt lieues au sud-est ; elles sont habitées par les Jésides, peuple méchant, cruel, inhospitalier, qu'on dit avoir des mœurs et une religion différentes des autres habitants de la Mésopotamie. On voit également, à quinze lieues au sud-ouest et à l'orient de l'ancienne *Charræ*, quelques autres montagnes, qui sont fréquentées par des Arabes-Bédoins, dont les mœurs sont plus douces et la religion plus tolérante que celles des Jésides.

« La ville est dominée par un château assez vaste, qui tombe en ruine, et qui servait autrefois à sa défense ; elle est entourée d'un rempart que le pacha de Bagdad venait de réparer. Les habitants de Merdin se plaisent à raconter que Tamerlan fit pendant cinq ans le siége de leur ville sans avoir pu s'en rendre maître ; mais ils se trompent : Tamerlan entra sans obstacle à Merdin, si nous en croyons les historiens persans. Ce fut Holakou, petit-fils de Gengis-Khan, à qui la Perse et la Mésopotamie étaient échues en partage après la mort de ce conquérant, qui attaqua sans succès cette place, vers le milieu du quatorzième siècle. Alors sans doute le château et les remparts étaient en bon état, et la population était beaucoup plus considérable qu'elle ne l'est aujourd'hui. Merdin, malgré son étendue, ressemble bien plus à un village qu'à une grande ville. On y compte à peine trois mille Curdes, cinq à six mille Arabes ou Turcs, quinze cents Arméniens jacobites, et presque autant de Nestoriens, qui ont parmi eux leur évêque. Les derniers, comme on sait, sont réunis à l'Église romaine. Leur patriarche est établi à Antioche ; celui des jacobites fait sa résidence à Diarbékir. Il y a en outre une vingtaine de familles juives et un couvent de Carmes déchaussés, où nous ne trouvâmes qu'un seul religieux.

« Cette ville avait autrefois un vaïvode, nommé tous les ans par le grand seigneur ; elle est aujourd'hui sous la dépendance du pacha de Bagdad, qui y place un mutselim. On est surpris qu'elle ne soit pas réunie plutôt au pachalik de Diarbékir. Bagdad par la route ordinaire est à plus de cent cinquante lieues de Merdin ; Diarbékir ou *Cara-Amid* (l'ancienne *Amida*) n'en est qu'à dix-huit ou vingt ; c'est une des plus grandes villes de l'Asie Mineure : elle est sur la rive droite du Tigre, au nord-ouest de Merdin.

« Nous avons resté cinq jours à Merdin ; ce qui nous a donné le moyen de parcourir les environs, et de cueillir quelques plantes en fleur. Nous y vîmes quelques vignes, quelques pistachiers, beaucoup d'amandiers, de cerisiers, de pruniers, de poiriers, de pommiers, et autres arbres fruitiers de l'Europe. Quoique ce pays soit assez froid en hiver à cause de son élévation, l'été y est cependant très-chaud, surtout au bas de la montagne. On y cultive le coton, le sésame, et on y récolte une assez grande quantité de froment et d'orge.

---

(1) Olivier le caractérise : *Cancer potamios, thorace cordato, utrinque plicato ; margine crenato, unidentato.*

(2) Ibid., p. 342.

« Le commerce de cette ville est peu considérable, parce qu'elle se trouve hors des routes de Mossul, Gézireh et Diarbékir à Orfa, Alep et Damas. Elle sert d'entrepôt aux denrées des villages situés au nord-est, où se fabriquent quelques toiles de coton et quelques maroquins ; on en fabrique aussi une assez grande quantité à Merdin, qui passent à Alep. »

M. Ainsworth vit, près de la forteresse de Merdin, les ruines d'une cité que les indigènes nomment *Kohrasar*. Il pense que c'est le *Sinna* de Ptolémée, ville principale des Chaldéens, située entre Édessa et Amida. A en juger d'après les ruines, qui occupent plus d'un mille d'étendue, les murs de cette ville étaient bâtis en pierres basaltiques taillées en carré, et garnis de tours arrondies, placées de distance en distance. Les tours du nord sont mieux conservées que celles du midi : elles ont conservé à peu près la moitié de leur hauteur primitive. L'espace circonscrit par les murs est quadrangulaire, chaque côté a six à sept cents yards. Tout cet espace est rempli de débris de maisons, excepté du côté de l'orient, où se trouvent les ruines d'un grand édifice. Ces maisons étaient construites en pierres de taille, avec des voûtes demi-circulaires ; plusieurs de ces voûtes subsistent encore. M. Ainsworth, qui visita ces ruines, n'y trouva point d'inscription ni de briques babyloniennes. La partie la plus remarquable de ces ruines comprend le cimetière, situé en dehors des murs. C'est la nécropole la mieux conservée qu'on puisse voir. Des caveaux souterrains, disposés par rangées régulières, contiennent chacun une centaine de tombeaux. Chaque caveau forme un mausolée distinct ; c'est une espèce de chambre à trois arcades, dont l'une au milieu, qui est l'entrée, et deux latérales. Ces arcades représentent trois compartiments, qui à leur tour sont divisés en deux parties, l'une supérieure, l'autre inférieure, disposées pour recevoir chacune un cercueil. La porte consiste en une lourde masse de basalte, roulant sur des gonds taillés dans le roc. Dans l'intérieur, trois personnes peuvent se promener à l'aise. Les demeures de cette nécropole étaient donc, comme chez les Égyptiens, disposées de manière à pouvoir admettre les visites des vivants. Les croix sculptées sur le portail de ces mausolées, et l'architecture des églises, dont il reste encore quelques ruines, attestent que cette cité appartenait aux chrétiens (1).

M. Ainsworth appelle Merdin le Quito de la Mésopotamie. Les environs sont en effet très-beaux, et surtout très-bien cultivés. « La ville, ajoute-t-il, est située dans une plaine magnifique, bordée par des collines, bien arrosée et couverte d'arbres. Près de Merdin se trouve le monastère Jaune (*Deri-Zafaran*), siége d'un évêque syrien ; c'est là que vivait le célèbre historien arabe Abul-Faradje (2). »

A peu près à moitié chemin de Merdin à Nisibis on rencontre le village de *Cara-Dara*. On y voit d'immenses réservoirs d'eau, voûtés, bien construits, et une grande quantité de grottes taillées dans le roc, où des Curdes nomades se retirent en hiver. Il paraît que ces grottes étaient autrefois des sépultures ; car il y a beaucoup de sarcophages en pierres. Tavernier nomme ce lieu *Karosera*. Suivant Ainsworth, on rencontre à trois milles et demi de Merdin Kasr-Bordj, château ruiné, où vivait jadis, d'après la tradition du pays, un fils de Darius. La construction de ce château paraît remonter à la même époque que la fondation de Dara, ville voisine, fort remarquable par l'étendue de ses ruines, par ses vastes demeures souterraines et les riches sculptures de ses tombeaux. Suivant Procope, Dara fut bâtie par Anastasius, pour résister aux envahissements des Perses. Mais, au rapport des historiens persans, ce fut Tiridate II qui, après avoir chassé le lieutenant de Séleucus Callinicus, fonda la cité de Kara-Dara sur le mont Zapaortenon. A quelque distance de Dara se trouvent les ruines d'un autre château, situé dans la plaine ; on l'appelle *Kasr-Sergan*. Il a la forme d'un parallélogramme ; il n'en reste plus que les débris de dix tours octogonales et les fondements. En

(1) *Travels and researches in Asia Minor, Mesopotamia, Chaldæa and Armenia*, by William Francis Ainsworth ; 2 vol. in-8°, London, 1842, p. 115.

(2) *Ibid.*, p. 111-112.

1838, Hafiz-Pacha chercha à relever cette antique cité de ses ruines (1).

Olivier donne les renseignements suivants sur Nisibis :

« Nisibis conserve encore quelques antiquités : on y voit un arc triomphal presque entièrement ruiné, et un petit temple carré, assez bien conservé, dont l'architecture paraît romaine (2). Cependant Niebuhr, ainsi que les Arméniens du pays, croient que ce fut une église bâtie au quatrième siècle, en l'honneur de saint Jacques, évêque de cette ville. Nous n'avons point adopté cette opinion. Nous avons pensé que ce temple, bâti du temps des Romains ou des Grecs, fut converti en église lorsque les Chrétiens furent les maîtres du pays, comme il eût été probablement converti en mosquée si les musulmans avaient rétabli la ville. Il y a dans les souterrains de ce temple un sarcophage simple, de marbre blanc, avec son couvercle. On nous a assuré qu'il y en avait un semblable dans un autre souterrain, qui communique avec le premier, mais dans lequel nous n'avons pu pénétrer, parce qu'il est obstrué par des décombres. Un prêtre arménien célèbre ses offices sous une voûte adossée à ce temple. A peu de distance de là on voit cinq colonnes encore debout, dont trois sont surmontées de leur chapiteau ; elles sont à moitié cachées dans des décombres. Un peu plus loin nous vîmes un bloc de marbre blanc et gris, presque entièrement enfoui, sur lequel il y avait une inscription latine très-effacée. Nous ne pûmes lire que les trois mots suivants : *currus..... victoriam..... stadii.....* C'était peut-être là le stade où se faisaient les courses des chevaux.

« Nisibis, comme on sait, était une ville très-importante sous les Grecs et les Romains ; elle était située à l'occident d'une petite rivière nommée *Mygdonius* ou *Saocoras*, qui, prenant sa source au pied des montagnes voisines, allait se réunir au *Chaborat* et se jeter dans l'Euphrate, à *Circesium*, aujourd'hui *Kirkésieh*. Elle était dans une plaine étendue et de la plus grande fertilité, à quelques lieues au sud de la montagne qui fait suite à celle sur laquelle Merdin est bâti.

« Nisibis, sous les Séleucides, reçut le nom d'Antioche, et fut le chef-lieu de la Mygdonie, province à l'orient de la Mésopotamie : elle fut ensuite soumise aux rois d'Arménie, jusqu'à ce que Lucullus y entra en vainqueur, après avoir battu plusieurs fois Mithridate et Tigrane ; elle faisait partie de l'empire des Parthes lorsque Trajan réunit à l'empire romain la Mésopotamie, l'Arménie et quelques provinces au delà du Tigre. Jovien, successeur de Julien, ne régna qu'un instant pour détruire tout ce que son prédécesseur avait fait. Il demanda la paix à Sapor II, roi des Parthes, et il l'obtint par la cession de Nisibis et de tout le pays situé à l'orient de cette ville.

« Nisibis appartient aujourd'hui au pacha de Bagdad, et est gouverné par le mutsélim de Merdin. Ce n'est plus qu'un mauvais village, où l'on compte à peine mille habitants, presque tous Curdes ou Arabes : il y a parmi eux quelques Arméniens jacobites, que le passage des caravanes y entretient. Ce village est bâti à quelque distance de la rivière, sur l'emplacement de l'ancienne ville : les rues sont très-étroites, très-irrégulières, et ne sont point pavées. Les maisons sont basses, peu commodes, mal bâties : elles consistent en un rez-de-chaussée, qui n'est ni pavé ni carrelé. Les murs sont en terre, et le toit est en paille : on met sur celle-ci une forte couche de terre mélangée avec de la paille hachée, pour se garantir de la pluie. Nous éprouvâmes cependant que ce moyen était insuffisant ; car ayant séjourné le 10 pour un temps pluvieux, quoique nous fussions logés dans une maison qui paraissait en bon état, l'eau tombait goutte à goutte dans presque tous les points de notre chambre. Les habitants de Nisibis ont quelques troupeaux et ensemencent quelques terres : la plupart d'entre eux se livrent à la culture du riz. »

De Nisibis Olivier continua sa route avec une caravane sans être inquiété. Les terres y sont en plaine et très-fertiles. Au delà d'une petite rivière, qu'Olivier ne nomme pas (probablement le Hasawi de la carte de Chesney), jusqu'aux environs de Mossoul, on ne voit aucune

---

(1) Ainsworth, ouvrage cité, vol. II, p. 117 et 118.
(2) Olivier, *ibid.*, p. 344.

sorte de culture : ce sont de vastes pâturages que se sont appropriés les Arabes et les Curdes. Les caravanes ont le privilége de laisser paître leurs montures sur ces terres, sans être jamais inquiétées des propriétaires. L'herbe y est très-abondante, et il faut, comme dans tout l'Orient, qu'elle se consomme sur pied.

M. Ainsworth fait dériver le nom de *Mossul* du grec μεσοπύλαι. Cette ville peut être considérée aujourd'hui comme la capitale de la Mésopotamie. L'époque de sa fondation est inconnue. Il n'est guère fait mention de Mossul sous les califes. Mais dans l'origine de la domination turque elle était la résidence de princes indépendants, connus sous le nom d'*Ata-beys*. M. Ainsworth y a trouvé parmi des ruines un fragment de bas-reliefs représentant une tête de femme dont il donne le dessin, et qu'il fait remonter à cette époque. Il croit que c'était la femme d'un de ces ata-beys qui ont été si longtemps en guerre avec les comtes chrétiens d'Édessa (1).

Voici les renseignements qu'Olivier nous donne sur Mossul et ses environs.

« Mossul, situé en plaine, sur la rive occidentale du Tigre, au 36e degré 20 minutes, est une ville assez importante, tant par le nombre de ses habitants, que par sa position et son commerce. M. Niebuhr, qui en a tracé le plan, lui assigne à peu près treize cents pas géométriques de diamètre ; mais les maisons au nord-ouest ne vont pas aboutir aux remparts, de sorte que la ville proprement dite n'a guère qu'un mille d'étendue. Ces remparts ressemblent à tous ceux des villes turques ou arabes ; ils sont élevés, et ont un grand nombre de tours. Ils sont entourés d'un fossé assez profond, qui pourrait recevoir les eaux du fleuve si les Turcs connaissaient l'art de défendre les places. On voit à la partie orientale, et sur une île du Tigre, un château que l'on néglige d'entretenir et dans lequel on ne trouve pas même un canon. Cependant, telle qu'elle est, cette ville serait en état de résister à toutes les attaques qui pourraient lui être faites, tant de la part des Curdes et des Arabes que de celle des Persans. Elle a triomphé plusieurs fois de ces derniers avec ses propres forces, et notamment en 1743, quoique Nadir-Chah fût venu l'attaquer avec une armée formidable et plusieurs fois victorieuse.

« Le rempart se prolongeait autrefois tout le long du Tigre ; mais aujourd'hui on n'en voit plus que les restes : on a négligé de l'entretenir et de le réparer, parce qu'on a cru sans doute que le fleuve défendait suffisamment la ville de ce côté. Au sud-ouest il paraît moins ancien qu'au nord-ouest : on reconnaît qu'il a été construit postérieurement à l'autre, et même en divers endroits les murs des maisons servent de rempart. Nous n'avons pas douté que la ville n'eût autrefois beaucoup plus d'étendue de ce côté, et nous en avons été convaincu en apercevant hors de la ville des ouvriers occupés à fouiller dans les décombres pour en retirer divers matériaux propres à être employés de nouveau. On sait qu'en 1516 Mossul, qui appartenait aux rois de Perse, fut pris et brûlé sous Sélim 1er, par Méhémed, pacha de Diarbékir, et les habitants passés au fil de l'épée. C'est probablement à cette époque que cette ville réduisit son enceinte du côté du sud, et qu'elle laissa au nord-ouest un espace qu'elle n'a pu encore remplir.

« Mossul est orné d'un grand nombre de mosquées assez belles : on y compte quinze caravansérais, dont dix sont d'une belle construction. Les bazars sont nombreux et assez beaux, ainsi que les bains publics et les cafés. Les chrétiens y ont plusieurs églises, et les dominicains un couvent, dans lequel nous trouvâmes trois religieux ; le supérieur était le médecin de confiance du pacha.

« La ville est assez mal bâtie : les rues sont étroites, irrégulières ; fort peu sont pavées, de sorte qu'on marche six mois dans la boue et six mois dans la poussière. Chaque maison est terminée en une ou plusieurs terrasses, disposées de manière que les voisins ne peuvent voir ce qui s'y passe. Les femmes viennent y prendre l'air dans les soirées d'été, et pendant trois ou quatre autres mois tous les habitants y apportent chaque nuit leurs lits. Ce lit consiste en un ou deux matelas de coton pour les riches, en un

---

(1) Ainsworth, ouvr. cit., vol. II, p. 125.

seul tapis et même une simple natte pour les pauvres : il faut aux uns et aux autres une couverture un peu épaisse, parce que les nuits y sont aussi fraîches que la chaleur du jour est forte.

« Quelques maisons sont en pierre, mais le plus grand nombre est en terre : les murs cependant sont revêtus d'une couche de plâtre. On se sert pour les portes et les pavés des maisons, d'une sorte de gypse qui ressemble au premier coup d'œil à du beau marbre gris et blanc; mais il n'en conserve pas le poli. Cette pierre, que Niebuhr a prise pour du marbre, est très-abondante aux environs de Mossul : il paraît qu'on en fait usage depuis longtemps; car nous l'avons vue retirer, en assez grande quantité, des décombres que nous avons dit être au sud de la ville; les grands morceaux étaient taillés et polis de nouveau : on convertissait le reste en plâtre. On compte à Mossul sept à huit mille chrétiens, tant jacobites que nestoriens; environ mille juifs, vingt-cinq mille Arabes, quinze à seize mille Curdes, et à peu près autant de Turcs. Les Jésides n'ont jamais été tentés de s'y établir, parce qu'ils y sont encore plus méprisés que les juifs, et qu'on ne leur permettrait pas le libre exercice de leur religion : ils préfèrent rester sur leurs montagnes du Senjaar et dans quelques villages à l'est du Tigre, où ils ont conservé une sorte d'indépendance.

« Il y a eu quelquefois à Mossul un pacha à trois queues; celui d'aujourd'hui n'en a que deux, et doit conséquemment, en cas de guerre, marcher sous la bannière du pacha de Bagdad. Il a sous lui sept sangiaks-beys et deux cent soixante-quatorze zaïms ou timariots, qui peuvent fournir, avec leurs gébélis, environ six cents hommes de bonne troupe. Il faut ajouter à cette cavalerie environ deux cents spahis. Les janissaires sont au nombre de six à sept mille. La garde du pacha ne va pas aujourd'hui à deux cents hommes. Ce pachalik a fort peu d'étendue : il ne va guère, en Mésopotamie, au delà de *Erki-Mossul* et *Kasfi-Kupri*; mais il s'étend au sud jusqu'à *Tekrid*, et à l'est du Tigre jusqu'au *Grand-Zarb* et aux premières montagnes du Curdistan. Celui de Bagdad embrasse non-seulement tout le cours oriental du Tigre jusqu'au Grand-Zarb, mais même le Curdistan; et à l'occident toute la Mésopotamie, jusqu'à Merdin et les environs de Gézireh. La population du pachalik de Mossul est évaluée à deux cent mille habitants, en y comprenant celle du chef-lieu, et les revenus ordinaires pour le fisc, toutes dépenses prélevées, n'excèdent pas la valeur de 100 bourses ou 100,000 francs.

« Ce pachalik, comme on voit, est très-peuplé, quoique resserré dans un petit espace : le terrain y est très-fertile et les productions très-abondantes. Les hautes montagnes du Curdistan sont à douze ou quinze lieues de Mossul, celles à neige sont à trois journées de marche; on voit néanmoins à quelque distance, au nord-est et à l'est, des coteaux et des collines qui doivent être regardés comme les premiers gradins des hautes montagnes du Curdistan, dont se détachent celles qui séparent la Perse de l'empire ottoman, et qui se dirigent du nord-ouest au sud-est.

« La température de Mossul est très-chaude en été, et très-variable en hiver. Dans cette dernière saison, lorsque les vents du sud règnent, l'air est très-doux et assez pur; mais il devient très-vif et un peu froid par les vents d'est et de nord. Les vents d'ouest procurent la pluie en hiver et la fraîcheur en été. Le pays, comme toute la Mésopotamie inférieure, ne serait pas habitable dans les mois les plus chauds de l'année si le vent de la Méditerranée ne soufflait régulièrement pendant le jour. On ne voit presque jamais de nuages depuis prairial jusqu'en vendémiaire, et il est sans exemple qu'il y pleuve. Les pluies sont abondantes au printemps et vers la fin de l'automne. Les nuits d'été sont fraîches; mais la chaleur du jour est très-forte depuis onze heures ou midi jusqu'au soir. L'air est en général très-sain. Cette ville est rarement exposée à des maladies épidémiques; les fièvres intermittentes et les rémittentes bilieuses y sont rares, et la peste, qui fait de si grands ravages sur la côte de Syrie, y est presque inconnue. On y est exposé, à la vérité, au bouton d'Alep; mais ce bouton n'est pas plus désagréable ici qu'il ne l'est à Alep et à Bagdad.

« On a dû remarquer que les villes bâties sur les rives des grands fleuves sont beaucoup moins exposées aux maladies que celles qui en sont éloignées, parce que l'air s'y renouvelle et s'y purifie sans cesse par le mouvement des eaux. De même les villes qui sont en plaine, ou situées sur des hauteurs, sont bien plus salubres que celles qui sont dans des vallons ou au bas d'une montagne. C'est principalement dans les pays chauds que cette dernière exposition est dangereuse, et qu'on éprouve d'une manière beaucoup plus sensible tous les avantages d'une bonne exposition. Par la même raison les villes situées au bord de la mer, pourvu qu'elles ne soient pas trop dominées par des montagnes et qu'il n'y ait pas autour d'elles des marécages ou des eaux stagnantes, sont toutes remarquables par la santé des habitants et leur bonne constitution ; mais les premières ont l'avantage, sur toutes, de retirer des fleuves une eau bien plus saine que celle de fontaine, de puits ou de citerne.

« On ne boit à Mossul que de l'eau du Tigre : on la porte dans des outres aux maisons des particuliers, et on la laisse reposer avant de la boire. En été, comme on se procure difficilement de la glace, à cause de la trop grande distance des montagnes à neige, et qu'on n'a pas l'art de faire des glacières, que l'on pourrait remplir l'hiver, on a recours, comme en Égypte, pour rafraîchir l'eau, aux bardaks ou vases de terre poreux, qu'on expose pendant quelques heures à un courant d'air. L'eau y acquiert un degré de fraîcheur fort agréable. Il y a cinq, six et même sept degrés de différence de la chaleur de l'air atmosphérique à celle de cette eau.

« Mossul est un des grands marchés de l'Orient. La plupart des étoffes, des drogues et des denrées de l'Inde, qui viennent à Bassora et à Bagdad, passent par cette ville pour se rendre à Constantinople ou se répandre dans l'intérieur de l'Asie Mineure ; il en est de même du café de Moka et des marchandises de la Perse. Elle sert aussi d'entrepôt aux noix de galle, gomme d'adragant et cire du Curdistan, ainsi qu'au coton des contrées voisines. On y fabrique de très-bons maroquins et beaucoup d'étoffes de coton à l'usage des habitants : quelques-unes passent à Alep, avec la noix de galle et la gomme adragant, pour être vendues aux négociants français, qui les envoient à Marseille. Mossul a donné son nom aux étoffes de coton connues sous le nom de mousselines, parce que c'est par cette ville que les premières sont parvenues à l'Europe : elles y étaient transportées de l'Inde par la Perse au golfe Persique. Alep fait passer à Mossul les marchandises européennes dont cette ville a besoin ainsi que des *abas* fabriqués en Syrie. On y envoie aussi de la Syrie, de la Mésopotamie, de la Natolie, de l'Arménie et du Curdistan le vieux cuivre, qui de là passe à à Bagdad et à Bassora, pour être transporté dans l'Inde. On trouve en abondance à Mossul, à Bagdad et dans les villes de la Perse, une sorte de manne dont on fait de petits gâteaux blancs, qui ont le goût et l'apparence d'une pâte d'amande fort sucrée, ou d'un mélange de très-beau miel avec la pâte de sésame : c'est ce que nous avons cru la première fois que nous l'avons goûtée.

« Cette manne, excellente à manger, point du tout purgative, se recueille au Curdistan et au nord de la Perse. On la nomme *guébin* : elle arrive mélangée avec les feuilles d'un arbre ou arbrisseau que nous n'avons pu reconnaître, tellement elles sont brisées. Nous avons interrogé en vain les marchands qui ont parcouru ces montagnes : les uns nous ont dit qu'on recueillait cette substance avant le lever du soleil, sur un grand arbre ; les autres nous indiquaient un arbuste tel que celui qui fournit l'adragant ; mais le plus grand nombre nous désignait un arbre de moyenne grandeur, ou un grand arbrisseau ressemblant un peu au chêne. Strabon, Diodore de Sicile et Quinte-Curce (1) en ont parlé ; c'était, selon eux, une sorte de miel qui se formait, en Hyrcanie, sur les feuilles d'un arbre, et qu'il fallait cueillir avant le lever du soleil. Au reste, cette manne est très-distincte de celle

(1) *Frequens arbor faciem quercus habet, cujus folia multo melle teguntur ; sed nisi solis ortum incolæ occupaverint, vel modico tempore succus exstinguitur.* Quint. Curt., lib. VI, cap. XIV.

fournie par l'alagi (*hedysarum alhagi*), dont nous aurons occasion de parler ailleurs. Nous avons des échantillons de l'une et de l'autre. Les jardins de Mossul offrent des limons doux, des cédrats, des pistachiers, des figuiers, des grenadiers, des pêchers, des abricotiers, des pruniers, et quelques autres arbres fruitiers d'Europe. Les terres des environs produisent des grains et du coton en abondance; on y élève beaucoup de troupeaux; mais on y fait très-peu de vin, et l'on n'y connaît presque pas le mûrier, quoique la vigne s'y plaise singulièrement et que le mûrier y devienne un grand arbre. C'est le Curdistan, et surtout Amadie, qui fournit aux marchés de Mossul les meilleurs raisins qu'on y voit. Le Curdistan fournit beaucoup de raisins secs, dont les musulmans se servent pour faire leur sorbet, et dont les chrétiens retirent, par la fermentation et la distillation, une eau-de-vie excellente. Il fournit aussi du tabac à fumer, inférieur à celui de Latakie.

« Avant de quitter Mossul nous fûmes curieux de parcourir le sol sur lequel on croit que fut bâtie la fameuse Ninive, capitale de l'empire d'Assyrie. Nous espérions de trouver quelques traces d'une ville à laquelle les Juifs assignaient quinze ou vingt lieues d'étendue le long du fleuve, et dont ils ont raconté bien des merveilles. Diodore de Sicile borne cette étendue à cent cinquante stades de long (environ quinze milles), et quatre-vingt-dix stades de large (neuf milles). Selon lui, les murs de Ninive étaient hauts de cent pieds, et assez larges pour que trois chariots y pussent passer de front. Les tours, au nombre de quinze cents, avaient une hauteur double de celle des remparts. Les chrétiens et les juifs de Mossul croient qu'elle occupait l'espace compris entre *Kadikend* et *Jérindsja*, villages distants l'un de l'autre de sept à huit milles.

« Tous les géographes modernes paraissent d'accord sur la position de cette ancienne ville; tous la placent sur la rive orientale du Tigre, en face de Mossul. Cette position semble effectivement la plus naturelle; cependant il faut avouer qu'il ne reste presque aucune trace de ville dans toute la plaine cultivée que nous avons parcourue; mais il est possible que depuis sa destruction les matériaux aient été enlevés pour bâtir d'autres villes, et que la charrue ait ensuite aplani le terrain, surtout si, comme il le faut supposer, les murs des maisons étaient en terre, ainsi qu'on le remarque encore aujourd'hui dans toutes les villes de ces contrées, tant anciennes que modernes. Mais si la plaine ne présente presque aucune trace de ville, il y a quelques restes de murs sur le coteau qui borne cette plaine à l'orient, et cet endroit est nommé *Kalla-Nunia*, ou citadelle de Ninive. Il y a aussi un peu plus au sud, sur la même colline, un village nommé *Nunia*, dans lequel les juifs et les chrétiens de Mossul prétendent que fut enterré le prophète Jonas. »

Dans le terrain gypseux des environs de Mossoul on trouve des rivières souterraines qui reviennent à la surface du sol sous forme de sources jaillissantes. On y rencontre aussi des sources thermales et d'hydrogène sulfuré (1).

La communication de Mossoul avec la rive gauche ou orientale du Tigre est établie au moyen d'un pont de bateaux. A l'époque de l'année (fin d'avril) où Olivier passa le Tigre, ce fleuve avait deux fois autant de largeur et beaucoup plus de rapidité que la Seine à Paris dans ses plus hautes eaux. Les terres à l'est du Tigre sont très-fertiles et assez bien cultivées. Olivier y cueillit une grande quantité de plantes en fleur, dont la plupart sont aujourd'hui dans les herbiers du Muséum à Paris.

Olivier rapporte que le lendemain de son départ de Mossoul (26 germinal), après trois heures de marche, il passa le Khaser-Souï, ou *Bumadus* des anciens. Mais cette rivière est (d'après les cartes de Chesney et de Layard) à sept lieues au moins du Tigre, qu'elle suit parallèlement pour se jeter dans le Grand-Zab. La rivière dont parle ici Olivier n'est probablement qu'un de ces torrents qui sont

---

(1) Ainsworth, ouvr. cité, vol. II, p. 122. — C'est probablement à ces rivières souterraines que Sénèque fait allusion quand il dit :... *Idem et in Oriente Tigris facit : absorbitur et desideratur diu, tandemque longe remoto loco, non tamen dubius an idem sit, emergitur.* (Senec., *Quæst. Natural.*, III, 26.)

à sec pendant l'été, et dont l'un passe tout près des ruines de Karamles. Du reste, il est bon d'avertir, une fois pour toutes, que ces *Ouadis* ou torrents de montagnes, gonflés pendant l'hiver et à sec pendant l'été, ont beaucoup contribué à embrouiller la géographie de l'Orient, déjà si obscure. Ce qui prouverait que le *Bumadus* d'Olivier est probablement le torrent qui coule près de Karamles, c'est que deux heures après le voyageur passa le Grand-Zab, ou *Lycus* des anciens, « rivière alors beaucoup plus large et plus rapide que la Seine en hiver au pont des Invalides. » Il le traversa sur des *kelleks*, formés de trente-deux outres liées les unes aux autres et fixées sous des perches de saules d'un pouce et demi d'épaisseur. Le radeau était remorqué par un cheval.

Du Grand-Zab à Ankoura le terrain est uni et très-fertile; « c'est une des plus belles plaines que nous ayons vue dans ces contrées (1) ». — Ancowa (Olivier l'appelle *Ancona*) est un village à sept lieues du Grand-Zab. De là il n'y a qu'une petite lieue à Erbil, l'*Arbelles* des anciens, ville si célèbre par la défaite de Darius. Gaugamela, où se livra la bataille qui mit fin à l'empire des Perses, était situé au nord-ouest d'Arbelles, probablement sur la rive droite du Grand-Zab. Voici sur quoi Olivier fonde cette conjecture : « Alexandre avait triomphé des Perses au passage du Granique et dans les défilés de la Cilicie; il s'était emparé de Sardes, de Milet, d'Halicarnasse et de toute l'Asie Mineure; il avait détruit la ville de Tyr et soumis la Syrie, la Phénicie et l'Égypte; il avait jeté les fondements des deux villes maritimes qui devaient porter son nom, l'une au nord de la Syrie, et l'autre à l'occident de l'Égypte; et cependant, il médite de nouvelles conquêtes, il se prépare à de nouveaux combats : l'Égypte et la Syrie ne l'occupent qu'un instant; il règle tout ce qui est relatif à l'administration de ces riches contrées, et revient sur ses pas, se dirige vers l'Euphrate, passe ce fleuve à Thapsacus sur les bateaux que Darius n'a pas eu la précaution de brûler ou de faire enlever; il traverse la Mésopotamie sans trouver aucun ennemi qui s'oppose à sa marche; il passe le Tigre à gué, et campe à quelque mille de ce fleuve.

« Darius, de son côté, au lieu de rassembler toutes ses forces dans les vastes plaines de la Mésopotamie, où il eût pu détruire l'armée de son ennemi, au passage de l'Euphrate, s'en éloigne, au contraire; il quitte Babylone, passe le Tigre, marche vers Arbelles, et, comme s'il eût voulu lever tous les obstacles qu'Alexandre pouvait rencontrer, il jette un pont de bateaux sur le Lycus, s'avance de quatre-vingts stades, campe sur le bord du Bumadus. En marchant vers Darius, Alexandre avait le Tigre à sa droite et les monts Gordiens à sa gauche. Sur l'avis qu'il reçoit de l'approche de l'ennemi, il range son armée en bataille. Darius n'était éloigné que de cent cinquante stades (à peu près quinze milles). On ne dit pas si Alexandre passa le Bumadus pour livrer la bataille, mais Quinte-Curce affirme que Darius, campé sur ces bords, s'avança encore de dix stades, lorsqu'il s'ébranla pour se tenir prêt au combat. Or, comme l'espace compris entre les deux rivières n'est que de sept à huit milles, et que du lieu du combat au Lycus il y avait quatre-vingt-dix stades, ou neuf milles, il nous paraît évident que ce fut Darius qui passa le Bumadus, et que la bataille, eut lieu à la droite de cette rivière. Alexandre, en se dirigeant de manière à avoir le Tigre à sa droite et les monts Gordiens à sa gauche, marchait vers le sud-est, et avait probablement passé le Tigre vers l'endroit où est aujourd'hui Mossul. On ne parle plus du Bumadus après la défaite de Darius, parce qu'à la fin de l'été et avant les pluies d'automne, qui sont tardives dans ces contrées, cette rivière est presque sans eau. Mais il est dit que Darius, en fuyant repassa le Lycus à la fin de la journée, et qu'il arriva à Arbelles vers le milieu de la nuit. On doit croire, d'après cela, que l'action dura depuis le matin jusqu'à quatre heures du soir, et que Darius marcha environ deux heures pour se rendre au Lycus, et cinq ou six pour se rendre à Arbelles; ce qui s'accorde parfaitement avec les distances que nous avons trouvées, puisque nous avons marché près de deux heures du Khaser-Souï au

(1) Olivier, t. II, p. 370.

Zarb, et cinq et un quart du Zarb à Erbil (1).

(1) Pour résoudre cette question historico-topographique, il faut avoir sous les yeux à la fois une carte exacte du pays et les textes des historiens d'Alexandre. Ces textes, les voici.

Diodore, XVII, 53. *Marche de Darius.* — « Darius, après avoir bien armé ses troupes, sortit de Babylone (ἀνέζευξεν ἐκ τῆς Βαβυλῶνος) à la tête de huit cent mille fantassins et de deux cent mille cavaliers. Dans sa marche, il avait le Tigre à sa droite et l'Euphrate à sa gauche, s'avançant à travers une contrée riche et pouvant fournir aux troupeaux d'abondants pâturages (προῄει διὰ χώρας εὐδαίμονος καὶ δυναμένης τοῖς κτήνεσι δαψιλῆ χορτάσματα παρασχέσθαι) et à l'armée des vivres suffisants. Il avait hâte de livrer bataille aux environs de Ninive (ἔσπευδε περὶ (Ms. reg. Par. ἐπὶ) τὴν Νίνον ποιήσασθαι τὴν παράταξιν), car il y a autour de Ninive (περὶ αὐτὴν) des plaines très spacieuses, éminemment propices au déploiement de forces nombreuses. Mais, ayant établi son camp près du village nommé Arbelles (καταστρατοπεδεύσας δὲ περὶ κώμην τὴν ὀνομαζομένην Ἄρβηλα), il y passait journellement ses troupes en revue et les soumettait à une bonne discipline. » — C'est de là que Darius envoya des députés à Alexandre avec des propositions d'accommodement.

Signalons d'abord dans ce récit de Diodore une contradiction qui choque le bon sens. Alexandre, vainqueur de l'Égypte, s'avance vers l'Euphrate, et Darius, qui a si hâte de livrer bataille dans les plaines de Ninive, va franchir le Tigre, pour établir son camp à Arbelles. Le roi des Macédoniens arrive de l'ouest, et le roi des Perses, qui brûle de combattre l'ennemi, marche à l'est, comme « le chien de Jean de Nivelle, qui tourne le dos du côté où on l'appelle ». Si, comme le dit l'historien, Darius avait réellement hâte de rencontrer Alexandre, qui certes ne venait pas de la Chine, les plaines de Ninive devaient être situées plus près de l'Euphrate que du Tigre; cela est incontestable. Nous devons admettre que Darius avait d'abord hâte de livrer bataille; mais qu'il changea ensuite de plan, puisqu'au lieu de s'appuyer sur l'Euphrate, il passa le Tigre pour venir exercer ses troupes à Arbelles et entamer des négociations avec l'ennemi. Les plaines de Ninive, dont parle Diodore, n'étaient donc pas près d'Arbelles, au pied des montagnes de l'Arménie, dans un pays entièrement inconnu aux Grecs, et où nos antiquaires placent la grande capitale de l'empire assyrien.

« Le 27, nous quittâmes Ancona, et après une demi-heure de marche nous

Ibid., 53. *Marche d'Alexandre....* Alexandre atteignit les bords du Tigre, et, ayant appris de quelques indigènes un endroit guéable (πόρον), il y fit passer son armée, quoique difficilement et avec beaucoup de danger (βεβίβασε τὴν δύναμιν οὐ μόνον ἐπιπόνως, ἀλλὰ καὶ παντελῶς ἐπικινδύνως). L'eau allait jusque au-dessus du sein (ὑπὲρ τῶν μασῶν), et la rapidité du courant, qui ne permettait pas aux jambes de se poser solidement, entraînait beaucoup de monde. Les eaux du courant, frappant contre les armes, faisaient courir les plus grands dangers. Pour combattre la violence du fleuve, Alexandre ordonna à tous ses soldats de s'enlacer par les mains et d'opposer au courant comme une digue l'épaisseur de leurs rangs. Après le passage du fleuve, les Macédoniens se trouvèrent à peu près hors de danger, et l'armée se reposa pendant toute cette journée. Le lendemain Alexandre rangea ses troupes en bataille, marcha contre l'ennemi et établit son camp à peu de distance de celui des Perses. »

Ainsi, après une seule journée de marche, Alexandre se trouva en présence de l'ennemi. Celui-ci ne devait donc pas être à plus de sept ou huit lieues des bords du Tigre. Or, suivant les cartes, Arbelles est à plus de dix lieues à l'est de ce fleuve.

Arrian. *Expedit. Alex.*, III, 6. *Marche d'Alexandre* : de Memphis à Tyr; de Tyr à Thapsaque (sur l'Euphrate). *Ibid.*, 7 : « Alexandre arriva à Thapsaque au mois hécatombéon. Il trouva deux ponts jetés sur l'Euphrate..... L'ouvrage aurait été terminé plus tôt si Mazée, préposé (par Darius) à la garde du fleuve avec trois mille cavaliers et deux mille mercenaires grecs, n'avait pas empêché les Macédoniens de prolonger les ponts jusqu'à l'autre rive. « Mais à l'approche d'Alexandre, Mazée s'enfuit avec toute son armée. Les ponts furent alors prolongés jusqu'à la rive opposée, et Alexandre y passa avec ses troupes. De là il remonta (ἐνθεν ἐχώρει ἄνω) la Mésopotamie, ayant à sa gauche l'Euphrate et les montagnes de l'Arménie (monts Taurus). Car après avoir passé l'Euphrate il ne marcha pas directement sur Babylone, parce que dans la route qu'il venait de prendre il devait trouver des provisions et des pâturages suffisants, et souffrir moins de la chaleur. Quelques espions de l'armée de Darius ayant été faits prisonniers, Alexandre apprit d'eux que Darius avait établi son camp sur les bords du Tigre (ἐπὶ τοῦ Τίγρητος ποταμοῦ κάθηται) pour em-

arrivâmes à Erbil. Cette ville est bâtie en partie sur un monticule factice fort élevé, aplati à son sommet; elle occupe aujourd'hui la place qu'occupait autrefois la citadelle, et est entourée d'un vieux mur. Ce monticule est beau-

pêcher son ennemi de passer ce fleuve, et qu'il avait réuni autour de lui des armées plus nombreuses que celles qui avaient combattu en Cilicie. Sur ces renseignements, Alexandre s'avança en hâte vers le Tigre. Mais là il ne rencontra point Darius, ni aucun poste pour défendre le passage. Il passa ce fleuve, quoique avec peine, à cause de la rapidité du courant (δι' ὀξύτητα τοῦ ῥοῦ). Alexandre donna alors quelque repos à son armée, et il y eut une éclipse totale de lune (τῆς σελήνης τὸ πολὺ ἐκλιπὲς ἐγένετο)..... Après avoir levé son camp du Tigre, il traversa l'Aturie (διὰ τῆς Ἀτουρίας χώρας), ayant à sa gauche les monts Gordyens (τὰ Γορδυαίων ὄρη) et à sa droite le Tigre. »..... Le quatrième jour après le passage du Tigre, Alexandre rencontra quelques éclaireurs de l'armée de Darius, qu'il fit prisonniers : ils lui donnèrent des renseignements sur les forces de Darius qui avait établi son camp à Gaugamela (ἐν Γαυγαμήλοις) sur la rivière Bumodus (πρὸς ποταμῷ Βουμώδῳ), qui est à environ six cents stades de la ville d'Arbelles (ἀπέχων Ἀρβήλων τῆς πόλεως ὅσον ἑξακοσίους σταδίους), dans un pays uni tout à l'alentour (ἐν χώρῳ ὁμαλῷ πάντη). Les inégalités avaient été nivelées par les Perses.... Après ces indications et la mise en fuite des éclaireurs de l'avant-garde de Darius, Alexandre fit reposer ses troupes pendant quatre jours dans le camp qu'il fortifia d'un rempart et d'un fossé (τὸ στρατόπεδον τάφρῳ τε καὶ χάρακι ἐτείχισεν). Enfin (le neuvième jour après le passage du Tigre?), les deux armées se trouvèrent en présence : elles étaient encore éloignées de soixante stades environ l'une de l'autre, et ne pouvaient se voir, à cause de quelques tertres interposés entre elles (γήλοφοι γὰρ ἐν μέσῳ ἐπίπροσθεν ἀμφοῖν ἦσαν). Mais peu à peu les deux armées s'approchèrent, et la bataille s'engagea. »

Quinte-Curce, IV, 9. Marche de Darius :... *Babylone copias movit. A parte dextra erat Tigris, nobilis fluvius; lævam tegebat Euphrates; agmen Mesopotamiæ campos impleverat....* Darius passa enfin le Tigre, et ordonna à Mazée de défendre le passage du fleuve, et de tout ravager sur la route d'Alexandre. Puis il passa le *Lycus* sur un pont... *Inde, octoginta fere stadia progressus, ad alterum amnem, Bumado nomen est, castra posuit. Opportuna explicandis copiis regio erat, equitabilis et vasta planities; ne stirpes quidem et brevia virgulta operiunt solum, liberque prospectus oculorum et ad ea quæ procul recessere, permittitur.*

Quant à la marche d'Alexandre, elle est racontée comme par Arrien : l'un et l'autre ont probablement copié Aristobule, dont les ouvrages ne nous sont pas parvenus. Quinte-Curce donne beaucoup de détails sur la difficulté du passage du Tigre : *Igitur quarto die præter Arbela penetrat ad Tigrim. Tota regio ultra amnem recenti fumabat incendio. Deinde, ut speculatores præmissi tuta omnia nunciaverunt, paucos equitum ad tentandum vadum fluminis præmisit, cujus altitudo primo summa equorum pectora, mox, ut in medium alveum ventum est, cervices quoque æquabat. Nec sane alius ad Orientis plagam tam violenter invehitur; multorum torrentium non aquas solum, sed etiam saxa secum trahens, itaque a celeritate qua defluit Tigri nomen est inditum, quoniam Persica lingua Tigrim sagittam appellant. Igitur pedes, velut divisus in cornua, circumdato equitatu, levatis super capita armis, haud ægre ad ipsum alveum penetrat. Primus inter pedites rex egressus in ripam, vadum militibus manu, quando vox exaudiri non poterat, ostendit; sed gradum firmare vix poterant, quum modo saxa lubrica vestigium fallerent, modo rapidior unda subduceret.*

Plutarque (*Vie d'Alexandre*) ne renferme que les détails suivants, relatifs à la question de topographie qui nous occupe : « Le grand combat qu'Alexandre livra contre Darius n'eut pas lieu à Arbelles, comme la plupart des historiens l'on dit, mais à Gaugamèles, nom qui en langue persane signifie *maison du chameau*, et qui fut donné à ce bourg en mémoire du bonheur qu'eut un ancien roi des Perses d'échapper à ses ennemis sur un chameau fort vite à la course, qu'il fit depuis nourrir à Gaugamèles, et à l'entretien duquel il assigna quelques villages et des revenus particuliers. Il y eut au mois de boédromion, vers le commencement de la fête des mystères à Athènes, une éclipse de lune, et la onzième nuit après l'éclipse, les deux armées étant en présence, Darius tint la sienne sous les armes, et parcourut les rangs à la clarté des flambeaux. Les officiers d'Alexandre, et en particulier Parménion, en voyant la plaine située entre le mont Niphate et les monts Gordyens tout éclairée par les flambeaux des barbares, étonnés de la multitude innombrable des ennemis, et frappés de ce coup plus considérable que celui d'Alep et tous ceux que nous avons vus en Mésopotamie : on aurait de la peine à se persuader qu'il est fait de main d'homme, si toute cette partie de l'Asie n'en présentait un grand nombre, et si on ne remarquait à tous la terre rapportée sur un sol uni. La pente du monticule est rapide et couverte d'herbes : au bas il y a un fossé presque tout comblé. L'autre partie de la ville est située en plaine, au sud du monticule. On ne compte aujourd'hui dans Erbil que deux mille habitants, presque tous Curdes ou Chaldéens; mais on voit que cette ville occupait autrefois dans la plaine une étendue assez considérable. On y aperçoit quelques ruines, et on remarque à quelque distance de la ville une tour carrée, qui paraît avoir été un minaret du temps des califes. Niebuhr dit qu'il fut bâti par un sultan nommé *Muscafer*. Il est en briques et chaux : on y monte par deux escaliers à vis. »

Niebuhr place Erbil ou Arbil à 36° 11'. De l'autre côté de la rivière il y a un village, Abd-el-Assin, habité par des Yésidiens ou Yazidis, que l'on rencontre assez fréquemment sur les bords du Tigre. Le célèbre voyageur danois donne sur cette secte curieuse les détails suivants (1) : « Les Yésidiens se disent mahométans, chrétiens ou juifs, suivant la croyance à laquelle ils savent appartenir ceux qui s'enquièrent de leur religion. Ils parlent avec vénération du Koran, de l'Évangile, des Cinq livres de Moïse et des Psaumes, et cependant ils se disent de la secte des sunnites quand on leur demande s'ils sont Yésidiens. Il est donc presque impossible d'apprendre quelque chose de certain à cet égard. Il y en a quelques-uns qui les accusent d'adorer le diable, sous le nom de *Tschillebi*, c'est-à-dire *Seigneur*. D'autres disent qu'ils font paraître beaucoup de vénération pour le soleil et le feu, qu'ils sont de grossiers païens, et qu'ils ont des céré-

mélange confus de voix inarticulées, de ce tumulte, de ce bruit effroyable qui se faisait entendre de leur camp comme du sein d'une mer agitée, s'entretenaient entre eux de la difficulté qu'il y aurait à repousser en plein jour une armée si formidable. »

(1) Niebuhr, *Voyage*, t. II, p. 273.

monies horribles. Mais peut-être appartiennent-ils à une espèce de secte des *béjasites*. Comme l'on trouve beaucoup de *Dauasin* entre le Grand Zab (Syrie et Arménie), et qu'ainsi ils sont connus dans toutes les villes voisines, je rapporterai ici ce que les sunnites éclairés et les chrétiens orientaux prétendent avoir observé à cet égard. Ceux-ci soutiennent que *Schah-Ade* fut le fondateur de leur religion, et qu'ils descendent originairement des Arabes qui, sous les ordres de *Schamer*, tuèrent *Hosséin*, le petit-fils de Mahomet et qui persécutèrent la famille d'*Ali*, sous le gouvernement du calife *Jésid*. Ils fondent cette croyance sur ce qu'un nommé *Schamer* est considéré comme un grand saint chez les *Dauasin*, et que les schiites, qui regardent Hosséin comme leur plus grand martyr, se font un mérite de tuer quelqu'un de cette secte. Ils adorent, à ce qu'on dit, des images de serpents, de beliers et d'autres animaux : celle du serpent en mémoire de ce qu'*Ève* avait été séduite par un serpent, celle du *Bélier* en mémoire de l'obéissance d'*Abraham* lorsqu'il était prêt à sacrifier son fils à Dieu. On m'a aussi assuré que les *Dauasin* n'invoquent pas le diable, mais qu'ils adorent uniquement Dieu, comme le créateur et le bienfaiteur de tous les hommes. Mais ils ne veulent jamais parler de *Satan* ni entendre prononcer son nom. Ils disent qu'il ne convient pas que les hommes prennent part à une dispute entre Dieu et un ange tombé; que Dieu n'a pas besoin de notre secours pour punir *Satan* de sa désobéissance; que peut-être celui-ci obtiendra son pardon, et qu'alors nous devrions rougir un jour au tribunal de Dieu si nous avions outragé un de ses anges sans y être appelés; qu'il valait donc mieux ne pas se soucier du tout du diable, et faire seulement des efforts pour ne pas tomber soi-même en disgrâce auprès de Dieu. — Lorsque les Yésidiens viennent à *Mossul*, ils ne sont pas arrêtés à la vérité par le magistrat, quand même on les connaît; mais le peuple cherche bien quelquefois à les tricher, lorsque ces pauvres gens viennent vendre leurs œufs et leur beurre au marché. L'acheteur tâche d'abord d'avoir les marchandises en main; alors il commence à prononcer mille blasphèmes contre Satan, sous prétexte de quelque mécontentement. Le Dauasin est souvent assez honnête et poli pour abandonner sa marchandise plutôt que d'être le témoin de ce que l'on maltraite si fort le diable ; mais dans le lieu où ils sont les maîtres personne n'oserait jurer, à moins qu'il ne voulût être rossé d'importance ou même perdre la vie.

« Les Yésidiens se circoncisent, comme les mahométans ; ils boivent du vin et d'autres liqueurs fortes, ayant bien soin de n'en répandre aucune goutte ; et lorsque par malheur il s'en répand un peu sur le sol, ils enlèvent la terre où le vin est tombé, et la portent dans un endroit où elle ne saurait être foulée des pieds. Si Mahomet avait inspiré à ses sectateurs un si grand respect pour le vin, il n'aurait vraisemblablement pas défendu entièrement cette boisson, car il n'y a pas justement à craindre qu'un Dauasin s'enivre ; et il paraît que c'est là ce que le prophète a voulu prévenir. Les prêtres des Yésidiens s'habillent de noir, ce qui n'est pas la coutume chez les mahométans. On dit qu'ils ont par an trois jours de jeûne, et qu'ils font un pèlerinage à *Schah-Ade*, qui est enterré entre *Aker* et *Mosul*. On y trouve, dit-on, un grand réservoir d'eau dans lequel les Yésidiens jettent beaucoup d'or et d'argent en honneur de leur saint. Un nestorien du voisinage, qui croyait pouvoir faire un meilleur usage de ces trésors, entreprit une nuit d'entrer dans cet étang pour les chercher. La fille de l'inspecteur venait justement pour puiser de l'eau, et vit cet homme au milieu de l'étang ; elle, qui ne s'attendait pas à trouver un voleur dans ce lieu sacré, croyait que ce ne pouvait être que *Schah-Ade* lui-même ; elle se retourna en toute hâte pour porter cette agréable nouvelle à son père, que leur grand saint s'était montré en personne dans l'étang. Bientôt ce bruit se répandit chez tous les Dauasin, qui s'en réjouissaient beaucoup, tandis que le Nestorien sut très-bien faire usage de ce qu'il avait trouvé.

« C'est l'opinion générale des mahométans, que les habitants de la montagne *Sindjar*, qui la plupart sont Yésidiens, conservent aussi un trésor pour leur *Schah-Ade* dans un puits ou étang. Quelques tribus de cette contrée avaient pillé, il y a quelques années, des voyageurs de Bagdad. *Soléiman-Pascha* châtia les tribus errantes des Yésidiens, et fit donner la bastonnade aux principaux ; mais aucun ne voulut révéler le trésor.

« Les Yésidiens sont si abhorrés des sunnites, que *Schaféi*, le plus grand docteur de ces derniers, ne regarde pas même comme une action mauvaise si un mutselim (fidèle ou vrai-croyant) tue par hasard un de ces sectaires. Cependant un Osmanli de distinction est obligé, aussi bien que tous les autres mahométans, chrétiens et juifs, qui étaient dans notre caravane, de mettre sa vie entre les mains de ces gens, lorsqu'il veut passer le *Zab*; car alors la rivière était si haute, qu'il était impossible de la passer à cheval, et il n'y avait ici d'autres bâtiments que les *kelleks* des Yésidiens habitant un village qui y est vis-à-vis, nommé Abdelasis. Ces kelleks sont de fort mauvais bateaux. Ils consistent en un certain nombre de peaux de brebis enflées (quatre en longueur et huit en largeur), toutes attachées sous des branchages. »

D'Erbil, Olivier se rendit à *Altoun-Kopri* (Pont d'Or), village bâti sur des rochers entre deux bras d'une rivière qui est le Petit-Zab, ou *Caprus* des anciens. On entre au village par un pont bâti sur un rocher de poudingue ; on en sort par un autre qui a une arche extrêmement élevée, assez grande, et deux autres très-petites ; les chevaux ne grimpent celle-ci qu'avec peine. La rivière est considérablement grossie par les pluies et la fonte des neiges ; elle parut à Olivier aussi grande que la Seine en hiver.

D'Altoun-Copri il se dirigea sur Kerkouk (1). La route passe entre deux

---

(1) Niebuhr place Kerkouk à 35° 29' latitude nord, et il ajoute : « Cette ville est située au pied d'une colline escarpée. La colline est entourée d'un mur, et sert de citadelle. On y voit trois mosquées dont l'une contient, dit-on, les tombeaux des prophètes Daniel, Michael, Hanania et Azaria. Les mahométans ne permettent pas aux juifs d'y faire leur dévotion. Il y a environ quarante Chaldéens ou nestoriens, qui se sont ralliés à l'Église romaine. » (*Voyage*, t. II, p. 272.)

chaînes de collines qui laissent au milieu une plaine étendue. Après trois heures de marche, il tourna brusquement à droite, et traversa une colline composée de terre et de cailloutage. Il aperçut du grès dans les ravins ; en descendant, il vit quelques indices de plâtre, et un peu plus bas, le pétrole qui découle de divers endroits. On creuse des puits à la profondeur de cinq à douze pieds au plus, et chaque jour on en retire le pétrole qui s'y ramasse : on le met dans des outres que l'on transporte à Kerkouk sur des ânes. Les guides dirent à Olivier qu'à une lieue de là, vers le sud-est, il y avait un terrain fort chaud, d'où sortaient quelques flammes. Deux heures après, il arriva à Kerkouk. Cette ville paraît occuper la place de l'ancienne *Mennis*. Voici sur quoi Olivier fonde son opinion. « Quinte-Curce dit qu'Alexandre avec son armée, en prenant la route de Babylone, vint dans quatre jours d'Arbelles à Mennis, ville remarquable par une caverne d'où découlait une si grande quantité de bitume, que l'on croyait, par tradition, que les murs de Babylone en avaient été cimentés. » On recueille effectivement du bitume aux environs de Kerkouk, ainsi que nous l'avons dit plus haut. « Nous sommes venus, continue Olivier, avec des chevaux de poste, dans quinze heures, d'Erbil à Kerkouk : la première ville est à 36° 11′, et la seconde à 35° 39′ ; ce qui fait au moins vingt lieues de distance, ou quatre jours de marche pour une armée. On ne trouve aux environs ni ruines ni position de ville plus avantageuse que celle de Kerkouk. D'ailleurs, ce monticule, élevé à grands frais sur un terrain uni, n'a pu être formé, dans l'antiquité, que pour y placer une ville importante. Depuis notre départ de Mossul nous n'avons plus été éclairés que par le pétrole. On forme pour cela de grosses mèches de coton, que l'on met avec ce pétrole coulant dans un vase de terre à bec. L'odeur que cette lumière répand serait insupportable dans une chambre, si on n'avait l'attention de pratiquer au mur une espèce de cheminée, afin que la fumée et l'odeur puissent sortir. On forme avec de la bouse de vache et de la paille hachée des gâteaux que l'on trempe dans le bitume ; ils servent à éclairer dans les cours, et à cuire les aliments dans les cuisines. On fait aussi des flambeaux avec du vieux linge fortement imbibé de pétrole, pour s'éclairer dans les rues. »

Olivier ne s'arrête pas à Kerkouk, mais à Tessin, village à une lieue de là. Le lendemain, après six heures de marche, il atteignit *Taouk* ou *Tâk*, village entouré de dattiers, de citronniers, de figuiers, de mûriers, d'abricotiers, de pruniers, de grenadiers et de quelques oliviers. « Ce village est le premier où nous ayons vu les dattiers abondants et où les dattes mûrissent bien. » — A une lieue de Taouk, Olivier trouva un torrent assez considérable (*Adhim* de Chesney, *Gorgus* de Ptolémée, *Physeus* de Xénophon ?) Après six heures de marche, il atteignit le village Dus-Hormal, entouré de jardins comme le précédent. Les habitants font du vin ; ils en boivent une partie ; ils vendent l'autre aux chrétiens de Bagdad. Tout près de ce village il y a des ruines qui ne datent que du temps des califes. On aperçoit encore debout une tour en briques, semblable à celle d'Erbil. Un peu plus loin il existe encore une porte de l'ancienne ville, assez bien conservée : elle est bâtie en briques, et n'a rien de remarquable. L'enceinte de l'ancienne ville est assez grande. Le village d'aujourd'hui est fort petit. A un quart de lieue de Dus-Hormal on passe une petite rivière, qui sert à arroser les jardins. La montagne qu'on laisse à gauche, renferme, dit-on, des sources de pétrole. Les terres sont gypseuses, grasses et propres à la culture. — Après six heures et demie de marche, Olivier arriva au village de *Kefferi*, qui ne présente rien de remarquable. De là il passa par la plaine de Kara-Teppé, où il trouva le plus de plantes rares et curieuses depuis son départ de Mossul. Après avoir passé le Kahalès, torrent de montagne, il arriva à Doc-Khalir (*Doschala* de Chesney), village situé dans un champ fertile en dattiers, en sésame, ricin et céréales. Tout le terrain jusqu'à Bagdad est d'alluvion ; il était autrefois arrosé par des canaux dérivés de la Diala, que l'on a négligé d'entretenir. La Diala est le *Delios* des anciens ; cette rivière prend sa source à l'est des monts Zagros. C'est à Sarpil

(Zarg-pil), au pied de ces montagnes, qu'Olivier place la porte Médienne, *Zagri-pilæ* des anciens. Les habitants de ces contrées tirent du fruit du térébinthe, qui croît abondamment sur toutes les hauteurs, une huile bonne à manger, de même qu'ils retirent du tronc, par incision, une très-belle résine (1). Dans les plaines de Kermanschah Olivier remarqua tous les fruits de l'Europe tempérée. Après son voyage en Perse (Téhéran et Ispahan), Olivier revint à Bagdad, d'où il passa sur la rive gauche de l'Euphrate (2).

Pietro Della Valle a dissipé le premier l'erreur, si commune, que Bagdad était situé sur l'emplacement de l'ancienne Babylone; il le démontra par deux raisons : « La première, dit-il, parce qu'il est constant que l'ancienne Babylone a toujours été décrite sur l'Euphrate, et non pas sur le Tigre, où est Bagdad; et la seconde raison est que l'on reconnaît à la manière d'architecture, aux inscriptions arabes, et à toutes les autres circonstances, que c'est un ouvrage moderne et dont les mahométans sont sans doute les auteurs (3). »

Nous empruntons à un article récent la description de l'état actuel de Bagdad, ville des califes (1).

A l'extrémité de l'empire ottoman, sur la rive gauche du Tigre, Bagdad, la vieille et noble ville, s'élève au milieu des bois de palmiers qui couvrent cette partie de l'Irak-Arabie, autrefois si riche et si peuplée, aujourd'hui inculte et déserte. Le calife Mansour la fonda, dit-on, en l'an 763, et en fit la capitale des Abassides, comme Damas avait été celle des Ommiades, comme le Caire fut depuis celle des Fathimites. Sous les célèbres successeurs de ce prince, Bagdad grandit en richesses et en magnificence, et n'eut rien à envier aux grandes cités qui s'étaient élevées tour à tour sur les bords du Tigre et de l'Euphrate. Cette ville bien aimée des califes ne tomba pas avec eux, elle fut encore longtemps forte et puissante; mais depuis un siècle la rapacité et l'incurie de ses gouverneurs la rendent tous les jours et plus faible et plus misérable. Il y a à quelque dix ans deux fléaux sont venus successivement fondre sur elle et précipiter sa ruine : la peste a enlevé une partie de ses habitants, et des quartiers tout entiers ont été jetés sur le sol par les inondations.

De tous les anciens édifices qui la couronnaient autrefois, et qui lui avaient mérité le nom de reine des villes de l'Orient, il ne reste rien ou presque rien. Quelques murs qui s'étendent le long du fleuve, un vieux bâtiment qui sert de magasin pour la douane, un bazar dont la voûte est renversée, la porte d'une mosquée, et un khan dont la construction est belle et hardie, voilà tout ce que peut voir le voyageur, qui se demande où est la ville dont les contes, les traditions et les histoires arabes lui avaient dit des choses si brillantes et si magiques. Toutes ces ruines sont chargées d'inscriptions coufiques, qui remontent au plus beau temps du califat. Si elles ne satisfont pas entièrement celui qui vient pour les visiter, et qu'il veuille un instant laisser dormir sa mémoire et oublier les souvenirs du passé, la ville moderne peut le dédommager de ses déceptions, non par la richesse de ses édifices, mais par leurs

---

(1) Olivier, t. III, p. 8. — Ce voyageur a le premier rapporté de la Perse (de Téhéran) les graines du *rheum ribes*, qui ont été semées au Jardin des Plantes.

(2) Benjamin de Tudèle, dans son *Itinerarium*, véritable statistique des juifs au dixième siècle, visita Bagdad à l'époque où elle était encore la résidence splendide des califes. Voici à quoi se bornent ses renseignements : *Bagdad, magna urbs...... Habet Calipha intra urbem ipsam palatium trium miliarium area constructum, intraque palatium sylva, omnium terræ orbis arborum generibus instructa, non solum fructiferis, sed sterilibus etiam; bestiarum quoque naturis omnibus frequens; in media autem sylva maximum stagnum aquarum ex Tigri flumine deductarum. Calipha autem in illa sylva, animi causa vel deambulante vel cœnante, venationes, aucupia et piscationes a ministris exercentur.* Puis, l'auteur décrit toutes les richesses de l'intérieur du palais, tout resplendissant d'or et de pierres précieuses (*Itin.*, p. 59).

(3) *Les fameux Voyages de Pietro Della Valle*, etc., 2ᵉ partie, Paris, 1661, in-4°, p. 30.

(1) *Revue de l'Orient*, mai 1844, p. 97 et suiv.

formes originales et la manière dont ils sont groupés. La ville est bâtie sur la rive gauche, et jette à la rive droite un pont de bateaux de deux cents mètres qui aboutit à un vaste faubourg, habité presque tout entier par des tribus arabes, qui ont une juridiction particulière, sous les ordres d'un lieutenant du pacha.

Plusieurs mosquées s'élèvent dans la ville; leurs dômes sont construits d'après le style persan; la principale est celle qui se trouve sur le Méidan, et qui porte le nom de Daoud-Pacha. Leurs minarets n'ont pas la taille élancée et l'élégance de ceux de Constantinople, mais ils ont un caractère de beauté qui leur est particulier. Surmontés d'un petit dôme vert à côtes, ils sont revêtus d'une mosaïque de faïence dont les carreaux variés servent de cadre à des inscriptions du Coran. Les bazars, très-étendus, ne sont pas aussi bien bâtis que ceux de Perse. Quelques galeries seulement sont voûtées, les autres sont couvertes de bois et de nattes qui ne protègent qu'imparfaitement contre le soleil. Les khans qui s'ouvrent sur ces bazars sont aussi moins beaux que ceux de Tébriz et de Téhéran. Toutes les maisons sont construites en briques; elles sont formées par de hautes murailles de vingt-cinq à trente pieds de haut, dans lesquelles, de loin en loin, sont percées les fenêtres d'un appartement qui s'avance sur la rue. Les grandes maisons ont, comme toutes celles de l'Orient, deux cours; l'une, accessible à tous, où l'on traite les affaires, l'autre, où le maître seul peut pénétrer, consacrée au harem et aux soins intérieurs. Les maisons du peuple n'ont qu'une seule cour; mais les unes et les autres sont bâties à peu près sur le même modèle, et ne diffèrent que par les dimensions et les ornements. Un palmier s'élève d'ordinaire au milieu de la cour qu'il ombrage de sa tête; autour se trouvent le puits et les entrées des cuisines et de l'appartement d'été. A une quinzaine de pieds du sol règne une galerie portée par d'élégantes colonnes sur lesquelles s'ouvrent des pièces voûtées avec une large couverture en arcade, et d'autres appartements plus petits et mieux clos. Les uns servent pour les matinées: les autres sont habités pendant l'hiver.

Une des particularités des constructions de Bagdad est le *serdab*, pièce voûtée, plus basse que le niveau de la cour, où l'on vient chercher un refuge contre les chaleurs de l'été. Cette pièce est très-triste, malgré le jet d'eau qui cherche à l'égayer; elle n'a pas de meubles, et, sans hésiter, on lui donnerait le nom de cage en Europe. On y mange, on y reçoit des visites, on y traite des affaires jusqu'à ce que le soleil, disparaissant sous l'horizon, permette de monter sur la terrasse; car l'on peut dire des habitants de Bagdad que pendant l'été ils passent les journées sous leurs maisons, et les nuits sur leurs maisons. Tout le monde couche sur les terrasses sans abri et aussi sans incommodité, grâce à la douceur et à la pureté du ciel. Peu de maisons ont des fontaines et des bassins; l'eau, dont cependant on fait une grande consommation, est renfermée dans de grandes jarres, que les porteurs alimentent à chaque instant du jour.

Le palais du pacha n'est remarquable que par son étendue; les environs de ce sérail, et tout le quartier de la ville qui porte le nom de quartier du Méidan, sont habités par les Turcs. Là sont toutes les habitations des fonctionnaires publics et les casernes, qui sont belles et vastes. La caserne, cette demeure permanente du soldat, est beaucoup mieux comprise en Turquie que dans les pays les plus civilisés. Les soldats y ont ordinairement de vastes cours, des pièces claires et bien aérées, des galeries couvertes pour les jours de pluie, des fontaines, etc. La construction, enfin, répond à sa destination, ce qui n'arrive que rarement ailleurs.

Le reste de la ville se divise en quartiers arabe, chrétien et juif.

La partie de l'est est presque entièrement ruinée par les eaux; c'est là que, sur une place qui sert pour les courses de chevaux, se trouve le tombeau d'un certain Omar, qui porte le nom de Sahhabeddin. Ce tombeau, surmonté d'un cône très-élégamment travaillé, a pour compagnon un minaret des plus gracieux. Il est à côté de Babel-Ourthan. La ville, traversée du nord au sud par le Tigre, est protégée sur la rive gauche par une muraille qui, touchant par ses deux extrémités au fleuve, forme un vaste triangle dont celui-ci est la base et dont l'angle du sommet s'avance vers la Perse. Cette muraille, flanquée de tours, est percée de trois rangs de meurtrières. Elle est dégradée en bon nombre d'endroits, et le peu de pièces qui s'y trouvent en batterie sont hors de service. De ce côté la meilleure défense de la ville est le vaste fossé rempli d'eau qui baigne le pied de la muraille. Sur la rive droite, les murs sont écroulés sur presque tous les points, et les moyens de défense sont nuls. On peut, il est vrai, abandonner cette partie et défendre la véritable ville en coupant le pont de bateaux et en fermant les portes qui y conduisent. Au nord, près du sérail, se trouve un grand bâtiment qui a la prétention d'être une forteresse, mais qui ne pourrait être d'aucune utilité si la ville était prise, puisqu'il est dominé par elle.

Sur la rive gauche, on entre dans Bagdad par quatre portes : Bab-el-Kedim ou Bab-el-Méidan, au nord; Bab-el-Ourthan, Bab-el-Serdji et Bab-el-Djizar, en face du pont. Plusieurs passages, appelés Biban et Chatt, conduisent aussi du fleuve à la ville. Entre Bab-el-Ourthan et Bab-el-Serdji se trouve encore une autre porte, qui fut fermée, après l'entrée du sultan Mourad (Amurat) dans la ville. Sur la rive droite se trouvent Bab-el-Iman, Moussa, Bab-el-Boussatin et Bab-el-Hissa. C'est à côté de la seconde de ces portes que vient aboutir le canal qui conduit les eaux de l'Euphrate jusqu'au Tigre.

La partie de la ville qui se trouve sur le bord de ce fleuve présente un aspect vraiment pittoresque. Si vers le soir, lorsque le soleil conserve encore son éclat, après avoir perdu sa force, le voyageur se baigne dans les eaux du Tigre, ou s'il cherche la fraîcheur dans les jardins situés aux abords de la ville, ses regards peuvent remonter jusqu'au point où ce fleuve y entre, et jouir alors d'un brillant panorama. Sur la rive gauche, ce sont les maisons des Anglais, belles et confortables, la maison de Mirza-Adi, la première de la ville; le café de la douane, avec ses balcons et son peuple d'oisifs; un vieux bâtiment des califes, ruine vénérable, couronnée d'inscriptions coufiques; la tour octogone qui est à l'entrée du port; le dôme d'une mosquée dont une partie reste seule suspendue dans les airs; le sérail, et enfin les casernes. Sur la rive droite, ce sont des cafés, des sakis, des maisons, des huttes et des tentes arabes. La variété de toutes ces constructions, auxquelles les minarets et les nombreux dattiers qui se dressent de toutes parts viennent donner un cachet tout à fait oriental, peut dédommager l'étranger des fatigues du voyage et remplacer la ville que son imagination lui avait bâtie. Au milieu d'un aussi beau cadre, le fleuve présente lui-même un remarquable tableau. Traversé par le pont, sur lequel on aperçoit toujours les costumes pittoresques du Turc, de l'Arabe, du Persan, de l'Indien, il est animé par les bâtiments qui arrivent du golfe Persique, par les steamers mouillés devant l'hôtel du résident anglais, par les kelleks qui descendent de Moussoul, et par les kanfas, bateaux demi-sphériques, construits avec des branches de palmier, qui vont sans cesse d'une rive à l'autre.

Dans cette ville, jadis si grande, on ne compte plus que 80,000 habitants, parmi lesquels 2,000 chrétiens, presque tous Chaldéens, 360 Syriens catholiques, et environ 400 Arméniens schismatiques. Chacune de ces fractions est dirigée par un évêque. Les juifs sont en grand nombre : on en compte au moins 10,000. Les Arabes sont en majorité. Il n'y a de Turcs que les fonctionnaires, les soldats et quelques marchands. Il existe une grande animosité entre les Turcs et les Arabes, et elle donne lieu à des rixes fréquentes. Les Persans, plus nombreux que les Turcs, habitent presque tous sur la rive droite et dans les environs de la ville. Ces environs sont arides et déserts. Ce n'est que dans un voisinage immédiat que l'on trouve des jardins et des bois de palmiers. A une demi-lieue sur la rive gauche, se trouve l'Imam-Kadem, mosquée vénérée des Persans. Sur la rive droite, à une lieue environ se voit l'Imam-Moussa, mosquée plus importante que la première, surmontée de quatre minarets et de deux dômes que l'agha Mohamet fit revêtir de briques dorées. Cette mosquée est entourée d'une petite ville entièrement persane, qui occupe la position de l'ancienne Bagdad. Sur la rive droite, et à côté de la route qui conduit à l'Imam-Moussa, se trouve le tombeau de Zohéide, femme du calife Haroun-el-Rachid. Ce titre de calife est encore porté par le pacha de Bagdad. Son pachalik est le plus grand de l'empire ottoman : il s'étend depuis Merdin jusqu'au golfe Persique, et depuis la Perse jusqu'à l'Euphrate.

On voit, d'après cette position, que Bagdad est merveilleusement placée pour le commerce de transit. L'Arabie lui envoie du café, de l'encens et des gommes; la Perse, de la soie, du ghilan, de la laine, des cerisiers pour bois de pipe, des peaux d'agneau, des châles de Kirman, du safran, du tombaki de Chiraz, du nitre, des tapis, beaucoup de fruits secs, et bon nombre de drogues médicinales. Les bateaux qui remontent le Tigre apportent de l'Inde et des îles voisines des mousselines, de riches étoffes, du sucre, des épices, de l'aloès, du camphre, de l'ambre gris. Les vaisseaux qui viennent directement d'Europe à Bassra lui fournissent aussi les marchandises qu'apportent encore les caravanes d'Alep et de Damas. Enfin, son territoire lui donne du tabac, des dattes, qui sont les plus renommées de l'Orient, et son industrie, des ouvrages en laine et des tissus de soie rouge et jaune, qui servent de coiffure à tous les Arabes du dehors. Les Anglais vont essayer de cultiver dans les environs l'indigo, qui vient maintenant du Bengale et de Lahore, et tout porte à croire qu'ils réussiront. Malheureusement le commerce décroît chaque jour; car le pacha ne lui accorde ni protection ni sûreté, et le laisse en proie aux exactions de ses agents, qui sans cesse imaginent de nouvelles vexations, et font oublier le chemin de Bagdad aux marchands étrangers.

Autrefois les pachas donnaient plus de garantie au commerce et à l'industrie; ils regardaient leur pachalik comme une propriété, et non comme une ferme, car ils étaient presque indépendants. Le prédécesseur du pacha actuel, Daoud-Pacha, se fit encore assiéger dans sa ville avant d'obéir aux ordres de la Porte, qui lui avait donné un remplaçant. Aujourd'hui Ali-Pacha est excessivement soumis au gouvernement central de Constantinople, quoique sa conduite et son administration soient loin d'être conformes aux ordres qu'il en reçoit.

Les affaires du pays sont dans un état déplorable. Le pacha est un homme d'esprit et d'instruction; mais son manque de fermeté le rend esclave de ses alentours. Deux hommes gouvernent sous son nom le pachalik de Bagdad : l'un est Moula-Ali, vieil eunuque, méchant et cruel, auquel est confié le soin de contenir les Arabes; l'autre un certain Abd-el-Kader, qui exerce les fonctions de *guiumrukdji* (douanier). Cet homme s'est emparé de toutes les affaires; tout le commerce est dans ses mains, et il ne recule devant aucun moyen pour vexer et pressurer les marchands qui ne se concilient pas son amitié par des cadeaux. La douane de Bagdad, qui rapportait autrefois 4 millions de piastres (1 million de francs), ne donne pas plus de 100,000 f. depuis qu'il la dirige. Le revenu de celle de Bassra, qu'il a fait donner à un de ses frères, a décru dans la même proportion. Aussi, malgré les rapports mensongers qu'Ali-Pacha envoie à Constantinople, les affaires languissent, les troupes sont mal payées, leurs cadres ne sont pas remplis, et les Arabes se révoltent de tous les côtés. — Deux tribus puissantes occupent les bords du Tigre de Bagdad à Bassra : ce sont les Montifikhs et les Béni-Lama. Autrefois le gouvernement de Bagdad assurait la tranquillité du pays en entretenant la division entre les chéiks de ces tribus, et en s'assurant toujours l'amitié de l'une des deux; aujourd'hui toutes les deux sont hostiles.

Un autre chef, nommé Sfouk, auquel obéissent les nombreuses tribus des Beni-Chamar et des Djarba, avait reçu l'administration de la ville d'Ana, et employait les revenus de ce pays comme il l'entendait : moyennant ce privilége, il garantissait la tranquillité du pays, et contenait la turbulente tribu des Amasis. Aujourd'hui le douanier s'est fait adjuger les revenus d'Ana, et Sfouk, irrité, laisse courir ses Arabes, qui ravagent les villages, pillent les caravanes, et compromettent la sûreté des routes dans tout le pachalik. Les forces dont peut disposer le pacha ne sont pas assez nombreuses pour s'opposer à ces déprédations et procurer de bons résultats. Il n'y a à Bagdad que deux régiments d'infanterie, dont le total est de 800 hommes, 200 artilleurs, 300 cavaliers arnautes, 5 à

600 irréguliers de Moula-Ali, et quelques Arabes amis. Bassra n'a pour toute garnison que 300 arnautes. Le pacha de Salimanieh a, il est vrai, deux régiments d'infanterie, des cavaliers et des artilleurs, mais ils lui sont nécessaires pour couvrir la frontière et se défendre contre les attaques de son compétiteur Mahmoud-Pacha, qui se trouve à Senna avec quelques troupes persanes. Le pacha de Mossul a avec lui un bon régiment d'infanterie, et celui d'Arbil, qui se trouve sous ses ordres, un faible régiment de cavalerie. Ces forces, jointes à celles que fourniraient au besoin quelques chefs kurdes et arabes, sont les seules sur lesquelles peut compter le pacha ; et comme elles sont à peine suffisantes pour occuper les villes et les environs, tout le reste du pays est abandonné aux attaques du premier brigand qui veut le ravager. Tel est l'état de cette grande province, plus étendue que bien des royaumes, qui possède deux grands fleuves et une foule de rivières, qui est sillonnée par d'anciens canaux faciles à réparer, qui a un ciel si beau et si pur, et un climat presque partout très-sain, et qui, avec tous ces éléments, pourrait, sous une sage administration, être riche et peuplée, et rapporter de grands revenus à la Porte, à laquelle elle échappera certainement pour toujours avant peu d'années. Les Anglais le savent ; ils prévoient le moment, ils font tout ce qu'ils peuvent pour le hâter, et sont à l'affût des occurrences favorables pour s'assurer le succès quand l'instant sera venu. Le pachalik est lié à leurs possessions de l'Inde par les bateaux à vapeur du Tigre et de l'Euphrate : ils ont une bonne place d'armes dans l'île de Karrak, des dépôts et des magasins à Kout et à Frangui, sur le Chatt-el-Arab, des dépôts de charbon sur les deux fleuves, dont ils font peu à peu des postes fortifiés ; enfin les maisons du résident, des principaux employés et des négociants anglais, liées entre elles à l'extrémité de Bagdad, font déjà une ville anglaise dans la ville arabe. C'est devant cette petite ville que stationnent les bateaux à vapeur, et à chaque voyage ils apportent des munitions, des armes, de l'artillerie, et tout cela est renfermé dans des salles basses qui donnent sur le fleuve. Les troupes que l'Angleterre pourra jeter un jour dans Bagdad n'auront donc besoin d'aucun des impédiments qui compliquent et retardent les expéditions. Quatre bateaux à vapeur les amèneront en six jours de Karrak, île anglaise ; là ils trouveront un matériel tout préparé et une population considérable pour les seconder, car ils se sont déclarés les protecteurs des juifs, des protestants, des chrétiens schismatiques du pays, et ils ne ménagent ni l'or ni les cadeaux pour s'attirer l'amitié des tribus arabes qui sont hostiles au gouvernement turc. Ces menées marchent de concert avec leurs opérations dans la province persane du Fars, également remuée par des hommes intelligents et dévoués ; elles sont à peine surveillées par la France, qui n'avait d'abord à Bagdad qu'un agent subalterne. Ce n'est que depuis le mois de juillet 1841 qu'elle y est représentée par un consul général, M. Loève-Weimar. Son entente des affaires, sa parfaite connaissance de cinq ou six langues, et ses manières exquises, ont concilié à cet agent l'affection de tous les Européens et la haute estime du pacha.

Olivier partit le 5 mai de Bagdad pour se rendre à Hit, sur la rive de l'Euphrate. Dans cette route, exclusivement formée de terre alluvionnaire, il rencontra une quantité innombrable de petits criquets. « La terre, dit-il, en était pour ainsi dire couverte ; ils venaient dans notre tente, sautaient sur nous par milliers, nous mordaient quelquefois, lorsque nous voulions les écarter, et se précipitaient sur nos aliments ou se noyaient dans nos boissons. Le soir ces petits criquets étaient remplacés par un autre insecte, non moins incommode et plus désagréable à voir. » Olivier l'appelle *galéode*. Les Arabes le regardent comme très-vénimeux. La morsure du galéode, fort commun en Perse, dans la Mésopotamie et en Arabie, doit être sans doute fort douloureuse, à en juger par les deux fortes pinces dont sa bouche est armée ; mais il ne paraît pas certain que cette morsure soit accompagnée d'un épanchement de venin comme celle des vipères. Le galéode, que Pallas a décrit sous le nom de *phalangium araneoides*, se montre rarement le jour, et ne sort guère que la nuit. Il a les pattes très-longues et tout le corps velu, de couleur cendrée, un peu roussâtre; les mandibules sont entièrement ciliées et armées de fortes dents (1).

Là où finissent les terres d'alluvion et où commence ce qu'Olivier appelle la troisième zone de la Mésopotamie, l'Euphrate coule dans une vallée qu'il paraît avoir creusée pour asseoir son lit. Cette vallée est d'abord assez large; mais elle se rétrécit à mesure qu'on remonte le fleuve; près de Hit elle n'a guère que quatre à cinq milles de largeur. Elle est couverte partout d'une terre grasse, très-fertile, dépôt de limon. Mais laissons Olivier nous raconter la suite de son voyage jusqu'à Taïb, en Syrie (2).

« Nous étions à peu de distance de la plaine qui s'étend du désert jusqu'au fleuve; elle a de ce côté tantôt plus, tantôt moins d'une lieue. Nous y aperçûmes les restes d'un ancien canal fort large, que nous jugeâmes être le même que celui des jours précédents. Comme nous le perdîmes de vue, et que nous ne le retrouvâmes plus les jours suivants, nous dûmes présumer qu'il ne s'avançait pas jusqu'à Hit.

« Le fleuve, que nous distinguions fort bien du terrain un peu élevé sur lequel nous marchions, se divise ici, et forme une île assez étendue. Lorsqu'il fut question de camper, nous descendîmes dans la plaine par un endroit où l'on a exploité autrefois du très-beau gypse, et nous nous arrêtâmes à un quart de lieue de l'Euphrate, et à une lieue et demi de Hit.

« Nous avons eu souvent occasion de remarquer que la pierre à plâtre se trouve presque partout, à peu de profondeur, dans toute la partie inculte de la Mésopotamie, que nous avons placée dans la troisième zone, ainsi que dans toute celle que nous avons traversée à l'occident de l'Euphrate. Cela explique pourquoi tous les puits du désert sont salés ou saumâtres.

« Hit, où nous nous rendîmes, dans la soirée, avec quelques marchands de la caravane, n'est pas aussi considérable qu'il paraît l'avoir été autrefois. Situé sur une éminence en forme de calotte, au bord occidental du fleuve, on voit qu'il s'étendait considérablement autour de cette éminence, et on juge qu'il a été réduit à l'état où il est lorsque, à la suite des guerres que les musulmans se firent entre eux, la plupart des villes de ces contrées disparurent ou furent très-endommagées. On y compte à peine aujourd'hui mille habitants, tous Arabes domiciliés et cultivateurs. Les maisons, chétives et de mince apparence, n'ont guère que le rez-de-chaussée; elles sont bâties en cailloux liés entre eux avec de la terre. Nous vîmes peu de dattiers dans le territoire de cette ville, mais beaucoup de champs sur l'une et l'autre rive du fleuve destinés aux plantes céréales et à quelques plantes potagères. Les orges étaient moissonnées depuis plus de dix jours, et les froments étaient mûrs; hommes et femmes étaient occupés à les couper et à les battre avec le fléau. Les terres sont arrosées au moyen d'une très-grande roue que l'eau du fleuve met en mouvement. On y voit des godets de distance en distance, qui puisent l'eau, et la versent, à la partie supérieure, dans un aqueduc qui la porte dans les champs. Il y a sur le fleuve un grand bac destiné à passer les habitants de l'une à l'autre rive. Les femmes de Hit vont puiser de l'eau à l'Euphrate avec des cruches de pailles ou de jonc enduites de bitume : elles n'en ont pas d'autres dans leur ménage; ces cruches durent très-longtemps, et elles conservent bien les liqueurs qu'on y met. Le vêtement de toutes les femmes que nous avons rencontrées, tant à la ville qu'à la campagne, consistait en une chemise bleue qui descendait au-dessous des genoux, et en un voile blanc qui leur couvrait le dessus de la tête, le menton et la bouche, et leur laissait à découvert le reste du visage; il passait autour du cou, était arrêté en arrière avec une longue épingle, et descendait jusqu'au milieu du corps. Le vêtement ordinaire des hommes est aussi simple que celui des femmes. L'été ils ont une chemise blanche de toile de coton, qu'ils retroussent jusqu'à mi-cuisse, et un châle autour de la tête. L'hiver ils portent un surtout, qui descend jusqu'au gras des jambes, et même un peu plus bas. Dans

(1) Olivier, t. III, p. 443.
(2) Ibid., p. 447 et suiv.

leur parure, ils mettent l'habba au-dessus des autres vêtements.

« Le 26 nous continuâmes notre route, et vîmes, à une lieue au delà de Hit, et à un quart de lieue du fleuve, un terrain où se trouvait du bitume semblable à celui que l'on retire en abondance des environs de cette ville; nous rentrâmes, après cela, dans le désert, et nous vîmes camper ensuite à deux cents pas du fleuve, après avoir fait environ douze milles.

« Le 27 nous marchâmes pendant trois heures et demie, et nous campâmes près d'un coteau à base gypseuse. Le terrain du désert devenait de plus en plus inégal, et la vallée de l'Euphrate plus étroite et plus profonde.

« Le 28 nous marchâmes deux heures dans la vallée, et nous nous arrêtâmes au bas d'un coteau calcaire qui resserre l'Euphrate de ce côté. Nous vîmes ce jour-là, pour la première fois, un très-beau peuplier inconnu aux botanistes (*populus euphratica*). Ce peuplier forme en quelques endroits des buissons fort serrés, qu'on prendrait pour des saules si on ne remarquait parmi eux des arbres qui s'élancent autant que nos peupliers d'Europe, et qui prennent en se développant des feuilles qui ne ressemblent plus aux premières. Les unes sont entières, oblongues, étroites, un peu pointues par les deux bouts, avec un pétiole assez court. A mesure que l'arbre s'élève les feuilles deviennent de plus en plus larges, leur pétiole s'allonge, et le bord est plus ou moins sinueux ou denté. Enfin, les feuilles, dans l'arbre, sont deltoïdes, avec le bord denté dans quelques-unes, sinué dans d'autres, et entier dans le plus petit nombre. Le fruit est une capsule à trois valves, qui paraît n'avoir point de loges ou cloisons intérieures. Les graines y sont très-petites, ovales, un peu aplaties, entourées à leur base d'un duvet cotonneux, qui se prolonge et remplit tout l'intérieur de la capsule; elles étaient mûres à la fin de mai.

« Le 29 nous marchâmes neuf heures sur un terrain très-inégal; nous vîmes partout du très-beau gypse, semblable à celui que l'on exploite aux environs de Mossul. Nous trouvâmes beaucoup de plantes rares, un câprier à feuilles cotonneuses, une espèce de pastel; l'armoise ou absinthe odorante du désert, était partout très-abondante.

« Le 30 nous vîmes le gypse remplacé par de la pierre calcaire, crétacée et tendre. Après quatre heures de marche, nous nous rapprochâmes du fleuve, et campâmes à cent pas de distance.

« Le 31 nous marchâmes cinq heures moins un quart sur des coteaux calcaires, crétacés, qui s'avançaient jusqu'au bord de l'eau : après les avoir dépassés, nous entrâmes dans une plaine assez étendue, inculte, et nous campâmes à trois cents pas du fleuve.

« Le 1er de juin nous traversâmes un autre coteau, semblable à ceux de la veille, et nous campâmes, après quatre heures de marche, à un quart de lieue du fleuve. Nous vîmes quelques cultures sur ses bords. Les froments n'étaient pas si avancés qu'à Hit; à peine commençait-on à les couper.

« Le 2 nous ne fîmes que cinq milles; nous campâmes au bord de l'Euphrate; il était en cet endroit large, profond et tranquille. On fit venir deux grands bateaux d'Anah, dont nous n'étions éloignés que de deux lieues, et le 3 la caravane commença à traverser le fleuve : six jours furent employés à cette opération.

« Le 8 nous allâmes passer toute la journée à Anah. Cette ville est bâtie en plaine, sur la rive droite ou occidentale du fleuve. On n'y voit qu'une seule rue de cinq ou six milles de long. Les maisons, qui se trouvent de chaque côté, sont pour la plupart isolées et distantes de quelques pas l'une et l'autre. Toutes ont sur leur derrière un champ à cultiver, plus ou moins large, plus ou moins long, suivant que les maisons voisines sont plus distantes, et qu'elles se trouvent à la partie orientale ou à la partie occidentale. Du côté de la Mésopotamie il n'y a pas cinquante toises des maisons au fleuve; du côté de l'Arabie, il y a trois ou quatre cents pas de distance des maisons à la roche calcaire qui termine la plaine, et où commence le désert. Anah est beaucoup mieux bâtie que Hit : les maisons sont en maçonnerie, et ont presque toutes un ou deux étages. Nous n'avons pu savoir quel est le nombre des habitants qui se trouvent encore en cette ville; mais nous ne l'avons pas évalué à plus de trois mille. Elle se dépeuple, nous a-t-on dit, tous les jours, parce qu'elle n'est pas assez protégée, et qu'elle ne saurait résister seule aujourd'hui aux Arabes du désert qui viendraient l'attaquer. Elle n'a ni remparts ni aucunes fortifications, et est soumise à un émir, ou prince arabe, qui dépend du pacha de Bagdad, et qui n'a pas vingt-cinq hommes à son service. Aux deux tiers d'Anah on voit, au milieu du fleuve, une île assez étendue, sur laquelle on remarque les ruines d'une forteresse que les Grecs avaient fait bâtir, que Julien fit détruire, que les Arabes avaient reconstruite, et qui a été détruite de nouveau. Elle était vers l'extrémité septentrionale de l'île : plus loin il y a quelques rochers ou îlots qui s'élèvent à quelques toises au-dessus de l'eau. Le fleuve est très-resserré et très-rapide devant cette ville. La roche calcaire, du côté de la Mésopotamie, s'avance jusqu'au bord de l'eau. On voit une autre colline calcaire du côté de l'Arabie, parallèle et semblable à la première; mais en avant on aperçoit une lisière de terrain ou une petite plaine sur laquelle la ville est bâtie, et où sont les jardins et les champs cultivés, que nous avons dit être contigus aux maisons. Cette lisière est beaucoup plus haute que le fleuve, et n'est point exposée à être inondée, même dans les plus fortes crues. Les champs et les jardins d'Anah sont destinés aux plantes céréales et aux plantes potagères : on y coupait les froments lorsque nous y passâmes. On y cultive aussi des dattiers, des figuiers, des abricotiers, des grenadiers, quelques pruniers, et fort peu d'orangers. On y introduit l'eau, comme à Hit, au moyen de grandes roues à godets, placées sur le bord du fleuve.

« Les femmes d'Anah portent une grande chemise blanche ou bleue, et une robe longue à manches par-dessus. Elles ont une espèce de voile blanc de coton, qui s'avance un peu au-devant de la tête, vient couvrir la bouche, le menton, une partie des joues, fait le tour du cou, et va pendre derrière les épaules. Elles ont presque toutes un grand anneau d'or entre les deux narines et des mouchetures bleuâtres sur le visage; du reste, elles sont très-bien faites, leur figure est fort brune, mais leurs traits sont assez réguliers. Tout le temps que nous fûmes campés sur les bords de l'Euphrate, nous vîmes passer au milieu du fleuve des familles arabes qui allaient faire leur moisson. Le mari, la femme et les enfants étaient appuyés sur des outres enflées, et se laissaient emporter par le courant; ils nageaient des pieds et de l'une ou l'autre main, lorsqu'ils voulaient accélérer leur marche, ou se diriger à droite ou à gauche. Les enfants à la mamelle, et ceux qui n'avaient pas encore la force et l'adresse d'aller seuls, étaient liés sur les épaules de la femme ou sur celles de l'homme. Nous avons vu jusqu'à sept enfants suivre de cette manière leurs parents. Les provisions pour le voyage étaient enfermées dans l'une des outres et les vêtements étaient liés autour de la tête. C'était ainsi qu'on nous apportait chaque jour des provisions de la ville. Comme nous en étions à deux lieues, et qu'il eût été trop fatigant pour venir à pied, des hommes remplissaient à moitié une ou plusieurs outres, d'abricots, de beurre, de fromage et même de pain; ils les enflaient bien, se mettaient sur l'une d'elles et nageaient jusqu'à nous : il ne leur fallait pas une heure pour faire ces deux lieues. Lorsque les provisions étaient vendues, ils retournaient à pied avec leurs outres vides. Les Arabes domiciliés dans ces contrées ne connaissent pas d'autre manière de voyager, lorsqu'ils veulent se transporter à Hit, à Hellé et à Bagdad. En arrivant dans cette dernière ville, dont ils se sont rapprochés par l'Euphrate le plus qu'ils ont pu, et où ils se sont rendus ensuite à pied, ils vendent leurs outres à cinquante ou à soixante pour cent de bénéfice, ce qui leur donne le moyen de subsister en attendant qu'ils se soient procuré du travail. Ces voyages n'ont lieu que dans la belle saison, et lorsque les eaux sont basses; il n'y a pour lors aucun danger à courir, puisqu'il est très-aisé d'éviter les rochers, les troncs d'arbres, et tout ce qui pourrait crever ou endommager l'outre; et l'on sait qu'il n'y a sur ce fleuve ni crocodile ni poisson dangereux. D'ailleurs, l'eau de l'Euphrate pendant l'été est beaucoup moins trouble que celle du Tigre.

« Depuis longtemps nous avions remarqué, tant sur le Tigre que sur l'Euphrate, une grosse tortue que nous n'avions jamais pu nous procurer (*emys Euphratica*). Comme elle ne venait que rarement à la surface de l'eau, qu'elle ne montrait que le bout de la tête, et qu'elle se trouvait presque toujours à une grande distance du rivage, je fus obligé d'entrer bien avant dans le fleuve pour l'atteindre d'un coup de fusil. Les Arabes la nomment *rafcht*. Ils prétendent que sa chair n'est pas bonne à manger, mais que sa graisse est excellente pour guérir les dartres et autres éruptions cutanées. La longueur de tout l'animal était de trois pieds. La carapace ou la partie supérieure du test avait un pied sept pouces six lignes de long, et un pied deux pouces de large. Elle était lisse, peu convexe, ovale, plus large en arrière qu'en avant, et d'un vert foncé obscur. Le milieu était corné, solide, avec les bords latéraux et la partie postérieure mous et coriaces. Le plastron ou la partie inférieure du test n'avait que dix pouces six lignes de long. Il était corné, solide, et avait, sur les côtés un prolongement cartilagineux qui allait joindre la carapace. La tête pouvait rentrer entièrement dans le test, ou se prolonger d'un pied ou environ, elle était terminée en forme de museau. La mâchoire supérieure dépassait un peu l'inférieure; celle-ci pourtant s'y emboîtait avec beaucoup de justesse; elles n'avaient ni l'une ni l'autre point de lèvres, mais elles étaient armées d'une crête osseuse, très-solide, arquée en fer de cheval. Les yeux saillaient un peu à leur partie supérieure; ils avaient un pouce d'écartement, et cinq lignes d'ouverture. Le cou se ridait lorsqu'il était contracté, et il était un peu plus étroit que la tête lorsque celle-ci sortait entièrement. Les pieds rentraient avec peine sous le test, les antérieurs avaient sept pouces et demi de longueur, du bord de la carapace jusqu'à la naissance des ongles; on y voyait en dessus trois ou quatre grosses rides transversales, écailleuses, et à leur bord extérieur un prolongement de la membrane des doigts, qui allait se terminer aux trois quarts de leur longueur. Les doigts, au nombre de cinq, étaient engagés dans une forte membrane; les trois antérieurs seulement avaient des ongles; les deux autres n'en avaient aucune apparence. Les pieds de derrière étaient un peu plus courts que ceux de devant; ils n'avaient pas de rides écailleuses, mais, comme eux, ils avaient cinq doigts engagés dans une forte membrane, et il n'y avait de même que les trois antérieurs qui eussent des ongles. Tous les ongles étaient blancs, forts, convexes en dessus, aplatis en dessous, et saillants hors de la membrane d'environ un pouce. La queue avait sept pouces depuis son adhérence à la carapace, jusqu'à son extrémité : elle était très-grosse proportionnellement au volume de l'animal, et terminée en cône; elle portait en dessous, vers son extrémité, une ouverture longitudinale : c'était l'orifice de l'anus et celui des parties de la génération.

« Le lendemain toute la caravane se prépara au départ, et le 14, au soleil levant, elle se mit en marche en se dirigeant à l'ouest-nord-ouest. Le terrain était inégal, un peu montueux, calcaire, et aussi impropre à la culture que celui de la Mésopotamie. Après avoir marché environ huit milles, nous traversâmes un torrent qui se trouvait à sec, mais où il y a, dit-on, de l'eau en hiver, et nous campâmes un peu au delà. Le fleuve était à deux lieues de nous : on avait porté de l'eau pour toute la caravane, parce qu'on s'était bien douté que nous n'en trouverions pas dans le torrent.

« Après midi, nos védettes signalèrent quinze cavaliers arabes : tous les chefs montèrent aussitôt à cheval, et s'avancèrent en bon ordre la lance à la main; ils étaient au nombre de vingt et un, y compris les deux qui nous accompagnaient. Les fusiliers s'armèrent aussi, et se mirent en ligne au-devant du camp. Les Arabes qu'on avait signalés ne prirent pas la fuite; ils attendirent les chefs, et se dirent leurs amis; ils appartenaient à une tribu de la Mésopotamie, ennemie de celle qui était campée aux environs; ils avaient passé le fleuve à la nage, tenant à la main la bride de leur cheval, et portant autour de la tête leurs vêtements et quelques provisions de bouche.

Leur intention était, à ce qu'on crut, d'enlever quelques bestiaux à leurs ennemis, et de repasser le fleuve avec leur proie. Après un quart d'heure d'entretien, et après avoir obtenu de leur part la promesse de ne rien entreprendre et de retourner sur-le-champ en Mésopotamie, on se sépara sans se faire aucun mal. — Le 15, après sept heures de marche sur des terres calcaires crétacées, nous descendîmes de la vallée de l'Euphrate par un terrain tout rongé par les eaux; nous traversâmes un torrent qui se trouvait à sec, et nous campâmes à quelques pas du fleuve. Ses bords étaient couverts de ce beau peuplier dont nous avons parlé plus haut. L'épinard croissait spontanément dans ces lieux : nous en prîmes des graines qui ont bien levé à Paris. Le 16 nous fîmes douze milles sans nous éloigner beaucoup du fleuve. Le terrain était aussi mauvais, aussi impropre à la culture que celui que nous avions vu les jours précédents. Nous laissâmes à gauche une colline calcaire, crétacée, et nous en remarquâmes une autre, en Mésopotamie, qui nous parut être de la même nature. — Nous trouvâmes près du camp, dans une sorte de ravin, le froment, l'orge et l'épeautre, que nous avions déjà vus plusieurs fois en Mésopotamie; nous y vîmes aussi une espèce d'amandier, que nous avons figuré; cet amandier ne s'élève que de deux ou trois pieds : les rameaux sont verts et anguleux; les feuilles sont alternes, oblongues, un peu plus étroites à leur partie inférieure, presque pas pétiolées, dentées à leurs bords, arrondies, et quelquefois échancrées à leur sommet. Le fruit est solitaire, velu, arrondi, pointu à son sommet, et supporté par un pédicule d'une ligne de long. Le noyau ressemble, pour la forme et la grandeur, à un noyau de cerise : il est lisse, et contient une amande un peu amère; il était mûr lorsque nous le prîmes. Le brou avait peu de saveur, et n'était point succulent. Nous n'en avons pas vu les fleurs.

« Le 17 nous marchâmes six heures un quart sur un terrain un peu inégal. Nous vîmes sur une hauteur, à demi-lieue du fleuve, une tour d'observation, qui ne nous parut pas antique; il y avait tout autour des sépultures qui appartenaient à des musulmans. — Le 18 nous fîmes quinze milles. Demi-heure après notre départ nous passâmes près des ruines d'une ancienne ville dont il n'est pas peut-être bien facile de deviner le nom. Il y avait encore quelques restes de remparts, bâtis en grandes briques durcies au soleil, et on distinguait encore le fossé qui avait été creusé tout autour. Son enceinte était carrée, et son étendue peu considérable. Vers le milieu de ces ruines, nous aperçûmes quelques restes de grosses murailles bâties en briques cuites, séparées les unes des autres par un ciment qui avait plus d'un pouce d'épaisseur : un bras du fleuve, ou peut-être un canal, passait autrefois au pied des murs du côté du nord-est ou de la Mésopotamie; il est obstrué aujourd'hui, et ne contient plus que des eaux croupissantes. Il y avait sur ses bords un amoncellement de terre que nous regardâmes comme les décombres d'une forteresse qui défendait la ville de ce côté : il y a à présent quelques sépultures de musulmans. — A mesure que nous avancions, la vallée de l'Euphrate s'élargissait, le sol devenait très-fertile, et le pays assez beau. En Mésopotamie nous remarquâmes une colline que les eaux du fleuve ont un peu rongée à sa base. Nous la dépassâmes après quatre heures de marche, et alors, tant en Arabie qu'en Mésopotamie, la plaine devint très-étendue, le fleuve s'élargit : son cours nous parut fort lent; nous vîmes plusieurs îles couvertes de verdure, et nous crûmes apercevoir divers canaux creusés autrefois pour faciliter les arrosements. Nous campâmes à plus d'une lieue du fleuve : on prit l'eau dont on avait besoin dans un canal presque tout couvert de roseaux. — Le terrain sur lequel nous étions, quoique élevé et assez distant du fleuve, nous parut propre à la culture : l'herbe était partout fort haute et fort touffue. Nous vîmes beaucoup de fanes de *gundelia*, plante dont nous devons la connaissance à Tournefort. Les Arabes nous dirent que sa racine était fort bonne à manger; ce qui nous engagea à faire arracher celles qui n'avaient pas encore donné des fleurs, et à les faire cuire : nous les trouvâmes bien plus savoureuses, bien moins fades que celles du salsifis et de la scorsonère. Je ne doute pas que cette plante ne réussisse très-bien dans toute la France méridionale, et n'y puisse venir une de nos meilleures plantes potagères. — Le 20 nous marchâmes sept heures, nous tenant toujours à cinq ou six milles du fleuve. Le terrain que nous parcourûmes était uni, calcaire, assez fertile, un peu plus élevé que celui de la Mésopotamie. — Après avoir fait environ onze milles, nous parvînmes à une large et profonde excavation, dans laquelle nous descendîmes. La terre y était moins bonne; le gypse s'y montrait en beaucoup d'endroits; il nous parut aussi beau, aussi dur, aussi susceptible d'être poli, que celui qu'on exploite aux environs de Mossul. Nous passâmes devant une source fort abondante d'une eau si saumâtre, que personne ne put en boire. A peu de distance de cette source il y avait, sur une crête, un village abandonné, nommé *Mesched*, où nous ne trouvâmes pas une maison qui ne fût plus ou moins endommagée, et dont on n'eût enlevé les portes et les fenêtres. La mosquée était pourtant encore en assez bon état, quoiqu'elle n'eût, ainsi que les maisons, ni portes ni fenêtres, et rien que les murs et le toit. Le minaret était sur pied, et paraissait avoir été réparé depuis peu d'années. Au delà du ravin le terrain était, comme auparavant, très-uni et très-fertile; l'herbe, quoique sèche, y était fort haute et fort serrée; l'horizon ne présentait encore ni montagnes ni collines.

« Nous campâmes à deux ou trois cents pas d'un autre ravin, et à deux milles de quelques marécages produits par les eaux de l'Euphrate. — *Rahabeh* ou *Rababed*, ville autrefois de moyenne grandeur, nous restait à trois milles au nord-ouest; nous y allâmes dans la soirée : elle n'a plus que des ruines informes, et les restes d'une forteresse qui nous parut avoir été très-considérable. Le fleuve se trouvait à plus d'une lieue de distance, et Kerkiséh, selon nos guides, était à trois lieues de notre camp, vers le nord. Depuis Anah nous avons presque toujours marché dans la direction du nord-ouest, sans jamais nous éloigner beaucoup du fleuve; les trois dernières journées seulement nous avons été droit au nord. Ainsi, il nous a paru que l'Euphrate ne se recourbe pas autant qu'on le voit sur les cartes de Danville, ni autant que sur celle que nous avons publiée; car si cette grande courbure qu'on voit à l'occident d'Anah existait, nous aurions dû nécessairement marcher pendant quelques jours dans la direction de l'ouest et du sud-ouest. La courbure que le fleuve fait à Hit ne doit pas être non plus aussi grande qu'on l'a tracée sur notre carte. Cette ville doit être remontée, et placée au 33° 25′ de latitude et au 40° et 12° de longitude.

« Le 21 nous quittâmes le fleuve, et nous nous dirigeâmes à l'ouest. Nous marchâmes huit heures sur un terrain uni, très-propre à la culture, et nous campâmes près d'un puits dont l'eau était si saumâtre, que les Arabes même ne voulurent pas en boire : on y abreuva pourtant les chameaux et les chevaux. On distribua à toutes les personnes de la caravane de l'eau de l'Euphrate, qu'on avait portée dans des outres, et dont on avait fait grande provision, parce que nous ne devions en trouver de bonne qu'à Taïb. — Les gerboises, les lièvres, les gazelles, les autruches, les alcatas se montrèrent ce jour-là en plus grand nombre qu'à l'ordinaire. Les premières rentraient dans leurs terriers dès qu'il faisait un peu chaud; les lièvres nous partaient à chaque instant des pieds : on en tua plusieurs en lançant après eux des bâtons. Les gazelles étaient par troupes de quinze, vingt ou trente, et se laissaient quelquefois approcher presqu'à portée de la balle. Quant aux autruches, elles se tenaient à de très-grandes distances; à peine les apercevait-on dans le lointain. Nous ne parlerons pas des alcatas; nous les avons toujours vues par milliers. — Nous étions entourés, à ce puits, d'Arabes pasteurs de la même tribu que la horde précédente, et nous avions devant nous, c'est-à-dire vers l'occident, une montagne que nous apercevions à peine.

« Le 22 il y eut séjour, et le 23 nous marchâmes six heures et demie. Le terrain fut à peu près le même que celui de la veille, et tout aussi peuplé d'animaux. Il nous parut pourtant quelquefois un peu moins bon : c'était aux endroits où le gypse se montrait à la surface. Nous campâmes près d'un puits où l'eau était encore plus saumâtre que celle du 21. — Le 24 il y eut encore séjour, et le 25 nous marchâmes pendant neuf heures et un quart sur un terrain semblable à celui des jours précédents ; il devenait seulement un peu moins uni à mesure que nous avancions, et l'horizon était borné par de petites collines. Nous laissâmes, à deux ou trois lieues à droite, la montagne que nous avions aperçue du premier puits. Quoique nous nous fussions un peu élevés, et que nous nous fussions avancés de plus d'un degré vers le nord, la chaleur devenait tous les jours plus forte ; elle nous parut excessive ce jour-là. A peine pouvait-on sous la tente toucher à des métaux, tant ils étaient brûlants. Le vent même, qui soufflait, comme à l'ordinaire, du nord-ouest ou de la Méditerranée, fut aussi chaud, depuis dix et onze heures du matin jusqu'au soir, que s'il fût sorti d'une fournaise ardente. — Notre dernier thermomètre avait été cassé durant notre séjour au premier puits de la Mésopotamie, de sorte que nous ne pûmes connaître exactement depuis lors le degré de chaleur que nous éprouvâmes dans le cours de ce voyage ; mais nous ne l'avons pas évaluée à moins de 30 degrés du premier puits à Anah, de 32 et 33 d'Anah à Mesched, de 34 et 35 de Mesched à Taïb, et de 34, 32, 30 et 28 de Taïb à Alep. — Les nuits nous parurent toujours très-fraîches. Dès que le soleil avait disparu, le vent tombait, et l'air se refroidissait peu à peu, au point que nous étions obligés de nous bien couvrir vers le matin. Cependant, malgré cette fraîcheur, nous n'avons jamais vu la moindre rosée ni ressenti la moindre humidité. Nos vêtements, nos lits, nous paraissaient aussi secs la nuit que le jour, excepté lorsque nous fûmes campés, près d'Anah, sur le bord même du fleuve ; encore cette humidité y fut-elle très-peu sensible, et jamais assez forte pour se montrer en rosée.

« Le 26 nous marchâmes autant que la veille, et nous éprouvâmes une chaleur aussi forte : deux chevaux en moururent, et toutes les personnes de la caravane en furent plus ou moins incommodées. Ce qui augmenta ou prolongea tout au moins nos souffrances, c'est que l'eau nous manqua ; on fut obligé d'envoyer un grand nombre de chameaux à Taïb pour en prendre. Ce village n'était heureusement qu'à cinq milles de nous. — Nous campâmes entre deux gros bourgs abandonnés depuis un grand nombre d'années, et distants l'un de l'autre de deux ou trois milles. Nous n'eûmes pas la force d'aller voir quelle avait été leur étendue et leur importance. Nous avions rencontré, un peu avant de mettre pied à terre, trois aqueducs fort anciens et solidement bâtis ; ils ne recevaient plus d'eau : le premier, que nous pûmes suivre des yeux à plus de demi-lieue de distance, était à quelques pieds seulement au-dessus du sol.

« Le 27 nous marchâmes deux heures et demie, et nous campâmes au-dessous de *Taïb* ou *Taïbeh*. Ce nom est arabe, et signifie *bon*; il n'a été donné à cette ville que comparativement au désert, et à cause d'un filet d'eau potable qu'on y trouve. A côté d'elle il y a quelques filets d'une autre eau, qu'on ne peut boire : celle-ci est minérale, et a un goût d'œufs pourris qui soulève l'estomac. Toutes ces sources sont au-dessous de la ville. — Taïb paraît avoir été autrefois une place assez importante ; située sur la croupe ou sur le penchant d'une colline, elle avait un bon rempart et une citadelle qui la mettaient en état de résister aux Arabes du désert, et même à des troupes régulières. On voit encore quelques restes de ces fortifications ; il existe encore une des portes de la ville, et plus loin une tour étroite et élevée, qui paraît avoir été l'ouvrage des Arabes musulmans. A côté de la porte il y a une inscription cuphique, en partie effacée, que ni le religieux napolitain ni le jeune homme de Bagdad ne purent lire. — Cette ville, comme toutes celles de la lisière du désert, est abandonnée depuis longtemps et ruinée de fond en comble. Nous y vîmes pourtant trois chétives maisons, occupées par des Arabes, qui nous parurent plus pauvres, plus misérables que ceux du désert. Ils cultivent, près des sources dont nous avons parlé, quelques arpents de terre ; ils récoltent assez abondamment de l'orge, du froment, du maïs, du sésame, du coton, et quelques plantes potagères qui les feraient vivre dans l'aisance et les enrichiraient même s'ils n'étaient exposés sans cesse à être pillés par les Arabes du désert, ou s'ils n'étaient obligés de donner aux chefs des tribus voisines les trois quarts de ce que la terre leur a produit, pour conserver le quatrième; encore ce quatrième leur est-il souvent enlevé par les hordes errantes (1) ».

Après avoir accompagné Olivier jusqu'en Syrie, revenons sur les rives de l'Euphrate. En traversant l'Osroène, on rencontre à l'endroit où le Bélik (Khabour) se jette dans l'Euphrate, et dans l'angle du confluent, la ville de *Nicephorium*, aujourd'hui *Rakkah*. — Selon Étienne de Byzance, cette ville s'appelait aussi *Constantine*; elle fut fondée par Alexandre le Grand. Il y avait un temple de Jupiter *Nicéphore* (Porte-Victoire), où un oracle prédit à Adrien son avénement (2). Rakkah est aujourd'hui une ville en ruine. M. Chesney n'en donne aucun détail. Il y avait, dit-on, aux environs la ville de Resen (3).

A douze ou quinze lieues au-dessous de Nicephorium, on rencontre *Thapsaque* (*Thapsacus*), sur la rive droite de l'Euphrate. Il y avait là un très-ancien *Zeugma* (4). Xénophon et Crassus y passèrent l'Euphrate. M. Chesney place Thapsaque à *Hammam*, à vingt-six milles (en ligne directe) au-dessus de Rakkah, tandis que d'après toutes les cartes anciennes il faut placer cette ville, au contraire, au-dessous de Rakkah, entre le Bélik et le Khabour, à la hauteur de *Déir*.

Cours de l'Euphrate depuis Rakkah (Nicephorium) jusqu'à Anah. A quarante et un milles anglais au-dessous de Rakkah, le fleuve se resserre et coupe d'une manière remarquable les deux files de montagnes qui traversent le désert depuis Palmyre et viennent aboutir à la rangée de collines du Singjar. Après avoir entouré une île boisée, il coule pendant trois cents à cinq cents pas entre des rochers taillés à pic; il a sept pieds de profondeur, sur deux cent cinquante pas de largeur. A une heure environ au-dessous de ce rétrécissement, le fleuve coule entre les ruines abandonnées de l'ancienne *Zenobia*, aujourd'hui *Chélibi*. Cette ville était le principal entrepôt du commerce florissant de Palmyre avec la Mésopotamie.

Les deux rives de l'Euphrate à partir de Rakkah ne sont couvertes que de buissons de tamariniers et de mûriers blancs. Le fleuve serpente entre des collines de marne, généralement de forme conique. Les vallées que ces collines laissent entre elles ont un sol alluvionnaire riche en pâturages, sur la rive droite qu'habitent les Arabes de la tribu de Sebkal, tandis que la rive gauche, ou mésopotamique, est stérile ou tapissée de quelques plantes aromatiques de la famille des synanthérées (tribu des corymbifères), qui s'avancent par groupes épais jusqu'au fleuve. Ce sont les espèces d'armoise ou d'absinthe, dont Xénophon a déjà fait mention. Le côté de la rive gauche est occupé par les Arabes Afodel. Cette uniformité du sol et de la végétation attriste le voyageur dans un trajet d'environ quarante heures, depuis Rakkah jusqu'à Chélibi. Aussi Ainsworth, à son passage sur un bateau à vapeur, n'inscrivit-il sur son journal que les observations suivantes : « Deux hawi ou plaines d'alluvium cultivées; quatre bois de peupliers; deux monticules de grès; cinq pâturages et quelques villages; douze marais riverains, qui commencent à *Abou-Saïd*; quatre places garnies d'arbres rabougris; huit endroits couverts de buissons d'armoises, particulièrement de l'espèce principale qui caractérise la physionomie de toute la rive de l'Euphrate; vingt-sept bois de tamarinier (1). »

Un voyageur du seizième siècle, Rauwolff, s'accorde ici parfaitement avec le récit d'Ainsworth. Rauwolff partit le 27 septembre 1574 de Rakkah; de là il passa pendant plusieurs jours par des « déserts », sans rien rencontrer qui eût fixé son attention. Seulement çà et là il vit sur les rives quelques cabanes

---

(1) Olivier, t. III, p. 467.
(2) Spartian., in *Vita Adriani*. Plin., VI, 13. Cf. Ptolem., V, 18. Polyb., VI, 46 et suiv. Dio Cass., LXVIII, 26. Xiphilin, *Traj.*, p. 254.
(3) M. Layard et M. Chesney placent sans aucun motif la Resen de Moïse à Nemroud, sur la rive gauche du Tigre.
(4) Cf. Quint. Curt., X, 1; Strab., XVI, 1; Ptolem., V, 19.

(1) *Report on Steam Navigation in India*; Lond., 1834, fol., p. 17.

construites en branches d'arbres, servant d'abri à une population pauvre et amaigrie. « Les montagnes entre lesquelles passait le fleuve étaient, dit-il, nues et arides. » Après quatre jours de navigation il arriva, le 30 septembre, à l'extrémité de la montagne « où est situé un château fort, triangulaire, que les indigènes nomment *Séleby* (Chélibi). Les fortifications descendent des montagnes jusqu'au rivage ; il y a encore beaucoup d'édifices et de pans de murs aux alentours, et la place est encore assez forte pour pouvoir intercepter la navigation dans ce point. » Rauwolff trouva à cet endroit quelque ressemblance avec Bade en Suisse. Il y vit quelques tours ou vigies, dont chacune avait trois à quatre hommes de garnison. Beaucoup d'oiseaux aquatiques (milans, canards, pélicans), au beau plumage, nageaient dans l'eau ou se tenaient en repos sur le rivage. « A une heure de chemin au-dessous de Séleby, continue Rauwolff, on voit sur la rive opposée (rive gauche, ou mésopotamique) un second château, nommé *Subian Séleby*, c'est-à-dire le Séleby inférieur. » C'est là qu'il aborda pour acheter, dans les villages voisins, des melons, de la viande et d'autres provisions.

Le *Séliby* de Rauwolff est évidemment la *Zenobia*, fondée au troisième siècle par Zénobie, reine de Palmyre. Malheureusement nous n'avons à cet égard d'autres détails que ceux du voyageur allemand ; on pourra y joindre encore quelques indications données par Procope à l'occasion de la première expédition de Kosroès. En 540, Procope exposa combien il aurait été facile aux Perses de s'emparer de *Circesium*, ville faible, située dans un pays pauvre et peu peuplé (1). Cette ville formait alors la limite du royaume des Perses et de l'empire des Romains. Dioclétien l'avait fortifiée par trois castels, dont l'un, appelé *Mambri*, n'était, d'après Procope, qu'à cinq milles romains de Zenobia. Cette ville était donc en dedans des limites de l'empire Romain, mais déjà depuis longtemps en décadence ; l'empereur Justinien la releva de ses ruines, la fortifia, et y plaça une forte garnison romaine. La ville fut alors comprise dans l'enceinte des fortifications qui devaient protéger ses habitants. Justinien la fit en outre embellir par des édifices superbes, par des temples, des bains et des portiques (1).

C'est dans les environs de Zélibi ou Chélibi qu'il faut chercher les stations *Basilia* et *Semiramidis fossa* d'Isidore de Charax (2), ainsi que l'*Habuca* d'Édrisi (3). Il y avait à Basilia un temple de Diane (Diane des Perses), entouré de murs, et dont la construction était attribuée à Darius. A l'endroit où était le fossé ou canal de Sémiramis, l'Euphrate était endigué ou resserré entre deux quais de pierre, pour détourner plus facilement une partie des eaux pour les besoins de l'irrigation. Il paraît que ce passage était difficile pour les bateaux, qui y faisaient souvent naufrage pendant l'été. Les montagnes de Bashir, où se voit une partie des ruines de Zenobia, sont dénuées de végétation ; elles se composent de marne et de gypse, coupés par du basalte et d'autres roches primitives.

Au sud de Chélibi les rives de l'Euphrate sont argileuses, couvertes de graminées, de buissons de jasmin et de quelques bois de peupliers. Les bancs d'argile, formant des parois abruptes de plus de quarante pieds de haut, reposent sur de la brèche. Ces bancs ont une direction généralement horizontale ; leur angle d'inclinaison ne dépasse pas 15 degrés. On y trouve une fontaine intermittente. Les roches de basalte s'étendent au sud-est jusqu'à environ trois lieues au nord de *Déir* (*Ed-Déir*, c'est-à-dire le sanctuaire). On y rencontre les premiers groupes de dattiers (4). Comme le sous-sol est généralement argileux, il se forme beaucoup de marais sur les deux rives. La population est misérable et clairsemée. En face de Déir, sur la rive gauche de l'Euphrate, on pourra trouver peut-être les vestiges de *Biynaca*, station parthique, où Isidore indique un temple d'Artémise. Rauwolff parle de Déir (*Castellum Birtha?*) comme d'une petite ville, entourée de murailles et de fossés en mauvais état.

(1) Procop., *de Bello Pers.*, II, 5.

(1) Procop., *de Ædific. Just.*, II, 8.
(2) Isid., *Charac édit.*, Miller, p. 248.
(3) Cf. Ritter, *Erdkunde*, t. XI, p. 687.
(4) Ainsworth, *Researches in Assyria*, etc., p. 72 ; Ritter, t. XI, p. 690.

Il y fut arrêté pendant trois jours pour le payement du péage. « Les habitants, dit-il, sont de grande taille, bien faits, polis, et à cheveux blonds. Les environs sont assez fertiles; on y cultive du blé, du coton, du millet indien (*durrah*). Les jardins sont remplis de courges, de melons, de pastèques; on y voit aussi des dattiers, des orangers et des citronniers (1). » Rauwolff y observa une espèce particulière de saule ou de peuplier, que les Arabes nommaient *garb*. La tige n'est pas très-élevée, mais les branches s'étendent beaucoup. Chesney trouva à Déir du bitume compacte, semblable à du lignite; il l'employa au chauffage du pyroscaphe. Ce colonel trouva la population entièrement arabe, douce et prévenante.

De Déir à l'embouchure du Khabour la navigation n'est pas sans danger, à cause des bas-fonds et des blocs de rochers, qu'on semble avoir jetés à dessein dans le fleuve pour en barrer le courant. Dans l'angle que le Khabour fait avec l'Euphrate, Chesney indique un monticule de ruines sous le nom d'*Abou-Séraï*; et sur la rive gauche du Khabour, à deux lieues environ au-dessus de l'embouchure, il indique les ruines de *Kalney*. A trois lieues environ de l'embouchure du Khabour, sur la rive droite de l'Euphrate, est le castel *Rahabah*, qu'on pourrait prendre pour le *Rehoboth* de la Bible. C'est là aussi qu'il faut probablement placer la *Nabagoth* qu'Isidore de Charax dit environné de murs, et par où les troupes romaines pénétrèrent dans les régions transeuphratiques.

L'emplacement de *Circesium* de Procope (*Kerkisia* des Arabes) convient exactement à Abou-Séraï. Xénophon y place un village, auquel il ne donne pas de nom; son *Araxes* est le Khabour. « Comme du temps de Xénophon, dit Ainsworth, on trouve dans les environs encore aujourd'hui beaucoup de gibier, des outardes, des antilopes, des ânes sauvages; mais les autruches y sont rares. Il y a aussi, sur les bords du Khabour, beaucoup de bois de construction, comme du temps de Trajan et de Julien. Le gravier d'alluvion est, comme une mer de buissons, couvert de diverses espèces d'absinthe. » Entre Abou-Séraï et Rehabah se trouvait probablement *Zuïtha*, où aborda Julien; c'est là que Chesney place *Miyadin*, où il s'arrêta pour faire une excursion du côté de Rehabah. Le sol est de grès, reposant sur des couches de gypse et de marne bitumineuses. Ainsworth y trouva, dans de la brèche, des ossements fossiles, appartenant à des oiseaux et à des mammifères, entre autres un crâne de gerboise (*dipus jerboa*), qui ne différait pas de l'espèce actuelle. Cette brèche osseuse, comme celle de tout le bassin méditerranéen, était couverte d'une mince couche silico-calcaire, très-compacte, couleur de chair. Le castel Rehabah est construit avec cette brèche osseuse.

A soixante stades (10 kilomètres) au-dessous de Circesium, se trouvait le splendide mausolée de Gordien III. On y lisait en grec, latin, persan, hébreu et égyptien, les titres et conquêtes de cet empereur, assassiné au milieu de sa marche victorieuse, en 238 de l'ère chrétienne. Les voyageurs modernes ne donnent aucun détail sur cet endroit qui paraît correspondre à Abou-Séraï.

Cependant Olivier a parfaitement décrit, comme nous venons de le voir, l'aspect de la contrée depuis Déir jusqu'à Anah.

A mesure qu'on s'avance vers la Babylonie, les rives de l'Euphrate deviennent de plus en plus intéressantes en raison des ruines qui les couvrent. Malheureusement cette partie est encore très-imparfaitement explorée, et l'expédition de Chesney laisse de grandes lacunes à combler.

A *Werdi* (34° 29′ lat., 40° 59′ long. est, Greenwich), sur la rive droite de l'Euphrate, l'un des bateaux à vapeur (*le Tigre*) de l'expédition du colonel Chesney faillit périr par la fureur d'un ouragan (*fatah*), ou tourbillon, venant du désert. Près de là sont les ruines d'*Al-Erzi* (*Irzah* de la Bible?), probablement le *Corsote* de Xénophon, ville abandonnée (1). Les dépôts de brèche

---

(1) Rauwolff, *Beschreibung der Reyss*, etc., p. 54.

(1) Le *Corsote* de Xénophon était entouré de la rivière *Masca*, que ne mentionne aucun autre auteur ancien. Ce *Masca* était probablement un bras de l'Euphrate formant l'île

osseuse se continuent sur les rivages jusque au-dessous de Hit. A partir de Werdi l'Euphrate s'infléchit fortement à l'est, en faisant beaucoup de sinuosités.

D'Al-Erzi jusqu'à *Anah*, dans un trajet de soixante-dix milles anglais sur l'Euphrate, on rencontre beaucoup d'îles de forme très-allongée et des débris de barrages (*zikr*). En même temps on aperçoit sur les rivages et aux environs une multitude de vestiges d'aqueducs, de murs, de pyramides, qui rappellent la splendeur de la Babylonie. L'Euphrate a ici, en moyenne, 18 pieds de profondeur, sur 1350 pas de largeur. Le point le plus difficile pour la navigation est près de l'île de Karabla, en face de la petite ville de *Rawah;* le fleuve est ici barré par un banc de rochers. C'est, selon Chesney, le passage le plus difficile entre Bir et Bassra. Rawah contient environ deux cents cabanes en pierre, dont la moitié est abandonnée; elle est entourée de ruines spacieuses.

Depuis Kayem jusqu'à Hit l'Euphrate présente une grande sinuosité, dont le côté convexe regarde l'orient. Cette courbure avait été particulièrement mise à profit par les anciens pour les besoins de l'agriculture et la défense naturelle du pays. Les vestiges d'aqueducs et de machines hydrauliques qui restent témoignent d'une civilisation passée et d'une population jadis nombreuse. Quelques-uns de ces ouvrages ont été restaurés, soit pour l'irrigation, soit pour l'entretien des moulins à eau. Les aqueducs sont en maçonnerie, rétrécis en haut jusqu'à deux pieds, et disposés à angle droit par rapport au fleuve : ils conduisent l'eau de 200 à 2000 pas dans l'intérieur. Les roues qui font monter l'eau sont garnies de vases de terre en forme de palettes. Au-devant de chaque aqueduc il y a un mur saillant, qui s'avance à une certaine distance dans le fleuve. Et sur la rive opposée il y a ordinairement un aqueduc et un mur correspondants. C'est entre ces deux murs ou digues opposés que passe le courant très-rapide (*zikr*). Ce système d'endiguement avait pour but d'élever le niveau de l'eau, afin que les roues hydrauliques et les canaux d'irrigation pussent fonctionner surtout dans les temps de sécheresse. Beaucoup de ces digues ou murs de barrage, autrefois en saillie, sont maintenant au-dessous du niveau de l'eau, et leur présence n'est accusée que par des tournants ou par des ondes frisées d'écume. A la crue des eaux, on peut y passer sans danger. Chesney détermina la position géographique d'Anah à 34° 27′ 27″ latitude et 41° 58′ 46″ longit. est de Greenwich. Cette ville se compose actuellement d'environ dix-huit mille cabanes. Les habitants sont industrieux, et fabriquent beaucoup d'étoffes de coton. Une partie des ruines de l'ancienne Anatho sont situées dans une île. A partir d'Anah les rives de l'Euphrate présentent un aspect plus riant. Les collines environnantes sont formées de calcaire coquiller et nummulite.

Le trajet par eau d'Anah à Hit est de quarante et une heures, y compris les sinuosités du fleuve, qui prend depuis Anah une direction sud-est. Un peu au-dessous d'Anah est l'île de *Telbes* ou *Tilbus*, où Chesney vit quelques ruines, probablement de la forteresse insulaire de *Thiluta*, dont parle Ammien Marcellin. En continuant à descendre le fleuve, on rencontre beaucoup d'autres îles, couvertes de villages florissants. La forteresse insulaire de *Djara* ou *Kuro* paraît occuper l'emplacement de l'*Acha·a Chala* des anciens. Les collines (Djebel) Defazayat sont, sur leur revers oriental, couvertes de *lycium*. Ces collines, d'environ cinq cents pieds de haut, se composent de dépôts calcaires stratifiés, entremêlés de grès, de brèche, de marne bitumineuse et de schiste chloriteux. Presque parallèles au cours du fleuve, elles sont çà et là coupées par des *wadis*, qui sont des vallons en été et des torrents en hiver.

L'île *Hadisah* avec la ville du même nom sont à 34° 7′ 40″ lat., et 42° 26′ 28″ long. est Gr. C'est la première ville un peu importante que l'on rencontre au-dessous d'Anah. Elle renferme environ quatre cents maisons, dispersées au milieu de jardins et de palmiers, flanquées de tours et de murailles. L'Euphrate a dans cet endroit 300 pas de largeur, sur 18 pieds de profondeur.

La ville insulaire *El-Uz* (*Paraxmal-*

---

de Werdi. *Corsorte* serait alors le *Werdi* d'aujourd'hui. (Xénoph., *Anab.*, I, 5, 4.)

cha des anciens?) comprend cinq cents maisons et deux mosquées, ombragées par des dattiers. Ces maisons sont construites en briques séchées au soleil. Djibbah, un peu plus au sud, présente à peu près le même aspect. C'est probablement le *Diacira* d'Ammien, ou le *Dacira* de Zosime.

Pour l'aspect du pays de Hit à Anah, nous renvoyons au trajet d'Olivier, que nous venons de rapporter.

Navigation de l'Euphrate depuis Anah jusqu'à Hit. — Isidore de Charax fait le premier mention d'Anah sous le nom d'*Anatho* (Ἀναθώ). Xénophon, Strabon et Pline n'en parlent point. C'est très-vraisemblablement le *Beth Auna* de Ptolémée. Il paraît qu'aux environs d'Anah on cultivait autrefois un vin renommé, dont il est même question dans le Koran. Rauwolff, qui visita Anah en 1574, dit que cette ville était divisée par l'Euphrate en deux parties, dont l'une, l'Anah des Turcs, était fortifiée par de vieux murs et baignée de tous les côtés par le fleuve; c'est la vieille Anah insulaire des géographes arabes Istakari et Aboulféda. L'autre partie, située sur la rive droite, appartenait aux Arabes; elle était plus grande et moins bien fortifiée. Rauwolff vit aux environs d'Anah des jardins remplis de dattiers et d'arbres fruitiers. « Les deux rives sont cultivées en melons et millet indien; car le blé y vient moins bien. Ce millet était déjà en partie récolté (vers le milieu d'octobre), et en partie encore sur tige. Ses feuilles ressemblent à celles du blé de Turquie ou de la canne à sucre; on prend même quelquefois ce millet pour la canne à sucre, parce que les habitants en mâchent la tige dont le suc est d'une saveur sucrée et agréable, et plus abondant dans la partie supérieure que dans la partie inférieure, ce qui est l'inverse pour la canne à sucre. Les tiges ont six à huit coudées de haut, et leurs épis ne sont pas enveloppés de spathe comme le blé de Turquie; les graines sont plus blanches, plus arrondies, et fournissant un bon pain. Les Arabes l'appellent *dora*; Rhasès et Sarap en font mention. » Le millet indien de Rauwolff est évidemment le *holcus sorghum*.

Physionomie et état physique des rives de l'Euphrate, particulièrement dans sa partie moyenne, de Rakkah à Hit. — Ce qui caractérise cette partie, c'est l'aplatissement uniforme du sol et le manque de végétaux ligneux. Les roches crayeuses prédominent, et se font reconnaître de loin; elles sont tapissées de diverses espèces de *sinapis* et de *brassica*. Les oiseaux rapaces y sont très-nombreux, et chaque espèce occupe pour ainsi dire un domaine spécial. La végétation printanière de la rive mésopotamique est de quelques jours plus hâtive que celle de la rive arabe ou syrienne opposée. Au printemps on voit s'abattre sur ces rives des troupeaux de canards nubiens (*anas nubica*). Sur les hauteurs riveraines de Kara-Bambuch (dans l'Euphrate supérieur) Ainsworth observa une espèce d'*amygdalus*, et dans les points les plus élevés un prunier rabougri, un *astragalus* et le *mimosa agrestis*. Les prairies de l'Euphrate se composent, outre les graminées, de beaucoup de renonculacées (*adonis*), de synanthérées (*chamomilla*, *chrysanthemum*) et de crucifères (*erysimum*). Au pied de quelques montagnes on trouve des truffes, à cinq pouces de profondeur dans le sol. Ce n'est qu'à partir de *Balis* (à vingt lieues environ au-dessus de Rakkah, à l'endroit où l'Euphrate s'infléchit brusquement à l'est, après avoir coulé du nord au sud depuis Rum-Kalah), que l'on rencontre le tamarinier, plante caractéristique de l'Euphrate (1). Ce qu'il y a de remarquable, c'est que depuis Balis jusqu'à l'embouchure de l'Euphrate la végétation (herbacée) se divise en quelque sorte par zones étroites, formées de certains groupes de végétaux. Ainsi, dans tel endroit cette végétation ne comprend que des *cochlearia*, dans tel autre, que des *chamomilla*, dans tel autre encore, que l'*anthoxanthum odoratum*, à l'exclusion d'autres plantes. C'est la prédominance de certaines plantes sociales ou *aggrégeaires*, qui fait la physionomie du pays. Les cent quarante espèces végétales qu'on a observées près de Balis descendent tout le long des

(1) Les saules babyloniens de la Bible ne sont très-probablement que des tamariniers.

rives de l'Euphrate, en formant quelques massifs distincts, quelquefois très-épais.

Au sud de Balis on ne rencontre guère d'autres arbres ou arbrisseaux que le peuplier *gharb* (le *populus euphratica* d'Olivier), qui paraît s'étendre au moins jusqu'à Hit. Les arbustes sont très-peu nombreux en genres et espèces; Ainsworth assure n'avoir trouvé que ces quatre genres : *lycium*, *rubus*, *clematis*, *asparagus*. Des troupes de moineaux construisent leurs nids dans les massifs de ces arbustes, loin des habitations. Le *merops apiaster* niche dans des trous de terre compacte, sur les parois escarpées du rivage.

Ce n'est qu'au sud de Rakkah que le mûrier blanc (*morus alba*) commence à se montrer comme arbre forestier. A Chélébi les ombellifères apparaissent plus abondamment. Anah est la limite méridionale des oliviers, en même temps que la limite septentrionale des dattiers, bien que déjà au-dessus d'Anah on rencontre quelques dattiers isolés. Les plaines d'absinthes que Xénophon parcourut au-dessous du Khabour existent encore aujourd'hui couvertes des mêmes synanthérées aromatiques.

Navigation de Hit à Hillah. — Hit, *Aeiopolis* (l'Is d'Hérodote), est encore aujourd'hui célèbre par les sources de bitume qui se trouvent aux environs, et qui ont fourni des matériaux à la construction de Babylone. La plupart de ces sources débouchent dans le lit de l'Euphrate : leurs produits, d'abord liquides, sortis des profondeurs de la terre, se coagulent ensuite au contact de l'eau, et viennent enfin surnager à la surface du fleuve. C'est ce qui a lieu aussi pour l'asphalte de la mer Morte. S'il y a une communication entre la Palestine et la Mésopotamie, c'est par les sources de pétrole, dans les entrailles du sol. Les sources de bitume près de Hit traversent, selon Ainsworth, le calcaire magnésien jaune, à cassure conchoïde. Au-dessus de ce calcaire est une couche de gypse cristallin, qui est partout répandu à la surface, excepté dans le voisinage des sources. On n'y trouve point de débris organiques, mais des limonites et des schistes bitumineux. Les sources étudiées par Ainsworth ont l'une 24° R.,

l'autre 29° 33' (1). La première est limpide, d'une amertume douceâtre, et exhale une odeur de sulfure d'ammonium. Elles lancent continuellement du gaz et du bitume, qui, se coagulant à la surface de l'eau, est enlevée par des ouvriers. Les parois des pierres d'où sortent ces sources sont couvertes de matières salines sulfureuses et d'une espèce de mucilage rougeâtre (*byssus thermalis*). Les Turcs appellent le bitume provenant des sources de Hit *kara-sakiz*, c'est-à-dire *mastic noir*, pour le distinguer de celui de *nefata* (naphthe), provenant des sources à cinq lieues au-dessous de Hit, sur la rive gauche de l'Euphrate. Il y en a qui fournissent du pétrole blanc, qui est employé dans la peinture à l'huile, et s'exporte jusque dans l'Inde. Les Arabes appellent « ce mastic noir » *el géiser*, et l'emploient pour calfeutrer leurs radeaux. Entre ces sources et Hit sont des réservoirs salants, où, par l'évaporation des eaux, on obtient un sel d'excellente qualité. Ce sel est un des principaux revenus du pacha de Bagdad. Les habitants de Hit s'occupent, outre l'exploitation de l'asphalte, à tresser des bateaux et d'autres ustensiles avec les branchages que l'Euphrate leur apporte en abondance. C'est dans les réservoirs salants que l'on conduit les eaux sur lesquelles on a pêché le bitume à l'aide de feuilles de palmier. Le bitume, qu'on vend en morceaux de forme carrée, est un excellent combustible; il pourra, au rapport de Chesney, rendre de grands services dans la navigation de l'Euphrate et du Tigre. Il remplace très-avantageusement le charbon de terre. Wellsted compte dix sources de ce bitume (1). A Hit on s'en sert pour brûler la chaux que l'on expédie à Bagdad. — Suivant Chesney, la ville de Hit est située à 33° 38' 8" latitude et 42° 52' 15" longitude est Greenwich. Elle compte environ trois mille habitants, de belle taille et bien faits. Sa situation est

(1) Winchester a trouvé la température de quelques-unes de ces sources un peu moins élevée. Voy. *Memoir on the river Euphrates, etc.*, in Proceedings of the Bombay Geogr. Soc.; Bombay, in-8°, 1838, nov., p. 12-17.

(1) Wellsted, *Travels to the City of the Kaliphs*; t. I, p. 315.

dans le voisinage des Pylènes de Xénophon, d'où l'on entrait dans la plaine de la Babylonie proprement dite.

Les environs de Hit, à cause du terrain essentiellement bitumineux, sont presque entièrement dénués de végétation. On n'y trouve pour tout arbre que des palmiers rabougris. Sur les rives on voit çà et là quelques tamariniers, des câpriers, des peupliers; on y rencontre aussi des champs d'orge, de froment et de sésame, comme du temps de Xénophon. Les collines calcaires de la Mésopotamie contrastent singulièrement avec les plaines basses, marécageuses, de la Babylonie.

De Hit à *Feludja* on compte treize îles dans l'Euphrate. Les aqueducs et les endiguements cessent, et sont remplacés par des canaux et des tranchées profondes. Les rives perdent leur aspect rocailleux, s'aplanissent et se couvrent d'un terrain gras, alluvionnaire, où paissent de nombreux troupeaux. C'est dans ces environs qu'il faut chercher le *Naharda* de Ptolémée et de Josèphe. Deux lieues avant d'arriver à Feludja on rencontre le canal Saklawidja (*Nahr Isa Saclawidja*), qui au point où commençait le mur médique se courbe au nord, pour s'infléchir au sud-est et joindre le Tigre un peu au-dessus de Bagdad. Le castel Feludja, où Soliman, pacha de Bagdad, vient de faire construire un palais, indique la ligne la plus courte pour aller de l'Euphrate au Tigre. C'est le chemin que prennent les habitants de Bagdad qui vont en pèlerinage à Kerbala, aux tombeaux d'Ali et d'Hussein, situés du côté de Hillah. Le castel Feludja est à 33° 21′ 9″ lat. et 43° 48′ 25″ long. est Gr. Près de là on voit les débris de la forteresse Abou-Gharib.

Wellstedt donne à croire que le Saklawidja n'établit pas une communication permanente entre l'Euphrate et le Tigre, et que ce n'est que dans certaines saisons que des bateaux peuvent se rendre de Feludja à Bagdad. C'est près de Feludja qu'il faut chercher le champ de bataille de *Cunaxa*. Ce lieu correspond, suivant Chesney, aux buttes (*mounds*) de Mohammed, à trente-six milles de Hillah. La distance de Sardes, capitale de la Lydie, avait été estimée par Xénophon lui-même à 535 parasanges (2,364 milles). Le canal navigable de Saklawidja, dont parle aussi Édrisi, venait aboutir à peu près à la hauteur de Sitacé, sur le Tigre. Ce canal a quarante pieds de largeur, avec un courant de quatre milles par heure. Ses bords sont bas, tout aplatis, couverts de buissons de réglisse (*glycyrhiza glabra*), qui acquièrent jusqu'à dix pieds de haut.

A sept lieues environ au nord-ouest de Hilleh (Hellé) est *Kérbela*, ou Mesched-Hosséin. Cette ville, assez bien peuplée, a cinq portes. Ses maisons sont bâties en terre glaise. Ce qu'il y a de plus remarquable, c'est une grande mosquée que les schiites appellent *Medbach-Hosséin*. On prétend qu'elle a été bâtie exactement à l'endroit où le corps de ce petit-fils de Mohammed a été foulé aux pieds des chevaux et enterré. Les schiites font voir ici les tombeaux de plusieurs parents et amis de Hosséin, morts à la bataille de Kerbela, et qu'ils regardent comme des martyrs (1).

Non loin de Kerbelah est *Kéfil*, qui est le nom arabe d'*Ezechiel*, dont des milliers de juifs viennent visiter le tombeau. Dans la chapelle de ce prophète, qui est sous une petite tour, on ne voit qu'un tombeau muré, gardé par une famille arabe. Ces pèlerinages coûtent très-cher aux malheureux juifs (2).

---

(1) Niebuhr, *Voyage*, etc., p. 217.

(2) Benjamin de Tudèle (*Itinerarium*, etc., p. 72; Antverpiæ, 1575, in-12) a le premier donné une description détaillée du Kéfil et des environs : *Inde dimidio itinere Naphakh est, ubi judæi CC fere sunt; ibidemque synagoga, ut magni illius Isaac, cognomento Naphhæi, qui e regione sepultus est. Inde tribus leucis Ezechielis prophetæ synagoga est, secundum Euphratem fluvium; atque in eodem loco e regione synagogæ turres numero sexaginta, interque singulas turres singulæ quoque sunt synagogæ, atque in synagogæ atrio arca est, et post synagogam Ezechielis filii Buzi sacerdotis monumentum, sub magna et pulcherrima testudine a Jechonia, Judæ rege constructa, una cum triginta quinque millibus Judæorum, qui illum ab Evilmerodak ex carcere liberatum secuti sunt. Estque locus hic inter fluvium Cobar et flumen Euphratem. Atque in muris ipsis Jechonias et qui cum eo venere incisi sunt; Jechonias primus, postremus vero Ezechiel. Estque locus hic sanctus ad hunc usque diem; æque loci certo*

De Kefil à Hollá on rencontre plusieurs petites rivières, qui se dessèchent en été. On voit aussi çà et là de petites coupoles sur des tombeaux de saints mahométans.

Mesched-Ali, ville un peu plus considérable que Kerbela, est située à environ huit lieues au sud de Hilleh et à six lieues de la rive droite de l'Euphrate. Cette ville doit son nom à une mosquée élevée en honneur d'Ali, gendre de Mahomet, et fort vénéré des schiites. On y transporte les morts riches de tous les lieux voisins, même de la Perse et de l'Inde. Les schiites prétendent qu'Ali est enterré dans cette mosquée. La ville est située dans une contrée très-aride et stérile. L'eau qu'on emploie pour laver et cuire vient d'un aqueduc souterrain, et l'eau qui sert de boisson se transporte de trois lieues d'ici sur des ânes. Tout le terrain est calcaire et argileux. De l'autre côté de la ville il y a une grande plaine basse, couverte de sel. Les habitants sont en partie sunnites et en partie schiites. La mosquée d'Ali est un lieu de pèlerinage. La ville a beaucoup de ressemblance avec Jérusalem, et elle est aussi à peu près de même grandeur. Niebuhr a donné le plan de cette ville et le dessin de la mosquée, dont le toit a été construit par Nadir-Schah. Ce toit est en cuivre doré au feu. La dorure est très-épaisse, et « cela produit, dit Niebuhr, un coup d'œil magnifique quand le soleil y donne, d'autant plus que cet édifice est élevé : on voit le dôme à cinq ou six milles d'Allemagne. Au-dessus du dôme on voit non pas un croissant, comme sur les autres mosquées, mais une main étendue, qui doit représenter celle d'Ali. Autour du temple il y a une place ouverte, où l'on tient marché tous les jours; devant le temple il y a un candélabre à bras, avec plusieurs lampes; le tout est entouré de bâtiments, où demeurent les principaux officiers de la mosquée (1). »

A cinq quarts de mille à l'est-nord-ouest de Mesched-Ali était située la ville, autrefois si fameuse, de *Koufa*, dans une contrée basse et fertile. Ici l'on voit encore le lit du Djerri-Zaade (*amnis Pallacopas*), mais il n'y vient plus d'eau. Le pays environnant est entièrement désert, et la ville n'a plus d'habitants. Ce que l'on trouve ici de plus remarquable, c'est la grande mosquée, dans laquelle Ali fut blessé à mort; mais il n'en reste que les quatre murs. Niebuhr en a donné la figure ainsi que les inscriptions kufiques qui s'y lisent (1).

(1) L'écriture dite *kufique* ou *coufique* est l'écriture primitive du Koran. Elle reçut ce nom des nombreux copistes arabes établis à Kufa, ville construite en 639 de l'ère chrétienne. Les caractères kufiques sont fondés sur les alphabets hébreu et syriaque. Cette écriture, inventée peu de temps avant Mahomet, et rapidement propagée par le Koran, continua d'être employée sur les médailles et les monuments jusqu'au huitième siècle. Les Africains s'en servent encore aujourd'hui pour des titres de livres. Les lettres sont grossièrement tracées; les points diacritiques sont omis dans les manuscrits du Koran; mais les voyelles sont représentées, non par des lignes, mais par trois points marqués à l'encre rouge au-dessous et au-dessus des consonnes. De Sacy (*Mémoire sur l'origine et les anciens monuments de la littérature parmi les Arabes*; Paris, 1805, in-4°) a montré que les plus anciens exemplaires du Koran ont été écrits sans points diacritiques ni voyelles, mais qu'on les connaissait cependant déjà dès le premier siècle de l'hégire. Durant la vie de Mahomet la plupart des croyants apprenaient par cœur les soures ou chapitres du Koran, à mesure que le prophète les faisait connaître. Ceux qui savaient écrire traçaient les paroles du prophète sur des fragments de cuir ou de parchemin, sur des feuilles de palmier, sur des os larges (d'après la tradition, Mahomet a lui-même écrit sur des omoplates), sur des pierres, etc.; car le papier leur était inconnu. Tant que Mahomet vivait, il ne pouvait pas y avoir la moindre discussion sur la manière dont il fallait lire et entendre le Koran; car ses secrétaires, ses amis ou compagnons d'armes, comme Othman, Ali, Moavia, pouvaient à tout moment consulter l'oracle. Mais après la mort du prophète on vit se produire différents modes de lecture et d'interprétation; car, par exemple,

tempore multi, precationis causa, conveniunt, ibique lætissimos agunt dies. — Les Arabes même s'y rendent, et y tiennent des foires. Nul mortel n'oserait violer la sainteté de ce lieu.

(1) Niebuhr, p. 211.

le *Dal* د ne se distinguait pas du *Dsal* ذ, le *Sad* ص ne se distinguait pas du *Dad* ض. Pour remédier à ces inconvénients, Aboubekr et Othman ordonnèrent à Zéid-ben-Tabeth, l'un des scribes de Mohamet de réunir

On montre dans la mosquée en ruine un fragment de colonne qu'Ali lui-même, dit-on, aurait porté ici : ce fragment possède, selon la tradition, « la vertu singulière que le fils dont la mère n'aurait pas été fidèle au père ne pourrait l'embrasser entièrement. » « Tous les gens, continue Niebuhr, qui se trouvaient avec moi voulaient faire cette épreuve. Ils retournèrent tous contents, à l'exception d'un seul palefrenier. On voulait lui faire croire que la colonne se dilatait à cause de lui : et c'était ridicule de voir combien de peine se donnait le pauvre homme pour embrasser entièrement la colonne (1). »

A Hilleh l'Euphrate a environ deux cents yards de largeur et quinze pieds de profondeur. Au-dessous de cette ville, presque entièrement construite avec les ruines de Babylone, le fleuve prend cet aspect qui fit dire à Hérodote que l'Euphrate, contrairement aux autres rivières, est plus large dans son cours supérieur que dans son cours inférieur. On y a pratiqué de nombreuses tranchées pour l'irrigation des champs. La principale de ces tranchées est à un mille et demi au-dessus de *Diwanieh*, ville arabe assez considérable. Cette ville se compose d'environ douze cents maisons, et est située sur la rive gauche. Le tertre de Mudjayah paraît marquer l'emplacement de l'ancienne capitale d'Aur (Ur des Chaldéens, *Orchoe* de Ptolémée), sur la rive droite de l'Euphrate. Cette contrée était arrosée par le *Pallacopas*.

Voici, en résumé, l'opinion des savants sur cet ancien canal ou rivière :

D'Anville place le Pallacopas à l'extrémité inférieure du marais de Rhumahii; selon Niebuhr, ce canal est le Djarri-Zaadé, qui, sortant de l'Euphrate à Hit, a son embouchure à Kora-Abdillah. Niebuhr est aussi d'opinion que c'est dans ce canal qu'Alexandre le Grand fit un voyage peu de temps avant sa mort, et cite pour l'appuyer un long passage d'Arien. Il avance que Ulm-el-Chansir, au midi de Lemloum, « pour« rait bien être l'endroit par lequel « Alexandre est revenu, à son second « voyage de Babylone, au Pallacopas ». Le docteur Vincent, dans sa carte de la Babylonie, trace la position du Pallacopas telle qu'elle nous est laissée par d'Anville, et y représente le Nilus de celui-ci comme le Pallacopas de celui-là ; tous les deux au-dessous de Hillah, quoiqu'il avoue dans une note « que le Djarri-« Zaadé répond fort bien au Pallacopas « du premier, et qu'il incline à l'y rap« porter ». — L'usage primitif du canal et du lac est connu : c'était d'empêcher que dans les plus grandes crues le fleuve n'endommageât Babylone par ses débordements, et il est plus que probable que les eaux retenues dans ce lac servirent à l'arrosement des terres cultivées sur ses bords. Larcher, dans une de ses notes, admet l'opinion empruntée à Arrien, que dix mille hommes étaient chaque année employés pendant trois mois entiers à la réparation du Pallacopas, et que le soin en était laissé à un satrape qui le fermait ou l'ouvrait selon que le besoin le demandait. — M. Raimond, discutant les opinions de divers savants, arrive aux conclusions suivantes : « D'Anville prend l'embouchure du Pallacopas pour l'endroit où celui-ci sortait de l'Euphrate; et le docteur Vincent s'accorde avec lui, bien qu'il n'ait pu s'empêcher

---

les chapitres épars du Koran et de rédiger un texte normal dans le dialecte des Koréischites, et quelques savants de Kufa inventèrent les points diacritiques. Aboul-Asouad-al-Dâouli passe pour avoir le premier introduit dans le Koran les points-voyelles. — L'écriture *karmatique* est une variété de la kufique; mais elle est plus fine, quoique également sans points diacritiques. C'est avec les caractères kufiques que Ebn-Mokla a formé à Bagdad, au quatrième siècle de l'hégire (en 938 de l'ère chrétienne) l'écriture cursive, encore aujourd'hui généralement usitée en Orient, et que perfectionna Ebn-Baouab, en 1031. On l'appelle *niskhi* (de *niskh*, copier). Pour tracer les caractères *niskhi*, on se servit pour la première fois de roseau taillé en bec de plume fendu, tandis que le kufique s'écrivait avec des crayons ou des roseaux non fendus (*Voy*. Chr. Adler, *Descriptio codicum quorumdam cuficorum*, etc. ; *præmittitur disquisitio generalis de arte scribendi apud Arabes;* Altonæ, 1780-1784.) — L'écriture niskhi fut par la suite singulièrement enjolivée, et, à l'exception des Chinois, il n'y a peut-être pas de peuple au monde qui se livre avec autant de zèle à la calligraphie que les Arabes.

(1) Niebuhr, p. 216.

de manifester ses incertitudes sur ce voyage en reconnaissant que la situation du Pallacopas est peut-être toujours susceptible de découverte; et si Niebuhr fait descendre de Hit le Djarri-Zaadé, il le place tellement au nord que, cette distance ne répondant pas à l'emploi auquel ce lac était destiné, le projet de Nicotris aurait été manqué. Mais ce Djarri-Zaadé est, selon la tradition des naturels du pays, l'ouvrage de quelque prince musulman. Il est probable que El-Kader aura été bâti dans le voisinage du Pallacopas, et que dans la suite la construction de cette ville aura fait naître l'idée de tirer de Hit un canal qui y communiquait. Plusieurs personnes qui ont remonté le Djarri-Zaadé jusqu'à cette ville m'ont assuré que c'est un prince de l'ancienne Bassora qui l'avait fait ouvrir et l'avait continué jusqu'à ce port de mer. Et comme de temps immémorial c'est un usage parmi les Asiatiques d'accompagner les événements qui les intéressent de quelques circonstances singulières qui en rappellent le souvenir, ils racontent que ce prince de Bassora ayant demandé en mariage la fille d'un seigneur de Hit, dont il avait entendu vanter la beauté, ne put obtenir sa main qu'en consentant à la conduire de sa ville natale en bateau dans le lieu de sa résidence, à travers un pays bien ombragé et bien cultivé; et que c'est à cette occasion que le Djarri-Zaadé fut creusé et ses deux rives couvertes d'arbres indigènes. »

A quatre lieues de la rive droite de l'Euphrate, et presque à la même hauteur que Diwaniyeh, est la petite ville de Rhumahié, d'environ quatre cents maisons. Elle est entourée d'une haute muraille de briques non cuites. Il y a une mosquée et un bain public, fort bien disposé. La plupart des maisons sont bâties en briques non cuites. Les habitants vivent d'agriculture, et passent pour riches.

Au sud-est de Rhumahié, sur la rive gauche de l'Euphrate, est *Lemlum*, grand village où réside le chéik de la tribu Khasael. Il a pour palais une cabane de jonc, et n'est pas mieux logé que ses sujets. En descendant l'Euphrate on laisse à la droite, à cinq lieues au-dessous de Lemlum, la petite ville de *Semavé* (*Samawah* de la carte de Chesney).

Les habitations sont en terre glaise séchée au soleil, et de très-chétive apparence. Cependant elles semblent des palais à côté des misérables huttes du pays dans cette contrée. Quelques années avant le voyage de Niebuhr, la population de Semavé avait été presque entièrement détruite par la peste. Le désert des environs est rempli de tigres, de lions et de chakals. Entre Ardsje et Semavé tout est inculte. Le pays riverain s'appelle ici جزيره (*Djésireh*), c'est-à-dire *les Iles*, selon toute apparence parce que plusieurs canaux qu'on y voit encore aujourd'hui, et qui ont dû être jadis plus nombreux, avaient changé ce pays en un réseau d'îles. « Les habitants des bords de l'Euphrate, ajoute ici Niebuhr, sont aussi bons nageurs que ceux des bords du Nil et aussi fort voleurs. »

C'est à l'ouest de Semavé que passait la route sacrée (*Derb Bereidha*), par laquelle les califes se rendaient au tombeau du prophète. Les fossés et les réservoirs, dont on voit encore des vestiges, furent construits par Zobaïde, femme de Haroun-al-Raschid. Le plus célèbre de ces fossés a dix pieds de largeur sur huit cents pieds de longueur. Il fut exécuté par ordre de Mélek-Schah, sultan des Sedjouk de Perse, à quatre-vingt-sept milles au sud-ouest de Koufah.

A quarante environ au-dessous de Lemlum, l'Euphrate se joint au Tigre, en s'infléchissant un peu à l'est. A l'angle de jonction de ces deux fleuves est situé *Korné* ou *Kurnah* (*Digba* des anciens). C'est une ville mal bâtie; elle présente du côté de la terre une double muraille de briques séchées au soleil. Korné est de fondation récente : les pachas Ali et Hossaïn en firent une espèce de forteresse, pour arrêter les invasions des Perses. C'est à partir de Korné que l'Euphrate et le Tigre ne forment plus qu'un seul fleuve sous le nom de *Schat-al-Arab*.

Au sud-est de Korné, sur le bord de la rivière Djaab ou Kerkhan, on voit des monceaux de ruines, vestige d'une ville considérable, probablement de l'ancienne *Choaspis*. — A une journée au nord de Basra est le grand village de *Dar*. On y voit des tertres qui renferment, dit-on, les ruines d'une ancienne cité portugaise. De tous les anciens bâtiments, on n'y trouve qu'une tour, « la seule tour que l'on rencontre de Basra à Hellé, excepté Korné. » (Niebuhr.)

Le village de *Menavé* est, pour ainsi dire, situé dans Basra. Les voyageurs payent ici un léger droit de péage. En face de Menavé, de l'autre côté du Schat-al-Arab, se trouve la citadelle de Kurdelan, aujourd'hui entièrement ruinée.

Basra fut visité au neuvième siècle par Benjamin de Tudèle, qui en parle en ces termes : *Basra... in qua Israelitæ mille sunt. Hinc duobus itineribus Samura fluvius distat, Persiæ initium cum urbe ejusdem nominis. Estque locus ille insignis, Esdræ scribæ sacerdotis sepulchro, qui, Ierosolymis ad Artaxerxem regem legatus veniens, illic est vita defunctus.* Benjamin fait ensuite remarquer que cet endroit est très-vénéré des Arabes, aussi bien que des juifs. Puis il ajoute : *Inde quatuor miliaribus Chuzsethan distat, Elam olim dicta, Elamitarum patria, maxima urbs, rerum magna sui parte jam excisa, vasta et inhabitata, inter cujus ruinas Susan Habira adhuc spectatur. Assueri regis palatium maximum, pulcherrimo opere* (1).

La ville de *Basra* est située, suivant Niebuhr, à 30° 30' latitude, sur la rive droite du Schat-al-Arab. Elle est remplie de jardins, de dattiers et de champs de blé, et ressemble ainsi à l'ancienne Babylone. Le terrain est alluvionnaire, gypseux et argileux, où l'on trouve très-peu de pierres de taille. La plupart des maisons et la muraille sont faites en briques simplement durcies au soleil. « Si donc, dit Niebuhr, un jour cette ville doit être abandonnée, on en trouvera, quelque temps après, aussi peu de restes qu'aujourd'hui de la célèbre ville de Babylone » (2). Les rues sont sales, non pavées, et reçoivent les matières des égoûts. Cependant il serait facile de tenir les rues propres, au moyen de l'eau qu'amène la marée, qui monte ici jusqu'à plus de trois mètres. La rivière (Schat) a ici un quart de lieue de largeur ; il y a plusieurs canaux qui communiquent entre eux et avec la rivière.

La ville a cinq portes. Niebuhr a indiqué les noms des différents quartiers, au nombre de soixante-dix. Il y a une grande mosquée à deux minarets, huit dont chacune n'a qu'un minaret, et quarante petites mosquées ou chapelles.

Le gouvernement de Basra a été longtemps héréditaire dans une famille noble du pays. C'est aux différents membres (*ajab*) de cette famille que la ville doit la plupart de ses grands édifices et de ses embellissements. Cette ville a été souvent une pomme de discorde entre la Turquie et la Perse. Tour à tour perdue et reprise, elle a été définitivement incorporée au pachalik de Bagdad. Les bateaux qui font le service entre Bagdad, Helleh et Basra sont de construction légère et enduits de bitume. « Ce bitume se tient fort bien en eau fraîche, mais on prétend qu'il se résout en eau salée ; c'est pourquoi on n'ose pas se risquer avec ces bateaux dans le golfe Persique. » (Niebuhr).

Le peuple de Basra ne parle que l'arabe, tandis que les hauts fonctionnaires ne parlent que le turc. Niebuhr s'étend beaucoup sur l'administration civile et militaire de cette ville, sur les attributions des fonctionnaires ; mais tout cela est aujourd'hui en grande partie changé. Niebuhr en porte la population à environ quarante mille âmes. Les habitants ne passent pas pour très-dévots. Il y a beaucoup de chrétiens arméniens, des banians, quelques familles indiennes, et un petit nombre de sabéens, tous très-pauvres. On y fait un grand commerce de café d'Yémen.

L'ancienne Basra, célèbre sous le règne des califes, était située à un et demi ou deux milles d'Allemagne au sud-ouest de la ville actuelle, dans une contrée plus sablonneuse. On y voit les ruines d'une muraille, de deux grandes mosquées et plusieurs tombeaux de savants vénérés, entre autres celui de Zobéir. Beaucoup de sunnites vinrent s'établir autour du tombeau de Zobéir, et jetèrent ainsi les fondements d'une nouvelle ville. — Suivant Cellarius, la ville actuelle de Basra ou Bassora a été élevée sur l'emplacement de l'ancienne *Teredon* (1).

---

(1) *Itiner.*, p. 72.
(2) Niebuhr, *Voyage*, t. II, p. 172.

(1) Cellar., *Descriptio Orbis Antiqui*, p. 213 (Cizæ, 1686, in-18) : *ad Tigris ostium occidentale Teredon, hodie Balsera sive Bassera.*

« Dans l'ancienne Basra, dit Niebuhr, on voit encore le lit d'une rivière sèche, ou plutôt d'un canal creusé, que les Arabes appellent *Dsjarri-Zaade*. Cette rivière était conduite d'une petite ville *Het* (Hit) environ à six journées au nord de Hellé, de l'Euphrate à Koufa, et de là plus loin à Basra, où elle se rejetait, à environ trois milles d'Allemagne, au-dessous de la ville, dans un golfe que l'on appelle *Chorabdilla*. Les Arabes racontent que ce canal a été bordé d'arbres des deux côtés, et qu'il avait rendu le pays fertile presque fort loin dans les environs. Depuis plusieurs années, il n'y a déjà plus d'eau ici, et ce pays autrefois si fertile n'est plus qu'un désert, qui n'est visité que des Bédouins. Il ne faut donc pas s'étonner que Basra ait été abandonnée, lorsqu'elle perdit sa rivière, et en même temps aussi tous les villages voisins, et que les habitants se soient retirés vers le rivage de l'Euphrate (1). »

Selon Niebuhr, il n'y a peut-être pas de pays au monde où l'on trouve plus de variétés de dattes qu'à Basra. Les Arabes les divisent, comme leurs médicaments, en froides et chaudes; ils regardent les premières comme saines et les dernières comme malsaines. Cela signifie que les dattes froides ont un meilleur goût, et sont par conséquent plus chères, tandis que les autres constituent la nourriture des pauvres. La variété qu'on appelle *tamr khastaoui* passe pour la meilleure, parce qu'elle ne charge pas du tout l'estomac, quelle que soit la quantité que l'on mange. La variété *zahedi* est réputée la plus mauvaise, parce qu'elle cause des flatuosités. A Basra on la donne aux bestiaux, et on en fait de l'eau-de-vie. La variété appelée *hellaoué* (douce) est employée pour faire un sirop (*dibs*) que les Arabes mangent avec leur pain. Les noyaux servent d'aliments au bétail. Les autres variétés sont distinguées, par leur couleur, en jaunes, rouges, etc.

A Basra, la chaleur est quelquefois excessive en été : des personnes tombent quelquefois dans les rues. L'air y est assez infect, tant à cause des environs marécageux que par les immondices de la ville. — Les vents du nord et du nord-ouest paraissent prédominer pendant les mois d'août et de septembre. Pendant le mois d'août, Niebuhr n'y a observé que cinq à six jours le vent sud-est, et au mois de septembre le vent du sud n'a régné que peu de jours. Le corps est plus sensible à la chaleur quand le vent souffle du sud-est, parce qu'alors le temps est calme et la transpiration plus active. « Dans la dernière moitié d'octobre, ajoute le savant voyageur, le vent fut plus changeant : aux mois d'août et de septembre nous eûmes presque continuellement un temps serein. Le 7 octobre il y eut quelques nuages, qui augmentèrent toujours jusqu'au 27, lorsque la saison pluvieuse commença avec de l'orage (1). »

Les Européens qui font commerce avec Basra payent de toutes les marchandises arrivant des Indes 3 pour 100 de péage. Les nations orientales doivent payer 7 pour 100. « De mon temps, ajoute Niebuhr, le commerce de Basra était si faible qu'il ne s'y assemblait pas même assez de marchands pour composer une caravanne assez forte pour faire le voyage d'Alep. »

Le chemin le plus court de Basra à Alep est par le désert; mais on y rencontre tant de tribus arabes, qui rançonnent les voyageurs, que personne ne choisit cette route. Niebuhr indique les stations de cet itinéraire sur la foi d'un Bédouin qui avait fait vingt fois le voyage entre Basra et Alep, par le désert.

On se sert à Basra, comme à Bagdad, des pigeons messagers, pour porter des nouvelles rapidement à de grandes distances. Cet usage paraît remonter jusqu'aux temps des califes. — Hamilton dit que l'on trouve aux environs de Basra des corneilles noires et des corneilles blanches, se faisant la guerre, et que les unes occupent la rive droite et les autres la rive gauche du Schat-el-Arab (2). Niebuhr traite ceci de conte, et ajoute que l'on trouve des deux côtés du fleuve des corneilles noires et des corneilles grises, vivant fort paisiblement.

---

(1) Niebuhr, p. 182.

(1) Niebuhr, p. 186.
(2) Hamilton, *A New Account of the East Indies*, vol. I, p. 78.

La célèbre bataille entre Ali et Aïscha s'est livrée dans une grande vallée entre Basra et la montagne Senam, où se trouve le village Khoréiba. — Tout près des murs de Basra commence le grand désert. Le sol y est imprégné de sel marin; et comme les Bédouins y manquent de bois, ils brûlent du fumier de chameau, qui donne en même temps du sel ammoniac.

Il y a deux chemins pour se rendre de Basra à Bagdad : par le Tigre (en arabe *Didsjeh*) et par l'Euphrate. Le premier est si long, à cause des sinuosités du fleuve, que les voyageurs s'en servent rarement. L'Euphrate, au contraire, a peu de courbures; d'ailleurs on ne remonte ce fleuve que jusqu'à Helleh, et de là on va par terre tout droit à Bagdad, ce qui abrège beaucoup le chemin.

Il y a même sur l'Euphrate une espèce de poste (*mensil*) : on peut louer une barque, et avoir à des stations fixes des gens pour la traîner; de cette façon on peut arriver en huit ou dix jours à Helleh.

Dans son voyage de Basra à Bagdad, Niebuhr a déterminé les latitudes suivantes :

Abada ou Abdah, 30° 52′, sur la rive gauche de l'Euphrate;

Kud ou Kout, 30° 58′, même rive;

Ardsje ou Djesrat, 30° 59′, rive droite de l'Euphrate;

Graïm ou Kraïem, 31° 17′, rive gauche de l'Euphrate;

Semavé ou Samawah, 31° 19′, rive droite de l'Euphrate;

Lemlum, 31° 43′, rive gauche de l'Euphrate;

Helleh ou Hillah, 32° 28′, rive droite de l'Euphrate.

Entre Basra et Bagdad, on rencontre plusieurs tribus arabes, tributaires du pacha, dont la plus puissante est celle de Montéfik. Elles rendent souvent cette route peu sûre, et poursuivent leurs déprédations jusqu'à Basra.

De Basra à l'embouchure du Schat-al-Arab, dans le golfe Persique, on compte environ vingt-cinq lieues. A Mohamreh le Schat-al-Arab reçoit à l'est les rivières de Karun et Djerahié, qui descendent du Khusistan; il se divise ensuite en plusieurs branches, dont les deux principales s'appellent rivière de Baha-Mischer et rivière de Basra, et forment ainsi, comme le Nil, une sorte de delta, marécage fort malsain, encore insuffisamment exploré. C'est à l'ouest de ce delta et du Schat-al-Arab qu'était située l'ancienne Chaldée. Toute cette région est aujourd'hui en grande partie dépeuplée. On ne trouve plus de villages que tout près du fleuve.

A l'est du Schat-al-Arab et à son embouchure est la tribu arabe de Kaab; leur chéik possède tout le territoire des environs; il est presque toujours en contestation avec les rois de Perse et les pachas de Bagdad. Niebuhr raconte avec détails la dernière guerre du chéik avec le pacha de Bagdad (1).

Le lit du golfe Persique, à l'embouchure du Schat-al-Arab, s'est beaucoup exhaussé par les dépôts successifs de terre alluvionnaire.

Voyage de Korna à Bagdad par le Tigre. — Ce voyage, réputé à tort plus difficile que celui par l'Euphrate, a été fait en 1824 par le capitaine G. Keppel, revenant de l'Inde (2). C'est ce guide que nous suivrons ici particulièrement. Voici d'abord la description qu'il fait de Basra, plus de cinquante ans après Niebuhr.

« Selon les uns, Basra doit son origine à Omar, dans la quatorzième année de l'hégire (année 635 de notre ère); selon d'autres, cette ville fut fondée par l'empereur Trajan... Elle est entourée d'un mur de huit milles de circonférence. La plus grande partie de cet espace est occupée par des jardins et des plantations de dattiers. La ville est traversée par de nombreux canaux, alimentés par l'Euphrate (Schat-al-Arab), où les eaux refluent à chaque marée basse. Ces eaux suffiraient pour y entretenir la propreté, si les habitants n'avaient pas l'amour inné de la malpropreté. Basra est la ville la plus sale de l'empire turc. Les rues, étroites et irrégulières, exhalent une puanteur insupportable. Quelques maisons sont construites en briques cuites; mais la plupart sont de boue. L'ancien bazar est très-petit; il est couvert de vieilles toiles pour l'abriter du soleil. On y voit de nombreux cafés, qui ne sont que des cham-

---

(1) Niebuhr, p. 187-192.
(2) G. Keppel, *Personal Narrative of a Journey from India to England, by Bassorah, Bagdad, the ruins of Babylon, Curdistan,* etc.; 2 vol., Lond., 1827.

bres garnies de bancs de pierre le long des murs... Les habitants font un commerce assez actif avec les possessions anglaises de l'Inde; ils exportent principalement des perles, des chevaux, du cuivre, des dattes et de la soie crue. La population est estimée à soixante mille âmes, et se compose surtout d'Arabes, de Turcs et d'Arméniens. Les dattes sont la principale production du pays; mais on y trouve aussi beaucoup de riz, de froment, d'orge et d'autres fruits en abondance (1). »

La manière ordinaire de se rendre de Basra à Bagdad est de s'embarquer sur une flottille de bateaux, afin de pouvoir se défendre plus efficacement contre les tribus pillardes qui infestent les bords du Tigre aussi bien que ceux de l'Euphrate.

Keppel prétend que Korna est l'ancienne *Apamea*, cité élevée par Séleucus Nicator en l'honneur de sa femme Apamée. Comme ce voyageur ne s'y est pas arrêté, il n'en donne aucune description (2). Le nom de *Korna* ou *Kourna*, qui signifie *corne*, vient de la réunion de l'Euphrate et du Tigre, comparés aux deux cornes d'un taureau. Chesney place Korna à 31° 0' 28" latitude nord, et 47° 29' 18" longitude est de Greenwich. Elle est située dans l'angle sud-est de l'ancien Sinéar, appelé actuellement *Frasi-Arabi* ou *Al-Djezireh* (île) de la Mésopotamie. Elle fut en 1835 ravagée par la peste, au point que ce n'est plus aujourd'hui qu'un misérable village, composé de trente à quarante huttes.

Au-dessus de Korna le Tigre est déjà très-rapide : il file six à sept nœuds à l'heure et justifie son nom (de *Tir*, flèche), que lui avaient donné les anciens Perses. « Deux milles au-dessus de Korna les plantations de dattiers, dont les rives étaient jusque là couvertes, cessent, et la contrée est des deux côtés sous l'eau (vers le 9 mars). Nous débarquâmes sur la rive gauche, et continuâmes notre route à pied pendant plusieurs milles. Le sol était humide, et l'état de la végétation indiquait peu de fertilité. Ce pays abandonné, qu'on appelle *Al-Djesireh* (l'île),

(1) Keppel, *Narrative of Journey*, etc.; vol. I, p. 69.
(2) Selon Mannert, c'est la *Digba* de Pline ou *Didigua* de Ptolémée.

est généralement considéré comme le siége du Paradis. S'il en est ainsi, le jardin d'Adam et d'Ève n'était certainement pas tel qu'on nous le dépeint. On n'y voit qu'un petit nombre de buissons; le sol est uni, désert, et offre çà et là des effervescences salines (1) ». Ce même district est, chose remarquable, désigné par Pline comme l'endroit le plus fertile de l'Orient (*solum Orientis fertilissimum*), et on se rappelle les délicieux jardins que l'auteur des *Mille et une Nuits* place aux environs de Basra.

Les habitants des bords du Tigre demandent aux voyageurs le *bakchich* (pour-boire) comme une chose qui leur est due; quelquefois ils appuient leur demande par des hostilités ouvertes. La plupart sont tatoués à la face; les femmes portent des anneaux au nez; enfin ils ont les coutumes des sauvages. — Après avoir dépassé le village de Goumzuk, on aperçoit dans le lointain les monts Hamerine, au nord-est, puis, sur la rive droite du Tigre, le *Kasr-Esra* (palais d'Esra), que la tradition désigne comme le tombeau d'Esra. C'est un assez vaste édifice, surmonté d'un large dôme, couvert de tuiles vernies, couleur turquoise. Le tombeau d'Esra est en grande vénération chez les juifs aussi bien que chez les mahométans; et il renferme, dit-on, de riches offrandes. La contrée abonde en gibier (lièvres, perdrix noires, bécasses), et en oiseaux aquatiques (pélicans, cignes, canards, oies). Les lions n'y sont pas non plus rares.

A quatre lieues environ au-dessus de Kasr-Esra est la résidence d'un chéik arabe (Abdallah-ibn-Ali), dont les habitants témoignèrent à M. Keppel les intentions les plus pacifiques, et lui apportèrent des provisions. Les femmes y sont, d'après ce voyageur, d'une beauté remarquable, quoique d'un teint très-brun.

A quelques lieues au-dessus d'Abdallah-ibn-Ali, est *Akushik*, dont les habitants paraissent d'une humeur beaucoup moins pacifique. La même remarque s'applique à Mundjumenil, à Thuyn-il-Swyah, à Mohamed-Aboul-Hassan, à Chashé, qui sont plutôt des camps arabes que des villages, établis sur les bords du Tigre. Ces camps sont fort étroits et

(1) Keppel, p. 83.

misérables. Les tentes, généralement de couleur noire, ont environ six pieds de long sur trois de haut, et ceux qui les habitent ressemblent à nos bohémiens.

Ali-Schurghi est un bouquet d'arbres situé sur la rive gauche du Tigre, où Ali, le gendre du prophète, laissa, selon la tradition, l'empreinte de son pied en montant au ciel. Un peu plus haut, sur la rive droite, M. Keppel vit les ruines d'un ancien édifice, auquel les Arabes rattachent une légende semblable à celle de Léandre. Cet édifice est représenté par une butte carrée de briques séchées au soleil. Les Arabes en font remonter l'origine au règne de *Kisra* ou *Kesra* (Khosroès), nom aussi commun pour les rois parthes que celui de Ptolémée pour les rois d'Égypte (1).

A *Kout* (Kut-al-Amra), village qui passe pour être à moitié chemin de Basra à Bagdad, on peut quitter le bateau et continuer la route à cheval, à travers un désert aride. La distance de Kout à Bagdad est évaluée par M. Keppel à cent vingt milles. Dans la saison de la sécheresse on fait cette route en trente-six heures, après s'être bien approvisionné d'eau; mais dans la saison de la crue du fleuve ce désert est couvert de camps arabes, et on peut voyager avec plus de loisir. Kout est un village composé de chétives huttes en boue, entouré d'un mur quadrangulaire de six pieds de haut. C'est le premier établissement permanent que l'on rencontre depuis Korna. C'est la résidence du puissant chef des Beni-Lama, dont l'influence s'étend au nord jusqu'à Bagdad, et au sud jusqu'à Goumruk. De Kout une rivière ou branche du Tigre, le Shat-el-Hie (*Chat-el-Amah* de la carte de Chesney), traverse l'Irak, et va, en allant du nord au midi, se jeter dans l'Euphrate, à la hauteur de Arkah. A deux milles au nord de Kout on trouve les ruines d'un mur traversant la péninsule formée par la sinuosité de la rivière. Au nord de ce mur est un monticule couvert de larges briques, séchées au soleil, en apparence les débris d'une forteresse ou d'un camp militaire.

A Ummuttumim M. Keppel trouva les vestiges d'un ancien canal. Les courbures du fleuve augmentent en même temps que les eaux baissent. Le voyageur anglais y vit des bateaux dont il fait la description suivante : « Ces navires sont presque aussi larges que longs, et diffèrent peu des bateaux circulaires communs à l'Euphrate et au Tigre; ils sont construits en osier et enduits de bitume; ils suivent la direction du courant. » Ces bateaux ressemblent singulièrement à ceux décrits par Hérodote.

De Kout à Bagdad les bords du Tigre présentent des vestiges d'anciennes cités et d'une population jadis nombreuse. « Le sol de l'ancienne Assyrie et de la Babylonie, ajoute M. Keppel, se compose d'une argile fine, mêlée de sable, que laissent les eaux du fleuve en se retirant. Cette terre s'est changée, par l'effet du soleil, en une masse dure et compacte, et constitue ainsi la matière de ces belles briques avec lesquelles Babylone fut bâtie. » Cette observation est importante pour l'appréciation archéologique des ruines de cette contrée, où les pierres de taille sont partout remplacées par des briques. Ces briques, accumulées, comme à Mum-li-Hah, sur la rive gauche du Tigre, offrent l'aspect de masses quadrangulaires, exactement orientées selon les quatre points cardinaux. On y a découvert des médailles sur lesquelles on a cru reconnaître des caractères cufiques. A *Sheger*, à moitié chemin de Kout à Bagdad, on rencontre également des ruines qui, ainsi que beaucoup d'autres, situées un peu plus haut, n'ont pas encore été suffisamment explorées. « A un demi-mille du Tigre on voit, entre autres, un fragment de colonne, formée de briques séchées au soleil, de vingt pieds de haut sur soixante-trois de tour. Il se compose de huit strates de briques horizontales alternant avec sept strates de briques verticales. Entre ces strates est une couche de ciment de la moitié de l'épaisseur de la brique. Ce fragment de colonne est debout au côté oriental d'une énorme masse de ruines, en apparence les débris d'un vaste palais ou d'un temple. Comme on a enlevé une grande partie des briques de cette colonne, la partie inférieure ne repose plus que sur une très-faible base, et menace de crouler à chaque instant. Il n'y a pas moyen d'y monter. » Keppel

---

(1) Keppel, vol. I, p. 105.

compare cette colonne à celles qu'on trouve si communément en Irlande. Il trouva parmi les décombres des fragments de verre transparent, blanc, semblable au flint-glass; mais dont la surface était corrodée par une longue exposition à l'air.

Un peu plus haut, un peu au-dessous des ruines de Séleucie, le voyageur anglais rencontra un tertre élevé, qui, selon le guide arabe, s'appelait *Gubri-Bena*, ou temple de Guèbres, « où une troupe de diables danse au milieu des flammes ».

« Ce temple, ajoute plus loin Keppel, est construit en terre, cimentée avec des joncs (*constructed of mud, cemented with rushes*), comme le Mudjélibé à Babylone. Chaque côté fait face à un point cardinal; le côté occidental s'incline graduellement vers la plaine. Ce monument a trente pieds de haut depuis le sommet jusqu'à la base apparente, et deux cents trente-trois pieds de circonférence. Tout alentour on trouve des débris ordinaires. Toute la ruine porte des marques évidentes des ravages du temps. Je suppose que, pareil aux ruines babyloniennes, c'était un édifice quadrangulaire; l'intérieur était composé de couches régulières de terre et de roseaux, et revêtu de briques cuites, à juger par les fragments environnants. Une pente graduée donnait, du côté de l'ouest, accès au temple; à l'est était placé l'autel sur lequel reposait le feu sacré (2). »

Keppel visita, sur la rive occidentale du Tigre les ruines de Séleucie. « Après une marche de cinq milles, dit-il, à travers un pays jonché de débris, nous atteignîmes enfin la statue tant cherchée. Aussi loin que l'œil pouvait s'étendre, l'horizon offrit une ligne brisée de monticules. Le sol était uni et désert. Toute la végétation consistait (c'était le 20 mars) en quelques buissons rabougris; quelques bouquets de verdure, entretenus par des flaques d'eau stagnante, étaient occupés par des troupeaux de butors (*flocks of bitterns*). Les paroles du prophète Isaïe touchant la Babylone étaient accomplies : la statue était couchée sur le sol, près des débris de quelques grands édifices. Elle se compose de la partie inférieure d'une figure assise, couverte de longs vêtements, qui paraissent être ceux d'une femme. Elle est d'une exécution parfaite, surtout en ce qui concerne l'ornementation de la robe, et les contours des pieds sont nettement tracés. La figure est assise sur un siége carré, et le tout taillé dans un bloc de granit si dur, qu'il nous a été impossible d'en détacher un morceau (1). » Plût à Dieu que tous les monuments antiques eussent été en granit aussi dur; car ce n'est pas seulement le temps qui les détruit, mais la main indiscrète des voyageurs. Selon les traditions des Arabes, ce sont là les ruines d'une cité anéantie par le Tout-puissant, pour punir les habitants de leurs péchés. Quant à la statue, c'est celle d'une sœur qui, ayant eu un commerce incestueux avec son frère, fut changée en pierre. Les Turcs ont établi dans le voisinage une fabrique de poudre et de salpêtre.

Keppel examina ensuite sur la rive orientale (Ctésiphon) le Tâk-Kesra, dont il a été déjà question plus haut. Il ne pense pas que ce monument ait beaucoup souffert depuis 1758, époque à laquelle Yves le visita.

COURS DU TIGRE DEPUIS DIARBÉKIR (2).

A peine de Diarbékir a-t-on gagné le bord du Tigre qu'on trouve un pont de pierre large et commode pour le franchir. Cependant, quand les eaux sont basses on peut le passer à gué, et à trois ou quatre lieues plus bas le repasser pour rentrer dans la Mésopotamie (3). Ce fleuve alors n'est plus navigable pour les kelleks (radeaux), tandis que l'Euphrate l'est dans toutes les saisons. Depuis ce point, la rive gauche du Tigre étant moins escarpée que la droite, il inonde souvent, dans les grandes crues, les plaines du Kurdistan jusqu'à Mos-

---

(1) Keppel, vol. I, p. 126.
(2) *Ibid.*, p. 217.

(1) Keppel, vol. I, p. 120.
(2) Cf. les notes de J. Raimond, qui accompagnent le *Voyage de Rich aux ruines de Babylone*; Paris, 1818.
(3) Otter, Yves et Sestini traversèrent le Tigre à gué au-dessous de Diarbékir, les deux premiers en juillet 1743 et 1758, et le dernier en juin 1781. Raimond le traversa en août 1805.

sul, où il submerge les ruines de Nounia et les environs. Sur l'autre côté, les endroits les plus remarquables de ses débordements sont à Djézireh, où il est très-large, et vis-à-vis de Warna, près de l'Eski-Mossul, où il se répand dans la plaine. — En quittant Mossul, le Tigre varie continuellement dans son cours de l'est à l'ouest jusqu'à l'embouchure du grand Zab; ses rives sont fort accidentées. A Hammam-Ali (1) celle de droite est fort élevée; c'est probablement là qu'Alexandre le Grand passa le fleuve à gué (2). A Salameh il y a une chute d'eau; à Nemroud ses bords sont plus bas, et ses eaux y coulent avec beaucoup de bruit. Niebuhr prétend que c'est l'effet d'une digue qui a été pratiquée dans cet endroit pour faciliter l'arrosement des terres; mais à juger du fond du fleuve on pourrait s'imaginer que c'est l'ouvrage de la nature. Au-dessous de Nemroud il y a une île à gauche et une montagne dont le fleuve baigne le pied. Après l'avoir passée, le Tigre, d'abord un peu encaissé, s'élargit beaucoup et coule sur un lit de pierres. A droite sont les montagnes de Jasks, vis-à-vis de Keikaf une petite île élevée, et un peu plus bas l'embouchure du grand Zab, dont la jonction augmente beaucoup la rapidité du Tigre. — Du grand Zab à Altoun-Soui, la rivière d'Or, ou le petit Zab, le Tigre est plein de sinuosités, tantôt allant au sud, tantôt allant au nord-est et nord-ouest. Ce fleuve, toujours un peu encaissé, passe sur des rochers. La rive gauche est élevée, le courant rapide; on aperçoit une île à droite. A une heure et trente-cinq minutes de l'embouchure de cette rivière, une île à gauche, et à droite un pays uni. A Abou-Salmon le courant est rapide et le fleuve encaissé. A Kaïra, qui borde le fleuve à gauche, il y a plusieurs îles; et à Hadji-Ali-Imam son lit a plus d'un quart de lieue de largeur; à gauche, une île. Une heure après le fleuve est resserré par une gorge, où il a cent pas de large; mais au bout d'une petite demi-heure, s'élargissant plus que jamais, il offre à la vue, à droite et à gauche, plusieurs petites îles qui sont presque toutes boisées. Il a ici plus d'un tiers de lieue de largeur; mais il se rétrécit bientôt après à Lobéide, et devient très-resserré. « Dans cet intervalle l'eau « n'a pas été rapide, et dans un espace de « vingt-deux heures et douze minutes « nous avons été, dit Raimond, presque « du double plus vers l'est que vers l'ouest, « et près d'un tiers de moins directement « au sud. » — Depuis l'embouchure d'Altoun-Soui jusqu'à l'Imam-Sammarah, le Tigre varie plus dans son cours que les jours précédents, et Raimond mit dix-neuf heures pour faire ce trajet. Ici peut-être ne sera-t-il pas inutile de faire remarquer que la marche du radeau dépend de trois incidents, savoir le vent, la rapidité du courant, et la manœuvre. A droite, un peu au-dessous d'Altoun-Soui, se présentent quelques vestiges de l'antique Cœnæ : les Arabes lui ont conservé ce nom dans celui de *Senn*. Le fleuve coule ici avec beaucoup moins de vitesse; un peu plus bas, à gauche, on aperçoit Altoun-Tépessy (le mont d'Or); c'est, à ce que disent les gens du pays, l'emplacement du palais d'une puissante princesse et de ses jardins. A Djébar-Khelassy les bords du fleuve, qui se rapprochent vont en montant jusqu'aux montagnes Humérines, qui semblent être dans cet endroit coupées à dessein pour faciliter le passage des eaux. C'est ici qu'est la cataracte appelée Fatha (1); en quittant ces montagnes le Tigre devient large et majestueux; de petites éminences le bordent de chaque côté,

---

(1) Hammam-Ali (le bain d'Ali). Ce sont des eaux thermales; les Turcs pensent qu'elles guérissent toutes sortes de maladies.

(2) En remontant le Tigre depuis l'embouchure du grand Zab jusqu'à Mossul, ce n'est qu'à Hammam-Ali que Raimond a remarqué que l'on pouvait passer le fleuve à gué. Des Arabes attachés au service d'Ali-Pacha ayant fait un paquet de leurs vêtements, qu'ils portèrent sur la tête, le passèrent et repassèrent plusieurs fois à la réquisition de ce consul. On sait qu'après le passage du Tigre, Alexandre n'eut pas d'autre rivière à franchir avant la bataille d'Arbèles.

(1) Selon Niebuhr, cette cataracte est très-dangereuse quand les eaux sont basses. Le même voyageur observe que les digues qui se voient dans le Tigre ont été construites pour faciliter l'arrosement des terres, quoique le docteur Vincent lui fasse dire que c'est pour empêcher que le fleuve n'inonde la campagne.

et enceignent plusieurs îles. A Legleg le fleuve est très-large; ses rives sont presque de niveau avec le courant : il y a beaucoup d'îles et de bas-fonds qui se succèdent à droite et à gauche jusqu'au delà de Kézil-Kan, d'où le fleuve, en s'avançant vers Tékrit, conserve encore sa largeur; mais la rive droite est fort escarpée, et celle de gauche est toujours basse. Dans les mois de juillet, août et septembre, on passe le fleuve à gué à Tékrit. A Imam-Mohamed-Dour il est plus large, fort encaissé, et un peu rapide; mais un moment après il se resserre pendant quelques minutes, et son lit est coupé par plusieurs îles jusqu'auprès des ruines que les Arabes appellent Eski-Bagdad. A Achek-Machek il est fort large, et coule majestueusement jusqu'à Imam-Sammarah.

D'Imam-Sammarah à Bagdad, le Tigre devient de plus en plus tortueux; sa direction est plus de moitié vers l'est que vers l'ouest, et deux tiers de moins vers le sud, dans un espace à peu près de vingt-sept heures. On a à peine dépassé cet Imam, que des îles se présentent à droite et à gauche successivement, et que le fleuve, qui y est plus étroit, s'élargit insensiblement. A vingt minutes plus bas que Ghaïm, vieille tour que les gens du pays regardent comme un reste de l'ancienne Bagdad, on voit à droite l'ouverture du canal de Didgel. Il y a toujours des îles, tantôt d'un côté, tantôt de l'autre. Trois quarts d'heure après on rencontre la chute de Sériser, qui détermine un violent remous; les rives du fleuve sont inégales : à Ghénatès son lit est pierreux, l'eau y coule avec rapidité; selon les naturels, ce sont les ruines d'un ancien pont. Ici les bords du Tigre, qui est fort large, sont un peu élevés. A Allapheka, passant sur des pierres et des monceaux de rochers, il fait beaucoup de bruit; plus haut il s'était un peu rétréci, mais il est très-large dans cet endroit, et son cours est interrompu au-dessous de Béled par des îles à droite et à gauche, qui forment ensemble un large marais. Ses rives dans cet espace sont si éloignées l'une de l'autre, que l'on ne peut les voir toutes deux à la fois; mais elles se rapprochent une demi-heure après, et commencent à être alternativement accidentées. Le fleuve peut avoir ici environ quatre cents pas de largeur. A l'embouchure de la petite rivière Odoneh ou Adzem-Soui, à gauche (1), son lit est presque de niveau avec la plaine, et les îles deviennent plus rares; il y en a une cependant à deux heures et vingt minutes plus bas, qui est habitée; c'est la dernière que nous ayons rencontrée d'ici à Bagdad. A la hauteur du village Sindia le fleuve se resserre pendant quelque temps; ses bords sont plus élevés, le pays est devenu plat et n'est plus coupé par aucune colline. A Djédida le Tigre, un peu encaissé, le devient de plus en plus, en s'approchant d'Imam-Moussa, où l'on arrive en tournant du nord au sud vers l'est. Près de cet Imam il est large et majestueux; mais à Imam-Azem il se resserre considérablement, et parvient, en faisant plusieurs détours, à Bagdad, qu'il traverse du nord-ouest au sud-est.

Il est digne de remarque que depuis Hammam-Ali le cours du fleuve paraît coupé dans toutes les directions par des mamelons, par des branches de montagnes et des collines, et qu'il n'est plus possible à quelque distance de décider s'il coule à gauche ou à droite, ce qui doit former un obstacle propre à ralentir la force du courant. D'un autre côté, le nombre d'îles qu'on aperçoit dans son lit ne doit pas moins concourir au même effet; et sa vaste étendue au-dessous d'Altoun-Soui et d'Imam-Sammarah est aussi une autre cause de son peu de rapidité jusqu'à Bagdad. La même chose n'a pas lieu pour l'Euphrate au-dessus de Lemloum. De Bagdad à Korna le Tigre offre moins de particularités à l'intérêt du voyageur; ses rives sont généralement

(1) La petite rivière Adzem, que les gens du pays appellent aussi *Tavouk-Soui*, prend sa source dans les montagnes à l'orient de cette ville. Il est à remarquer que dans l'été elle se perd deux ou trois fois avant d'arriver au Tigre, à Tavouk, à Démir-Capi, et à Chéik-Massoun, et reste cachée à chaque fois l'espace de deux heures. On voit encore au confluent du fleuve et de cette petite rivière les ruines d'une ancienne ville. Ces ruines nous retracent le site de l'ancienne Opis de Xénophon, et non pas de celle dont Hérodote fait mention; la petite rivière est le Physcus des anciens.

partout plus égales; mais son lit est encore plus rempli de sinuosités. Les Arabes, qui naviguent sur ce fleuve dans toutes les saisons, comptent quarante détours remarquables d'ici à Kout, qu'ils connaissent tous par leur nom. A l'embouchure de la Dialah, qui se jette dans le Tigre avec rapidité, quoique fort épuisée par ses canaux d'irrigation, qui sont nombreux (1), ses deux bancs sont peu élevés. A Takt-Kisra, celui de gauche l'est beaucoup plus que celui de droite, où l'on aperçoit la trace de quelques canaux qui sont négligés, mais qui se remplissent quelquefois dans les grandes eaux (2); le fleuve y est large. Un peu plus bas il y a aussi à gauche divers canaux, pour la plupart l'ouvrage de la nature, entre autres le Nahr-Sophi, dont la rive est un peu plus élevée. Là on remarque diverses îles, qui disparaissent toutes quand les eaux sont hautes. Avant d'arriver à Kout le fleuve se resserre un peu, et la rive gauche y est beaucoup plus élevée que celle de droite. Depuis le Takt-Kisra les deux bords du Tigre sont presque généralement partout couverts de bois taillis, l'unique combustible que l'on ait à Bagdad. Nous voilà arrivés à l'endroit où le Chat-el-Haïe se détache du Tigre pour aller se jeter dans l'Euphrate, un peu au-dessus de Sang-el-Chiank.

A Kout ou Kout-el-Masa (3), que les gens du pays regardent comme la moitié du chemin de Bagdad à Basra, les sinuosités commencent à être moins fréquentes. Cette dernière partie de son cours est aussi la plus favorable à la navigation, qui n'est plus si entravée; et à Ali-

(1) Les naturels prétendent que la Dialah se divise en plus de soixante canaux. De beaucoup inférieure au Tigre et à l'Euphrate, tant pour la longueur de son cours que pour le volume de ses eaux, cette rivière ne laisse pas d'être aussi utile au pachalik de Bagdad; elle est la cause première de la grande fécondité du pays situé sur la rive gauche du premier de ces fleuves, qui comprend le fertile district du Kholasse.

(2) Le Tigre comme l'Euphrate ne s'élève pas chaque année au même degré de hauteur. Au nord des ruines de Séleucie on remarque le Nahr-Malcha, qui ressemble à un grand fossé comblé.

(3) Depuis Kout jusqu'à Korna les Arabes appellent le Tigre la rivière d'Amara.

Kerbi le fleuve est large et majestueux; à quatre heures et demie plus bas il y a le Nahr-Saïd à gauche, et la rive n'offre que du bois taillis. Quelque temps après on rencontre le Nahr-Méhamphess, qui se jette dans le Chat-el-Haede, large et profond canal qui n'est jamais à sec, même pendant l'été. Après avoir arrosé la contrée qu'habitent les Bénilamis, il retourne dans le lit d'où il est sorti. Il est à remarquer que depuis Kout jusqu'au Chat-el-Arab on voit sur les deux rives, mais particulièrement sur la droite, nombre de canaux, dont quelques-uns sont artificiels, mais pour la plupart abandonnés; ils se remplissent dans les grandes crues, et portent alors bien avant dans la plaine les eaux du fleuve.

A quelque distance de là, vis-à-vis d'Um-el-Djumel, coule à droite un canal qui se décharge dans le Mansourié. Le bord y est peu haut, de même qu'au village d'Akaki, où il y a un autre canal et beaucoup de roseaux. Dans les environs le fleuve n'est presque plus bordé de bois taillis. Les rives sont toutes unies, si ce n'est qu'on y découvre çà et là quelques bouquets d'arbres de diverses espèces. Elles sont aussi plus inégales, s'élèvent et s'abaissent alternativement; elles sont rarement escarpées toutes deux à la fois. Depuis Um-el-Djumel jusqu'au tombeau d'Esdras, le Tigre se déborde souvent et submerge toute cette étendue de pays. C'est à ce dernier endroit qu'il commence à s'élargir jusqu'à son embouchure, et que l'on s'aperçoit de la marée. Dans ce lieu la plaine, inondée par le Tigre, ne présente partout au loin que de vastes marais, où viennent chaque année se perdre ses eaux en se joignant à celles de l'Euphrate. A deux heures et trois quarts au nord de Korna se voit à droite l'ancien lit du fleuve, qui, trouvant à gauche moins de résistance, s'y est creusé un nouveau lit. Mais ce lit est plutôt un grand canal desséché, où coulait autrefois une branche du fleuve qui se rendait dans les marais indiqués; c'est là qu'est la jonction du Tigre avec l'Euphrate. Celui-ci, quoique le plus épuisé, paraît beaucoup plus large que l'autre. Sur la côte opposée, une demi-heure plus bas, se présente l'embouchure du Nahrouan-Soui, autrement Djufer-Chat, qui est un bras de la rivière

d'Haviré ou de Karka-Soui, le Gyadès que Cyrus fit diviser en un si grand nombre de canaux (1).

A seize lieues et un quart du Takt-Kisra, des bateliers qui remontaient un bateau de bois découvrirent par hasard le 5 mars 1812, sur la droite du fleuve, au détour appelé Thadjié, un souterrain bâti de briques cuites, que l'eau avait ouvert, et y déterrèrent des lingots d'argent qui pesaient de dix à trente livres chacun. A onze lieues au nord de Kout on aperçoit au détour Memlaha, à gauche, une grande quantité de monceaux de briques cuites, épars sur la surface de la terre, qui annoncent qu'il y avait là quelques bâtiments. Deux heures et demie avant d'arriver à cette ville on rencontre, au milieu du fleuve, vis-à-vis d'un endroit qui se nomme Djumbal, quelques restes d'une muraille de briques cuites et quelques ruines sur les deux rives.

Le Tigre ou Didgel porte depuis Kout jusqu'à Korna le nom de la rivière d'Amara, et depuis le Chat-el-Haïe jusqu'au même point s'offrent sur le côté occidental du fleuve plusieurs vestiges de ruines, entre autres à Kala-Kessar. Les ruines que l'on voit à Phleh-Phleh, sur les deux rives, sont, à ce que prétendent les Arabes, les débris d'un pont. Il y a près du tombeau d'Esdras plusieurs morceaux de murs qui ne sont visibles que dans les basses eaux. Enfin au vieux Zékié, et à gauche au bord de l'eau, à une lieue et demie au-dessus de Korna, on trouve des briques cuites cassées qui couvrent le rivage, et des éminences qu'on dirait n'être formées que de décombres.

Il est nécessaire de remarquer surtout que ces diverses distances sont autant de données approximatives prises sur la marche incertaine du bateau, et qu'il est entièrement impossible de soumettre au calcul. Le Tigre commença à croître en 1811, à la fin d'octobre, et, augmentant et diminuant alternativement pendant novembre, il se gonfla considérablement du 15 au 10 décembre. En 1813, vers le 15 novembre, il était déjà parvenu à une certaine hauteur, qui augmenta en décembre; en 1814, le 24 septembre, il commença à grossir, et depuis ce moment il fut toujours en augmentant, en octobre, novembre et décembre. Cet accroissement provenait des pluies continuelles qui tombèrent alors dans le territoire de Bagdad, et au nord de ce pachalik. Enfin, en 1815, le Tigre commença à croître le 10 novembre, et le 15 ses eaux, grossies par les pluies qui tombèrent en abondance dans le Kurdistan et dans le Diarbékir, s'élevèrent tout à coup à neuf ou dix pieds de hauteur; mais elles baissèrent deux jours après, sans retourner à l'état de décroissement où elles se trouvent communément à la fin de l'été. Ces données suffisent pour démontrer que l'Euphrate ne croît pas avant le Tigre, et que cet incident n'a pas lieu au milieu de l'hiver, comme Rich en fournit une preuve; le 20 décembre 1764, lors de son séjour à Hillah, il s'exprimait ainsi : « Actuellement la rivière est extrêmement basse, mais à la fin de décembre et au commencement de janvier ses eaux commencent à remonter. » Mais il y a deux ans que ses eaux étaient devenues si grosses, le 26 décembre, qu'effrayés de l'approche du beau-frère du pacha, qui s'avançait pour les forcer à payer au gouvernement le tribut annuel, les Caraïls arabes inondèrent leur contrée en ouvrant plusieurs canaux, afin de l'empêcher d'y pénétrer avec son armée.

En 1811 et 1813 le Tigre avait déjà diminué à la fin d'avril. Cette dernière année l'Euphrate diminua aussi à la même époque. En 1814 le premier eut trois grandes crues, la première, occasionnée par la fonte des neiges, arriva le 1er avril, et augmenta jusqu'au 8; la seconde, la plus remarquable, arriva le 19; ses eaux s'étaient déjà élevées à plus de vingt pieds, et se seraient encore élevées davantage, si en se débordant avec trop de violence elles n'avaient pas rompu une de ses digues. Elles inondèrent la plaine et les jardins qui entourent Bagdad. Cet incident imprévu fit tout à coup

---

(1) Cette rivière prend sa source dans les montagnes à l'ouest d'Hamadan, ce qui répond à la position que lui donne Hérodote; une autre branche de cette rivière vient des montagnes de Takt-Ayaghi, baigne Mandèli, et se jette dans le Karka-Soui; la rivière dont il est ici question est la seule que Cyrus, après son départ de Suse, eut à traverser avant d'arriver sur les bords du Tigre.

baisser ce fleuve dans la ville. Assad-Pacha employa trois cents hommes à réparer cette digue. Dès que l'ouvrage fut achevé, le Tigre, renfermé de nouveau dans son lit, commença, le 18 mai, à remonter, mais pas autant qu'à la première crue ; et le 24 de ce mois fut le dernier période de son augmentation. Des vieillards ont assuré à Raimond que depuis l'inondation qui manqua, un an avant la grande peste de 1773, de submerger Bagdad, ils n'en avaient vu qu'une, il y a vingt-cinq ans, qui fût semblable à celle-ci. Cette année-là (1814) l'Euphrate se déborda aussi, le 20 avril ; et quatorze jours après ses eaux s'unirent à celles du Tigre. L'eau de neige fut le premier agent de cette grande inondation ; les pluies abondantes qui tombèrent alors dans les montagnes qui avoisinent ces deux fleuves y eurent aussi beaucoup de part. En 1817 le Tigre ne s'est pas élevé à plus de douze pieds de hauteur ; il augmenta peu à peu sans interruption depuis le 15 novembre de l'année précédente ; le 30 mars fut le terme de son accroissement et l'époque de son décroissement. L'Euphrate, au contraire, s'est débordé le 25 du même mois. Tout le pays d'alentour était submergé le 8 avril : ce débordement ne dura qu'une huitaine de jours ; le fleuve rentra dans son lit, et commença à diminuer. Enfin, en 1816 l'Euphrate et le Tigre ne se sont pas tant élevés que les années précédentes, circonstance qu'il faut attribuer au manque de pluies, qui ont été fort rares.

Comme les Égyptiens avaient leur mékias pour mesurer les degrés d'élévation des eaux du Nil, de même les califes de Bagdad, effrayés du dommage que le Tigre, en se débordant, causait à la ville, avaient le leur à Diarbékir. Le pont de cette ville servait à mesurer les crues de ce fleuve ; lorsqu'elles s'élevaient à moins d'un pied de la hauteur de l'arche du milieu, qui est la plus large, afin de faciliter le passage des radeaux, Bagdad courait risque d'être inondée. Une famille arménienne était chargée de ce soin important, d'où dépendait le salut de la métropole. Dès que le chef de cette famille prévoyait quelque crue extraordinaire, il en donnait, avec la plus grande diligence, avis au calife, afin qu'il pût user des précautions nécessaires pour empêcher les ravages du fleuve. Du temps d'Ahmed-Pacha, le fils de Hassan-Pacha, le nommé Toukman, s'étant aperçu que les eaux étaient tout à coup parvenues au degré de hauteur qui annonçait une grande inondation, se rendit à la hâte à Bagdad, porté sur un radeau à quatre outres. Ahmed-Pacha prit toutes les mesures que commandait la sûreté de la ville. Trois jours après l'arrivée de cet Arménien, la grande crue d'eau à laquelle on s'attendait eut lieu, mais sans faire le moindre dommage. Toukman fut généreusement récompensé ; Ahmeh-Pacha lui fit plusieurs présents, et lui donna quarante bourses.

Pietro della Valle, en parlant du Tigre, dit que ce fleuve est, à quelque distance au-dessous de Bagdad, d'un cinquième plus large que l'Euphrate, de même que l'Euphrate est d'un cinquième plus large que le Tibre. « Il déborde, ajoute-t-il plus loin, annuellement au mois d'août, comme en Égypte, et la raison en est que dans cette saison les neiges se fondent, et roulent en torrents du haut des montagnes, d'où il arrive que la trop grande abondance de ces eaux enfle les rivières à une telle hauteur, qu'elles s'élèvent beaucoup au-dessus de leurs rivages » (1).

COURS DE L'EUPHRATE DEPUIS SUMÉISAT.

Extrait d'un rapport de William Ainsworth, chirurgien et géologue de l'expédition de l'Euphrate, adressé au colonel Chesney (2).

« L'Euphrate est évidemment un fleuve navigable. Je connais ce fleuve depuis Suméisat, dans le Taurus, jusqu'à son embouchure dans le golfe Persique, distance d'environ douze milles. Dans toute cette étendue, sa navigation ne rencontre que deux difficultés réelles. La première est le rocher Kerbeleh à Anah ; le bateau à vapeur y fut plus de deux heures à franchir cette barrière naturelle. La

(1) *Les fameux Voyages de Pietro della Valle*, etc., 2ᵉ partie, p. 27 et 36.
(2) *The Expedition for the Survey of the rivers Euphrates and Tigris*, etc., vol. II, p. 696 (London, 1850, gr. in-8°). — Cette expédition eut lieu en 1836 et 1837.

seconde difficulté est dans l'étroitesse du lit et dans les nombreuses sinuosités que le fleuve forme en traversant les marais de Lemlum. Mais ces obstacles sont bien moins difficiles à surmonter que ceux que présentent quelques rivières navigables de l'Angleterre, comme la Forth au-dessous de Stirling, ou la Clyde, quand les eaux sont basses, au-dessous de Dumbarton.

« Les difficultés que présente le passage de Lemlum peuvent être facilement vaincues par la forme et les dimensions particulières du pyroscaphe ainsi que par l'établissement d'un canal pour dessécher les marais.

« Pour que la navigation de l'Euphrate puisse se faire régulièrement et sans interruption, il faudrait entretenir trois bateaux à vapeur : l'un stationnerait au-dessous de la partie marécageuse, l'autre serait destiné à passer les marais mêmes, et le troisième ferait le service dans la station supérieure ou septentrionale.

« Une pareille communication entre Basra et Bagdad serait de la plus haute importance pour le commerce. On pourrait aussi établir des relations avantageuses avec d'autres villes, telles que Korneh, Feloudjah, Sheik-el Shuyukh, Hillah, ainsi qu'avec la tribu puissante des Montefiks.

« Toutes les tribus arabes sont animées d'un sentiment de cupidité que l'on pourrait facilement faire tourner au profit du commerce. La frugalité si vantée des Arabes ne prouve rien contre l'introduction de la coutellerie perfectionnée, des armes et même des objets de luxe. Hommes et femmes ont un goût passionné pour les ornements et les broderies.

« Dans la station septentrionale on a remarqué trois lieux faciles à aborder : Djaber, Belès et Bir. Belès est préférable aux autres : le pays est sain ; le sol alluvionnaire permettrait facilement d'y creuser des bassins (*docks*). Les habitants ne sont qu'en partie nomades, et on pourrait aisément les rendre agriculteurs. A Belès l'Euphrate est au *minimum* de sa distance d'Alep et de la Méditerranée, et la contrée est propre à la construction des routes, d'un canal ou d'un chemin de fer.

« Toute la navigation entreprise par le vapeur *l'Euphrate* sur le fleuve dont ce navire porte le nom prouve que l'on s'était créé des difficultés purement imaginaires, fondées sur l'exagération des habitudes de brigandage des Bédouins du désert et des tribus du Sindjar. Les Arabes sont incapables de tout plan d'opération, à moins qu'il ne soit conduit par un chef sage et puissant. C'était un spectacle inattendu de voir les chéiks lutter d'empressement pour rechercher la protection du commandant de l'expédition. Dire que l'on ne saurait mettre aucune confiance dans les tribus les plus influentes du pays, c'est une calomnie de voyageurs ignorants et irrités.

« L'ouverture de la navigation de l'Euphrate touche la civilisation en général, aussi bien que le développement de la puissance nationale. Les eaux de ce grand fleuve baignent les habitations de près de quatre millions d'êtres humains et l'intelligence des habitants actuels n'est certainement pas inférieure à celle des Assyriens et des Babyloniens, leurs ancêtres. »

Extrait du rapport de M. Cleveland, lieutenant de l'expédition de l'Euphrate.

« Bushire, 17 juillet 1836.

« Ma connaissance personnelle de l'Euphrate est limitée à la descente faite depuis Bireh jusqu'à l'embouchure pendant les mois de mars, avril, mai et juin. C'est une distance de onze cent dix-sept milles. D'accord avec les autres officiers de l'expédition, j'affirme qu'il n'existe pas un seul obstacle sérieux à la navigation d'un bateau à vapeur depuis Bireh jusqu'à Suméisat, partie du fleuve qui paraissait la moins favorable à cette entreprise. De Bireh à Belès la navigation est embarrassée par de nombreux îlots et par des bancs de sable ; on y trouve une profondeur variable de une à neuf brasses, sur une largeur de deux cents yards à un mille. Le courant file d'environ quatre nœuds. Les tribus qui habitent les bords, loin d'être telles que nous les dépeignent les voyageurs, nous ont montré la plus grande hospitalité ; elles étaient extrêmement portées à trafiquer avec nous pour des étoffes de laine, de coton, des objets de coutellerie, etc.

« Après Bireh, Belès me paraît l'endroit le plus favorable pour le stationnement des navires dans la navigation en amont. Il n'est qu'à cinquante milles d'Alep; le pays est parfaitement uni et bien approprié à l'établissement d'une route praticable ou d'un chemin de fer, où l'on ferait le trajet dans cinq à six heures.

« A partir de Belès le fleuve devient beaucoup plus profond; ses bords, devenus plus escarpés, sont couverts de tamariniers, de peupliers et de pâturages aussi loin qu'Anah, dans un espace de quatre cent six milles.

« A Anah, et de là jusqu'à Basra, le paysage est extrêmement beau; les dattiers abondent, et sont entremêlés d'autres arbres. La ville de Hit, à cent trois milles au-dessous d'Anah, produit du sel et du bitume en abondance. Ce dernier provient de sources qui sont à trois quarts de mille environ dans l'intérieur des terres.

« Les saignées ou canaux d'irrigation commencent à quelque distance au-dessous d'Anah. Leur construction simple et élégante contribue à embellir le paysage, et ils n'apportent pas le moindre empêchement à la navigation. A cent quatre-vingt dix milles au-dessous de Hit est Hillah, ville considérable, avec un pont de bateaux qui, étant sous la surveillance d'un musellim, peut s'ouvrir facilement à l'approche des bateaux à vapeur.

« Soixante-six milles au-dessous de Hillah est Lamlum. A quelques milles au-dessus de cet endroit le fleuve devient si étroit et si sinueux, que le navire y éprouve beaucoup de retard. Ces obstacles augmentent même tellement dans les marais de Lamlum, qu'il faudrait pour les franchir un bateau d'une structure particulière. Les gens de Lamlum sont sans doute d'une race indomptée et hostile; mais avec quelques précautions on pourrait facilement se tirer de leurs parages.

« Les sinuosités du fleuve à travers les marais de Lamlum font une distance d'environ quarante-deux milles; mais à partir de l'îlot de Karayem il reprend son cours majestueux, et devient de plus en plus sûr jusqu'à Kurnah, où il est navigable pour des bâtiments considérables, et de là jusqu'à la mer, dans un espace de cent un milles et demi, pour des bateaux à vapeur de la plus grande dimension.

« Basra est à environ quarante milles au-dessous de Kurnah, et je la regarde comme admirablement située pour l'établissement de magasins, de *dockyards*, etc.

« La navigation de l'Euphrate en amont comme en aval pourra s'effectuer dans toute saison de l'année. Dans la partie inférieure, de Basra à l'île de Karayem, dans un espace de cent soixante-quatorze milles, je proposerais un vapeur en fer de la puissance de quatre-vingts à quatre-vingt-dix chevaux, d'environ cent vingt pieds de long sur vingt de large, et tirant cinq pieds et demi d'eau. Le vapeur, à raison de ses dimensions, serait en même temps propre à faire le service de la mer dans le golfe Persique. Le vent appelé Samiel ou Samoum, qui règne ici pendant quelques mois, nécessite un navire aussi puissant dans la partie inférieure du fleuve. De Basra à l'île de Karayem ce navire pourrait aller, en montant dans dix-neuf heures, et en descendant dans moins de quatorze heures.

« A la passe des marais de Lamlum le navire serait remplacé par deux autres vapeurs plus petits, sur lesquels on transporterait les marchandises du premier. Ces derniers pourraient avoir soixante pieds de long sur dix pieds de large et tirer à peu près deux pieds d'eau. De l'île de Karayem jusqu'à Belès, distance de sept cent quatre-vingt-quatorze milles, le passage pourrait se faire dans huit heures pour monter, et quatre pour descendre. Ces vapeurs à roues seraient construits sur le modèle de ceux qu'on emploie en Angleterre pour la navigation des rivières.

« La durée totale de la navigation depuis Basra jusqu'à Belès serait donc de dix jours, que l'on pourrait facilement réduire à huit, et le voyage de Bombay en Angleterre pourrait se faire en moins de trente-huit jours (1). »

ÎLES ET CÔTES DU GOLFE PERSIQUE.

Le golfe Persique était jadis plus fréquenté qu'il ne l'est aujourd'hui. Les

(1) Chesney, *Expédition*, etc.; à la fin du vol. II.

Grecs lui donnaient quelquefois, comme à la mer Rouge, le nom de *mer Érythrée*. A l'entrée de ce golfe, à droite, au-dessous d'une haute montagne (Djebel-Chamal), se trouve l'île d'Ormuz, si célèbre autrefois. De l'autre côté est Larek, et un peu plus loin on voit Gomron, ville qui ne le cédait qu'à Ormuz en richesse et en magnificence. Kichm ou Djim (*Oaracta*) et Minaou, près de laquelle se rencontrèrent Alexandre et Néarque, sont situées dans le voisinage.

Ile d'Ormuz. — Il ne reste plus que de faibles vestiges de l'ancienne opulence d'Ormuz. On a de la peine à y reconnaître un emplacement convenable pour une ville qui renfermait quatre mille maisons, peuplées de quarante mille habitants, et où des marchands de toutes les parties du globe affluaient pour rivaliser par l'étalage du luxe et le raffinement de toutes les jouissances. Le royaume d'Ormuz ou Ormuzéin (*Hormisdases*), situé sur le continent adjacent, donna son nom à cette île, qui, selon Ouseley (*Travels*, tom. I, pag. 156), s'appelait auparavant *Déram*. Il est impossible de déterminer à quelle époque cette île fut habitée pour la première fois; mais il est certain qu'elle a servi plusieurs fois de retraite aux habitants du continent durant les commotions politiques et les invasions étrangères.

L'île d'Ormuz est de forme presque circulaire; vue du côté de la mer, elle présente un aspect inégal et raboteux. Sa surface, dépouillée de terre végétale, présente une multitude de mamelons coniques, indice de son origine volcanique. L'île est accessible de tous les côtés; le port, situé à la côte nord-est, est à la fois sûr et commode. C'est à cela qu'il faut en partie attribuer son ancienne importance (1).

Le fort, dont la position est très-bien choisie, garde l'entrée du port; les canons en sont rongés par la rouille. A une centaine de mètres de ce fort, qui tombe en ruines, s'élève le phare, qui était autrefois un bel édifice; son escalier en spirale existe encore, mais il serait dangereux d'essayer d'y monter. Une plaine unie s'étend à quelque distance au nord-est de ce bâtiment, et sa surface est jonchée de débris et de ruines d'anciennes habitations. On y a creusé des réservoirs et des puits; les premiers, quoique très-délabrés, sont couverts d'un toit voûté en cintre. L'île étant dépourvue de sources d'eau potable, les habitants n'ont pas d'autre boisson que l'eau de pluie, qu'ils recueillent dans ces réservoirs durant la saison humide. Au delà de cette plaine, vers les collines raboteuses qui bordent la côte orientale de l'île, on remarque un singulier phénomène, qui ressemble de loin à des glaciers. Ces collines, à une distance considérable de leur base, sont couvertes d'une incrustation saline, qui dans quelques endroits est transparente comme de la glace; ailleurs sa surface est en partie couverte d'une légère couche terreuse d'un rouge foncé, couleur produite par l'oxyde ferrique dont toute la superficie de l'île est profondément imprégnée.

L'iman de Mascate possède actuellement Ormuz; il la tient à ferme du roi de Perse, et fait occuper le fort par une garnison de cent hommes, que commande un officier ayant le titre de chéik. Il retire un petit revenu de la vente du sel, qui s'expédie dans différentes parties du golfe. Ormuz compte aujourd'hui tout au plus cinq cents habitants, qui n'ont d'autre occupation que la pêche et le soin de ramasser le sel. On peut s'y procurer un peu de volaille et quelques moutons, qui y ont été transportés du continent.

L'île d'Ormuz a appartenu pendant plus d'un siècle aux Portugais. Ils en furent chassés en 1622 par Schah-Abbas, qui transporta le commerce de cette île à Gomrou, ou Bender-Abbas.

Presque vis-à-vis d'Ormuz, sur la côte de la Perse, le Minaou a son embouchure. Ce fleuve, très-tortueux, est navigable, pendant la marée haute, pour des navires de vingt tonneaux; sa largeur est d'environ cent mètres et sa profondeur de deux mètres. Durant la marée basse, son lit est presque à sec et présente alors l'aspect d'une crique sale et vaseuse. Plusieurs petites villes (Schah-Bender, Hadjiabad, Minaou)

---

(1) M. Whitelock, *Journal of the Geographical Society of London*. Année 1839.

sont situées sur ses bords. Quoique le site de la ville de Minaou soit bas et mal choisi, il passe cependant pour sain. Les maisons sont, en général, construites en pierres brutes, réunies ensemble avec de la terre. Le sulfate calcaire cristallisé tient lieu de vitre. Les habitants sont polis et hospitaliers. Le sol est alluvionnaire; il fournit avec peu de travail de riches moissons. Tout le pays situé entre Schah-Bender et Hadjiabad est cultivé, et produit d'abondantes récoltes de froment, de fruits et de plantes potagères; les melons y sont communs, ainsi que les oignons; les prunes, les cerises, de belles pommes et des fruits secs y sont apportés de l'intérieur. On y cultive aussi une quantité considérable d'indigo.

Gomrou ou Bender-Abbas a été quelque temps l'entrepôt de la Perse. Les Anglais, les Hollandais et les Français y avaient des comptoirs. Des marchands de tous les pays du globe y affluaient, et Gomrou paraissait destiné à jouir de l'ancienne opulence d'Ormuz; mais sa splendeur dura bien moins que celle de cette île. Vers la fin du dix-septième siècle, les troubles de la Perse interrompirent souvent les relations commerciales. Cependant, aujourd'hui son commerce s'est relevé, grâce à la domination bienfaisante de l'iman de Mascate, qui s'étend et se consolide de plus en plus. Les exportations consistent en tapis de Perse, en tabac et fruits secs; et les principales importations, en draps, en toiles de l'Inde et en marchandises de la Chine. La valeur annuelle de ces derniers objets est estimée à près de trois laks de roupies (environ 750,000 francs). La population de Bender-Abbas offre un mélange de Persans, d'Arabes, de Kurdes, d'Arméniens et de Bédouins. Leur nombre peut se monter à cinq mille âmes. Les tombeaux des anciens Européens sont hors de la ville. Dans leur voisinage se trouvent quelques réservoirs creusés, avec un travail extraordinaire, par les Portugais: ils sont coupés à angle droit par deux autres, de manière à présenter la forme d'une croix.

Entre Bender-Abbas et Linjak le littoral du golfe Persique n'offre que peu de chose digne d'attention; il est bas et stérile. Vis-à-vis de Laft il est bordé de marais, que couvrent des buissons épais de mangliers; et tout auprès se trouve le petit village de Khamir. Dans son voisinage sont des mines de soufre, dont l'exploitation est très-considérable, et dont le produit est expédié en grande quantité à Mascate. Un peu plus loin il y avait des mines de cuivre, qui étaient jadis exploitées par les Portugais.

Kichem ou *Djezireh-Diraz* (île longue) est la plus grande île du golfe Persique, bien qu'elle n'ait pas eu l'importance d'Ormuz. Elle se prolonge parallèlement à la côte, dont elle est séparée par un canal étroit, parsemé d'îlots, et qui sur les cartes modernes les plus détaillées porte le nom de détroit de Clarence. Par sa forme, Kichem a une ressemblance frappante avec un poisson; la ville du même nom, située à son extrémité orientale, est la tête; Laft, au nord, et l'île d'Anjar (Hinjam de Niebuhr) au sud, représentent les nageoires; et Basidoh, à l'ouest, figure l'extrémité de sa queue. La longueur de l'île est, d'après M. Williamson, de cinquante-quatre milles, et sa plus grande largeur de vingt. Une suite de coteaux se prolonge d'une extrémité à l'autre de la côte méridionale, tandis que le reste du terrain vers le nord est occupé par des plaines arides et des ravins profonds. La plus grande partie de la surface est stérile, et, dans quelques endroits, incrustée d'efflorescences salines. Mais les traits les plus remarquables de sa structure sont des collines à sommet aplati, qui occupent des positions isolées dans la plaine. Elles sont de forme circulaire, composées principalement de grès, et plus larges par le haut que par le bas. Leur hauteur moyenne est de cent mètres; et elles semblent avoir été soumises à l'action d'un courant puissant. Dans un pays où les tremblements de terre sont fréquents, on peut admettre comme très-probable que ces masses isolées indiquent le niveau primitif de l'île, et que les plaines se sont affaissées de tous côtés autour d'elles. La partie septentrionale de l'île est la plus fertile et, par cette raison, la plus peuplée. Le sol consiste en un terreau noir; on y récolte du froment, de l'orge, des plantes potagères, des melons, des raisins, des bananes (*ficus indica*), etc. Les dattes y sont très-abondantes; on y élève de la volaille et des bestiaux, mais, à moins que les moissons ne manquent, les habitants ne touchent guère aux derniers. La pêche, l'agriculture, la fabrication de la toile, forment les principales occupations des habitants : ils demeurent dans des villages épars sur le rivage. Les trois villes de l'île sont Kichem, Laft et Basidoh. La première, qui est la plus considérable, a environ deux mille habitants. Vers le centre de l'île on voit un rocher isolé, qui a près de cent mètres de hauteur; il paraît qu'il servait autrefois de retraite à des bandes de pirates. On ne peut parvenir au sommet qu'en grimpant par une ouverture étroite ressemblant à une cheminée. Au dire des indigènes, l'équipage d'un vaisseau portugais, qui avait fait naufrage sur cette île, s'empara de ce lieu singulier, et y résista longtemps aux attaques des habitants.

On trouve dans l'île de Kichem une petite et très-belle espèce d'antilope, des lièvres, des lapins, des chacals et des renards. Les chameaux et les ânes sont employés comme bêtes de somme. Les principaux oiseaux sont les vautours, les grues, les perdrix grises, les faucons, les pigeons, les martins-pêcheurs et les geais.

Le canal de Clarence est garni de groupes d'îlots, qui sont couverts d'un taillis très-épais de mangliers; la verdure vive du feuillage de ces arbres repose la vue, dans un pays si pauvre en végétation. Il y a une circonstance intéressante à observer relativement au mouvement de la marée dans ce canal : les eaux du flot y entrent par les deux extrémités et se rencontrent à Laft, où elles montent à environ cinq mètres et baissent de la même quantité. Cette particularité facilite beaucoup la navigation dans ce détroit.

L'*île d'Andjar* est située au sud de Kichem (26° 41' lat. sept. et 55° 56' longit. orient. de Greenwich), vis-à-vis la ville de Laft. Elle est formée de rochers nus, et présente l'aspect volcanique observé généralement dans les autres îles du golfe. Elle était autrefois habitée, car on y voit encore une mosquée en ruines.

Au sud de Basidoh il y a deux îles également inhabitées, qu'on appelle la grande et la petite Tombe (*Toumb* et *Toumb namiouh* de Niebuhr). La première est remplie d'antilopes et tapissée d'un beau gazon pendant les mois d'hiver.

Un peu plus vers le nord on trouve l'*île de Larek;* elle est d'origine volcanique, et ressemble beaucoup à Dalmah, l'une des îles voisines de la côte d'Arabie, que M. Whitelock nomma groupe de Mand. Cette île n'a ni un port ni un mouillage sûr dans le voisinage. En 1829 M. Whitelock la trouva habitée par une centaine de pêcheurs, demeurant dans de misérables huttes, au-dedans des murs d'un vaste fort. Ils vivent ensemble comme une seule famille. C'est une race pauvre et isolée, qui ressemble aux Arabes de la tribu répandue dans le voisinage de Ras-Mocendum, et avec lesquels ils entretiennent des relations amicales. Ils ont une grande répugnance à se mêler avec leurs voisins, et visitent rarement la ville de Kichem. Ils subsistent de poissons et de dattes. Aucune partie de l'île n'est cultivée, et le peu de bétail qu'ils entretiennent pour en avoir du lait partage en général la nourriture de ses maîtres.

Nous mentionnerons encore les îles de Baharéin (de l'arabe *bahar*, mer), de tout temps célèbres pour la pêche aux perles. Ce groupe d'îles, situé vers le 27° de latitude septent., à peu de distance de la côte d'Arabie, se compose de trois îles principales : 1° *Bahréin*, qui a donné son nom au groupe. Son sol est très-fertile et couvert de dattiers. Le chef-lieu, Mendina, est protégé par un fort; sa population est d'environ trois mille âmes. 2° *Arad*. Cette île est basse, sablonneuse et entourée de bas-fonds. Elle est partagée en deux moitiés par un isthme étroit, qui est recouvert par l'eau pendant la marée haute. 3° *Gattar-Sahwi*. Petite île plate, remarquable par un tombeau antique qui s'y trouve.

Les îles de Bahréin furent une pomme de discorde entre les Persans et les Arabes, qui s'en sont tour à tour disputé la possession. Les Portugais en furent aussi les maîtres pendant quelque temps; ils en furent expulsés par les Arabes. Les anciens avaient donné à ces îles les noms de *Tyrus major*, *Tyrus minor* et *Aradus*. Aujourd'hui elles appartiennent à l'empire de l'iman de Mascate.

La pêche aux perles n'est plus dans un état aussi florissant depuis que les Anglais lui ont fait une concurrence si redoutable dans l'océan Indien.

L'état des habitants du pays de Ras-Mocendom (promontoire de l'Arabie sous le 26° 23′ latit. nord et 56° 35′ longit. orient.) offre une preuve frappante de la véracité des historiens anciens, dont on a si souvent taxé les récits de fabuleux. Voici ce que raconte M. Whitelock :

« L'état d'isolement maintient les indigènes dans une ignorance et une pauvreté remarquables, qui sont compensées par leur amour pour leurs foyers et leur contentement général. Ils habitent principalement les petites baies sablonneuses qui sont à l'extrémité des anses, et ils demeurent dans des huttes en pierre entourées de quelques palmiers ; ils vivent de poisson, d'orge, de lait de chèvre et de dattes. Ils sont mal vêtus, et leur costume n'offre rien de remarquable. Ils parlent un arabe si corrompu, qu'ils ne se font entendre que très-difficilement des autres Arabes. Il est impossible de connaître leur nombre, parce qu'ils changent de demeure à chaque saison, et quelquefois quittent leur vallée pour aller habiter au haut des monts. A un lieu appelé Limak nous en trouvâmes qui habitaient dans des cavernes naturelles, sur le flanc d'une montagne escarpée ; le devant était partiellement construit en pierres sèches. Cet endroit offrait un aspect singulier. Les cavernes étaient disposées par rangées les unes au-dessus des autres ; les enfants étaient ordinairement attachés avec des cordes pour les empêcher de tomber dans le précipice. Ces Arabes sont trop ignorants pour être même curieux. Quand quelques-uns d'entre eux étaient induits à venir à bord, ils manifestaient pour un moment une surprise stupide ; elle était aussitôt suivie d'une indifférence complète, qui forme le principal trait caractéristique de ces pauvres gens. On leur fit voir des montres, des peintures, des miroirs que certainement ils n'avaient jamais aperçus auparavant ; mais les câbles en chaînes et les cochons étaient les seuls objets qui fixassent leur attention..... Ces hommes sont très-indolents et malpropres, et jamais ils ne travaillent plus qu'il n'est nécessaire pour se nourrir ; faire la pêche et des filets sont leurs seules occupations. »

Nous n'hésitons pas à regarder les indigènes du Ras-Mocendom comme les descendants des Ichthyophages dont parle Agatharchide, cité par Diodore. Ces Ichthyophages demeuraient en dehors du golfe Arabique (οἱ ἐκτὸς τοῦ κόλπου νεμόμενοι). Voici comment s'exprime l'historien grec :

« Quant aux Ichthyophages qui demeurent sur le littoral en dehors du golfe Arabique, leurs habitudes sont beaucoup plus singulières. Ils n'éprouvent pas le besoin de boire, et n'ont naturellement aucune passion. Relégués par le sort dans un désert, loin des pays habités, ils pourvoient à leur subsistance par la pêche, et ne cherchent pas d'aliment liquide. Ils mangent le poisson frais et presque cru, sans que cette nourriture leur ait donné l'envie ou même l'idée de se procurer une boisson. Contents du genre de vie que le sort leur a départi, ils s'estiment heureux d'être au-dessus des tourments du besoin. Mais ce qu'il y a de plus étrange, c'est qu'ils sont d'une si grande insensibilité qu'ils surpassent sous ce rapport tous les hommes, et que la chose paraît presque incroyable. Cependant, plusieurs marchands d'Égypte, qui, naviguant à travers la mer Rouge, abordent encore aujourd'hui le pays des Ichthyophages, s'accordent avec notre récit concernant ces hommes apathiques. Ptolémée, troisième du nom, aimant passionnément la chasse des éléphants, qui se trouvent dans ce pays, dépêcha un de ses amis, nommé Simmias, pour explorer la contrée. Muni de tout ce qui était nécessaire pour ce voyage, Simmias explora tout le pays littoral, ainsi que nous l'apprend l'historien Agatharchide de Cnide. Cet historien raconte, entre autres, que cette peuplade d'Éthiopiens apathiques ne fait aucunement usage de boissons, par les raisons que nous avons déjà indiquées. Il ajoute que ces hommes ne se montrent point disposés à s'entretenir avec les navigateurs étrangers, dont l'aspect ne produit sur eux aucun mouvement de surprise ; ils s'en soucient aussi peu que si ces navigateurs n'existaient pas. Ils ne s'enfuyaient point à la vue d'une épée nue, et supportaient sans s'irriter les insultes et les coups qu'ils recevaient. La foule n'était point émue de compassion, et voyait égorger sous ses yeux les enfants et les femmes sans manifester aucun signe de colère ou de pitié. Soumis aux plus cruels traitements, ils restaient calmes, voyant ce qui se faisait avec des regards impassibles et inclinant la tête à chaque insulte qu'ils recevaient. On dit aussi qu'ils ne parlent aucune langue, et qu'ils demandent par des signes de la main ce dont ils ont besoin. Mais la chose la plus étrange, c'est que les phoques vivent avec eux familièrement et font la pêche en commun, comme le feraient les autres hommes, se confiant réciproquement le soin de leur retraite et de leur progéniture. Ces deux races si distinctes d'êtres vivants passent leur vie en paix et dans la plus grande harmonie. Tel est le genre de vie singulier qui, soit habitude, soit nécessité, se conserve de temps immémorial chez ces espèces de créatures (1). »

Ainsi, chose remarquable, ce qui de tout temps a frappé le plus les observateurs chez cette race d'hommes, c'est un état apathique complet, dont aucun peuple n'offre peut-être d'analogue. Agatharchide et, plus de vingt siècles après, M. Whitelock signalent cet état apathique comme le principal trait caractéristique de ces hommes, dont l'unique occupation est la pêche. On chercherait peut-être vainement ailleurs une confirmation plus éclatante de l'exactitude d'un de ces récits anciens qu'on a l'habitude de traiter de fable. Ce qui en augmente encore la valeur, c'est que le lieutenant Whitelock, en parlant de « ces pauvres gens si apathiques », ne songeait certainement pas aux Ichthyophages décrits par Agatharchide.

CHALDÉE ET CHALDÉENS.

D'après les autorités les plus anciennes, la Chaldée comprenait une partie de la Babylonie méridionale et du désert de l'Arabie, et s'étendait jusqu'au golfe Persique. Tout le pays situé à l'ouest du Chat-al-Arab faisait partie de l'antique Chaldée. Dans la Bible, le nom des *Chaldéens*, qui s'appelaient eux-mêmes *Casdim* (כשדים), est synonyme d'*habitants de la ville de Babylone* (Babel) *et de la Babylonie* (1). Aussi la Babylonie s'appelle-t-elle ארץ־כשדים, *pays des Casdim* ou *Chaldéens* (2), ou tout simplement *Casdim* (3), la γῆ Χαλδαίων dans les *Actes des Apôtres* (VII, 4). — Strabon place les anciens Chaldéens dans un district de la Babylonie voisin des Arabes et du golfe Persique (4), et Ptolémée donne le nom de *Chaldée* à la Babylonie qui avoisine l'Arabie déserte (5). La ville d'*Ur*, sur la situation de laquelle on ne sait rien de précis, était dans la Chaldée (6) ou dans le *Sinéar*, nom que l'on donnait aussi à la Babylonie, dont le sol uni, et souvent inondé, est comparé par Isaïe (XXI, 1) à la surface de la mer. Ce district porte aujourd'hui le nom d'*Irak-el-Arab*.

Les autres villes de la Chaldée ou Babylonie mentionnées dans la Bible étaient : 1° *Calneh* (כלנה) (7) ou *Calno* (כלנו) (8), par contraction (כנה) (9), sur l'emplacement de laquelle paraît s'être plus tard élevée Ctésiphon (10); 2° *Erekh* (ארך) (11), que le Syrien Éphraem place à Édesse dans la Mésopotamie, et Bochart à Ardérikka, sur le Tigre; 3° *Accad* (אכד) (12), que Bochart croit être la *Sittace* des auteurs profanes.

Quoi qu'il en soit de la situation de ces

---

(1) Diodore de Sicile ; tome I, p. 193, de ma traduction.

(1) Isaïe, XLIII, 14; XLVIII, 14, 20; Jérém., XXI, 9; XXXII, 4; XXIV, 25, 28, 29, 43; XXXV, 11; XXXVII, 8; XXXVIII, 18; Ézéch., XXIII, 14, 23; Habac., I, 6-11.
(2) Jérém., XXIV, 5; XXV, 12; L, 1, 10, 25 ; Ézéch., XII, 13.
(3) Jérém., L, 10; LI, 24, 35 · Ézéch., XI, 24; XVI, 29; XXIII, 16.
(4) Strab., *Geogr.*, XVI, 1.
(5) Ptolém., *Geogr.*, V, 20.
(6) Genès., XI, 28.
(7) Genès., X, 10; Amos, VI, 1.
(8) Isaïe, X, 8.
(9) Ézéch., XXVII, 23.
(10) Polyb., V, 44.
(11) Genès., X, 10; Esra, IV, 9.
(12) Genès., X, 10; XI, 12.

villes, dont on ne saurait guère aujourd'hui retrouver de vestiges, il est certain que la Chaldée antique était située bien loin de la Chaldée moderne, qui est au pied des montagnes de l'Arménie. Or, comme c'est là précisément que les archéologues ont placé la Ninive antique, ils ont, pour le besoin de leur cause, tellement embrouillé la question, qu'il faut, outre une grande érudition, beaucoup de sagacité jointe à une critique indépendante, exempte de fanatisme et de tout esprit de coterie, pour parvenir à démêler le vrai du faux (1).

Selon Hérodote, les Chaldéens (Χαλδαῖοι) étaient les prêtres de Bélus à Babylone (2). Ils étaient, dans toute l'antiquité, renommés comme des astrologues habiles à prédire l'avenir (3). Voici ce qu'en dit Diodore, probablement d'après Ctésias (II, 29 et suiv.): « Les Chaldéens sont les plus anciens des Babyloniens; ils forment dans l'État une classe semblable à celle des prêtres en Égypte. Institués pour exercer le culte des dieux, ils passent toute leur vie à méditer les questions philosophiques, et se sont acquis une grande réputation dans l'astrologie. Ils se livrent surtout à la science divinatoire, et font des prédictions sur l'avenir; ils essayent de détourner le mal et de procurer le bien, soit par des purifications, soit par des sacrifices ou par des enchantements. Ils sont versés dans l'art de prédire l'avenir par le vol des oiseaux; ils expliquent les songes et les prodiges. Expérimentés dans l'inspection des entrailles des victimes, ils passent pour saisir exactement la vérité. Mais toutes ces connaissances ne sont pas enseignées de la même manière que chez les Grecs. La philosophie des Chaldéens est une tradition de famille; le fils qui en hérite de son père est exempté de toute charge publique. Ayant pour précepteurs leurs parents, ils ont le double avantage d'apprendre toutes ces connaissances sans réserve et d'ajouter plus de foi aux paroles de leurs maîtres. Habitués à l'étude dès leur enfance, ils font de grands progrès dans l'astrologie, soit à cause de la facilité avec laquelle on apprend dans cet âge, soit parce que leur instruction dure plus longtemps. Chez les Grecs, au contraire, on entre dans cette carrière sans connaissances préliminaires, on aborde très-tard l'étude de la philosophie, et, après y avoir travaillé pendant quelque temps, on l'abandonne pour chercher dans une autre occupation les moyens de subsistance. Quant au petit nombre de ceux qui s'absorbent dans l'étude de la philosophie, et qui pour gagner leur vie persévèrent dans l'enseignement, ils essayent toujours de faire de nouveaux systèmes et ne suivent point les doctrines de leurs prédécesseurs. Les Chaldéens, demeurant toujours au même point de la science, reçoivent leurs traditions sans altération; tandis que les Grecs, ne songeant qu'au gain, créent de nouvelles sectes, et se contredisent entre eux sur les doctrines les plus importantes, et, jetant le trouble dans l'âme de leurs disciples, qui, ballottés dans une incer-

---

(1) Voyez ce que j'ai dit plus haut. — Les Anglais surtout, soit pour servir la Société Biblique, soit par un stupide fanatisme religieux, tiennent beaucoup à l'antique Ninive ainsi qu'à toutes les ruines qui pourraient rappeler des noms de la Bible. Leurs voyageurs parcourent l'Orient la *Sainte Écriture* à la main, ce qui peut être fort édifiant; ils la citent à tout propos, ce qui ne messied pas à un bon chrétien : mais qu'ils s'abstiennent de la faire sans cesse intervenir pour décider des questions d'archéologie ou de géographie ancienne, que les autorités profanes sont souvent plus aptes à résoudre. Les Juifs peuvent avoir été un peuple fort intéressant, car c'est de leur pays qu'est sorti le christianisme; mais on m'accordera, je l'espère, que par le rôle qu'ils ont joué dans l'histoire, par leurs conquêtes et par leurs monuments, ils ne viennent qu'après les Perses, les Grecs et les Romains. C'est à quoi les voyageurs anglais ne pensent même pas. Rencontrent-ils, par exemple, des briques enduites d'un émail vitreux : ces briques proviennent de je ne sais quelle fournaise d'Abraham. Voient-ils une sculpture représentant un lion ou un homme renversé : c'est Daniel dans la fosse aux lions. Hors de la Bible, le monde n'est qu'une fiction. A côté des anciens Assyriens, les Perses, les Grecs et les Romains ne sont que des Pygmées, apparemment parce qu'ils tiennent une très-mince place dans les récits de la Bible. De tels antiquaires ou voyageurs sont faits pour chanter au lutrin, et non pour parler d'archéologie.

(2) Hérodot., I, 181 et 183.

(3) Diod., XVII, 112. Les Chaldéens prédirent la mort d'Alexandre à Babylone.

titude continuelle, finissent par ne plus croire à rien (1). En effet, celui qui veut examiner de près les sectes les plus célèbres de nos philosophes pourra se convaincre qu'elles ne s'accordent nullement entre elles, et qu'elles professent des opinions contradictoires sur les points les plus essentiels de la science.

« Les Chaldéens enseignent que le monde est éternel de sa nature, qu'il n'a jamais eu de commencement et qu'il n'aura jamais de fin. Selon leur philosophie, l'ordre, l'arrangement de la matière sont dus à une providence divine ; rien de ce qui s'observe au ciel n'est l'effet du hasard ; tout s'accomplit par la volonté immuable et souveraine des dieux. Ayant observé les astres depuis les temps les plus reculés, ils en connaissent exactement le cours et l'influence sur les hommes, et prédisent à tout le monde l'avenir. La doctrine qui est selon eux la plus importante concerne le mouvement des cinq astres que nous appelons *planètes* (2), et que les Chaldéens nomment *interprètes*. Parmi ces astres, ils regardent comme le plus considérable et le plus influent celui auquel les Grecs ont donné le nom de Kronos (3), et qui est connu chez les Chaldéens sous le nom de Hélus. Les autres planètes sont appelées, comme chez nos astrologues, Mars, Vénus, Mercure et Jupiter. Les Chaldéens les appellent interprètes, parce que les planètes, douées d'un mouvement particulier déterminé que n'ont pas les autres astres, qui sont fixes et assujettis à une marche régulière, annoncent les événements futurs et interprètent aux hommes les desseins bienveillants des dieux. Car les observateurs habiles savent, disent-ils, tirer des présages du lever, du coucher et de la couleur des astres ; ils annoncent aussi les ouragans, les pluies et les chaleurs excessives. L'apparition des comètes, les éclipses de soleil et de lune, les tremblements de terre, enfin les changements qui surviennent dans l'atmosphère, sont autant de signes de bonheur ou de malheur pour les pays et les nations aussi bien que pour les rois et les particuliers. — Au-dessous du cours des cinq planètes sont, continuent les Chaldéens, placés trente astres, appelés les dieux conseillers ; une moitié regarde les lieux de la surface de la terre ; ces conseillers inspectent à la fois tout ce qui se passe parmi les hommes et dans le ciel. Tous les dix jours un d'eux est envoyé, comme messager des astres, des régions supérieures dans les régions inférieures, tandis qu'un autre quitte les lieux situés au-dessous de la terre pour remonter dans ceux qui sont au-dessus ; ce mouvement est exactement défini, et a lieu de tout temps, dans une période invariable. Parmi les dieux conseillers il y a douze chefs, dont chacun préside à un mois de l'année et à un des douze signes du zodiaque. Le soleil, la lune et les cinq planètes passent par ces signes. Le soleil accomplit sa révolution dans l'espace d'une année, et la lune dans l'espace d'un mois.

« Chaque planète a son cours particulier ; les planètes diffèrent entre elles par la vitesse et le temps de leurs révolutions. Les astres influent beaucoup sur la naissance des hommes, et décident du bon ou du mauvais destin : c'est pourquoi les observateurs y lisent l'avenir. Ils ont ainsi fait, disent-ils, des prédictions à un grand nombre de rois, entre autres au vainqueur de Darius, Alexandre, et aux rois Antigone et Séleucus Nicator, des prédictions qui paraissent toutes avoir été accomplies et dont nous parlerons en temps et lieu. Ils prédisent aussi aux particuliers les choses qui doivent leur arriver, et cela avec une précision telle que ceux qui en ont fait l'essai en sont frappés d'admiration, et regardent la science de ces astrologues comme quelque chose de divin. En dehors du cercle zodiacal, ils déterminent la position de vingt-quatre étoiles, dont une moitié est au nord et l'autre au sud ; ils les appellent juges de l'univers : les étoiles visibles sont affectées aux êtres vivants, les étoiles invisibles aux morts. La lune se meut, ajoutent les Chaldéens, au-dessous de tous les autres astres ; elle est la plus voisine de la terre, en raison de la pesanteur ; elle exécute sa révolution dans le plus court espace de temps, non pas par la vitesse

---

(1) A combien de rapprochements ces paroles pourraient donner lieu !
(2) Πλανῆται, astres errants.
(3) Saturne.

de son mouvement, mais parce que le cercle qu'elle parcourt est très-petit; sa lumière est empruntée, et ses éclipses proviennent de l'ombre de la terre, comme l'enseignent aussi les Grecs. Quant aux éclipses de soleil, ils n'en donnent que des explications très-vagues : ils n'osent ni les prédire ni en déterminer les époques. Ils professent des opinions tout à fait particulières à l'égard de la terre : ils soutiennent qu'elle est creuse, sous forme de nacelle, et ils en donnent des preuves nombreuses et plausibles, comme de tout ce qu'ils disent sur l'univers. Nous nous éloignerions trop de notre sujet si nous voulions entrer dans tous ces détails; il suffit d'être convaincu que les Chaldéens sont, plus que tous les autres hommes, versés dans l'astrologie, et qu'ils ont cultivé cette science avec le plus grand soin. Il est cependant difficile de croire au nombre d'années pendant lesquelles le collège des Chaldéens aurait enseigné la science de l'univers; car depuis leurs premières observations astronomiques jusqu'à l'invasion d'Alexandre ils ne comptent pas moins de quatre cent soixante-treize mille ans (1). »

RELIGION ET ASTROLOGIE DES CHALDÉENS.

« La crainte a fait les dieux » (*timor fecit deos*), a dit un philosophe ancien. Nous ajouterons que la nécessité a créé les sciences. La religion et les sciences sont contemporaines; aussi semblent-elles se compléter réciproquement. C'est là que nous pouvons souvent nous procurer les renseignements que l'histoire et les monuments nous refusent.

(1) Diodore de Sicile, tom. I, p. 144 et suiv. de ma traduction. — Suivant le rapport de Simplicius (*Comment. in Arist., de Cœlo*, c. 11), les Chaldéens citaient au temps d'Alexandre une suite d'observations de 1903 ans. — M. Letronne (*Journal des Savants*, ann. 1839, t. XXIV, p. 577) a fait très-judicieusement ressortir l'importance de ces renseignements précieux que Diodore communique ici sur l'astronomie des Chaldéens. Voyez Ideler, *Über die Sternkunde des Chaldæer* (sur l'astronomie des Chaldéens), *dans les Mémoires de l'Académie de Berlin*, années 1814-1815, p. 199.

La Bible, Hérodote, le fragment de Bérose, conservé par Eusèbe, Diodore de Sicile et Pline le naturaliste sont les sources les plus anciennes que nous ayons à consulter sur la science des Chaldéens; mais ces sources sont bien défectueuses. Le sabéisme était le culte primordial non-seulement des Chaldéens, mais de presque tous les peuples. Quel est l'objet du monde qui frappe le plus tout observateur, tant sauvage que civilisé? Évidemment c'est le soleil, astre vivifiant, dont aucun œil mortel ne peut supporter l'éclat. Mettons-nous un moment à la place de l'homme de la nature, et suppléons par le simple raisonnement aux documents historiques qui nous manquent.

Voici les premiers résultats astronomiques auxquels peut arriver l'homme, même sauvage, mais curieux, comme un enfant, de connaître la nature des choses qui le frappent :

Le soleil décrit une courbe en se levant à un point de l'horizon et se couchant à l'autre. Ces deux points opposés, le lever et le coucher du soleil, fixent d'abord l'attention. Avec cette observation coïncide celle de l'ombre que projettent les objets opaques éclairés par le soleil. L'ombre, dont la marche est inverse de celle de l'astre, est la plus grande au lever et au coucher, et la plus petite lorsque le soleil est parvenu au milieu de sa course, c'est-à-dire lorsqu'il a atteint le point culminant de la courbe qu'il décrit. Le point culminant, quel que soit le nom qu'on lui donne, partage en deux parties égales le *jour* ou le temps pendant lequel le soleil reste au-dessus de l'horizon. C'est pourquoi on l'appelle dans toutes les langues le *milieu du jour*, le *midi* (*medius dies*, *meridies*, μέση ἡμέρα, μεσημερία, μεσημβρία, *mezzo giorno*, *Mittag*). Ainsi, le jour fut la première mesure du temps, et l'ombre que projette, par exemple, un tronc d'arbre, et dont le *minimum* de grandeur est indiqué par le point méridien, donna la première idée d'un gnomon. Peut-être les obélisques d'Égypte, dont l'usage a tant préoccupé l'esprit des archéologues, servaient-ils à mesurer le temps suivant la projection de leur ombre.

Nous n'avons pas à examiner ici si le

temps est quelque chose de réellement existant en dehors de notre être, ou si c'est une simple forme de notre *réceptivité* (pour nous servir d'un terme de Kant), c'est-à-dire de notre faculté de recevoir des impressions. Toujours est-il que l'idée de succession, qui constitue le temps, ne devient manifeste que lorsqu'elle s'attache à quelque objet qui tombe sous les sens. Le passage de la lumière à l'obscurité entre deux levers consécutifs du soleil fut donc incontestablement le premier jalon de la division du temps. C'est ce qui s'accorde parfaitement avec le plus ancien document cosmogonique que nous ayons, la Genèse. « Et Dieu, dit Moïse (Genèse, 1, 5), appela la lumière jour (יום), et l'obscurité il l'appela nuit (לילה); et il fut soir et il fut matin le premier jour (1). »

Ainsi le mot *jour* (יום) s'appliquait chez les nations primitives exclusivement à l'espace de temps pendant lequel le soleil reste visible au-dessus de l'horizon. Or, le jour ainsi compris est-il égal à la nuit, c'est-à-dire à l'espace de temps pendant lequel le soleil reste invisible, au-dessous de l'horizon? Cette question fut sans doute posée et éclaircie de bonne heure. Le cultivateur, le chasseur et le pâtre durent être les premiers frappés de l'inégalité des jours et des nuits. De plus, ils ne tardèrent probablement pas à remarquer que plus le jour est long, plus la nuit est courte; enfin que l'un est complémentaire de l'autre, de telle façon que les intervalles compris entre deux levers consécutifs du soleil sont toujours égaux. C'est à ces intervalles que l'on donna plus tard le nom de *jours*. Il n'est pas ici question, bien entendu, des habitants tropicaux, pour lesquels la durée du jour est égale à celle de la nuit.

Une fois l'attention éveillée sur ces phénomènes, l'homme ne dut pas s'arrêter à moitié chemin. Voyant que le jour, c'est-à-dire le séjour du soleil au-dessus de l'horizon, augmente successivement de durée pour diminuer ensuite dans le même rapport, il fut sans doute curieux de marquer le jour le plus long, ainsi que le jour le plus court. Une pierre droite (obélisque) se prêta facilement à cette expérience: voici comment : L'ombre est la plus grande au lever et au coucher du soleil, et la plus petite au zénith ou point méridien. Mais, ces quantités ne sont pas invariables. Ainsi, l'ombre d'un gnomon ou d'un obélisque nous indique que les *maxima* et *minima* ne sont pas les mêmes à des jours différents; tout en conservant entre eux le même rapport, ils augmentent jusqu'à un certain degré où ils semblent rester stationnaires pendant quelques jours; puis ils diminuent graduellement jusqu'à un certain degré où ils semblent également rester stationnaires pendant quelques jours, pour augmenter ensuite comme auparavant. En marquant chaque jour par un cran tous les *minima* d'ombre correspondant aux points méridiens, on trouve qu'il se passe un certain nombre de jours avant le retour de l'ombre au même cran. Or, ce nombre est de trois cent soixante-cinq jours. C'est l'espace de temps qui, comme l'on sait, a reçu le nom d'*année*. Voilà ce que nous apprend l'ombre projetée sur la terre.

Voyons maintenant ce qui se passe en même temps au ciel. La courbe que le soleil décrit sur l'horizon varie comme l'ombre des objets qu'il éclaire. Cette courbe augmente jusqu'à ce qu'elle arrive à un maximum où elle semble rester quelques jours stationnaire; c'est à ce moment qu'un stèle ou obélisque marque l'ombre la plus petite sur trois cent soixante-cinq jours. Bientôt le soleil rétrograde : il semble s'éloigner de l'observateur, et décrit des arcs de cercle dont la hauteur au-dessus de l'horizon diminue jusqu'à un *minimum* où l'astre semble également rester un moment stationnaire pour reprendre de nouveau sa course. Ce *minimum* correspond au point méridien où l'obélisque indique l'ombre la plus grande possible de l'année. Pour préciser ces données primordiales, on a donné le nom de *solstices* (*solis statio*) aux époques où le soleil semble, à des intervalles égaux, rester

(1) J'ai traduit ces mots : יום אחד ויהי־ערב ויהי־בקר littéralement par : *et il fut soir et il fut matin le premier jour*. Cette phrase a beaucoup embarrassé quelques interprètes; elle signifie évidemment que l'intervalle compris entre le matin et le soir s'appelle *jour* (יום).

stationnaire deux fois dans l'espace de trois cent soixante-cinq jours (1).

Avec ces phénomènes en coïncident d'autres, non moins remarquables. L'arc que le soleil décrit étant variable dans de certaines limites, la durée du jour, c'est-à-dire l'espace de temps pendant lequel l'astre nous éclaire, doit varier en proportion : l'arc le plus grand correspondra au jour le plus long ou à la nuit la plus courte, tandis que l'arc le plus petit correspondra au jour le plus court ou à la nuit la plus longue. Enfin, l'arc moyen correspond au jour égal à la nuit : il indique la *ligne équinoxiale* ou le *milieu* entre les deux *solstices*.

Mais l'astre qui nous donne la chaleur et la lumière a sous sa dépendance immédiate la vie des plantes, et en grande partie celle des animaux. Or, plus l'arc qu'il décrit est grand, plus son influence sera marquée, et *vice versa*. Il devint donc aussi le régulateur d'une série de phénomènes naturels, qui doivent avoir les premiers éveillé l'attention du cultivateur. Le soleil fut certainement sa première divinité. La bande ou zone qui renferme tous les arcs que décrit le soleil dut être de bonne heure signalée au ciel comme le séjour exclusif de cette divinité. Le *zodiaque* (c'est le nom que porte cette zone du ciel) figure en effet parmi les plus anciennes croyances mythologiques, comme un symbole sacré. Le premier cultivateur doué de quelque esprit d'observation n'hésita probablement pas à rapporter la marche de la végétation à celle de l'astre vivifiant. La vigne commence à bourgeonner au moment où le soleil franchit la ligne équinoxiale pour se rapprocher de nous ; elle se charge de grappes qui mûrissent aux environs du solstice, qui correspondra au plus long jour de l'année ; la vendange a lieu quand l'astre franchit la ligne, en s'éloignant de nous ; enfin, la végétation se repose aux environs du solstice qui correspond au jour le moins long de l'année. Les mêmes phénomènes recommencent avec le retour du soleil. Ainsi, la germination, la maturation des fruits, la récolte et le repos sont les quatre points cardinaux de la vie végétale. C'est ce qu'on est convenu d'appeler les *saisons*, qui sont, comme nous venons de voir, naturellement réglées sur la marche du soleil. Le printemps (époque de la germination) commence astronomiquement au moment où le soleil franchit la ligne en s'avançant vers notre hémisphère (*équinoxe du printemps*); l'été (époque de la maturation des fruits), au moment où le gnomon marque l'ombre la plus petite possible (*solstice d'été*); l'automne, au moment où le soleil repasse la ligne, en s'éloignant de nous (*équinoxe d'automne*); l'hiver, au moment où le gnomon marque l'ombre la plus longue (*solstice d'hiver*).

Voilà comment le premier cultivateur intelligent devint aussi le premier astronome. Pour parvenir à ce fonds de connaissances, il suffisait d'un esprit sain et naturellement curieux, sans aucune instruction préliminaire. C'est là ce qui constitue l'époque primordiale des sciences, sur laquelle l'histoire se tait absolument.

Cependant ces connaissances ne tardèrent pas à se répandre, mais enveloppées de formes allégoriques, souvent tellement obscures qu'il faut une grande sagacité pour distinguer les premiers dogmes de la religion naturelle. C'est là l'époque de l'alliance intime de la religion avec les sciences. Ce fut le règne des mystères.

Voyons si l'histoire confirme cette manière de voir. La célébration des fêtes les plus anciennes coïncide avec des phénomènes tout à la fois célestes et terrestres. Les solstices et les équinoxes étaient l'occasion de grandes cérémonies religieuses, chez les Hébreux, les Chaldéens, les Juifs, les Grecs et les Romains. Les premières fêtes des Chrétiens, qui ont emprunté tant de choses au judaïsme, ne coïncident-elles pas avec des faits astronomiques? A Noël, fête célébrée au solstice d'hiver, l'astre vivifiant revient à nous : il semble renaître (1) ; et la fête de Pâques, célé-

---

(1) Les Grecs, frappés plutôt du retour que du moment d'arrêt que l'astre présente dans son mouvement annuel, désignaient les solstices par la dénomination de τροπαί (les retours).

(1) On se rappelle que l'Évangile de Noël commence par ces mots : *Deus nobis natus;* dont *Noël* n'est que la traduction hébraïque,

brée aux environs de l'équinoxe du printemps, annonce la résurrection de la nature. « L'Egypte, dit Hérodote, est un don du Nil. Or, les Égyptiens ne devaient-ils pas voir un rapport intime, mystique, entre le solstice d'été et la crue du fleuve bienfaisant? Aussi cette coïncidence a-t-elle donné lieu à une multitude d'allégories où les symboles hiéroglyphiques du soleil jouent un si grand rôle. Enfin, l'équinoxe d'automne, époque des récoltes, signalait chez les Grecs et les Romains les panégyriques de Bacchus et de Cérès.

Après avoir satisfait les premiers besoins du corps et de l'âme, l'homme devait aussi s'enquérir de la durée de son existence. Ici encore il interrogea son premier dieu, le soleil. L'ombre d'une pierre droite ou d'un obélisque pouvait fournir la réponse. Considérant la colonne d'ombre comme une échelle, dont le *maximum* est déterminé par le solstice d'hiver et le *minimum* par le solstice d'été, il divisa cette échelle en trois cent soixante-cinq parties ou degrés, correspondant à autant de jours. Supposons que le jour de la naissance d'un chef soit marqué par un signe se rapportant à un point déterminé de la colonne d'ombre, le retour de l'ombre au même point, après avoir parcouru toute l'échelle, marquera le moment d'une fête anniversaire. Et le nombre de ces fêtes exprimera l'âge de ce chef en années solaires. Ce fut là sans doute la méthode qu'employaient les prêtres égyptiens et chaldéens pour calculer le retour de l'anniversaire ou l'âge de leurs rois.

Une découverte amène l'autre. Au bout d'une série d'années, l'échelle d'ombre devait être trouvée sensiblement dérangée. Ce fut là le premier indice que l'année solaire se compose d'une fraction en sus des trois cent soixante-cinq jours. Les Égyptiens et les Chaldéens paraissent avoir été les premiers à s'en apercevoir. Mais je m'arrête; car le développement de cette série de faits appartient à l'histoire philosophique de la science.

car *Noël* vient évidemment de אֵל אָנוּ (*annouel*), qui signifie littéralement *un Dieu nous est né*]. Au moyen âge on poussait le cri de *Noël* à l'avénement des rois.

SUR L'ASTRONOMIE DES CHALDÉENS, D'APRÈS M. IDELER (1).

Un peuple, originairement nomade, qui habitait les grandes plaines de la Mésopotamie et celles qu'arrosent les courants réunis de l'Euphrate et du Tigre, pour qui le ciel était toujours sans nuage, et qui était obligé, par la chaleur de son climat, de choisir la nuit pour voyager et mener paître ses troupeaux, a dû se porter de bonne heure à la contemplation des étoiles. C'est une remarque que Cicéron a déjà faite, quand il a dit : *Principio Assyrii, propter planitiem magnitudinemque regionum quas incolebant, cum cœlum ex omni parte patens atque apertum intuerentur, trajectiones motusque stellarum observaverunt. Qua in natione Chaldæi*, etc. (2).

(1) Extrait du *Mémoire de M. Ideler* (Académie des Scienc. de Berlin, 1815).

(2) A croire les Babyloniens, ils avaient des observations depuis quatre cent soixante-dix mille ans. « Mais, ajoute Cicéron, de qui nous tenons ce renseignement, ces hommes sont vains ou ignorants, ou insensés; ils mentent effrontément, sans craindre le jugement de la postérité. » (Cic., *de Divin.*, lib. I, 719.) — Diodore de Sicile, comme nous venons de le voir, assure que les Chaldéens prétendaient avoir commencé à observer les astres quatre cent soixante-treize mille ans avant l'expédition d'Alexandre, c'est-à-dire pendant un temps fabuleux. Diodore ne peut pas s'empêcher d'exprimer lui-même des doutes à cet égard. — Jamblique porte les observations des Babyloniens beaucoup plus haut, quand il dit : « Les Assyriens ont non-seulement observé les astres pendant soixante-douze mille ans, comme l'affirme Hipparque, mais ils ont encore conservé la mémoire des périodes et des révolutions entières des sept planètes (*Cosmocratores*) *Proclus in Timæum Platonis*, lib. XXIII, p. 31, édit. Basil.; Ἀσσύριοι δέ, φήσιν Ἰάμβλιχος, οὐχ ἑπτὰ καὶ εἴκοσι μυριάδες ἐτῶν μόνας ἐτήρησαν, ὥς φήσιν Ἵππαρχος, ἀλλὰ καὶ ὅλας ἀποκαταστάσεις καὶ περιόδους τῶν ἑπτὰ κοσμοκρατόρων μνήμῃ παρέδοσαν.

Le mot κοσμοκράτωρ, *souverain du monde*, s'applique aux *planètes*, parce qu'on leur attribue, d'après les théories astrologiques, le gouvernement du monde. La *planète régnante* (chacune est supposée régner à son tour) s'appelle χρονοκράτωρ. Comp., *Firmicus Ma-*

Cette différence de circonstances entre les Égyptiens et les Assyriens mérite bien la peine de soumettre à un examen critique les notions que nous avons des connaissances astronomiques des Chaldéens, pour décider s'ils peuvent véritablement prétendre à l'honneur d'avoir posé les premiers fondements de l'astronomie, et déterminer quelle sorte de services ils ont rendus à cette branche sublime du savoir de l'homme.

Pour faire cette recherche d'une manière convenable, il faut rapporter une suite d'éclipses de lune observées par les Chaldéens, avec leurs circonstances décrites par Ptolémée dans son grand traité d'astronomie connu sous le nom d'*Almageste*. L'astronome grec observe, au commencement de son quatrième livre, qu'on ne peut conclure avec certitude des lieux de la lune, vus du centre de la terre, qu'avec le secours des éclipses de lune, les occultations d'étoiles, les distances mesurées des fixes et des éclipses de soleil devenant difficiles à déterminer par l'effet de la parallaxe qui s'y mêle. C'est pourquoi il n'appuie guère sa théorie de la lune que sur les éclipses de cet astre, observées les unes par les Chaldéens, les autres par les Grecs, et nommément par Hipparque et par Ptolémée lui-même. C'est ainsi que pour la recherche de la première inégalité de la lune, il emploie trois de ces observations, et des plus anciennes de celles dont la connaissance se soit conservée. Il les compare avec trois de celles qu'il a faites lui-même. La première des plus anciennes est celle de l'éclipse vue à Babylone par les Chaldéens, dans la vingt-septième année de l'ère de Nabonassar, le 29 du mois thoth égyptien, 19 mars de l'an 721 avant la naissance de Jésus-Christ. Cette éclipse commença une heure après le lever de la lune, et fut totale. Il suit de ces données que cette éclipse commença à sept heures et demie du soir, suivant notre manière de compter les heures, et que son milieu fut à neuf heures et demie. La seconde éclipse arriva l'année suivante, dans l'ère de Nabonassar, la nuit du 18 au 19 thoth, c'est-à-dire du 8 au 9 mars de l'an 720 avant notre ère. La lune y fut obscurcie de trois doigts. A propos de ces remarques et d'autres semblables, auxquelles les observations donneront lieu, il importe de dire quelque chose des observateurs même et de leur observatoire.

Les Grecs nous représentent généralement les Chaldéens non comme un peuple particulier, mais comme les prêtres de Bélus, le dieu national de Babylone, et comme une classe d'hommes savants dans cette ville. C'est ainsi qu'Hérodote les nomme prêtres de Bélus; Strabon, les sages du pays; et Diodore, des hommes qui, appartenant aux plus anciens Babyloniens, forment dans l'État un corps de même nature que les prêtres chez les Égyptiens. On sait que de tout temps dans la plupart des États de l'Orient chaque classe du peuple avait ses fonctions, ses études ou ses occupations spéciales, comme cela se voit encore aujourd'hui chez les Hindous.

L'astronomie dégénéra bientôt en astrologie chez les Chaldéens, ou plutôt cette dernière fut la mère de l'autre; car l'astronomie dut certainement, au moins en grande partie, son dernier développement aux efforts des hommes pour deviner l'avenir par l'état des astres. Sans cet art trompeur, auquel tous les peuples de l'antiquité, et même leurs plus grands astronomes, ont sacrifié, il serait presque impossible qu'on lui eût rendu un culte de près de trois mille ans sans interruption.

Strabon parle de différentes sectes des Chaldéens, dont quelques-unes doivent s'être préservées de l'astrologie. Quoi qu'il en soit, il est certain que les Babyloniens sont les premiers qui réduisirent cette vaine science en système; c'est ce que ne dit que trop le nom de *Chaldæi*, par lequel les Grecs et les Romains ont toujours désigné les astrologues.

Quand Cyrus eut détruit le royaume

---

ternus, lib. VI, cap. 33-40. — Mais Jamblique ne nous dit pas de combien d'années ces périodes étaient composées et combien les Assyriens avaient observé de ces périodes. Ces savants ne nous apprennent donc rien de positif sur l'âge précis des observations qu'on attribue aux Chaldéens. Ce qu'il y a de certain, c'est que les habitants de la Mésopotamie s'étaient livrés depuis la plus haute antiquité à l'étude de l'astronomie.

de Babylone, la caste des Chaldéens perdit, avec la capitale, son éclat et son importance politique. L'astrologie orientale paraît s'être répandue alors dans l'Occident. Nous voyons, par Cicéron, que dès le temps d'Eudoxe, environ quatre cents ans avant Jésus-Christ, elle était en vogue chez les Grecs.

Après la mort d'Alexandre, qui avait fait de Babylone, mais pour peu de temps, la capitale d'un grand empire, cette ville retomba en décadence, surtout depuis que Séleucie fut bâtie sur le Tigre, dans son voisinage, et fut élevée au rang de première ville de la monarchie syro-macédonienne. La caste des prêtres paraît s'être alors entièrement désorganisée. Les dernières observations astronomiques que Ptolémée rapporte comme faites à Babylone, savoir : deux comparaisons de Mercure, et une de Saturne à des étoiles fixes, appartiennent aux années 245, 237, et 229 avant l'ère chrétienne; alors il s'était déjà fait une communication réciproque et un mélange des connaissances grecques et chaldéennes, par suite d'un ouvrage écrit en grec par le Babylonien Bérose, sur les antiquités et sur l'astronomie de sa nation.

Les Chaldéens doivent avoir fait leurs observations en commun; car Ptolémée, qui a toujours l'habitude de nommer soigneusement les observateurs, ne cite que les Χαλδαῖοι collectivement. L'histoire ne fait en général mention d'aucun Chaldéen qui mérite le nom d'astronome. L'*Osthanes*, qui, au rapport de Pline, accompagna Xerxès en Grèce, ne s'est fait connaître par aucune observation ni par aucune théorie astronomique. Les anciens rapportent sur Bérose, déjà cité, diverses opinions, qui ne font pas grand honneur à ses connaissances en astronomie; Bailly et d'autres en ont conclu qu'il y avait eu deux Chaldéens de ce nom, un historien et un astronome, et qu'il fallait reculer ce dernier jusqu'à l'enfance de l'astronomie chaldéenne, mais tout cela sans aucun fondement raisonnable.

La question, souvent agitée, de savoir quels sont, des Égyptiens ou des Chaldéens, ceux qui ont été les premiers astronomes, dépend de la recherche sur l'origine de ceux-ci. Suivant les Égyptiens, dans Diodore, les Chaldéens étaient une colonie de leurs prêtres, que Bélus avait transportés sur l'Euphrate, et avait organisés sur le modèle de la caste mère, et cette colonie continua de cultiver la connaissance des étoiles qu'elle avait apportée de sa patrie. Mais ce n'est pas ici le lieu d'examiner la vérité de cette assertion.

Bélus, devenu dieu après la mort, avait à Babylone, au côté oriental de l'Euphrate, un temple construit de briques, dont les anciens parlent avec admiration. Suivant la description qu'Hérodote en fait, après l'avoir vu, c'était un carré dont les côtés avaient deux stades de tour. Du milieu de cette enceinte s'élevait une tour composée de huit étages, ou plutôt de huit tours, dont, selon Hérodote et Strabon, celle d'en bas avait un stade de longueur et un stade de largeur, et, selon le dernier de ces auteurs, un stade encore de hauteur, avec un escalier extérieur qui circulait de bas en haut autour de l'édifice jusqu'au sommet; et le dernier étage se terminait par un temple du dieu, dont la statue d'or en fut enlevée par Xerxès. Il paraît qu'Hérodote trouva d'ailleurs tout bien conservé.

A en croire Strabon, du temps d'Alexandre, environ cent ans après Hérodote, la tour était déjà tombée en ruines. Ce roi voulut la faire relever; mais il n'en put venir à bout. Le seul déblayement des débris occupa dix mille hommes pendant deux mois.

Les Chaldéens, portant toute leur attention sur les levers et les couchers des étoiles, il leur fallait un bâtiment très-élevé pour découvrir, du haut du faîte, un horizon libre autour de la ville du milieu de laquelle ils observaient le ciel. Il est remarquable que les ruines du Mudjélibeh sont, comme nos observatoires modernes, orienté de manière qu'il regarde par ses quatre faces les quatre points cardinaux du monde; c'est aussi ce qui a lieu pour les pyramides d'Égypte.

Après cette digression, revenons aux observations des Chaldéens dans Ptolémée, pour voir quelle conséquence on peut en tirer en faveur de leurs connaissances astronomiques.

D'abord, il est évident qu'ils devaient posséder une méthode déterminée et invariable de supputer le temps. Toutes les observations astronomiques des anciens sont liées à l'ère de Nabonassar et aux mois égyptiens.

Cette ère est ainsi nommée d'un roi de Babylone : elle commence à la première année du règne de ce roi. La forme des années selon lesquelles elle compte est très-simple, puisque ce sont des années égyptiennes de trois cent soixante-cinq jours généralement; et en remontant, par un calcul très-aisé, depuis la date de quelque ancienne observation, on trouve que l'époque de cette ère commence le 26 février de l'an 747 avant notre ère. Il est dit dans Syncelle que les Chaldéens n'ont commencé que de Nabonassar à donner exactement les temps périodiques des astres. Il paraît donc que ce fut sous ce roi, qui peut-être leur rendit le même service que Jules César aux Romains, que les Chaldéens établirent le premier calendrier bien ordonné et une ère fixe, au moyen desquels leurs observations devinrent plus usuelles, au lieu qu'auparavant elles pouvaient manquer de précision, d'ensemble et de concordance.

Pour ce qui est de la forme de leurs mois et de leurs années propres, on n'en trouve aucune trace nulle part; mais M. Ideler a cherché à montrer qu'ils mesuraient les mois par la lune, et les années par le soleil, ou, en d'autres termes, qu'ils avaient une année liée. Si cela est vrai, les dates égyptiennes de leurs observations sont le résultat d'une réduction faite par Ptolémée, ou par quelque autre astronome, et si cette réduction n'a pas rencontré de difficultés insurmontables, leur supputation a dû être réglée sur des principes tout à la fois justes et simples; mais cela suppose des observations de la révolution du soleil et de celle de la lune, faites pendant une longue suite d'années et avec le plus grand soin, et c'est ce que nous devons aussi leur supposer. Il est également évident qu'ils ont dû avoir à leur disposition les moyens de déterminer, jusqu'aux moindres différences, les temps des phénomènes célestes qu'ils observaient. Avant de chercher en quoi ces moyens consistaient, disons quelques mots de la division du jour en usage chez les anciens peuples, et de leurs mesures du temps.

Toutes les nations de l'antiquité ont divisé le jour naturel, ou l'intervalle d'un lever du soleil à son coucher dans le même jour ainsi que la nuit suivante, en douze parties égales ou heures, sans aucun égard à la durée de l'un et de l'autre.

Ainsi, leur première heure du jour et celle de la nuit commençaient, l'une au lever, l'autre au coucher du soleil, et l'instant de midi, ainsi que celui de minuit, tombait au commencement de la septième heure. Leurs heures avaient par conséquent une durée bien différente, à laquelle devaient se conformer leurs horloges solaires. Les anciens peuples n'eurent en cela de différence entre eux, que dans un seul point, qui fut la détermination de l'époque du jour civil. Les Babyloniens choisirent pour cela le lever du soleil, les Grecs le coucher, et les Romains, comme nous, l'instant de minuit.

Nos heures, chacune d'une vingt-quatrième partie du jour civil, sont empruntées au calcul astronomique, qui ne peut se dispenser d'employer une division uniforme du temps. Elles sont souvent mises en usage par Ptolémée et son interprète Théon, sous le nom d'*heures équinoxiales* (ὥραι ἰσημεριναί), parce qu'elles sont, dans le temps des équinoxes, de la même longueur que les heures civiles, qu'ils nomment *heures temporaires* (ὥραι καιρικαί). On ne voit guère, si ce n'est dans les écrits des astronomes, que ces heures aient été d'un grand usage dans l'antiquité; Pline en parle pourtant à l'occasion du flux et reflux. Ce ne fut que bien des siècles après, et lorsqu'on commença à se servir des horloges à roues, qu'elles ont passé dans l'usage civil.

Les observations astronomiques des Chaldéens prouvent que ces astronomes ont connu et employé la division des heures du jour; et Hérodote nous dit expressément que les douze parties des jours sont venues des Babyloniens aux Grecs, avec le pole et le gnomon. Mais ont-ils aussi distingué entre les heures équinoxiales et les heures temporaires, entre le temps vrai et le temps moyen? Cela paraît certain. Ces deux sortes d'heures sont employées en effet dans leurs observations, les premières dans toutes, les dernières seulement dans quelques-unes, comme, par exemple, dans la quatrième, où l'on marque la fin de la douzième heure de la nuit. On pourrait croire que les heures équinoxiales ne sont dues qu'à une réduction tardive; mais la manière dont les Chaldéens ont déterminé les temps des observations nocturnes doit avoir été celle d'une division uniforme du temps.

S'ils connaissaient les heures équinoxiales, pourquoi n'ont-ils pas entièrement renoncé à se servir des heures temporaires, celles-ci devant être toujours réduites en équinoxiales dans le calcul? On répond à cette objection en supposant qu'il leur importait de présenter leurs observations dans un langage intelligible aux personnes étrangères à la science; car, certainement, dans le commerce civil ils n'employaient, comme les Grecs et les Romains, que les heures temporaires.

On devine aisément qu'ils désignaient par le secours des horloges solaires le temps de l'immersion dans une éclipse de soleil, si d'ailleurs ils ont jamais observé un tel phénomène, chose sur laquelle l'histoire se tait. Les instruments propres à mesurer le temps leur étaient certainement connus. Le gnomon était employé chez les Grecs, même sans être accompagné de lignes horaires : toute aiguille, bâton, obélisque, ou autre objet vertical, qui montrait exactement, par son ombre, l'heure de midi, les temps et les saisons de l'année, surtout aux jours des équinoxes et des solstices, pouvait servir de gnomon. Il est très-vraisemblable que ce fut Anaximandre, qui vivait environ cent ans avant Hérodote, qui fit le premier connaître cette invention à ses compatriotes; car, selon Pline, il fut le premier des Grecs qui reconnut l'obliquité de l'écliptique et y arriva naturellement par la comparaison des ombres du gnomon, observées à midi en divers temps. Diogène Laerce le dit inventeur des horloges solaires. Pline assure, au contraire, qu'Anaximène, disciple d'Anaximandre, a établi le premier *horologium sciothericon*. Quoi qu'il en soit, la gnomonique demeura longtemps dans un état rudimentaire, et ne parvint que par les efforts des astronomes d'Alexandrie à la perfection qu'elle reçut des Grecs. Il paraît qu'au temps d'Aristophane on se servait à Athènes d'un simple gnomon sans divisions horaires; car il parle une fois d'une ombre longue de dix pieds, à l'instant de laquelle chacun doit paraître pour souper, d'où l'on peut conclure qu'au défaut d'un moyen plus exact, la longueur de l'ombre du gnomon servait de signal pour le temps du repas.

De même qu'il est probable que les Chaldéens se servaient de l'horloge solaire dans les observations qu'ils faisaient de jour, on pourrait présumer aussi qu'ils mesuraient les temps des phénomènes célestes pendant la nuit par le secours des horloges à eau. Vitruve décrit l'horloge à eau inventée par Ctésibius, mécanicien grec, qui vivait à Alexandrie sous les rois Philadelphe et Évergète. Elle était fabriquée, comme tous les autres ouvrages hydrauliques de cet homme de génie, d'après les principes de la pression de l'air, et, ainsi que les anciennes horloges solaires, elle montrait pendant toute l'année les heures variables en chaque saison.

Il paraît qu'avant l'invention de cette machine ingénieuse, on n'avait pas d'horloges à eau proprement dites; car les clepsydres dont on se servait à Athènes dès le temps d'Aristophane, et à Rome dès le troisième consulat de Pompée, dans les discussions judiciaires pour mesurer le temps que devait durer les discours des avocats, n'étaient que des vases dont le fond avait une ouverture étroite, par où sortait goutte à goutte une certaine mesure d'eau déterminée. Telle doit avoir été sans doute l'horloge nocturne que Platon construisit, dit-on, en forme de clepsydre. Ces clepsydres ne pouvaient, comme on le voit, être d'aucune utilité aux Chaldéens. Mais nous trouvons encore une troisième sorte d'instrument hydraulique propre à mesurer le temps, qu'ils ont probablement employé. Cléomède et Proclus, et particulièrement Pappus, décrivent une méthode inventée par les anciens astronomes pour déterminer le diamètre apparent du soleil par les *hydrologes;* c'est l'expression dont ils se servent. A l'instant où son disque se montrait à l'horizon, le jour de l'équinoxe, on ôtait le bouchon qui fermait le trou du fond d'un vase. Ce vase se conservait toujours plein d'eau, au moyen de celle que lui rendait un autre vase en quantité égale à l'eau qu'il laissait écouler. Pour recevoir ce liquide d'eau qui sortait goutte à goutte on se servait de deux bassins : l'un recevait l'eau qui tombait depuis le commencement de l'apparition du premier bord du soleil jusqu'au moment où le disque se montrait tout entier sur l'horizon ; l'autre bassin, beaucoup plus grand, était en ce moment même substitué au premier, pour recevoir l'eau qui tombait jusqu'au lendemain, à la première apparition du soleil. On mesurait ou on pesait ensuite avec soin l'eau contenue dans chacun de ces bassins, et l'on faisait cette proportion : la quantité totale de l'eau est à celle contenue dans le petit bassin, comme les trois cent soixante degrés de la sphère céleste sont à la grandeur cherchée du diamètre solaire.

Ptolémée rejette cette méthode, comme peu exacte, et véritablement elle sert très-peu, surtout dans la sphère oblique. Mais il paraît néanmoins que la manière de mesurer le temps, qui est le fond de cette méthode, a été d'un grand usage chez les astronomes de l'antiquité. Théon, en plus d'un endroit de son commentaire sur l'*Almageste*, parle des *hydries*, nom qu'il donne à cette sorte d'appareils, qui servaient à mesurer la durée du temps pendant lequel on pouvait toujours voir les fixes, la longueur des jours et des heures aux équinoxes, et les temps des éclipses de lune. Il est aisé de deviner comment on opérait en chaque cas. Ainsi, dans une éclipse de lune, il ne s'agissait que de déterminer par cette proportion les quantités d'eau écoulées dans l'un des deux intervalles compris entre le coucher du soleil au soir précédent et le commencement de l'éclipse, entre ce commencement et le coucher du soleil au soir suivant, en heures équinoxiales, et en leurs parties, qui se réduisaient ensuite sans difficulté en heures avant ou après minuit, comme nous les trouvons ordinairement marquées dans les anciennes observations. Cette méthode de division du temps par la chute de l'eau est certainement très-ancienne. Les Grecs et les Romains prétendaient que l'invention en était venue de l'Orient. La notice qu'on en trouve dans Sextus Empiricus et dans Macrobe prouve que les Chaldéens et les Égyptiens l'ont employée pour la première division qu'ils ont faite de l'écliptique. Il est vraisemblable qu'elle a servi également aux astronomes de Babylone dans leurs observations d'éclipses de lune ; mais comme elle paraît être trop peu sûre pour avoir pu donner les temps des observations conservées par Ptolémée, avec le degré d'exactitude que nous reconnaissons, non sans surprise, dans quelques-unes d'entre elles, nous sommes réduits à supposer que cette méthode n'a pas été employée par les Chaldéens sans une vérification que les astres seuls pouvaient garantir. Cette vérification consistait en ce que pendant qu'un observateur remarquait attentivement le commencement de l'immersion dans l'ombre, un autre devait chercher à déterminer le temps par la position des étoiles relativement à l'horizon ou au méridien, attention qui suppose diverses connaissances et des préparatifs que l'on est ordinairement porté à n'accorder que plus tard aux astronomes grecs. On ne peut douter qu'effectivement ceux-ci n'aient agi de cette manière quand ils voulaient trouver avec quelque exactitude les instants de leurs observations, puisque nous lisons dans Théon : « Que l'on détermine les heures nocturnes et celles des éclipses de lune par la révolution des étoiles fixes. » Mais les observations faites par Ptolémée et les autres Grecs ne se trouvent pas, en remontant par le calcul, plus exactes que celles des Chaldéens. Ceux-ci n'auraient-ils pas employé quelque méthode semblable ?

Diodore, qui nous a appris tant de choses concernant l'astronomie et l'astrologie des Chaldéens, dit qu'ils regardaient la lune comme la plus proche et la plus petite des planètes, qu'ils ne lui donnaient qu'une lumière empruntée, et qu'ils attribuaient ses éclipses à son immersion dans l'ombre de la terre. Il ajoute : « Quant aux éclipses de soleil, les explications qu'ils en donnent sont des plus faibles, et ils ne se hasardent pas à les prédire ni à en déterminer les temps. » On voit clairement, d'après un pareil témoignage, que Diodore croyait les Chaldéens capables au moins d'annoncer des éclipses de lune; et c'est ce qu'ils ont fait réellement, à juger par les observations qui nous en restent. Comment en effet auraient-ils pu, avec leurs moyens de déterminer le temps, donner le moment du commencement véritable d'une éclipse de lune, s'ils n'en avaient été avertis que par la pénombre, qui précède de quelques instants l'obscuration réelle?

Il est impossible qu'ils aient eu des tables astronomiques, qui sont le résultat d'une longue suite de recherches sur les révolutions des corps célestes. Ils ne peuvent donc avoir été conduits à prédire les éclipses de lune que par la période si connue de deux cent vingt-trois mois synodiques, qui ramène cet astre, relativement à ses nœuds et à son apogée, presqu'au même point d'où il est parti, et qui fait par conséquent revenir les éclipses de lune, pour les lieux de la terre, dans le même ordre de temps et de grandeur. Il est très-certain que les Chaldéens connaissaient cette période; car Ptolémée, au commencement de son livre IV, où il traite du mouvement moyen de la lune, donne à ceux qui l'ont trouvé le titre d'*anciens mathématiciens*. « Ceux qui sont plus anciens encore, continue-t-il, ont découvert que la lune en six mille cinq cent quatre-vingt-cinq jours et huit heures retourne deux cent vingt-trois fois au soleil, deux cent trente-neuf fois à son apogée, deux cent quarante-deux fois à son nœud, et avec un excédant de 10° 41', deux cent quarante et une fois au même point de l'écliptique. Pour avoir des jours entiers ils ont triplé cette période, et sous cette forme ils l'ont nommée ἐξελιγμός (terme qui, emprunté de la tactique, signifie *évolution entière*). » Géminus, qui l'emploie dans la même forme et dans le même sens, dit que les Chaldéens avaient par là déterminé le mouvement diurne moyen de la lune, de 13° 10′ 35″, ce qui s'accorde, à une seconde près, avec le résultat des observations modernes. Nous voyons ainsi à qui appartient proprement cette évolution. Suidas, qui l'a fait faussement de deux cent vingt-deux lunaisons, l'appelle *saros*, c'est-à-dire période lunaire, sans doute du mot chaldéen *sahara*, lune.

En examinant ces nombres, on est surpris de la précision que les Chaldéens ont apportée à la détermination du moyen mouvement de la lune et des périodes du retour de son anomalie. Ils trouvèrent par là le mois synodique moyen, ou le temps du retour de la lune au soleil, seulement de quatre minutes et deux secondes trop grand; et le mois périodique, ou le temps du retour de la lune au même point de l'écliptique, d'une seconde seulement trop fort. Ils connaissaient aussi la durée de l'année tropique de trois cent soixante-cinq jours six heures. Car puisque, comme ils le savaient, la conjonction du soleil et de la lune se fait au bout de six mille cinq cent six jours et huit heures, de 10° 40′ de plus vers l'orient, il faut que pendant cet espace de temps le soleil ait parcouru dix-huit fois 360° et 108′; ce qui donne pour une seule de ces révolutions trois cent soixante-cinq jours un quart. Soit donc qu'ils aient trouvé ces 10° 40′ par une observation immédiate, ou qu'ils les aient déduits de la durée de l'année solaire de trois cent soixante-cinq jours un quart, qui leur était connue d'après d'autres principes, il n'importe, cette durée devait leur être connue.

La période de deux cent vingt-trois lunaisons une fois connue, il leur était facile de prédire une éclipse de lune après une autre. Ils ne pouvaient pas appliquer aussi immédiatement cette période aux éclipses de soleil, à cause de la parallaxe, et s'il faut en croire Diodore, ils n'ont eu qu'une connaissance très-imparfaite de ces derniers phénomènes. Il est douteux qu'ils les aient entièrement négligés, comme Bailly le prétend dans son *Histoire de l'Astronomie Ancienne*; du moins, de ce que Ptolémée ne rapporte d'eux aucune éclipse de soleil, on ne saurait conclure qu'ils n'en ont pas observé. Si, comme Hérodote le raconte, Thalès a réellement prédit aux Ioniens l'éclipse totale de soleil qui mit subitement fin à la bataille des Mèdes et des Lydiens, il ne peut avoir prévu cette éclipse qu'au moyen de quelque cycle lunaire qu'il aura su, avec quelque connaissance de la parallaxe, appliquer aux éclipses de soleil. Pourquoi les Chaldéens n'en auraient-ils pas eu aussi connaissance?

On leur attribue ordinairement encore deux autres périodes, celle de dix-neuf ans, si importante pour le calcul, et celle de six mille années. La première, qui ramène les phases au même jour et presqu'à la même heure de l'année solaire après deux cent trente-cinq lunaisons, doit leur avoir été bien connue, s'ils ont eu effectivement une année lunaire aussi parfaite qu'on est obligé de le leur accorder. On trouve dans les *Antiquités judaïques de Josèphe* une mention obscure de la seconde de ces deux périodes, sur laquelle Cassini, Goguet, Mairan, Legentil et Bailly ont bâti tout un système de conjectures et de déductions dont il serait trop long de discuter ici le plus ou moins de fondement.

Si l'on réfléchit mûrement et sans prévention sur ce qu'on vient d'exposer, on sera forcé d'avouer que les Chaldéens ont dû poursuivre leurs observations pendant des siècles entiers, pour déterminer les moyens mouvements du soleil et de la lune avec autant de précision que les donne la période de deux cent vingt-trois lunaisons, et surtout si l'on se souvient que chez eux l'astronomie n'était pas, comme chez nous, un bien commun, mais qu'elle n'appartenait qu'à une caste particulière, dans laquelle ses progrès furent toujours très-lents. D'après cela, il n'est guère convenable de nier avec autant de dédain que le font quelques savants allemands ce que dit Simplicius, savoir que Callisthène avait envoyé de Babylone à son maître Aristote une suite d'observations astronomiques qui embrassaient un espace de dix-neuf cent trois ans avant Alexandre. Si l'on dit qu'il ne s'en trouve aucune trace dans les nombreux écrits que nous possédons de ce grand philosophe, on est dans l'erreur ; car dans le second livre *du Ciel* il dit en parlant de l'occultation de Mars par la lune, que les Égyptiens et les Babyloniens ont fait de semblables observations sur les autres astres pendant plusieurs années, et qu'il en est venu un très-grand nombre à sa connaissance (1).

On croira sans peine que les Chaldéens, par qui l'astrologie a été réduite en système, ont soigneusement observé, outre le soleil et la lune, les cinq planètes et les étoiles, leurs levers et leurs couchers, quoique Diodore ne le dise pas expressément ; car il s'en trouve çà et là bien des motifs pour le présumer.

disciple de Damascius et d'Ammonius, vivait vers l'an 550 de notre ère ; il faisait donc remonter le commencement des observations astronomiques en Égypte à l'an 1450 avant notre ère et à plusieurs siècles auparavant chez les Babyloniens.

Épigène, qui, au rapport de Sénèque (*Natural. Quæst.*, lib. VII, cap. 3), avait étudié l'astronomie chez les Chaldéens, nous apprend que les observations astronomiques se conservaient à Babylone sur des briques cuites : *Epigenes apud Babylonios..... observationes siderum coctilibus laterculis inscriptas docet.* Cet Épigène était, selon Pline le naturaliste, un auteur grave et distingué. *Callisthène*, disciple d'Aristote, qui avait suivi Alexandre dans son expédition contre les Perses, ayant trouvé ces observations à Babylone, les fit passer en Grèce, à la prière de son maître. Elles remontaient, selon Porphyre, comme le dit Simplicius dans son Commentaire sur le traité d'Aristote *De Cœlo*, à 1903 ans avant la mort d'Alexandre. Ce conquérant étant mort 324 ans avant J.-C., il s'ensuit que les plus anciennes de ces observations remontent à 2227 avant l'ère vulgaire, 101 ans après le déluge universel, arrivé, selon la Vulgate, l'an 2328 avant notre ère. (Arrian., *Expedit. Alex.*, lib. IV, § 10 ; Simpl., *in Aristot., de Cœlo*, lib. II, fol. 123, edit. Aldi).

Larcher démontre que ces observations astronomiques, lors même qu'elles auraient existé, n'ont jamais pu être envoyées à Aristote en Grèce. Il se fonde principalement d'abord sur ce qu'Aristote n'en parle nulle part, et puis sur le jour que ces observations auraient dû répandre relativement à la chronologie, encore si obscure, des rois assyriens. D'ailleurs, suivant Bérose, contemporain de Callisthène, et selon Alexandre surnommé *Polyhistor*, à cause de l'immensité de ses connaissances, Nabonassar avait détruit tous les monuments historiques antérieurs à son règne, afin que l'on commençât à dater de son avénement au trône l'histoire des rois chaldéens. Voy. *Syncelli Chronographia*, p. 207 : Ἐπειδὴ, ὡς ὁ Ἀλέξανδρος καὶ Βηρωσσὸς φασίν, οἱ τὰς Χαλδαϊκὰς ἀρχαιολογίας παρειληφότες, Να-

---

(1) Simplicius (*Commentar. in Aristotelem de Cœlo*, lib. II, fol. 117, édit. Aldi) rapporte ce qui suit : « J'ai ouï dire (ἤκουσα δ'ἐγώ), dit-il, que les Égyptiens possédaient par écrit des observations astronomiques qui n'avaient pas moins de deux mille ans de date, et que les Babyloniens en avaient depuis un plus grand nombre. » Simplicius

mer; par exemple quand Ptolémée, traitant de l'arc de vision des planètes, dit que c'est sous le parallèle de quatorze heures quinze minutes qu'ont été faites la plupart et les meilleures des observations, il a voulu certainement parler des Chaldéens, qu'il place dans le voisinage de ce parallèle; et suivant Théon, les calendriers ou *parapegmes* des anciens, dans lesquels étaient marqués les levers et couchers annuels des étoiles avec les variations de la température, étaient une invention chaldéenne ou égyptienne.

A ces documents sur les connaissances astronomiques des Chaldéens nous pourrions encore en ajouter d'autres; mais nous laissons à l'historien de l'astronomie le soin de les rassembler. Ce qui vient d'être dit suffira pour convaincre tout homme instruit que les Chaldéens ont dû avoir des notions déjà assez précises de la science qui a pour objet les mouvements apparents des corps célestes.

HISTOIRE DE L'ASSYRIE ET DE LA BABYLONIE.

Notre principale source est ici la Bible. Les rares documents fournis par les auteurs profanes se réduisent, à peu de chose près, à ce qui va suivre.

Hérodote. « Les Assyriens étant maîtres de l'Asie supérieure (τῆς ἄνω Ἀσίης), les Mèdes commencèrent les premiers à secouer le joug, et, combattant pour leur liberté contre les Assyriens, ils se montrèrent en hommes braves (ἄνδρες ἀγαθοί), et s'affranchirent de la servitude. L'exemple des Mèdes fut imité par les autres nations (1). » L'auteur expose ensuite l'histoire de Déjocès et des Mèdes. Les Mèdes habitaient

δονάσαρος συναγαγὼν τὰς πράξεις τῶν πρὸ αὐτοῦ βασιλέων, ἠφάνισεν, ὅπως ἀπ' αὐτοῦ ἡ καταρίθμησις γίνεται τῶν Χαλδαίων βασιλέων.

Simplicius en citant Porphyre n'a opposé aucune autorité aux témoignages de Bérose et d'Alexandre Polyhistor.

Enfin, supposé que Callisthène ait envoyé à Aristote des observations astronomiques, elles ne peuvent être antérieures à l'ère de Nabonassar, c'est-à-dire à l'an 747 avant l'ère vulgaire.

On n'objectera pas l'ignorance de Bérose en pareille matière; car Vitruve nous apprend que ce savant, qui au rapport de Tatien était né du temps d'Alexandre (κατ' Ἀλέξανδρον γεγονώς; *Tatiani Oratio ad Græcos*, p. 58), avait enseigné l'astronomie dans l'île de Cos, où il s'était établi. (Vitruv., *De Architectura*, lib. IX, cap. VII : *Eorum* (nempe *Chaldæorum*) *autem inventiones, quas scriptis reliquerunt, qua solertia, quibusque acuminibus, et quam magni fuerint, qui ab ipsa ratione Chaldæorum profluxerunt, ostendunt, primusque Berosus in insula et civitate Coo consedit, ibique aperuit disciplinam.*)

Sans doute nous ne voulons pas nier l'existence d'anciennes observations astronomiques, mais nous en contestons l'antiquité trop exagérée : Bérose cité par Pline (*Hist. Nat.*, lib. VII, cap. 56) dit que les observations astronomiques qu'on conservait à Babylone sur des briques cuites ne remontaient qu'à 490 ans. Tous les efforts qu'on a faits pour faire passer ce passage de Pline comme altéré tombent devant la saine critique. Or, ces 490 ans se rapportent évidemment à l'ère de Nabonassar, en admettant que Bérose naquit dans la dernière année du règne d'Alexandre (en 324 avant J.-C.), et qu'il acheva son *Histoire de la Chaldée* (dédiée à Antiochus III, surnommé *Dieu*) dans la troisième année du règne du roi Antiochus, troisième roi de Syrie (en 259 avant J.-C.). Épigène, cité par Sénèque, fait de même remonter les observations astronomiques des Chaldéens à la première année du règne de Nabonassar (*Mém.* de Larcher, p. 480).

En résumé, les anciens astronomes grecs antérieurs à Hipparque n'avaient aucune connaissance d'observations astronomiques faites avant l'ère de Nabonassar. Bien plus, Hipparque, Timocharis et les autres astronomes grecs qui ont fleuri depuis la mort d'Alexandre jusqu'à Ptolémée, c'est-à-dire pendant un intervalle de 440 ans, n'ont pas même connu l'ère de Nabonassar, puisqu'on ne la trouve citée dans aucune de leurs observations rapportées par Ptolémée; ou, s'ils en ont eu connaissance, ce n'a été que par l'*Histoire de la Chaldée* de Bérose.

Il paraît évident que si Ptolémée avait eu connaissance d'observations antérieures à l'ère de Nabonassar, il s'en serait servi. Ainsi l'éclipse de lune la plus ancienne que rapporte Ptolémée est du 1er toth de la première année du règne de Nabonassar. L'usage exclusif qu'il faisait des observations postérieures à cette ère, et qu'il regardait lui-même comme les plus anciennes, prouve suffisamment qu'il n'en connaissait point d'autres.

(1) Hérodot., I, 95.

alors des villages (κῶμαι), et Déjocès était le chef le plus considéré de l'un de ces villages.

Déjocès régna cinquante-trois ans. « Son fils, Phraorte, marcha contre les Assyriens, c'est-à-dire contre ceux des Assyriens qui tenaient Ninive, et qui étaient auparavant les maîtres de tous (οἳ Νίνον εἶχον καὶ ἦρχον πρότερον πάντων). Quoiqu'ils fussent alors abandonnés de leurs alliés, qui s'étaient révoltés, ils étaient encore dans un état florissant. Phraorte périt dans cette expédition, et avec lui une grande partie de son armée (1). »

Phraorte mourut après un règne de vingt-deux ans. « Son fils, Cyaxare, perfectionna l'art militaire : il fit le premier marcher séparément les lanciers, les archers et les cavaliers, qui auparavant combattaient pêle-mêle (πρὸ τοῦ δὲ ἀναμὶξ ἦν πάντα ὁμοίως ἀναπεφυρμένα). Il soumit l'Asie jusqu'au Halys. Ayant réuni tous les combattants sous ses ordres, il marcha contre Ninive, désirant renverser cette ville et venger son père. Déjà il avait vaincu les Assyriens dans une rencontre (συμβαλὼν ἐνίκησε τοὺς Ἀσσυρίους), lorsqu'au moment où il allait investir Ninive, il vit approcher une grande armée de Scythes (2). »

Les Mèdes furent vaincus, et les Scythes soumirent toute l'Asie, et l'occupèrent pendant vingt-huit ans. Ils furent ensuite vaincus à leur tour par les Mèdes, « qui prirent enfin Ninive (τὴν Νίνον εἷλον), et soumirent les Assyriens, à l'exception de la partie babylonienne (πλὴν τῆς Βαβυλωνίης μοίρης (3). »

Tout cela est fort obscur et embrouillé. Nous y reviendrons plus bas. — Cyaxare régna quarante ans, y compris l'interrègne des Scythes.

Hérodote ne nomme même pas le fondateur de Ninive et de la dynastie assyrienne (4). Il se borne à dire que Ninive avait été bâtie sur les bords du Tigre. Plus loin, il parle incidemment de Sardanapale, à l'occasion d'un travail de déblai que firent des voleurs pour dérober les trésors de ce roi (liv. II, chap. 150). Ailleurs il cite *Sanacharib* (Σαναχάριβος), *roi des Arabes et des Assyriens*. Ce roi avait entrepris de faire marcher contre l'Égypte une grande armée (ἐπ' Αἴγυπτον ἐλαύνειν στρατὸν μέγαν). Le prêtre-roi Séthon vint à sa rencontre, et le défit près de Péluse, avec le secours des rats de champ (μῦς ἀρουραίους), qui rongèrent les cordes et les arcs de l'ennemi (1).

Cependant le père de l'histoire signale un fait que l'on n'a pas, selon moi, suffisamment apprécié : il rapporte que Nitocris, reine de Babylone, de cinq générations (γενεῇσι πέντε) postérieure à Sémiramis, fit exécuter de grands travaux pour se défendre contre les Mèdes, dont elle redoutait la puissance, grande et remuante (ἀρχὴν μεγάλην τε καὶ οὐκ ἀτρεμίζουσαν); car, entre autres villes, ils avaient déjà pris Ninive (2). — Sous quel roi et à quelle époque? C'est ce qu'il est impossible de décider avec certitude. — Cyaxare eut pour successeur son fils Astyage, qui fut détrôné par Cyrus. « Celui-ci prit Babylone, qui depuis la destruction de Ninive était devenue la résidence royale, et mit fin à l'empire des Mèdes (3). »

Voilà tout ce qu'Hérodote nous apprend sur l'histoire des Assyriens, en renvoyant, pour plus de détails, à son *Histoire des Assyriens*, qui ne nous a pas été conservée, si toutefois Hérodote l'a jamais écrite.

Diodore de Sicile. Les renseignements fournis par cet historien sont empruntés en grande partie à Ctesias, qui, médecin d'Artaxerxès, roi des Perses, était encore plus à même qu'Hérodote de connaître l'histoire de l'Assyrie.

« Il ne nous reste, dit-il, des rois primitifs de l'Asie aucun fait remarquable, aucun nom digne de mémoire. Le premier dont l'histoire fasse mention est Ninus, roi des Assyriens ; il a accompli des exploits que nous essayerons de décrire en détail. Né avec des dispositions guerrières et jaloux de se distinguer, il

---

(1) Hérodot., chap. 102.
(2) Ibid., chap. 103.
(3) Ibid., chap. 106.
(4) Hérodote (I, 7) nomme Ninus, fils de Bélus parmi les rois lydiens, de la dynastie des Héraclides.

(1) Hérodot., II, 141.
(2) Ibid., 150.
(3) Ibid., I, 178.

arma une troupe choisie de jeunes gens, les prépara pendant longtemps par des exercices du corps, et les habitua à toutes les fatigues et aux dangers de la guerre. Ayant ainsi composé une armée redoutable, il conclut un traité d'alliance avec Ariéus, roi de l'Arabie, contrée qui, vers ces temps, passait pour peuplée d'hommes robustes.

« Ninus, roi des Assyriens, menant avec lui le chef des Arabes, marcha à la tête d'une puissante armée contre les Babyloniens, qui habitaient un pays limitrophe. A cette époque Babylone n'était pas encore fondée; mais il y avait d'autres villes remarquables dans la Babylonie. Ninus défit sans peine des hommes non aguerris, leur imposa un tribut annuel, emmena prisonnier le roi avec ses enfants, et le tua. De là il conduisit ses troupes en Arménie, et épouvanta les indigènes par le sac de quelques villes. Barzanès, leur roi, se voyant hors d'état de résister, alla au-devant de son ennemi avec des présents, et lui offrit sa soumission. Ninus se conduisit à son égard avec générosité; il lui accorda la souveraineté de l'Arménie, et n'exigea qu'un envoi de troupes auxiliaires. Son armée grossissant de plus en plus, il dirigea une expédition contre la Médie. Pharnus, qui en était roi, s'avança avec une armée considérable; mais abandonné des siens, et ayant perdu la plupart de ses troupes, il fut fait prisonnier avec sa femme et ses sept enfants; il fut lui-même mis en croix. Ces succès inspirèrent à Ninus le violent désir de subjuguer toute l'Asie, comprise entre le Tanaïs et le Nil, tant il est vrai que la prospérité ne fait qu'augmenter l'ambition de l'homme. Il établit un de ses amis satrape de la Médie, et s'avança lui-même vers la conquête des nations de l'Asie; dans un espace de dix-sept ans il se rendit maître de toute la contrée, à l'exception des Indes et de la Bactriane. Aucun historien n'a décrit en détail les batailles qu'il a livrées ni le nombre des peuples qu'il a vaincus; nous ne signalerons de ces derniers que les principaux, sur l'autorité de *Ctésias de Cnide*. Parmi les contrées littorales, il soumit à sa puissance l'Égypte, la Phénicie, la Cœlé-Syrie, la Cilicie, la Pamphylie, la Lycie, la Carie, la Phrygie, la Mysie et la Lydie; il ajouta encore à ses conquêtes la Troade, la Phrygie sur l'Hellespont, la Propontide, la Bithynie, la Cappadoce et les nations barbares qui habitent le Pont jusqu'au Tanaïs. Il se rendit aussi maître du pays des Cadusiens, des Tapyrs, des Hyrcaniens, des Drangiens, des Derbices, des Carmaniens, des Choromnéens, des Barcaniens et des Parthes. Il pénétra jusque dans la Perse, dans la Susiane et dans la région Caspienne, où se trouvent les défilés connus sous le nom de *Portes Caspiennes*. Il réduisit encore bien d'autres peuples de moindre importance et dont nous ne parlerons point. Quant à la Bactriane, contrée d'un accès difficile et peuplée de guerriers, après plusieurs tentatives inutiles, il ajourna la guerre, ramena sa troupe dans la Syrie, et choisit un emplacement convenable pour fonder une grande ville.

« Après la fondation de cette ville, Ninus se mit en marche contre la Bactriane, où il épousa Sémiramis. Comme c'est la plus célèbre de toutes les femmes que nous connaissions, il est nécessaire de nous y arrêter un moment et de raconter comment d'une condition humble elle arriva au faîte de la gloire.

« Vers l'époque où la fondation de Ninive fut achevée, le roi songea à conquérir la Bactriane. Informé du nombre et de la valeur des hommes qu'il allait combattre, ainsi que de la difficulté des contrées dans lesquelles il allait pénétrer, il fit lever des troupes dans toutes les contrées de son empire; car, ayant échoué dans sa première expédition, il avait résolu d'attaquer les Bactriens avec des forces considérables. Il rassembla donc de tous les points de son empire une armée qui, au rapport de Ctésias, s'éleva à un million sept cent mille fantassins, à plus de deux cent dix mille cavaliers, et à près de dix mille six cents chariots armés de faux.

« Ninus, s'étant mis en marche contre la Bactriane avec une aussi puissante armée, fut obligé de partager celle-ci en plusieurs corps, à cause des défilés qu'il avait à traverser. Parmi les grandes et nombreuses villes dont la Bactriane est remplie, on remarquait surtout celle qui servait de résidence royale; elle se nommait Bactres, et se distinguait de toutes les autres par sa grandeur et ses fortifications. Oxyarte, qui était alors roi, appela sous les armes tous les hommes adultes, qui s'élevaient [au] nombre de quatre cent mille. Avec cette armée, il s'avança à la rencontre de l'ennemi, vers les défilés qui défendent l'entrée du pays; il y laissa s'engager une partie des troupes de Ninus; et lorsqu'il pensa que l'ennemi était arrivé dans la plaine en nombre suffisant, il se rangea en bataille. Après un combat acharné, les Bactriens mirent en fuite les Assyriens, et, les poursuivant jusqu'aux montagnes qui les dominaient, ils tuèrent jusqu'à cent mille hommes. Mais peu à peu tout le reste de l'armée de Ninus pénétra dans le pays; accablés par le nombre, les Bactriens se retirèrent dans les villes, et chacun ne songea qu'à défendre ses foyers. Ninus s'empara facilement de toutes ces villes; mais il ne put prendre d'assaut Bactres, à cause de ses fortifications et des munitions de guerre dont cette ville était pourvue. Comme le siége traînait en longueur, l'époux de Sémiramis, qui se trouvait dans l'armée du roi, envoya chercher sa femme, qu'il était impatient de revoir. Douée d'intelligence, de hardiesse et d'autres qualités éminentes, Sémiramis saisit cette occasion pour faire briller de si rares avantages. Comme son voyage devait être de plusieurs jours, elle se fit faire un vêtement par lequel il était impossible de juger si c'était un homme ou une femme qui le portait. Ce vêtement la garantissait contre la chaleur du soleil; il était propre à conserver la blancheur de la peau, ainsi que la liberté de tous les mouvements, et il seyait à une jeune personne; il avait d'ailleurs tant de grâce, qu'il fut adopté d'abord par les Mèdes lorsqu'ils se rendirent maîtres de l'Asie, et plus tard par les Perses.

« A son arrivée dans la Bactriane, elle examina l'état du siége; elle vit que les attaques se faisaient du côté de la plaine et des points d'un accès facile, tandis que l'on n'en dirigeait aucune vers la citadelle, défendue par sa position; elle reconnut que les assiégés, ayant en conséquence abandonné ce dernier poste, se portaient tous au secours des leurs qui étaient en danger à l'endroit des fortifications basses. Cette reconnaissance faite, elle prit avec elle quelques soldats habitués à gravir les rochers : par un sentier difficile, elle pénétra dans une partie de la citadelle, et donna le signal convenu à ceux qui attaquaient les assiégés du côté des murailles de la plaine. Épouvantés de la prise de la citadelle, les assiégés désertent leurs fortifications, et désespèrent de leur salut. Toute la ville tomba ainsi au pouvoir des Assyriens. Le roi, admirant le courage de Sémiramis, la combla d'abord de magnifiques présents; puis, épris de sa beauté, il pria son époux de la lui céder, en promettant de lui donner en retour sa propre fille, Losane. Menonès ne voulant pas se résoudre à ce sacrifice, le roi le menaça de lui faire crever les yeux s'il n'obéissait pas promptement à ses ordres. Tourmenté de ces menaces, saisi tout à la fois de chagrin et de fureur, ce malheureux époux se pendit.

« Sémiramis parvint aux honneurs de la royauté. Ninus s'empara des trésors de Bactres, consistant en une grande masse d'argent et d'or; et, après avoir réglé le gouvernement de la Bactriane, il congédia ses troupes. Ninus eut de Sémiramis un fils, Ninyas; en mourant il laissa sa femme souveraine de l'empire. Sémiramis fit ensevelir Ninus dans le palais des rois, et fit élever sur sa tombe une terrasse immense qui avait, au rapport de Clésias, neuf stades de haut et dix de large. Comme la ville est située dans une plaine sur les rives de l'Euphrate, cette terrasse s'aperçoit de très-loin, semblable à une citadelle; elle existe, dit-on, encore aujourd'hui bien que la ville de Ninus ait été détruite par les Mèdes, lorsqu'ils mirent fin à l'empire des Assyriens. Sémiramis, dont l'esprit était porté vers les grandes entreprises, jalouse de surpasser en gloire son prédécesseur, résolut de fonder une ville dans la Babylonie; elle fit venir de tous côtés des architectes et des ouvriers, au nombre de deux millions, et fit préparer tous les matériaux nécessaires. Elle entoura cette nouvelle ville, traversée par l'Euphrate, d'un mur de trois cent soixante stades, fortifié, selon Ctésias de Cnide, de distance en distance par de grandes et fortes tours. La masse de ces ouvrages était telle, que la largeur des murs suffisait au passage de six chariots de front, et leur hauteur paraissait incroyable (1). »

Tels sont les détails conservés par Diodore.

Bérose. Cet auteur, Babylonien d'origine, et à peu près contemporain d'Alexandre le Grand, avait écrit une histoire de la Chaldée (Χαλδαϊκά) ou de la Babylonie (Βαβυλωνικά), dont malheureusement il ne nous reste que des fragments, conservés par Josèphe, saint Clément d'Alexandrie, Eusèbe et Syncelle.

Bérose débute par la création du monde, qui était d'abord peuplé d'animaux monstrueux. Depuis Alorus jusqu'à Xisuthrus, il compte une série de rois fabuleux, dans un espace de douze mille quarante-trois ans. Sous le roi Xisuthrus eut lieu ce déluge, dont parle *Bérose*, et qui, jusque dans ses moindres détails, rappelle celui de Noé. Bérose parle aussi de la construction de la tour de Babel, qui amena la confusion des langues. « Enfin il arrive à parler de Nabuchodonosor, fils de Nabopolassar, qui incendia le temple de Jérusalem, et transporta les Juifs à Babylone. Ce même roi orna le temple de Bélus, construisit le palais royal et les jardins suspendus. Il mourut après un règne de quarante-trois ans, et eut pour successeur son fils Évilmaradoch. Celui-ci, après un règne impie et immoral (προστὰς τῶν πραγμάτων ἀνόμως καὶ ἀσελγῶς) de deux ans, mourut par les embûches de son beau-frère Nériglissor, qui fut, à son tour, roi pendant quatre ans. Son fils Laborosoarchod, encore fort jeune, lui succéda ; et comme il montrait un mauvais naturel, il fut tué et martyrisé (ἀπετυμπανίσθη) par ses amis. Le sceptre tomba entre les mains de l'un des conjurés, nommé Nabonned, Babylonien. Sous ce roi les murs de Babylone qui avoisinent le fleuve furent magnifiquement restaurés avec des briques cuites et de l'asphalte. Ce fut dans la dix-septième année du règne de Nabonned, que Cyrus sortit de la Perse avec une puissante armée et vint investir Babylone. Nabonned alla à sa rencontre, fut vaincu, et se renferma dans la ville de Borsippe.

(1) Diodore de Sicile, t. I, p. 112 et suiv. de ma traduction.

Cyrus prit Babylone, et fit démolir l'enceinte extérieure de la ville (τὰ ἔξω τῆς πόλεως τείχη), et se dirigea sur Borsippe. Nabonned ne soutint pas le siége, et vint se soumettre à Cyrus, qui le traita avec humanité; il fut exilé dans la Caramanie, où il passa le reste de ses jours (1). »

Voici la liste des rois Assyriens ou Babyloniens, d'après les fragments de Bérose (2) :

	ans.
Dix rois avant le déluge, depuis Alorus jusqu'à Xisuthrus, comprenant un laps de temps de. . . .	432,000
Euechous.	
Chomasbelus.	
Quatre-vingts rois innommés. . . .	34,080
Huit rois Mèdes.	234
Quarante-neuf rois Chaldéens. . . .	458
Neuf rois arabes.	245
Quarante-cinq rois Assyriens. . . .	526
Phul.	
Sénacherib.	81
Asordan (Assarhaddon).	8
Sammughès.	21
Sardanapal (Sarasus), frère de Sammughès.	21
Nabopalassar.	20
Nabucodrossor (Nabuchodonosor).	43
Evilmaradoch.	2
Nériglisor.	4
Naboned.	17
Cyrus.	9
Cambyse.	9
Darius.	36

Justin. Cet auteur commence son histoire par celle des Assyriens, en s'exprimant ainsi :

« Dans l'origine des choses la souveraineté était chez les rois...... Le premier de tous, Ninus, roi des Assyriens, changea le caractère antique et en quelque sorte héréditaire des peuples, par sa passion, jusque alors inconnue, de dominer (*veterem et quasi avitum gentium morem, nova imperii cupiditate, mutavit*). Le premier il fit la guerre aux voisins, subjugua ces nations encore inhabiles à la résistance, et poussa ses conquêtes jusqu'aux confins de la Libye. Sésostris, roi d'Égypte, et Tanaüs, roi de la Scythie, étaient, il est vrai, plus anciens : l'un pénétra jusqu'au Pont,

(1) Josèphe, *Contra Apion.* 19 et 20.
(2) *Fragmenta Historicorum Græcorum*, édit. Car. Müller, vol. II, p. 509 (Paris, Firm. Didot).

l'autre jusqu'en Égypte. Mais ils n'avaient entrepris que des expéditions lointaines, et ils ne cherchaient que la gloire de leurs peuples; contents de vaincre, ils ne voulaient pas commander. Ninus affermit son immense pouvoir, acquis par une possession non interrompue (*continua possessione*). Maître des nations limitrophes, et augmentant ses forces par chaque nouvelle victoire, il soumit tout l'Orient. Sa dernière guerre fut entreprise contre Zoroastre, roi des Bactriens, qui inventa, dit-on, la magie (*artes magicas*), et se livra avec ardeur à l'étude des principes du monde et du mouvement des astres. Ce roi fut tué, et Ninus mourut ensuite, laissant un fils, Ninyas, encore fort jeune (*impuber*), et sa femme Sémiramis, régente du royaume.

« Celle-ci n'osant confier le sceptre aux mains d'un enfant, ni paraître elle-même devant tant de nations, déjà trop impatientes du joug d'un homme pour supporter celui d'une femme, fit passer l'épouse de Ninus pour le fils, et le fils pour l'épouse. La mère et le fils étaient d'une taille moyenne; tous deux avaient la voix féminine (*gracilis vox*), et les traits ressemblants. Sémiramis se couvrit donc de vêtements larges, les bras et les jambes, et mit sur sa tête une tiare (*brachia ac crura velamentis, caput tiara tegit*); et pour que ce nouveau costume n'éveillât pas de soupçon, elle l'ordonna à tout son peuple, qui depuis lors en a gardé l'usage. En cachant ainsi son sexe, elle se fit passer pour le fils de Ninus. Elle exécuta ensuite de grandes choses, et croyant avoir par là triomphé de l'envie, elle avoua son déguisement. Cet aveu, loin de lui coûter le sceptre, augmenta l'admiration pour cette femme, qui surpassait les hommes en courage. Elle fonda Babylone, et entoura cette ville d'un mur en briques cuites, liées entre elles avec du bitume en guise de ciment (*cocto latere, arenæ vice bitumine interstrato*). Ce bitume sort en bouillonnant du sol en divers endroits de cette contrée (*in illis locis passim e terra exæstuat*). Sémiramis s'illustra par beaucoup d'autres actions. Non contente de garder les limites du domaine acquis par son mari, elle joignit l'Éthiopie à son empire. Elle porta même la guerre jusque dans l'Inde, où après elle Alexandre le Grand seul pénétra. Enfin, elle fut éprise d'un amour incestueux pour son fils, et fut tuée par lui. Elle avait régné quarante-deux ans après la mort de Ninus.

« Ninyas, son fils, se contentant du pouvoir conquis par ses parents, ne témoigna aucun goût pour la guerre; et comme s'il eût réellement changé de sexe avec sa mère, il se montra rarement aux hommes, et vieillit au milieu de ses femmes (*in feminarum turba consenuit*). Ses successeurs (*posteri ejus*) suivirent son exemple; ils faisaient connaître leurs ordres par des intermédiaires (*per internuntios*). L'empire des Assyriens, qu'on appela plus tard *Syriens*, dura treize cents ans [1]. »

« Leur dernier roi fut Sardanapale, homme au-dessous de la femme (*vir muliere corruptior*). Arbactus [2], son lieutenant, gouverneur de la Médie, ayant obtenu à grand' peine la permission, jusque alors refusée à tout le monde, de le voir, le trouva, portant un vêtement de femme, filant de la pourpre au milieu d'une troupe de concubines, les surpassant toutes par la mollesse de ses attitudes, par la lasciveté de ses regards, et distribuant à chacune d'elles sa tâche. Indigné de voir une telle femme commander à des hommes, et ces hommes, portant le glaive, obéir à un maître qui maniait le fuseau, il rejoint ses compagnons, et leur raconte ce qu'il a vu, déclarant qu'il ne subirait point la loi d'un prince qui aime mieux être une femme qu'un homme. On conspire et on s'insurge contre Sardanapale. À la nouvelle de cette révolte, loin de défendre virilement son trône, il cherche d'abord à se cacher, comme une femme qui a peur de mourir. Puis, avec une poignée de gens en désordre, il s'avance au combat. Vaincu, il se réfugie dans son palais, dresse un bûcher, et se jette avec son trésor au milieu des flammes, seul acte par lequel il se soit montré en homme. Arbactus, gouverneur des Mèdes, auteur de la mort de Sardanapale, fut proclamé

---

[1] Justin, I, 1.
[2] Ce nom s'écrit indifféremment *Arbaces, Arbacus, Arbatus*.

roi, et fit passer l'empire des Assyriens aux Mèdes (1). »

« Après une longue suite de rois, par ordre de succession (*post multos reges, per ordinem successionis*), le sceptre échut à Astyage. »

Justin raconte ensuite l'histoire d'Astyage et de son petit-fils Cyrus, qui mit fin à l'empire des Mèdes, qui avait duré trois cent cinquante ans (2). Relativement à l'origine des anciens rois assyriens, Justin dit qu'ils sont, comme les Juifs, originaires de Damas, en Syrie, et descendent de la reine Sémiramis : *Judæis origo Damascena, Syriæ nobilissima civitas, unde et Assyriis regibus genus ex regina Semirami fuit* (3).

Velleius Paterculus. — Les données de cet historien se bornent à ce qui suit :

« L'empire de l'Asie (*imperium asiaticum*) passa des Assyriens, qui l'avaient gardé mille soixante-dix ans, aux Mèdes, il y a de cela un peu près sept cent soixante-dix ans (4). Cela eut lieu à l'époque où Pharacès, le Mède, ôta le trône et la vie à Sardanapale, leur roi, homme voluptueux, le treizième successeur, en ligne directe, de Ninus et de Sémiramis, fondateurs de Babylone (*Tertio et tricesimo loco ab Nino et Semiramide*, qui *Babyloniam condiderant, natum, ita ut semper successor regni paterni foret filius.*) A la même époque florissait Lycurge à Lacédémone (5)....»

« [Æmilius Sura sur les années du peuple Romain, dit : Les Assyriens s'emparèrent les premiers de la souve-

(1) Justin, I, 3.
(2) Ibid., I, 4.
(3) Justin dit ailleurs (XXX, 2) que le lac de Génézareth est appelé *stagnum Assyricum*, parce que ses environs étaient jadis habités par les Assyriens.
(4) *Abhinc annos ferme DCCLXX*. L'auteur rapporte ici la date à l'époque du consulat de M. Vinicius, où il commença à écrire son livre (*Historia Romana*). Or cette époque coïncide avec la seizième année du règne de Tibère, ou avec l'année 783 de la fondation de Rome. Le renversement de l'empire des Assyriens par les Mèdes tombe par conséquent dans l'année 739 avant J.-C.
(5) Vell. Paterculus, I, 6.

raineté; puis vinrent les Mèdes, les Perses et les Macédoniens. Enfin, depuis la soumission de Philippe et d'Antiochus, rois Macédoniens, arrivée peu de temps après la défaite de Carthage, le pouvoir suprême passa entre les mains du peuple romain] (1). Entre ce temps (*hoc tempus*) et le commencement du règne de Ninus, roi des Assyriens, il y a un intervalle de dix-neuf cent quatre-vingt-quinze ans (2). »

Agathias. Cet historien byzantin nous a conservé quelques faibles fragments de Bérose et d'autres auteurs, concernant l'histoire des Assyriens. — « On raconte que les Assyriens ont soumis toute l'Asie, excepté les Indiens, établis au delà du Gange (Ἰνδῶν τῶν ὑπὲρ Γάγγην ποταμὸν ἱδρυμένων). Ninus y fonda le premier un empire; il eut pour successeur Sémiramis; puis régnèrent tous leurs descendants (ἑξῆς ἅπαντες οἱ τούτων ἀπόγονοι) jusqu'à *Belleous*, fils de Dercétade. En celui-ci s'éteignit la race de Sémiramis. Un jardinier, nommé Beletaras, s'empara ensuite de la royauté, d'une manière étrange (παραλόγως), comme le rapportent Bion et Alexandre Polyhistor. L'empire tomba en décadence jusqu'à Sardanapale : Arbace le Mède et Belesys le Babylonien arrachèrent le sceptre aux Assyriens : ils saisirent le roi, et transplantèrent le peuple dans la Médie. Ceci arriva un peu plus (ὀλίγῳ πλειόνων ἐτῶν) de treize cents ans après la fondation de l'empire assyrien par Ninus (3). »

Paul Orose. Cet écrivain (mort vers 420 de J.-C.) est bon à consulter, en ce qu'il donne, dans son *Histoire* contre les

(1) La plupart des commentateurs regardent le passage compris entre deux crochets comme une glose marginale; et on l'a retranché dans beaucoup d'éditions. Voy. l'édition de Vell. Paterculus *cum notis variorum*.
(2) Vell. Paterc., I, 7. Les mots *Hoc tempus* se rapportent-ils au temps où écrivait Vell. Paterculus ou à l'époque de la soumission de Philippe et d'Antiochus par les Romains? C'est ce dernier cas qu'il faut admettre, au sentiment de Lipsius et d'autres.
(3) Agathias, *De Rebus gestis Justiniani*, Paris, 1660, in-fol., p. 62.

païens, des extraits d'auteurs plus anciens dont les écrits ne nous sont pas parvenus. Paul Orose place le commencement du règne de Ninus, *primus rex Assyriorum*, dans l'année 1300 avant la fondation de Rome (2052 avant J.-C.). « Pendant cinquante ans ce roi troubla l'Asie par ses guerres, et soumit les peuples depuis la mer Rouge jusqu'au Pont-Euxin. Il soumit et tua Zoroastre, roi des Bactriens, l'inventeur, dit-on, de l'art magique (*magicæ artis repertorem*). Enfin, il périt lui-même d'un coup de flèche pendant le siège d'une ville rebelle. Ninus eut pour successeur sa femme, Sémiramis, qui fit des guerres sanglantes pendant quarante-deux ans. Non contente des pays que son mari avait conquis, elle porta les armes en Éthiopie, et soumit cette contrée à son empire. Elle porta aussi la guerre dans l'Inde, où avant elle et Alexandre le Grand personne n'avait pénétré (1). »

HISTOIRE DE LA BABYLONIE ET DE L'ASSYRIE

D'après la Bible, d'accord avec Josèphe, Bérose, Eusèbe, Syncelle, et le canon de Ptolémée.

1° *Rois de Babylone.*

Nemrod, fils de Chus et arrière-petit-fils, par Mesraïm, son aïeul paternel, de Cham, fils de Noé, resta sur les bords de l'Euphrate, après la dispersion du genre humain, et des matériaux destinés à l'achèvement de la tour de Babel il fonda autour ou auprès de cet édifice une ville qu'il nomma Babylone. L'Écriture dit (Gen., X, 8 et 9) « qu'il commença à se rendre puissant sur la terre, et qu'il fut un vaillant chasseur ». Ce fut vraisemblablement ce qui détermina les Babyloniens à lui déférer la royauté, comme à l'homme le plus capable de les défendre et d'assurer leur tranquillité. Vers le même temps, Assur, fils de Sem, bâtit la ville de Ninive : *De terra illa egressus est Assur, et ædificavit Ninirem* (Genèse, XII). Nemrod et Assur sont encore regardés comme les fondateurs chacun de trois autres villes, Nemrod de celles d'Arach, d'Achad et de Calamé, dans la terre de Sennaar, et Assur, de celles de Rehoboth, de Rhesen et de Calé, dans l'Assyrie. Les successeurs d'Assur sont ignorés jusqu'à Bel, père de Ninus. Nous avons la liste de ceux de Nemrod avec la durée de leur règne, et pour les rapporter de la manière la plus probable aux années qui précédèrent l'ère vulgaire, voici ce qu'on a dû supposer. La dispersion du genre humain étant arrivée, vers le temps de la naissance de Phaleg, c'est-à-dire vers l'an 2690 avant J.-C., on peut mettre dix ans après le commencement du règne de Nemrod. Or, comme il ne faisait que la quatrième génération depuis Noé, au lieu que Phaleg faisait la cinquième, ce ne sera pas beaucoup s'éloigner de la vérité que de lui donner environ cent vingt-cinq ans à la naissance de ce dernier, et cent trente-cinq, lorsqu'il commença de régner. Supposons qu'il ait vécu deux cent quarante ans, comme Phaleg en a vécu deux cent trente-neuf, son règne aura été de cent cinquante ans, et par conséquent aura fini l'an 2575 avant J.-C. (1).

Évéchoüs fut le successeur de Nemrod, son père. Il était, à ce qu'il paraît, dans un âge avancé lorsqu'il parvint au trône. C'est par lui, dit-on, que l'idolâtrie s'introduisit dans le monde. Évéchoüs en profita pour rendre à son père les honneurs divins. Il lui fit construire dans la tour de Babel une espèce de chapelle, où il était honoré sous le nom de *Bel* ou *Baal*, et son culte s'étendit de là dans une partie de l'Asie. Les anciens ne donnent à Évéchoüs que six ans et huit mois de règne. Mais on soupçonne avec assez de fondement qu'il y a ici une erreur de copiste, et qu'on lisait originairement soixante-huit ans; car on ne voit pas que dans les premiers temps on ait porté la précision jusqu'à marquer le nombre des mois qui surpassaient les années complètes des règnes des souverains. Évéchoüs aura donc fini le sien l'an 2507 avant J.-C.

Chomas-Bel succéda à Évéchoüs. S'il est le même, comme cela paraît hors de doute, que *Bel-Chomas*, c'est le second

---

(1) Paul Orose, *Histor.*, I, 4 (p. 23 édit. de Mayence, 1615, in-8°).

(1) L'*Art de vérifier les dates*, Ire partie, t. II, p. 338 et suiv.

roi qui aura obtenu les honneurs divins. Les anciens ne donnent que sept ans et six mois de règne à Chomas-Bel; mais on lui en suppose soixante-seize. La mort de ce prince tombe alors en l'an 2431 avant J.-C.

Por ou *Pong* remplaça Chomas-Bel sur le trône de Babylone. On l'identifie avec Bel-Peor ou Bel-Phegor, troisième divinité des Babyloniens. Quoi qu'il en soit, on lui donne trente-cinq ans de règne, jusqu'en l'an 2396 avant J.-C.

Nechubès, successeur de Por, régna quarante-cinq ans : il mourut l'an 2351 avant J.-C.

Abo ou *Abius*, successeur de Néchubès, régna quarante-huit ans, jusqu'en 2303 avant J.-C.; son successeur, *Anibal*, mourut après quarante ans de règne, en 2263 avant J.-C.

Chinzir, successeur d'Anibal, fut, après quarante-cinq ans, renversé du trône par les Arabes ; c'est alors qu'il se forma des débris de l'empire de Babylone un royaume de Mésopotamie, un royaume de Sennaar, un royaume d'Élam, un royaume d'Ellazar, et d'autres souverainetés plus petites, en sorte que celle de Babylone proprement dite fut restreinte à des limites fort étroites, du moins en comparaison de son premier état. Ce fut sous le règne de Chinzir que les Chaldéens commencèrent à mettre en ordre leurs observations astronomiques. Elles remontaient à 1903 ans (à 2234 ans avant J.-C.) lors de la prise de Babylone (331 ans avant J.-C.) par Alexandre le Grand, comme ils le firent voir au philosophe Callisthène, suivant le témoignage de Simplicius (1).

Mardocentès, l'un des chefs de l'expédition des Arabes, eut en partage Babylone et la Chaldée ; c'est, au jugement d'habiles critiques, le Merodac Baladan du prophète Isaïe. On voit par un passage du prophète Jérémie (2) qu'il reçut les honneurs divins après sa mort. « Publiez, dit-il, que Mérodac a été vaincu ; que toutes les idoles de cette ville (Babylone) ont été assujetties et couvertes de confusion. » Mardocentès mourut l'an 2163 avant J.-C., après un règne de cinquante-cinq ans. Le nom de son successeur, dont le règne fut de quarante ans, est resté dans l'oubli.

Sysimordac, troisième souverain arabe, régna vingt-huit ans, et mourut l'an 2095 avant J.-C.

Nabius ou *Nabo*, successeur de Sisymordac, finit ses jours après un règne de trente-sept ans, et reçut les honneurs divins. C'est lui dont le prophète Isaïe parle en ces termes : « Nabo a été brisé, les idoles des Chaldéens ont été emmenées sur des bêtes de charge (1) ».

Parannus, successeur de Nabius, occupa le trône quarante ans.

Naboned succède à Parannus dans la liste des rois arabes de Babylone, dont il fut le dernier. La vingt-cinquième année de son règne, il fut attaqué par Bel, roi d'Assyrie, qui, l'ayant vaincu, le fit mourir ou l'emmena prisonnier, et réunit l'empire de Babylone à celui d'Assyrie.

2° *Rois de Babylone et d'Assyrie.* — *Premier royaume d'Assyrie.*

Bel régnait depuis trente ans en Assyrie, lorsqu'il se rendit maître du royaume de Babylone. Il régna vingt-cinq ans sur les deux royaumes réunis, et mourut l'an 1968 avant J.-C.

Ninus, fils et successeur de Bel, monta sur le trône l'an 1968 avant J.-C. Cette époque est fondée sur l'autorité d'Æmilius Sura, qui dans un passage rapporté par Velleius-Paterculus (L. I, c. 6), compte 1905 ans, suivant la meilleure leçon, entre le commencement du règne de Ninus et le consulat de Cicéron, qui répond à l'an 64 avant J.-C. (2). Ninus marcha sur les traces de son père, et recula fort loin les bornes de son empire. Il paraît que ses premières expéditions furent du côté de l'Arménie ; il envahit ensuite la Susiane, la Perse, l'Hyrcanie, et subjugua tous ces pays dans le cours de dix-sept ans. Ninus embellit Ninive, dont il est même regardé comme le fondateur (3). Ninus mourut la cinquante-deuxième année de son règne ; il eut de

---

(1) *Comment.* XLVI, in libr. Aristotelis *de Cælo*.
(2) Jérem., L, 2.

(1) Isaïe, XLI, 1.
(2) Voy. ci-dessus, p. 402.
(3) Voyez plus haut l'histoire de Ninus, d'après Ctésias (Diodore de Sicile) et d'autres écrivains profanes.

Sémiramis un fils nommé Ninyas. *Sémiramis*, mère et tutrice de Ninyas, se fit reconnaître reine de Babylone et d'Assyrie. Portée par son caractère aux grandes entreprises, et dominée par la passion d'immortaliser son nom, elle entreprit de rétablir Babylone, et d'en faire une ville magnifique par l'étendue de son enceinte et la beauté de ses édifices (1). Au milieu de ces occupations, Sémiramis formait des projets de conquête, et levait des armées pour subjuguer les royaumes qui l'avoisinaient. On ne sait rien de certain sur ses premières expéditions militaires ; ce qu'il y a de moins équivoque dans le récit des anciens, c'est qu'elle soumit l'Arabie et l'Éthiopie, c'est-à-dire la terre de Chus, voisine de la mer Rouge, mais non pas l'Éthiopie, qui est au midi de l'Égypte. La conquête de l'Inde lui parut plus facile. Elle assembla, pour y pénétrer, la plus grande armée qu'on eût vue jusque alors. Stabobratès, roi de l'Inde, apprenant la marche de Sémiramis, vient au-devant d'elle, à la tête de ses troupes, jusqu'au fleuve qui donne son nom au pays. La reine passe l'Indus à la vue de l'ennemi, qu'elle met en fuite. Elle avance dans l'intérieur du pays ; mais Stabobratès livre aux Assyriens un sanglant combat, et les met en déroute. Sémiramis revint en Assyrie, avec les débris de son armée. Ninyas, las de vivre sous la domination de sa mère, conspira contre elle, et réussit à lui enlever le trône. D'autres disent qu'elle le céda volontairement, dans la crainte que ce fils dénaturé n'attentât à ses jours. Quoi qu'il en soit, elle se retira dans une forteresse, où elle passa le reste de ses jours, après avoir régné pendant quarante-deux ans. Après sa mort elle fut honorée comme une divinité, sous la forme d'une colombe.

Ninyas, nommé aussi *Zamès*, prit en main les rênes du gouvernement après la retraite de Sémiramis. L'histoire ne nous apprend rien des actions de ce prince ; elle garde le même silence sur celle de ses successeurs. On attribue l'obscurité de leur règne à la mollesse dans laquelle on suppose qu'ils étaient plongés. « Mais peut-être, dit M. Fréret, vient-elle moins du repos dans « lequel ils ont vécu que de la tran-« quillité dont ils ont fait jouir leurs « sujets. L'histoire ne se charge guère « que des conquêtes et des révolutions « éclatantes, surtout lorsqu'elle parle « des pays étrangers. Or, ce sont des « Grecs qui nous ont transmis ce que « nous savons des rois d'Assyrie. »

Il y a deux listes des rois d'Assyrie : l'une donnée par Jules Africain, et copiée par Georges le Syncelle ; l'autre donnée par Eusèbe. La première, plus ancienne et plus complète que la seconde, paraît ici mériter la préférence. Ninyas, après un règne de trente-huit ans, eut pour successeur Arius, qui tint le sceptre trente ans — *Aralius*, son successeur, régna quarante ans. — *Xercès*, successeur d'Aralius, régna trente ans. — *Armamithrès* remplaça Xercès, et régna trente-huit ans. — *Belochus*, son successeur, régna trente-cinq ans. — *Balœcus*, qui succéda à Bélochus, régna cinquante-deux ans. — *Séthos* régna trente-deux ans. Sethos est le même, suivant Fréret, que Sésostris, roi d'Égypte, à qui les Grecs, en effet, donnaient les deux noms, et dont Manéthon raconte qu'il avait soumis les Assyriens. Au lieu de Séthos, Eusèbe met *Altadas* dans son canon des rois d'Assyrie, soit que ce fût le nom assyrien de Sésostris, soit que ce fût celui du prince qui régnait alors sur l'Assyrie, et qui devint le tributaire des Égyptiens. Les successeurs de Sésostris négligèrent les conquêtes qu'il avait faites ; mais plusieurs des provinces de l'empire d'Assyrie, après s'être soustraites à la domination des rois d'Égypte, ne retournèrent pas sous leurs premiers maîtres, et formèrent des États particuliers.

*Mamythus I*er, successeur de Séthos, régna trente ans. — *Aschalus*, appelé *Manca* par Eusèbe, régna vingt-huit ans. — *Sphœrus*, successeur d'Aschalus, régna vingt-deux ans. — *Mamythus II* régna trente ans. — *Spartacus* occupa le trône quarante-deux ans. — *Ascatadès*, successeur de Spartacus, régna quarante-huit ans. — *Amyntès*, régna quarante-cinq ans. — *Bélochus II*, nommé aussi *Bélimas* ou *Balocus*, régna vingt-cinq ans. — *Atossa*, nommée aussi *Sémiramis*, succéda à Bélochus, son père, qui l'avait, de

(1) Voyez plus haut la description de Babylone.

son vivant, associée au trône. Suivant Photius, elle épousa son propre fils. C'est depuis ce temps, ajoute-t-il, que les Mèdes et les Perses se sont permis ces sortes de mariages. Atossa gouverna la Syrie douze ans depuis la mort de son père. Elle fut le dernier rejeton de la famille de Ninus et de la grande Sémiramis.

Balétorès ou *Balétarès*, intendant des jardins du palais de Babylone, parvint au trône, soit par violence, soit par intrigue, après la mort d'Atossa ; mais il paraît que ce ne fut pas sans opposition. On remarqua en effet que plusieurs des peuples tributaires de l'empire d'Assyrie, voyant le sceptre transféré dans une autre famille, saisirent cette occasion pour secouer le joug. De là l'état d'affaiblissement où tomba cette monarchie. Syncelle donne trente ans de règne à Balétorès ; mais comme il ne parle point d'Atossa, il semble que dans ces trente années doivent être comprises les douze du règne de cette princesse.

Lampridès, successeur de Balétarès, régna trente ans. — *Sosarès* régna vingt ans. — *Lampraès* ou *Lamparès* régna trente ans. — *Panyas* régna quarante-cinq ans. — *Sosarmus*, successeur de Panyas, régna vingt-deux ans. — *Mithræus*, successeur de Sosarmus, régna vingt-sept ans.

*Tautanès I*er, successeur de Mithræus, régna trente-deux ans. — *Teutæus*, successeur de Tautanès, régna quarante-quatre ans.

Arabélus, *Chalaüs*, *Anébus* et *Babius*, quatre rois omis par Eusèbe, régnèrent, le premier quarante-deux ans, le deuxième quarante-cinq, le troisième trente-huit, et le quatrième trente-sept, ce qui fait un total de cent soixante-deux ans.

Teutamus II, nommé *Teutanès* par Syncelle et *Phinæus* par Eusèbe, fut le successeur de Babius, et régna trente ans.

Dercylus, successeur de Teutamus, régna quarante ans. Ce fut vraisemblablement sous son règne que le prophète Jonas vint de la terre d'Israël prêcher la pénitence à Ninive. Cette capitale, qui jouissait d'une longue paix, était alors plongée dans les délices et la débauche, suite ordinaire de l'opulence et du repos. Jonas annonce publiquement que la ville, en punition de ses crimes, sera détruite dans quarante jours. Le roi, touché de la prédiction du prophète, quitte les ornements de sa dignité, se revêt d'un sac, s'assied sur la cendre, et ordonne un jeûne général, non-seulement pour les hommes, mais aussi pour les animaux. Dieu, fléchi par ces marques de pénitence, pardonne aux Ninivites, et révoque l'anathème qu'il avait prononcé contre leur ville. Cependant Jonas, retiré à l'orient de la ville, attend sous un feuillage l'événement de sa prédiction : voyant qu'il n'arrivait point, il craint de passer pour un faux prophète, et se plaint au Seigneur de ce qu'il n'a pas accompli ce qu'il lui avait chargé d'annoncer. Dieu fait alors croître autour du prophète, en une nuit, une plante touffue pour le mettre, par son ombre, à couvert des ardeurs du soleil ; mais le lendemain il envoie un ver qui ronge la racine de cette plante. Le prophète, exposé de nouveau à l'ardeur du soleil regrette vivement l'ombrage dont il est privé, et dans l'excès de sa douleur il appelle la mort. Alors Dieu lui dit : « Puisque la perte d'un lierre, qui ne t'a rien coûté, te cause tant de regret, dois-tu être surpris de voir ma colère apaisée envers une ville où il y a plus de cent vingt mille personnes qui ne savent pas distinguer entre le bien et le mal. » Jonas quitte Ninive, et retourne en sa patrie.

Empacmès ou *Eupalès* ferma la liste des souverains du premier royaume d'Assyrie. C'est lui que Diodore et Justin nomment Sardanapale, soit qu'il ait effectivement porté ce nom, soit qu'on l'ait confondu avec un autre Sardanapale, car il y en a eu plusieurs de ce nom, qui signifie *seigneur des seigneurs*. Empacmès passait sa vie au milieu de ses femmes, habillé et fardé à leur manière, et occupé comme elles à filer. Quoi qu'il en soit, ce fut sous son règne qu'Arbace ou Pharnace, satrape de Médie, et Bélésis, gouverneur de Babylone, concertèrent entre eux le plan d'une révolution, qu'on regarde communément comme l'extinction totale du royaume d'Assyrie (1). Ctésias, cité par

(1) Voyez plus haut ce récit d'après Ctésias dans Diodore.

Diodore, paraît avoir confondu l'entreprise d'Arbacès et de Bélésis contre Sardanapale avec celle de Nabopolassar, roi de Babylone, et de Cyaxare, roi des Mèdes, contre Chinaladan, roi d'Assyrie. Ce qu'il y a de certain, c'est que la première révolte n'eut pas pour effet la destruction totale de ce royaume : la Babylonie et la Médie commencèrent dès lors à former deux États indépendants ou presque indépendants du royaume d'Assyrie.

3° Second royaume d'Assyrie.

Pul ou *Phul* (*Sardanapale II*) succéda à Empacmès (Sardanapale) dans le royaume d'Assyrie. Quoique les Babyloniens et les Mèdes eussent entièrement secoué le joug de l'Assyrie, cette monarchie ne laissa pas d'être encore une puissance redoutable. Ce fut à Pul que Manahem, roi d'Israel, eut recours pour se maintenir contre les factions qui cherchaient à le détrôner. Pul vint à Jérusalem, et sa présence en ayant imposé aux mutins, il s'en retourna après avoir reçu de Manahem mille talents d'argent, qu'il lui avait promis pour l'engager à venir à son secours. Le règne de Pul fut tout au plus de dix-sept ans, car il avait déjà cessé de régner l'an 742 avant J.-C.

Téglat-Phalasar ou *Tilgath-Pilasar*, nommé aussi Ninus II, succéda à son père, ou lui était associé dès l'an 742 avant J.-C. Ce fut un prince belliqueux, qui travailla à relever le royaume d'Assyrie. Ne pouvant l'étendre ni du côté de la Chaldée ni du côté de la Médie, il porta ses armes en Syrie, attiré par les troubles qui régnaient à Samarie et à Damas. La première année de son règne il envahit, à la tête d'une armée nombreuse, le royaume d'Israël, prit plusieurs villes, se rendit maître du pays de Galaad, de la Galilée, et de tout le territoire de Nephtali, et emmena captifs en Assyrie tous les habitants de ces lieux. Rasin, roi de Damas, intimidé, se soumit volontairement à Téglat-Phalassar. Sept ans après, le roi d'Assyrie, sollicité par Achaz, roi de Juda, de venir le défendre contre Phacée, roi d'Israel, et Rasin, roi de Damas, ligués ensemble pour le détrôner, entre avec une armée formidable dans la Syrie, prend Damas, et en transporte les habitants dans ses États, après avoir fait mourir Rasin. Il ne paraît pas que ce conquérant se soit alors avancé jusque sur les terres d'Israel; mais Achaz vint lui-même le trouver à Damas. Au lieu de le soutenir, Téglat-Phalasar ne fit que l'opprimer. Après avoir tiré de lui une somme d'argent très-considérable, il se retira, laissant le royaume de Juda sans défense. Téglat-Phalasar mourut vers l'an 724 avant J.-C., et eut pour successeur son fils *Salmanasar*.

Celui-ci envahit à son tour le royaume d'Israel, et l'assujettit à un tribut. Après l'avoir payé durant trois ans, le roi Osée, pour s'affranchir de cette servitude, fit alliance avec l'Éthiopien Sabacus, nommé *Sua* dans l'Écriture, et qui venait de conquérir l'Égypte (en 720). A cette nouvelle Salmanasar retourne en Palestine, subjugue tout le pays plat, et renferme Osée dans Samarie, où il le tient assiégé pendant trois ans (718). S'étant rendu maître enfin de la place, il charge Osée de chaînes, et l'emmène en captivité avec le reste des dix tribus, qu'il dispersa dans le pays des Mèdes (717). Peu de temps après son retour à Ninive, Salmanasar reçut une ambassade des Cittiens en Chypre, qui venait implorer son secours contre Éluléee, roi de Tyr, leur souverain, dont ils avaient secoué le joug. Salmanasar, déférant à leur prière, repasse en Palestine, et remporte divers avantages sur les Phéniciens (1). Il paraît avoir cessé de vivre environ cinq ans après cette expédition.

Sennachérib, fils de Salmanasar, monta sur le trône, vers 712 avant Jésus-Christ. C'est le *Sargon* du prophète Isaïe. Son père avait montré de l'humanité envers les Israélites captifs dans ses États; mais Sennachérib permit à ses sujets d'exercer envers eux toutes sortes de cruautés. Non-seulement on les tuait impunément; mais il était défendu de leur donner la sépulture. Tobie, s'acquittant de ce devoir envers ses frères, fut poursuivi à ce sujet et obligé de se cacher. Les conquêtes de Salmanasar ne satisfirent pas l'ambition de Sennachérib : il voulut y en

_____
(1) Voyez ces détails plus haut, dans l'histoire de la Phénicie.

ajouter de nouvelles. Mais on n'a aucun détail sur ses exploits avant la guerre qu'il fit à Ézéchias, roi de Juda (en 710). Elle fut occasionnée par le refus que ce dernier fit de lui payer le tribut accoutumé. Les Israélites appelèrent à leur secours Tharaca, roi d'Égypte. Sennachérib prévint cet auxiliaire, et l'obligea de rebrousser chemin, pénétra en Égypte, et ravagea ce pays pendant trois ans, au bout desquels il revint en Judée, chargé de dépouilles, et traînant après lui une multitude de captifs (en 707 avant J.-C.). Il mit aussitôt le siége devant Jérusalem; mais (selon le récit de la *Bible*), avant qu'il eût tiré une seule flèche contre cette ville, l'ange du Seigneur lui tua pendant la nuit cent quatre-vingt-cinq mille hommes. Consterné de ce désastre, le roi d'Assyrie reprit en hâte la route de Ninive avec les débris de son armée; mais là un nouveau malheur l'attendait. Deux de ses fils, Adramelech et Sarcesar, l'assassinèrent au moment où il adorait le dieu Nevroch, quarante-cinq jours après son retour, et s'enfuirent en Arménie.

Assarhaddon ou *Asenaphar*, troisième fils de Sennachérib, fut reconnu roi d'Assyrie après la mort de son père. Voyant les Babyloniens affaiblis par les dissensions qui régnaient entre eux, il profita de l'occasion pour envahir cette monarchie et la réunir au royaume d'Assyrie. Cet événement eut lieu en l'an 68 de l'ère de Nabonassar (680 avant J.-C.).

Maître de deux grands empires et d'une partie de la Palestine, Assarhaddon essaye d'achever la conquête de ce pays par celle du royaume de Juda. Le terrible échec que son père avait essuyé dans la même entreprise, loin de le décourager, ne sert qu'à l'aiguillonner. Il entre (en 673) sans résistance dans la Judée, fait captif le roi Manassès, et l'emmène à Babylone. Mais, au bout d'un an de captivité, Manassès fut renvoyé libre dans ses États.

Vers le même temps, les Israélites se soulèvent de nouveau contre le roi d'Assyrie; Assarhaddon envahit la Palestine, et en fait transporter les habitants au delà de l'Euphrate, et des mêmes contrées il fait venir des idolâtres pour les remplacer. Le canon de Ptolémée ne donne à ce prince que treize ans de règne; mais il faut les compter depuis la réunion des monarchies de Babylone et de Ninive. D'après ce calcul, sa mort arriva l'an 667 avant l'ère chrétienne.

Saosduchin, le *Nabuchodonosor* du livre de *Judith*, succéda à son père Assarhaddon. Il s'attira la haine de ses sujets par la dureté de son gouvernement, et n'en put obtenir que de faibles secours contre Phraortes, roi des Mèdes, qui lui déclara la guerre. Cependant, avec le peu de troupes qu'il peut rassembler, il vainquit son ennemi entra dans la Médie, et y mit tout à feu et à sang, vers l'an 655 avant J.-C. Enflé de ces premiers succès, il forma le dessein de conquérir tout l'occident de l'Asie, et fit partir Holopherne à la tête de cent vingt-six mille hommes de pied et de douze mille chevaux. Tout plia sous l'effort des armes assyriennes, et les provinces furent inondées de sang. Holopherne, par ses cruautés, répandit partout la terreur. Il dévasta les États de Tyr et de Sidon, ravagea la Syrie, et vint mettre le siége devant Béthulie. Ce fut là que le général assyrien périt par la main de Judith. Saosduchin n'eut plus ensuite que des revers, et mourut la vingtième année de son règne, après avoir perdu toutes ses conquêtes par la révolte des peuples qu'il avait soumis. Peu s'en fallut que l'année qui précéda sa mort il ne perdît Ninive, que Cyaxare, roi des Mèdes, vint assiéger après avoir battu les Assyriens en rase campagne.

Chynaladan, nommé aussi *Sarac* et *Sardanapale*, succéda à Saosduchin, son père. Les Scythes s'étant répandus dans la haute Asie, le roi d'Assyrie souffrit tranquillement les ravages qu'ils exercèrent dans ses États. *Nabopolassar*, satrape de Chaldée, souleva contre Chynaladan les peuples de son gouvernement, et prit le titre de roi de Babylone. Lorsque les Scythes eurent évacué la haute Asie, il forma le projet, de concert avec Astiage, fils de Cyaxare, roi des Mèdes, de renverser entièrement le trône d'Assyrie. Ces deux princes, ayant réuni leurs forces, marchèrent droit à Ninive, dont ils firent le siège. Il fut long, mais peu meurtrier, parce que la ville se défendit moins par la valeur de ses habitants que par la hauteur et la force de ses murailles. Les machines des assiégeants ayant enfin fait une large brèche, ils entrèrent dans la première enceinte, et bientôt après ils forcèrent la seconde et les suivantes. Chynaladan, voyant qu'ils approchaient de son palais, y mit le feu et périt dans les flammes avec ses concubines et ses trésors.

Les vainqueurs saccagèrent la ville et la renversèrent de fond en comble. C'est ainsi que périt cette fameuse cité, en 625 avant J.-C., comme Tobie l'avait prédit environ soixante ans auparavant : « La ruine de Ninive est proche; ne demeurez point ici, car je vois que l'iniquité de cette ville la fera périr. » La conquête de Ninive entraîna celle de toute la monarchie assyrienne.

4° *Second royaume de Babylonie.*

Bélésis, après avoir arraché la Babylonie à l'empire des Assyriens, paraît avoir fait de ce pays une espèce d'État indépendant. Il régna douze ans, et mourut en 747 avant J.-C.

Nabonassar lui succéda dans le gouvernement de la Babylonie, le 26 février de l'an 747 avant J.-C., date de l'ère qui porte le nom de ce roi. Le canon de Ptolémée lui donne quatorze ans de règne.

Nadius succéda à Nabonassar, dont il était vraisemblablement fils. Son règne ne fut que de deux ans.

Chinzirus succéda à Nadius, et ne régna que trois ans.

Porus, successeur de Chinzirus, ne tint le sceptre que deux ans, en supposant que le règne de son prédécesseur fût de trois; car tous deux ensemble ne régnèrent que cinq ans, suivant le canon de Ptolémée.

Jugée succéda à Porus, et n'est pas mieux connu que lui. Après un règne de cinq ans, la mort, ou quelque autre événement, le fit descendre du trône.

Mardokempad devint roi de Babylone après Jugée. C'est le même (on ne peut guère en douter), que Mérodac-Baladan, qui, ayant appris la guérison miraculeuse d'Ézéchias, roi de Jérusalem, lui envoya, l'an 710 avant J.-C., des ambassadeurs pour l'en féliciter, et s'informer du prodige arrivé à cette occasion, par la rétrogradation de l'ombre du soleil. Cette ambassade et l'accueil affectueux que lui fit Ézéchias donnent lieu de croire qu'il existait entre les deux rois une ancienne alliance. L'un et l'autre avaient un voisin redoutable dans la personne de Sennacherib, roi d'Assyrie. Cependant, on ne voit pas que Mardokempad ait fourni des secours à Ézéchias lorsque le roi d'Assyrie vint l'attaquer. Peut-être fut-il arrêté par la nécessité de défendre ses propres États. Quoi qu'il en soit, il mourut après trente-huit ans de règne, l'an 709 avant l'ère chrétienne et 39 de l'ère de Nabonassar.

Arkianus, fils de Mardokempad, ou du moins son plus proche héritier, lui succéda; son nom et la durée de son règne, qui fut de cinq années, sont tout ce qu'on sait de lui. Sa mort fut suivie d'un interrègne, qui dura l'espace de deux années, et fut occasionné vraisemblablement par les contestations de divers concurrents, qui prétendaient lui succéder.

Bélibus l'emporta enfin sur ses compétiteurs, soit par le choix de la nation, soit par la force des armes; il ne régna que trois ans, et peut-être une révolution abrégea-t-elle la durée de son règne.

Apronadius devint roi de Babylone après Bélibus. Son règne fut de six années; c'est tout ce que l'on en sait.

Rigébélus, successeur d'Apronadius, ne tint le sceptre qu'un an.

Mesessimordacus paraît à la suite de Rigébélus dans le canon de Ptolémée, qui lui donne quatre ans de règne; après quoi il y eut un nouvel interrègne, qui dura l'espace de huit ans. On peut s'imaginer les troubles qui remplirent cet interrègne, qui aboutit enfin au renversement et à l'extinction de la monarchie babylonienne.

Nabopolassar, après avoir partagé les provinces de l'empire d'Assyrie avec les Mèdes, allait régner tranquillement, lorsque Néchao, roi d'Égypte, entreprit (en 607 avant J.-C.) de lui enlever une partie de ses conquêtes; il s'avança, avec une puissante armée, jusque sur les bords de l'Euphrate, prit Carchémis avec d'autres places, et revint triomphant en Égypte. La Syrie et la Palestine profitèrent de cette occasion pour se soustraire au pouvoir des Assyriens. Trop âgé et trop infirme pour aller en personne châtier les rebelles, il chargea de ce soin Nabuchodonosor, son fils, après l'avoir associé à la royauté. C'est de cette époque que les Juifs commencent à compter les années de Nabuchodonosor, et diffèrent en cela des Babyloniens, qui ne les comptent que de la mort de son père, arrivée deux ans après. Le jeune prince pénétra en Syrie, battit l'armée des Égyptiens, reprit Carchémis, et subjugua tout ce qui était compris entre la Syrie et la Palestine. Ce fut dans le cours de cette expédition que Nabuchodonosor apprit la mort de Nabopolassar, arrivée après un règne de vingt et un ans.

Nabuchodonosor, successeur de Nabopolassar, son père, porta l'empire de Babylone par ses exploits, au plus haut point de gloire et de prospérité. Après la prise de Jérusalem, il revint en Syrie la vingtième année de son règne, et mit le siège devant Tyr en 585. Cette ville opulente résista aux efforts des Babyloniens pendant treize ans. A la fin, Tyr fut soumise; mais Nabuchodonosor n'en retira d'autre fruit que de se voir maître de quelques maisons vides d'habitants et de biens. Ce fut après avoir terminé ces guerres qu'il donna ses soins aux embellissements de Babylone. Il s'admirait lui-même en contemplant son ouvrage, et disait avec transport: « N'est-ce pas moi qui ai bâti cette grande Babylone. » Il fut frappé d'une maladie qui lui fit croire qu'il était un bœuf sauvage, et lui en donnait tout l'instinct. On l'enchaîna dans les premiers accès de sa manie; mais il rompit ses liens, et fuit dans les champs, où il brouta l'herbe avec les bestiaux. Cette maladie, qui lui avait été prédite par le prophète Daniel, dura sept ans. Pendant ce temps son fils aîné tint les rênes du gouvernement, assisté d'un conseil qui modérait son pouvoir. Enfin, revenu à la santé, Nabuchodonosor remonta sur le trône, qu'il occupa encore l'espace d'un an, jusqu'à sa mort, arrivée dans la quarante-troisième année de son règne.

Évilmérodac, fils aîné de Nabuchodonosor, parvint au trône, moins par le vœu de la nation que par le droit de sa naissance. Durant la maladie de son père, il avait été enfermé dans la même prison que Jéchonias, roi de Juda, qui obtint sa liberté. Maître de se livrer à ses penchants, il se plongea dans la débauche, et gouverna ses peuples avec un sceptre de fer. Mais sa conduite ne resta pas longtemps impunie: ses plus proches parents conspirèrent contre lui; et après avoir régné environ deux ans, il fut assassiné par son beau-frère.

Nériglissor, appelé *Neregasolasar* dans le canon de Ptolémée, chef des conjurés qui avaient mis à mort Évilmérodac, dont il avait épousé la sœur, lui succéda par le choix de la nation, qui le regardait comme son libérateur. Ce prince avait en effet des talents pour gouverner. Il ne manquait ni de valeur ni de capacité: mais l'ambition le perdit. Non content du vaste empire qu'il venait d'usurper, il voulut encore y joindre la monarchie des Mèdes. Dans ce dessein, il envoya des ambassadeurs aux rois des environs, pour les exhorter à s'unir avec lui contre Cyaxare, roi des Mèdes. Plusieurs de ces princes, effrayés par le danger chimérique de voir leur puissance engloutie par celle des Mèdes, ou séduits par l'argent du roi de Babylone, entrèrent dans la ligue qu'on leur proposa. Le plus empressé comme le plus riche d'entre eux fut Crésus, roi de Lydie. Les Indiens que Nériglissor avait aussi fait solliciter, montrèrent plus de circonspection. Avant de se décider, ils envoyèrent sur les lieux des personnes chargées de s'informer de l'état des choses. Cyaxare, instruit de ce qui se tramait contre lui, se prépara à la défense. Il avertit Cambyse, roi des Perses, son beau-frère et son allié, de lui envoyer une armée pour prévenir l'ennemi. Cyrus, fils de Cambyse, vint à la tête de trente mille hommes d'élite, qu'il joignit aux troupes des Mèdes. Nériglissor périt dans un combat sanglant.

Laborosoarchod succéda à Nériglissor, son père; il soutint sur le trône la réputation odieuse qu'il s'était faite dans sa vie privée. Gobrias et Gadatas, deux de ses généraux, dont il avait fait mourir les deux fils, l'un pour avoir été plus adroit que lui à la chasse, l'autre parce qu'une de ses concubines avait fait l'éloge de sa bonne mine, se jetèrent dans le parti de Cyrus, et devinrent les plus terribles ennemis des Babyloniens. Laborosoarchod voulut marcher à leur

BABYLONIE.

poursuite; mais Cyrus étant venu à leur secours le poursuivit lui-même jusqu'aux portes de Babylone. Ce revers ne l'empêcha point de continuer ses débauches et ses cruautés. Ses sujets abrégèrent la durée d'un règne si tyrannique en l'assassinant, le neuvième mois de son règne.

Naboned, appelé *Labynite* par Hérodote, *Naboandel* par Josèphe et *Balthasar* par Daniel, fils d'Évilmérodac, monta sur le trône après la mort de Laborosoarchod. Il était à peu près du même âge que lui, et n'avait pas de meilleures inclinations; mais les qualités qui lui manquaient pour régner se rencontraient heureusement dans Nitocris, sa mère, comparable à Sémiramis. Tandis qu'il s'endormait dans le sein de la volupté, cette princesse prit en main les rênes du gouvernement. Elle acheva les ouvrages que Nabuchodonosor avait entrepris pour l'embellissement et la sûreté de Babylone : c'est à elle qu'on attribue la construction des quais de cette ville. Le bruit des préparatifs de Cyrus et les remontrances de Nitocris tirèrent enfin Naboned de son assoupissement. Il alla trouver à Sardes le roi Crésus, lui représenta le péril commun, et renouvela l'alliance avec lui. Crésus leva une armée de quatre cent vingt mille hommes, avec laquelle il alla au-devant de Cyrus, qui n'en avait pas la moitié; mais cette supériorité apparente n'empêcha pas le roi de Lydie d'être vaincu à la fameuse bataille de Thymbrée. Sa défaite fut suivie de la conquête des provinces comprises entre le Pont-Euxin, la mer Égée et l'Euphrate. Cyrus et Cyaxare ayant ensuite soumis les contrées situées au nord de Babylone, s'avancèrent vers cette ville pour en faire le siège. Ce ne fut point une surprise : Nitocris s'y attendait, et avait, en conséquence, pourvu la place abondamment de vivres.

Les Babyloniens, se confiant à la force et la hauteur de leurs murs, se moquèrent d'abord de l'ennemi, et traitèrent de folie un fossé large et profond que Cyrus fit creuser autour de la ville. Le siège dura deux ans. Cyrus fit pratiquer une saignée à l'Euphrate, au-dessus de la ville, pour le décharger dans le canal qu'il lui avait creusé. Il fit rompre en même temps la digue qui séparait l'Euphrate du lac Nitocris : les eaux de ce fleuve, détournées par cette double ouverture, laissèrent en peu de temps son lit à sec. Cyrus avait en même temps partagé son armée en deux corps, dont l'un fut posté à l'endroit où l'Euphrate entrait dans la ville, et l'autre à celui où il en sortait. Au signal qui leur fut donné, tous les deux entrèrent à la fois dans le lit du fleuve, et, s'étant introduits dans les rues par les quais, dont les portes étaient restées ouvertes par la négligence des Babyloniens, ils marchèrent droit vers le palais, dont ils égorgèrent la garde. Naboned vint au-devant d'eux, l'épée à la main, suivi de ceux qui étaient à portée de le secourir. Il est tué sur-le-champ, et l'on fait main basse sur tous ceux qui l'accompagnent. Cyrus fait publier par la ville un édit par lequel il promet la vie sauve à tous ceux qui mettront bas les armes. Les Babyloniens, ainsi rassurés, se soumettent sans peine au vainqueur.

Telle fut la fin du royaume de Babylone (en 538 avant J.-C.). Ainsi tomba l'orgueil de cette ville superbe, cinquante ans après la ruine de Jérusalem et de son temple. Par là furent accomplies les prédictions d'Isaïe, d'Habacuc et de Daniel (1).

On ferait de gros volumes sur les contradictions ou les difficultés chronolo-

---

(1) Voici le récit biblique au sujet du dernier roi de Babylone. « Le roi Balthasar continue de se livrer à la débauche comme dans le temps d'une paix profonde, et y ajoute même l'impiété. Dans un repas qu'il donne aux grands de sa cour, il fait apporter les vases du temple de Jérusalem, et s'en sert pour boire en l'honneur de ses dieux. Mais en même temps il aperçoit vis-à-vis de lui une main qui trace sur le mur trois mots (*Phares tekel mané*), qu'il ne comprend pas. La frayeur le saisit; il appelle ses devins pour expliquer ces caractères, et les trouve tous en défaut. On fait venir Daniel, qui déclare au roi qu'ils contiennent l'arrêt de sa condamnation. Cette nuit même l'oracle s'accomplit. Les assiégeants, après des travaux incroyables, étant venus à bout de détourner le cours de l'Euphrate, s'introduisent dans la ville, vont droit au palais et massacrent Balthasar avec tous ses courtisans. »

giques que présentent ces détails tronqués de l'histoire des Assyriens et des Babyloniens. Parmi les travaux les plus récents sur cette matière, nous ferons connaître celui de M. de Saulcy. Cet infatigable archéologue cherche d'abord à établir la date de la délivrance des Juifs par Cyrus, comme limite supérieure du cadre qu'il s'est tracé. Les chronologistes ont adopté la date 536 pour celle de la délivrance des Juifs. M. de Saulcy pense qu'il y a ici une légère erreur, et qu'on a confondu le retour et l'établissement des captifs dans leur pays avec le moment où la liberté leur fut rendue par un édit qui put et dut même n'être pas immédiatement exécuté.

L'historien Josèphe parle d'une manière fort nette des soixante-dix ans de servitude, puis il ajoute (lib. XI, c. 1, *Antiq. Jud.*) : « *Dans la première année du règne de Cyrus, cette année était la soixante-dixième à partir du jour où il arriva à notre peuple d'être transporté de son pays natal à Babylone.* » Rien de plus précis que ce texte : la dernière année des soixante-dix ans de servitude annoncée par les prophètes était pour les Juifs eux-mêmes la première du règne de Cyrus. Ajoutant donc à cinq cent trente-huit le nombre soixante-dix, nous retombons sur l'année 608, dans laquelle eut lieu le premier siège de Jérusalem par Nabuchodonosor, dans la première année de son règne. Les soixante-dix ans étaient nécessairement compris entre les années 607 et 537 (1).

Si *Alexandre Polyhistor* a dit vrai, le père de *Nabou-Cadr-Atzer* prend Ninive sur *Sarac*, qui, pour ne pas tomber entre les mains du vainqueur, met le feu à son palais et périt dans les flammes. Voilà donc Ninive qui succombe devant *Nabopolassar*. D'un autre côté, *Hérodote* nous dit que *Cyaxare*, roi des Mèdes, prit Ninive et soumit l'Assyrie, à l'exception de Babylone. Il ajoute que Ninive fut prise sous le règne de *Nitocris*, mère de Labynite (2).

Enfin *Diodore* raconte (1) que le dernier roi d'Assyrie fut *Sardanapale* ; qu'il éclata contre lui une rébellion des Mèdes, dont le chef était *Arbace*, et des Babyloniens, dont le chef était *Bélésis* ; que d'abord *Sardanapale* battit trois fois de suite les révoltés, mais qu'ayant été mis en déroute dans une quatrième bataille où commandait son beau-frère *Salæmen*, il courut s'enfermer dans les murailles de Ninive; que, se voyant sur le point d'être pris par ses ennemis, il se fit brûler dans son palais avec tous ses trésors. Alors *Arbace* devint roi des Mèdes, Ninive fut détruite de fond en comble, et l'empire Assyrien s'éteignit. Justin dit la même chose.

Ce qui a surtout occupé les savants, c'est le récit étrange des deux destructions de *Ninive* dans des circonstances identiques : de part et d'autre c'est un roi *Sardanapale* qui périt dans l'incendie de son palais, allumé de ses propres mains, pour se soustraire à ses ennemis, qui, de part et d'autre encore, sont les chefs des Babyloniens et des Mèdes : *Bélésis* et *Arbace* dans le récit de Diodore, *Astyage* et *Nabopolassar* dans celui d'Alexandre Polyhistor. Voici comment s'exprime ici M. de Saulcy : « Nous commençons par déclarer que nous ne saurions admettre la répétition si précise des mêmes événements pour la même ville et le même empire. Si d'ailleurs *Ninive* avait été détruite de fond en comble par *Bélésis* et *Arbaces*, il était difficile qu'elle le fût de nouveau par *Nabopolassar* et *Astyages* ; nous n'hésitons donc pas à le dire, il y a là confusion évidente des faits. Un seul et même événement, qui avait dû frapper les esprits, à cause de sa grandeur terrible, aura été attribué à deux époques différentes. Voilà tout le secret de cette invraisemblable répétition du suicide de deux *Sardanapale*. Efforçons-nous donc de tirer au clair l'histoire embrouillée de la ruine réelle de *Ninive*.

« Voyons ce que dit Josèphe :

« Vers ce temps il arriva que l'empire « des Assyriens fut renversé par les « Mèdes... ; or, le roi des Babyloniens, « nommé *Baladas*, ayant envoyé à Ézé-

---

(1) Voyez le développement de cette donnée dans M. de Saulcy, *Recherches sur la Chronologie des empires de Ninive, de Babylone et d'Ecbatane*, broch. in-8° (Paris, 1849), p. 7 et suiv.

(2) Voir Hérodote, l. I, ch. 106 et 188.

(1) *Biblioth. Hist.*, l. II, c. 23 et suiv.

« *chias* des vieillards avec des présents, « le pria de devenir son allié et son ami. » Ainsi donc Josèphe place la ruine de l'empire assyrien par les Mèdes vers l'époque où *Mérodak-Baladan* envoya une ambassade à *Ezéchias*. Nous montrerons que ce fait eut lieu en 713 ou 712. C'est donc à une époque voisine de 713, suivant *Josèphe*, que les Mèdes s'emparèrent de *Ninive*.

« Le même historien Josèphe s'exprime ainsi :

« *Néchao*, roi des Égyptiens, ayant « rassemblé des troupes, se dirigea vers « le fleuve d'Euphrate pour faire la « guerre aux Mèdes et aux Babyloniens, « qui avaient renversé l'empire des Assyriens. » Donc le pharaon *Néchao*, qui fut battu en 607 par *Nabou-Cadr-Atzer* sur les bords de l'Euphrate, à *Carchémis*, se mit en campagne contre les Mèdes et les Babyloniens, qui avaient renversé l'empire assyrien. Cet événement est donc antérieur à 607. Or de 713 à 607, il y a quatre-vingt-seize ans ; il ne s'agit donc plus du même événement, et les deux révolutions subies par *Ninive* sont séparées l'une de l'autre par trois quarts de siècle environ.

« *Cyaxare*, nous dit *Hérodote*, prit « *Ninive* après avoir pendant vingt-huit « ans guerroyé contre les Scythes, qui « l'avaient forcé de lever le siège. » Or, *Cyaxare* a régné de 635 à 595 ; ce n'est donc pas de lui qu'il s'agit dans la première révolution mentionnée par Josèphe. *Arbaces*, au contraire, a régné sur les Mèdes de 788 à 760, et il y a assez loin de 760 à 713 pour que nous hésitions à appliquer à la révolte d'*Arbaces* le fait rapporté par Josèphe. *Cyaxare*, au dire d'*Hérodote*, aurait pris Ninive plus tard que la vingt-huitième année de son règne. *Cyaxare* a régné de 635 à 595. La vingt-huitième année de ce règne est donc 603 ; mais *Josèphe*, en parlant de l'expédition de *Nichao*, qui eut lieu en 607, nous dit qu'elle fut dirigée contre les Mèdes et les Babyloniens qui avaient renversé la puissance assyrienne ; Hérodote s'est donc probablement trompé. Le récit d'*Alexandre Polyhistor* nous apprend d'ailleurs que *Nabopolassar*, satrape de Babylonie et père de *Nabou-Cadr-Atzer*, s'allia avec *Astyages*, roi des Mèdes (et ici nous trouvons encore une fois le nom générique *Astyages* substitué au vrai nom *Cyaxare* du roi des Mèdes), pour renverser *Sarac*, et que les rebelles alliés prirent *Ninive* ; il semble clair que la date de leur victoire est donnée dans la première année du règne de *Nabopolassar*. Dans le *Canon* de Ptolémée, Nabopolassar ayant régné de 625 à 604, il en résulte que c'est réellement en 625, c'est-à-dire dans la dixième année du règne de *Cyaxare*, qu'eut lieu la révolution qui renversa *Sarac*, pour mettre Nabopolassar sur le trône de Babylone.

« De tout ceci il semble enfin résulter que les vingt-huit ans de domination des Scythes en Asie doivent être notablement réduits (à huit par exemple), ou mieux répartis sur deux règnes, celui de *Cyaxare* et celui de son prédécesseur *Phraortès*. De 625 à 607 il y a dix-huit ans, et nous devons penser que *Néchao* n'a pas eu la pensée de réprimer l'usurpation armée des Babyloniens et des Mèdes, mais bien de faire mieux qu'une protestation inutile et de marcher au-devant de l'orage qui devait bientôt fondre sur son empire.

« Résumons : *Nabopolassar* et *Cyaxare* réunirent leurs forces pour renverser définitivement l'empire assyrien de *Ninive* qui s'était relevé de ses ruines. En 625 ils accomplirent leurs projets, et de simple satrape à la solde du roi des Chaldéens, *Nabopolassar* devint roi chaldéen de Babylone. Et maintenant est-ce le *Serac* qui fut renversé en 625 ? Est-ce le *Sardanapale* qui fut renversé par *Arbaces* ou *Bélésis*, qui se brûla dans son propre palais ? Il est difficile de le dire. Pour nous, nous croyons que c'est *Sarac*, précisément parce que la mort du *Sardanapale* de Diodore fut, à ce qu'il dit, suivie de la destruction complète de *Ninive*. Or, cette ville n'avait pas été rasée, il s'en faut, avant 625, puisqu'il fallait alors la réunion d'une armée rebelle et d'une nation ennemie tout entière pour venir à bout de la dynastie qui y régnait. Sa ruine de fond en comble, arrivée comme conséquence de la mort du roi *Sardanapale*, n'eut donc lieu qu'en 625, et *Alexandre Polyhistor* a dit vrai : son *Sarac* et le *Sardanapale* de Diodore, d'après *Ctésias*, ne sont probablement qu'un seul et même personnage, qui occupait le trône de *Ninive* lorsque ce trône fut abattu pour ne plus se relever (1). »

Il y aurait bien quelques objections à faire contre ces conclusions; mais nous ne voulons pas engager ici une nouvelle polémique.

PALMYRE OU TADMOR.

La découverte des ruines de Palmyre prouve qu'il ne faut pas toujours traiter de fables les rapports des Arabes. Jusque vers le milieu du dix-septième siècle on n'eut que des idées vagues sur l'existence des magnifiques ruines qu'on devait rencontrer sur la route d'Alep à l'Euphrate, dans l'endroit où était située Palmyre, si florissante sous Odénat et Zénobie, qui orna le triomphe d'Aurélien. A peine même soupçonnait-on en Europe quelques vestiges de cette cité commerçante lorsque, sur la fin du dix-septième siècle, des négociants anglais d'Alep, las d'entendre les Bédouins parler des ruines immenses qui se trouvaient dans le désert, résolurent d'éclaircir les récits prodigieux qu'on leur en faisait. Une première tentative, en 1678, ne fut pas heureuse: les Arabes dépouillèrent complètement les voyageurs, et ils furent obligés de revenir sans avoir atteint leur but. Il reprirent courage en 1691, et parvinrent enfin à voir les monuments indiqués. La relation fut publiée par Halifax dans les *Philosophical Transactions of London*, octobre 1695. En voici un extrait :

« Nous partîmes d'Alep le jour de la Saint-Michel 1691, et nous arrivâmes à Tadmor, après six petites journées de chemin, par un pays assez désert. Nous tenions toujours notre route au midi, en tournant un peu vers l'orient. En entrant dans la ville nous aperçûmes un château; il était éloignée de Tadmor d'environ une demi-lieue, et tellement bien placé, qu'il commande en même temps et le chemin des montagnes par lequel nous entrâmes dans la ville et la ville même. Mais nous remarquâmes aisément que ce n'était pas un bâtiment fort ancien, n'ayant aucune marque de l'ancienne architecture. Après que nous nous en fûmes enquis, nous apprîmes qu'il avait été bâti par *Man-Ogle*, prince des *Druses*, sous le règne d'Amurat III, l'an 1585. C'est un bâtiment où il paraît plus de travail que d'art. Sa seule assiette le peut rendre imprenable, puisqu'il est sur le sommet d'une fort haute montagne, environnée d'un fossé profond taillé dans le roc même, sur lequel il n'y avait qu'un passage par le moyen d'un pont-levis. Comme ce pont est à présent rompu, il n'y a plus d'endroit par où on puisse entrer, à moins qu'on n'eût envie de monter avec beaucoup de difficulté le long de la roche, ce qu'on ne peut faire que par un endroit, mais avec tant de peine et de danger que le moindre faux pas est capable de faire perdre la vie. Aussi n'y a-t-il rien qui exige autant de peine pour l'aller voir. Le bâtiment est irrégulier et les appartements sans aucune symétrie.

« En haut de la montagne il y a une source d'une hauteur prodigieuse; et en effet il y a beaucoup de chemin à faire de la montagne jusqu'à l'eau. Le fossé qui l'environne est tout sec et sans eau. Aussi fûmes-nous surpris d'en voir sortir un ours qui se jeta entre nos chevaux, lorsque nous marchions le long de ce fossé pour mieux considérer la place. Ce château est au nord de la ville, et de là on a la plus belle vue qui soit dans tout ce pays-là. On voit Tadmor dans le fond, enfermé de trois côtés par une longue chaîne de montagnes, qui, allant insensiblement en montant, s'étendent vers l'orient environ une heure de chemin; mais du côté du midi il y a une plaine toute unie tant que la vue se peut étendre. Il y a dans cette plaine une grande vallée de sel, d'où on en tire beaucoup; elle est environ à une lieue de la ville, et c'est vraisemblablement cette vallée de sel dont il est parlé II *Sam.* 10, 13, où David défit dix-huit mille Syriens. L'air est bon, mais la terre y est extraordinairement sèche : on n'y voit point de verdure, excepté quelques palmiers, qui sont dans les jardins et autour de la ville; et c'est de ces arbres que la ville a pris en hébreu son nom de *Tadmor*, qui signifie *palmier*, comme en latin elle a eu celui de *Palmira*; de là toute la contrée s'appelait *Syria Pal-*

---

(1) M. de Saulcy, *Recherches sur la Chronologie des empires de Ninive, de Babylone et d'Ecbatane.*

BABYLONIE.

mirena, et quelquefois *Solitudines Palmirenæ*. La ville même paraît avoir été d'une très-grande étendue, comme il est aisé de le juger par le long espace qu'occupent les ruines; mais il ne reste aucune trace de murailles. Il n'est pas possible non plus de juger quel a été autrefois le plan de cette ville. Comme ses habitants d'aujourd'hui sont pauvres, misérables et malpropres, ils se sont renfermés, au nombre de trente ou quarante familles, dans quelques huttes de terre glaise, entre les murailles d'une grande place, dans l'enceinte desquelles il y a un très-beau temple de païens.

« Ce fut par là que nous y entrâmes et en même temps que tous les habitants du bourg (si l'on peut l'appeler ainsi) s'assemblèrent à la porte, où ils se tenaient peut-être pour se défendre, dans le cas où nous fussions des ennemis; ou peut-être aussi était-ce par curiosité, pour nous regarder. Quoi qu'il en soit, nous entrâmes sans peine, par le moyen de notre guide arabe, qu'Assène, qui est à présent leur roi, avait envoyé pour nous accompagner dans tout ce voyage; et après qu'ils nous eurent fait leurs civilités à leur mode et en leur langue, nous fûmes conduits à la maison du chéik, chez qui nous devions demeurer. Pour donner ici une idée générale de cet endroit, on peut dire qu'il n'y en a pas un au monde où l'on voie tout ensemble et plus de restes d'une ancienne grandeur et une plus affreuse désolation. Le dernier endroit que je viens de marquer, et qui se rapporte à tout le reste, est, autant que je le puis conjecturer, celui du temple de Baal, que Jéhu fit démolir et qu'il convertit en latrines, comme il est dit IV *Rois*, 10, 27. Et si toute cette place a été le temple de *Jupiter Belus*, comme il est assez vraisemblable, la comparaison qu'emploie l'Écriture sainte est fort juste.

« Je commencerai d'abord, continue Halifax, par vous en donner la description, ensuite je passerai à celle des autres lieux où j'ai trouvé quelque chose digne de remarque. Tout l'enclos est un espace carré de deux cent vingt *yards* (environ six-cent-soixante pieds), dont chaque côté est environné d'une haute et belle muraille, bâtie de grandes pierres carrées et ornées de pilastres au dehors et en dedans, au nombre de soixante-deux de chaque côté, autant que nous le pûmes juger par ce qui restait de la muraille, qui en était un morceau assez entier; de sorte que si la barbarie des Turcs n'avait pas pris à tâche, par une vaine superstition, de renverser ces belles corniches et tous les autres monuments qui étaient ici, et dans plusieurs autres endroits, nous y verrions la plus belle sculpture et les plus beaux bas-reliefs qu'il fût possible de voir dans tout le reste du monde. Le côté d'occident, qui est celui où l'on entre, est le plus endommagé. Vers le milieu du carré on voit une autre muraille, plus haute, élevée au-dessus des ruines, et qui semble avoir été un château fort, mais bâti assez grossièrement. Les vieilles pierres et quantité de morceaux de colonnes rompues ou sciées, y étaient entassées les unes sur les autres, sans beaucoup d'ordre et assez mal maçonnées. Au dedans on voyait assez distinctement les fondements d'une autre muraille, qui pouvait répondre à cette entrée; et il y a de l'apparence que les Mameluks, dont il semble que ce soit un ouvrage, avaient bâti ce château pour la sûreté de la place.

« Au-devant de toute la longueur de ce nouveau frontispice, excepté un petit espace qu'on y avait laissé pour l'entrée, il y a un fossé profond, dont la moitié est revêtue de pierres maçonnées, même jusqu'au pied de la muraille, ce qui fait qu'il est fort malaisé à prendre d'assaut. L'avenue en est fort étroite, et n'a de largeur que pour le passage d'un chameau chargé; à peine deux hommes pourraient-ils y passer de front. Dès qu'on est entré par la première porte, on fait un petit tour à main droite, et on entre par une autre, de la même largeur, qui mène dans la cour; mais tout ceci n'est qu'un nouveau bâtiment, qui a été mis sur le vieux, et par cette muraille de dehors est la principale entrée, qui appartient au premier ouvrage, qui est couvert en grande partie. Il est aisé de juger de son ancienne beauté par les deux pierres qui soutenaient les deux côtés de la grande porte, chacune desquelles avait trente-cinq pieds de long, et étaient ornées de branches de vignes et de grappes de raisins admirablement bien faites; elles sont chacune dans leur place, et l'espace qui les sépare est de quinze pieds, ce qui nous donne la largeur de la porte : mais tout cela est à présent muré, jusqu'à cette porte étroite dont nous avons parlé.

« Sur la petite porte il y a une inscription grecque et une autre en d'autres caractères : je n'en ai jamais vu de semblables qu'à Tadmor, et je ne saurais dire ce qu'ils signifient. Nous pouvions bien entendre à peu près ce que veut dire l'autre, qui est grecque; mais ceux qui prendront la peine de la lire reconnaîtront d'abord que cette pierre a été apportée ici d'un autre endroit, et qu'elle y a été mise au hasard. L'inscription commence par ces mots : το μνηνεῖον τοῦ τάφους ἔκτισαν ἐξ ἰδίων Σεπτίμιοις Ὀδαίνατος ὁ λαμπρότατος συγκλητικός.

« Dès qu'on est entré dans la cour, on voit les restes de deux rangs de colonnes de marbre hautes de trente-sept pieds, avec leurs chapiteaux, qui sont de très-belle sculpture, telles que doivent avoir été aussi les corniches qui étaient entre les deux, avant que les Turcs les eussent brisées. De toutes ces colonnes il n'en est resté que trente-huit d'entières, mais il doit y en avoir eu un très-grand nombre; car il semble qu'il y en avait tout autour de la cour, et qu'elles servaient à soutenir un double portique. La galerie de cette place, du côté du couchant, qui est vis-à-vis de la façade du temple, semble avoir surpassé les autres en beauté et en largeur; et à ses deux bouts il y a deux niches pour mettre des statues de grandeur naturelle avec leurs piédestaux, et autres ornements d'architecture, tout cela d'une sculpture fort belle et fort curieuse. Tout l'espace de ce bel enclos, qui n'est à présent rempli que de misérables huttes, a été autrefois une grande place découverte au milieu de laquelle était le temple environné d'un autre rang de colonnes de divers ordres, et bien plus hautes que les précédentes, puisqu'elles avaient plus de cinquante pieds de haut. De ces dernières il n'en reste plus que seize; mais il doit y en avoir eu au moins une fois autant, et elles servaient à enfermer une seconde cour, où elles soutenaient une galerie dont il ne reste plus rien. Après avoir mesuré tout l'espace qui est entre ces colonnes, nous trouvâmes qu'il avait cent soixante-dix-sept pieds de long, et près de quatre-vingt-quatre de large. Au milieu de cet espace est le temple, dont la longueur est de plus de trente-trois yards (environ quatre-vingt-douze pieds), et la largeur de treize ou quatorze yards (environ quarante pieds). Il s'étend du nord au midi, et il a une très-belle entrée du côté du couchant, justement au milieu l'édifice, qui paraît avoir été un des plus magnifiques bâtiments du monde.

« Je n'ai jamais vu nulle part des sculptures de branches de vignes et de grappes de raisins si bien faites, et si au naturel qu'il y en a ici, et l'on y trouverait en abondance de ces chefs-d'œuvre de l'antiquité, si on ne les avait tous brisés. Vis-à-vis de la porte nous vîmes les ailes endommagées d'un aigle déployées. L'étendue de cette sculpture me fit croire d'abord que ce pouvait être un chérubin qui servait d'entablement à l'entrée du temple; mais comme il ne restait rien du corps, il était assez difficile d'arrêter à cet égard un jugement. On voit aussi de petits anges, ou peut-être des figures de Cupidon sur les coins de la même pierre. Mais comme nous vîmes ensuite d'autres aigles sur des pierres qui étaient tombées, je devais en conclure aussi que celle-ci en pouvait être une, et qu'elle était seulement d'une forme plus grande. Il ne reste plus de ce temple que les murailles de dehors, où il y a ceci de remarquable que les fenêtres ne sont pas larges, et qu'elles sont plus étroites en haut qu'en bas; mais le tout est orné d'une excellente sculpture. Au dedans des murailles, les Turcs, ou plutôt les Mamelucs, ont bâti un toit, qui est soutenu par quelques piliers et quelques arcades, mais il est beaucoup trop bas, mal proportionné en toutes ses parties, et bien plus petit que n'a été l'ancienne couverture. Ils ont aussi changé ce lieu en une mosquée, où ils ont mis du côté du midi des ornements à leur manière, c'est-à-dire quelques inscriptions arabes et quelques sentences tirées du Coran, entrelacées de quelques feuillages, qui sont assez bien faits. Mais du côté du nord, qui est séparé de la mosquée, il y a des restes d'un bien plus grand art et d'une tout autre beauté. S'ils ont été placés là comme une espèce de dais, pour couvrir quelques autels, ou s'ils ont servi à quelque autre usage, c'est ce que je ne saurais deviner; mais ils sont ornés de la plus curieuse sculpture et de la plus fine gravure qu'on puisse voir, et au milieu il y a un dôme ou une coupole de plus de six pieds de diamètre, que nous crûmes, après l'avoir examinée de près, avoir été taillée tout d'une pièce dans un roc, ou avoir été faite de quelque espèce de ciment qui durcit avec le temps, et qui prend la forme d'une pierre; la chose est assez douteuse, mais je me rangerais aisément au dernier sentiment. C'est une pièce fort délicate et fort curieuse, à laquelle nous nous serions arrêtés davantage si nous avions eu plus de temps; mais nous nous hâtâmes, afin de voir les autres choses curieuses.

« Après avoir bien considéré ce temple, nous en sortîmes, et nos yeux se portèrent d'abord sur une prodigieuse quantité de colonnes de marbre, dont les unes étaient debout et les autres renversées, dans un espace d'environ une demi-lieue, et elles y étaient dans une telle confusion, qu'il était impossible de se faire une idée du plan de cet endroit, pour pouvoir conjecturer quelle sorte de bâtiment ce pouvait avoir été. Je passai auprès des ruines d'une mosquée, qui se présenta d'abord à nous en prenant notre chemin vers le nord. Après cela nous entrâmes dans la cour du temple, qui, quoiqu'il y eût plus d'art et de bon goût dans sa structure que dans beaucoup d'autres que nous avions vues, ne méritait pas pourtant que nous tardassions davantage à chercher à voir des monuments d'une plus grande antiquité, et pour cela même plus considérables et plus dignes de notre curiosité. Ayant donc dépassé cet endroit, nous aperçûmes de si belles ruines, qu'à juger par ce qui en reste encore à présent, je doute qu'il y ait jamais eu au monde une ville qui ait pu le disputer en beauté à celle-ci.

« Continuant à marcher vers le nord, vous voyez devant vous un très-grand obélisque; c'est une colonne composée de sept grandes pierres larges, outre son chapiteau ou couronnement; la sculpture en est extraordinairement fine et belle, comme celle de tous les autres monuments. La hauteur de cet obélisque est de plus de cinquante pieds, et je conjecture qu'il y a eu en haut une statue; mais les Turcs, qui sont ennemis de toutes les images et statues, l'ont jetée à bas et mise en pièces. La grosseur de cet obélisque au-dessus de son piédestal, est de douze pieds et demi. Aux deux côtés, c'est-à-dire à l'orient et à l'occident, on voit deux autres colonnes, qui, quoique éloignées l'une de l'autre d'un demi-quart de lieue, semblent être symétriques; et il y a un morceau d'une autre qui est auprès de celle du côté d'orient, d'où l'on pourrait juger qu'il y en avait une rangée tout le long. Je pris, avec un quart de cercle que je portais avec moi, la hauteur de celle qui est à l'orient, et je jugeai qu'elle avait plus de quarante-deux pieds de haut; sa grosseur était à proportion. Sur le corps de cette colonne il y a une inscription grecque. Il paraît par cette inscription que le peuple qui la fit élever était un peuple libre, gouverné par un sénat, quoique peut-être sous la protection de quelque puissant empire, tel que celui des Parthes ou celui des Romains. Cette forme de gouvernement a duré jusqu'au temps d'Aurélien, qui ruina cette ville, et qui emmena prisonnière à Rome Zénobie, femme d'Odénat. Et quoiqu'on l'appelle vulgairement reine, je ne trouve pourtant nulle part que son mari ait jamais porté le titre de roi : c'était seulement un des principaux citoyens, et qui avait un grand crédit dans le sénat (tel que l'avaient vraisemblablement avant lui Ahlamènes et Airanes). Cet Odénat, pendant que les Romains étaient occupés en Europe, s'agrandit et chassa les Parthes. Ceux-ci s'étaient rendus maîtres de tout ce que les Romains possédaient en deçà de l'Euphrate, et avaient fait une irruption dans la Syrie; mais ils furent rejetés au delà du fleuve par Odénat. Il mourut dans cette expédition; Zénobie, sa femme, qui avait un courage mâle, défendit le pays, non-seulement contre les ennemis de dehors; mais elle maintint aussi son autorité au dedans. Désirant enfin secouer le joug des Romains, elle fit égorger toute la garnison qu'Aurélien avait laissée dans ce lieu ; mais cet empereur revint sur ses pas avec toute son armée, rasa la ville, fit passer tout le peuple au fil de l'épée, et emmena Zénobie captive à Rome. Telle fut la fin de cette ville florissante.

« La coutume de remonter dans leur généalogie jusqu'à la quatrième et cinquième génération, les habitants l'avaient probablement empruntée des Juifs, leurs voisins, avec lesquels peut-être ils avaient depuis longtemps entretenu un grand commerce, et de qui plusieurs d'entre eux descendaient (car on dit que Zénobie même était juive). Quand nous eûmes passé cet obélisque d'environ cent pas, nous aperçûmes un beau portail fort large et fort haut, qui pour la beauté de l'ouvrage ne le cédait à aucun des monuments que je viens de décrire. Je souhaiterais qu'il n'eût point eu le même sort que tout le reste : nous aurions sans doute un beau morceau de l'ancienne architecture de cette ville. Ce portail donne l'entrée dans une belle allée de plus d'une demi-lieue de long et de quarante pieds de large ; elle est entourée de deux rangs de colonnes de marbre de vingt-six pieds de haut sur huit ou neuf de tour. Il y en a encore cent vingt-neuf d'entières ; mais à juger par analogie, il doit y en avoir eu jusqu'à cinq cent soixante. Il ne reste rien de la voûte, et il n'y a rien à terre que ce qui est enseveli sous les ruines ; mais sur la plupart des colonnes nous trouvâmes des inscriptions grecques et d'autres en langues inconnues. Nous eûmes assez de temps pour en copier quelques-unes, mais elles ne sont pas fort instructives, ni même aisées à entendre. Cette place était séparée du reste par un rang de colonnes un peu plus pressées que celles des côtés. Plus loin, du côté gauche, on voyait les ruines d'un très-beau bâtiment. Cet édifice était d'un très-beau marbre et d'une belle exécution. Les colonnes qui le soutenaient étaient toutes d'une pièce, et l'une d'elles demeura intacte. Nous en prîmes la mesure, et nous trouvâmes qu'elle avait vingt-deux pieds de long sur huit pieds neuf pouces de tour. Dans ces ruines nous copiâmes cette seule inscription latine, et encore si fruste, qu'à peine est-elle intelligible :

.... es Orbis et Propagatores Generis Humani
D. D. N N Diocletianus
.... ssimi impp. Et Constantius et Maximianus
Nobb. Cæs. Castra feliciter condiderunt;

et sur la même pierre un peu plus bas :

.... ntes Ossiano Hieroclete V. P. Præf.
provinciæ D. N. M. Q. Eorum.

« Le nom de *Maximien Herculien*, associé à l'empire avec *Dioclétien*, était à demi effacé et gâté à dessein. Le reste était perdu par la rupture de la pierre. A l'occident de la grande allée il y a plusieurs ouvertures qui mènent à la cour du palais ; deux de ces ouvertures ou portes étaient ornées de fort belles colonnes. Chaque porte en avait quatre, qui n'étaient pas dans la même ligne que les autres le long de la muraille, mais deux à deux au-devant de la porte qui va au palais : deux d'un côté et deux de l'autre. De ces quatre il n'y en avait que deux qui fussent entières, dont l'une était encore debout. Elles ont environ trente pieds de long sur neuf de tour, et elles sont si dures, que nous eûmes beaucoup de peine à en détacher quelques petits éclats, afin de les emporter comme échantillons de cette roche. Nous vîmes plusieurs autres morceaux de porphyre, mais qui n'étaient ni si gros ni si bien travaillés. Je ne peux m'empêcher de plaindre le sort d'une de ces pièces monumentales : elle servait d'étai à une méchante hutte, qui ressemblait à une loge de chien ou à une étable à pourceaux. Quant au palais même, il est entièrement ruiné, de sorte qu'on ne saurait juger quelle en fut jadis la beauté : on voit seulement çà et là quelques pans de murailles, si usées par le temps, que sans le secours de la tradition qui s'en est conservée on ne s'imaginerait jamais qu'il y eût là une maison royale. On peut bien juger pourtant combien ce lieu a été autrefois magnifique : il était environné de plusieurs rangs de colonnes de diverses sortes, dont quelques-unes sont encore debout ; les unes étaient unies et les autres plus travaillées, comme celles qui environnaient immédiatement le temple. Et sur les petits piédestaux, qui sont en relief sur quelques-unes, je vis plusieurs inscriptions, mais je n'en pus bien copier qu'une, qui était tombée à terre avec la colonne qui la portait. Si toutes les autres inscriptions n'étaient que de la nature de celle-ci, nous n'aurions pas beaucoup perdu à ne pas les copier, puisqu'elle nous apprend seulement qu'un bon mari l'a fait faire à la mémoire de sa femme. Le mois qui y est appelé *dystrus* se rapporte à notre mois de mars, et l'année 499 de la mort d'Alexandre le Grand, à l'an 166 de Jésus-Christ.

« J'ai oublié de dire que sous cette longue galerie coule un petit ruisseau d'une eau sulfurée, et qu'il y a là une fontaine et quelques autres ouvertures qui s'y rendent. — Les bains chauds d'eau sulfurée sont fort communs dans le pays, et de là vient le nom de *Syria salutifera*. La nature de ses eaux est presque semblable à celles de *Bath* en Angleterre, mais elles ne sont pas si piquantes ni d'un goût si désagréable : au contraire, quand elles sont un peu éloignées des sources, elles sont fort bonnes à boire; et les gens du lieu n'en boivent pas d'autre. Mais tout le temps que nous y demeurâmes, nous en envoyions chercher à une fontaine qui est environ à une lieue de la ville.

« A l'orient de cette longue place il y a encore une forêt de colonnes de marbre, s'il est possible de se servir de cette expression : les unes sont entières, et les autres n'ont plus que leurs beaux chapiteaux, mais toutes sont dans un tel désordre, qu'il n'est pas possible de les arranger d'une manière qu'on puisse conjecturer à quoi elles pouvaient avoir servi. Dans un certain endroit il y en avait douze disposées en carré de cette manière ⁝ ⁝, le fond en était pavé de larges pierres plates, mais sans toit ni couverture. Un peu plus loin sont les ruines d'un petit temple d'un style très-remarquable. Mais le toit est entièrement ruiné, et les murailles toutes défaites et usées par le temps. Devant l'entrée méridionale il y a un endroit soutenu de six colonnes : deux à l'un des côtés de la porte et une à chaque bout. Les piédestaux de celles qui ornent la grande façade sont remplis d'inscriptions, tant en grec qu'en cette langue dont nous avons déjà parlé; mais elles sont si effacées et si frustes, qu'il est impossible de les déchiffrer.

« Pour ce qui regarde les sépulcres des Palmyréniens, ils sont aussi beaux que curieux. Ce sont des tours carrées, hautes de quatre à cinq étages ; elles sont construites des deux côtés d'un chemin creux, au nord de la ville, et s'étendent l'espace d'un mille. Les uns croyaient y reconnaître des clochers de quelques églises ruinées ; d'autres y voyaient des bastions et une partie des anciennes fortifications, mais il n'y a aucun fondement de murailles. Enfin lorsque deux jours après nous eûmes visité ces monuments avec plus d'exactitude, nous découvrîmes quel avait été leur usage. Ils étaient tous d'une même forme, mais de diverse grandeur et de différent éclat. Le premier que nous vîmes était tout de marbre, mais ce n'est plus qu'un monceau de pierres rompues, entre lesquelles nous trouvâmes les débris de deux statues, l'une d'un homme, l'autre d'une femme, taillées en posture de personnes assises, ou plutôt appuyées ; les têtes et une partie des bras en sont brisées, mais les corps en sont assez entiers, de sorte que nous eûmes l'avantage de voir comment elles étaient habillées : la façon nous en parut fort belle, mais approchant plus de l'européenne que de celle qui est aujourd'hui en usage dans l'Orient, ce qui me fit croire que ce pouvait bien être des Romains. Sur ces monceaux de pierres entassés çà et là nous trouvâmes quelques inscriptions, mais qui ne valaient pas la peine qu'on les copiât, parce qu'elles ne rendaient aucun sens parfait.

« Il y avait plusieurs autres tombeaux aussi ruinés que ceux-ci ; c'est pourquoi nous les laissâmes là pour en examiner deux autres, qui étaient vis-à-vis, et qui nous semblaient mieux conservés. C'étaient deux tours carrées, dont l'une était plus grosse que nos clochers ordinaires, et haute de cinq étages. Le côté extérieur n'était que de pierres communes; mais à l'intérieur les murailles et le pavé étaient de beau marbre, et même ornés partout de belles sculptures et de peintures, avec des statues d'hommes et de femmes représentées en bustes et à demi-corps, mais totalement mutilées. Au-dessous et à côté de ces statues étaient, en caractères inconnus, le nom des personnes qui apparemment y étaient enterrées. Nous entrâmes dans l'une de ces tours par une porte, au midi de laquelle il y avait une allée en croix qui traversait tout le bâtiment par le milieu. Mais le pavé en était brisé, ce qui nous donna le moyen d'apercevoir en bas une voûte qui était partagée de même. Les espaces des deux côtés étaient partagés par des murailles assez épaisses, en six compartiments, chacun desquels était assez large pour y placer le plus gros corps, et même pour en mettre plusieurs les uns sur les autres. Chacun de ces espaces pouvait contenir au moins six ou sept corps; pour ce qui est du plus bas étage, du second et du troisième, la même économie y était observée, excepté celle du second plancher, qui était vis-à-vis de l'entrée. Dans les étages plus hauts, comme le bâtiment allait en se rétrécissant, il n'y avait point assez d'espace pour pratiquer la même distribution ; c'est pourquoi les deux étages d'en haut n'étaient pas partagés de même, et peut-être n'y avait-on jamais mis de corps, si ce n'était seulement celui de la personne qui avait fait bâtir le sépulcre, de laquelle on voit l'image enveloppée dans un drap mortuaire, et couchée de son long dans une niche, ou plutôt dans une fenêtre qui était au frontispice de tout le bâtiment, et qui se voyait au dehors et au dedans : auprès de cette statue était une inscription grecque.

« Le monument qui se voit de l'autre côté du chemin est fort semblable à celui-ci, avec cette différence que l'entrée est au nord, et qu'elle n'est ni si belle ni si bien peinte ; mais la sculpture en est d'un tout aussi beau style, outre qu'elle la surpasse en antiquité d'environ cent ans, à juger par la date de l'inscription grecque qui est au frontispice d'une niche ornée de fleurs et de couronnes.

« C'est l'inscription la plus ancienne que j'aie trouvée à Tadmor : elle est de l'an 314 après la mort d'Alexandre le Grand, c'est-à-dire environ dix ans avant la naissance de Jésus-Christ. L'autre date de vingt ou trente ans avant l'empire d'Adrien, et par conséquent avant l'arrivée des Romains. En somme, on peut conclure de la beauté de ces mausolées que le peuple de ces contrées a été fort puissant et fort riche avant que les Romains l'eussent assujetti, et que ce n'est point à eux qu'il a été redevable de sa grandeur..... Au bout de quatre jours nous nous en retournâmes, non pas par le même chemin par où nous étions venus, mais en tirant vers l'orient jusqu'à l'Euphrate (1). »

Cette relation trouva beaucoup d'incrédules. On ne pouvait concevoir ni se persuader comment dans un lieu si écarté de la terre habitable il avait pu subsister une ville aussi magnifique. Mais depuis que Dawkins eut publié, en 1753, les plans détaillés des lieux visités en 1751, le doute n'était plus permis ; et il a fallu reconnaître que l'antiquité n'a rien laissé, ni dans la Grèce ni dans l'Italie, qui soit comparable à la magnificence des ruines de Palmyre.

Voici le récit de Wood, compagnon de voyage de Dawkins : « Après avoir appris à Damas que *Tadmor* (*Palmyre*) dépendait d'un aga résidant à *Hassiá*, nous nous rendîmes en quatre jours à ce village, qui est situé dans le désert sur la route de Damas à Alep. L'aga nous reçut avec cette hospitalité qui est si commune dans ce pays parmi les gens de toute condition ; et quoique extrêmement surpris de notre curiosité, il nous donna les instructions nécessaires pour la satisfaire le mieux qu'il se pourrait. Nous partîmes de Hassia le 11 mars 1751, avec une escorte des meilleurs cavaliers arabes de l'aga, armés de fusils et de longues piques ; et nous arrivâmes quatre heures après à *Sodoud*, à travers une plaine stérile qui produisait à peine de quoi brouter à des gazelles que nous y vîmes en quantité. *Sodoud* est un petit village habité par des chrétiens maronites. Cet endroit est si pauvre, que les maisons en sont bâties de terre séchée au soleil. Les habitants cultivent autour du village autant de terre qu'il leur en faut simplement pour leur subsistance, et ils font de bon vin rouge. Après dîner, nous reprîmes notre route, et nous arrivâmes en trois heures à *Haouaraïn*, village turc, où nous couchâmes. *Haoua-*

---

(1) Cette relation se trouve reproduite dans Corneille le Bruyn, *Voyage au Levant* (Paris, 1725, 5 vol. in-4°).

rain a la même apparence de pauvreté que *Sodoud* ; mais nous y trouvâmes quelques ruines, qui font voir que cet endroit a été autrefois plus considérable. Nous remarquâmes un village voisin entièrement abandonné de ses habitants, ce qui arrive fréquemment dans ce pays-là : quand le produit des terres ne répond pas à la culture, les habitants les quittent pour n'être pas opprimés. Nous partîmes de *Haouaraïn* le 12, et nous arrivâmes en trois heures à *Qariataïn*, tenant toujours la direction est-quart-sud-est. Ce village ne diffère des précédents qu'en ce qu'il est un peu plus grand : on jugea à propos de nous y faire passer le reste du jour, pour nous préparer, ainsi que nos bêtes de charge, à la fatigue du reste de notre voyage ; car, quoique nous ne puissions pas l'achever dans moins de vingt-quatre heures, il fallait faire ce trajet tout d'une traite, n'y ayant point d'eau dans cette partie du désert. Nous laissâmes *Qariataïn* le 13, au nombre d'environ deux cents personnes, qui avec le même nombre d'ânes, de mulets et de chameaux, faisaient un mélange assez grotesque. Notre route était un peu nord-quart-nord-est, à travers une plaine sablonneuse et unie d'à peu près trois lieues et demie de largeur, sans arbre ni eau, et bornée à droite et à gauche par une chaîne de montagnes stériles qui semblaient se joindre environ deux tiers de lieue avant que nous arrivassions à *Palmyre*...

« Le 14, à midi, nous arrivâmes au lieu où les montagnes semblaient se joindre : il y a entre elles une vallée où l'on voit encore les ruines d'un aqueduc qui portait autrefois de l'eau à *Palmyre* ; à droite et à gauche sont des tours carrées d'une hauteur considérable. En approchant de plus près nous trouvâmes que c'étaient les anciens sépulcres des *Palmyréniens*. A peine eûmes-nous passé ces monuments vénérables, que, les montagnes se séparant des deux côtés, nous découvrîmes tout à la fois la plus grande quantité de ruines que nous eussions jamais vues ; et derrière ces mêmes ruines, vers l'Euphrate, une étendue de plat pays à perte de vue, sans le moindre objet animé. Il est presque impossible de s'imaginer rien de plus étonnant. Un si grand nombre de piliers corinthiens, avec si peu de mur, et de bâtiments solides, fait l'effet le plus romanesque qu'on puisse voir.

« *Palmyre*, au milieu du désert, est située au pied d'une chaîne de montagnes stériles à l'occident, et est découverte de tous les autres côtés. Elle est au trente-quatrième degré de latitude, selon Ptolémée ; à six journées d'Alep, et à environ vingt lieues de l'Euphrate à l'orient. Il y a des géographes qui l'ont placée en Syrie, d'autres en Phénicie, et quelques-uns en Arabie. Les murs de cette ville sont flanqués de tours carrées ; mais ils sont tellement détériorés, qu'en quantité d'endroits ils sont au niveau de la terre, et que souvent on ne saurait les distinguer des autres ruines. Nous n'en pûmes rien apercevoir au sud-est ; cependant, selon ce que nous avions découvert, nous eûmes grande raison de croire qu'ils renfermaient le grand temple dans leur enceinte : sur ce pied là, ils ont dû avoir au moins trois milles anglais de circuit. Les Arabes nous montrèrent aux environs des ruines actuelles un terrain, qui peut bien avoir dix milles de circonférence, et qui est un peu élevé au-dessus du niveau du désert, quoiqu'il ne le soit pas tant que celui de ce plan au dedans des murs. Ils nous dirent que c'était là l'étendue de l'ancienne ville, et qu'en y creusant on découvrait des ruines. Il nous sembla qu'il y avait de meilleures raisons en faveur de cette opinion que leur autorité. Un circuit de trois milles était bien petit pour Palmyre dans son état de prospérité, surtout si l'on considère que la plus grande partie de cet espace est occupée d'édifices publics, dont l'étendue et le grand nombre de magnifiques sépulcres sont des preuves évidentes de la grandeur d'une ville.

« Nous en conclûmes que les murs que nous avons marqués dans ce plan ne renferment que la partie de la ville où étaient les édifices publics dans son état florissant ; et qu'après qu'elle fut ruinée, sa situation la rendant toujours recommandable, comme la place la plus propre pour arrêter les incursions des Sarrasins. Justinien la fit fortifier, comme nous apprend Procope, et très-probablement en fit amoindrir le circuit. Palmyre n'était plus seulement une ville riche et marchande, qui devait pourvoir à la commodité des particuliers ; mais c'était une garnison frontière, ou qu'il ne s'agissait que de fortifier. Outre que la manière dont le mur est bâti tient beaucoup du siècle où nous le mettons, cette opinion semble tirer de la force d'une autre observation que nous avons faite sur les lieux.

« Nous avons remarqué qu'en bâtissant le mur vers le nord-ouest on avait profité de la commodité de deux ou trois sépulcres, qui se trouvaient en cet endroit-là si à propos, et dont la forme était si convenable, qu'on les avait convertis en tours de flanc. Comme nous ne doutons point que le mur ne soit postérieur aux sépulcres, nous concluons qu'il a été bâti depuis l'abolissement de la religion païenne à Palmyre ; car non-seulement il était contraire à la vénération que les Grecs et les Romains avaient pour les lieux de sépulture de les appliquer à aucun autre usage, mais c'était aussi enfreindre une règle générale qu'ils observaient, d'avoir ces lieux hors des murs de la ville. C'était ordonné à Rome par une loi des Douze Tables, et à Athènes par une loi de Solon ; et nous avons remarqué que cette coutume était observée religieusement par tout l'Orient. Nous supposons donc que ce mur, que nous appelons le mur de Justinien pour les raisons susdites, non-seulement exclut de son enceinte une grande partie de l'ancienne ville, particulièrement au sud-est, mais encore qu'il renferme au nord et nord-ouest du terrain qui n'en était pas. La partie du mur où il n'y a point de tours, de même que le bâtiment en ruine, ont été ajoutés longtemps après.

« Au haut de l'une des plus hautes montagnes qu'il y a au nord-ouest est un château, où l'on monte par un chemin très-difficile et escarpé. Il est entouré d'un fossé profond taillé dans le roc, ou plutôt dont on a tiré les pierres comme d'une carrière. Comme le pont-levis en est rompu, nous eûmes de la peine à le passer. Nous trouvâmes dans le château un trou fort profond, aussi taillé dans le roc, à dessein, à ce qu'il semble, de faire un puits, quoiqu'il soit sec à présent. Ce château est si mal bâti, qu'il est évident non-seulement qu'il est postérieur à Justinien, a qui on l'attribue, mais même qu'il est indigne des Mamelucks. Les commerçants anglais qui le visitèrent en 1691 apprirent qu'il fut bâti par Man-Ogle, prince des Druses, sous le règne d'Amurat III. Les Arabes nous dirent que c'était l'ouvrage du fameux Feccardin, qui le fit bâtir pour lui servir de retraite pendant que son père était en Europe ; mais ni l'une ni l'autre de ces opinions ne s'accordent avec l'histoire des Druses. La montagne sur laquelle est bâti ce château est une des plus hautes qu'il y ait aux environs de Palmyre. De cette hauteur, d'où l'on voit extraordinairement bien loin au sud, le désert ressemble à la mer ; et à l'ouest nous pouvions voir le sommet du Liban, et prendre très-distinctement la hauteur de quelques endroits de l'Anti-Liban, que nous avions remarqués à Hassia.

« Il y a à l'est et au sud du temple du Soleil quelques oliviers avec du blé que les Arabes cultivent, et qu'ils enferment de murs de terre pour en éloigner les bestiaux. On pourrait faire de ce terrain une charmante campagne, par le moyen de deux petites rivières qu'il y a, et qui sont entièrement négligées. L'eau de ces rivières est chaude et chargée de soufre ; néanmoins les habitants la trouvent saine et assez agréable à boire. La plus considérable a sa source à l'ouest, au pied des montagnes, dans une belle grotte, qui est assez haute au milieu pour que nous pussions presque nous y tenir debout. Tout le fond est un bassin d'eau très-claire, d'environ deux pieds de profondeur. La chaleur ainsi concentrée en fait un excellent bain ; et le courant qui en sort avec assez de rapidité a environ un pied de profondeur et plus de trois pieds de largeur. Cette eau est resserrée en quelques endroits dans un lit pavé qu'on lui avait fait autrefois ; mais, après un cours qui n'est pas bien long, elle est absorbée par le sable à l'est des ruines. Les habitants nous dirent que cette grotte avait toujours la même quantité d'eau, et que, quoiqu'elle nous parût n'avoir pas plus d'une douzaine de pas d'étendue, elle ne laissait pourtant pas d'être beaucoup plus grande. Une inscription qu'il y a tout auprès, sur un autel dédié à Jupiter, nous apprit qu'elle s'appelait Ephaca, et qu'on en confiait le soin à des personnes qui tenaient cet office par élection. L'autre petite rivière, dont nous ne pûmes trouver la source, a autant d'eau à peu près, et traverse les ruines dans un ancien aqueduc souterrain, près du grand portique et dans la même direction. Elle se joint à la première à l'est des ruines, et se perd avec elle dans le sable. Les Arabes nous dirent qu'il y en avait une troisième, qui n'était pas si considérable que les deux autres, qui coulait aussi dans un aqueduc souterrain, au travers des ruines, mais dont le lit était tellement engorgé par les décombres, qu'il y avait quelque temps qu'elle ne paraissait plus. Nous nous informâmes d'autant plus de ces petites rivières, que les commerçants d'Alep n'en ayant presque point pris connaissance, il y a des gens si embarrassés à rendre raison de la perte de la rivière dont Ptolémée fait mention, qu'ils l'attribuent à un tremblement de terre. Il semble qu'il n'y a pas lieu de supposer qu'il soit arrivé d'autre changement aux eaux de Palmyre que celui dont la négligence est cause. Si les commerçants anglais ont cru ces courants trop méprisables pour mériter le nom de rivières, ils auraient dû, pour la même raison, refuser cet honneur au Pactole, au Mélès, et à plusieurs rivières de la Grèce, qui n'ont pas tant d'eau, excepté immédiatement après les pluies.

« Outre ces eaux soufrées, il y avait encore autrefois un aqueduc souterrain, dont nous avons parlé, qui apportait de bonne eau à la ville. Il était bâti très-solidement, avec des ouvertures de distance en distance pour le tenir propre et net. Il est à présent rompu à une demi-lieue de la ville. Les Arabes croient communément que cet aqueduc s'étend jusqu'aux montagnes du voisinage de Damas; mais cette opinion semble tout à fait dénuée de fondement, puisqu'il y a de bonne eau en quantité à Carietyn, entre Palmyre et Damas. Procope rapporte que Justinien fit venir de l'eau à Palmyre pour la garnison qu'il y laissa. Nous nous imaginons que pour cet effet il répara cet aqueduc, qui paraît être beaucoup plus ancien et avoir coûté beaucoup d'argent. Palmyre, dans son état de prospérité, n'aurait sûrement pas manqué de se procurer une telle commodité; et nous avons remarqué en plus d'un endroit de cet aqueduc des caractères palmyriens entièrement détériorés, sans pouvoir trouver d'inscriptions en aucune autre langue (1). »

Pour bien concevoir tout l'effet de ces ruines, dit Volney, il faut suppléer par l'imagination aux proportions. Il faut se peindre cet espace si resserré comme une vaste plaine, les fûts si déliés comme des colonnes dont la seule base surpasse la hauteur d'un homme; il faut se représenter que cette file de colonnes debout occupe une étendue de plus de treize cents toises, et masque une foule d'autres édifices cachés derrière elle. Dans cet espace, c'est tantôt un palais dont il ne reste que les cours et les murailles, tantôt un temple dont le péristyle est à moitié renversé, tantôt un portique, une galerie, ou arc de triomphe : ici les colonnes forment un groupe dont la symétrie est détruite par la chute de plusieurs d'entre elles; là elles sont rangées en files tellement prolongées, que, semblables à des rangs d'arbres, elles fuient sous l'œil dans le lointain, et ne paraissent plus que des lignes accolées. Si de cette scène mouvante la vue s'abaisse sur le sol, elle y en rencontre une autre, presque aussi variée : ce ne sont de toutes parts que fûts renversés, les uns entiers, les autres en pièces, ou seulement disloqués dans leurs articulations; de toutes parts, la terre est hérissée de vastes pierres à demi enterrées, d'entablements brisés, de chapiteaux écornés, de frises mutilées, de reliefs défigurés, de sculptures effacées, de tombeaux violés, et d'autels souillés de poussière (2). »

On ne peut voir tant de monuments d'industrie et de puissance sans demander quel fut le siècle qui les vit se développer, quelle fut la source de richesses nécessaires à ce développement;

(1) *Ruins of Palmyra*, London, 1753, vol. in-fol. (avec 50 planches). Cet ouvrage a été traduit en français, sous le titre : *Ruines de Palmyre ou Tedmor*, par Robert Wood et Dawkins, Paris, 1829.
(2) Volney, *État politique de la Syrie*, p. 226, édition de MM. Firmin Didot, Paris, 1846.

en un mot, quelle est l'histoire de Palmyre, et pourquoi elle se trouve située si singulièrement, étant en quelque sorte une île séparée de la terre habitable, par une mer de sables stériles.

De tout temps Palmyre fut un entrepôt naturel pour les marchandises qui venaient de l'Inde par le golfe Persique, et qui de là, remontant par l'Euphrate ou par le désert, allaient dans la Phénicie et l'Asie Mineure, se répandre chez les nations qui en furent toujours avides. Ce commerce dut y fixer dès les siècles les plus reculés un commencement de population, et en faire une place importante, quoique encore peu célèbre. Les deux sources d'eau douce que son sol possède furent surtout un attrait puissant d'habitation dans ce désert aride et sec partout ailleurs. Ce furent sans doute ces deux motifs qui attirèrent les regards de Salomon, et qui engagèrent ce prince commerçant à porter ses armes jusqu'à cette limite si reculée de la Judée. « Il y construisit de bonnes murailles, dit l'historien Josèphe (1), pour s'en assurer la possession, et il l'appela Tadmor, qui signifie *lieu de Palmiers.* » On a voulu inférer de ce récit que Salomon en fut le premier fondateur, mais on en doit conclure que ce lieu avait déjà une importance connue. Les palmiers qu'on y trouve ne sont l'arbre que des pays habités : dès avant Moïse les voyages d'Abraham et de Jacob, de la Mésopotamie dans la Syrie, indiquent entre ces contrées les relations qui devaient animer Palmyre. La cannelle et les perles mentionnées au temps du législateur des Hébreux attestent avec l'Inde et le golfe Persique une communication qui devait suivre l'Euphrate et passer encore à Palmyre. Aujourd'hui que ces siècles sont éloignés et que la plupart des monuments ont péri, l'on raisonne mal sur l'état de ces contrées à ces époques, et on le saisit d'autant moins bien, que l'on admet comme faits historiques des faits antérieurs qui ont un caractère tout différent; cependant, si l'on observe que les hommes de tous les temps sont unis par les mêmes intérêts et les mêmes jouissances, l'on jugera qu'il a dû s'établir de très-bonne heure des relations de commerce de peuple à peuple, et que ces relations ont dû être à peu près les mêmes qui se retrouvent dans les temps postérieurs et mieux connus.

(1) *Antiq. Jud.*, lib. VIII, c. 6.

APPENDICES.

I.

ADDITIONS A LA PHÉNICIE.

Extrait d'un ouvrage inédit de La Condamine (*Voyage au Levant*), manuscrit n° 2582 de la Bibliothèque Nationale.

(Année 1731). « D'Acre à Séyde la côte court nord et sud ; et il y a seulement quelques petits caps qui débordent la côte et forment de petits golfes. Le premier que l'on rencontre est à trois lieues d'Acre, et se nomme le cap Blanc, où il y a un très-mauvais chemin dans le roc. Nous avons dîné un quart de lieue en deçà, sous des arbres au bord d'une fontaine. En ce pays-ci il faut porter toutes ses provisions, si l'on ne veut pas mourir de faim. Nous avons passé à une lieue et demie d'Acre par un village appelé Samarie, passé le cap Blanc, à moitié chemin d'Acre à Tyr, aujourd'hui Sour. On passe près d'une tour où l'on paye par tête environ quarante sous monnaie de France. On dit que les Anglais se sont affranchis de ce droit de péage, dont leur ambassadeur de la Porte a obtenu l'exemption. Si cela est vrai, il est honteux que les Français y soient encore assujettis.

« On m'a montré dans la ville des boulets de pierre d'environ un pied de diamètre ; on dit que lorsque les Sarrasins prirent la ville, ils en avaient lancé avec leurs machines de guerre un grand nombre pareils à ceux-là.

« En sortant d'Acre j'ai été visiter les ruines de l'ancienne Ptolémaïs, aujourd'hui Saint-Jean d'Acre. On voit les restes d'un magnifique palais du grand maître ; celles d'une église dédiée à saint Jean, qui a été dessinée par Corneille Bruyn, celles de plusieurs fortifications, entre autres de la tour que Tancrède prit sur les Sarrasins avec ses troupes. On prétend qu'on a trouvé plusieurs trésors dans les ruines. Le palais du grand maître de Saint-Jean de Jérusalem, et la porte par où ils sortirent pour s'embarquer après la prise de la ville.

« Entre la tour du Cafare et Tyr, on passe un endroit appelé Mascour, qui est une espèce de cap. Le chemin est creusé dans le roc, sur le penchant de la montagne ; c'est l'ouvrage d'Alexandre, qui fit ouvrir le passage pour aller assiéger Tyr. On rencontre sur la côte plusieurs ruines de tours, de forts et les vestiges d'un grand chemin. Nous nous sommes détournés deux heures avant que d'arriver à Tyr, sur la droite du chemin pour aller voir ce qu'on appelle les puits de Salomon. Il y en avait trois ; mais il n'en reste plus que deux : l'un carré, dont les côtés sont par dehors de trente-six pieds, l'autre octogone dont j'ai mesuré deux côtés d'environ vingt-quatre pieds chacun. Ce qu'il y a de singulier c'est que l'eau s'y élève à environ douze pieds au-dessus du niveau de la campagne ; l'eau en est très-bonne. Il n'y a pas des puits à la mer un demi-quart de lieue. On y puise l'eau avec la main, elle est presque au niveau des murs qui la contiennent. On croit que cette eau vient du mont Liban. Quoi qu'il en soit, en sortant du puits cette eau fait tourner trois moulins, et, grâce à son utilité, ce monument d'antiquité a été conservé par des gens qui se font un plaisir de les détruire. On prétend que Salomon fit faire cet ouvrage digne de sa magnificence pour Hiram, roi de Tyr, en reconnaissance des bois et autres matériaux que celui-ci lui avait envoyés pour la construction du temple de Jérusalem.

« D'Acre à Sour la campagne est fort belle, et il y a de l'eau en plusieurs endroits, et des cantons propres à faire d'excellents prés, quelque chaud que soit le climat ; mais on y voit de grandes plaines en friche, soit par la négligence des gens du pays, soit par la sordide avarice des pachas, qui en voudraient retirer plus que les laboureurs. Il était nuit quand je suis arrivé à Tyr. J'ai vu au clair de la lune quantité de ruines presque enterrées dans les sables, et une situation propre à un beau port qui subsiste aujourd'hui, mais presque comblé. Quantité de voyageurs en ont parlé fort au long. Il faut bien être averti que c'est l'ancienne Tyr pour le croire, car on n'y voit plus aujourd'hui qu'un mauvais village.

« Samedi 25 août nous avons passé une partie de la nuit dans une masure qui a, je crois, été une église; elle est habitée par un chrétien maronite, qui y reçoit les Francs qui vont et viennent de Séyde à Acre. Nous sommes partis de Tyr à deux heures après minuit pour arriver au point du jour au camp du pacha de Séyde, qui est en marche pour aller à Jérusalem. Il était campé à deux lieues de Tyr. On dit que ces camps méritent d'être vus, par la magnificence des pavillons des pachas; mais il nous avait prévenus, étant décampé plutôt qu'on ne croyait; il avait déjà passé Tyr quand nous sommes partis. Sur le chemin de Tyr à Séyde on rencontre une église antique, où j'ai remarqué sur la porte, quoiqu'il ne fît pas encore grand jour, la figure d'un calice en sculpture, et plus loin les ruines de Sarepta, qui sont fort peu de chose. Nous avons aussi passé sur le cap Safin, et nous sommes arrivés à Séyde. Nous y avons su la confirmation de la nouvelle du départ des vaisseaux, qui ont mis à la voile le mercredi au soir, où on avait reçu des lettres de Chypre qui portaient que M. Dugué y avait mouillé avec ses deux vaisseaux, le même jour que les deux autres avaient paru devant Séyde, et qu'il y avait toute apparence qu'il appareillerait aussitôt qu'ils seraient à la vue de Lernica, où il les attendait depuis huit jours.

« Ces nouvelles m'ont beaucoup affligé. Comme j'ai toutes mes hardes à bord du *Léopard*, je ne puis me dispenser de faire tout mon possible pour le rejoindre avant Smyrne; et comme il n'y a point ici de bâtiments qui prennent cette route, il me faut noliser un bateau pour passer à Lernica, où l'on me fait espérer que je trouverai des occasions pour Rhodes, pour Chio ou quelque autre endroit de l'Archipel sur le chemin que doivent tenir les vaisseaux du roi, et comme ils doivent mouiller tous les soirs dans ces parages, où il y a des dangers et des écueils à craindre, surtout pour de gros vaisseaux, si je puis me rendre à Lernica promptement, j'ai lieu d'espérer de les rejoindre avant Smyrne.

« Si j'étais parti d'Acre comme je le voulais, je serais bien près de Chypre actuellement, et j'aurais peut-être rencontré les vaisseaux, à qui le vent du nord ne peut avoir permis que de gagner le large. Tous les marchands français établis à Séyde me disent que j'aurais mieux fait. Cependant je ne me suis conduit que par le conseil de ceux d'Acre, et c'est contre mon inclination que j'ai pris le parti de venir à Séyde.

« C'est aujourd'hui le jour de la Saint-Louis, grande fête pour la nation. Il n'y a point ici de consul : il est parti depuis peu pour France; c'est un député de la nation qui en fait les fonctions. J'ai trouvé ici M. de Bélis, que j'ai idée d'avoir vu à Paris. Il est depuis un an à Séyde chancelier du consulat. J'ai reçu de lui ainsi que de la plupart des négociants toutes sortes de politesses et d'offres de services. J'ai tiré sur la lettre de crédit de M. Huard cent piastres sur ses correspondants, ne sachant pas le temps que je serais à retrouver les vaisseaux. J'ai été rançonné par le bateau dont j'ai besoin pour passer en Chypre, et je n'ai pu convenir à moins de vingt piastres. Le patron, qui est chrétien maronite, mais qui n'en vaut pas mieux pour cela, me promet de partir à l'heure que je voudrai après dîner. En attendant, M. de Bélis s'offre de m'accompagner pour voir les antiquités de la ville, qui consistent en fort peu de chose. M. de Bélis m'a montré en sortant de la ville une petite maison qu'on dit être bâtie au même lieu où était celle de la Cananéenne qui fut guérie par Jésus-Christ. Nous avons ensuite été voir les sépulcres des anciens juges de Sidon : ils sont taillés dans le roc, mais moins magnifiques que ceux des rois d'Israël. Il y a un grand nombre de cavernes où sont taillés ces sépulcres : j'en ai vu trois, dans lesquelles il y en avait cinq ou six, et dans une un emplacement carré qui pourrait en contenir plusieurs.

« On y voit des restes de pilastres corinthiens d'une sculpture médiocrement belle. J'ai cru voir aussi quelques vestiges de peintures, mais je n'oserais l'assurer. Si nous avions eu de la lumière, je serais descendu dans un caveau plus souterrain, qui avait son entrée dans l'une de ces cavernes, mais je n'ai pu sur cela satisfaire ma curiosité. Ce que j'ai trouvé de plus singulier dans ce monument, c'est un arbre pétrifié qui est engagé dans le roc dans le fond d'une des cavernes : il peut avoir un pied de diamètre et trois à quatre pieds de longueur sans ce que l'on ne voit pas, qui est au dedans. La coupe paraît ovale, comme ayant été comprimé par le poids dont il était chargé. Le roc dans lequel il se trouve enclavé est médiocrement dur, mais l'arbre est devenu pierre à fusil. On y reconnaît encore les accroissements de la sève qui se manifestent de deux manières différentes, savoir, par des cercles concentriques dans la coupe perpendiculaire à la longueur de l'arbre, et par des lignes parallèles à l'endroit des éclats et cassures de l'arbre suivant sa longueur. Je n'ai pu en casser qu'un fort petit morceau, qui ne diffère en rien d'une pierre à fusil ordinaire. Le tombeau prétendu de Zabulon, que l'on montre encore dans le voisinage de la ville, ne mérite pas la curiosité d'un voyageur; et comme l'heure nous pressait, et que la chaleur était fort grande, nous sommes revenus à la ville, où j'ai dîné avec M. Gail, le négociant avec qui j'étais venu, un de ses associés nommé M. Bertrand, M. de Bélis et un ou deux autres.

« Les Français sont logés à Séyde dans un grand hôtel appelé Kam, plus beau encore et plus grand que celui d'Acre, mais à peu près construit de même : une cour carrée, une galerie en arcade au premier étage, le long de laquelle tout autour sont plusieurs logements. Le supérieur des P. P. de Terre-Sainte, qui ont ici un hospice, m'est venu voir, m'a offert sa maison, et est très-scandalisé des injustices du P. procureur de Jérusalem.

« Prêt à m'embarquer ou plutôt l'étant déjà, je n'ai point trouvé de tente comme le patron m'en avait promis; il m'a fait attendre trois heures, remettant toujours et la tente ne venant point. Le soleil était brûlant. J'ai pris le parti de me débarquer et de revenir au Kam ou logement des Français. Aussitôt un Turc s'est offert de me conduire pour le même prix, de me donner une tente, et son bateau est plus fort que le premier. Nous verrons si le Turc est de meilleure foi que le chrétien.

« Me voici embarqué, et j'attends le retour du patron, qui est allé à terre dans son canot sans m'en avertir, et m'a laissé hors du port seul dans son bateau, qui ne tient que par une fort petite ancre. Si elle venait à manquer, je m'en irais où il plairait à Dieu. Cela me fait souvenir de certaines enseignes que j'ai vues à Paris à la porte de plusieurs cabaretiers. L'on voit une petite figure, les mains jointes, dans un bateau, sur une mer agitée, avec ces paroles au bas : *à la grâce de Dieu*. Je suis actuellement l'original de ce tableau. On vient de m'apporter une lettre de M. de Bélis, qui me mande qu'il est sollicité par les drogmans de la part de l'aga, de permettre que deux Turcs s'embarquent dans mon bateau, pour passer en Chypre avec moi. J'apprends aussi que c'est ce qui a causé le retardement du retour du patron et de mon laquais, que j'avais envoyé pour le presser de revenir. L'aga me faisant prier d'un côté se servait de l'autre de son autorité, et avait défendu au patron ou réys de partir sans les Turcs qu'il me voulait donner. J'ai fait réponse qu'ils seraient les bien-venus. Cependant ils m'incommoderont beaucoup, surtout dans la circonstance présente, où la quantité d'eau que j'ai bue depuis deux jours, et de raisin et de pastèques que j'ai mangés, pour me rafraîchir, dont j'avais grand besoin, a opéré au delà de mes vœux, et m'a presque guéri de ma première incommodité.

« Nous sommes depuis sept heures du matin devant Barut, autrefois Berythos. Il y a un aga sur le bord de la marine, qui sans doute est le douanier. Il m'a fait inviter de venir prendre le café. J'ai été surpris d'apprendre qu'il était chrétien maronite, et que dans ce canton presque tous les habitants sont chrétiens, ce qui ne les empêche pas de posséder des emplois; il y a un autre aga supérieur à celui-ci, mais il est absent.

« J'ai été faire un tour par la ville, qui est plus grande qu'elle ne paraît. L'église des Grecs, que j'ai vue, ressemble à une écurie. Celle des maronites, où je n'ai pu entrer, n'a pas plus belle apparence. La ville paraît assez peuplée et les bazars fournis. On y fait un grand commerce de soie. Toute la campagne des environs n'est couverte que de mûriers. Les rues sont pavées de grandes pierres; les anciennes ruines les ont fournies sans doute. J'ai vu sur mon chemin deux fontaines avec des bassins carrés, de marbre; malgré cela, c'est une vilaine petite ville. Il y a ici un maronite qui reçoit un droit de chaque vaisseau français qui y aborde; moyennant quoi, il y protège les Français. On lui donne le nom de consul; il est à la campagne. Il ne paraît pas qu'il y ait eu jamais de port à Barut; mais à une petite lieue d'ici, vers le levant, il y a une très-belle rade. A mon retour de la ville, où j'ai fait quelques petites provisions, l'aga m'a fait goûter de son vin du mont Liban et prendre encore du café. Comme je m'étais écarté pour écrire mon journal, il m'a fait rappeler, et m'a prié de continuer d'écrire. Je suis actuellement dans un coin de son divan, et nous faisons chacun nos affaires de notre côté.

« Mon Grec est un vrai coquin. Quelque expédition que l'aga m'ait procurée pour décharger le blé, la journée va se passer à charger du sable et des pierres pour lester le bateau, et je vois bien qu'il a résolu de ne partir que le soir avec le vent de terre. Je sens des mouvements d'impatience dont je ne suis pas le maître, mais leur inutilité me les fait étouffer.

« On voit aux environs de Barut (ou Barout), sur le bord du rivage, plusieurs tours ruinées et deux châteaux bâtis sur le roc, l'un sur le bord de la mer, l'autre plus petit et nouvellement réparé dans la mer même, où il y a quelques pièces de canon; j'ai vu dans la ville, à l'entrée du Kam de l'aga de Séyde, un morceau de colonne, que l'on dit être fort enterrée, d'un beau marbre de brèche violette. Des gens du pays m'ont fait entendre qu'il y en avait bien d'autres dans la mer. J'en ai vu aussi de granit.

« Mardi 28 août. Je l'avais bien prévu, malgré mes instances et les ordres de l'aga, qui a fait embarquer le réys et ses gens avant le coucher du soleil, il était minuit quand nous avons mis à la voile. Le vent était le même qui avait été tout le jour, et celui de terre n'est point venu ou s'est fait à peine sentir. A six heures du matin nous n'étions pas à une lieue de Barut. Le vent est ouest, et nous l'avons presque debout, nous allons au plus près; mais ce que font ces gens-ci pour tenir le vent ne sert qu'à nous faire tanguer, beaucoup dériver et n'avancer que fort peu. Cependant ils ne veulent point prendre le vent plus large et faire des bordées, qui, je crois, nous feraient gagner davantage, et je juge par le sillage du bateau que si nous continuons de même, la dérive nous portera au delà du cap Saint-André. J'ai fait à Séyde une petite carte de Chypre et de la côte de Syrie, que j'ai copiée sur une carte marine; avec cela et ma boussole et un penon que j'ai fait avec des plumes de poulet de ma provision, je suis à portée de juger de l'ignorance de nos mariniers. Quand ils me voient regarder ma boussole, ils me demandent bien sérieusement et moitié par signes si nous allons en Chypre de la bordée que nous tenons, et la vérité est qu'ils n'en savent rien bien sûrement. Je leur montre l'aiguille de ma boussole et je leur crie *tramontana;* l'écho répond : *tramontana bono…..* Il a plu au réys de s'emparer cette nuit de la poupe, qui lui est, dit-il, nécessaire pour gouverner, et de m'abandonner le milieu du bateau, où il a étendu une natte sur le lest pour me servir de matelas; le lit de plume sent de beaux et bons cailloux : entre eux et moi il n'y a qu'une natte très-mince. Si j'étais un saint ou un prophète, mon corps y aurait sans doute laissé son empreinte; mais comme je ne suis ni l'un ni l'autre, il est arrivé tout le contraire, et je porte sur mon corps le moule des cailloux. A cela près, si nous arrivions, si seulement nous étions bien en route, je me consolerais. J'ai fait mon point à midi sur ma carte, en relevant les caps de Barouth et de Pondico, dont le premier nous restait à environ vingt milles au sud-est et le second au nord-ouest un quart est. Le reste de la journée nous avons un peu plus porté en route, faisant le nord-ouest un quart ouest. »

II.

CYLINDRES ET BRIQUES BABYLONIENS.

Il paraît, d'après les monuments qui existent encore, que les Babyloniens avaient trois caractères d'écriture, le grand, le moyen, et le petit ou cursif; le dernier se voit particulièrement sur des cylindres convexes ou sur des espèces de petits barils solides, de très-belle terre de brique, et sur des tablettes de même nature. Bien différent des autres pour la coupe des lettres, pour la grandeur et pour l'assemblage, l'inscription est serré; on dirait que les lettres ont été imprimées les unes dans les autres, tant elles sont liées ensemble. Les lignes se touchent; et à juger de la position dans laquelle on aura été obligé de tenir ces cylindres et ces tablettes pendant l'opération, on peut croire que les Babyloniens écrivaient de la gauche à la droite. — Comme on imprimait tout autour de ces petits barils, où l'on a laissé une marge pour fixer le commencement et la fin de chaque ligne, on imprimait aussi des deux côtés des petites briques. Ces tablettes, qui ont un peu plus d'un pouce et demi de largeur, semblent avoir été de la même longueur que les cylindres. Ceux-ci ne sont pas tous de la même dimension. Il ne faut pas confondre ces cylindres avec les petits cylindres de chalcédoine qui servaient de talismans, et qu'on attache encore maintenant au cou des enfants à Bagdad, à Hillah, en Perse, etc... Les caractères s'imprimaient avant que les cylindres convexes et les tablettes eussent été exposés à l'action du feu. — Il est à remarquer que les deux surfaces de ces tablettes ont dû être pleines de caractères du haut en bas sans interruption, et qu'elles ont un petit espace vide laissé de chaque côté en forme de marge, sans doute pour ne pas confondre les lignes ensemble. En lisant ces tablettes, il aura fallu nécessairement les tourner insensiblement du haut en bas, à mesure que l'on avançait dans la lecture. Deux petites empreintes ovales de la grandeur d'un cachet ordinaire, placées au bout supérieur de l'un, indiquent le haut de la tablette, et le bout inférieur de l'autre, où les lignes ne sont pas interrompues, en fait connaître le bas, sans détruire l'opinion énoncée sur la manière d'écrire des Babyloniens. Une de ces empreintes, quoique presque tout effacée, semble être la figure d'un lion ayant quelque chose sous les pieds (cylindre rapporté par M. Raimond et conservé à la Bibliothèque nationale). — Ces tablettes, comme les cylindres de terre de brique préparée, ont dû servir de registres ou de livres. Les Babyloniens y consignaient apparemment leur généalogie, les grands événements et les brillantes actions de leurs héros. — Les inscriptions des briques de Babylone sont de deux sortes : l'une est composée de sept lignes, et l'autre n'en a que six, qui sont aussi beaucoup plus courtes. Sur une trentaine de briques que M. Raimond a apportées de Babylone, il y en a qui offrent dans toutes les lignes les mêmes caractères, d'autres n'ont que quelques lignes de semblables, et d'autres n'en ont pas du tout. — Selon M. Raimond, ces inscriptions ne sont que des prières, des louanges adressées à la divinité, en l'honneur du fondateur de l'édifice, ou quelques passages des livres sacrés des Babyloniens. Il est remarquable que les petits cylindres-talismans, ornés de diverses figures, dont quelques-unes sont parfaitement finies, ont aussi de petites inscriptions bien gravées, composées des mêmes caractères que les briques. Et si ce qui se passe aujourd'hui dans la Mésopotamie et dans la Perse peut venir à l'appui de cette supposition, on peut ajouter que de temps immémorial c'est la coutume dans ces contrées de placer des inscriptions sur les murailles d'un édifice, d'une maison, et de porter des talismans soit au cou, soit au bras, en pierres gravées ou en papiers écrits.

Keppel rapporta de son voyage aux ruines de Babylone plusieurs cylindres très-curieux, dont il en donna trois au musée de Londres. Ces cylindres diffèrent entre eux par leur grandeur et par la matière dont ils se composent. Le plus grand a un pouce de long; les deux autres sont plus petits. Tous sont percés d'un trou au milieu. Keppel pense que le peuple les portait en guise d'amulettes (1).

Le n° 1 est d'agate : il représente deux personnages assis (costumés comme les personnages de Khorsabad, de Nemroud et de Persépolis) devant un autel au-dessus duquel est un poisson (2). Chaque personnage tient à la main une espèce de coupe plate (patère). Celui qui porte une longue barbe paraît être le roi, car on aperçoit derrière lui l'armoirie accoutumée des rois de Perse; l'autre, qui est sans barbe, paraît être la reine. Derrière celle-ci se tient un serviteur armé d'un chasse-mouche ou d'un parasol, dont il ne reste que le manche. Au-dessus du poisson est un astre (soleil), et à côté de celui-ci un croissant (la lune). Ce cylindre représente selon moi, de la manière la plus évidente, un sacrifice persique en l'honneur d'Or-

muzd ou de Mithras. (Voy. la figure ci-dessous).

Le n° 2 est formé d'une matière semblable à du verre. Deux hommes semblent ouvrir le ventre à deux bouquetins, qu'ils tiennent chacun en l'air par l'une des pattes postérieures. De semblables figures se voient aussi sur les bas-reliefs de Persépolis. On y remarque des inscriptions cunéiformes.

Le n° 3 est en terre argileuse : il représente quatre personnages vêtus de longues robes, ornées de franges. C'est le costume que les anciens assignent aux Perses et aux Parthes.

Le lion ou plutôt l'éléphant (foulant un homme aux pieds) qu'on a trouvé dans les ruines de Hillah, est suivant Keppel une représentation de Daniel dans la fosse aux lions (3).

---

(1) Keppel, *ibid.*, p. 185.
(2) Sur le poisson-dieu ou Dagan (Oannès), *Voy.* Bérose, Euseb. *Chron.*, p. 6, et Selden., *de Diis Syris*, II, 188.
(3) Keppel, *ibid.*, vol. I, p. 209 : *I would venture to suggest that this statue might have reference to Daniel in the lion's den, and that it formerly stood over one of the gates, either of the place, or of the hanging gardens. It is natural to suppose that so extraordinary a miracle would have been celebrated by the Babylonians, particularly as Daniel was afterwards governor of their city.*

III.

NOTICE SUR LA LANGUE DES CHALDÉENS.

Les langues forment la division la plus naturelle des peuples, car elle implique communauté de race, de mœurs et souvent de religion.

En jetant un coup d'œil sur l'Asie, on trouve que trois familles de langues principales se partagent ce vaste continent : la partie orientale appartient à l'idiome chinois et à ses branches collatérales; la partie centrale au sanscrit, au zend et à ses dérivés; la partie occidentale à l'araméen, comprenant la souche des langues sémitiques. Une observation curieuse, c'est que les langues sémitiques, en se propageant de l'est à l'ouest, ont successivement envahi une grande partie de l'Afrique, la terre de Cham; tandis que la famille des langues indo-persanes, en inclinant davantage vers le nord, s'est répandue dans presque toute l'Europe, la terre de Japhet.

L'Asie occidentale, comprenant toute la Mésopotamie, la Syrie, l'Arabie, avait reçu primitivement le nom d'*Aram* (אֲרָם). Ce nom signifie littéralement *haute contrée* (*hochland* des Allemands, *highland* des Anglais), de *aram* (אָרַם), haut, par opposition à celui de *Canaan* (כְּנַעַן), qui veut dire *basse contrée* (*niederland*), du verbe *cana* (כָּנַע), abaisser. Les Araméens ou *Aramim* parlaient différents dialectes, qui tous se rattachaient à la souche sémitique. Parmi ces dialectes, on en remarque deux principaux, le chaldéen et le syriaque. Le premier, formant la branche orientale de l'araméen, doit seul nous occuper ici.

Le chaldéen était la langue-mère des Babyloniens, des Assyriens, et probablement de tous les habitants de l'*Aram naharim* (Aramie des fleuves), c'est-à-dire de la Mésopotamie. Dans la Bible (II Rois, XVIII, 26; Jes., XXXVI, 11; Esr., IV, 7; Dan., II, 4), cet idiome s'appelle, d'une manière générale, l'*araméen* (אֲרָמִית); rarement il porte, comme dans Daniel, II, 4, la dénomination spéciale de *langue des Chaldéens* (לְשׁוֹן כַּשְׂדִּים).

Il est impossible de dire à quelle époque le chaldéen fut généralement adopté comme langue nationale. Il est toutefois certain que les Mésopotamiens le parlaient déjà du temps de Moïse, c'est-à-dire au moins quinze siècles avant l'ère chrétienne; car on se rappelle que Laban, le Mésopotamien, dont il est question dans la Génèse (chap. XXXI, v. 47), donna au monceau de pierres sur lequel il conclut une alliance avec Jacob le nom chaldéen de monceau du témoignage, *iegar sahadouta* (יְגַר שָׂהֲדוּתָא); Jacob lui donna le même nom, mais en hébreu : *gal ét* (גַּל עֵד). A n'en juger que d'après ces mots, le chaldéen devait à cette époque reculée différer notablement de l'hébreu. Cependant, il est démontré que les Hébreux et les Assyriens se comprenaient réciproquement, sans l'intermédiaire d'aucun interprète.

Plus tard, les rois de Perse et leurs satrapes, maîtres de la Mésopotamie, se servaient de l'idiome chaldéen dans leurs édits adressés aux Hébreux [1]. Les mages, que le roi Nabuchodonosor avait fait venir pour expliquer un songe, s'en servaient également [2].

Sous la domination des Perses, et par le contact des Babyloniens avec les Hébreux, l'idiome primitif ne devait pas tarder à s'altérer profondément : tous ces peuples devaient se faire dans leurs langues des emprunts réciproques. Les Hébreux pendant leur long exil ne conser-

---

[1] Voyez Esra, IV, 7.
[2] Daniel, I, 4.

vèrent certainement pas l'idiome de leur pays dans toute sa pureté. A leur retour en Palestine, ils apportèrent un langage probablement aussi altéré que leurs mœurs. Peu à peu l'ancien hébreu cessa d'être la langue du peuple, et devint l'apanage des prêtres et des savants : il se conserva comme un monument de l'histoire sacrée.

Sous le règne des successeurs d'Alexandre, le grec, langue officielle des rois de Syrie, fit sentir son influence sur la langue déjà altérée des Juifs. Enfin, avec les éléments du chaldéen, de l'hébreu, du syriaque et du grec, il se forma un mélange qui, sous le nom de *syro-chaldéen*, était encore à l'époque de Jésus-Christ la langue vulgaire de la Palestine [1]. C'est ainsi que nos langues vivantes se rattachent par leur formation aux principales phases de l'histoire politique : elles unissent les éléments du caractère national aborigène aux traces du joug étranger.

Pour prévenir toute confusion, il importe de rappeler que le syro-chaldéen, que les Juifs parlaient du temps de Jésus-Christ, était aussi désigné par le nom d'*hébreu*. C'est ce qui résulte de différents passages du Nouveau Testament [2]. Enfin, la domination romaine apporta à l'idiome du pays de nouveaux éléments d'altération. Les Juifs, pour se rendre agréables à leurs maîtres, ne négligèrent point de s'approprier la langue de Rome. Apprenant ainsi, outre leur langue natale, le grec et le latin, ils devinrent pour ainsi dire polyglottes, comme ils le sont encore aujourd'hui [1].

Ainsi, nous devons à l'exil des Hébreux en Babylonie et à leur contact avec les Assyriens la connaissance du chaldéen. Quelques fragments de Daniel (II, 4-7, 28), et d'Esra (IV, 8-6, 18; VII, 12-16), ainsi que les traductions chaldéennes de l'Ancien Testament, ou les targums, sont ici nos seules sources [2]. Mais ces sources nous donnent-elles l'idiome pur des Babyloniens? Cela est fort douteux : les Juifs y ont sans doute mêlé beaucoup d'hébraïsmes.

Il ne nous est parvenu aucun morceau de la littérature chaldéenne proprement dite. Quelques érudits se sont emparés de ce fait pour contester au chaldéen le caractère d'un idiome national; ils l'ont considéré comme une espèce de jargon mixte d'hébreu et de syriaque, ayant pris naissance dans les écrits des Juifs. Mais cette doctrine est dépourvue de fondement, comme le démontrent les recherches de linguistique comparée.

---

[1] Les paroles que, d'après saint Matthieu (chap. XXVII, vers. 45), Jésus-Christ prononça sur la croix : *Eli, eli, lama sabakhthani*, sont de l'hébreu aussi bien que du syro-chaldéen. Je ferai remarquer en passant que ces paroles ne signifient pas, comme les traduit l'Évangéliste : « Mon Dieu, mon Dieu, pourquoi m'as-tu *abandonné*? », mais, « Mon Dieu, mon Dieu, pourquoi m'as-tu *immolé*? »; ce qui offre un sens beaucoup plus plausible. L'interprète grec a confondu le verbe זָבַח (*sabakh*), *immolavit*, avec le verbe עָזַב (*asaf*), *reliquit*.

[2] Ainsi, on lit, *Act. Apost.*, XXI, 40, que Paul parla à la multitude en dialecte hébreu (προσεφώνησε τῇ Ἑβραΐδι διαλέκτῳ). — Le roi des sauterelles (*Apocalyps.*, IX, 11) est tout à la fois désigné en hébreu *abadon*, et en grec *apollyon*, l'exterminateur.

[1] Il est certain que sous le règne de Tibère la plupart des Juifs savaient, outre l'hébreu ou syro-chaldéen, le grec et le latin. Les édits des préteurs, des préfets civils et militaires de la Palestine paraissent avoir été trilingues, c'est-à-dire écrits en trois langues : l'hébreu (syro-chaldéen), le grec et le latin. On se rappelle que l'inscription de la croix avait été faite dans ces trois langues par Ponce-Pilate.

[2] Le Pentateuque d'Onkélos passe pour le *targum* (traduction chaldéenne) le plus estimé. Il se rapproche le plus des chaldaïsmes de Daniel et d'Esra. Malheureusement on n'a aucun renseignement positif sur Onkélos, qui porte un nom plutôt grec qu'hébreu. Les plus anciennes éditions du targum Onkélos ont été publiées à Bologne, en 1482, in-fol., et à Lisbonne, en 1491, 2 vol. in-4° (le texte chaldéen s'y trouve avec les points-voyelles et les accents). Voyez les Bibles polyglottes publiées à Paris, en 1645, et à Londres, en 1657; et Jahn, Chrestomathie chaldéenne.

BABYLONIE.

EXAMEN GRAMMATICAL COMPARATIF.

Chez les peuples tant anciens que modernes on rencontre des dialectes qui se font remarquer par la suppression de la sifflante *s*, qui est presque toujours remplacée par *d* ou *t*. Ainsi, chez les Grecs de l'Attique les mots πράσσω, πλήσσω, γλῶσσα, etc., sont remplacés par πράττω, πλήττω, γλῶττα, etc. Chez les nations germaniques, les Hollandais semblent avoir de même horreur des sifflantes, auxquelles ils substituent dans une infinité de mots les linguales *d* ou *t*. C'est ce que les Allemands appellent un dialecte *plat* (*platter dialekt*).

Or, le chaldéen se trouve exactement dans le même cas : c'est un dialecte plat, qui est à l'hébreu ce que le hollandais est à l'allemand. Pour s'en convaincre, on n'a qu'à jeter un coup d'œil sur le tableau comparatif que nous donnons plus loin. Ainsi, au lieu de *tsour*, rocher, *zahaf*, or, *chafar*, rompu, on dit, en chaldéen, *tour*, *dehab*, *tebar*.

Le chaldéen est tout à la fois concis et prolixe. Il est concis par ses inversions fréquentes, qui contribuent souvent à rendre le texte obscur, comme cela arrive dans plusieurs passages de Daniel. Il est prolixe par l'allongement des noms et par l'emploi de particules accumulées, dont une seule pourrait suffire.

Les grammairiens appellent l'allongement des noms *status emphaticus*. Le plus fréquemment les syllabes *em*, *en*, *ékh*, etc., sont changées en *ema*, *éna*, *ékha*, etc. Exemples :

hébreu.	chaldéen.	valeur.
Khelem,	kheléma,	songe.
Efén,	eféna,	pierre.
Mélekh,	malékha,	roi.

Cette tendance à allonger les noms par des désinences en *a* ou *ah* se remarque aussi dans la formation du pluriel. Ainsi, מַלְכִים (*malkhim*) est le pluriel du nom מֶלֶךְ (*mélekh*), roi. Pour avoir le pluriel chaldéen, il suffit de changer *im* en *in*, מַלְכִין (*melkhine*), mais la forme favorite est *ia*. Exemples :

מַלְכַיָּא, rois (*malkhaïa*), au lieu de (*malkhine*).

שְׁמַיָּא, cieux (*chémaïa*), au lieu de (*chémaïne*).

אַבְנַיָּא, pierres (*afnaïa*), au lieu de (*afnine*).

יוֹמַיָּא, jours (*iomaïa*), au lieu de (*iamine*).

On cite souvent l'italien comme une langue dont presque tous les noms sont terminés en *i* ou en *o*. Le chaldéen pourra être cité comme une langue tout aussi singulière ; car l'*a* y est la terminaison prédominante.

En hébreu, le ן (*n*) est éliminé dans beaucoup de mots, et remplacé par le point *dagesch*, qui redouble la consonne suivante. En chaldéen, le ן (*n*) est le plus souvent conservé, ce qui introduit dans le mot quelquefois une syllabe de plus. Cela se remarque particulièrement dans les pronoms, comme le montre le tableau suivant :

chaldéen.
אֲנָה (*ana*), ou אֲנֹכִי (*anokhi*),
אַנְתָּה (*antah*), et אַנְתָּה (*anth*),
הוּא (*hhou*), *fém.* הִיא (*hhi*),
אֲנַחְנָה (*anakhna*),
אַנְתּוּן (*antoun*),
אִנּוּן (*inoun*),
אִנִּין (*inine*),

hébreu.		valeur.
אֲנִי	(*ani*),	je, moi.
אַתָּה	(*atta*),	tu, toi.
הוּא	(*hhou*), *fém.* הִיא	il, elle.
אֲנוּ	(*anou*),	nous.
אַתֶּם	(*attem*),	vous.
הֵם	(*hém*),	ils, eux.
הֵן	(*hén*),	elles.

L'article indéfini אֶחָד (ékhat), un, une, est rarement employé en hébreu. Il est, au contraire, assez fréquent en chaldéen : חַד (khad), un, חֲדָא (khada), une.

Le pronom démonstratif *celui*, *celle*, qui est en hébreu זֹאת, זֶה (zéh, zót), est en chaldéen דִּי, דְּנָה (dèn, dĕna).

Le plus ancien dialecte grec, tel qu'on le trouve dans Homère, se fait remarquer par des accumulations de particules souvent intraduisibles. La même observation se présente pour le chaldéen. Ainsi, כָּל־קֳבֵל דִּי (kol-kĕbél di), signifie *parce que*, ou littéralement : *tout devant qui*.

Les langues modernes, offrent des locutions semblables : l'allemand *all-*

chaldéen.

קֳדָם מַלְכָּא (kadam malka),

Certaines particules sont si fréquentes qu'elles n'ont pas toujours de sens bien précis. Tel est le cas de דִּי (di), qui n'a pas constamment, quoi qu'en disent les lexicographes, la valeur de l'hébreu אֲשֶׁר (acher), *qui*, *quæ*, *quod*. Le mot כְּדֵנָה (kitĕnah), qui correspond au français *comme cela*, forme aussi souvent une redondance.

Il existe, en chaldéen, comme dans d'autres langues orientales, une espèce de redoublement qui s'applique non pas aux verbes, comme en grec, mais aux adjectifs et aux substantifs. Ainsi, le mot רַב (rab) signifie tout à la fois *beaucoup*, *nombreux*, *grand* et *maître*; par redoublement : רַבְרְבָן (rabĕrĕban), il prend la signification augmentative de *chef suprême* ou *maître des maîtres* [1]. En hébreu, pour désigner la

[1] Selon Gesenius (*Lexicon Hebraicum et Chaldaicum*, Lips., 1847, gr. in-8°), on ne rencontre que le pluriel רַבְרְבָנִין. Cette remarque n'est pas exacte; car on trouve aussi le singulier רַבְרְבָן (Dan., 2, 48).

dieweil, qui a la même signification, a ici beaucoup d'analogie avec le chaldéen.

La particule מִן (mine), *de*, joue surtout un grand rôle dans la formation des adverbes ou des locutions adverbiales. Exemples : יַצִּיב (iatsif), *certain*; מִן־יַצִּיב (mine-iatsif), *certainement*; קֳדָם (kadam), *partie antérieure*, מִן־קֳדָם (mine-kadam), *de devant*, qui correspond à l'hébreu מִפְּנֵי (mipné). — Disons en passant que קֳדָם est généralement employé comme particule prépositive, à la place de l'hébreu לְ (l), pour indiquer le datif. Exemple :

hébreu.   valeur.

לְמֶלֶךְ (lĕmélékh),   au roi.

chose la plus sainte, on répète trois fois le mot קָדֹשׁ (katosch), *saint*. On se rappelle qu'Homère, en parlant du séjour des bienheureux, emploie les expressions de τρίς μάκαρες καὶ τετράκις, *trois fois heureux et quatre fois* !

Cette répétition de noms, pour en faire sentir l'importance, est tout à fait naturelle à l'homme : on la retrouve chez l'enfant comme dans le langage primitif des nations.

En poursuivant notre examen comparatif du chaldéen et de l'hébreu, nous allons encore signaler les différences suivantes :

1° En hébreu, le pluriel masc. ים־ (en chaldéen ין־), se change en י־, quand il reçoit le suffixe qui remplit l'office de pronom possessif. Exemples : עֲבָדִים (abĕdim), *serviteurs*, עֲבָדָיו (abĕdéhou), *ses serviteurs*. En chaldéen, on change י־ en ו, et on dit עֲבְדוֹהִי (abedohi), au lieu de עֲבָדָיו; רַגְלוֹהִי (raghĕlohi), au lieu de רַגְלָיו (raghĕléhou), *ses pieds*.

2° Substitutions et différences d'orthographe. Nous avons déjà signalé la

BABYLONIE.

substitution des linguales aux sifflantes. Nous ferons ici remarquer que les gutturales ח et ע sont remplacées par א. Exemples :

hébreu.	chaldéen.		valeur.
עֵץ (hets),	אֵע (éts),		arbre.
הִתְקַטֵל (hitěkatél),	אִתְקְטֵל (itěkatél),	hithp. du verbe קָטַל,	frapper.

Le ב (b) se change en פ (p), comme dans בַּרְזֶל (barsel, fer; en chaldéen : פַּרְזֶל (parsel) ou פַּרְזְלָא.

Le ג (g) se substitue au ב (b), comme dans נְגוֹ (nego), qui signifie en chaldéen la planète Mercure, pour נְבוֹ (nebo). De là le nom d'*Abadnego* pour *Abadnebo*.

Le ל (l) se substitue quelquefois au י (i) dans les futurs. Exemple : יִקְטֵל (iketol), il frappera; en chaldéen : לִקְטֵל (likétol).

Le futur, dans ce cas, ressemble beaucoup à l'infinitif, avec lequel il faut se garder de le confondre.

Le ַ (a) remplace souvent וֹ (o). Exemples :

hébreu.	chaldéen.	valeur.
אֱנוֹשׁ (énosch),	אֱנָשׁ (énasch)	homme.
קוֹל (kôl),	קָל (kal),	voix.

En chaldéen les terminaisons en א- (a) se substituent très-souvent à celles en ה- (ah). La sifflante ס (s) est presque constamment préférée à la sifflante שׂ (s). Nous n'y voyons qu'une simple différence d'orthographe. Mais il est probable qu'il y avait pour les Hébreux et les Chaldéens une différence de phonation.

Le ס (s) se substitue au ה (h), comme dans סָלַךְ (salakh), il alla, pour l'hébreu הָלַךְ (halakh). Quelque chose de tout à fait analogue s'observe dans plusieurs mots introduits du grec en latin. Exemples : ὗς, *sus*; σίλφη, *silpha*.

3° Différences caractéristiques relatives aux verbes. Les *kophal* et *niphal* du verbe hébreu manquent en chaldéen. La 3e personne sing. du prét. change souvent ַ (a) en ֵ (é), de même que la 3e pers. plur. du prét. change וּ (ou) en ֹ (o). Exemples :

chaldéen.	hébreu.	valeur.
עֲנֵה (anéh),	עָנָה (anah),	il répondit.
עֲנוֹ (ano),	עָנוּ (anou),	ils répondirent.

La 2e pers. sing. du prét. offre aussi quelque différence. Exemple :

chaldéen.	hébreu.	valeur.
אֲמֵרֵת (amérét),	אָמַרְתָּ (amărat),	tu parlas.

D'autres différences se remarquent dans la formation du futur. Exemple :

chaldéen.	hébreu.	valeur.
יֵאמַר (iémar),	יֹאמַר (iômér),	il parlera.

Dans les verbes en יה, cette désinence se change en וא, et י en ֵ.

chaldéen.	hébreu.	valeur.
יְהֵוֵא (iéhévéh),	יִהְיֶה (ihĕiéh),	il sera.
תְּהֵוֵא (téhévéh)	תִּהְיֶה (tihĕiéh),	tu seras.
אֱהֵוֵא (éhévéh),	אֶהְיֶה (ehĕiéh),	je serai.

Le pronom démonstratif אֵת, *lui-même* (αὐτός), combiné à des pronoms personnels, supplée au verbe auxiliaire *être*. Exemple :

אִיתַי (*ita*), correspondant à l'hébreu יֵשׁ (*iesch*), il est.
אִיתָךְ (*itákh*), tu es (Daniel, II, 26).
אִיתָנָא (*itanah*), nous sommes (Daniel, III, 18).
אִיתֵיכוֹן (*itekhône*), itékhône (Daniel, III, 14).

Il n'existe rien d'analogue en hébreu.

Le plur. du participe présent a quelquefois la signification de la 3ᵉ personne sing. du prés. ou de l'impératif du passif. Tel est le cas de אֲמִירִין (*omrine*), dicentes, i. e. *dicitur*, *dictum est*.

C'est dans Daniel surtout (chap. II, v. 4 et suiv.) qu'il faut chercher la matière d'un vocabulaire chaldéen. L'essai que je donne ici sera peut-être bien accueilli des chaldéologues.

chaldéen.		hébreu		valeur.
מַלְכָּא	(*malca*),	מֶלֶךְ	(*mélékh*),	roi.
עָלַם	(*alam*),	עוֹלָם	(*ôlam*),	éternité ¹.
חֶלְמָא	(*khelëmah*),	חֲלֹם	(*khélem*),	songe.
פְּשַׁר	(*pĕchar*),	פָּתַר	(*patar*),	il interpréta ².
חַוָּה	(*khaveh*),	חִוָּה	(*khivah*),	il indiqua.
עֲנֵה	(*áneh*),	עָנָה	(*ánah*),	il répondit.
מִלְּתָא	(*miltá*),	מִלָּה	(*milah*),	discours, chose.
אֲזַד	(*asad*),	אָזַל	(*asal*),	il sortit.
הַדָּם	(*haddam*), (ce mot est à peu près le même en syriaq.)			membre ³.
נְוָלִי	(*nĕvali*),	....	.....	souillure.
נְבִזְבָּה	(*nephisbah*),	en persan, *nouwaza*,		don.
יְקָר	(*iekar*),	יְקָר	(*iekar*),	honneur, chose précieuse.
שַׂגִּיא	(*saghih*),	...	....	grand.
לָהֵן	(*lahen*),	לָכֵן	(*laken*),	parce que.
תִּנְיָנוּת	(*tinjanout*),	שֵׁנִית	(*chénit*),	la seconde fois.
יַצִּיב	(*iatsif*),	(de יָצַב	il posa),	certain.
דִּי	(*di*),	אֲשֶׁר	(*acher*),	qui.
עִדָּן	(*hidan*),	*hadan* en syriaque,		temps
שְׁאֵל	(*chéël*),	שָׁאַל	(*cháal*),	il demanda.

¹ לְעָלְמִין חֱיִי (*lĕalmin khéji*), *que tu vives éternellement*; telles sont les paroles avec lesquelles les mages chaldéens abordèrent le roi Nébucadnezar. C'était là sans doute le salut le plus usité dans la Chaldée.

² On se rappelle que dans les langues sémitiques on indique toujours comme racine d'un verbe non pas l'infinitif, mais la 3ᵉ personne singul. du prétérit.

³ עֲבַד הַדָּמִין, faire des membres (μέλη ποιεῖν), était une locution vulgaire, par laquelle on désignait un genre de supplice commun chez les anciens peuples : il consistait à couper les membres en morceaux.

www.ingramcontent.com/pod-product-compliance
Lightning Source LLC
Chambersburg PA
CBHW050556230426
43670CB00009B/1146